美国反垄断法

原理与案例

（第2版）

[美] 赫伯特·霍文坎普（HERBERT HOVENKAMP） 著

陈文煊 杨 力 译

PRINCIPLES OF ANTITRUST

SECOND EDITION

中国人民大学出版社
· 北京 ·

中文版序言

我对我的《美国反垄断法：原理与案例》（第 2 版）能以如此优秀的中文译本与中国读者见面感到由衷的高兴。多年以来，在美国大学的课堂上，我一直很享受和学生们一起使用这本书的体验。我知道，这本书同样是许许多多的其他美国从业者的学习读本。我写这本书，是希望对于反垄断法这一内容极其复杂且包罗万象的研究主题，能既从竞争法学的角度，也从竞争经济学的视角予以分析，甚至还要以初学者也能理解的方式予以呈现。我希望，它的中文译本在中国读者的心目中也能成功地实现这一目标。

本书全面涵盖了《谢尔曼法》和《克莱顿法》下美国反垄断法涉及的所有重要方面。本书首先讨论了反垄断法的基本经济学原理——以我所期待的容易理解的方式；接着本书讨论了反垄断的法律实施目标——这个话题在相关法律制定并实施多年后的今天再一次在美国社会引起了许多争议；再接下来，本书着眼于卡特尔、联合经营和单一公司垄断这三种潜在垄断形态的法律问题并分别展开论述；再接着，本书讨论了与纵向一体化有关的问题，包括纵向合并和纵向合同控制；再接下来，本书探讨了竞争对手之间以及潜在竞争对手之间的横向合并问题；最后，本书用几个章节的篇幅探讨了公权力执法以及私主体提起的民事诉讼中的问题。

最后，我要特别感谢本书中文版的翻译者——我的学生的出色的工作。我也要感谢本书的英文版出版者 West Academic 对中文版的出版所给予的版权许可。我衷心希望我在中国的读者朋友们能与我在美国的读者朋友们在同等程度上获得本书给你们带来的益处。

作　者
2023 年 6 月于美国费城

译　序

认识霍文坎普教授，还是在美国宾夕法尼亚大学反垄断法课程的课堂上。那时他刚从艾奥瓦州移居宾州费城，担任宾夕法尼亚大学法学院和沃顿商学院双料讲席教授。小小的教室里挤满了慕名而来的学生们。一节课下来，他便给我留下了深刻的印象。他的讲授旁征博引、深入浅出，他对美国法律和政治、经济、社会的发展现状与历史具有广泛的研究，对反垄断规则的解读充满了经年沉淀的智慧。我被霍文坎普教授的风采和学识所折服——不愧是被誉为"美国反垄断法学院院长"、出版/发表的著作/论文清单长达 20 多页纸的偶像级学者！

随着时间的推移、课程学习的深入，我愈加意识到，反垄断法之所以被称为"经济宪法"，是因为它在现代市场经济中具有不可撼动的基础地位——竞争是主流，定价是核心，创新是未来。反垄断法自诞生之日起，就必然是衡量一国经济领域所有微观经济活动的水平尺。反垄断法学，自然而然地成为市场主体如何更好、合法合规地参与市场竞争的操作"宝典"。

在宾夕法尼亚大学反垄断法课程的课堂上，霍文坎普教授所著的 *Principles of Antitrust* 是重要的讲义和课程读物。这本书简明扼要地介绍了美国反垄断法上所有重要的法律、规则、判例、争论问题、主流观点。霍文坎普教授力推的将经济学和法学相结合、注重分析社会客观状况、尽量使用"平易语言"（plain language）研究复杂问题，以及将历史经验和发展趋势融合对照的研究理念，在这本书中得到了淋漓尽致的体现。这些思想深深地吸引了我，从那时起，我便萌生了将这本书翻译成中文、以让更多的中国读者有机会借鉴美国经验和教授洞见的想法。

衷心感谢霍文坎普教授、英文版的出版者 West Academic、中国人民大学出版社，在各方的大力推动和支持下，最终这个梦想成了现实！为了让中文版的书名更贴合全书的主旨，我们将英文书名 *Principles of Antitrust* 翻译成了《美国反垄断法：原理与案例》。在翻译的过程中，恰逢霍文坎普教授在第 1 版（2017 年出版）的基础上修订出版了第 2 版（2022 年出版），于是，我们补充翻译了第 2 版新增的内容，在此基础上适当吸纳了第 1 版中因篇幅原因未能体现在第 2 版中的部分重要论点。

然而，在过去三年多的时间里，整个翻译过程的艰辛远远超过了译者的想象。我们印象较深的有几个方面：一是书中引用了大量的法条、判例、著作，需要一一核对；二是书中有些偏"英文思维"的表达方式，需要译者想尽办法变换为更符合中文习惯的表达方式，还需要与尽量保持"原汁原味"的翻译目标达致平衡；三是该书面向的读者群体是具有美国法律制度、诉讼程序、执法体系基本知识的读者，如何向不那么了解美国国情的中国读者讲清楚来龙去脉，也面临着相当大的挑战。

为此，译者付出了巨大的努力。尽管如此，直到成稿之日，我们依然对此工程满怀敬畏之心。我们希望和中国读者分享的经验有两个方面。第一个方面是，任何语言，无论是中文还是英文，都充满了"言外之意"，在阅读的过程中，要争取读懂作者的"言外之意"。举个简单的例子，霍文坎普教授在为本书的中文版所作的序言中，在谈到本书的写作目标时，说"Present it **in a fashion** that could be comprehended even by beginners"。我们将其翻译为，"甚至还要以初学者也能理解的方式予以呈现"。然而，教授在此使用了"in a fashion"而非更通用的"in a way"的短语表达，由于"fashion"一词本身还含有"时尚、潮流"的意思，因此，教授在此的言外之意是，他认为用简单易懂的语言展现反垄断法的研究成果是他所期待的发展趋势。书中类似的例子有不少，我们尽量用略微扩展、补充解释说明的方式，再现这些语言背后丰富的思想内涵。然而，囿于有限的水平，我们仍有许多遗憾，希望读者能够自行多加领会。第二个方面是，如果对美国制度的运行机制缺少必要背景知识的话，某些专业术语可能会带来阅读上的障碍。在此情况下，我们建议有兴趣的读者随时使用互联网或工具书进行检索，补充一下相关的背景知识。例如，书中引用的许多案例都有"Cert. Denied"的字样，"Cert."是拉丁文"Certiorari"的缩写，美国联邦最高法院在"调卷令"（Writ of Certiorari）中使用该词汇，意指当事人一方对下级法院的判决不服，并向联邦最高法院申请重审案件的"调卷令"。申请人如果能如愿获得"调卷令"，则意味着联邦最高法院将审理该案，否则，推翻该判决无望。在翻译的过程中，为了让熟悉中国再审制度的读者能够更好地"望文生义"，我们统一将"Cert. Denied"翻译成"最高法院提审动议被驳回"。但请注意，相关制度的内容是十分丰富的，也并不完全对应于中国再审程序中的"提审"。另外，对于有些术语，出于尊重本书原貌的考虑没有全部译出。综合以上情况，我们建议有兴趣的读者以本书的内容为索引，自行作进一步的检索和扩展阅读。

总而言之，翻译这本知识覆盖面如此广的美国反垄断法方面的"百科全书"，挑战与机遇是并存的。同样，我们殷切希望有兴趣阅读本书的读者们既能下定通读全书的决心，又有不止步于本书，而是将其当作勇攀更高峰的云梯的愿景。

最后，衷心感谢在本书中文版翻译的过程中给予译者大力帮助的郭帅、谢红慧、覃静怡、吴东霖、张珂豪、周芷琳、向帆等人，感谢中国人民大学出版社施洋编辑的专业校核,感谢中国人民大学出版社政法分社郭虹社长、中国人民大学王轶副校长在出版过程中给予的鼎力支持!篇幅所限,无法一一具名致谢,在此感谢所有在本书出版的过程中关心和帮助过我们的朋友们!

译 者

2023 年 6 月于北京

献给 Arie，Erik 与 Mira

简　目

第1章　反垄断的基础经济学 ·· 1

第2章　反垄断政策的历史和理论流派 ······················· 33

第3章　市场力量和相关市场界定 ···························· 57

第4章　针对共谋和寡头市场的反垄断政策 ·················· 115

第5章　竞争者之间的联合经营、协同拒绝交易、专利权
　　　　许可以及反垄断法的合理原则 ······················ 159

第6章　排挤性行为与具有支配地位的厂商：针对垄断和
　　　　企图垄断的基本原则 ···································· 234

第7章　垄断及企图垄断的排挤性行为 ······················ 251

第8章　掠夺性定价和其他排挤性定价 ······················ 308

第9章　纵向一体化整合与纵向企业合并 ····················· 342

第10章　搭售、互惠、独家交易、最惠国待遇协议 ········· 366

第11章　同品牌内部的销售竞争限制 ·························· 408

第12章　竞争者之间的合并 ···································· 445

第13章　反垄断法的联邦公权力执法 ························· 493

第14章　反垄断法的私人实施 ································· 503

第15章　反垄断与政府程序 ···································· 527

第16章　反垄断与联邦行业监管政策 ························· 544

第17章　反垄断的联邦主义与"州行为"理论 ··············· 564

案例一览表 ·· 584

目　录

第1章　反垄断的基础经济学 ·························· 1

 第1.1节　价格理论：理性经济行为以及完全竞争市场 ·········· 2

  1.1a. 完全竞争市场 ···································· 2

  1.1b. 竞争企业的行为 ································· 7

 第1.2节　垄　断 ······································· 11

  1.2a. 受保护的垄断企业的价格和产出 ··············· 11

  1.2b. 买方垄断；产出效应；对政策的启示 ··········· 13

  1.2c. 事实上的垄断者 ······························· 16

 第1.3节　反垄断政策与垄断的社会成本 ·············· 17

  1.3a. 静态的垄断与动态的垄断化 ··················· 17

  1.3b. 垄断造成的"无谓损失" ····················· 18

  1.3c. 垄断的社会成本：寻租 ······················· 19

 第1.4节　产业组织理论与规模经济 ················ 21

  1.4a. 规模经济的通常情况 ························· 21

  1.4b. 双边平台 ···································· 25

 第1.5节　"次完美竞争" ······························· 27

  1.5a. 产品差异化及垄断竞争 ······················· 28

  1.5b. 价格歧视 ···································· 29

  1.5c. 寡头垄断 ···································· 30

 第1.6节　市场进入壁垒 ······························· 30

第2章　反垄断政策的历史和理论流派 ············· 33

 第2.1节　美国反垄断政策的发展历程 ··············· 34

  2.1a.《谢尔曼法》的目标：效率理论以及从利益集团
   角度进行的解释 ····························· 34

  2.1b. 普通法与联邦反垄断法 ······················· 37

2.1c. 联邦反垄断政策简史 ···················· 39

第2.2节 经济学在反垄断法学中的作用 ···················· 45

2.2a. 1960 年以前的反垄断法学与经济理论 ···················· 45

2.2b. 芝加哥学派及其影响 ···················· 47

2.2c. 错误的成本分析方法；竞争者诉讼对消费者诉讼；私人诉讼对
公权力机关诉讼 ···················· 50

2.2d. 消费者福利原理：理论与计量 ···················· 55

第3章 市场力量和相关市场界定 ···················· 57

第3.1节 概　述 ···················· 59

3.1a. 定义市场力量的理论 ···················· 60

3.1b. 以市场份额作为衡量市场力量的替代物 ···················· 61

3.1c. 市场份额不仅仅作为市场力量的表征；市场份额的独立价值 ····· 62

3.1d. 反垄断法视野中的相关市场 ···················· 63

第3.2节 预估相关市场；SSNIP 分析与"假定垄断者"测试 ············· 63

3.2a. 假定价格上涨的规模 ···················· 66

3.2b. "利润最大化"的价格上涨；临界损失分析 ···················· 67

3.2c. 更宽和更窄的相关市场；通常不考虑子市场 ···················· 69

第3.3节 界定产品市场的一般原理 ···················· 71

3.3a. 市场与品牌；"锁定"效应 ···················· 73

3.3a. 1. 单一品牌通常并不构成独立的相关市场；*Kodak* 案；受专利
权保护的药品 ···················· 73

3.3a. 2. 限制 *Kodak* 案适用范围的下级法院判决 ···················· 76

3.3b. 替代品与互补品；集群产品市场与双边平台 ···················· 78

3.3b. 1. 由替代品构成的相关市场 ···················· 78

3.3b. 2. 应狭义适用"集群"产品市场界定规则的原因 ···················· 79

3.3b. 3. 在双边平台市场中衡量市场力量 ···················· 80

第3.4节 产品差异化与"玻璃纸"谬误 ···················· 81

3.4a. 交叉价格弹性及其含义 ···················· 81

3.4b. *du Pont*（玻璃纸）案中的需求交叉弹性 ···················· 82

3.4c. 对"玻璃纸"谬误的纠正 ···················· 84

第3.5节 供给弹性：来自国外的进口 ···················· 86

3.5a. 来自国外的进口和 *Alcoa* 案 ···················· 86

3.5b. 论及（或者没有论及）供给问题的其他判决 ···················· 87

第 3.6 节　界定地域市场 ⋯⋯⋯⋯⋯⋯⋯⋯⋯⋯⋯⋯⋯⋯⋯⋯⋯⋯ 88

3.6a. 需要运输的产品；最小地域市场 ⋯⋯⋯⋯⋯⋯⋯⋯⋯⋯ 90

3.6b. 不需要运输的产品和服务 ⋯⋯⋯⋯⋯⋯⋯⋯⋯⋯⋯⋯⋯ 90

3.6c. 价格变动和运输类型 ⋯⋯⋯⋯⋯⋯⋯⋯⋯⋯⋯⋯⋯⋯⋯ 92

3.6c.1. 价格变动的一般情况；非对称性 ⋯⋯⋯⋯⋯⋯ 92

3.6c.2. Elzinga-Hogarty 测试法 ⋯⋯⋯⋯⋯⋯⋯⋯⋯⋯ 94

3.6d. 价格歧视 ⋯⋯⋯⋯⋯⋯⋯⋯⋯⋯⋯⋯⋯⋯⋯⋯⋯⋯⋯ 95

第 3.7 节　市场份额的计算与解读 ⋯⋯⋯⋯⋯⋯⋯⋯⋯⋯⋯⋯⋯⋯ 97

3.7a. 收入还是单位? ⋯⋯⋯⋯⋯⋯⋯⋯⋯⋯⋯⋯⋯⋯⋯⋯⋯ 98

3.7b. 产出还是产能? ⋯⋯⋯⋯⋯⋯⋯⋯⋯⋯⋯⋯⋯⋯⋯⋯⋯ 99

第 3.8 节　司法部企业《横向合并指南》中的相关市场界定 ⋯⋯ 100

3.8a. 2010 年《横向合并指南》规定的相关产品市场界定 ⋯⋯ 101

3.8b. 2010 年《横向合并指南》规定的相关地域市场界定 ⋯⋯ 103

3.8c. 2010 年《横向合并指南》中的市场份额计算方法 ⋯⋯ 104

3.8d. 结论；作为政策宣言的《横向合并指南》 ⋯⋯⋯⋯⋯ 105

第 3.9 节　考察市场力量的其他替代方法 ⋯⋯⋯⋯⋯⋯⋯⋯⋯⋯⋯ 105

3.9a. 直接衡量剩余需求 ⋯⋯⋯⋯⋯⋯⋯⋯⋯⋯⋯⋯⋯⋯⋯ 106

3.9b. 持久的价格歧视（Persistent Price Discrimination） ⋯⋯ 107

3.9c. 持久的垄断利润、高边际收益、承诺不竞争的补偿 ⋯⋯ 108

3.9c.1. 垄断利润与会计利润 ⋯⋯⋯⋯⋯⋯⋯⋯⋯⋯⋯ 108

3.9c.2. 从承诺不竞争补偿中所推导得出的市场力量：Actavis 案 ⋯⋯ 110

3.9d. 市场力量与知识产权 ⋯⋯⋯⋯⋯⋯⋯⋯⋯⋯⋯⋯⋯⋯ 110

3.9e. 评估纵向竞争限制行为中的市场力量 ⋯⋯⋯⋯⋯⋯⋯ 112

第 4 章　针对共谋和寡头市场的反垄断政策 ⋯⋯⋯⋯⋯⋯⋯⋯ 115

第 4.1 节　概述：固定价格的基础经济学 ⋯⋯⋯⋯⋯⋯⋯⋯⋯⋯ 116

4.1a. 卡特尔中作弊行为的普遍性 ⋯⋯⋯⋯⋯⋯⋯⋯⋯⋯⋯ 118

4.1a.1. 卡特尔整体利润最大化与单个厂商利润最大化的背离 ⋯⋯ 118

4.1a.2. 对卡特尔作弊的方法 ⋯⋯⋯⋯⋯⋯⋯⋯⋯⋯⋯ 119

4.1a.3. 对作弊行为的发现和惩罚；卡特尔的"豁免" ⋯⋯ 120

4.1b. 身处卡特尔之外的厂商 ⋯⋯⋯⋯⋯⋯⋯⋯⋯⋯⋯⋯⋯ 123

4.1c. 卡特尔的内部效率 ⋯⋯⋯⋯⋯⋯⋯⋯⋯⋯⋯⋯⋯⋯⋯ 124

第 4.2 节　寡头垄断、寡头间的合作与拒绝合作 ⋯⋯⋯⋯⋯⋯⋯⋯ 126

4.2a. 拒绝合作的古诺型（Cournot）寡头垄断 ⋯⋯⋯⋯⋯⋯ 128

4.2b. 寡头的竞争策略 ·· 129

第4.3节　针对寡头市场和默示合谋的反垄断政策 ············· 130

4.3a. 挑战寡头："Turner‐Posner"论战 ···················· 130

4.3b. 对默示合谋以及便利因素的识别；可供选择的政策工具 ······ 132

第4.4节　证明价格或者产出合谋协议的间接证据或者环境证据；

"轴辐"共谋（Hub-and-Spoke Conspiracies） ········· 135

第4.5节　通过较模糊的协议达成的寡头协同行为 ············· 140

4.5a. 概述；不完整协议 ·· 141

4.5b. 对通过协议而取得便利因素的指控 ···················· 143

4.5c. "单边"的便利因素；基点定价机制 ···················· 144

4.5d. 其他便利措施；算法；《联邦贸易委员会法》第5条的适用 ·· 147

4.5e. 共谋案件中的驳回起诉的动议与简易判决；法庭通常要求传统

意义上的合谋要件的倾向 ·································· 151

第4.6节　企业内部的"合谋" ·································· 153

第5章　竞争者之间的联合经营、协同拒绝交易、专利权许可
以及反垄断法的合理原则 ································ 159

第5.1节　概述：竞争对手之间的赤裸裸的垄断协议和附属性协议 ······· 161

5.1a. 区分赤裸裸的限制行为与附属性限制行为；法律问题 ····· 162

5.1b. 为什么需要对多边行为进行更严格的反垄断审查 ······ 163

5.1c. 部分取缔；限制性较小的替代方法 ···················· 166

第5.2节　企业联合经营：概述 ································ 167

5.2a. 潜在的损害和收益 ·· 167

5.2b. 促进研发、广告和推广的联合经营；附属性的市场分割 ······· 171

5.2b.1. 搭便车问题 ·· 171

5.2b.2. 与广告有关的附属性的协议和"赤裸裸"的协议 ······· 171

5.2b.3. 附属性市场分割和不竞争协议 ···················· 173

5.2c. 由交易效率决定的联合经营定价行为的正当性 ··········· 177

5.2d. 联合经营分析和合并分析之间的关系 ···················· 178

第5.3节　竞争者间关于价格和产出量的信息交换；公示协议内容 ····· 180

5.3a. 在全行业传播价格和产出信息 ························· 181

5.3b. 直接竞争者之间的价格信息交换 ························· 182

5.3c. 公布信息的协议、公布信息且步调一致的协议 ··········· 184

5.3d. 交换薪酬信息的协议；"反挖角"协议 ···················· 184

第5.4节　协同一致拒绝交易、联合经营内部的会员资格限制

　　　　　以及标准设定 ····················· 185

　5.4a. 好处与坏处；恰当的反垄断法标准 ············· 185

　　5.4a. 1. 合理原则及其一些例外 ·············· 186

　　5.4a. 2. 对专业执业领域需要特殊对待吗? ········· 190

　5.4b. 有效率的联合经营和拒绝交易 ·············· 192

　　5.4b. 1. 封闭的会员资格体系与其他传统的联合经营模式 ···· 192

　　5.4b. 2. 开放会员资格的联合经营模式；该模式下的网络正外部性 ····· 193

　5.4c. 私人企业家俱乐部与职业协会的标准设定和规则执行 ···· 196

　5.4d. 包含非竞争者的协议 ················· 200

第5.5节　涉及专利及其他知识产权的许可、使用协议 ······· 201

　5.5a. 概述；基本法律问题 ················ 201

　5.5b. 专利权滥用规则的适用范围、反垄断及其他 ········ 203

　5.5c. 专利许可；"专利范围"规则 ············· 205

　　5.5c. 1. 固定价格；限制产出；许可费率；排他性条款 ······ 207

　　5.5c. 2. 横向地域限制与其他市场分割协议 ·········· 208

　　5.5c. 3. 药品专利纠纷中的"付费换取延迟提起无效"的和解协议；

　　　　　　Actavis 案 ················ 210

　　5.5c. 4. 专利包许可 ················· 212

　　5.5c. 5. 专利池 ·················· 213

　　5.5c. 6. FRAND 原则：专利许可与标准必要专利

　　　　　　(Standard-Essential Patents) ········· 214

　5.5d. 涉及非专利知识产权的协议 ·············· 218

第5.6节　本身违法原则及合理原则的区分与适用 ········· 219

　5.6a. 联邦最高法院与本身违法原则 ············· 219

　5.6b. 合理原则与本身违法原则之间区别的夸大 ········ 222

　5.6c. 识别反竞争的行为：试验中的路线图 ·········· 225

　5.6d. 瘦身版的或者说"快照"式的合理原则 ········· 229

　5.6e. 合理原则的改革 ·················· 231

第6章　排挤性行为与具有支配地位的厂商：针对垄断和企图

　　　垄断的基本原则 ·················· 234

第6.1节　垄断的违法行为 ················· 235

第6.2节　垄断力量和非法垄断 ··············· 237

第6.3节　行为要件——"坏"行为是必须的吗？ ················· 239

第6.4节　识别持续进行的垄断行为 ·························· 240

第6.5节　企图垄断的违法行为 ···························· 243

　　6.5a. 企图垄断中的"特定意图"要件 ····················· 244

　　6.5b. "成功的危险的可能性" ························· 246

第7章　垄断及企图垄断的排挤性行为 ················· 251

第7.1节　概　述 ································· 253

第7.2节　企业合并与垄断 ··························· 254

第7.3节　产出扩大；战略性的产能建设 ····················· 256

第7.4节　价格歧视；出租行为 ························· 257

第7.5节　单方拒绝交易之一：一般规则 ····················· 258

　　7.5a. 保护投资的激励 ··························· 260

　　7.5b. 缔约义务的范围 ··························· 266

　　7.5c. 合作性网络中的拒绝交易 ······················ 267

第7.6节　单方拒绝交易之二：纵向一体化、价格压榨、搭售
　　　　与独家交易 ··························· 268

　　7.6a. *Kodak* 案与售后市场的机会主义 ··················· 269

　　7.6b. 纵向整合与拒绝交易：价格或者供给"压榨" ············· 270

　　7.6c. "准搭售"与独家交易——技术捆绑 ·················· 273

第7.7节　单方拒绝交易之三："关键基础设施"原则 ··············· 275

　　7.7a. 什么情况下构成"关键基础设施"？ ················· 277

　　7.7b. 缔约义务的范围 ··························· 278

　　7.7c. 拒绝交易的合理性 ·························· 278

　　7.7d. "关键基础设施"原则与反垄断法立法目的的冲突；
　　　　　与 *Aspen* 规则的对比 ······················ 279

第7.8节　"掠夺性"产品设计与研发；未进行事先披露；改变产品的
　　　　互补性 ····························· 280

　　7.8a. 掠夺性产品或者方法创新 ······················ 281

　　7.8b. 未事先披露新技术 ·························· 283

　　7.8c. *Microsoft* 案：不必要的有害的重新设计与授权许可条件 ······ 284

第7.9节　带来困扰的"杠杆理论"：在第二个市场中的非垄断优势 ····· 286

第7.10节　抬高竞争对手的成本（RRC）：市场先占 ··············· 287

第7.11节　涉及专利权或者其他知识产权的不合理的排挤性行为 ····· 293

7.11a. *Walker Process* 案；依据不应获得授权的专利权提起不恰当的
侵权诉讼 •• 294

7.11b. 强制实施明知无效或者不可强制执行的专利权；
Noerr 问题 ••• 295

7.11c. 专利累积；闲置不使用 •••••••••••••••••••••••••••••••••••••• 298

7.11d. 简单与附条件的单方拒绝许可 •••••••••••••••••••••••••••••• 300

7.11d.1. 绝对的拒绝许可 •• 300

7.11d.2. 附条件的拒绝许可 •••••••••••••••••••••••••••••••••••• 302

7.11d.3. 拒绝许可应遵循"FRAND"原则的专利权 ••••• 303

7.11e. 专利"伏击"（patent "Ambush"）与未事先披露，尤其在
标准制定的场景下 •• 303

第7.12节　构成违反反垄断法的商业侵权行为 ••••••••••••••••••••• 305

第7.13节　企图垄断案件中的行为要件 •••••••••••••••••••••••••••••••• 307

第8章　掠夺性定价和其他排挤性定价 •••••••••••••••••••••••••••••••• 308

第8.1节　概　述 •• 309

第8.2节　什么情况下定价具有掠夺性？"Areeda-Turner"测试 ••• 310

第8.3节　掠夺性定价："Areeda-Turner"测试的应用与批判 •••••• 312

8.3a. 平均可变成本（AVC）的替代参数 •••••••••••••••••••••••••• 312

8.3b. 长期实施的策略行为存在的问题；高于成本的
"掠夺性"价格 •• 314

第8.4节　结构性问题：什么时候掠夺性定价是可行的？成本回收 ••••• 316

8.4a. 掠夺者的市场地位；寡头市场中的掠夺性定价 •••••••••••• 317

8.4b. 市场进入壁垒 •• 320

第8.5节　对 Areeda-Turner 测试的司法修正：价格/成本关系；意图 ••• 320

8.5a. 价格/成本关系 ••• 321

8.5b. 意图问题 •• 321

第8.6节　对 Areeda-Turner 测试的司法修正：确定相关成本；多产
品企业；针对特定类型消费者的定价 •••••••••••••••••••••••••••••••• 322

第8.7节　对 Areeda-Turner 测试的司法修正：市场结构问题
和成本回收 •• 324

第8.8节　掠夺性定价和《罗宾逊—帕特曼法案》 •••••••••••••••••••• 326

第8.9节　更为复杂的排挤性定价策略，特别是折扣 •••••••••••••••• 332

8.9a. 交易数量与忠诚折扣 •• 332

8.9b. 打包定价和捆绑折扣 ·· 335

　　8.9b.1. 捆绑折扣的各种类型 ································ 335

　　8.9b.2. 捆绑折扣的"归因"测试 ···························· 337

第 8.10 节　掠夺性购买和采购协议中的"最惠国待遇"（MFN）

　　　　　　条款 ·· 339

第 9 章　纵向一体化整合与纵向企业合并 ···················· 342

第 9.1 节　概　述 ·· 343

第 9.2 节　纵向一体化整合的经济性 ······························ 345

　9.2a. 科斯理论的启示；交易成本经济学 ···················· 345

　9.2b. 通过技术和交易促成的成本节约 ······················ 346

第 9.3 节　纵向整合可能存在的反竞争后果 ······················ 349

　9.3a. 生产资料投入的策略性控制 ·························· 350

　9.3b. 价格歧视 ·· 351

　9.3c. 市场封锁、抬高竞争者的成本与市场进入壁垒 ········ 352

第 9.4 节　纵向合并与反垄断法 ·································· 353

第 9.5 节　《纵向合并指南》（The Vertical Guidelines）··············· 361

第 10 章　搭售、互惠、独家交易、最惠国待遇协议 ·············· 366

第 10.1 节　概论：对搭售的司法审查方法 ······················ 368

第 10.2 节　搭售交易安排和消费者福利 ························ 369

第 10.3 节　市场力量和构成"本身违法"的搭售；《谢尔曼法》

　　　　　　和《克莱顿法》的测试 ································ 370

　10.3a. 市场力量要件的法理基础和制度发展 ················ 371

　10.3b. 在非完全竞争市场中的搭售交易安排；消费者锁定 ·········· 373

　10.3c. 知识产权与市场力量的推定 ························ 376

　10.3d. 构成本身违法的搭售安排的法律适用 ················ 377

第 10.4 节　如何认定商品之间存在搭售？ ······················ 379

　10.4a. 通过合同、交易条件或者理解实现的胁迫 ············ 379

　10.4b. 与搭售"协议"相关的证据；未传达的强制条件 ·········· 381

　10.4c. 打包购买的折扣 ·· 382

　10.4d. 产品成套设计产生的"胁迫"；与技术相关的搭售 ·········· 382

第 10.5 节　搭卖品和结卖品相互分离的要件 ···················· 384

　10.5a. 概论；完全竞争市场的基础测试 ···················· 384

10.5b. "新"产品 ·· 385

10.5c. 效率——"组合出售的经济性" ·················· 385

第10.6节　竞争效应 ·· 387

10.6a. 杠杆理论：利用搭售协议在第二市场延伸垄断力量；倾斜 ··· 387

10.6b. 市场进入壁垒、市场锁定效应、共谋 ············· 388

10.6b.1. 市场进入壁垒与搭售协议 ················· 388

10.6b.2. 市场封锁；市场份额 ····················· 390

10.6c. 作为价格歧视或者成本测算工具的搭售；特许经营协议 ····· 390

第10.7节　搭售与市场效率：走向合理原则 ············· 392

10.7a. 市场效率和搭售判例中逐渐异化的本身违法原则 ······· 392

10.7b. 未形成市场封锁的搭售；全产品线逼销与不受消费者欢迎的
搭卖品；消费者损害的缺失 ····················· 392

10.7c. 结论：走向合理原则的搭售规则 ················· 394

第10.8节　独家交易 ·· 395

10.8a. 限制竞争的市场封锁及其各种形态 ··············· 395

10.8a.1. 独家交易的市场封锁理论 ················· 395

10.8a.2. 抬高竞争对手的成本 ····················· 396

10.8a.3. 为衡量纵向封锁所进行的市场界定 ········· 397

10.8b. 能促成卡特尔的独家交易协议 ··················· 397

10.8c. 独家交易与搭售之间的区别 ····················· 398

10.8d. 独家交易协议的经济效率及其抗辩理由 ··········· 399

10.8e. 独家交易协议的法律构成要件 ··················· 401

第10.9节　纵向最惠国待遇（MFN）条款以及"反转向"
（"Anti-Steering"）条款 ····················· 404

第11章　同品牌内部的销售竞争限制 ················· 408

第11.1节　概　述 ·· 410

第11.2节　最低转售价格维持的理论上的竞争威胁与纵向地域限制 ··· 410

11.2a. 概述 ·· 410

11.2b. 作为合谋促进器的纵向限制；具有市场力量的单个经销商 ··· 411

11.2b.1. 经销商的市场力量；对政策的启示 ········· 413

11.2b.2. 生产商合谋与纵向限制 ··················· 414

11.2c. 价格歧视 ·· 415

第11.3节　纵向限制与效率 ································ 416

11.3a. 搭便车的问题 …………………………………………………… 416

11.3b. 搭便车问题的各种变体与其他类型的合理性分析 ………… 418

11.3b.1. 优先零售服务的采购；货架空间；品质证明………… 418

11.3b.2. 提高转售的密集度 …………………………………… 419

11.3b.3. 保护销售商的利润；分销合同的执行 ……………… 419

第11.4节 纵向限制案件中的协议要件 …………………………… 420

11.4a. 横向协议与纵向协议、价格因素与非价格因素 …………… 420

11.4b. *Colgate* 规则 ……………………………………………… 421

11.4c. 经销资格的终止 …………………………………………… 422

11.4d. 与纵向限制有关的协议要件和反垄断政策；具有市场力量的
经销商实施的限制 ………………………………………… 425

第11.5节 司法视角下的转售价格维持 …………………………… 426

11.5a. 从 *Dr. Miles* 案到 *Leegin* 案 ………………………… 426

11.5b. "转售"的含义——委托销售例外 ……………………… 428

11.5c. 最高转售价格维持 ………………………………………… 432

11.5d. 价格与非价格协议的区别 ………………………………… 434

第11.6节 适用合理原则的纵向非价格限制 ……………………… 436

11.6a. 平衡"品牌内"竞争与"品牌间"竞争 ………………… 438

11.6b. *Sylvania* 案对下级法院的影响 ……………………… 440

11.6c. 关于抵制的诉讼主张 ……………………………………… 441

11.6d. 独家经销、独家零售以及拒绝交易 ……………………… 442

11.6e. 双重分销 …………………………………………………… 443

第12章 竞争者之间的合并 …………………………………… 445

第12.1节 概述：联邦合并政策与《横向合并指南》 …………… 447

12.1a. 市场结构与合并分析的关联性 …………………………… 448

12.1b. 合并政策的基本考量：市场产出或者创新的减少、价格的提升
以及效率的损失 …………………………………………… 449

第12.2节 效率与合并政策 ………………………………………… 451

12.2a. 受到质疑的沃伦法院遗产 ………………………………… 452

12.2b. 衡量横向合并中的效率影响 ……………………………… 453

12.2b.1. 社会福利"权衡"模型 ………………………………… 453

12.2b.2. 效率必须得到传导吗？ ……………………………… 456

12.2b.3. 效率必须是与"特定合并有关"的且"非同寻常"的 …… 457

第 12.3 节　预期的反竞争后果之一：合并诱发了单边涨价 ·············· 458

　　12.3a. 概述 ············· 458

　　12.3b. 导致垄断的合并 ············· 459

　　12.3c. 产品异质化市场中的单边行为效果 ············· 459

　　12.3d. 威胁到创新的合并 ············· 462

　　12.3e. 平台间的合并与潜在的竞争 ············· 464

第 12.4 节　预期的反竞争后果之二：合并便利了协同行为 ·············· 465

　　12.4a. 衡量市场集中度：CR4 指数与 Herfindahl 指数 ········· 466

　　　　12.4a. 1. 四厂商集中度指数（CR4） ············· 467

　　　　12.4a. 2. Herfindahl-Hirschman 指数（HHI） ············· 467

　　12.4b. 《横向合并指南》规定的市场份额门槛 ············· 471

　　12.4c. 市场界定及市场份额测算值所占的权重 ············· 472

　　12.4d. 为什么应当考虑市场集中度？*Philadelphia Bank* 案的
　　　　假设 ············· 473

第 12.5 节　产品差异化的重要影响 ·············· 476

　　12.5a. 一般效果 ············· 476

　　12.5b. 更为极端的产品差异化：什么情况下合并是横向的？ ········ 477

第 12.6 节　合并案中的市场进入壁垒 ·············· 479

　　12.6a. 合并政策中市场进入壁垒的恰当定义 ············· 479

　　12.6b. 哪些因素构成市场进入壁垒？ ············· 482

　　　　12.6b. 1. 规模经济 ············· 482

　　　　12.6b. 2. 投资的风险和规模；沉没成本 ············· 483

　　　　12.6b. 3. 广告、推广及消费者忠诚度 ············· 484

　　　　12.6b. 4. 政府的市场准入限制（包括知识产权） ············· 485

　　12.6c. 2010 年《横向合并指南》下的市场进入壁垒分析 ············· 486

第 12.7 节　可观测到的反竞争行为；并购完成之后的审查 ·············· 487

第 12.8 节　"失败公司"抗辩与影响企业生命力的相关因素 ·············· 489

第 12.9 节　部分并购与"仅为投资"的并购；横向持股 ·············· 491

第 13 章　反垄断法的联邦公权力执法 ············· 493

第 13.1 节　公权力执法概述；反垄断局 ·············· 494

　　13.1a. 刑事执法 ············· 495

　　13.1b. 民事追诉 ············· 497

第 13.2 节　联邦贸易委员会 ·············· 498

第14章　反垄断法的私人实施 ········· 503

第14.1节　概述：《克莱顿法》第4条 ········· 505

第14.2节　适格原告——谁有资格实施反垄断法? ········· 505

第14.3节　作为反垄断法特殊要件的竞争损害 ········· 506

 14.3a. "反垄断损害"；对企业合并提出异议的私人主体 ········· 506

  14.3a.1. 被指控促进了排挤性行为的企业合并 ········· 506

  14.3a.2. 消费者原告 ········· 508

 14.3b. 超越第7条的"反垄断损害"；本身违法原则 ········· 508

 14.3c. 区分因果关系、事实上的损害、反垄断损害 ········· 509

 14.3d. 禁令救济 ········· 512

第14.4节　成文法和判例法对反垄断诉讼原告资格的限制 ········· 512

 14.4a. "商业或者财产" ········· 512

 14.4b. 市场关系；"直接损害"和"目标领域"测试法 ········· 513

  14.4b.1. "直接损害" ········· 513

  14.4b.2. "目标领域" ········· 514

  14.4b.3. 联邦最高法院对其他更有效的替代规则的尝试 ········· 514

第14.5节　反垄断诉讼原告资格的特殊问题 ········· 517

 14.5a. "重复救济" ········· 517

 14.5b. 衍生损害 ········· 517

第14.6节　间接购买者规则 ········· 518

 14.6a. *Hanover Shoe* 案、*Illinois Brick* 案及 *Apple v. Pepper* 案 ········· 518

 14.6b. *Illinois Brick* 规则的例外 ········· 520

  14.6b.1. 事先存在的合同 ········· 520

  14.6b.2. 禁令之诉 ········· 522

  14.6b.3. 涉及纵向协议或控制的案件 ········· 522

 14.6c. 间接购买者规则的政策启示；各州州法对间接购买者的规定 ········· 523

 14.6d. 伞形原告 ········· 525

第15章　反垄断与政府程序 ········· 527

第15.1节　管制、寻租与反垄断豁免 ········· 528

 15.1a. *Noerr* 规则 ········· 528

 15.1b. 市场从业者请求启动政府调查行动的申请 ········· 529

第 15.2 节 请求采取司法措施的申请 ……………………………… 531

第 15.3 节 立法和司法语境下的"虚假"例外 …………………… 532

15.3a. 滥用权利的方法；虚假信息 ……………………… 534

15.3b. 在司法程序中缺少事实和法律依据；成功的主张 …… 535

15.3c. 单一诉讼还是重复诉讼 ……………………… 538

15.3d. 威胁进行起诉；单方面陈述 ……………………… 539

15.3e. 请求宣告立法或者行政规则无效的请愿 …………… 540

第 15.4 节 私人决策主体的腐败问题 ……………………… 541

第 16 章 反垄断与联邦行业监管政策 …………………… 544

第 16.1 节 反垄断法在受监管市场中的角色 …………………… 545

16.1a. 明示或隐含地排除适用反垄断法 ……………… 545

16.1b. 联邦监管制度和反垄断法的关系：两种视角 …… 546

16.1c. 监督管理要件；与"州行为"的比较 …………… 549

第 16.2 节 多头管辖的程序；首要管辖 …………………… 551

第 16.3 节 特别豁免 …………………………………… 553

16.3a. 其他明示的豁免 ……………………………… 553

16.3b. 反垄断和联邦劳工政策 ……………………… 555

16.3c. 《麦卡伦—弗格森法案》和保险豁免 …………… 558

16.3c.1. "保险业务" …………………………… 558

16.3c.2. "受州法监管" ………………………… 560

16.3c.3. 抵制、压迫或者恐吓行为 ………………… 561

第 17 章 反垄断的联邦主义与"州行为"理论 …………… 564

第 17.1 节 概述；优先适用 ……………………………… 565

第 17.2 节 联邦主义与"州行为"理论的相关政策 ………… 567

第 17.3 节 享受豁免的基本条件 ………………………… 568

第 17.4 节 授 权 ………………………………………… 570

第 17.5 节 积极监管 ……………………………………… 574

17.5a. 什么时候监管是必需的？ …………………… 575

17.5b. 什么样的监管是必需的？ …………………… 578

17.5c. 谁必须监管？ ………………………………… 580

第 17.6 节 与市级反垄断责任相关的特殊的、但逐渐消退的问题 …… 581

案例一览表 ……………………………………………… 584

第 1 章
反垄断的基础经济学

第 1.1 节　价格理论：理性经济行为以及完全竞争市场

　　1.1a. 完全竞争市场

　　1.1b. 竞争企业的行为

第 1.2 节　垄　断

　　1.2a. 受保护的垄断企业的价格和产出

　　1.2b. 买方垄断；产出效应；对政策的启示

　　1.2c. 事实上的垄断者

第 1.3 节　反垄断政策与垄断的社会成本

　　1.3a. 静态的垄断与动态的垄断化

　　1.3b. 垄断造成的"无谓损失"

　　1.3c. 垄断的社会成本：寻租

第 1.4 节　产业组织理论与规模经济

　　1.4a. 规模经济的通常情况

　　1.4b. 双边平台

第 1.5 节　"次完美竞争"

　　1.5a. 产品差异化及垄断竞争

　　1.5b. 价格歧视

　　1.5c. 寡头垄断

第 1.6 节　市场进入壁垒

第1.1节　价格理论：理性经济行为以及完全竞争市场

市场经济理论奉行这样一个原则，即人们首先为自己个人的福利负责。进一步言之，如果每个人能够在完全竞争市场中自主、自愿地进行商品和服务交换，他们将处于最佳境遇。[①] 如果所有交易都是自主、自愿的，那么每个人都将持续进行商品和服务的交换活动，直到他能够通过这种交易使自己变得更好。如果所有的交易都以竞争价格的水平达成，那么社会的整体福利将高于那些偏离这一价格水平进行交易的社会。反垄断法的一个重要目标——唯一的目标（是否唯一还有争议）——是确保市场具有竞争活力。

1.1a. 完全竞争市场

竞争性市场（competitive market）是这样一种类型的市场：1）每种商品的定价都等同于它的生产成本，为生产者和销售者提供恰好足够的利润以维持对该行业的投资；2）愿意支付此价格的每个人都能够购买到该商品。

大多数消费者都愿意以尽可能低的价格购买物品——如果可能的话，甚至低于它们的生产成本。相反，卖家则更愿意以能够带来尽可能高的利润的价格出售自己的产品。因此，竞争并非一种处于绝对自然状态的事物，无论是买家还是卖家都不得不被迫卷入竞争。

最有利于实现"完全竞争"（"perfect competition"）的完美经济条件是：1）所有卖家提供的产品都是同质的，以至于买家对与哪个卖家交易毫不关心，只要它们的价格都是一样的；2）相较于整个市场规模而言，每个卖家所占的比例都很小，以至于卖方产量的增加或者减少甚至退出市场，都不会影响该市场中其他卖方的决策；3）所有资源都是完全自由流动的，或者说，所有的卖家都可以同等地获得其所需的生产资料；4）市场上的所有参与者都对价格、产出（output）和其他有关市场的信息有着充分的了解。作为一般原理，一个市场越接近于满足这些条件，它就会越接近于"完全竞争"市场。

"完全竞争"市场模型通常假定"规模回报恒定"（"constant returns to scale"），也就是说，每一单位产量的生产成本在实际产出率发生变化时均保持不变。正如我们将在第1.4节中看到的那样，规模经济的存在——即每一单位产

[①] 　对于自由市场的经典辩护，参见 Richard A. Posner, *The Economics of Justice* (1981)。本章中出现的关于价格理论的讨论是非常简约的，有些读者可能会因为内容过于简洁、缺乏数学论证或缺少例子而感到意犹未尽，这些读者可以参考任何当代的微观经济学书籍。目前较为推荐的有 Jeffrey M. Perloff, *Microeconomics* (7th ed., 2014); Robert S. Pindyck & Daniel L. Rubinfeld, *Microeconomics* (8th ed., 2012)。另一部经典且技术性很强的著作是 George J. Stigler, *The Theory of Price* (3d ed., 1966)。

量的成本随着产出的增加而减少——会破坏"完全竞争"模型的这一假设，尤其是在企业必须获得庞大的市场份额才能享有规模经济优势的情况下。

决定价格的最重要的机理是供求定律。在任何市场中的产品定价都取决于市场供给的产品数量与边际消费者（marginal customer）愿意支付的金额之间的关系函数。如果供给不是无限的，市场会根据个人支付意愿的高低在不同消费者之间配置产品。例如，如果世界上所有的钢厂每年仅能生产 1 000 磅钢铁，那么买家可能会为购买钢铁而不得不支付高价，这些钢铁自然会被卖给出价最高的那些买家。钢铁的价格将取决于市场中边际客户的支付意愿，即买家愿意为第 1 000磅钢铁支付的金额。也许牙齿整形医生愿意以每磅 3 000 美元的价格购买所有的钢材，因为定价高达 800 美元的支架中仅需使用半盎司钢铁原料。在这种情况下，没有钢铁会以低于 3 000 美元的价格成交。然而，如果钢材供应量增加了1 000 倍，那么市场上充斥的钢材可能会远远多于全部牙齿整形医生的需求，这时，钢材的价格就会下降，以便市场可以吸纳额外的买家，他们也愿意支付高价，但达不到每磅 3 000 美元的程度。

随着越来越多的钢铁被生产出来，市场价格必然会进一步下降，以触动"保留"价格（"reservation" prices）* 较低的客户。保留价格是某位消费者愿意为某一产品支付的最高金额。由于钢材的价格下降，那些保留价格非常高的顾客，比如牙科整形医生，也可以以较低的价格买到所需的钢材。在"完全竞争"经济模型中，所有的交易都会以相同的价格达成，即使不同的消费者群体具有差异悬殊的保留价格。如果卖家试图向牙齿整形医生收取每磅 3 000 美元、但向汽车制造商只收取每磅 3 美元，卖家的如意算盘将因"套利"（"arbitrage"）的存在而落空。套利指的是，如果汽车制造商以每磅 3 美元的价格从卖家手里购买钢材，那么它们就会立即以高于每磅 3 美元、但低于每磅 3 000 美元的价格转手卖给牙齿整形医生。如果所有的买家都拥有关于市场的全部信息（complete information），那么无论他们各自的保留价格如何，他们所支付的价格都将是相同的。市场最终达到的这种状态被称为"均衡"（"equilibrium"）状态。①

假设市场上有 100 个钢铁销售商，每个卖家都希望赚到尽可能多的钱，每个买家（无论他们的保留价格是多少）都想以最低的价格购买钢材，那么市场上将会有多少钢材被生产出来，价格又会是多少呢？

图 1 说明了完全竞争市场如何达到均衡状态，或者说供需双方如何完全达到平衡点，除非市场条件受到扰动，否则该平衡点不会发生变化。该图描绘出了单一产品的市场需求曲线（D）和市场供给曲线（S）。由于价格和产量通常都是正

＊　保留价格是指买方所能接受的最高价格或者卖方所能接受的最低价格。——译者注

①　然而，在现实市场中，价格歧视，或从一组客户处获得比从另一组客户处更高的利润，既是可能的，也是常见的。见本书第 14.1～14.3 节。

数，因此只需要绘出标准纵横轴图的右上象限。其中，纵轴表示价格，随着价格向上移动，其从 0 开始增加。横轴表示产出量（或数量），当从原点向右移动时，产出量（或数量）从 0 开始增加。

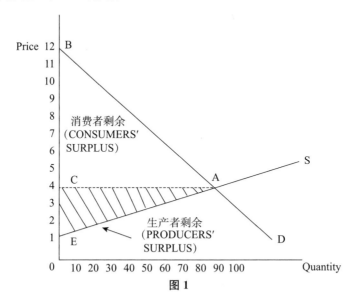

图 1

图 1 显示，在数量或产出量较低的情况下，市场价格相对较高。由于生产出来的产品单位很少，因此仅有具有高保留价格的买家愿意购买产品。卖家将根据其产量获得巨额利润。利润——即收入（价格乘以销售数量）减去成本，通过在任意点上的供给曲线与需求曲线之间的垂直距离来表示。供给曲线本身即包括"竞争性"（"competitive"）利润或者说"正常"（"normal"）利润。供给曲线与需求曲线之间的任何垂直距离则被称为"经济"（"economic"）利润或者说"垄断"（"monopoly"）利润。这些利润超过了完全竞争行业所赚取的利润，也超过该行业对维持投资所需的利润额。

如果单位产出的利润非常高，那么当产出量极低时，会产生两大影响。首先，已进入市场的卖家因受到高额利润的激励而提高产量。假设当前产出量为 20 个单位，生产成本约为 2 美元，但价格约为 10 美元，则公司每多生产一个额外单位将为其带来 8 美元的经济利润。其次，出于同样的原因，新公司将进入该市场，因为富有资金的投资人总是在不断地寻求预期回报最高的市场机会。

图 1 显示了一条向右上方倾斜的供给曲线。如果供给曲线是水平的，则意味着在所有市场产出水平上生产额外一单位的产品的成本是相同的。但是，这并非现实世界的常态。随着企业产品产出量的增加，生产最后一个单位产品的成本可能会上升。新增加的产出不得不使用那些边际成本更高（对生产者吸引力较低）的资源。例如，第一批钢铁的精炼和生产会采用最便宜的铁矿石作为原材料。然

而，随着钢铁产量的增加，这些公司不得不转向边际效用下降的铁矿石原料。与之类似，先进入市场的钢厂会购买市场中现存铁矿石中最好的那部分储备，而后进入的钢厂则不得不采购那些边际铁矿石储备。随着市场的发展，钢厂开发、利用的铁矿石原材料的边际成本会越来越高，生产钢材的成本随之将会不断上升。[①]

随着市场产出量的增加，市场价格将会下降，这是因为生产厂商必须吸引那些保留价格较低的买家来消化增加的这些产量。市场最终将在 A 点达到稳定状态。在 A 点左侧的供给曲线上的任何一点，产出每增加一个单位就会给生产者带来正数的经济利润——即增加的收入大于生产该单位产品的成本。如此一来，则至少有一家厂商会增加产量，或者至少有一家新的厂商会进入市场并开始提供产品。此过程将一直持续下去，直到供给曲线和需求曲线相交的那个点时为止。

相反，如果产出水平位于 A 点右侧的供给曲线之上，那么至少有一些钢材的生产成本高于其市场价格，或者说市场供给量相对于需求量出现了剩余。在这种情况下，效率最低的公司将被迫退出市场，或者一些企业将不得不关闭其效率最低的矿山和工厂，或者减少其产量，直到向市场供应的产品数量回落到供给曲线与需求曲线的交叉点——A 点。市场总是不断地重复上述过程，向"均衡"状态移动和回归。

如上所述，在完全竞争市场中，所有买家支付的都仅是市场价格，即使他们个人愿意支付的保留价格比市场价格更高，也无须支付高价。买方保留价格与其实际支付的价格之间的差额被称为"消费者剩余"（"consumers' surplus"）。图 1 中消费者剩余的大小由三角形 ABC 表示。完全竞争市场总是倾向于使消费者剩余的规模最大化：只要任何一笔销售都不至于无利可图，消费者剩余就不可能大于三角形 ABC。

市场上一些企业的生产成本可能比其他企业低。它们可能拥有最丰富的矿脉或者最低功耗的能源、最低廉的劳动力或者最低水平的销售成本。斜划线阴影三角形 ACE 代表着"生产者剩余"（"producers' surplus"）：在市场竞争价格点上的生产者的总收入减去其全部成本的差值。只有在边际的这一点上，厂商获得的利润才为零。这样的一家边际厂商是市场上成本最高的厂商，最高成本意味着当产品以市场竞争价格出售时，该厂商仍然能够获得市场竞争回报率（competitive rate of return）。如果市场朝着对卖方不利的方向发生变化，那么这家边际厂商很可能是第一家或者首批破产的公司。

图 1 中的供需曲线有着无穷无尽的各种变体。该图显示它们为直线，代表随着价格的下降，产品的需求量以均匀的速率增加。并且，随着产出的增加，生产

　　[①]　如果这些成本差异是由其他公司新进入市场所导致的，那么它们通常由整条供给曲线的移动来显示成本的增加。如果它们是由单个公司或一些公司群组的成本增加所导致的，它们通常由斜率增大的向上倾斜的曲线来显示，如图 1 所示。

成本以均匀的速率上升。但是，在大多数市场中，这两条曲线是非线性的，并且常常可能是非常不规则的。将它们描绘成直线是一种有用的分析方法，这种简化通常不会影响分析结论。

供给弹性（elasticity of *supply*）反映的是产品价格变化与产出量变化之间的相互关系。随着产品价格的上涨，更多的产品将会被生产出来，因为现有的厂商将增加产量，或者新企业将进入市场并开始投产。供给弹性是通过价格的百分比变化所导致的供给量的百分比变化来衡量的。例如，如果10%的价格上涨能促使供给量增长30%，则该市场的供给弹性为3。如果30%的价格上涨能使供应量增长15%，则该市场的供给弹性为0.5。供给弹性是一个正数。

对于反垄断政策而言，不仅要考虑供给的绝对弹性，还要考虑供给量随着价格上涨而增加所需的时间。假定市场的供给弹性为3——这是非常高的数值，意味着如果价格上涨10%，市场供给数量将增长30%。但是，同时假定建设使产量增长30%的新工厂需要10年的时间。虽然试图将其价格提高到垄断水平的卖方在10年后终将失去那些因竞争对手增产而带走的销售额，但在10年内的建厂时期内，卖方仍然能够获得丰厚的垄断利润。进一步而言，建设新工厂所需的费用和时间客观上可以为市场的现有厂商采取某些"战略"措施打开方便之门。例如，如果潜在的竞争对手知道现有厂商拥有大量的过剩产能、并且可以随心所欲地增加产出量和降价，那么对这些有意进入市场的潜在厂商而言，该市场就是毫无吸引力的，因为巨额的投资和长期的等待换来的却是不确定的投资回报。

时间在反垄断分析中的重要性源于政策制定者必须关注市场中的短期错位（dislocation）。我们可以料想，所有的市场最终都将变得充满竞争，但反垄断法关心的是如何促使这一情况尽早发生。这种政策倾向并不是反垄断法所特有的。例如，如果我们只考虑长期趋势的话，我们在竞争市场中甚至不需要合同法。因为从长期来看，违约的失信公司将会丧失与那些拥有其他替代交易对手的买家和卖家的交易机会。类似地，从长远来看，我们所有人归根结底都会走向死亡，但是，这一事实并不阻碍国家保护公民免受杀人凶手的侵害，或者确保我们能够获得良好的健康医疗和保健服务。

之前关于供求关系的讨论是建立在市场不受外部因素变化影响的基础上的。然而，如果相关消费者的收入上升或者下降、新技术的出现致使产品更新换代，或者国家陷入战争状态，则无论实际的供给或者生产成本处于什么水平，对任何商品的需求都可能上升或者下降。在这种情况下，市场价格和产出水平就不再是沿着需求（或者供给）曲线而移动，而是曲线本身就会发生位移。例如，电子计算器的发明对滑动尺（一种机械计算器）的生产成本或者滑动尺生产商的生产能力均没有影响，然而，当电子计算器问世时，市场对滑动尺的需求急剧下降了。

供给曲线也会像需求曲线那样发生位移。在硅芯片中植入微处理器的发明成百倍地降低了制造计算机的成本，其结果是，20 世纪 90 年代计算机的新的供给曲线在图中的位置远远低于 20 世纪 60 年代的供给曲线，而均衡产出（equilibrium output）则高得多。

1.1b. 竞争企业的行为

我们已经讨论了包含有多家厂商的竞争市场，现在我们可以进一步探讨这些厂商在该竞争市场中的个体行为。我们假设存在一个拥有大量卖家的市场，新卖家进入这个市场是相对容易并且可以在短时间内完成的，那么，在这个市场中，每个个体厂商将如何决定其产出及价格水平呢？

即使钢铁市场的均衡价格为每磅 3 美元，仍有个别买家，例如牙齿整形医生，其接受的保留价格远高于 3 美元。假设个别公司试图把价格定在高于 3 美元每磅的水平之上（例如 4 美元），牙齿整形医生肯定愿意支付 4 美元，但如果他们以每磅 3 美元的价格就能买到，他们显然更乐见其成。当存在具有 100 家厂商的市场中，有一家公司试图收取 4 美元时，某位知道"应然"价格是 3 美元的买家就会在市场上寻找其他的卖家。在一个完全竞争市场中，所有买家都拥有全面的价格信息，所有的卖家都将是"价格接受者"——他们只能接受给定的市场价格。没有哪一单个厂商的规模足以影响总产出量或者市场价格。因此，个体厂商可以以市场价格自由地决定自己愿意出售的产品数量，但如果它试图收取更高的价格，则将失去所有的销售。

完全竞争者（perfect competitor）面临的情况可以用两种方式来表示。首先，厂商面临着完全水平的需求曲线，如图 2 所示。对于完全竞争者而言，市场价格在所有的产出水平下都是相同的。换言之，个体竞争者面临着极高的供给和需求弹性（elasticities of supply and demand）。只要嗅到非常小幅的价格上涨气息，其他供应商将会立即向价格提升者的客户提供替代产品，其结果是所有的客户都将转而购买这些替代产品，最终提价的公司将失去其所有的销售。

因此，我们必须将整个*市场*的供给和需求弹性（*market* elasticities of supply and demand）与个体*厂商*的供给和需求弹性（individual *firm* elasticities of supply and demand）区分开。除了纯粹的垄断者（其产出量就是整个市场的产出量）之外，个体厂商面临的供给和需求弹性高于整个市场的。这是因为，在市场中，产品替代是更为容易和快速的。如果市场中存在 100 个生产完全相同品质钢材的厂商，那么 A 厂商生产的钢材与 B 厂商生产的钢材就无法区分，与 C 厂商生产的钢材也无法区分，以此类推。客户对从哪个生产厂商购买钢材是完全无所谓的，这一事实意味着，如果 A 厂商试图提高价格的话，客户会立即转向 B 厂商或者 C 厂商寻求货源，而与此同时，B 厂商或者 C 厂商会很乐意提供这些钢材。

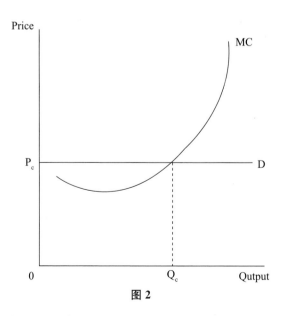

图 2

在完全竞争市场中，厂商对于定价几乎没有自主决定权，然而，它们却有权决定要生产多少产品。即使在只有单一市场价格的完全竞争市场中，不同厂商的规模也各不相同，并且生产不同数量的产品。

个体竞争者的产出决策是其边际成本的函数。边际成本是企业在生产一个额外单位产品时需要付出的额外成本。理解边际成本的最佳方法是考虑几个相关的成本曲线。单个厂商的成本可分为固定成本和可变成本两大类别。固定成本是那些在短期内不会随着产出量变化而变化的成本，短期指的是某一段有限的时间，通常比工厂的生命周期短。土地成本、不动产税、管理人员工资、工厂和耐用设备的投资通常都归属于固定成本这一类别。一旦资金被投入固定成本的项目中，无论工厂是否实际投产，这些钱都必须支付，并且这部分成本不会随着工厂实际生产产品的数量变化而发生变化。

相反，可变成本是随着产出量变化而变化的成本。对于钢铁厂来说，铁矿石和其他原材料的成本是可变成本，冶炼炉燃烧的燃料、工人的小时工资和运费也是如此。如果一家厂商的产量增加 10%，那么所有上述项目的成本都会上升，因为公司必须加大采购规模。工厂、耐用设备的成本和总裁的工资很可能会保持不变，不过，从长远来看，即使是这些"固定"成本也必须被考虑成可变成本，因为工厂和耐用设备最终也会报废，需要更新换代。在那时，厂商将决定是增加产能、减少产能，还是停产歇业。

固定成本和可变成本通常以每单位产出的成本来表示，如图 3 所示。"平均固定成本"（average fixed cost，AFC）是总固定成本除以总产出量计算得到的。由于总固定成本是一个常量，因此平均固定成本将随着产出量的增加而下降。

"平均可变成本"（average variable cost，AVC）是总可变成本除以总产出量计算得到的。平均可变成本曲线的轨迹更为复杂。每个建成投产的工厂都存在特定范围的产出区间，在这个区间内生产效率最高。例如，对于一家设计年产量为80～100 单位的工厂而言，当产出量被控制在该范围内时，其运营成本是最低的。如果产量降至 50 个单位，则工厂的效率将降低，单位产出量的成本将上升。因此，AVC 曲线在低产量区间会高于该曲线的最低点。一个简单的例子是，对于高炉而言，无论是满负荷运行，还是仅使用一半的容量进行冶炼，所需要的加热量都是相同的。同样的原则通常在产出水平超过工厂的"最优产能"时也同样适用。例如，设计产量为每周生产 80 个单位的工厂，可能只有在支付工人双倍加班工资的情况下才能将产量提高到每周 100 个单位，或者只有在超过使故障率最低的最高负荷水平的情况下运行设备才能达到该产量。因而，随着产出量的增加，AVC 曲线在越过最低点后向右侧进行时，会随着产出量的增加而上升。

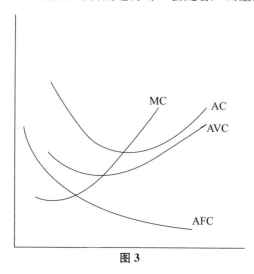

图 3

工厂的平均可变成本曲线（AVC）倾向于呈 U 形。在产出量向工厂的"最优产出"点趋近时，平均可变成本逐渐下降。当产出量处于工厂设计最优产出水平时，AVC 处于最低点，当工厂的产出量超过最优产出水平后，AVC 曲线会重新上升。AVC 曲线通常具有相对平坦的底部，因为许多工厂的最优效率的产量区间的范围是相当宽的。

在图 3 中的 AVC 曲线上方是平均总成本（average total cost，AC）曲线，通常称为平均成本（average cost）曲线，它是固定成本和可变成本的总和除以产出量的结果。由于所有的成本要么是固定成本、要么是可变成本，因此 AC 曲线代表着厂商生产产品的总成本。因而，AC 曲线对于确定厂商的盈利能力非常重要。为了获得盈利，厂商获取的每单位平均售价必须等于或者大于每单位平均成本（AC）。AC 曲线的形状大致类似于 AVC 曲线，不过两条曲线会随着产出量的增加而收敛。[①]

如前所述，边际成本是企业每生产一个额外单位产品时产生的额外成本。[②]由于公司在短期内不会因扩大产量而导致固定成本上升，因此边际成本仅仅取决于可变成本。边际成本（marginal cost，MC）曲线比平均可变成本曲线呈现出更大幅度的上升和下降，因为边际成本曲线仅考虑增加单位产出时额外成本的增加。相比之下，平均可变成本（AVC）曲线的变化差异由全部产出量所均摊。[③]重要的是，边际成本曲线总是与平均可变成本（AVC）曲线的最低点相交。花一分钟思考一下以下这个例子，就可以很好地解释这个现象。假设你想计算美国联邦最高法院 9 名大法官的平均身高，你已经成功地收集到了其中 8 位大法官的数据，并计算出他们的平均身高为 6 英尺。现在，你找到了第九位大法官，如果他/她恰好身高 5 英尺 3 英寸，此时平均身高会下降。但如果第九位大法官身高是 6 英尺 7 英寸，那么平均值就会增加。平均值的上升或者下降取决于那名"边际"大法官的身高。只要边际大法官的身高低于平均水平，平均值就会下降；而一旦边际大法官的身高高于平均水平，平均值就会增加。*

竞争厂商该如何作出生产决定呢？假设市场价格为每单位 100 美元。按目前的产出水平计算，某厂商的边际成本仅为每单位 60 美元。也就是说，如果它生产一个额外的单位产品，将支付 60 美元的额外成本，该额外单位的生产将带来 40 美元的利润。作为一家追求利润最大化的理性厂商，该公司就会增加一个单位的产量。但是，假设该厂商在当前产出水平下的边际成本为 120 美元，这时，如果它少生产一个单位，它将节约出 120 美元的成本。在这种情况下，最后一个单位的生产将导致 20 美元的亏损，公司可以选择减少生产这一个单位来多赚 20 美元（或者说避免 20 美元的损失）。

重新回顾图 2，看看竞争厂商所面临的边际成本曲线与需求曲线之间的关系。厂商将始终努力以其边际成本等于市场价格的产出水平进行生产。如果产出

---

* 边际成本曲线之所以总是会与平均可变成本曲线在平均可变成本曲线的最低点相交，是因为当边际成本低于平均可变成本时（即边际成本曲线位于可变成本曲线下方），每增加一单位的成本仍然会使得平均可变成本下降，直到两条曲线相交为止，此时边际成本等于平均可变成本；而当边际成本高于平均可变成本时（即边际成本曲线位于可变成本曲线上方），每减少生产一单位仍然会使得平均可变成本下降，直到两条曲线相交为止。因此，边际成本曲线必然会与平均可变成本曲线在平均可变成本曲线的最低点相交。——译者注

① AC 曲线和 AVC 曲线收敛的原因是：AC 等于 AVC 和 AFC 在垂直方向之和。而随着产量的增加，AFC 会不断地减少，越来越接近于零。

② 或者说，$MC = AC_j - AC_i$，其中，产量 i 和产量 j 相差一个产量单位。在短期内，$MC = AVC_j - AVC_i$ 也是正确的，也就是说，短期边际成本仅仅由可变成本所决定。

③ 例如，假设 100 个单位的平均可变成本是 3，并且在该点上边际成本是 6。当第一百零一件产品被生产出来的时候，边际成本是 6，但平均可变成本仅仅轻微地增加到 306/101，也即 3.029。

超过这个数量，它可以通过减少产出来增加利润。如果产出少于这个数量，它可以通过增加产量来增加利润。图 2 中的竞争产出水平（competitive rate of output）即为 Qc。

虽然市场价格可能在某些产出水平时低于厂商的平均总成本，但该厂商不一定会停止生产。这是因为固定成本可能已经"沉没"——也就是说，如果厂商倒闭，可能无法回收这部分成本。进一步而言，无论工厂是否运行，厂商都必须付出固定成本。因此通常而言，只要市场价格高于其平均可变成本，厂商就能够减少损失，那么它就将持续生产。然而，当工厂设备老化并需要更新换代时，厂商可能会决定停业，或者建造更高效的工厂。

完全竞争市场通常被认为是"有效率"（"efficient"）的，因为这类市场以等同于生产成本的价格为消费者提供商品。因此，竞争可以促使社会生产的商品的总价值最大化。在竞争市场中，没有哪一单个厂商拥有减少商品供给量的市场力量，也没有哪个厂商拥有将价格提高到市场价格水平以上的市场力量。

现实世界不存在完全竞争市场，甚至许多市场连接近完全竞争都谈不上。厂商常常努力提供与其他厂商形成差异化的产品，其结果是，顾客不再对卖家是谁漠不关心。有关市场状况的信息总是不完美的，这使许多交易以不同于市场价格的其他价格达成，也即并非所有的交易都能以社会价值最大化的价格达成。[①]"规模经济"——大厂商具有以低于小厂商的成本进行生产的能力——可能导致市场中所容纳的卖家少于该市场达致完全竞争状态时所需要的卖家数量。[②] 简而言之，就像所有科学模型一样，完全竞争市场模型在现实世界中也只能以不完美的状态出现。尽管如此，完全竞争市场模型仍然能够为反垄断政策制定者在预先判断某项行为的后果或者某些法律规则的执行效果方面起到非常重要的作用。

第 1.2 节　垄　断

1.2a. 受保护的垄断企业的价格和产出

垄断者——在特定市场上唯一的商品提供者——面临着与完全竞争者完全不同的价格和产出决策选择。为了方便分析，首先，我们假设市场中只有一家厂商，其需求曲线因此与整个市场的需求曲线相同。其次，在这一简化的市场模型中，我们假设垄断者不需要担心新的竞争对手进入市场。这些假设通常不适用于

---

① 一般而言，消费者搜索价格和市场的相关信息的成本越高，他们所达成的交易就越有可能不太理想。因此，在搜索成本相对于产品价值较高的市场中，价格往往差异较大。See George J. Stigler, "The Economics of Information", 69 *J. Pol. Econ.* 213 (1961); George J. Stigler, *The Theory of Price* 2 - 6 (3d ed., 1966).

② 参见本书第 1.4a 节。

实践中多数反垄断诉讼中出现的事实上的"垄断者"。反垄断诉讼中的"垄断者"是一个具有支配地位的厂商（dominant firm），但市场中可能还存在着一些富有竞争力的"边缘"（"fringe"）小企业。[①] 再次，反垄断诉讼中的垄断者通常不具有阻止他人进入市场的法律权利。如果放宽任何简化市场模型的假设条件，垄断者将面临一定程度的竞争，并会相应地改变其行为。[②] 但是，无论真实世界情况如何，如果我们假设垄断者拥有100％的市场份额且不用担心竞争对手进入市场，那么它将会出售多少商品，又会如何定价呢？

垄断者拥有一种完全竞争市场中竞争者所不具备的力量。如果垄断者减少产出，市场总产出量将下降，因为垄断者是市场上唯一的生产者。随着市场总产出量的下降，市场出清价格（market-clearing price）将上涨。因此，与完全竞争者不同，垄断者可以通过减少产出来获取更高的商品单价。

但是，垄断者不可能无限制地提高价格。即使是牙齿整形医生也可能不愿意为每磅钢铁支付超过3 000美元的成本，如果价格进一步上涨，他们将改为使用白银或者其他替代品。

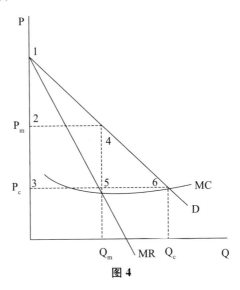

图4

图4显示了边际收益（marginal revenue，MR）曲线，它表示垄断者在生产一个额外单位产出时所获得的额外收入。如图4所示，垄断者面临的边际收益曲线比需求曲线更"陡峭"，这是因为垄断者必须以相同的价格出售所有的产品，

因而，边际收益曲线不仅表明因市场产出的增加而降低了市场出清价格（这是需求曲线所显示的价格），而且表明所有产品单位因单价减少而导致的销售收入之和的下降，而不仅仅是增量单位产品价格的下降。在产出水平仅为一个单位时，产品价格是 20 美元，卖方的边际收入——生产一个单位产品获得的收入金额与生产零单位产品获得的收入金额之间的差额——也是 20 美元。当产出增加到 2 个单位时，价格降至 18 美元。但是，垄断者必须以 18 美元的同样的价格出售第一个和第二个单位的产品。虽然价格只下降了 2 美元，但边际收入却下降了 4 美元——因为每个单位产品的收入都下降了 2 美元。持续进行该过程则最终形成了图 4 中的 MR 曲线。

追求利润最大化的垄断者，就像追求利润最大化的竞争者一样，将会持续扩大生产，直到生产额外的一个单位产品的额外成本比所获得的额外收入更多为止。这一产出水平即为图 4 中的点 Q_m，而此时的销售价格为 P_m。如果垄断者将产出扩大到超过 Q_m 的水平，则 MR 曲线显示的额外收入将小于边际成本曲线（MC）所示的额外成本。P_m 被称为"垄断价格"（"monopoly price"），或者被称为垄断者的"利润最大化价格"（"profit-maximizing price"）。

对于完全竞争市场中的竞争者而言，其边际收益曲线与需求曲线相同，因此其边际收益与市场价格相同。[①] 相反，对于垄断者而言，其边际收益曲线与边际成本曲线相交于边际成本曲线与需求曲线交点的左侧。垄断者的产出量会低于同一市场条件下完全竞争者的产出量，而其追求利润最大化所设定的价格则更高。

垄断者的市场力量（market power）是其产品需求弹性的函数。如果在竞争性价格（competitive price）上开心果的需求弹性很高，就意味着消费者会对价格的变化十分敏感。如果开心果的价格上涨得过快，许多消费者就会转向购买其替代品，如杏仁或者腰果。在这种情况下，竞争性价格与垄断者利润最大化价格之间的"差价"将相对较小。但是，如果需求弹性较低，那么消费者认为该产品几乎没有什么很好的替代品，垄断者则能够在不失去太多销售额的情况下收取更高的价格。

市场力量也可以直接根据厂商的需求价格弹性来衡量。对这些公式将在第 3.1 节中讨论。这些公式分析了对市场力量进行评估的有关变量。

1.2b. 买方垄断；产出效应；对政策的启示

卖方垄断的对立面是"买方垄断"（"monopsony"）。买方垄断指的是垄断者一方是买家而不是卖家。尽管在大多数滥用市场力量的违反反垄断法的诉讼

---

① 之所以如此，是因为在市场竞争环境下，市场价格在所有产出量水平下保持恒定。例如，如果价格是 20 美元，竞争环境下的厂商不管选择什么样的产出量水平，每一件额外销售的产品产生的额外收入都是 20 美元，也即边际收入将保持恒定值 20 美元。

中，涉及的都是卖方垄断而非买方垄断，但与卖方垄断相似，买方垄断也会引起社会成本的增加。[1]

通过减少对产品购买的需求，买方垄断者可以迫使供应商以低于竞争市场的价格向其出售产品。有些人对这个结论提出了质疑：如果供应商被迫以低于其平均成本的价格将商品出售给买方垄断者，那么供应商的经营就难以为继，并且，在充分竞争市场中，价格会最终趋向于供应商的平均成本。买方垄断者能否真正迫使供应商持续以亏损价格向其进行销售呢？

买方垄断的重要政策性意义在于它通常会减少而不是增加买方垄断市场的产出量。许多法官都没有意识到这一点。基于反垄断法的消费者福利原则，或者反垄断政策的中心目标应该是低价格的观念[2]，法院经常认为买方垄断并不是反垄断政策关注的重点。例如，在 *Balmoral* 案中，摆在法院面前的案件事实是，多家影院经营者彼此订立协议，约定在购买电影影片时禁止相互之间进行竞争投标。[3] 由此一来，它们实际为购买影片所支付的价格就低于它们进行正常竞标时本应支付的价格。法院认为，这样的协议可以降低消费者观影的价格，因此该协议可能"服务于而不是损害了消费者的福利"[4]。同样，在 *Kartell* 案中，联邦第一巡回法院拒绝认定某提供身体疾病险的保险公司的保险服务构成垄断。在该案中，被控的保险公司设置了其愿意为被保险人的治疗服务支付的最高价格。[5] 法院认为，"这里讨论的价格是低价，而不是高价……颁布《谢尔曼法》的国会将该法视为一种保护消费者免受过高价格侵害而非过低价格影响的途径"[6]。

这些判决实际上暗示，买方垄断者通常能够将其较低的成本传导给消费者，但事实并非总是如此。买方垄断者通过减少购买量来降低购买价格。如果购入的量与该垄断者的产出量是成固定正比的，则其产量也必然减少。这将导致两个方面的后果：（1）如果买方垄断者销售其成品的市场属于竞争市场，则其仍然会向消费者收取相同的价格，但其产出水平将低于当它是完全竞争购买者（competitive buyer）时的水平；（2）如果买方垄断者销售其成品的市场属于垄断（或卡特尔）市场，则其实际上将会收取比它是完全竞争性购买者时更高的价格。

---

[1] 关于买方垄断的详细的、可读性较强的法经济学研究资料，see Roger d. Blair & Jeffrey L. Harrison, *Monopsony：Antitrust Law & Economics* (2d. , 2010)。关于买方卡特尔的法经济学分析，see 12 *Antitrust Law* ¶¶ 2010—2015 (4th ed. , 2019)。

[2] 见本书第 2.2～2.3 节。关于"消费者福利"的准确含义，见本书第 2.2d 节。

[3] Balmoral Cinema v. Allied Artists Pictures Corp. , 885 F. 2d 313 (6th Cir. 1989).

[4] 同上一条注释，at 317。法院维持了下级法院对陪审团的指引，适用合理原则，并作出了对被告有利的判决。

[5] Kartell v. Blue Shield (Mass.) , 749 F. 2d 922 (1st Cir. 1984)，最高法院提审动议被驳回，471 U. S. 1029，105 S. Ct. 2040 (1985)。

[6] 同上一条注释，at 930 - 931。

让我们考虑一个例子。某个铝的垄断制造商同时也是铝土矿市场的买方垄断者。铝土矿是生产金属铝的一种原材料，当与其他成分混合时，1 吨铝土矿可以生产得到 2 吨成品铝。在竞争性市场中，每吨铝土矿的售价为 25 美元，并且该生产商将购买 1 000 吨，用于制造 2 000 吨成品铝。成品铝则将以每吨 80 美元的垄断价格出售。然而，在买方垄断的铝土矿市场中，买方垄断者（同时是成品铝市场的卖方垄断者）将铝土矿的购买数量减少到 700 吨，购买价格压低到每吨 20 美元。如果它使用铝土矿和其他原材料混合生产铝的比例仍然固定为 1 吨铝土矿可生产 2 吨成品铝，那么它还必然会将铝的产量减少到 1 400 吨。在这种情况下，铝的市场出清价格（clearing price）将上涨至假定的 105 美元。简言之，即使买方垄断者（同时是卖方垄断者）以较低的价格购买原材料，较低的产出水平也将导致较高的而不是较低的转售价格。如果买方垄断者（同时是卖方垄断者）可以改变每吨成品铝所需原料铝土矿的比例，那么情况就会变得更加复杂。但总的来说，有两件事情是肯定的：首先，成品铝的价格不但不会下降，反而在任何情况下几乎肯定会上涨；其次，消费者在同等条件下并不能得到他们在竞争性市场中可以获得的成品铝。[1]

我们可以从前面的讨论中推导出两个结论。首先，买方垄断是一个重要的反垄断问题，与卖方垄断一样会造成消费者福利的损害。的确，我们不应该认为买方垄断者为原料支付的较低价格会以较低转售价格的方式传导给消费者。其次，反垄断政策制定者必须区分由于降低交易成本或消除上游市场垄断力量而导致的较低的购买价格，与由于买方垄断导致的较低的购买价格。例如，如果大买家能够通过降低交易成本来获得更低的购入价格，该买家通常会购买更多而不是更少的原料[2]，其结果将会降低转售价格，即便该买家转售产品所在的市场是垄断市场。

针对买方垄断的主要政策难点在于，如何区分由交易成本降低或者消除上游垄断所导致的有效率的低购买价格，与由买方垄断导致的低效率的低购买价格。问题最大的领域是联合采购，它为极大地节约成本创造了条件，但也可能便利了买方实施固定价格的垄断行为。[3] 在这种情况下，决策者应该探究被告的管理者们是鼓励联合体的成员购买尽可能多的产品（这通常与买方固定价格的实践相悖），还是鼓励它们压制其购买行为，后者是非常可疑的。另一个存在严重的区分问题的领域是所谓的掠夺性购买（predatory buying），当一个在其购买市场中

---

① 更偏技术化的解释，see Roger d. Blair & Jeffrey L. Harrison, *Monopsony in Law and Economics*, Ch. 3 (2d ed. ，2010)。

② 例如，见 Northwest Wholesale Stationers v. Pacific Stationery & Printing Co. ，472 U. S. 284，105 S. Ct. 2613 (1985)，联邦最高法院指出联合购买在大多数时候都是有效率的——法院可以通过衡量企业在所采购产品的市场中所占的份额来评估这一主张。

③ 参见 13 *Antitrust Law* ¶ 2135 (4th ed. ，2019)。

占支配地位的公司抬高收购价格，以便将营利能力较弱的直接竞争对手赶出市场时，就会出现这种情况。在 *Weyerhaueser* 案中，联邦最高法院认为，判断掠夺性购买的构成要件与判断掠夺性定价的测试方法相同，即以低于成本的价格销售，以期待在将来的买方垄断回报期内通过垄断定价收回掠夺性定价期间的成本。[①]

当前，尽管有些亡羊补牢的意味，但反垄断学者正在研究劳动力市场的垄断问题——或者说雇主据以压低雇员薪酬的市场力量及其行为后果。以下问题确实是真实存在的：工资的增长并没有跟上资本投资回报增长的步伐。其结果是，工人从整个社会经济增长中分享到的份额越来越小。这使反垄断政策制订者应当更为密切地关注压制工资水平的各种限制行为。[②]

1.2c. 事实上的垄断者

本节对垄断的分析植根于两大假设之上——首先，假设垄断者拥有100％的市场份额；其次，假设其他厂商进入该市场是不可能的。这种垄断确实存在于现实世界中，但其中绝大多数是受到价格管制的公用事业领域，例如电力行业。关于法律承认此类"自然垄断"的正当性，将在下文第1.4节中讨论。大多数反垄断政策针对的都是事实上（*de facto*）的垄断者（真实世界中的垄断者），这种垄断者的产生并非基于行业管制的法律创设。事实上的垄断者通常在相关市场中无法占据100％的市场份额，但有可能接近该数值。此外，事实上的垄断者还会面临新厂商进入市场的可能性。

一旦放宽这两种绝对垄断的假设前提，分析垄断者的产出决策和价格决策就变得更加困难了。真实世界中的垄断者的行为模式很有策略性（strategically）。在作出价格或者产出决策时，它要么考虑竞争对手的当前产量，要么试图预测小竞争者或者潜在竞争者的下一步反应。它还可以制订关于价格和产出量水平的战略，目的是消除市场上的竞争对手或者潜在竞争者。反垄断法的许多规定都力图调整事实垄断者试图扩大或者保护其垄断地位的战略决策。

无论公司作出何种决策，它都很可能总是在试图实现其利润的最大化。也就是说，一个厂商的垄断利润不仅取决于其在任何时刻的盈利规模，也取决于盈利持续的时间。因此，我们所说的是"短期"利润最大的、位于边际成本和边际收益交点的价格，最大限度地增加了垄断者此时此刻的利润。但我们也可以分析使

---

① Weyerhaeuser Co. v. Ross-Simmons Hardwood Lumber Co., Inc., 549 U. S. 312, 127 S. Ct. 1069 (2007). 关于本案的讨论见本书第8.10节。

② 见 Ioana Marinescu & Herbert Hovenkamp, "Anticompetitive Mergers in Labor Markets", 94 *Ind. L. J.* 1031 (2019); Suresh Naidu, Eric A. Posner & Glen Weyl, "Antitrust Remedies for Labor Market Power", 132 *Harv. L. Rev.* 536 (2018). 相关的经济分析，见 David Autor, et al., "Concentrating on the Fall of the Labor Share", 107 *Am. Econ. Rev.* (Papers & Proc.) 180 (2017).

垄断厂商"长期"利润最大化的价格，它将垄断利润的持续时间也考虑在内。后者的价格通常会明显低于前者。

第 1.3 节　反垄断政策与垄断的社会成本

1.3a. 静态的垄断与动态的垄断化

社会成本是社会因特定交易而遭受的净损失，社会效益则是净收益。如果 A 给 B 100 美元，B 增加了 100 美元，而 A 减少了 100 美元，如果不考虑交易本身的成本，这种"转移支付"既不会产生社会成本，也不会产生社会效益。相反，如果 A 以 100 美元的成本生产出了对于 B 来说价值 150 美元的产品，那么整个社会比以前富裕了 50 美元。B 可能会为该产品支付 150 美元。在那种情况下，B 的财富既不会增加也不会减少，因为他对这件产品的估值与其支出的代价是一样的。但是 A 的财富会增加 50 美元，因为他/她的成本只有 100 美元。或者反过来，如果 A 以 100 美元的价格出售这个产品，A 的处境既不会更好也不会更差，但 B 的财富会增加 50 美元。

如果 A 坚持以 150 美元的价格出售，而 B 只愿意支付 140 美元，那么交易就无法达成。在那种情况下，没有人的处境会变得更好。而后，B 可以与 C 进行交易，购买在 B 眼里值 130 美元的替代品，而 C 的生产成本也许是 110 美元。成交价格将介于 110 美元到 130 美元之间。然而，即使这种替代交易发生，整个社会也只会增加 20 美元的财富。后一项替代交易对 B 和整个社会来说，都不如前一项交易——B 的首选交易来得有利。

当交易损害了交易当事人以外的第三方时，则可能招致社会成本。例如，工厂的建造者不会给自己找麻烦，去和临近的居民协商是否有权污染他们呼吸的空气，尤其是当其认为临近的居民们并没有法律上的合法权利来保护他们的空气避免被污染时。由此，临近居民们的处境恶化了。有关妨害行为的普通法（the common law of nuisance）和《国家环境政策法》都试图迫使工厂"内部化"（"internalize"），也即至少承担一部分的此类成本。[①]

出于反垄断的目的，垄断的社会成本等于垄断定价和垄断行为所产生的损失，减去垄断所产生的任何社会收益。垄断化（Monopolization）——也即通过具有反竞争效果的排挤性方式来创造或者维持垄断状态的反垄断违法行为——是一个过程，而不仅仅是一种结果。我们有时会将两者区分开来，将结果称为"垄

---

① 见 42 U. S. c. a. §§ 4321 - 47；及见 Ronald H. Coase,"The Problem of Social Cost", 3 *J. L. & Econ.* 1 (1960). 关于这些变化的过程，见 Herbert Hovenkamp, *The Opening of American Law：Neoclassical Legal Thought，1870—1970*, Epilogue (2015).

断"（monopoly），而将造成这种结果的过程称为"垄断化"或者"寻租"（"rent seeking"）。对于任何试图令损害行为社会成本最小化的反垄断政策来说，无论是过程、还是结果，都应当将它们作为该行为的社会成本的一部分予以计算，从而将它们作为预防该行为的正当性理由之一。这与犯罪行为的经济学理论是相通的。例如，盗窃的社会成本不仅仅是被盗物品的货币价值——事实上，盗窃本身只是一种财富的转移，其社会成本还包括盗窃对社会造成的附带损害，以及我们因使用用来阻止盗窃的各种复杂手段所付出的成本。[①]

当然，一些创造垄断的过程是富有效率的，例如，通过研发可以形成垄断。因此，我们必须制定合适的规则，以区分那些造成垄断的行为，哪些是有害的，哪些是有益的。但这一定义或者定性的问题，与有害的排挤性行为造成的损失是否应被视为垄断造成的社会成本的问题，是完全不同的。

垄断的社会成本所带来的政策性问题，总是需要对相对的收益和损失进行权衡。任何事物都会引发某种程度的社会成本。即使是激烈的竞争，也会产生那种垄断反而可能避免的成本，例如，制作和解释竞争性投标标书的成本，又或者是生产性资产、流程的无效率重复的成本。[*] 人们总能从理论上构建出一个社会成本低于现状的体系。因此，当我们询问某些事物是否属于社会成本时，我们必须始终考虑它是"相对于什么而言的"。

反垄断法同时关注垄断化的过程，而不仅仅是关注结果，这从当初立法的规划就可以明显地看出来。调整垄断化社会关系的法律不仅要求被控行为人具备垄断地位，还要求行为人实施了一项或多项具有反竞争效果的"排挤性行为"，从而表明是那个创造垄断的过程决定了其违法性。[②] 我们谴责共谋、企图垄断、协议垄断、捆绑销售、排他性交易、企业合并和其他各种各样的行为，仅仅是因为我们认为这些行为倾向于为垄断的产生提供了便利条件。我们有时可能错误地理解了我们赖以作出判断的基本事实，甚至是我们所采用的经济学理论本身，但基本前提仍然是相同的：反垄断法的基本目标不是针对静态垄断，而是那些使垄断得以产生或者维持的多种机制（mechanisms）。实际上，反垄断法不适用"无过错"原则，无辜的垄断者仅仅以追求自身利润最大化为目的进行定价的行为，并不违反反垄断法。[③]

1.3b. 垄断造成的"无谓损失"

由于垄断者减少了产量，这迫使一些买方不得不放弃了他们首选的、本来可

---

* 这里指的成本大体上相当于无效率重复建设所招致的成本。——译者注

① 见 Gary S. Becker，"Crime and Punishment: An Economic Approach"，76 *J. Pol. Econ.* 169（1968）。

② 见本书第6～8章。

③ 见 3 Antitrust Law ¶¶ 630 - 650（4th ed.，2015）。

以为他们产生最大利益的交易，而采取了他们的次优选择，导致收益减少。重要的是，垄断者同样也没有从那些本来可以销售、但实际因涨价而未销售出去的交易中获得收入。这一在传统上被称为"无谓损失"（"deadweight loss"）的垄断损失，并非源自于消费者支付的更高价格。在纯粹的垄断模式中，消费者的损失被垄断者的同等收益所抵消，从效率的角度来看，是"中性"的财富转移。而无谓损失的产生是因为垄断迫使一部分的消费者进行不同于竞争环境下的交易，这种交易产生的社会价值低于他们原本的首选交易。比如，砖块市场的垄断可能会迫使建筑商改用铝合金壁板，即使它们更喜欢使用砖块，并且愿意为砖块支付竞争性水平的价格（competitive price）。

1.3c. 垄断的社会成本：寻租

事实上的垄断者——那些并非通过管制性法律保护来阻止新进入者的垄断厂商——必须不断排挤各种竞争者，这些竞争者会增加产出并将价格拉低到竞争水平。事实上，垄断企业的利润越高，潜在进入者就愿意为进入市场花费越多的成本，垄断者阻止它们进入市场所需的成本也就越高。

正如前一节所述，垄断者可能阻却竞争的一种方式是收取低于其短期利润最大化价格的价格。虽然对这种定价方式的深入分析是非常复杂的[①]，但其短期后果会使得"财富转移"和"无谓损失"都小于短期利润最大化定价时的水平。然而，从长远来看，这种为了阻止市场进入而进行拉低定价的方式是否会降低垄断的社会成本，取决于垄断存续期间的定价所产生的市场影响。

一家厂商也可以通过将部分垄断利润用于研发（R&D）来阻止新进入市场的潜在竞争者，从而保持行业的领先地位，并使其竞争对手难以形成紧跟态势。例如，在整个 20 世纪 70 年代，IBM 公司通过积极进取的创新战略在计算机市场中占据了支配地位。[②] 如果社会对研发产品的估值超过了产品的成本加上因研发所创造的额外垄断力量对应增加的社会成本，则研发可能会减少垄断带来的净无谓损失。尽管如此，研发的影响之一仍然是增加了竞争对手的市场进入难度。

研发支出与垄断之间的关系是充满争议的，在经济学上引发了重大争论。代表性观点一是由约瑟夫·熊彼特（Joseph Schumpeter）提出的观点，即由于研究既代价高昂、又充满风险，完全竞争市场的厂商负担不起，缺少将来可以获得大量资金回报的确定预期足以阻遏完全竞争市场中的公司进行创新。[③] Kenneth J. Arrow 所持的观点二则认为，对特定技术已经进行了既定投资的垄断者不太

---

① 见本书第 8.3b 节。

② 见 Franklin M. Fisher, et al., *Folded*, *Spindled and Mutilated*：*Economic Analysis and U.S. v. IBM*（1985）。

③ 见 Joseph A. Schumpeter, *Capitalism*, *Socialism*, *and Democracy* 106（3d ed., 1950）。

可能进行创新，因为这些创新会颠覆原有的技术。并且，垄断者也无须担心竞争对手的创新，因为它根本没有竞争对手。相反，竞争者只能获得充分竞争状态下的回报，并且不断受到因其他竞争对手创新而被逐出市场的威胁。因此，总的来说，竞争者比垄断者具有更强的创新动力。[①] 这场辩论的结果是出产了相当多的论文文献。[②] 今天，在理论和实证经济学方面已经达成了广泛的共识："创新—集中"曲线（"innovation-concentration" curve）具有倒"U"形的形状。在其中一极，真正垄断的市场并没有表现出大量的创新；而在另一极，存在大量小公司的竞争激烈的市场也没有体现出大量的创新。大多数创新都发生在集中程度偏中等的市场中。[③]

自《谢尔曼法》通过后不久，垄断与创新之间的模糊关系在判例法中就已经明显表现出来了。在 *American Can* 案[④]中，法院所面对的被告抗辩是，合并所产生的垄断应该得到保护，因为垄断者可以承担在垄断之前没有产生的研发活动的大量成本。法官"不愿意摧毁如此精密的工业机器……"三十年后，Learned Hand 法官写道，垄断是糟糕的，是因为它"消除了积极主动性……并且压制了发展动能"，也因为"免于竞争是一种麻醉剂，而竞争是对工业进步的一种兴奋剂"。然而，在同一份判决中，Hand 法官认定 Alcoa（美国铝业公司）非法垄断了市场，因为它积极地"拥抱每个依次出现的新机会"，并携带着"已经融入了一个庞大组织中的能力、经验、贸易联系和精英人才的巨大优势"来面对每一个新进入市场的竞争者。[⑤]

然而，在批评法院不清楚垄断与创新之间的关系之前，我们应当注意到，经济学家们也并没有比法官们做得更好。即使在今天，对于垄断究竟是鼓励研发还是阻碍研发的问题，仍然存在广泛的分歧。如果垄断是鼓励创新的，那么这一事实是增加还是减少了垄断的社会成本[⑥]，目前还没有通说和定论。对于专利制度

---

① Kenneth J. Arrow, Economic Welfare and the Allocation of Resources for Invention, in Essays in the Theory of Risk-Bearing 144, 157 (1962; 3d ed. 1976).

② 例如，见 Christina Bohannan & Herbert Hovenkamp, *Creation Without Restraint: Promoting Liberty and Rivalry in Innovation*, ch. 1 (2012); Michael A. Carrier, *Innovation for the 21st Century: Harnessing the Power of Intellectual Property and Antitrust Law* 298-299 (2009); Richard Gilbert, "Looking for Mr. Schumpeter: Where Are We in the Competition-Innovation Debate?", in 6 *Innovation Policy and the Economy* 159, 165 (Adam b. Jaffe et al. eds., 2006).

③ 见 Bohannan & Hovenkamp, 同上一条注释著作; Jonathan Baker, "Beyond Schumpeter and Arrow: How Antitrust Fosters Innovation", 74 *Antitrust L. J.* 575, 586 (2007).

④ United States v. American Can Co., 230 Fed. 859, 903 (d. Md. 1916), 上诉申请被驳回, 256 U. S. 706, 41 S. Ct. 624 (1921). 见 11 *Antitrust Law* ¶ 1801a (4th ed., 2019).

⑤ United States v. Aluminum Co. of Am. (Alcoa), 148 F. 2d 416, 427 (2d Cir. 1945).

⑥ 一项研究发现，当市场的寡头垄断加剧时，企业内部的效率就会降低，见 Richard E. Caves & David R. Barton, *Efficiency in U. S. Manufacturing Industries* (1990).

而言，也存在同样的争议。今天，有许多人认为，专利系统常常由于过于模糊的专利文本语言和过度的执法扼杀了创新。但有许多人则持相反观点。[①]

受到新进入者威胁的垄断者也可能将其部分垄断回报用于更为显性的进入阻止行为，从而增加了垄断的社会成本。真正意义上的掠夺性定价[*][②]、破坏（sabotage）、间谍活动（espionage）、以欺诈手段或者严重冒失提起诉讼[③]、虚假和误导性广告等都可以延长事实垄断存续的时间，从而增加了垄断的社会成本。

第1.4节　产业组织理论与规模经济

被称为产业组织经济学的经济学领域在反垄断分析中发挥着两个重要作用。[④] 首先，它可以帮助我们确定完美竞争模型是否对特定市场而言是最有效的。其次，产业组织经济学可以帮助我们了解某个厂商影响市场结构的活动是否是促进效率的，从而应当受到鼓励，或者是否是无效率的，从而应该受到谴责。实际上，产业组织理论是伴随着对 19 世纪后期"大企业"兴起所引发的政策担忧而发展起来的，并在律师当中引发了关于法律对垄断的打击是否有效的争论。许多产业组织经济学的基本原则率先在诉讼中被律师们提出，后来被经济学家采纳并理论化。[⑤]

在现实世界中，许多市场并不十分接近经典的完全竞争模型。在某些市场中，这种"不接近"是一个反垄断问题：在某些市场中，如果公司表现得更富有竞争性，整个市场的运行将更具效率；而在其他一些行业中，由生产无差异化产品的大量公司组成的市场，并不是该市场的最优结构。

1.4a. 规模经济的通常情况

破坏完全竞争模型的最重要情形之一是规模经济。完全竞争模型是以存在一

---

[*]　原文直译是"恰当定义的掠夺性定价"，其潜台词是有些被认为构成"掠夺性定价"的行为并不是真正的"掠夺性定价"垄断行为，而是反而对消费者有利的低价行为。——译者注

[①]　关于这一问题的讨论见 Herbert Hovenkamp, "Antitrust and the Patent System: A Reexamination", 76 *Ohio St. L. J.* 467 (2015).

[②]　见本书第 8 章。

[③]　见本书第 8 章。

[④]　关于产业组织的经典论述见 Edward a. G. Robinson, *The Structure of Competitive Industry* (rev. ed., 1958). 其他非常有用且全面的同时代著作有 Lynne Pepall, et. al., *Industrial Organization: Contemporary Theory and Empirical Applications* (2014); Dennis W. Carlton & Jeffrey M. Perloff, *Modern Industrial Organization* (4th ed., 2004).

[⑤]　见 Herbert Hovenkamp, *Enterprise and American Law, 1836—1937*, chs. 22 - 25 (1991). 关于战后时期，见 Herbert Hovenkamp, *The Opening of American Law: Neoclassical Legal Thought, 1870—1970*, chs. 11 - 12 (2015).

个包含许多同样有效率的公司的市场为前提的，在这一假设中，每个公司都对其他公司的产出决策漠不关心。在此模型中，企业规模并不是竞争者决策的一个考虑因素，因为该模型假设规模回报（returns to scale）不变：生产和销售的成本并不随着规模的变化而变化。因此，小公司可以与大公司进行非常有效的竞争。然而，假设一家公司开发了一项新技术，使其能够以低得多的成本生产产品。但为了充分利用这一新工艺，公司必须建立一个能够满足现有市场一半需求量的工厂。在这种情况下，市场上的现存公司就将不再对该创新者的价格和产出决策无动于衷了。

大多数规模经济的情形并不像前面这个例子所讲的那样极端。然而，在大多数行业中都存在规模经济效应，并且它们的程度很广，可以从微不足道到非常显著。从技术层面上讲，只要某些资源投入的单位成本随着产量的增加而减少，就会存在规模经济。[①] 以下这些例子说明了各种行业中规模经济存在的多样性。

（1）无论卡车是满载还是半空载，从 A 点到 B 点驾驶卡车的成本都是 100 美元。因此，满负荷的卡车比半空载的卡车能够以更低的每磅成本运输货物。

（2）不论是在全国拥有 4 000 家经销商、每年生产 1 000 万辆汽车的汽车制造商，还是只拥有 300 家经销商、每年生产 9 万辆汽车的汽车制造商，时长 30 秒的电视商业推广广告费都是 10 万美元。

（3）调试一台自动金属车床来加工特定的机器零件需要 100 美元的人工费。一旦车床调试安装完毕，加工零件的成本为每件 1 美元。如果车床安装后只加工 1 个零件，则其总成本为 101 美元，如果车床调试安装后加工的零件为 10 000 个，则每个零件的成本只有 1.01 美元。

（4）采购部门和法务部门共需要花费 2 000 美元的成本来完成一项购买原材料合同的谈判和起草工作，无论公司购买的原材料是 50 个单位还是 5 000 个单位。

（5）基本医疗或关键工业用品的制造商必须始终保留一台备用的机器，这样即使某一台运行设备发生故障，生产也不会中断。如果工厂一次只能运行一台机器，那么它必须保持等于其实际产出的两倍的生产能力。但是，如果它可以让 8 台机器同时作业，它只需要保有 9 台机器，闲置生产能力仅比实际运行生产能力多 12%。

（6）某项生产工艺由 40 个离散模块组成。如果一家公司有 10 名员工，则每

---

① 与之相反，当实施两种不同的经济活动能够带来经济效应时，就存在范围经济（economy of scope）。例如，如果玉米粉和玉米片都是以玉米为原料的不同产品，一家用同一株玉米同时生产这两种产品的公司需要花费的成本可能低于使用不同株玉米来生产这两种产品的公司，前一家公司则可实现范围经济。关于范围经济理论上的简要讨论，see John C. Panzar & Robert D. Willig, "Economies of Scope", 71 *Am. Econ. Rev. Pap. & Proc.* 268 (1981).

名工人平均必须执行四项不同的职能。如果公司有 4 000 名员工，那么每一名员工都不用履行多项职能，而都将成为专家。如果他/她生病了，同一职能的另一位专家就可以快速填补他/她的空缺。

（7）1 000 000 美元借款（或筹集股本）的交易成本为 2%；对于筹集 10 000 000 美元来说交易成本只有 1%；而对于 100 000 000 美元则只有 0.5%。

（8）某项新研发出来的生产工艺将制造某种部件的成本降低了 50 美分。无论采用这种生产方法所生产的产品数量是多少，发明新工艺的研发成本都是固定的 1 000 000 美元。如果该公司每年生产 1 000 000 个单位产品，新工艺将在 2 年内收回成本，此后该公司每年将节省 50 万美元。如果该公司每年生产 12 000 000 个单位产品，新工艺将在两个月内收回成本，此后该公司每年将节省 600 万美元。

以上这份清单只列举了有关规模经济的很少一部分例子。[①] 传统的分散作用的产业——如农业，也不例外。自动挤奶机可以大大降低挤奶作业的成本，但是该机器的基础成本使经营规模较小的农民难以达到"收支平衡"点，除非他/她至少拥有 100 头奶牛。

规模经济的存在和程度在很大程度上取决于技术，技术既创造了规模经济，又打破了规模经济。挤奶机的发明意味着大农户可以获得比个体农民更低的成本优势，从而可以从机器的使用中获得更多的利润，这样一来，奶牛场的规模就会越变越大。相反，微处理器（微型硅芯片是现代计算机的核心）的发明却可以使更小的公司能够有效率地制造计算机。

从上述例子还可以看出，并非所有的规模经济都需要在同一个工厂内实现。某些"多工厂"规模经济也可以为拥有多个工厂的企业提供成本优势。其他规模经济，例如广告，可以随着产量的增加而获得规模经济优势，而无论产品是由单一工厂生产还是多个工厂生产的。因此，我们通常无法确定单一工厂的最有效率的最小规模，亦难以得出结论，经营此类工厂的公司已实现所有可能获得的规模经济。经营两家或者更多家此类工厂的厂商甚至可能还能进一步降低成本。

"最低效率规模"（Minimum Efficient Scale，MES）一词是指能够实现所有相关规模经济的所需最小生产单位量。如果一家公司或工厂达到了 MES，则没有其他公司或者工厂在生产规模上较之更有效率（尽管由于其他的原因可能使其更有效率，例如，具有更高的管理水平）。

在竞争激烈的市场中，企业可能会通过反复试验、反复试错而趋向于达到 MES。一家公司可以试着发展到更大的规模，或者尝试自营以前在市场上作为外包采购的服务。如果这些变化没有实现经济上的节约，市场的平衡将维持不变。

[①]　关于此问题的详细论述，见 Frederic M. Scherer & David Ross, *Industrial Market Structure and Economic Performance* 97 - 141 (3d ed. 1990)。

然而，如果这一变化使公司的成本降低，公司可能会以挤压竞争对手为代价来扩大产量并扩大其市场份额。此后，这些竞争对手要么被迫跟进实现类似的规模经济，要么最终被排挤出市场。通过给出符合条件的一系列假设，经济学家们能够通过"自然选择"规则来测算得到某些行业的 MES：已经达到所有的显著的规模经济的企业往往会存活下来，那些未能成功实现显著的规模经济的厂商则很可能在市场竞争中失败。[①]

如果市场被垄断或者卡特尔化，一些边际公司即使未达到 MES 也可能能够生存。例如，假设特定行业达成 MES 所需的市场份额为 20%，MES 公司可以按每单位 1 美元的成本生产某部件。一家拥有 10% 市场份额的公司的成本高达 1.2 美元，很难与其他大公司竞争。但是，如果有三家公司（每家都拥有 30% 的市场份额）实施了价格固定行为，并将价格抬高到 1.3 美元呢？在这种情况下，这家效率低下的小公司会发现它更容易生存了，因为三家大公司组成的卡特尔已经创造了一个价格"保护伞"，可以保护其免受自身效率较低这一不利状况的影响。如果卡特尔分崩离析，小公司可能就会遇到麻烦。寡头垄断（oligopoly）或默契共谋（tacit collusion）也会产生类似的效果。虽然共谋和寡头垄断相对而言受益者较少，但是边际竞争者无疑是其中的受益者之一。

规模经济的概念对反垄断法有什么影响呢？首先，它表明在反垄断执法史的大部分时期中，把注意力集中在"大即违法"都是不明智的，至少在我们将低价确定为反垄断政策的重要目标的情况下。企业经常想要变得更大，是因为大公司比小公司更有效率。当然，不幸的结果是，小公司逐渐变得无利可图，要么自己也做大做强，要么不得不退出市场。确定无疑的是，某个特定市场中企业的最低效率规模（MES）决定了该市场中厂商数量的最佳值。如果 MES 为特定市场份额的 25%，那么该市场将不具有容纳超过四家 MES 公司的空间。高市场集中度及其所有可能相伴相生的弊端通常是规模经济的折射结果。

其次，对市场规模经济的了解可以帮助政策制定者评估被指控为垄断的某些行为的后果。许多此类做法，例如纵向合并整合，可能仅仅是实现规模经济的一种手段。同样，规模经济的知识有助于预测合并的竞争影响。

再次，规模经济和最优市场结构的知识可以帮助政策制定者在某些情况下确定"结构性"救济措施的合理性。如果一家公司被判定构成违法垄断或者非法合并，法院是否应当通过下令进行业务剥离（divestiture）——即司法强制将被告分拆为两家或者更多的小公司呢？如果新公司太小而无法实现显著的规模经济怎么办？结果反倒可能是新的"竞争"市场的价格会高于原有的"垄断"市场的价格。在这种情况下，更有效的解决方案可能是容忍高度集中的"寡头垄断"市

---

① 见 George J. Stigler, "The Economies of Scale", 1 *J. L. & Econ.* 54（1958）；见 Leonard W. Weiss, "The Survival Technique and the Extent of Suboptimal Capacity", 72 *J. Pol. Econ.* 246（1964）。

场，并利用反垄断法引导其中的企业尽可能地相互竞争。[1]

1.4b. 双边平台

双边平台（two-sided platform），或者称双边市场（two-sided market），指的是那些依赖于两种彼此不存在竞争关系、但又相互依存的参与者群体的商业模式。[2]双边市场的一个传统的例子是诸如报纸杂志的印刷出版物，它们通过销售版面广告和收取读者的订阅费而获得收入。根据所选择的具体商业模式的不同，不同的报纸杂志所获得的广告收入和订阅收入之间的比例是差异悬殊的。于其中一个极端，《消费者报告》（*Consumer Reports*）并不出售广告位，而是完全依赖于订阅付费和捐款获得收入。于另一个极端，当地社区分发给潜在消费者的购物传单往往是免费的，其完全依靠广告费收入来弥补制作和分发刊物的成本。双边平台的运营者获得利润最大化的秘诀在于找到市场中两边用户的参与体验度和收入贡献度二者之间的最佳平衡点。

如果双边平台的运营者在平台一侧的商业安排中作出了错误的选择，就会受到反馈效应（feedback effect）的损害。例如，某杂志可能会依靠销售更多的广告来降低用户订阅价格，但过多的广告可能会降低体验，赶跑读者。该杂志成功的秘诀是找到从付费订阅者得到的创收和从付费广告商获得的创收之间的"最佳平衡点"。这种最优的收入分配不仅是平台两侧价格水平相衡量的结果，也是两边用户体验相平衡的结果。[3] 一旦找到了这一最优点，它同时就是该公司的均衡点——只要市场状况保持不变，那么就没有理由改变这一平衡。当然，如果有什么因素改变了这种平衡——比如杂志的投递费用大幅上涨——那么企业就不得不需要寻找新的平衡点。非常关键的是，不仅两端费用的总和，而且它们之间的平衡也决定了平台运营商利润最大化的定价。

在有关平台的研究文献中，术语"间接"网络效应（"indirect" network effect）描述了对于某一边而言，平台的价值要么取决于另一边所带来的收入、

---

① 有关高度集中和寡头定价存在的问题，见本书第 4.4a 节。

② 关于双边市场的经典定义，见 Jean-Charles Rochet & Jean Tirole, "Platform Competition in Two-Sided Markets", 1 *J. Eur. Econ. Ass'n* 990 (2003). 关于定义方面存在的问题，参见 Herbert Hovenkamp, Antitrust and Platform Monopoly, ＿＿＿ Yale L. J. ＿＿＿ （2021）（即将出版）可访问 https://papers. ssrn. com/ sol3/papers. cfm? abstract_id = 3639142; Michael Katz & Jonathan Sallet, "Multisided Platforms and Antitrust Enforcement", 127 *Yale L. J.* 2142 (2018).

③ 见 Erik N. Hovenkamp, "Platform Antitrust", 44 *J. Corp. L.* 713 （2019）。也可参见 Dennis W. Carlton, "The Anticompetitive Effects of Vertical Most-Favored-Nation Restraints and the Error of Amex", 2019 *Colum. Bus. L. Rev.* 93, 96 (2019)（"Rochet 和 Tirole 的洞见是，双边市场具有以下特性，即市场每一边的价格都非常重要。也就是说，重要的不仅是市场两边价格的总和，还有市场每一侧相对于另一侧的价格"）。

要么取决于另一边的用户数量的这种现象。[1]例如，对于诸如优步（Uber）公司运营的打车平台而言，只有在供给一侧拥有足够数量的司机，而在需求一侧也同样拥有足够数量的乘客的情况下，其商业模式才能获得成功。如果打车费用定得太高，乘客人数就会减少；但如果价格设置得太低，则司机就会流失。

平台具有双边属性的这一事实并不一定意味着平台的两侧都能给平台运营者带来正的收入。区分收入水平（即两边加总后的总价格）和收入分配（即价格在双边用户之间的分配比例）这两个概念是很重要的。有时，平台对其一侧的用户收取的价格为零，就像 Google 搜索、必应和雅虎等搜索引擎对其网民用户免费，以及 Facebook 等社交网站对其网民用户免费一样。这些服务通常对普通消费者是免费的，但向商家出售广告服务，由此获得收入。尽管如此，这些广告收入仍然取决于其吸引的消费者用户数量或者网页访问量。

在某些情况下，双边平台从其中一侧所获得的收入甚至可能是负数。[2]例如，信用卡公司通常会向商家收取一定的手续费，而刷卡消费者所需要支付的成本可能为零、甚至是负数，具体取决于不同信用卡的使用条款。[3] 市场中典型的信用卡并不向消费者收取年费，除了未还清的余额所产生的利息以及逾期还款的罚款外，不收取其他的使用费。此外，信用卡发卡公司还常常会通过提供奖励"福利"或者其他优惠，使得消费者的持卡成本反而是负的。这些优惠措施包括航空免费旅行里程奖励、延长使用该卡购买的产品的保修期、额外提供使用该卡租用的汽车的保险，等等。

评价发生在双边平台上某一行为在反垄断法上的合法性，通常要求法院通盘考虑该行为对平台两端的影响。尤其对于某些类型的被控行为（如掠夺性定价行为）而言，这一结论的合理性更为明显：掠夺性定价的认定要求评估价格是否低于成本，而如果不同时将平台两端的成本和收入分别汇总的话，是无法得到相关成本和收入的正确数值的。例如，对使用搜索服务的网民免费的搜索引擎的定价并不会低于其成本，除非来自市场两侧（尤其包括广告侧）的收入总计低于平台的总计成本。

如果不小心的话，生搬硬套上述规则可能会导致错误的结论。特别是，排挤性垄断行为不一定会对平台的一侧造成伤害、而给另一侧带来好处，它们通常对两侧都造成伤害（或带来好处）。这在 *American Express*（美国运通案）中让美

---

① 见 David S. Evans & Richard Schmalensee, *Matchmakers：The New Economics Of Multisided Platforms* 25（2016）。

② 例如，Ohio v. American Express, 138 S. Ct. at 2274，2281（2018）。见地区法院的判决意见，88 F. Supp. 3d 143，203 n. 36（E. D. N. Y. 2015）。

③ Ohio v. American Express, 同前注。

国联邦最高法院持多数意见的大法官们栽了跟头。① 该案的争议焦点集中在 Amex（美国运通）公司对商家所采取的"反转向条款"（"anti-steering rule"）是否合法。"反转向条款"是 Amex 公司要求商家签署的一项条款，该条款阻止商家为引导消费者使用其他发卡公司的信用卡而提供折扣优惠。Amex 公司向商家收取的手续费高于其他信用卡（如 Visa 卡）收取的费用。消费者使用信用卡付款时，通常商家需要向发卡公司支付一笔交易的手续费，如果在一笔大额交易中，商家需要向 Amex 公司交纳 30 美元的手续费，但只需要向 Visa 公司支付 20 美元的手续费，则商家就有动力为那些使用 Visa 信用卡的客户提供额外的折扣，以诱使消费者使用对商家而言成本更低的 Visa 信用卡进行付款。最高法院的多数意见认可了前述禁止转向合同条款的合法性。其理由是，对涉案限制行为进行审查，唯一正确的相关市场界定方法是将平台的两边都囊括在内——即使它们之间并不存在竞争关系，然后计算出两边的成本和收益相互抵销后的净值。正如后文将要提到的，这种方法对合适界定的相关市场概念造成了极大的损害，并实际上在此过程中反而肯定了那些阻止消费者使用更便宜的信用卡的限制竞争行为，而每每如此都会对消费者造成伤害。②

如果最高法院持多数意见的大法官们更仔细地审查该交易的本质，就会发现对平台一边的损害并不会被平台另一边的收益所填补。本来希望转用其他信用卡、但被禁止转向规则所阻止的 Amex 持卡消费者受到了损害，同时商家和与 Amex 竞争的发卡机构也受到了损害——前者受到损害是因为他被剥夺了使用低成本信用卡的机会，而后者受到损害是因为它们失去了更多的销售机会。由此看来，平台一边的损害并没有被平台另一边的收益所抵消。相反，市场的双边用户都受到了损害。Amex 平台所带来的唯一好处是，该平台的运营者 Amex 公司能够以高于任何一边所期待的该交易本能带来的价值的价格完成交易。但是，以限制贸易的方式带来更高额的利润几乎从来都不是一项可被反垄断法接受的辩护理由。

第1.5节 "次完美竞争"

反垄断经济学是"应用"（"applied"）经济学，这意味着理论必须接受现实世界的考验，需要对现实予以考察，并考虑其与完全竞争市场模型的所有偏差。下面描述的非完美情形（imperfection）通常可以帮助解释某些被控行为的动机或者效果。

---

① Ohio v. American Express, 138 S. Ct. at 2274，2281（2018）；同时可见 Erik N. Hovenkamp, Platform Antitrust，同前注。

② 见本书第 3.3b3 节。

学者们已经应用了一些经济学理论以分析与完全竞争理论状态有所偏离的现实世界中的市场。这些市场通常被冠以"寡头垄断""不完美竞争"（"imperfect competition"）[1] 和 "垄断竞争"（"monopolistic competition"）[2] 等称谓。所有这些用语都可能与各种现实情况下所应适用的反垄断政策相关。

1.5a. 产品差异化及垄断竞争

许多市场上呈现出互相竞争特性的产品，无论彼此之间的竞争如何激烈，仍然是存在差异的。虽然福特汽车和克莱斯勒汽车是有相互替代关系的竞争产品，但一些买家会对其中之一更为喜爱，并愿意为他们的首选目标花费更多的成本。在某种程度上，制造商面临着一条略微向下倾斜的需求曲线，并且可能收取高于其边际成本的价格。其结果是市场中的品种更为丰富，但产量则下降。在 20 世纪 30 年代，爱德华·钱伯林（Edward Chamberlin）提出一种分析模型，该模型假设市场的进入很容易，但市场中的企业拥有无限的力量来区分它们的产品。[3] 这一被 Chamberlin 自己命名为"垄断竞争"的理论对产业经济学产生了巨大的影响。如今，垄断竞争模型通常被用于分析存在差异化的、与制造业相关的产品市场。20 世纪 50 年代的一些批评者，尤其是芝加哥学派的学者，对垄断竞争理论提出了批评，认为其不可检验。[4] 然而，到了今天我们已有定论，该理论不仅可以检验，而且从实证证明性而言比完全竞争理论具有更强的解释力。垄断竞争理论预测在一个存在产品差异化的市场中，价格相对于成本的差距更大，因此厂商的利润率更高，也预测竞争者围绕着实现各自产品的差异化这一目标开展大量投资，以及提出了现在广泛应用于企业合并反垄断领域的一个观点，即在产品空间（product space）上彼此非常接近的两家企业相互竞争的激烈程度，要高于与其他那些产品线离得更远的企业的竞争的激烈程度。

然而，产品差异化在现代反垄断经济学中所起的作用十分复杂。虽然它确实使个体厂商拥有了少许市场力量，但它还有另一个重要的影响：它使合谋和某些类型的寡头垄断变得更加困难。[5] 销售者发现，当它们生产的产品并不高度一致，或者它们生产同类产品的成本不同时，相互之间就很难就价格和产量水平达成共谋所需的一致意见。

---

① 见 Joan Robinson, *The Economics of Imperfect Competition* (1933)。

② 见 Edward H. Chamberlin, *The Theory of Monopolistic Competition* (1933)。关于这些理论对反垄断政策所产生的历史影响，见 Herbert Hovenkamp, *The Opening of American Law: Neoclassical Legal Thought*, *1870—1970*, chs. 11 - 12 (2015)。

③ Edward H. Chamberlin, *The Theory of Monopolistic Competition* (1933)。

④ 例如，Milton Friedman, The Methodology of Positive Economics 2 - 43, in *Essays in Positive Economics* (1953)。

⑤ 见本书第 4.1a 节。

但垄断竞争更为显著的影响是降低了企业之间针尖对麦芒式的直面对抗的烈度。例如，一家公司在面对生产相同产品的高效竞争对手时，既可以选择祭出"跳楼价"——大幅降价以展开残酷的价格战，也可以努力重新设计产品以使其创新产品与竞争对手的产品形成区别。重要的是，是否设计独特新品的决策通常是单方面作出的，通常不在反垄断法的打击范围之内。并且，产品多样性通常对消费者来说是更为有利的。尽管如此，与完全竞争的状况相比，产品差异化还是意味着更高的利润率和更低的产出量。

在监管部门对可能产生"单边效应"（"unilateral effects"）的并购的反垄断分析中隐含了垄断竞争理论的一个变体（variation）。[①] 然而，一般来说，企业努力争取使其产品脱颖而出的决策并不会被推定为是反竞争的，除了个别非主流的案件外[②]，通常情况下也没有被认定为非法垄断。产品差异化本身甚至可以为分销、搭售安排、独家交易和其他有时可能被定性为反竞争的纵向限制行为提供获得责任豁免的正当性抗辩理由。最后，垄断竞争理论在市场力量的评估中发挥了相当大的作用，特别是在产品多样性给竞争带来影响，或者由于企业研发知识产权从而增强了其市场力量的许多情况下。[③]

因此，产品差异化对政策的走向会产生两种不同方向的拉伸力。一种粗略的概括是：当我们关注单个厂商的市场力量时，产品差异化倾向于被认为是一个市场力量的加权因素，因为它创造或者扩大了厂商个体所拥有的市场力量，尽管其市场力量往往太小而不会引起反垄断法上的担忧。相反，当我们关注的对象是可能构成共谋的行业实践时，就如传统的并购政策所考虑的一样，产品差异化往往是一个降低垄断定性可能性的考量因素。[④]

1.5b. 价格歧视

在完全竞争模型中，系统性的价格歧视是不可能发生的，但在现实世界中，它却每天都在发生。促成大多数价格歧视的两项市场缺陷是信息成本和运输成本。如果某些买家对市场状况或者产品内容了解不够，他们可能会比知识渊博的那些买家支付更高的价格。同样，高昂的运输成本使卖方有可能从挨着近的被"俘获"的购买者那里获得比从更偏远的购买者那里更高的利润。

价格歧视对市场力量的要求相对较低，并且，其在具有产品差异化特征的市

---

① 见本书第 12.3d 节以及第 12.5 节。

② 例如，在 20 世纪 70 年代，美国联邦贸易委员会在"过度"（"excessive"）产品差异化的大标题下，认为产品的周期性设计风格改变属于一种排挤性的行为。见 Herbert Hovenkamp, "United States Competition Policy in Crisis: 1890—1955", 94 *Minn. L. Rev.* 311, 339 - 340 (2009)。

③ 这些问题在本书第 3 章中予以讨论。

④ 关于可能促进共谋的企业合并，见本书第 12.1b 节。与之相对，关于企业合并的单方面反竞争效果，见本书第 12.3 节。

场中更为普遍，在涉及知识产权的市场中尤为常见，例如特许经营和专利许可等。大多数价格歧视并非违法行为，而且它们从总体上而言，通常会有利于消费者而不是损害消费者。

1.5c. 寡头垄断

当市场高度集中时，由于规模经济等原因，企业不能忽视竞争对手的定价和产出决策。例如，如果福特汽车公司不对通用汽车公司的降价或者增产行动作出反应的话，后果是十分严重的。[①]

寡头垄断（oligopoly）已经成为美国反垄断政策的主要关注点。主要规定在《谢尔曼法》第1条中的反对价格固定（价格操纵）行为的制度，被广泛证明是起不到应有作用的。[②] 因此，政策重心已经转向企业合并政策，其重要目标是防止可能促成各种垄断寡头固定价格行为的企业合并。[③]

第1.6节　市场进入壁垒

在反垄断法上，进入壁垒是市场中存在的这样一种因素，它们允许已经进入市场的公司获得垄断利润，同时阻止外来者进入市场。[④] 更规范地说，市场进入壁垒衡量的是"这样一种程度，即在相当长的时期内，现有厂商可以将其销售价格提高到生产和销售的最低平均成本以上，却没有引发潜在的进入者进入该行业"[⑤]。

经济学家并未对上述市场进入壁垒的定义达成一致，在经济学家Joe S. Bain创立了这一概念之后，它有时也被称为"Bain式"的定义。但许多人更喜欢"Stigler式"的定义，即市场进入壁垒是潜在进入者在进入时或者进入后不得不带来的成本，而现有厂商在当初进入市场时并不需要负担此类成本。从技术上讲，根据这一定义，市场进入壁垒是"由寻求进入该行业的厂商必然会承担，但已经进入市场的厂商却不需要承担的生产成本（以产出曲线上的某些点或者每一个点进行生产时）[⑥]"。

上述关于市场进入壁垒的两个定义之间的差异可能是实质性的。例如，根据

---

① 见本书第4.2节。

② 见本书第4.4节和第4.6节。

③ 见本书第12章。

④ Joe S. Bain, *Barriers to New Competition: Their Character and Consequences in Manufacturing Industries* (1962). 见 2A Antitrust Law, Ch. 4C (4th ed., 2014).

⑤ Joe S. Bain, *Industrial Organization* 252 (1968). 有其他的观点认为应当使用边际成本而不是最小平均成本来衡量。

⑥ George J. Stigler, *The Organization of Industry* 67 (1968).

Bain 的定义，规模经济会导致市场进入壁垒。如果规模经济效应在某个市场中是显著的，那么在既有成熟市场中的现有公司可能比任何进入市场之初生产率水平必然较低的新进入者具有巨大的优势。因此，规模经济可以使得现有公司有能力将价格提高到可以获得垄断利润的某一水平，但又不会鼓励市场出现新进入者。

相反，规模经济并不是 Stigler 定义下的市场进入壁垒。现有公司和新进入者在刚进入市场时都会受到规模经济效应的影响，所以规模经济并不是仅仅作用在新进入者身上的成本。

Stigler 关于市场进入壁垒的概念植根于一个强有力的分析观点：对市场进入壁垒进行分析，应该从社会整体福利的角度区分希望出现的进入和不希望出现的进入。如果潜在进入者与市场在位企业面临的成本完全相同，但仍然发现进入之后无利可图，那么，这个市场可能已经充斥了足够数量的参与者而达到饱和。例如，假设某市场中达成最低效率规模（MES）需要 30％ 的市场份额，那么这样一个市场只能容纳最多三家 MES 公司——并且这一由三公司构成的市场极有可能进行寡头垄断，或者说形成了滋生共谋的温床。在 Stigler 一派的观点看来，尽管这个行业的厂商们正在共享垄断利润的盛宴，但应当认为市场进入壁垒并不高，因为第四家公司进入市场并不是站在整个社会的立场上所期望的。额外的任一进入者将迫使至少一家公司的生产规模降低到最优水平之下，最终四家公司中的一家很有可能会退出市场。[①] 在这个市场中，从社会整体福利的视角而言，解决寡头垄断问题的最好方法，并不是让第四家效率低下的规模小的厂商强行挤进市场，而是寻找使垄断寡头之间更难以达成共谋的替代解决方案。

尽管如此，反垄断法还是主要采纳了 Bain 的定义而不是 Stigler 的定义来对市场进入壁垒进行界定。Bain 的定义被写入了司法部反垄断局和联邦贸易委员会（FTC）于 2010 年颁布的《横向合并指南》之中。[②]

例如，假设我们所要研究的问题是，某个市场的市场结构是否足以成为滋生寡头垄断行为的温床，而这些行为在通过合并进一步减少了竞争企业数量的市场中更容易达成。Stigler 理论没有考虑和识别那些有利于提高寡头垄断行为成功率的市场。在 Bain 理论中具有较高市场进入壁垒的市场，却不一定在 Stigler 的定义下也被贴上相同的标签。例如，具有显著规模经济效应的那些市场，也同样是更容易诱发价格共谋行为的市场。Bain 定义所提出的问题直入主题——新进入市场的厂商或者产出量是否能够限制现有厂商将价格提高到竞争市场的均衡水平之上。

如果答案是否定的，涉案合并就将成为反垄断审查的目标。当然，我们仍然

---

　　① 见 Harold Demsetz, "Barriers to Entry", 72 *Am. Econ. Rev.* 47（Mar. 1982）；Harold Demsetz, "Industry Structure, Market Rivalry, and Public Policy", 16 *J. L. & Econ.* 1（1973）。

　　② 关于 2010 年《横向合并指南》中的进入壁垒，见本书第 12.6 节；以及见 Herbert Hovenkamp, "Antitrust and the Costs of Movement", 78 *Antitrust L. J.* 67（2012）。

可能希望得出结论，所涉合并是使相关企业实现规模经济的必要前提，但这是另外一个问题。

许多因素都被控方提出来，认为它们是反垄断案件中的市场进入壁垒，其中包括规模经济、产品差异化、高额初始投资、市场风险、投资成本、广告、纵向一体化或纵向协议的广度、政府管制等。我们将在随后的章节中详细讨论这些因素，在具体个案中判断它们是否是真正法律意义上的市场进入壁垒。[①]

市场进入壁垒也可以根据其强度和来源进行分类。在壁垒的强度问题方面，当市场中的厂商能够在不担心引发新进入的情况下且收取能够实现其短期利润最大化的价格时，就会产生进入"封锁"（"blockaded" entry）。假设在先垄断者的边际成本为1美元，利润最大化价格为1.5美元，除非潜在进入者预计进入市场后能够收取的价格达到1.55美元以上，否则不会出现新的进入。在这种情况下，垄断者可以不受约束地收取1.5美元，而无须担心招引新的竞争。由于新进入者进入后收取的价格将低于当前价格，潜在进入者将产生该进入无利可图的预期。

如以上例子所示，考虑是否要进入的企业所计算的必须是其进入市场后的价格，而非进入前的价格。这些厂商需要知道，在将自己的产出量提升到市场上在位厂商的现有产出量时，它是否能够盈利，同时还要充分考虑到现有厂商将来可能对新进入者的产出水平所作出的在自身产出水平方面的任何反应和调整。

在某些市场中，潜在企业选择对其自身而言最优的策略可能会使一定数量的新进入者进入市场。当潜在的进入者具有向上倾斜的成本曲线时，这种情况就比较可能发生。也就是说，新进入者可以较为容易地进入市场，并以相当低廉的成本进行小规模生产，但是很快，它们在扩大生产规模后，会发现成本变得越来越昂贵。[②] 在这种情况下，具有市场支配地位的厂商将通过确定其"剩余"需求（"residual" demand），也即在边缘厂商（fringe firm）已经提供了一小部分产品之后市场的剩余需求，来计算使其利润最大化的价格。因而，利润最大化的策略可能会使少量产能进入市场。[③]

---

① 见本书第12.6节。

② 或者说，可能会有一些顾客可以由边缘卖家提供服务，但是这些卖家无法在不招致更高成本的情况下扩大销售量。

③ 见本书第3.5a节，该章节利用图表，以国内企业决定应排除或者允许外国进口产品为例分析了这一问题。

第2章

反垄断政策的历史和理论流派

第2.1节　美国反垄断政策的发展历程

2.1a.《谢尔曼法》的目标：效率理论以及从利益集团角度进行的解释

2.1b. 普通法与联邦反垄断法

2.1c. 联邦反垄断政策简史

第2.2节　经济学在反垄断法学中的作用

2.2a. 1960年以前的反垄断法学与经济理论

2.2b. 芝加哥学派及其影响

2.2c. 错误的成本分析方法；竞争者诉讼对消费者诉讼；私人诉讼对公权力机关诉讼

2.2d. 消费者福利原理：理论与计量

第2.1节 美国反垄断政策的发展历程

2.1a. 《谢尔曼法》的目标：效率理论以及从利益集团角度进行的解释

在成文法的法律解释上，很少有其他什么解释方式比通过研究立法历史来确定法律某项条文的含义更令人沮丧的了。为了使法律得以颁布，立法过程中的争论和妥协过程通常包含着由不同利益集团的代表作出的相互矛盾的表述，他们对法律的立法目的和解读有着各自不同的理解。有时，立法委员会会有意使立法语言变得模糊，以促成相互妥协、促使立法草案得以通过，再把应当采用何种法律解释的工作留给以后的法院。

针对这一问题的一种解决方案是忽略立法历史，只关注法律本身的字面含义。[①] 但这种方法无法适用在反垄断法上，因为它的语言是如此模糊和富有弹性。例如，《谢尔曼法》谴责"任何限制贸易的合同、组合……或者合谋"，或任何实施"垄断"的人，而没有对这些短语的含义给出解释。[②] 我们只能借助其他多种类型的材料来加以释明。

不幸的是，联邦反垄断法的立法历史并不总是那么有帮助。而这些含糊不清的语言使学术界对国会的立法意图产生了相当大的争议。《谢尔曼法》尤其如此，其含义宽泛的文本一直是美国反垄断政策得以演进的驱动力。一些学者认为，《谢尔曼法》的制定者几乎只关注现代新古典经济学（modern neoclassical economics）所衡量的配置效率（allocative efficiency）。[③] 另一些学者则认为，国会经常对商业行为中的"正义"或公平表示关注，但从未明确表达过对"效率"本身的关注，即使在反垄断法中也没有涉及。[④] 还有一些学者认为，国会的主要关注点是阻止财富从消费者转移到价格操纵者或者垄断者的做法。[⑤] 最后，其他学者则认为《谢尔曼法》的出台反映的是特定的非消费者利益集团的诉求，例如

---

① 例如，*Public Citizen v. U.S. Dep't of Justice*，491 U.S. 440，479，109 S.Ct. 2558，2579（1989）；*EEOC v. Arabian Am. Oil Co.*，499 U.S. 244，247，111 S.Ct. 1227，1230（1991）（本案分析了法律的字面意思，而不是其立法历史）。

② 15 U.S.c.a. §§ 1, 2.

③ 例如，Robert H. Bork，"Legislative Intent and the Policy of the Sherman Act"，9 *J.L. & Econ.*（1966）。

④ 例如，Louis B. Schwartz，"'Justice' and other Non-Economic Goals of Antitrust"，127 *U.Pa.L.Rev.* 1076（1979）。

⑤ Robert H. Lande，"Wealth Transfers as the Original and Primary Concern of Antitrust：the Efficiency Interpretation Challenged"，34 *Hastings L.J.* 65（1982）.

小企业①或者农民。② 这些相互矛盾的分歧，揭示了普遍隐含在立法背后的不同基本理念的本质区别，也反映了对《谢尔曼法》与普通法之间相互关系的不同看法。③

在 20 世纪最后几十年统治了反垄断学术圈思想的芝加哥学派曾一度认为④，维护经济效率是《谢尔曼法》起草者的核心目的。他们还认为，国会的这种对经济效率的关注因司法机关的法律解释和随后的立法而受到削弱，特别是规制企业合并的《罗宾逊—帕特曼法案》（Robinson-Patman Act）和《塞勒—基弗沃修正案》（Celler-Kefauver Amendments）。⑤ 持此观点的芝加哥学派学者一般都对公共选择理论（Public Choice Theory）不了解或者不感兴趣，但该学派后来的学者对此却热衷得多。根据公共选择理论或利益集团分析（interest group analysis）方法⑥，效率立场理论开始式微，而让位于那些认为反垄断法的立法者实际上从未考虑过经济效率的观点。这种观点认为，《谢尔曼法》是特别利益集团的立法，而主要的立法目的是保护小企业这一集团的利益。⑦

可以肯定的是，《谢尔曼法》的制定者本来是可以考虑效率因素的。古典经济学有大量的文献可以从理论上强烈支持我们今天以"效率"理论作为支撑的完全竞争市场。然而，在《谢尔曼法》制定过程中的立法辩论中，只有少数陈述听起来似乎与效率理论相关，但即便如此，这些表述也都是含糊不清的。它们大多涉及垄断对消费者价格的影响，或者说表达了使消费者免受高价格影响的观点。这些证据表明，《谢尔曼法》的立法者们的主要立法目的根本不是经济效率，而是聚焦于"分配目标"（distributive goal），也即防止社会财富从消费者手中转移给垄断者。⑧

联邦反垄断法的实体法主要是在四个年份颁布的：1890 年、1914 年、1936

---

① 见 George J. Stigler, "The Origin of the Sherman Act", 14 *J. Legal Stud.* 1 (1985)；见 Thomas J. DiLorenzo, "The Origins of Antitrust: An Interest-Group Perspective", 5 *Int'l. Rev. L. & Econ.* 73 (1985)。

② 见 William F. Shughart, *Antitrust Policy and Interest Group Politics* 11 - 12 (1990)；关于此观点的批判，见补充材料 Stigler, *The Origin of the Sherman Act* (1985)；及 *The Causes and Consequences of Antitrust: the Public Choice Perspective* (Fred S. McChesney & William F. Shughart eds., 1994)。

③ 关于《谢尔曼法》颁布及其施行的第一个世纪期间意识形态上的巨大差异，见 Herbert Hovenkamp, *The Opening of American Law*, chs. 11 & 12 (2015)。

④ 见本书第 2.2b 节。

⑤ 例如，见 Robert H. Bork, *The Antitrust Paradox: A Policy at War With Itself* (1978; rev. ed. 1993)。

⑥ 关于公共选择理论和反垄断，见本书第 2.2c 节。

⑦ Stigler, *The Origin of the Sherman Act* (1985)；*The Causes and Consequences of Antitrust: the Public Choice Perspective* (Fred S. McChesney & William F. Shughart eds., 1994)。

⑧ Robert H. Lande, "Wealth Transfers as the Original and Primary Concern of Antitrust: the Efficiency Interpretation Challenged", 34 *Hastings L. J.* 65 (1982)。

年和 1950 年。[①] 1890 年《谢尔曼法》的立法历史为"效率"观点提供了最佳案例：国会打算通过反垄断法保护消费者免受垄断和卡特尔所造成的高价格和低产出的损害。1914 年的《联邦贸易委员会法》和《克莱顿法》的立法历史则多少更关注保护小企业免受大公司的不公平或"排挤性"（exclusionary）做法的影响。1936 年《罗宾逊—帕特曼法》的立法历史[②]，以及 1950 年对《克莱顿法》的合并条款进行修订的《塞勒—基弗沃修正案》的立法史[③]，则更加明确地背离了任何考虑消费者福利的立法模式。无论在 1936 年还是 1950 年，国会主要关注的都是保护小企业免受面临更低成本的大型竞争对手的竞争威胁，即使这种保护的结果将导致总产出量下降以及消费者购买产品的价格提高。

一个更具有解释力的理论是，《谢尔曼法》是应小企业的要求而制定的，它们因更大、效率更高的企业组织的出现而受到损害。这是一个利益受损、组织良好、能长期有效地通过提出自身诉求影响立法机构的利益团体。当时最成功的游说组织是由各种独立的、规模较小的企业组成的协会，其地位日益受到大型纵向一体化企业的威胁。参议员谢尔曼本人就很可能是在俄亥俄州的独立的小型石油生产商的要求下提出有关法案的，它们希望得到法律的保护来对抗标准石油公司（Standard Oil Company）和铁路公司。各种劳工组织也在游说国会，但它们的主要关注点是新技术抢走了工人的饭碗。[④] 虽然《谢尔曼法》中包含了私人诉讼的条款，但几乎所有人都认为，消费者诉讼将会是没有什么作用的摆设。当国会议员谈到"私人诉讼"时，他们考虑的是竞争对手之间的诉讼。[⑤]

另一种并不契合政治利益集团理论，但更符合 19 世纪普遍存在的美国意识形态的解释是，反垄断法的诞生源于对私人力量的"巨大"（bigness）及其产生的政治权力的普遍恐惧。在 19 世纪美国对垄断的讨论，至少将"巨大"本身与垄断价格相提并论，且置于同等重要的地位。此外，在当时的美国，人们的理想是建立一个任何企业家都可以进入并且可以各凭本事赢得竞争的市场经济——这使美国工人可以避免血汗工厂的盘剥。但是，像标准石油公司（Standard Oil

---

① 1890 年《谢尔曼法》（1890：Sherman Act）；1914 年《克莱顿法》（1914：Clayton）；1914 年《联邦贸易委员会法》（1914：Federal Trade Commission Acts）；1936 年《罗宾逊—帕特曼法》（1936：Robinson-Patman Act）；1950 年针对克莱顿法的《塞勒—基弗沃修正案》（1950：Celler-Kefauver Amendments to Clayton Act）。

② 见 14 Antitrust Law ¶ 2303 (3d ed. 2012)；Hugh C. Hansen, "Robinson-Patman Law: A Review and Analysis", 51 *Fordham L. Rev.* 1113 (1983). 见本书第 14.6a 节。

③ 见 4 Antitrust Law ¶¶ 901–904 (4th ed. 2016)；Derek C. Bok, "Section 7 of the Clayton Act and the Merging of Law and Economics", 74 *Harv. L. Rev.* 226 (1960)；Herbert Hovenkamp, "Derek Bok and the Merger of Law and Economics", 21 *J. L. Reform* 515 (1988). 见本书第 12.2 节。

④ 见 Hovenkamp, Enterprise at 246–247；Jack Blicksilver, *Defenders and Defense of Big Business in the United States*, 1880—1900, at 122–128 (1985).

⑤ 见 Herbert Hovenkamp, "Antitrust's Protected Classes", 88 *Mich. L. Rev.* 1, 25–27 (1989).

Company）或卡耐基钢铁公司（Carnegie Steel Company）等巨头相继崛起，对
19 世纪美国人的上述意识形态提出了挑战——只有大企业才能在相关的行业中
立足。如果我们将目光投向 19 世纪美国的意识形态，而不是那些促成《谢尔曼
法》背后的利益集团，那么"反巨大"（anti-bigness）的理由是非常重要的。[①]

2. 1b. 普通法与联邦反垄断法

针对法律措辞模糊、立法历史含混不清这一问题的一个解决方案是，假设垄
断的违法行为属于"普通法"（common law）违法行为的一种，那么就可以援引
普通法上丰富的先例而使之成为法律规则的主要组成部分。《谢尔曼法》规制的
大多数行为以前也都在普通法的规则下得到了妥善解决。[②]《谢尔曼法》的制定
者们认为，他们只是简单地将规制贸易限制的普通法进行了"联邦化"（federali-
zing），通过赋予联邦法院对发生在超过一个单一州的跨州垄断或者卡特尔以管
辖权，就可以使普通法的适用更加有效。[③] 最早适用《谢尔曼法》的案件一般通
过援引普通法上的先例来裁判。[④]

然而，联邦反垄断法与普通法至少存在一项重要区别。根据普通法，《谢尔
曼法》第 1 条所述的大多数协议都不具有可执行性（unenforceable），但又并非
必然违法。例如，限制贸易的合同，一方参与者无权向另一方主张强制履行，但
是，作为第三方的消费者或者缔约各方的竞争者一般也不被允许请求法院禁止合
同的缔结，或者要求获得损害赔偿。[⑤] 相反，原《谢尔曼法》第 7 条（以及后来
的《克莱顿法》第 4 条和第 16 条）赋予任何协议行为、联合行为或者共谋行为
的非参与方以重要的权利——损害赔偿请求权或者颁发禁令的请求权。

随着适用《谢尔曼法》的先例开始累积，法院开始脱离 19 世纪普通法的桎
梏。联邦反垄断法开始有了自己的生命。一言以蔽之，《谢尔曼法》可以被视为
"赋能"立法 ——它授权联邦法院去了解企业和市场的运作方式，并通过制定一
套规则，使其以促进社会效率的方式运行。随着反垄断理论的发展、技术的变

---

① 关于反垄断政策应该针对庞然大物的公司及其整合力量的论述，关于反垄断政策应该针对庞然大物
的公司及其整合力量的论述，见 Lina M. Khan, "Amazon's Antitrust Paradox", 126 *Yale L. J.* 710 (2017)。

② 关于 19 世纪普通法判决的研究，见 1 Antitrust Law ¶ 104 (4th ed. 2014)；Herbert Hovenkamp,
"The Sherman Act and the Classical Theory of Competition", 74 *Iowa L. Rev.* 1019 (1989)。

③ 参议员谢尔曼将他的法案描述为"以最精准的语言列出英美两国普遍适用的普通法规则……",
20 Cong. Rec. 1167 (1889)；见 Donald Dewey, "The Common-Law Background of Antitrust Policy", 41
Va. L. Rev. 759 (1955)；Hovenkamp, Sherman Act, 同上所注。

④ 例如，*United States v. Addyston Pipe & Steel Co.*, 85 Fed. 271, 278-291 (6th Cir. 1898)，维
持，175 U. S. 211, 20 S. Ct. 96 (1899)。

⑤ 见 *Cent. Shade-Roller Co. v. Cushman*, 143 Mass. 353, 363-364, 9 N. e. 629, 631 (1887)；
Perkin v. Lyman, 9 Mass. 522, 530 (1813)；及见 Albert Stickney, *State Control of Trade and Commerce
by National or State Authority* 157 (1897)；Hovenkamp, *Sherman Act*, supra, at 1026-1027。

化、美国经济的变迁，判决所适用的标准在历史上不断发生演化，而且在将来也很有可能不断地变化。[①]

联邦法院一直以普通法的方法论解释和适用反垄断法[②]，其结果就是成文法的语言与司法判决之间产生了重大差异。例如，反垄断法的语言并不包括类似于"本身违法原则"（*per se* rule）与"合理原则"（rule of reason）的表达，也没有在滥用市场支配地位的案件中明确规定市场力量应当作为判断要件，也没有明确规定"间接购买者"规则（"indirect purchaser" rule）。

《谢尔曼法》授权法院采用普通法的分析方法处理反垄断案件，这一事实绝不意味着法院在适用《谢尔曼法》时需要严格遵循在先的 19 世纪以及更早的州法院司法判例。历史实践恰恰相反，除了那些最早适用《谢尔曼法》的判决的确十分重视普通法先例以外，联邦法院很快就偏离了《谢尔曼法》颁布时既存的普通法先例。[③] 因此，联邦反垄断法的"普通法"传统，指的是以先例为导向的法律适用原则，而不是指适用普通法的实体法。

实际上，对《谢尔曼法》所作的最著名的"普通法"解释，严重地歪曲了普通法的规则，以至于在限制贸易的联合行为（combinations in restraint of trade）问题上，它有效地切断了普通法和反垄断法之间的纽带。塔夫塔（Taft）法官在 *United States v. Addyston Pipe & Steel Co.* 案[④]中关于《谢尔曼法》与普通法之间的关系的阐释经常受到称赞。其推崇者认为，该意见的巨大亮点在于，Taft 法官证明了普通法一直反对具有反竞争效果的价格固定协议，同时却支持促进效率的企业联营（joint venture）。[⑤] 根据 Taft 规则，诸如价格固定之类的"赤裸裸"的限制适用"本身违法原则"，自动受到谴责，而那些相对其促进效率的效果而言，限制竞争的效果处于"从属地位"（"ancillary"）的企业联营和企业合并，则是被法律允许的。[⑥]

事实上，Taft 法官的目光要狭窄得多，并且其观点是基于对普通法的曲解。[⑦] Taft 法官为了论证辅助性限制（ancillary restraint）的合理性所援引的判例，实际上涉及的仅仅是包含竞业禁止保证条款的劳动协议或者财产买卖协议。

---

① 见 William H. Page，"Ideological Conflict and the Origins of Antitrust Policy"，66 *Tul. L. Rev.* 1, 36 (1991)。

② 例如，相关讨论见 Apex Hosiery Co. v. Leader，310 U.S. 469，497-99，60 S.Ct. 982，994-996 (1940)。见 Daniel A. Crane，"Antitrust and the Judicial Virtues"，2013 *Colum. Bus. L. Rev.* 1 (2013)。

③ 见 1 Antitrust Law ¶ 104 (4th ed. 2013)。

④ 85 Fed. 271 (6th Cir. 1898)，维持，175 U.S. 211，20 S.Ct. 96 (1899)。

⑤ 例如，见 Robert H. Bork，*The Antitrust Paradox：A Policy at War With Itself* 26-30 (1978；rev. ed.，1993)。

⑥ 关于卡特尔和企业联营，以及合理原则，见本书第4章和第5章。

⑦ 见 1 Antitrust Law, id. at ¶ 104d。

虽然它们受"合理原则"的约束，但规则的内容通常只是考虑限制竞争协议的持续时间是否应有限制，以及是否应当限制在一定范围的地理区域内。批准此类协议与其潜在的经济效率之间所存在的关系不过是偶然的。

与此同时，对于反卡特尔法律和反贸易限制的规则，Taft 法官描绘了一幅印象主义的而非解释主义（noninterpretivist）的图景。他在 *Addyston Pipe* 案中的观点既因为不真实、却也因为它的睿智而十分重要。他忽略或者误读了毫不含糊地支持"赤裸裸价格固定"行为的普通法甚至是《谢尔曼法》的先例。[①] 他在论证先例为什么是错误的时候，对先例中的观点是断章取义的。[②] 他所援引的用来说明限制贸易的普通法立场的判例，其中有一些实际上是偏离普通法的立法的。[③] 他所引用的一些他认为谴责了"赤裸裸"的贸易限制的先例观点，实际上是在谴责具有非常显著的效率促进潜力的企业联营。

尽管如此，所有这些观点对于处于萌芽状态的联邦反垄断政策具有非常重大的价值。Taft 法官在 *Addyston Pipe* 案中的意见所取得的一项重大成就，是将新兴的"竞争经济模型"与传统的"限制贸易的联合"的法律学说融合在一起。在这个过程中，Taft 法官创造了一种错觉，即传统上规制"限制贸易的联合"的法律始终关注竞争的经济效率。其结果是塑造了一部在理念上远比普通法或者国会立法史所实际反映出来的情况更注重经济分析的《谢尔曼法》。国会所宣称的《谢尔曼法》只是简单地将普通法联邦化的观点，使法院摆脱了所受的该法立法历史的限制，而 Taft 法官所作的 *Addyston Pipe* 案判决，则有效地将法院从以往普通法的实体规则中解放出来。从那时起，联邦法院基于普通法遵循先例的程序精神本质，凭空缔造了一套和普通法的实体法无关的、只基于《谢尔曼法》（和随后的《克莱顿法》）先例去演进发展的"普通法"规则。普通法历史长河中的旧有先例，尽管不是全部，也可以说绝大部分被抛弃了。

2.1c. 联邦反垄断政策简史

有关美国反垄断政策历史的著作汗牛充栋，只是详略和复杂程度各不相同。

---

① 例如，United States v. Nelson，52 Fed. 646，647（d. Minn. 1892）（依据《谢尔曼法》维持了对共谋的认定）；Dolph v. Troy Laundry Mach. Co.，28 Fed. 553，555 - 556（c. c. N. d. N. Y. 1886），改判，138 U. S. 617，11 S. Ct. 412（1891）（依据普通法维持了对价格固定的认定）。

② 例如，Gloucester Isinglass & Glue Co. v. Russia Cement Co.，154 Mass. 92，27 N. e. 1005（1891）（维持了对贸易限制联合的认定，理由是这种联合不涉及生活必需品）。关于其他案例的讨论，见 Herbert Hovenkamp，"The Sherman Act and the Classical Theory of Competition"，74 *Iowa L. Rev.* 1019，1043（1989）。

③ Gibbs v. Consolidated Gas Co. of Balt.，130 U. S. 396，9 S. Ct. 553（1889）（根据一项禁止煤气公司之间相互联合的法律）；Ford v. Chicago Milk Shippers' Ass'n，155 Ill. 166，39 N. e. 651（1895）（根据一项禁止信托机构相互联合的法律）。

本书在引用其他历史书籍的基础上，作非常简短的概述。[①]

早期《谢尔曼法》大多数的执法都是由联邦政府实施的，其主要目标是卡特尔和各种被称为"托拉斯"（trust）的更紧密的联合行动。早期的许多指控都没有成功，因为联邦法院根据通用的普通法规则解释这部法律：（1）提高价格但不附带针对任何第三方的强制性行为（coercive action）的协议，不构成违法；（2）卡特尔一般不是非法的，除非它们几乎控制了整个受其影响的市场。[②] 同样令人悲观的是，联邦最高法院在第一次适用《谢尔曼法》的判决——1895年的 e.c.Knight 案中，认定该法不应适用于一个白糖生产商联营，因为该联营主要影响制造业，而制造业本身并不属于州际贸易，因此，该案不属于联邦政府根据联邦宪法商业条款（commerce clause）授权而具有管辖权的范围。[③]

《谢尔曼法》早期失败的责任，有时落在克利夫兰总统（President Cleveland）的司法部长理查德·奥尔尼（Richard Olney）的头上，他不是一个反垄断法的热衷拥趸。但另一种观点则认为，Olney 之所以非常克制，是因为他预测——事实上证明他是对的——法院在任何情况下都不太可能接受扩大适用《谢尔曼法》的观点。[④] 令一些早期支持者感到恐惧的是，《谢尔曼法》的确在一个地方具有积极的用武之地，那就是作为反对工会联盟组织（labor union）的工具。实际上，在1890年至1897年期间，最早的13个被判定违反《谢尔曼法》的案件中，有12件是针对工会的。[⑤] 这导致国会最终不得不通过立法作出回应，首先通过了《克莱顿法》第6条[⑥]，后来又通过了《诺利斯-拉瓜迪亚法》（Norris-LaGuardia Act），将大多数劳工联盟的组织活动排除在反垄断法的适用范围之外。[⑦]

[①] 经典且高度真实的著作为：Hans B. Thorelli, *The Federal Antitrust Policy: Origination of an American Tradition* (1955). 其他著作有：Rudolph J. R. Peritz, *Competition Policy in America, 1888—1992: History, Rhetoric, Law* (1996)；William Letwin, *Law and Economic Policy in America: The Evolution of the Sherman Antitrust Act* (1981)；Herbert Hovenkamp, *The Opening of American Law: Neoclassical Legal Thought, 1870—1970*, chs. 11 - 12 (2015). 反垄断法的立法历史，见 Earl W. Kintner, *The Legislative History of the Antitrust Laws* (1978). 关于针对销售限制行为的反垄断政策的历史，见 Laura Phillips Sawyer, *American Fair Trade: Proprietary Capitalism, Corporatism, and the New Competition, 1890—1940* (2017)。

[②] 例如，见 In re Greene, 52 Fed. 104, 114 (c. c. S. d. Ohio 1892) (如果合并协议没有禁止卖家企业重新进入市场，那么酒厂以完全控制市场为目的的合并就不是非法的)。

[③] United States v. e. c. Knight Co., 156 U. S. 1, 15 S. Ct. 249 (1895). 见 Herbert Hovenkamp, *Enterprise and American Law: 1836—1937* (1991), at 241 - 245。

[④] Letwin, *Law and Economic Policy in America*, supra, at 117 - 118.

[⑤] Hovenkamp, *Enterprise*, supra, at 229.

[⑥] 15 U. S. c. a. § 16, 于1914年通过。

[⑦] 29 U. S. c. a. §§ 101 - 110, 113 - 115, 通过于1932年。关于反垄断的劳工豁免原则，见本书第16.3b节，见下文；及见 1A Antitrust Law ¶¶ 255 - 257 (5th ed. 2020)。

　　联邦政府适用《谢尔曼法》所取得的第一个主要成果，是针对主要在中西部地区运营的多个铁路卡特尔①，以及在 1904 年反对的一项铁路并购案。② 到了十九世纪之交，随着各种反卡特尔案件的胜诉③，以及 1911 年针对标准石油公司（Standard Oil Company）和烟草托拉斯的掠夺性定价及通过合并谋求垄断案的重大胜利，政府在反对资本家而非劳工的案件中的胜诉率开始提高。④

　　1895 年至 1905 年间美国掀起了一波来势汹汹的企业合并浪潮，其部分原因是由《谢尔曼法》本身所导致的。这是因为许多企业家认为，该法案禁止卡特尔，但对包括资产收购或股权控制在内的更为紧密的企业间联合则相当宽容。⑤无论如何，紧随着大合并浪潮的兴起，美国从此越来越关注合并政策，这种对合并的关注和顾虑一直到今天也没有停息。

　　有两件事情可以说明为什么在 1912 年总统选举期间，人们对反垄断产生了如此大的兴趣。一个是前面提到的巨大的合并浪潮，另一个是 1911 年 *Standard Oil* 案和 *American Tobacco* 案中所发展出来的"合理原则"（Rule of Reason）⑥。尽管在这两个案件中都判决构成违法垄断，但许多进步时代（Progressive Era）* 的自由主义者都认为合理原则会大大削弱《谢尔曼法》，这一担忧又在诸如 *Henry v. a.b. Dick & Co.* 案⑦中得到强化，该案认定，搭售安排应该被视为是合理的而不违反《反垄断法》。新的威尔逊政府通过《克莱顿法》⑧ 和《联邦贸易委员会法》⑨ 对此作出了回应。《克莱顿法》明确反对具有反竞争效果的价格歧视、捆绑和独家交易，扩大了私人执法（private enforcement）的范围，为劳工组织提供了早期、但没有起到应有作用的豁免⑩，并以比《谢尔曼法》激进得多

---

　　* 进步时代（Progressive Era）指的是在 19 世纪 90 年代到 20 世纪 20 年代之间，美国历史上发生的广泛的社会改革和政治改革运动的时期。——译者注

　　① United States v. Trans-Missouri Freight Ass'n, 166 U. S. 290, 17 S. Ct. 540 (1897)；United States v. *Joint-Traffic Ass'n*, 171 U. S. 505, 19 S. Ct. 25 (1898).

　　② Northern Sec. Co. v. United States, 193 U. S. 197, 24 S. Ct. 436 (1904).

　　③ United States v. Addyston Pipe & Steel Co., 85 Fed. 271, 278 - 291 (6th Cir. 1898)，维持，175 U. S. 211, 20 S. Ct. 96 (1899)。

　　④ Standard Oil Co. (N. J.) v. United States, 221 U. S. 1, 31 S. Ct. 502 (1911)；United States v. *Am. Tobacco Co.*, 221 U. S. 106, 31 S. Ct. 632 (1911).

　　⑤ 见 Herbert Hovenkamp, *Enterprise and American Law：1836—1937* (1991), at ch. 20。

　　⑥ Standard Oil Co. (N. J.), 221 U. S. 1, 31 S. Ct. 502 (1911)；Am. Tobacco Co., 221 U. S. 106 (1911)。见卓越的学术研讨 "100 Years of Standard Oil", 85 S. *Cal. L. Rev.* 429 (2012) (Barak Orbach & d. Daniel Sokol, eds.)；及见 Herbert Hovenkamp, "The Rule of Reason", ＿＿ *Fla. L. Rev.* ＿＿ (2018)（未完成）。

　　⑦ 224 U. S. 1, 32 S. Ct. 364 (1912).

　　⑧ 15 U. S. c. a. § § 12 et seq.

　　⑨ 15 U. S. c. a. § § 41 et seq.

　　⑩ 见 Hovenkamp, *Enterprise*, supra, at ch. 19。

的标准对合并进行审查。《联邦贸易委员会法》创设了联邦贸易委员会，这是一个行政机构，可以召集法院无权主动召集的专家[1]，并且规定了旨在谴责不公平交易的第 5 条，从而使法律调整的范围更为广泛。根据对该法律的后来的且延续至今的解释，联邦贸易委员会可以追究那些它认为具有反竞争效果的、但并不违反其他反垄断法的行为。[2]

从进步时代结束，到第一次世界大战，再到"罗斯福新政"（New Deal），这一时期的特点是合并政策是温和[3]的，而企业联营和贸易协会受到极大的关注。[4]政府也积极对 1911 年联邦最高法院否定的转售价格维持行为（resale price maintenance）进行执法[5]，以及对《克莱顿法》宣布为反竞争的独家交易行为宣战。[6]

无论对于反垄断经济理论，还是对于反垄断政策而言，20 世纪 30 年代都是一个高度模糊、动荡和矛盾的时期。一边是那些认为价格竞争不可行且效率低下的人们，他们主张企业家应当享有广泛的自由，联合经营企业、行业协会或其他企业间的协同活动应当免于受到反垄断法的追诉，以提高市场运行的效率。[7]另一边则是那些高举反垄断旗帜、坚决要求积极适用反垄断法打击所有联合行为的人们。持第一种立场的活动家在第一次新政期间暂时胜出，当时罗斯福总统任上通过的《公平竞争法》（Codes of Fair Competition）几乎使各种形式的合谋（collusion）合法化了。但在国家复兴局（National Recovery Administration）被联邦最

---

[1]　见 Daniel A. Crane, The Institutional Structure of Antitrust Enforcement, passim (2011)。详尽且标注日期的历史叙述，见 Gerard C. Henderson, *The Federal Trade Commission: A Study in Administrative Law and Procedure* (1924)。

[2]　见 FTC v. Brown Shoe Co., 384 U. S. 316, 86 S. Ct. 1501 (1966); *FTC v. Sperry & Hutchinson Co.*, 405 U. S. 233, 92 S. Ct. 898 (1972)。

[3]　例如，United States v. United Shoe Mach. Co., 247 U. S. 32, 38 S. Ct. 473 (1918); United States v. United States Steel Corp., 251 U. S. 417, 40 S. Ct. 293 (1920); United States v. S. Pac. Co., 259 U. S. 214, 42 S. Ct. 496 (1922)。

[4]　例如，Board of Trade of City of Chi. v. United States, 246 U. S. 231, 38 S. Ct. 242 (1918); Am. Column & Lumber Co. v. United States, 257 U. S. 377, 42 S. Ct. 114 (1921); Maple Flooring Mfrs'. Ass'n v. United States, 268 U. S. 563, 45 S. Ct. 578 (1925)。

[5]　Dr. Miles Med. Co. v. John d. Park & Sons Co., 220 U. S. 373, 31 S. Ct. 376 (1911)，本案被下列在后案例推翻：Leegin Creative Leather Products, Inc. v. PSKS, Inc., 551 U. S. 877, 127 S. Ct. 2705 (2007). United States v. Colgate & Co., 250 U. S. 300, 39 S. Ct. 465 (1919); United States v. a. Schrader's Son, Inc., 252 U. S. 85, 40 S. Ct. 251 (1920); FTC v. Beech-Nut Packing Co., 257 U. S. 441, 42 S. Ct. 150 (1922); 及其他大量案例。

[6]　例如，FTC v. Sinclair Refining Co., 261 U. S. 463, 43 S. Ct. 450 (1923)。关于其他在先判决，见 11 Herbert Hovenkamp, Antitrust Law ¶ 1801 (4th ed., 2019)。

[7]　见 Ellis W. Hawley, *The New Deal and the Problem of Monopoly* (1974); Ellis W. Hawley, Herbert Hoover and the Sherman Act, 1921—1933: An Early Phase of a Continuing Issue, 74 *Iowa L. Rev.* 1067 (1989); Robert F. Himmelberg, *The Origins of the National Recovery Administration, Business, Government, and the Trade Association Issue*, 1921—1933 (1976)。

高法院宣布为违宪之后，罗斯福总统改变了政策。他让瑟曼·阿诺德（Thurman Arnold）担任反垄断机构的负责人。在第二次世界大战这一外部因素对政策产生影响之前，Arnold 采取了攻击性十足的执法举措，执法对象包括纵向一体化①、共谋，并首次对寡头垄断进行了追究，他的执法对象甚至还包括明显的共谋便利举措，例如价格发布以及默契协议（tacit agreement）行为等。最后，他还发起了一场针对被认为是滥用知识产权——特别是滥用专利权的行为的战役。② 他极大地扩大了反垄断同意令（antitrust consent decree）的适用范围，其作为一种新机制，在获得政府救济方面比冗长的诉讼更迅捷、更具有可预期性。与此同时，国会通过了《罗宾逊—帕特曼法案》（Robinson-Patman Act）③，扩展了《克莱顿法》第 2 条的适用情形，大大限制了厂商针对大客户和小客户分别采取较低与较高定价的价格歧视的能力。有了该法案，政府执法机构开始采取高度反竞争的政策，即试图在市场竞争中保护小企业免受更有效率的大企业的竞争损害。④

毫无疑问，新政和复苏时期所出现的问题，却带来了一项最为持久的遗产，那就是第二次世界大战之后，反垄断政策制定者更加重视经济效率问题，并认识到企业规模"大"（bigness），甚至一定程度的寡头垄断都可能具有存在的合理性。⑤ 这需要反垄断法与经济理论之间展开更为复杂的互动。⑥ 在当时，经济理论非常关注市场结构的问题。对市场集中度、进入壁垒、市场结构与寡头垄断之间的联系的关注，在二战后的一段时期内，占据了主导地位。⑦ 与此同时，美国执法机构变得极度关注那些被认为会增加进入障碍、促进共谋，或使厂商能够利用垄断在从属市场（secondary market）获得额外垄断利润的纵向行为（vertical practice），这种关注几乎达到了偏执的程度。其结果是，执法部门继续激进地对转售价格维持进行反垄断执法，对纵向非价格限制也开始执法，以及对搭售安

---

① 例如，United States v. Paramount Pictures, Inc., 334 U. S. 131, 68 S. Ct. 915 (1948)；United States v. Pullman Co., 330 U. S. 806, 67 S. Ct. 1078 (1947)。

② 见 Herbert Hovenkamp, *The Opening of American Law*: *Neoclassical Legal Thought*, chs. 11 - 12 (2015)；Spencer Weber Waller, *Thurman Arnold*: *A Biography* (2005)。例如，American Tobacco Co. v. *United States*, 328 U. S. 781, 66 S. Ct. 1125 (1946)；United States v. Socony-Vacuum Oil Co., 310 U. S. 150, 60 S. Ct. 811 (1940)。也可参见 Sugar Inst. v. United States, 297 U. S. 553, 56 S. Ct. 629 (1936)；Interstate Circuit, Inc. v. United States, 306 U. S. 208, 59 S. Ct. 467 (1939)。

③ 见本书第 14 章。

④ 见 14 Antitrust Law, ch. 23 (4th ed., 2019)。

⑤ 例如，John Maurice Clark, "Toward a Concept of Workable Competition", 30 *Am. Econ. Rev.* 243 (1940)。

⑥ 见 Herbert Hovenkamp, "United States Competition Policy in Crisis, 1890—1955", 94 *Minn. L. Rev.* 311 (2009)；Hovenkamp, *Opening*, ch. 11。

⑦ 例如，United States v. Aluminum Co. of Am., 148 F. 2d 416 (2d Cir. 1945)；United States v. Columbia Steel Co., 334 U. S. 495, 68 S. Ct. 1107 (1948)。

排、独家经营和纵向合并发起了数量众多的调查和执法。[①]

这一时期最著名的反垄断政策文件，是《司法部长关于国家反垄断法研究委员会的报告》（1955 年），按照当时的标准，这个报告对执法范围有一定的扩张。该报告主张更严格的合并审查标准，这些标准严重依赖于结构性因素，且通常对合并后可能带来的经济效率不予考虑。即使是在经济学论证方面更为严谨的卡尔·凯森（Carl Kaysen）和唐纳德·F. 特纳（Donald F. Turner）所著的《反垄断政策》一书中[②]，也将促进"公平"的行为和限制大企业的发展认为是反垄断法应当追求的目标。[③]事实上，他们甚至提出，反垄断政策的合理目标是收入的平等分配（equitable distribution of income）。[④]这一思想的许多基础性分析（但缺少明确的规范论证），被包含在哈佛大学经济学家乔·贝恩（Joe S. Bain）在 20 世纪 50 年代出版的关于进入壁垒、产业结构和寡头垄断的著作中。他的著作比许多同时代的学术论著更明显地表现出对高价格的关注。[⑤]

到 1950 年，当修订了《克莱顿法》第 7 条的《塞勒—基弗沃修正案》（Celler-Kefauver Amendments）获得通过时，对市场不完善（imperfection）的关注已经成为反垄断政策最明显的特征。经济学家对寡头垄断和厂商集中的担忧在国会政策中得到了转化和放大，这些政策对商业扩张持怀疑态度，甚至对经济效率抱有敌意。与此同时，国会可能对那些代表因大公司富有效率的行为而受到损害的小型企业的游说组织欢迎过头。这种思潮的顶峰体现在 20 世纪 60 年代的反垄断政策，它公开反对企业的创新[⑥]和规模扩张，狂热保护小企业独立自主的经营自由。[⑦]

那些批评 1960 年代反垄断政策过于激进的文献，总要指责一下沃伦法院（Warren Court）。[*]但首先要被批评的是政府的执法机构。在沃伦时代，绝大多数以今天的眼光看来过于激进的判决都来自政府提起的诉讼，而法院只不过照办

---

[*] 即沃伦担任首席大法官时期的美国最高法院。——译者注

[①] 此类案例众多，如 United States v. Yellow Cab Co. , 332 U. S. 218, 67 S. Ct. 1560 (1947)；Int'l Salt Co. v. United States, 332 U. S. 392, 68 S. Ct. 12 (1947)；United States v. Griffith, 334 U. S. 100, 68 S. Ct. 941 (1948)；Standard Oil Co. of Cal. v. United States, 337 U. S. 293, 69 S. Ct. 1051 (1949)。

[②] Carl Kaysen & Donald F. Turner, *Antitrust Policy*: *An Economic and Legal Analysis* (1959).

[③] 同上一条注释，at 11 - 17.

[④] 同上一条注释：（"收入的平等分配"是一个"经济上的好结果"，应该据此评价反垄断政策）。

[⑤] 见 Joe S. Bain, *Barriers to New Competition*: *The Character and Consequences in Manufacturing Industries* (1956). 见 Herbert Hovenkamp, "Antitrust and the Costs of Movement", 78 *Antitrust L. J.* 67 (2012)。

[⑥] 它尤其对倾向于取代独立的小型企业的有利于创新的分配机制不友好。

[⑦] 例如，Brown Shoe Co. v. United States, 370 U. S. 294, 82 S. Ct. 1502 (1962)。

了政府要求它做的事情而已。[①] 因此，对于下文第 2.2c 节所讨论的观点——即竞争对手并不是最佳的原告，或许大多数反垄断诉讼应当由政府提起——必须以历史的眼光来批判。在反垄断法适用的 120 年历史中，大多数的狂热观点和扩张规则都是由政府所主张的。再咄咄逼人的私人原告所做的也只不过是对政府执法的拾遗补缺而已。而今天，这种局面已经改变了，私人原告通常被视为不断拓展反垄断法实施边界的执行者。但需要注意的是，以上种种情况均具有历史的偶然性，并不是永恒不变的状态，情况有可能再次发生反转。

随着沃伦时代的结束，这一段简要介绍的历史也告一段落。20 世纪 50 年代和 60 年代反垄断政策的扩张，很大程度上推动了芝加哥学派的发展，下文将对此进行详细讨论。

第 2.2 节　经济学在反垄断法学中的作用

2.2a. 1960 年以前的反垄断法学与经济理论

反垄断一直与特定时期内的主流经济学说关系密切。诚然，反垄断政策制定者有时候会不合理地适用经济学，有时候会滑向经济学理论的边缘而不是核心，有时候甚至会将正确的观点推演过度。但即使是普通法，也在很大程度上受到当时流行的古典政治经济法则的影响，这些经济学原理涉及竞争的本质，以及各种反竞争行为的效率评估。[②] 随着 1870 年代和 1880 年代新古典主义的兴起（最显著的特征是边际成本和边际收益曲线的引入），分析变得更加细致，经济学家越来越意识到，市场的不完美（market imperfection）可能引发各种反竞争行为的出现。[③] 反垄断政策在这一阶段亦紧紧跟随经济学的发展步伐。

在罗斯福新政时期，经济学理论大量渗入反垄断政策之中。但当时主导的经济意识形态也对不受监管的市场非常怀疑，并倾向于认为政府监管会使市场变得更好。从 1935 年左右开始，美国反垄断政策对企业合并和各种垂直类的行为越来越严苛。情况仍然是，反垄断法没有采纳当时的主流经济学学说，没有因此发生变化。相反，这一时期反垄断政策的变化是由诸如爱德华·张伯伦（Edward

---

① 例如，*Brown Shoe*；United States v. Von's Grocery Co. , 384 U. S. 270，86 S. Ct. 1478（1966）；FTC v. Procter & Gamble Co. , 386 U. S. 568，87 S. Ct. 1224（1967）；United States v. Arnold, Schwinn & Co. , 388 U. S. 365，87 S. Ct. 1856（1967）；FTC v. Consol. Foods Corp. , 380 U. S. 592，85 S. Ct. 1220（1965）。见 Herbert Hovenkamp, *The Antitrust Enterprise*：*Principle and Execution*，Ch. 9（2005）。

② 见 Herbert Hovenkamp, "The Sherman Act and the Classical Theory of Competition"，74 *Iowa L. Rev.* 1019（1989）。

③ 见 Herbert Hovenkamp, *The Opening of American Law*：*Neoclassical Legal Thought*，1870—1970（2015）。

Chamberlin）的垄断竞争理论（theory of monopolistic competition）等经济学理论所推动的。其作为新政时期的经典理论，强调了美国市场中产品差异等市场不完善所带来的影响。[①] 在这个理论框架内，竞争被认为是脆弱的，只有通过持续不断的反垄断监督，才能维持竞争的状况。这种新政时期的理念，直接导致了"有效竞争"（"workable competition"）这一概念的提出，其在20世纪40年代和50年代极具影响力。[②] 该理论被1955年《司法部长关于反垄断政策的报告》所直接采纳。该报告试图基于当时主流的产业组织理论，发展形成一整套反垄断政策。[③] 在这一政策中，竞争被视为是许多美国产业内在缺乏的东西，但只要政府愿意干预，并纠正反竞争行为，即使在非常不完善的市场中，有效竞争也是可以实现的。

即使在沃伦时代，法院相对激进的做法也是建立在经济学理论的基础之上的，尽管反垄断法的适用者（antitruster）经常走得太远。20世纪60年代主流的经济学理论与20世纪80年代的主流经济学理论非常不同，早期的经济学家对不受监管的市场持格外怀疑的态度。例如，乔·贝恩（Joe S. Bain）也许是当时最具有影响力的反垄断经济学家，他将他的相对干预主义理论（relatively interventionist theory）建立在三个重要的经济学前提之上：第一，大多数市场上，要达到规模经济并不需要很大的规模，只在少数行业中，规模经济才会使市场集中度达到反竞争的水平。[④] 因此，许多活跃着大型公司的行业，集中度都高于能够实现最优生产效率的水平。[⑤] 第二，新企业的市场进入门槛非常高，很容易被占主导地位的厂商所操控（manipulate）。[⑥] 第三，与寡头垄断相关的反竞争行为（垄断定价），已经开始在市场集中度较低的市场中出现。[⑦] 在这些观点的综合影响之下，当时的反垄断政策非常关注对寡头垄断市场的去集中化（deconcentrate），并在一定程度上关注保护小企业的独立性，使其免受那些较大的竞争对

[①] 见 Edward H. Chamberlin, *The Theory of Monopolistic Competition* (1933)。见 Herbert Hovenkamp, "United States Competition Policy in Crisis, 1890—1955", 94 *Minn. L. Rev.* 311 (2009)。

[②] 见 John M. Clark, "Toward a Concept of Workable Competition", 30 *Am. Econ. Rev.* 241 (1940)。

[③] Report of the Attorney General's National Committee to Study the Antitrust Laws (1955).

[④] 见 Joe S. Bain, "Economies of Scale, Concentration, and the Condition of Entry in Twenty Manufacturing Industries", 44 *Am. Econ. Rev.* 15, 38 (1954)。

[⑤] Joe S. Bain, *Barriers to New Competition: Their Character and Consequences in Manufacturing Industries* 53 - 113 (1956); Joe S. Bain, "Relation of Profit Rate to Industry Concentration: American Manufacturing, 1936—1940", 65 *Q. J. Econ.* 293 (1951).

[⑥] Bain, *Barriers*, supra at 1 - 42, 114 - 43.

[⑦] 同上一条注释。关于寡头垄断，见本书第4章。

手的影响。[1]

2.2b. 芝加哥学派及其影响

20 世纪 50 年代及此后，在芝加哥大学兴起的市场经济学（market economics）革命，是对新政、Chamberlain、Bain 关于市场脆弱性的判断以及应适当进行反垄断干预主张的全面攻击。[2]

非常简要的，传统的芝加哥学派坚持以下十项主张。

（1）经济效率，应成为反垄断法追求的唯一目标，其包括两个相关部分：生产效率（productive efficiency）和配置效率（allocative efficiency）。在生产效率的分式中，公司产出的价值是分子，其投入的成本是分母，这个比值越高，公司的效率就越高。生产效率的提升主要来自研发。而配置效率是指市场的总体效率，通常用帕累托规则（Pareto criterion）来衡量。[3] 一般来说，市场在竞争状态时——即当价格等于边际成本时达致最优的配置效率。然而，由于垄断利润为企业的研发提供了重要的激励，因此，生产效率的提高通常会降低市场的配置效率。例如，新建大型工厂并扩大市场份额可以实现规模经济，从而提高了企业的生产效率，然而，这些活动的结果会为垄断定价提供条件，因而同时降低了配置效率。最佳的反垄断政策，应努力实现最大化净效率增益（*net efficiency gains*）。[4]

（2）即使卖家的数量相对较少，但大多数的市场仍然都是竞争性的。即使在集中度高的市场中，企业之间能够协调价格，但它们也会继续以诸如增加投入改善客户服务水平等其他方式展开竞争。寡头垄断或卡特尔很难消灭所有可能的竞争方式。此外，产品差异化对竞争的削弱程度往往远远低于此前反垄断政策所作的假设，并使共谋更加难以维持。因此，无论是高市场集中度，还是产品差异

---

[1]　第一次世界大战后经济数据普查结果显示，产业集中的现象迅速增加，这加剧了人们的担忧。对相关数据的讨论见下列著作的第二版：Frederic M. Scherer, *Industrial Market Structure and Economic Performance*, ch. 3 (2d ed. 1980)。

[2]　关于芝加哥学派的发展历程，及其在反垄断学科上的发展，见 Edmund W. Kitch, "The Fire of Truth: A Remembrance of Law and Economics at Chicago, 1932—70", 26 *J. L. & Econ.* 163 (1983); Richard A. Posner, "The Chicago School of Antitrust Analysis", 127 *U. Pa. L. Rev.* 925 (1979)。也可参见 Herbert Hovenkamp, *The Antitrust Enterprise: Principle and Execution*, ch. 2 (2005)。

[3]　当没有人能够在不损害他人利益的情况下改善自己的处境时，则实现了帕累托最优（Pareto optimal）。

[4]　例如，Robert H. Bork, *The Antitrust Paradox: A Policy at War with Itself* 91 (1978; rev. ed. 1993)："反垄断的全部任务可以概括为：在不损害生产效率的情况下提高分配效率，以至于使消费者福利既不产生收益也不产生净损失。"

化，都不是早期寡头垄断理论家所主张的反竞争问题。[1]

（3）资源总是从利用价值高的经济部门自由流动到利用价值低的经济部门，因此，垄断总是倾向于自我修正，也就是说，垄断者的高利润通常会吸引新的竞争对手进入垄断市场，导致垄断者的地位迅速受到侵蚀。司法程序可以做得最好的事情，只是加快这一市场修复的过程。[2]

（4）市场进入的"自然"壁垒更多是想象出来的，而不是真实存在的。作为一般规则，投资会从较低回报率的市场自由地流向具有较高回报率的市场。一个重要的例外，是非自然形成的进入壁垒——即政府自身创造的障碍。在大多数市场中，如果政府放任市场进入和退出而不加管制，社会将是最好的。[3]

（5）规模经济远比之前的经济学家所认识到的更为普遍，部分原因是，早期经济学家只关注企业内部的工厂经济或者生产经济，而忽略了企业间的配置经济或者交易经济。[4] 尽管绝大多数的商业行为均由经济效率的追求而驱动，但在大多数案件中，效率是难以被衡量的。

（6）当下游和上游市场都富有竞争性时，企业通常会最大化自己的利润，所以它没有动力去推动垂直的相关市场的垄断。并且，垄断者不可能通过"利用"（"leverage"）其在一个市场中的垄断地位所获得的额外垄断利润，进一步在垂直相关市场中获得更高的回报。[5] 因此，几乎所有纵向合并的实例，包括搭售、转售价格固定及纵向非价格限制，都是有效率的。[6]

（7）商业公司是追求利润最大化的，也就是说，它们的管理者通常会作出他们预期可以使企业比采取其他任何替代方案更为有利可图的决策。即使事实表明，许多公司并不是利润最大化者，而是受到一些其他不同的目标所激励而开展

---

① 例如，见 Yale Brozen, *Concentration, Mergers and Public Policy* (1982)；John S. McGee, *In Defense of Industrial Concentration* (1971)。

② 例如，见 Frank H. Easterbrook, "The Limits of Antitrust", 63 *Texas L. Rev.* 1, 2 (1984)（从长期来看，市场将变得越来越富有竞争性；反垄断的目标仅仅是"加速长期市场的到来"）。见 Herbert Hovenkamp, "Antitrust and the Costs of Movement", 78 *Antitrust L. J.* 67 (2012)；George L. Priest, "The Limits of Antitrust and the Chicago School Tradition", 6 *J. Comp. L. & Econ.* 1 (2010)。

③ 例如，Harold Demsetz, "Barriers to Entry", 72 *Am. Econ. Rev.* 47 (1982)。

④ 关于 John S. McGee（芝加哥学派）和 Frederic M. Scherer（批评家）之间的争论，见 *Industrial Concentration: The New Learning* 15－113 (Harvey J. Goldschmid, H. Michael Mann & J. Fred Weston, eds. 1974)。

⑤ 例如，Ward S. Bowman, Jr., "Tying Arrangements and the Leverage Problem", 67 *Yale L. J.* 19 (1957)。

⑥ Lester G. Telser, "Why Should Manufacturers Want Fair Trade?", 3 *J. L. & Econ.* 86 (1960)；Robert H. Bork, "The Rule of Reason and the Per Se Concept: Price Fixing and Market Division (part 2)", 75 *Yale L. J.* 373 (1966)；Richard A. Posner, "The Rule of Reason and the Economic Approach: Reflections on The Sylvania Decision", 45 *U. Chi. L. Rev.* 1 (1977)。

经营活动，该模型也仍然成立。[①] 这些激励例如包括：收入最大化、销售额最大化或者令股东"满意"。市场效率模型的有效性，只要求某些公司追求利润最大化就足够了，在这种情况下，这些公司的利润和市场份额，将在那些非以利润最大化为导向的公司相对萎缩的背景下，持续增长。

（8）反垄断执法，应当精准化，仅针对无效率的垄断行为，而对于同样的行为，在富有效率时应当予以容忍甚至鼓励。[②] 此外，市场中的竞争者通常会因为串通行为而受益，而因有效的竞争行为而受到损害，因此，它们起诉的动机恰恰是错误的。大多数由竞争对手提起的反垄断诉讼应当被驳回，而私人诉讼的原告应当仅限于消费者。

（9）不完全竞争模型或垄断竞争模型——完全竞争模型的两种最常见的变体——要么是对现实的严重夸大，要么就是完全错误的。[③] 经济学家最好以完全竞争模型作为分析的起点，然后再尝试解释为什么会在个案中出现偏差。即使市场是不完善的，也只有在将干预成本考虑在内之后，确认市场竞争确实能够得到改善，政府的干预才是正当的。认为国家公权力介入的救济会比自然市场的自发纠正过程产生更富有效率的结果的观点是非常草率的。[④] 秉持这一观点的必然结果是，芝加哥学派认为"错误成本"是不对称的。"第一类"的错误成本——错误惩罚了那些本来不构成垄断的行为的成本，是干扰了市场向竞争均衡点运动的自然过程。这种成本远高于"第二类"的错误成本——未能将那些的确构成垄断的行为识别出来的成本。在后一种情况下，芝加哥学派认为，应当相信自由市场的机制自发地就足以解决垄断问题，人们最好采用宽容的（underdeterrent）反垄断政策，因为对垄断打击的不足往往会得到市场的自我矫正，而过度打击则不能指望市场能够自愈。

（10）将市场效率模型作为反垄断政策的唯一指南，是非政治性的。也就是说，采用这一模型并不考虑财富或者权利在社会中的分配方式，而只是为了使社

---

①　当一家企业的管理人员设定一个和利润、销量或市场份额有关的目标、并尝试达到这一目标，但不必须超过这一目标时，就能使股东"满意"。根据这一理论，企业的管理人员并不倾向于设定一个相当高的目标，因为他们不想使自己完不成目标。"令股东满意"这一理论是一个更为普遍的企业行为理论的一部分，强调了企业的所有权和控制权的分离，说明管理人员和股东经常有着不同的动机，且这一点不利于企业利润最大化的目标。例如，见 Adolph A. Berle, Jr. and Gardiner C. Means, *The Modern Corporation and Private Property* (1932)。关于企业拒绝，见 Frank H. Easterbrook & Daniel R. Fischel, *The Economic Structure of Corporate Law* (1991)。

②　William M. Landes, "Optimal Sanctions for Antitrust Violations", 50 *U. Chi. L. Rev.* 652 (1983).

③　例如，Robert Bork 相信寡头仅存在于经济学教科书中。见 Robert H. Bork, *The Antitrust Paradox: A Policy at War With Itself* 221 (1978)。

④　例如，见 Frank H. Easterbrook, Ignorance and Antitrust, 119, in *Antitrust, Innovation, and Competitiveness* (Thomas M. Jorde & David J. Teece, eds., 1992); 见 Frank H. Easterbrook, "Workable Antitrust Policy", 84 *Mich. L. Rev.* 1696 (1986)。

会的整体财富最大化。[1] 因此，只要某种行为使得企业产生的收益大于消费者的损失，那么它就是有效率的，根据反垄断法，它就不应当是违法的。同理，如果给消费者带来的收益大于给企业带来的损害，也应当是合法的。因此，芝加哥学派争辩称，他们的政治立场是中立的，在相互冲突的利益集团之间分配财富或者权利的政治争端中，他们并不会站在任何一边。他们总是支持能够使社会净福利最大化的举措。

上述原则中的某些内容，得到历史实践经验的强有力支持，并且在此后有关反垄断的各种论述中几乎没有什么争议。而其他的一些内容，除了诉诸意识形态以外，几乎没有其他的证据支撑。

2.2c. 错误的成本分析方法；竞争者诉讼对消费者诉讼；私人诉讼对公权力机关诉讼

芝加哥学派普遍假设完全竞争市场是稳定的，而其他非完全竞争市场是不稳定的。因此，市场自然而然会得到"自我修正"，对政府干预的适当性最好应当持一种怀疑态度。但是最近几十年开展的大量经济学的研究结果，在极大程度上推翻了这一论断。例如，与曾经在芝加哥学派内部占主流的完全竞争模型相比，今天我们更有可能将产品差异化视为普遍存在的和有利可图 * 的状况。曾被芝加哥学派竭力论证为非常态的垄断竞争在现实中比比皆是，其对竞争的影响在产生"单边"效应的企业合并中尤为明显。[2] 对转售价格维持（RPM）所作的"搭便车"解释是一个不错的例子，但它可能仅适用于部分 RPM 的情形而不是全部情形。[3] 证明纵向整合始终都富有效率的芝加哥模型建立在非常简单的假设基础之上。当这些假设被放宽（推翻）时，最终结论就会变得十分不确定。[4] 典型的芝加哥学派学者并不承认的、以各种伪装面目出现的策略性行为（strategic behavior），在许多情况下既是客观存在的、又具有反竞争的后果。[5] 芝加哥学派曾经认为能够准确衡量市场力量是一种较为罕见的情形，但这一观点已经让位于许多比我们过去的做法精确得多的计量经济学的市场力量评估方法。根据这些方法统计的结果表明，即使在那些不存在支配性厂商的市场中，同样可能存在显著的市

---

* 即市场结构是稳定的。——译者注

① 例如，Robert H. Bork, *The Antitrust Paradox*: *A Policy at War with Itself* 90 (1978; rev. ed. 1993)："反垄断……并不涉及使用或瓜分财富的方法"。相关评论见 Herbert Hovenkamp, "Distributive Justice and the Antitrust Laws", 51 *Geo. Wash. L. Rev.* 1, 16–26 (1982); Jonathan B. Baker & Steven C. Salop, "Antitrust, Competition Policy", and Inequality, 104 *Geo. L. J. Online* 1 (2015).

② 见本书第 12.3 节。

③ 见本书第 11.2～11.3 节。

④ 见本书第 9.2～9.3 节。

⑤ 可主要参见 Jean M. Tirole, *The Theory of Industrial Organization* (1988).

场力量，并且这种情况还并不罕见。①

同样值得注意的是，在 20 世纪 30 年代到 20 世纪 50 年代，与哈佛经济学派广泛联系的旧结构主义（old structuralist）学派，已经被一股极大地向右偏移的反垄断理论思潮所取代。事实上，鉴于曾经的芝加哥学派已经向左移动，因此这两个学派已经越来越相近、在许多问题上已经几乎难以区分了。② 其实，哈佛学派的变化早在 20 世纪 70 年代就开始了，当时 Areeda 和 Turner——《反垄断法》（Antitrust Law）这部经典专著的两位作者，就摒弃了许多旧的结构主义的学说，尤其是杠杆理论（leverage theory）。③ 理查德·波斯纳（Richard A. Posner）教授在 1979 年的著作中总结道：在"一些领域中"，这两个学派彼此"重叠、融合，或者相互交织在一起"④。

芝加哥学派的观点是市场倾向于自我修正以最终达致竞争均衡。其认为，未能识别出垄断行为——即第二类错误，不过是会让市场发挥其自我修复功能，恢复到竞争状态。相比之下，当不存在垄断问题时，如果犯了第一类错误——执法者错误地将合法行为定性为垄断，则扰乱了市场的自然之力。因此，第一类错误的社会成本大于第二类错误的社会成本，由此得到的结论是，我们所应采取的成本最小化的选择应为实施宽松（underdeterrence）的执法政策。⑤

上述观点很可能起源于乔治·H. 斯蒂格勒（George H. Stigler）。他将寡头垄断和垄断竞争视为完全竞争模型的有限条件（limited qualification），市场中的厂商会不断努力以趋向完全竞争状态。⑥ 在该理论框架内，人们倾向于认为，只要放任而不加干预，市场本身具有内在的自我纠正能力，而偏离完全竞争状况的情形被视为是反常和暂时的。

但随后半个世纪的经济学研究成果雄辩地推翻了上述认知。寡头垄断、垄断竞争以及各种变体的市场结构看起来非常持久，而且完全竞争市场显然比 Stigler 所认为的更为脆弱。在当今大多数对现实市场所进行的实证经济研究中，不完全竞争或者垄断竞争的各种模型比完全竞争模型的表现都要好得多。由此，我们可

---

① 见本书第 3 章。

② 例如，见 William E. Kovacic，"The Intellectual DNA of Modern U. S. Competition Law for Dominant Firm Conduct：The Chicago/Harvard Double Helix"，2007 *Colum*. *Bus*. *L*. *Rev*. 1，43 - 71（主要关于排他性定价）。

③ 见 1 - 3 Phillip E. Areeda & Donald F. Turner，*Antitrust Law*（1978）。关于摒弃结构主义学说，见 Herbert Hovenkamp，Harvard，Chicago and Transaction Cost Economics in Antitrust Analysis，55 *Antitrust Bull*. 613（2010），下载地址：http://papers. ssrn. com/sol3/papers. cfm? abstract_id=1592476。

④ Richard A. Posner，"The Chicago School of Antitrust Analysis"，127 *Univ*. *Pa*. *L*. *Rev*. 925（1979）.

⑤ Frank H. Easterbrook，"The Limits of Antitrust"，63 *Tex*. *L*. *Rev*. 1（1984）. 十分精彩的批判意见，可见 Jonathan B. Baker，"Taking the Error out of 'Error Cost' Analysis"，80 *Antitrust L*. *J*. 1（2015）；C. Frederick Beckner & Steven C. Salop，"Decision Theory and Antitrust Rules"，67 *Antitrust L*. *J*. 41（1999）.

⑥ George J. Stigler，"A Theory of Oligopoly"，72 *Pol*. *Econ*. 44（1964）.

以笃定，错误成本理论的结论应被翻转——"假阴性"比"假阳性"所带来的社会成本更高。当然，这并不意味着反垄断法应该回到过去那种认为竞争反而会带来损害的错误理论。但是，我们可以采取措施用来改进之前采用的错误的成本分析方法。例如，可以减轻原告在适用合理原则的案件中的举证责任。在适用合理原则的反垄断案件中，原告通常必须证明市场力量的存在，并提交足以证明被控行为具有反竞争效果的初步（prima facie）证据，由此才能将举证责任转移给被告，由后者证明被控行为的正当性。更有甚者，最近联邦最高法院的判决还进一步不适当地提高了原告的初步证据证明责任。[①]

芝加哥学派在反垄断政策方面的最大成功出现在 20 世纪 70 年代末和 80 年代，当时市场中存在大量难以从经济学上证明的、进步反垄断学说（aggressive antitrust doctrine）却认为明显具备反竞争效果的实践。然而，联邦最高法院在反垄断问题上逐步趋于保守，主流经济学的发展也开始抛弃完全竞争的模型假设，转而支持强调市场不完善且得到更多实证数据支持的模型。其结果是，芝加哥学派理论变得有些过时了，甚至逐步沦为少数派。如今，它最大的支持来自那些从限制反垄断责任中获利的企业。[②] 竞争其实是一种公共产品，它的受益者众多、分散、规模小且多种多样。如果让市场放任自流，真正的竞争出现得就太少了。

值得一提的是，芝加哥学派有一个观点——由竞争对手提起的反垄断诉讼应当受到极大的限制，或者干脆应当被禁止。[③] 这一观点认为，消费者才具有正当的激励，而竞争对手却没有。消费者受到垄断行为所带来的超额定价的伤害，但竞争对手最常受到的损害却是由那些被指控构成垄断的公司提升了经济效率而造成的。

在反垄断诉讼中，竞争对手既是最好的原告，也是最坏的原告。首先，他们提起诉讼的动机几乎总是值得怀疑的。尽管竞争对手可能受到垄断排挤性行为的伤害，但他们也有可能是因为其竞争对手效率的提升而受到损害。由于竞争对手和其他任何私权主体一样，起诉的目的是维护私权，因而不能指望他们来区分什么行为是有效率的，什么行为是没有效率的。只要他们的起诉具有诉讼法上的诉因，并且预计赔偿金的数额能够超过诉讼的成本支出，他们就将提起诉讼。

但是，竞争对手也是最好的反垄断原告。竞争对手由于亲身参与市场竞争，对市场信息了解充分，通常比消费者更早获知垄断行为的发生，甚至知悉消费者

---

① 见本书第 5.6 节。

② Hovenkamp & Morton，同前注。

③ 例如，Edward A. Snyder & Thomas E. Kauper，"Misuse of the Antitrust Laws：The Competitor Plaintiff"，90 *Mich．L．Rev．* 551（1991）；相关回应，见 Daniel A. Crane，"Optimizing Private Antitrust Enforcement"，63 *Vand．L．Rev．* 675（2010）；见 William H. Page & Roger D. Blair，"Controlling the Competitor Plaintiff in Antitrust Litigation"，91 *Mich．L．Rev．* 111（1992）。

所察觉不到的垄断行为。竞争对手完全有能力在垄断产生之前，或在更早的阶段，对垄断行为进行声讨。请记住，垄断的社会成本不仅与其规模有关，而且与其持续时间有关。[①] 同样，竞争对手通常对垄断行为有更为深切的体会。例如，排挤性行为可能会造成垄断，使得复印每页文件的价格提高 1 美分，这一价格变化看似微不足道，但可能会让竞争对手破产。这使在消费者缺乏起诉动力时，竞争对手仍然有足够的激励提起诉讼。

出于一些相同的原因，消费者诉讼的重要性被夸大了。首先，正如无论高效率还是低效率的排挤性做法都会损害竞争对手一样，企业有效率或者无效率的行为同时也会使其拥有市场力量，并通过将价格提高到边际成本之上，来损害消费者的权益。在消费者提起的诉讼中，原告也必须像竞争对手所提起的诉讼一样，用同一种论证方法来证明排挤性行为是具有反竞争效果的。

我们不妨考察一下掠夺性定价这一场景，这是芝加哥学派最喜欢拿来批评竞争者诉讼的例子。当竞争者对掠夺性定价提出异议时，其事实基础，要么是被告确实正在实施掠夺性定价，要么是被告的成本低于原告的成本，又或者是被告削减了原告原本舒适的垄断利润。如果针对最后一种情况提起掠夺性定价诉讼，那么竞争者诉讼本身就会成为强大的反竞争武器。

为解决这一问题，芝加哥学派的某些学者认为，应当仅允许消费者作为原告提起掠夺性定价诉讼。[②] 认定掠夺性定价的经典理论是，掠夺者在一段期限内，暂时将价格定在成本之下，从而"训诫"（discipline）其竞争对手，或者干脆将他们赶出市场，其目的是在低价策略结束之后，可以提高价格以实施垄断定价。[③] 在此类情形中，消费者果真比竞争对手更适合当原告吗？首先，消费者必须能够像竞争对手一样了解市场上发生的事情，消费者需要能够自行组织起来，并且他们发起的诉讼应当具有较好的成本效益（cost effective）。其次，原告必须能够辨识是否存在在掠夺性降价后价格可以上涨到垄断水平。市场经历了一段时期的低价，一家或多家公司破产、倒闭，以及随后一段时期价格上涨的事实，既可以被解读为是垄断所导致的，也可以被解释为是激烈竞争所致。例如，当市场产能过剩时，产品价格就会很低迷，这种状况持续一段时间之后，随着一部分公司退出市场，价格可能会大幅反弹。那么，我们如何能够区分早期阶段的低价，是充分竞争的结果还是掠夺性定价行为的一个阶段呢？法院只能适用与竞争对手作为原告发起的诉讼中适用的同样的一套标准，对消费者提起的掠夺性定价案件

---

① 见本书第 1.3 节。

② Frank H. Easterbrook, "Predatory Strategies and Counterstrategies", 48 *Univ. Chi. L. Rev.* 263 (1981)；见 Robert H. Bork, *The Antitrust Paradox: A Policy at War With Itself* 144-55 (1978; rev. ed. 1993)。

③ 见本书第 8 章。

进行深入审查。法院应审查被告所处的市场结构是否有利于掠夺性定价行为的成功实施，并且寻求那些占支配地位的公司定价低于以某种方式衡量的成本的证据支持。[1] 然而，消费者作为原告在这件事情上并没有优势，相反地，甚至可以说是更不适合的，尤其是如果消费者诉讼的提起时间晚于竞争对手提起的诉讼时。此外，消费者的基本诉求，并不比受损害的竞争对手具有更充分的正当理由。消费者的主要关注点在于预期未来的价格反弹，而不是更为抽象的问题——即价格上涨是由掠夺性行为还是其他因素造成的。并且，诸如集团诉讼之类的机制也无法将消费者很好地联合起来，也无法使他们以更富有效率的方式实施反垄断法。因为虽然集团诉讼有利于提高打击卡特尔和某些搭售垄断行为的效率，但其在针对排挤性行为（exclusionary practice）方面并不十分成功。[2] 无论如何，集团诉讼只解决了如何将数量众多的原告组织起来的问题，但它没有改变基础性的激励问题，也没有改变证据有效性的问题。

总之，我们可以说，虽然竞争对手可能动机不纯，但是，消费者却未必就有所谓正确的动机。消费者起诉是为了获得私人利益，他们的激励是受到预期收益驱动的。要证明消费者诉讼优于竞争对手发起的诉讼，我们就必须证明消费者诉讼是更好的机制，包括：（1）所谓的高价实际上是垄断价格；（2）促使企业具有能够收取高价的市场力量的机制，是反竞争的而非促进市场效率的。[3]

当然，将原告资格限定在消费者的范围内，将会减少反垄断诉讼的数量。但并没有充分的证据表明，那些被减少的诉讼是没有价值的，而有价值的诉讼则被保留下来。相反，诉讼数量之所以会减少，只是因为消费者群体的信息成本要高得多，因为消费者的组织效率远不如市场上的竞争对手，而且个人消费者的个体损害往往要小得多。这些原因可能会影响所有类型的反垄断诉讼，使消费者诉讼的数量，无论是有价值还是无价值的，都会下降。

本书作者认为，减少反垄断诉讼滥诉情况的更好办法，是引入某种实体和程序规则，以区分好的诉讼和不良的诉讼。例如，解决掠夺性定价滥诉的良方，并不是禁止竞争对手作为原告提起诉讼，因为竞争对手在掠夺性定价行为早期发起的法律挑战，可能比等到该类行为发展到后期时才发起的消费者诉讼要有效率得多。所以，最佳的解决方法，是细致地研究特定市场的市场结构和市场份额，以便使我们能够确定所谓的掠夺性定价行为是否具有垄断属性的高度盖然性（plausible）。[4] 同时，我们应当密切关注价格与成本之间的关系（price-cost rela-

---

[1] 见本书第 8.4 节。

[2] 关于反垄断集体诉讼，见 2 Antitrust Law ¶ 331（4th ed. 2014）。

[3] 见 Herbert Hovenkamp, *The Antitrust Enterprise：Principle and Execution*, ch. 3（2005）。

[4] 例如，Brooke Group Ltd. v. Brown & Williamson Tobacco Corp., 509 U. S. 209, 113 S. Ct. 2578（1993）。见本书第 8.8 节。

tionship），以帮助我们判断有关价格是否确实具有掠夺性。法律一直朝着这个方向发展，尽管离我们的目标还有一段距离。[1] 更为一般性的问题是，法律必须继续精细化、发展"反垄断损害"*（"antitrust injury"）这一概念，以使其能够区分反垄断法的竞争性适用和反竞争性适用。[2] **

最后，大量的历史经验表明，私人反垄断执法应当让位于公权力执法的任何论点都显得苍白无力——政府并没有比私人做得好多少。在芝加哥学派眼中，"臭名昭著"的案例包括 *Brown Shoe*、*Von's Grocery*、*Procter&Gamble* 和 *Schwinn* 等。[3] 但是只有记忆出错的反垄断学者，才会相信 *Von's Grocery* 案的原告是 Sally's Family Foods（被告的主要竞争对手），或者在 *Schwinn* 案中，原告是 Pop's Bike&Trike。*** 大多数基于"创新"经济学理论、甚至基于"疯子般"的理论提起的对竞争适得其反的反垄断诉讼，都是由美国司法部和联邦贸易委员会作为原告提起的。私人原告始终对一件事情是从未改变的：他们起诉是为了促进自己的利益。法院可以从该前提出发，相应地有意识地限制原告的诉讼范围，或者限制相应的救济措施。但当政府提起诉讼时，法院可能很难弄清楚其诉讼目的。诚然，今天的政府执法状况与 20 世纪 60 年代的政府执法状况大不相同，但也并没有在根本上有所改变，而且，也不能把一些司法中出现的问题完全归咎于不懂经济学的自由主义倾向的法官。的确，表面上上述四件案件是由沃伦法院裁决的，但它们无外乎只是顺应了行政执法部门所提出的诉求。如果我们相信历史，那么我们也就应当相信，在发起有价值的反垄断诉讼方面，作为原告的政府并不必然比私人原告做得更好。

2.2d. 消费者福利原理：理论与计量

前文最后两节的讨论应该会让您对反垄断法上的消费者福利原理（consumer welfare principle）的含义有所了解。消费者福利在传统上被定义为低价，这一观点固然很重要，但对反垄断法更有帮助的是，将消费者福利定义为与可持续竞争

---

　*　反垄断损害是一个反垄断法上的专有概念，与普通法上的损害相区别，并非所有的损害都可以被认定为反垄断损害。——译者注

　**　作者的意思是，对反垄断法的不当适用反而会损害竞争，而"反垄断损害"是将对反垄断法不当适用的情形识别出来，从而避免或者减少不当适用的情况。——译者注

　***　这两件反垄断诉讼都是由政府提起的，而不是由竞争对手提起的，作者在这里想表达的是这些芝加哥学派所认为的"臭名昭著"的反垄断诉讼，实际上是由政府而不是由私人提起的。——译者注

　①　见本书第 8.4 节。

　②　有关反垄断损害的讨论，见本书第 14.3 节。

　③　Brown Shoe Co. v. United States, 370 U. S. 294, 344, 82 S. Ct. 1502, 1534 (1962)；United States v. Von's Grocery Co., 384 U. S. 270, 86 S. Ct. 1478 (1966)；FTC v. Procter & Gamble Co., 386 U. S. 568, 579, 87 S. Ct. 1224, 1230 (1967)；United States v. Arnold, Schwinn & Co., 388 U. S. 365, 87 S. Ct. 1856 (1967).

状态相伴随的产出量（output）的最大化。高产出量和低价格相伴相生。以这种方式定义消费者福利不仅强调了消费者受益于低价，而且卖方侧的市场参与者也能获益。当市场产出量最大化时，产品供应侧的供应商、制造商、经销商或零售商，以及劳动者都会处于最佳状态。

虽然在具体个案中计量对消费者福利的影响可能是一件很复杂的事情，但在大多数情况下我们仍然可以得出合理的推论。最容易处理的是那些可以证明特定的非法交易对个体消费者造成伤害的案件。例如，固定价格的案件是很容易评估的，因为在每次销售中，被抬高的消费者价格等同于厂商额外收取的金额。*Am-Ex* 案中的"反转向"条款（"anti-steering rule"）（本书稍后讨论）[1] 本来也应当是很容易分析的，因为每当被告的反转向条款被触发——信用卡公司要求商家使用成本更高的信用卡时，进行该笔交易的消费者都会受到伤害。此外，商家以及被该条款排挤的、用卡手续费较低的其他信用卡公司（被告的竞争对手）也受到了损害。药品市场中涉及专利的"付费换取延迟提起无效"（"pay-for- delay"）和解协议也是如此，这是 *Actavis* 一案判决的主要内容。[2] 每一次达成此类和解协议，都会延缓仿制药厂商的竞争性产品进入市场，从而导致消费者不得不接受更高的价格。

在其他情形下，消费者损害不得不从较低的市场产出量中推导出来，或者较低的产出量本身不得不从其他市场因素中推断出来。这些因素包括增加了共谋的可能性，或者关闭了竞争对手通向市场的大门等等。许多具有排挤属性的做法[3]以及大多数企业合并都是如此。[4] 但是，如果能够准确识别这些做法，则上述推论就是可靠的，因为它们是由以下的事实驱动的：全市场范围内的产出量的减少对市场中双边的参与者都会造成竞争损害。

---

① 见本书第 10.9 节。
② FTC v. Actavis，Inc.，570 U. S. 136，133 S. Ct. 136 (2013). 见本书第 5.5c3 节。
③ 例如，见本书第 7～8 章（垄断行为与排挤性定价）；及见本书第 10～11 章（纵向限制）。
④ 见本书第 12 章。

第 3 章

市场力量和相关市场界定

第3.1节　概　述

3.1a. 定义市场力量的理论

3.1b. 以市场份额作为衡量市场力量的替代物

3.1c. 市场份额不仅仅作为市场力量的表征；市场份额的独立价值

3.1d. 反垄断法视野中的相关市场

第3.2节　预估相关市场；SSNIP 分析与"假定垄断者"测试

3.2a. 假定价格上涨的规模

3.2b. "利润最大化"的价格上涨；临界损失分析

3.2c. 更宽和更窄的相关市场；通常不考虑子市场

第3.3节　界定产品市场的一般原理

3.3a. 市场与品牌；"锁定"效应

　　3.3a. 1. 单一品牌通常并不构成独立的相关市场；*Kodak* 案；受专利权保护的药品

　　3.3a. 2. 限制 *Kodak* 案适用范围的下级法院判决

3.3b. 替代品与互补品；集群产品市场与双边平台

　　3.3b. 1. 由替代品构成的相关市场

　　3.3b. 2. 应狭义适用"集群"产品市场界定规则的原因

　　3.3b. 3. 在双边平台市场中衡量市场力量

第3.4节　产品差异化与"玻璃纸"谬误

3.4a. 交叉价格弹性及其含义

3.4b. *du Pont*（玻璃纸）案中的需求交叉弹性

3.4c. 对"玻璃纸"谬误的纠正

第 3.5 节　供给弹性：来自国外的进口

3.5a. 来自国外的进口和 *Alcoa* 案

3.5b. 论及（或者没有论及）供给问题的其他判决

第 3.6 节　界定地域市场

3.6a. 需要运输的产品；最小地域市场

3.6b. 不需要运输的产品和服务

3.6c. 价格变动和运输类型

　　3.6c.1. 价格变动的一般情况；非对称性

　　3.6c.2. Elzinga-Hogarty 测试法

3.6d. 价格歧视

第 3.7 节　市场份额的计算与解读

3.7a. 收入还是单位？

3.7b. 产出还是产能？

第 3.8 节　司法部企业《横向合并指南》中的相关市场界定

3.8a. 2010 年《横向合并指南》规定的相关产品市场界定

3.8b. 2010 年《横向合并指南》规定的相关地域市场界定

3.8c. 2010 年《横向合并指南》中的市场份额计算方法

3.8d. 结论；作为政策宣言的《横向合并指南》

第 3.9 节　考察市场力量的其他替代方法

3.9a. 直接衡量剩余需求

3.9b. 持久的价格歧视（Persistent Price Discrimination）

3.9c. 持久的垄断利润、高边际收益、承诺不竞争的补偿

　　3.9c.1. 垄断利润与会计利润

　　3.9c.2. 从承诺不竞争补偿中所推导得出的市场力量：*Actavis* 案

3.9d. 市场力量与知识产权

3.9e. 评估纵向竞争限制行为中的市场力量

第 3.1 节　概　述

市场力量（market power）*，指的是市场中的厂商通过减少产量、收取高于竞争性水平的价格（competitive price）**来提升自身利润的能力。在 *du Pont* (cellophane)（杜邦"玻璃纸"）案中，联邦最高法院将市场力量定义为"控制价格或者排除竞争的力量"①。但这一定义既不精确又不全面。市场力量本身并不构成一种"排挤性"（exclusionary）***的行为：事实上，市场力量的运用——以超过竞争市场均衡价的价格出售产品——反而通常会吸引新的卖家进入市场。虽然对竞争对手的排挤并不等同于市场力量，但它是厂商获得或者维持市场力量的重要手段。此外，反垄断政策制订者们非常关注厂商在很长一段时间内保持市场力量的能力，他们必须在限制市场力量的成本和潜在的社会收益之间进行权衡。市场力量存在的时间越长，其社会成本（social cost）就越高，取缔它所能获得的收益也就越高。

同时，将市场力量称为"控制"（"control"）价格的力量也并不是特别准确。任何厂商在提高产品价格之后都会丧失一部分销量。更为恰当的定义是，市场力量是指厂商所具备的这样一种能力——将价格提高到完全竞争价格水平之上、与此同时不会损失足够多的销量，而使得这种价格上涨的行为仍然有利可图。② 可以说，能够以高于竞争性价格的定价水平出售产品、仍然可以赚更多钱的厂商，就具有某种程度的市场力量。

许多垄断违法行为的构成要件包括原告能够证明被告③具有一定的市场力量。例如，《谢尔曼法》第 2 条所规定的非法垄断的构成要件之一，是被告拥有垄断力量（monopoly power），这是高度的市场力量。④ 试图垄断（attempt to

---

*　译者在本书中将 market power 一般翻译为"市场力量"，将 dominant power 翻译为"支配力量"，在某些特殊情况下，如果结合上下文，原文所使用的"market power"实际上指的是达到支配地位的市场力量，则也将其翻译为"支配力量"或者"市场支配力量"。——译者注

**　译者在本书中将 competitive price 翻译为"竞争价格"或"竞争性价格"或"完全竞争价格水平"或"完全竞争状态下的均衡价格"或"竞争均衡价格"，一般简称为"竞争价格"或者"竞争性价格"。——译者注

***　译者在本书中一般将 exclusionary 或者 exclusive 翻译为"排挤性的"，将 exclude 翻译为"排挤"，有时根据上下文，也会分别翻译成"排他性的"或"排他"。——译者注

①　United States v. e. I. du Pont de Nemours & Co. , 351 U. S. 377, 391 - 92, 76 S. Ct. 994, 1005 (1956).

②　Rebel Oil Co. , Inc. v. Atlantic Richfield Co. , 51 F. 3d 1421, 1434 (9th Cir.)，最高法院提审动议被驳回，516 U. S. 987, 116 S. Ct. 515 (1995)。

③　或者说是共同实施一定行为的一组被告。本书中的"被告"一词指代的是实施我们正在分析的行为的公司，包括没有被起诉，或假设中的公司。

④　15 U. S. c. a. §2；见本书第 6 - 8 章。

monopolize）的违法行为的构成要件则更为模糊一些，具体取决于该行为的性质。[1] 但是，退一万步说，也必须至少能够证明，被告在恰当界定的相关市场中有获得市场力量的"危险的可能性"（dangerous probability）[2]。《谢尔曼法》第1条规定的非法搭售（tying arrangement）要求证明被告在被捆绑的产品的市场中具有一定程度的市场力量[3]，《克莱顿法》第3条[4]通常也有此要件。今天，大多数法院要求在指控非法纵向限制或者经销资格终止（dealer termination）的案件中（包括维持转售价格的案件），证明被告拥有市场力量。[5]《克莱顿法》第7条关于企业合并的法律规定[6]通常不要求证明合并的任何一方在合并时具有市场力量。然而，那些被反垄断法界定为违法的合并，部分原因在于它们具有创造市场力量的高度盖然性。因此，市场力量和市场定义的分析在合并案件中同样至关重要。最后，虽然市场力量在大多数适用"本身违法"原则的案件（例如固定市场价格的案件）中不是必需的要件，但寻求损害赔偿的消费者原告通常必须证明存在"超正常价收费"（overcharge）的事实。按照市场运行的一般规律，除非卡特尔成员总体上联合产生了某种程度的市场力量，否则它们是不可能维持"超正常价收费"的。

在第1章里，我们从社会政策的角度讨论了之所以打击垄断的四大正当性：（1）垄断者实施的价格上涨和产量减少行为将财富从消费者手里转移给了垄断者。（2）垄断产生了"无谓"损失，或者说导致消费者福利损失，但垄断者或者其他任何人也都没有获得这部分的价值。（3）垄断者为取得或者维持其垄断地位而消耗社会资源，这种花费是无效率的。（4）垄断者的排挤性行为可能会摧毁受害者——主要是垄断者的竞争对手的投资。

3.1a. 定义市场力量的理论

市场力量是某一厂商偏离边际成本而定价以获得利润的能力。进一步而言，以边际成本或者完全竞争条件下的均衡价格定价是反垄断法所欲实现的重要目标，因此，边际成本是衡量市场力量的非常有效的参照基础：厂商为实现利润最大化的定价与其边际成本之间相差的比率越大，该厂商的市场力量就越大。勒纳

---

① 见本书第6.5节。

② Spectrum Sports v. McQuillan，506 U. S. 447，455-6，113 S. Ct. 884，892（1993），发回重审，23 F. 3d 1531（9th Cir. 1994）；Tops Mkts. ，Inc. v. Quality Mkts. ，Inc. ，142 F. 3d 90，100（2d Cir. 1998）。

③ 见本书第10章。关于根据《克莱顿法》，在结卖品（tying product）不具有市场力量的情况下，搭售协议是否具有可责性的问题，见本书第10.3节。

④ 15 U. S. c. A § § 1，14.

⑤ 例如 PSKS，Inc. v. Leegin Creative Leather Products，Inc. ，615 F. 3d 412（5th Cir. 2010）（法院驳回了对被告维持转售价格的控诉，因为原告未证明被告具有显著的市场力量）。见本书第11章。

⑥ 15 U. S. c. a. § 18. 见本书第9、12、13章。

指数（Lerner Index）是根据边际成本量化市场力量的一种尝试。其最简单的公式是[1]：

$$(P-MC)/P$$

其中，P＝厂商在其利润最大化水平下生产的产品的价格，而 MC＝厂商在其利润最大化水平下生产的产品的边际成本。

在完全竞争状态下，价格等于边际成本，勒纳指数的读数为 0。随着 P 接近无穷大，或边际成本不断接近于 0，该指数值不断趋近于 1。如果一家厂商达到利润最大化状态时价格是其边际成本的 2 倍，那么以勒纳指数衡量的市场力量就将是 $(2X-X)/2X$，也即 0.5。如果一家厂商达到利润最大化状态时其价格高于边际成本 20％，则其勒纳指数将为 $(1.2X-X)/1.2X$，也即 0.167。在实践中使用勒纳公式并没有如同其表面上看起来那么简单。如果我们知道任何厂商面临的需求弹性，我们都可以将有关数值代入公式，并立即得到该厂商的垄断价格偏离其竞争价格的比值。这一比值越高，厂商的市场力量就越大。同理，如果我们知道任何厂商的边际成本，我们就可以将该边际成本与公司当前的价格进行比较，很方便地"读出"该厂商的市场力量。根据这些数据，我们可以制定出一些推定性的法律规则，如规定当勒纳指数数值达到某种程度时，相关的合并即违法，或者以该数值作为判断构成非法垄断的一项重要指标。不幸的是，我们拥有的经济学工具无法实现如此简单的计量。

3.1b. 以市场份额作为衡量市场力量的替代物

直接测量某一厂商的边际成本和需求弹性都是困难的，我们也不总是能够获得足够的数据。法院通常依赖以下的假设事实：市场份额与市场力量之间存在正相关性。假设某产品的市场中有 10 家供应商，每家公司的市场份额均为 10％，该产品的边际成本（也即竞争价格）为 1 美元，如果 A 公司试图将其价格提高到 1.25 美元，A 的客户将会以原来 1 美元的价格转向 A 的竞争对手而购买相同的产品。如果其他 9 家公司，每一家都将自己的产量提升至略高于 10％的水平的话，那么 A 将失去所有的销售额。

与此相对应，如果 A 的市场份额高达 90％，A 的涨价计划更有可能成功。A 的原有客户仍然会投向 A 的竞争对手寻求价格便宜的产品，但如此一来，A 的竞争对手将不得不大幅度地增加自己的产量，以便满足大部分由 A 处迁移过来的客户需求。例如，假设 A 将其产量从 90 个单位减少到 80 个单位，以便将价格从 1 美元提高到 1.25 美元，那么 A 的竞争对手（其余 10 个单位的生产商）想要将整个市场的总产量提高到原有竞争状态下的需求规模水平，就必须将自身的产

---

[1]　更多计算方式，详见 William M. Landes & Richard A. Posner, "Market Power in Antitrust Cases", 94 *Harv. L. Rev.* 937, 940–941 (1981).

能扩大一倍（产量从 10 个单位提升到 20 个单位）。当然，从长远来看，A 所获得的垄断利润将鼓励已有的竞争对手增加产量，也将鼓励新的厂商进入这个市场，最终，A 的市场份额必然会受到侵蚀，除非 A 能够通过某些方法排挤掉竞争者。

在其他条件均相同的情况下，拥有较大市场份额的公司要比拥有较小市场份额的公司更有能力在提高价格的同时，获得更多的利润。当 A 的市场份额为 10％时，A 单边涨价的结果可能是立即丧失大多数的销售额。然而，当 A 的市场份额为 80％时，A 涨价所持续的时间可能较长。市场力量与市场份额的这种正相关性，使得法院可以利用市场份额作为反垄断案件中衡量被告市场力量的有限度的表征物（qualified proxy）。

"有限度的"（qualified）这个限定词非常重要，因为市场份额并不能精确地反映市场力量。市场份额和市场力量之间的关联性可以用公式来表达。不过，该公式包含三个变量：市场份额，市场需求弹性，以及处于完全竞争状态下的边际厂商的供给弹性。如果需求弹性、供给弹性这两个变量保持不变，那么厂商的市场力量将与其市场份额成正比。然而，在现实世界中，不同市场之间的市场弹性大相径庭，因此，为了准确估算厂商的市场力量，我们必须收集一些必要信息，不仅要了解该厂商的市场份额，还要了解该厂商所面临的需求和供给的情况。[①]

3.1c. 市场份额不仅仅作为市场力量的表征；市场份额的独立价值

反垄断法所针对的根本性的"原罪"，是将价格提高到边际成本以上仍然有利可图的一种力量。但反垄断法本身关注的是创造或者维持市场力量的过程。这一与过程而不是结果有关的问题，促使法庭关注的是那些可能带有反竞争效果的行为。最终的答案通常并不取决于抽象的、厂商将其价格提高到边际成本之上的能力，而是取决于其限制竞争对手进入市场或者产出的能力。

例如，许多反垄断案件的涉案行为是"排挤性"行为，这些行为之所以具有违法的高度盖然性，只是因为被告占据了相关市场的很大一部分市场份额。掠夺性定价显然属于这种情况，其中掠夺性行为的相应成本与掠夺者的市场份额是相对应的。同样的情况也适用于各种各样的"市场封锁"（"foreclosure"）行为，无论其违反的是《谢尔曼法》第 2 条（垄断和企图垄断）、第 1 条（纵向协议），还是《克莱顿法》第 3 条（捆绑和独家交易）、第 7 条（纵向和其他类型的合并）。在每一种情况下，被指控的对竞争所造成的损害，并不来源于被告将价格提高到边际成本之上的能力，而是基于其在商品供给来源、分销渠道或者其他方面具有削弱竞争对手的能力。在这种情况下，实施违法行为的真正"力量"是市

---

① 见本书第 1.1 节所讨论的供给弹性和需求弹性。

场份额，而不是内在的市场力量。诚然，反垄断法的核心关注点是市场力量的增长，但是，当我们考虑被控的违法行为的威胁和损害的高度盖然性时，我们的审查针对的是行为的手段，而不是行为的目的。

3.1d. 反垄断法视野中的相关市场

在需要证明市场力量的反垄断案件中，法院通常会判定是否存在某一"相关市场"，并进一步审查被告在该市场中是否存在作为必要法律要件之一的市场力量。为了做到这一点，法院通常会：（1）确定相关的产品市场；（2）确定相关的地域市场；（3）计算被告的产出量在前述定义的相关市场中所占的比例。最经常需要分析市场力量的《谢尔曼法》第 2 条和《克莱顿法》第 7 条，在适用的过程中都隐含了上述方法论。《谢尔曼法》第 2 条谴责造成"……贸易或商业……的任何部分"的垄断。[①]《克莱顿法》第 7 条规定，如果合并倾向于减少在全国任何一个区域的任何商业部门（any line of commerce）的竞争，那么它就是违法的。[②] 在实践中，法院必须确定哪些"商业部门"或者"部分"中的竞争受到了损害威胁。

如果市场力量或者相关市场的证据对原告的反垄断诉讼的诉因（cause of action）至关重要，那么原告必须在起诉状中明确其所指控的相关市场以及支持该相关市场界定的理由。[③]

第3.2节　预估相关市场；　SSNIP 分析与"假定垄断者"测试

在一个被恰当界定的相关市场中，拥有高市场份额的厂商就很可能具有市场力量。然而，市场这一概念本身无法自现其义。福特汽车公司乘用车事业部生产的产品既可以被归入"福特牌小汽车"市场，也可以被归入"美国乘用小汽车"市场、"乘用小汽车"市场、"客运车辆"市场甚至"车辆"市场。在反垄断法的视角下，这其中的哪一个市场是恰当的相关市场呢？这一问题的重要性在于，在第一个市场中，福特汽车公司所占的市场份额是 100%，而在最后一个市场中，它的占比很小，甚至可能还不到 1%。

---

① 15 U. S. c. a. § 2.

② 15 U. S. c. a. § 18.

③ 见 2B *Antitrust Law* ¶ 531f (4th ed. 2014)；*Simpson v. Sanderson Farms，Inc.*，744 F. 3d 702，710 – 711 (11th Cir. 2014)（主张合理原则的反垄断原告们必须时刻 "在起诉状中提供足够的信息，清晰地界定其所主张的相关地域市场的边界……"）；*Hicks v. PGA Tour，Inc.*，897 F. 3d 1109 (9th Cir. 2018)（法院认为，原告在起诉状中认为，向高尔夫球迷提供"赛事中"的广告构成"受到扭曲"（"contorted"）的相关市场，该起诉理由不能满足 *Twombly* 案确定的案件受理标准（*Twombly* pleading standards）；该案原告指控的行为是在球童的围兜或上衣制服上打广告）。

在大多数情况下，特定案件中的相关市场是某一最小的销售群组（grouping of sales），在该群组中，供给弹性和需求弹性都足够低，以至于在其中占有100％市场份额的"假定垄断者"可以在减少产量的同时，把价格大幅抬高到边际成本之上而仍然有利可图。"假定垄断者"测试（"hypothetical monopolist" query），与评估总计产出量与此相当的某一卡特尔能否将价格显著提高到竞争水平之上的问题是相同的。[①] 价格上涨的幅度不一定需要很大，但它必须超过微不足道的程度，并且具有持久性。也就是说，我们不希望将反垄断法这一复杂的制度轻率地适用于任何价格提升的情形，因为在许多情况下，涨价只是一时的，很快就会成为过眼云烟，消费者的转向或者市场新进入者带来的新的产出会轻易挫败涨价的图谋。这一假设的价格上涨被命名为"小幅但显著且非暂时性的价格上涨"（"small but significant and nontransitory increase in price"），缩写为SSNIP。[②]

在上面福特公司的这个例子中，我们首先考虑相关市场是否可能是"福特牌小汽车"市场。如果福特公司将其小汽车的价格提高1 000美元，会发生什么情况呢？可以料想，消费者将一窝蜂地放弃福特汽车，转而购买通用、克莱斯勒、丰田或其他各种各样的汽车。福特公司单方面涨价1 000美元的最终结果是其失去大部分的原有业务。在这种情况下，"福特牌小汽车"并不构成反垄断法意义上的相关市场。

我们接下来考量一下"美国乘用小汽车"市场是否是该例子中的相关市场。假设100％的美国乘用小汽车仅由一家公司制造，该公司将汽车的单价提高了1 000美元。再一次地，许多消费者可能会尝试购买日本、德国或者其他原产地位于美国境外的小汽车。这一次我们也许没有那么肯定海外公司能够顺利地增加产量，或者进口足够数量的小汽车来满足福特牌小汽车涨价后转移出来的新需求，但是，如果这些需求可以被满足的话，我们所界定的"市场"仍然太小，无法构成反垄断法语境下的相关市场。

现在我们再来考虑范围更大的"乘用小汽车"市场。假定某一家公司制造了全世界所有的乘用小汽车，并将每部小汽车的价格提高1 000美元。这一次，我们会发现需求端的市场弹性似乎相当低。如果价格差异足够大，许多原本计划购买美国本土生产的小汽车的消费者也许会转向购买原产地位于美国境外的小汽车，但如果全球所有的乘用小汽车的价格都发生上涨，则一小部分消费者将不得

---

① 见 Malcolm B. Coate，"A Practical Guide to the Hypothetical Monopolist Test for Market Definition"，4 *J. Comp. L. & Econ.* 1031 (2008)。

② 例如，见 In re Southeastern Milk Antitrust Litig.，739 F. 3d 262, 277 - 278 (6th Cir. 2014)，最高法院提审动议被驳回，135 S. Ct. 676 (2014) ［认可了价格小幅但显著且非暂时性的上涨（SSNIP）测试］；IGT v. Alliance Gaming Corp.，702 F. 3d 1338, 1345—1346 (Fed. Cir. 2012) (同上)；FTC v. Whole *Foods Market*，*Inc.*，548 F. 3d 1028, 1038 (d. c. Cir. 2008) (同上)。

不改为选择卡车、自行车、马匹或者其他出行工具，甚至干脆就不使用交通工具了，而大部分消费者则会成为沉默的大多数，选择接受高价格。

供给端的情况又如何呢？如果乘用小汽车的垄断者将产品价格提高了 1 000 美元，那么乘用小汽车市场将对其他相邻行业的企业（如拖拉机制造商）来说非常具有吸引力，这些企业可能就会转行生产小汽车。久而久之，当有足够数量的新公司进入乘用小汽车市场后，最终将拉低市场价格，夺走垄断者的垄断利润。然而，这种产品线的切换需要一定的时间，这一时间的长短取决于原有拖拉机工厂及其生产设备的专用性，以及拖拉机制造商发展新的小汽车经销体系的时间。这可能需要三年、四年，甚至更长的时间。在此期间内，1 000 美元的涨价可能会给小汽车市场的垄断者带来非常丰厚的利润。因此，在这个例子中，"乘用小汽车"可能就是合适的相关市场。

在界定了最小范围的相关市场后，我们必须计算出福特公司在其中所占的市场份额。[①] 在这种情况下，福特公司看起来并不是垄断者，因为它在全球范围的乘用小汽车市场的销量占比还不足 10%。

如上面这个例子所显示的那样，除非需求弹性和供给弹性都足够低，否则某一群组的销售集合并不构成一个反垄断意义上的相关市场。这一结论可以替换表述为以下要件：（1）消费者在产品价格上涨时难以轻易地找到数量充足的、合适的替代品；（2）其他厂商无法进入相关市场或者改变自己的产品属性，从而与价格上涨者展开竞争。

虽然市场的需求弹性和供应弹性通常难以计算[②]，但二者仍然比某一厂商的边际成本或者该厂商所面临的需求弹性更容易被估算出来。在诉讼中，法院通常试图分辨出某一特定群组的销售，其中：在需求端没有相似的替代品（即需求弹性低），而在供给端，进入的成本既高昂又耗时（ 也即供给弹性也很低）。界定了相关市场之后，法院将接着计算被告在这一市场中的份额，并衡量由该市场份额是否可以推断出被告拥有必要程度的市场力量。然而，如下文所展现的那样，近期经济分析的一个突出特点是，我们直接计算得出关联弹性（relevant elasticities）的能力有了极大的提升。[③]

上文概括的划分相关市场的基本框架还隐藏着其他一些有意思的问题，我们在下面接着讨论这些问题。

---

① 关于市场份额的计算，见本书第 3.7 节。

② 关于计算不同产品的需求弹性的尝试方法，见 Hendrik S. Houthakker & Lester D. Taylor, *Consumer Demand in the United States* （1970）；William J. Baumol, "The Empirical Determination of Demand Relationships", in E. Mansfield, *Microeconomics*，选读第 55－72 （4th ed. 1982）。

③ 见本书第 3.9a 节。

3.2a. 假定价格上涨的规模

在上文关于福特汽车的例子中，我们设定价格上涨的幅度为 1 000 美元，以此为前提分析了供给端和需求端可能出现的相应反应。然而，显而易见的是，如果假定的价格上涨幅度仅为 1 美元，那么由此产生的供需端的变化就肯定没有这么显著了。相反，如果价格的涨幅为 10 000 美元，那么所引起的反应肯定会剧烈得多，甚至很可能会使福特公司的产出量降至零。那么，由此带来的问题是，在界定相关市场时，我们应该如何选择假定的涨价幅度呢？

选择多大的涨价幅度来衡量市场力量是一个政策问题，而不是纯粹的经济学问题。这一切都取决于，我们所掌握的资源、反垄断执法的成本以及我们想要从市场中剔除出去的市场力量的多寡。在一个商品品牌化、商品差异化的现实世界中，许多制造商都至少具有哪怕很少量的、通过将价格设置在边际成本之上而实现盈利的能力。市场中的其他缺陷，例如信息失灵、交易成本、知识产权、过小的地域市场规模或者较高的运输成本，都可以导致相同的结果，使得许多厂商至少拥有少量的市场力量。令价格高于边际成本从而促使利润最大化的市场力量似乎无处不在，有时候甚至可能是政策制订者所期待的。此外，降低市场力量的制度成本很高，这是因为，首先，市场力量很难被衡量。当法院评估市场力量时，出现错误实属家常便饭，甚至，它们越是想作出精确的计算，错误率就有可能越高。其次，如果大量的卖家都被认定为具有足够的市场力量，那么由此产生的诉讼量将会是天文数字。最后，即使市场力量能够被恰如其分地度量，纠正它也可能需要极大的成本。

至少经验表明，在反垄断法意义上，高于竞争价格（通常是厂商的边际成本）10% 的假定价格增长幅度，在界定相关市场时是适中的。[①] 如果设定的价格涨幅小于 10%，那么将导致我们针对那些矫正成本和收益不成正比的市场力量采取执法措施。高于这个幅度看起来似乎更合适一些，尤其是在产品差异化的市场中更是如此。但是，出于以下原因，我们将涨价水平测试线仍然维持在 10%：首先，将价格上涨幅度假定为高于边际成本 10% 的水平时，代表着被评估的厂商在特定行业中具有获得双倍竞争利润率的能力。如果当某个特定市场处于完全竞争水平时，会产生 8% 的会计利润——这是一个较为典型的回报水平，例如，价格为 1.00 美元的商品的生产商可以获得 8 美分的会计利润。在这种情况下，价格在边际成本之上上涨 10% 意味着会计利润从每单位 8 美分增加到 18 美分。不过，计算总利润的话，我们还需要从中减去垄断价格上涨导致的产出量降低所对应的那部分利润，因为垄断者对于产量减少部分是不会获得任何利润的。最

---

① 同样主张采用 10% 涨幅的论证，见 Lawrence J. White, "Antitrust and Merger Policy: Review and Critique", 1 *J. Econ. Perspectives* 13, 15 (1987)。

终，利润的净增加值可能很容易使得垄断者的利润翻倍。[1] 当然，消除高额利润并不是反垄断法的政策目标，但排挤性行为和卡特尔行为的动机是获取超额利润，而只有在实际净利润增加到一定程度时才能产生这种激励，此处利润翻倍的机会恰恰可以为垄断行为提供这种激励。我们并不反对利润，我们反对的是为了获得这些利润而从事的排挤性做法。

由此得出的政策建议是，事实调查机构（fact finder）在假定垄断者测试中可以将价格相对于竞争水平的上涨幅度设定在 10%，并考虑在这种假设的价格上涨水平之下，消费者需求、竞争对手供给、市场进入规模都会产生哪些影响。非常重要的一点是，假设的价格增长必须以竞争水平的价格线作为计算起点，但是当前的价格水平不一定是竞争性价格。[2] 例如，在第 3.8 节中讨论的 2010 年《横向合并指南》中，最常使用的是 5% 的价格上涨幅度，之所以设定的是较低的上涨幅度，是因为在以横向合并作为主要关注点的经营者集中的实际案例中，通常而言当前的市场价格已经多少高于完全竞争状态下的价格水平了。

3.2b.　"利润最大化"的价格上涨；临界损失分析

鉴于我们已经决定将价格上涨的幅度设置在竞争水平 10% 以上的这一数值，接下来要提出的问题是：使得利润最大化的价格上涨幅度是否就是 10%，还是更高？请注意，这一问题并不是 10% 的价格涨幅是否可以使得厂商获利。二者的差异看起来很细微，但非常重要。假设 A、B、C 公司生产甲产品，而 D、E、F 公司生产乙产品，乙产品是甲产品的非完美替代品。消费者被分为两类：第一类是"低弹性"类别的消费者，他们必须使用甲产品，并愿意支付比竞争水平价格高得多的价格；第二类是"高弹性"类别的消费者，他们对价格非常敏感，如果甲产品的价格上涨，他们就会转而购买乙产品作为替代品。第一类消费者共购买 80 个单位，第二类消费者则共购买 20 个单位，两类消费者的需求共计 100 个单位。甲产品的当前价格是 1.00 美元，并且我们假设其成本为零。[3]

假设生产商们将甲产品的价格从 1.00 美元提高到 1.10 美元，高弹性类别的那组消费者立即转而购买乙产品作为替代品。结果是，生产商以 1.10 美元的价格销售了 80 个单位，收入为 88 美元。由于价格上涨前的收入为 100 美元，因此 10% 的价格上涨很可能导致 A、B、C 公司无利可图。这表明以"甲产品"来定

---

[1]　例如，假设边际成本为 1 美元，每个单位的会计利润为 8 美分，销量为 100，那么会计利润为 8 美金。在价格上涨 10% 的情况下，需求下降 5%，为 95（一个典型的市场需求弹性下，额外的涨价是有利可图的）。在新的价格和销量下，该公司的盈利为 18×95（单位），即 17.1 美元。即使需求弹性为 1，增长后的利润也为 18×90（单位），即 16.2 美元。

[2]　此问题在本书第 3.4 节中讨论。

[3]　如果成本不假设为零，并不会改变分析的最终结果，但会使分析的过程变得更为复杂。

义的相关市场范围太小，相关市场的边界应当扩大到至少包括"甲产品和乙产品"。

但如果换一种情形，假设购买甲产品的消费者对 60% 的价格上涨的反应和对 10% 的价格上涨的反应是一样的，也就是说，20 个高弹性类别的消费者的销售量将因这些消费者转而购买乙产品而丧失，但 80 个低弹性类别的消费者的销售量仍然保持不变。在这种情况下，总收入为 1.60 美元乘以 80 个单位，即 128 美元。这表明 60% 涨幅的这种价格上涨是非常有利的。

那么，上述两种分析方法，何种是正确的呢？答案是第二种。如果 10% 的涨价无利可图，但涨价到某一更高的水平则有利可图的话，在 10% 的涨价幅度水平上划定相关市场是不恰当的。因此，假定垄断者测试所提出来的正确的问题应当是，使得利润最大化的价格上涨幅度，是否会达到 10% 或者 10% 以上。在前述例子的市场中，追求利润最大化的厂商至少会把价格定在 1.6 美元的水平，甚至更高。

同理，我们应该过问的并不是在 10% 的价格涨幅时厂商是否有利可图。有时候，10% 的价格上涨虽然是有利可图的，但是在 4% 的上涨幅度时会获利更多。[①] 在这种情况下，利润最大化的企业（或者卡特尔）只会将价格提高 4%，而这并不满足我们关于相关市场界定的测试要求。总之，正确的问题是，使厂商利润最大化的价格上涨幅度，是否达到了 10% 或者 10% 以上。

经济学家使用一种被称为"临界损失分析"（critical loss analysis）的方法来计算某一厂商因价格上涨到某一特定设定值时损失的销售比例，这一比例使得厂商将无利可图。如果由价格上涨导致的预期销售损失超过了"临界损失"，则该特定幅度的价格上涨将是无利可图的。临界损失分析的一个优点是较为贴合实际情况。生产差异化产品的公司常常使用这种分析方法，以确定自身拟设定的价格增长水平是否能够带来盈利。由司法部反垄断局和联邦贸易委员会发布的 2010 年《横向合并指南》规定，各执法机构将使用此方法评估合并案件中的相关市场：

> 如果能够获得必要数据，各执法机构也可以考虑进行"临界损失分析"，以评估其在多大程度上证实了从上述证据中得出的推论。临界损失分析考察的是，对被评估市场（candidate market）* 中的一种或者多种产品进行至少一轮 SSNIP 分析时，是否会提高或者降低假定垄断者的利润。虽然这种"盈亏平衡"的分析与第 4.1.1 条中讨论的"假定垄断者测试"所要求的利润最大化分析不同，但合并方有时会向执法机构

---

    * 也称为目标市场。——译者注

    ① 例如，一家公司在涨价 4% 的时候几乎不会损失任何销量，但是在涨价 10% 的时候会损失 20% 的销量。在这种情况下，较小幅度的涨价可能更有益。见 FTC v. Whole Foods Market, Inc. , 548 F. 3d 1028 (d. c. Cir. 2008)（本案采用了这一分析方法，结论为销售高价、自然和有机产品的超市构成一个相关市场）。

提供此类分析。价格上涨会提高利润，但这在一定程度上将因消费者转
而从被评估市场中购买替代产品而被抵消。临界损失分析对价格上涨所
导致的这两相抵消的幅度进行综合衡量。"临界损失"被定义为当利润
保持不变时所损失的产品销售数量。"预测损失"（predicted loss）则被
定义为假定垄断者因价格上涨而预期损失的产品销售数量。如果预测损
失小于临界损失，价格上涨就会增加假定垄断者的利润。[①]

计算预测损失是非常困难的，并且技术要求很高，尤其是当待评估的不同产
品之间是非完美的替代品时。这种情况在企业合并分析中常常遇到。[②]　在没有足
够数据的情况下，经济学家可以使用一种技术来衡量向上定价压力（UPP，Up-
ward Pricing Pressure），该技术依赖于垄断竞争理论，但只需要获知企业的利润
率以及随着价格上涨，销售的转移程度即可。此外，它不需要界定相关市场。[③]

3.2c. 更宽和更窄的相关市场；通常不考虑子市场[④]

在一个相对较大的相关市场内部，并不排除还存在若干个较小的相关市场。
例如，我们可以合理地认为，"机动车辆"构成了一个相关市场。在需求端，大
多数机动车的购买者认为它们的价值远远超过了马车等其他替代品。而在供给
端，制造机动车所需的耐用专用设备和投资的数量相当大，这表明生产性资产的
进入或者转入不会随着垄断价格的上涨而迅速发生。

但显然，"机动车辆"构成一个相关市场的事实，并不意味着诸如"四轮驱
动机动车辆"或者"柴油燃料车辆"之类的销售产品群组就不能构成独立的相关
市场。事实上，我们完全可以采用完全相同的标准来确定这些子集中的每一个销
售群组是否构成相关市场。也就是说，我们会考察，在需求端，消费者是否愿意
在寻求替代产品之前支付高于边际成本的价格——例如，从四轮驱动车转向两轮

---

①　见美国司法部和联邦贸易委员会（United States Dept. of Justice and FTC）发布的《横向合并指
南》（Horizontal Merger Guidelines），§4.1.3（Aug. 19, 2010），链接：https://www.ftc.gov/sites/de-
fault/files/attachments/ merger-review/100819hmg. pdf。见 Adriaan ten Kate&Gunnar Niels, "The Concept
of Critical Loss for a Group of Differentiated Products", 6 *J. Comp. L. & Econ.* 321（2010）。2010 版《指
南》关于市场描述的内容，见本书第 3.8 节。

②　计算逻辑见 Joseph Farrell 和 Carl Shapiro, "Recapture, Pass-Through, and Market Definition", 76
Antitrust L. J. 585（2010）；Daniel A. Crane, "Market Power Without Market Definition", 90 *Notre Dame
L. Rev.* 31（2014）。

③　Joseph Farrell & Carl Shapiro, "Antitrust Evaluation of Horizontal Mergers: An Economic Alterna-
tive to Market Definition", 10 *B. E. J. Theoretical Econ.* 1（2010），进一步的讨论和对批评意见的回应，见
Joseph Farrell & Carl Shapiro, "Upward Pricing Pressure and Critical Loss Analysis: Response", *CPI Anti-
trust Journal* 1（2010），访问地址：https://www.competitionpolicyinternational.com/upward-pricing-pres-
sure-and-critical-loss-analysis-response-3/。

④　关于子市场的讨论，见 2A Antitrust Law ¶ 533（4th ed., 2014）。

驱动机车；或者从柴油燃料动力车转到汽油燃料动力车。也许他们愿意，也许他们不愿意，但显然，我们可以推定，购买四轮驱动车或者柴油燃料动力车的消费者们认定这些产品的价值非常高。在供给端，我们会考察，针对非成本上升而产生的产品价格上涨，原本不生产四轮驱动车或者柴油燃料动力车的厂商是否可以快速地投产这些品类的产品。

由此，这一市场分组可以由下图所展示：

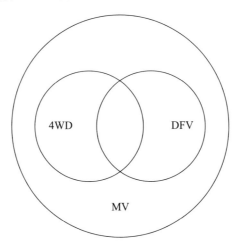

大圆圈代表机动车辆（MV）的总体市场，两个较小的圆圈表示四轮驱动车辆（4WD）和柴油燃料动力车辆（DFV）的相关市场，两个较小圆圈重叠的部分则意味着某些车辆同时是四轮驱动和柴油燃料驱动的。

在反垄断执法者面对机动车市场中的企业合并或者垄断指控时，显然这些圆圈中的任何一个都可能构成相关市场——只要它符合市场定义的通常标准。例如，如果反垄断执法部门担心企业合并会威胁到"四轮驱动车辆"市场的价格上涨，它必须证明这一特定的销售群组构成一个相关市场。

以上分析过程，说明了"子市场"（submarket）一词在一般情况下是没有用的。自20世纪50年代以来，联邦最高法院就认定，反垄断相关市场可能包含一个或多个"子市场"，并应当将被控行为一并置于其中进行分析。例如，最高法院在 *Brown Shoe* 案中指出：

> 产品市场的外部边界，由产品之间合理的用途互换性（interchangeability），或者说产品本身与其替代品之间的需求交叉弹性决定。然而，在这个广阔的市场中，可能存在边界清晰的子市场，这些子市场本身构成了反垄断法项下的产品市场。这样一个子市场的边界，可以通过搜集行业或者公众普遍认可该子市场构成独立的经济体（economic entity）的实证证据来表征和确定。其中，判断的因素包括：产品有无

特殊的特征和用途、是否需要独特的生产设施、是否面向独特的客户、是否具有不同的价格、消费群体对价格变化的敏感度是否存在不同、是否有专门的供应商，等等。①

上述判词的语言表述，后来被各级法院大量用于《谢尔曼法》和《克莱顿法》项下的市场力量分析②，但是，对案件处理却几乎没有实际帮助。最高法院是否想说，在定义相关市场时应当使用通常的经济标准，然后在定义子市场时使用除通常经济标准以外的其他标准呢？③ 如果是这样的话，那么界定子市场的目的就不是识别某一组交易中存在垄断的真正可能性（genuine possibility），而是其他至今都没有明确的目的。

那么，为什么要提出子市场的概念呢？通常而言，使用子市场的概念是为了把多种可能性考虑进来，这些可能性包括：产品差异、价格歧视、物理特性差异、不同制造工艺、不同的经销网络等。在某些情形下，"子市场"一词仅是为了表明，范围更小的一组销售实际上已经构成了相关市场。例如，假设某产品的销售商区分了三组消费者 A、B、C，并实施了价格歧视。其中，对 A 组中的消费者收取的价格比 B 组和 C 组的消费者至少高出 10%。这可以表明，向 A 组消费者出售的产品构成了独立的相关市场——就该特定的销售分组而言，实际销售价格比竞争水平价格高出 10% 是可以获得垄断利润的。那么，在我们随后分析被控垄断行为对"售卖给 A 组消费者的产品市场"的竞争影响时，对于是否存在另一个范围更大的相关市场的问题，则完全可以不予考虑了。也就是说，A 组的全部销售组合并不是"子市场"，其本身就是一个相关市场。④

第 3.3 节　界定产品市场的一般原理

从某种意义上说，界定产品市场要比界定地域市场复杂得多。地域市场的定义在通常情况下与运输成本密切相关，而运输成本是一个相对容易衡量的客观数

---

①　Brown Shoe Co. v. United States，370 U. S. 294，325，82 S. Ct. 1502，1524 (1962).

②　见 Newcal Indus. , Inc. v. Ikon Office Solution，513 F. 3d 1038 (9th Cir. 2008)（允许原告以一个单一品牌的次级市场为依据），联邦最高法院提审动议被驳回，557 U. S. 903 (2009)。

③　Image Technical Servs. , Inc. v. Eastman Kodak Co. , 125 F. 3d 1195 (9th Cir. , 1997)，最高法院提审动议被驳回，523 U. S. 1094，118 S. Ct. 1560 (1998). 该案判决明显支持这一标准，其使用的术语甚至超出了联邦最高法院的观点范围。该案法院认为，"子市场"这一术语可以用于连接不同的商品，甚至连接的是不在同一市场内的商品——在该案的具体情况下，连接的是复印机里的各个部件，这些部件之间其实是互补关系而不是替代关系。同上，1204. 按照该案法院的观点，复印机的平板玻璃和脚轮处在同一个"子市场"中，因为它们都面向同样的消费者——即使用或维修复印机的人们。然而，这一结论无法为我们提供当一种商品涨价时，另一种商品是否会随之涨价的有用信息。例如，假设平板玻璃在任何玻璃制作工坊都能生产，但脚轮受到专利的保护，而无法被随意制造。

④　见 2A Antitrust Law ¶ 533 (4th ed. , 2014)。

字。相反，产品市场的定义则往往与消费者的偏好具有密切联系，而主观偏好或者说口味是比较难以评估的。当然，二者也都存在例外。某些地域市场，例如电影放映市场，消费者是需要去电影院看电影的，而消费者出远门看电影的意愿，既取决于其主观意愿或者偏好，也取决于可以客观衡量的通勤成本。相类似的，许多产品仅是企业用来生产终端消费品的中间原材料，其可替代性（substitutability）在很大程度上取决于技术和成本的综合因素，而不取决于使用者的主观偏好。

但在大量案件中，产品市场的界定还是取决于消费者眼中的可替代性，并且，由于消费者效用（consumer utility）无法通过一些易于识别的标准（例如运输成本）来衡量，因此市场界定的问题变得更为复杂。我们可以通过观察替代率（substitution rate）或者弹性（elasticity）来直接衡量消费者的反应。例如，如果调查表明，50％的消费者对于甲产品涨价10％的反应是从购买甲产品转为购买乙产品，这可以给到我们足够的信息来推断仅仅由甲产品构成的销售群组并不是合适的相关市场。但是这种方法的成功有赖于取得高质量的数据，而优质的数据并不总是能够被收集到的。

在任何情况下，我们都不应该仅仅因为同一个消费者同时购买了两种东西，而将这两种东西归入同一个相关市场。联邦最高法院在 *Alcoa-Rome Cable* 案中犯了这个错误。该案件是制造铝材质的裸露和绝缘电导体的 Alcoa 公司，与同时生产铝材质和铜材质的裸露和绝缘电导体的 Rome 电缆公司之间的合并案。[①] 最高法院认定，存在"铝材质的裸露和绝缘电导体"这一单一市场，但理由仅仅是裸露导体和绝缘导体二者都用于同一目的——导电，并且出售给相同的需求者。[②] 无论法院在认定事实方面是否正确，仅凭这些事实并不足以证明该单一市场的存在。如果这一逻辑成立，那么电动洗碗机和洗碗布也可以被认为是同一相关市场中的产品。但是事实上，它们被用于相同的最终用途，以及相同的消费者群体总是购买洗碗机和洗碗布的事实，并不足以证明存在"洗碗机/洗碗布"这一相关市场。

当生产成本没有明显差异[③]，并且消费者需求的可替代性很强时，很容易推

---

① United States v. Aluminum Co. (Rome Cable)，377 U. S. 271，84 S. Ct. 1283，重审申请被驳回，377 U. S. 1010，84 S. Ct. 1903 (1964)。

② 同上一条注释，at 277，84 S. Ct. at 1287。

③ 当产品的成本不同时，即便在功能上具有完全替代性的产品也不能构成单一的相关市场，见 Consolidated Gas Co. v. City Gas Co.，665 F. Supp. 1493，1517 (S. d. Fla. 1987)，维持，880 F. 2d 297 (11th Cir. 1989)，重审后维持原判，912 F. 2d 1262 (11th Cir. 1990)，因无实际意义而被撤销，499 U. S. 915，111 S. Ct. 1300 (1991)。法院正确地拒绝将天然气和丙烷（液化石油气）放在一个相关市场内，因为，尽管它们功能相同，但后者的生产成本远高于前者。丙烷一般由无法使用天然气设施的偏远地区的消费者购买。考虑到二者的成本差距，天然气的购买者在将丙烷替换成天然气之前，愿意支付大量的垄断利润。

导出两种可替代产品应该处在同一相关产品市场中的结论。[①] 相反，以需求分析作为基础，在消费者眼中不构成相互竞争关系的产品不应当被认定为处在同一相关市场中。[②] 例如，在 *NCAA* 案中，联邦最高法院认为，NCAA（美国全国大学体育协会）组织的橄榄球比赛的电视观众与其他体育赛事的电视观众具有显著的不同——确实，广告主愿意为购买大学橄榄球比赛的广告位支付高于其他比赛的溢价。因此，大学橄榄球比赛的电视转播市场构成独立的相关市场。[③]

衡量消费者的反馈，从而进一步分析两种产品的可替代性，通常需要对价格在一段时间内进行持续追踪。如果两种产品的价格变动没有明显的相关性，那么这两种产品通常应被认为处于不同的市场。价格的密切联动，如幅度趋同的同时上涨或者下降，这种平行变化可能表明两种产品属于同一相关市场，但在得出最终的结论之前仍需慎重。比如，如果其中一种产品已经处于垄断的状态，其价格将紧盯着最接近的替代品的价格而上下波动。在这种情况下，垄断产品本身其实已经构成了一个独立的相关市场。[④] 相比之下，当市场表面上看来富有竞争活力时，如果观察到真实的消费者在不同的产品之间不停地来回挑选和购买，那么这往往昭示着存在一个共同的市场。

3.3a. 市场与品牌；"锁定"效应

3.3a.1. 单一品牌通常并不构成独立的相关市场；*Kodak* 案；受专利权保护的药品

假设不同的替代产品之间的最大差异不是在于技术，而是在于它们属于不同的品牌（它们在技术上有可能有差异，也有可能没有明显差别）。例如，Maytag 牌洗碗机的生产工艺或者技术原理可能与 GE（通用电气）公司生产的洗碗机不同，然而，相对于产品制造的总成本而言，这种差异的幅度可能很小，在这种情

[①] 例如，Little Rock Cardiology Clinic, PA v. Baptist Health, 591 F. 3d 591 (8th Cir. 2009)，最高法院提审动议被驳回，130 S. Ct. 3506 (2010)（将使用私人保险的患者群体和其他患者群体划定在同一市场内）；Morgan, Strand, Wheeler & Biggs v. Radiology, Ltd., 924 F. 2d 1484, 1489 (9th Cir. 1991)（将大学和骨科的放射治疗认定为同属私立的放射治疗服务市场）。

[②] Omni Outdoor Adver., Inc. v. Columbia Outdoor Adver., Inc., 891 F. 2d 1127 (4th Cir. 1989)，以其他理由改判，499 U.S. 365, 111 S. Ct. 1344 (1991)（广告牌的广告和报纸或广播的广告不属于同一个产品市场，因为消费者不会认为它们具有替代关系）。见本书第 3.5 节。

[③] Board of Regents of the Univ. of Okla. v. NCAA, 546 F. Supp. 1276 (W. d. Okl. 1982)，部分维持，部分改判并发回重审，707 F. 2d 1147 (10th Cir. 1983)，维持，468 U. S. 85, 111 – 112, 104 S. Ct. 2948 (1984)。

[④] 见本书第 3.4 节。

况下，大多数法院拒绝认定单一品牌产品构成独立的相关市场。[①] 但是，也有一些法院不同意这种观点。由于通常可以通过原研药药品专利来保护各种具有不同结构式的分子，因而在现今社会中，药品成为那些最有可能由单一品牌即构成独立的相关市场的产品之一。[②]

我们的分析应首先从一些假设前提开始。第一，专利、商标和版权的权利人仅因为拥有知识产权而具有显著的市场力量的情况是极为罕见的，不过，对于覆盖整个产品的某些专利而言，例如药品专利，有可能构成此原则的例外。[③] 第二，有时候，品牌差异背后代表了相当大的技术差异、生产成本的差异、对消费者吸引力方面的差异，这些差异越明显，则相关市场的范围会限缩得越小。例如，把"Nutrasweet"牌的阿斯巴甜代糖———一种高度优于其他市场中可买到的替代品的人造甜味剂——作为一个独立的相关市场，要比将 Band-Aid 牌和 Buy-Rite 牌的创可贴认定为分处于独立的相关市场，在理由方面要充分得多。第三，在一些极端的情况下，客户可能会与某个特定品牌"锁定"（"locked in"），而这一事实可能说明了将该品牌产品界定为一个较窄的独立的相关市场是合适的。

下面这个例子说明了锁定现象是如何出现的。假设虽然克莱斯勒与雪佛兰、福特、丰田以及其他许多汽车品牌存在竞争关系，但是消费者需要维修克莱斯勒汽车时，它的许多零件都是独特的，和其他品牌不兼容的。例如，当克莱斯勒汽车的变速器发生故障时，车主无法购买专用于福特或者丰田汽车的变速器作为替代品。因此，对于已经就克莱斯勒汽车进行了较大投资（购买了克莱斯勒汽车）的车主，就与克莱斯勒零件产品互相"锁定"了。与此有关的反垄断问题是，这种锁定能否使克莱斯勒公司以某种方式从那些已经购买了克莱斯勒汽车的消费者那里"占便宜"（take advantage），以及任何此类"占便宜"的行为是否构成"垄断"。

在信息透明、运行良好的市场中，消费者充分掌握着市场信息，因而并不会发生这种锁定。假设一辆汽车的使用寿命是 10 年，但它的变速器的使用寿命只有 2 年。同时假设汽车市场竞争激烈，新车的生产成本为 10 000 美元，而更换变速器的成本为 1 000 美元。还假设消费者普遍了解这些事实。那么，克莱斯勒公司能否通过以 10 000 美元的价格出售汽车来"垄断"这个市场，而后向买家

---

① 见 Universal Avionics Sys. v. Rockwell Int'l Corp. ，184 F. Supp. 2d 947 (d. Ariz. 2001)，维持，52 Fed. Appx. 897，2002 WL 31748602 (9th Cir. 2002)（被告单一品牌的航空电子设备不构成一个相关市场）；Tunis Bros. Co. v. Ford Motor Co. ，952 F. 2d 715 (3d Cir. 1991)，最高法院提审动议被驳回，505 U. S. 1221，112 S. Ct. 3034 (1992)（原告未能证明福特拖拉机和其他一般的拖拉机属于不同市场，没有满足其举证责任）。

② In re Aggrenox Antitrust Litig. ，11 F. Supp. 3d 1342 (Mem) 2015 WL 1311352 (d. Conn. March 23, 2015)；In re Nexium (Esomeprazole) Antitrust Litig. ，968 F. Supp. 2d 367 (d. Mass. 2013).

③ 见本书第 3.9d 节。

收取 3 000 美元用于后续的变速器更换？答案几乎是否定的。消费者在一开始购买汽车时，就在新车购置成本之外，综合考虑了后续的维修保养费用，未来价格昂贵的变速器一开始就会被消费者纳入整体的购车成本之中，因而消费者有权选择转向另一个更为划算的、更富有竞争力的品牌。

然而现实世界要骨感得多，初始的竞争状态并非是完美的，后续的维修成本是不确定的（一些克莱斯勒汽车在售出两年后需要更换新的变速器，但另外一些同型号的汽车不需要），更何况，消费者可能根本不知道后续成本的存在以及存在的多寡。符合生活经验的一种分析是，熟知当前新车价格但对未来维修价格不甚了解的消费者，在购买汽车时对后者不会过多地予以考虑，而主要考虑前者。而且，有时候，预估的维修成本只占整体成本的一小部分，消费者容易忽略这一成本。最后，一些生产商可能会发现，在即将退出市场前改变定价策略可以获得更为丰厚的利润。例如，假设 Maytag 公司决定放弃生产洗碗机的业务（或者已经放弃了这一业务），那么现在它可以大幅度地提高维修零件的价格，甚至让价格翻番，因为它知道以前就购买了 Maytag 牌洗碗机的消费者别无选择，只能购买其生产的零件。它不必担心这种调整会对未来洗碗机的销售产生负面影响，因为它已经退出了洗碗机市场，所以不需要考虑这种影响。

这种担忧很快就会从"反垄断"蔓延至"消费者保护"的领域。作为一项广为接受的前提，反垄断法的目标是促使产品的价格和产出量处于与所在市场的性质和法律结构相适应的完全竞争水平。然而，在生产较为集中的耐用品市场上的竞争，内在地就很难达到完美竞争的程度，因此反垄断政策需要考虑这种非完美性的程度问题：应该容忍何种，以及可以在多大程度上容忍这种对于完美竞争的背离？

在 *Eastman Kodak Co. v. Image Technical Services, Inc.* 案[①]中，联邦最高法院认定，复印机制造厂商即使在复印机市场中不具备市场力量，仍然有可能在其自己创设的维修部件市场上拥有显著的市场力量。在当时的复印机市场上，柯达公司有好几个竞争者，其市场份额仅约为 20%～23%[②]，远低于大多数法院在此前的任何类型的反垄断案件中（包括捆绑销售的反垄断案件）得出被告具有市场力量结论时所要求的市场份额。[③] 除了柯达公司为众多自己生产的机器提供售后维修服务外，许多独立服务供应商（independent service organization，ISO）也提供同样的售后维修服务。当柯达公司拒绝向不使用其官方售后维修服务的用

---

① 　504 U.S. 451, 112 S. Ct. 2072 (1992)。见 Herbert Hovenkamp, "Post-Chicago Antitrust: A Review and Critique", 2001 *Col. Bus. L. Rev.* 257 (2001)。

② 　见第九巡回法院的判决。903 F. 2d 612, 616 & n. 3 (9th Cir. 1990)。

③ 　例如，Jefferson Parish Hosp. Dist. No. 2. v. Hyde, 466 U.S. 2, 104 S. Ct. 1551 (1984)（搭售；30%市场份额不足够）。见本书第 6.2、6.5b、10.3 节；及 10 Antitrust Law ¶ 1740 (4th ed., 2018)。

户销售其需要更换的零部件时，那些 ISO 原本所提供的售后维修服务也就难以为继了，由此引发了涉案的反垄断争议。[1]作为原告的 ISO，指控柯达公司非法将其售后服务与柯达品牌的零部件产品捆绑在一起，并且试图垄断其自己所创立的售后零部件市场以及售后服务市场。

无论是搭售的指控，还是企图垄断的指控，都要求柯达公司在其零部件市场上至少存在一定的市场力量。柯达公司辩称，鉴于其在主产品市场（primary market）——复印机市场上与其他公司展开的是有效的竞争，就法律问题本身而言（as a matter of law）*，柯达公司不可能在自己品牌的售后零部件市场上拥有市场力量，否则，每一个采用了品牌特制化（brand-specific）零部件的耐用品生产商，都将成为反垄断法"铡刀"下的牺牲者。

如下三类证据与生产商在售后市场中是否具有市场力量毫无关系：（1）主产品市场的制造商同时是其自有品牌售后零部件市场的唯一制造商，或者（2）零部件是专用于某品牌产品的、独一无二的，或者（3）其他厂商制造的零部件产品不能兼容涉案品牌的产品。[2] 以上类型的证据完全无法证明"市场力量"的存在，只能证明像大多数的其他耐用产品制造商一样，柯达公司对其自身品牌的售后维修部件的生产具有很大的控制力，并且其制造的零部件是唯一兼容其主产品的配件。[3] 无论市场竞争的充分程度如何，上述情况在存在产品差异化的耐用品市场上普遍存在。

也许从政策层面来说，我们不应当鼓励制造商在消费者最不容易进行价格比较（price comparison）的领域实施非市场竞争性定价（垄断定价），从而扩张其市场力量。但在缺乏市场力量的情况下，适用反垄断法通常而言是不恰当的。厂商因产品差异化而从售后市场（aftermarket）获得收益这一事实本身，并不能证明这些收益在反垄断法上是显著的。此外，当对这种市场力量的"利用"（exploitation）进行量化时，必须将消费者所支付的全部成本打包在一起进行衡量，因为这才是消费者真正购买的东西。如果人们只关注售后市场，看起来似乎可以证明厂商具有明显的市场力量，因为它们具有定价权，但如果将其置于整个产品使用生命周期，对消费者所要付出的全部成本进行综合考虑，其反映的可能只不过是在中等程度竞争水平的具有差异化的产品市场中，厂商在合理范围内拥有的自由定价权而已。

3.3a.2. 限制 *Kodak* 案适用范围的下级法院判决

下级法院带着相当批判的眼光适用 *Kodak* 案所确立的规则。这些下级法院

---

* as matter of law 在美国联邦诉讼法上具有特殊的含义，如果某一问题构成法律问题（matter of law），则无需经过陪审团审理，可以直接由法官对该问题作出裁决。——译者注

[1] 504 U.S. at 459, 112 S.Ct. at 2078.

[2] 仅采用此类论据就得出结论的案例见 *Parts and Electric Motors*, 866 F.2d, at 232-233。

[3] *Kodak*, 504 U.S., at 463-464; 112 S.Ct., at 2080-2081.

已经找到了各种方法来限制 *Kodak* 案"锁定"理论的适用范围，以避免太过容易就能证明垄断力量的存在，否则，在任何中等集中程度的市场中，每一个卖方都会被认定为具有市场力量。其结果是，虽然主张"锁定"理论的诉讼耗资已经高达数百万美元，但没有一个判决能够根据 *Kodak* 案的锁定理论正确地证成被告拥有市场力量。在这种情况下，联邦最高法院最好还是把 *Kodak* 案推翻掉算了。

第一项重要的限制是，只有在"被锁定"产品（"locked-in"product）的购买时间比主产品晚得多时，才能构成锁定。例如，假设一个不具有市场支配地位的计算机厂商销售了一台电脑，并要求消费者同时也购买其操作系统，我们不能说消费者已经被"锁定"在被告的操作系统上，从而把相关市场界定在该单一品牌计算机这一狭小的范围之内，因为消费者对于计算机和操作系统是同时作出购买决策的。在 *PSI* 案中，法院论证了该案与 *Kodak* 案在事实方面的区别，认为在 *Kodak* 案中，被告在"客户被锁定"之后改变了其销售政策，从而滥用了其市场优势——"客户无法在购买主产品之时即预测到这种价格的变化"[①]。

出于类似的原理，即使售后零部件的销售和主产品的销售间隔时间较长，大多数法院同样要求原告证明被告对于被绑定的售后零部件的销售政策进行过更。[②] 如果消费者购买机器时零部件产品是一个价，但之后等到需要更换时又是另一个价，那么可以合理认为消费者被"锁定"了。此外，这种变化必须是对消费者产生不利影响的变化。基于这个原因，曾有一个法院驳回了作为原告的售后维修公司方关于被告将保修期从 1 年变更为 3 年违反反垄断法的指控。[③] 该法院指出，以前的老客户根本没有受到新政策的影响，而新客户在第一次购买电脑时就知道保修期是 3 年。假设被告追溯性地将新、老客户的保修期通通延长至 3 年，这种变化无疑会伤害那些本来可以获得丰厚利润的售后维修组织的利益，但它也会使既有的消费者受益，因为他们免费地获得了额外的保修服务，这很难认为存在反垄断法上的损害。

最后，如果有其他公司能够制造同样可以兼容主产品的零部件，则锁定效应也不会发生。例如，虽然克莱斯勒公司制造的垫圈或者传动轴接头仅适用于克莱

---

① PSI Repair Servs. v. Honeywell, 104 F. 3d 811, 821 (6th Cir. 1997)，最高法院提审动议被驳回，520 U. S. 1265, 117 S. Ct. 2434 (1997)。

② 见 DSM Desotech, Inc. v. 3D Sys. Corp. , 749 F. 3d 1332, 1346 (Fed. Cir. 2014)；Harrison Aire, Inc. v. Aerostar Intl. , Inc. , 423 F. 3d 374 (3d Cir. 2005)，最高法院提审动议被驳回，547 U. S. 1020, 126 S. Ct. 1581 (2006)（单一品牌商的气球面料不构成独立的相关市场，如果该品牌商从来没有改变其价格或者供应政策的话）。

③ SMS Sys. Maint. Servs. v. Digital Equip. Corp. , 188 F. 3d 11 (1st Cir. 1999)，最高法院提审动议被驳回，528 U. S. 1188, 120 S. Ct. 1241 (2000)。

斯勒牌的汽车，但如果还有其他几家公司制造了兼容性良好的上述零部件，即便这些零部件没有被贴上克莱斯勒的商标，显然也没有任何消费者会被锁定。[①]

3.3b. 替代品与互补品；集群产品市场与双边平台

3.3b.1. 由替代品构成的相关市场

相关市场是由相互之间构成有效替代的商品组成的市场。例如，我们会将所有罐装西红柿放在同一个相关市场中，因为 Del Monte 品牌与 General Foods 品牌会相互竞争，而它们还分别与 A&P 旗下的品牌展开竞争，以此类推。[②] 这一相关市场的定义是非常基本的，但是有些法院弄错了。例如，在联邦最高法院发回的 *Kodak* 后续案件中，联邦第九巡回法院混淆了替代品（substitute）和互补品（complement）的概念，得出了 Kodak 复印机内部所有的零部件产品构成一个单一的相关市场的结论，理由是机器的使用者或者维修人员需要"所有零件"才能使复印机正常工作。[③] 法院在该案中所依据的是一个"商业现实"，即服务提供商"必须能够获得所有的零部件"。

尽管商业实践确实如此，但这很难成为将各种产品放在同一相关市场的理由。人们需要汽车和汽油来驾驶汽车，需要烤面包机和面包来烤面包，或者需要网球拍和网球来打网球，但这些事实很难证明存在单一的"汽车/汽油"、"烤面包机/面包"或者"网球拍/网球"的相关市场。这些分组中的产品两两之间存在匹配关系，背后的逻辑是它们是互补品，而不是替代品。把互补品纳入"相关市场"的做法忽略了这样一个事实，即市场必须是具有相互竞争关系的产品的所有销售的集合。例如，当我们将位于同一个十字路口的四个加油站置于同一个相关市场时，显然不是因为消费者需要去所有的这些加油站加油。这四个加油站之所以属于同一个相关市场，恰恰是因为消费者不需要前往全部的这些加油站，加油站之间必须相互竞争以赢得市场销售份额。

不能将互补品置于同一相关市场中的一个关键原因是：在需求方面，互补品的价格变动实际上是朝着相反的方向进行的。与之相比，同一市场中的替代品的价格变动方向则是一致。举例来说，如果汽油价格大幅上涨，人们的反应就是减少驾车出行，从而降低了市场对汽车的购买需求，导致汽车价格下降。不能将互

---

① Tarrant Serv. Agency v. American Standard，12 F. 3d 609 (6th Cir. 1993)，最高法院提审动议被驳回，512 U. S. 1221，114 S. Ct. 2709 (1994)（数家公司生产可适配于被告设备的"通用"零件；不需要交付陪审团即可以直接作出判决）。

② 见 2A Antitrust Law ¶ 565 (4th ed. 2014)；United States v. Bazaarvoice, Inc.，2014 WL 203966 (N. d. Cal. 2014)（将一些服务排除出相关市场，因为它们相互之间构成互补关系而不是替代关系）。

③ Eastman Kodak Co. v. Image Technical Servs.，Inc.，504 U. S. 451，462，112 S. Ct. 2072 (1992)，发回重审，125 F. 3d 1195，1203 (9th Cir. 1997)，最高法院提审动议被驳回，523 U. S. 1094，118 S. Ct. 1560 (1998)。

补品置于同一相关市场中的另一个原因是：判断厂商对一种产品是否具有垄断力量时，无法从另一种产品的垄断程度中得到有用的信息。例如，烤面包机可能是由某个垄断者生产制造的，但面包的零售却极有可能存在激烈的竞争。柯达复印机有 5 000 个零部件，其中包括获得专利保护的成像环圈以及其他申请了专利的零部件，对于这些配件而言柯达公司可能具有某种程度的市场力量，但是还有成千上万的螺母、螺栓、螺钉、皮带、弹簧、开关等部件，这些都是现成的，数以万计的普通生产商都可以制造出来。而平板玻璃和金属门之类的部件，通过任何玻璃切割工厂或者加工车间就可以轻松地打造指定规格尺寸的成品。一旦法院将所有这些配件都归入同一个"相关市场"，它就完全无法对市场力量的问题作出判断了，因为总体上而言，无法评估这个包罗万象的销售群组，并无法由此认定柯达公司对全部这些市场销售究竟有没有市场支配力。

3.3b.2. 应狭义适用"集群"产品市场界定规则的原因

有时候，法院必须考虑一组产品是否构成一个相关市场，即使该组中的每一个产品或者服务单独来看并不构成相关市场。例如，在 *Philadelphia Bank* 案中，法院认定多种商业银行服务组成的"集群"（"cluster"）构成一个相关市场。[①]其中某些服务，例如商业支票存取款账户服务，银行的竞争对手很少。而其他服务，比如储蓄存款和小额贷款，银行则面临着来自储蓄和贷款协会、小额贷款公司等机构的竞争。问题在于，支票存取款账户服务和消费者贷款服务之间根本不存在竞争关系。

如果同时联合供应多种互补性产品所组成的集群可以产生显著的经济节约，则可以将这些互补性的产品归入同一个相关市场中，这种联合供给有时被称为"范围经济"（economies of scope）。规模经济（economy of scale）是指做两件事情比做一件事情更经济，而范围经济是指两件事情一起做比每一件事情分开做更经济。[②]这方面的一个典型例子是医院提供的服务"集群"[③]。另一个例子是 *Grinnell* 案[④]中所涉及的远程防护服务（remote protective services）。在这个案件中，被告的中央站系统同时提供防盗、防火以及其他远程预警服务。由于防盗

---

① United States v. Philadelphia Nat'l Bank, 374 U. S. 321, 356 - 357, 83 S. Ct. 1715, 1737—1738 (1963). 同样可见 Brown Shoe Co. v. United States, 370 U. S. 294, 327 - 328, 82 S. Ct. 1502 (1962) (将男人、女人和儿童的鞋构成一个集群). Cf. Comcast Corp. v. Behrend, 133 S. Ct. 1426 (2013) (原告主张相关市场应为有线电视服务的集群，法院注意到了这一点，但没有对此作出判定).

② 见 Alfred D. Chandler, *Scale and Scope: Dynamics of Industrial Capitalism*, chs. 5 & 6 (1990), 该书详细提供了美国公司通过分散投资达到范围经济的史料。

③ 例如, ProMedica Health Sys., Inc. v. FTC, 749 F. 3d 559, 556 (6th Cir. 2014) (法院认定通过同一种设备和同一类人员提供的医疗服务的集群在服务市场中具有相似的市场份额).

④ United States v. Grinnell Corp. , 236 F. Supp. 244 (d. R. I. 1964), 维持, 384 U. S. 563, 86 S. Ct. 1698 (1966).

保护服务和防火保护服务之间不存在相互竞争，因此不能以需求的高交叉弹性（high cross-elasticity of demand）为基础将它们组合在一起。但联合提供这两种服务很可能要比单独提供每一种服务的成本低廉得多，例如，防护系统的大部分布线可同时用于两种服务。类似的，该系统可以通过把来电调配给指定的中央站来启动警报，而同一个站台可以同时接听火警电话和盗警电话。

需要警示的是：除非其他公司存在市场进入障碍，无法以经济的方式提供涉案的集群产品，否则，不能就此认定某个范围经济构成一个相关市场。假设第一家将电气、管道和建筑物供应集中在"同一屋檐"下的零售商可以节省大量的成本，但现有的其他水暖商店、电器商店和木材加工商也可以轻松地扩展各自的业务并提供同样的产品集合，在这个例子中，进入相关市场的唯一要求也许只是建造或者扩建造价并不高的普通建筑物，在这种情况下，集群"市场"中的任何垄断定价都难以持续很长时间。

政府的《横向合并指南》规定，通常应避免以集群产品来界定相关市场的范围，至少在不涉及医院服务的情况下。在合并案件中，执法者通常根据每家合并公司的每个产品来界定市场。[①]

3.3b.3. 在双边平台市场中衡量市场力量

双边平台（two-sided platform）是介于两个互补群体之间的，以确定最优价格、数量或者质量组合为目的的媒介。[②] 例如，优步（Uber）打车平台必须平衡乘客的乘车需求和司机提供服务的意愿。如果平台将司机收取的价格设置得太高，就会吸引到很多司机，但乘客稀少。反之，如果价格设置得太低，乘客就会很多，但司机很少。平台的两端在生产上是互补的。也就是说，乘客和司机这两个部分是一起被"生产"出来的。总的说来，如果不考虑发生在 A 侧的"反馈"效应，就无法评估某一政策对平台 B 侧的效果。

在 *American Express* 案的判决中，联邦最高法院认为，在界定双边市场的相关市场范围时，需要将两边归为一个单一的"市场"[③]。该裁判观点对"相关市场"的概念造成了非常大的损害。"相关市场"这一概念，只有当我们将市场视为由一组相互竞争的、具有相互替代性的交易产品所构成的时候，才有意义。最高法院的理由是，只观察市场的一侧可能是片面的，还应当考虑由另一侧所带

---

① 见本书第 3.8 节，例如，Fruehauf Corp. v. FTC，603 F. 2d 345（2d Cir. ，1979）（将正在进行合并的企业所经营的减震器、车轮和刹车装置分别认定为独立的市场）。

② 关于双边平台的论述，见 本书第 1.4c 节、第 10.9 节。也可参见 Erik Hovenkamp, Platform Antitrust, 44 *J. Corp. L.* 713. (2019)；Herbert Hovenkamp, "Antitrust and Platform Monopoly", ____*Yale L. J.* ____ (2021) (forthcoming)，访问地址：https://papers. ssrn. com/ sol3/papers. cfm? abstract_id= 3639142。

③ Ohio v. Am. Express Co. ，138 S. Ct. 2274, 2287（2018）。针对该判决的批评意见，见 Herbert Hovenkamp, "Platforms and the Rule of Reason：the American Express Case", 2019 *Col. Bus. L. Rev.* 35。

来的抵销效应（offsetting effects）。从事实的角度来说这当然是正确的，但法院在评估市场力量时本来也通常会考虑这种来自市场外的因素。并且，最高法院假设市场某一侧受到的损害必然会被另一侧所获得的收益所抵销，但在该案中，反转向条款（anti-steering rule）对市场的两侧都造成了损害[1]，因此二者实际上并不存在抵销。

最高法院坚持采用这种存在内在冲突的市场划定方式，完全是因为它固执地认为在所有案件中都必须界定相关市场。事实上，政府已经开始尝试采用直接评估市场力量的方法，而不需要首先界定市场的范围。[2] 最高法院坚持这一做法的原因尚不清楚，但鉴于直接衡量市场力量的工具正不断地改进，并且很容易在该案中适用，最高法院的做法实际上是在开倒车。当市场条件异常复杂、不同的因素对于最终的结论朝着不同的方向拉扯时，直接测算的做法可以更好地评估被告的市场力量。

并且，最高法院在该案判决中的一项不具有先例拘束力的裁判意见，对于对滥用市场力量案件的理性分析可能是具有灾难性的影响——最高法院声称，作为一个法律问题（a matter of law），双边平台仅与其他双边平台构成竞争关系。[3]该论断迅速地产生了一个奇怪的结论，即两家提供航空机票预订服务的公司之间的合并不属于竞争对手之间的合并，因为其中一家是一个双边平台，而另一家则不是。[4] 最高法院的上述意见对其在该案中所要得出的最终结论来说是没有必要的，因为在该案中涉及的是不同的双边信用卡平台之间的竞争。

而且，有关竞争程度的问题包含了事实问题（questions of fact），需要通过证据加以证明或者证伪，而不是简单的法律问题——这完全不符合反垄断法最基本的原理。

第3.4节　产品差异化与"玻璃纸"谬误

3.4a. 交叉价格弹性及其含义

当产品价格上涨时，一些买家会选择购买替代品。交叉弹性（或以经济学术语表示，即交叉价格弹性，cross-price elasticity）是产品 A 的买家在 A 产品价格上涨时转而购买替代产品 B 的比例。例如，在小麦和玉米都以竞争性价格出售

---

[1]　见本书第 10.9 节。

[2]　见本书第 3.9e 节。

[3]　*Amex*，138 S. Ct. at 2287（"与一家双边平台为争夺交易所开展的竞争只可能来自其他的双边平台"）。

[4]　United States v. Sabre Corp.，452 F. Supp. 3d 97（D. Del. 2020），因其他的原因被撤销，2020 WL 4915824（3d Cir. July 20, 2020）。

时，两者在很多用途方面是近似替代品——小麦价格如果小幅上涨，将使得许多原本的小麦消费者转而购买玉米。[①]在这种情况下，我们会说小麦和玉米之间的需求交叉弹性相当高。在反垄断法的意义上，两者可以归为同一相关市场。

如果使用得当，交叉弹性的衡量方法有助于裁判者将多个彼此之间在以竞争性价格出售时构成替代产品的商品纳入同一个相关产品市场中。例如，如果福特汽车公司被指控垄断了福特汽车市场，那么事实调查者应当考虑是否应将雪佛兰汽车、克莱斯勒汽车或其他品牌的汽车纳入相关产品市场。如果调查发现，当福特、雪佛兰和克莱斯勒汽车以成本价出售时，许多客户认为它们是竞争性产品，随着福特汽车的价格上涨，这些客户转而去购买雪佛兰或克莱斯勒品牌的汽车，在此情况下相关产品市场就是"汽车"而不是"福特汽车"。

如果事实调查者进一步考虑自行车和马匹之间的替代性，会得出什么结论呢？其效果将是进一步降低福特公司在"市场"中的份额。在这种情况下，调查者需要测算马匹和自行车的需求将随着汽车市场的价格变化而变化的程度。当汽车、自行车或马匹以竞争性价格出售时，它们之间的需求交叉弹性可能不是很高。除非汽车价格大幅上涨，否则并没有多少潜在的汽车消费者会认为马匹或者自行车是汽车的很好的替代品。事实调查者由此可以得出结论，自行车或马匹不应被包括在相关市场中。

3.4b. *du Pont*（玻璃纸）案中的需求交叉弹性

法官经常误用需求交叉弹性（cross-elasticity of demand）这一概念，因为他们没有认识到它的局限性。如此一来的后果是，相关市场被界定得过宽。这一问题在存在产品差异化的市场中尤其严重。在产品差异化十分显著的市场中，对不同厂商的市场力量进行评估时，必须始终牢记一个令人深思的观点——对存在显著产品差异化的市场进行界定总是会出现"错误"，因为最终的结论要么是市场界定范围过大，要么是市场界定范围过小。例如，小汽车和皮卡是否应当被归为同一相关市场呢？显然，消费者有时会将它们用于相同的使用场景中，例如，开车去大型超市购物、去学校接送孩子等等。将它们置于同一相关市场意味着它们属于完美的竞争替代品，然而，这一结论大大夸大了它们之间存在的竞争程度，因为有许多消费者在二者之间存在明显的偏好。但是，如果将它们置于不同的市场，就意味着我们认为它们之间根本不存在竞争，这一结论同样是错误的。在这

---

① 如果小麦和玉米之间的交叉价格弹性为3，小麦涨价10％会导致消费者多购买30％的玉米。如果玉米是小麦的唯一替代品，一单位的玉米替代一单位的小麦，且二者构成完全替代关系，则小麦的销量会相应下降30％。但是如果一些消费者在小麦涨价的情况下，只是减少了小麦的购买量，而不会转而购买玉米，或者如果存在两种小麦的替代品——玉米和大米——则小麦的销量的下降幅度将大于30％。这说明某一商品的自身价格需求弹性通常等于或者大于此商品和其他商品之间的交叉价格弹性。

种情况下，直接测算的方法便具有了一个明显的优势，因为它不是纯粹的二元方法论：它可以评估两款产品之间相互可替代性程度，而不是采取非黑即白的截然分类法。[1]

在 *United States v. E. I. du Pont de Nemours & Co.* 案[2]中，被告 du Pont（杜邦）公司所生产的玻璃纸（cellophane）占到整个美国市场的 75%，因此被原告起诉指控其垄断了玻璃纸市场。杜邦公司辩称，本案的相关商品并不是玻璃纸，而是"柔性包装材料"（"flexible packaging materials"），其中不仅包括玻璃纸，还包括铝箔、透明纸、塑料薄膜、防油纸和蜡纸等。虽然这些产品对于许多买家来说用途是差不多的，但它们采用的是不同的原材料和制造工艺。例如，铝箔产品的制造商无法轻易改变生产流程从而生产玻璃纸，反之亦然。

有些柔性包装材料，例如透明纸，比玻璃纸便宜，而其他的柔性包装材料，如聚乙烯，则要贵得多。不同的包装材料在不同的消费者群体中有着不同程度的认可度。有些消费者比其他买家更关注价格。例如，几乎所有杂货店的肉类和蔬菜都必须使用透明材料进行包装，以便于购买食品的消费者观察产品品质。玻璃纸约占零售肉类包装市场 35% 的市场份额，约占零售蔬菜包装市场 50% 的市场份额。相比之下，面包通常用不透明的纸来包裹，而玻璃纸只占烘焙产品包装市场的 7%。当产品本身比其所需的包装材料更为昂贵时，玻璃纸就比更便宜、透明度更低的包装材料更具有优势。例如，75%～80% 的卷烟都用玻璃纸进行包装。[3] 然而，尽管卷烟制造商愿意为玻璃纸支付垄断价格，而不是转而使用其他柔性包装材料，但法院拒绝承认"香烟用玻璃纸"构成一个独立的相关市场。

联邦最高法院最终认定，该案的相关市场必须包括"就其生产目的而言，具有合理互换性的产品"，也就是全部柔性包装材料的整个市场。[4]

联邦最高法院在该案中对相关市场的界定很可能是错误的。用一个简单的例子对此加以说明。假设甲产品在竞争市场上以 1.00 美元的价格出售，这也是其边际生产成本，又假设 A 发明了乙产品，它与甲产品具有相同的功能，但制造成本仅为 80 美分，A 是乙产品的唯一生产商。

现在假设 A 被指控非法垄断。A 辩称他没有市场力量，因为相关市场不是单独由乙产品所构成的市场（在这一"市场"中，A 的市场份额是 100%），而是甲产品加上乙产品的市场（其中 A 的市场份额较低）。A 提供证据证明了，他目前为乙产品定价 99 美分，而甲产品的市场价格为 1.00 美元。在当前价格水平

① 见本书第 3.9 节。

② 351 U. S. 377，76 S. Ct. 994 (1956).

③ 同上一条注释，at 399 - 400，76 S. Ct. at 1009 - 10.

④ 同上一条注释，at 404，76 S. Ct. at 1012. 此案判决在其他案件中受到批评，Donald F. Turner，"Antitrust Policy and the Cellophane Case"，70 *Harv. L. Rev.* 281 (1956).

下，甲、乙产品之间存在高度的交叉需求弹性。这是因为，如果 A 试图将其价格提高 1％（1 美分），A 将失去原本购买乙产品的大量客户。

A 的抗辩能成立吗？显然不能。诚然，在*当前的*价格水平下，甲产品和乙产品之间的交叉需求弹性非常高，但其原因并不是 A 在甲产品市场中不具有市场力量，而恰恰是 A 在*乙*产品市场中具有市场力量，并且正在运用这种市场力量。每个卖家，无论是垄断者还是竞争者，都会在其需求曲线的高弹性区域出售其产品。也就是说，每个卖家都设置了尽可能高的价格，只要这一定价不会失去太多的客户以至于价格上涨无利可图。换句话说，在需求弹性较低的水平上定价的垄断者，可能没有最大化其利润，我们通常认为这种行为是非理性的。在当前市场价格水平上所发现的较高的交叉需求弹性，无外乎只是证明了厂商无法再以提高价格的方式来获得更多的利润罢了。[①]

《横向合并指南》中所使用的评估方法可能低估了市场规模，如果被考察的合并者在进行分析时已经施加了市场力量的话。然而，在合并案件中提出的问题，的确与在涉及单方面行使市场力量的案件中提出的问题有所不同。

3.4c. 对"玻璃纸"谬误的纠正

"玻璃纸"案的分析暴露了反垄断市场界定中的两难境地。当两种产品以竞争性价格出售时，交叉需求弹性的概念有助于确定两种产品是否构成近似替代品。如果两种产品在以边际成本相同的价格出售时，构成紧密的替代品，那么它们就应当属于同一产品市场。但问题是，我们如何知道目前的价格是不是竞争性价格呢？

"玻璃纸"谬误（*Cellophane* fallacy）的影响取决于人们提出的问题是什么。假设纸盒制造商想要收购塑料盒制造商，在同一相关市场销售产品的两家公司之间的合并被称为"横向"合并，并且受到相当严厉的并购规则的约束。然而，销售分处不同市场的不同产品的两家公司之间的合并则被称为"混业"式（conglomerate）的合并或者"潜在竞争"式（potential competition）的合并，所适用的标准要宽松得多。[②]

假设某纸盒制造商与其他五家纸盒制造商存在竞争关系，并且其所占的市场份额为 20％；而某塑料盒制造商与其他八家塑料盒制造商存在竞争关系，并且其所占的市场份额为 10％。就几乎所有的用途而言，塑料盒和纸盒之间的竞争异常激烈。在过往的经验中，只要纸盒小幅涨价，纸盒的原有消费者就会大量转而购买塑料盒，反之亦然。

在这种情况下，当前市场价格的高需求交叉弹性非常可靠地说明，纸盒、塑

---

① 见 2A Antitrust Law ¶ 539 (4th ed. 2014).

② 见本书第 12、13 章。

料盒应当被归为同一产品市场中。在这两类可替代产品分别所在的子市场中，每个厂商的市场份额都不高，而且还存在相当数量的竞争厂商，这些事实表明，纸盒、塑料盒当前的市场价格水平均为竞争性价格。而每一种产品的价格变化对另一种产品的价格变化的敏感性，则说明了在当前的价格水平下，两者之间的需求交叉弹性也很高。塑料盒制造商的存在促使纸盒制造商不得不将价格维持在竞争水平，反之亦然。因此，发生在这两种厂商之间的合并应视为横向合并。[①]

难判断得多的是像 *du Pont* 案这样的情况。既然被告被指控为垄断者，那么我们必须假设其当前价格已经偏离了竞争性水平，并且，通常可以推断的是，当前的价格水平下的需求交叉弹性会偏高。但是，通常而言，计算被告的边际成本并确定在竞争性价格下厂商所面临的需求交叉弹性，是一项不可能完成的任务。

纠正玻璃纸谬误有一种很好的办法，即不依赖于市场界定而更直接地测算厂商的市场力量。直接测算方法的优势在于它可以衡量得出差异化产品之间的竞争距离（competitive distance）。如今，这些方法常用于存在"单边效应"（"unilateral effects"）的合并案件中。[②] 而直接测算方法的主要缺陷则是其所需的数据可能并不总是容易获得的。

可行的方法之一是测算某一产品随着另一替代产品的价格的变化而产生的需求方面的变化。例如，*American Express* 案的证据表明，美国运通公司能够反复提高其向商户收取的手续费，而其因此流向竞争对手的业务量并不显著（significant）。[③] 如果是完美的竞争关系，则竞争者会因为哪怕细微的涨价而失去所有的业务，但如果存在产品差异化，情况则很不一样。那么，问题就变成了价格上涨多少以及涨价必须持续多长时间，才足以认定不属于竞争性产品。如果一家企业可以在和成本脱钩的情况下大幅提价，同时又不会导致原有的顾客转向其竞争对手进行采购，从而流失大笔生意以至于涨价无利可图，则这一事实表明该企业与其竞争对手就分处不同的市场当中。当然，American Express（美国运通）公司提价的行为也可能是平台另一端成本变化的结果，例如，如果 American Express 公司提高其平台另一端给予消费者的补贴，就会发生这种情况，但这本身是一个需要挖掘证据加以证明的主张。

---

① 见 United States v. Aluminum Co. of Am.，377 U. S. 271，84 S. Ct. 1283（1964）；United States v. Continental Can Co.，378 U. S. 441，84 S. Ct. 1738（1964）。

② 见本书第 12.3d 节。

③ Ohio v. American Express Co.，138 S. Ct. 2274，2293（2018）。在该案中，联邦地区法院认定："在案证据证明，事实上，被告拥有反复多次的、有利可图的、且不用担心销售商反弹的提价能力。"88 F. Supp. 3d 143，151（E. D. N. Y. 2015）。

第3.5节　供给弹性：来自国外的进口

多年来，在法院界定相关市场时，供给弹性（elasticity of supply）一直是一项隐含判断因素，直到近年来，法院才开始明确对其加以肯定。[①] 如果价格一经上涨，其他厂商就立即涌入市场，那么假定提价的厂商会被法院认定为几乎没有市场力量。法院将此称为供给的"可替代性"（supply "substitutability"）。

高供给弹性的一个显著标志是竞争厂商存在的可转向产能（divertible production）或者过剩产能（excess capacity）。可转向产能是指，竞争者或潜在竞争者虽然目前并未在被告所处的地域市场上销售，但一旦该市场的价格上涨，就可以进入的产能。过剩产能则通常是指，目前未使用的、能够以不高于当前生产成本的价格投入生产的工厂产能。

3.5a. 来自国外的进口和 *Alcoa* 案

回顾历史，法院在衡量市场力量时，很少关注可转向产能或者过剩产能。例如，在 *Alcoa* 案[②]中，Learned Hand 法官试图确定 Alcoa（美国铝业公司）是否垄断了原铝的生产。在美国本土生产的原铝市场中，Alcoa 的份额为100％，但Hand 法官认为，进口到美国的、产自国外的铝也应考虑在内，由此 Alcoa 的市场份额下降至90％。然而，Hand 法官拒绝将以下两类产品中的任何一部分纳入该案的相关市场：（1）产自国外且在除美国以外的其他地方销售的铝；（2）位于国外的铝业生产商的过剩生产产能。显而易见的是，外国铝进入美国的事实表明，铝的销售在这里是有利可图的。如果 Alcoa 试图提高铝价，会发生什么情况呢？外国生产商就可以将一些原本打算运往其他市场的铝，转而出口到现在更为

[①]　然而，见 United States v. Columbia Steel Co. , 334 U. S. 495，510，68 S. Ct. 1107，1116（1948），在该并购案中，一个争议问题是，平板钢材和各种造型钢材（steel plates and shapes）是否应该与轧钢钢材（rolled steel）归入同一产品市场中。法院认为：如果轧钢的生产者可以像生产平板钢材和各种造型钢材一样容易地生产其他产品，那么如果移除 Consolidated 所生产的平板钢材和各种造型钢材的市场需求，其效果不应仅根据平板钢材和各种造型钢材市场的影响来衡量，而应当考虑所有的轧钢产品的市场。在案证据显示……轧钢生产者可以可置换地（interchangeably）生产平板钢材和各种造型钢材……法院因此将这两种产品归入相关市场。

[②]　United States v. Aluminum Co. of Am. , 148 F. 2d 416，424（2d Cir. 1945）. Hand 法官如此论述道：在案证据没有提及，因此我们可以推断原告没有完成其举证义务——即证明假如"Alcoa"涨价，就会有更多的进口钢锭涌入美国市场。因此，国内和国外的竞争之间是有区别的：前者仅限于数量竞争，且仅会随着工厂和人员的增长而增长；后者的竞争在于生产商本身，对其我们可以假设，其实际生产的产品远远多于其实际进口的产品，且若美国市场的产品价格上涨，生产商就可能会立即将其在其他地区销售的产品转而投向美国市场。

有利可图的美国市场。或者，它们可以加码开工，生产更多的铝，并将其运往美国。[1] 假设运往美国的外国铝和 Alcoa 生产的铝之间存在价格竞争，那么 Hand 法官关于只有实际进口到美国的外国铝才应纳入相关市场的观点，就是错误的。

上述分析是否忽略了联邦最高法院在"玻璃纸"案中所犯的错误呢?[2] 也许，之所以外国铝会进入美国市场，是因为 Alcoa 已经将价格抬高到垄断水平之上，从而吸引了进口。然而，一部分外国铝进入美国的事实表明，Alcoa 无法完全排除来自国外的产品。因此，这些向美国出口的外国铝业制造商的全部产出乃至过剩产能，都应当计入相关市场中。

"外国"生产商的问题在反垄断案件中是普遍存在的。大多数分析不仅适用于外国厂商的进口，也适用于国内偏远地区产品的流入。例如，如果一家公司被指控垄断了华盛顿郡（Washington County）的汽油零售市场，那么也应当同时考虑可以销往华盛顿郡的实际输入汽油、可转向产能以及过剩产能。该分析与 Alcoa 案中的分析没有什么本质的不同。

3.5b. 论及（或者没有论及）供给问题的其他判决

法院在衡量市场力量时，往往忽视了供给弹性[3]，或者很难说清楚有关的问题。例如，在 *Telex Corp. v. IBM Corp.* 案[4]中，各方的争议焦点在于 IBM 是否垄断了"与接插件兼容的外部设备"的市场。该外部设备是诸如打印机、显示器或磁盘驱动器的计算机单元，它们通过接插件连接到计算机的中央处理器（CPU）部分。从技术上说，这些外部设备被设计用于连接特定的中央处理器。IBM 的"接插兼容"外部设备能够轻松地连接 IBM 的 CPU 并与之一起使用。Telex 和其他原告声称，IBM 垄断了与其自身 CPU 能够实现接插兼容的外部设备市场。IBM 在与其 CPU 兼容的外部设备市场的份额或许相当大，但如果把所有类型的外部设备都包括在内，那么 IBM 的市场份额则相当小。

联邦地区法院的法官判定，IBM 接插兼容的外部设备构成独立的相关市场，因为需求的弹性很低，已经拥有 IBM CPU 的客户无法使用不能与 IBM CPU 兼容的外部设备。[5] 在推翻一审判决的二审程序中，联邦巡回法院指出了两个问题：第一，那些非 IBM 接插兼容的外部设备制造商可以轻松地、低成本地转而生

---

① 148 F. 2d at 426.

② 见本书第 3.4b 节。

③ 例如，见 Fineman v. Armstrong World Indus. , 980 F. 2d 171 (3d Cir. 1992)，最高法院提审动议被驳回，507 U. S. 921, 113 S. Ct. 1285 (1993)。该案认定，拍摄地板的录影"节目"构成一个独立的相关市场，因为购买此类录像的地毯销售商不会购买其他类型的影像材料作为替代；但是这种观点没有考虑到，拥有此种设备拍摄地板的人，不需要进行额外的投资，也可以拍摄冰箱、农场动物等，反之亦然。

④ 510 F. 2d 894 (10th Cir.)，最高法院提审动议被驳回，423 U. S. 802, 96 S. Ct. 8 (1975)。

⑤ 367 F. Supp. at 280 - 82.

产与IBM兼容的外部设备；第二，通过使用一种"接口"产品，不兼容的外部设备亦可以与IBM兼容，而这种设备的价格只需要100美元。这种"生产端的可替代性"使联邦巡回法院相信，该案的相关市场应该包括所有的外部设备，而不仅仅是那些与IBM中央处理器兼容的外部设备。[①] 类似的，在 *Rebel Oil* 案中，法院认定，自助加油站不构成独立的相关市场，如果自助加油站将汽油（内含加油服务）的价格提高到垄断水平，那么同时提供人工加油服务的全套服务（full-service）加油站几乎可以立即转向提供自助的加油服务。[②]

对于供给弹性的衡量，有一个反复出现的问题，就是人们对于技术而不是行为给予了更多的关注。例如，假设上面讨论的 *Telex* 案[③]中的证据显示，（1）可以重新设计非IBM兼容的外部设备而最终实现兼容，其成本仅为其价值的1%；但是，（2）客户非常希望从同一厂商处一并购买CPU和外部设备。例如，如果计算机出现了故障，客户不想在售后服务中出现厂商之间的"扯皮"，也即CPU销售商和磁盘驱动器销售商相互指责对方才是故障产生的原因，从而耽误产品的维修。可以肯定的是，"相关"供给弹性指的是，潜在的竞争者实际上能够从价格上涨的垄断者那里"偷走"的销售量的比例，而这一问题，仅仅通过考察研发所必需的技术或者建造新工厂的成本，是无法解决的。出于同样的原因，一系列专利或软件版权可以减少进入相关市场的供给弹性，从而抬高了市场进入门槛，正如 Bryson 法官在 *AGT* 博彩案中的异议意见中所指出的那样。[④]

如果重新设计产品的技术研发成本非常低，那么最好的规则是推定能够重新进行产品设计的厂商应该被纳入相关市场；但是，如有证据表明消费者对重新设计的产品的接受度很低，那么前述推定可以被推翻。

第3.6节　界定地域市场

拥有市场力量的厂商通常不会在任何地域都具有市场力量。反垄断法意义上的相关市场包括产品市场和地域市场两个方面。[⑤] 如果企业之间生产的产品不具

[①] 510 F. 2d at 919.

[②] Rebel Oil Co. v. Atlantic Richfield Co., 51 F. 3d 1421（9th Cir.），最高法院提审动议被驳回，516 U.S. 987，116 S. Ct. 515（1995）。

[③] Telex Corp. v. IBM, 510 F. 2d 894（10th Cir.），最高法院提审动议被驳回，423 U.S. 802（1975）。

[④] IGT v. Alliance Gaming Corp., 702 F. 3d 1338，1350（Fed. Cir. 2012）.

[⑤] 确定相关商品市场和地域市场都需要考虑一个问题：被告是否在某个销售群组中具有市场力量？结果是，在反垄断案件中，这两种市场之间的差异被夸大了。经济学家经常提到"从经济学的角度来看，区分商品市场和地域市场并不十分有用"。Janusz A. Ordover & Robert D. Willig, "The 1982 Department of Justice Merger Guidelines: An Economic Assessment", 71 *Calif. L. Rev.* 535，543（1983）.

有相互替代性，它们之间就不会发生竞争，而即使企业生产相同的产品，如果它们在不同的区域内以独占的方式各自销售，那么也不存在相互竞争关系。地域市场的规模取决于产品的性质，以及购买和出售产品的买家和卖家的性质。例如，Alcoa 铝产品的相关地域市场是整个美国。相比之下，得克萨斯州奥佐纳（Ozona）唯一一家电影院的老板可能在奥佐纳拥有相当大的市场力量，但其支配力影响的范围连 50 英里都不到。

需求弹性和供给弹性对于界定合适范围的地域市场非常重要，前面关于产品市场的讨论对于地域市场来说也是同样适用的。例如，假设甲产品是由分别位于芝加哥和圣路易斯的两个生产者制造的，而且所有客户都可以无成本地从芝加哥的产品切换到圣路易斯的产品，那么芝加哥当地唯一的甲产品的生产者就很可能没有市场力量。同样，如果圣路易斯制造商能够以接近芝加哥制造商成本的价格将产品投放到芝加哥的大街小巷，那么芝加哥的制造商将无法在芝加哥本地拥有市场力量。

反垄断法语境下的相关地域市场是这样一个区域，在这个区域内，公司可以抬高产品的销售价格，而且：（1）不会出现大量客户迅速转向该区域以外的替代供应商的情况；（2）不会出现该区域外的供应商生产的替代产品迅速充斥该区域市场的情况。在第一种情况下，我们说需求弹性很高，而在第二种情况下，则是供给弹性很高。如果现有厂商在试图收取超竞争性价格（supracompetitive price）时发生上述任何一种情形，那么假定的地域市场就过于狭窄了，必须选择更大范围的市场来将这些区域外的供应商囊括进去。①

最后，再提出一项重要的警告，界定相关地域市场同样应当警惕出现"玻璃纸"谬误，就像第 3.4 节在讨论产品市场界定时所说的那样。例如，假设一个小镇上有唯一的一家电影院，每张电影票收费 7 美元，许多镇上的居民宁可到十英里或十五英里外的其他镇上去看电影。如果这些客户舍近求远的目的是避免本地电影院已然收取的高额垄断价格，那么在地域市场中将这些其他城镇的电影院囊括进来，则可能高估了相关市场的规模。同样，如果镇上唯一的水管工目前收取的价格已经处于垄断水平，那么来自周边城镇的管道公司也可以在该镇上立足并提供服务。然而，如果本地的管道公司收取的只不过是竞争性价格，那些非本地的管道公司则会发现，派遣水管工进行长距离的服务是无利可图的。在这种情况下，根据当前价格观察到的竞争，圈定出包括了非本地厂商的相关地域市场，结果也必然是低估了本地厂商的市场力量。

---

① 见 2A Antitrust Law, Ch. 5C‑2 (4th ed. 2014)；William M. Landes & Richard A. Posner, "Market Power in Antitrust Cases", 94 *Harv. L. Rev.* 937，963‑972 (1981)。

3.6a. 需要运输的产品；最小地域市场

对于许多工业产品而言，地域市场的范围可以归结为运输成本的问题。例如，汽车制造厂分布在全国各地，而且大多数这些工厂又将生产的汽车销往全国各地，这一事实至少表明相关地域市场是全国性的。一般而言，需要运输的产品的地域市场范围取决于三个因素：（1）运输成本，（2）产品价值，（3）政策制订者对市场力量的划线——多大程度的价格上涨即可被认定为具有垄断力量。假设某产品的生产成本是 50 美元，运费是每一百英里 1 美元，我们将实际价格高出竞争性价格的假定垄断者测试的考察线设定在 10％的水平。根据这些数据，我们计算出最小地域市场是半径为 500 英里的圆。也就是说，500 英里范围内的，或者运输成本低于 5 美元的任何公司，对于任何 10％的提价，都可以在有利可图的价格水平上将自己的产品供应给同一批客户。

3.6b. 不需要运输的产品和服务

如果需要流动的是客户，而不是货物或者供应商，地域市场的范围可能更小一些，并且更难以衡量。如果客户是终端消费者而不是商业企业，则更是如此。[1] 因此，一些商品在批发市场的流动性是非常强的，但在零售市场中却是静止不动的。例如，虽然日用百货商品的批发市场的范围很大，常常达到全国甚至全球的规模，但它们的零售市场地理范围却小得多。一般而言，日用品的消费者只愿意开车 12 到 15 英里去购买这些商品。[2] 然而，在供应端，竞争涵盖的范围比消费者愿意开车的范围更广，尤其是如果竞争对手在好几个州从事连锁经营的话。例如，如果连锁百货商店 A 和 B 均在加利福尼亚州有营业网点，而连锁店 A 在萨克拉门托市（位于加州的城市）有一家商店，该商店正在赚取垄断利润，那么萨克拉门托市场对于连锁店 B 而言就具有了进入的吸引力。在通常情况下，我们不会将这两个连锁店所在的全部地域范围均放在同一地域市场中，而是需要考虑 B 有可能进入的事实，我们会说萨克拉门托的进入壁垒比较低。

在 *United States v. Von's Grocery Co.* 案[3]中，联邦最高法院认定两家竞争对手之间的合并构成横向合并，肯定是考虑了前述的因素。涉案合并将促成两家

---

① 造成这一差异的一个原因是，商业公司遵循成本函数（cost functions）——它们以花费最小成本的方式行事，且以客观方式计算成本。相反，消费者遵循更为复杂的效用函数（utility functions）。因此，例如，前往大型百货商店的距离对于一位经常光顾街边食杂店的顾客，或者前往音乐厅的距离对于一位爱看戏剧的票友，都不能简单地用通勤成本来预测他们的决策。见 Houser v. Fox Theatres Mgmt. Corp., 845 F. 2d 1225, 1230 & n. 10 (3d Cir. 1988)（一个单独的城市构成该案的相关市场，因为大多数（但非全部）的剧院观众都是本地的，而且只爱光顾当地的剧院）。

② 见 United States v. Von's Grocery Co., 384 U. S. 270, 296, 86 S. Ct. 1478, 1492 (1966)。

③ 同上一条注释。

百货连锁商店 Von's 和 Shopping Bag 在洛杉矶地区的联合。Von's 的商店位于城市的西南部，而 Shopping Bag 的商店位于东北部。[①] 除了在市中心的几家对标店面外，Von's 的商店和 Shopping Bag 的商店在消费者一端几乎没有竞争关系。很少有消费者会驱车横穿大半个洛杉矶去购买日用商品。相比之下，对供给端的弹性分析表明，相关市场确实在全市范围内。Von's 可以将仓库里的现有库存提供给位于城市中的任何门店。因此，如果能够在洛杉矶的东北部区域获得超竞争性利润，Von's 就会被吸引而很容易地在那里建立自己的门店。[②]

在 *United States v. Grinnell Corp.* 案[③]中，地域市场的界定则出现了问题。联邦最高法院判定，被告垄断了 "经认证的中心站保护服务"（accredited central station protective services），相关市场是整个美国。经认证的中心站保护服务包括，在想要对其提供保护的建筑物和中心站之间建立电子数据联网，从而监控建筑物是否存在非法闯入、火灾或者其他风险事件。一旦通过 "认证"，则意味着得到了保险公司的认可，并可以使用户的保费得以降低。中心站系统的性质决定了，芝加哥各类物业的所有权人必须从芝加哥中心站购买相关服务，圣路易斯的不动产所有权人只能从圣路易斯中心站购买相关服务，以此类推。显而易见的是，在需求端，地域市场是本地的，因为这种服务只能在相对较短的距离内才能实现。当然，被告可以在新的地区建立更多的中心站。

最高法院在解释其为什么接受了一个全国性市场，而不是若干个相互独立的市场时，指出被告建立了统一的 "全国性的价格、费率和条款的商业安排，尽管费率会因地制宜地在每个地域进行一些调整"[④]。这只是以另一种说法在表达，被告在每个城市都收取了能够使其利润最大化的价格。如果在某个城市面临竞争，被告的价格则会调得低一些，而如果不存在竞争，则价格可以达到垄断价格的程度。但这些事实很可能表明，每一个城市而非整个国家才是该案中正确的地域市场。

然而，在供给端，ADT 可能已经能够在全国范围内实施其市场力量。例如，它可以在某一个城市中，采用低于成本价的定价策略，来向其他城市的竞争对手 "释放某种信号"，表明其为了竞争不惜采取掠夺性定价模式的决心。[⑤] 但是，最

---

①　United States v. Von's Grocery Co., at 295, 86 S. Ct. at 1492（Stewart 大法官，反对意见）。

②　在合并案件中，法院一般将高供给弹性认定为 "潜在" 竞争的证据，而不是真实存在的竞争。见本书第 12 章。

③　384 U. S. 563, 86 S. Ct. 1698（1966）. 本案中讨论商品市场定义的部分见本书第 3.3b 节。

④　384 U. S. at 575, 86 S. Ct. at 1706. 在该案中，地区法院认定，某个具体站点的消费者来自该站点周围 25 英里以内的地区。尽管如此，法院最终的结论却是，相关市场应该是全国的市场，因为 "财务管理、销售、广告、购买设备、经营和总体规划等活动" 都由站点的总部集中决策，在全国范围内实施。236 F. Supp. at 253.

⑤　见 Steven C. Salop, Strategic Entry Deterrence, 69 *Amer. Econ. Rev.* 335（1979）。

高法院没有引用任何证据表明被告实际上从事了此类活动，甚至也没有证据表明它有这样做的能力。即便它有这种能力，也不足以证明应当划定一个更大范围的地域市场。还有一些证据表明，ADT 面临来自本地公司的激烈竞争[1]，这表明相关市场应当是本地而非全国性的。例如，必胜客在全国经营披萨店，但在许多城镇，它面临来自个体门店提供的竞争。如果此类竞争有效地将必胜客的价格保持在竞争性水平，那么即使价格由中心化的总部设定，但其相关市场也应当被界定为当地市场。

最终，最高法院判令 *Grinnell* 在某些城市剥离其中心站服务。[2] 此裁判结果与最高法院在该案中将相关市场认定为全国范围而非各地市范围的判决主旨相一致。但如果最高法院的市场界定不正确，且被告真的在多个城市拥有一市范围内的垄断力量，那么业务剥离的唯一影响就只是减少了被告所垄断的城市数量，并将这些剥离出来的垄断转移给了其他的一家或多家公司，而实际上消费者的处境并没有得到改善。

最后，劳动力的流动性与消费者的流动性具有一些相同的特征。一般来说，薪酬水平较低的劳动者上下班通勤的距离往往较短，也更倾向于在本地就业。相比之下，高薪专业人士应聘新职位的地理范围可能要大得多。最近的大量实证研究表明，我们从来都低估了雇主对劳动者的支配力量，背后的原因是过度夸大了劳动者愿意接受的通勤距离或者招聘半径。[3] 由此得出的新结论就是，应当在此领域采取更严厉的反垄断政策，以严格审查集中度较高的那些劳动力市场中的合谋或者兼并行为。

3.6c. 价格变动和运输类型

3.6c.1. 价格变动的一般情况；非对称性

就两个不同地域的价格变动进行研究，通常有助于法院确定是否应当将它们纳入同一地域市场中。例如，如果在一定时期内，产品在 A 区域中的价格下降，总是伴随着同类产品在 B 区域的价格下降，反之亦然，则 A 和 B 很可能在同一地域市场中。同样，如果位于 A 区域的生产商同时在 A 区域和 B 区域销售产品，那么这两个区域很可能构成单一的地域市场。[4] 因此，在 *Tampa Electric Co. v.*

---

[1]　见 384 U. S. at 575，86 S. Ct. at 1706（Fortas 大法官，反对意见）。

[2]　384 U. S. at 577 - 79，86 S. Ct. at 1707 - 08.

[3]　José Azar，Ioana Marinescu，Marshall Steinbaum & Bledi Taska，Concentration in US Labor Markets：Evidence From Online Vacancy Data（*Nat'l Bureau of Econ. Research*，Working Paper No. 24395，2018）；Suresh Naidu，Eric A. Posner & Glen Weyl，"Antitrust Remedies for Labor Market Power"，132 *Harv. L. Rev.* 536（2018）；Ioana Marinescu & Herbert Hovenkamp，"Anticompetitive Mergers in Labor Markets"，94 *Ind. L. J.* 1031（2019）.

[4]　见 2A Antitrust Law ¶¶ 550 - 552（4th ed. 2014）.

Nashville Coal Co. 案中①，联邦最高法院认定，在佛罗里达州煤炭销售市场上，请求人没有市场垄断力量，因为远在肯塔基州西部的煤炭生产商具有强烈的意愿，以市场竞争价格在佛罗里达州市场出售煤炭。在法院看来，这表明，不仅肯塔基州的煤炭生产商，而且所有比肯塔基州更靠近佛罗里达州的煤炭生产商，都应该纳入本案的地域市场范围之内。

一旦我们确定远在肯塔基州的工厂都能够以竞争性价格向佛罗里达州的市场供应煤炭，我们就应当在界定相关市场时纳入肯塔基州工厂的全部可转移产能，而不仅仅是目前已经运往佛罗里达州市场的那部分的产出量。如果肯塔基州的工厂能够有利可图地将其生产的任何煤炭都出售到佛罗里达州市场，那么，一旦佛罗里达州市场上的煤炭价格上涨，它们就很可能将更多的煤炭销往佛罗里达。

界定某一相关地域市场的关键是，划定出某个地域范围，使得在该区域内的厂商比不在该区域内的厂商具有成本优势。在这种情况下，那些具有优势的厂商可以在允许的成本优势范围内提高价格。通常，当地公司的成本优势来自运输成本。例如，如果位于达拉斯和丹佛的厂商都可以以 1 美元的价格制造某产品，但是从达拉斯到丹佛的运费成本是 0.25 美元，那么位于丹佛的垄断者可以在其市场收取高达 1.25 美元的价格，而不必担心来自达拉斯的竞争。地域市场的规模在很大程度上取决于产品价值与运输成本之间的相互关系。某些产品——如水泥和砾石——的运输成本与其价值是成正比的。丹佛水泥生产商可能不会担心来自达拉斯水泥生产商的竞争，与此相对照，貂皮大衣的运输成本与其本身的价值相比可能是微不足道的，当丹佛皮衣市场发生涨价时，达拉斯的制造商就可以作出快速反应。

第七巡回法院判决的 *a.a. Poultry* 案②是运用运费信息判定相关市场的一个很好的例子。法院认为，印第安纳州并不构成涉案鸡蛋商品的相关地域市场。被告自己就向位于 500 英里开外的纽约州布法罗市运送了鸡蛋，并且有充分的证据表明，鸡蛋加工商会向 500 英里半径范围内的供应商采购鸡蛋。

假设没有证据证明货物的运输半径实际上能达到 500 英里，那么，地域市场仍然可能辐射到 500 英里以外吗？答案是肯定的。如果无论在销售端，还是在购买端，市场在本地都达到均衡状态，并且运输成本随着运输距离成比例增长的话，交易就会被限制在一个相对较小的范围之内。只有当本地产量超过当地消费量

---

① 　365 U. S. 320，81 S. Ct. 623 (1961).

② 　a. a. Poultry Farms v. Rose Acre Farms，881 F. 2d 1396 (7th Cir. 1989)，最高法院提审动议被驳回，494 U. S. 1019，110 S. Ct. 1326 (1990)。

时，才会出现产品外销的现象。[①]

地域市场通常是不对称的（asymmetrical）。假设在曼哈顿制作巧克力奶油馅饼的 A 公司和 B 公司计划合并，每家公司的销量均占到曼哈顿馅饼销量的 15％，曼哈顿总共有 15 家馅饼生产商，并且没有证据表明它们之间存在串通。但是，布鲁克林（临近曼哈顿的纽约市的另一个区）的边上有大量的馅饼制造商，它们的劳动力成本较低，也就是可以以较低的价格出售同样优质的馅饼。在当前市场中，在曼哈顿市面上的许多馅饼都是位于布鲁克林的公司生产和输入的。

在这种情况下，与布鲁克林的竞争对手相比，曼哈顿馅饼制造商在成本上处于劣势。曼哈顿馅饼制造商试图收取超竞争性价格的任何尝试，都会导致市场充斥着来自布鲁克林的馅饼。因此，布鲁克林馅饼制造商的可转移产能（divertible output）必须被纳入相关市场中，A 公司和 B 公司的市场份额由此会被大幅度地稀释。

然而，如果反过来，某两家布鲁克林公司计划合并，则曼哈顿的产出量并不必然应当纳入相关市场。如前所述，曼哈顿馅饼制造商显然无法与位于布鲁克林的馅饼制造商展开有效竞争，除非布鲁克林的馅饼价格大幅上涨至竞争性水平之上。因此，在涉及两家布鲁克林馅饼制造商的合并案中，就不应当将曼哈顿纳入相关地域市场。

3.6c.2. Elzinga-Hogarty 测试法

在 1973 年，Elzinga 和 Hogarty 两位学者提出[②]，如果（1）某区域内生产的产品超过 25％向区域外销售[③]，或者（2）如果某区域内购买者从区域外购买的产品超过 25％，则不应将该区域定义为一个独立的相关市场。[④] 在后来的一篇论文中，作者修改了他们的理论，并提出，如果该区域向外输出的平均产出量低于总产出量的 10％，且外部输入的平均消费量低于内部消费量的 10％，则该区域构成一个独立的相关地域市场。[⑤] 今天，有一些法院将 25％的规则视为定义"弱"（weak）市场的方法，将 10％的规则视为定义"强"（strong）市场的方

---

① 见 Baxley-DeLamar Monuments, Inc. v. American Cemetery Ass'n, 938 F. 2d 846, 851 (8th Cir. 1991)（"某个当事人只在特定的地理区域内经营的事实，不能当然地证明该区域构成独立的相关地域市场"）。

② Kennth G. Elzinga & Thomas F. Hogarty, The Problem of Geographic Market Delineation in Antimerger Suits, 18 *Antitrust Bull*. 45 (1973). 见 2A Antitrust Law ¶ 550b3 (4th ed. 2014).

③ 也称为"略微向外输出"（"little out from inside"），或简称"LOFI"。

④ 也称为"略微向内输入"（"little in from outside"），或简称"LIFO"。

⑤ Kennth G. Elzinga & Thomas F. Hogarty, "The Problem of Geographic Market Delineation Revisited: The Case of Coal", 23 *Antitrust Bull*. 1 (1978).

法。[1] 有不少判决都引用了对于地域市场的这一测试方法。[2] 但也有不少法院对此持怀疑态度。正如此处所引用的判例表明的那样，Elzing-Hogarty 测试对医疗保健市场的影响最大，特别是对医院合并案件的影响尤其巨大。

针对 Elzinga-Hogarty 公式的一项批评是，它只是提供了在当前情况下，市场买卖双方所作所为的瞬时快照，但它没有解决反垄断法上更关心的问题：如果将来市场价格上涨，买方和卖方会如何反应?[3] 尽管这一批评是中肯的，却遥不可及。我们获得的所有市场数据都是历史数据，因为它衡量的正是衡量时所发生的情况。严格要求人们拿出为了应对尚未发生的价格上涨的反应"证据"，这将导致相关市场实际上几乎无法被界定。

价格歧视（price discrimination）或不同买方偏好（buyer preference）的可能性也应当被纳入考虑的范围，否则运用 Elzinga-Hogarty 测试方法所得出的市场范围可能过宽。举例来说，假设患者数据显示，某个城镇中有 20% 的人前往其他地方接受手术治疗，这个数字足以表明该行政区划并不构成一个独立的地域市场。然而，进一步的调查显示，所有这些 20% 的患者其实接受的都是需要提前预约的整容手术，或者其他可做可不做的手术，在这种情况下，当地医院很可能实际拥有很强的市场力量，对那些接受必需手术的危急患者实施了垄断定价，因为这些患者不具备到区域外的医院就诊或者接受其他替代性手术服务的条件。[4]

3.6d. 价格歧视[5]

当同一家厂商在两个地区之间的定价差异不能反映出所在区域的成本差异时，就会出现真正的地域价格歧视。价格歧视表明，该厂商至少在某些地理区域内具有市场支配力。[6] 例如，如果一家公司在密尔沃基和圣保罗的产品定价为

---

[1]　见 FTC v. Freeman Hosp. , 911 F. Supp. 1213（W. d. Mo. 1995），维持，69 F. 3d 260（8th Cir. 1995）; FTC v. Butterworth Health Corp. , 946 F. Supp. 1285（W. d. Mi. 1996），维持，121 F. 3d 708（6th Cir. 1997）。

[2]　Nilavar v. Mercy Health System, 244 Fed. Appx. 690, 2007 WL 2264439, 2007 - 2 Trade Cas. ¶ 75, 897（6th Cir. 2007，未出版）; United States v. Rockford Mem'l Corp. , 717 F. Supp. 1251, 1266 - 75（N. d. Ill. 1989），维持，898 F. 2d 1278（7th Cir. ），最高法院提审动议被驳回，498 U. S. 920, 111 S. Ct. 295（1990）

[3]　见 *Freeman Hospital*, 158, 69 F. 3d, at 269。

[4]　因此，有多份判决认为，Elzinga-Hogarty 测试在医疗行业的合并案中将市场界定得太宽，如 FTC v. Penn State Hershey Medical Center, 838 F. 3d 327, 340 - 341（3d Cir. 2016）; FTC v. Advocate Health Care Network, 841 F. 3d 460, 464（7th Cir. 2016）。

[5]　见 2A Antitrust Law ¶ 517（4th ed. 2014）。

[6]　从理论上说，当一个企业的不同定价与其边际成本偏离的比例出现不同时，即存在价格歧视。如果"受优待的"（"favored"）买家所享受的价格和边际成本相当，那么"不受优待的"（"disfavored"）买家所遭受的高定价必然反映厂商具有一定的市场力量。

4.00 美元，而在迪比克定价为 3.00 美元，且成本几乎完全相同，我们假设在迪比克的 3.00 美元定价为竞争性价格，则可以合理推知它在密尔沃基和圣保罗具有相当程度的市场力量。如果相关市场的界定依据是将价格提高至成本的 10% 以上的能力，那么包括密尔沃基和圣保罗在内的价格为 4.00 美元的销售区域就应当构成一个独立的相关市场。

因此，价格歧视可以作为判断被告边际成本大小的粗略指标。具体而言，假设我们可以量化价格歧视，也就是能够取得价格和成本两者之间存在差异的数据，那么在定价较高的区域内，价格歧视高出的百分比 * 就为我们提供了被告能够将价格提升至边际成本以上的最小幅度的数据，也即最小提价能力的数值。当然，在低价区域中，厂商的定价也许已经高于其边际成本了，如此一来，则高价区域的价格反映的是，该厂商拥有比区域间价格差异所显示出来的市场力量更大的市场力量。这一规则的唯一例外是，低价区域的价格实际上低于边际成本，比如被告在该区域实行的是掠夺性定价（predatory pricing）。但通常情况下我们不应当将掠夺性定价作为我们研究问题的假设，因为这种情况并非市场的常态。[①]

在界定地域市场时，也应当考虑价格歧视的手段，例如到付定价体系（delivered pricing system）或者基点定价体系（basing point pricing system）。基点定价体系和到付定价体系经常使销售商从附近的"俘获"（captive）客户那里获得垄断回报，而至于更远的客户，则仅以竞争性价格定价，因为其他供应商与这些客户的距离是差不多的。由此，销售商可以在地理范围更远的区域内将价格定在"竞争"水平上，同时继续在较近的地理区域内获得可观的垄断利润。[②] 由于如何促进较小区域范围内的竞争，是反垄断法的重要关注点，因此，这个较小的区域应当被界定为相关地域市场。[③]

虽然价格歧视可以作为存在市场力量的证据，但它很难提供有关厂商所拥有的市场力量之大小的有用信息。例如，产品差异化可以导致出现价格歧视，即使它在增强个别企业的市场力量方面是微不足道的。举个例子，发行规模较小的学术期刊可能会向图书馆等机构买家收取较高的价格，但向个人订阅者收取较低的价格。这是因为图书馆必须保证馆藏图书的完整性，而不得不购买全套期刊，个人却总是可以选择去图书馆看书，而不必非买不可。这迫使图书馆愿意接受更高

---

　* 指高价区域的定价比低价区域的定价高出的百分比。——译者注

　① 见本书第 8 章。

　② 见 David D. Haddock，"Basing-Point Pricing：Competitive vs. Collusive Theories"，72 *Amer. Econ. Rev.* 289（1982）。

　③ 见 Janusz A. Ordover ＆ Robert D. Willig，"The 1982 Department of Justice Merger Guidelines：An Economic Assessment"，71 *Calif. L. Rev.* 535，548（1983）。

的价格。[①] 此外，价格歧视可能仅仅反映了不同交易所伴随的不同风险。例如，在面对稳定的、市场有保障的长期合约时，企业可能愿意以较低的价格出售商品。或者，固定成本较高的公司，例如航空公司，可能使用价格歧视的手段，向对价格更为敏感的那些消费者提供更低廉的机票，来提前确保飞机的上座率。即便是那些明显缺乏显著市场力量的小型航空公司，也会以这种方式来实施价格歧视。[②]

第 3.7 节　市场份额的计算与解读

在划定相关产品和地域市场后，接下来就轮到计算市场份额了。涉及垄断、企图垄断、搭售、独家交易、纵向限制等行为的案件，通常都需要计算被告的市场份额。[③] 根据 Herfindahl 分析方法来裁决的合并案件，理论上也要求人们计算市场中每家公司的市场份额。[④] 根据合理原则（rule of reason）分析限制竞争行为，也可能需要计算所有行为参与方在市场中的市场份额。[⑤]

从概念上说，计算市场份额似乎很容易。调查人员对市场的总产出量进行加总，将其作为分母，而将被审查厂商的市场份额作为分子，这样以百分比表示的分数，就代表了该厂商的市场份额。但实践中的困难在于，这个公式中应该采用哪些类型的数据：是采用收入、生产出来的商品数量、销售出去的商品数量、全部产能中的哪项呢？又或者是结合考虑这些数据的其他指标呢？

在计算市场份额的最为简单的案例中，所有厂商的销售价格均完全相同，销售的产品是完全相同的标准化产品（fungible product），并且每家厂商都开足马力以最大产能满负荷运转。在这种情况下，无论是基于收入、生产出来的商品数量还是产能，计算出来的市场份额都是完全相同的。但是，产品的差异化和随之而来的价格差异化，使这一问题变得复杂化。假设我们认定 Marantz 音响和 Panasonic 音响属于同一相关商品，但经典款的 Marantz 售价为 1 200 美元，而具有相同功能的 Panasonic 经典款的售价为 600 美元。在考察期间，每家公司已生产

---

① 见 Brand Name Prescription Drugs Antitrust Litig. , 186 F. 3d 781，786 - 87 (7th Cir. 1999)（在产品差异化的市场，如药品市场，价格歧视经常是由不具有显著市场力量的企业实施的；这里，药店需要保证各类药品的供应，因此其成本比医疗服务机构更高，因为医疗机构可以提前根据其会给病人开出处方的药品而选择库存，无须保有全类的产品）。

② 见 2A Antitrust Law ¶ 517 (4th ed. 2014)。Jonathan B. Baker，"Competitive Price Discrimination：The Exercise of Market Power without Anticompetitive Effects"，70 *Antitrust L. J.* 643 (2003)；Benjamin Klein & John Shepard Wiley, Jr. ，"Market Power in Economics and in Antitrust：Reply to Baker"，70 *Antitrust L. J.* 655 (2003)。

③ 见本书第 6 章和第 10 章。

④ 见本书第 12.4a 节。

⑤ 见本书第 5.2 节。

了 10 000 个单位。基于产出量计算得到的市场份额为每家公司各占 50％，基于收入计算得到的市场份额则显示，Marantz 的市场份额为 66.7％，而 Panasonic 的份额为 33.3％。如果使用第一种计算方式，Marantz 可能无法被指控构成垄断，如果使用第二种方式，答案则可能相反。

进一步而言，采用何种计算标准，取决于我们考虑的是以下哪种类型的问题：（1）衡量 Marantz 的垄断能力（ability to monopolize）？（2）判断 Marantz 和 Panasonic 相互串通的可能性？对于第一个问题，我们应当考虑的是 Panasonic 在面对 Marantz 的价格上涨时，能否增加自己的市场份额，因此这两家公司的市场份额（market position）恰好呈现出此消彼长的关系。与此相比，针对第二个问题，我们就应当考虑 Marantz 和 Panasonic 在市场上的共同市场份额，将它们捆绑在一起作为一个单一实体看待。

3.7a. 收入还是单位？

在大多数情况下，市场份额的计算要么基于收入，要么基于生产出来的产品数量。这两类数据的明显优势在于它们通常很容易获得。如上所述，对于标准化的产品而言，通过这两种数据计算出来的市场份额是相同的。对于差异化程度很细微的产品来说，也是如此。例如，即食型的谷物早餐具有显著的品牌差异（包括 Wheaties、Trix、Captain Crunch、Raisin Bran 和其他数百种品牌），但产品之间的价格差异很小。基于收入计算所得的市场份额，和基于产出量计算所得的市场份额，二者不会有太大的不同。

非常重要的一点是，即使产品间的差异很大，也不要夸大这种差异化对市场份额计算的影响。上文中提到的 Marantz/Panasonic 的例子中，我们假设 Marantz 的产品售价是 Panasonic 的两倍，但是这种极端的价格差异通常表明这两个品牌根本不在同一个相关市场里。

从技术上讲，在大多数情况下，产品的产出单位数据（而非收入）是最佳的市场份额衡量指标，但也不全然如此。例如，如果 Marantz 被提出垄断指控，那么接下来的问题是，当 Marantz 减少其产出量时，其竞争对手 Panasonic 能够在多大程度上填补市场的空白，满足客户的需求。假设一名典型的消费者，会购买一台价值 1 200 美元的 Marantz，或者一台价值 600 美元的 Panasonic。这种选择替代，是以购买的产品单位来计算，而不是按照一美元一美元的数额计算的，那么，本来青睐 Marantz 但转而购买 Panasonic 的消费者，就应以商品数量为单位，而不是以销售额为单位，来衡量两个品牌之间的相对市场份额变动。

当采用产品数量作为计算市场份额的指标时，应当采用已经制造出来的产品数量，还是已经销售出去的产品数量呢？与前一个问题相类似，这两个数字之间出现巨大差异的情况也不多见。如果二者出现明显的偏离，原因可能是用于统计的周期太短。[1]在某个以三个月为考察期的时间段内，公司的生产线可能会生产出比这一时期销售出去的产品多得多或者少得多的产品，但是，如果我们把统计期限拉长到两三年，则会发现这种情况很罕见。在所有情况下，一家厂商的生产能力（ability to produce），通常是当其竞争对手价格上涨时，可以"偷走"的客户数量的最佳衡量指标。那些拥有大量不易腐烂的商品库存的公司，比起那些把生产出来的产品已经全部销售出去而没有库存的公司，具有更强烈的意愿和更强大的能力，去夺取那些涨价公司的顾客。因此，通常而言，当采用产品数量衡量市场份额时，生产数量的数据要比已经售出的数量更合适。

3.7b. 产出还是产能？

从理论上来说，大家很容易看出，在计算市场份额的分子式中，分母应该包括：（1）被控厂商的产出（output）；（2）竞争对手公司的产能（capacity）。[2] 其理由很简单，当被控厂商将价格抬高到竞争价格水平之上时，市场力量衡量的恰恰就是其竞争对手通过提高自身的产出量来填补市场空白的能力。产能过剩的竞争对手可以直接增加产出量，而无须通过代价高昂且可能是不可逆的投资来实现。可以肯定的是，产能过剩的那些竞争对手可以在很短的时间内扩大产出量，由此夺走假定垄断者的任何潜在的价格上涨的收益。

但是，依赖于竞争企业产能计算的上述理论，在实践中遇到了许多问题，这使它常常只有在最明确的那些案件中得以适用。[3] 第一，如果生产成本不成为一个问题，几乎所有的企业都可以增加产量。过剩产能包括那些当产出量扩大时，平均可变生产成本（average variable cost of production）没有显著超过其当前成本的新增潜在产能。但是这一限定会使这种新增潜在产能的规模难以被准确衡量。[4] 第二，适当定义的产能，不仅应当包括生产额外产品单位的能力，还必须包括将其销售给消费者的能力。在某些情况下，额外生产出来的产品是很容易被销售出去的，但在某些情况下可能非常困难。第三，即便只考虑生产额外产品单位的能力，也不仅仅取决于工厂中是否存在闲置未利用的生产设备。例如，为了

---

① 例如，见 Associated Radio Serv. Co. v. Page Airways, 624 F. 2d 1342, 1352 (5th Cir. 1980)，最高法院提审动议被驳回，450 U. S. 1030, 101 S. Ct. 1740 (1981)，在适用于某特定品牌航空器的航空电子系统这一相关市场中，9~10 年间的销量只有 20 套。

② 我们使用被调查企业的产出来计算市场份额，是因为它们自身的额外闲置产能并不会用来阻止价格上涨。我们可以用下面这个例子来加以说明：假设一个市场内有 A、B、C、D、E 五家公司，每家公司生产 10 个单位产品，但每家公司都有 5 个单位的额外闲置产能。通过产能方式来计算，A 公司的市场份额应该是它的产出除以它自己和其他 4 家公司的产能之和，即 10/70，约为 14%，如果按照产量计算，则 A 的市场份额则应为 20%。

③ William M. Landes & Richard A. Posner, "Market Power in Antitrust Cases", 94 *Harv. L. Rev.* 937, 949-950 (1981)，在所有案件中，使用产能进行计算的方式更佳。

④ 参见 George J. Stigler, *The Theory of Price*, 156-158 (3d ed. 1966)。

增加产出量，也许需要引进和培训新的员工，这本身是不可逆的投资，并且需要花费较长的时间。第四，使用"产能"作为衡量指标，可能会大大增加诉讼成本，因为产出量的数据和收入的数据很容易得到，但产能的数据却往往很难调查清楚。

因此，虽然存在一些例外情形，但在大多数情况下，产出（output），而非竞争对手的产能（capacity）是更好的衡量指标。[①] 如果存在可以以非常低的额外成本进入市场的过剩产能，那么这部分产能也应当被计入市场总规模的分母中。例如，假设一家航空公司的竞争对手在同一条航线上安排的是200座的飞机，但只搭载了50名乘客，在这种情况下，这家竞争对手公司安排额外乘客乘坐飞机的边际成本非常低，并且机票的销售系统也是现成的。在考虑其竞争对手所带来的对该航空公司未来价格上涨的竞争约束时，200这个数据就比50这个数据要合适得多。同样，假设一个交叉路口有四家加油站，每家加油站都有四把加油枪，每把加油枪每天可以服务100名客户，但目前每家加油站只服务了250名客户。同样假设销售网络是现成的，为额外客户提供服务的成本仅仅略高于额外输送的汽油本身的价格。在此情况下，任何一家加油站试图收取垄断价格，其他三家竞争对手中的任何一家都可以立即吸收多达150名客户，而每位客户的成本不会高于当前的成本水平。在这个例子中，就应当使用产能来计算市场份额。

第3.8节　司法部企业《横向合并指南》中的相关市场界定

2010年，司法部反垄断局和联邦贸易委员会联合发布了修订后的《横向合并指南》（Merger Guidelines），其对相关市场的界定方法已得到法院的广泛认同。

《横向合并指南》规定，政府机构在合并案件的审查过程中，进行相关市场界定的主要目标，是"识别出一个或者多个由于企业合并而使得竞争大大减少的相关市场"[②]。此外，界定市场的必要性还在于，能够使政府部门识别出相关市场上都有哪些竞争者。《指南》还明确指出，主管机构不会完全依赖界定出来的相关市场范围，来评估合并造成的反竞争效果。尤其值得注意的是，"如果分析表明，很可能潜在地存在不同的候选市场，并且由此计算得出的市场份额产生变化，导致竞争效果的结论产生重大不同，那么深入研究与竞争效果有关的直接证据是特别有价值的"[③]。法院对这样一种针对企业合并的评估方式是否认同还尚待观察——主管部门在不界定相关市场的情况下，直接衡量合并行为潜在的反竞

[①]　一些法院使用产能指标进行计算。见 FTC v. Bass Bros. Enters., 1984-1 Trade Cas.（CCH）¶ 66041 at 68, 610, 1984 WL 355 (N. d. Ohio 1984)（认为在评估未来竞争状况方面使用产能进行计算会更好）。

[②]　2010年《横向合并指南》第4条。

[③]　同上一条注释。

争效果。因为，与合并相关的成文法，明确要求的是在某个"商业部门"和某个"国家地域范围"内必须证明存在潜在的反竞争效果。[①] 从法律技术层面来看，这些规定相当于我们今天所使用的"相关市场"一词，只是略微浅显一些罢了。然而，我们可以将《指南》的相关规定当做一种提示或者说是警示来解读，因为主管机构可能会在某些情况下试图采取这种方法。

《指南》也指出，其市场划分方法"仅关注需求替代因素"。但鉴于供给替代同样重要，《指南》在确定市场内有哪些竞争者以及评估进入壁垒的过程中考虑了供给替代的诸多因素。[②] 总而言之，关于"市场的界限在哪里"的问题通常需要通过观察需求端的市场状况来得到答案，在此基础上，额外考察诸多厂商跻身市场的难易程度，可以进一步回答"哪些公司应当被视为市场参与者"的问题。

3.8a. 2010 年《横向合并指南》规定的相关产品市场界定

《横向合并指南》采用了"假定垄断者"测试法（"hypothetical monopolist" test）[③]，来确定一组产品是否独立构成相关商品市场：

> 具体而言，该测试假定有一家追求利润最大化、且不受价格监管的公司，它在当前以及未来是某些种类商品的唯一销售者（"假定垄断者"），它将针对市场上的至少一种商品实施小额却显著且非暂时性的提价行为（small but significant and non-transitory increase in price, "SSNIP"）。此处价格上涨的产品，为其中一家合并公司销售的至少一种产品。在这一分析过程中，我们假设候选市场以外的产品的销售条件保持不变。SSNIP 仅用来作为进行假定垄断者测试的方法工具，它并不是用来说明我们对合并完成后市场价格上涨的容忍程度。[④]

在进行 SSNIP 测试时，监管部门通常以最有可能涨价的价格作为分析起点，或者以不发生合并时可能上涨的价格作为起点。虽然这个数字可能会根据行业的性质以及合并公司的相互市场地位而有所不同，但最通常的情况是将涨价幅度设定在 5％。[⑤] 然后，监管机构将采用计量经济学的方法，通过估算因此种价格上涨而损失的销售数量，来判断这种价格上涨是否使假定垄断者仍然有利可图。在进行估算时，监管部门将查阅历史证据，例如，在过去价格发生变化时消费者发生的转移购买情况、买家自身的有关信息、不同消费者在各类产品之间进行转换

[①]　15 U. S. c. a. § 18 (2006).

[②]　见 Gregory J. Werden，"Market Delineation and the Justice Department's Merger Guidelines"，1983 *Duke L. J. 514*。该书详细介绍了根据 1982 年《横向合并指南》界定市场的方法。

[③]　见《横向合并指南》第 3.2 条。

[④]　《横向合并指南》第 4.1.1 条。

[⑤]　《横向合并指南》第 4.1.2 章。

的成本、其他卖方的有关信息，以及法律和监管的限制等。[1] 在进行此项评估时，《横向合并指南》规定，监管机构可以采用临界损失分析这一分析方法。[2]

《横向合并指南》还指出，如果存在一类可识别的"目标客户"（"targeted customers"）的人群子集，且这一类客户特别容易受到价格上涨的影响，那么市场的边界就可能需要进一步缩小。[3] 换言之，如果卖方能够区分不同的买方并实施价格歧视，《横向合并指南》会倾向于界定一个范围较小的相关市场。《指南》中给出了以下这个例子：

> 我们知道玻璃容器有许多用途，为了应对玻璃容器的价格上涨，一些用户会大量使用塑料容器或者金属容器作为替代品，但可以想见，婴儿食品制造商则不会作出这样的转移。如果一个假设的垄断者可以对不同的使用者单独定价，并限制他们之间进行套利，那么婴儿食品制造商将会是玻璃容器制造商施行价格上涨的最佳目标群体。在这种情况下，监管部门可以认定用于包装婴儿食品的玻璃容器构成一个独立的相关市场。[4]

值得关注的是，《横向合并指南》中没有提到"子市场"的概念。[5]

在《横向合并指南》中，针对供给端的分析，并没有被包含在市场界定的一部分，而是作为在确定相关市场的边界之后，考察具体有哪些公司属于"相关市场"时所使用的评估标准。这包括目前在市场上正在赚取收入的所有企业，也包括正在生产产品但没有对外销售产品的纵向一体化企业。例如，即使汽车制造商生产的垫圈全部只供应给自有品牌汽车的生产线，也应当将该公司纳入垫圈市场的范围之内。其在自己生产的汽车上使用的每一片垫圈，都取代了独立垫圈制造商销售的垫圈，并由此与那些第三方的独立垫圈制造商展开了竞争。[6] 此外，所谓的"快速进入者"——即在不久的将来能够进入市场的厂商，也应当被包括在相关市场内。这些公司在进入市场时，不会产生显著的"沉没"成本（"sunk" cost），或者说不会在进入失败时产生难以回收的成本。《横向合并指南》明确规定：

> 那些拥有必要生产资料的、可快速向相关市场提供产品的厂商，也可能构成快速进入者（rapid entrant）。在相对同质化的商品市场中，供应商的竞争能力主要取决于其成本和产能，而不是其他诸如在相关市场

---

① 《横向合并指南》第4.1.3条。

② 见本书第3.2b节。

③ 《横向合并指南》第4.1.4条。

④ 同上。第11个例子。

⑤ 然而，监管部门一直在诉讼案件中使用"子市场"的用语，即便是1982年和1984年的《横向合并指南》明确地放弃了这一概念。见 FTC v. Whole Foods Market, Inc., 548 F. 3d 1028 (d. c. Cir. 2008)。

⑥ 见《横向合并指南》第5.1条。

中的经验或者声誉等因素。那些具有高效的闲置生产能力的供应商，或者虽然还在邻近市场，但具有随时调整产品线的具有"转向"能力的供应商，可以在有利可图的情况下容易地进入相关市场，它们都可能成为快速进入者。然而，闲置产能或许效率还不够高，相邻市场的产能或许无法得到有效利用，因此，仅仅是企业拥有闲置产能或者"转向"能力这一事实本身，还不足以使该公司成为快速进入者。[①]

3.8b. 2010 年《横向合并指南》规定的相关地域市场界定

《横向合并指南》规定的地域市场的界定方法遵循了与界定相关产品市场时相似的原则。对市场范围的一个重要影响因素是运输成本，此外，《横向合并指南》还认为与长距离交易质量相关的"语言、监管制度、关税和非关税贸易壁垒、习惯和熟悉度、声誉、服务易得性"等也是应当考虑的因素。此外，如果企业具有根据客户所在的地理位置实施价格歧视的能力，那么缩小地域市场的范围就是合理的。[②] 类似地，监管机构同样采用假定垄断者测试法，并将分析过程拆分为两部分——首先，根据供应商所在位置划定市场边界；其次，根据客户所在地进行市场划界。

> 首先，假定垄断者测试要求，假想的利润最大化企业是该区域中相关产品在现在或者将来唯一的生产者，其将在至少一个区域范围内至少实施小额但显著的、且非暂时性的提价行为（SSNIP），这一区域包含拟合并的企业中的至少一家所在的至少一处区域。在测试中，假定其他地方生产的所有产品的销售条件保持不变。单个公司可以在许多不同的地域市场中运营，对于单个产品来说也是如此。当地域市场根据供应商的位置进行定义时，无论进行购买的客户地处什么位置，只要供应商位于所划定的地域市场范围之内，都会被算作是相关市场中的销售。[③]

《横向合并指南》规定，在进行评估时各监管部门应考虑以下因素：
- 在面对价格差异或者其他交易条件的相对变化时，过往的历史经验显示，客户如何在不同的地理位置之间进行转移购买；
- 运输产品的成本和难度（或者客户前往卖方所在地的成本和难度）与产品价格之间的比例关系；
- 供应商是否需要在客户附近现场提供服务或者支持；
- 卖方是否会基于其客户在不同区域间的转移购买行为作出决策，而客户的

---

① 见《横向合并指南》第 5.1 条。
② 见《横向合并指南》第 4.2 条。
③ 《横向合并指南》第 4.2.1 条。

这种转移购买行为是根据价格或者其他竞争因素的变化而产生的；

- 客户从候选地域市场的供应商处、转移到候选地域市场以外的供应商处购买有关产品的成本和延迟情况；
- 以及对客户在其自身作为供应商的产品市场（下游市场）中所面临的竞争的影响。[①]

3.8c. 2010 年《横向合并指南》中的市场份额计算方法

2010 年《横向合并指南》规定，监管机构通常会使用历史证据来估算市场份额，除非"市场条件近期或者正在发生的变化"表明，当前的市场份额夸大或者低估了"未来的竞争影响"（future competitive significance）[②]。例如，如果市场上的其他公司取得了一项技术创新，但被审查的公司无法获得相同的技术，则可以预计其市场份额将发生下降。

关于是以收入还是产出量来衡量市场份额的问题，《横向合并指南》指出：

在大多数情况下，监管机构将根据每家公司在相关市场中的实际收入或者预期收入来衡量对应的市场份额。某个公司在相关市场获得的收入，往往是衡量其对客户吸引力的最佳指标，因为它们反映了企业在维持对于客户具有足够的吸引力的交易条件下，克服所有竞争障碍所需要的真实能力。然而，如果一种低价产品的一个单位，可以替代一种高价产品的一个单位，那么，以产品单位作为衡量指标，比起收入来说可能能够更好地衡量竞争力量。例如，一种新的、便宜得多的产品如果能够大幅蚕食旧的、价格较高的产品所获得的收入，即使其收入相对较少，也可能具有很大的竞争力量。如果客户签订了长期合同，或者切换到新产品需要付出显著的成本，或者对供应商的重新评估仅仅是偶尔为之的，那么从近期捕获的客户那里取得的收入，可能比过往的总收入更能反映供应商的竞争力量。[③]

关于产能的问题：

在同质化的产品市场中，企业的竞争力量，主要来自当市场中其他竞争者的产品价格上涨或者产出量下降时，其在相关市场中快速扩大生产的能力和动力。在这样的市场中，产能（capacity）或者储备（reserve），而非收入（revenue）可以更好地反映供应商未来的竞争力，并且监管机构可以使用这些指标来计算市场份额。尚未进入市场的非当前

---

① 《横向合并指南》第 4.2.1 条。
② 《横向合并指南》第 5.2 条。
③ 《横向合并指南》第 5.2 条。

生产者可以被认定为在相关市场中拥有市场份额，但前提是我们能够妥当地将其市场力量与市场中当下竞争者的市场力量进行比较。当市场份额是根据厂商现有的产能来衡量时，监管机构不会将以下潜在产能囊括在相关市场中：在相关市场内的商品价格小幅但显著且非临时性的上涨（SSNIP）时，仍不太可能有利可图地进入相关市场的产能，或者市场进入成本过高的相关市场外的产能。[①]

3.8d. 结论；作为政策宣言的《横向合并指南》

《横向合并指南》在市场界定中给人们传达了力求精确的印象。然而，市场界定的不确定性仍然很大。在一个波动的市场中，首先假设出现"小额但显著且非临时性"的价格上涨，然后考虑相邻厂商将如何响应这种假设的价格上涨的分析方法，需要一种能够摆脱当前价格和出货量的束缚的预测能力。此外，这种预测不得不在变量众多、且情况复杂的背景下进行。本书第 12 章[②]讨论的 HHI 集中度指数，其准确性十分依赖市场界定的范围。总而言之，2010 年《横向合并指南》对涉及企业合并的反垄断分析框架进行了大幅修改，但它们尚未转变为精确的科学。[③]

第 3.9 节　考察市场力量的其他替代方法

正如本章前几节所指出的，计算一家厂商的市场份额存在太多的不确定性。常见的情况是，市场份额分析方法无法对厂商的市场力量进行可靠的衡量。然而，如果企业运用其市场力量——通过减少产量来提高价格的话，还是有迹可循的，这些迹象有时可以作为证明市场力量存在的证据。

随着我们所掌握的评估工具不断得到改进，这些"直接"衡量的方法变得越来越重要，尤其是在合并案件中。如本书第 3.4b 节所述，在差异化市场中，使用传统的市场份额衡量市场力量的结果总是"错误的"，而这恰恰是绝大多数反垄断诉讼的争议焦点。将差异化产品排除在相关市场之外将会夸大被评估厂商的市场力量，但是，将其纳入相关市场又会得出两者构成完美竞争替代品的错误结论。直接的计量经济方法可以使我们测量两种不同的、但相互竞争的产品之间的替代率（substitution rate），并得到更为准确的市场力量图谱。值得注意的是，当经济学家出于自己研究的目的（不是为了仅在法庭上作证时）衡量市场力量

---

① 《横向合并指南》第 5.2 条。

② 见本书第 12.4 节。

③ 见 Carl Shapiro，"The 2010 Horizontal Merger Guidelines：from Hedgehog to Fox in Forty Years"，77 *Antitrust L. J.* 49 (2010)。

时，他们通常不会定义市场。事实上，有些人在这个问题上走得更远，甚至认为在产业经济学中压根不存在相关市场的概念。[①]

3.9a. 直接衡量剩余需求

"剩余"需求（"residual" demand），或剩余需求弹性（residual demand elasticity），指的是在考虑了其他竞争者的销售以后，市场对特定厂商产品的需求。我们可以说，一个真正的垄断者的剩余需求曲线，恰好等于整个市场的需求曲线。相反，一个完全竞争者的剩余需求曲线则是水平的，这表明，如果该企业试图在当前价格水平之上提价，它将失去所有销售额。[②]

勒纳指数（Lerner Index）是衡量一家企业的剩余需求的方法之一。[③] 该指数是利用企业的边际成本及当前价格的历史数据，来计算企业面临的需求弹性。然而，勒纳指数并不好用，因为边际成本是很难衡量的。

如果我们知道市场份额、市场需求弹性以及竞争者们的供给弹性，也可以直接计算剩余需求。但是，计算市场需求弹性和竞争者的供给弹性也同样不容易。此外，该方法有赖于首先界定市场，并计算市场份额。因此，如果恰当界定了相关市场，并准确计算出了市场份额，利用这一方法有助于澄清市场份额的内在含义，但它不能用来界定市场。

如果能不界定市场，就可以直接估算出剩余需求，则这种方法要有价值得多。[④] 在产品存在差异化的市场中，尤其如此——其中一些竞争者与领头企业之间展开竞争的激烈程度要远高于其他竞争参与者，但传统的市场界定方法，通常无法将这一差别考虑在内。也就是说，我们要么将这些带来较为微弱竞争约束的其他企业纳入市场内，要么将其排除在市场外，但没有中间状态。例如，假设我们发现中等价位的别克汽车和高价位的宝马汽车是我们所观察的汽车市场中的主要生产商，我们想要估算宝马的市场力量。简单地把别克汽车计算进相关市场，会低估宝马的市场力量，因为可能有很多人对宝马汽车有着强烈的偏好，愿意为之支付高额的垄断价格。相反，如果把别克的产量排除在市场范围之外，则又夸大了宝马的市场力量，因为别克确实带来了大量的竞争。

2010年《横向合并指南》允许监管机构使用计量经济学的分析方法来划分市场，以对合并中的反垄断问题进行分析。然而，这与直接估算单个企业的市场力量还是有所不同的。无论如何，测算剩余需求是一项高度技术性的工作，通常需要借

[①] 见 Louis Kaplow, "Market Definition: Impossible and Counterproductive", 79 *Antitrust L. J.* 361 (2013); Franklin M. Fisher, "Economic Analysis and 'Bright-Line' Tests", 4 *J. Comp. L. & Econ.* 129 (2008).

[②] 见本书第 1.1 节。

[③] 见本书第 3.1a 节。

[④] 见本书第 3.5a 节。

助于回归分析方法，以及需要获得公司成本变化将如何影响其价格变化的大量数据。

3.9b. 持久的价格歧视（Persistent Price Discrimination）

在不同的购买者眼里，同一件商品的价值是不同的。假设某产品的边际生产成本是 1 美元，一些买家愿意花 1 美元购买它，而其他人愿意多付出一些——达到 1.25 美元，还有一些人甚至愿意支付 1.5 美元。卖方最大化其利润的方法，是对每一个特定客户收取其愿意支付的最高价格。然而，竞争阻止了这种持久的价格歧视（persistent price discrimination）。即使那些内心深处愿意为此种产品支付 1.5 美元的顾客，也更愿意只花 1 美元就买到这种产品，并且会去寻找出价低的卖家。竞争往往会促使所有的销售价格拉低到竞争性水平。

然而，垄断者只要能够将那些赋予了其自身产品不同内在价值的客户进行分组，并且将不同群组的客户相互隔离开，就可以拥有实施价格歧视的市场力量。并非所有具有市场支配力的卖家都能够实施价格歧视。例如，如果支付了低价的买家，能够将产品转售给那些愿意支付高价的买家，就会发生市场套利（arbitrage）。如果垄断者不能阻止套利，那么价格歧视就是行不通的。因此，没有价格歧视现象，并不能必然得出不存在市场力量的结论。一个随之而来的结论是，一些客户愿意支付更高价格的事实，并不能推导出卖方拥有市场力量，除非卖方确实实施了价格歧视。在 *du Pont*（玻璃纸）案中，虽然某些买方——如卷烟制造商，在转而购买其他包装材料之前，愿意为玻璃纸付出很高的价格，但是联邦最高法院拒绝将玻璃纸独立界定为一个相关市场。[①] 相比之下，在 *Grinnell* 案中，联邦最高法院认定中央站警报系统构成一个相关市场，因为客户强烈地偏好该系统，而不愿意使用替代系统，并且显然会在转向其他替代系统之前支付垄断价格。[②] 上述两个判决并不矛盾。在 *du Pont*（玻璃纸）案中，厂商实施价格歧视的企图，会被市场套利挫败。例如，如果 du Pont 试图向需求弹性低的卷烟制造商收取每单位 3 美元的价格，而向需求弹性高的面包师只收取 1 美元的价格时，面包师就会将玻璃纸转售给卷烟制造商，这种价格歧视将最终无效。这表明，在没有观察到价格歧视确实存在的情况下，没有理由根据支付意愿将客户进行分类，并将低需求弹性的客户界定为范围较小的、独立的相关市场。相比之下，在 *Grinnell* 案中，由于系统服务都是订制的，因而客户无法向其他需求方转售已经购买的中央站警报系统，买方只能从卖方处、而不能从其他的买家处购买到持续的服务。

只有"持久"（persistent）的价格歧视才能成为存在市场力量的证据。即使在最富竞争活力的市场中，价格歧视也很常见。由于市场不断受到新信息以及供

[①]　United States v. e. I. du Pont de Nemours & Co. , 351 U. S. 377, 399, 76 S. Ct. 994, 1009 (1956).

[②]　United States v. Grinnell Corp. , 384 U. S. 563, 566 - 567, 86 S. Ct. 1698, 1701—1702 (1966).

需状况变化的冲击，价格每天都在波动。只有当特定的卖方能够系统性地从一个消费群体获得比来自其他消费群体更高的回报率时，价格歧视才是存在市场力量的有效证据。[1]

虽然价格歧视的证据在直接衡量市场力量方面的作用有限，但它可以在使用更传统的方法界定相关市场时，起到辅助作用。例如，假设我们将存在市场力量的标准定义为，能够把价格提高到成本之上 10% 的能力，如果我们发现，某产品的销售商已经将两组消费者隔离开来——无论是按地理位置还是按产品配置，其为买家提供服务的成本是相同的，但是一组消费者为每件商品支付了 1 美元，而另一组消费者支付了 1.15 美元。

我们不清楚卖方的边际成本，但我们假设 1 美元的价格等于其边际成本——这一价格实际上有可能比边际成本高，但这只会增加卖方的总市场力量，而不影响我们的结论。在这种情况下，由于较低的售价等于边际成本，我们就可以很容易地计算出，较高的售价比边际成本高出了 15%。基于这些信息，我们可以得出如下结论：（1）高价消费者的销售分组构成了独立的相关市场；或者（2）就高价消费者群组而言，已经证实卖家拥有了市场力量，而无需再界定相关市场。

3.9c. 持久的垄断利润、高边际收益、承诺不竞争的补偿

法院经常将高额利润作为证明一家企业具有市场支配力的证据，或者，将无高额利润作为证明企业不具有市场支配力的证据。[2] 然而，此类证据要想发挥相应的证明效力，需要满足大量的前提条件，否则证据本身的缺陷会导致其证明力大打折扣。首先，会计利润（accounting profit）与经济利润（economic profit）是两个不同的概念。其次，裁判者必须区分垄断利润（monopoly profit）和"租金"（rent）这两个概念。在几乎所有的情况下，价格减去成本的边际收益（price-cost margins）在衡量市场力量的过程中都是更好的指标。

3.9c.1. 垄断利润与会计利润

经济利润（economic profit）是指在所属行业中，企业超过维持其持续投资

---

[1]　在市场存在一个或者多个很有实力的垄断性买方、而不是垄断性卖方时，价格歧视有些时候也能作为市场力量的证据。垄断者有能力通过减少对某一种产品的需求量，而获取更低的价格。与垄断性买家和其他一般性买家进行交易的卖方，可能会实施价格歧视，即便它不具有市场力量。见 12 Antitrust Law ¶ 2011 (4th ed. 2018)。

[2]　United States v. e. I. du Pont de Nemours & Co. (Cellophane)，351 U. S. 377，76 S. Ct. 994 (1956)，见本书第 3.4b 节，有证据证明，du Pont 公司的玻璃纸产品有着极高的市场回报：税前 31%。351 U. S. at 420，76 S. Ct. at 1020 (Warren 首席大法官，反对意见)。在其他市场，如人造纤维市场，du Pont 公司的市场回报率就低得多。同上，420 - 421 n. 15，76 S. Ct. at 1020。同样参见 Borden, Inc. v. FTC，674 F. 2d 498，512 (6th Cir. 1982)，以其他原因撤销，461 U. S. 940，103 S. Ct. 2115 (1983)（高利润证明了另一个事实，即 Borden 拥有垄断性的力量）。Robert Pitofsky, "New Definitions of Relevant Market and the Assault on Antitrust"，90 Col. L. Rev. 1805，1846—1847 (1990)。

所必需金额的利润。因此，仅赚取"零利润"的公司，可能仍在支付各种费用，并向股东派发股息。企业获得的只是完全竞争状态下的回报（competitive return）。相比之下，"会计利润"（accounting profit）是指会计师使用规范的方法，针对一家企业统计出来的其在某一段时期内的收入与成本之间的差值。两种概念之间的差异是非常明显的。实际上，有些人认为它们的差别如此巨大，以至于根本无法从会计师所做的财务报表中计算出市场力量来。[①]

经济利润——市场力量的真正衡量标准——与会计利润之间的差异不仅仅是数据上的问题，两者存在重要的实质差别。会计师通常划分出有限的时间段，例如年度或者季度，并考虑在这些时期内企业获得的"利润"。相比之下，经济学家的利润衡量指标采用的是一项投资的整个周期，从开始研发、经营、销售，直至结束。其次，会计利润反映了耐用设备的折旧方式，折旧率可能与资产的实际使用寿命关系不大——例如，税法要求资产按一定比例进行折旧。第三，会计数据通常以一家企业、一座工厂或者一个业务部门为单位进行统计。相比之下，经济学家通常会以每一种产品为单位考虑其盈利能力（profitability）。

其中，也许最重要的差别是，经济利润包括资本的机会成本，而会计利润却不包括。这一区别产生了以下相当重要的影响。首先，资本本身的机会成本虽然会在会计账目中显示为利润，但对经济学家来说，如果只赚取机会成本，或者说"合理"回报率的资本，根本就不叫赚取利润。经济利润仅指超过所提供资本的机会成本所赚取的利润。因此，一个赚取零经济利润的公司仍然会向投资者支付其资本的机会成本，或者说投资者能够获得在同等风险水平下的替代性投资中所可以获得的相同回报率。

在其他方面，会计上的记账仅偶尔会考虑机会成本。例如，假设公司基于仓储的目的需要租赁大型仓库，如果每月的租金是 5 000 美元，那么会计师会将该项费用列为成本。相反，如果仓库是自有物业且已经折旧，那么会计师可能不会将仓库本身计入成本，除了维护费用、不动产税收等。但无论公司是否拥有仓库的产权，其价值都是资本的机会成本。也就是说，如果公司不使用仓库，它可以出售或者以每月 5 000 美元的价格出租给其他市场主体。由于不显示这种机会成本，会计利润率往往高于真实的经济利润率。

那么，这意味着会计上的统计数据毫无价值吗？情况也并非如此。例如，假设我们评估的是两家公司，会计师使用完全相同的方法来记录它们的会计利润。在较长的时期内，比如十年或者更长的一段时间内，第一家企业的回报率为10%，第二家企业的回报率为30%。那么，第二家企业能够赚取远远高于其经济成本的能力，势必是二者回报率出现差异的重要原因。值得注意的是，这一观

---

① 例如，Franklin M. Fisher & John J. McGowan, "On the Misuse of Accounting Rates of Return to Infer Monopoly Profits", 73 *Am. Econ. Rev.* 82 (March 1983); 74 *Am. Econ. Rev.* 492 (June 1984)。

察结果并不能告诉我们第二家企业拥有多少市场力量，因为我们仍然可能对价格和边际成本的比值一无所知，但也许我们可以根据其他分析方法，确认其确实拥有市场力量。

如果我们可以通过对会计数据进行调整来衡量企业投资资本的真实成本，包括完全折旧的自有资产的机会成本或者估计其市场价值，则可以从会计数据中得出更加有用的数据。[①] 特别是公司的边际收益，或者说成本和价格之间的差值，可以提供有关特定企业拥有的市场力量大小的非常有用的信息。[②]

3.9c.2. 从承诺不竞争补偿中所推导得出的市场力量：*Actavis* 案

完全竞争市场的生产厂商无法通过向其竞争对手支付大笔资金的方式来避免市场竞争。首先，它没有额外的利润来支付这笔"买通"款。其次，只让一个竞争对手退出，并不会给付款人带来什么好处，因为其他竞争对手会乘机迅速扩大产量。除此以外，向另一个竞争者支付大笔款项以使其离开市场，属于典型的共谋（collusion），而支付补偿款行为本身，要么说明了市场支配力的存在，要么表明其正在意图获得市场支配力。根据这一逻辑，联邦最高法院在 *Actavis* 案中认定，药品制造商向与其具有竞争关系的仿制药厂商支付大量费用，以使其远离相关市场的事实，可以推断出该药品制造商具有市场力量。[③]

如果所涉款项的用途确实是排除竞争（exclusion），那么最高法院的观点显然是正确的。一种反对的意见则认为，尽管利润率很高，但付款人可能由于很高的固定成本而无法获得高额利润。但这一观点走得太远了。本章所介绍的衡量市场力量的所有方法，都几乎不考虑固定成本，它们关注的是在一个相对较短的时期内资产的"流动性"，而在此时期内固定成本是无关紧要的。此外，即使固定成本较高的公司也无权获得其产品的全部垄断价值（cartel value），而该价值恰恰就是双竞争者市场中支付不竞争承诺补偿款所要交换的对价。无论如何，市场力量的问题只应考虑与市场力量有关的因素。诚然，高固定成本的存在有时可以用来说明协同行为（collaborative practice）的正当性，这些场景主要涉及资源的共享。但是这个问题需要被置于合理原则（即行为的正当性）下解决，而不能在市场力量的判断中予以回避，从而得出被控行为人缺乏市场力量的错误结论。

3.9d. 市场力量与知识产权

多年来，法院在一系列搭售的案件中，沉迷于一种假设，即如果结卖品

---

① 见 2A Antitrust Law ¶ 516 (4th ed. 2014)。

② 例如，McWane, Inc. v. FTC, 783 F. 3d 814, 829 – 32 (11th Cir. 2015) (厂商在排挤竞争对手的同时能够保持较高的利润率的事实可以证明其拥有市场力量)。见 Herbert Hovenkamp & Carl Shapiro, "Horizontal Mergers, Market Structure, and Burdens of Proof", 127 *Yale L. J.* 1996 (2018)。

③ FTC v. Actavis, Inc. , 133 S. Ct. 2223 (2013). 更多相关论述见 2A Antitrust Law ¶ 520b (4th ed. 2014)。

（tying product，这是与搭卖品相对的概念）是获得专利保护的，则可以推断被告在结卖品市场中存在市场力量。① 其他不少法院已经将这种推定扩展到版权领域，有时甚至延伸至商标权领域。② 通常，这些假设没有进一步扩展到涉及其他行为的反垄断案件中，例如垄断或者企图垄断。事实上，在 *Walker Process* 这一涉及企图垄断的案件中，联邦最高法院原则上同意，欺诈性采购专利可以构成反垄断违法行为，但它还是将该案发回下级法院重审，要求先行审查该专利是否带来了任何市场力量。③

知识产权创设了市场力量的整个论断是错误的，我们只需要揭开以下的事实就能发现这一错误：这些权利很容易取得。对于版权来说，权利人只需要写下一些文字，并将副本连同所需要的登记费邮寄给版权局就可以了。获得商标授权也并不比这困难多少。获得专利权则要困难一些，因为一项专利申请要想获得授权，必须提供证据证明寻求专利保护的产品或者方法具有新颖性、实用性和创造性。然而，同样的，专利授权也是比较容易取得的，而且其中的大多数都没有什么商业上的价值。

在 *Illinois Tool Works* 案中，联邦最高法院摒弃了这一推定，并认定，在打印机市场，被告将具有专门适配性的打印机与墨盒捆绑销售，不能仅仅因为打印机受某些专利的保护而推定被告具有市场支配力。④ 联邦最高法院注意到，这种推定来自反垄断法理学对于搭售极为敌视的时期，在那时，人们认为几乎所有的搭售行为都是反竞争的。联邦最高法院还指出，1988 年国会修改了《专利法》，规定一个人不能因为专利"滥用"（misuse）而获罪——一种非常类似于垄断的罪行——除非专利权人在专利产品的相关市场中拥有市场力量，这显然意味着市场力量不能从专利权本身推断出来。⑤ 联邦最高法院最终得出结论，在包括搭售案件在内的所有反垄断案件中，市场支配力都"必须通过相关市场的市场力量的证据予以证明，而不能仅仅基于推定得出"⑥。

在当今市场中，知识产权普遍存在，每家公司都在孜孜不倦地追求消费者眼中的产品差异性。烤面包机、照相机、小型计算机、灯具、衣物洗涤剂等，均受

---

① 例如，见以下判决的判决附带意见（dicta）：Jefferson Parish Hosp. Dist. No. 2 v. Hyde，466 U. S. 2，16 - 17，104 S. Ct. 1551，1560—1561 (1984)。见本书第 10.3c 节；以及 2A Antitrust Law ¶ 518 (4th ed. 2014)。

② 判例总结见本书第 10.3c 节。

③ Walker Process Equip., Inc. v. Food Mach. & Chem. Corp., 382 U. S. 172，86 S. Ct. 347 (1965).

④ Illinois Tool Works, Inc. v. Independent Ink, Inc., 547 U. S. 28，126 S. Ct. 1281 1292 (2006).

⑤ *Illinois Tool Works*，547 U. S. at 41，126 S. Ct. at 1290，参见《专利滥用改革法》（Patent Misuse Reform Act），35 U. S. c. § 271 (d)。

⑥ 同上一条注释，at 1291。

到专利权的保护，但所有列举的这些商品所在的市场都属于从中等程度到极度激烈水平的竞争市场。类似的，快餐店、杂货店、服装店、银行等也拥有保护其各种产品、标识、符号甚至广告的版权或者商标权。所有这些市场都是竞争市场——有些市场，如杂货店，事实上竞争异常激烈。在许多国家，市场进入很容易，而且大多数的个体公司的市场份额都很小。说白了，仅仅因为某产品受到知识产权的保护而假定权利人在该产品市场中拥有市场支配力是完全讲不通的。

这是否意味着知识产权的存在与市场力量的判断无关呢？也不完全如此。在需求端，知识产权对于强化消费者吸引力的作用有限，人们很少会因为知识产权的存在而愿意支付更高的垄断价格，而不是购买那些更便宜的替代品。但在供给端，知识产权能够限制市场进入，对于专利权来说尤其如此。[*][①]

假设某一涂料生产商研发的一项工艺，使得其生产的涂料比竞争对手的涂料更经久耐用，且成本保持不变。客户更喜欢这种寿命长达 12 年的涂料，而不是竞争对手的寿命仅为 8 年的涂料，如果没有其他企业能够制造出更优质的涂料，他们愿意对更耐用的这种涂料支付更高的价格。如此一来，专利权的保护范围可以传达出关于垄断的性质和持续时间的信息。如果性能更好的涂料真的需要专利工艺才能制造出来，那么该专利就对其他潜在的竞争对手具有市场准入威慑的作用。因此，如果拥有专利的涂料生产商能够在相当长的时间内降低其涂料的产量并提高价格，那么这一更好的涂料就单独构成了独立的相关市场。

最后，正如一些法院所判定的那样，"标准必要"专利（"standard essential" patent）——已被宣布成为某个网络或者某个市场所应采用的标准的必不可少的专利——的所有者，能够施加显著的市场力量，除非它们负有的以合理价格颁发专利许可的义务得到很好的遵守。[②]

3.9e. 评估纵向竞争限制行为中的市场力量

如前所述，界定相关市场并估算某一厂商的市场份额并不是衡量其市场力量的唯一方法，在许多情况下甚至不是最好的方法。然而，在 *American Express* 案的判决中，联邦最高法院仅以微弱多数（5：4）的意见认为，在指控非法纵向限制行为的案件中必须界定相关市场。尚不清楚最高法院基于何理由得出这一结论，它充其量只不过是一种缺乏事实支持的断言而已——在没有界定相关市场的

---

[*] 这一观点实际上是想说明标准必要专利可能足以给权利人带来市场力量。——译者注

[①] 例如，见 Broadcom Corp. v. Qualcomm, Inc., 501 F. 3d 297, 314（3d Cir. 2007）（一旦一项专利成为某一领域的标准，且对于进入该市场进行经营而言是"关键性的"（"essential"），则该项专利可能足以带来市场力量）。

[②] 例如，见 Microsoft Corp. v. Motorola, Inc., 696 F. 3d 872, 876（9th Cir. 2012）（"标准的存在使得标准必要专利的持有人拥有与其市场份额不成比例的市场力量"）。

情况下就无法评估市场力量。[①] 在该案中，这一认定尤其有问题，因为市场上的所有有关的信用卡交易都已经被数字化从而得到良好的记录，这使直接测量方法变得十分可行。虽然最高法院的上述结论以经济学的观点看来是不正确的，并且在反垄断政策上也是不明智的，但它直至今日仍然是一项有效的规则。

在涉及双边平台的纵向限制案件中，最高法院的多数意见并没有对其认定的传统市场份额方法优于直接衡量方法的结论加以论证。相反，即使在双边平台市场中，直接衡量方法也很可能是更为优越的——即使我们假设平台一端遭受的损害将被另一端获得的收益所抵消。例如，*Amex* 案持异议意见的大法官们观察到，被告大约有 20 次提高了其商家手续费的记录。[②] 这些现象是被告行使其市场力量的体现，还是对市场另一侧的消费者补贴的反馈，实际上是一个可通过实证的方式检验的命题，而直接衡量方法的更加量化的特性使得它比市场定义和份额计算的方法更容易对此进行检验。由此，本案的相关争议问题将会是价格的上涨是否被平台另一端的持卡人福利增加或者其他成本的增加所抵消。

不过，在大多数情况下，最高法院要求在纵向案件中进行市场界定的判决意见的影响可能是有限的。通过直接衡量方法得出的结论很容易被转化为相关市场的表述。回想一下，相关市场的定义——能够行使市场支配力的若干销售的集合。例如，假设最高法院在 *Actavis* 案中使用的直接衡量方法表明，一家公司在其生产的某一特定药品所构成的市场中拥有显著的市场力量。[③] 那么，证明该公司对于该特定药品享有显著市场力量的直接证据也足以证明以下结论：该药品独立地构成一个相关市场。在 *American Express* 案中，在案证据显示，AmEx 公司能够多次提高向商家收取的价格，而不会因此失去大量的业务或者需要增加在消费者端支付的补贴这一成本。[④] 假设这些价格上涨的正当性并不能由平台两侧中的任何一侧的成本上升所支持，那么 AmEx 公司自身全部销售的集合就构成了单独的相关市场。

这种方法容易引起担忧的一个方面在于，在存在产品差异化的情况下，它可能会界定出狭窄的，甚至由单一品牌构成的相关市场。但是，这只不过反映了直

---

①　Ohio v. American Express Co.，138 S. Ct. 2274，2285 n. 7（2018）. 最高法院的相关完整表述是：原告主张，我们不需要在本案中界定相关市场，因为原告方已经提供了（被控行为）对竞争产生不利影响的实际证据——即商家的手续费上涨了。我们对此不予认同。原告援引的在先判例评估的是横向限制是否对竞争产生负面影响……鉴于横向限制涉及的是竞争者之间不以某种方式开展竞争的协议，本院认为无须精确界定相关市场即可得出这些协议具有反竞争性的结论……但纵向限制与之相比是不同的。纵向限制通常不会对竞争构成威胁，除非实施纵向限制的主体拥有市场力量。在此情况下，除非法院首先界定相关市场，否则无法对被告是否具有市场力量进行评估。

②　*Amex*，138 S. Ct. at 2294.

③　FTC v. Actavis，Inc.，570 U. S. 136，133 S. Ct. 2223（2013）. 见本书第 3.9c4 节。

④　见本书第 3.4c 节。

接衡量方法在产品差异化市场中更为科学的事实，众所周知，将存在差异化的生产厂商糅合在一起所界定的相关市场必然划界过宽。这个问题与前面讨论的"玻璃纸"谬误所暴露出来的问题是紧密相连的。[1]

---

[1] 见本书第 3.4c 节。

第 4 章
针对共谋和寡头市场的反垄断政策

第 4.1 节　概述：固定价格的基础经济学

4.1a. 卡特尔中作弊行为的普遍性

　　4.1a.1. 卡特尔整体利润最大化与单个厂商利润最大化的背离

　　4.1a.2. 对卡特尔作弊的方法

　　4.1a.3. 对作弊行为的发现和惩罚；卡特尔的"豁免"

4.1b. 身处卡特尔之外的厂商

4.1c. 卡特尔的内部效率

第 4.2 节　寡头垄断、寡头间的合作与拒绝合作

4.2a. 拒绝合作的古诺型（Cournot）寡头垄断

4.2b. 寡头的竞争策略

第 4.3 节　针对寡头市场和默示合谋的反垄断政策

4.3a. 挑战寡头；"Turner – Posner"论战

4.3b. 对默示合谋以及便利因素的识别；可供选择的政策工具

第 4.4 节　证明价格或者产出合谋协议的间接证据或者环境证据；"轴辐"共谋（Hub-and-Spoke Conspiracies）

第 4.5 节　通过较模糊的协议达成的寡头协同行为

4.5a. 概述；不完整协议

4.5b. 对通过协议而取得便利因素的指控

4.5c. "单边"的便利因素；基点定价机制

4.5d. 其他便利措施；算法；《联邦贸易委员会法》第 5 条的适用

4.5e. 共谋案件中的驳回起诉的动议与简易判决；法庭通常要求传统意义上的合谋要件的倾向

第 4.6 节　企业内部的"合谋"

第4.1节　概述：固定价格的基础经济学

卡特尔（cartel）是原本处于竞争关系的企业之间，或者通过约定的标准减少产出，或者通过约定的价格进行销售，而达成的协议。这些企业一致行动，可以获得与单个垄断者同样的垄断利润。[①] 如果固定价格协议仅有限制产出和提高价格的内容，没有关于组织生产或分销的其他安排，则被称作是"赤裸裸"（"naked"）的协议。[②]

在这种情况下，只有当参与联合的各方具有通过限制产出的方式抬高市场价格的市场力量时，才能获利。[③] 赤裸裸的固定价格行为本身不仅违法，也有可能构成重罪。[④] 一般来说，比起单个企业的行为，联合行动应当受到更细致的反垄断审查，适用更严格的规则。[⑤] 即便在实践中卡特尔的维持比起单个垄断者更脆弱，但是这一政策仍然应当得到贯彻和坚持。垄断地位的形成，也许需要历经多年的多项并购活动，需要出众的市场研发、营销投入，也或者是掠夺性定价行为，甚至有时候只是凭借好运而已。但相比之下，卡特尔可以在一夜之间建立起来。

不过，另一方面，因其固有属性，卡特尔比单个垄断者更加脆弱。卡特尔作为一个整体，其利益和单个成员的利益往往大相径庭。卡特尔的本质决定了这种同盟关系容易诱发成员的作弊（cheating）。常见的情形是，精心掩饰的作弊行为只会让卡特尔作为整体承担较为少量的损失，却使个体成员赚得盆满钵满。如果有足够多的卡特尔成员私底下进行这种操作，那么整个卡特尔联盟最终将走向分崩离析。所以，现实中的卡特尔都会想方设法减少这种作弊的可能性，从而谋求更长的存续期。卡特尔想要长久地维持下去，需要满足以下六个条件。

（1）达成卡特尔的产品或者服务必须能够独立地构成某个相关市场，同时具备较高的进入壁垒，以致新进入者无法撼动卡特尔的定价策略。[⑥]

（2）卡特尔成员必须占有足够大的产品或者服务的市场份额，以便它们的联

---

① 关于垄断者的价格和产出量，见本书第1.2节。两个或两个以上企业一同商议价格将会使共同利益最大化，当其价格和产出量与垄断者相同时，即完美地构成一个卡特尔。见 12 Antitrust Law ¶ 2002b (4th ed. 2019)；Ronald H. Coase, The Problem of Social Cost，3 *J. L. & Econ.* 1 (1960)。

② 然而，事实上，几乎所有的产出限制协议都对各方的产量进行了"配置"，且至少创造出多少一些提升生产效率的潜在可能性。

③ 关于"赤裸裸"的限制的定义，见本书第5.1节；详细论述见 11 Antitrust Law ¶ 1906 (4th ed. 2018)。

④ 见本书第13.1a节。

⑤ 关于联合行为相比而言应当受到更严厉的反垄断规制的正当性，见本书第5.1b节。

⑥ 关于市场界定和进入壁垒，见本书第3章，及本书第1.6、12.6节。

合行动不致被现有的、非卡特尔成员的竞争对手摧垮。而且，这些没有加入卡特尔的竞争企业，没有能力也没有意图迅速提高它们自身的产量。

（3）卡特尔成员之间必须能够就每个成员各自的产出量达成一致，在大多数情况下，影响协议达成的重要变量在于产出量，而不在于价格。[①]

（4）卡特尔组织必须有能力察觉其成员的作弊行为。

（5）卡特尔必须在发现成员的作弊行为后，能有效地对其进行惩罚。

（6）卡特尔必须有能力在不被公共执法部门或者受害者发现的情况下实施上述行为。[②]

一个完美的卡特尔具备以下特征：其成员数量相对较少，但联合起来所占据的市场份额可达到100％，所有成员具备同等的规模，各自的生产和运营效率均相同，生产的产品亦完全相同，市场上买方众多但规模都很小，卖方的产品销售模式采用的是密封投标的竞价方式（sealed auction bid），最终成功竞拍的结果会向社会公开。

如果卡特尔的成员们能够控制100％的市场份额，则能够最大限度地实现通过减少产出而提升价格的计划。如果成员企业具有同等的效率、生产相同的产品，则它们将具有同样的可使其利润最大化的价格，而且可以非常容易地达成价格协定。如果它们各自的规模一致，那它们在产量的减少协商方面几乎没有什么难度。如果卡特尔拥有较少的成员，且通过密封投标竞价并公开交易结果的方式进行销售，而销售对象又属于数量大、规模小的买家，则在卡特尔内部实施作弊的可能性几乎为零。[③]

现实世界中几乎不存在上述的完美模型。在通常情况下，不同的竞争者之间生产的产品总是存在一定的差异，而企业之间的差异甚至比其产品上的差异还要大。很少有市场会采用简单的集中竞价模式进行销售。不同市场之间的差异也是相当大的。因此，某些市场比起其他市场来说更容易滋生卡特尔，而某些市场则不太可能出现稳定的卡特尔。

其结果是，在有些市场中更容易达成卡特尔协议，而有些市场则不可能形成有效的卡特尔。从理论上说，卡特尔能够像单一垄断者那样确定使其利润最大化的销售价格。例如，如果某个卡特尔控制了100％的市场份额，并且封锁了新进

---

① 例如，见 United States v. Andreas，216 F. 3d 645 (7th Cir. 2000)（赖氨酸行业的卡特尔限制的是产量而不是价格）。见 Joseph E. Harrington，*How do Cartels Operate*？6 - 30 (2006)。

② 见 Christopher R. Leslie & Herbert Hovenkamp，"The Firm as Cartel Manager"，64 *Vand. L. Rev.* 813 (2011)。

③ 关于卡特尔在这些情况下最成功的证据，见 Joseph E. Harrington，*How Do Cartels Operate*？(2006)。在绝大多数涉及众多买家的案例中，贸易协会都会变成卡特尔的促进者。见 George A. Hay & Daniel Kelley，"An Empirical Survey of Price Fixing Conspiracies"，17 *J. L. & Econ.* 13，21 (1974)。

入的可能性，或者将这种可能性压到非常低的水平①，则卡特尔的价格将会由整个市场的边际收益曲线（marginal revenue curve）和卡特尔的供给曲线（supply curve）的交叉点确定——实际上，这个供给曲线就等同于整体卡特尔的边际成本曲线（marginal cost curve）。② 然而，卡特尔会面临单一垄断者所不会遇到的问题，因为卡特尔的每一个成员企业的成本通常情况下都是不一样的：有些企业比其他企业更有效率；不同企业当下的运营可能正处于其平均成本曲线的不同位置（例如，有些企业可能仍有闲置的产能，而另一些则没有）；不同企业生产的产品可能具有细微的差别，这导致这些产品的价格比其他卡特尔成员产品的价格要么高一些，要么低一些。

4.1a. 卡特尔中作弊行为的普遍性

即使在成员间同一性最强的卡特尔中，成员们作弊的动机也仍然是现实存在的，而成员间的异质性只会让这种动机更为强烈。在一个成功的卡特尔中，每个成员企业都能以使边际收益高于其边际成本的价格销售产品。如果某个成员企业可以秘密地以更低的价格进行销售，它就可以提高自身的利润。此处利润增长的来源有两种：一是吸引那些不愿意支付卡特尔价格，而在价格被"砍了一刀"后就愿意购买的消费者；二是"抢夺"本来在其他成员企业那里成交的一部分消费者。

4.1a.1. 卡特尔整体利润最大化与单个厂商利润最大化的背离

完美卡特尔（optimal cartel）设定其产出水平的方式和单一的垄断厂商并无二致，也就是考虑整个卡特尔的边际收入和整个卡特尔的边际成本。但是对于每个卡特尔内部的成员企业来说，额外销售一个产品单位所带来的边际收入，要远远高于其边际成本，因为销售这一增量单位所得到的好处是自己的，而由于市场总产出量的增加所导致的单位价格的下降，并由此招致的损失，却由整个市场中的全部卡特尔成员企业共同分摊。例如，当单一的垄断者将产量从 100 个单位提升到 101 个单位时，它就要独自承担全部的 101 个单位均因自身产量增加而价格降低的后果。③ 假设 100 个单位的产品是由一个包含着 10 家无差别企业的卡特尔共同提供的（每家企业的产量是 10 个单位），如果其中某一个成员增加了一个单位的产出，所有产品的单价就会同等程度地下降，但是该成员企业因价格下降所带来的损失，并不对应于 100 个单位，而只是发生在它所生产的 10 个单位之内。

我们可以通过一个例子进一步形象地说明这个问题。假设某垄断者销售某产品的价格是 10 美元，市场需求的数量为 100 件。简单起见，我们设定边际成本

---

① 关于进入壁垒，见本书第 1.6 节。

② 如果一个垄断者或者卡特尔控制的市场份额小于 100%，或者以垄断价格进入市场是可能的，则利益最大化的价格会下降，以免市场份额被侵蚀得太快。见本书第 1.2c 节。

③ 见本书第 1.2a 节。

是恒定值 5 美元，如果垄断者将销售量提高到 101 件，价格将会降低为每件 9.9 美元。由此一来，在总产量为 100 件的情况下，垄断者的总收益为 1 000 美元，总产量增长到 101 件时，则为 999.9 美元。垄断者不会提高产量，因为那样它会损失 5.1 美元。[①] 与之相比，在同样的情况下，一个拥有 10 家相同成员企业的卡特尔，每一个成员企业会按照以下的方法算账：每个企业现有的产量是 10 件，产品售价为 10 美元，总收益为 100 美元。假如卡特尔中有一家企业提高产量（其他企业却未同时提升），那么市场总产量为 101 件，市场价格会降低至 9.9 美元，这些与单一垄断者所在的市场发生的情形相同。而就单个企业而言，在产量为 11 件时，该作弊企业的总收益为 108.9 美元（9.9 美元×11），产量增加 1 个单位会带来 3.9 美元的利润——用增加的 8.9 美元的收入减去 5 美元的额外成本所得到的结果。这样，除非该卡特尔成员能够受到很好的约束，否则它就会提高产量。

请注意，上述作弊者的做法对于其他没有作弊的成员企业是不利的。其他企业的产量还是保持在 10 个单位，但是单位价格却降到了 9.9 美元。作弊行为使其他 9 个成员企业中的每家都损失了 1 美元。而且，作弊企业也损害了卡特尔的整体利益，给 9 个其他非作弊企业带来了总计 9 美元的损失，却仅仅使作弊者增加了 3.9 美元的收益。最后，值得一提的是，这种作弊的潜在动机与市场进入壁垒、产品差异、效率水平差异、企业规模等都毫无关系，因此，即使是最"完美"的卡特尔也同样面临着作弊的问题。

在那些具有较高固定成本（fixed costs）的行业，作弊行为更加有利可图。比如在铁路运输行业，短期边际成本（在已经列入运输计划中的货运列车上增加 1 件额外包裹的成本）比起运营整条铁路的成本来说非常低，因此，卡特尔的价格——想要计入所有成本和垄断利润的价格，就会比单次铁路运输能够实现盈利的最低价格高很多，这样的话，铁路运输企业就有很大的利益驱动，在获得显著利润的前提下进行大幅度的秘密降价。[②]

4.1a.2. 对卡特尔作弊的方法

一个卡特尔的成员企业不太可能使其所有的产品的售价都低于卡特尔规定的协议价格，因为这种全面的作弊行为过于明显，以至于很快就会被发现。卡特尔成员往往会采取更有利可图、风险更低的方式来作弊，那就是明面上采用卡特尔价格作为通行价格，再想办法伺机以低价格进行大规模的秘密销售。

[①]　当企业的产量从 100 增加到 101 时，总收入将减少 10 美分，总成本将增加 5 美元。

[②]　见 Herbert Hovenkamp, *Enterprise and American Law*, *1836—1937*, at chs. 12 & 13 (1991)；见 Christopher R. Leslie, "Trust, Distrust, and Antitrust", 82 *Tex. L. Rev.* 515, 624 (2004)。也可参见 George L. Priest, "Rethinking the Economic Basis of the Standard Oil Refining Monopoly：Dominance Against Competing Cartels", 85 *S. Cal. L. Rev.* 499 (2012)。

通过秘密价格歧视的方式对卡特尔进行作弊是很常见的，尤其在那些不受法律保护的秘密卡特尔中尤其如此（如那些落入美国反垄断法管辖的行为）。[①] 销售的规模越大，被发现的可能性就越大，因此如何提高单笔交易的金额，便成为问题的关键所在。在作弊的情形下，有关销售价格的条款经常以某种形式伪装起来。例如，在 1911 年的 *Standard Oil*（标准石油公司）案中，被告被指控垄断了石油市场，表现形式是其与铁路公司达成秘密协议，由铁路公司支付"秘密返点"（"secret rebates"）。这些秘密返点被原告用来解释标准石油公司是如何以低于其竞争对手的价格进行抛售从而把竞争对手击垮。事实上，铁路公司之间实施了固定价格的行为，而秘密返点的操作使那些作弊的铁路公司得以以有利可图的价格获得了来自标准石油公司的巨额订单。[②]

固定价格协议的效果，通常只是改变了卡特尔成员企业之间的竞争方式，而没有消灭竞争。在卡特尔达成之前，成员之间进行的是价格上的竞争，在卡特尔达成之后，他们会投入越来越多的资源提供附加服务来进行竞争（因为已经无法进行价格战），直到各自的边际成本逐步提高和达到卡特尔的协议价格水平。[③] 如此一来，卡特尔成员通过卡特尔能够得到的东西，最终仍然只是竞争性回报（competitive return）。不过，无论客户在完全竞争市场上是否愿意为那些增加的服务买单，在存在卡特尔的市场环境下，他们都不得不接受这些增值服务。一些对非法卡特尔的实证研究表明，卡特尔成员企业并不能获得比竞争性市场更多的回报，有些成员的回报甚至还低于其在竞争性市场中原本可能获得的收益。[④]

4.1a.3. 对作弊行为的发现和惩罚；卡特尔的"豁免"

在不同市场上，对卡特尔实施作弊行为的难度并不相同，最难作弊的（同时也是卡特尔最容易成功的）莫过于拍卖行业了，拍卖行业的交易额高，但相对低频，通过秘密竞价的方式竞拍，但最终会公开成交价。在此类市场中，卡特尔成员只需要事先挑选确定一个中标者，并预先决定中标价格，再让其他成员都以高

---

① 例如，见 2 Simon N. Whitney, *Antitrust Policies: American Experience in Twenty Industries* 5 (1958)，关于 Addyston Pipe 卡特尔的讨论；United States v. Addyston Pipe & Steel Co., 85 Fed. 271 (6th Cir. 1898)，修订并维持，175 U. S. 211, 20 S. Ct. 96 (1899)。如果卡特尔是合法的，它可以在起诉作弊行为的过程中获得政府的帮助。

② Standard Oil Co. v. United States, 221 U. S. 1, 32 - 33, 31 S. Ct. 502, 505 (1911)，标准石油公司被指控的理由是："相对于其竞争对手而言，以多种不正当手段，从多家铁路运输公司获取高额价格优惠和秘密返点，并且……取得了相对于竞争对手而言的显著优势，足以迫使其众多（即使不是全部也是绝大多数）竞争对手要么只能一起实施相同的计划，要么只能退出市场……"

③ 见 Douglas H. Ginsburg, "Nonprice Competition", 38 *Antitrust Bull.* 83 (1993)。

④ 见 Peter Asch & Joseph J. Seneca, "Is Collusion Profitable?", 58 *Rev. Econ. & Stat.* 1 (1976)。但是，见 Dick, "Stable Contracts", 39 *J. L. & Econ.* at 243 - 244，其认为这种研究因只关注应受到谴责或者质疑的违法卡特尔而曲解了数据，在这种情况下，卡特尔的运营成本可能会更高，因为卡特尔是非法的，所以还付出了额外的用以逃避政府监管的成本。

于这个价格的水平进行报价。一旦发生约定中标者以外的其他成员中标的意外，所有成员就能马上获得消息。[①] 一个由 29 家美国大型电子设备厂商组成的著名的卡特尔就曾经采用了这种机制。[②]

相反，如果交易是非标准化的，每一笔交易需要单独协商从而对交易条件作出个性化的约定，且不对外公布，作弊就很难被发现。如果买方和卡特尔成员能够很容易地在卡特尔市场之外进行交易，那就更隐蔽了。例如，如果某家同时生产甲产品和乙产品的厂商加入卡特尔组织，它就可以采取这样的作弊方式：以卡特尔的价格销售甲产品，但对于捆绑购买乙产品的同一买家销售乙产品时，给予额外的价格折扣作为补偿，由此实质性地降低了甲产品的售价。

有时，卡特尔也会采取其他的办法而不是简单的价格固定方式，来消除内部的作弊行为。例如，一些行业更易于就产量限制达成协议，成员之间就各自生产和销售的产品数量进行协商，价格则由市场本身来决定。这种卡特尔模式一般在政府要求详细报告产量的行业，或者容易掌握销售数量的行业中比较常见。

限制产量协议的另一种变体，是企业之间就市场份额作出约定，并对销售超过约定份额的企业进行惩罚。[③] 在此类协议下，每个成员企业承诺按照约定的特定份额减少产量。

这种行为的结果是每个企业所分得的市场份额保持不变，但是每家企业的产出量比竞争状态下要少，价格则伴随着产出量的变化提高到一个新的均衡价。这种协议比起严格的产出减少协议要灵活得多，它允许每家企业在无须与其他企业进行协商的前提下，根据市场需求的突变而采取行动。一般而言，市场份额协议阻止了企业积极地开拓新客户，或者以降低价格的方式从其他卡特尔成员那里截取客户。

虽然可能在许多行业中并不奏效，但横向的市场分割可以成为建立卡特尔的一种有效方式。[④] 赤裸裸的市场分割协议通常表现为三种形式。在横向地域分割协议中，企业之间基于地理区域对市场进行分割，商定每家企业将在指定的区域

---

① 因此，如果政府采购法要求必须进行非公开的竞标，并公开宣布中标者，那么这样的法律实际上为卡特尔的滋生提供了温床。见 Jon M. Joyce, "The Effect of Firm Organizational Structures on the Incentives to Engage in Price Fixing", 7 Contemp. Pol'y Issues 19 (1989)（拍卖市场对于促进共谋的重要性）。

② 见 Richard A. Smith, "The Incredible Electrical Conspiracy", Fortune 224 (May 1961); Frederic M. Scherer & David Ross, Industrial Market Structure and Economic Performance 236 – 237 (3d ed. 1990)。

③ 见 George J. Stigler, The Organization of Industry 42 – 43 (1983)。例如, United States v. Andreas, 39 F. Supp. 2d 1048 (N. d. Ill. 1998)，维持, 216 F. 3d 645 (7th Cir.)，最高法院提审动议被驳回, 531 U. S. 1014, 121 S. Ct. 573 (2000)（卡特尔在每个成员间分配市场份额）。见 12 Antitrust Law ¶ 2030 (4th ed. 2019)。

④ 只有在各成员能够将相关市场切割成各个区域、且分别在各个区域内部成为垄断者的时候，通过地域分割形成卡特尔才能奏效。一个替代方案是横向消费者分割，在这一种模式下，企业们同意独占性地各自服务某一消费者群体。见 David Boies, Courting Justice 233 (2004)（关于维他命卡特尔的消费者分割协议）。

内享有排他性的销售权。在横向产品分割协议中，每一家企业都承诺不生产竞争对手所生产的产品类型。[1] 在客户分割协议中，企业之间商定彼此不会对划定为其他竞争者的客户群体展开争夺。[2]

例如，某产品的四个生产厂商可能会将全国市场分割成若干个独家销售区域。成功的横向地域分割给予了每个卡特尔成员以区域内的垄断地位，其他成员承诺绝不进入该地域范围进行竞争。一旦每家企业有了排他的地域，它就可以毫无约束地设定自己利润最大化的价格，也可以自主作出关于产出的决策。其结果就是，卡特尔可以绕过很多固定价格和产出协议所必然面临的问题。横向市场分割让企业们失去了通过偷偷降价进行作弊的机会。事实上，固定价格和分割地域市场之间的一个重要区别在于，在分割后的地域内，企业完全可以平衡自己的边际成本和边际收益，而根本没有进行作弊的动机。[3] 当然了，企业仍然可以在其他企业的地盘上通过向客户进行秘密销售来作弊，但这种作弊方式很容易被发现，如果企业的经营管理在产业链的纵向上已经延伸到零售端时尤其如此。

发现卡特尔成员企业存在作弊是一回事，对其进行惩罚则完全是另一回事。最重要的问题是，卡特尔是违法的，卡特尔的成员们没办法把作弊者送上法庭。它们必须精心设计出一套能够同时满足以下条件的机制：（1）让作弊者无利可图，同时（2）不能让公众发现卡特尔的存在。即使可以惩罚作弊者，除非让作弊者的成本超过其作弊的收益，否则惩罚措施也不能收到应有的效果。这说明，作弊被及时发现也很重要。

在作弊的惩罚机制中，最富有成效且最可靠的方法莫过于让那些没有作弊的成员企业将价格降到竞争水平。[4] 如果作弊能被立刻发现，而且无一例外地受到处罚，作弊就无利可图了。例如，假使每家成员企业都了解，任何一个作弊的企业在随后的月份里只能落得个你死我活的完全竞争的结果，就不会有人作弊了。然而，让这个策略得以完美实施的前提是，要做到几乎能够在第一时间发现作弊

---

① 例如，微软公司（Microsoft）向网景公司（Netscape）提议，微软只为使用 Windows 系统的计算机设备设计并销售其网页浏览器 IE（Internet Explorer），网景则只向不使用 Windows 系统的计算机设备提供产品。见 United States v. Microsoft Corp.，253 F. 3d 34，80（d. c. Cir. 2001）。如果网景接受这一提议，那么就很可能构成本身违法的市场分割协议，但是因为网景拒绝了这一提议，最终没有形成任何《谢尔曼法》第 1 条所打击的协议。

② 关于三种市场分割，见 12 Antitrust Law ¶¶ 2030 – 2033（3d ed. 2012）。也可见 Palmer v. BRG of Ga.，498 U. S. 46，111 S. Ct. 401（1990）（法院全体法官一致意见判决；根据本身原则认定横向地域分割构成非法）；United States v. Brown，936 F. 2d 1042（9th Cir. 1991）（竞争对手们分割广告牌市场，并同意不在其他竞争者所在的城市与之进行竞争；法院维持了刑事定罪）；United States v. Suntar Roofing，897 F. 2d 469（10th Cir. 1990）（屋顶面板材料的经营者们的横向消费者分割；构成本身违法；刑事指控得到法院支持）。

③ 在价格固定的背景下关于此问题的讨论，见本书第 4.1a1 节。

④ 见 Martin J. Osborne & Carolyn Pitchik，"Cartels，Profits and Excess Capacity"，28 *Int'l Econ. Rev.* 413（1987）。

行为。如果一家企业的作弊行为历经很长的时间都没有被发现，那么它就可以在作弊所得和受惩罚的损失之间进行权衡，作弊行为就可能是有利可图的。[①]

总的说来，过多的民主是动摇卡特尔稳定性的敌人。如果每个成员都有足够的机会在运营管理上发声，那么这样的卡特尔一定是运转不灵的。[②] 卡特尔的稳定通常要求将管理权交由一两家企业来主导，或者交由一个可以决策的中心化组织来实施。[③]

4.1b. 身处卡特尔之外的厂商

每一个卡特尔都有一根心头刺：那些拒绝参加卡特尔的厂商。反过来，游离在卡特尔组织外的局外人拥有极大的优势。首先，它不会有遭到反垄断当局处罚的风险[④]；其次，它可以在不减少产出的情况下，搭上卡特尔高价的便车。事实上，它可以自主地决定提高产出量，完全按照自己的意志以利润最大化的水平进行销售，而销售价格只需比卡特尔价格稍微低那么一点点即可。[⑤]

一家非卡特尔成员的企业通过增加产出就可以瓦解卡特尔，因为这会挤占足以使卡特尔获取超竞争回报（supra competitive return）的市场需求。卡特尔成员经常发现，必须对不愿意参加卡特尔的企业施加各种形式的压力。在许多私人诉讼中，原告指控被告实施非法的掠夺性定价、联合拒绝交易或其他各种侵犯商业权利的行为，其理由就在于被告试图在市场上建立卡特尔，而这些原告往往就是那些当初不愿意参加卡特尔的企业。[⑥] 虽然掠夺性定价不见得对惩罚卡特尔的

---

① 因此，只有在卡特尔成员都维持着足够的额外闲置产能、能够容易且快速地增加产出，以应对作弊者们的额外销售时，这种惩罚机制方可奏效。关于关注于单个具有支配地位的企业而不是卡特尔的讨论，见 Garth Saloner, "Excess Capacity as a Policing Device", 18 *Econ. Letters* 83 (1985)。

② 见 Margaret C. Levenstein & Valerie Y. Suslow, "Breaking Up is Hard to Do: Determinants of Cartel Duration", *J. L. & Econ.* (2010)，下载地址：http://papers. ssrn. com/sol3/papers. cfm? abstract_id = 1676968; Christopher R. Leslie, Cartels, "Agency Costs and Finding Virtue in Faithless Agents", 49 *Wm. and Mary L. Rev.* 1621 (2008); 也可参见 Joseph E. Harrington, Jr., "How do Cartels Operate?", 2 *Foundations and Trends in Microeconomics* 1 (2006); 见 Thomas G. Krattenmaker & Steven C. Salop, "Antitrust Exclusion: Raising Rivals' Costs to Achieve Power over Price", 96 *Yale L. J.* 209, 238-40 (1986) (描绘了卡特尔"指挥家"的角色)。

③ 见 George Baker, Robert Gibbons, and Kevin J. Murphy, "Relational Contracts and the Theory of the Firm", 117 *Q. J. Econ.* 39 (2002)。

④ 然而，一些原告还向非法卡特尔提出索赔，要求赔偿他们向卡特尔成员以外的经营者购买时负担的过高价格。见本书第 14.6d 节。

⑤ 见 Charles Van Cott, "Standing at the Fringe: Antitrust Damage and the Fringe Producers", 35 *Stan. L. Rev.* 763, 770 (1983); William H. Page, "Optimal Antitrust Penalties and Competitors' Injury", 88 *Mich. L. Rev.* 2151, 2155 (1990)。

⑥ 例如，Utah Pie Co. v. Continental Baking Co., 386 U. S. 685, 87 S. Ct. 1326, 重审申请被驳回，387 U. S. 949, 87 S. Ct. 2071 (1967) (指控共谋的掠夺性定价); 及见 Matsushita Elec. Indus. Co. v. Zenith Radio Corp., 475 U. S. 574, 106 S. Ct. 1348 (1986) (指控卡特尔的掠夺性定价); Eastern States Retail Lumber Dealers' Ass'n v. United States, 234 U. S. 600, 34 S. Ct. 951 (1914) (木材销售商精心组织了针对木材批发商的抵制，因后者开始进行木材零售)。

内部作弊者有效，但是在某些具有特定市场结构的市场中，掠夺性定价和联合拒绝交易却在对付处于卡特尔边缘的竞争者时非常有效。

4.1c. 卡特尔的内部效率

我们考察一下由六家重型管道生产商联合进行价格固定的情况。通常这些生产商会将管道运输到建筑工地，工程承包商会通过竞争性的招投标流程选择管道供应商。不同的卡特尔成员距离建筑工地的车程不同，在竞争性市场上，距离近的厂商会更为有利。如果各个厂商具有相同的生产成本，由于总价是管道本身的价格加上运费的总和，因此距离最近的厂商就能够给出最优惠的价格。即使一个垄断者同时拥有这六家工厂，如果其他条件都相同的话，它也会选择由距离工地最近的那家工厂出货。

在管道厂商之间，一个简单的固定价格协议就可以瓦解掉距离最近的那家厂商的优势。例如，如果建筑工程承包商收到六份相同的报价，那么距离最近的那家厂商就没有多大的吸引力了。发包方可能会选择之前打过交道的厂商，或其他同行评价还不错的厂商。如果运输成本占了总成本的很大比例，那么垄断超额利润（monopoly overcharge）将主要不会流向卡特尔成员，而是流向运送货物的铁路或者汽车运输公司。

有时，卡特尔也能确保市场效率，它们对外貌似对客户采取了固定的价格，但在内部采取了竞争机制以决定谁是最终的销售者。例如，在联邦最高法院所审理的 *United States v. Addyston Pipe & Steel Co.* 案[①]中，被宣告违法的卡特尔就曾采用了一个复杂的内部竞价机制以决出最终销售权。首先，各家企业之间约定了一个对客户公开的竞标价格，然后卡特尔成员彼此再进行竞价，看哪一家可以从前一个价格中最大限度地拿出一部分收益作为"奖励"（"bonus"）反哺给整个卡特尔组织。可以想见，能够将成本压到最低的公司会是胜出者。胜出者将会获得竞标价格收入减去内部转移"奖励"的那部分收益，而"奖励"部分则按照各个企业的规模大小成比例地在卡特尔内部进行分配。[②]

---

① United States v. Addyston Pipe & Steel Co. , 85 Fed. 271, 280 (6th Cir. 1898)，修订并维持，175 U. S. 211, 20 S. Ct. 96 (1899)。

② 内部的竞价机制使成员之间产生了摩擦。有时候企业会为扩大其市场份额而在内部竞价中提高奖励的数额，即便它们自己其实并不想中标。见 George J. Stigler, *The Theory of Price* 230 - 231 (3d Ed. 1966)。替代内部竞价机制的另一种内部机制是"收入池"（"pooling"），即将各卡特尔成员的收入在成员间进行分配，分配比例则通常参照各自的市场份额。见 John S. McGee, "Ocean Freight Rate Conferences and the American Merchant Marine", 27 *U. Chi. L. Rev.* 191, 229 - 30 (1960)。United States v. Romer，148 F. 3d 359 (4th Cir. 1998)，最高法院提审动议被驳回，525 U. S. 1141, 119 S. Ct. 1032 (1999)，本案被告在丧失抵押品赎回权的不动产拍卖中串通竞价的多名买家。共谋者们事先选出一个中标者，然后其他成员退出竞价。于是，如同 *Addyston Pipe* 案：在竞拍之后，共谋的成员将在其内部进行一次秘密的拍卖，此时它们会讨论各自的出价，内部出价最高者将获得不动产地契（deed），而共谋者们将分配它们人为地压低价格后省下的钱。同上一条注释，at 363。

就算采取了这些努力，一般来说，赤裸裸的卡特尔的效率也不如单一的垄断者来得高。首先，卡特尔必须付出内部讨价还价、协调行为、调查和惩处内部作弊等的交易成本。诚然，单一垄断者也需要进行协调，但是不管怎么说，卡特尔的协调成本更高，因为每一个成员企业的个体利益都不一致。每个成员的主要出发点是谋求自己利润的最大化，而不是卡特尔整体的利润最大化。由于每一家成员都知道其他成员同样期待获得垄断利润，所以它们之间才愿意花费时间和资源互相讨价还价。这通常也意味着存在大量的虚张声势——以退出卡特尔、向司法部举报或超过配额生产等作为威胁。一些公开的卡特尔即使不在反垄断法的执法范围内，如欧佩克组织（OPEC），也难以达成让所有成员均满意的持久的协议。对于非法的卡特尔而言，鉴于协商活动必须尽可能秘密、低频，问题就变得更加严重。

在协调总产量方面，卡特尔也没有作为单一厂商的垄断者那么灵活。举例来说，假设一个单一垄断者拥有五个工厂，如果它希望将产能缩减到原来80％的水平，那么它可能会关掉效率最低的那家工厂，再将其他四家的产能发挥到最优运行水平。然而对于一个有五家成员的卡特尔而言，假设每个成员分别拥有一家工厂，就没有这种可能了。对卡特尔来说，最有可能的是在五家成员企业中达成妥协来分配各自产能的利用率，而这一结果并非是效率最佳的选择。

尽管存在这些困难，我们仍有充分的理由认为卡特尔的社会成本是相当高的——尽管它们中的许多实际上无法在很长的一段时间内维持市场的低产量或者赚取超竞争回报。只要企业想要固定市场价格，美国反垄断法所采取的针对卡特尔的高压政策就是正当的。

一种涉及买方而非卖方的特殊类型的卡特尔，是雇主之间达成的压低劳工工资和薪金的协议。一个赤裸裸的反挖角（anti-poaching）协议——两家或者多家公司约定不挖对方的墙角（即不招聘对方企业的员工），构成本身违法，即使它们相互之间在产品市场上不构成竞争对手。[1] 更为棘手的是特许经营协议。假设像麦当劳这样的快餐连锁特许经营商在其众多特许经营协议中使用相同的条款，禁止各个被授权的特许经营门店聘用彼此的员工，从形式上看，这些协议似乎是纵向的，但从实践操作上看，它们更像是横向的禁止挖角协议。[2] 例如，实践中一些此类协议包含第三人受益条款，使某一个被授权的加盟商能够对其他加盟商

---

[1]　例如，California v. eBay, Inc., 2014 WL 4273888 (N. D. Cal. Aug. 29, 2014)。见 Todd v. Exxon Corp., 275 F. 3d 191 (2d Cir. 2001)。关于容易诱发劳动力市场共谋的企业合并，见 Ioana Marinescu and Herbert Hovenkamp, "Anticompetitive Mergers in Labor Markets", 94 *Ind. L. J.* 1031 (2019)。

[2]　Deslandes v. McDonald's USA, LLC, 2018 WL 3105955, 2018-1 Trade Cas. ¶ 80, 435 (N. D. Ill. June 25, 2018)（麦当劳与其特许加盟商之间的协议禁止加盟商雇用彼此的员工："……这种约束具有纵向因素，但协议的性质也是横向约束。它限制了横向竞争者——加盟商之间围绕着员工聘用展开的竞争……"法院在该案中适用了"快速分析"（"quick look"）方法）。

依据禁止雇佣条款主张违约。[1] 面对此类协议的多家法院对该做法所产生的潜在反竞争效果都表达了不无道理的担忧。[2]

第4.2节　寡头垄断、寡头间的合作与拒绝合作

反垄断政策中最复杂、最令执法者沮丧的问题，大概就是处理那些表现形式林林总总，虽然被广泛承认但又难以识别、也没有外在显性合同的垄断协议，这些隐性协议同样能够导致反竞争的价格。判例法和经济学分析对这个问题的重视可以回溯到 80 年以前，甚至更早。但是在本质上，反垄断法对于约束这类行为并没有发展出特别有效的工具。绝大多数最终否定这类行为的判决，都是仅仅基于发现企业间存在事实上的联络，这一事实有理由被认为具有"协议"的性质。

《谢尔曼法》第 1 条规定所针对的行为是限制贸易的"协议"、"联合"或"合谋"，这种表述要求原告或者检察官需要证明两个或者两个以上的厂商之间存在固定价格或者减少产出的"协议"。在决定是否存在上述协议时，法院非常倚重普通法上有关合同成立的要件，如"合意"（"meeting of the minds"）或"互相同意"（"mutual assent"）。

与前述规定相对比，《谢尔曼法》第 2 条一般适用于单个企业所实施的行为。[3] 协同行为本身从法律上来看就是非常可疑的，但单一企业的行为是否构成垄断则未必能一眼看清。其结果是，《谢尔曼法》第 2 条的适用范围相对来说更为狭窄一些。例如，第 2 条一般要求，要么证明被告本身属于垄断者，要么它有极大可能即将成为垄断者。

有些行为落入了《谢尔曼法》立法所遗留的巨大漏洞之中——尽管其本身具有反竞争的属性，但它们：既没有证据显示源自于竞争者之间的协议，也无法证明其属于某个具有垄断力量或者具有潜在垄断力量的企业的单方行为。自 19 世纪早期开始，经济学家们就认为，在集中度比较高的市场上，如果企业之间无须相互沟通，就可以共同将价格提高到竞争水平之上，这显然不需要类似于"共谋"或者协议的东西。今天，无论是理论分析还是实证分析，关于寡头市场的文献都可谓汗牛充栋，且日益复杂。[4] 虽然不同的观点在细节上存在很大分歧，且对于美国经济中寡头市场的普遍性和垄断程度也存在许多争议，但至少人们对于

---

[1]　Butler v. Jimmy John's Franchise，LLC，331 F. Supp. 3d 786 (S. D. Ill. July 31, 2018).

[2]　见 Herbert Hovenkamp，Competition Policy for Labour Markets（OECD，May，2019），访问地址：https://papers. ssrn. com/sol3/papers. cfm? abstract_id=3421036。

[3]　见本书第 6～8 章。

[4]　此方面较好的讨论见 Louis Kaplow，*Competition Policy and Price Fixing* 174 - 215（2013）；W. Kip Viscusi，Joseph E. Harrington，Jr.，& David E. M. Sappington，*Economics of Regulation and Antitrust*，Ch. 5 (5th ed. 2018)。

寡头市场客观存在这一事实本身还是有共识的，而且，其所带来的社会成本（与具有相同成本的企业之间开展充分竞争的市场相比）看起来是相当可观的。

随之而来的一个令反垄断政策制订者不安的结论是，寡头市场的成员企业较缺乏实施作弊行为的动机，这使寡头市场的垄断比起卡特尔来说更加稳定。进一步而言，更为稳定的垄断策略在《谢尔曼法》第 1 条要求"协议"存在的法律规定下，显得更为合规，因为在这种市场中，厂商们不需要进行明示交流（explicit communication）以达成被法律宣告为违法的所谓"合同"或者"协议"。一份上诉判决对此表述得非常直白：

> 在不存在寡头垄断的市场中，"竞争对手之间的平行行为（parallel behavior）尤其能说明存在固定价格的垄断行为，因为这是价格垄断共谋的必要条件（sine qua non）"。但在寡头垄断市场中，平行行为"可能是生活中的必然"，"因此，即使是有证据证明平行行为是有意为之的，也不能仅依此合理推断出共谋的存在"。因此，要想通过平行行为的证据来证明存在寡头垄断的共谋，该证据"必须超越单纯的相互依赖（mere interdependence）* "，并且"非常不正常，以至于可推断出这些企业如果没有事先达成协议的话，没有哪家理性的企业会这么做"[1]。

另一个与此相关、同样令人不安的结论是，《谢尔曼法》对于存在"协议"的要求，促使反垄断执法者错配了其有限的资源。由于反垄断法要求找到"协议"，执法经费往往会投向那些更容易证明"协议"存在的案件中，然而，在那些厂商通过行动配合即明显具有莫大损害后果的经济领域，要实现寡头协同其实根本不需要什么"协议"[2]。

除了寡头垄断的各种变体以外，其他不完全竞争模型都是基于垄断竞争（monopolistic competition）理论构建的。寡头垄断理论和垄断竞争理论之间的一个重要区别是，寡头垄断理论倾向于强调企业之间如何相互协调，而垄断竞争理论则更关注单一企业通过增加自身产品的区分度来减轻竞争压力的个体策略。[3] 因此，在针对共谋的反垄断分析中，垄断竞争理论与寡头垄断理论相比，其作用更小一些。然而，它在针对企业合并的反垄断政策中却发挥着重要作用。

---

*　这句话的含义是单纯的平行行为证据是不足以推定存在垄断共谋的。——译者注

①　Valspar Corp. v. E. I. Du Pont De Nemours & Co., 873 F. 3d 185, 193 (3d Cir. 2017)（引用了其他先例）.

②　见 Richard A. Posner, *Antitrust Law* 51 - 192 (2d ed. 2001)。也可参见 Howard P. Marvel, Jeffrey M. Netter & Anthony M. Robinson, "Price Fixing and Civil Damages: An Economic Analysis", 40 *Stan. L. Rev.* 561 (1988)，该论文指出许多价格固定的刑事案件没有产生后续的私人损害赔偿诉讼，可能是因为被告——尽管"固定"了价格——没有能够维持前述的超竞争价格。

③　见本书第 1.5a 节。

以一种多少有些过于简单的视角言之，针对企业合并所提出的挑战中，如果主张的是会产生"协同效应"（"coordinated effects"）的反竞争效果，主要是基于合谋理论或者寡头理论，而如果主张的是会产生"单边效应"（"unilateral effects"）的反竞争效果，则更多地基于垄断竞争理论。[①]

4.2a. 拒绝合作的古诺型（Cournot）寡头垄断

历史上最重要的非合作型寡头模型是由奥古斯汀·古诺（Augustin Cournot）于近两个世纪前提出的。[②] 在一些人看来，这个模型非常粗糙，也不符合常识，但是，它却保持了持久的影响力，并且成为许多更复杂模型的基础。同时，它的简洁也不等于粗陋，反而可以说是对于企业在无法掌握完全市场信息的情况下基于一些较为简化的假设所作出的反应的一种深刻洞见。

古诺认为，在高度集中的市场中，企业愿意围绕着产出而不是价格进行决策。换句话说，它们选定了一个产出的数量，然后，无论市场可接受的价格如何，均按照该数量进行销售。如果读者觉得这一决策似乎违反常理，请记住在完全竞争的状态下，各个竞争者们的选择与此相同，即厂商丝毫不能左右市场的价格，但可以按照自己的意愿决定产出的多少。比如，农民在农季到来准备播种玉米时，会问自己"我要种多少？"而不是"我要卖多少钱？"其次，古诺假设每一家企业在决定自己的产出量时均会假定其他企业的产出量是恒定的，也就是说，其他企业不会根据自己的决策来调整他们的产出量。类似地，在完全竞争市场中，竞争者也会作出同样的假设。

古诺均衡是通过以下的过程达到的：我们的讨论将从有两个厂商的市场——也就是所谓的双寡头市场开始。首先，第一家企业像单一垄断厂商那样行事，它根据自身的边际成本和边际收益的均衡点来设定产出，这样一来，第一家企业的行动策略等于其假定了第二家企业的产出为零。在这种情况下，市场存在剩余需求（*residual* demand）——这些需求是在第一家企业已经决定了价格和产出的情况下未能满足的市场需求[③]，而第二家企业将生产产品来填补这些剩余的市场需求——它将根据自己的边际成本和边际收益的均衡点考虑产出。紧接着，第一家企业就需要反过来重新向下修正价格，否则相当多的销售量就会转移到第二家企业。由此一来，第一家企业需要重新平衡其边际成本和边际收益，其决策基础则是第二家企业向市场投放的产出所填补的市场需求以外的剩余市场需求的需求曲线。再接

---

① 关于这两种合并政策的讨论，见本书第 12.3 节和第 12.4 节。

② A. Augustin Cournot, *Studies in the Mathematical Principles of the Theory of Wealth*（1838；English translation by Nathaniel T. Bacon, 1897）.

③ 关于剩余需求，见 Jonathan B. Baker, "Estimating the Residual Demand Curve Facing a Single Firm", 6 *Int'l J. Ind. Org.* 283（1988）。

下来，第二家企业又会再一次回应第一家企业下调价格的行为，调整其产出，以此类推。最终，这两家厂商会达到一个平衡点，每一家都可以在这个平衡上使自己的边际成本等于其边际收益。如果这两家企业具有同等规模，边际成本曲线也一致，它们最终的产出量也会趋向一致。每一家都会向市场输出当市场只有一个厂商（独家垄断）时的产出量的 2/3，因此整个市场的总产出将会是独家垄断的 1.333 倍。[1]随着古诺模型中的企业数量不断增加，整个市场的总产出量也会随之增加，而价格则随之下降。以上基本版的古诺模型是对现实的高度简化。但正如完全竞争理论一样，它生机勃勃，每一篇和产业组织有关的论文都会讨论它。人们也在不断研究其他替代的理论和更符合实际的模型，以便更多地将现实市场中的各种复杂因素考虑进来。[2] 这些替代理论考虑的问题包括：市场进入威胁的问题、企业存在规模差异或者效率差异的问题、企业的产品差异化的问题，以及企业采取更复杂的策略所带来的问题，等等。这些模型通常都试图找到"古诺—纳什均衡"（"Cournot-Nash equilibrium"）[3]，这个均衡指向的是如下一种状态：假如其他企业的行为保持不变，任何企业都不可能通过偏离这个均衡（如通过降价）来盈利。从这个意义上说，古诺—纳什均衡是自发实现（self-enforcing）的。相反，在传统的卡特尔协议模式中，每家企业都可以通过暗中降低价格和提高产量来赚取更多的收入。因此，为了使卡特尔维系下去，其需要一名"执法者"。

4.2b. 寡头的竞争策略

合作策略可以使各个企业都达到某个价格和产出水平，这个产出水平与那些能够带来最大利润的独家垄断或者有效运行的卡特尔组织的产出水平相同。可以想见，合作策略的前提是企业相信这样做比不合作能够带来更丰厚的回报，非合作只能带来古诺模型的回报水平。正如前面几节所讨论的，尽管古诺策略在理论上比卡特尔策略要更为稳定，但其盈利水平相对较低。例如，在最简单的古诺模型中，一个拥有五家同等规模企业的寡头市场的总产出量，相当于完全竞争状态下总产出水平的 83%，根据所在市场的需求弹性情况，这些寡头企业能够将价格提高到竞争价格水平之上 10% 到 30%。而完美的卡特尔却可以获利更多，也许能够获得超过竞争价格水平 50% 甚至更多的超额利润。

---

[1]　对此问题的简要说明，见 W. Kip Viscusi, John M. Vernon & Joseph E. Harrington, Jr., *Economics of Regulation and Antitrust* 102 - 108 (4th ed. 2005)；Roger D. Blair & David L. Kaserman, *Antitrust Economics* 225 - 230 (2d ed. 2008)。

[2]　相关研究和评论，见 Shapiro, supra at 336；及 Frederic M. Scherer & David Ross, *Industrial Market Structure and Economic Performance*, chs. 6 - 8 (3d ed. 1990)；及见 Jean M. Tirole, *The Theory of Industrial Organization* (1988)。

[3]　这一名称源于创造这一概念的 Cournot 和 John F. Nash, Jr.。见 John F. Nash, Jr., Noncooperative Games, 54 *Annals of Mathematics* 286 (1951)。

第4.3节　针对寡头市场和默示合谋的反垄断政策

反垄断法对于寡头市场的问题一直没有太多行之有效的办法，其原因就在于普通法中关于"协议"的狭义理解导致针对竞争企业之间所采取的策略性行为（strategic behavior）无能为力。必须存在"协议"的此项要件常常针对的是某种不正当行为。而非合作寡头（Non-cooperative oligopoly）的结构通常更为稳定，因此比起合作模式的结构更容易维持下去。

在《谢尔曼法》的分析框架下，共谋被限制在必须存在"协议类"行为的范围之内，这些行为可以被称为各方之间的"合同"（"contract"）、"联合"（"combination"）或者"共谋"（"conspiracy"）。从历史上看，在普通法上本身就存在许多如何去定义"合同"的解释困难。而《谢尔曼法》第1条的条文表述，也将合同法上的难题同样带到了反垄断法关于协同行为（concerted behavior）的认定上。许多适用《谢尔曼法》第1条的判例认为，该条文所要求的协议必须有明确（explicit）的意思表示，尽管可以通过环境证据推导出协议的存在。[①] 许多与第1条有关的判例法，并不关注被告的行为本身是否构成垄断协议，而是重在判断被告是否遵照垄断协议从事了某种行为。[*] 这一形式主义所带来的弊端，已经成为反垄断法打击寡头垄断导致的低经济效率执法行动的绊脚石。

4.3a. 挑战寡头；"Turner – Posner"论战

《谢尔曼法》第1条所涉及的判例法，因为强调必须要有"协议"，曾促使很多专家认为固定价格行为和寡头垄断属于两个完全不同的问题，而且反垄断法并不能对寡头垄断进行有效的监管。唐纳德·特纳（Donald Turner）教授在1962年发表的一篇重要论文中指出，寡头行为之所以不属于反垄断法的执法对象，是基于另外一个原因：寡头市场的存在是合乎市场规律的，并且从市场结构看，几乎是不可避免的。[②] 寡头市场的每一家企业被环境所驱使，都必须考虑其利润最大化的产出规模，这是由竞争对手们的产出，以及它们预测了其他厂商的价格和产出水平之后作

---

[*] 也就是说，这些判例法要求必须存在垄断协议。——译者注

[①] 见 First Nat'l Bank of Ariz. v. Cities Serv. Co., 391 U. S. 253, 88 S. Ct. 1575 (1968)（可以从行为同步进行的事实中推断出存在共谋，且一项协议本可以通过给予更高的价格而对被告有利）；Theatre Enters., Inc. v. Paramount Film Distrib. Corp., 346 U. S. 537, 74 S. Ct. 257 (1954)（见本书第4.5节）；并可见 6 Antitrust Law ¶ 1400 (4th ed. 2017)。

[②] 见 Donald F. Turner, "The Definition of Agreement under the Sherman Act: Conscious Parallelism and Refusals to Deal", 75 *Harv. L. Rev.* 655 (1962)；也可参见 Carl Kaysen & Donald F. Turner, *Antitrust Policy* 110 – 119, 266 – 272 (1959)。关于这一结构性观点在这个时代的反垄断政策中的角色，见 Herbert Hovenkamp, "United States Competition Policy in Crisis", 1890—1955, 94 *Minn. L. Rev.* 311 (2009)。

出相应的反应所自然形成的。忽视这些情况是脱离现实的。而且，没有法院能够作出让竞争对手们在企业决策时无视彼此行为的裁决。Turner 教授总结道，唯一的解决办法就是结构性救济（structural relief）：持续的、经济表现差的、高度集中的市场中的寡头应当被法院判令分拆为更多数量的规模较小的企业，这样才能使得市场取得更富有竞争性的结构。Turner 认为采取这种方式需要进行新的立法。

反对 Turner 理论的观点则强调，当我们将寡头垄断行为当作是一种"心照不宣"（"tacit"，以下有时候也译为"默示"）的合谋时，法条中的术语——"协议"就更能说得通。作为对 Turner 观点的回应，波斯纳（Posner）教授（后来成为法官）强调，与其说卡特尔与寡头行为之间存在差异，还不如说这二者其实很相似。[1] 在一个集中度较高的市场中，企业是根据一个明确的协议（express agreement）行事，还是简单地以同一套逻辑解读其他竞争者传递出来的信号，只有细微的差别。根据这样的方法对寡头进行分析可以得出以下结论：有外在意思表示形式的卡特尔协议可以被称为"明示的共谋"（"express collusion"），而寡头们相对独立的行为则可以被称为"默示的共谋"（"tacit collusion"）。使用这一术语的意义在于揭示如下事实：至少在某些寡头市场上，即使企业之间并不进行通常意义上的交流，但竞争者之间确实存在某种"合意"（"meeting of minds"）。

例如，在一个具有三个卖家的市场中，有一个卖家将要参与一项交易的竞价活动，但是这项交易的最终价格，并不会对之前的老客户在未来的报价方面产生任何影响。那么，这一卖家会如何确定其投标价格呢？在极端情况下，价格很可能就是卖家的边际成本。也即，如果企业在面对每一个未来客户进行报价时无须考虑该价格是否会对其他存量客户的交易价格产生影响，那么企业只要将价格设定在其边际成本之上的任何价格水平都可以实现盈利。显然，三家企业都会不约而同地认识到，它们之间不应该彼此竞争，但是，如果这种共识是秘密达成的，则很难具有强制执行力。在任何情况下，如果形成了这种"共同的认识"，那么就会使非合作式的寡头转化成合作式的寡头。接下来，只要我们恰当定义《谢尔曼法》所规定的"协议"，而不拘泥于传统上的狭义"协议"概念，那么就可能得出确实存在反垄断法上的"协议"的结论。[2]

---

[1]　Richard A. Posner, "Oligopoly and the Antitrust Laws: A Suggested Approach", 21 *Stan. L. Rev.* 1562 (1969). 见 Richard A. Posner, *Antitrust Law* 51 - 100 (2d ed. 2001)，Posner 法官在该书中更新并重申了其观点。

[2]　见 Douglas H. Ginsburg, "Nonprice Competition", 38 *Antitrust Bull.* 83 (1993)，本书指出效率共谋在可能存在非价格竞争的市场中是不具有盈利性的。然而更重要的是，非价格竞争必须是公开进行的，在这种情况下共谋就是非常有效率的，或者非价格竞争可以秘密地以消费者为单位进行，这一点与 Ginsberg 法官的观点不同。见 George J. Stigler, "A Theory of Oligopoly", 72 *J. Pol. Econ.* 44, 56 (1964).

4.3b. 对默示合谋以及便利因素的识别；可供选择的政策工具

"心照不宣式的共谋"或者说"默示共谋"（"tacit collusion"）似乎并不适用传统的古诺模型，因为在该模型下，寡头之间是毫不合作的。不过，它在两种例外情形下却十分契合古诺模型下的企业行为：（1）通过非正式或非语言表达的方式达成固定价格的条款；（2）合作式的寡头通过各方之间一系列的反复行为博弈和回应，最终达致均衡的价格或者产出水平。最重要的是，企业有可能通过以下几种方式促使古诺模型或者卡特尔的成就：改变市场信息交互的方式、改变产生交易的方式，或改变相应的交易条件。这些都可能会引发反垄断政策方面的反应。我们必须有能力迅速识别出寡头的行为，之后，我们应当有能力在很可能产生寡头行为的市场条件或者市场活动中导入反垄断执法。针对这个问题，反垄断法的主要工具是企业合并审查制度，但它更多体现为预防性（preventive）而不是矫正性（corrective）的。[①] 因此作为一项替代性的政策工具，我们也应当同时挑战有利于寡头行为产生的行为本身。[②]

在卖方高度集中，同时买方相当分散的市场中，较容易出现寡头定价（oligopoly pricing）。如果市场上存在着数量较少、规模较大，而且掌握信息较为丰富的大买家，就能迫使卖家互相竞价，并在交易条件方面给予更多的让步，特别是当交易是一对一进行且严格保密时，效果更为明显。如果市场中充斥着大量小买家，价格就可能不得不广而告之，这样所有的客户才能平等获得同样的交易条件。在这种情况下，卖家如果降价，就不得不对所有买家都一视同仁、统一降幅。由于古诺寡头的定价策略是从边际成本和边际收益的均衡点开始的，因此企业没有任何激励去进一步降低价格。

同样，寡头定价的企图也和明示的价格固定一样，很容易会被新进入市场的后来者，或者位于市场边缘的厂商（fringe firm）的产量提升所挫败。边缘企业所占的市场份额越少、新的进入所需的时间越长，则默示共谋的回报也就越大。

如果市场上不同企业的效率是不同的，或者它们所生产的产品具有显著的差异，无论是寡头定价还是寡头共谋，成功率都将下降。并且，随着市场上企业数量的增加，或者只要存在一种上述共谋的障碍，达成默示共谋的难度和达成明示共谋的难度的差距就会拉大。

寡头市场中的企业经常采取一些"便利措施"，通过这些措施使心照不宣的共谋更容易达成和持续，这些措施包括加大价格歧视的难度、提高发现作弊行为的概率、提升作弊惩罚的力度等。例如，如果所有企业都生产相同的制式产品，则可以通过统一相似的销售条件或者交易条款、互相公开所有的交易，使市场上

---

① 见本书第 12.1b 节。

② 见本书第 4.6 节；Louis Kaplow Competition Policy and Price Fixing, passim (2013)。

的寡头合作或者共谋更容易达成。如果这些便利措施是出自明示的协议，就会遭到反垄断法依合理原则进行的审查。之所以采用合理原则、而不是本身违法原则，是因为这种协议行为并不直接针对价格。例如，如果所有企业达成一项协议，约定各自生产产品的"标准"，这样的做法有可能通过降低客户的搜索成本而创造效率。[1] 但另一方面，促进措施本身又时常是默示协议的结果，企业间从不进行正式的交流，而只是彼此达成一种使得所有人共同垄断利润最大化的默契。

　　反垄断政策中最富有争议的问题之一，是法院和执法者在并无证据表明存在明示的共谋时，应如何处理高集中度市场中的经济低效。Turner 学说倾向于结构性救济[2]（即由司法强制拆分市场上的企业），该主张是基于寡头市场必然导致垄断价格的假设——追求利润最大化的寡头必然会根据其所处的市场环境采取垄断定价策略，这顺理成章地产生了市场经济效率低下的结果；相反，如果厂商按照其边际成本进行定价，才是违反理性的、不符合实际的。

　　即使法院有能力主导整个产业的结构性重整工作，也没有明显的证据表明，消费者将从中获益。即使不采取非常规手段阻止新竞争者的进入，市场一般也会走向集中，因为最低有效规模（minimum efficient scale，"MES"）决定了企业必须保持相当大的市场份额才能有效地参与市场竞争。[3] 举个例子，假设在某产品市场中，最低有效规模要求企业的产出水平必须达到整体市场规模的 30％以上，才能使其成本降低到竞争价格水平，那么市场在达到均衡状态时，很可能只容纳三家甚至更少的企业。那些规模达不到这个标准的小企业，要么通过合并形成规模更大的企业，要么蚕食其他企业的市场份额以提升自身的份额，要么干脆失败离场。将市场中的大企业拆分成十多家企业的做法，等于拒绝了大多数甚至几乎所有的最低有效规模厂商，这种对生产效率产生损害所带来的成本，很有可能超过了寡头经济对社会造成的损失。

　　因此，剧烈的市场结构变化对于大多数行业来说后果难以预测，而且诉讼等法律程序也绝对不是优化市场结构的恰当方法。拆分寡头企业确实可以使行业内出现更多数量的企业，这些企业也确实可以使它们的产品定价更接近于成本，但是问题的关键是，它们的成本可能变得更高。事先，我们很难说对市场进行结构性的改变究竟带来的是价格的上升还是下降。更何况，一旦我们还需要将预测的管理成本和救济成本（如果这种救济是合适的话）纳入考虑范围，那么寡头行业的结构性重组究竟有没有效率，就是值得怀疑的了。

---

　　① 见 12 Antitrust Law ¶ 2136 (4th ed.，2019)。

　　② Donald F. Turner, "The Definition of Agreement under the Sherman Act：Conscious Parallelism and Refusals to Deal", 75 *Harv. L. Rev.* 655 (1962).

　　③ 见本书第 1.4a 节。

我们有理由相信寡头行为的社会成本，至少就非合作式寡头而言，还是比拒绝让企业实现最有效率的产出规模的代价要低。如果是这样，消费者会因为企业被允许达到最优的经济规模而受益，即便要付出高市场集中度的代价也是值得的。① 同时，反垄断法也需要对无论是非合作式还是合作式的价格协同采取强硬的执法态度。这意味着在未来的实践中，如要解决原告和检察官在证明《谢尔曼法》第 1 条"协议"要求时所处的困境，需要做三件事情：首先，需要降低对联合或共谋举证要求的标准，或者说服法院，某些特定类型的共同认识（understanding）应当被解释为反垄断法所指的"协议"，尽管这些协议并不一定符合普通法对于协议的定义。这种做法主要针对那些缺乏直接的证据证明存在传统意义上的"协议"的合作式寡头行为，或者明确显示（explicit）的固定价格行为。②

其次，反垄断法的执法者已力图使法院确信，无论是否存在潜在的针对价格或者产出的协议，某些具有显著特征的横向协同行为均应受到处罚。值得一提的是，联邦贸易委员会（Federal Trade Commission）已经尝试适用《联邦贸易委员会法》第 5 条，而不要求证明协议的存在。但遗憾的是，从以往的经验看，效果并不是特别好。③

再次，此前提起反垄断诉讼的人们已经试图挑战某些"促进"（"facilitating"）垄断发生的做法，因为它们往往使合作式或者非合作式的寡头行为变得更有可能。在某些情况下，这些做法源于公司之间的协议；而在另一些情况下，它们是企业的单边行为，但又在整个行业中普遍存在。本章主要在第 4.6 节中讨论这些促进寡头垄断发生的便利措施，并在下一章还会再次提及，因为这些行为在针对联营行为的合法性判断中非常重要。

最后，联邦贸易委员会应当发布有关指南，更为清晰地列出，哪些类型的行为是跨越了单边行为而构成不正当的交互行为的。这一做法具有充分的制度支撑和实际需求。其一，《联邦贸易委员会法》第 5 条所采用的"不公平竞争方法"的立法语言，从字面含义来说并不要求证明协议的存在，这可以消除传统上有关必须要有"合同"或者"共谋"才应承担反垄断责任的偏见。④ 其二，法院似乎

---

① 见 Sam Peltzman，"The Gains and Losses from Industrial Concentration"，20 *J. L. & Econ.* 229（1977）；John S. McGee，*In Defense of Industrial Concentration*（1971）。

② 关于"直接"证据的定义，见 Champagne Metals v. Ken-Mac Metals, Inc.，458 F. 3d 1073, 1083（10th Cir. 2006）（《谢尔曼法》第 1 条所述的共谋的直接证据"必须能够明确显示且不需要任何推断性证据就可以证明原告的主张或结论……通过该直接证据，实情调查者不需要进行任何推断即可认定事实"）；根据案例 *In re Publication Paper Antitrust Litig.*，690 F. 3d 51, 63（2d Cir. 2012），最高法院提审动议被驳回，133 S. Ct. 940（2014）。

③ 见本书第 4.6d 节。

④ 关于适用《联邦贸易委员会法》第 5 条挑战共谋行为的讨论，见本书第 4.6d 节。

更认可监管机构在一套具有普适性的指南中、而不是为了某起特定诉讼而起草的简报中表达其执法目标。哥伦比亚特区巡回法院于 2019 年表明了这一观点，当时它驳回了一起质疑某一纵向合并案的政府起诉，在诉讼过程中，其明确指出，监管机构在长达三十多年的时间里没有制定任何关于纵向合并的新指南。[①] 之所以认为指南更具有可信度，是因为它们关注普适性的政策问题而不是具体的个案——在后者的情况下，监管机构的动机更有可能是为了赢得个案。其三，《联邦贸易委员会法》不能由私人来执行，为了提高私人执法的可能性，FTC 应当声明它所适用的是《谢尔曼法》的标准，这可以将私人执法的实践限制在能够证明存在协议这一更为传统的情况之下，从而减少对更为模糊行为产生过度威慑的担忧。

第 4.4 节　证明价格或者产出合谋协议的间接证据或者环境证据；"轴辐"共谋（Hub-and-Spoke Conspiracies）

最高法院也偶尔会在缺乏直接证据证明明示共谋的情况下，对类似共谋的行为追责。在 *Interstate Circuit，Inc. v. United States* 案[②]中，被告是包括了八家电影发行商和若干放映商的多家企业，这八家发行商控制了美国"首映故事片"发行市场大约 75% 的份额。最大的一家放映商致信给这八家发行商，提议发行商在未来与院线的放映合同中增加两个条款：（1）要求院线对首映影片收取至少40 美元的许可费，而对非首映的影片收取 25 美元的许可费；（2）禁止院线在放映首映影片同时，与其他影片进行双片联映（double features，即观众可以一次入场观看两部影片）。随后，这八家影片发行商在其与各个影院签订的大量合同中加入了这两个条款。除了这八家发行商都收到的那封信之外，并没有任何证据能证明发行商之间进行过协商。

可以很容易理解为什么院线公司希望在它以及其他院线公司的合同中加入此类条款："价格维持"条款可以有效地防止由发行商提供影片的下游院线之间的竞争。一种常见的卡特尔形成机制就是经销商集体诱使其共同的供应商提供转售价格维持条款。[③] 限制"双片联映"的条款可以使院线在维持价格期间，避免在提供影片的数量方面开展竞争。

上述限制如果是由一家发行商单方施加给一家放映商的，很可能就是合法的，这并不构成非法纵向价格维持，因为发行商并没有将这些影片销售给院线，

---

① United States v. AT&T, 916 F. 3d 1029, 1037 (D. C. Cir. 2019)；见本书 第 9.4 节。
② 306 U. S. 208, 59 S. Ct. 467 (1939).
③ 关于经销商使用转售价格维持条款来促进共谋，见本书第 11.5a 节。

而只是许可后者放映。在此之前，最高法院尚未处理过纵向非价格限制措施的案件，因此限制"双片联映"的条款是否违法并不确定。①

但是，如果八家发行商彼此之间协商，把这两个条款写进其与每一个院线公司之间所签订的许可协议中，那么该行为显然就是违法的。这种情况下，竞争者之间达成了一项有效限制产出的协议：因为票价涨了，更少的人会去影院看电影；而去影院的人只能看到更少的影片，因为禁止"双片联映"的条款减少了同一电影票所允许观看的影片数量。对于一个卡特尔来说，实施有关共谋条款的最好办法莫过于找到一家纵向关系的企业代劳，因为这样的企业几乎和所有的卡特尔成员都有直接的联系。而且，这家具有纵向关系的企业有时还会迫使不愿意参加卡特尔的竞争者就范。事实上，州际院线公司（Interstate Circuit）的行为就是要求发行商们通过纵向协议建立下游院线之间的共谋。

最高法院在该案中最终认定，向八家发行商提出的要约，加上八家发行商几乎步调一致地接受要约的事实，已经构成充分证据，联邦地区法院足以据此推断在它们之间存在协议。最高法院指出：

> 每一家（发行商）都了解，它们之间处于活跃的竞争之中，如果针对这两个条款无法形成实质上的一致行动，则会导致发行商们的经营和商誉受到巨大的损失，但如果能够一致行动，却可以预期大家都能增加利润。②

正如最高法院所见，每一家院线公司固定转售价格、限制"双片联映"这种表面上的单方决定，在竞争假定（presumption of competition）下是无法得到合理解释的：因为一家影院如果不想被这些限制措施约束，本可以转向另一家发行商。如果这是一个竞争市场，其他发行商是可以通过取消这些限制措施，在盈利的情况下扩大自己的市场份额的。

最高法院认为此案的关键并不是适用反垄断法解决默示共谋的问题，而是利用环境证据推定存在明示的共谋。本案存在着明示的"要约"，虽然可能并不存在一个明示的"承诺"，但承诺可以从有关行为的证据中推导得出。

法院采取如此严格的解释方法说明了以下几点：（1）由于证据难以取得，很多反垄断法上的密谋难以得到"直接"证据的支持，如书面协议、录音或者有关要约和承诺的证言。③ 因此，应当采纳某些环境证据。尽管如此，（2）仅仅是这

---

① 关于此类限制，见本书第 11 章。

② 306 U. S. at 222, 59 S. Ct. at 472.

③ 见 Todorov v. DCH Healthcare Auth., 921 F. 2d 1438, 1456 (11th Cir. 1991)（"鲜有案件"能够认定存在明示协议的证据）；根据 Petroleum Prods. Antitrust Litig., 906 F. 2d 432, 439 (9th Cir. 1990)。

些公司有机会共谋，或者共谋对它们有利可图的事实，尚不足以证明共谋的存在。[①]（3）如果原告需要依赖环境证据，则需要在前述第（2）点的基础上，进一步证明被告在从事有关行为之时就已经认识到，其他竞争者也会以相似的方式调整自身的行为（即其他的竞争者会跟进），只有这样，才能证明被告的行为是出于理性的（理性通常指的是提高盈利水平）。

如果例行会议是涉案行业日常业务中的正常环节，那么仅仅是被告有机会进行共谋的事实本身，对证成合谋的存在是没有帮助的。例如，不能仅凭竞争对手们在贸易协会的会议上有机会见面，而会议的议题之一是如何避免市场交易条件恶化，就推定它们实施了价格固定行为。[②] 同样，竞争对手间偶尔进行的社交活动也说明不了什么。[③] 当然，如果存在证据证明这些会面的某些议题可能涉及价格固定，或者讨论排挤竞争对手的计划，这样的证据是可被采纳（admissible）的，也可能具有符合反垄断证据要求的证明效力，但是，然后我们又回到了如何证明存在明示的协议的问题。[④]

一般来说，贸易协会（行业组织）作出的决定应被视为属于成员间的"协议"，美国的众多贸易协会确有卷入共谋的历史记录。[⑤] 然而同时，仅凭参与贸易协会关于价格和产出的讨论这一事实本身，并不能证明成员正在达成整个市场范围内固定价格和减少产出的协议。

法院通常认为，多个竞争者的平行行为（parallel behavior）本身并不能证明协议的存在，除非原告能够证明存在一些其他的"附加因素"，以使这一推理更具有说服力。相关的附加因素包括：寡头市场的结构、事先公布各自的价格、固定价格或者交换价格信息的历史记录等。[⑥] 或者，如在州际院线（*Interstate Circuit*）案[⑦]中所体现的那样，原告还必须证明涉案行为有悖于行为人个体的自我

---

① 例如，见 Blomkest Fertilizer v. Potash Corp. of Saskatchewan, 203 F. 3d 1028, 1036 (8th Cir. 2000, en banc)，最高法院提审动议被驳回，531 U. S. 815, 121 S. Ct. 50 (2000) (仅是会面还不足以构成共谋；但是，下级法院没有对除了会面外被告们还做了许多其他事情给予足够的重视)。其他的相关判决见 6 Antitrust Law ¶ 1417 (4th ed. 2017)。

② 参见 *Kelsey v. NFL*, 757 Fed. Appx. 524 (9th Cir. 2018) (多家 NFL 球队多次开会的事实既不能证明存在共谋的意图，也不能证明达成了"反挖角"或者固定拉拉队工资的协议)。

③ Souza v. Estate of Bishop, 821 F. 2d 1332 (9th Cir. 1987) (拥有土地的家族之间的广泛的社交接触还不足以证明存在限制产出的协议，特别是在涉案的只涉及租赁的土地经营策略有着独立的商业上的合理性的情况下)。

④ ES Dev., Inc. v. RWM Enters., Inc., 939 F. 2d 547 (8th Cir. 1991)，最高法院提审动议被驳回，502 U. S. 1097, 112 S. Ct. 1176 (1992) (讨论将一个竞争对手排挤出市场的会议很可能会构成共谋)。

⑤ 例如，见 Simon N. Whitney, *Trade Associations and Industrial Control* (1934)。

⑥ 详细论述见 6 Antitrust Law ¶¶ 1433—1434 (4th ed. 2017)；William E. Kovacic, "The Identification and Proof of Horizontal Agreements under the Antitrust Laws", 38 *Antitrust Bull*. 5 (1993)。

⑦ Interstate Circuit, Inc. v. United States, 306 U. S. 208, 59 S. Ct. 467 (1939).

利益，因此，只有它们之间存在协同行为才能对此予以合理解释。[①] 所以大多数法院并不同意 *Petroleum Products* 案中法院所作出的结论——在一个高度集中的市场中，"平行价格本身"就足以证明协议的存在。[②] 在这种市场结构中，平行定价是预料之中的事，尤其是当平行定价是对其他竞争者在先定价的后续反应时——也就是说，每一家企业在决定自己的价格之前都能观察到其他企业的定价。当然，如果所有企业的价格是同时公布的，就像密封投标那样，那么价格的趋同就变得可疑多了，是否可由此推断出协议的存在，则需结合个案的情形判定之。例如，在 *Cement Institute* 案中，十家协会成员企业同时给出了每桶水泥 3.286 854 美元的报价，也就是说，十个报价的一致性程度竟然达到万分之一美分，任何法院在面对该案的情况时，都不难推断出垄断协议的存在。[③]

在存在变更失败的"危险"（"perilous"）时，即当扭转价格变化对假定的领导者来说是不可能的或者代价高昂时，价格领导（price leadership）也就更能证明共谋的存在。在这种情况下，除非领导者相信竞争对手也会跟进，否则它不会冒险作出改变。[④]

总而言之，高度集中市场中的平行行为是否构成反垄断法所称的协议，取决于该市场上的交易模式和信息的传递方式。如果某一市场的性质决定了所有的交易价格和条件都必须公开，那么仅凭平行行为就无法推定出协议的存在。例如，在航空客运行业中，我们可以预计：（1）客票的价格和服务信息可以通过电脑订票系统、网络和公开广告获得；同时（2）只要价格一致，大量客户并不太关心具体由哪一家航空公司来提供服务。同样的分析也适用于许多其他行业，比如汽油零售行业。在这类市场中，如果一家公司不跟着降价，就会立刻蒙受市场份额

[①] 例如，见 In re Beef Indus. Antitrust Litig. , 713 F. Supp. 971, 974（N. D. Tex. 1988），维持，907 F. 2d 510（5th Cir. 1990）：原告如主张平行行为构成共谋，须证明两点：（1）各被告有意识地参与了平行行为；以及（2）该平行行为有悖于行为人的个体经济利益，而违背了善意为之的商业判断。为避免法院根据前述理论作出简易判决，原告不能仅依赖于单独的平行行为，还需要拿出有效的、被告有意实施平行行为的证据，并且能够说明一些"额外因素"（"plus factor"），以证明共同行为人所作涉案行为不是单方面的。也可参见 *Anderson News* , *LLC v. American Media* , 899 F. 3d 87（2d Cir. 2018），最高法院提审动议被驳回，139 S. Ct. 1375（2019）（破产的单一杂志批发商所提起的指控未能充分说明杂志出版商和分销商是如何通过共谋迫使其倒闭的；该共谋在经济上不太可能，因为原告没有说明被告如何从中受益；对被告行为更合理的解释是每个被告都独立地作出了商业判断，认为与作为原告的单一杂志批发商交易是无利可图的）。

[②] *Petrol. Prods.* , 906 F. 2d at 445 n. 9. Cf. 第九巡回法院的在后判决见 Citric Acid Antitrust Litig. , 191 F. 3d 1090（9th Cir. 1999），最高法院提审动议被驳回，529 U. S. 1037, 120 S. Ct. 1531（2000）（平行价格本身不足以构成额外因素）。

[③] FTC v. Cement Inst. , 333 U. S. 683, 713 & n. 15, 68 S. Ct. 793（1948）. 所有的竞价都会给予 15 日内付款的买家每桶 10 美分的折扣，法院指出这种情况是很常见的。

[④] 见 6 Antitrust Law ¶ 1425d（4th ed. 2017）；也可参见 Kleen Prods. , LLC v. Georgia-Pacific, LLD, 910 F. 3d 927, 937 – 938（7th Cir. 2018）（认定价格领导在该案中并不存在危险）。

下降带来的损失。因此，仅凭平行行为本身并不能推导出协议的存在。但是相反，如果某项或某些重要的销售条件是私下单独协商达成的并且是保密的，那么可以由寡头市场的平行行为推论出竞争对手之间相互达成协议的可能性就会大增，在这种情况下，无须对《谢尔曼法》第 1 条规定的"协议"进行过宽的扩张解释，即可推导出协议的存在。

另外，如果各家企业同时作出了平行定价决策，而排除了跟从定价的可能性，则由此可以推定存在私下的共谋。而如果某一企业只是跟从其他竞争对手的调价行为，则不能得出类似的推定。在 Text Messaging 案中，联邦第七巡回法院在第一轮程序中推翻了地区法院的裁决，认定地区法院应当对一项同时实施平行价格的指控继续进行审理。[1] 但是，在第二轮程序中，此后的证据显示涉案的价格变化并不是同时发生的，而是在长达 7 个月的时间里不断调整的结果，联邦地区法院作出简易判决（summary judgment）支持了被告，这次第七巡回法院则维持了地区法院的判决，认定该案缺乏关于固定价格的直接证据，而且环境证据也不足以推断出与此不同的结论。波斯纳（Posner）法官在判决的总结部分指出，在集中性市场上，企业间互相观测价格变化并作出反应的情况是非常普遍的：

> 卖家必须对定价进行决策。如果默示共谋是被禁止的，在不允许卖家坐下来直接商议定价的情况下，卖家如何能够在便于共同定价的市场条件下追逐个体利益的最大化呢（例如在那些卖家很少而买家众多、产品同质化因此基本不存在非价格竞争的市场中）？它们又如何实施定价策略呢？如果卖家收取了使其利润最大化的价格（它的竞争对手也会这样做），并且默示共谋是非法的，它就会遇到麻烦。那么它又能怎样避免这种麻烦呢？它只能采取成本加成定价法（cost-plus pricing）来定价，以证明它的价格仅仅能够覆盖成本吗（这一成本的概念包含了资本投资的"合理回报"）？这样的要求将使反垄断法转变为类似于对公用事业部门进行价格集中管制的法规，而现在这些法规大部分已经被废除了。[2]

最后，如果各方具有完全合乎情理的理由，即便是接受要约的共同行动也不一定被认为构成"协议"，也就是说，无论彼此之间是否实际上存在合意。关键的问题在于，对于某一特定行为而言，无论其他人是否也采取同样的做法，该行为是否对行为人来说是利润最大化的选择。例如，在州际院线（Interstate Circuit）案中，发行商受邀采用统一的禁止首映影片"双片联映"的合同，积极的响应可能会成为存在协议的证据，因为如果单个发行商单方面这么做，是愚蠢可

---

[1]　*In re Text Messaging Antitrust Litig.*，630 F. 3d 622 (7th Cir. 2010).

[2]　*In re Text Messaging Antitrust Litig.*，782 F. 3d 867 (7th Cir. 2015).

笑、违背常识的。这是因为，涉案市场的结构和性质清晰地表明了，任何发行商单方禁止双片联映只会让它把自己的市场份额拱手让给其他没有这么做的发行商，因而采取禁止"双片联映"的行动只有在协议达成时才解释得通。故此，一众积极响应行为本身，表明发行商之间达成了采取共同行为的共识。

某些复杂情况涉及所谓的"轴辐"（"hub-and-spoke"）共谋。* 在纯粹的轴辐式共谋中，参与共谋的"辐条"与中央组织者或者"车轴"进行沟通，但他们彼此之间并不直接相互交流。通常，"车轴"由制造商或者特许授权商充任，而"辐条"则是各家经销商或者特许经营中的被许可商家。这自然会引发这样的问题：该交易安排到底是横向协议，还是一系列纵向协议呢？在"辐条"之间不存任何信息交流的情况下，美国法院向来倾向于将其定性为纵向协议。[1] *Interstate Circuit*[2] 案明显是个例外。在该案中，"车轴"与每"根""辐条"进行交流，每"根""辐条"都知道"车轴"与其他"辐条"沟通的内容，但他们彼此之间没有进行过任何交流。[3] 没有明确的证据表明该案中存在横向共谋，甚至也没有明确的证据证明存在一系列纵向共谋，因为那些剧院从未单独或者联合表示过接受 Interstate Circuit 公司提出的条件。

另一方面，如果"辐条"之间存在实质性的交流，就像在 *Apple* 电子书案中的那样，那么法院就可以轻松地认定存在横向协议。[4] 在该案中，苹果公司精心策划了一个由出版商组成的卡特尔，集体要求亚马逊公司提高其平台出售的电子书的价格，但在形成和执行这一计划的过程中，出版商之间相互发送了大量电子邮件以讨论它们与亚马逊公司的协议条款。

第4.5节　通过较模糊的协议达成的寡头协同行为

这一节会分析两个完全不同但会指向相同结果的问题。第一个问题是，在现

---

　* "轴辐"共谋是一种特殊形式的合谋，它将当事人之间的关系比喻为一个车轮，上游纵向的参与者构成起连接、协同作用的轴心（hub），而下游横向的参与者构成车轮从轴心向车轮边缘辐射的辐条（spoke），各辐条间的"意思联络"构成车轮边缘的轮框（rim）。——译者注

　[1]　例如，Nexium（Esomeprazole）Antitrust Litig.，42 F. Supp. 3d 231，255（D. Ma. 2014），维持，842 F. 3d 34（1st Cir. 2016）（必须"在辐条之间存在协议或者联系"）；见 6 Antitrust Law ¶ 1402（4th ed. 2017）。

　[2]　Interstate Circuit v. United States，306 U. S. 208（1939）. 另见 Toys "R" Us，Inc.，126 F. T. C. 415，574-75（1998），维持，221 F. 3d 928（7th Cir. 2000）（大型玩具零售商向多家玩具制造商表达了其希望后者歧视大型商店的愿望，并且得到普遍遵循；法院肯定了 FTC 将涉案协定定性为横向协议的认定，尽管没有证据证明各家玩具制造商之间存在信息交换）。

　[3]　参见 Barak Orbach，Hub-and-Spoke Conspiracies，12 *Antitrust Source* 1（Apr 2015）。

　[4]　United States v. Apple，Inc.，952 F. Supp. 2d 638，706-707（S. D. N. Y. 2013），维持，791 F. 3d 290（2d Cir. 2015）。

有证据不足以充分证明存在"协议"的情况下，如何适用反垄断法对明显属于平行行为且具有反竞争效果的行为进行追究；第二个问题是，针对那些确信会提高合谋或者寡头行为发生概率的"便利"措施，无论这些措施的采取是否是"协议"的结果，如何适用反垄断法对其进行规制。虽然对这两个问题的分析路径各异，但大多数涉及其一的裁决都或多或少地同时讨论了这两个问题，并且常常将两者结合在一起进行分析。

4.5a. 概述；不完整协议

在 *Interstate Circuit* 案[①]中，联邦最高法院运用环境证据（circumstantial evidence）*推断：除非企业之间达成了某种共识或者协议，否则发行商的行为不符合使得自身利润最大化的固有商业逻辑。尽管如此，最高法院的以下论述经常还是被归为判决附带意见（dicta）**：

> 虽然联邦地区法院通过事实调查确认，有证据表明发行商之间达成了协议，但我们认为在此案的背景下，协议并非证明非法共谋所必需。如果发行商能够获知协同行为已经过深思熟虑的谋划，并获得加入共同行为的邀请，它们通过各自的行为服从并参与该计划，就已经足够证明（非法共谋的存在）。[②]

这段话是否意味着最高法院已经认为协议并不是共谋行为的必要条件，仍不明朗。法院在上文中关于"协议并非证明非法共谋所必需"的说法似乎有些自相矛盾。最合理的解释是，反垄断法意义上的"共谋"可以通过行为推导得出，这些行为——虽然不是全部——至少其中的一部分体现了一份"协议"应有的属性。

任何协议都无法涵盖所有可能发生的偶然情况，从这个意义上说，所有的协议都是"不完整"（"incomplete"）的。即便是适用普通法，法院一般也会对当事人未约定的事宜进行"漏洞填补"[③]。显然，实践中大多数的协议是上下游企业之间达成的，也就是说，是买家和卖家之间的协议。而对竞争对手之间达成的横向协议进行漏洞填补，和对买家与卖家之间的纵向协议进行漏洞填补，终究是

---

* 对应于我国司法中所说的有效证据链。——译者注

** obita dicta 或 dictum 是判决中的附带意见，指法官在得出判决意见过程中的论述，有些虽然类似格言警句，但并非判决的核心和关键问题之所在，因此也就不是其后案件所要遵循的规则或原则。"判决根据"（racio decidendi、ratio 或 holding）则是判决书中对于核心法律问题的回答和解释，是该判决的基础，因此对于其后的类似案件都具有法律约束力。——译者注

① Interstate Circuit, Inc. v. United States, 306 U. S. 208, 59 S. Ct. 467 (1939).

② 306 U. S. at 226, 59 S. Ct. at 474.

③ 一个典型的案例是 Carlill v. Carbolic Smoke Ball Co., 1 Q. b. 256 (1893)，法院认为一份书面的要约和一个默示的接受即构成一份协议。

有些不同的。

合同漏洞填补规则，很大程度上属于根据环境状况客观地对双方的合意进行重构。从合同法上来看，只有那些相对具有客观确定性的漏洞可以通过合同解释的方式来进行填补，而相对模糊不清的漏洞则无法得到填补。例如，《统一商法典》(Uniform Commercial Code) 允许法院在当事人之间缺少价格条款时填补一个"合理"的价格，但不允许填补交易数量的合同漏洞。[①] 这个规则有其合理性，因为往往存在客观的市场价格，可以引入市场价格来重构双方的合意，但数量条款往往是不可以的。例如，如果玉米在 2017 年下半年某一天的价格为每蒲式耳 2.3 美元，我们可以想见，大多数的交易都会围绕着这个价格进行。数量则有所不同，买家是想买 500 蒲式耳、还是 5 000 蒲式耳、还是 50 000 蒲式耳，是不确定的。法院在进行合同漏洞填补时，不是去探寻双方的真实意图，而是探求何为理性的（也即追求自身利益最大化的）、买卖双方本可能达成的价格，显然，这一价格应为交易标的在市场上可被识别的客观价格。

卡特尔协议很可能属于不完整协议，原因很简单，因为这种协议原本就是非法的——企业会尽可能保留合法协议的证据，也会尽同样大的努力防止留下非法内容的痕迹。而且，当我们从买卖双方的协议转而打量竞争者之间的协议时，价格和数量的内容都会是较为确定的，尤其在市场卖家数量较少时更是如此。诚然，这些缺失的条款并不总是如同某一天玉米的价格一样明确，但可以说总是会比缺失的数量条款更为明确。法院用来填补买卖合同漏洞的标准，在适用于竞争者之间的协议时应当进行适应性的调整，如此一来的结果是，会有越来越多的法院愿意仅凭客观行为的证据，就推断存在《谢尔曼法》意义上的"协议"。

买卖合同和竞争者之间的合同还存在着一项重要的差别，对于前一种合同而言，漏洞填补的目的在于使合同得以履行，法院在完成交易条件重塑的过程中，需要对双方的真实意思表示建立起相当程度的信心才行。与此相比，在卡特尔协议中，法院识别协议是否达成的目的在于对其进行谴责，而不是使其履行。而以实施协议为目的进行合同解释所需要的信息要比以打击它为目的所需要的信息多得多，因为前者需要以建立精确的交易条款为基础，而后者只需要证明该协议存在就足够了。

在合同漏洞填补的过程中，市场结构为我们提供的外部信息越多，我们需要从合同双方那里得到的内部证据就越少。例如，法院会对标准化的商品以当时的

---

① U. c. c. § 2－305（1）（如果价格在协议中"没有约定"，那么其应当是"在交货时的合理价格……"）．相反的是，U. c. c. § 2－201（"一份合同不能对超出其所约定的数量以外的商品产生效力……"）．见 Jessen Bros. v. Ashland Recreation Ass'n, 204 Neb. 19, 281 N. W. 2d 210 (1979)（关于草皮的协议因缺乏明确的交易数量条款而无效）．见 Herbert Hovenkamp, *The Antitrust Enterprise: Principle and Execution*, ch. 6 (2005).

市场公开交易价格"填补"价格条款漏洞，但是法院难以给艺术品或者其他"独一无二"的商品填补定价漏洞。波斯纳（Posner）法官曾指出，市场条件越是有利于诱发共谋，就越不需要原告提供用以证明共谋存在的证据。[①]

4.5b. 对通过协议而取得便利因素的指控

企业之间可以彼此同意（无论是明示的还是默示的）从事某些更易于达成共谋的活动，在所有的这些情形中，区分开展此类活动的协议和固定价格的协议是非常重要的。[②] 交换价格信息或者为产品制定标准的协议毫无疑问都是协议，这些协议会为企业维持超竞争水平的价格提供便利条件。但是这些协议本身并非固定价格的协议，并且，有些协议实际上反而具有很强的促进竞争的效果。

这些便利措施协议中，最明显的是交换价格信息的协议。最容易的监控市场价格信息的办法莫过于让所有的竞争者之间互相披露销售价格。但是，和其他所有令人生疑的非价格协议一样，价格信息的交流也可能会让市场更具竞争性，其好处将在下一章进行讨论。

同样，竞争者之间对产品或销售条件进行标准化的协议也落入这个难以判断的模糊区间。标准化可显著降低消费者的信息成本（information cost），促进市场效率；如果"二号胶合板""一等品鸡蛋"这样的表述对所有的市场买家和卖家来说都代表着相同的产品，那么消费者就能更容易地作出消费决策，市场也会更有效率。然而，在集中度高的市场中，产品标准化会成为促进明示或者默示共谋的诱因，因为它会使得每家企业能够更有效地监控其他企业的价格，它也会让非合作式的寡头行为更容易成功。

法院很少处罚竞争者之间仅对产品进行标准化的协议。[③] 然而，法院曾经严厉对待就价格或其他交易条款进行标准化的行为。例如，在 *Sugar Institute, Inc. v. United States* 案[④]中，联邦最高法院否定了某一商业协会的一项规则，该规则要求协会成员事先公开价格，并禁止它们背离已公布的价格、禁止价格歧视、禁止给予价格折扣或者以其他方式进行的价格折让。该行业属于高度集中的

---

① *High Fructose Corn Syrup Antitrust Litig.*，295 F. 3d 651，661（7th Cir. 2002），最高法院提审动议被驳回，537 U. S. 1188，123 S. Ct. 1251（2003）（"关于共谋行为的指控越是缺乏可信度，所需要的证据就越多"）。根据 *Flat Glass Antitrust Litig.*，385 F. 3d 350（3d Cir. 2004），最高法院提审动议被驳回，2004 WL 2454008（3d Cir. 2004）。

② 同上一条注释，¶ 1409。

③ 但是，见本书第 5.4c 节，该节讨论了将标准制定与拒绝交易绑定在一起实施的行为；以及 C-O-Two Fire Equip. Co. v. United States，197 F. 2d 489（9th Cir.），最高法院提审动议被驳回，344 U. S. 892，73 S. Ct. 211（1952）（生产标准化灭火器的协议促成的共谋被认定违法）；见 12 Antitrust Law ¶ 2136b（4th ed. 2019）。

④ 297 U. S. 553，56 S. Ct. 629（1936）。

行业，这些规则会使食糖生产商达成类似卡特尔的价格。[①] 在 *Catalano* 案[②]中，最高法院否定了啤酒批发商之间关于禁止短期商业信贷的协议，而这种信贷安排之前本是批发商给予零售商的一项促进销售的政策。在达成这个协议之后，批发商只有在零售商同意预付货款或货到付款的条件下才出售商品。该协议的效果使价格条款标准化了，从而市场价格更容易受到监督。例如，每件6美元、货到后180天内付款，要比每件6美元、但货到即付的实际价格更低廉一些。最高法院认为这种协议和变相固定价格几乎没有分别，因此按照本身违法原则进行了追责。

通过协议打造的很多便利措施都带来同一个法律适用上的难题，即在它们为共谋提供便利土壤的同时，也可能使得生产和销售更有效率。诸如信息交换、产品标准化、产品检测标准统一、创设新市场、规范市场的协议、交易的标准化，所有这些都落入此类协议的范畴。下一章会专门从联营角度讨论此类协议。

4.5c. "单边"的便利因素；基点定价机制

将便利措施行为纳入《谢尔曼法》的规制范围是个难题，而当便利措施本身属于单方行为时显得尤其棘手。也即是说，在这种情况下，没有足够的证据可以证明企业之间彼此同意利用这样的便利措施来达成"共谋"。

很多种行为都可以为共谋提供便利，即使这些行为本身只是单方行为。其中，某些行为具有固有的促进效率的属性，这说明企业在采取这些措施时未必将实施寡头共谋作为行为的出发点。例如，全行业的纵向整合和转售价格维持会方便卡特尔行为的实施，但也同样会提升企业垂直方向上的经销渠道的效率。[③] 与此同时，这些措施也便于企业对其他企业的最终产出价格进行研究。生产商与大型经销商进行的交易，通常属于低频、大单位量的交易，因而交易条件也往往是特异性的，其中具有大量个性化的、秘密协商达成的条款。在这种情况下，无论是明示的还是默示的共谋，都很难成功。但是，如果销售数量少、价格公开、交

[①] *Sugar Institute* 案揭示了一种价格领导模式，其与今天的航空运输行业十分类似。一个在某一领域具有支配地位的企业会早在生效日之前提前公布涨价，如果其他企业紧随其后，那么市场价格将会大幅上涨，如果其他企业不跟随，那么这个企业就会取消涨价。法院指出，"市场的变动，或者说价格的上涨，只有在所有精炼企业都采取类似的做法时才会发生。如果任何一家企业没有跟随这样的决定，其他企业也肯定会退出，因为食用糖完全就是一种标准化的商品。" 297 U. S. at 580, 56 S. Ct. at 634. "同样经常的，提前的决定（即涨价）经常会因一个精炼企业不跟随而被撤销，除了一些特殊情况，某一企业拒绝跟随涨价的决定也会被其他企业所跟随。"同上一条注释。

[②] Catalano, Inc. v. Target Sales, Inc., 446 U. S. 643, 100 S. Ct. 1925 (1980)。见 12 Antitrust Law ¶ 2022 (4th ed. 2019)。

[③] 见本书第11章。

易条件公开，那么降价的行为就会很快被竞争对手探知。[①] 但不管怎样，现在人们较为清楚地认识到：在实践中，只有很少一部分的转售价格维持（RPM）和纵向非价格限制措施会被用来促进横向共谋行为。[②] 因此，证明存在纵向限制并不意味着同样证明了横向协议的存在。

对价格歧视具有促进效果的便利措施尤其有趣。价格歧视是指同一个卖家在同一种产品的不同交易上收取不同费率的情形。假设竞争性价格水平较低，那么高价的销售必然给卖家带来一定的垄断利润。对一个标准化产品[③]（fungible product）进行持续的价格歧视不符合竞争法则：客户如被要求支付歧视性高价，就会转而寻求其他的卖家，如果处在一个竞争性市场，这些客户总能找到愿意把价格定在边际成本的那个卖家。存在持续性价格歧视的现象，可以用来证明该市场运行不具备完全竞争性。

在涉及价格歧视的案件中，最能显示共谋特征的应该算是交货定价（delivered pricing）类案件了，尤其是基点定价（basing point pricing）类型的案件。交货定价机制在运费成本占货值比例较高的行业很常见。这种定价机制包含了某种程度的价格歧视。因此，仅仅运行这个机制本身，也许就足以证明存在明示或者默示的共谋，就如信息交换、对产品和条件进行标准化的协议或者纵向一体化整合协议一样，交货定价机制同时也能使企业互相监督彼此的价格，并更为有效地对价格的变化作出调整。[④]

假设有一家企业，分别向距离为 10 英里、100 英里和 400 英里的三个买家进行销售，三个买家的出价是一样的，均为 100 美元，卖家按照包含了运费的同等价格对它们进行销售。如果运费成本和距离成正比，和距离最远的买家交易也能获得利润，那么和距离最近的买家的交易将使得卖家享受到垄断利润。在此情况下，卖家显然是在实施价格歧视。

如果在完全竞争市场中，距离 10 英里和 100 英里的两个买家能够找到愿意给到更低售价的卖家。竞争会驱使价格趋近真实成本，更有利于离买家最近的或者最具有地理位置优势的卖家，在运费占据产品价格比例较高的情况下尤其如此。

卡特尔往往希望消除这种基于位置的竞争。如果卡特尔的固定价格只是固定产品价格，而运费另计，那么企业间就会继续围绕发货点靠近客户这一附加价值

---

①　类似地，通过价格或者地域限制的纵向一体化可能会在零售层面促进卡特尔的形成。见本书第 11.2b 节。

②　见 Pauline M. Ippolito, "Resale Price Maintenance: Empirical Evidence from Litigation", 34 *J. L. & Econ.* 263 (1991)。

③　关于差异化产品的讨论，见 *Brand Name Prescription Drugs Antitrust Litig.*, 186 F. 3d 781 (7th Cir. 1999)，最高法院提审动议被驳回，528 U.S. 1181, 120 S. Ct. 1220 (2000)。

④　见 12 Antitrust Law ¶ 2025 (4th ed., 2019)。

展开竞争。企业将可能对卡特尔作弊，以货物从某个较近的发货点发出为由收取更低廉的运费，即使实际上该货物是从另一个运费更高的地点发出的。另外，行业需求会基于地理位置的变化而发生周期性的变化，在完全竞争市场中，卖家当前的销售情况能反映此周期的某一特定时点，但是比较而言，大多数卡特尔会尽量使得其成员的市场份额在不同周期中保持相对稳定。

最后，繁复的运费计算方式也会使卡特尔对成员的监督变得更为困难。[①] 如果每个卡特尔成员都把实际的运输成本纳入最终的交付价格之中，最终的产出价格就会因交易的不同而产生巨大的差别，卡特尔内部就很难监督其成员企业的实际价格。

为了解决上述问题，很多卡特尔不仅固定商品的价格，也固定运费的水平。在卡特尔内部最能有效地消除地理区位竞争，并统一到货价格（即包含了运费的商品价格）的机制之一就是基点定价机制。在基点定价机制中，卖家们选择一些中心地点作为"基点"，所有价格所包含的运费以基点到客户的收货地点进行计算，即便这些货物实际上是从别的地方发出的。例如，在钢铁行业中曾使用的"匹兹堡加价法"，就是分布在美国东北部和北方中部各州的钢厂在向所有客户收取运费时，都以匹兹堡（作为基点）到客户的收货目的地的距离计算运费。[②] 如果钢铁价格已经是固定的，那么买家向不同钢企所支付的运费也是完全一致的。通过这种方式，基点系统为达成共谋提供了便利，它使每家企业可以很方便地追踪钢铁市场的实际价格。[③]

当有证据显示竞争者间达成了基点定价协议，法院总是会按照《联邦贸易委员会法》（Federal Trade Commission Act）第 5 条的规定对基点定价机制进行问责。[④] 但是，对于没有证据证明卖家达成了协议的情况司法应当如何介入，还存

---

① 可参见下列案例对运费的解释：*du Pont（Ethyl）case*，101 F. T. c. 425（1983），被驳回后案件名称为 e. I. Du Pont De Nemours & Co. v. FTC，729 F. 2d 128（2d Cir. 1984）。联邦贸易委员会指出，如果没有这一机制，市场参与者们将很难追踪其他参与者的价格。101 F. T. c. at 637.

② 见 *United States Steel Corp.*，8 F. T. c. 1（1924）；FTC v. Cement Inst.，333 U. S. 683，714，68 S. Ct. 793（1948）。关于基点定价机制的详细经济学分析，见 George J. Stigler，*The Organization of In-dustry* 147 - 164（1983）。

③ 最后，基点价格还可以为卡特尔提供惩罚作弊者的机制：卡特尔可以强行在一段特定的时间内将作弊者的所在地设定为基点，在这段时间内，作弊者只能通过削减其实际产品价格或者自行承担一部分实际发生的运费来进行竞争。关于将此方法作为惩戒措施的实践，见 Cement Institute，333 U. S. at 683。

④ *Cement Institute*，333 U. S. at 683，本案认定基点价格违反了《联邦贸易委员会法》第 5 条。本案中没有直接证据证明企业之间存在明确的协议；但是，该行业内的企业因在投标中提交相同的竞价而臭名昭著。法院认为，委员会可以从这一事实中推断出共谋，无论是"明示或默示"。基点价格同样被认定为构成非法价格歧视，违反了《罗宾逊—帕特曼法》（Robinson-Patman Act）。Corn Prods. Ref. Co. v. FTC，324 U. S. 726，65 S. Ct. 961（1945）. 见 14 Antitrust Law ¶ 2321（4th ed.，2019）。

在着较大的争议。在 *Triangle Conduit and Cable Co. v. FTC* 案[①]中，法院通过两个不同的分析路径支持了联邦贸易委员会（FTC）对被告在全市场范围内实施基点定价进行谴责的执法：第一，企业之间互相约定进行基点定价；第二，在明知其他企业采取同样做法的情况下，在竞价时计算到货价格"亦使用相同的计算公式"，仅凭这点就足以构成《联邦贸易委员会法》第 5 条的违法行为。法院支持联邦贸易委员会在该案中对共谋的认定，也同时支持第二种理论，即，即使没有明示的协议，也可以作出肯定的认定。

> 每个导管卖家都知道他们之中的每个人在使用基点计算公式；每一个人也都知道只要使用这个方法，大家就会采用统一的到货价，其结果是，市场上仅存在一种交易价格，在这一交易条件下，买家是彼此孤立的。就应当发挥市场竞争机制作用的价格而言，买方被卖方剥夺了相应的选择权。如果联邦贸易委员会认为此案中每个厂商都使用基点定价的行为确实构成了一种不公平的竞争方式，我们认为委员会是对的。

在 *Boise Cascade Corp. v. FTC* 案[②]中，联邦第九巡回法院对 *Triangle Conduit* 案的判决观点提出了质疑，其拒绝在缺乏证据证明企业间达成了协议从而实施了有关行为的情况下，对全行业基点定价的行为进行追责。该法院认为，《联邦贸易委员会法》第 5 条要求联邦贸易委员会要么证明在企业之间基于"一个明确的协议"从事基点定价行为，要么证明实施的行为"事实上产生了固定或者稳定价格的效果"。然而，联邦第五巡回法院则适用《谢尔曼法》第 1 条对同样的行为进行了追责，其肯定了陪审团的裁决，认为涉案行为确实对价格产生了影响，原告也因此受到了损害，而且也确实存在各方进行意见交换的证据，陪审团认为这些沟通交流可以推断出该案中存在明示的协议。[③]

4.5d. 其他便利措施；算法；《联邦贸易委员会法》第 5 条的适用

反垄断法对"合同"（"contract"）、"联合"（"combination"）和"共谋"（"conspiracy"）的形式上的要求，已经使得在没有明确的共谋证据时，通过适用《谢尔曼法》第 1 条来解决高度集中市场中运行效率低下的问题的司法路径变得困难重重，联邦贸易委员会也反复试图通过适用《联邦贸易委员会法》第 5 条的宽泛表述来力争取得突破。该条对"不公平的竞争方法"进行追责，从条文的文字表述来看并不明确要求存在协议，借此打击明显的默示共谋。但这一努力长

---

① 168 F. 2d 175，181（7th Cir. 1948），维持后案件名称为 Clayton Mark & Co. v. FTC，336 U. S. 956，69 S. Ct. 888（1949）。

② 637 F. 2d 573（9th Cir. 1980）。

③ *In re Plywood Antitrust Litig.*，655 F. 2d 627，634（5th Cir. 1981），最高法院提审动议被驳回，462 U. S. 1125，103 S. Ct. 3100（1983）。

久以来在实践中一直没有得到强有力的支持。在 *Ethyl Corp.* 案[1]中，FTC 凭借第 5 条追责了四家生产汽油防爆品的公司，这些公司从事了销售方面的某些一致行动，但又缺乏明显的协议，包括：1）一项要求提前 30 天公布价格变动的政策；2）销售合同包含"最惠国待遇"条款，承诺在未来确定的一段时期内，如有任何价格折扣，买家将得到全部折扣利益；3）统一到货价格。

联邦贸易委员会着重强调了《联邦贸易委员会法》第 5 条和《谢尔曼法》第 1 条的不同，认为前者并不要求证明存在企业间的协议。如果一个行为既对竞争产生了不利影响，也违背了"谢尔曼法的基本立法目的"，那么就可能触犯《联邦贸易委员会法》第 5 条，即使这种法律适用方法可能超出了《谢尔曼法》的适用范围。经对该案市场进行审查，联邦贸易委员会发现了默示共谋的所有特征：市场高度集中且企业之间的成本大致相同、高进入障碍混合着大量的政府管制措施、市场需求弹性很低、产品高度同质化与无差别化、净收益率比一般化工生产企业的收益率高 50%。[2]

在这样的一个市场，前述被指控的行为都有可能便利了默示的共谋。提前 30 天公布价格变化，会使得企业对其他竞争对手的定价进行监控并及时作出反应，在该案所涉及的市场中，实际上两家规模较小的企业的价格一直追随着两家规模较大的企业的价格变化。

价格保护条款（price protection clause），有时也被称为"最惠国待遇"条款（"most favored nation" clause），以及价格一致性保证（price matching guarantee）条款，在定性上甚至会更模糊一些。价格保护条款，指的是卖家向买家承诺可以回溯式地保证买家支付的价格不高于买家从其他卖方那里购买的价格，相比之下，价格一致性保证条款通常指的是零售商作出的其价格不会高于任何竞争者对外售价的承诺。

买家可能会认为价格保护条款是用来保护买家的，以防止他们享受不到后续的给予其他买家的优惠，例如，今天买家 A 以 50 美元购买了某产品，后天卖家以 45 美元将同样的产品卖给了买家 B，A 就可以得到 5 美元的返利。但是，这样的条款却往往不是买家通过艰苦的谈判得来，反而是来自卖家心照不宣的共谋。价格保护条款使寡头市场更趋向于古诺模型，那些只要高于边际成本、不管力度有多大仍能够获得垄断利润的秘密折扣在实行价格保护条款后就变得不可能了。[3] 其结果是使得差别定价策略的成本很高，且很容易被察觉，从而为卡特尔

---

① du Pont (Ethyl)，101 F. T. c. 425 (1983)，改判后案件名称为 e. I. Du Pont De Nemours & Co. v. FTC，729 F. 2d 128 (2d Cir. 1984)。

② 关于使用会计数据来判断垄断获利，见本书第 3.9c 节。

③ 见本书第 4.4a 节。因为价格保护条款使价格歧视行为很难奏效，因而每一家企业都会按照古诺模型的模式，将其边际收入设定为边际成本的水平。

提供了新的进行价格监控的"纠察方法"。如果卖家企图向卡特尔作弊，给 B 以 5 美元的折扣，买家 A 就会根据价格保护条款要求享受同样的待遇。[1]

价格保护条款和与之相近似的价格一致性承诺，可以成为促成卡特尔的便利措施。如果 A 和 B 互相约定保持售价一致，则直接构成卡特尔；如果 A 和 B 各自与自己的客户约定与另一家在价格上保持一致，将得到两份纵向协议，它们从形式上看似乎是促进竞争的，但本质上仍可能是反竞争的。[2] 我们有时会认为世界各地的沃尔玛（Wal-Marts）为消费者提供了优惠，其广告声称它们的价格不高于任何竞争对手，事实上，这样的后果只不过是使其竞争对手认为，即使打低价的广告，也不会带来什么好处。随着低价广告对消费者不再具有吸引力，它们就会逐渐销声匿迹，而大型的"折扣店"（"discount"store，这里指沃尔玛之类的大型商超）也由此将成为价格的领导者，其后果可能是寡头市场结构的形成。[3]

第二联邦巡回法院并未被联邦贸易委员会的默示共谋理论所说服，其撤销了联邦贸易委员会的裁决，明确拒绝认定"非共谋、非掠夺性、非操纵性的独立行为"违反《联邦贸易委员会法》第 5 条，即便这种行为的后果会在实质上减少竞争。相反，该法院认为联邦贸易委员会至少需要证明以下事实中的某一项："（1）被指控的生产商存在反竞争的意图或者目的；（2）其行为缺少独立的、正当的商业理由。"[4] 法院认为寡头市场只是特定市场的"条件"，还不能构成逃避市场竞争的"措施"。这一定性恰好可以成为特纳（Turner）教授观点的论据，其观察到寡头市场天然具有运行效率低下的状态。Turner 教授认为在这种条件下，边际成本定价法是反理性的。但是正如本章第 4.4a 节所讨论的那样，Turner 教授的观点忽视了一个事实：差别定价，如果只是选择性地给予某些买家，而不是给予另外一些买家，就可以逐步削弱寡头垄断、修复价格竞争。使得消除差别定价变得不经济或者不可能的行为（指维持或者促进统一定价的行为）不应当是市场中存在的自然条件，而应当属于人的干预行为。在实践中，被告经常通过提供大量的证据来证明涉案的共谋计划实际上并不完美，以此意图瞒天过海逃避法庭的追责。但事实上，没有任何方案是尽善尽美的，包括那些促成完全竞争的行动方案也同样如此。

法院并未排除未来适用《联邦贸易委员会法》第 5 条来规制寡头市场中便利措施的可能性，但是，法院认为联邦贸易委员会"有义务界定市场条件的含义，以此为基础来认定其所调查的协同价格行为是不公平的"。这样，企业可以获得

---

[1]　更多的解释，见 Aaron S. Edlin, "Do Guaranteed-Low-Price Policies Guarantee High Prices, and Can Antitrust Rise to the Challenge", 111 *Harv. L. Rev.* 528（1997）。

[2]　见 Joseph J. Simons, "Fixing Price With Your Victim: Efficiency and Collusion with Competitor-Based Formula Pricing Clauses", 17 *Hofstra L. Rev.* 599（1989）。

[3]　见 6 Antitrust Law ¶ 1435（4th ed. 2017）。

[4]　e. I. Du Pont De Nemours & Co. v. FTC, 729 F. 2d 128, 139（2d Cir. 1984）。

明确的预期——如何行事是合法的，而怎样做则是非法的。

联邦第二巡回法院的这一翻转带来一个问题，那就是它没有考虑到联邦贸易委员会所能采取的执法手段（救济措施）其实是有限的。这一有限性降低了反垄断执法对市场竞争产生过度阻遏效应的风险。正因为救济手段的有限性，联邦贸易委员会的执法活动本来就比由司法部或者私人原告根据《谢尔曼法》所发起的反垄断诉讼所带来的社会成本更低一些。联邦贸易委员会的救济手段同时具有前瞻性以及仅限于禁令救济（injunctive relief）的特点，使《联邦贸易委员会法》在《谢尔曼法》之外放宽执法认定标准具备了正当性。在本案中，即使联邦贸易委员会认定错误，涉案行为其实并无促使共谋达成的意图，但禁止该行为的社会成本也并不高，这是因为同样也没有证据表明该行为有什么提升市场效率的效果。在一个集中度很高的市场中，很容易诱发共谋，稍显过度的阻遏对于那些难以清晰定性的行为来说可能是好事情，只要那些被控行为基本上没有什么社会价值。

在涉及难以对行为进行清晰定性的案件中，也就是行为可能同时具有竞争性和反竞争性的情况下，首先审查市场结构的证据是明智的选择。依赖五花八门的各种理论，来判断那些使产品差异化、公开运费费率、缔结最惠国条款等行为，究竟是有利于市场竞争还是损害竞争，往往只能事倍功半。在此类案件中，行为效果的模糊性排除了本身违法原则的适用[1]，但对市场结构的快速审视却可以帮助法院识别那些根本不需要进行深入调查的行为，因为某些类型的行为基本上没有促成共谋的可能。以公布运费费率价目表为例，如果是在一个拥有几十家货运公司、且进入非常容易的市场中，无论被调查企业的意图是什么，显然都不太可能达成有效的共谋，在这种情况下反而可能找到一些证据来证明市场存在激烈的竞争。相反，同样的行为如果发生在一个高度集中的市场中，且该市场具有很高的进入壁垒，不同企业之间产品或服务的替代性又很强，则强烈预示着存在共谋的高风险。这种情况下，应转由被告提供实证证明该行为提高了产出。

如本章前文所述[2]，解决问题的一种方法可能是由 FTC 制定详细的指南，规定在哪些情况下可以将其基于"不公平竞争方法"的法律授权所管辖的范围，扩及那些无法满足《谢尔曼法》所规定的"协议"要件的卡特尔类型的垄断行为。审理 *Ethyl* 案和 *Kellogg* 案的法院显然不愿超越此前适用《谢尔曼法》的先例而走得太远，但如果让它们适用并非针对特定案件而起草的行政机关的意见，它们可能会更愿意考虑行政机关在个案中所提出的扩张适用《谢尔曼法》的诉讼主张。

通过计算机程序算法来定价的行业实践在最近引发了大量讨论，但到目前为止还没有关于这方面的太多的反垄断诉讼。算法只不过是一组指令，通常是数字

---

① 关于本身违法原则，见本书第 5.6 节。
② 见本书第 4.4b 节。

指令，它协助决策者以某种特定的方式响应特定的事件。考虑到算法的通用性，其可以涵盖大量与反垄断无关的事情，但也有不少内容与反垄断法相关。例如，某线上卖家编写了一段程序，用以搜索竞争对手的价格，并不断匹配其发现的最低（或最高）价格，或者自动跟进竞争对手使用的广告内容、设定相同的交易条件。更复杂的算法可能会玩价格匹配的经济游戏，甚至会在竞争对手采取某些行为后加以"惩罚"[1]。

显然，一群企业之间达成的使用相同算法的协议只不过是一种赤裸裸的价格固定机制，应该受到相应的处罚。[2] 然而，即使是事先约定好的算法在某些联合经营的情形中也可能带来经济上的益处。例如，优步（Uber）公司使用一套计算机算法持续监控司机和潜在乘客的供需情况，并相应地调整平台价格，由此一来，在需求量大的高峰时段，乘坐 Uber 的费用会相应地上调，从而可以更好地促成交易。[3]

如果每家公司都仅仅只是各自单方面决定是否使用某种算法，以及选择使用哪种算法，那么反垄断法目前的态度与传统的针对有意识的平行行为和默示共谋的规则相比，并没有走得更远，也就是并没有更加严厉地对待这种行为。尽管如此，在行业集中度较高的市场中，算法可以迅速地成为占有优势地位的企业在无须达成传统协议的情况下，降低其监控市场价格、协调市场价格的成本的另一种重要方式。这可能是《联邦贸易委员会法》第 5 条可以发挥用武之地的另一个领域。

4.5e. 共谋案件中的驳回起诉的动议与简易判决；法庭通常要求传统意义上的合谋要件的倾向

在 *Twombly* 案中，联邦最高法院大幅提高了依据《谢尔曼法》第 1 条起诉的案件的受理门槛，并且现在该规则已经扩展到了反垄断案以外的其他所有类型

---

① 参见 Ariel Ezrachi and Maurice E. Stucke, *Virtual Competition: The Promise and Perils of the Algorithm-Driven Economy* (2016); Ai Deng, "What Do we Know About Algorithmic Tacit Colusion", 33 *Antitrust* (fall 2018); Anita Banicevic, et al, Algorithms: Challenges and Opportunities for Antitrust Compliance (*ABA Antitrust Section Fall*, 2018)。

② 2015 年，反垄断执法部门获得了大陪审团通过的刑事起诉状（criminal indictment），针对通过亚马逊平台进行销售并同意使用相同算法设定价格的墙报零售商进行追诉，并最终达成认罪的辩诉交易协议。"根据指控，共谋者通过亚马逊平台商议了在美国境内销售的某些类型的海报的价格，并同意对某些海报的销售采用特定的定价算法，目的是统一线上消费的价格，并针对同种产品协调各自的价格变化。"见 https://www.justice.gov/opa/pr/e-commerce-exec-and-online-retailer-charged-price-fixing-wall-posters。

③ 参见 Salil K. Mehra, Antitrust and the Robo-Seller: Competition in the Time of Algorithms, 100 *Minn. L. Rev.* 1323, 1323 - 1324（2016）。也 可 参 见 Meyer v. Kalanick, 174 F. Supp. 3d 817（S. D. N. Y. 2016）（得出了 UBER 的算法可能构成属于本身违法原则规制的垄断共谋的武断结论）。

的联邦案件。① 最高法院在该案中认定，一项有关数年来多家区域电话公司有权进入彼此经营的地域但却没有进入的指控，不能推导出共谋的存在，即便同时被指控的还有其中一家公司高管的声明，该声明的大意是竞争性进入在商业上对行业没有什么好处。

显而易见，原告如要提起反垄断诉讼，肯定不能仅仅凭借一份存在大量推测内容的"协议"，不要说是否具有协议本身了，连何时、何地可能达成这样一份协议都说不清楚。原告必须提出足够具体的指控，使得存在协同行为而不是各自独立行为的有关推论具有"高度盖然性"（"plausible"）。

在这里，最高法院担忧的是反垄断程序证据开示制度（discovery）的高昂成本，特别是那些所涉被告分布广泛、指控行为内容定义含混的共谋案件。*Twombly* 案导致随后的数十个反垄断起诉依照该案所确立的标准都因证据过于单薄而被驳回。② 但与此同时，人们也逐渐意识到，如果那些关于共谋的重要证据掌握在被告手中，那么 *Twombly* 案所确立的标准对于原告方来说未免过于苛刻。在这种情况下，也许那些已经穷尽了所有证明手段的原告，应该至少获得针对协议问题的有限证据开示（limited discovery）的权利。③

早在 20 年前，联邦最高法院在 *Matsushita* 案中，便确立了涉及共谋的反垄断案件在简易判决（summary judgment）驳回原告起诉动议程序中应当适用更为严格的标准，该标准使得反垄断案件更容易被法院通过简易判决程序予以驳回。④ 该案对于联邦诉讼规则影响深远，一直以来都是最高法院作出的先例中引用率排名第三的案件。⑤ 事实上，从某种程度上说，*Matsushita* 案带来的一个后果是，通过简易判决程序审查，进入普通程序审理的反垄断诉讼数量相对减少了。而 *Twombly* 案是否在更早的起诉（pleading）审查阶段，也产生类似于 *Matsushita* 案对简易判决程序的影响，从而进一步减少反垄断诉讼案件，仍有待观察。⑥

---

① Bell Atlantic Corp. v. Twombly，550 U. S. 544，127 S. Ct. 1955（2007），也可参见 Ashcroft v. Iqbal，556 U. S. 662，129 S. Ct. 1937（2009）（将 *Twombly* 的规则延伸到反垄断案件以外的其他类型的案件）。

② 更多相关判决见 2A Antitrust Law ¶ 307（4th ed. 2014）。相关批判意见，见 Herbert Hovenkamp，"The Pleading Problem in Antitrust Cases and Beyond"，95 *Iowa L. Rev. Bull.* 55（2010）；见 Adam N. Steinman，"The Pleading Problem"，62 *Stan. L. Rev.* 1293（2010）（"众所周知，有可能推翻民事诉讼"）；Kevin M. Clermont & Stephen c. Yeazell，"Inventing Tests, Destablizing Systems"，95 *Iowa L. Rev.* 821（2010）（类似观点）；Richard A. Epstein，"Bell Atlantic v. Twombly：How Motions to Dismiss Become (Disguised) Summary Judgments"，25 *Wash. U. J.L. & Pol'y* 61（2007）；Scott Dodson，"New Pleading, New Discovery"，109 *Mich. L. Rev.* 53（2010）。

③ 例如，见 Evergreen Partnering Group, Inc. v. Pactiv Corp.，720 F. 3d 33（1st Cir. 2013）。

④ Matsushita Elec. Indus. Co. v. Zenith Radio Corp.，475 U. S. 574，106 S. Ct. 1348（1986）.

⑤ 见 Steinman, The Pleading Problem, supra at 1357。

⑥ 关于该案判决的更多讨论，见 2A Antitrust Law ¶ 308（4th ed. 2014）。

第4.6节 企业内部的"合谋"

整整半个世纪，美国法院一直被一个问题所困扰，存在所有权隶属关系的企业，比如母公司和全资子公司之间，是否有可能构成《谢尔曼法》所称的"共谋"？[①] 在 *Copperweld Corp. v. Independence Tube Corp.* 案中，联邦最高法院至少就这一问题的其中一种类型给出了最终答案：母公司和其全资持股、但独立运营的附属公司应该被视为同一企业，它们不能作为《谢尔曼法》第 1 条所指的"从事共谋的多个实体"[②]。最高法院断定，正如作为"同一企业的若干管理人员"并不是《谢尔曼法》第 1 条意义上的独立行为主体一样，母公司和全资子公司具有"完全一致的利益"，因而也不是《谢尔曼法》意义上的独立行为主体。[③] 一家公司究竟是设立不具有法人主体资格的分支机构，还是设立具有独立法人主体资格的下属企业，区别几乎只在于税务上的后果，以及与竞争无关的其他法律后果。一家企业不可能单凭设立一个独立的公司化运行的部门就能提升其市场力量。

这一根本性的问题，反映出《谢尔曼法》第 1 条关于共谋的规定和第 2 条关于垄断的规定之间存在内部矛盾关系。一般来说，反垄断法对企业间协议的警惕性要大于对单个企业的排他性行为，这也给了很多原告以动力，即试图把单个企业的行为定性为企业间的共谋或者联合。如果柯达公司的行为可以被认定为总裁和副总裁之间的共谋，或通用汽车公司的行为可以被认定为庞蒂克和别克（这两个品牌分属于通用汽车公司的下属公司）之间的共谋，那么原告就能充分利用《谢尔曼法》第 1 条打击面更宽的特性，甚至能把单一公司的本来合法的定价行为，解释为本身违法的固定价格的共谋行为。

鉴于上述这种可能性，*Copperweld* 规则对于保持反垄断法的内在逻辑自洽非常重要。问题在于区分的界线应当划定在哪里？如果一家企业毫无争议地属于以追求利益最大化为目的的单一性实体，而且一贯如此，那么就没有理由认为它的任何员工、内部部门或者下属企业之间会形成《谢尔曼法》所称的"共谋"。但是 *Copperweld* 规则在遇到以下两种情况时会出现困难：（1）实体的单一属性变得不那么明显，权属更为分散；（2）企业存在一个或者一个以上的部门或者机

---

① 例如，United States v. Yellow Cab Co., 332 U.S. 218, 67 S.Ct. 1560 (1947)；Kiefer-Stewart Co. v. Joseph e. Seagram & Sons, 340 U.S. 211, 71 S.Ct. 259 (1951)；Timken Roller Bearing Co. v. United States, 341 U.S. 593, 71 S.Ct. 971 (1951)；Perma Life Mufflers v. Int'l Parts Corp., 392 U.S. 134, 88 S.Ct. 1981 (1968). 在上述案例中，法院均使用了广泛的判决附带意见（dicta）支持了企业内部共谋理论，但是每个案件都以其他理由作出判决。见 6 Antitrust Law ¶ 1463 (4th ed. 2017).

② 467 U.S. 752, 104 S.Ct. 2731 (1984).

③ 467 U.S. at 771, 104 at 2741-42.

构，其具有区别于公司主体部分的利益之外的独立经济利益。

假设一家母公司持股了两家下属子公司，但是持股比例都不到 100％，在两种极端的情况下，是比较容易判断的：如果母公司对每家下属企业都拥有控股权，且在决策方面能够有效控制，那么这些企业就应被看作单一的实体，应适用 *Copperweld* 规则；相反，如果母公司只在一家或者两家下属企业中拥有少量股份，并且在法律上或者事实上决策的影响力也很弱，那么这两家企业就属于独立运作的追求自身利益最大化的实体，仅对具有不同利益取向的不同股东负责，在这种情况下 *Copperweld* 规则就不应被适用。

为了厘清此问题，我们可以回顾一下在第 4.1 节中对卡特尔作弊行为的分析。卡特尔不可能按照单一实体的形式运作，因为每一个成员都有动机和能力进行秘密优惠定价，从而背离卡特尔协议。尽管作弊对作弊者有好处，但却对卡特尔整体带来损害。假设一家母公司和部分参股的子公司在共同进行某项决策的过程中也存在这种作弊动机，那么就可以推定它们之间是独立行事的主体，存在共谋的可能。而在全资控股的情况下，通常不存在这种作弊的动机，因为子公司的账目仅是母公司总账的一部分，子公司通过作弊得到的利润总是要比母公司损失的数额要少，两相抵消之下，归属于全部最终股东的权益实际上就减少了。[①]

相比之下，如果母公司只持有子公司的一部分股权，那么股东之间的利益就会存在分歧。那些对子公司的决策具有控制力的股东就能够从作弊中获益。上述分析表明，法律控制关系应当成为判断是否存在共谋客观可能性的决定性因素。如果被指控的多家卡特尔成员企业由同一群股东控制，那么其就属于具有共同利益最大化目标的单一实体，并不存在应当被挑战的协议，也就不具备达成共谋的可能性。

在 *American Needle* 案中，联邦最高法院审查了 *Copperweld* 案的另一面。在这个案件中，所有主体的所有权确实分属于不同的主体，但它们的许可行为却由一家中心化的组织所紧密控制。大法官们一致认为，美国国家橄榄球联盟（NFL）禁止会员球队就各自的知识产权单独对外进行分别许可的行为，属于各家球队之间的协议行为，而非联盟的单一行为。不过，最高法院也认为，此案行为虽然被定性为协同行为，但对其进行的合法性审查，应适用合理原则而不是本身违法原则。[②] 在该案中，美国职业橄榄球大联盟（NFL）是一家非公司制的组织，但其 32 家会员单位——32 支橄榄球队却是各自独立运营的公司制实体。每

---

① 但是，如果单个子公司的经营者没有追求企业利益最大化，这一推论可能就不成立。例如，如果他们的薪酬是根据销售或者产出来计算的，他们可能会为了增加其所在的子公司的销售额或者产出量而损害整个集团。类似的，如果他们的业绩只是根据子公司的利润来进行评估，而不是根据母公司的利润，那么子公司的行为就有可能不符合母公司的最大利益。

② American Needle, Inc. v. National Football League, 560 U. S. 183, 130 S. Ct. 2201 (2010). 关于适用本身违法原则分析联营企业行为的讨论，见本书第 5.6 节。

一支球队都拥有独立的自主知识产权，主要是商标权，其中包含名称、色彩和徽章等。在 1963 年以前，这些球队的知识产权是各支球队各自对外进行许可的，大多是许可给外部的生产商，用以生产带有授权标识的运动服，如帽子和运动衫等。1963 年，联盟设立了美国职业橄榄球联盟资产管理机构（NFLP）作为统一运营的实体帮助各球队共同开发和营销相关的知识产权。此后，该资产管理机构向众多厂商颁发了大量的非独家授权许可，其中包括本案原告美国针织公司（American Needle）。到了 2000 年，资产管理机构改变了授权政策，向原告的另一竞争厂商锐步公司（Reebok）授予了带有联盟标志的帽子等头戴产品的十年期独家许可，这一许可协议不仅是独家的，而且囊括了联盟中所有球队的知识产权。

这一协议中的排他性条款，实际上排除了 American Needle 生产带有 NFL 标志的帽类产品的可能性，由此引发了诉讼。American Needle 指控称这种排他性条款属于《谢尔曼法》第 1 条所规定的协同拒绝交易行为，因为联盟的会员球队均为独立运营的公司，独自拥有可以对外许可的知识产权。审理此案的联邦地区法院在共谋问题上作出了 NFL 胜诉的简易判决，认为各支球队的运营属于"高度整合的运营"，从这个角度出发，它们的行为应被"视为单一实体，而非联营"[1]。联邦第七巡回法院在提出自己观点的基础上维持了这一裁决结果。[2] 但正如联邦最高法院所概括的，第七巡回法院"没有充分考虑到各支球队之间在运用各自的知识产权时所存在的竞争"，而该竞争的存在是因为各球队"即使在联合组织 NFL 橄榄球联赛时，仍然可以作为独立的经济力量进行运转"[3]。

最高法院指出，并不是所有两个个体之间的协议都应被视为共谋。相反，共谋的明确特征是对各个成员原本分别独立运作或者可以独立运作的商业行为实施有组织的统一控制。因此，本案的关键并不在于 NFL 资产的股东们（会员球队）属于独立的个体，而在于 NFL 资产管理机构控制了每一支球队对自己商标的独立的商业利益。换言之，更关键的问题并不在于谁控制，而在于谁被控制。[4] 法庭所要审查的具体问题是，"协议"是否"剥夺了市场中各独立中心点的自主决策机制"，是否进而剥夺了"企业利益的多样性"，进而消除了"因此产生的现有

---

① American Needle, Inc. v. New Orleans La. Saints, 496 F. Supp. 2d 941, 943 (N. d. Ill. 2007).

② 538 F. 3d 736, 741 (7th Cir. 2008)，改判，560 U. S. 183 (2010). 联邦最高法院未引用 Chicago Professional Sports Ltd. Partnership v. NBA, 95 F. 3d 593 (7th Cir. 1996) 这一先例，在该案中，第七巡回法院根据自己的在先判决，将一个与本案类似的专业体育组织认定为单一实体。但是，该案事实与本案有所不同，我们将在下文予以论述。见 7 Antitrust Law ¶ 1478d3 (4th ed. 2017).

③ *American Needle*，130 S. Ct. at 2208，引用了第七巡回法院的判决，538 F. 3d at 742-743.

④ 见 Christopher Leslie & Herbert Hovenkamp, "The Firm as Cartel Manager", 64 *Vand. L. Rev.* 813 (2011).

或者潜在的竞争"①。最高法院评述道：

> 与本案直接相关的，各支球队围绕着知识产权开展市场竞争。对于一家生产帽子的企业而言，新奥尔良圣徒队（Saints）和印第安纳波利斯小马队（Colts）是两家可以提供具有商业价值的商标许可的潜在竞争者。当每支球队就其知识产权进行许可时，它追求的不是"整个联盟的共同利益"，而只是"球队的自身利益"。每支球队都是作为"独立的经济行为人在追逐各自的经济利益"的，每支球队因此成为一个潜在的"独立决策中心"。NFL 球队共同决定将各自的商标联合起来统一许可给单个生产商，实际上"取消了由多个独立决策中心组成的市场"，也因此"实际上消除了现有的或者潜在的竞争"②。

正如最高法院所强调的，"企业内部的协议只有在协议各方为独立于企业本身的利益而分别行事时才可能会违反《谢尔曼法》第 1 条的规定"，在此类案件中，企业内部的协议可能"只是在持续进行的协同行为之上披了一层掩饰的外衣而已"③。在本案中，

> NFLP* 对各支球队分别拥有的知识产权所作出的决策构成了协同行为。32 支球队通过 NFLP 运作但保持独立的情形，与一家公司的 32 个业务部门为了公司利益最大化而运作的情形并不相同。这些球队的运营和控制仍然保持着各自的独立性，保持着互相的潜在竞争关系，也保持着与 NFLP 整体经济利益相区别的个体经济利益。和典型意义上的公司股东作出的决策不同，NFLP 的知识产权许可决策实际上需要获得比股东决策时仅需要达到的多数决更多的赞成票才能获得通过，而且每支球队的决定不仅关乎联盟的收益，也关乎球队自己的利润。④

事实上，"如果潜在的竞争者出于分享利润和分担损失的需要而组成一家联营公司，就可以使之免于《谢尔曼法》第 1 条的规制"，那么任何卡特尔"都能

---

* NFLP（National Football League Propertves）是 NFL 联盟执行对外许可和知识产权运营的机构，总部设在纽约。——译者注

① *American Needle*，130 S. Ct. at 2212.

② 同上一条注释，at 2213 - 2214。

③ 同上一条注释，at 2215，引用 United States v. Topco Associates, Inc. , 405 U. S. 596, 609, 92 S. Ct. 1126 (1972); United States v. Sealy, Inc. , 388 U. S. 350, 352 - 354, 87 S. Ct. 1847 (1967). 关于这一点，见 Christopher Leslie & Herbert Hovenkamp, "The Firm as Cartel Manager", 64 *Vand. L. Rev.* 813 (2011). 也可参见 Laumann v. National Hockey League, 907 F. Supp. 2d 465 (S. d. N. Y. 2012)（遵循 *American Needle* 案的规则）。

④ *American Needle*，130 S. Ct. at 2215，引用 Herbert Hovenkamp, "Exclusive Joint Ventures and Antitrust Policy", 1995 *Colum. Bus. L. Rev.* 1, 52 - 61 (1995).

仅凭设立一家联营公司来独家统一销售各个竞争者的产品，从而逃脱反垄断法的制裁"了。[①]

最后，最高法院总结道，尽管 NFL 的行为落入《谢尔曼法》第 1 条所规定的"协议"范畴，但评估该行为的限制竞争效果，仍然应当适用合理原则（rule of reason）。"当贸易的限制措施对于市场能否获得某项产品的供应来说至关重要时，在判断该限制措施是否违反反垄断法时，不宜适用本身违法原则，而必须通过更富有弹性的合理原则来进行审查。"[②] 法院认为，尽管不能基于 NFL 为单一实体的理由直接判定涉案行为是合法的，也不排除"NFL 的其他特点"可能使这样的协议免受反垄断法的处罚，仍然应当适用合理原则进行判断，在本案中，应由下级法院在发回重审的程序中进一步考察相关因素。

那么，定性为单方行为或是多方行为，在什么情况下会产生反垄断法上的重大区别呢？对此，反垄断案例法逐步发展出两项重要的规则。首先，对于排他性行为或者被认为反竞争的行为，如果将竞争对手排挤出市场，应当根据其是单方行为还是多方行为来判断。其中最极端的情形是拒绝交易行为类的案件，如果是"单方"行为，即使该行为是由一个垄断者实施的，也很可能无须审查，径行被认定为是合法的[③]，尤其是像上述案件中的情况，American Needle 和 NFL 本来就不存在平行的竞争关系。[④] 但如果拒绝交易本身就属于赤裸裸的联合抵制，这种行为也可能按照本身违法原则被认定为构成非法。当然，*American Needle* 案不属于这种情况，该案的行为属于产出协议（output contract），类似于独家交易（exclusive dealing）。其次，《谢尔曼法》的立法本意关注的是共谋，或者说通过协同行为减少产出从而提高了市场价格、损害了消费者的利益。这里需要再一次强调，"赤裸裸"的卡特尔构成本身违法。但是在另一个极端，在美国法下，任何企业——即使是垄断者都可以按照自己的意愿单方面决定价格或者产出，所以，单方提价是本身合法的（legal per se）。如果在 *American Needle* 案中认定联盟属于单一实体，那么球队之间就有权达成共谋，但是，这一认定在针对涉案行为是否构成排挤性行为（exclusionary practice）的审查中，却影响甚微。

最高法院适用合理原则的好处是兼具了两种方法的优点。针对被控的排挤性行为，采纳多方行为的判断标准比采纳单方行为的标准，对涉案行为更富有攻击

[①]　*American Needle*，130 S. Ct. 2215，引用案例 Major League Baseball Properties, Inc. v. Salvino, Inc., 542 F. 3d 290, 335 (2d Cir. 2008)。

[②]　*American Needle*，130 S. Ct. at 2216, quoting NCAA, 468 U. S. at 101, 117, 104 S. Ct. 2948.

[③]　例如，见 Verizon Communications, Inc. v. Law Offices of Curtis V. Trinko, LLP, 540 U. S. 398, 124 S. Ct. 872 (2004)；及见 3B Phillip E. Areeda & Herbert Hovenkamp, Antitrust Law ¶¶ 771 – 774 (4th ed. 2015)。

[④]　法院一般会在涉及单方拒绝交易的案件中认定非竞争者（noncompetitor）不具备原告资格。见 ¶ 774d。

性，这是由于如果存在共谋的话，对市场的损害更大。换言之，我们可能需要对由多个独立卖家组成的联营所达成的排他性协议，进行更严格的审查，而对单一垄断者从事的相同行为则不需要那么严格，这并不是因为排他性行为本身所造成的，而是因为，如果协议的一方是上游多个企业的联合，就会促成共谋而消除了在许可上的独立竞价。*American Needle* 案的起诉理由就是基于这种假设，如果每支球队可以自由地对外许可知识产权，无论是独家许可还是普通许可，原告至少还有赢得一个或多个许可的机会。就共谋而言，如果事实是参与各方系分散独立实体，则可以得出存在有害合谋行为的结论，而如果事实是参与各方案单一实体，则其降低产出的做法很难被追诉。在这里，我们不应忽略一个基本事实，即该案中的资产利益，其实指的是各个球队的商标，这与共同开发出来的一项专利不同，它本质上属于每个球队独自支配的财产。没有充分的理由说明为何法律允许一群球队将其标志的特许权卡特尔化，而不允许有竞争关系的一群餐馆做同样的事情。如果这一类行为存在任何促进竞争的正当性，那么适用合理原则就已经足够应付各种情况了。

第 5 章

竞争者之间的联合经营、协同拒绝交易、专利权许可以及反垄断法的合理原则

第 5.1 节　概述：竞争对手之间的赤裸裸的垄断协议和附属性协议

5.1a. 区分赤裸裸的限制行为与附属性限制行为；法律问题

5.1b. 为什么需要对多边行为进行更严格的反垄断审查

5.1c. 部分取缔；限制性较小的替代方法

第 5.2 节　企业联合经营：概述

5.2a. 潜在的损害和收益

5.2b. 促进研发、广告和推广的联合经营；附属性的市场分割

　　5.2b.1. 搭便车问题

　　5.2b.2. 与广告有关的附属性的协议和"赤裸裸"的协议

　　5.2b.3. 附属性市场分割和不竞争协议

5.2c. 由交易效率决定的联合经营定价行为的正当性

5.2d. 联合经营分析和合并分析之间的关系

第 5.3 节　竞争者间关于价格和产出量的信息交换；公示协议内容

5.3a. 在全行业传播价格和产出信息

5.3b. 直接竞争者之间的价格信息交换

5.3c. 公布信息的协议、公布信息且步调一致的协议

5.3d. 交换薪酬信息的协议；"反挖角"协议

第 5.4 节　协同一致拒绝交易、联合经营内部的会员资格限制以及标准设定

5.4a. 好处与坏处；恰当的反垄断法标准

　　5.4a.1. 合理原则及其一些例外

　　5.4a.2. 对专业执业领域需要特殊对待吗？

5.4b. 有效率的联合经营和拒绝交易

5.4b.1. 封闭的会员资格体系与其他传统的联合经营模式

5.4b.2. 开放会员资格的联合经营模式；该模式下的网络正外部性

5.4c. 私人企业家俱乐部与职业协会的标准设定和规则执行

5.4d. 包含非竞争者的协议

第5.5节　涉及专利及其他知识产权的许可、使用协议

5.5a. 概述；基本法律问题

5.5b. 专利权滥用规则的适用范围、反垄断及其他

5.5c. 专利许可；"专利范围"规则

5.5c.1. 固定价格；限制产出；许可费率；排他性条款

5.5c.2. 横向地域限制与其他市场分割协议

5.5c.3. 药品专利纠纷中的"付费换取延迟提起无效"的和解协议；
Actavis 案

5.5c.4. 专利包许可

5.5c.5. 专利池

5.5c.6. FRAND 原则：专利许可与标准必要专利（Standard- Essential Patents）

5.5d. 涉及非专利知识产权的协议

第5.6节　本身违法原则及合理原则的区分与适用

5.6a. 联邦最高法院与本身违法原则

5.6b. 合理原则与本身违法原则之间区别的夸大

5.6c. 识别反竞争的行为：试验中的路线图

5.6d. 瘦身版的或者说"快照"式的合理原则

5.6e. 合理原则的改革

第5.1节　概述：竞争对手之间的赤裸裸的垄断协议和附属性协议

竞争者之间的协议不一定是垄断协议，也不一定是对消费者有害的协议，尽管有时有着强烈的法律推定，应对这种协议进行谴责。一组公司可以通过达成某项协议使得商业活动达到更富有效率的规模效应，降低信息成本或者交易成本，或者消除搭便车的问题。反垄断政策必须将那些足以对竞争构成严重威胁的协议与其他并无此威胁的协议区分开来。如果某项协议并不会促使串通定价或者减少产出，则其目的应当是降低成本或者改进产品或者服务的质量。

对反垄断法来说，较困难的工作之一就是权衡竞争对手之间达成的种类繁多的各种协议的社会经济成本和收益。而且，反垄断执法必须有能力通过既相对低廉，又在可容忍的精准度范围内的方式来达成这个目标。在一个信息完全充分且获取信息无任何成本的假想世界中，我们可以获知限制行为的所有需要了解的详情，以便决定是否对其追责，但信息的无知和含混是现实世界的普遍特点，获得可靠的信息的代价十分高昂。

解决此问题的最重要捷径是对限制竞争行为进行（粗略）分类，这样可以事先确定认定构成违法所需的证据的种类和数量，以及被告所被允许的抗辩范围。[①] 在一个极端，"赤裸裸"的限制（"naked" restraint）是一种被认为几乎没有什么潜在社会福利的限制竞争行为，因此可以根据"本身违法"原则（"*per se*" rule）予以追责，这种情况下几乎或根本不需要调查被告是否存在市场支配力，或者调查被控行为实际的反竞争效果。在另一个极端，"附属性"限制（"ancillary" restraint）行为可被抗辩为可以提供合法的、对社会有益的用途。这种限制行为是在"合理原则"（"rule of reason"）的框架下进行分析的，这意味着只有在对市场支配力和可能的反竞争效果进行相对详尽的调查之后才能对它们进行追责，同时，可被接受的抗辩事由也更丰富。

将本身违法原则宽泛地适用于价格固定协议往往模糊了竞争对手之间的协同合作所蕴含的复杂性，及其在改善效率方面的巨大潜力。例如，各卡特尔成员企业并不拥有足够的市场力量，使其能够在减少产出量的同时仍然有利可图，这样一项抗辩理由对固定价格的指控来说通常是无效的。但是，假设某个城市有十家相似的杂货店，其中三家一起在报纸上刊登广告，统一彼此的产品零售报价，这种合作将减少三者中的任何一家的广告费用支出，而且，这三家杂货店将发现很难固定价格，因为顾客完全可以转向其他七家杂货店进行购物。有很强的理由认为该协议可以降低成本，而以固定价格达到反竞争效果的推断似乎很弱。但尽管

---

① 见 11 Antitrust Law ¶¶ 1910—1912 (4th ed. 2018)。

如此，法院很可能还是会适用本身违法原则，既不考虑被告没有市场支配力的抗辩，也不考虑被告的协议有降低成本而惠及消费者的促进竞争效果。[1]

5.1a. 区分赤裸裸的限制行为与附属性限制行为；法律问题

如果限制行为是出于可以客观证实和判断的反竞争意图，或者其效果是在短期内很可能会提高价格或减少产出（output，产出可以通过数量或质量来衡量），则这种限制行为就是"赤裸裸的"（"naked"）[2]。相反，如果限制行为通过客观判断得出的意图或者可能的效果是降低价格或者增加产出，则属于附属性（ancillary）行为。[3] 判断限制行为究竟属于赤裸裸的还是附属性的，一个有用的方法是在听取被告们提供的解释后，询问一个问题：如果所有的参与者在市场中合计占据的是非支配性的地位，这种限制行为是否还有效？例如，假设城里仅有的五名内科医生联合购买了一套昂贵的放射设备，并将其作为合资企业运营，当这项基础业务被质疑是促进价格固定的便利措施时，他们的抗辩理由是这一设备的固定成本非常高，而且对于所有五名医生的需求来说，共用一套就足够了。此时，反垄断决策者可以考虑，假设市场包含了100名医生，而这5名医生仍然购买了相同的设备，这种说法是否还解释得通。答案显然是肯定的。因为即使在竞争激烈的市场中，降低成本也仍然是有利可图的，这5位医生共同分享了共用设备的好处，这就像两个农民可以共用不经常使用的农业机器，或者几家企业联合成立一家专门的公司来处理它们的危险废弃物一样。诚然，医生们的理由可能不成立，或者我们可能最终得出结论，认为导致价格垄断的危险比联合采购所带来的任何效率提升都要大，但是，至少我们应当给予医生们适用合理原则提出抗辩的机会。

作为对比，考虑一下 *Engineers* 案中的被控协议。在该案中，某个咨询工程师（consulting engineers）专业协会的成员之间同意不在争取工作机会的过程中进行竞争性竞标，甚至只在他们被选中之后才允许与交易对方就报酬进行商议。[4] 他们提出的抗辩理由是，竞标会迫使工程师的服务偷工减料，因为过低的价格将无法使他们充分投入做好自己的本职工作。现在我们考虑一下，假设有5名身在纽约的工程师拒绝进行投标竞争，而纽约市剩余的2 000名工程师则参与

---

[1]　例如，见 United States v. Pittsburgh Area Pontiac Dealers，1978—2 Trade Cas. ¶ 62，233，1978 WL 1398（W. d. Pa. 1978）（同意令（consent decree）禁止被告"实施、参与或加入任何以宣传庞蒂亚克汽车的价格或固定庞蒂亚克汽车的广告价格为目的的计划、行为或项目……"）。

[2]　关于"产出"的意义，见 11 Antitrust Law ¶ 1901d（4th ed. 2018）。

[3]　见 Polk Brothers v. Forest City Enters.，776 F. 2d 185，190（7th Cir. 1985）（"区分'附属'和'赤裸裸'的限制行为，是为了明确协议是否为一个以增加产出为目标的联营项目的一部分。如果是，那么就不能认为这一协议本身就是非法的"）。

[4]　National Society of Professional Engineers v. United States，435 U. S. 679，98 S. Ct. 1355（1978）。

了竞争性投标，显然，5 名工程师之间的限制是达不到目的的。限制协议之所以必要，从一开始就是因为大量客户希望工程师们展开竞争性投标。并且，工程师们提出的理由也承认，在有限制规则的情况下，价格将比没有规则时更高。因此工程师们的限制行为属于赤裸裸的反竞争协议。

在 *California Dental* 案中，一家牙科协会辩称，它是为了防止误导性或者欺诈性的广告宣传，才对牙医们的广告行为进行限制。[①] 但是这些限制非常严重，以至于实际上几乎禁止了所有价格广告和任何品质宣传。"对广告的限制会减少欺诈"，这样的抗辩意味着被告试图适用合理原则，因为行业协会即使没有市场支配力，也会受益于欺诈性广告的清除，这将使它们赢得消费者信任。相反，四位持不同意见的法官认为，这种限制可能完全消除了所有或绝大部分的价格广告。这种限制是赤裸裸的：假设竞争对手愿意打广告，而且消费者也需要广告，那么一组缺乏市场支配力的企业一致同意不进行涉及价格和服务的广告宣传，对其自身是没有好处的。

尽管区分一项限制措施是赤裸裸的还是附属性，属于一个法律和事实交织的混合问题，但是究竟应当适用本身违法原则还是合理原则却显然是个法律问题。[②] 本身违法规则的适用需要以具备一定的司法经验为前提条件，而且需要对某些种类的限制措施应被快速处理的正当性作出论证。[③] 陪审团不仅缺乏司法经验，而且根本没有相关事务的经验。并且，法院在确定应适用何种规则时所依据的基础是先前的司法判例意见，它们主要来自联邦最高法院，有的也来自下级联邦法院，这也使得这个问题不适合由陪审团来裁断。

5.1b. 为什么需要对多边行为进行更严格的反垄断审查[④]

根据反垄断法，单边行为（unilateral conduct）受到反垄断审查的强度最低。纯粹的单边行为只有在属于垄断或者企图垄断的常规类型时才是非法的，而这种情形在行为要件和市场力量要件这两个方面，要求都非常高。[⑤] 偶尔会有人提出，对横向合作行为施加的反垄断审查强度应该和单方行为保持一致[⑥]，这种观点认为，对联合行为过于严格的审查将否定或者至少威慑到那些综合衡量后总体

[①] California Dental Assn. v. FTC, 526 U. S. 756, 119 S. Ct. 1604 (1999). 见 7 Antitrust Law ¶ 1511e (4th ed. 2017)。

[②] 见 Arizona v. Maricopa County Medical Society, 457 U. S. 332, 337 n. 3, 102 S. Ct. 2466 (1982)。

[③] 见 National Collegiate Athletic Association v. Board of Regents (NCAA), 468 U. S. 85, 100 – 101, 104 S. Ct. 2948 (1984) （"司法经验"决定了什么时候适用本身违法原则）。

[④] 见 11 Antitrust Law ¶¶ 1902b, 1903 (4th ed. 2018)；以及 前述著作 13 ¶ 2221d (4th ed., 2019)。

[⑤] 总体上见本书第 6 – 8 章。

[⑥] 例如，见 Howard H. Chang, "David S. Evan & Richard Schmalensee, Some Economic Principles for Guiding Antitrust Policy towards Joint Ventures", 1998 *Colum. Bus. L. Rev.* 223。

上具有促进竞争效果的企业活动，而反垄断法院可能没有充分认识到这点。

但是，事实上，有许多有说服力的理由对联合行为需要进行更严格的反垄断审查进行了论证。首先，是出于《谢尔曼法》本身的规定。该法第 1 条规定，对于任何竞争者之间的"限制贸易"协议都应当追责，而第 2 条的规定仅在构成"垄断"或者具有垄断威胁时才会对单边行为进行追责。尽管这些法律用语难以通过表面上的文字来确定其含义，但无论是在历史上，还是在当代，"贸易限制"都无法与垄断等量齐观，显然不同于"垄断"。

其次，对联合行为实施比单边行为更严厉的审查，还具有强有力的经济学依据。联合行动的参与者是追求私人利益的私人行动人。联合行为的收益来自两个方面：一是由于成本下降或者产品改进带来的效率提高；二是增加的市场力量，这是源于联合之后的经济体有足够的市场力量在全市场范围内减少产出、抬升市场价格。密切关注联合行为的一个重要理由是，通过协议来形成市场支配力是非常迅速的，而大多数公司却不会在一夜之间成为垄断者。一家公司如要获得垄断力量，通常需要多年的创新，以及在生产、营销等企业经营方面持之以恒地投入。通常可以预计，竞争对手们会对另一家公司打算支配所在市场的企图进行抗争。虽然垄断行为可以通过反竞争行为来促成，但大多数这样的尝试都不会成功，占据非支配地位的企业通常很难简单地只通过从事反竞争的行为而成为市场支配者。在大多数情况下，成功的企业比其竞争对手拥有更优良的产品或者更低廉的成本，至少在市场力量的积攒过程中是如此。

与此形成鲜明对比的是，协议可以在非常短的时间内，并且在几乎没有什么阻力的情况下创设垄断力量，所需要的前提条件只是联合起来的厂商们合计能够支配市场，且彼此间同意共同行事。取得占据市场支配地位的市场份额对它们来说是容易的，因为联合后的经营者获得了全部参与者的市场份额总和。而阻力也要小得多，因为这种协议制造市场支配力的方式是将参与企业拉拢进来而不是将其排除出市场。其结果是，要么是抓住降低成本的机会，要么是抓住实施市场支配力的机会，二者都可能用来解释企业间采取联合经营行动背后的动机。在没有进行任何分析的情况下，我们很难说哪项理由是这些企业的主要动机。

对联合行为适用比单边行为更严格的反垄断标准的第三个理由，需要我们重温在《谢尔曼法》第 1 条中所规定的"限制贸易"的标准。当某行为导致市场产出的下降（通过产量或者质量标准加以衡量），以及随之而来的相比竞争状态价格升高时，贸易限制就出现了。相反，促进效率的行为只会导致更高的产出和更低的价格。反垄断法律试图建立可以划分具体行为所属类别的规则，但是反垄断法并不仅仅因为某一厂商具有"垄断者"身份就判定其构成违法。一家拥有垄断力量的公司可以自由地决定它的垄断定价，同理也可以自由地决定减少它的产出。因为大多数具有支配地位的企业要么是由于历史机遇、要么是通过长期努力进行效率提升而获得此种市场力量。一般来说，只要一家占据支配地位的公司不刻意去通过旨在加强或者永久固化垄断地位的反竞争排挤性行为维持市场地位，我们就不去理会它。但是联合行为不存在这种假设。我们允许竞争者们进行联合，只是希望借此得到更好的产品、更高的产出或更低的价格。如果它们做不到，那么我们没有什么理由忍受对竞争构成严重威胁的行为。总之，垄断者仅仅使用市场支配力降低产出或者提升价格是合法的，但这个情况发生在联合经营的情形下就是不合法的。

对联合经营采用不同标准的第四点理由与法院提供适当救济的能力有关。[1]如果司法救济要求垄断者的经营决策达到竞争水平，这可能会使该企业变成受监管的公用事业单位。相反，对联合经营的司法救济通常只涉及对有害行为的禁令。试在两个不同的场景下考虑一对例子——价格固定和拒绝交易。美国运通公司（American Express）是一家发行通用信用卡的"单一"（"unitary"）公司，相反，同样发行通用信用卡的 Visa 公司是大约 6 000 家银行和其他金融机构的合资企业。*假设在不同的法院，这两个组织被指控犯有两种不同的违法行为并得到法院支持：（1）对消费者收取了超竞争水平利率的利息；（2）拒绝与其他具有竞争关系的发卡机构分享其信用卡业务运营设备。

在固定利率价格的诉讼中，针对 American Express 公司的禁令很难简单地命令其设定回归"竞争水平"的利率。法院必须制定出某些确定竞争水平利率的标准，而这一利率水平可能会随着通货膨胀率的变化而变化。设定单一公司利率水平的法庭命令事实上属于价格监管的范畴——这是联邦法院难以胜任的工作，这与在任何情况下法院似乎都应促进有利于竞争的市场环境而不是直接进行监管的反垄断立法目标相悖。相反，针对 Visa 联营企业的禁令与其他任何针对卡特尔的禁令没有本质上的区别：禁止 Visa 的会员固定贷款利率水平。之后，6 000 家发行 Visa卡的银行之间的内部竞争将会促使市场利率达致合适的水平。因此，基于同样的道理，禁止 NCAA 固定篮球教练最高薪酬的法庭命令仅仅是一种对行为的禁止，至于合法的工资水平则留待市场竞争来解决。[2]相比之下，假设通用汽车公司（General Motors）在招聘市场中具有支配力，一份针对被指控工资水平过低的反垄断法庭命令，将导致由法院而不是市场对汽车工程师的薪资水平进行定价。

对于拒绝交易的诉讼来说也大致如此。假设法院想要命令 American Express开放其信用卡业务的运营设施，与它的竞争对手共享，无论这种救济措施是否是合理的，其都包含了大量的管制内容。对设施共享的价格和相应的大量交易条款

---

　*　Visa 本身不是一家银行，而是一个由众多银行和金融机构组建的国际性组织，类似于中国的"银联"——译者注

　[1]　见 11 Antitrust Law ¶ 1903（4th ed.，2018）。

　[2]　Law v. NCAA, 134 F. 3d 1010（10th Cir.），最高法院提审动议被驳回，525 U. S. 822, 119 S. Ct. 65（1998）。

都要进行设定，这与共用事业企业被强制要求与竞争对手开放连通的情形并无二致。再来对比一下 Visa 案中由于联营企业禁止成员银行发行竞争性信用卡而产生的拒绝交易的情形，在这种情况下，法院根本不需要判决"强制"共享，只需要禁止联营企业实施这种行为即可。之后，6 000 家银行之间的竞争（在此例子中它们可以按照自己的意愿自由地发行 Visa 竞争对手的信用卡）自会决定这些银行是否发行 Visa 竞争对手的信用卡，以及发行的数量。[1]

总之，针对多边行为的反垄断救济能够、也可以与促进市场竞争的反垄断总体目标保持一致。尽管这并不意味着这种救济总是适当的，但它表明反垄断矫正措施在有效地对抗多边行为而非单边行为方面有更大的施展空间。

5.1c. 部分取缔；限制性较小的替代方法

一些所谓的"联合经营"其实就是"赤裸裸"的贸易限制。[2] 在这类案件中法院可以大胆干预而不必担心引起有益社会关系的混乱。但往往被告们的合作安排从总体上来说是明显有效率且无害的，只有其中一项特定内容可能违法。并且，法院关于制止实施某项反竞争行为的命令可能并不会终止联营企业的运营。例如，法院曾经谴责了 NCAA（美国大学生体育协会）制定的两项规则，包括限制 NCAA 组织的每一支橄榄球队单赛季可获得的球赛电视转播次数[3]，以及限制某些篮球教练的最高薪酬水平。[4] 但是，否定这些规则并不意味着反垄断法意图解散这个包括了超过 1 000 家大学的体育合作组织。相似的，尽管法院对禁止工程师就投标开展竞争的规则进行了谴责[5]，对 AMA（美国医学协会）关于把按摩医师排除在外的从业规则进行了谴责[6]，对印第安纳牙医联合会集体拒绝向某保险公司提供 X 射线数据的规则进行了谴责[7]，但所有案件中都没有解散这些制定反竞争规则的商业性协会组织。

诚然，即使被包装在精心设计的复杂的联营结构中，许多限制措施在本质上仍然是"赤裸裸"的，但这些联合经营体本身不会受到挑战，因为几乎可以肯定

---

① 见 United States v. VISA U. S. A.，Inc.，344 F. 3d 229 (2d Cir. 2003)，最高法院提审动议被驳回，543 U. S. 811，125 S. Ct. 45 (2004)，该案中，法院批准了此类法庭令（order）。

② 例如，见 United States v. Romer，148 F. 3d 359 (4th Cir. 1998)，最高法院提审动议被驳回，525 U. S. 1141，119 S. Ct. 1032 (1999)（串通投标协议实际上属于"联合经营"的观点被法院驳回）。

③ National Collegiate Athletic Ass'n (NCAA) v. Board of Regents of the Univ. of Oklahoma，468 U. S. 85，104 S. Ct. 2948 (1984)；见 Herbert Hovenkamp，"The Rule of Reason"，＿＿ *Fla. L. Rev.* ＿＿ (2018)（未完稿），可见链接：https://papers. ssrn. com/ sol3/papers. cfm? abstract_id＝2885916.

④ Law，134 F. 3d at 1010.

⑤ National Society of Professional Engineers v. United States，435 U. S. 679，98 S. Ct. 1355 (1978).

⑥ Wilk v. American Medical Association，671 F. Supp. 1465 (N. d. Ill. 1987)，维持，895 F. 2d 352 (7th Cir.)，最高法院提审动议被驳回，496 U. S. 927，110 S. Ct. 2621 (1990)。

⑦ FTC v. Indiana Federation of Dentists，476 U. S. 447，106 S. Ct. 2009 (1986).

地说它们对社会是有益的。例如，NCAA 就是一个包含了很多学院和大学的对社会有益的体育组织，但它关于限制赛事电视转播次数的规则和固定教练最高薪酬的规则，都已被法院正确地定性为"赤裸裸"的针对价格和产出的限制竞争行为。

更困难的问题是，原告需要承担多重的初步证明责任来证明存在"表面"成立（prima facie）的反竞争限制？在此，原告主要依赖于市场中的证据，或者可以从公开信息或者证据开示程序中取得的证据；法院可采取的最行之有效的方法是要求原告证明存在需要由被告作出合理解释的限制竞争行为。在那种情况下，被告则应当负有进一步的举证责任来证明在涉案的特定情况下有关限制行为是正当的。被告自己就是实施限制行为的行为人，它比任何人都更清楚自己行为的目的和效果。

第5.2节　企业联合经营：概述

5.2a. 潜在的损害和收益

第一个被提交到联邦最高法院且被实体审理的涉及竞争者之间联合经营（joint venture）的反垄断案件，是 *United States v. Trans-Missouri Freight Ass'n*（跨密苏里运输协会）案。[①] 该协会是由 18 家铁路公司通过合资协议组成的联合运营联盟。在此协议下，成员企业之间协调彼此的行程、货物转运方式以及运费费率。一审法院和联邦巡回上诉法院支持了该协议，强调了其创造效率的潜力。巡回上诉法院认为：

> 以下几项事实带来一个结果，即对社会公众来说，由熟悉行业实际运行情况的主体来制定统一的规则和制度，对铁路运输进行管理是十分必要的。这些事实包括：铁路公司的业务不可避免地存在互相交叉；它们必须保持汽车运输和铁路运输的连通；在收发货物时它们就收付运费彼此构成代理；所接收货物的运输通常要经过几道运输公司。[②]

在 1890 年代，大多数铁路公司的规模都很小，它们的经营范围只在某一个州之内。联邦最高法院曾经认为各州无权对州际铁路运输进行管制[③]，也基本上禁止州际贸易委员会（Interstate Commerce Commission）拥有这样的管制权

---

① 166 U. S. 290，17 S. Ct. 540 (1897).

② United States v. Trans-Missouri Freight Ass'n, 58 Fed. 58，79 – 80 (8th Cir. 1893)，改判，166 U. S. 290，17 S. Ct. 540 (1897)。

③ Wabash, St. Louis & Pac. Rwy. Co. v. Illinois, 118 U. S. 557，7 S. Ct. 4 (1886).

力。① 铁路通常被认为属于自然垄断，不过，它们在非管制的竞争状态下其实表现得并不好。巡回上诉法院注意到，一个包裹如需长达数百英里的运输，就需要由数个不同的铁路公司经手。如果缺少政府部门制定的规则，各家铁路公司就需要达成协议，以便决定这样的包裹或者货箱怎样从一条线路转到另一条线路上。这些转运通常需要有事先协调好的行程计划安排相配合。运费要么是由开始启运的铁路公司统一收取，要么是由最终交货地点的铁路公司统一收取，而最后这些资金需要根据某种计算方式在参与运输的铁路公司之间进行分配，例如按照每家承运货物所经路途的里程数比例进行计算。

虽然铁路运输行业可能有其特殊性，但 *Trans-Missouri* 案的情形中有两个特征是许多类似的协议都普遍存在的。首先，协议通过消除由众多小型、无管制的铁路公司造成的市场混乱，从而提升了参与者的效率；其次，协会给予了成员公司协商运费的权利。

联合经营也可以降低企业的营销成本，或使企业获得新的市场机会。举例来说，假设三个位于加利福尼亚州的奇异果种植户希望把产品卖到相对陌生的市场——遥远的纽约市，他们中任何一个都没有足够的能力聘请一名全职的经销商，但是三家联合起来则可以——每一家只要承担 1/3 的成本。如果这个产品是非特异化的产品（fungible product），也就是说，如果消费者不能分辨出 A 种植的奇异果和 B 种植的奇异果之间的区别，经销商很可能会对同一等级或购买量的奇异果采取相同的定价。② 因此，共同聘用同一经销商统一销售三人产品的策略本身就要求一定程度的"价格固定"。尽管如此，这样的价格固定行为本身并不一定意味着这些种植户减少了产出或为他们的产品收取超竞争的价格，这只能说明共同定价对于某些便于达成联营的市场来说是必要的。③

联邦最高法院在 *Appalachian Coals, Inc. v. United States* 案④中肯定了一份联合销售代理协议的合法性。在该案中，被告是 137 家煤炭生产企业，它们达成了一项独家联合经销代理协议，统一进行煤炭的拣选、营销，并在参与者之间

---

① Cincinnati，New Orleans & Tex. Pac. Ry. Co. v. I. c.c.，162 U. S. 184，16 S. Ct. 700 (1896)，州际贸易委员会（Interstate Commerce Commission）显然批准了本案中的联合经营协议。12 ICC Ann. Rep. 10 - 16 (1898)；也可参见 Herbert Hovenkamp，*Enterprise and American Law，1836—1937*，chs. 12，13 (1991)。

② 如果这三位种植户的产品完全可以相互替代，但是经销商对他们的产品收取不同的价格，那么消费者会先买那些最便宜的奇异果，再买第二便宜的，最后买最贵的。如果产品不能完全相互替代，而是各自拥有特定品牌，如电视、汽车、个人电脑，那么这三个生产者可以各自设定价格，而通过经销商购买的消费者就会在比较各个品牌包括价格在内的产品特性后再作出消费决策。

③ 见 13 Antitrust Law ¶ 2132 (4th ed. 2019)。

④ 288 U. S. 344，53 S. Ct. 471 (1933).

分配收益。由于煤炭是非特异性产品，经销商在销售所有煤炭的过程中只能就特定级别和购买规模进行统一定价。最高法院认定该经销协议合法的做法曾经受到批评，被认为是罗斯福新政时期市场竞争怀疑主义和对反垄断法不信任思潮的残余产物。然而，对该判决值得进一步深入研究，特别是需要通过现代性的对市场力量进行衡量的方法进行审视。[①] 被告在密西西比河东部地区共同只控制了 12％ 的煤炭产量，在大阿巴契亚地区则约占 55％ 的产量，但是后者其实并不是煤炭的销售区域。而且，市场还有大量的过剩产能，上述数字甚至可以说已经严重夸大了经销商的市场力量。

各级法院从规则层面已经普遍认可了联合销售协议，只要协议中存在某种程度的统一促销、广告或其他类型的参与者之间的整合行为[②]，但某些独家联合销售协议还是会被定责。[③] 而联合购买协议则一直得到了更宽松的对待。例如，联邦第十一巡回法院在 *All Care Nursing* 案中支持了被告们的一项商业合作安排，在该计划中，一群医院联合选择了其更中意的医疗护理服务（nursing services）提供商。[④] 法院认为该案应当适用合理原则，并以原告未能证明市场支配力为由驳回了原告的指控。

每一个联合经营体只能提供有限种类或者数量的产品，从这个意义上说都是"排他"的。但许多联合经营体在其他两个与反垄断具有明显关系的方面也具有排他性：第一，联合经营组织可能限制成员的资格，因此排除了愿意参与联营的其他主体。第二，联合经营组织可能对现有成员参与联营以外的业务的权利进行限制，特别是在该业务与联营组织的业务存在竞争关系的情况下。

对加入联营组织的会员资格进行限制，在压缩运营成本至可控范围方面，一般认为是有必要的。两家公司联合生产是一回事，但如果规模增加到二十家企业，就完全是另外一回事了，特别是如果每一个成员各自都有特殊的利益诉求，诸如产品设计的协调、工厂规模的确定、建设地点的选择等问题都会变得难以操作。或者换一种情景，拥有 10 支或者 20 支球队的体育联赛有能力管理好常规赛和季后赛的赛程安排，但是如果这个联赛有 100 支、1 000 支球队，管理就会变得非常困难。因此所有的体育联赛组织都有限制成员参与数量的规则，或者对新

---

① 见本书第 3 章。

② 例如，Broadcast Music, Inc. v. CBS, Inc., 441 U. S. 1, 99 S. Ct. 1551 (1979)；Ohio- Sealy Mattress Mfg. Co. v. Sealy, 585 F. 2d 821, 837 - 838 (7th Cir. 1978), 440 U. S. 930, 99 S. Ct. 1267 (1979)（该案适用了合理原则，认定一份非排他性的联合销售协议有效，但对于横向地域划分机制则适用了本身违法原则）。

③ Virginia Excelsior Mills v. FTC, 256 F. 2d 538 (4th Cir. 1958)（对碎木包装材料的联合销售适用了本身违法原则）。其他相关内容详见 13 Antitrust Law ¶ 2137 (4th ed. 2019)。

④ All Care Nursing Service v. High Tech Staffing Services, 135 F. 3d 740 (11th Cir. 1998)，最高法院提审动议被驳回，526 U. S. 1016, 119 S. Ct. 1250 (1999)。

加入成员有非常严格的资格限制。正如我们将在下文讨论的，这些问题对于有些联营组织来说更为重要，有不少联营组织随着成员的增加会有更多的盈利，这些组织通常就会有开放的会员吸收政策。[①]

上述两种类型的排除性规则可能都是帮助联营解决搭便车问题所必需的，搭便车问题使联营组织无法充分将自己的投资和风险承担资本化。例如，大多数联合经营体对新成员紧闭大门的原因是风险回报率会随着业务的发展而发生变化。一个研究型联营组织最初成立时，是否能够获得最终的成功具有很大的不确定性，而前期投资的风险是十分巨大的。然而，三年后，当高风险的研发工作取得重大突破时，它可能是一个更富有吸引力的投资对象，其他人纷纷希望加入。但如果规则允许它们此时加入，相当于鼓励人们在最开始时等待而不是进行先期投资。

类似的理由可以解释对成员与联营组织外的企业进行交易的限制。例如，我们分析一下律师事务所关于禁止合伙人在本所之外执业的规定。在律师事务所内部，每个合伙人可能会将其收入的一定百分比贡献给事务所，以承担律所运营成本和雇佣律师、助理、行政人员等的费用。但如果合伙人在事务所"外部"进行执业，则可以在获得100%收入的同时，利用律师事务所的声誉、图书馆、办公设备等开展业务。在这种情况下，合伙人会越来越多地倾向于在所外执业，因为他们的个人收入会增加，但在这个过程中他们相当于挖了自己所在事务所的墙角。

遗憾的是，排他经营也存在一个严重的缺点：如果存在市场支配力，它会使得反竞争效果变得更加可能。回顾一下本书的第1章和第4章，垄断或者卡特尔仅仅通过减少市场产出就能成功。当一家联营企业占据了相关市场的支配地位时，我们就将面临市场范围内的减产威胁。然而，只要联营企业无法实施排挤性行为，产出就不会减少。此外，排挤性行为必须带来两个完全不同的后果。首先，联营组织必须能够成功地减少联营内部的产出，无论是通过减少产出量还是降低质量来实现；其次，联营组织必须能够减少所处同一市场内除联营组织外的产出。[②]

例如，假设一群医生组建了某健康保护组织（HMO），并同意以每月固定的收费标准满足每位患者的所有医疗需求。目前，90%的社区医生都加入了该组织，但（1）该组织允许任何有意愿加入的新医生加入，只要他/她拥有合格的执业资格；（2）允许医生在组织外部从事不受限制的收费服务，甚至参加其他的HMO。虽然90%的市场份额是一个暗示可能存在共谋的危险信号，但该联营组织的非排他性在很大程度上确保了不会发生价格固定的反竞争行为。因此，这种

---

① 见本书第 5.4b2 节。

② 见 11 Antitrust Law ¶ 1908h (4th ed. 2018)；及见本注释所述著作 13. Id. ¶ 2104 (4th ed. 2018)。

非排他的属性通常有助于减轻我们对合营组织行使其市场支配力的担忧。相反，排他性对创造适当的激励措施，使联营组织正常运转可能是必要的，但如果联营组织在其市场中占据支配地位，那么排他性规则的合法性就需要其他的正当理由的支持。市场力量和排他性规则的结合很可能带来反竞争的效果。

5.2b. 促进研发、广告和推广的联合经营；附属性的市场分割

5.2b.1. 搭便车问题

研发（R&D）和广告是搭便车问题多发的两个领域。例如，许多昂贵的研发成果无法获得专利，或者即使获得专利，也不能有效地阻止他人的使用。如果一家企业在研发上花费了巨额资金，其他竞争企业无须支付高额费用就能获益，那么处于竞争关系的企业，在面临特定研究项目耗资巨大，但将使市场中的所有公司受益的情形时，就会放弃该项目，没有人付得起补贴其竞争对手的代价。不过，一家研究型联营将使市场上的所有公司受益，也可以促使所有公司分担成本。这样的联营在某些行业中相当普遍。[①] 虽然如此，但在 *PolyGram* "三个男高音"案[②]中，联邦贸易委员会拒绝认可联营组织对于联营协议有助于防止搭便车的抗辩。该协议禁止联营组织的成员个体单独发行与联营组织存在竞争关系的 CD 唱片。在该案中，搭便车的威胁是，新制作的 CD 可以免费获得联营企业以前对其制作的 CD 的推广宣传效果，但问题是该案中联营企业禁止的是成员单独制作 CD 的行为，而不是制作新 CD 的行为，因此搭便车的抗辩实际上搞错了对象。

5.2b.2. 与广告有关的附属性的协议和"赤裸裸"的协议[③]

联合广告协议所存在的一些问题与联合研究协议相同，但对待它们应当更严厉一些，这是具有正当性的。首先，联合广告协议比起联合研发协议而言，与"销售"的关联更为紧密，由此很自然地涉及价格设定（price setting）。其次，规模经济和搭便车的问题在广告领域中不像在研发问题上那么突出。

尽管如此，在某些情况下，联合广告合作通常是能带来效率的。例如，如果农民 Brown 宣传自己种植的土豆的优点，她可能会发现许多顾客认为所有土豆都差不多，Brown 的广告可能会增加整个土豆品种的销量，因而广告的好处将被广告所涉及的市场上的所有土豆生产商所分享。

在竞争性的市场中，Brown 无法独自承担对当地土豆生产商都有利的广告费

---

① 见 Christina Bohannan & Herbert Hovenkamp, *Creation without Restraint*: *Promoting Liberty and Rivalry in Innovation*, Ch. 8 (2011).

② Polygram Holding, Inc., 2003 WL 21770765 (F. T. c. 2003)，维持，416 F. 3d 29 (d. c. Cir. 2005)。

③ 见 12 Antitrust Law ¶ 2023 (4th ed. 2019)。

用。因此她根本就不愿意去做广告，尽管广告的效果能够为消费者提供更充分的信息，从而降低交易成本。然而，如果农民们组织了土豆种植者协会，则不但可以增加他们的共同福利，也可以增加消费者的福利，此时每个农民按一定的比例分担了相应的广告费用。在这种情况下，收益和成本都可以在所有种植者中得到分担。

大多数对联合广告追责的裁决涉及的不仅仅是联合广告的协议，还涉及其他一些竞争限制内容。例如，在 *Serta* 案中，被告不仅实施了联合广告，各成员还同意不与其他协议范围内的成员企业开展广告方面的竞争。[①] 在 *Detroit Auto Dealers* 案中，被告共同对外宣布所有的汽车销售展厅将于每天下午 6 点前关闭[②]，在这种情况下，限制竞争的行为不在于联合广告，而在于协议缩短营业时间，这实质上属于减少产出量的联合行为。

同样可疑的是竞争者互相承诺不做广告的协议。广告是向消费者传递信息的有效方式，价格广告尤其具有价值，因为消费者作出价格比较往往需要付出较高的成本。[③] 诚然，广告往往具有误导性甚至欺诈性，如果广告得到更严格的监管，消费者对市场的信心可能会增强。但商家自身通常不是合适的监管者，因为它们不仅受到竞争对手的误导性广告的伤害，还受到竞争对手本质上真实但却具侵略性的广告的伤害。尽管如此，联邦最高法院在其存在问题的 *California Dental* 案的判决中，却认为专业协会对广告的限制必须适用合理原则进行审查。[④] 合议庭中由五位大法官组成的多数意见认为，有充分的理由相信该案的广告限制仅仅阻止了欺骗性的广告，从而可以增加消费者对牙科医疗服务的信心。但四位持不同意见的大法官则强调，这种限制显然超过了必要的限度，布雷耶（Breyer）大法官代表持反对意见的大法官们指出，这些限制实际上会禁止所有的广告宣传。[⑤]

[①] United States v. Serta Assocs. , 296 F. Supp. 1121, 1125 – 26（N. d. Ill. 1968），经法庭一致意见维持，393 U. S. 534，89 S. Ct. 870（1969）（Serta 牌床垫经销商之间进行共同价格宣传和限制比较广告的协议构成本身违法）。

[②] Detroit Auto Dealers Assn. , 111 F. T. c. 417（1989），维持，955 F. 2d 457（6th Cir.），最高法院提审动议被驳回，506 U. S. 973，113 S. Ct. 461（1992）。

[③] Cf. Bates v. State Bar of Arizona, 433 U. S. 350, 377 – 378, 97 S. Ct. 2691（1977）（限制价格广告会增加消费者的搜索成本）；Virginia State Board of Pharmacy v. Virginia Citizens Consumer Council, 425 U. S. 748, 765, 96 S. Ct. 1817（1976）（真实的广告让消费者知晓"是谁在生产和销售何种产品，什么原因，以及什么价格"）。

[④] California Dental Assn. v. FTC, 526 U. S. 756, 119 S. Ct. 1604（1999）。

[⑤] 反对意见指出，尽管名义上是在防止欺诈性广告，但"在实践中，出于伦理考虑的规则超越了其标榜的目标，打击了真实和非欺诈性的广告"。526 U. S. at 782, 119 S. Ct. at 1618. Posner 法官的以下论述非常尖锐（见 Richard A. Posner, *Antitrust Law* 30（2d ed. 2001））；"牙医行业协会明显地是在试图削弱其成员间的竞争。协会中的任何牙医成员发布的具有误导性的广告都可以直接由负责保护公众不受广告误导的行政机关来处理。本案并不属于共谋的好处明显超过了潜在的损害因而可以被认定为'良性卡特尔'的情形。"

当欺骗或者欺诈不存在时，竞争者之间达成的广告限制就非常可疑。它们可以被用来进行市场分割[1]，使消费者更难以进行价格比较[2]，或者被用来抵御竞争对手的低成本分销或者更激进的竞争手段所构成的威胁。2018 年，美国联邦贸易委员会谴责了由一些隐形眼镜销售商之间达成的一项协议，执行该协议的结果是它们不会在广告中提及彼此的品牌。[3] 这些眼镜销售商此前卷入了一起商标侵权诉讼，它们仅仅依赖于某一地区法院驳回简易判决动议的裁决作为被谴责行为具有正当性的理由——该简易判决动议的内容是要求法院裁定在广告中使用竞争对手的商标可以构成商标侵权。[4]

5.2b.3. 附属性市场分割和不竞争协议

市场分割是指企业之间达成的某种协议，按照协议要求每家企业都不染指其他企业所占据的那部分市场。市场可以按地理划分（比如我只在密西西比河以西销售，而你只在密西西比河以东销售）、按产品划分（我只销售此机器的电动型，而你仅销售燃气型），或按客户划分（我只卖给餐馆，而你只卖给医院）。赤裸裸的市场分割是共谋的一种表现形式[5]，构成本身违法（illegal per se）[6]，并且可能构成刑事犯罪。[7] 2014 年，第八巡回法院认定两家批发商之间的资产掉期交易（swap）*，叠加资产交换后不在对方地域进行竞争的协议构成本身违法。[8] 虽然协

＊　资产掉期交易（swap）指的是交易双方约定在未来某一时期相互交换某种资产的交易。——译者注

[1]　Blackburn v. Sweeney, 53 F. 3d 825, 827 (7th Cir. 1995)（认定律师之间约定不得在彼此所在的地域范围内进行广告宣传的协议构成本身违法）。

[2]　例如，Massachusetts Board of Registration in Optometry, 110 F. T. C. 549, 605 (1988)（本案否定了所有关于广告的限制，包括针对真实的广告的限制）。也可参见以下同意令（consent decree）: American Inst. of Certified Public Accountants, 113 F. T. C. 698 (1990)（禁止对真实的广告进行限制）; United States v. Gasoline Retailers Assn., 285 F. 2d 688, 691 (7th Cir. 1961)（刑事案件；汽油销售商约定除了可以将价格显示在加油泵机之外，不得在广告宣传中出现汽油价格，法院认定此约定构成本身违法）。

[3]　1-800-Contacts, Inc., 2018 WL 6201693, 2018－2 Trade Reg. Rep. ¶ 80, 586 (F. T. C. Nov. 7, 2018), app. docketed, 2d Cir. (2019).

[4]　Soilworks, LLC v. Midwest Indus. Supply, Inc., 575 F. Supp. 2d 1118, 1129 (D. Ariz. 2008).

[5]　例如，见 Blue Cross & Blue Shield United of Wisconsin v. Marshfield Clinic, 65 F. 3d 1406, 1415 (7th Cir. 1995)，最高法院提审动议被驳回，516 U. S. 1184, 116 S. Ct. 1288 (1996)：将固定价格和市场分割之间进行类比很有说服力。如果反垄断法禁止竞争者们就价格达成协议，从而消除价格竞争，但又允许它们分割市场，从而消除所有的竞争，这种法律解释是很奇怪的。

[6]　例如，Palmer v. BRG of Georgia, 498 U. S. 46, 111 S. Ct. 401 (1990)（法庭一致意见）（律师资格考试培训的地域市场分割构成本身违法）。

[7]　United States v. Andreas, 216 F. 3d 645 (7th Cir. 2000)（赖氨酸产品的全球市场分割）; United States v. Brown, 936 F. 2d 1042 (9th Cir. 1991)（维持了针对分割广告牌网站（billboard site）市场的竞争者们的刑事定罪）; United States v. Suntar Roofing, 897 F. 2d 469 (10th Cir. 1990)（屋顶面板经营者们的横向消费者分割协议构成本身违法；刑事定罪）。

[8]　In re Wholesale Grocery Prods. Antitrust Litig., 752 F. 3d 728 (8th Cir. 2014)（驳回了主张适用本身违法原则作出简易判决的动议）。

议在字面上并没有禁止双方在另一方的区域就潜在的客户开展竞争，但它们后来确实没有竞争，它们之间交换的信息表明它们之间很可能存在不竞争协议（non-competition agreement）。

但是，附属于其他合作关系的市场分割协议能够通过减少搭便车问题带来市场产出的提升，从而使每家公司更具有积极进取的动力。虽然如此，联邦最高法院还是没有接受使用地域划分市场的横向协议来解决搭便车问题的观点。在 United States v. Topco Associates, Inc. 案[①]这一标杆性的案件中，最高法院认定某个由约 25 家小型杂货连锁店组成的联营体构成违法。根据协议，各家商店分别销售各自的产品，并未共同设定价格或者推广价格，或在一个池子里分配收益。创建协会的合作协议的主要内容是联合进行大宗采购，并将采购商品分销给各个会员。这个协议最独特之处是要求成员在集中采购的商品上共同使用"Topco"这一已经获得了大量的消费者认可的商标。根据协议，每个成员承诺仅在事先确定的市场推广地域范围销售 Topco 品牌商品，虽然成员也可以在该范围外自由开店，但这些区域的商店就不得陈列或出售 Topco 品牌的商品，如此一来，每个成员都享有一个独家销售 Topco 品牌产品的独占地理区域。

政府质疑此市场分割机制，认为属于卡特尔，并声称它的目的是"禁止从事零售业务的杂货连锁店就 Topco 品牌产品开展竞争"。但证据显示，每个成员在其指定区域内的零售市场的份额平均值仅约为 6%。此外，进入零售行业非常容易。Topco 案中的市场分割使被告成长为垄断者的可能性很低。

如果一组杂货连锁店不能通过使用共同的商标划分市场而获得垄断利润，它们为何还要这么做呢？在 Topco 案中，被告这么做的目的是试图与大型的杂货连锁店竞争。要打造全国知名的"Topco"品牌，可以通过广告推广的方式来实现。如果一个区域内有两家以上的竞争性连锁店售卖 Topco 产品，所有的连锁店就可以从其中某个连锁店的品牌广告中受益，最终结果是没有任何一家连锁店愿意打广告。地域分割机制给予一家成员在一定区域内独家售卖 Topco 产品的权利，也就给予了它在那个区域做广告的激励。正如五年后联邦最高法院在一个纵向限制案中所承认的那样[②]，地域分割也许降低了"品牌内"（"intrabrand"）竞争——也即不同的连锁店售卖同一 Topco 品牌的竞争[③]，但是，这种机制很可能促进了"品牌间"（"interbrand"）竞争——也就是同类产品的竞争。地域分割机制使小型连锁店能够与那些付得起生产和宣传自家独占品牌的费用的大型连锁

---

① 405 U.S. 596，92 S.Ct. 1126（1972）. 也可见 United States v. Sealy, Inc.，388 U.S. 350，87 S.Ct. 1847（1967），在该案中，法院判定共同享有 Sealy 商标的床垫生产者们的地域市场分割协议构成违法。

② Continental T.V., Inc. v. GTE Sylvania, Inc.，433 U.S. 36，97 S.Ct. 2549（1977），发回重审，461 F. Supp. 1046（N.d.Cal. 1978），维持，694 F. 2d 1132（9th Cir. 1982）.

③ 但是，关于"减少"品牌内竞争的批评意见，见本书第 11.6a 节。

店展开更为有效的竞争。

　　Topco 案因忽视了"赤裸裸"的和"附属性"的横向市场分割之间的差异而广受批评。虽然一些市场瓜分行为只不过是换了一种形式的价格固定行为，但是 *Topco* 案中的商业模式几乎可以肯定是有利于促进市场效率的。在这个案件中，我们必须考虑地域的分割是否能够降低成本，或者是否能够给予参与者以其他方式所不能给予的投资激励。如果是这样的话，就需要适用合理原则，在该原则下，被告较小的市场份额就应当是判定不构成违法的决定性因素。[①]

　　尽管 *Topco* 案从未被推翻，但它饱受批评，并且在之后的案件中也常常没有判例的约束力。在 *General Leaseways* 案中，第七巡回法院对两个公司之间达成的关于出租和维修卡车的协议进行了审查。[②] 通过联营合作，两家公司分割了市场[③]，但也约定可以在对方区域内对偶然发生的对方公司的故障卡车提供紧急修理服务。在该案判决中，Posner 法官批评 *Topco* 案的判决忽略了该案协议所特意要解决的搭便车问题，并认为作为对比，在 *Leaseways* 案中，双方约定互相对对方卡车的维修费用进行报销，因此不存在搭便车的威胁。最终，他得出结论，此案中地域分割协议构成本身违法。

　　不竞争保证（noncompetition covenant）在雇佣协议和民事文书、租约或其他涉及商业财产的协议中几乎无所不在。它们通常具有与附属性市场分割协议相同的经济效果。例如，一位医生可能会将他/她在德克萨斯州布莱恩的儿科诊所出售给另一位医生，并承诺在转让后的五年内不会在布莱恩从事儿科业务。

　　不竞争保证通常被定性为"附属性"限制行为，因为它们通常被包含在其他协议中——出售企业、开始用工或者开展一段更为广泛的商业合作关系。它们可能是正在进行的联营协议的附属协议，但也并不必然如此。例如，位于 A 区域的鞋店老板可以将鞋子卖给街对面的 B 区域的顾客（鞋还是在 A 区域的鞋店里，并不出现在 B 区域），但需要遵守不能越界进入 B 区域销售鞋子的约定。在这种情况下，各方并没有明显的涉及企业经营的合作行为。即便如此，执法的趋势是适用合理原则来处理这些契约。

　　然而，正如联邦最高法院在 *Palmer* 案中所明确指出的那样，并非所有的不竞争性保证条款都置于合理原则下进行分析[④]，在该案中，最高法院适用了本身违法原则。该案涉及一项横向地域分割协议，位于佐治亚州雅典城（Athens）的一个提供律师资格考试辅导课程的公司向另一家公司出售了其在雅典城的辅导

---

　　① 见本书第 5.6 节。
　　② General Leaseways v. National Truck Leasing Assn. , 744 F. 2d 588 (7th Cir. 1984).
　　③ 该协议禁止当事人在约定的地区以外的范围内营业，并约定具有竞争关系的各加盟店必须相互间隔 20 英里以上。同上一条注释，at 590.
　　④ Palmer v. BRG of Georgia, 498 U. S. 46, 111 S. Ct. 401 (1990).

材料使用权，并承诺不在雅典城提供竞争性的课程。作为回报，材料的被许可方承诺不在美国国内其他地区提供辅导课程。结果，佐治亚大学法学院毕业生的律师资格考试辅导费立即急剧上升，最高法院最终认定这个协议属于"赤裸裸"的地域分割协议。但是，不竞争保证条款在商业交易中是很常见的，通常也并不值得怀疑，除非所涉企业由此获得了显著的市场力量。[1] 在 Palmer 案中，律师资格考试辅导材料使用权的被许可方承诺不在美国其他地方开设辅导班显然超过了必要的限度，但也还不是导致雅典城相关培训班价格上涨的原因，价格上涨的原因在于许可方承诺不在雅典城营业，这属于典型的附属性的非竞争协议。这一商业安排应归类为导致垄断的合并，而此类分析需要对相关市场进行界定。[2]

不竞争保证会产生问题的另一种情形是，特许经营中的每家门店（例如麦当劳的各家门店）与特许许可人签订不竞争保证协议，承诺不招揽其他门店的员工。此类协议应被视为特许经营许可人和每个被许可人之间达成的一系列纵向协议，还是被许可人之间变相的横向协议呢？[3] 在修订本书时，该问题仍未有答案。

如果在联营行为中发现存在合理的附随性横向地域分割协议或者客户分割协议，一些巡回法院适用了合理原则进行审理（但 Topco 案除外）。在 Polk 案中，第七巡回法院即持此观点。该案涉及两个在同一个建筑内的商店之间达成的租赁协议，其中一家承诺不售卖与另一家存在竞争关系的器材。[4] Easterbrook 法官认为这个协议并不违反反垄断法，其理由是，在城市中一个单独的建筑物内的租赁协议，即使存在不竞争条款，也是附属性的，因为缺乏任何形成市场力量的因素。

同样，在 Rothery 案中，法院拒绝对一项协议进行追责。该协议由一家全国性的品牌搬家公司 Atlas 与其他特许加盟的独立搬家公司达成，双方约定在超出特许经营范围的运输服务中，不得使用 Atlas 的名称、商誉或其他服务，Atlas

---

[1] 见 13 Antitrust Law ¶ 2134d (4th ed. 2019)；也可参见 LDDS Communs. v. Automated Communs.，35 F. 3d 198，199 (5th Cir. 1994)（法院批准了一项承诺不竞争的远程电话服务供应商的资产销售协议）。

[2] 关于造成垄断的合并，见本书第 12.3b 节。

[3] Deslandes v. McDonald's USA, LLC, 2018 WL 3105955 (N. D. Il. June 25, 2018)（在特许经营的许可人和被许可人之间签订的协议禁止被许可人之间互相招揽对方的员工；法院拒绝根据《伊利诺伊州反垄断法》驳回起诉）。见 Herbert Hovenkamp, Competition Policy for Labour Markets (*OECD working paper*, 17 May 2019)，访问地址：https://papers. ssrn. com/sol3/papers. cfm? abstract_id=3421036。也可参见 Suresh Naidu, Eric A. Posner, & Glen Weyl, Antitrust Remedies for Labor Market Power, 132 *Harv. L. Rev.* 536, 598 (2019)（暗示此类协议可以被认定为被许可人之间组建的卡特尔）。

[4] Polk Brothers, Inc. v. Forest City Enterprises, Inc.，776 F. 2d 185 (7th Cir. 1985). 也可参见 Eichorn v. AT & T Corp.，248 F. 3d 131 (3d Cir.)，最高法院提审动议被驳回，534 U. S. 1014，122 S. Ct. 506 (2001)（本案适用了合理原则，批准了一项雇员不竞争保证协议，该协议旨在防止雇员从脱离母公司的子公司返回母公司）。

对于超出协议范围的服务不收取加盟费。正如法院在判决中所指出的：

> 承运商可以通过 Atlas 这个"全国性品牌"来吸引客户，也可以在承接业务时自由使用 Atlas 的设备和格式订单。如果一个承运商在经营中使用了 Atlas 的声誉、设备、设施和服务，而收益归自己所有，那么这个承运商实际上搭了由 Atlas 付费的便车，而类似于 Atlas 的运输公司在声誉、设备、设施和服务上进行投资的激励就会因为回报的减少而下降。[①]

5.2c. 由交易效率决定的联合经营定价行为的正当性

某些竞争者之间的联营是有益的，因为这些行为能够大幅降低交易成本，从而实际上开创了一个全新的市场，或者大大扩展了原有市场的范围。这也是 Brandeis 大法官在 *Chicago Board of Trade v. United States* 案[②]中对该案所涉及的协议的定性。该案的焦点在于作为世界上最大的谷物市场的芝加哥交易所所采用的"认购"（call）规则。

对于芝加哥交易所而言，上午 9：30 到下午 1：15 是常规的交易时段，在这段时间里，交易所的运行方式和那些最有效率的市场没有两样：数百名买家和卖家在场内集合通过公开喊价的方式进行谷物交易。买家和卖家都能及时获得最新的价格信息，并以最快的方式显示在公告牌上。而在"认购"（call）规则之下，交易所的会员在常规交易时段结束之后，只被允许以交易收盘价进行交易。例如，如果小麦在每周三常规交易时段的收盘价是每蒲式耳 1 美元，则所有交易所的会员在周四交易开始前进行的交易都必须按照此价格结算。新的竞价价格只能在周四的交易开盘后才会得到更新。

在对"认购"（call）规则提出挑战时，政府并没有试图证明这个规则导致产出限制或导致交易所会员哄抬价格，它只是简单地指控这个规则属于"固定"价格的行为并因此违法。在驳回原告诉讼的判词中，Brandeis 大法官指出，该认购规则为谷物期货"创造"了一个公开市场。这个市场的目的毕竟不是用以最终完成交易，只是用来决定价格。在认购规则下，所有的价格决定均是按照最公开且竞争性的方式进行的，没有任何一个买家或卖家可以因对方的信息无知（ignorance）而获利。由于没有发现这个规则可能隐藏固定价格的行为，最终全体大法官一致决定驳回原告的诉讼请求。

关于市场促进协议（market facilitating agreement），一个富有戏剧元素的案

---

① Rothery Storage & Van Co. v. Atlas Van Lines, 792 F. 2d 210, 221 (d. c. Cir. 1986)，最高法院提审动议被驳回，479 U. S. 1033, 107 S. Ct. 880 (1987)。

② 246 U. S. 231, 38 S. Ct. 242 (1918)。

例是 *Broadcast Music*，*Inc. v. Columbia Broadcasting System*，*Inc.*（BMI）案[1]，该案的争议焦点是打包许可（一揽子许可）协议（blanket licensing arrangement）的合法性。BMI 是一家由数千位曲作者、出版人和其他拥有音乐作品表演权的权利人组成的协会。表演权赋予了权利人许可他人表演音乐作品的独占性权利。这种表演权的市场是非常广阔的：几万家广播电台、电视台、电影制片厂和高中演剧社，如要以营利为目的公开演出某部音乐作品，均需要在表演前向著作权人付费以获得表演权的授权。这种无形财产权实施的难点在于，如果 1 000 英里之外有人表演你享有独家权利的作品，你一般是很难注意到的，尽管实际上你的权利是被"打劫"了。[2]

BMI 出售"打包许可"，获得此种许可的被许可人有权演奏 BMI 曲库中的所有作品，曲库包含了所有成员作品的表演权，而这些成员事先将非独家的表演权授予了 BMI。被许可人根据各自营收情况的不同而付费，而词曲权利人收到的报酬则依照其所拥有著作权的作品被播放的次数而确定。此外，BMI 也同时通过成本相对较低的程序，对没有购买一揽子许可的主体开放曲库中的作品进行个别授权。

打包许可节约了数百万美元的交易成本，几乎没有哪家广播电台可以承担单独谈判购买想要播出的每件作品版权许可的高昂成本。如果它们单独谈判的话，营销费用将大大增加，而市场中实际播放的曲目数量也一定会减少。事实上，如果市场按照每次播放都需要单曲授权的方式运行的话，表演权的价格会被压得更低。另外，流行歌曲的"上架时间"其实很短暂，也许广播电台正在协商购买表演权准备播放的时候，歌曲就已经过气而变得没有价值了。而一揽子许可则取代了成千上万的单独交易，可以让被许可人立即就能获取 BMI 曲库中的任何一首单曲。[3]

从一个更宏观的视角来看，在那些成本高昂、沉没成本和投资巨大，而产出却可以有效分担的高风险市场，交易效率可以为企业的联合经营提供正当性。知识产权是最好的例证。开发新药、研发新机器，都需要花费巨额成本，一旦研发失败，那么先期投资就全部打水漂了。反之，一旦成功，则新技术的权益可以由包括负责研发的联营实体和所有参与投资的联营者共同享有。[4]

5.2d 联合经营分析和合并分析之间的关系

实际上，企业通过合资经营所获得的任何效率提升也可以通过企业合并得以

---

① 441 U. S. 1，99 S. Ct. 1551 (1979).

② 见 Edmund W. Kitch，"The Law & Economics of Rights in Valuable Information"，9 *J. Leg. Stud.* 683 (1980)。

③ 见 13 Antitrust Law ¶ 2132 (4th ed. 2019)。

④ 关于交易成本的理论和反垄断的关系，见 Christina Bohannan & Herbert Hovenkamp, *Creation without Restraint*：*Promoting Liberty and Rivalry in Innovation*，Ch. 8 (2011)。

实现。不同的法院对此有着不同的解读。在 *Addyston Pipe* 案中，Taft 法官指出，被指控固定价格的企业合并可能是合法的，所谓的"固定价格"，本来就是企业间合并所必然产生的后果。[1] 但是，该案中的固定价格的协议，由于不从属于任何其他协议（即没有其他的交易正当性），因此必须被追责。[2] 与此相反，在 *Appalachian Coals* 案中，涉案的联合销售协议得到了法院的肯定，首席大法官 Hughes 在阐述理由时认为，对于涉案的联营行为，煤炭公司如果实施的是合并，那么应当是合法的，那么它们为什么不可以通过协议达到同样的目标呢？[3]

探究相同企业间的合并是否合法，通常和它们之间联营的合法性问题无关。如果一项联营同时允许参与各方固定价格或者产出量，但是又显然具有提高社会经济效益的潜力，那么此时我们就应该进一步衡量这一经济效益提升和竞争损害之间孰轻孰重。此时所采取的结构性分析与形式上变更为企业合并的考量是类似的。

虽然如此，然而对联合经营的分析在以下情形下还是迥然有别的：（1）联营协议并不限制各企业其他工厂的产出；（2）实际上扩大了生产。为了清楚地说明这一问题，我们分析一下通用汽车公司（GM）和丰田公司（Toyota）联合在加利福尼亚州弗里蒙特设立一个生产小型汽车的新工厂的案例。[4] 假设当时通用汽车公司和丰田公司各自在相关市场占有 20％ 的市场份额，那么它们之间的合并必然会受到审查。然而，重要的是，这项联营并没有对两家公司各自在世界上其他的工厂的汽车产量进行任何限制，也没有对两家公司之间原先的竞争关系产生影响。此外，假设它们的协议也不要求关闭其他工厂，那么该合资企业实际上通过建立新工厂而扩大了产能，显然，这家合资企业的反竞争潜在效果远远小于同样两家公司合并的反竞争潜在效果。[5]

在 *Dagher* 案中，联邦最高法院审理了一个非常近似于合并的联营案件。[6]

---

① United States v. Addyston Pipe & Steel Co.，85 Fed. 271，280（6th Cir. 1898），修订并维持，175 U. S. 211，20 S. Ct. 96（1899）（"……当两个人成为一家企业的合伙人时，尽管他们的联合可能会较少竞争，但这一效果只是他们成立投资企业的主要目的的一个附带效果……并且是对社会有益的"）。事实上，在价格固定协议被认定违法后，被告之间进行了合并，而政府对此也没有提出异议。见 2 Simon N. Whitney，*Antitrust Policies：American Experience in Twenty Industries* 7（1958）。

② 关于 *Addyston Pipe* 案，见本书第 2.1b 节和第 4.1 节。

③ Appalachian Coals，Inc. v. United States，288 U. S. 344，376，53 S. Ct. 471，480（1933）。

④ 见 General Motors Corp.，103 F. T. c. at 374。

⑤ Texaco，Inc. v. Dagher，547 U. S. 1，126 S. Ct. 1276（2006），该案中的联合经营企业将两个石油精炼商的产品进行联合，但是没有对联合经营以外的其他产出设置限制。见 13 Antitrust Law ¶ 2121c（4th ed. 2019）。对比 FTC 在 Polygram Holding，Inc. 案的观点，2003 WL 21770765（F. T. c. 2003），维持，416 F. 3d 29（d. c. Cir. 2005），该案中的联合企业没有对各成员的非联合经营产品进行限制，但法院认定此联合经营违法。

⑥ Texaco，Inc. v. Dagher，547 U. S. 1，126 S. Ct. 1276（2006）。

在该案中，石油生产商壳牌公司（Shell）和德士古集团（Texaco）将各自在美国西部的油气资源进行了整合，通过一家名为 Equilon 的合资企业生产汽油，然后，Equilon 生产的汽油再销售给壳牌和德士古的加油站，并贴上各自的品牌进行销售。此案的反垄断争议在于 Equilon 向壳牌和德士古的加油站销售汽油收取了相同的价格。第九巡回法院认为这属于违反《谢尔曼法》第 1 条所指的固定价格协议。然而，最高法院进行了改判，认定此价格协议——考虑到联营的背景事实——比起单一企业的定价行为来说稍微过火了一点，但仍然在本质上不同于竞争者之间就竞品进行的价格固定行为。①

Dagher 案代表了这样一种观点：当企业参与传统的生产型联营时，如果生产的是基本无差别的产品，那么就不能因为企业采用统一定价而简单地套用反垄断法进行定责，即使部分产出被分配给联合经营的一方参与者，另一部分被分配给另一方参与者，以此类推。这样的协议必须置于反垄断法的合理原则项下来进行分析。

第5.3节　竞争者间关于价格和产出量的信息交换；公示协议内容

买方和卖方可获得的价格信息的内容和范围因市场的不同而差异巨大。例如，主要证券交易所上市的每种股票的当前价格都会刊登在日报上。相反，在稀有艺术品市场中，除交易各方外，价格往往对每个人都保密。

如果买方和卖方都不掌握关于市场价格的信息，市场就无法良性运转。卖方永远无法确定他/她的报价是否达到了买方愿意支付的最高价，买方也永远无法确定他/她所支付的价格是否是卖方所愿意接受的最低价。卖方的谈判询价总是从一个虚报的高价开始，而买方肯定会进行还价。只要任何一方感到对方的价位是"柔性"的，就会有进行协商的动机，也就是说进一步的谈判将带来价格的变化。对于出售一件独特的、昂贵的财产来说，如一套豪宅或一件珍贵的绘画作品，经过持续几周甚至几个月的谈判才达成交易的情况并不少见。在谈判中耗费巨大，而最终各方还是不能就价格达成一致的情况也很常见。

另一种极端的情况是，市场充斥着大量充分了解价格信息的买家和卖家。在这样的市场中，价格谈判的空间极为有限。每个卖家都知道，如果他的报价超过现行价格，买家甚至都不会费心去还价，而会直接转身去找另一个卖家的竞争者。而每个买家都知道价格是存在竞争的，每个卖家都能以当前的价格在市场中出货。

交易将以公布的市场价格达成，不愿意支付该价格的人永远都无法进入市场。

---

① Texaco, Inc. v. Dagher, 547 U. S. 1, at 6.

5.3a. 在全行业传播价格和产出信息

从 1920 年代开始，联邦最高法院开始关注竞争者在全行业范围内交换价格信息的问题，并在涉及硬木行业贸易协会的两个案件中发展了有关的裁判规则。在 *American Column&Lumber Co. v. United States* 案[①]中，最高法院认为该案中的价格信息交换体系是非法的，该体系要求每个成员企业向行业协会提供详细的价格报告，内容包括每笔交易买卖各方的名称、产量、存货量以及预计的未来产量。这个信息系统按照协会所采用的统一标准的硬木尺寸规格和种类进行分类。协会的目的显然是担心"生产过剩"，成员企业会不时会面，督促其他成员限制产量。这样的磋商促使法院认为该信息交换体系实际上属于联合涨价的计划。

然而，该协会包含了 365 家生产商，它们共同控制的产量只不过占美国硬木总产量的 1/3。即使存在一个明确的价格固定协议，也很难看出一个成员数量如此众多，且只占 1/3 市场份额的卡特尔，如何会对价格产生实质性的影响。[②] 事实上，在涉及数据发布行为的案件中，一个经常被忽视但非常重要的问题，就是信息传播的行业范围和相关市场的范围之间的关系问题。例如，在 *Johnson County Pork Producers Association* 案（约翰逊郡猪肉生产者协会案）中，协会可以从其成员那里收集有关生猪的产量和价格的信息，但如果生猪是在全国范围内销售的，那么在一个县内收集的这类数据不太可能促成价格固定。

如果硬木生产商们的动机不是出于共谋，那么它们为什么要交换如此详细的信息呢？Brandeis 大法官在其起草的反对意见中提出了一些原因：硬木制造商规模较小，通常是分散地坐落在能够生产主要材料（木材）的森林中。没有任何公共机构收集该行业与生产有关的数据[③]，并且分散的生产者对市场状况知之甚少。此外，许多直接购买者都是规模较大的企业，反而可能具有很好的渠道获得需求信息。该案中的信息交换体系可能只是用来矫正买卖双方之间的信息不对称。

在该案中，对竞争更具有现实威胁的不是该计划对全市场产出量和价格数据的公布，而是所交换的协会每个成员的详细的产量、库存和定价信息。[④] 法院几乎没有对相关市场进行任何分析，而径行认定商品市场是硬木市场，地域市场是全国。但硬木主要通过铁路运输，运输成本无疑是决定价格的重要因素。每家硬

---

① 257 U. S. 377，42 S. Ct. 114 (1921).

② 见 Richard A. Posner, *Antitrust Law* 159 - 171 (2d ed. 2001)。

③ 然而，Brandeis 大法官在反对意见中指出，被告收集的所有信息都是向所有人公开的公共信息，且所有报告的信息都来自司法部和联邦贸易委员会。257 U. S. at 414 - 15，42 S. Ct. at 122.

④ 见 American Column，257 U. S. at 396，42 S. Ct. at 116（详细的报告要求包括特定交易的尺寸和价格）。

木加工工厂主要与附近的工厂竞争，而与距离很远的工厂的竞争并不激烈。① 因此，如果某家工厂希望赢得客户，它会主要关注附近少数几家工厂的库存、产量和定价政策。涉案的数据交换体系所提供的详细数据能够帮助企业在知道其竞争对手拥有充足的库存或者过剩产量时给出更低的竞价，但如果它认为其竞争对手在生产和销售能力方面已经达到极限时，就会提高竞价水平。

四年后，在 *Maple Flooring Mfrs'Ass'n v. United States* 案②中，联邦最高法院认为该案中的硬木地板生产商之间交换价格信息的计划并不违法。该计划同样是通过贸易协会进行的，而最高法院认为此案与前述 *American Column* 案不同，强调地板制造商们并没有提供客户名称，而且它们仅发布已完成的、过去的交易而非当前的交易价格信息。但最高法院没有解释为什么这些差异不太可能让市场出现垄断。最高法院没有忽略其他差异点，但却忽视了 *Maple Flooring* 案与此前案件相区分的一个重要特点：在该案中只有 22 个生产商而不是 365 个，它们共同控制了 70% 的市场份额。此外，最高法院强调的具体信息类型也相对不重要：平均价格与具体的、个体的价格一样可以用来达成卡特尔，买方名称也并不关键。行业协会在该案中之所以采取的是分发信息而不是公布信息的方式，最可能的原因是该协会成立的时间几乎是在最高法院作出 *American Column* 案判决的同时，它是按照当时法院判决的意见而量身订制了信息交流方式以规避法律风险。

5.3b. 直接竞争者之间的价格信息交换

在 *United States v. Container Corp. of America* 案③中，联邦最高法院面临着完全不同的信息交换方式。作为被告的纸箱制造商们约定，彼此可以互相打电话以便为即将进行的交易获得价格信息。例如，正在为买方准备出价的甲公司可能会致电乙公司，询问乙公司向同一客户收取的同一产品的价格。虽然业界公认，企业之间确实会相互提供被请求提供的信息④，但这不等于此案件的情况和在行业范围内进行数据传播的前述案件情况类似。发生在直接竞争者之间的价格信息交换不会产生与在行业范围内传播信息同等的信息福利。实际上，这类案件最有可能，并且在大多数情况下唯一可以得到合理解释的目的就是固定价格。尽管如此，Douglas 大法官的意见认为此案的协议"类似"于 *American Column*

---

① American Column, 257 U.S., at 415 - 416, 42 S.Ct. at 122 - 123（Brandeis 大法官，反对意见）。

② 268 U.S. 563, 45 S.Ct. 578 (1925).

③ 393 U.S. 333, 89 S.Ct. 510 (1969).

④ 见 Container, 393 U.S. at 335, 89 S.Ct. at 511。

案①，这导致这两类不同性质的案件从 *Container Corp.* 案开始，就经常被混为一谈。

联邦最高法院在 *Container Corp.* 案中得出的结论是，在竞争性市场中，直接竞争对手之间的价格信息交换行为有可能是无害的。但是，市场集中度越高，信息交换则越有可能影响价格，而且任何对"依照自由市场的力量设定的价格"进行干涉的行为都是非法的。而法院却认为，在这种情况下的信息交换导致价格"稳定……尽管处于下降中的某个水平"。信息交换的实际效果是，即将报价的卖方一旦知道竞争对手的价格就会试图与之配合。然而，即便如此，这些结论，无论在信息充分的、健康的竞争市场中，还是在存在共谋的市场上，都适用。* 考虑到在实践中，对价格变动原因进行探究是非常困难的，最高法院本应当避免要求下级法院判断某特定的信息交换计划如何影响市场价格。

此外，把焦点集中在整体行业集中度很可能忽略了直接信息交换带给竞争的真正威胁。② 即使在集中度相对较低的市场中，产品或空间的差异也可能使某些公司在竞标特定客户方面优于其他公司。例如，即使集装箱市场有 100 个卖方，但高昂的运输成本可能使作为卖方的甲和乙对于近在咫尺的客户 X 具有价格优势。如果法律允许甲和乙之间直接交换信息，那么就足以创建一种针对该特定客户的"迷你卡特尔"③。

在 *Container* 案所适用的合理原则下，如果发生价格信息交换的市场是高度集中的，且如果产品是非差异化的，那么价格就是竞争的主要因素。如果我们可以确定竞争价格的需求缺乏弹性，那么进行信息交换几乎肯定应被追责，特别是在如果法院发现信息交换和市场价格之间存在相互关联的情况下，无论这种关联体现为价格向下或者向上的趋势。④

如果信息交换的内容超越了价格和产出的范畴，法院不太可能对信息交换行为追责。例如，交换客户的信用信息或者交换客户的历史交易信息通常来说是合法的。⑤这些信息本身就是有价值的知识产权（无形资产），而且生产这些信息需要花费高昂的成本，联合提供这些信息就可能产生显著的社会经济性。与价格或者产出完全无关的信息交换通常不会产生反垄断问题。

---

*　作者在这里的意思是说不能以市场结构作为判断是否存在垄断行为的依据。——译者注

①　393 U. S. at 337, 89 S. Ct. at 512, 引用了案例 American Column, 257 U. S. at 396, 42 S. Ct. at 116; 以及 Linseed, 262 U. S. at 371, 43 S. Ct. at 607。

②　见 13 Antitrust Law ¶ 2113 (4th ed. 2019)。

③　在一个产品差异化市场内，相邻或相似的企业合并会促进单边的价格增长，所造成的结果和此种情况没有什么不同。见本书第 12.3d 节。

④　393 U. S. at 337, 89 S. Ct. at 512. 联邦最高法院没有清楚地将 *Container* 案的规则定性为合理原则，直到 United States v. Citizens & Southern Nat. Bank, 422 U. S. 86, 113, 95 S. Ct. 2099, 2115 (1975)。

⑤　Zoslaw v. MCA Distrib. Corp., 693 F. 2d 870 (9th Cir. 1982), 最高法院提审动议被驳回, 460 U. S. 1085, 103 S. Ct. 1777 (1983) (法院认为交换持卡人信用历史和信用卡的信用余额信息的行为是合法的)。

5.3c. 公布信息的协议、公布信息且步调一致的协议

许多公司通过多种途径定期发布价格，例如通过传真的方式，或者向它们的常年客户发送价目表。这样的价目表是有价值的，因为买家可以轻松地计算自己的成本而无须再额外询价。公司单方面决定发布其价格也是合法的。然而，竞争者之间彼此披露它们的价格却几乎不具有竞争法上的合法性。如果发布的信息对买方是有价值的，那么每家公司都有动机单方面发布信息。协商一致的信息披露极易诱发价格固定。① 如果企业之间达成协议，在每个月都发布价格，那么就更可疑了，如果它们还认真执行此类协议的话就更是如此。在 *Sugar Institute* 案中，联邦最高法院驳回了关于达成涉案价格公布协议和执行该协议的目的是杜绝参与者认为的"不道德的"秘密折扣（secret discount）的正当性抗辩理由。② 无论道德与否，秘密折扣事实上是一种破坏卡特尔或寡头垄断的方式。因此，法院一般认为此类公布价格的协议构成本身非法（*unlawful per se*）。③

5.3d. 交换薪酬信息的协议；"反挖角"协议

在 *Todd v. Exxon* 案中，联邦巡回法院的 Sotomayor 法官支持了原告的一项诉讼请求，认定一项在几家被告石油公司之间交换工资信息的协议违反了《谢尔曼法》，同时，还认定这些公司主观上明知或者应知这些信息可被用于设定新的薪酬水平。④ 在该案中，法院认为应适用合理原则，因为协议并没有涉及价格固定的内容。相比之下，某联邦地区法院在 2012 年认为，针对硅谷员工之间的"反挖角"协议可以适用本身违法原则。⑤ 在该案中，涉案协议直接约定企业之间不得雇用彼此的雇员，这属于一个赤裸裸的市场分割协议，该协议如果被有效实施的话，就会消除企业间就招聘那些已经在其中一家公司就业的员工展开的竞争。2014 年的一份判决批准了一项针对 eBay 公司和 Intuit 公司之间所达成的协议的同意令（consent decree）。⑥ 涉案协议的内容不是简单的信息交换，实际上是市场划分协议。这个案件很有趣，因为在线商城 eBay 公司和商业软件生产商 Intuit 公司并不属于直接竞争者，各自所销售的产品不存在实质性的竞争关

---

① 见 12 Antitrust Law ¶ 2024 (4th ed. 2019)。

② Sugar Institute v. United States, 297 U.S. 553, 56 S.Ct. 629 (1936)。

③ 例如，Miller v. Hedlund, 813 F. 2d 1344 (9th Cir. 1987)，最高法院提审动议被驳回，484 U.S. 1061, 108 S.Ct. 1018 (1988)（适用了本身违法原则）。也可见 United States v. United Liquors Corp., 149 F. Supp. 609 (W. d. Tenn. 1956)，经法庭一致意见维持，352 U.S. 991, 77 S.Ct. 557 (1957)（法院认定一项详细地要求公布酒精饮料的价格并消除数量折扣的协议构成违法）。

④ Todd v. Exxon Corp., 275 F. 3d 191 (2d Cir. 2001)。

⑤ In re High Tech. Employee Antitrust Litigation, 856 F. Supp. 2d 1103 (N. d. Cal. 2012)。

⑥ California v. eBay, Inc., 2014 WL 4273888 (N. D. Cal. Aug. 29, 2014)。

系。然而，它们确实在招聘软件工程师方面存在竞争。对于任何类型的买方价格固定行为——包括反挖角协议，重要的是要着眼于企业采购（或招聘）的市场，这可能与它们出售产品的市场是完全不同的。[①]诚然，这类协议可能能够解决员工搭便车的问题——这一问题指的是，一名员工在接受了 Alpha 公司的全面培训后，可能想从 Beta 公司那里获得更好的工作机会。但通常这一问题可以通过纯粹的纵向的竞业禁止协议（指企业与受培训的员工之间的竞业禁止协议）来实现。然而，就这类特定的情况，州法（如加利福尼亚州州法）一般对企业与员工之间签署的竞业禁止协议持否定态度。[②]

第 5.4 节　协同一致拒绝交易、联合经营内部的 会员资格限制以及标准设定

5.4a. 好处与坏处；恰当的反垄断法标准

在大多数涉及拒绝交易的反垄断诉讼中，拒绝交易本身并不构成违法。许多拒绝交易的受害者在其提起的反垄断诉讼中，同时声称被告涉嫌非法垄断、捆绑销售、固定价格、维持转售价格、实施纵向非价格限制或者非法合并。在其他一些案件中，原告并没有明确提出前述的附属违法行为，但按照反垄断法的原理，只有在被告实施了附属违法行为的前提下，才能满足拒绝交易的构成要件。如果这种"支撑性"（"supporting"）的反垄断违法行为不明显的话，原告通常无法解释为什么拒绝交易具有反竞争的效果。

因此，拒绝交易可能更适合被视为是一种反垄断的损害后果，而非该行为本身即构成实质的违法行为。例如，如果实施了转售价格维持的企业拒绝向不服从管理的下游零售商提供货品，则涉嫌违反反垄断法的行为是企图控制转售价格的行为，而不是拒绝交易的行为。[③]

即使拒绝交易不是一项单独的违法行为，但这个概念的存在可以在反垄断法中具有两项重要作用。首先，拒绝交易为那些对市场有着充分了解且具有很强诉讼动机的原告提供了诉由。在私人反垄断诉讼中，有很高的比例是由那些被其他企业的集体行为排挤出市场的主体所提起的。

其次，拒绝交易行为的存在与否往往有助于法院评估企业联营等活动是否符

①　对此问题进一步的讨论，见 Herbert Hovenkamp, Competition Policy for Labour Markets (*OECD working paper*, 17 May 2019), 访问地址：https://papers.ssrn.com/sol3/papers.cfm? abstract_id=3421036。

②　见 Edwards II v. Arthur Andersen LLP, 44 Cal. 4th 937 (2008); Muggill v. Reuben H. Donnelley Corp., 62 Cal. 2d 239 (1965)。

③　见本书第 11.5 节。

合效率原则、是否有利于促进竞争，没有法院有能力量化市场效率的提升幅度、特定行为对竞争的损害大小，并在二者之间进行权衡，特别是在二者十分接近的那些临界案件中。这使得对同时具备反竞争效果和效率提升作用两种可能性的企业联合行为所进行的法律分析是异常复杂的。但通常情况下，所有的市场效率提升都可以在不存在拒绝交易的情况下实现。也就是说，虽然某项企业联营可能具有有利竞争的效果，但其中的拒绝交易行为最可能是出于反竞争的目的。例如，*Appalachian Coals，Inc. v. United States* 案①涉及由一组存在竞争关系的煤炭生产商创建的联合销售代理商。由统一的代理商来销售煤炭几乎肯定比由各个成员企业分别销售煤炭更有效率。然而，由于煤炭是非特异性产品，因而销售商对向其交付的所有同一等级的矿石必然支付相同的价格。因此，煤炭生产者之间必须就价格或者设定价格的机制达成一致。在该案中，成员们必须通过该机构独家向市场最终需求方出售煤炭，也就是说成员们拒绝了其他销售商向其购买煤炭并转售给最终需求方的请求。在这种情况下，即使我们假设设立这一销售代理商是有效率的，也没办法合理解释为什么这种代理关系必须是独家的。相反，一种合理的解释是，这一交易模式服务于被告之间实施固定价格，并防止成员企业进行卡特尔外销售的目的。

5.4a.1. 合理原则及其一些例外

人们曾经普遍认为，协同拒绝交易行为（concerted refusals to deal）构成本身违法，但这条规则存在许多例外，正因这些例外的存在，本身违法原则在这类行为中的适用性应被推翻。今天，大多数的协同拒绝交易行为，即使是由竞争对手共同实施的，也都需要在合理原则下进行考量。一般而言，协同拒绝交易行为应被视为可以促使竞争者之间所达成的企业联营或联盟运行得更有效率。只有所谓的"赤裸裸"的联合抵制行为才构成本身违法——在那种情况下，竞争对手之间的协同拒绝交易针对的是其他竞争者、客户或者供应商，而且这种行为不从属于任何合法的企业联营（即不存在其他提升效率的正当理由）。

可以肯定的是，在反垄断历史上，赤裸裸的联合抵制比比皆是。在 *W.W. Montague & Co. v. Lowry* 案中，联邦最高法院首次判定竞争对手之间的协同拒绝交易是非法的。②在该案中，被告们是一贸易协会的成员，它们彼此约定不向非会员经销商出售其产品。法院以普通法限制贸易的法律条文对该拒绝交易的行为进行了追责，但没有采取现代化的本身违法原则的审判路径。最高法院更为明确地提出应当适用本身违法原则则要等到十年之后了。在 *Eastern States Re-*

---

① 288 U. S. 344，53 S. Ct. 471 (1933). 见本书第 5.2a 节。

② 193 U. S. 38，24 S. Ct. 307 (1904).

tail Lumber Dealers' Ass'n v. United States 案[①]中，最高法院认定，虽然一个独立的公司可以拒绝与任何人交易，但竞争对手之间所达成的不与某些特定主体进行交易的协议，则会成为市场运转的障碍，并妨碍竞争。在该案中，美国东部零售木材商协会促成了木材零售商之间的协议，根据该协议，一旦某批发商被发现绕开零售商将木材直接零售给最终客户，那么零售商们就将该批发商拉入"黑名单"，并集体抵制该批发商——不再从这些批发商处采购木材。

木材零售商可能本来就不希望批发商进入零售领域，原因有两个。首先，通过消除销售链条中的一个环节，批发商可能比未整合的零售商本身具有更高的效率。[②] 通过拒绝与从事这种纵向整合的批发商交易，独立零售商可以阻止批发商进入零售市场。然而，如果通过零售链条的纵向整合能够降低木材批发商的成本，那么独立零售商的联合抵制可能只会推迟，而难以最终阻止纵向整合。一些批发商会通过自建零售终端的方式进入零售行业，这样的话，联合抵制对它们就不起作用了。

第二种可能的原因是，木材零售商在实施价格固定。零售商的价格是在批发商分销成本的基础上加成得到的，批发商自然希望尽可能降低自身的销售成本。如果零售商进行价格固定，那么批发商的销量将因为零售卡特尔销量的减少而降低，但所有的垄断利润却会由零售商获得。批发商可能会试图通过寻找非卡特尔成员的零售商，或者由自己直接零售木材来保护自己的利益。协同拒绝交易行为可能是零售商卡特尔在努力阻止因批发商的竞争性进入而产生的自身销售损失。

1990 年，最高法院在一案件中重申，假如协同拒绝交易的唯一目的是促进共谋，则应适用本身违法原则。该案的案情是，高等法院诉讼律师公会（Superior Court Trial Lawyers）谴责了由诉讼律师组织的针对华盛顿市的联合抵制行为。[③] 这些律师的业务是代表贫困的刑事被告，并直接从政府收取报酬。但他们认为政府支付的费率太低，因此集体停止提供服务，直到逼迫政府同意提价。最高法院一如既往地否定了所谓的"因为原有费率太低，因而抵制应为合法"的论点，认为应交由非限制的市场（unrestrained market）来确定费率。

在 *Northwest Wholesale Stationers* 案中，联邦最高法院建议对本身违法原则的适用加以限制，从"一家或多家公司从事对竞争对手不利的行为"的表述变为"无论是直接拒绝还是劝服、强迫供应商或者客户拒绝与其竞争对手达成有效竞争所需的合作关系"。这些行为必须属于一系列"可能具有显著的反竞争的

---

①　234 U. S. 600，34 S. Ct. 951 (1914).

②　关于纵向整合的讨论见本书第 9.2 节。

③　FTC v. Superior Ct. Trial Lawyers Assn. , 493 U. S. 411，110 S. Ct. 768 (1990).

举措"的其中一项。^① 在一年后的 *Indiana Dentists* 案中，在下文也将讨论，最高法院将本身违法原则的适用范围再次进行了限缩，仅局限在"为阻挠供应商或者客户与其竞争对手进行交易，有市场支配力的企业对上下游企业所进行的联合抵制"^②。或者，如同第七巡回法院所表述的那样，"联合抵制只有在被用于执行构成本身违法的协议时才构成本身违法，比如固定价格协议"^③。

最高法院即使在早期广泛适用本身违法原则的时代，也坚持认为拒绝交易行为只有在促进共谋或者类似共谋行为的时候才属于本身违法。*Klor's，Inc. v. Broadway-Hale Stores，Inc.* 案^④的指控是多少有些模糊的。在该案中，原告 Klor's 公司是厨房用具的零售商，其中一名被告 Broadway-Hale 公司是一家与原告存在竞争关系的零售商，其规模较原告更大。其他被告则是厨房用具的主要制造商和分销商。Klor's 公司指控 Broadway-Hale 公司与这些经销商和制造商密谋拒绝向 Klor's 公司提供产品，或者以歧视性高价和不利的交易条件提供产品。

假设 Broadway-Hale 公司有将其竞争对手驱逐出同业市场的动机，为什么主要的家电制造商会同意参与这个计划呢？原告称 Broadway-Hale 公司利用其"垄断的"购买力来迫使制造商达成协议，这种指控只有在 Broadway-Hale 公司在本地零售市场拥有市场支配力，并且 Klor's 公司以低于 Broadway-Hale 公司的垄断价格进行销售时才有可能成立。然而，只有在零售商们尽可能充分竞争时，对大型家电制造商才是最有利的，而如果 Broadway-Hale 公司加强了垄断力量，则将使它们的情况变得更糟。

更合理的一个解释是：Broadway-Hale 公司向制造商抱怨，Klor's 公司是搭便车的人。制造商希望它们的零售商花费大量的资源来展示、推销它们的商品，并向顾客提供相关服务。如果 Broadway-Hale 公司提供了这些服务但 Klor's 公司却没有，那么 Klor's 公司就能够以更低的收费标准定价。此外，消费者也很想免费搭 Broadway-Hale 公司服务的便车。他们可能去 Broadway-Hale 公司参观并获取关于家电的所有重要信息，然后转而到 Klor's 公司处购买。制造商可以通过给予其零售商专属区域或者通过维持转售价格的方式来消除上述存在的搭便车问题。^⑤ 当 *Klor's* 案的判决作出的时候，此前的法院对于前述第一种做法还没有作出过认定，但第二种做法则被认定为构成本身违法。这将带给每个制造商排挤掉 Klor's 公司的独立的动机，尽管它们没有理由会在彼此之间达成合意。

---

① Northwest Wholesale Stationers v. Pacific Stationery & Printing Co.，472 U.S. 284，298，105 S. Ct. 2613，2621 (1985).

② FTC v. Indiana Federation of Dentists，476 U.S. 447，458，106 S. Ct. 2009，2018 (1986).

③ Collins v. Associated Pathologists，844 F. 2d 473 (7th Cir. 1988)，最高法院提审动议被驳回，488 U.S. 852，109 S. Ct. 137 (1988)。

④ 359 U.S. 207，79 S. Ct. 705 (1959)。

⑤ 见本书第 11.5～11.6 节。

*Originators' Guild of Amer. v. FTC（FOGA）*案①比起 *Klor's* 案来说更难以进行归类和概括。在该案中，服装设计师和制造商一致约定不向那些同时从"抄袭者"那里进货的零售商们出售他们的"原创作品"。所谓的"抄袭者"，指的是被指控抄袭 FOGA 成员企业设计，然后以低价对外销售的生产商。被告抗辩道，FOGA 成员的联合抵制行为具有正当性，因为制造商、劳工、零售商和消费者都需要受到保护以免遭受盗版的侵害。然而，服装设计本身是不能得到版权或者专利保护的。二十年前，在 *International News Service v. Associated Press*②（国际新闻社诉美联社）案中，联邦最高法院认为，美联社就其未获版权保护的新闻报道拥有产权，并可以禁止竞争对手抄袭。然而，在 *Cheney Bros. v. Doris Silk Corp.* 案③中，Learned Hand 法官判决 *International News* 案针对新闻的保护不能扩展到服装设计领域。

专利法和版权法通过赋予研发人员以有限的排他性法律权利来保护新的发明、作品或者设计，何种创新才能成为应受法律保护的客体一直是大量立法和司法活动涉及的主题。国会和法院都同意，服装设计师不值得获得这种垄断性的保护。FOGA 成员的做法实际上是在试图为自己提供立法和司法部门已经拒绝提供的垄断保护。Black 大法官最终总结道，联邦贸易委员会拒绝考虑 FOGA 关于服装版式中有许多应受保护的成分这一说辞并没有什么错误。④

"反盗版"这一抗辩主张使得 *FOGA* 案难以被准确地归类。尽管缺乏版权或者专利权的保护，FOGA 的成员仍然遭受大量搭便车问题的困扰。如果一组制造商花钱开发新的时装设计，但其他生产商有权免费山寨这些设计，结果很可能是使得原创设计的研发变得无利可图，最终没有人愿意创新。按照这一理解，协会是正确的，如果可以解决搭便车的问题的话，对消费者会更有利。尽管如此，被告一致拒绝交易的行为，仍然具有掩盖固定价格行为或者协同限制创新的较大潜在可能性。如果这种情况下的搭便车问题已经严重到亟须解决的程度时，应该交由国会的立法程序处理。

在 *Hartford* 案中，联邦最高法院对"抵制"（"boycott"）这一术语作了狭隘定义，这导致至少之前讨论的某些案件可能会被排除在这一概念之外。⑤ 五名

---

①　312 U. S. 457, 61 S. Ct. 703 (1941).

②　248 U. S. 215, 39 S. Ct. 68 (1918).

③　35 F. 2d 279 (2d Cir. 1929), 最高法院提审动议被驳回, 281 U. S. 728, 50 S. Ct. 245 (1930). Douglas G. Baird, "Common Law Intellectual Property and the Legacy of International News Service v. Assoc. Press", 50 *U. Chi. L. Rev.* 411 (1983).

④　312 U. S. at 468, 61 S. Ct. at 708. 一些州法对于服装设计已经试图给予比联邦法更大程度的保护。在 Sears, Roebuck & Co. v. Stiffel Co., 376 U. S. 225, 84 S. Ct. 784 (1964) 案中，联邦最高法院宣称这种尝试不应优先于联邦专利法和反垄断法。

⑤　Hartford Fire Ins. Co. v. California, 509 U. S. 764, 113 S. Ct. 2891 (1993).

大法官将"合同条款意义上的协同协议"与"联合抵制"区分开来。如果一组企业要求，除非以商定的固定价格出售，否则拒绝与相对方交易，那么它们的行为就不是抵制，而纯粹是"卡特尔"①。同样，如果一组企业同意只出售特定质量的产品，例如，多家保险公司同意只提供覆盖某些特定出险类型的保险，那么它们的协议也是卡特尔而不是联合抵制。联合抵制仅适用于在合同中提出与该特定合同标的无关的额外要求的情况。例如，在劳动法领域中，"联合抵制"不能只是工人拒绝劳动，而是只有当工人提出与所涉劳动合同无关的共同诉求时才算联合抵制。

但上述这种区分，形式意义大于实质意义，是与不是之间的界限很模糊，实践中很难操作。比如，在 *FOGA* 案中，被告们拒绝向同时销售盗版设计服饰的零售商供货，最高法院使用"联合抵制"一词来定性这项协议②，这是恰当的。但在 *Hartford* 案中，法院意见显然（但也有含糊不清之处）拒绝使用"联合抵制"一词来为再保险公司③和作为被告的基本保险公司之间的协议定性，该协议要求再保险公司不得向其他提供基本险的保险公司提供再保险服务，除非后者（指其他提供基本保险服务的保险公司）从它们的保单中删去某些承保范围。④显然，作为被告的基本险保险公司有权就其与再保险公司合作的再保险范围达成任何协议，但它们是否可以与再保险公司协商，要求再保险公司拒绝与该交易关系以外的其他提供基础保险服务的保险公司进行交易呢？本案如何区别于最高法院现在似乎已经认定为合法的 *FOGA* 案的行为，确实很难说。

5.4a.2. 对专业执业领域需要特殊对待吗？

从历史上看，联邦最高法院有意将合理原则适用于由知识密集型的专业人士（learned professions）所进行的联合抵制。在 *Indiana Dentists* 案中，最高法院审查了牙医们之间达成的一项协议，该协议约定，牙医们拒绝为购买了一家医疗险公司牙科服务保险的患者提供 X 光检查服务。⑤法院在该案中使用的语言基本和适用本身违法原则时所使用的表述一样绝对。例如，被告"协同一致，且有效

---

① 在一般的适用《谢尔曼法》的案件中，这一区别是无关紧要的，因为卡特尔和抵制都是非法的。但是在 *Hartford* 案中，法院用《麦卡伦—弗格森法案》（McCarran-Ferguson Act）来解释抵制例外，此法案允许保险公司卡特尔的存在，但是禁止"抵制"。进一步讨论，见本书第 16.3c 节。然而，我们可以假定"抵制"这一术语在《麦卡伦—弗格森法案》和反垄断法中含义相同。

② 见 FOGA，312 U. S. at 461，465，467，61 S. Ct. at 337-338。

③ 再保险公司是向基本保险公司销售保险产品的企业，其使基本保险公司能够分散和降低当出现毁灭性损失时所产生的风险。

④ 更多详情见本书第 16.3c 节。

⑤ FTC v. Indiana Federation of Dentists，476 U. S. 447，106 S. Ct. 2009（1986）. 关于知识密集型专业人士服务市场或其他存在知识不对称情况的市场中存在的竞争限制问题，见 12 Antitrust Law ¶ 2008（4th ed. 2019）。

地阻止向顾客提供足以决定是否进行消费的必要信息（或者提高获取必要信息的成本），很可能破坏市场的定价机制，这一行为在不需要提供过高定价的证据的情况下就可以被定责"[1]。

然而，最高法院随后指出，它一直并不愿意针对专业执业行业协会的集体决定采用本身违法原则。[2] 但是，最高法院仍认为该案中的协议违法，并指出无须界定相关市场和进行全面的市场分析，只需要有明显证据表明存在实际的反竞争效果就足够了。[3] 并且，四年后，在 *Trial Lawyers* 案的判决中，最高法院仍然似乎非常倾向于适用本身违法原则。

虽然最高法院声称在 *Indiana Dentists* 案中适用了合理原则，但事实上法院所作的分析却是属于本身违法原则。法院在 *Trial Lawyers* 案中甚至没有讨论这一问题，这表明任何关于知识密集型行业中的限制措施与其他行业存在实质差异的观点都已被最高法院所抛弃。

从整体上研究这一问题的一个更好的方法，应当从以下前提开始：知识密集型行业的交易更多的是关于信息和专业知识的交易，这是一个易受搭便车问题和其他滥用问题困扰的领域。因此，在知识密集型行业中，联合执业可以提高效率的情形可能比其他行业——例如普通的制造业，要更为明显和广泛。但是 *Indiana Dentists* 案和 *Trial Lawyers* 案所涉及的焦点问题，与在其他行业中涉及卡特尔和利用卡特尔达成共谋的案件，没有什么实质上的不同。在此类拒绝交易的案件中，知识密集型行业并不应当享受不同的优待。

最高法院在 *California Dental* 案中重新审视了这个问题。该案的涉案问题属于专业行业协会对广告的限制，而不是拒绝交易。[4] 不过，这种区别在很大程度上只是文字上的：如果原告是因违反牙医行业内的广告规则被驱逐出行业协会，而不是因为违反联邦贸易委员会的规定，那么原告的指控应被归类为联合抵制。按照被告的抗辩，受到质疑的规则旨在控制欺诈性广告，但事实上这个规则的适用范围很广，以至于也可以用来限制许多非欺诈性的广告。尽管如此，最高法院五名大法官形成的多数意见认为还是应当适用合理原则，因为专业性服务市场具有其固有的缺陷。

California Dental 案的判词似乎表达了法院认为应当采取这样的假设：在消费者更容易被误导的复杂市场中，可以容忍更多可疑的限制。但案件的结论很难说与此假设相符。实际上，我们认为在消费者更容易被误导的市场中是更有利

---

① FTC v. Indiana Federation of Dentists, 461, 106 S. Ct. at 2019.

② 同上一条注释，458, 106 S. Ct. at 2018，引用了案例 National Society of Professional Engineers v. United States, 435 U. S. 679, 98 S. Ct. 1355 (1978). Goldfarb v. Virginia State Bar, 421 U. S. 773, 778 & n. 17, 95 S. Ct. 2004, 2008 & n. 17 (1975)，判决包含类似的观点。

③ 同上一条注释，457, 106 S. Ct. at 2017。

④ California Dental Assn. v. FTC, 526 U. S. 756, 119 S. Ct. 1604 (1999).

于而不是更不利于共谋。① 消费者对价格和质量的信息了解得越少，卖家就越容易收取更高的价格或者降低产品的质量。事实上，当消费者所掌握的信息非常有限时，表面上看起来我们会拥有一个包含众多服务提供者的"从结构上看充满竞争"（"competitively structured"）的市场，但实质上却不存在竞争性的定价机制。② 消费者往往并不知道其所选择的牙医是否提供了有竞争力的价格和质量，但一旦作出选择，转换到另一个牙医处就诊的成本就会很高，消费者也难以判断更换牙医是否会使情况变得更好。通常，需要通过更多而不是更少的价格和质量方面的信息才能改善这些市场的竞争状况，因为信息能够使消费者在他或她选择具体牙医就诊前可以充分比较。

最后，在 *North Carolina Board of Dental Examiners* 案中，最高法院同意了下级法院和联邦贸易委员会的意见，即涉案牙医的行为不能依据"州行为"规则得到豁免。③ 尽管最高法院从未讨论过构成违法的要件，但它拒绝对 FTC 和联邦第四巡回法院在该案中作出的结论进行审查——该结论认为对于禁止由不具有牙医资格的人士提供牙齿美白服务的牙医行业规则应当适用合理原则或者"快速查看"（"quick look"）原则（而不是本身违法原则）进行评判。在一般性的行业中，企业之间达成的排除某些竞争者的协议可能构成本身违法，但专业团体制定标准的权力也应当得到尊重。

5.4b. 有效率的联合经营和拒绝交易

5.4b.1. 封闭的会员资格体系与其他传统的联合经营模式

许多涉及拒绝交易的企业联营行为都是有效率的 ——它们使参与的企业能够以较低的成本运营。因此，法院在评估企业联营中伴随的拒绝交易行为时必须考虑两个问题。首先，企业联营本身是促进竞争的还是反竞争的？其次，如果联营本身是促进竞争的，那么进一步而言，拒绝交易行为是促进竞争的还是反竞争的？拒绝交易可能会损害竞争，即使它是附属于一个总体而言对社会有益的企业联营。

明显反竞争的企业联营只是最容易判断的情况。如果联营唯一合理的动机就是固定价格或者阻止竞争对手进入市场，就如同在 *Eastern States* 案④中的情况一样，则企业联营行为和拒绝交易的行为都是非法的。

---

① 见 12 Antitrust Law ¶ 2008c（4th ed. 2019）；Aaron Edlin & Rebecca Haw，"Cartels by Another Name：Should Licensed Occupations Face Antitrust Scrutiny?"，126 *U. Pa. L. Rev.* 1093（2014）。

② 见 George J. Stigler，"The Economics of Information"，69 *J. of Pol. Econ.* 213（1961）。

③ North Carolina State Bd. Of Dental Examiners v. F. T. C.，574 U. S. 494，135 S. Ct. 1101（2015）. 关于此案例及"州行为"原则的探讨，见本书第 17.5 节。

④ 见本书第 5.4a1 节。

与此相反的情况，则是效率提升潜力巨大，但对竞争的威胁非常小的企业联营。试考虑以下的这种情况，在集中度不高的市场中有三家小公司共同决定从事一个风险高、花费昂贵但可能有利可图的项目。如果任何一家公司单独开展项目，从成本收益比来看是不经济的，也没有成功的希望。然而，如果三家公司合作，潜在投资回报的吸引力就大得多了。[①] 假设它们邀请市场上的第四家公司参加该项目，但被拒绝，最终项目开发成功，新产品或者新工艺利润可观。现在，第四家公司改变主意，要求"买进"（"buy in"，指通过购买份额加入项目），遭到了三家初始参与者的拒绝。[②]

在这个例子中，关于企业联营是否具有促进竞争效果的任何问题都可以通过考察一个事实来加以回答：将全部参与者的市场份额加起来也不具有市场力量。处于市场集中度很低的市场中的三家公司不太可能以其他方式减少产量或者损害竞争。它们并没有共同固定价格，而只不过是节约了其成本而已。[③]

5.4b.2. 开放会员资格的联合经营模式；该模式下的网络正外部性

传统的企业联营是"封闭的"（"closed"），因为其成员资格是在首次创建时就确定下来的，后来也没有邀请其他人加入。例如，当丰田汽车公司和通用汽车公司决定联合在加利福尼亚州弗里蒙特生产紧凑型小汽车时，它们可能从未打算以后会邀请福特公司或克莱斯勒公司加入。此外，正如前一节所述，有充分的理由说明为什么反垄断法不会强行要求丰田/通用汽车公司向后来者开放联营合作。

但是，许多企业联营一开始就被设计为持续吸纳新成员的模式。例如，在房地产挂牌出售的服务行业，通常允许互相竞争的经纪人出售彼此代理的房产，或者允许经纪人参与房产交易的不同环节，并接受任何有执照的房地产经纪人加入这个交易系统。[④] 类似的情况是，任何有资格从事联邦存款保险的新银行都可以参与企业联营组织，来发行 Visa 或 MasterCard 等通用信用卡，或从事通过ATM 机进行的电子资金转账业务。[⑤] 或者，任何新获得执业资格的律师或者医

---

① 这对于从事产品研究与开发的公司来说尤其明显。若由三家公司联合研发一个可专利的产品或技术，那么每家公司需要投入的资源是单独一家公司独自开发该产品或技术所需花费的 1/3。然而，此技术一旦被开发成功，由于三家公司都可以复制和使用，则每家公司获得的利益和其独自开发该产品或技术的情形没有什么不同（不考虑独自开发时可以获得、而由三个具有竞争关系的共同开发者无法获得的垄断性利益）。

② 见 13 Antitrust Law ¶¶ 2200 - 2213 (4th ed. 2019)。

③ 见 Northwest Wholesale Stationers v. Pacific Stationery & Printing Co., 472 U. S. 284, 105 S. Ct. 2613 (1985)（如果没有市场力量，联合经营企业驱逐其成员的行为不构成本身违法）。

④ 见 United States v. Realty Multi-List, Inc., 629 F. 2d 1351 (5th Cir. 1980)（对提供挂牌出售服务的房地产经纪人设定限制性的成员资格规则被认定构成违法）。

⑤ 见 United States v. VISA U. S. a., Inc., 344 F. 3d 229 (2d Cir. 2003)，最高法院提审动议被驳回，543 U. S. 811, 125 S. Ct. 45 (2004)；SCFC ILC v. VISA USA, 36 F. 3d 958, 961 (10th Cir. 1994)，最高法院提审动议被驳回，515 U. S. 1152, 115 S. Ct. 2600 (1995)。

生都可以加入 ABA 或 AMA。

依靠自身的制度优势，会员资格开放式的联营可以轻松地占据整个相关市场，这就给了它们以反竞争的方式滥用会员规则的机会。进一步而言，限制后来者搭便车的理由在这种情况下并不适用，从某种程度上说，除了原始成员之外的所有人都是后来者。在这种情况下，在最初所有者可以拥有知识产权，或者可以通过其他方式获得补偿（即对最初创建者的冒险行为进行经济补偿）的情况下，它们通常可以通过收取会员费来解决后来者搭便车的问题。

会员资格开放式的企业联营在其知识产权是否会被搭便车的问题上存在重大利益诉求，这使得该类联营组织有权制定规范成员与联营进行竞争的规则。例如，在 *Rothery* 案中所涉及的 Atlas 搬运服务企业联营组织，促进了众多只在本地提供服务的搬运公司加入全国性的联营组织，使得横跨美国的货物装运更加便利。[①] 不过，虽然联营组织允许 Atlas 的成员从事本地运输服务，但在从事这种业务时不得使用 Atlas 商业标识，因此这类业务并不为联营组织创造利润。这是一种很好的规则，既有利于保护联营组织的知识产权，也尽可能地限制了联营组织成员可能具有的市场支配力所带来的影响。

与之相对比，在 *Visa* 案件中，联邦第二巡回法院否定了一项联营规则，该规则禁止发行 Visa 或 Master 卡的 14 000 家银行发行任何竞争对手的信用卡。[②] 在该案中，Visa 和 Master 组织的联营组织对任何有资格获得联邦存款保险的银行开放，并且不断吸纳新成员。并且，美国的每家重要银行都会发行 Visa 或 Master 卡。如此一来，实际上造成银行不可能接触到其他任何竞争性的信用卡发卡机构，例如 American Express，Discover 或其他新进入者。

Visa 在该案中以防止搭便车进行抗辩，即，如果银行发行其竞争对手的卡，则那些卡的运营商将能够获得 Visa 为自己的业务所开发的机密信息。法院认为这一抗辩理由得不到证据的支持。实际上，Visa 卡的章程中有一个例外，允许其成员发行 Visa 的竞争对手 Master 公司的卡，反观 Master 卡，也有相同的例外规定。没有理由认为 American Express、Discover 或者其他发卡企业应该受到不同的对待。

虽然搭便车的问题始终都需要被认真对待，但 *Visa* 案表明，防范搭便车的抗辩已存在被过度使用的倾向。被恰当定义的搭便车实际上达到了减少产出量的效果，也就是说，它削减了先行企业投资于有价值的资产的动机，其结果是减少了社会的生产。但搭便车的问题并不是在每次被提及时都真实存在。首先，当一

---

① Rothery Storage & Van Co. v. Atlas Van Lines，792 F. 2d 210，214 – 16 (d. c. Cir. 1986)，最高法院提审动议被驳回，479 U. S. 1033，107 S. Ct. 880 (1987)。

② 见 United States v. VISA U. S. A.，Inc.，344 F. 3d 229 (2d Cir. 2003)，最高法院提审动议被驳回，543 U. S. 811，125 S. Ct. 45 (2004)。

家公司以另一家公司的投资为基础进行交易时，并不总是会引发搭便车的担忧，在许多情况下，这种交易只不过是产品之间的互补，通常会增加而不是减少产出量。例如，福特公司可以从标准石油公司、埃克森公司和许多其他公司联合经营的便利的汽油分销网络获得很大的好处，因为如果消费者很难买到汽油，那么购买汽车的吸引力就会小得多。在这种情况下，实际上汽车制造商和汽油生产商在某种意义上是互相在"搭便车"，从某种意义上说，每一家公司的获利都依赖于另一家公司的存在。类似的，当前发行 Visa 卡但希望增加发行 American Express（AmEx）卡的银行，也许可以开发出一种对消费者特别有价值的 Visa / AmEx 套餐，其结果是 Visa 卡和 American Express 卡都会具有更好的销量。

其次，如果投资者可以通过其他方式获得投资回报——例如入场费，则搭便车就不是问题。通常情况下，会员资格开放式企业联营——如 FTD（一家计划在全美范围内运送鲜花的由花店组成的企业联营）的创始成员拥有商标等知识产权，而这些价值很容易通过会员费或者使用费得到补偿。[①]

再次，旨在解决搭便车问题的反竞争商业规则通常可以被对竞争限制较少的其他方案替代，并且达到类似的效果。例如，在 *Visa* 案中，被告提出的一种担忧是大约十几家发行竞争卡的 Visa 董事会成员企业，可能会未经授权转让 Visa 商业秘密。在这种情况下，适当的规则应是禁止 Visa 董事会成员所在的企业发行具有竞争关系的卡，而不是禁止 14 000 名会员银行中的任何一家发行此类卡。

但即使不太可能构成价格固定，会员资格开放式的企业联营也可能在创新者威胁到该企业现有成员的市场份额时，实施反竞争的排挤性行为。*Allied Tube* 案涉及一个制定标准的企业联营，该企业联营向各种制造商、保险公司和其他参与建筑用的电子元器件的设计、制造和评估的企业开放。[②] 获得联营组织的批准对于企业进入市场并获得成功至关重要，因为该联营组织的建议通常在不经修改的情况下被采纳为当地的建筑规范。被告是一些制造金属电路管线的公司，它们认为原告的出现威胁到了其市场份额，因为后者生产的塑料管道更便宜、更易于安装，并且比金属管线更安全。被告随后"包装"出了一个技术标准并设法将其纳入了规范，从而禁止塑料管线的使用，并成功地将其有效地排斥在市场之外达数年之久。

在这种情况下，对竞争的伤害并不是来自固定价格的行为，而是源自对创新的限制。即使钢铁电路管线制造商之间的竞争十分激烈，且每家厂商只能获得完

---

① 例如，见 Chicago Professional Sports Limited Partnership & WGN v. National Basketball Assn.，961 F. 2d 667，675（7th Cir.），最高法院提审动议被驳回，506 U. S. 954，113 S. Ct. 409（1992）（NBA 可以通过赛事直播收费，也可以从许可使用其名称和其他知识产权的经营活动中获利）。

② Allied Tube & Conduit Corp. v. Indian Head，486 U. S. 492，108 S. Ct. 1931（1988）；见 13 Antitrust Law ¶ 2220b（4th ed. 2019）。

全竞争状态下的回报，但如果一种创新可能使它们自己的产品过时乃至退出市场，那么它们就会受到创新的严重伤害。最终，排斥的结果是拒绝让消费者享受本来可以获得的更好的产品，也就消除了竞争市场本会给消费者带来的福利。

同样的分析通常也可适用于受到正网络外部效应影响的行业。在这些行业中，与网络连接或者兼容本身皆可创造价值，而无论原告产品自身的绝对质量如何。[1] 例如，如果无法连接到全球的电话系统，那么质量再好的电话也没有什么价值。那些控制这一系统的人可能拥有巨大的市场力量，但他们也对自己的技术曾经付出过巨额的投资。因此，一项企业联营针对质量看起来更好的、对既存企业的投资回报产生威胁的新通话设备、通讯网络转换设备或者其他配件所实施的排斥规则，就应当自证其正当性，并且需要证明不存在其他对竞争限制较弱的替代措施。

涉及会员资格开放式联营所实施的拒绝交易行为的一个重要案例是 *Associated Press v. United States* 案。[2] 美联社（Associated Press，AP）是一个企业联营组织，其成员包括大约 1 200 家报社。美联社采集、撰写并传播新闻，其中部分工作由美联社聘请的员工完成，部分工作则由美联社从成员报社借调的记者完成。当美联社记者在诸如华盛顿特区的某地采集新闻并撰写新闻报道时，所有的成员均有权复制和使用该报道的内容。实际上，美联社使一名记者能够在收集新闻后得到 1 200 家成员中任何一家报纸报道的机会。

该企业联营本身被认为是非常有效的，但政府对于美联社对其成员所采用的各种内部规章限制提出了质疑——美联社采取了多项措施，以确保非美联社的报纸在发行之前无法获得美联社收集的新闻，从而禁止其成员向非会员机构出售新闻。美联社的董事会可以不受限制地接纳新的会员，但如果申请加入的新成员与美联社现有的某个会员存在竞争关系，且如果该现有会员反对，那么新申请人就必须支付大笔费用，并且需要获得现有美联社成员的超半数投票权的同意才能获准加入。联邦最高法院认为，这些条款仅仅从表面上就违反了《谢尔曼法》。

5.4c. 私人企业家俱乐部与职业协会的标准设定和规则执行

协同性拒绝交易行为是行业协会、私营内部市场、合作社和职业协会等用来执行有关产品或服务质量管理的规则和标准的重要机制。惩戒违规者最常采取的形式是取消违规者的会员资格，或者以某种方式限制其进入市场。在绝大多数情况下，对这种惩戒规则的挑战，均会被归类为拒绝交易行为并在合理原则的框架

---

[1] 见 Richard A. Posner, *Antitrust Law* 245 - 258 (2d ed. 2001)；Herbert Hovenkamp, *The Antitrust Enterprise: Principle and Execution*, ch. 12 (2005)；见 13 Antitrust Law ¶ 2220 (4th ed. 2019)。

[2] 326 U. S. 1, 65 S. Ct. 1416 (1945).

下进行审查。[1]

无论是制定标准，还是制定规则，通常都是符合消费者的最佳利益的，因为它们大大降低了信息成本，从而降低了消费者的检索成本（search costs）。[2] 例如，"联合检测实验室认证""二级胶合板"或"委员会认证运营商"的产品标签，都在向消费者传达有关他们所购买的产品或服务的重要信息。

任何具有实质意义的标准制定程序的必然结果是，总会存在不符合标准，从而被排除在商业协会甚至市场之外的主体。当制定和执行标准的人是被排除在外的人或者企业的竞争者时，争议就会上升为反垄断问题。同时，某些产品或服务的提供者是行业专家，他们通常比其他任何人都更有能力评估竞争对手所提供的产品和服务的质量。例如，一个患者难以确定某个特定的外科医生是否称职，除非他/她认识曾经接受过这位外科医生手术的其他患者。而最能作出准确判断的是那些熟悉同一执业领域的其他外科医生。因此，大多数医疗行业组织都是由医生构成，如果行业组织的董事会成员诚实善意地行使手中的权力，消费者就会变得更好，如果他们恶意滥用权力，消费者就会遭受损害。

由封闭的私营性质的主体运营的组织所从事的拒绝交易行为，在职业准入条件和产品标准等问题上，与会员资格开放式的企业联营非常类似。[3] 成员资格是所有企业都想得到的，甚至在合规问题上是进入所涉市场必不可少的条件。事实上，这些组织成了市场看门人。虽然这些组织有能力做好这些工作，但我们不能忽视其对竞争造成损害的潜在可能性。

Radiant Burners，Inc. v. Peoples Gas Light&Coke Co. 案[4]涉及一个由燃气加热器制造商、管道公司和公用事业企业组成的协会，该协会评估使用天然气的燃具产品，并对被认为是安全的产品进行"认证"（"seal of approval"）。如果一项产品被判定为不安全，该协会不仅会拒绝给予认证，而且作为该协会会员的公用事业企业还会拒绝向使用该产品的家庭或企业提供天然气。原告是一家燃具制造商，其指控称其生产的叫做 Radiant Burner 的产品被该协会拒绝认证，而用于评估燃烧器的标准是恣意的、不科学的，被拒绝的根本原因其实是原告的竞争对手参与了评估。在援引了 *Klor's，Inc. v. Broadway-Hale Stores* 案的判词意见后，联邦最高法院认定此类指控可以成为适用本身违法原则的《谢尔曼法》

① Herbert Hovenkamp，"Standards Ownership and Competition Policy"，48 *Boston Col. L. Rev.* 87 2007. 关于高科技市场的标准设定，见 Christina Bohannan & Herbert Hovenkamp，*Creation without Restraint：Promoting Liberty and Rivalry in Innovation*，Ch. 8 (2011)。

② 见 Herbert Hovenkamp, et al.，*IP and Antitrust：An Analysis of Antitrust Principles Applied to Intellectual Property Law*，ch. 35 (3d ed. 2017)。

③ 见本书第 5.4b2 节。

④ 364 U. S. 656，81 S. Ct. 365 (1961).

的诉讼理由（state a cause of action）。[1]

原告在 *Radiant Burner* 案中提出了两项重要指控，这两项指控都足以将竞争对手的拒绝交易纳入本身违法原则的范畴：1）被告对原告的产品未进行客观评价，而是由存在既得利益的竞争对手以不符合科学规律的方式进行评估并拒绝加以认证；2）被告实际上强迫客户不要购买被拒绝的产品，或以某种方式阻止其进入市场。美国法院曾经不同意在仅存在上述两项情形中的任意一项时就适用本身违法原则。并且，如果两项情形都不存在，法院通常会肯定涉案行为的合法性。

如果作出不利决定的公司与被拒绝的公司的产品或服务不存在竞争，即使是强制性的拒绝（coercive refusal）也不太可能是反竞争的。例如，在 *Radiant Burners* 案中，作为被告的燃气公用事业企业也许可以以原告的产品可能会损害公用事业企业的燃气管道或者加大了其投保风险为由，拒绝向使用 Radiant 燃具的家庭或者企业提供燃气。[2] 如果那些设定标准的人与被排除在市场外的企业或者个人并不存在竞争关系，则有关指控可以被简单处理——快速驳回即可。例如，如果某麻醉师被与其存在竞争关系的其他麻醉师组成的委员会拒绝在医院从事麻醉医疗服务，那么反竞争解释就可能是站得住脚的。但是，医院、医院中的外科医生和与麻醉师不构成竞争关系的其他科室的医生通常无法通过排挤提供低价或者超常创新服务的麻醉师来获得好处。事实上，他们中的许多人都会因此类麻醉师的入行而受益。例如，如果新进入市场的麻醉师收取较低的价格，或者使用具有积极效果的创新疗法，将对医院及其外科医生产生积极的益处。[3]

如果法院想要避免探究被告主观意图的做法，那么从客观上审查一项有关产品评估的标准是否合理，并要求评审组织采取非歧视的评估方式是此类案件的有

---

[1]　359 U. S. 207，79 S. Ct. 705（1959），如前文所述。也可参见 American Medical Association v. United States，317 U. S. 519，63 S. Ct. 326（1943）（认证协会不能仅因为其成员降价而撤销其资格或对其进行惩戒）；United States v. ABA，60 Fed. Reg. 39，421（1995）（同意令禁止美国律师协会将教职工的薪酬和法学院的认证挂钩）；见 E. Thomas Sullivan，"The Transformation of the Legal Profession and Legal Education"，46 *Ind. L. Rev.* 145（2013）。

[2]　联邦地区法院认为燃气供应公司不需要证明其拒绝提供燃气的行为是合法的，因为法院以未能提出主张（failure to state a claim）为由驳回了原告的起诉，第七巡回法院维持了该地区法院的裁决。Radiant Burners，Inc. v. Peoples Gas，Light & Coke Co.，273 F. 2d 196（7th Cir. 1959）。

[3]　见 Super Sulky v. United States Trotting Assn.，174 F. 3d 733（6th Cir.），最高法院提审动议被驳回，528 U. S. 871，120 S. Ct. 172（1999）（车手协会和赛事协会没有动机拒绝原告的赛车设计，如果这一设计的确优秀的话）；Moore v. Boating Industry Assoc.，819 F. 2d 693（7th Cir.），最高法院提审动议被驳回，484 U. S. 854，108 S. Ct. 160（1987）（拖船生产商协会没有因为拒绝原告的拖车灯进入市场而违反反垄断法；它们对于市场中纳入质优价廉的拖车灯产品是持欢迎态度的）。

效规则。[①] 当然，这种法律规则在提供原告想要的保护方面并不完美。然而，在通常情况下，这是业外人士审查业内人士声称其作出的惩戒属于合理的行业管制手段是否真实的唯一有效办法。

例如，在 *Silver v. New York Stock Exchange*（NYSE，纽约证券交易所）案[②]中，一名股票经纪人指控由会员组成的交易所拒绝将其接入监控和执行交易所股票交易所必需的专用电话系统。如果不能接入该系统，股票经纪人则无法经营。纽约证券交易所拒绝向 Silver 解释为什么他的通讯会被切断，只回复称"交易所的政策不允许披露有关的理由"。当 Silver 指控交易所的行为违反《谢尔曼法》时，交易所的抗辩是，根据 1934 年《证券交易法》，交易所成员被授权通过并执行他们自己的经纪人活动规则和条例，因此，中断某个经纪人的电话连接服务应当免于反垄断审查。

联邦最高法院并不否认《证券交易法》赋予了交易所的成员制定和执行自身从业规则的权力，但是，"现有监管机制中没有任何内容……可以用来执行反垄断的职能，以确保某交易所在某些情况下适用其规则时，不对竞争造成损害，而这种竞争损害在未来立法作出改变之前，并不被认为具有正当性"。在 *Silver* 案审理之时，纽约证券交易所的经纪佣金是固定的。固定佣金的目的据说是（对此有争议）让经纪人将其提供给客户的服务类型数量控制在最优的水平之上。但是，成员们可能由此就他们所提供的服务类型数量达成了"相互谅解"（"understanding"）。一个不守规矩的经纪人如果提供更多的服务，可能会对此类服务卡特尔带来重大损害。*Silver* 案被告所宣称的那些抗辩理由，实际上要求赋予纽约证券交易所的成员对股票经纪市场进行全方位的卡特尔化的权利。[③]

最高法院在审理 *Silver* 案时回顾了 *Northwest Wholesale Stationers* 案的判决。[④] 在该案中，某文具零售商被驱逐出一家向成员零售商批发产品的合作社，而且，相应证据（包括合作社作出决定的过程和随后的诉讼）都没有解释原告为什么会被驱逐出组织。最高法院认为，下级法院错误地适用了本身违法原则。购买文具用品并将其转售给成员的批发合作社的经营活动显然属于分销流程的重要

---

① 关于拒绝接纳的简单声明，如果不包含强制原告退出市场的意图，一般都能够获得法院的支持。见 13 Antitrust Law ¶ 2232e (3d ed. 2012)；以及 Schachar v. American Academy of Ophthalmology, 870 F. 2d 397 (7th Cir. 1989)（被告研究院仅仅将原告的生产流程标注为"试验性"（"experimental"），这一行为没有被认定为违法）。

② 373 U. S. 341, 83 S. Ct. 1246 (1963).

③ 纽约证券交易所曾因其成员之间的竞争过于激烈而对其成员进行警告或惩戒。见法庭之友总结 37-41，Silver v. NYSE，Oct. Term 1962.

④ Northwest Wholesale Stationers v. Pacific Stationery & Printing Co., 472 U. S. 284, 105 S. Ct. 2613 (1985). 也可参见 Gregory v. Fort Bridger Rendezvous Ass'n, 448 F. 3d 1195 (10th Cir. 2006)（原告是某协会所经营的市场内的一名批发商，法院对协会将原告驱逐出市场的行为适用了合理原则进行审查）。

纵向整合，所以这不是一个"赤裸裸"的拒绝交易行为。因此，如果没有证据表明合作社具有"市场支配力或者掌握着实施有效竞争所必需的商业要素"，就不能对其驱逐行为追责。①

在涉及协会拒绝交易的情形中，Northwest 案大大增加了原告的负担。在 Silver 案中，被告必须提供最低限度的正当程序，以及提供对涉案惩罚的解释，但在 Northwest 案中，除非原告证明了被告具有市场力量，否则被告无须提供任何东西。换言之，该案的规则认为，仅仅依据原告从作为被告的企业联营中被驱逐出来且被告没有提供任何解释的事实，并不一定意味着存在反垄断意义上的非正当性。原告负有初步的义务明确指出并证明该驱逐行为：（1）促进了诸如固定价格之类的赤裸裸的竞争限制；或者（2）是"不合理的"——此处所说的"不合理"是在反垄断法上衡量的滥用市场支配地位的不合理，而不来自外行人的宽泛的理解，后者认为任何无法解释或者没有提供理由的任意驱逐都是"不合理的"。当然，一旦认定被告具有市场支配力，而被告未能提供解释的话，那么对判断涉案的驱逐行为是否具有竞争上的合理性，或者是否存在其他的较少限制性的替代方案，则具有重大影响。无法解释原因的驱逐更有可能增强法院对该行为性质的怀疑。②

最后，在专利许可的背景下，某些行业存在大量的标准制定行为，特别是当标准的实施离不开专利技术时。在这种情况下，参与者可以同意按照"公平、合理、无歧视"（"Fair, Reasonable, and Non-Discriminatory", FRAND）的合同条款对外许可它们的标准必要专利。涉及这些安排的反垄断纠纷将在下文第5.5c6 节中予以讨论。

5.4d. 包含非竞争者的协议

我们首先回忆一下 Klor's 案③，该案原告指控一组家电制造商以及一家与原告具有竞争关系的电器商店互相密谋而联合抵制原告。无论人们如何看待这一指控在现实世界中的合理性，一群具有竞争关系的家电销售商互相密谋，对于联邦最高法院而言，怎么看都觉得应当考虑适用本身违法原则。最高法院在 NYNEX 案的判决中明确表达了这一观点。该案所涉的协议规定，禁止单一买方与单一卖方之间进行交易。④ 原告 Discon 在市场中提供老旧电话设备的拆除服务，被告 NYNEX 是纽约当地的一家电话通讯运营服务企业，其和原告的一个竞争对手达成协议，约定（1）由该竞争对手提供 NYNEX 电话网络的所有老旧设备的拆除

---

① 同上一条注释，at 298；105 S. Ct. at 2621。
② 见 13 Antitrust Law ¶ 2214 (4th ed. 2019)。
③ 见 Klor's, Inc. v. Broadway-Hale Stores, Inc., 359 U. S. 207, 79 S. Ct. 705 (1959)。
④ NYNEX v. Discon, Inc., 525 U. S. 128, 119 S. Ct. 493 (1998).

服务；（2）这些服务的"对外"价格将被夸大，从而提高 NYNEX 的"成本"，并提高了 NYNEX 受政府管制的费率计算标准，使得 NYNEX 可以获准收取更高的电话费；但是（3）该竞争对手将在每年年终的时候以秘密回扣的方式向 NYNEX 支付获得这项供应商资格的费用。

最高法院倾向于认可原告的主张：

> 上诉人（即被告）通过提高电话服务费费率的方式伤害了消费者。但是，对消费者的伤害并不是由一个竞争不充分的电话拆除服务市场自然产生的，而是来自垄断者——即纽约电话公司合法掌握的市场力量，以及该公司对监管机构的欺骗行为，这使得监管机构无法对纽约电话公司行使其垄断权力的行为进行规制。[①]

但是，在这种情况下适用本身违法原则：

> 很可能将涉及不当商业行为的案件——例如涉及裙带关系或者个人恩怨的案件——转变为涉及三倍赔偿的反垄断案件。而本身违法原则将使得企业改变其供应商时变得非常慎重 ——即使竞争本身并不会因供应商的改变而受到损害。[②]

NYNEX 案的判决明确指出，当两家存在纵向关系的公司之间发生拒绝交易时，就反垄断而言，该拒绝交易行为应当被置于纵向限制的框架下予以讨论。[③] 诚然，它也可能构成欺诈或者其他违法行为，但是，反垄断法在处理涉及拒绝交易的纵向协议时，需要对行为本身进行深入的调查，通常会避免适用过于宽泛的本身违法原则，即使涉案限制行为从表面看起来是有害的。

第 5.5 节　涉及专利及其他知识产权的许可、使用协议

5.5a. 概述；基本法律问题

本节将讨论多个参与者之间达成的专利许可或者类似的协议。此外，不合理的排挤性专利实施行为将在第 7.11 节中予以讨论，而与专利实施有关的搭售将在第 10 章予以讨论。

有三个事实使得对专利和其他知识产权使用协议的反垄断分析变得十分复

---

① 525 U. S. at 136，119 S. Ct. at 498.

② 525 U. S. at 137，119 S. Ct. at 498.

③ 例如，见 Total Benefits Planning Agency, Inc. v. Anthem Blue Cross & Blue Shield，552 F. 3d 430 (6th Cir. 2008)（保险公司及其代理人之间的协议是纯粹的纵向协议，适用合理性原则；不存在代理人相互共谋的说法）；Expert Masonry, Inc. v. Boone County, Ky.，440 F. 3d 336 (6th Cir. 2006)（与前述案例类似）。

杂。首先，搭便车和规模经济的问题在这个领域是较为突出的。搭便车问题源于这样一个事实：如果知识产权与有形的财产权相比无法得到更强有力的法律保护，那么知识产权就很容易被其他人所侵占。如果创新者不能有效地阻止其他人抄袭其创新，那么许多创新的回报将会受到损失，我们可以预期的创新将会减少。

规模经济问题之所以存在，是因为复制受知识产权保护的产品或者工艺的成本要远低于初始研发的成本。例如，如果克莱斯勒公司研发出了更高质量的安全气囊来保护乘客，并仅在自己的汽车上使用该专利，那么研发成本将分摊在其自身生产的数量有限的产品上。但如果克莱斯勒公司能够将这些专利授权给所有其他感兴趣的汽车制造商，那么研发成本可以在更广泛的产品范围内得到分摊。当然，这类许可协议是竞争对手之间达成的合同，它可能会影响汽车的价格或者产出量，由此一来，它可能会引发一些在通常情况下足以引起反垄断执法部门关注的问题。

其次，知识产权本质上是"非竞争性的"（"nonrivalrous"），这意味着一个人对知识产权的使用并不会从根本上剥夺其他人对该知识产权的使用，尽管更多人的使用所带来的竞争加剧可能使单个权利人所能获得的价值降低。这种非竞争性的特性，使得知识产权相比其他竞争性的权利，从本质上来说更容易被分享。例如，如果两个各自独立经营的农民决定共用一块土地，假设该土地的地力被充分利用的话，那么只有当一个人少利用这块土地时，另一个人才能多利用。相比之下，如果两个制造商共享一项专利工艺，每个制造商都可以生产尽可能多的产品，而无须从对方那里挤占任何生产的权利。[1]

第三个复杂因素是，专利、版权和商标均受到复杂的联邦法律的管辖，这些法律与反垄断法存在许多潜在的冲突。[2] 因此，需要对反垄断法和联邦知识产权法进行法律解释，以使得二者能够相互兼容。重要的是，美国既有专利政策又有反垄断政策，在进行法律解释时两者都不应当被忽略。因此，人们可能会质疑 *SCM Corp.* 案的判决结论，即如果"专利是合法取得的，则专利法所允许的后续行为均不会引发反垄断法下的任何责任"[3]。某一行为单纯符合专利法这一事实不能当然推定出其不存在反垄断违法属性，虽然获得专利法的明确授权通常是

---

[1] 见 Christina Bohannan & Herbert Hovenkamp, *Creation without Restraint: Promoting Liberty and Rivalry in Innovation*, ch. 8 (2011)。

[2] 见 Herbert Hovenkamp, et al., *IP and Antitrust: An Analysis of Antitrust Principles Applied to Intellectual Property Law* (3d ed. 2017)；William M. Landes & Richard A. Posner, *The Economic Structure of Intellectual Property Law* (2003)；Herbert Hovenkamp, "Antitrust and the Patent System: A Reexamination", 76 *OSU L. Rev.* 467 (2015)。

[3] SCM Corp. v. Xerox Corp., 645 F. 2d 1195, 1206 (2d Cir. 1981)，最高法院提审动议被驳回，455 U. S. 1016, 102 S. Ct. 1708 (1982)。

具有决定意义的。以下大多数讨论都针对专利的问题，虽然版权和商标也存在类似的问题，但这些问题在反垄断文献或者判例法中的探索并不像专利这样完备。①

5.5b. 专利权滥用规则的适用范围、反垄断及其他

美国《宪法》第 1 条第 8 款第 8 项赋予国会"保障著作者及发明家对其著作和发明在限定的时间内享有专有权"以促进"科学进步和有益技艺"的权力。这项授权不受美国宪法商业条款（commerce clause）或联邦制度等其他规范的限制，因此赋予了国会对保护专利和版权的完全权力。

但是，与此同时，根据其条款，它并没有创造财产性的利益，而是创造了一种"排他性权利"，由此可以在排他性合同中对其加以约定。

自 20 世纪 40 年代以来，关于专利许可的反垄断政策与专利法的"滥用"（"misuse"）理论密切相关，尽管今天该规则的影响力大为减弱。专利滥用的概念是比较宽泛的，滥用这个概念不仅可以在许可协议中看到，也可以在专利权人针对非被许可人的侵权诉讼中看到（所谓的共同侵权）。② 滥用的指控大多在权利人起诉另一家公司，指控其专利权或许可协议下的合同权利受到了侵犯的案件中被引发，被告提出的抗辩理由是该专利被"滥用"了，这个抗辩理由相当于说专利所有人使用该专利的方式违反了专利法、反垄断法，或者其他一些不太明确的法律政策。如果此抗辩理由得到支持，则专利权无法再获得强制执行，直到滥用这个行为被"去除"③。

"滥用"行为的发生通常是因为，在法院看来，该专利的使用与知识产权法或竞争政策的要求相冲突。鉴于知识产权法本身没有明确禁止大多数的此类行为，这自然会引发法律依据何在的疑问。现在，法院的普遍做法是明确援引反垄断法审理滥用案件。许多（但不是全部）专利滥用的行为都被归类为类似于非法搭售的行为，对此类行为我们将在第 10 章中予以讨论。《克莱顿法》第 2 条适用于搭售和独家协议的场景，并对所有货物和商品均可适用禁令，"无论是获得了专利还是未获得专利"④。一般而言，只有当卖方在搭售产品市场中具有市场支配力或由此产生显著的反竞争效果时，两种产品之间的"搭售"或者拒绝分别销售才是非法的。在承认各种抗辩的过程中，许多法院间接地但又实质性地评估了

---

① 更多论述见 Hovenkamp, et al., *IP and Antitrust*, supra；及见 10 *Antitrust Law*, Ch. 17G（3d ed. 2011）（将纵向交易安排与搭售相类比），及前述著作 12, Ch. 20E（2d ed. 2005）（横向安排）。

② 见 Mercoid Corp. v. Mid-Continent Investment Co., 320 U. S. 661, 64 S. Ct. 268（1944）（Mercoid I）（适用这一规则）；Morton Salt Co. v. G. S. Suppiger Co., 314 U. S. 488, 62 S. Ct. 402（1942）（与前述案例相同；参与非法搭售的专利权人无权对竞争对手提起专利侵权之诉）。

③ 如上文提到的 *Morton Salt*（莫顿盐业）案。

④ 15 U. S. c. a. § 14.

这两项要件。^① 并且，即使两个要件都达不到，法院也曾经作出过搭售属于滥用专利权的判决。

在 *Motion Picture Patents* 案中，法院认定被告电影放映机上印制的许可限制条款无效，该限制要求只有从专利所有者处获得授权的电影才能在该投影机上放映。专利权人对违反限制的电影发行人提起了侵权诉讼，认为被告播映了从专利权人以外的其他主体处获得授权的影片。在宣告这一合同限制无效的过程中，法院没有适用反垄断法，而是适用了不得以搭售方法扩大专利权的垄断范围的一般性专利政策。^②

同样，在 *Morton Salt* 案中，专利持有人要求客户在租赁其受专利法保护的盐注射机的同时，必须购买其不受专利保护的盐片。^③ 法院认为，这种搭售安排构成了对专利权的滥用，并拒绝对已承认侵权的侵权方强制执行该专利。在该案中，法院认为"没有必要审查［专利权人］是否违反了《克莱顿法》"，因为在这种情况下执行搭售安排"违背了公共政策"^④。这一判决显示，专利权滥用抗辩允许被控侵权人提出"反垄断式"的反驳理由并获得胜诉，即使受到质疑的行为从字面上看并不违反反垄断法。^⑤

1988 年通过的《专利滥用改革法》^⑥ 提出了在没有违反反垄断法的情况下是否可以构成"滥用"专利的问题，但没有最终解决这一问题。该法规定，专利侵权诉讼不能仅仅因为专利权人将专利和非专利产品捆绑在一起销售就遭到驳回，除非专利所有人"在专利或受专利保护的产品的相关市场上具有市场支配力"。这项规定并不要求在专利滥用和非法搭售之间画等号，但它确实将搭售行为中所要考虑的经济正当性要件移植到了专利权滥用领域，即在争议焦点为搭售是否构成权利滥用的案件中，要考察被告在搭售产品相关市场中的市场力量。^⑦

如果按照法院在 *Morton Salt* 案中的表述，专利滥用规则似乎是完全错误

---

① 见本书第 10.3～10.5 节。

② "实施［这种垄断］，就是在电影的生产和使用上创建一个新的垄断，这完全超出了涉诉专利和我们所进行的法律解释的专利法的范畴。"同上一条注释，at 518。关于本案及其经济背景的延伸讨论，见 9 Antitrust Law ¶ 1701b (4th ed. 2018)。

③ Morton Salt Co. v. G. S. Suppiger Co., 314 U. S. 488, 62 S. Ct. 402 (1942).

④ 同上一条注释，at 494，62 S. Ct. at 406。

⑤ 根据 Leitch Mfg. Co. v. Barber Co., 302 U. S. 458, 463, 58 S. Ct. 288, 291 (1938) （"禁止任何凭借专利获取非专利材料的限制性垄断的行为"）。

⑥ 35 U. S. c. a. § 271 (d)：(d) 有权因侵权行为或共同侵权行为获得救济的专利权人，不得因实施下列行为被认定为滥用或非法延伸专利权：……（3）意图行使其专利权来对抗侵权或共同侵权行为；（4）拒绝使用或许可他人使用任何与专利相关的权利；或者（5）以获取另一项专利的授权或购买一个独立的产品，作为授予任何专利权或销售任何专利产品的条件，除非根据情况，专利权人在被附条件许可或销售的专利或者受专利保护的产品的相关市场具有市场力量。

⑦ 见本书第 10.3 节。

的。该案明确暗示专利权属于"嫌疑犯群体"（suspect class）*，相较于不涉及专利的商业安排，法院可能对涉及专利的类似做法在历史上抱有更大的敌意。事实上，这一反对意见从整体上是正确的。专利许可在绝大多数情况下是有效率的，应予以鼓励。关于专利持有人可以通过将其专利授权与不受专利保护的产品捆绑在一起以"撬动"（"leverage"）额外的垄断利润的担忧，即便不是臆想，也属于夸大其词。[①]

专利滥用的指控最初可能会被置于反垄断原理之下进行审查，但这不是故事的全部。毕竟，"滥用"是知识产权法的概念，它追求的是与反垄断法所要保护的竞争价值不同的价值。反垄断法的价值是确保市场主体进入公共领域的权利，反滥用规则则是为了反对限制而不是促进创新的做法，即使这些做法从技术层面不属于违反反垄断法的行为。[②] 联邦最高法院在 *Marvel*（漫威）"蜘蛛侠"案中确立了可以仅适用专利法来反对滥用行为的规则。最高法院援引了一项半个世纪前的判例规则，即在专利到期后仍然要求依据销售量来支付许可费的协议是当然不可执行（unenforceable *per se*）的。[③] 最高法院认为，该规则源自于专利法，而非反垄断法。虽然进行反垄断分析可能会导致不同的结果——例如，如果适用合理原则的话，但在本案的情况下，应当严格遵循先例。三名持不同意见的大法官（Alito 大法官、Thomas 大法官和 Roberts 首席大法官）则反对道，不仅反垄断政策没有强制性规定禁止支付过期专利的许可费，而且在专利法中也没有这样的规定。无论如何，仅仅要求支付许可费的合同很难构成违反反垄断法的违法行为，但 *Brulotte* 和 *Marvel* 案所适用的是本身违法原则，这使得该原则的适用范围明显超越了反垄断法。

5.5c. 专利许可；"专利范围"规则

从历史上看，美国法院经常用"专利范围"测试法（"scope of the patent" test）分析许可协议的潜在的反竞争效果：如果限制行为没有超出专利法赋予给专利权人的权利界限，则该行为是被允许的。例如，专利许可中包含的固定的产

---

* suspect class 意指在司法程序中曾经受到过歧视性对待的群体。——译者注

① 关于"撬动"理论，见本书第 7.9、10.6a 节。关于专利文本，见 2 Erik N. Hovenkamp & Herbert Hovenkamp, "Tying Arrangements", 329 - 350, in *Oxford Handbook of International Antitrust Economics*（2015）。

② 见 Christina Bohannan, "IP Misuse as Foreclosure", 96 *Iowa L. Rev.* 475（2010）. Cf. Thomas F. Cotter, "Four Questionable Rationales for the Patent Misuse Doctrine", 12 *Minn. J. L. Sci. & Tech.* 457（2011）（主张应限制在反垄断法的适用范围内）。

③ Kimble v. Marvel Ent't, 135 S. Ct. 2401（2015），遵循先例 Brulotte v. Thys（1964）. Herbert Hovenkamp, "Brulotte's Web", 11 *J. Comp. L. & Econ.*（2015），下载地址：http://papers.ssrn.com/sol3/papers.cfm? abstract_id= 2626758。

品价格被认为是在"专利范围"内的，因为专利权人可以就自行制造的所有专利商品设定价格。① 相反，将专利和非专利产品进行捆绑销售则将专利的"垄断权"延伸到非专利产品之上，会被认为超出了"专利范围"。在横向共谋的背景下，如果专利的稳定性较差或者无效，则可能适用"专利范围"规则的例外，在这种情况下专利的作用可能仅仅是共谋的掩护。②

在下文将会讨论到的 *Actavis* 案中，最高法院的多数意见拒绝了在该案事实认定中适用"专利范围"测试，而三名持反对意见的大法官则认为应该适用该测试。③ 并且，最高法院认定，在涉及专利的反竞争协议诉讼中，专利有效性或者专利范围并不当然构成有效的抗辩理由。

一个严重考验"专利"原则的例子是 1-800-*Contacts* 案中所涉及的和解协议，该协议实际上是在另一起商标侵权纠纷中达成的，在撰写本书时，该反垄断诉讼仍处于上诉审理阶段。④ 在该案中，当事人是隐形眼镜的制造商，它们在另一起商标侵权诉讼中达成了一项和解协议，同意不会在比较广告中提及彼此的企业名称。和解协议将"知识产权的范围"延伸得非常广，因为该协议是基于单一一份缺乏充分说理的裁决作出的，该裁决的内容是驳回了一项认为在比较广告中使用另一企业品牌名称的行为构成商标侵权的简易判决的动议。⑤ 按照该裁决的理由，例如，如果克莱斯勒公司在广告中打出"我们的产品比同等的福特汽车更便宜"的标语，因为在该广告中使用"福特"一词，就是以商业目的"使用"竞争对手的商标，就可能构成商标侵权。然而，这份裁决显然具有反竞争的效果，只有当我们认为这份裁决是正确的，而其他许多在先判决都是错误的时候，前述和解协议才落入"知识产权"豁免的范围，否则，其充其量只是企业之间达成的避免开展比较广告的协议的简单案例。

评估涉及专利的反竞争协议的更好方法是首先考虑有关行为是否是《专利法》所明确允许的。例如，《专利法》允许排他性许可，甚至允许在国内进行地域限制⑥，但它从未允许产品固定价格或与被许可产品无关的市场分割协议。如果没有法律授权，那么应该适用反垄断法而不是专利法来进行分析。但这并不意味着有关行为就一定是非法的，只不过应当适用反垄断法对其予以审查。

---

① United States v. General Electric Co. , 272 U. S. 476, 485 (1926)（专利权人只有在"超出专利权范围"的情况下才违反法律……）

② 例如，Asahi Glass Co. v. Pentech Pharm. , Inc. , 289 F. Supp. 2d 986, 992 (N. d. Ill. 2003)。

③ FTC v. Actavis, Inc. , 133 S. Ct. 2223 (2013).

④ 1-800-Contacts, Inc. , 2018 WL 6201693, 2018－2 Trade Reg. Rep. ¶ 80, 586 (F. T. C. Nov. 7, 2018), app. docketed, 2d Cir. .

⑤ Soilworks, LLC v. Midwest Indus. Supply, Inc. , 575 F. Supp. 2d 1118, 1129 (D. Ariz. 2008).

⑥ 这两种情况均可见 35 U. S. c. §261。

5.5c.1. 固定价格；限制产出；许可费率；排他性条款

在 *General Electric*（通用电气）案中，联邦最高法院判定，企业在向竞争对手许可技术时，可以约定被许可人制造的产品应当按照许可人规定的价格出售。[①] 法院分析认为，通用电气公司可以保留自己制造灯泡的权利，在这种情况下它有权收取垄断价格。因此，涉案协议并未超出通用电气公司专利权控制的范围。但法院没有注意到，通用电气公司也可以通过设定相当于垄断加成（monopoly markup）的许可费来达到同样的结果。也就是说，如果专利灯泡的成本为 1.00 美元，而通用电气公司最大化其利润的价格是 1.50 美元，它可以向被许可人 Westinghouse 公司收取每只灯泡 50 美分的许可费。但是，如果专利价值低得多，Westinghouse 就会抵制这个费率。与之截然不同的是，固定灯泡价格却对双方都很有利。美国的法院还普遍认为，专利许可人可以限制被许可人生产的专利产品的数量。

General Electric 案的判例规则直到今天仍然有效[②]，但是有一些例外。第一，固定价格条款不应延伸到非专利产品或者非专利工艺上，这将超出专利权的覆盖范围。[③] 第二，*General Electric* 案的规则适用于被许可人直接进行销售收取的价格，但不包括转售价格：也就是说，许可人不得维持转售价格，不能规定从被许可人那里购买产品的其他人的销售价格。[④] 这条规则不是来自任何明确的专利政策，而只是来自转售价格维持适用本身违法的规则。[⑤] 第三，如果专利进行了"转许可"（或者称"分许可"），即从原被许可人再许可给第三人，则该转许可协议不可固定产品价格。[⑥] 第四，一些判决表明，虽然 *General Electric* 案允许一个专利权人与一个被许可人固定价格，但它不适用于涉及多个专利权人之间或专利权人和多个被许可人之间达成的协议。[⑦]

---

① United States v. General Electric Co., 272 U. S. 476，47 S. Ct. 192 (1926).

② 在 1965 年，联邦最高法院拒绝推翻这一规则，对此各大法官持不同意见。United States v. Huck Manufacturing Co., 382 U. S. 197，86 S. Ct. 385 (1965). 然而，见 Asahi Glass Co., Ltd. v. Pentech Pharmaceuticals, Inc., 289 F. Supp. 2d 986，992 (N. d. Ill. 2003)（Posner 法官认为 GE 案的规则已经不适用于今天的情况了）；以及参见 William M. Landes & Richard A. Posner, *The Economic Structure of Intellectual Property Law* 382 - 384 (2003).

③ Cummer-Graham Co. v. Straight Side Basket Corp., 142 F. 2d 646，647 (5th Cir.)，最高法院提审动议被驳回，323 U. S. 726，65 S. Ct. 60 (1944).

④ United States v. Univis Lens Co., 316 U. S. 241，243 - 251，62 S. Ct. 1088，1090 - 1094 (1942)；Ethyl Gasoline Corp. v. United States，309 U. S. 436，446 - 457，60 S. Ct. 618，620 - 626 (1940).

⑤ 关于转售价格维持，见本书第 11.5 节。最大转售价格维持适用合理原则进行规制；由此可推论，转售价格维持协议也应当以同样方式规制。见本书第 11.5c 节。

⑥ United States v. Line Material Co., 333 U. S. 287，293 - 315，68 S. Ct. 550，553 - 564 (1948).

⑦ Line Material，同上一条注释，at 314 - 315。

政府从未掩饰其对 *General Electric* 规则的异议，并一再试图推翻它。[①] 1995 年出台的《反垄断指南》从头到尾都没有提到该规则，并且规定，具有促进效率预期的横向价格限制应在合理原则下进行审查，而本身违法原则将适用于赤裸裸的限制措施。[②] 这种方法显然比 *General Electric* 案的判例规则更为可取，因为 *General Electric* 规则没有适用反垄断法上的合理原则，而是对落入反垄断法调整范围内的固定价格行为提供了未经深思熟虑的一揽子豁免。

一些法院谴责那些要求被许可人在专利到期后继续支付许可费的许可协议。在 *Kimble* 案中，联邦最高法院以遵循先例为由坚持了这一规则。[③] 这一判决背后的理由实际上是谴责将专利与非专利产品捆绑在一起的"专利范围"理论的另一种变体。在这种情况下，该观点认为，专利持有人的行为是试图利用其在专利产品中的垄断力量，以使专利到期后其仍然能够从市场销售中获得额外的垄断利润。

最后，专利许可协议即使是独家或者排他的，也是合法的。在专利许可交易中，专利持有人承诺不将该专利许可给第三人，许可人通常也会承诺自己不会实施专利。在这种情况下，该协议实质上等同于专利权由一家公司转让给另一家公司，这通常不会引发竞争法上的问题。但是，在以下情况下可能会涉及《谢尔曼法》第 2 条：一家公司在某个地区获得了独家许可，然而实际并不实施这些专利。[④] 类似的，除企业联营外，不允许竞争对手之间达成彼此不相互许可各自专利的协议。[⑤]

5.5c.2. 横向地域限制与其他市场分割协议

《专利法》明确允许专利权人在"美国全国或任何特定区域"向他人授予实施其专利的独家权利。[⑥] 因此，专利持有人可以合法地对被许可人的销售地域进行限制，即使专利持有人和被许可人是竞争对手。[⑦] 与之相比，竞争对手之间的赤裸裸的地域划分协议通常适用本身违法原则。[⑧]

竞争者之间的专利许可安排通常是一种多家公司共享一项技术的企业联营。专利所有者有权自行制造产品，而没有义务对外向任何人授权。但它也可能希望

---

① 相关判决的一览表，见 12 Antitrust Law ¶ 2041d (4th ed. 2019)。

② 见美国司法部和联邦贸易委员会《知识产权许可的反垄断指南》（Antitrust Guidelines for the Licensing of Intellectual Property）§ 5.1 (1995)。

③ Kimble v. Marvel Ent't, 135 S. Ct. 2401 (2015).

④ 见本书第 7.11 节。

⑤ Blount Mfg. Co. v. Yale & Towne Mfg. Co., 166 Fed. 555 (d. Mass. 1909).

⑥ 35 U. S. c. § 261. 见 E. Bement & Sons v. National Harrow Co., 186 U. S. 70, 92 - 93, 22 S. Ct. 747 (1902)（法院在该案中支持了农业耙专利许可协议中的地域限制）; Brownell v. Ketcham Wire & Mfg. Co., 211 F. 2d 121, 128 (9th Cir. 1954)（"专利的所有人可以在许可他人的协议中设定地域限制"）。

⑦ Ethyl Gasoline Corp. v. United States, 309 U. S. 436, 456, 60 S. Ct. 618, 625 (1940).

⑧ 见本书第 5.2 节。

授予他人在特定地理区域内生产专利产品的权利，原因可能是考虑到该地区新进入的壁垒很高、市场已经基本饱和，或者被许可人拥有可以加以利用的良好商誉或者知识产权。在这种情况下，带有地理限制的许可协议的效果是增加了专利覆盖下的产品总产量。也就是说，专利产品将在该交易安排下的新区域内得到生产，而如果没有这种许可，专利产品将根本不会在那个区域内生产，或者产量很小。根据同样的理由，法院通常允许专利许可协议中约定专利产品只能销售给特定群体的客户。①

这一规则的一项重要例外是，"许可协议"可能无外乎只是一个掩盖赤裸裸的地域分割的虚假工具。例如，意图利用卡特尔分割市场的企业之间可以利用许可协议来使地域划分方案表面上看起来合法有效，这种协议的标的是那些有效性十分可疑的专利或者价值非常小的专利。② 在 *Palmer v. BRG of Georgia* 案③ 中，尽管被控地域划分以版权许可协议的方式进行了包装，但法院还是根据本身违法原则对该协议进行了谴责。

根据反垄断法，一般来说，所谓的"使用领域"（"field of use"）限制是合法的，这是指专利权人可以限制授权专利的产品类型或者用途。因此，使用领域限制可以成为一种产品分割的方案。例如，在 *General Talking Pictures* 案中，联邦最高法院批准了一项交易，根据该交易，专利所有人有权使用该专利制造供家庭影院使用的放大器，同时授权被许可人使用同一专利制造无线电接收器。④ 前述关于地域限制的讨论对于使用领域的限制也同样适用。例如，假设某飞机制造商拥有的导航设备专利可在包括飞机和轮船的领域都得到广泛应用，专利所有人不希望许可其他飞机制造商使用该专利（法律也并不要求它这样做），但是船舶生产商与飞机制造商之间没有竞争关系，如果船只和飞机都可以同时用上新设备，将更有利于整个社会。我们允许该专利的所有者在自己的飞机上使用该专利，同时许可船舶制造商仅限于轮船制造领域实施该专利。

---

① 见 In re Yarn Processing Patent Validity Litig. , 541 F. 2d 1127, 1135 (5th Cir. 1976)，最高法院提审动议被驳回，433 U. S. 910, 97 S. Ct. 2976 (1977) (法院认为协议中可以约定限制向专利权人的其他被许可方销售相关产品)。

② 见 Timken Roller Bearing Co. v. United States, 341 U. S. 593, 598 - 599, 71 S. Ct. 971, 975 (1951) (法院相信知识产权许可只是一个削弱竞争的手段，尽管市场参与者共同拥有所有权)；United States v. Crown Zellerbach Corp. , 141 F. Supp. 118, 126 (N. d. Ill. 1956)。

③ 498 U. S. 46, 111 S. Ct. 401 (1990).

④ General Talking Pictures Corp. v. Western Electric Co. , 304 U. S. 175, 58 S. Ct. 849, 重审, 305 U. S. 124, 59 S. Ct. 116 (1938). 根据 Benger Laboratories v. R. K. Laros Co. , 209 F. Supp. 639 (e. d. Pa. 1962)，经法庭全体一致意见维持, 317 F. 2d 455 (3d Cir.)，最高法院提审动议被驳回，375 U. S. 833, 84 S. Ct. 69 (1963). 如果一项专利的使用领域限制以限制另一非专利产品的使用为前提，那么这一使用领域限制协议可能构成违法。见 Robintech, Inc. v. Chemidus Wavin, Ltd. , 628 F. 2d 142, 146 - 149 (d. c. Cir. 1980)。

5.5c.3. 药品专利纠纷中的"付费换取延迟提起无效"的和解协议；*Actavis* 案

专利"和解"是企业间就解决双方专利侵权或者有关许可的争议问题而达成的协议。如果和解协议仅仅约定就获得专利许可使用权支付许可费，通常不会引发反垄断问题。例如，Alpha 因专利侵权而起诉 Beta，双方达成协议，Beta 可以继续实施被控行为，但需要向 Alpha 支付许可费。许可协议本身不会被反垄断法挑战，即使它是一个双方的合意，也不会引起更大的风险。一般而言，法院会根据不同的和解协议区别对待。专利授权后即被推定有效（虽然不享有侵权成立的推定，也不享有高价值的推定），并且界定其权利边界可能是非常困难的，因此，即使对于其对竞争的影响持有怀疑态度，专利和解协议也常常获得法院的认可。①法院最为关切的，是以和解的方式超越专利法允许的范围固定产品价格、划分产品市场或者排挤竞争对手的情况。

有问题的和解协议包括所谓的"付费换取延迟提起无效"（"pay-for-delay"，或者简称为"有偿延迟"）的协议，其中约定，由提起专利侵权诉讼的原告反过来向被控侵权方支付费用以换取其退出市场。向竞争对手赤裸裸地通过付费的方式让其离开市场本来就属于违反反垄断法的本身违法行为，在这些情况下，双方之间没有联合生产或者其他合作经营活动。实际上，"付费换取延迟提起无效"的和解根本不是许可，而是竞争对手承诺不从事生产的有偿协议。因此，该和解许可协议无法获得反垄断法上的认可。此外，《专利法》也没有批准此类行为。

在 Hatch-Waxman 法案通过之前，还不存在有偿延迟专利和解的诉讼。Hatch-Waxman 法案旨在鼓励仿制药制造商在"原研药"制造商的专利到期或者专利被宣布无效时迅速进入市场②，从而降低药品价格，惠及消费者。根据该法案，仿制药厂商在原研药相关专利尚未到期前提交新药的简略生物等效性申请（ANDA）不构成专利侵权。"简略"（"abbreviated"）的重要含义在于，由于仿制药与已经经过美国食品和药品监管局（FDA）全面检测的原研药具有同样的生物等效性，因此不需要再提交大多数的繁复的检测报告。在那个时间段，原研药的专利持有人要么默许仿制药厂商生产仿制药，要么可以提起专利侵权诉讼。*该法案还规定，对于第一个挑战原研药专利有效性的仿制药厂商，一旦其开始根据 ANDA 进行生产，它将具有 180 天的独家销售期，在此期间内不允许其他仿

---

* "secondary" patent 指的是改进型的有关剂型、晶型等方面改进的原料药专利，而非开创性的与化合物结构的创新有关的原料药专利。——译者注

① 见 12 Antitrust Law ¶ 2046（4th ed. 2019）（收录了相关判决）。

② 《药品价格竞争与专利期恢复法案》（Drug Price Competition and Patent Term Restoration（Hatch-Waxman）Act），Pub. L. No. 98 - 417, 98 Stat. 1585（1984）（根据分散在《美国法典诠注》（U. S. c. a.）第 15、21、28 和 35 条的部分内容进行了修订和法典化）。关于在本法案之前没有有偿延迟专利和解的相关讨论，见 Herbert Hovenkamp, "Anticompetitive Patent Settlements and the Supreme Court's Actavis Decision", 15 *Minn. J. L. Sci. & Tech.* 3, 15 - 16（2014）。

制药进入市场。[1]

国会没有预见到这一程序在原研药和 ANDA 仿制药申请厂商之间产生了一定程度的双边垄断问题，该程序使得它们可以就延迟仿制药的上市日期达成协议，并就该期限内专利的收益进行分成。在此期间内，没有其他仿制药公司可以对专利的有效性发起挑战。这一点尤其重要，因为差不多高达 90% 的较大规模的有偿延迟和解协议涉及的都是药物新剂量或者新用途的"二次"专利（"secondary" patent）*，因此这些专利被宣告无效的比例很高。[2] 为延迟专利无效所支付的数额反映了双方当事人对所涉专利稳定性的看法：非常大额的支付表明当事人对专利的稳定性持较大的怀疑，在许多案例中，相关的支付金额都达到了数亿美元。依常理而言，专利权人享有排他权，无须向潜在的侵权者支付大量的费用。因此，高额付款的事实反映了相关专利的稳定性十分可疑。

在 Actavis 案之前，一些联邦法院在"专利范围"测试规则的指导下已经认可了有偿延迟和解协议，这使得那些没有将仿制药的上市日期拖延到专利到期日后的和解协议得到豁免。[3] 然而，Breyer 大法官代表最高法院，在 Actavis 案中拒绝适用该测试，而是强调该协议具有明显的反竞争可能性，也不属于《专利法》所允许的范围。这一做法是正确的。进一步而言，专利的保护范围或者有效性的问题均不应当影响关于一项协议是否构成非法限制贸易的判断。这一点一直存在争议，但至关重要的是，反垄断分析应当基于各方当事人的事前预期，而不是事后的总结判断（也就是说不能"事后诸葛亮"）。一项行为是否会阻却竞争，必须基于决策作出之时的时间点来进行判断。因此，在一件适用了类似于联邦法律的州法律的案件中，加利福尼亚州最高法院准确地认定，协议谈判时专利的"预期寿命"（"expected life"）是案件的核心问题。[4] "预期寿命"是指专利的名义剩余有效期再乘以专利维持有效的概率。

---

* Hatch-Waxman 法案规定，仿制药申请时，申请人必须同时提交四种声明中的一种，其中包括：与申请的仿制药相关的专利是无效的或者仿制药不构成侵权。如果提出该种声明，专利权人可以在收到该通知的 45 天内提出专利侵权诉讼。一旦专利所有人提出诉讼，则 FDA 在 30 个月内不能批准该药，除非法院在此之前判决原研药专利无效或不构成侵权。因此本书作者在这里说："原研药的专利持有人要么默许仿制药厂商生产仿制药，要么可以提起专利侵权诉讼。"——译者注

[1] 见 21 U. S. c. § 355 (j) (5) (B) (iv) (2012)。联邦最高法院对此过程的简要描述，见 FTC v. Actavis, Inc. 133 S. Ct. 2223, 2228 (2013)。也可参见 12 Herbert Hovenkamp, Antitrust Law ¶ 2046c (4th ed. 2019)。

[2] 见 C. Scott Hemphill & Bhaven N. Sampat, Drug Patents at the Supreme Court, 339 *Sci.* 1386, 1386 (2013) (89% 的有偿延迟专利和解包括二次研发药品)。

[3] FTC v. Watson Pharma., Inc., 677 F. 3d 1298, 1311 (11th Cir. 2012) ("专利的排他潜在范围")；Arkansas Carpenters Health and Welfare Fund v. Bayer AG, 604 F. 3d 98 (2d Cir. 2010) (争议焦点是"仿制药公司以同意延迟进入市场换取支付的专利和解协议是否属于专利所有人的财产权的范围")；In re Ciprofloxacin Hydrochloride Antitrust Litig., 544 F. 3d 1323, 1332-1333 (Fed. Cir. 2008)。

[4] In re Cipro Cases I & II, 348 P. 3d 845, 61 Cal. 4th 116 (May 7, 2015)。

同时，联邦最高法院一方面驳回了联邦贸易委员会提出的"快速审查"（"quick look"）的分析要求，指出应适用合理原则审理本案，另一方面认为应采用"具体情况具体分析"（"sliding scale"）的方法，认为下级法院无须一开始就"对专利的有效性进行判断，通过实证证据证明专利制度的优点或缺点，审查每一个支持涉案行为的证明事实，或者反驳每一种可能的支持抗辩理由的理论……"[①] Breyer 大法官还指出，基于合理原则的目的，市场支配力可以从大额支付本身推断出来[②]，甚至反竞争效果也可以从大额支付的事实中推断出来。关于多大才算"大"的问题，法院认为，如果支付的数额与可合理预期的诉讼花费加上对仿制药厂商所需提供的任何服务的公平市场价值的合理补偿相当，则可以算是合理的。[③]

5.5c.4. 专利包许可

一个专利包涵盖了多项专利。以打包的方式批量化许可多项专利的做法在市场中无处不在，大大降低了交易成本。如果一项工艺涉及多项专利，而每项专利只覆盖了其中一小部分流程，或者如果不能确定特定专利是否足以全面覆盖被许可人的技术，则需要通过将多项专利打包的方式进行许可。例如，在本书作者桌面上的旧式订书机，几乎算不上是一项高科技产品，但仍然被七项专利所涵盖。如果这些专利的所有人授权另一家公司生产订书机，它可能会起草一份涵盖所有专利的许可协议。专利的打包许可降低了各方就单件专利进行谈判的交易成本，就像 Broadcast Music 案中众多版权的一揽子许可减少了交易成本一样。[④]

专利包许可通常是合法的[⑤]，但如果仅基于某项专利就具有市场支配力的专利持有人，以被许可人必须同时接受其他一揽子专利的打包授权为条件，才同意颁发该关键专利的许可，可能会被认为是反竞争的。[⑥] 在这种情况下，关于搭售的法律所需要考虑的问题和专利滥用的问题是结合在一起的。此前讨论的 1988 年《专利滥用改革法案》涵盖了专利包许可以及搭售的问题，该法案认可专利包许可是合法的，除非专利权人在市场上拥有所需专利的市场支配力。[⑦] 但是，《版权法》中没有这样的规定，1988 年后的一项判决谴责了"打包预订"（"block-

---

① FTC v. Actavis, Inc., 133 S. Ct. 2223, 2237 - 2238 (2013).

② 同上一条注释，at 2236。

③ 同上一条注释，at 2237。

④ Broadcast Music v. CBS, 441 U. S. 1, 99 S. Ct. 1551 (1979). 见本书第 5.2c 节。

⑤ Automatic Radio Manufacturing Co. v. Hazeltine Research, 339 U. S. 827, 70 S. Ct. 894 (1950).

⑥ Hazeltine Research v. Zenith Radio, 388 F. 2d at 33 - 35. 涉案专利包括彩色电视设备。

⑦ 该法案允许约定"获得一项专利许可的前提是同时获得另一个专利的许可……除非……专利所有权人在被设定许可条件的专利或者专利产品所属的相关市场内具有市场力量"。见 35 U. S. c. a. § 271 (d)。美国司法部和联邦贸易委员会《知识产权许可的反垄断指南》（Antitrust Guidelines for the Licensing of Intellectual Property) § 5.3 (1995)，表明执法机构以与评价搭售安排相同的标准来评价专利包。

booking", 一种电视节目的一揽子许可形式)[1]。审理该案的法院认为, 作为被告的许可人通过打包许可电视节目, 阻止了竞争对手制作的节目在被许可人电视台的播出时段中播出, 从而构成市场封锁 (foreclosure)。但是, 该法院似乎在"封锁"问题上理解有误, 搭售几乎总是能够阻止特定买主购买来自竞争对手的产品。但是否构成封锁的核心在于整个市场是否被封锁了 (也就是整个市场而不是特定买家被锁定)。例如, 如果一个市场中包含有 10 个电视台, 那么即使打包预订填满了一个电视台的所有节目时段, 市场上也还留有其他 9 个电视台可以播出竞争对手的节目。[2]

5.5c.5. 专利池

当一组公司将其各自独立持有的专利相互许可或者交叉许可时, 就会产生专利池 (patent pool) 的情况。"池"的比喻取自石油工业, 当多个表层土地所有权的业主对同一地下石油池享有权益时, 它们可以只钻一口油井, 约定各自分担运营费用、共享收入, 来最大限度地取得收入和减少冲突。

通常情况下, 对专利池的反垄断指控应适用合理原则, 而且专利池在大多数情况下是合法的。[3] 然而, 在 *Zenith Radio* 案中, 联邦最高法院维持了下级法院关于独家专利池构成本身违法的判决。[4] 法院将涉案协议解读为竞争者们相互约定拒绝向第三方颁发许可, 从而便利于彼此之间固定价格、排除新进入者的有效共谋工具。

传统经济理论对于专利池的辩护理由是, 当池中的专利存在互补关系时, 专利池是合理的。由于具有补充关系的专利需要一起使用, 因此将多项专利以专利池的形式汇总在一起, 可以避免需要从多个卖家处获得许可从而导致"许可费"重叠的问题。另外, 多个权利人各自收取许可费的总和通常会比合并为单一许可方收取的许可费更高。[5] 与之相反的是, 对于存在竞争关系的多项专利而言, 其使用场景具有替代性而不是互补性, 将这些专利汇集在一起会产生消除彼此竞争的危险。

---

① MCA Television Limited v. Public Interest Corp. , 171 F. 3d 1265 (11th Cir. 1999).

② 见本书第 10.6b2 节。

③ 例如, Standard Oil Co. v. United States, 283 U. S. 163, 51 S. Ct. 421 (1931). 见 Christina Bohannan & Herbert Hovenkamp, *Creation without Restraint : Promoting Liberty and Rivalry in Innovation*, ch. 8 (2011); Erik N. Hovenkamp & Herbert Hovenkamp, Patent Pools and Related Technology Sharing, in *Cambridge Antitrust Intellectual Property Handbook* (Roger D. Blair and D. Daniel Sokol, eds. 2017).

④ Zenith Radio Corp. v. Hazeltine Research, Inc. , 395 U. S. 100, 113 n. 8, 89 S. Ct. 1562, 1571 n. 8 (1969).

⑤ 例如, 见 Richard J. Gilbert, "Antitrust for Patent Pools : A Century of Policy Evolution", 2004 *Stan. Tech. L. Rev.* 3. 关于许可费"重叠"问题, 见 Herbert Hovenkamp, "Antitrust and the Patent System : A Reexamination", 76 *OSU L. Rev.* 467 (2015); Erik N. Hovenkamp & Herbert Hovenkamp, Tying Arrangements, *Oxford Handbook of International Competition Policy* (2015).

然而，现代大型专利池中所包含的专利，特别是电子技术领域的专利，通常具有数量众多的权利要求，并且保护边界难以清晰界定。这使得我们难以判断它们究竟是互补关系还是替代关系，并且在许多情况下两者兼有。对专利池的合法性更有力的解释是，它使技术的利用者能够避免代价高昂的专利有效性判断和权利边界解释的问题。虽然针对个别权利的清晰划界通常是保护私有财产权的最佳方式，但在某些情况下，识别个体权利边界的高昂成本使得划界工作是不切实际的。例如，一群共享某个池塘的渔民会发现，在辅以某些控制允许捕获的鱼的尺寸和生态保护规则的情况下，共享捕鱼水域的成本更低，而不是使用各自的围栏划分水体。然而，专利在某种重要意义上并不像鱼：专利是非竞争性的，这意味着一个人对专利的使用不会影响其他人对同一专利的使用。在渔业领域，对产出进行限制几乎都是必要的，但对专利池进行产出方面的限制，则比渔业领域更容易引发危及竞争的质疑。[1]

一种几乎总是能为专利池提供正当性依据的互补关系是"交叉阻遏专利"（"blocking patents"），其指的是一旦实施就会互相构成侵权的专利。因此，合法的某一使用行为需要同时取得两项专利的许可。正如一个法院所指出的那样，如果多项专利的权利要求的保护范围是交叉重叠的，那么，"当除非其他方也同意许可其自身持有的专利，否则每个当事方［许可方］实际上都不得实施其自有专利之外时，没有任何第三方只想要其中一个专利的许可"[2]。

5.5c.6. FRAND原则：专利许可与标准必要专利（Standard-Essential Patents）

在计算机或者手机等信息技术产品市场中，技术标准通常用于保证产品的互联互通性（interoperability）和质量。[3] 应用这些标准开发的产品通常受到专利权的覆盖，这要求相关生产商必须获得权利人的专利许可。标准制定是一个"滚动"的过程，需要不断地进行技术更新和迭代，由此开发形成新的标准。标准制定组织（standard setting organization，SSO）通常要求参与标准制定的机构披露它们拥有的必要专利（essential patent），并同意以公平、合理、无歧视（"FRAND"）的交易条件将其许可给包括竞争对手在内的所有市场参与者。[4]

---

① 见 Christina Bohannan & Herbert Hovenkamp, *Creation without Restraint*：*Promoting Liberty and Rivalry in Innovation* 325 - 364 (2012)。

② Boston Scientific Corp. v. Schneider，983 F. Supp. 245，271 (d. Mass. 1997)，dism'd by consent，152 F. 3d 947 (Fed. Cir. 1998) (alleged patent pool lawful when patents were found to be blocking). Boston Scientific Corp. v. Schneider，983 F. Supp. 245，271 (d. Mass. 1997)，双方和解后上诉人撤回上诉，152 F. 3d 947 (Fed. Cir. 1998) (在认定存在交叉阻遏专利后，法院认定被控专利池是合法的)。

③ 关于标准的制定，见本书第5.4c节。

④ 例如，电信工业协会（Telecommunications Industry Association）的知识产权政策规定："任何在标准制定过程中签署了承诺声明的专利权人拥有的标准必要专利，均将根据合理、非歧视的条款和条件许可给请求获得许可的人。"

此类专利被称为"标准必要专利"（"standard essential patent"），英文简称为 SEP。FRAND 声明由专利持有人作出，代表它们认为相关专利是"必要的"，这意味着标准的某些部分无法在不侵犯所涉专利权的情况下得到合理的实施。在大多数情况下，SSO 不会验证一项声明中必要专利的必要性，这可能会成为后续专利侵权诉讼中的一个争议焦点。"过度声明"是很常见的情况。[1] SSO 也不会审查声明为必要的专利本身是否有效的问题。

《专利法》本身并未给专利权人施加 FRAND 义务，这些义务是权利人自愿承担的，不参加 SSO 的专利权人除了市场压力之外没有义务将其专利提交给标准制定组织以及承诺提供 FRAND 许可。然而，在网络技术产业中，这些市场压力是十分巨大的。例如，如果专利权人拒绝将其专利技术写入行业标准的提案当中，则 SSO 可能会转而将那些被认为不会侵犯这些专利的替代性技术纳入标准。[2] 不能通过各方之间的协商确定的专利许可费率通常由法院或者仲裁庭依据 FRAND 原则进行裁决。[3]

FRAND 义务体系通过向新公司和现有公司保证它们将能够在网络技术上继续运营从而促进了竞争。对这些标准必要专利（SEP）所有者所支付的使用许可费通常通过专利对标准的贡献的价值来衡量。[4] 十分重要的是，裁决机构试图衡量涉案专利在被纳入标准之前的"事前"（"ex ante"）价值。[5] 一旦某项专利技术被纳入标准，且实施者实施了该标准，则标准必要专利很可能获得有利得多的市场地位，在某些情况下甚至接近垄断。[6] 在这种情况下作出 FRAND 承诺的专利被称为存在"FRAND 负担"（"FRAND encumbered"）的专利。[7]

---

① 参见 Mark A. Lemley & Timothy Simcoe, "How Essential are Standard-Essential Patents?", 104 *Corn. L. Rev.* 607, 527（2019）；Robin Stitzing, Pekka Saaskilahti, Jimmy Royer, and Marc Van Audenrode, Over-Declaration of Standard Essential Patents and Determinants of Essentiality（*SSRN working paper*, 11 Sep 2018），https://papers. ssrn. com/sol3/papers. cfm? abstract_id=2951617。

② 参见 D. Scott Bosworth, Russell W. Mangum III, & Eric C. Matolo, FRAND Commitments and Royalties for Standard Essential Patents, 19, in *Complications abd Quandaries in the Ict Sector：Standard Essential Patents and Competition Issues*（2018）。

③ 例如，见 Interdigital Tech. Corp. v. Pegatron Corp., 2016 WL 234433（N. D. Cal. Jan. 20, 2016）（强制仲裁）。参见 Hovenkamp, et al., *IP and Antitrust：An Analysis of Antitrust Principles Applied to Intellectual Property Law* § 35. 05（3d ed. & Supp. 2019）。

④ 例如，见 Microsoft Corp. v. Motorola, Inc., 795 F. 3d 1024, 1041（9th Cir. 2015）。参见 Thomas F. Cotter, Erik Hovenkamp, & Norman Siebrasse, "Demystifying Patent Holdup", 76 *Wash. & Lee L. Rev.* 1501（2019）。

⑤ 例如，Lucent Techs., Inc. v. Gateway, Inc., 580 F. 3d 1301, 1325（Fed. Cir. 2009）（"我们假设的谈判应当尽可能地尝试还原事前许可谈判的场景，并得出由此达成的协议内容"）。

⑥ 参见 Carl Shapiro, "Navigating the Patent Thicket：Cross Licenses, Patent Pools, and Standard Setting 119", in 1 *Innovation Policy and the Economy*（Adam B. Jaffe, et al, eds., 2001）。

⑦ 例如，FTC v. Qualcomm, Inc., * 6, 2017 WL 2774406（N. D. Cal. June 26, 2017）。

当一家企业投入资源，基于某一特定的标准研发其产品时，它自然希望得到保证——其拥有在该标准下以合理的费率获得使用权进行长期商业运营的权利。这显然会导致该企业对于标准产生相当大的路径依赖，因为标准鼓励了市场中的企业以确保相互兼容的方式研发它们自己的技术。[1]

如果违反前述的 FRAND 义务——包括未声明披露有关技术受专利权覆盖的情况，以及拒绝按照 FRAND 条件向所有人授予许可，均违反了 FRAND 协议。协议另一方当事人或者第三方受益主体均可以起诉要求强制履行合同。[2] 然而，此类行为只有部分类型违反了反垄断法，而区分违反反垄断法的违反 FRAND 义务的行为和不违反反垄断法的违反 FRAND 义务的行为是很重要的。违反反垄断法的后果是在私人提起的诉讼中会招致三倍的损害赔偿，以及可以由联邦贸易委员会（Federal Trade Commission）或者司法部反垄断局（Antitrust Division of the Justice Department）进行强制执法。

在这里，避免两个极端很重要：一个极端是，认为违反 FRAND 义务或多或少就是当然构成反垄断违法；另一个极端是，认为如果一项行为违反了 FRAND 义务，那么它就不可能违反反垄断法。[3] 违反合同的构成要件不需要以存在市场力量或者竞争损害为前提，而适用反垄断法上的合理原则则通常要求具备上述两个要件。但反过来，当市场力量和反竞争效果都成立时，由于被告的行为也违反了其 FRAND 承诺，因此不能抗辩其行为不构成违约。

由多家公司运营的 SSO 属于企业联营（joint venture）。[4] 对于真正的（bona fide）企业联营，反垄断法的目的不是去摧毁合资企业或者破坏其主要的设立目的，而是评估受到挑战的在企业联营内部的限制措施是否具有反竞争效果，并谴责不合理地损害了竞争的那些限制行为。[5] 对待 SSO 也应当遵循相同的原则。标准制定组织的运作目标是促进竞争性的、保有兼容性的企业运营活动和市场进入活动，与此同时为企业研发保留适当的竞争激励。反垄断分析必然会对违反这些目标的行为进行测试，但测试的范围仅限于寻找反竞争的做法。这意味着它必须将那些不合理地减少整个市场产出量的做法，或者由于对竞争产生负面影响从而对消费者造成不必要的排斥或者有害的做法识别出来。反垄断法除了监督和管理

---

[1]　Cotter, Hovenkamp, and Siebrasse, *supra* note 218.

[2]　例如，见 Microsoft Corp. v. Motorola, Inc., 864 F. Supp. 2d 1023（W. D. Wa. 2012）（产品研发者构成第三方受益主体，有权要求强制权利人履行 FRAND 义务）；Realtek Semiconductor Corp. v. LSI Corp., 946 F. Supp. 2d 998（N. D. Ca. 2013）。

[3]　参见 Herbert Hovenkamp, "FRAND and Antitrust", ____*Cornell L. Rev.*____（2020）（forthcoming），访问地址：https://papers. ssrn. com/sol3/papers. cfm? abstract_id= 3420925。

[4]　关于将 SSO 作为企业联营对待的讨论，参见 Phillip E. Areeda & Herbert Hovenkamp, *Antitrust Law*, Ch. 22B, C（4th ed. 2019）。

[5]　参见 Phillip E. Areeda & Herbert Hovenkamp, *Antitrust Law*, Ch 15（4th ed. 2017）。

反竞争行为的法定权力之外，没有进一步的立法授权来额外监督标准必要专利的制定和实施程序。

　　Rambus 案可以用来说明上述差异。该案涉及专利"埋伏"（patent "ambush"）[①]。Rambus 公司在参与制定标准的过程中没有披露其正在开发的系列专利，即使其事先知道实施有关标准可能会侵犯这些专利。标准组织的成员以为它们起草的技术标准属于公有领域的技术，后来才发现应当支付 Rambus 公司专利许可费。虽然 Rambus 公司的行为也可能同时违反了其合同义务[②]，哥伦比亚特区巡回法院认定被控行为没有违反《谢尔曼法》第 2 条，因为没有证据显示任何人被排除在市场之外，唯一的损害是标准的实施者由于使用了原本相信属于可以免费使用的共有领域技术但实际上受专利权保护的专有技术，从而需要支付更多的费用。因此，法院认为该行为更类似于欺诈而非垄断。

　　在当今产业中普遍存在技术路径依赖的情况下，*Rambus* 案的判决结论可能对创新产生相当大的危害。由于没有披露其专利，Rambus 公司诱使了其他市场参与者围绕着 Rambus 公司享有排他权的技术研发它们自己的技术。后来，当这些新技术研发完毕，改变技术的成本很高时，这一对其他企业来说突如其来的"意外"产生了两个后果，首先，它要求其他制造商向 Rambus 公司支付它们原本没有预料到的许可费。其次，事先"不披露"的行为将产业的技术发展引向了一个原本可能不会前进的方向。

　　在许多涉及 FRAND 的案件中，适用传统的反垄断规则可以在无须引入FRAND 承诺的情况下认定被告的责任。例如，Qualcomm（高通）公司曾被法院认定拥有巨大的市场支配力，并从事了非法拒绝交易、搭售、独家交易和提供忠诚度折扣等反竞争活动。[③] 法院在得出上述结论时并未依赖 Qualcomm 公司曾作出的 FRAND 承诺，相反，它只是适用了合理原则下的传统反垄断规则。

　　总之，违反 FRAND 协议的行为既不必然招致反垄断责任，也不必然排除反垄断责任。在后一点上，许多违反反垄断法的行为同时也违反了合同法、侵权法或者其他部门法。在这些情况下，我们不能说因为某些行为违反了合同法就意味着它不能违反反垄断法，而是需要根据每一项部门法的法律体系分别独立对该行为进行分析。一项重要的"冲突"规则是同一行为不能招致双份的损害赔偿。如果陪审团针对同一行为重复作出两次损害赔偿裁决，则法官可以下达减免重复损

---

　　① Rambus，Inc. v. FTC，522 F. 3d 456（D. C. Cir. 2008）；关于此问题的一些较充分的分析，参见Thomas F. Cotter，Patent Holdup，Patent Remedies，and Antitrust Responses，34 *J. Corp. L.* 1151，*1179-80*（2009）。

　　② 事实上，当时的披露要求非常模糊。参见 *Rambus*，522 F. 3d at 461。随后，许多 SSO 加强了它们的知识产权披露规则和要求。

　　③ FTC v. Qualcomm，Inc.，411 F. Supp. 3d 658（N. D. Cal. 2019），以其他的理由被改判，969 F. 3d 974（9th Cir. 2020）。

害赔偿（remittitur of the duplication）的法庭令。[1]

虽然违反 FRAND 义务本身并不必然构成反垄断违法，但它可能提供了对反垄断分析至关重要的事实。适用反垄断法时，一旦认定了相关市场的存在，就会进一步以此为基础分析相关行为对市场的影响。例如，在涉及 NCAA ——一个非常大的企业联营的众多反垄断案件中[2]，法院不会假装没有发现企业联营的存在，相反，它们首先假设这一企业联营本身是具有社会价值的，然后从它的组织规则、组织结构创造出来的投资和资源投入开始分析，并考虑反垄断法如何能够使市场在前述假设的条件下可以以充分竞争的方式运行。在这种情况下，FRAND 承诺会诱使企业将自身的技术转向特定的方向，如果退出或者更换技术路径的成本高昂，则违背 FRAND 承诺的做法就可能是反竞争的。

标准制定过程和标准必要专利的实践都体现了市场的良好自我协商机制，并被认为具有良好的社会和经济效益。在这种情况下，反垄断法的最佳用途是监督该体系运行过程中的竞争情况。FRAND 体系有自己的运行规则和执行方式，不需要一开始就引入反垄断法。但是，该体系的存在也并不因此可以使其内部的运行方式免受反垄断法的审视。

并且，这是一个对于长期创新来说至关重要的领域。如果一家公司违背其FRAND 承诺导致反竞争的后果，而反垄断法没有对此进行任何干预，则其他公司将纷纷效仿。建立在 FRAND 义务基础上的企业联营体系将分崩离析。在国际上，这可能会减慢创新速度，并使依赖于创新而生产的产品的成本变得更高。在美国国内，它可能会剥夺美国创新者和制造商的领先地位。第九巡回法院作出的非常有问题的 *Qualcomm* 案判决可能就会产生这样的后果。[3] 在该案中，被告通过威胁对拒绝向其支付过高的专利许可费的公司断供芯片，从而逃避了其大部分FRAND 义务。如果该判决鼓励了其他企业也作出同样的事情，国会可能不得不需要加以干预，以维护 FRAND 体系，否则，需要 FRAND 许可实现的多主体协同创新（collaborative innovation）可能就会面临严重的问题。

5.5d. 涉及非专利知识产权的协议[4]

从经济学的角度看，专利领域的反垄断问题与版权、商标或其他形式的知识

---

[1] 例如，Fineman v. Armstrong World Indus., Inc., 980 F. 2d 171, 218（9th Cir. 1992）（如果反垄断索赔、普通法侵权索赔和合同索赔均基于相同的未来利润损失进行计算，则原告只能获得一次赔偿）。

[2] 《美国法律报告》（AMERICAN LAW REPORTS）收录了几十件针对 NCAA 的案例。参见 "Application of Federal Antitrust Laws to Collegiate Sports", 87 *A. L. R. Fed*. 2d 43（2014，& updated weekly）。

[3] FTC v. Qualcomm, 969 F. 3d 974（9th Cir. 2020）. 进一步的讨论，见本书第 7.5 节；以及 Hovenkamp, FRAND and Antitrust, *supra*。

[4] 见 12 Antitrust Law ¶ 2041e（4th ed. 2019）（GE 规则和对非专利知识产权的价格固定），¶ 2043c（权利池），2044e（非专利知识产权的横向市场分割）。

产权的反垄断问题几乎是相同的，只是后者的反竞争担忧要弱一些。例如，本书第 5.2c 节中讨论的 *Broadcast Music* 案实际上只涉及受版权而非专利保护的产品的打包许可。[①] 这一特定打包许可成为争议焦点的重要原因，在于该交易安排被当作竞争对手之间达成的一揽子许可看待。如果某一演员单方面打包对外许可其版权，例如，如果 Lady Gaga 将其所有的演唱曲目置于同一个包裹中，以不容讨价还价的方式对外许可，那么垄断的风险并不突出。[②] 但是，某些做法，如影视节目的"打包预订"（"block booking"），在类似的情形下却被谴责。例如，在 *Paramount Pictures*（派拉蒙电影公司）案中，联邦最高法院认为涉案电影制片人仅以打包许可（即只接受一揽子许可）的方式对外授权的行为是违反反垄断法的。[③]

第5.6节　本身违法原则及合理原则的区分与适用

5.6a. 联邦最高法院与本身违法原则

以下判词全部来自联邦最高法院作出的判例：

> 对合法性的真正考验是，被告所施加的限制竞争行为是否其实是市场规制（regulate），从而可能因此有利于竞争，或者是否可能会抑制甚至摧毁竞争。为确定该问题，法院通常必须考虑实施限制行为所处的商业环境、在施加限制之前和之后的市场状况、限制措施的性质及其影响，包括实际已发生的影响或者潜在可能的影响。

——Brandeis 大法官，*Board of Trade of City of Chicago v. United States*，246 U. S. 231，238，38 S. Ct. 242，244（1918）。

> 根据《谢尔曼法》，出于提高、压制、固定、锁定或者稳定商品价格的目的，以及具备相应效果而组成的联合……构成本身违法。

——Douglas 大法官，*United States v. Socony-Vacuum Oil Co.*，310 U. S. 150，223，60 S. Ct. 811，844（1940）。

> 我们是否会同联邦地区法院一样适用合理原则审理此案，与本案无关联性。

——Marshall 大法官，*United States v. Topco Associates, Inc.*，405 U. S.

---

① 关于专利的打包许可，见本书第 5.5c3 节。

② 关于相反的意见，见 CBS v. American Society of Composers, Authors & Publishers，562 F. 2d 130，140‑141 & n. 29（2d Cir. 1977），改判并发回重审后案件名称为 Broadcast Music, Inc. v. CBS，441 U. S. 1，99 S. Ct. 1551（1979）。

③ United States v. Paramount Pictures，334 U. S. 131，68 S. Ct. 915（1948）。

596，609，92 S. Ct. 1126，1134 (1972)。

> 本身违法原则……的目的是……保护公共福利；它们是对合理原则的补充，而不是与之相矛盾。

——Berger 首席大法官，反对意见，*United States v. Topco Associates*，405 U. S. at 621，92 S. Ct. at 1140。

> 与其带有"合理"的名称相反，合理原则并没有从有利于被控限制竞争行为的目的出发扩张具有正当性的限制行为的范围，相反，它直接关注被指控的限制行为对竞争的影响。
>
> 有……两种互补的反垄断分析方法。第一种分析方法是，某些协议的性质和必然的影响对竞争的限制是如此明显，以至于不需要通过对行业进行细致的研究就可以判定它们的非法性——这就是"本身违法"；第二种分析方法是，某些协议的竞争效果只能通过分析特定商业条件下的事实、限制行为的过程以及行为的目的来进行评估。在上述任何一种情况下，分析的目的都是对限制行为的竞争影响（competitive significance）进行判断，而不是基于公共利益或者基于某行业成员企业的利益来判断是否有利于竞争。

——Stevens 大法官，*National Society of Professional Engineers v. United States*，435 U. S. 679，688 - 692，98 S. Ct. 1355，1363 - 65 (1978)。

> ［本身］违法原则是反垄断政策和执法的有效和有用的工具。针对竞争者之间就特定商品或者服务达成固定价格的协议等协同行为，联邦最高法院此前已经判定构成本身违法。但简单的标签并不总能提供现成的答案……
>
> ［被告］已经联合成一个组织，为其销售的一揽子许可设定价格。但这不仅仅是确定两个或多个潜在竞争对手是否从文字上"固定"了"价格"的问题。正如反垄断领域中普遍使用的那样，"固定价格"是描述某些一直适用本身违法原则的商业行为的快捷方式。［然而，当］两个合作伙伴设定它们的商品或者服务的价格时，它们的行为从字面上理解就是在"固定价格"，但它们的行为本身并不违反《谢尔曼法》……因此，有必要对被指控的行为究竟是否属于我们所定义的"构成本身违法的固定价格"的行为进行甄别。这通常（但不总是）是一件简单的事情。

——White 大法官，*Broadcast Music，Inc. v. CBS，Inc.*，441 U. S. 1，8 - 9，99 S. Ct. 1551，1556 - 57 (1979)。

> 通过建立本身违法原则，降低了适用合理原则对商业行为合法性进行判断的成本……一旦有了对某种特定的限制行为的审判经验，法院就可以

充满信心地预判在适用合理原则的情况下同样会对该行为追责，如此一来，法院就能够采信一种确定性的假设，即涉案的限制行为是没有正当性的。

——Stevens 大法官，*Arizona v. Maricopa Cty. Med. Society*，457 U. S. 332，343 - 44，102 S. Ct. 2466，2473（1982）。

本身违法原则的基本逻辑，部分在于避免在行为的反竞争影响的可能性如此之大的情况下还需要对实际市场状况进行繁琐的调查，从而导致在判断特定涉案行为是否具有反竞争效果时额外付出不合理的成本。

——Stevens 大法官，*Jefferson Parish Hospital District No. 2 v. Hyde*，466 U. S. 2，16 n. 25，104 S. Ct. 1551，1560 n. 25（1984），发回重审，764 F. 2d 1139（5th Cir. 1985）。

联邦巡回上诉法院认为，反垄断法允许，但不要求在没有市场力量证据的情况下对固定价格和联合抵制行为进行追责，并进一步假设禁止此类活动的本身违法原则"只是出于'监管上的方便和提高效率'的考虑，而不是法律的明文要求……"，此观点包含两个错误。首先，本身违法原则当然是对《谢尔曼法》进行司法解释的产物，但该规则仍然具有与任何其他成文法律、成文规范相同的效力。其次，虽然反对价格固定和联合抵制行为的本身违法原则确实因具有"监管上的便利"从而部分地证成了其合理性，但巡回上诉法院认为对前述行为的禁止的全部的规则正当性都来源于此，则是错误的。本身违法原则也反映了一种存在已久的论断，即那些被禁止的行为本质上具有"对竞争产生影响的实质可能性"。[援引 *Jefferson Parish* 案]

——Stevens 大法官，*FTC v. Superior Ct. Trial Lawyers Assn.*，493 U. S. 411，432，110 S. Ct. 768，780（1990）

在评估行为的合理性方面总是需要个案分析（sliding scale），但个案分析的方式似乎误导了我们，让我们误认为其具有比期望值更高的精度……然而，所需的证据质量却根据具体案件情况而有所不同……Areeda 教授……强调法院对其判断逻辑进行解释的必要性，尤其在反垄断法中具有准普通法（quasi-common law）属性的领域中。"通过公开他们的推理，法官们……可以吸收其他法官的重要分析，这在将来反过来促成了其他法官创设出更好的规则。"

——Souter 大法官，*California Dental Assn. v. FTC*，526 U. S. 756，780 - 781，119 S. Ct. 1604（1999），引用了早期版本的《反垄断法》专著*。

---

* 即由 Areeda 教授和本书作者 Hovenkamp 教授合著的《反垄断法》专著，该书是美国联邦最高法院迄今为止在反垄断案件中引用率最高的著作。——译者注

5.6b. 合理原则与本身违法原则之间区别的夸大

法院和学者们经常说，大多数经分析认为违反反垄断法的行为都是在"合理原则"下进行的，而本身违法原则只适用于有限的情形——可能包括固定价格、横向地域或客户分割、赤裸裸的协同拒绝交易，以及仍存在较大争议的某些搭售安排。

事实上，针对行为的所有法律分析在某种程度上都或多或少地适用了"本身违法原则"①。本身违法原则认为，一旦我们积累了一定的实践经验，我们就可以较为简单地判断某类行为的合法性，而无须进一步深入调查。但"本身违法原则"和"合理原则"标准之间的区别，在于我们在对行为定性之前需要调查多少信息。一个理性的决策者在收集信息的过程中，总是从最相关和最容易收集的信息开始，直到他/她的信息收集的边际成本超过其预期收益的临界点为止。在这种情况下，"边际收益"是不断提升的最终定性的准确性。如果获得某些信息的成本非常高，而它对于使最终决策更为准确的作用很小，那么理性的决策者将不会探寻额外的信息。出于这个原因，Marshall 大法官在 *Topco* 案中的观点是错误的（该案在第 5.6a 节中引用），他认为一个适用了本身违法原则的案件在适用合理原则的情况下是否会得出同样的结论是"无关紧要的"。假设最终的、准确的判决结果是 O，本身违法原则可以使法院在一旦知道了少许的事实时就足以作出 O 的判断。而获知更多的信息则代价高昂，并且不太可能使得法院更接近 O。本身违法原则的适用显然不能导致这样的后果：适用两个不同的反垄断原则是以产生不同的结论为目的而事先计划出来的。

然而，即使在所谓的适用合理原则的案件中，当事人也不会提供所有仅具有边际相关性意义的信息＊（marginally relevant information）。他们将提供足够的信息来满足一些司法创设的假设——例如，在一个被清晰界定的相关市场中占据90％市场份额的被告拥有垄断力量，又如，在集中度相当大的市场中两家最大公司之间的合并是反竞争的，或者非常大额的有偿延迟专利侵权诉讼的和解协议是反竞争的。每一个案件的事实调查都会在推进中的某个点被中断；"本身"标签可以简便地告诉我们在哪些情况下可以在相对较为早期的阶段就中断调查。当

＊ 即有一定相关性、但对案件结果没有根本影响的信息。——译者注

① 见 Richard A. Posner，"The Rule of Reason and the Economic Approach: Reflections on the Sylvania Decision"，45 *U. Chi. L. Rev.* 1，14－15（1977）；see the debate between professors Easterbrook and Markovits：Frank H. Easterbrook，"The Limits of Antitrust"，63 *Tex. L. Rev.* 1（1984）；Richard S. Markovits，"The Limits to Simplifying Antitrust: A Reply to Professor Easterbrook"，63 *Tex. L. Rev.* 41（1984）。见 Richard A. Posner，"The Rule of Reason and the Economic Approach: Reflections on the Sylvania Decision"，45 *U. Chi. L. Rev.* 1，14－15（1977）；见 Easterbrook 教授和 Markovits 教授：Frank H. Easterbrook，"The Limits of Antitrust"，3 *Tex. L. Rev.* 1（1984）；见 Richard S. Markovits，"The Limits to Simplifying Antitrust: A Reply to Professor Easterbrook"，63 *Tex. L. Rev.* 41（1984）。

然，有意义的"本身"标签还必须告诉法院如何中断调查。甚至同样根据本身违法原则，在不同的案件中，同一事实是否具有相关性，也是不同的。

为此，Brandeis 大法官在 *Chicago Board of Trade* 案中所表达的关于合理原则的论述（在第 5.6a 节引用），是反垄断史册中最具有伤害性的观点之一。其向许多法院建议，如果分析是基于合理原则作出的，那么几乎所有的事实都是相关的——我们需要了解商业的历史、在施加限制行为之前的市场状况、在施加限制之后的市场状况、特定商业的特殊性（这些特殊性使得限制行为在本案中可能是应被允许的，但在其他案件中则不应被允许），等等。单独就每一个衡量因素看，Brandeis 大法官对合理原则的总结都是准确的，至少在某些情况下是适用的，但其观点的问题在于识别了整个干草堆而不是我们要找的那枚藏在草堆里的针。它从未告诉我们什么事实可以用于判断某一种被控行为究竟是对市场的"规范"并因此"促进"了竞争，还是"压制"甚至"破坏"了竞争。事实上，在合理原则下，与案件结果相关的事实是那些对于判断涉案限制行为究竟是增加还是减少了产出，或者究竟是减少还是提高了价格有帮助的事实，而大多数其他事实都是没有关联性的。[1]

如果我们将目光投向光谱的两个极端，审视两种相反的情况，那么"合理原则"和"本身违法原则"二者的区别是足够清楚的。假设我们将被指控为垄断的单个公司的创新政策放置在光谱的左端，将竞争者之间赤裸裸的固定价格行为放置在右端，在前一种情形下，我们需要持续对被告的市场力量及其行为的竞争效果进行充分调查，而在后一种情形下，我们几乎只需要证明存在价格固定协议就可以了。对此我们可以很容易地得出结论，对第一种情形应当适用合理原则，而第二种行为仅仅由于行为本身就构成违法。绝大多数创新，即使是占市场支配地位的公司的创新，也是有利于促进竞争的；事实上，可以被证明具有反竞争效果的创新极为罕见，只有在具有绝对市场垄断地位的企业的创新行为具有毫无争议的反竞争效果的情况下才应被追责。相反，赤裸裸的固定价格行为很少，甚至从未有过被支持的正当理由。

但是，一旦我们试图进入这两个极端之间的中间地带，灰色领域似乎相当大。搭售安排号称应当适用本身违法原则，但最基本的事实调查也要比固定价格行为复杂得多，甚至需要一些显示市场力量的证据。[2] 相比之下，纵向非价格限制号称适用的是合理原则，但超过 90% 的此类案件处理起来很轻松。一个复杂的"本身违法"的搭售安排在调查方面需要投入的资源可能比起适用"合理原

---

[1]　见 11 Antitrust Law ¶ 1912b (3d ed. 2011)；见 Herbert Hovenkamp, "The Rule of Reason"，*Fla. L. Rev.* ＿＿ (2018)（未完成），当前下载链接：https://papers. ssrn. com/sol3/papers. cfm? abstract_id＝2885916。

[2]　关于转售价格维持，见本书第 11.5 节；关于搭售，见本书第 10.3d 节。

则"的一个简单案件大得多。

如果是这样，那么我们贴上"本身违法"标签的目的是什么呢？出于可操作性的考虑，标记某些行为构成"本身违法"是为了以一种简便的方式表达一种或者两种不同的含义。第一个含义是，我们可以在不调查行为人所处的市场结构或者其市场力量的情况下判断涉案行为的合法性。从对搭售行为依然适用本身违法原则这一点看，搭售显然是这一规则的一个例外，不过，从一开始执法机构对搭售贴上"本身违法"标签就是错误的。① 如今，大概至少有 2/3 的案件，认定某一行为应当适用本身违法原则时，实际上要表达的是在不界定相关市场或者不计算被告市场份额的情况下就可以谴责涉案行为。②

第二个含义要更难以处理一些，贴上了"本身违法"的标签，就意味着不允许被告以某些正当性理由进行抗辩。③ 但即使根据本身违法原则，仍然应当允许被告以某些正当性理由进行抗辩。更为重要的是，法院必须考虑被告所主张的正当性理由，以确定涉案行为是否适用本身违法原则。

我们有时会听到一个具有迷惑性的简单论断，即所有法院都需要在促进效率和反竞争两种效应之间进行衡量，看一看天平会向哪一端倾斜。但是，无论使用何种可以达到科学精度的方法，法院都很难衡量与价格问题有关的效率或者市场力量大小。大多数此类司法衡量，只不过是基于某些特定行为的性质和影响的若干假设之上的直觉判断。在大多数情况下，如果能够得出涉案行为导致了较低的市场产出和较高的消费价格，这样的事实调查就足够了。这种调查其实是反垄断法本身就已考虑了与消费者福利相关的方法论所隐含的。④

上述推理过程解释了为什么法院被迫在 *BMI* 案中听取了被告的抗辩理由。涉案一揽子许可肯定属于足以对竞争者之间的价格产生影响的协议。然而，该协议的非排他性、加上有数千名参与者的事实均说明，共谋是难以实现的。此外，被告提出了一个足以构成合理抗辩的事实，即该协议导致产量的大幅增加和价格

---

① 见本书第 10.3d 节。

② 例如，见 All Care Nursing Service v. High Tech Staffing Services，135 F. 3d 740（11th Cir. 1998），最高法院提审动议被驳回，526 U. S. 1016，119 S. Ct. 1250（1999）（原告根据本身违法理论提起诉讼，没有对相关市场进行主张和举证；法院在适用合理原则后驳回了起诉）。

③ 见 7 Antitrust Law ¶ 1510（4th ed. 2017）和本书 11 ¶ 1907（4th ed. 2018）。见 Compare General Leaseways v. National Truck Leasing Assn.，744 F. 2d 588，593（7th Cir. 1984）：如果每一种关于限制竞争的经济学观点（无论多么得不可信）都可以用于把横向协议从适用本身违法原则转变为适用合理原则，那么本身违法原则的体系将会崩溃。因此，我们都被告知应该在"情况表现为可能会总是或者几乎总是倾向于限制竞争并减少产出量"时适用本身违法原则（引用 *Broadcast Music* 案）。换句话说，如果无须进行任何深入的研究或者调查，某行为在快速审查（quick look）后显然具有消灭竞争的结果，则案件即使适用的是合理原则，也不过只有名义上的意义而已，这种行为在事实上适用的是本身违法原则。

④ 关于此问题，见 Herbert Hovenkamp，"Consumer Welfare in Competition and Intellectual Property Law"，9 *Competition Policy Int'l J*. 53（2014）。

的下降。相较而言，*Engineers* 案的交易安排是排挤性的：它禁止工程师们之间进行价格竞争。此外，被告认为"过度"的价格竞争会迫使工程师偷工减料的论点是不能成立的，因为这种观点系基于更高的价格对社会公众更有利的假设。这种说法也许是合理的、也许是不合理的，但无论如何都必须通过国会的立法来解决。被告不能通过证明在特定情况下低价格或者高产量并不符合消费者的最佳利益而免责。

5.6c. 识别反竞争的行为：试验中的路线图

对竞争对手之间的协议究竟是促进竞争还是反竞争进行定性其实并不容易，接下来所讲述的判断方法并不是万无一失的。即使我们提供了此类"路线图"，也仍然留下不少未标出的路径。在评估被指控的限制竞争行为时，法院应当提出以下问题，并在通常情况下按照以下的顺序依次考虑。

1. 被控协议是否有可能以某种较为显著的（nontrivial）的方式使得市场遭到产出量减少或者价格提升的威胁？[①] 如果不可能，通常应当认定行为是合法的；如果可能，则应当继续考虑第二步。

2. 该协议是否是赤裸裸的反竞争协议，还是属于某些企业联营或者其他协议的附属性协议（ancillary agreement），而这些协议本身是否可以创造效率（efficiency creating），或者对消费者另有好处？[②] 如果被控协议从当事人的客观目的（objective intend）出发，即是为了或者预期很可能产生在短期内抬高价格或者减少产出量的市场影响，则该协议是赤裸裸的。由此可进一步推论，被控协议之所以是赤裸裸的协议，是因为参与者具有市场支配力。[*] 相反，附属性的协议可以降低成本或者改善产品质量，无论所涉企业是否具有市场力量，都可以从中获利。如果协议是赤裸裸的，即使在这个过程中我们可能会短暂停顿一下，考虑个案的特殊因素或者我们不那么熟悉的问题，最终结论仍然是该协议是非法的[③]，而如果被控交易是附属性的，则继续进入下一步判断。

3. 考察各方在被控限制竞争行为方面所持有的市场力量的大小。参与方的

---

[*]　即赤裸裸协议之所以是"赤裸裸"的，仅具有排除、限制竞争效果，前提是协议的参与方具有市场支配力。——译者注

①　在买方垄断的案件或买方企业联合的案件中，需要解决的问题是该联合是否会降低买方的价格或者减少产出。关于买方垄断，见本书第 1.2b 节。

②　"创造效率"的协议，包括旨在提高质量或者降低成本而调整生产或分配的协议、解决较为显著的"搭便车"问题的协议（包括共享知识产权的协议）、便利市场流通的协议，以及其他有利于促进效率的协议。因此，在第二步的考量过程中应给予创造效率协议以广义的含义。

③　正如联邦最高法院所指出的，作为"一个法律问题，没有证明市场力量，就不能直接证明一项协议就属于赤裸裸的控制价格或产出的协议……"，后者"需要一些有关竞争方面的证据，即便缺少详细的关于市场的分析"。见 FTC v. Indiana Federation of Dentists, 476 U. S. 447, 457, 106 S. Ct. 2009, 2017 (1986)。

数量有多少？市场集中度有多高？在被控的企业联营之外是否存在实质性的市场竞争？进入壁垒是高还是低？企业联营是否是非独家的——也就是说，企业联营的参与者是否可以在联营所施加的限制之外自由地向市场提供联营涵盖的产品或服务？如果上述快速分析表明被控方不太可能实施了其市场力量，那么被控行为是合法的。被恰当衡量的实际反竞争效果，可用来替代正式的市场分析。如果我们得出的结论是被控行为人存在利用自身市场力量的行为，则继续进行以下第 4 步分析。[①]

4. 是否有强有力的证据表明，受质疑的行为可以减少参与者的成本或者提高产品或者服务的质量，从而可以显著提高效率？如果没有，则这种行为是非法的；如果有，请继续进行以下第 5 步分析。

5. 是否存在通过合理努力即可以实现的、且不太可能损害竞争的替代方式达致相同的效率？如果是，那么当前被指控的行为是非法的，禁令的救济措施应限于谴责当前的行为，或者命令被控行为人采取替代性的方案。如果没有可供选择的对竞争限制较弱的替代方案，请继续进行以下第 6 步。

6. 平衡。我们希望进入真正的平衡这一步的案件越少越好，但如果受到质疑的限制行为同时具有反竞争效果以及显著的效率提升潜力，则法院必须给出向左走还是向右走的指引。对此最好的指引似乎是，如果被控行为对竞争的威胁是真实的，并且如果被告无法想出一种对联营进行重组的方式以便实质性地驱散这种威胁，那么法院唯一的结论就是对涉案联营安排进行谴责。在这种情况下，行为人的主观意图以及行事是否具有善意可能对案件处理结果产生影响，特别是在被告拥有专业的知识和技能的情况下，对于如何才能使他们所处的市场良好地运行，他们的专业判断应当得到一定程度的尊重。尽管如此，任何需要进行平衡的法院都必须回到第 5 步，努力寻找可行的对竞争限制较少的替代方案。

以上的路线图可以解决许多法院认为非常棘手的案件，但我们不应夸大它们的易用性。例如，像 United States v. Topco Associates, Inc.[②] 这样的案件，使用上述方法论评估起来看似很容易得出结论，但法院的结论却是错误的。该案所涉及的 Topco 品牌杂货店的联营组织，虽然实施了地域划分，但是首先就卡在了第 1 步测试上，因为没有任何关于涉案协议可能会减少市场产出量的证据。它通过了第 2 步测试，因为 Topco 品牌的各家商店参与了业务的大量整合，包括联合生产 Topco 品牌商品和联合进行广告推广。此外，该企业联营通过确保 Topco 加盟店在其地域内的促销活动带来的销量完全归属于自己的商店，解决了"搭便车"的问题。到评估第 3 步的时候就应当结束此案件的调查过程，因为单个成员

---

① 关于涉及企业联营的案件中市场力量的重要性，见 Frank H. Easterbrook, "The Limits of Antitrust", 63 *Tex. L. Rev.* 1, 19 - 23 (1984)。

② United States v. Topco Associates, 405 U. S. 596, 607 - 608, 92 S. Ct. 1126 (1972).

的市场份额很小——在各自区域内仅占 6% 左右——这表明被告几乎没有什么机会通过减少产量来收取垄断价格。

评估 *Broadcast Music* 案中所争议的一揽子许可安排（blanket licensing arrangement）则要困难一些。一揽子许可安排首先没有能够通过第 1 步的测试，因为它明显影响了价格或产量。该交易安排通过了第 2 步的测试，但随后（乍一看）在步骤 3（市场支配力）的测试中出现了争议。涉案的联合经营活动覆盖了相关市场的很大一部分，实践中艺术家们很难在该联营之外推销自己的作品。然而，与此同时，该企业联营涵盖了数千名艺术家，并且它是非独家的：任何艺术家都可以在联营组织之外自由地出售她或他的作品。对市场状况的仔细研究，应该可以使法院确信，涉案的一揽子许可协议实际上并不会导致整个市场产出量的下降。当成千上万的卡特尔成员享有绝对的不受限制的自由来从事不受限制的非卡特尔销售时，卡特尔的存在也几乎可以保证其价格永远不会高于卡特尔不存在的市场。尽管市场占有率很高，但没有证据可以合理地推论出该企业联营是一种对社会有害的实施市场支配力的行为。

如果上述分析仍然留有一丝不确定性，那么第 4 步的测试则应该可以彻底解决问题。一揽子许可所带来的交易效率确实非同寻常：如果广播电台无法一次性地购买所有音乐作品的表演权，那么它们就无法正常运行下去。[1] 此外，这种效率的提升是实实在在存在的、且可被明确证实的，而不仅仅是一种潜在的可能性。甚至原告也不想废除一揽子许可，它只是希望被告将一揽子许可细分为不同的类别。

另一个较为棘手的案件是 *NCAA* 案，联邦最高法院对 NCAA 橄榄球联盟球队之间达成的协议进行了谴责，协议内容限制了每支球队在电视台上可以播出的橄榄球比赛的场数。[2] 联邦巡回上诉法院认为，NCAA 联盟关于电视播出的限制协议构成本身违法，属于通过电视转播的橄榄球赛事市场内竞争者之间达成的产出限制协议。NCAA 则辩称，其交易安排实际上促进了另一个市场的竞争，即橄榄球比赛的现场观看市场，上诉法院完全不同意这一观点，驳回了 NCAA 的此项抗辩主张，其认为，所有在一个市场中的产出限制往往均会增加替代产品市场的需求，例如，在牛肉行业的固定价格行为可能会增加对猪肉和羊肉的市场需求，但该行为并不能因此而获得支持。

联邦最高法院肯定了联邦巡回上诉法院的判决，但认为涉案行为必须适用合理原则进行评估。NCAA 是一个特殊的"网络"（"network"）产业，在该产业中，"要使得产品［NCAA 橄榄球比赛］得到有效运营，那么对竞争的横向限制

---

① 见本书第 5.2c 节。

② National Collegiate Athletic Association v. Board of Regents（NCAA），468 U. S. 85，104 S. Ct. 2948（1984）.

是必不可少的"。正如最高法院所指出的那样，NCAA 联盟根本无法在球队之间就某些事项不达成任何协议的情况下生产它们的"产品"，这些事项包括比赛日程、球场的尺寸和形状、比赛规则、球员资格的条件等。最高法院在 *American Needle* 案的判决中重申了这一观点，其认定 NFL 不是一个单一的实体，而是《谢尔曼法》可以规制的多家球队的联合，但是，对于球队彼此同意对外独家授权某一家企业使用联盟商标生产帽子的行为，应当适用合理原则。① 不过，法院也认为在该案中根据合理原则进行"详细分析"是不必要的，并提到快速审查方法（quick look application）在该案中可能是可适用的，这样可以在"一眨眼间"得出结论。

此外，上述这些协议，有些显然会对价格或"产出"产生影响。例如，多支球队之间必须一致同意应该在新赛季中举行 10 场比赛或者 20 场比赛，它们可能还必须同意如何在主队和客队之间分配门票收入。其他协议，例如关于比赛场地规模的协议，则可能对产出几乎没有影响。最高法院的判决实际上认为，由于案件所涉产品的交付迫使 NCAA 成员球队必然需要就赛事的某些事项达成一致，并且由于其中的一些事项必然会影响产出，因此球队之间的所有协议都应遵循合理原则进行审查。②

最高法院在适用合理原则的情况下对 NCAA 的电视转播限制进行了谴责。由于大量证据表明，该协议使电视转播的 NCAA 橄榄球球赛变少了，且一些大学希望播放的比赛场次比规则所允许的更多，并且被告也没有提供令人信服的促进竞争的正当性理由，因此该规则是反竞争的。

如果使用我们的路线图，NCAA 协议限制电视转播球赛场次的行为，首先无法通过第一步的测试。虽然 NCAA 联盟这一联营组织的总体效率很高，因而可以通过第二步测试，但限制电视转播场次这一"产出"限制协议似乎是赤裸裸的：它的唯一目的就是减少获得电视转播球赛的数量。一旦被告未能对产出限制的做法提供任何促进竞争的理由，调查就可以在这一步终结。③

到第三步，关于市场力量的调查很困难，仍然无法得出确定的结论。最高法院对于大学橄榄球比赛市场的快速界定（quick definition）可能导致市场过于狭窄。但是，如果我们继续沿着路线图走下去，不妨先将相关市场的界定问题暂时

---

① American Needle, Inc. v. NFL, 560 U. S. 183, 203, 130 S. Ct. 2201, 2216－2217 (2010). 也可参见 Major League Baseball Properties, Inc. v. Salvino, Inc. , 542 F. 3d 290 (2d Cir. 2008)，该案对棒球市场的一个类似行为适用了合理原则。

② NCAA, 468 U. S. at 100, 104 S. Ct. at 2959. 但是这会不会走得太远？假设联合经营协议的另一条款固定了含有球队标志的运动衫的价格，那么我们是否有必要适用合理原则进行完整的分析？关于作者对于 *NCAA* 案的评论，见 11 Antitrust Law ¶ 1910d (4th ed. 2018).

③ 例如，见 Law v. NCAA, 134 F. 3d 1010, 1020 (10th Cir.)，最高法院提审动议被驳回，525 U. S. 822, 119 S. Ct. 65 (1998)（未在 NCAA 限制教练薪酬的案件中提出市场力量的要件）。

搁置在一边。继续到第四步，乍一看，似乎也不容易得出确定的结论。一方面，整体联营似乎创造了巨大的效率，但另一方面，法院难以很好地量化这些效率，并将其与电视转播产出下降的成本进行比较和平衡。但更重要的是，原告的挑战针对的不是联营整体本身，而是对电视转播球赛数量的协议限制，该限制未被证明可产生任何可被认可的消费者福利。尽管总体上 NCAA 的设立和运行获得了好评，但限制球赛电视转播数量对于该联营的基础运营本身所带来的经济成功而言并不是必不可少的，并且如果单独考虑该限制，显然并不会创造任何效率。如果没有协议规定整个赛季比赛的数量，NCAA 橄榄球联盟将无法运行，但如果没有确定体育场内售出的热狗价格或者没有确定可以在电视台播出的比赛数量，则并不影响其正常运转。因而，正确的救济措施不是解散整个联营，而是谴责限制电视转播球赛数量的协议即可。

5.6d. 瘦身版的或者说"快照"式的合理原则

美国的法院一直以来都认为，本身违法原则与合理原则之间的界限并不像我们可能预期的那样难以或者容易划分。从 1984 年 NCAA 案的判决和 1986 年 In-diana Dentists 案的判决开始，联邦最高法院更加重视采取一种中间状态的审查方式，这一审查方式通常针对被称为"近乎赤裸裸"或者"表面上看不合理"的限制，因而被称为"快照"式、"快速审查"式（quick look）的方法或者"简略版"（abbreviated）、"缩小版"（bobtailed）的合理原则。在通常情况下，如果说某一行为的反竞争属性高度可疑，那么其就属于这一类别，几乎到了仅行为本身就足以受到谴责的程度。然而，与此同时，我们对适用本身违法原则仍然存在疑虑，可能是因为我们对该限制行为的经验十分有限[1]，我们至少需要考察被告对其限制行为所提出的抗辩理由。如果这种理由似乎是有可能成立的，并且在不考虑被告可能具有市场支配力的情况下，所涉限制行为有可能会带来好处，那么就必须适用完整版的合理原则来展开深入调查。相反，如果被告提出的理由苍白无力，表明其行为的确是赤裸裸的竞争限制措施，则我们可以适用本身违法原则。从这个角度来看，真正的问题涉及证明责任的分配。在合理原则下，原告必须拿出证据证明被告存在市场力量和涉案行为初步看来具有反竞争效果，一旦原告完成了举证责任，则证明负担转移到被告。相对而言，"快速审查"给予原告在前期较小的举证负担，并给被告施加了更为沉重的举证责任。在 Actavis 案中，最高法院认为，快速审查和合理原则的主要不同之处在于，在快速审查程序下，被告有责任证明涉案行为缺乏反竞争效果，而在合理原则下，证明的责任在于原告。[2]

---

① 见 11 Antitrust Law ¶ 1911 (4th ed. 2018).
② FTC v. Actavis, Inc., 133 S. Ct. 2223, 2237 (2013).

无论是冠以"快速审查"的名义。还是落入合理原则"具体情况具体分析"（"sliding scale"）的范畴，如果被指控的限制措施足以带来将其推定为本身违法类型的竞争威胁①，只是因为缺乏司法经验、保险起见至少需要考虑被告提出的正当性理由之后才能得出结论，那么保留一个缩减版（truncated）的审查是最好的办法。并且，这样做的目的不是扩大限制产出或者抬高价格行为的可抗辩范围，因为唯一可接受的抗辩理由是那些倾向于表明受到挑战的限制行为确实有利于增加产出量，从而降低价格。

最高法院从未清楚地阐释如何"快速审查"某一项被指控的限制行为，或者适用"快速审查"的方法和步骤是什么。实际上，他们甚至并没有十分清晰地去论证这一审查方法的存在。最高法院仅在三份判决中使用了该词汇，但在所有这三份判决中，都拒绝使用该审查标准。② 另一方面，许多判决，包括 *Actavis* 案、*NCAA* 案、*Indiana Dentists* 案和 *American Needle* 案，都认可原告的证明责任可以降低，仅有义务证明最完整版本的合理原则中的一部分事实即可。③ 但这些判决也与法院缺乏有关行业和实践的足够经验、对于在这些案件中径行适用本身违法原则有所顾虑有关。*NCAA* 案、*Indiana Dentists* 案和 *American Needle* 案都表明最高法院对于具有网络属性的市场（networked market）有些犹豫，在这些市场中，竞争对手之间的互动是相当正常的。*Actavis* 案的显著特点是该案和专利制度的问题交织在一起，并且涉及此前没有出现过的行为（有偿延迟无效和解协议），这种做法完全是复杂监管规定的衍生物。

将反垄断案件的审查标准打上"合理原则"、"快速审查"原则或"本身违法"原则三者之一的独立标签，并不能准确反映法院所采用的审理标准。如前所述，所有反垄断分析继续进行的前提是事实发现者（如法院）收集信息的边际成本低于其边际收益（即每调查一份额外的信息所花费的成本低于该信息给案件得出正确结论带来的帮助）。与 *Indiana Dentists* 案中的协同拒绝交易协议相比，反垄断法禁止的固定价格协议显然表现出更为明显的竞争损害。联邦第十巡回法院的法官们在听取了 NCAA 固定球队教练薪酬标准的抗辩后，他们就已经掌握了充分的信息断言这是一个赤裸裸的限制竞争行为，其唯一可能的影响几乎可以肯定是反竞争的，这使得在该案中对被告市场力量的进一步的、昂贵的调查就显得没有必要了。

在 *California Dental* 案中，联邦最高法院的五人多数意见认为牙医之间关

---

① 因此，例如，纵向非价格限制从不适用"快速审查"的分析方法。如见 Orson v. Miramax Film Corp., 79 F. 3d 1358, 1367 (3d Cir. 1996)，发回重审，983 F. Supp. 624 (d. Pa. 1997)。

② Actavis，同前注；California Dental Assoc. v. FTC, 526 U. S. 756, 777 (1999)；Texaco, Inc. v. Dagher, 547 U. S. 1, 7 n. 3 (2006). 见 Herbert Hovenkamp, "The Rule of Reason", ___ *Fla. L. Rev.* ___ (2018)（未完成），当前下载链接：https:// papers. ssrn. com/sol3/papers. cfm? abstract_id＝2885916。

③ American Needle, Inc. v. NFL, 560 U. S. 183, 203 (2010).

于限制在广告中出现价格和质量内容的协议不应适用"快速审查"的方法，而需要适用完整版的合理原则。[①] 被告的限制措施被被告描述为是为了防止欺诈性的广告，但它们非常激进，实际上禁止了任何形式的关于服务价格或者质量内容的广告。[②] 最高法院否定了联邦第九巡回法院适用的简略审查（abbreviated inquiry）方法，指出健康护理市场尤为需要在实体上进行深入审查，对当事人的主张应当进行更为深入的分析。[③]

也许最重要的是，最高法院指出，法律文献和经济学理论已经表明"专业性领域的广告限制对促进竞争的潜在影响是可能存在的……[④]"。这说明，在牙科服务这一类异常复杂的市场中，至少具有一定的可能性，表面看起来过于宽泛的限制措施最终可能是合理的。但是，退一万步说，原告若能提出存在价格变动的指控，也足以导致举证责任转移了。虽然最高法院没有明确指出这一点，但是一个买家对信息掌握程度普遍不高的复杂市场也容易受到共谋的侵害。

5.6e. 合理原则的改革

关于合理原则中最有益的改革是减轻原告的初始举证负担，同时要求原告提供更强有力的证据来反驳被告的抗辩。虽然我们说，某一案件的证明责任归根结底在于原告，但在适用合理原则调查案件事实的过程中，法院更具有可操作性的办法是根据其对案件的看法时不时地将举证责任从一方转移到另一方。如果证据总是完美和完整的，举证责任如何分配是无关紧要的——证据就在那里，任何一方都可以使用，将责任分配给谁，谁就会提出来。但当信息不完整或者属于保密信息并仅由一方持有时，举证责任的分配就会成为一个问题。

决定如何分配举证责任的一个重要考量因素是盖然性（plausibility）。举证责任通常应由提出最难以置信的主张的一方承担。例如，如果原告的主张不可信，请让他来证明。如果被告的辩解十分牵强，那就让被告提供支持它的证据。如果某一案件中涉案市场结构使得反竞争的后果看起来不太可能出现，则让原告证明与此相反的事实；或者反过来，如果关于市场结构的证据使被控行为看起来很可疑，则应当由被告来证明为什么这种做法应该得到豁免。

一个同样重要的考量因素是证据的保存位置和可获得性。原告首先应当承担

---

① California Dental Ass'n v. FTC, 526 U. S. 756 (1999).

② 见 Breyer 大法官的反对意见：在实践中，涉案的伦理标准超出了其名义上的目标，即同时禁止了真实的、非欺诈性的广告。特别是，联邦贸易委员会调查发现，在实践中：（1）"禁止在广告中宣称某牙医的收费低廉、合理或实惠"［121 F. T. c. 190, 301 (1996)］；（2）"禁止在广告中宣传全面打折"［同上一条索引］；以及（3）"禁止所有关于品质的声明"［同上一条索引］, at 308. California Dental, 526 U. S. at 783, 119 S. Ct. at 1618.

③ 526 U. S. at 784 - 787, 119 S. Ct. at 1619 - 1621.

④ 同上一条注释，778, 119 S. Ct. at 1616.

证明足以引起我们怀疑的限制竞争行为客观存在的举证责任，在此基础上没有理由对原告提出更高的举证要求。在这个阶段，证据很可能是市场结构方面的材料、来自普通的市场参与者，尽管其中也有一些证据可能是从被告处通过证据开示程序获得的。当这一证明义务得到履行时，举证责任就会转移到被告身上，其应提供所涉行为性质系促进竞争或者竞争中性（competitively neutral）的解释。在这里，信息的不对称通常体现得非常明显，因为被告是其实施的限制措施的"作者"，并且比其他任何人都更能理解、也更容易提交证据证明其对行为效果的预期是什么。出于这个原因，原告的初始负担相对较小是有道理的：其应当起码举证证明存在从竞争效果上看起来较为可疑的限制行为。正如 *California Dental* 案中合议庭的多数意见所建议的那样，涉案的限制行为可以采用两种不同的角度进行解释这一事实意味着法院必须将良性竞争的可能性纳入考虑范围，但这并不意味着将证明这种可能性的责任加载在原告身上。如果存在反竞争影响，其真正的细节只会在举证责任转移后在被告提供的材料中显现，因为这样的信息只能由最有能力控制信息、并拥有足够激励的人来提供。

California Dental 案持多数意见的大法官们在让原告承担证明被告对广告内容的限制构成反竞争行为这一问题上操之过急了。[1] 在该案中，被告牙医协会涵盖了加州大多数的执业牙医，并且该协会的存在的确具有诸多优势。然而，该牙医协会出台的禁止误导性广告的规则实质上封禁了大多数围绕着价格和质量的广告竞争，而没有根据个案的事实去考虑具体的广告实际上是否具有误导性。CDA（加州牙医协会）甚至禁止牙医在广告中作出质量保证，不允许诸如"我们对所有的牙科服务提供一年质保"之类的声明。

联邦最高法院在分歧很大的（5∶4）判决中最终批准了上述限制措施。持多数意见的大法官也注意到这些规则有可能是反竞争的，但认为它们也可能是促进竞争的，或者对竞争至少是无害的。加州牙医协会所做的限制只是为了抑制误导性广告，即便稍微过火一点仍然可能会在事实上增加消费者对牙科行业的信心。但是最高法院在限制虚假广告、误导性广告是一件好事的这一假设前提下跳跃得太快，过于轻易地就得出了结论，认为这些由牙医们自己制定和执行的、范围非常宽泛的限制措施是实现禁止虚假广告的恰当方式，特别是考虑到联邦和州的执法部门对于消费者针对虚假广告的投诉都具有充足的监管资源的情况下。

最高法院找到了支持其立场的证据，即牙科医疗市场中的大多数信息是由生产者而非消费者控制的。但这并不构成同意让生产者控制广告的正当理由。实际上，该案的在案证据揭示了一个消费者十分脆弱的市场。我们可以认为供应商主要是为了他们自己的最佳利益而行事，且较少地受到约束。

---

[1]　California Dental Assn. v. FTC, 526 U. S. 756, 784, 119 S. Ct. 1604 (1999).

　　最高法院关于原告必须证明一切的要求相当于开了历史的倒车，回归到 20 世纪初 *Chicago Board of Trade* 案所采用的非结构性合理规则（unstructured rule of reason）。[①]从纯粹的逻辑来看，最高法院说竞争者自己创造出来的市场限制措施可能会增加、也可能会减少、甚至可能根本不影响牙科服务的产出，这一说法肯定是对的。然而，就证据和历史经验而言，这一观点是短视的。从逻辑上讲，一只狐狸在晚上溜进鸡舍可能是为了杀鸡，也可能只是无害地打个盹，甚至可能是为了帮忙收集鸡蛋、打扫笼子，但农夫知道历史上狐狸溜进鸡舍里做的"好事"，不可能等到狐狸明确显露出其意图后再采取行动。

　　长期以来的市场共谋历史表明，由在市场中占支配地位的团体实施的、影响产品价格的限制措施都是非常可疑的，除非它们可以被合理解释为构成促进联合生产（joint production）的副产品。在本案中，更应该引起最高法院怀疑的是限制措施本身与已被证实了的欺诈性广告之间的极弱的匹配度。行业协会出台的规则及管理方式并没有被狭窄地限制在为打击欺诈广告而量身定制的范围之内，相反，它们被设计出来的目的就是旨在防止牙医们围绕着服务价格和品质打广告。此外，也没有证据表明州政府和联邦政府的有关部门不能很好地完成保护消费者免受虚假和误导性广告损害的工作职责。

　　适用合理原则的案件中的推定，旨在使法官能够利用过往的社会运行规律来创设一条有利于提出具有最大盖然性主张的一方当事人的捷径。相比之下，非结构性的合理原则往往要求原告证明一切。关于 *California Dental* 案的更合适的审判起点假设是，鉴于作为被告的服务卖方享有市场支配地位，以及被告所作出的广告限制范围十分宽泛的事实，其应负有责任证明市场中存在误导性广告的重大风险，且没有得到政府执法者的有效补救，而且由服务提供者控制的涉案限制措施没有损害竞争，是解决该市场风险的副作用最小的方式。

[①]　Chicago Board of Trade v. United States，246 U. S. 231，38 S. Ct. 242 (1918)．

第 6 章

排挤性行为与具有支配地位的厂商：针对垄断和企图垄断的基本原则

第 6.1 节　垄断的违法行为

第 6.2 节　垄断力量和非法垄断

第 6.3 节　行为要件——"坏"行为是必须的吗？

第 6.4 节　识别持续进行的垄断行为

第 6.5 节　企图垄断的违法行为

　　6.5a. 企图垄断中的 "特定意图" 要件

　　6.5b. "成功的危险的可能性"

第 6.1 节　垄断的违法行为

《谢尔曼法》第 2 条追究"任何企图实施垄断的人的法律责任"，如今，"垄断"（"monopolization"）一词意指在适当界定的相关市场上由具有支配地位的厂商（dominant firm）所从事的一系列有可能构成非法的行为。[①]

从某种意义上说，关于垄断的法律与路易斯·丹·布兰德斯（Louis d. Brandeis）描述的"对巨大者的诅咒"紧密相关。[②] 在今天，比起在布兰德斯时代，美国人甚至被更多的巨型企业所笼罩，但是巨型公司和美国人之间往往存在"爱恨交织"的关系——大型公司雇用更多的美国人，付给他们比起小公司来说更好的薪水，大公司承担了社会进步所需的主要的研发职能，生产出更多的新产品，保护公众，娱乐大众，并负担了很大一部分的公共税收。

即便存在以上的种种好处，美国人也总是对大公司持不信任态度。人们曾经描写过，也阅读过"组织人"（"organization man"）如何将其自由与身份让与给雇主。[③] 我们相信巨型公司会使我们趋向同质化、过于标准化，更糟糕的是，会让我们为冒牌货和劣质服务支付高昂的代价。关于这几宗罪，反垄断法只适合解决最后一种。

在 *United States v. Grinnell Corp.* 案[④]中，联邦最高法院认为，被确认为非法的垄断需包含两个要素："（1）在相关市场上拥有垄断力量，并且（2）刻意为获取或者维持这一力量而从事某种行为，这不同于由于产品的优越性（superior product），商业上的精明（business acumen），或者仅仅是历史时运（historic accident）催生的增长和发展所带来的市场力量。"上述两个要素是判定被告行为构成垄断并承担责任所必需的。

在 20 世纪的前半叶，对非法垄断行为的司法定义经历了相当显著的变化。法院在认定被告行为的违法性时一般都要求有证明显著市场力量的证据。不过，在最早期的案例中，被告的市场力量是明显的，所以法院并没有花费很多的精力就此展开讨论。[⑤] 到了今天，虽然法院在衡量市场力量时仍然面临很多困难，也并不完全清楚在将某种行为认定为非法垄断时，被告所拥有的市场力量究竟应该

---

① 关于市场界定的内容见本书第 3 章。

② Louis d. Brandeis，The Curse of Bigness (1934)。

③ William H. Whyte, Jr., *The Organization Man* (1956)。

④ 384 U. S. 563，570 - 71，86 S. Ct. 1698，1704 (1966)。

⑤ 例如，Standard Oil Co. of N. J. v. United States，221 U. S. 1，31 S. Ct. 502 (1911)（被告控制着 90% 的石油生产、运输、提炼和销售的业务）；United States v. American Tobacco Co.，221 U. S. 106，31 S. Ct. 632 (1911) (86%)；United States v. American Can Co.，230 Fed. 859 (d. Md. 1916)，上诉申请被驳回，256 U. S. 706，41 S. Ct. 624 (1921)（被告至少一度占有 90% 的罐头生产市场份额）。

达到何种程度，但是，市场力量系属构成垄断的要件之一，在规则层面已经非常明确了。

今天，普遍接受的法律规则要求：（a）被告应当具有"垄断力量"（"monopoly power"），并且应当达到显著（substantial）的程度；同时，（b）被告"运用"（"exercise"）了该力量。[①] 何为垄断力量的"运用"，是存在诸多模糊地带的。采用垄断高价销售产品当然是"运用"垄断力量——但是，法院一贯认为，即使是垄断者，也有权在销售其产品时收取利润最大化的价格，并且有权降低产出以维持该市场出清价格。[②] 如今，被告必须具有"排挤性"行为（"exclusionary" practice）才可以构成垄断力量的"运用"——排挤性行为指的是阻止了潜在竞争对手进入垄断者的市场，或者在垄断者提价后使现存的竞争对手由于难以扩大产出量而最终被逐出市场的行为。垄断者以垄断价格销售其产品并不属于"排挤性"行为。恰恰相反，垄断利润吸引着投资者和新进入者进入市场，最终导致产出量增加，并推动价格向竞争水平回归。然而，在此情况下，垄断者肯定希望这些投资者把资金转向其他领域，"排挤性行为"指的是垄断者有意打压潜在竞争者进入其所在领域，或者阻止竞争者提高其产出的行为。

并不是所有具有排挤性效果的行为都构成违法行为，还需要满足一定的构成要件。事实上，很多此类行为反而能够改善消费者的状况：例如，企业的研发、以更低的价格生产和销售质量更好的产品等。如果说垄断力量加上"任何"排挤性行为就构成了非法的垄断，打击面就太广了。大量的判例法，都与如何区分垄断者的应受追诉的"排挤性"行为和其他虽具有排挤性但应当被容忍，甚至被鼓励的行为有关。

垄断行为的定义，包括如下要件：

（1）垄断行为具有相当的能力，通过损害竞争对手的机会，创造、扩大或者延长垄断力量；以及（2）或者（2a）完全不能使消费者受益，或者（2b）对行为人所声称的获得好处的特定消费者群体而言是不必要的，或者（2c）所造成的损害与所带来的任何福利是不成比例的。

除此以外，针对所涉行为应当适合用司法手段进行救济，这意味着法院必须

---

① 正如最高法院在最近的案例中再次强调的：这在法律上已经成为定论，即，此种违法除了要求在相关市场上具有垄断力量之外，还要求故意获取或者维持此等力量……仅仅拥有垄断力量以及相伴随的垄断定价本身，不仅并不当然违法，而且还是自由市场体制的重要组成部分。Verizon Communications Inc. v. Law Offices of Curtis V. Trinko, LLP, 540 U. S. 398, 407, 124 S. Ct. 872, 878–879 (2004).

② 市场参与者单纯具备垄断力量这一事实本身并不具有可责性。但是，为避免造成《谢尔曼法》第2条所述的法律后果，企业必须时刻避免实施限制竞争的行为。这一规则具有双层含义：非法取得的市场力量当然具有可责性，即便企业没有运用这一力量；但同时，合法取得垄断地位的企业不得运用自身市场力量对其所在的市场进行限制。Kartell v. Blue Shield，749 F. 2d 922 (1st Cir. 1984)，最高法院提审动议被驳回，471 U. S. 1029, 105 S. Ct. 2040 (1985)（垄断性买家）。

能够识别该行为的反竞争性，并且要么能够提供合适的遏制（deterrent）手段，要么能够提供可以改善竞争状况的衡平救济（equitable remedy）。[①]

第 6.2 节　垄断力量和非法垄断

研究垄断力量的法律构成要件，可以在众多反垄断案件中帮助法院对一家企业的行为特征进行归类，并分析其对竞争造成的影响。很多对簿公堂的垄断案件所涉及的"排挤性"行为，如果只对行为本身进行考察，往往是模棱两可的。比如，在一个竞争市场上，拒绝交易、大幅减价，甚至具有侵权性质的商业行为，究其本质而言都是竞争性的。

但是，如果一家企业已经拥有显著的市场力量，法院会认为在竞争环境下的竞争性行为可能对竞争秩序造成更大的威胁，而且更有可能会导致产出的减少和价格的抬升。[②] 如果在案证据体现出较高程度的垄断力量，那么法院将被控行为与其已经归纳出的一系列行为两相对照，可以帮助其对被告的非法垄断行为进行追责。如果证据表明被告的市场力量要小一些，那么法院已经发展出"企图垄断"（attempt to monopolize）的规则，这一规则对行为要件方面采用了更为严格的标准，即要求行为应当更为明晰、具体。在所有情况下，原告应当在起诉状中就被告拥有显著的市场力量提出足够明确（reasonably specific）的主张——这是最高法院在 Twombly 案中所提出来的明确要求，这一规则使得反垄断诉讼的起诉条件（pleading requirement）被收严了。[③]

在一家企业被认定为非法垄断之前，它必须是相关市场上具有支配地位的优势企业。法院通常凭借市场份额来决定被告是否具有足够的市场力量来实现非法的垄断。他们一贯坚持认为，对于一个清晰定义的相关市场来说，90%的市场份额足够说明被告具有市场支配地位。有些法院认定 75% 的市场份额也足以说明同样的问题[④]，但如果市场份额低于 70%，法院在确认存在垄断力量时会不情愿

---

① 见 3 Antitrust Law ¶ 651 (4th ed. 2015)。

② 正如斯卡里亚（Scalia）大法官在 Kodak 案的异议理由中所指出的：当一个被告拥有显著的市场力量时，他的行为便需要换一种透镜予以审视：该行为在其他情况下可能会被认为与反垄断法绝缘——抑或甚至会被认为是促进竞争的——但一旦被一个垄断者所实施，则可能会产生排挤性的实际效果。Eastman Kodak Co. v. Image Technical Services, Inc., 504 U. S. 451, 488, 112 S. Ct. 2072, 2093 (1992) (Scalia 大法官，反对意见).

③ Bell Atlantic Corp. v. Twombly, 550 U. S. 544, 127 S. Ct. 1955 (2007)。

④ 见 United States v. Grinnell Corp., 384 U. S. 563, 571, 86 S. Ct. 1698, 1704 (1966) (认定 87% 的市场份额已足够)；United States v. Paramount Pictures, Inc., 334 U. S. 131, 68 S. Ct. 915 (1948) (认定 70% 的市场份额已足够)。

得多。[1] 一些法院认定，作为一个法律问题，市场份额低于50％时则不应认定被告具有市场力量，即使有证据清楚地表明被告具有通过减产来提升价格的力量。[2] 尽管相当多的经济学家接受了无须使用传统方法界定相关市场，即可通过"直接"证据径行证明存在市场力量的观点，但是大多数法院对无须界定相关市场即可认定市场力量的这一观点存在抵触情绪。部分法院暗示，其可以接受不界定相关市场的主张。[3] 随着直接衡量市场力量的方法日臻完善和被广泛接受，必须界定相关市场的司法惯例很可能会发生改变。

正如本书第3章所讨论的，市场份额并不能完美地衡量市场力量，事实上，即使市场被非常仔细地界定，计算出来的市场份额也仍然经常只是近似值。首先，我们的数据并不总是完整的、准确的；其次，市场中既包含了那些存在差异化的替代产品，也包含了在地理上分散分布的替代产品，传统市场份额的测算，要求法院必须作出非黑即白的判断，也即对于这些具有一定替代性但又不具有完全替代性的产品，要么纳入相关市场的范围，要么完全排除在相关市场的范围之外，其结果是，如果法院纳入这些非完全替代的产品，就会在事实上低估被告的市场力量，而法院排除这些产品，又会高估被告的市场力量。而我们所采用的传统的市场定义标准，并不能很好地提供一种折中的解决方案。[4]

其结果是，试图在行为的危害性程度和市场力量的大小之间建立"游标卡尺"般的精确对应关系恐怕是不现实的。我们的测量尺度并不足够精准。甚至于，对于某些类型的行为而言，主体所需要拥有的市场份额比其他行为要小，但同样能达到明显的反竞争效果。例如，掠夺性定价只对于那些拥有极为庞大的市场份额的公司而言才是一种合理的策略。虽然这种行为已被法律正式定性为企图垄断，但掠夺性定价还是应当归于实质垄断（substantive monopolization）的范畴。[5] 同样，就各种各样的纵向协议安排而言，即使某家公司实施"封锁"（"foreclose"）的行为系以将竞争对手从市场上排挤出去为目的，也只有在其占有很大市场份额的时候才应被认为具有反竞争的效果。

与之相比，将滥用法律程序的垄断行为认定为反竞争行为，所需要的市场占

---

[1] 见 Moore v. Jas. H. Matthews & Co., 473 F. 2d 328, 332 (9th Cir. 1972)，发回后上诉，550 F. 2d 1207 (9th Cir. 1977)，补充意见，1980 WL 1793 (d. Or. 1980)，以其他理由改判，682 F. 2d 830 (9th Cir. 1982)（被告拥有65％~70％市场份额，这使得对其是否具有市场力量的问题需要进一步进行事实调查）。见 3B Antitrust Law ¶ 807d (4th ed. 2015)（收集了所有相关判决）。

[2] 见 Valley Liquors v. Renfield Importers, 822 F. 2d 656 (7th Cir.)，最高法院提审动议被驳回，484 U. S. 977, 108 S. Ct. 488 (1987)（作为一个法律问题，50％的市场份额还不足以构成垄断）。

[3] 见 Broadcom Corp. v. Qualcomm, Inc., 501 F. 3d 297, 307 (3d Cir 2007)（该判决带附意见认为，市场支配力可以"通过高于竞争性价格的市场价格和受压制的产量等直接证据"来加以证明）。

[4] 关于不完全替代的问题，见本书第3.3a节。

[5] 见本书第8.4a节。

有率则低得多。例如，对于一家拥有 50％ 市场份额的企业而言，如果其竞争对手规模较小、且数量众多，每家份额都在 5％ 至 10％ 之间，这家公司利用不正当的诉讼，就可以抑制其对手的市场扩张或者增加对手的成本。① 总体而言，应当审查排挤性行为的内在性质，以确定该行为被认定为具有反竞争属性所必需的最低市场份额。然而，这项工作往往是法院没有做到的。

同样重要的问题是市场力量和进入障碍之间的相互关系。如果进入市场很容易，被告即便拥有很大的市场份额，也不具备市场支配力。当它将价格提升到垄断水平时，新的竞争者就出现了，提价者的市场份额将会急剧下降，迫使它再次把价格降下来。② 尽管在反垄断案件中，法院并不总是对市场进入的难易程度给予应有的重视，但已经有一些法院关注市场进入的问题，并在容易进入的事实基础上认定被告缺少显著的市场力量。③

第 6.3 节　行为要件——"坏"行为是必须的吗？

现行的反垄断法要求，非法垄断的构成要件既包括具有垄断力量，也包括存在某种形式的反竞争行为。以垄断价格销售产品的事实本身并不足以给企业贴上非法垄断者的标签。④

但是多年以来，议会和不少反垄断学者们主张，应当通过多种多样的"无过错"垄断立法，以便对于那些具有持久、显著市场力量，却没有证据显示其采取了法律所禁止的排挤性行为的企业进行追责。这一观点值得讨论，因为它生动地说明了反垄断案件中行为要件的模糊性。

《谢尔曼法》的设计者们无意谴责那些"仅仅拥有更为优越的技能或者才智……取得商业的成功仅仅因其他人都未能做到其所能做到……"⑤ 的经营者。这样的"垄断"和垄断利润对于刺激经济发展来说是至关重要的。企业之所以创新，是因为它们期待创新的成功带来经济上的回报。高额利润最终会吸引其他生产者进入市场。这些生产者汇总起来，会增加产出，价格也就会相应地回落到竞争水平。如果对所有定价高于平均成本的行为进行追责，这样的规则会完全扼杀

---

① 见本书第 7.12 节。

② 例如，见 Tops Markets v. Quality Markets，142 F. 3d 90（2d Cir. 1998）；关于进入壁垒，见本书第 1.6 节。

③ Tops Markets，142 F. 3d at 90；United States v. Syufy Enterp.，903 F. 2d 659，664 - 669（9th Cir. 1990）（电影放映市场没有进入壁垒）；Ball Memorial Hosp. v. Mutual Hosp. Ins.，784 F. 2d 1325，1335 - 1336（7th Cir.），重审申请被驳回，788 F. 2d 1223（7th Cir. 1986）（保险行业需要现金和风险管理服务，这两种服务及其提供者均很充足）。

④ 见本书第 6.1 节。

⑤ 21 Cong. Rec. 3151 - 52（1890）.

创新。不断创造垄断，又不断被竞争性进入所修正，这是一个永远保持发展活力的市场进程的一部分，这一过程很好地解释了现代工业在市场经济下的大部分技术成果是如何取得的。[①]

还有其他的理由可以解释为什么不能谴责单纯的垄断。许多市场的规模仅能够容纳一家或者两家有效率的公司。在具有自然垄断属性的市场中，一家在位公司的成本要比市场存在两家或者两家以上同等效率的在位公司的成本更低，一些自然垄断的市场被监管部门所认可，由政府对价格进行管制，但还有许多市场没有作类似的处理。[②]

大多数赞成反垄断法应适用无过错规则的人们认为，排挤性行为在实践中往往难以被发现，即使发现了，也难以定性。这一观点认为，人们预计持续、长期的垄断利润会吸引更多的进入者，如果预想中的进入并没有发生，或许我们可以推断存在排挤性行为，即使我们并没有掌握什么有说服力的证据证明这一点。但是，这一规则并不是完全的"无过错"规则，因为它实际上讲的是，过错可以从存在持续的垄断力量和垄断利润的客观现象中推导出来。

第6.4节　识别持续进行的垄断行为

反垄断法要求证明被告拥有垄断力量并从事了不被法律允许的"排挤性"行为，该行为的主观意图或者行为效果从客观结果上看保护或者增强了其垄断地位。本节的讨论将建立在垄断力量的要件已经具备的假设之上。

在反垄断诉讼中，对大多数被控行为都会在"合理原则"（rule of reason）的框架下予以分析。一般来说，法官只有在对某种特定行为进行长期经验总结，认为会产生相当多的损害后果、且几乎没有什么益处的情况下，才会适用"本身违法原则"（*per se* rule）。合理原则滥觞于联邦最高法院审理的一件案件，在该案中该原则被作为区分可被允许的和不被允许的排挤性经营行为的方法。[③] 然而，在反垄断案件中，合理原则的含义和范围直到今天仍然是含混不清的。[④]

关于《谢尔曼法》第2条项下的违法行为的审查方法，有时会被表述为：如

---

① 见 Christina Bohannan & Herbert Hovenkamp, *Creation without Restraint：Promoting Liberty and Rivalry in Innovation*, ch. 1（2011）。

② 关于可能是自然垄断市场的垄断案件，见 Union Leader Corp. v. Newspapers of New England, Inc., 284 F. 2d 582（1st Cir. 1960），最高法院提审动议被驳回，365 U. S. 833, 81 S. Ct. 747（1961）；亦可参见 Herbert Hovenkamp, "Vertical Integration by the Newspaper Monopolist", 69 *Iowa L. Rev.* 451（1984）。

③ Standard Oil Co. of N. J. v. United States, 221 U. S. 1, 31 S. Ct. 502（1911）。

④ 最高法院对于合理原则最近的分析并未出现在滥用市场支配地位的案件中，而是出现在有关竞争者横向协议的案件中。具体情况详见本书第5章的内容。

果一项行为，当它的目的只能被合理解释为以消灭竞争为目的时，那么它就是违法的。此项规则也被称为"无经济理性"（"no economic sense"）测试。[①] 联邦最高法院在 *Aspen* 案中适用了该规则。在该案中，一家具有支配地位的滑雪公司拒绝维持与其竞争对手的联营合作。[②] 这一合作为消费者提供滑雪通票，从而对双方都有好处，并提升了市场总产出，然而，这项合作对于较为弱小的原告来说比对于较为强大的被告更为重要。终止合作之后，被告唯一可能获得的好处是，作为其竞争对手的原告遭受比其更为急剧的销量下滑，并且原告不得不独自承担因此带来的全部损失。值得注意的是，在被告拒绝合作后，被告所销售的产品比起之前双方联合提供的产品，对消费者的吸引力也下降了。

另一种替代性的测试方式被称为"牺牲测试"法（"sacrifice"test）——垄断者之所以愿意牺牲短期利益，是因为将来能够通过垄断地位的形成而获得垄断利润的回报。如在 *Aspen* 案中，最高法院指出被告"愿意牺牲短期利益和其在消费者中的声誉，以换取预想中的对其竞争对手的长期负面影响"[③]。在 *Trinko* 案中，政府则倾向于综合采用"牺牲测试"法和"无经济理性"测试法两种方法。在该案中，政府通过法庭之友的书面陈述称，垄断者拒绝交易的行为只有在"牺牲了自身利润或者商业利益，且该等牺牲唯独可以解读为出于消除或者减少竞争目的时才符合经济理性"的情况下，才被认为非法。[④]

但是这样的测试也必须小心谨慎地适用。很多完全合法的投资从形式上来说也含有"牺牲"今日之利润、谋求长期可以促进生产的资源的意图，而这些资源在未来的某个时间点是完全有可能对竞争对手造成损害的。例如，建造具有极大效率的工厂，或者开展最终将实现重大技术突破的耗资巨大的研究项目，这些项目均需要在前期投入巨额资源，但它们都不是反垄断法所谴责的目标。另一方面，一些单方行为也可能是反竞争的，即使它几乎没有或者根本没有作出牺牲。例如，一家诱使他人以某种特定方式进行投资从而产生显著的路径依赖的企业，随后改变其经营路线，即使没有什么牺牲，也会造成严重的竞争损害。例如，即使在 *Aspen* 案中，在案证据也表明被告从终止涉案的联合经营的行为中获得了直接经济利益。原告几乎立即失去了大部分的市场份额以及进入多坡道缆车服务

---

① 见 3 Antitrust Law ¶ 651b3（4th ed. 2015）。

② Aspen Skiing Co. v. Aspen Highlands Skiing Corp.，472 U. S. 585，105 S. Ct. 2847（1985）.

③ *Aspen*，472 U. S. at 610 - 611. 也可参见 Advanced Health-Care Servs. v. Radford Community Hosp.，910 F. 2d 139，148（4th Cir. 1990）（如果被告为达到进一步"排挤性的反竞争目的"而付出"短期牺牲"，那么可以认定被告实施了垄断行为）。

④ 参见美国政府和联邦贸易委员会出具的支持向最高法院提出提审申请的法庭之友意见，2003 WL 21269559，at 16 - 17，Verizon Communications, Inc. v. Law Offices of Curtis V. Trinko, 540 U. S. 398，124 S. Ct. 872（2004）。

市场开展竞争的能力。① 总之，"牺牲测试"既产生了令人无法接受的高"假阳率"，也产生了高"假阴率"。

还有一个值得注意的问题，即应区分私人原告在损害赔偿案件中的举证责任，与要求颁发强制执行禁令的由政府提起案件中的举证责任。私人诉讼的原告应当对损害的因果关系和损害的大小举证，而其对申请禁令的举证责任则相对较轻：只需要证明受到损害的威胁，但对于损害的大小，只要证明达到显著的程度即可，不要求提出精确数值。而当政府作为原告提起诉讼时，因其拥有禁止违法行为的执法权力，所以关于行为是否违法的问题，可以从行为的性质和可能的损害竞争后果中推导得出。当某一行为是（1）由具有支配性的经营者所为，（2）明显损害竞争者，（3）不被任一商业合理性所支持，或者损害后果超出了该商业正当理由所带来的益处，在满足上述条件时，推导得出其具有非法属性就具有坚实的基础，案涉行为就应被认定为反竞争的违法行为。这些举证方式可以充分支持政府基于衡平法的救济，但放在私人原告提起的诉讼中，则还不够充分。

谈到衡平法上的救济，又是何种情形呢？在历史上，对违法企业进行拆分是优先选择，但是如今政府和法院越来越倾向于采用限制违法垄断企业从事特定行为的方式来提供救济。从这个趋势可以看出，长久以来的结构性救济方式（structural remedies）是受到诸多质疑的、不成功的，毫无疑问，这些结构性救济所造成的伤害比它所带来的好处要多。②

在反垄断判例法中，关于主观意图是否是认定非法垄断的构成要件，存在不同的做法。在 Alcoa 案中，汉德（Hand）法官声称"不考虑任何与'意图'有关的问题"，并总结认为"没有垄断者会无意识地实施垄断行为"③。不过，在 Grinnell 案中，最高法院将"刻意获取或维持（垄断）力量"作为认定涉案行为具有违法性的考量因素之一。④

从历史上看，法院对主观意图在反垄断案件中是否应为构成要件的问题，倾向于适用刑事法律的原则。在企图垄断的案件中，法院要求能够证明被告存在力求达致禁止性后果的特定意图，关于这一要求将在第 6.5 节中进行详述。但是，在垄断行为已经实施的案件中，法院要么并不要求主观意图的存在，要么会通过

---

① 见 Aspen，472 U. S. at 607 - 608。也可见下级法院的判决内容："通过拒绝与原告合作，被告成为 Aspen 地区唯一的可以提供多日、多山峰滑雪服务的商业机构。"738 F. 2d 1509, 1521 (10th Cir. 1984).

② 关于反垄断救济，见 Peter C. Carstensen，"Remedies for Monopolization from Standard Oil to Microsoft and Intel: The Changing Nature of Monopoly Law from Elimination of Market Power to Regulation of its Use"，85 S. Cal. L. Rev. 815 (2012)。

③ United States v. Aluminum Co. of America, 148 F. 2d 416, 431 - 32 (2d Cir. 1945). 也可参见 Ball Memorial Hospital v. Mutual Hospital Insurance, 784 F. 2d 1325, 1338 (7th Cir. 1986)（"意图损害竞争对手在反垄断领域并不是一个有用的标准"）。

④ United States v. Grinnell Corp. , 384 U. S. 563, 570 - 71, 86 S. Ct. 1698, 1704 (1966).

存在垄断力量加上实施了排挤性行为来推导出垄断意图的存在。

　　与意图相关的证据通常来自两个方面：客观证据和主观证据。有关意图的客观证据，是通过被告的行为推导出来的证据，而主观证据是类似于陈述的证据，显示被告头脑中有意识的、确定的某种目的。在反垄断案件中，如果将主观证据作为一项普遍性的要件，将使证据开示程序变得极为复杂，并且反而会保护了那些行事小心、有组织地毁灭存在垄断意图的纸面痕迹的公司，最终导致结果上的极大的不确定性。

　　大多数法院已经至少默认了 Hand 法官的观点。由于不会有垄断者对于自己的所作所为毫无意识，只要证明具有垄断力量的经营者从事不被许可的排挤性行为，就是明显的证据，这也是对于证明意图的唯一证据要求。这在事实上否定了意图应当作为一项单独的反垄断法适用要件的看法。不过，在 Aspen 案中，最高法院还是认为"意图"在企图垄断和实质垄断的案件中都具有关联性。在实质垄断的案件中，"证明意图的证据只在判断涉案行为属于'排挤性行为'还是'反竞争行为'这一问题时具备相关性……"[①]

　　从表面上看，Aspen 案的判词对反垄断案件的审理并没有多大的帮助，但它隐含了一项重要观点的萌芽。许多类型的行为，例如在该案中拒绝与竞争对手交易的行为，对于法院来说是极其难以定性的。在这种情况下，主观意图方面的证据可以帮助法院解决定性的问题。然而，此类证据应仅被限于应用在以下场景之中：（1）被告具有明显的、足够的市场力量，以使其能够垄断市场的结论是正确的；（2）被质疑的行为足以威胁到竞争，导致有关意图的证据能够起到引导法院朝着一个方向或另一个方向得出结论的作用。

第 6.5 节　企图垄断的违法行为

　　企图垄断是联邦反垄断法所针对的违法行为中最为复杂的一种。一方面，许多被控企图垄断的行为可能同时属于非法的实质垄断，也可能同时构成其他类型的垄断行为。在此类案件中，剥离出一项单独的"企图垄断"行为是没有必要的。另一方面，广泛适用企图垄断的规则将会追究许多其他无法通过反垄断法触及的行为，这可能导致对竞争秩序带来的害处反而多于好处。如果对企图垄断行为的分析过分偏重于行为本身的不正当性，而不是关注市场力量，那么这一执法

　　[①]　Aspen Skiing Co. v. Aspen Highlands Skiing Corp., 472 U. S. 585, 105 S. Ct. 2847 (1985). 类似的，Spectrum Sports v. McQuillan, 506 U. S. 447, 113 S. Ct. 884 (1993)，认定在有关企图垄断的案件中，行为人的意图仍然很重要。见本书第 6.5 节。但是，参见 Conwood Co. v. United States Tobacco Co., 290 F. 3d 768 (6th Cir. 2002)，最高法院提审动议被驳回，537 U. S. 1148, 123 S. Ct. 876 (2003)，在该案中，法院似乎被大量的不良意图的证据说服，并认定一项效果主要体现为促进竞争的行为违法。见本书第 7.13 节。

行为会被用来保护那些无效率的经营者，而打击了那些有效率的经营者。① 在绝大多数情形下，一家一开始不具有市场支配力的企业，是很难通过单纯的单方行为来获得支配性地位的。

尽管如此，法律的规定很清楚，《谢尔曼法》第 2 条打击"任何人垄断或企图垄断……"的行为②，在普通法中，企图实施犯罪也构成犯罪行为，即使相关刑事法律条文的规定仅对完成犯进行追责。作为现代美国普通法的伟大构建者之一的小奥利佛·温德尔·霍姆斯大法官（Justice Oliver Wendell Holmes，Jr.）③，在 1905 年将普通法中与企图实施违法行为相关的规则引入了《谢尔曼法》。在 *Swift & Co. v. United States* 案中，被告被指控企图"在美国范围内实现新鲜肉类供应和分销的垄断……"④。被告辩称，原告的指控并没有指向那些本身构成法律上明确规定的违法行为的特定行为。对于这一点，Holmes 大法官回应道：

> ……如果行为本身并不足以产生某种法律所要禁止的后果——例如垄断——还需要借助在仅仅依靠自然之力就能产生某种后果之外的进一步的行为才能实现该后果，那么，在完成证明该后果的达成概率达到了一个非常危险的水平之外，还需要证明存在促使结果发生的意图……但是一旦这种意图和与之相随的危险可能性都被证实，《谢尔曼法》和其他法律，或普通法的许多判例一样，既适用于已完成的危害行为，也适用于那些未完成但存在相当的危害后果可能性的正在实施的行为。⑤

如今，关于认定企图垄断所适用的三个要件，直接取自 Holmes 大法官的表述。原告需要证明被告：（1）在某个商业领域具有操控价格或者消灭竞争的特定意图；（2）为达成非法目的而实施了掠夺性行为或者反竞争行为；（3）成功的概率达到了危险的程度（dangerous probability）。

6.5a. 企图垄断中的"特定意图"要件

意图经常被视为反垄断法中的"幽灵"。法院利用这个概念帮助自己理解那些他们也并不十分理解的行为。矛盾的是，竞争的核心，归根结底就是战胜其他竞争对手的意图。反垄断政策中最令人费解的难题之一就是辨别非法和合法的意图——一旦意图成为唯一可以帮助我们定性那些模糊不清的行为的工具，这个难题的棘手性就尤为凸显。

---

① 参见 Edward H. Cooper, "Attempts and Monopolization: A Mildly Expansionary Answer to the Prophylactic Riddle of Section Two", 72 *Mich. L. Rev.* 375 (1974).

② 15 U. S. c. a. § 2.

③ 见 Oliver Wendell Holmes, Jr., *The Common Law* 65 (1881).

④ 196 U. S. 375, 393, 25 S. Ct. 276, 278 (1905).

⑤ 同上一条注释，at 396, 25 S. Ct. at 279.

最广为接受的观点认为，特定的意图（specific intent）是构成企图垄断的一个要件，这一观点已经被联邦最高法院确认，不能认为与案件没有相关性而被排除。①

目前人们还没有就如何界定非法意图找到一个普适的规则，但是可以肯定的是，在极端的案件中，证据相对来说是比较明确的。例如，一家企业计划炸毁其竞争对手的工厂的事实，可以证明其具有特定的非法意图。相反，一家企业计划生产质量更好的产品，并以更低廉的价格出售，基本上可以说其意图是合法的，即使该行为的目的和可以预见的后果都可能对其竞争对手造成伤害。

问题进一步深入，就不仅仅是界定垄断意图这么简单了。一旦锁定了意图存在，就必须进一步对其进行衡量。大多数法院认为，仅仅存在希望比竞争对手做得更好或者征服对手的意图，并不足以构成违法。而下述情形，已被在先判例认定为构成非法意图：（1）获取垄断力量的意图，或者取得足够操控价格的市场力量的意图②；（2）排除竞争的意图③；或者（3）意图实施符合"企图垄断"之行为要件的具体行为。

但是，上述总结的规则都不足以准确区分违法的有害意图和合法的竞争意图。"排除"竞争的意图就同时包含了促进效率的行为（如研发）以及损害效率的行为（如掠夺性定价）。而最后一种情形——意图实施符合"企图垄断"之行为要件的具体行为——曾被法院无意中用于作出如下的认定：作为行为要件的意图可以从行为本身推导得出。这一标准有循环论证之嫌，存在打击面过广的危险性，除非法院对满足此项要求的行为种类严加限制，并且坚持原告必须对于行为同时具备反竞争（无效率）的后果和合理地获得垄断利润的概率达到危险的程度承担举证责任。然而，如果有了这些限制，那么意图要求又显得有些多余了。④

通常意义上说，主观意图要么与案件不具有关联性，要么只有在行为性质较为模糊时才能用以帮助法院定性。经济学家们更倾向于通过进行市场结构分析，以及在下列情况下通过客观证据作出判断：（1）行为是反竞争的还是有效率的，

---

① 见 Times-Picayune Pub. Co. v. United States，345 U. S. 594，626，73 S. Ct. 872，890（1953）："尽管第 2 条规定的已实施的垄断行为只要求具备一个概括（general）的实施该行为的意图，但'由于没有一个垄断者会无意识地实施垄断行为'，一个特定（specific）的消灭竞争或者创造垄断的意图，对于企图垄断的认定而言，是必不可少的。"同样参见 United States v. Aluminum Co. of America，148 F. 2d 416，432（2d Cir. 1945），在该案中，Hand 法官认为企图垄断需要具备"特定的意图"，即"不仅仅是实施该行为本身的意图"。

② 见 Photovest Corp. v. Fotomat Corp.，606 F. 2d 704，711（7th Cir. 1979），最高法院提审动议被驳回，445 U. S. 917，100 S. Ct. 1278（1980）。

③ 见 United States v. Empire Gas Corp.，537 F. 2d 296，302（8th Cir. 1976），最高法院提审动议被驳回，429 U. S. 1122，97 S. Ct. 1158（1977）。

④ 例如，General Indus. Corp. v. Hartz Mount. Corp.，810 F. 2d 795，802（8th Cir. 1987）（"特定意图不需要用直接证据加以证明，但是可以通过被告的反竞争行为或其他非法行为推断得出"）。

（2）垄断的危险是否是现实的，并且（3）在案行为能够创造垄断的结论是否具有统计学上的合理支撑。法官们通常对他们自身在特定市场结构的背景下根据客观证据来评估涉案行为的排挤性效果的能力不那么乐观。当这种分析要求具备相当程度的经济学素养的情况下，他们尤为担忧。掠夺性定价就是一个例子。最后，法官们更倾向于把那些含糊不清的证据交由陪审团判断，而且法官们往往认为意图、行为、高危概率是三项彼此独立的、需要分别单独证明的要件。[①]

一个逐步显露的趋势是，多数法院将意图要件视为责任的限制机制，而不是责任的扩张机制。一些法院使用特定意图作为界定含糊不清的行为的辅助工具，如果案涉行为非常接近于分歧点，行为的合法性和违法性只在于一线之间，那么存在特定的意图或者缺少特定的意图，就可以很好地帮助法院决定是否需要对涉案行为进行谴责。在这种涉及行为性质十分模糊的案件中，存在特定的意图往往成为原告必须要加以证明的一项附加要件。尽管如此，如果行为本身已经清楚地表明"存在所指控的限制贸易的事实基础"[②]，大多数法院都非常愿意免除原告对于特定意图的举证责任。他们要么忽略对意图的要求，要么认定案涉行为已经足够清楚以至于从行为本身即可以推导出违法的恶意。在 *Spectrum Sports* 案中，联邦最高法院确立了一套有关企图违法的构成要件，允许通过客观证据证明主观意图的存在。"不公平或者掠夺性的行为对于证明必要的垄断意图来说，可能是足够的"[③]。不过，法院也认为意图不能仅仅由行动成功的高危概率单独推导得出。[④] 因此，特定意图可以被推导得出，但仅能凭借行为而不能通过行为的成功概率被推导得出。[⑤]

6.5b. "成功的危险的可能性"

被控企图垄断的案件的背景，有时候能够清楚地显示出对竞争潜在的损害。如果在相关市场上只有两家企业，一家想要去炸毁另一家的工厂，那么对竞争的威胁是显而易见的。不过，在多数案件中，这种危险性很难评估。设置"危险的可能性"（"dangerous probability"）要件的目的在于，当被告的行为后果难以

---

① 例如，U. S. Philips Corp. v. Windmere Corp. , 861 F. 2d 695, 698 - 703 (Fed. Cir. 1988)，最高法院提审动议被驳回，490 U. S. 1068, 109 S. Ct. 2070 (1989)（法官让陪审团判定被告企业内部的备忘录中出现的对话，如"让我们把竞争对手们按进沙子里吧"，是否只是商业上的豪情壮语，还是可以作为证明垄断意图存在的充分证据）。

② Inglis, 668 F. 2d, at 1028.

③ Spectrum Sports v. McQuillan, 506 U. S. 447, 459, 113 S. Ct. 884, 892 (1993).

④ 同上一条注释。（"我们认为，申请人不构成企图垄断……没有证据证明在一个特定市场内实施垄断行为的概率达到了危险的程度，也没有证据证明申请人具有垄断的意图。"）

⑤ 例如，见 Tops Markets, Inc. v. Quality Markets, Inc. , 142 F. 3d 90 101 (2d Cir. 1998)（可以从百货商不希望另一个竞争对手使用某片土地的言论中推断出其具有特定的意图；与土地所有权人签订的优先权合同是推断具有排挤性意图的"强有力证据"）。

衡量，或者出现该等行为的市场并不明显利于垄断行为的实施时，避免产生反垄断法打击面过广的过度阻遏结果。

"危险的可能性"的要件在传统上曾存在争议。例如，联邦第九巡回法院曾认定，如果企图垄断的行为本身就构成本身违法（*per se* violation），那么这一要件就是没有必要的。[①] 但是在 *Spectrum Sports* 案中，联邦最高法院明确指出：（1）"成功的危险的可能性"（"dangerous probability of success"）是所有企图垄断案件中必须证明的要件；（2）成功的危险的可能性不能仅凭行为人的意图而推导得出，而是必须另行加以证明[②]；（3）成功的危险的可能性的要件反过来要求原告界定并证明存在一个受到垄断威胁的相关市场。[③]

Spectrum Sports 案也提出，仅仅证明涉案行为违反了其他反垄断法，不能满足危险的可能性要件。例如，搭售、企业合并和某些拒绝交易的行为已经被当成是非法的垄断企图进行处理。[④] 无论如何，在这类案件中，《谢尔曼法》第 2 条通常而言是没那么重要的：因为被告的同一行为违反了两项法规，原则上并不会导致原告获得双倍的救济。

在 *Philadelphia Taxi* 案中，联邦第三巡回法院认为，被告 Uber（优步）公司——一家线上打车平台公司的行为不构成非法企图垄断。[⑤]该行为包括逃避适用于出租车的监管要求、没有购买和安装出租车车顶标识、没有向司机提供最低工资保障、雇佣竞争对手、没有购买车辆保险，以及向消费者提供比传统出租车收费更低的价格。法院观察到，虽然 Uber 的价格据称较低，但并没有被指控

① Lessig v. Tidewater Oil Co. , 327 F. 2d 459, 474 (9th Cir. 1964)，最高法院提审动议被驳回，377 U. S. 993，84 S. Ct. 1920 (1964)。联邦最高法院在 *Spectrum Sports* 案中的判决明确地推翻了 *Lessig* 案。Spectrum Sports, 113 S. Ct. at 891 - 892.

② *Spectrum Sports* 案同样推翻了其他案例，如 Mt. Lebanon Motors, Inc. v. Chrysler Corp. , 283 F. Supp. 453 (W. d. Pa. 1968)，基于其他理由被维持，417 F. 2d 622 (3d Cir. 1969)，在该案中，法院认可了陪审团认定存在垄断意图的裁决。法院认为，由于 Chrysler 面临着来自其他汽车制造商的竞争，因而驳回了原告指控的垄断主张。但是法院支持了原告关于被告企图垄断的指控，认为企图垄断可以仅通过意图推论得出。在该案中，被控行为是 Chrysler 解除了与原告之间的连锁经销合同，并通过工厂直营店来直接销售其汽车。问题：Chrysler 在什么市场实施了垄断？

③ Spectrum Sports, 113 S. Ct. at 892 (仅凭意图本身不足以证明成功垄断的危险的可能性；这一主张同样"需要考虑相关商品和地域市场，以及被告在该市场的经济力量"）。事实上，最高法院在 *Spectrum Sports* 案之前就已经评估了这一要件。见 Walker Process Equip. , Inc. v. Food Machinery & Chem. Corp. , 382 U. S. 172，177，86 S. Ct. 347，350 (1965)："为证明垄断行为或垄断企图……有必要衡量在相关商品市场上非法排挤性力量的大小……如果不界定相关市场，就无法衡量……行为人减弱或消灭竞争的能力。"

④ 见 Kearney & Trecker Corp. v. Giddings & Lewis, Inc. , 452 F. 2d 579，598 (7th Cir. 1971)，最高法院提审动议被驳回，405 U. S. 1066，92 S. Ct. 1500 (1972)（搭售协议）；Knutson v. Daily Review, Inc. , 548 F. 2d 795 (9th Cir. 1976)，最高法院提审动议被驳回，433 U. S. 910，97 S. Ct. 2977 (1977)，发回重审，468 F. Supp. 226 (1979)，维持，664 F. 2d 1120 (9th Cir. 1981)（竞争者合并)。

⑤ Philadelphia Taxi Ass'n, Inc. v. Uber Techs. , Inc. , 886 F. 3d 332 (3d Cir. 2018).

为构成掠夺性定价。虽然被告的其他一些经营活动可能违反了监管要求，但并不能仅因为这个原因就判定其构成非法垄断，它给市场带来的总体影响是更多而不是更少的竞争。无论如何，负责执行大部分这些法规的费城交通管理局并没有放弃其监管角色。将其他公司的司机招揽走的行为也不是反竞争的，因为这些司机最终实际上是为 Uber 公司工作的。最后，从打车服务行业的整体情况来看，在相关时间段内的市场供给是增加而不是减少了。

有关特定意图的可靠证据可能难以被搜集，或者即使发现了，也不是具有确定性的证据。行为的性质也同样可能是模糊不清的。通常，评估被告行为的危险性，最简单的办法莫过于分析被控垄断企图所在的市场。如果被告的行为是模糊不清的，既有可能构成垄断，也有可能在本质上有利于竞争，那么对市场结构的研究分析会帮助法院判断是否存在垄断的危险的可能性。如果答案是否定的，法院的审查就可以到此为止了。

更重要的是，由于对行为的评估是不精确的，所以审查特定市场是否易于出现垄断，可以降低出现判断错误的概率和成本。出错可能存在两种情况。首先，一个对被告过分严厉的法律规则可能会导致打击面过广或者过分阻遏：也就是说，它可以识别出全部（或绝大多数）有可能会造成垄断的行为，但是有时也同样会对实质上有利于竞争的行为进行追责。其次，一个对原告过分严厉的法律规则会导致打击面过窄或者阻遏不足：它可以识别出大多数不可能产生垄断的场景，但是在这个过程中可能会漏掉一些存在现实垄断威胁的情形。[1]

这两种错误都会给社会带来经济损失。打击面过大的规则损害效率，因为它将有效率的行为贴上了垄断的标签。其结果是，为了规避法律责任，企业将收取高于必要价格的高价，并且避免从事那些损害竞争对手但有利于消费者的行为。此外，如果效率更高的公司不被允许充分利用其效率，市场对于那些效率较低的企业就变得具有吸引力，最终结果就将是更高的成本和价格。

涵盖面不足的规则同样是无效率的。无法追诉垄断苗头的规则将纵容某些垄断的做大。垄断者产出的减少以及它采取反竞争的手段维持垄断地位都会引发社会成本。完美的法律制度应当既避免打击面过广，也避免打击面过窄。遗憾的是，如果行为是模棱两可的，法律规则相对于社会现实来说必定是过于简单化了。例如，并没有一个足够精巧的法律规则可以对掠夺性定价案件中的所有相关变量进行准确的、全面的衡量。[2] 尽管规则与现实在某些情形下会发生错位，法院还是必须尽量努力去减少这些错位的代价。

---

[1] 见 Paul L. Joskow & Alvin K. Klevorick, "A Framework for Analyzing Predatory Pricing Policy", 89 *Yale L. J.* 213, 222-39 (1979)。

[2] 见本书第 8 章。

尽管 *Spectrum Sports* 案的判决[①]要求原告在一个企图垄断的案件中界定相关市场，但是该判决对于市场力量或者市场份额的证明需要何种证据几乎没有说明。法院也表达了如下的担忧：当市场不太可能形成垄断时，以"企图垄断"为由对"不正当"的商业行为所进行的指控，这种诉讼本身就可能具有反竞争的效果。因而，在企图垄断案件中的原告必须证明被告至少拥有某种最低比例的市场份额。第四巡回法院明确指出，企图垄断案件中对市场份额的要求应为：

　　（1）如果被告所占市场份额低于 30%，原告指控推定被驳回；
　　（2）如果被告市场份额在 30% 至 50% 之间，原告的指控通常被驳回，除非该行为是不正当的且非常可能形成垄断，但还不至于被定性为本身违法；（3）如果被告市场份额超过 50%，且其他要件也已成就，应当被认定为构成企图垄断。[②]

大多数其他法院采用了同样的数值标准[③]，其中一些法院还表示，市场份额的增长是被告具有足够市场力量的有力证明。[④]

然而，使用上述方式归纳此类关于市场份额的要件会产生很大的问题。企图垄断的盖然性，取决于一系列事实因素，市场份额只是其中之一。进一步而言，在不同的企图垄断的案件中，鉴于行为的不同，对于市场力量的要求也不是固定不变的，一家企业通过炸毁竞争者的工厂来建立垄断并不需要考察市场份额——只有一个破坏者和一个行为指向就足够了。其他一些已经被法院认定为企图垄断的行为也适用同样的规则，比如虚假诉讼或者专利欺诈。但 *Lorain Journal Co. v. United States* 案[⑤]的情况不同。在该案中，被告 Lorain Journal 公司被指控拒绝向某些同时在附近电台购买广告位的客户出售报纸广告版面。如果被告不具有支配性的市场份额，其被控的垄断市场的计划就很难奏效。如果相关区域内存在具有竞争力的其他报刊，任何人想同时在报纸和电台打广告，都可以找到不对其广告行为施加限制的替代报纸。

因此，我们几乎不可能总结出放之四海而皆准的规则：一些企图垄断的行为要求被告拥有足够的市场力量，而另一些则不作此要求。而且，一项企图行为的成功往往并不取决于被告的市场力量，而是取决于其具有相对较大的市场份额。

---

　①　Spectrum Sports，113 S. Ct. at 884.

　②　M & M Medical Supplies and Service v. Pleasant Valley Hospital，981 F. 2d 160，168（4th Cir. 1992）（全席判决）。

　③　见 3B Antitrust Law ¶ 807（4th ed. 2015）。

　④　见 3B Antitrust Law ¶ 807e2（4th ed. 2015）（"正在上升的市场份额比正在下降的市场份额更能说明成功形成垄断的危险的可能性"）；Fiberglass Insulators v. Dupuy，856 F. 2d 652（4th Cir. 1988）（应当关注最终结果的 51% 的市场份额，而不是起初的 5% 的市场份额）。

　⑤　342 U. S. 143，72 S. Ct. 181（1951）。

掠夺性定价就是这样一种情况：掠夺性定价的行为并不要求被告具备以高于其边际成本的价格销售其产品的能力，相反，其违法性体现在经营者在短期内以低于其边际成本的价格进行销售。然而，除非行为人一开始就拥有相当大的市场份额，否则掠夺性定价的成本之高昂是行为人所无法承受的，且不可能由此成功地获得垄断地位。[①]

在所有的情形下，关键是要牢记法律所打击的企图垄断的行为是指可能创造垄断的行为。对企图垄断进行追责，并不是针对那些对现有市场力量的利用行为，也并不针对那些不可能给被告带来垄断地位的行为。至少，原告负有界定市场范围的义务，以及负有证明如果被控行为持续进行的话，就很可能会产生垄断的举证责任。

尚不能确定的一点是，在不需要市场界定、通过"直接"证据证明存在着显著市场力量的情况下，*Spectrum Sports* 案中所提出的相关市场要件将如何发挥作用。如本书前文所述，这样一种市场力量的评估方式在可获得有关数据的市场中更胜一筹，并且在存在产品差异化的市场中更为准确。[②] 然而，与此同时，原告必须能够划出一组销售，证明被告在这些销售中行使其市场力量是高度可能的。在大多数情况下，这一问题会自行解决，即高利润率或者低需求弹性的证据必然与某些可识别出来的销售集合相关，而这些销售至少可以构成划定一个独立的相关市场的推定。

---

① 见本书第 8.4 节。
② 见本书第 3.9 节。

第 7 章

垄断及企图垄断的排挤性行为

第 7.1 节　概　述

第 7.2 节　企业合并与垄断

第 7.3 节　产出扩大；战略性的产能建设

第 7.4 节　价格歧视；出租行为

第 7.5 节　单方拒绝交易之一：一般规则

7.5a. 保护投资的激励

7.5b. 缔约义务的范围

7.5c. 合作性网络中的拒绝交易

第 7.6 节　单方拒绝交易之二：纵向一体化、价格压榨、搭售与独家交易

7.6a. *Kodak* 案与售后市场的机会主义

7.6b. 纵向整合与拒绝交易：价格或者供给"压榨"

7.6c. "准搭售"与独家交易——技术捆绑

第 7.7 节　单方拒绝交易之三："关键基础设施"原则

7.7a. 什么情况下构成"关键基础设施"？

7.7b. 缔约义务的范围

7.7c. 拒绝交易的合理性

7.7d. "关键基础设施"原则与反垄断法立法目的的冲突；与 *Aspen* 规则的对比

第 7.8 节　"掠夺性"产品设计与研发；未进行事先披露；改变产品的互补性

7.8a. 掠夺性产品或者方法创新

7.8b. 未事先披露新技术

7.8c. *Microsoft* 案：不必要的有害的重新设计与授权许可条件

第 7.9 节　带来困扰的"杠杆理论"：在第二个市场中的非垄断优势

第 7.10 节　抬高竞争对手的成本（RRC）：市场先占

第 7.11 节　涉及专利权或者其他知识产权的不合理的排挤性行为

7.11a. *Walker Process* 案；依据不应获得授权的专利权提起不恰当的侵权诉讼

7.11b. 强制实施明知无效或者不可强制执行的专利权；*Noerr* 问题

7.11c. 专利累积；闲置不使用

7.11d. 简单与附条件的单方拒绝许可

　　7.11d.1. 绝对的拒绝许可

　　7.11d.2. 附条件的拒绝许可

　　7.11d.3. 拒绝许可应遵循"FRAND"原则的专利权

7.11e. 专利"伏击"（patent "Ambush"）与未事先披露，尤其在标准制定的场景下

第 7.12 节　构成违反反垄断法的商业侵权行为

第 7.13 节　企图垄断案件中的行为要件

第7.1节　概　述

本章讨论的是被法院或原告称为垄断的各种行为。这些行为落入《谢尔曼法》第 2 条规制范畴的前提条件，是被告的产品在相关市场上具有"垄断力量"或者"支配地位"[①]（monopoly power or dominance）。当然，前一章我们所提到的有关垄断的一般要件和定义，在本章也同样适用。如果某一企业在现阶段仍非市场垄断者，但其趋近于成为垄断者，则同样的行为也可能构成"企图"垄断。在企图垄断行为的认定中，对于被告"市场支配力"的要求可能低一些，但在行为要件方面会更加严格。[②] 相比之下，任何构成企图垄断的行为，只要同时具备较高市场力量的要件，则同样构成非法垄断行为。

自从《谢尔曼法》颁布以来，具有显著市场力量的厂商的下列行为类型已经被定性为非法垄断。这些行为类型包括：

刺探情报，或者蓄意破坏；

合并；

削减产出量；

扩大产能或者产出量；

低于成本的掠夺性定价；

价格歧视；

价格折扣，包括基于购买量的折扣、带有"忠诚条款"（loyalty）的折扣（要求买方从卖方处的采购量达到买方需求的一定百分比），及"捆绑式"（bundled）的折扣（要求买方捆绑购买两件或者更多的商品）；

拒绝交易；

纵向一体化；

搭售安排；

供应或价格"压榨"（"squeeze"）；

掠夺性或"操纵性"（"manipulative"）的产品设计与研发；改变具有互补性的产品；拒绝事先披露的研发；

利用（leverage）在一个领域或市场的垄断力量获得另一个领域或市场的不公平优势；

抬高竞争对手的成本；

---

①　见本书第 3 章。

②　见本书第 6.5 节。

专利滥用，包括不正当的诉讼、专利收购与"囤积"（accumulation）、拒绝许可专利权；

通过无理滥诉和行政指控的方式滥用政府程序；

商业侵权。

掠夺性定价、折扣行为以及其他与价格有关的行为将在本书第 8 章予以讨论。需要强调的是，正如本书第 6.1 节提到的那样，仅仅以垄断价格买卖货物，并不属于排挤性行为。

第7.2节　企业合并与垄断

其实，企业之间的合并很少被认定为"排挤性"（exclusionary）行为。对于潜在的进入者而言，如果知道自己将可能被收购，反而会成为进入市场的激励。只有当合并所创立的新公司较此前的各公司成本更低，并且比合并前的状态更具有竞争力时，这样的并购才具有"排他"（"exclude"）的效果，或者让他人在进入前望而却步。

当然，并购能够创设出具有垄断力量的企业，这样的企业随后可以缩减产出量、提高价格。而且，它会企图通过排挤性行为巩固自己的护城河。许多法院长期以来坚持认为，《谢尔曼法》是规制意欲垄断的并购行为的。[①] 而最著名的例外是 1920 年的 *U. S. Steel* 案。United States Steel（美国钢铁公司）是在 1901 年由占据市场份额达 90％的 180 家企业合并而成的。[②] 由于其追求高额定价的经营策略鼓励了其他企业进入其所在的钢铁市场，到 1920 年该公司的市场份额已经下滑至 50％。[③] 意见不一的联邦最高法院最终拒绝认定该公司的行为构成垄断，理由是：（1）考虑到有新的市场进入，该公司已经不再具有垄断力量；（2）政府在起诉它之前已经足足等待了十年之久；（3）这次合并更多的是基于所在行业自然发展的结果，比如新技术带来的规模经济。

在早期的几起垄断案例中，尤其是在 *American Can* 案中，具有市场支配力的企业被指控收购竞争对手的工厂而后又关闭这些工厂，以达到降低市场产出量的目的。这种商业策略能否成功取决于具体的市场状况。例如，如果所处的市场

[①] Northern Securities Co. v. United States，193 U. S. 197，24 S. Ct. 436（1904）；Standard Oil Co. of N. J. v. United States，221 U. S. 1，31 S. Ct. 502（1911）；United States v. First Nat'l Bank & Trust Co. of Lexington，376 U. S. 665，84 S. Ct. 1033（1964）. 也可参见 3 Antitrust Law ¶ 701（4th ed. 2015）；and 4 id. ¶ 911‑912（4th ed. 2016）；Barak Orbach & Grace Campbell Rebling，"The Antitrust Curse of Bigness"，85 *S. Cal. L. Rev.* 605（2012）.

[②] United States v. United States Steel Corp.，251 U. S. 417，40 S. Ct. 293（1920）.

[③] 见 Alfred D. Chandler，*Scale and Scope*：*Dynamics of Industrial Capitalism* 126‑129（1990）.

进入是很容易的，这种做法可能会鼓励更多被高价格吸引而来的新进入者。[①] 而容易进入的市场在任何情况下都不容易被垄断。

《谢尔曼法》第 2 条禁止的范围不仅包括对实际竞争对手的收购，也包括对潜在进入者或处于孵化阶段的企业的收购。这是因为，就支配企业而言，最有效的维持其垄断地位[②]的方式之一即是在竞争对手刚出现的初期就收购它。[③] 这点尤其适用于知识产权的收购。例如，一家依靠专利技术获得垄断地位的企业，可以通过收购他人研发的具有潜在竞争性的、排他性的专利，从而将竞争扼杀在萌芽之中。如果垄断者收购专利或者与其核心垄断力量相关的其他具有排他性的知识产权，将被推定违反了第 2 条的规定，不过，仅仅收购非排他性的权利，则一般认为是合法的。[④]

一种需要反垄断法进一步关注的做法是，诸如谷歌（Google）、亚马逊（Amazon）或者脸书（Facebook）等巨型平台收购新生竞争对手。大多数此类收购不属于现行合并法规规制的对象，因为被收购的公司要么太小，要么其业务与收购公司的业务是相互补充关系而非竞争关系。[⑤] 然而，危险在于，通过系统性地收购这些小公司，大公司能够有效地阻止它们在未来成长为构成实质威胁的竞争对手。毕竟，所有大型平台都是从小微企业发展而来的。[⑥] 然而，尚不清楚《谢尔曼法》第 2 条是否是管辖此类问题的合适的法律依据，因为它要求所涉并购要么形成垄断，要么存在导致垄断的危险的可能性。不过，可以很容易理解，将大型平台系统性地收购小微公司视为企图垄断并不为过。

American Can 案所代表的"收购—关闭"策略存在一种变体，那就是"扼杀式收购"（"killer acquisition"）——当一家企业收购另一家具有高度创新力的初创公司的目的不是整合其创新，而是将其研发项目或者生产能力从市场中清除出去的时候，就会发生这种情况，比较常见的领域是高科技或者制药行业。[⑦] 此类收购不会产生兼并所能带来的经济效率，因为被收购的公司最终只是被关闭了事。并且，由于此类收购掐断了很有前途的技术，因而它们构成了对创新的重大

[①]　United States v. American Can Co. , 230 Fed. 859（D. Md. 1916），上诉请求被驳回，256 U. S. 706，41 S. Ct. 624（1921）。

[②]　关于违反《谢尔曼法》第 2 条的维持垄断力量的行为，见本书第 6.4b 节。

[③]　见 3 Antitrust Law ¶ 701d（4th ed. 2015）。

[④]　见 4 Antitrust Law ¶ 912d（4th ed. 2016）；Herbert Hovenkamp, "Antitrust and the Patent System: A Reexamination", 76 *OSU L. J.* 467（2015）。

[⑤]　进一步的论述，见本书第 12.3c 节。

[⑥]　见 Kevin Bryan and Erik Hovenkamp, Startup Acquisitions, Error Costs, and Antitrust Policy, 87 *Univ. Chi. L. Rev.* 331（2020）；Herbert Hovenkamp, "Antitrust and Platform Monopoly", 130＿＿ *Yale L. J.* ＿＿ （2021）（forthcoming），访问地址：https://papers. ssrn. com/sol3/papers. cfm? abstract_id=3639142。

[⑦]　同前注，以及见 Colleen Cunningham, et al. , Killer Acquisitions（2018），访问地址：https://papers. ssrn. com/sol3/papers. cfm? abstract_id=3241707。

限制。此类限制行为的社会成本可能远高于通常的价格限制措施。[①]

今天，《克莱顿法》第7条将绝大多数具有足够市场力量的企业间的横向合并认定为非法垄断行为[②]，其结果是，各家法院对《谢尔曼法》的依赖减少了。

第7.3节 产出扩大；战略性的产能建设

在 *Alcoa* 案中，Hand（汉德）法官认为 Aluminum（美国铝业公司）为了满足预期的市场需求而不断扩张产能的行为属于"排挤性行为"，因为它阻碍了潜在竞争者公平地分享该市场。[③] 然而，只有当垄断者将产出量提高到只能以边际成本价销售产品的地步时，产能扩张才能对一个具有同等富有效率的竞争对手产生排挤性的效果。也就是说，如果一家公司建造的工厂足够巨大，能够满足在竞争水平价格下所产生的所有市场需求的话，将由于生产该产品没有经济利润（economic profit）而无法吸引具有同等效率的竞争者进入市场。一旦垄断者降低其产出量，所产生的垄断利润必将吸引具有同等成本优势的竞争者。简言之，垄断者只有在牺牲其垄断利润时，产能扩张才具有排他性，随着价格趋近于竞争水平，垄断利润也将不复存在了。

不过，当规模经济效应十分显著的时候，前文的分析就不一定适用了。在此情况下，为了阻却潜在的竞争对手进入市场，在位企业会以富有效率的规模进行战略性布局。[④] 例如，它可以建造一家体量巨大的工厂，但仅以其一半产能运转，从而一方面，较低的产出量有利于维持高额的产品定价，而另一方面，额外的闲置产能可以被用于阻却新进入者的进入，因为潜在的竞争对手一旦看到该产能规模，就会退缩，而不再愿意进入。

然而，即使我们假设产能扩张有时是反竞争的，但反垄断政策也只能在能够明确区分反竞争性的产能扩张和富有效率的产能扩张时，才应对反竞争性的产能扩张进行规制。在 *du Pont*（二氧化钛）案中，联邦贸易委员会得出的结论是，这几乎是不可能的，并且批评了 Hand（汉德）法官在 *Alcoa* 案中过快地得出了 Alcoa 公司的产能扩张具有反竞争性的结论。在该案中，Du Pont 公司已经研发出了一种生产二氧化钛的新方法，而后建立了一家大到足够满足整个市场可预测需求的工厂，由此会阻却其他公司的市场进入。联邦贸易委员会认为，*Alcoa* 案存在两点失误：一是"未就 Alcoa 公司的扩张是否存在内在的规模经济效应进行考察"，二是"未就 Alcoa 公司的额外产能究竟是与市场需求的预测一致，抑或

[①] 参见 Herbert Hovenkamp, "Restraints on Innovation", 29 *Cardozo L. Rev.* 247 (2007)。

[②] 见本书第12.1节。

[③] United States v. Aluminum Co. of America, 148 F. 2d 416, 431 (2d Cir. 1945).

[④] 关于战略性定价行为，见本书第8.3b节。

超出了市场的容量而将导致产能过剩的结果"进行评述。[1] 自 *du Pont* 案以后，产出扩张或者产能扩张便不再落入《谢尔曼法》第 2 条的规制范围，除非该行为构成低于以适当方法计算的成本的掠夺性定价行为。

第 7.4 节　价格歧视；出租行为

价格歧视通常发生在销售者就相同的产品从不同的客户处获得不同利润率的回报的情形中。价格歧视是一个复杂的问题，它存在不同的类型与"程度"（degree），并由此在经济效果上具有极为显著的差异。大多数价格歧视属于"攫取"（extraction）而非排挤（exclusion）。也就是说，其目的与效果并非在市场中排挤他人，而是从相对隔绝的或者特殊的客户群体处获取更高额的利润。然而，一些法院已经认定垄断者的价格歧视是一种必须规制的排挤性行为。在 *United States v. United Shoe Machinery Co.*（USM）案中，Wyzanski 法官对被告的行为进行了追责，因为被告在出租机器设备时，在没有竞争者出现的场合收取高额利润，对于存在竞争的场合则设定较低的价格。[2] 在该起案件中，租赁模式具有防止套利的功能，从而促进了价格歧视。这是因为，如果 USM 公司采用的是售卖机器而不是出租机器的模式，那么那些支付了较低价格的客户，可以把机器转售给那些支付了或者愿意支付更高价格的客户从而牟利，从而导致 USM 公司进行价格歧视的计划落空。因此，租赁模式能够确保 USM 公司的机器不被流转，并且还能监控用户的使用情况，因为租金是与使用频率挂钩的。

企业具有持续实施价格歧视的能力，说明其至少具有最低程度的市场力量。[3] 但是，价格歧视本身是否就构成排挤性行为呢？假设垄断者生产一件产品的成本是 1 美元，根据购买意愿的不同，顾客可分为两组：一组愿意以 1 美元的价格购买产品（该价格是竞争性价格，但对于垄断者来说仍然可以赚取会计上的利润）；另一组则愿意支付 1.5 美元。当法院禁止进行价格歧视时，企业要么以 1 美元的价格同时向两组顾客销售该产品，要么将价格定在较高的 1.5 美元，但仅有第二组顾客愿意购买。怎样的定价策略会使垄断者的利润最大化呢？答案需要视情况而定。

显而易见的是，在非价格歧视状态下，如果垄断者利润最大化的价格是 1 美元，那么它此前的价格歧视行为并不具有排挤性。相反，愿意接受高价的顾客以 1.5 美元购买的那部分销售，将对新的竞争者进入该部分市场具有吸引力。然

---

① 　e. I. du Pont de Nemours & Co. , 96 F. T. c. 653, 747 (1980).

② 　110 F. Supp. 295, 340, 341 (d. Mass. 1953)，经法庭一致意见维持，347 U. S. 521, 74 S. Ct. 699 (1954).

③ 　见本书第 3.9b 节。

而，另一种情况是，在非价格歧视状态下，如果使垄断者利润最大化的价格是1.5美元，那么，其价格歧视行为则具有排挤性。这是因为，如果不能实施价格歧视，垄断者将会以1.5美元的价格向所有客户定价，而仅愿意支付1美元的顾客将不再购买产品，由此，将催生出愿意以1美元与客户成交的新进入者。但在实施了价格歧视的情况下，垄断者可以以较低的价格向对应群组的顾客出售产品，从而导致潜在竞争者丧失进入该市场的动力。[①]

然而，在上述价格歧视具有排挤性效果的情形中，排挤性效果的产生是因为垄断者的总产出增加了。现实中，价格歧视有时会比非价格歧视带来更大的产出，但有时则相反。当价格歧视造成了更大的产出时，该行为也会给竞争对手带来排挤性的影响。相反，当它并无产出增加之效果时，亦不会排斥任何人。此时，由于可以从价格歧视中获得更多的利润，反而招致了潜在竞争对手的市场进入。

当市场已经形成了需要技术共享或者资源共用的运行机制，并且价格歧视有可能破坏这些机制时，价格歧视就可能会产生反竞争的排挤效应。例如，这可能发生在包含专利交叉许可的标准制定场景中。此类歧视性做法的目标可能是使竞争对手被迫退出市场或者面临更高的成本。[②]

第7.5节　单方拒绝交易之一：一般规则

在 *United States v. Colgate & Co.* 案中[③]，联邦最高法院重申了一项古老的普通法原则："在不存在任何创建或者维持垄断地位的目的时"，任何私主体享有自由地、"独立自主地决定交易对象的权利"。这条规则直至今天依然是金科玉律。

规范拒绝交易的 *Colgate* 案例规则包含着两项明确的例外。第一，拒绝交易的决定必须是行为者"独立"（independent）作出的。我们在第5章已经探讨过，多个主体协调一致拒绝与某个交易对手进行交易的情形不能认定为本身合法。第二，拒绝必须发生在"不存在任何创建或者维持垄断地位的目的"的条件下。[④]单方拒绝交易构成非法的必要条件之一，必须是该行为是由垄断者实施的，或者该行为具有导致垄断的危险。

在 *Aspen* 案中，联邦最高法院认定较大的滑雪公司（SKI公司）拒绝以联合

---

① 见 3 Antitrust Law ¶ 721 (4th ed. 2015)。Richard A. Posner, *Antitrust Law* 81-82, 205 (2d ed. 2001)，其更倾向于将价格歧视作为排挤性行为，从而违反反垄断法。

② 见本书第7.5c节。

③ 250 U.S. 300, 307, 39 S. Ct. 465, 468 (1919)。

④ 250 U.S. at 307, 39 S. Ct. at 468。

经营（joint venture）的商业模式与另一家较小的公司（Highlands 公司，该案的原告）达成交易违反了反垄断法。① 在该案中，不妨假定相关市场的界定是恰当的，即为科罗拉多州的 Aspen（阿斯彭）山脉的山地滑雪市场，该市场由原、被告两家公司所占据，但被告的市场份额大体上相当于原告的三倍——被告控制了三座山峰而原告只拥有一座。

已查明的事实表明，在早前的市场销售中，两家公司组建的联营合作模式对双方更为有利。在此前的一段时间里，SKI 公司与 Highlands 公司联合推出了滑雪通票，这种通票允许滑雪者随心所欲地进入"阿斯彭地区全部"的四座高山滑雪场。两家公司对消费者实际使用哪一个滑雪场的情况进行统计，并且根据消费者实际使用双方山峰的比例分配收益。当然，依据《谢尔曼法》第 1 条的规定，竞争者之间达成任何涉及价格或者产出量的协议，在反垄断法的视角下都是可疑的，尤其是在仅仅只有两家竞争对手的市场中。在 20 世纪 70 年代，科罗拉多州司法部对两家公司的联合经营模式提出了质疑，最终，政府与两家公司达成一致，政府颁发了同意令（consent decree），批准了该商业合作模式，但前提条件是每家公司必须独立地对自己的门票进行定价。②

到了 20 世纪 70 年代末，SKI 公司不满足于现有的合作模式，开始要求更多的收益分成。虽然过往数据表明，Highlands 公司的营业收入贡献率达到 14％或 15％，但是 SKI 公司仍然坚持要求将 Highlands 公司的分配比例降低至 12.5％。双方的谈判最终破裂，此前的商业合作模式土崩瓦解。随后，SKI 公司推出了自己公司的三座雪山联票，尽管 Highlands 公司努力尝试让自己的消费者也能够在 SKI 公司的高山滑雪场消费，但 SKI 公司拒绝与 Highlands 公司合作。比如，SKI 公司拒绝向 Highlands 公司提供 SKI 公司的缆车票，导致 Highlands 公司在自己推出的滑雪套票里无法同时向消费者提供可在 SKI 公司滑雪场使用的缆车票。原告依据《谢尔曼法》第 2 条的规定，对 SKI 公司多次反复拒绝与其合作的行为提起了反垄断诉讼。

联邦最高法院在肯定下级法院对被告拥有市场支配力的认定的同时，提出了两点意见：第一，垄断者没有与其竞争对手合作的一般性的义务；第二，但是，某些拒绝交易的行为具有"证据上的意义"（"evidentiary significance"），并且在某些情况下还可能由此产生法律责任。本案的关键事实是 SKI 公司曾经多年来与 Highlands 公司合作，然后在没有合理的正当商业理由的情况下变更了该模式，即拒绝继续合作。事实上，SKI 公司无法为其被控行为提供"有关效率提升方面的正当理由"③。

---

① Aspen Skiing Co. v. Aspen Highlands Skiing Corp., 472 U. S. 585, 105 S. Ct. 2847 (1985).
② 同上一条注释，at 591 & n. 9, 105 S. Ct. at 2851 & n. 9。
③ 同上一条注释，at 608, 105 S. Ct. at 2860.

法院进一步认为，仅仅是未提供改变商业模式的充分理由尚不足以判定被控行为违法。原告必须同时证明，被告的拒绝交易行为对消费者产生了类似于对原告的消极影响。该案的证据清晰地表明，滑雪者更愿意选择包含四座雪山的通票，但 SKI 公司拒绝与 Highlands 公司继续进行合作的行为剥夺了他们的这种选择权。[①]

7.5a. 保护投资的激励

人们有时会将 *Aspen* 案的先例规则与"必要设施"（"essential facility"）规则混为一谈[②]，但是，这二者实际上是建立在相互冲突的基本原理之上的。*Aspen* 规则通过保护先前的联合投资决策免受占支配地位的公司的具有反竞争效应的推翻，从而为初始企业投资创造了激励。与此形成鲜明对比的是，"必要设施"规则并不鼓励竞争性投资，最好留给监管政策而不是反垄断法来加以规制。

Aspen 案的被告的拒绝交易行为对竞争对手和消费者都造成了损害。对于滑雪者来说，最好的结果是可以购买到四座雪山的通票。诚然，这本可以通过合并来实现，但这将构成导致垄断的非法并购。被告拒绝交易的行为，剥夺了消费者获得已经在过去的合作中被证明可行的、在未来的市场中只要通过两家公司的继续合作即可获得通票的权利。

Aspen 案中最高法院在得出某一单边拒绝交易行为是无效率的结论时似乎是相当谨慎的，它不太可能错误地否定许多能够改善市场效率的拒绝行为。具体而言，首先，最高法院的规则要求双方此前必须存在交易关系，并且原告进行相关投资需要依赖于对方的交易承诺。其次，被告终止这种此前的交易关系必须缺乏充分的理由。再次，原告必须证明拒绝继续交易不仅对原告、同时对消费者也具有损害。

将 *Aspen* 案解读为联邦最高法院借此确立了此前不具有合作关系的竞争者之间具有相互达成新交易的义务属于明显的扩张性误读。将垄断者从此前经过谈判建立起来的、已经使规模较小的交易相对方产生信赖的合作经营关系中退出认定为非法是一回事，而要求法院为两家从来就没有合作关系的企业之间创设一项新的合作义务则完全是另外一回事。[③]

对于 *Aspen* 规则的支持者来说，亟须解决的问题是找到一个很好地适用该规则但又不至于令规则失控的方式。最合理的途径是将该规则的适用范围限制在争议双方此前曾经存在联合经营或者其他合作关系的情形——*Aspen* 规则旨在阻止一家公司从其与竞争对手建立的合作商业模式中退出，如果该竞争对手已经就

---

① Aspen Skiing Co. v. Aspen Highlands Skiing Corp，at 606，105 S. Ct. at 2859。

② 见本书第 7.7 节。

③ 见 3A Antitrust Law ¶ 772c3 (4th ed. 2015)。

这种合作进行了大量的投资，消费者也更加倾向于这种合作所提供的产品，且终止该合作也没有合理的商业理由。

在任何情况下，Trinko 案将 Aspen 规则描述为《谢尔曼法》第 2 条所规定的责任的外部边界*，不应被解读得出由此确立了拒绝交易案件的较为宽泛的一般性的构成要件。反垄断案件具有高度的个案性，Scalia 大法官的前述表述应被视为对 Aspen 案具体个案事实的描述（而非一般性法律规则的总结），仅此而已。

标准制定过程中的 FRAND 流程提供了一个说明 Aspen 规则应当如何适用的很好的例子。作为需要互联互通的网络行业新技术标准制定过程的必要组成部分，企业同意披露它们认为对拟制定的标准至关重要的专利，并以"公平、合理、无歧视"的原则（FRAND 条款）将其许可给所有技术实施者。[①] 市场可以合理地预期，这些条款将引导后续产品朝着商定标准的方向展开研发。基于 FRAND 承诺，市场竞争者可以基于标准展开新技术研发，它们有信心认为其所采用的基础技术是可以得到权利人许可的，且其成本与其他类似的竞争性公司所支付的成本相似。也就是说，FRAND 流程促进了涉及大量参与者的复杂网络技术的竞争性研发。如果一家已在关键组件市场占据支配地位的企业随后撤回其承诺，则可能会严重损害竞争。这基本上就是 Qualcomm 案中发生的情况，Qualcomm（高通）公司在标准制定过程中对其专利作出了 FRAND 承诺，但后来选择性地仅将其专利许可给非竞争对手，或者将专利许可与硬件销售捆绑在一起，而且许可价格远高于 FRAND 费率。[②] 在这种情况下，被控行为对竞争的损害显然比 Aspen 案的被控行为大得多。在第九巡回法院作出的很成问题的判决中，其一个合议庭推翻了一审判决。[③] 该法庭忽略了高通公司的行为推高了市场价格的重要事实，反而认定没有足够的证据证明被控行为对竞争对手造成了损害。这一结论完全颠覆了反垄断法的消费者福利原则。更成问题的是，FRAND 体系虽具有明显的社会价值，但很脆弱。通过违约之诉并不能成功地约束高通公司的行为。如果其他公司效仿高通的做法，除非后续其他判决或者国会进行干预，否则 FRAND 体系很可能会崩溃。

Aspen 规则应严格限于仅适用于那些严重影响市场投资的撤回承诺的情形。其违法性在于，被告参加了一项联合经营活动，合理地创设了信赖，并由此促进

---

* 这里的意思是 Trinko 案的大法官意见认为 Aspen 规则已经是对支配地位企业最严厉的规则了，不能再赋予企业更高的反垄断义务了。——译者注

① 关于 FRAND 问题中涉及企业联营的进一步分析，参见本书第 5.5c6 节。

② FTC v. Qualcomm, 411 F. Supp. 3d 658（N. D. Cal. 2019）；参见 Herbert Hovenkamp, "FRAND and Antitrust", ____ Cornell L. Rev. ____ (2020)，访问地址：https:// papers. ssrn. com/sol3/papers. cfm? abstract_id=3420925。

③ FTC v. Qualcomm, 969 F. 3d 974（9th Cir. 2020）.

了研发和投资，而后却以既破坏此类活动目的，又导致产出量减少、价格上涨或者创新受阻的方式改变其行为方式。这一行为要件将 *Aspen* 规则与"必要设施"规则区分开来。*Aspen* 规则旨在鼓励对持续合作必不可少的技术进行投资。相比之下，"必要设施"规则则认为企业根本无力自行进行投资。在 *Novell* 案的判决中，第十巡回法院将最高法院在 *Aspen* 案中暗示但未明确的内容作为一项增加的要件——被告"愿意牺牲短期经济利益"，其含义是要求被控行为除了具有反竞争的效果以外，在短期内来看，对行为人来说也是非理性的。[①] [*] 在该案中，法院认定微软公司并没有因为其退出技术信息（technical information）联盟——可以使 Windows 环境下的 WordPerfect 软件[**]运行更为高效——的被控行为而遭受任何的损失，因而驳回了原告的主张。然而，在涉及联合投资的情况下，"牺牲要件"似乎是不必要的，而且反而适得其反。牺牲测试通常存在的一个问题是很难将"牺牲"与投资区分开来。大多数成本高昂的投资都会在短期内蒙受损失，但是后续就会产生收益。此外，企业最终的收益通常与其竞争对手的损失密切相关，尤其是在集中度较高的市场中。

牺牲测试存在的另一个问题是，牺牲与竞争损害的程度无关。当企业通过拒绝履行承诺可以获利更多时，它如此行事是理性的。增加一项构成要件——拒绝行为必须立即产生损失、嗣后才能获得利润，这只会有助于豁免某些具有反竞争效果的拒绝交易行为。

Aspen 规则仅适用于无正当理由的拒绝交易——正如最高法院所表述的，缺乏"商业上的正当性"（"business justification"）。例如，多家企业可能会共同投资一项后来被证明行不通的技术，反垄断政策不应要求企业陷于这种不可行的商业决策中不能自拔。在 *Qualcomm* 案中，被告的"毁诺"并非因为有关技术投资已被证明是毫无价值的，恰恰相反，正是因为这些技术的价值是如此之高，以致高通公司被经济利益所驱动，否认其参与标准制定过程中作出的 FRAND 承诺。

无论如何，*Aspen* 案的在案证据显示，被告并没有牺牲掉任何东西。一方面，虽然它失去了与原告一起联合经营所获得的有利可图的收益，但是，它从联营终止后仍留下来的销售中独享全部收入，并因此获益。相互抵销之后，它的收益实际上是正的：SKI 公司在联营合作关系终止后，即使在短期内也取得了更多

---

[*] 这里的意思是该行为损害了行为人的短期经济利益，但从长远来看，由于限制了竞争从而给其带来了好处。——译者注

[**] Wordperfect 是 Wordperfect 公司开发的一款办公软件，其与微软的 Microsoft Word 软件存在竞争关系，就类似于 WPS 与 Microsoft Word 的竞争关系。——译者注

[①] Novell, Inc. v. Microsoft Corp., 731 F. 3d 1064, 1075 (10th Cir. 2013).

的销量和更多的收入。[①]

审理 *Aspen* 式拒绝交易的法律规则不应以"牺牲"作为构成要件，它不仅很难操作，而且对于更深入理解被控行为对竞争的损害程度也没有什么额外的作用。相反，法院需要审查参与联合经营的合营者依赖合营企业进行的理性投资的性质和金额，并考虑被告无正当理由拒绝参与合营的影响。*Aspen* 规则的真正意义在于，它谴责了以下这种情形：联合经营活动使得研发被引向一条特定的道路、且转向的代价高昂，而被告随后能够以限制竞争的方式攫取联营收益的很大一部分进入自己的腰包。如果一家企业能够以这种方式损害投资而不受到法律的处罚，那么就会在将来挫伤其他企业进行此类投资的积极性。例如，FRAND 义务创建了一个旨在促进已有技术分享但又鼓励就进一步研发新技术展开竞争的体系。如果一家企业违背 FRAND 承诺，而将市场支配地位转移到自己身上，其结果就是，从短期来看产出量减少、价格提升，而从长期来看，创新被压制。

拒绝交易行为中所出现的上述问题，通常会在纵向整合的案件中出现。例如，只要微软公司不开发 Microsoft Office 系列软件（包括文字处理软件 Microsoft Word），它就会有充分的动力让 Wordperfect 尽可能流畅地与 Windows 操作系统相互兼容。Windows 和 Wordperfect 构成互补品，这使得 Windows 操作系统变得更有价值，因为应用程序之类的互补产品能够使得操作系统的功能变得更为强大。然而，一旦微软公司进入下游文字处理软件市场，它的动机就变了。它可以通过在操作系统中降级（degrade）Wordperfect 以使自己推出的 Microsoft Word 软件受益。欧盟竞争执法机构在其涉及网络服务器（或者专用于处理互联网联网、电子邮件和其他通信流量的计算机）的 *Microsoft* 案中提出了类似的观点。只要微软公司本身不在服务器操作系统市场中，微软公司就会与非微软的服务器制造商自由地共享其协议。然而，一旦微软进入了该市场，它就开始对提供给非微软制造商的技术信息进行降级，以提升自己提供的服务器系统的竞争优势。[②]

这些事实表明，在技术兼容性和互联互通性至关重要的网络产业中，基于反垄断法赋予行为主体更宽泛的强制缔约义务具有正当性。[③]在技术含量较低的网络系统（例如房地产联盟）中，问题并不那么严重，相互联通的问题由一群企业之间通过协商就可以得到解决，这些企业仅通过协议的方式就可以处理此类问题，并且市场中通常也不太会出现具有支配性的企业。此外，在技术含量较高的市场中，在出现问题后，救济可能非常困难，不过，有时也可以通过非歧视规则

---

①　可参见针对证据的讨论，Reply Brief for Petitioner, *Aspen*, No. 84—510, 1985 WL 669989 (March 20, 1985)，证明了无论对于销量而言还是对于利润来说都不存在牺牲。

②　Case T—201/04, Microsoft Corp. v. Comm'n, 2007 E. C. R. II—3601, ¶ 4. 参见 Herbert Hoven-kamp, "The Obama Administration and § 2 of the Sherman Act", 90 *Boston Univ. L. Rev.* 1611 (2010).

③　参见 3B Antitrust Law ¶ 772h (4th ed. 2015).

来解决。例如，在前述欧盟的案件中，法庭要求微软公司向非微软服务器厂商所提供的信息在所有方面都必须与提供给微软自己的服务器厂商的信息相同。

联邦最高法院在 2004 年的 *Trinko* 案的判决中指出，有效的政府监管也可以改变 *Aspen* 规则的适用条件。法院在该案中拒绝了对 *Aspen* 规则进行扩张性的解释，其认为 *Aspen* 案的判决已经"触及了《谢尔曼法》第 2 条的责任边界的临界点"[①]。*Trinko* 案的原告是 AT&T 公司的客户，一家潜在的本地网络运营商（Competitive Local Exchange Carrier，CLEC）。根据 1996 年的《电信法》，作为现任本地网络运营商（Incumbent Local Exchange Carrier，ILEC）的被告 Verizon 公司有义务与 CLEC 达成互联协议，该种互联协议将给任何寻求合作的 CLEC 提供网络单元共享接入服务。[②] 在 Verizon 公司迟迟未提供这种共享合作条件后，原告提起了反垄断诉讼。原告指控这种拖延提供服务的行为并不是一时疏忽，而是对方的一种反竞争策略，用以阻止想要进入本地市场的竞争者撬走被告（ILEC）的现有客户。原告在诉讼中请求获得赔偿金以及强制令，强制令的内容包括：要求 Verizon 公司应要求向 CLEC 提供新服务，且该服务的条款和及时性不得低于 Verizon 公司向自己客户所提供的条件。[③]

联邦最高法院承认，在任何情况下，当法院被请求命令垄断者开放和分享它合法获得的生产资源（input）时，在法律上都存在内在的"紧张关系"（tension）。

> 一些公司可能通过为客户提供独特的优质服务而获得具有市场支配力的基础设施。强制这些公司开放共享它们由此获得的优势资源，与反垄断法的立法目的存在一定的紧张关系。因为这可能减少了对垄断者、其竞争者或者以上两者的投资激励，从而减少了对有利于经济发展的基础设施的资金投入。[④]

更进一步来说，强制共享（forced sharing）混淆了反垄断法院与行业监管者的职责：

> 强制共享也要求反垄断法院扮演中央计划者的角色，需要由法院来界定合适的价格、数量以及其他交易条件，而这些都不是反垄断法院所擅长的。[⑤]

---

① Verizon Communications, Inc. v. Law Offices of Curtis V. Trinko, LLP, 540 U. S. 398, 409, 124 S. Ct. 872, 879 (2004).

② 1996 年《电信法》（Telecommunications Act of 1996），§ 151 (a)，Pub. L. No. 104 - 104, 110 Stat. 56 (1996)。

③ 同上一条注释，at 404, 124 S. Ct. at 877。值得注意的是，1996 年的《电信法》也要求 CLEC 提供"公正的、合理的、非歧视的"接入合作条件，47 U. S. c. § 251 (c) (3)。

④ 同上一条注释，at 407 - 408, 124 S. Ct. at 879。

⑤ 同上一条注释。

　　法院还指出，强制共享义务要求企业之间进行合作而不是竞争，而合作可以"助长垄断的最大罪恶——共谋"[1]。因此，反垄断法在传统上非常不愿意将共享义务强加给即使已经被证明了具有垄断地位的垄断者。

　　在 *Trinko* 案中，与 *Aspen* 案相反，起诉状中并未"指控 Verizon 公司自愿与其竞争对手进行交易，或者在没有法定强制义务的情况下会这样做"[2]。因为此前双方没有发生自愿交易的行为，"无论被控的受管制的疏忽行为是由于什么原因造成的——例如并非出于促进竞争的善意而是基于反对竞争的恶意——被告先前的行为对解释其拒绝交易的动机都没有什么帮助"[3]。与本案的情况相反，在 *Aspen* 案中，被告曾经自愿地与原告建立了商业合作，然后又在该合作模式明显有利可图的情况下，将原告一脚踢开。事实上，被告 SKI 公司甚至拒绝以零售价向原告销售自己的门票，"由此可推断，被告将来的垄断零售价格将更高"。与此形成鲜明对比的是，《电信法》要求 Verizon 公司以极低的价格与竞争对手实现互联，这一价格几乎肯定要低于其零售价。原告所要求适用的反垄断规则，实际上是要求被告放弃获利更为丰厚的商机，而与出价更低的竞争对手合作。

　　法院还认为，*Aspen* 案涉及一种情况，即被告无论如何都拒绝出售"已经以零售方式出售过"的东西。这也解释了 *Otter Tail* 案背后的原因，在该案中，被告就是拒绝批发或者"输出"其已经传输给其他第三方的电力。[4] 这也将此案与后来的 *Qualcomm* 案相区分开来，即该案中所涉及的资产是专利权——离散性的财产利益很容易各自独立转让，并且这样做的义务也业已被创设。[5] 然而，在 *Trinko* 案中

> 　　被指控拒绝提供的服务无法以其他方式在市场中或者通过其他公开渠道获得。1996 年法案* 规定的共享义务创造了"全新的东西"——"出租网络服务要素的批发市场"。根据 § 251（c）（3）需要向市场提供的非捆绑的要素（unbundled elements），仅存在于 Verizon 公司的内部深处；它们是在 1996 年法案的强制要求下推出的，并不是提供给消费者而是提供给竞争对手的，即使需要付出相当大的代价和努力。[6]

　　此外，在 *Trinko* 案中，与 *Aspen* 案或者 *Otter Tail* 案均不同的是，原告不

---

*　此处的法条是 The Telecommunication Act of 1996，47 USC § 251（C）（3）.　——译者注

[1]　1996 年《电信法》（Telecommunications Act of 1996），§ 151（a），at 407 - 408，124S. Ct. at 879。

[2]　同上一条注释。

[3]　同上一条注释。

[4]　同上一条注释，at 410，124 S. Ct. at 880，引用 Otter Tail Power Co. v. United States，410 U. S. 366，93 S. Ct. 1022（1973）。

[5]　FTC v. Qualcomm，411 F. Supp. 3d 658（N. D. Cal. 2019），因其他的原因被改判，969 F. 3d 974（9th Cir. 2020）。

[6]　540 U. S. at 410，124 S. Ct. at 880.

仅要求被告共享其过剩的产能，还要求被告设计和建造另外的系统，然后必须与竞争对手共享。

联邦最高法院最终总结道，这些事实实际上在要求法院将单方拒绝交易的反垄断法责任向 *Aspen* 规则之外的范围作相当大的延伸，而最高法院最终拒绝了原告的这一要求。

7.5b. 缔约义务的范围

在反垄断法上，要求垄断企业具有与其竞争对手交易的强制义务必须被视为是一般规则的例外，而一般竞争规则要求企业应当依靠自身的力量发展自己的生产能力、专业技能以及自主创新。事实上，强制共享是与一般的反垄断目的相抵触的。它破坏了通过自身力量去开发供给资源的市场竞争规则。进一步而言，强制企业进行交易不可避免地要求法院设定双方的交易条件，尤其是价格。在这个过程中，我们无疑是将被告变成了事实上的公共事业部门了。需要强调的是，反垄断法的目的是向市场提供取代价格行政监管的市场化的价格调节手段，而非价格监管的代名词。

对此，在通常情况下奏效的一种限制，是将强制缔约义务限制在被告已经对市场作出供给承诺的情形。另一种可适用的情况是，向法院证明完全竞争市场失灵，市场本身在事实上已经无法提供有效的投入。第九巡回法院在联邦最高法院发回重审后的 *Kodak* 案的判决中，忽视了这些重要的因素。[1] 该法院认为，一旦将相关市场界定为 Kodak 品牌的全部零部件市场[2]，Kodak 公司就有义务在市场上销售每一种配件，不论该配件是否可以由其他企业很容易地制造出来，或者从其他替代性来源处获得。[3] 根据 *Kodak* 案判决，一家提供维护 Kodak 牌复印机服务的公司，只需要自己组织人力、提供办公室、电话、卡车等，却可以要求Kodak 公司提供除此以外的其他所有配件。虽然 Kodak 复印机的 5 000 多个零部件中的一部分受专利保护且难于仿制，但其他大部分配件并非如此。很多配件很普通，很容易被制造出来，比如，柜门、支撑架、轮脚、平板玻璃等。其他的配件，甚至是从各种渠道都能买到的现成品，比如螺栓、螺母、垫圈、弹簧、电气连接器等。由于法院要求 Kodak 公司提供所有的零配件，因而降低了原告自行开发可替代资源的可能性。由此导致的结果是，由于缺乏同类产品的竞争，Kodak 复印机维修市场的竞争减少了，而不是增加了。

相比之下，*Aspen* 案中的原告并未要求被告为其提供开展业务所需的一切，

---

① Image Technical Services, Inc. v. Eastman Kodak Co., 125 F. 3d 1195 (9th Cir. 1997)，最高法院提审动议被驳回，523 U. S. 1094, 118 S. Ct. 1560 (1998)。

② 关于该市场界定规则存在的问题，见本书第 3.3a 节。

③ 见 3A Antitrust Law ¶ 765 (4th ed. 2015)。

它只希望继续保持双方此前已经形成的联合经营合作关系，有关的交易条件先前各方已通过协议进行了确认和商定。由于法院可以辨别出市场交易中已经形成的价格或者其他交易条款，法院颁发强制缔约交易的命令所带来的破坏性较小。例如，要求某一公司履行 FRAND 承诺的强制缔约命令只不过是要求该公司遵守其以前已经同意了的许可交易条件而已。

7.5c. 合作性网络中的拒绝交易

具有网络性质的市场的一个共同特征是，要使市场得到良好运转，需要由多个生产者和购买者集体采取某些行动（collective action）。[1] 例如，某一网络的产出通常是由多个销售者提供的一组互补的商品或者服务的集合，如本地和长途通信硬件、计算机硬件、软件和通信服务。网络经常在消费一端表现出规模经济，这有时被称为"网络效应"（"network effects"）。这意味着随着网络变得越来越大、拥有的参与者的数量和类型越来越多，该网络对于消费者的价值就会越大。例如，如果某一部电话机不能与任何其他人的电话机连通，那么它作为通信设备来说就毫无价值。一旦该电话机与其他另一台电话设备连接，它就开始具有价值，而随着它所连接的电话机越来越多，它的价值就越来越大。而最优的电话系统则是能够使每个人都能与其他任何人通话。当今的计算机也是如此。它们通过互联网与世界进行信息交互，并依赖于消费者和多种类型的供应商之间设备的兼容性来实现其功能。随着特定类型计算机的安装基数变得愈加庞大，软件的开发变得更加有利可图，这也降低了购买者的购买成本。

此类型的合作性投资（cooperative investment）也同样会带来显著的路径依赖（path dependence），这意味着从现有的合作框架中退出成本是非常高的，尽管有时这是合理的，尤其是在现有技术已经过时的情况下。[2] 例如，无论过去已经投入了多少合作资源催生了模拟视频录制（VHS）磁带技术，一旦数字视频光盘（DVD）技术诞生，VHS 都不可避免地过时了，此，任何人都不应因为拒绝支持陈旧的技术而受到谴责。[3]

---

[1]　参见 Yochai Benkler, *The Wealth of Networks*：*How Social Production Transforms markets and Freedom*（2006）。

[2]　关于路径依赖，参见 Stanley J. Liebowitz and Stephen E. Margolis, "Path Dependence, Lock-in and History", 11 *J. L.*, *Econ.*, *and Org.* 205（1995）；Joseph Farrell and Garth Saloner, "Installed Base and Compatibility：Innovation, Product Preannouncements", and Predation, 76 *Am. Econ. Rev.* 940（1986）。关于技术性网络中存在的路径依赖的特殊问题，参见 Thomas Cotter, Erik Hovenkamp, and Norman Siebrasse, "Demystifying Patent Holdup", 76 *Wash. & Lee L. Rev.* 1501（2019）。

[3]　较好的历史视角分析，可参见 Peter S. Menell, "Envisioning Copyright Law's Digital Future", 46 *N. Y. L. Sch. L. Rev.* 63（2003）。

虽然《电信法》[①] 等监管法规规定了互联互通的义务，但反垄断法可能是实现其监管目标的更优手段。首先，反垄断法不太可能受到利益集团施加的影响从而影响其政策走向。其次，如果反垄断法应用得当，它们往往更具有个案性，通常只有在存在能够证明其合理性的过往证据、明确的支配地位，以及对于所意图创造或者维持的竞争具有相对明显的必要性的情况下，才会强加给市场主体以互联互通义务。这可能会最大限度地减少长久以来对于政府机构监管活动的一项强有力的批评——监管阻碍（impede）创新。[②] 如果适用得当，反垄断法可以实现"外科手术"般的精准打击，只有在竞争性的替代方案供给不足时才会要求强制缔约。相比之下，1996 年《电信法》规定的互联互通义务是"一刀切"式的，其规定了非常广泛的共享义务，在某些情况下，即使没有这些义务，竞争也呈现出生机勃勃的面貌。

诚然，适用反垄断法强制互联互通也存在自身的困难。确定互联互通的价格和义务范围的问题不会因为争议发生在网络中而消失。不过，要求非歧视性待遇，或者要求对互联互通义务进行持续监控等解决手段虽然都很少是完美的，但它们在受到更明确监管的市场中也并不罕见，而且在许多情况下几乎肯定比不要求实现充分互联互通要好得多。在任何情形下，FRAND 等私人市场的运行机制通常会对此提供辅助。[③] FRAND 协议建立了解决争议和确定许可使用费的机制，在其作用的范围内，反垄断法所面临的最困难的问题已经得以解决。

第7.6节　单方拒绝交易之二：
纵向一体化、价格压榨、搭售与独家交易[④]

拒绝交易常发生在企业完成纵向一体化整合之后。整合后的企业仅与其新开发、新收购的供货商或者销售商进行交易，并且终止与其他独立企业的合作。[⑤] 反垄断与纵向整合是一对爱恨交织的矛盾体，尤其当它涉及支配性企业时。相关政策的幅度极广，包含了从严苛适用本身违法原则、反对企业并购，甚至是反对企业自建销售终端的一个极端，到以芝加哥学派为代表的、认为纵向整合当然合

---

① Telecommunications Act of 1996，§ 151（a），Pub. L. No. 104 - 104，110 Stat. 56（1996）.

② 从宏观角度讨论对经济的管制越严、企业创新越少的现象，可参见 OECD, Going for Growth 68（2006）。

③ 见本书第 7.11d3 节。

④ 关于垄断者的纵向整合，将在本书第 9.2～9.3 节中更加深入地探讨。

⑤ 如果垄断者是通过合并、排他性交易合同、搭售安排进行的纵向整合，则其行为同时受到《克莱顿法》和《谢尔曼法》的规制，本书第 9 章及第 10 章对此有更详尽的论述。

法（legal *per se*）的另一个极端。[①]

7.6a. *Kodak* 案与售后市场的机会主义

美国联邦最高法院在 1992 年的 *Kodak* 案的判决中，驳回了被告请求简易判决的动议，同时指出，如果一家复印机制造商百分之百地控制了完全由自己的维修配件构成的相关市场，那么其拒绝与维修该类复印机的独立企业交易的行为可能构成垄断。[②] 问题在于，最高法院只是简单地考虑了一下一个企业在其自己的维修配件市场中是否具有显著的市场力量，而没有进行深入论证。更大的问题在于，最高法院认为，一家企业在自身品牌的维修配件市场上拒绝与其他企业交易的行为可能构成垄断，只要该企业在该市场中实施了"故意获取"垄断力量的计划——再一次的，这里所讲的垄断只在行为人自己品牌的配件或者售后服务的范围内被界定。

Kodak 只是复印机市场的第二大销售商，它占有的普通复印机市场比例仅为 23%，达不到《谢尔曼法》第 2 条适用的门槛。然而，该案原告指控的理由是 *Kodak* 公司占了那些被"锁定"的消费者的便宜，这些消费者由于购买了 Kodak 复印机，而不得不还得从 Kodak 公司购买复印机的售后维修服务。[③] 诚然，对于已经拥有克莱斯勒（Chrysler）汽车而又需要新的变速器的人来说，可能被锁定了，因为只有 Chrysler 牌的变速器与 Chrysler 汽车可以兼容。但是，在一个竞争性市场中，消费者会考虑服务或维修配件的垄断价格比原始产品价格更高的事实，在这种情况下，他们很自然地会选择购买其他品牌的汽车。

然而，（1）有些顾客可能不掌握足够的信息，因此 Chrysler 可以收取高于市场的定价；（2）Chrysler 公司在大量的顾客被锁定（locked-in）后，可能会改变其原有的定价政策，或者改变其与第三方供货商原本的交易政策。

我们暂且不论上述观点是否具有事实基础，即使事实果真如此，我们也很难看到它导致被恰当定义的相关市场出现垄断。在商品供应链条中的某环节具有垄断力量的企业，极少能够通过垄断其他一个或多个额外的环节来扩大垄断利润。从任何一家企业的角度来看，都存在一个唯一的利润最大化的价格，即使企业进入了其他的纵向的相关市场，该利润最大化价格仍然保持不变。因此，仅仅依据

[①] 关于将纵向整合认定为垄断违法行为的充满问题的历史，见 Herbert Hovenkamp, "The Law of Vertical Integration and the Business Firm: 1880—1960", 95 *Iowa L. Rev.* 863 (2010)；William E. Kovacic, "The Intellectual DNA of Modern U. S. Competition Law for Dominant Firm Conduct: The Chicago/Harvard Double Helix", 2007 *Colum. Bus. L. Rev.* 1 (2007).

[②] Eastman Kodak Co. v. Image Technical Services, 504 U. S. 451, 112 S. Ct. 2072 (1992).

[③] 经济文献中包含了在现有消费者具有转换成本的市场中利润最大化的几种模型，也即是说，这些消费者被之前使用的特定品牌锁定了，见 Herbert Hovenkamp, "Antitrust and Information Technologies", 68 *Fla. L. Rev.* 419 (2016).

企业控制了自己产品的维修配件和售后服务的销售环节，就认定其存在"垄断"行为，对此本书作者深表怀疑。

不幸的是，Kodak 案的判决意见使复杂耐用商品的市场频繁受到上述问题的困扰，因为该类商品需要长期持续的维护、修理或者更新。在这类市场中，对于服务提供商而言，与制造商之间保持持续的良好的关系是非常关键的，因为它们必须依赖于制造商以获得最新的商品信息与服务操作流程指引。如果耐用品自身所处的市场是竞争性的，最好的方法是假设生产商是决定其自有品牌设备售后维修机制的最佳人选，哪怕其制定的政策对于严重依赖生产商才能向消费者供应产品和服务的服务提供商非常不利。

事实上，大多数企业在售后的维修配件产品上可以收取高于成本的价格，即使其在新产品市场上的占有率未必有多高。例如，如果将一辆汽车上的所有零部件的单价加起来，那么该总价会远远高于从销售商那里购买一辆整车的价格。这一溢价中的大部分是由于零部件销售成本和库存成本较高导致的，也有一部分原因是企业想要实施价格歧视。[①]

但是还有部分问题正是最高法院在 Kodak 案中所面临的：即使是知情（well-informed）的消费者亦不具备完全的信息；他们过分关注于原装产品的当前报价，而不重视产品的后续维护费用。其结果是，哪怕只占有 5% 的市场份额的生产商也能对售后的配件开出高额的价格。

然而，并非每一个市场缺陷（market imperfection）都应被归结为反垄断问题，更不当然属于《谢尔曼法》第 2 条所规制的问题——该条的适用要求行为企业具有市场支配力。Kodak 案的真正问题在于，如果它被严格适用，就会导致成千上万的不具有市场支配力的生产商和销售商仅仅因为其生产、销售的产品需要特定品牌的售后配件或者服务而被定义为"垄断者"。

7.6b. 纵向整合与拒绝交易：价格或者供给"压榨"

对纵向整合的一个较为普遍的批评是它会提高市场进入壁垒。垄断者的纵向整合之所以被指责为给垄断者所在的市场设置了进入障碍，是因为任何潜在的进入者都必须在产业链中的两个层面实现市场进入，而不能只在一个层面实现市场进入。例如，如果一家具有垄断地位的原料铝制造商自己铸造铝锭，就不会再存在铝锭铸造的独立市场了，任何想进入原料铝制造行业的企业也需要同时进入铝锭铸造产业这一下游市场。

在简单的场景下，垄断者所进行的纵向一体化只有在该企业间的整合降低了垄断者的成本时才会产生进入壁垒。在这种情况下，只从事产业链中某一层面竞

---

① 见 10 Antitrust Law ¶ 1740 (4th ed. 2018)。

争的新进入者会发现难以与更高效的垄断者匹敌。然而，在更复杂的场景下，需要两个层面的进入会放大风险，特别是如果当两个层面的进入分别看来都存在独立的风险时。

如果供应链中两个层面的规模经济存在差异，或者其中一个层面受到监管，则纵向一体化也会使进入变得更为复杂。例如，除非也能进入另一个层面，否则寻求进入规模经济要求较小的层面的企业将无法有效参与竞争，因为，为了达到富有效率的生产，其必须提高产量。如果自行车行业的最低有效生产规模是每月达到 10 000 辆的产量，而最低有效规模的零售量只需要每月单店 100 辆即可，那么行业范围内的大规模纵向整合可能会迫使那些希望只做零售自行车的商家不得不同时制造自行车。如果自行车制造业的层面存在共谋或者寡头垄断，但大型零售商的存在能够有效地迫使上游自行车制造商相互竞争，则制造商向下游自行车零售行业的渗透和整合可能会使原本的寡头垄断或者卡特尔更为有效。与此相关的，纵向整合可以通过推高市场价格或者提高竞争对手成本等方式，改变公司之间讨价还价的结果。我们在分析纵向合并时将探讨这些问题。[①]

价格或者供给"压榨"（"squeeze"，或称"挤压"）是拒绝交易的一种变体。假设一个在生产阶段具有垄断地位的企业自己拥有部分零售门店，同时也将其产品卖给其他独立的零售商，那么独立零售商将难以与垄断企业自有的零售门店竞争。独立零售商由此指控，垄断企业总是在供应出现短缺时照顾自家的零售门店，有时甚至拒绝将产品销售给所有其他的独立零售商；此外，垄断企业要么在向独立零售商供货时收取比其自营店更高的价格，要么其自营的零售门店能够以独立零售商无法企及的低价对外销售商品。第一种行为通常被称作"供应挤压"，第二种行为被称作"价格挤压"。它们的经济本质是类似的：纵向一体化后的垄断企业以操纵市场价格的方式来打压其一体化体系以外的竞争对手，独立零售商因为缺少供给来源或者成本较垄断企业的自营店更高而遭到排挤。[②]

所谓的价格和供给"压榨"出现的原因，通常是经过纵向整合的企业的成本低于必须依赖外部市场的那些独立的没有进行产业链延伸的企业的成本。通过纵向一体化降低成本的垄断者将以较低的价格向消费者出售产品，这使那些未经整

---

① 参见本书第 9.5 节；以及 Michael H. Riordan, "Anticompetitive Vertical Integration by a Dominant Firm", 88 *Am. Econ. Rev.* 1232 (1998)。

② 在 *Alcoa* 案中，Hand 法官以相当的篇幅讨论了供给与价格挤压。Alcoa 公司被指控对加工其铝锭的独立企业进行了挤压行为。United States v. Aluminum Co. of America, 148 F. 2d 416, 436 – 438 (2d Cir. 1945).

合的独立的经销商难以与之竞争。[1]

在 *linkLine* 案中，联邦最高法院驳回了一项纵向一体化的垄断企业针对非一体化的竞争对手进行价格挤压的指控。[2] 最高法院认为，如果垄断企业在批发市场或上游市场没有与竞争对手交易的义务，那么，它的价格挤压行为并不违法，除非是其零售价或下游市场价格已经属于低于成本的掠夺性定价。在该案中，被告 AT&T 公司是一家经过垂直整合的垄断企业，它将数字用户环路（digital subscriber line，DSL）业务批发给竞争对手——网络服务提供者（Internet service providers，ISPs）使用，但同时也向自己的客户提供基于互联网服务的 DSL 业务。原告指控称，被告针对其提供的批发 DSL 业务价格十分昂贵，而对自己拥有的零售商则定价低廉，这使得原告在成本支出与收益之间，没有合理的利润空间。然而，最高法院经审理后认为：

> 像 *Trinko* 案中 Verizon 公司所指控的那样，AT&T 公司可以通过提供劣质的互联服务来有效地挤压竞争对手的利润空间。但是，对于在批发市场并无缔约义务的企业而言，其并没有以惠及对方的有利条件与竞争对手交易的义务。假设 AT&T 公司完全停止向原告提供 DSL 传输服务，它也不会违反《谢尔曼法》。综上所述，AT&T 公司并没有义务以原告期望的批发价格向原告提供服务。[3]

至于下游价格（downstream price），原告的主要主张在于认为该价格"过低"，但没有提供可供参考的成本价。最高法院在 *BrookeGroup* 案以及 *Cargill* 案中已对这个问题下了定论，认为除非能与诸如成本等一些客观标准相比较，否则价格"过低"的说法没有意义。因此，最高法院认为，在该案中，原告的诉讼主张

> 不过是在零售层面和批发层面提出的缺乏依据的抱怨而已。如果某

---

① 当占支配地位的企业利用与之在产业链上存在纵向关系的企业的专门投资，并有效地将后者收入中高于其自身的可变成本的部分转移给自己时，就可能会出现一种例外的情况。在 Bonjorno v. Kaiser Aluminum & Chemical Corp., 752 F. 2d 802 (3d Cir. 1984)，最高法院提审动议被驳回，477 U. S. 908，106 S. Ct. 3284 (1986) 案中，法院认为，Kaiser 公司利用了价格压榨手段，迫使 Bonjorno 公司降低其收入水平至仅仅能够回收其可变成本、但不足以赚取利润的水平，这一行为应当承担责任。参见 Erik Hovenkamp & Herbert Hovenkamp, "The Viability of Antitrust Price Squeeze Claims", 51 *Ariz. L. Rev.* 273 (2009)。作为一般性的法律规则，某一企业通常不负有使其他企业能够赚取利润的义务。但是在纵向一体化的语境下，某一企业可能能够利用其他企业已经支付了大量不可逆成本或者说"沉没"成本的情况而占得便宜。可参见本书第 1.8 节关于交易成本经济学的讨论；以及参见 Benjamin Klein, Robert G. Crawford & Armen A. Alchian, "Vertical Integration, Appropriable Rents, and the Competitive Contracting Process", 21 *J. L. & Econ.* 297 (1978); Oliver E. Williamson, *The Mechanisms of Governance* 120 - 145 (1996)。

② Pacific Bell Tel. Co. v. LinkLine Communic., Inc., 555 U. S. 438, 129 S. Ct. 1109 (2009).

③ LinkLine, 129 S. Ct. at 1119.

一企业在批发环节没有缔约义务、在零售环节也没有掠夺性定价，那么该企业当然不需要替其竞争对手着想，保持其利润率，并以此为出发点对上述两个环节都进行定价。[1]

7.6c.　"准搭售"与独家交易——技术捆绑

搭售（Tying）和独家交易（exclusive dealing）行为主要落入《克莱顿法》第 3 条或者《谢尔曼法》第 1 条的规制范围。较《谢尔曼法》而言，《克莱顿法》旨在采用更加激进的判断标准来规范某些反竞争行为。事实上，法院直到最近才强制要求独家交易与搭售行为必须具备市场力量的要件，但该处要求的最低市场份额一直徘徊在 30％～40％之间，这对于大多数市场来说可能是正确的，尽管它可能对某些网络行业的原告来说过于苛刻——在这些行业中互联互通是必不可少的。[2]

合乎逻辑的是，当我们审查的主体是垄断企业而非占据市场份额为 30％或 40％的企业时，应当放松对搭售与独家交易的行为要件的判断要求。在任何情况下，对于垄断行为（monopolization）的一般判断标准也是如此。《谢尔曼法》第 2 条适用的前提条件是存在对竞争对手造成不必要损害后果的排挤性行为[3]，而不论其是否满足了搭售行为的技术性要件。违反第 2 条的搭售与独家交易行为，与违反传统的第 1 条或者《克莱顿法》第 3 条的行为的区别在于，前者不要求有任何的协议。垄断是一种单方实施的行为。所以，当一家具有市场支配地位的企业单方强制实施了搭售或者独占交易时，即使在没有协议证据的情况下，该行为依然可能违反反垄断法的规定。

适用《谢尔曼法》第 2 条针对强制捆绑（forced bundling）行为所作的判决，通常都没有讨论在搭售案件中所要求的"独立产品"（"separate product"）的构成要件，因为它们完全不遵循搭售条款的逻辑，而是直接探讨在现有情况下该行为是否属于排挤性行为。这也就是说，垄断企业的单方"搭售"行为可能属于违反第 2 条一般规则的违法行为，不论它们是否满足搭售条款所要求的"独立产品"的构成要件。

在 *Microsoft* 案中，华盛顿哥伦比亚特区巡回法院认定微软公司将其 Windows 操作系统和 Internet Explorer 网页浏览器的计算机程序代码"混合"（"commingling"）在一起的行为，违反了《谢尔曼法》第 2 条的规定。[4] 这种单方行为实

---

[1]　*LinkLine*，129 S. Ct. at 1120. On *Brooke Group* and the law of predatory pricing，see §§ 8.3 - 8.5，8.8.

[2]　关于构成非法搭售和非法独家交易所需的市场份额，参见本书第 10.3 节及第 10.8e 节。

[3]　见本书第 6.4 节。

[4]　United States v. Microsoft Corp.，253 F. 3d 34，66 (d. c. Cir. 2001).

际上要求所有微软 Windows 操作系统的用户接受预先已经安装好的 Internet Explorer。由于电脑硬件制造商不希望其生产的设备支持相同功能的两种程序，所以混编代码实际上起到了在浏览器的一级分销市场中挤掉 Internet Explorer 浏览器的主要竞争对手 Netscape 的作用。这也反过来意味着，Netscape 想要研发出新的软件工具来兼容安装了大量不同操作系统的电脑变得更加困难了。法院同时认为，微软公司没有对混编代码的行为给出任何有利于竞争的正当理由。

当被告是一家具有市场支配地位的企业时，法院也会适用《谢尔曼法》第 2 条对该企业的独家交易行为进行追责。例如，尽管在 Lorain Journal 案中，联邦最高法院并未使用"独家交易"这个词语，但被法院以第 2 条予以否定的涉案行为实际上是独家交易行为。[1] 在该案中，被告是一家报纸，其禁止与其交易的广告购买者从其竞争对手处购买广告时段。最高法院并未考虑 Lorain Journal 的上述行为所造成的市场封锁（foreclose）的比例有多大——而这是独家交易案件的核心要件。[2] 再一次地在适用《谢尔曼法》第 2 条时，法院所要审查的法律问题是涉案行为是否在没有商业正当性的情况下给竞争对手造成不必要的损害，针对不具有市场支配地位的企业所从事的独占性交易行为的审查方法，并不是解决这一问题的唯一方法。[*] 在 Dentsply 案中，第三巡回法院维持了政府针对涉案独家交易行为的谴责。在该案中，行为主体 Dentsply 公司在牙齿填充物材料和人造牙齿材料的销售市场上具有市场支配地位[3]，其销售的产品在不同的区域可占据从 67％ 到 80％ 不等的市场份额。Dentsply 公司通过一个由多家经销商构成的经销网络进行产品销售，除少数例外的情形外，其要求经销商只能销售其产品，销售对象为接收了牙医订单的特殊人造牙齿或者牙齿填充物定制的牙科实验室。法院认为，这一行为不合理地限制了其他品牌的替代性牙科材料的发展，因为牙科医生很难找到不使用 Dentsply 公司材料定制产品的实验室。[4]

考虑到公认的，《谢尔曼法》第 1 条比第 2 条适用起来更为激进，对被控行

---

[*] 这里的含义是，有两种不同的规则、两套不同的法律要件来处理独家交易的案件。——译者注

[1] Lorain Journal Co. v. United States，342 U. S. 143，72 S. Ct. 181 (1951).

[2] 关于独家交易的市场封锁要件，见本书第 10.9e 节。相反的，在 Lorain Journal 案中，关于市场封锁的唯一证据是"大量的 Lorain 郡的销售商证实，由于出版商的政策，它们不得不停止或者放弃在 WEOL 上打广告的计划"。342 U. S. at 149，72 S. Ct. at 184.

[3] United States v. Dentsply International, Inc.，399 F. 3d 181 (3d Cir. 2005)，最高法院提审动议被驳回，546 U. S. 1089，126 S. Ct. 1023 (2006). 也可参见 McWane, Inc. v. FTC，783 F. 3d814 (11th Cir. 2015)，该案判决虽然依据的是《美国联邦贸易委员会法》第 5 条，但采用了《谢尔曼法》第 2 条的标准，指出被告占有的市场份额高达 90％。

[4] 同上一条注释，at 190 - 191："通过确保关键分销商仅销售 Dentply 公司生产的牙齿，或者主要销售 Dentply 公司生产的牙齿，Dentsply 公司的独占性交易为维持该公司的垄断地位起到了显著的作用。这有助于使竞争对手的销售额低于某临界值，从而使任何对手都无法对 Dentply 公司的市场份额产生有力的冲击。因此，本案的独占性交易是损害竞争的柱石。"

为人更为严厉，或者，当竞争受到威胁时，《克莱顿法》[①] 第 3 条能同时适用于独家交易和搭售商品的情形，那么，适用《谢尔曼法》第 2 条对独家交易或搭售进行谴责就显得比较奇怪了。然而从根本上说，搭售和独家交易都是"排挤性"行为，均落入第 2 条规制的范围。此外，如前所述，虽然第 2 条的适用在市场力量方面具有更为严格的标准，但对其他构成要件的要求却相对而言要低一些。

第 7.7 节　单方拒绝交易之三："关键基础设施"原则

在适用《谢尔曼法》第 2 条时，所谓的"关键基础设施"原则（"Essential Facility" Doctrine，本书有时也译为"必要设施"原则）是最麻烦、最难懂、最难操作的规则之一。反垄断法面临的一项重大任务，是对各种拒绝交易行为进行恰当的划分，区分出其中哪些是有利于鼓励投资和创新的，哪些则只是鼓励消极被动"躺平"的。当前"关键基础设施"原则的主要问题是它显然鼓励了后一类状况。

关键基础设施原则宣称，正确定义的该原则指的是拥有"关键基础设施"的企业具有向他人开放该设施的义务，否则即违反了《谢尔曼法》第 2 条。但这一定义也带来了大量无法回答的问题，包括：（1）什么样的设施构成"关键基础设施"？（2）交易义务的主体范围是仅限于横向的竞争对手，还是也包含纵向关系的企业或者其他关系的企业？（3）在何种情况下拒绝交易具有不正当性？（4）法院如何确定强制交易的范围和条件？

同样重要的是，不应将关键基础设施原则与本书第 7.5 节中讨论的更为一般性的针对拒绝交易的反垄断规则相混淆。*Aspen* 案[②]中的拒绝交易规则是基于个案中特定行为（conduct based）的，其涉及的是企业以对竞争有害的方式违背自己先前作出的承诺。相比之下，关键基础设施原则是基于特定资产（asset-based）的，认为仅因拥有瓶颈型的资产（bottleneck asset）这一事实就可以迫使产权企业与他人共享该资产。

关键基础设施原则据称肇始于联邦最高法院 *Terminal Railroad* 案[③]，该案判决要求控制着密西西比河铁路桥和转乘、仓储设施的一组公司，必须与其他铁路运输公司分享这些设施。然而，该案并非一个典型的适用关键基础设施原则的先例，因为掌控这些设施的众多公司之间签订了协议，所以该案实际是一个违反《谢尔曼法》第 1 条协议行为的案例。

今天，关键基础设施原则主要针对的是单方拒绝交易行为。当然，如果对

[①]　15 U. S. c. §14.

[②]　Aspen Skiing Co. v. Aspen Highlands Skiing Corp. ，472 U. S. 585，105 S. Ct. 2847 (1985). 见本书第 7.5 节。

[③]　United States v. Terminal R. R. Assn. ，224 U. S. 383，32 S. Ct. 507 (1912). 见 3A Antitrust Law ¶ 772b1 (4th ed. 2015).

"关键基础设施"原则没有争议，那么这些设施究竟是由一家公司控制还是由相关产业的多家公司控制就不那么重要。但是如果有人质疑关键基础设施原则是否系反垄断法上的一项独立原则，那么区分多主体的协同行为和单主体的单方行为就显得尤为重要了。与单方拒绝交易行为相比，协同拒绝交易的行为更容易被判定需要承担反垄断责任，所需要的有关实际竞争影响的证据也更少。[1] 正因如此，当关注点放在单方行为时，"关键基础设施"的恰当界定就显得十分重要。

联邦最高法院第一个涉及现代关键基础设施原则的案件应是 *Otter Tail Power* 案，该案中的市政公用设施企业希望能从其他上游企业处采购电力来满足自己区域内的电力需求，但 Otter Tail 这家公共事业公司却拒绝向其提供电力"输送"服务，从而被法院适用《谢尔曼法》第 2 条予以谴责。[2] Otter Tail 公司的意图明显在于迫使市政一级的企业变成自己的客户。最高法院在该案中的分析大多数都没有什么帮助，但一些在其后的判决中变得重要的因素在此案中已经得以讨论。第一，Otter Tail 公司可能已经拥有了自然垄断力量，这取决于在当时的技术条件下，如何界定与电力零售不同的电力"批发"（"wholesale"）市场。第二，Otter Tail 公司属于受到政府管制的公用事业企业。

最高法院下一个实质性地适用了"关键基础设施"原则的案件是此前讨论过的 *Aspen* 案。[3] 最高法院并未明确提出关键基础设施的概念并在其基础上作出裁判，但该案判决书的大量语言却被后来的适用关键基础设施原则的案例所采纳。讽刺的是，最高法院在未适用关键基础设施原则的情况下对 *Aspen* 案中的被告进行追责，这似乎表明该原则并不是必要的。在此类案件中，法院的审理思路只需要着眼于被告的市场力量、拒绝交易的背后原因，以及行为对竞争造成的损害即可。不幸的是，许多法院并未遵循这一思路。

第七巡回法院在 *MCI* 案中关于关键基础设施原则的表述影响了一大批后续的判决。该原则被该法院认定为包括四个要件：（1）关键基础设施被垄断企业所控制；（2）竞争者无法实际或者合理地建造设施；（3）垄断者拒绝竞争者使用该设施，并且（4）垄断者提供设施供竞争者使用在客观上是可行的。[4]

最后，在第 7.5 节我们讨论过的 *Trinko* 案中，联邦最高法院拒绝"承认或否认"关键基础设施原则，并对此后的关键基础设施原则的诉讼设定了严格的限制性条件。[5] 最高法院将适用关键基础设施原则的诉讼一般限制在下列情形：

---

① 见本书第 5.4a 节。

② Otter Tail Power Co. v. United States，410 U. S. 366，93 S. Ct. 1022 (1973).

③ Aspen Skiing Co. v. Aspen Highlands Skiing Corp.，472 U. S. 585，105 S. Ct. 2847 (1985).

④ MCI Communic. Corp. v. AT&T，708 F. 2d 1081，1132‑1133 (7th Cir.)，最高法院提审动议被驳回，464 U. S. 891，104 S. Ct. 234 (1983).

⑤ Verizon Communications，Inc. v. Law Offices of Curtis V. Trinko，LLP，540 U. S. 398，411，124 S. Ct. 872，881 (2004).

（1）诉争设施是不可替代的，即其竞争对手自行无法提供；（2）诉争设施完全是由被告自主研发，且实际上已向他人出售的；（3）向竞争对手销售的行为在商业上是合理的，这一合理性意味着被告向竞争对手销售的获利至少可达到向其他方销售的获利水平；（4）没有监管机构负有法律职责来主动监督这一强制缔约要求。在如此苛刻的要件下，能够适用关键基础设施原则的诉讼就所剩无几了。

7.7a. 什么情况下构成"关键基础设施"？

法院认为，在绝大多数情况下，关键基础设施存在以下三种类型：（1）自然垄断或受显著的规模经济制约的企业联营安排[1]；（2）在受到政府管制的领域中建造的设施、工厂或者其他具有价值的生产性要素[2]，不论其是否构成自然垄断[3]；（3）在建造或者维护的过程中受到政府补贴的、由政府所有的设施。[4] 所有这些设施的共同之处都在于，控制或使用这些设施的主体相对于其他主体来说具有显著的成本优势。

因为垄断是一种运用市场力量的违法行为，所以，适当定义的关键基础设施的所有者必须拥有足够的市场支配力；或者，它必须构成一个瓶颈，使市场支配力能够在准确界定的相关市场中得以运用。上述观点似乎并无争议，尽管并非所有的法院都要求基础设施本身就足以界定为一个独立的相关市场。[5] 但是，如果诉争中的设施并不构成或者控制某一相关市场，那么具有竞争力的替代品就是可以获得的，而该设施就很难再被认定为"关键基础"设施。[6]

---

[1]　例如 United States v. Terminal R. R. Assn., 224 U. S. 383, 32 S. Ct. 507 (1912)；Associated Press v. United States, 326 U. S. 1, 65 S. Ct. 1416 (1945)。

[2]　"关键设施"不一定是有形资产。参见 *Bellsouth* 案，同上，该案认定客户名单也是一项关键设施。原告最终败诉是因为，被告愿意提供名单信息，但是不包括名单信息的汇编格式。

[3]　例如 Otter Tail Power Co. v. United States, 410 U. S. 366, 93 S. Ct. 1022 (1973)；Verizon Communications, Inc. v. Law Offices of Curtis V. Trinko, LLP, 540 U. S. 398, 411 (2004)。

[4]　例如 Hecht v. Pro-Football, 570 F. 2d 982 (d. c. Cir. 1977)，最高法院提审动议被驳回, 436 U. S. 956, 98 S. Ct. 3069 (1978)（公共体育馆）。

[5]　例如 Helix Milling Co. v. Terminal Flour Mills Co., 523 F. 2d 1317 (9th Cir. 1975)，最高法院提审动议被驳回, 423 U. S. 1053, 96 S. Ct. 782 (1976)。

[6]　例如, Pittsburg County Rural Water Dist. No. 7 v. City of McAlester, 358 F. 3d 694 (10th Cir.)，最高法院提审动议被驳回, 543 U. S. 810, 125 S. Ct. 44 (2004)（该案原告承认可以从其他渠道获得供水服务，而被告的水处理厂在当地并不是唯一的供应来源，因此市政府拒绝向偏远地区供水就不适用关键基础设施原则）；Castelli v. Meadville Medical Center, 702 F. Supp. 1201 (W. d. Pa. 1988)，维持, 872 F. 2d 411 (3d Cir. 1989)（本案中的医院不构成关键基础设施，因为在相关市场的地域范围内还有其他几家医院）；Illinois Bell Tel. Co. v. Haines & Co., 905 F. 2d 1081 (7th Cir. 1990)，最高法院提审动议申请被批准, 判决被撤销, 499 U. S. 944, 111 S. Ct. 1408 (1991)，发回重审, 932 F. 2d 610 (7th Cir. 1991)（当事人所称的关键基础设施必须在相关市场中占支配地位）；City of Malden v. Union Elec. Co., 887 F. 2d 157 (8th Cir. 1989)（相同观点；陪审团指引）。

7.7b. 缔约义务的范围

司法裁判的趋势是，将关键基础设施原则的适用范围限制在被告拒绝在某些市场中与竞争对手进行交易的情形。[①] 尽管有一些限制性的条件，但这样的结论通常而言是恰当的。首先，尽管公共事业企业有义务向所有付费的消费者提供服务，但该义务是由强制性立法设定的，在没有立法规定的情况下，反垄断法院无权决定在何种情况下应当引入该义务。[②] 其次，被告拒绝与不具有任何竞争关系的企业进行交易时，几乎不会产生反竞争的后果。当然，必须予以区别的情形是，纵向的关联企业也是被告实质上或者潜在的竞争对手。例如，在 *Fishman* 案中，控制着芝加哥体育场（Chicago Stadium）的被告像原告一样，意欲购买芝加哥公牛队（Chicago Bulls）。[③] 因此，当被告与原告既具有上下游的垂直关系（如出租人与承租人的关系），也具有水平的横向竞争关系时，被告的拒绝行为就应被认为是直接针对竞争者的。

通常而言，当企业与每位有能力付费的客户交易时，就能获得最大利益。因此，企业拒绝与非竞争对手的客户进行交易，背后的逻辑通常与竞争无关——例如，该客户有逾期付款或者难以顺畅合作的不良记录，又或者是关键基础设施的运营能力已经饱和。

7.7c. 拒绝交易的合理性

仅在下列拒绝交易的情形中应当适用《谢尔曼法》第 2 条：可能使某些相关市场的产品价格提升、产出减少；或是，可能使已经获得的垄断力量永久固化。因此，原告必须证明，从经济学意义上讲，被控拒绝交易的行为是排挤性的，或是反竞争的。对于私人原告提起的诉讼而言，"反垄断损害"（"antitrust injury"）原则确认了这一要件，没有什么理由认为该原则无法适用于涉及关键基础设施的案件。[④]

然而，一些法院在被告的拒绝交易行为并未带来多大影响时，也适用了关键基础设施原则。例如，在 *Fishman v. Wirtz* 案中，被告拒绝原告使用芝加哥体

[①] 例如 Interface Group v. Massachusetts Port Authority, 816 F. 2d 9 (1st Cir. 1987)；Garshman v. Universal Resources Holding, 824 F. 2d 223 (3d Cir. 1987)。

[②] 最高法院在以下案件中作出此认定：Verizon Communications, Inc. v. Law Offices of Curtis V. Trinko, LLP, 540 U. S. 398 (2004)。

[③] Fishman v. Estate of Wirtz, 807 F. 2d 520 (7th Cir. 1986).

[④] 参见本书第 14.3 节。也可参见 Flip Side Productions, Inc. v. Jam Productions, Ltd., 843 F. 2d 1024 (7th Cir.)，最高法院提审动议被驳回，488 U. S. 909, 109 S. Ct. 261 (1988)（在关键设施的指控案件中适用了反垄断损害原则）。

育场，导致后者失去了购买芝加哥公牛职业篮球队的机会。[①] 但是当时公牛队已经将芝加哥体育场作为其主场，所以，被告的拒绝交易行为并没有给市场竞争带来什么影响。该案的争议焦点在于公牛队的所有权问题，而非通过引入第二支篮球队将竞争带入垄断市场。[②]

换个角度审视该问题，如果关键基础设施（如天然气管道）的控制者已经向 10 家天然气企业出租了天然气输送管道，那么，它拒绝向第 11 家企业出租管道的行为并不会给竞争带来影响。这样的决定或许损害了需与之合作的那家企业的利益，但并不会对整个市场造成竞争损害。另一种情形是，如果两家油气企业争夺处于自然垄断状态的天然气管道的承租权，一家通过不公平的手段赢得了竞争，那么，不公平性在于该企业所获得的垄断者身份，而并不在于市场将会变成垄断市场还是竞争性市场。在第一种情况下，反垄断法关于垄断损害的要件没有得到满足；在第二种情况下，该要件是否成就，取决于纠纷的性质。如果最终定价较低的竞标者由于竞争对手的不正当竞争被踢出局，那么，即使在任何情况下关键基础设施都只能由一家公司占有或使用，高价格的竞标者中标的事实都可能会是反竞争的。

7.7d. "关键基础设施"原则与反垄断法立法目的的冲突；与 *Aspen* 规则的对比

关键基础设施原则存在一个逻辑上的问题，如果该原则的适用范围被限制在意欲创建或者延续垄断力量的拒绝行为之内，那么，已经有足够的关于拒绝交易的反垄断法一般性条款可以为其所用。[③] 但如果没有这一限制，关键基础设施原则将在《谢尔曼法》第 2 条中丧失其根基。它开始作为一项"公平准入"（"fair access"）的法规被适用，强制一些私营企业兼容另一些企业，哪怕竞争的强度并没有因此而得到提升。因此，该原则要么是多余的，要么与反垄断法的一般原则相冲突。

再者，如果强制企业进行交易的话，法院需要设定合同的条款和交易的条件，由此将法院变成了某种监管机构。举例言之，假设被告拥有从起点 X 地到市场 Y 地的天然气管道，在 X 地，天然气的竞争价格是每单位 10 美元，将天然气运至 Y 地的运输成本是每单位 2 美元。但被告是一个垄断者，它在 Y 地收取的交货价格（delivered price）为每单位 15 美元，则被告每单位可多获取 3 美元的垄断利润。现在，在 X 地的一家天然气生产商想要自行运输其天然气至 Y 地，

---

① Fishman v. Estate of Wirtz, 807 F. 2d 520 (7th Cir. 1986).

② 见 Easterbrook 法官的异议意见，807 F. 2d 520，at 563-564。

③ 见本书第 7.6~7.7 节。见 Phillip Areeda, "Essential Facilities: an Epithet in Need of Limiting Principles", 58 *Antitrust L. J.* 841 (1989).

它根据关键基础设施原则获得了司法强制令，从而要求被告向自己出租天然气管线。那么，被告会如何定价呢？

试想，如果没有法院的限制，被告在降低自己运输量的同时，一定会向原告收取每单位 5 美元的运费，从而将自己的利润最大化。这样一来的结果是，天然气管道内运输的天然气总量并无变化，价格也并未降低。管道所有者换成通过租赁关系来获得垄断利润，而不再以天然气管道输送方的身份来获得同样的垄断利润。

在上述例子的情形下，关键基础设施原则无法改善消费者的福利。当法院判决强制分享时，关键基础设施的所有者给原告的价格与其给其他消费者的垄断价格并无二致。法院避免该结果的唯一办法是，在强制被告分享设施的同时，对价格进行管制。由此一来，管道企业实际上就变成了公共事业企业。

强制分享的最终结果是，一旦原告被赋予了分享利用被告管线的权利，它将丧失发展自有管线的驱动力。[①] 从这一意义上说，关键基础设施原则与反垄断法的根本目的是相悖的，它将抑制而非鼓励竞争对手去开发自有的替代产品。在上述天然气管道的例子中，真正的竞争往往发生在第二条、第三条管线建立之时，这样的管线只有在原告企业无法通过司法途径获得被告管线的使用权，迫不得已必须自己修建时，才会得以实现。

这是关键基础设施原则与 *Aspen* 案拒绝交易规则之间存在的最重要的区别之一。[②]关键基础设施原则往往不鼓励企业自行开展投资，只要它们可以利用别人的资产。相比之下，*Aspen* 规则通过保护联合投资继续持续存在、免受占据支配地位的参与者随后的反竞争滥用行为的撤资影响，从而鼓励了市场投资。

第7.8节　"掠夺性"产品设计与研发；
未进行事先披露；改变产品的互补性

一些私人原告指控被告系垄断者，其以"操纵"（manipulate）产品或者市场的方式阻碍原告参与竞争。这种操纵实践包括：对产品进行物理性捆绑（physical bundling）或者对所采用的技术进行其他策略性选择（strategic selection）、"掠夺性"研发、对某项技术创新或者设计创新不予事先披露、对品牌广告的策略性使用等。自 20 世纪 70 年代至 80 年代早期，涌现出一波这样的案件，但从 80 年代后期开始就逐渐减少了。

---

① 见 Trinko, 124 S. Ct. at 879（"强迫企业分享其优势资源，与反垄断法的根本目的存在某种程度的紧张关系。因为它将降低垄断者及其竞争对手在这些具有经济效益设施上进行投资的动力"）。

② 参见本书第 7.5 节。

7.8a. 掠夺性产品或者方法创新

一类指控被告通过捆绑产品实施垄断的诉讼最早在针对 IBM 公司的一系列案件中出现。*California Computer Products* 案[1]的事实是，IBM 公司制造计算机的中央处理器和各种"外围设备"，如存储器、显示器和控制器。原告只生产磁盘驱动器，这也是一种存储设备。此后，被告研发了一种新型的计算机，它的存储器和中央处理器被组装在同一个盒子里，并以不可分的单一产品形式对外销售。被告能够证明，与此前的产品相比，新电脑的组装速度更快，也更便宜。然而，原告主张这种新型计算机的出现属于"技术性操纵"（"technological manipulation"），设计该产品的目的只是消除独立的存储器市场，法院对此不予支持。

研发出来的新产品，如果减少或者消除了原来由竞争对手产品构成的市场，是否属于非法的垄断行为？[2] 对这一问题需要考虑两种可能性：1）新产品是否并不优于旧产品，或者甚至可能更差；2）是否有确切的证据表明，被告研发新产品的目的在于摧毁竞争对手产品所构成的独立市场。

上述两种情况都将带来诸多实操层面的问题。首先，一种新产品是"优于"还是"劣于"旧产品，完全是消费者的选择偏好问题，而不是适宜由司法来决定的问题。[3] 如果在消费者眼里，新的 IBM 电脑的存储功能劣于旧产品，他们将拒绝购买新产品。

而不良意图所存在的问题就更加明显了。每一个发明者都"意图"通过其发明去损害与其形成紧密竞争关系的竞争者，只有如此，它自己的发明才可能占据市场。假设 Henry Ford（亨利·福特，福特汽车的创始人）清楚地知道生产 T 型汽车（福特生产的一款划时代的汽车）会摧毁马路对面马车制造商的生意，那么，T 型汽车的研发是非法的吗？当然不是。假设 Henry Ford 十分厌恶对方，所以带着摧毁对方生意的唯一目的而研发了 T 型汽车呢？尽管有人可能想要谴责这种行为，但并没有什么方法可以区分意图的"非法"性或者"合法"性。意图已被融入业已完成的结果之中了，在这种情况下，研发出来的新产品从后果上已经损害或者摧毁了某些竞争者。没有什么合理的理论依据可以得出新产品的研发是非法垄断的结论。这样的规则对市场经济中创新过程的伤害肯定远远大于对

---

[1] California Computer Products，Inc. v. IBM Corp.，613 F. 2d 727（9th Cir. 1979）.

[2] 第九巡回法院给出了否定的答案。同上一条注释，at 744：假设 IBM 是一个垄断者，它有权去重新设计其产品以达到吸引更多消费者的目的，不论是通过更低的成本和价格，还是通过更为完善的性能。它没有义务去帮助 Cal Comp 或其他外部设备生产商生存或者扩张……IBM 这种行为的合理性问题不需要陪审团来判定。

[3] 见 Automatic Radio Mfg. Co. v. Ford Motor Co.，272 F. Supp. 744（d. Mass. 1967），维持，390 F. 2d 113（1st Cir. 1968），最高法院提审动议被驳回，391 U. S. 914，88 S. Ct. 1807（1968），这里的创新可能属于一项美学上的改进，而非技术性的改进。

竞争效率的提升效果。[1] 如果认可这一规则，就相当于使那些因为竞争者的技术研发而遭受损害的企业拥有开启一场证据开示之旅的权利，使其在对方披露的记录中去寻找可以被解释为不良意图的蛛丝马迹。因此，更好的规则是从一开始就不考虑意图的问题。

对于反垄断政策制定者而言，上述例子是很危险的。在 *Allied Orthopedic* 案中，第九巡回法院驳回了原告关于被告开发的新型脉搏血氧仪违反了反垄断法，以及下级法院应当平衡"被告 Tyco 公司所谓的改进产品的获益和其带来的反竞争效果"的诉讼主张。法院推论道：

> 在这样的分析项下，没有必要考虑一项产品改进所带来的好处或者价值与其可能带来的反竞争效果之间的平衡。如果一个垄断者的产品设计变化是一种进步，除非垄断者在推出该产品时存在其他方面的滥用或者利用垄断力量的情形，否则这样的行为"必须被反垄断法所容忍"。

此外，

> 权衡改进后的产品设计的好处和由此带给竞争者的损害，不仅不明智，而且是难以操作的。法院并没有什么标准可以用来计算能最大限度提高社会收益、同时减少竞争性损害的"正确"的创新量。[2]

相反，在 *c. R. Bard* 案中，联邦巡回上诉法院肯定了陪审团的裁决，该裁决认定被告的新产品设计具有反竞争性。[3] 在该案中，Bard 公司生产了一种受专利保护的枪，它通过在皮肤表面注射一种体积很小的一次性针头来获取组织样本。以前，这些针头的生产商是包括原告在内的多家公司。然而，在 Bard 公司重新设计之后，新的枪只能与 Bard 公司自己生产的针头相兼容。现有证据表明，Bard 公司重新设计的枪与原有技术相比并无改进，其唯一的目的仅是通过新设计使竞争对手的旧式针头无法兼容。原告本来也可以生产新式针头，但问题在于新式针头已经获得专利授权。[4] 上诉法院认同让陪审团基于上述事实判断是否存在非法垄断。上诉法院也维持了地区法院向陪审团发出的下列指示，认为其是恰当的："引进更优产品的行为"不具有排挤性，但是如果"该行为是模糊的，有直接证据显示存在垄断的明确意图，则可以认定该行为意图，或者实际上具有针

---

① 相反的观点见 Janusz A. Ordover & Robert D. Willig，"An Economic Definition of Predation：Pricing and Product Innovation"，91 *Yale L. J.* 8（1981）。对该观点的回应见 J. Gregory Sidak，"Debunking Predatory Innovation"，83 *Col. L. Rev.* 1121（1983）。

② Allied Orthopedic Appliances Inc. v. Tyco Health Care Group LP，592 F. 3d 991, 1000（9th Cir. 2010）。见 Herbert Hovenkamp，"Antitrust and Information Technologies"，68 *Fla. L. Rev.* 419（2016）。

③ c. R. Bard，Inc. v. M3 Sys.，Inc.，157 F. 3d 1340, 1371（Fed. Cir. 1998），最高法院提审动议被驳回，526 U. S. 1130，119 S. Ct. 1804（1999），发回重审，120 F. Supp. 2d 1145（N. d. Ill. 2000）。

④ 见 c. R. Bard，157 F. 3d at 1370。

对竞争的排挤性或者限制性"[①]。

当专利所涵盖的产品需要与不同的产品互连时，外观设计专利可能会引发类似的问题。例如，在 *Ford Global* 案中，法院认为，根据专利法，汽车制造商以外观设计专利保护其售后维修市场中的零部件的做法并不违法。因此，售后维修市场中与原厂具有竞争关系的其他制造商不能生产与原厂零件外观相同的产品，而必须采用不侵犯原车厂商专利的不同的设计。[②] 虽然外观设计专利可能不具有"功能性"，但法院认为消费者对与原厂零件外观相同的其他兼容厂商生产的零件的偏好不属于"功能"，因此不存在反垄断的问题。该判决显示了专利案件中普遍存在的一个不幸的、典型的短视问题，即忽视对竞争的影响。

7.8b. 未事先披露新技术

在 *Berkey Photo* 案中，照相机和胶卷领域的垄断者 Kodak 公司的一个竞争对手指控其违反了《谢尔曼法》第 2 条，理由是 Kodak 公司未事先披露一个全新的产品套装的上市信息。该案的事实大致如下：Kodak 公司研发了一种革命性的新型照相机，其性能比同等价位的其他照相机更好，因而备受消费者青睐。该款照相机同时使用了一种被封装在受到专利保护的胶卷盒中的新型胶卷，这是竞争对手在短期内难以仿制的。Kodak 公司将新型照相机与新型胶卷盒同时推向市场。在数个月内，竞争对手很可能能够同时推出新型相机和新型胶卷的竞争性仿制品，但是在此期间内，Kodak 公司不仅能够独享新型照相机所带来的垄断利润，而且也是新型胶卷的唯一提供商。[③]

毫无疑问的是，Kodak 公司不进行事先披露的行为损害了与其具有竞争关系的胶卷生产商的利益。如果新相机问世之时，这些竞争者就能推出技术上适配的胶卷，与 Kodak 相机一道同时进入市场，对它们来说情况就会好得多。但问题是，竞争是否由此受到了损害呢？Kodak 公司肯定会通过使其利润最大化的价格销售相机，从而竭尽所能地获取最大化的垄断利润，但几个月后，它不得不将胶卷的价格降至竞争价格水平。这样一来，Kodak 公司极有可能利用其在相机和胶卷市场上的双重支配力实施价格歧视——在那些每天拍摄 20 卷胶卷的专业摄影师眼里，这款相机的价值要比每年只用掉 3 卷胶卷的业余摄影师所认为的价值更高。通过将部分可获得的垄断利润从相机转移至胶卷，Kodak 公司可以从高频使

---

① 同上一条注释。

② Automotive Body Parts Assn.（ABPA）v. Ford Global Tech., LLC, 930 F. 3d 1314（Fed. Cir. 2019）.

③ Berkey Photo, Inc. v. Eastman Kodak Co., 603 F. 2d 263（2d Cir. 1979），最高法院提审动议被驳回，444 U. S. 1093, 100 S. Ct. 1061（1980）；也可参见 Foremost Pro Color, Inc. v. Eastman Kodak Co., 703 F. 2d 534（9th Cir. 1983），最高法院提审动议被驳回，465 U. S. 1038, 104 S. Ct. 1315（1984）.

用用户群体处获得更高额的利润，从而提升了总体回报率。*①

然而，尽管 Kodak 公司未事先披露的行为导致了价格歧视，但该价格歧视并不损害社会福利。事实上，与其他的定价策略相比，它使得垄断者销售出了更多物美价廉的相机，从整体上有利于消费者，而且从长远来看，它也给具有竞争关系的其他胶卷生产商创造出了更大的市场。在 *Berkey* 案中，联邦第二巡回法院最终驳回了关于要求垄断者事先披露新技术的主张，自此以后，也没有法院对此类主张进行过审查。

7. 8c. *Microsoft* 案：不必要的有害的重新设计与授权许可条件

为了理解美国政府针对 Microsoft 公司发起的反垄断诉讼，我们必须对诸如 Windows 的电脑操作系统涉及的经济学有所了解。在经济学上，这些系统被称为具有"正网络外部性"（positive network externalities），这意味着当此类系统的使用用户增加时，该系统对于某个特定用户的价值将随之增加。正网络外部性的典型例子是电话系统。即使是最高科技的电话，如果不能和任何人连接，也几乎一文不值。一旦电话可以联系到哪怕一名其他用户，它就开始产生价值，而后，随着接入用户数量的增加，每位网络内用户所获得的价值也随之增加。正因如此，如果两个系统彼此不能兼容，那么具有较多用户数量的系统较之用户数量较少的系统，会获得更高的市场认可度。这种情况使得处于支配地位的企业比其他竞争者具有更为明显的优势，从而需要接受更为细致的反垄断审查。②

Windows 或其他任何电脑操作系统的网络外部性的来源是多方面的，但它们均主要包括：（1）用户与其他用户进行连接和交互的需求；（2）应用软件开发者为大规模的用户进行开发的需求。对于用户和应用软件开发者而言，一个具有更大用户安装量的操作系统总是比虽然品质同样出众、但安装用户量较少的操作系统更具有吸引力。

Microsoft 公司维持其网络优势的关键在于，它需要保持与其他电脑操作系统不兼容，使得用户无法在不同的操作系统间自由切换运行相同的软件或完成其

---

* 这里的含义是将垄断利润加在胶卷的价格中、而不是相机的价格中，这样可以在高频使用者和低频使用者之间实施价格歧视，从而增加总体的利润。——译者注

① 本案中的不事先披露，与可变比例搭售安排（variable proportion tying arrangement）的原理是一样的。见本书第 10.6e 节。而如果情况像 *Automatic Radio* 案一样，价格歧视就不太可能发生，因为该案的争议产品一个是汽车，一个是车载收音机，大多数购买一辆汽车的消费者都只会买一台车载收音机，汽车和收音机之间的数量比例是固定的，见 Automatic Radio Mfg. Co. v. Ford Motor Co., 272 F. Supp. 744 (d. Mass. 1967)。

② 见 Richard A. Posner, *Antitrust Law* 245 - 258（2d ed. 2001）；Herbert Hovenkamp, *The Antitrust Enterprise：Principle and Execution*, ch. 12（2005）。关于判例法，见 13 Antitrust Law ¶¶ 2220 - 2221（4th ed. 2019）。

他控制任务。Netscape 公司和 Sun Microsystem 公司开发的 Java 计算机程序语言，使得软件可以在不同的操作系统中运行，由此对 Windows 系统构成威胁。举一个便于理解的例子：如果一个国家有两个不能互联互通的电话系统，一个系统技术陈旧，但因运营期长而拥有 10 万名用户，另一个较新的系统技术更为先进，但仅仅拥有 100 名用户。尽管在技术上比不上新系统，但庞大的用户数量却给老系统带来了显著的优势，因为消费者更在乎是否能联系到尽可能多的其他用户。由此一来，客户群较大的那个系统进行创新研发或者降低价格的驱动力就相对较弱。

假设有人研发出可以使两个系统互联互通的"开关"（switch），那么一个系统的用户将可以很容易地和另一个系统的用户通话，反之亦然。网络的优势将会在两个系统之间聚合，而其中一个系统相较于另一个系统的独特优势将不复存在。消费者在选购电话网络时也将转向考虑其他的因素，比如更好的技术、服务或者更低廉的价格。

Netscape 公司基于 Java 语言开发软件，可能会颠覆性地研发出可以连接多个操作系统的"开关"，从而摧毁 Microsoft 公司相较于其他竞争者的显著网络优势。比尔·盖茨（Bill Gates）对此明确表达了担忧，认为这会导致操作系统市场的"大宗商品化"（commoditize）*。尤其是，Java 的"一次写入，随处运行"的技术路径无疑将会使得无论是在用户端，还是在软件写入端，所有操作系统可实现完全兼容。[①] 市场随之将会变成传统意义上的依靠产品差异化进行竞争的市场，人们将可以完全基于产品的价格、特点、运行速度、售后服务等因素选择 Microsoft 或者非 Microsoft 的操作系统，而不再需要考虑兼容性的问题。

政府提出指控所依据的理论是，Microsoft 公司竭尽所能地阻挠此类"开关"技术的研发，从而达到阻止不同系统相互兼容的目的。政府质疑了 Microsoft 公司的以下做法：（1）Microsoft 公司将 Windows 操作系统与其自己推出的 Internet Explorer 浏览器的代码混编在一起，从而使人们在选择一款浏览器时，Internet Explorer 比起 Netscape 来说具有压倒性的优势；（2）禁止电脑制造商在其生产的电脑中，从电脑桌面或是开始菜单里删除包括 Internet Explorer 图标在内的 Microsoft 图标，亦禁止为了便于安装使用非 Microsoft 的软件而修改 Windows 的根目录或者开机启动进程顺序；（3）禁止电脑制造商修改 Windows 桌面或者修改 Windows 操作系统中包含着众多程序图标的界面；（4）通过各种合同安排，诱使软件开发商选择 Internet Explorer 浏览器而非 Netscape 浏览器；（5）迫使 Apple 电脑在其办公系统中使用 Internet Explorer 而非其他浏览器；（6）向主要的芯片制造商 Intel 公司施压，令其撤回对 Java 多平台计算器语言芯片的研发支持。尽管华盛顿特区巡回法院驳回了针对 Microsoft 公司的其他一些指控，但对

---

* 指的是沦为只依靠价格竞争的同质商品。——译者注

① 见 United States v. Microsoft，84 F. Supp. 2d 9，29 - 30（d. d. c. 1999）（事实认定 74 - 77）。

上述所有列举的行为均予以了谴责。[①]

第7.9节 带来困扰的"杠杆理论"：在第二个市场中的非垄断优势

早在20世纪40年代，联邦最高法院就已宣布，禁止企业利用其在第一个市场中的垄断力量来获取第二个市场中的竞争优势。[②] 自那时起，相关规则的含义和范围就一直模糊不清。[③] 但是从最广义的理解来看，该规则禁止垄断者从第二市场中获取竞争优势，"哪怕其并无垄断第二市场的企图"[④]。该责任来自其对第一市场中已拥有的垄断力量的"滥用"（"abuse"），而非在第二市场中将形成垄断的任何威胁。

杠杆理论（leverage theory）适用最为广泛的情形是，垄断者利用限制性协议或者纵向一体化的方式，在第二（从属）市场中不公平地获取竞争对手所不具备的优势。例如，在 Kerasotes 案中，作为电影放映商的被告，被指控利用它在一些城市中的垄断地位签订了排他性合同，而这些合同也覆盖了其他被告本不具有垄断力量的城市。[⑤]

从一般原理来说，即使垄断者通过纵向一体化的方式在两级市场中均建立了垄断，也不会导致更高的价格或者更低的产出量。事实上，在第二级市场（second level）的产品价格高于边际成本的典型情形中，纵向一体化或者搭售行为消除了双重边际化（double marginalization）而使得价格下降。[⑥] 不存在纵向关系的市场也是如此。例如，如果A厂商同时是缝纫机的垄断销售商和烤面包机的竞争性销售商，A或许可以利用其垄断地位迫使消费者购买A的面包机，比如，A只将缝纫机卖给那些同意独家代理A生产的面包机的零售商。但如此一来，A从面包机销售中赚取的额外垄断利润加成，会被缝纫机销售额下降的损失所抵消。

联邦最高法院在 Spectrum Sports 案的判决中，似乎完全拒绝了杠杆理论：

> 《谢尔曼法》第2条规定，一家企业的行为只有在它构成实质性垄

[①] United States v. Microsoft Corp., 253 F. 3d 34, 66 (d. c. Cir. 2001). 当事人之后达成了和解，华盛顿特区巡回法院在以下案件中予以批准：Massachusetts v. Microsoft Corp., 373 F. 3d 1199, 1209 (d. c. Cir. 2004). 见 Herbert Hovenkamp, *The Antitrust Enterprise: Principle and Execution*, ch. 12 (2005)。

[②] United States v. Griffith, 334 U. S. 100, 107 - 109, 68 S. Ct. 941, 945 - 947 (1948) （企业利用其在某些影院中的支配地位来谋求其他地区的竞争优势）；United States v. Paramount Pictures, 334 U. S. 131, 174, 68 S. Ct. 915, 937 (1948) （类似观点）.

[③] 见 3 Antitrust Law ¶ 652 (4th ed. 2015)。

[④] Berkey Photo v. Eastman Kodak Co., 603 F. 2d 263, 276 (2d Cir. 1979), 最高法院提审动议被驳回，444 U. S. 1093, 100 S. Ct. 1061 (1980) （法院最终未根据这一理论认定被告的法律责任）；Kerasotes Mich. Theatres v. National Amusements, 854 F. 2d 135, 138 (6th Cir. 1988), 驳回，490 U. S. 1087, 109 S. Ct. 2461 (1989) （推翻了下级法院作出的驳回杠杆理论指控的判决）。

[⑤] Kerasotes Mich. Theatres v. National Amusements, 854 F. 2d 135 (6th Cir. 1988).

[⑥] 见本书第 9.2c 节。

断或者产生实现垄断的严重威胁时，才能被判定为违法。法院的审查重点仅仅关注于被告是否实施了"不公平"或"掠夺性"的行为策略显然是不够的，如此并不能满足以促进竞争为目的的第 2 条的适用条件。[①]

尽管以上内容是不具有拘束力的法庭附属意见（dicta），但 *Spectrum Sports* 案的判决的观点似乎相当明确，其鲜明地表达了《谢尔曼法》唯一真正关注的要点是被恰当界定的相关市场的垄断威胁（threat of monopoly）。其结果是，此后的一些判决仅接受了狭义的杠杆理论，即仅限于利用某一市场中的垄断力量在关联市场建立额外垄断力量的情形。而在审理过程中，这些法院通常认为，在第二市场中被告行为必须满足企图垄断的所有构成要件。由此一来，杠杆理论实际上就丧失了其独立存在的基本特征和意义了。[②]

在 2004 年的 *Trinko* 案中，最高法院的观点更加明确：

> 上诉法院仍然认为，被上诉人可以在起诉状中基于垄断杠杆理论提出诉讼请求，我们对此不予认可。上诉法院忽略了在垄断第二市场时应当具备"成功的危险的可能性"这一要件，在这一点上上诉法院是错误的。[③]

上述表述应该可以终结长久以来备受争议的杠杆理论的适用了。

第 7.10 节 抬高竞争对手的成本（RRC）：市场先占

垄断者可以通过抬高竞争对手相对于自己的成本（raising rivals' costs，RRC），来创建或维系自己的垄断地位。[④] 作为一项实施垄断的策略，RRC 较之于其他的策略——如掠夺性定价，更具有吸引力。[⑤] 掠夺性定价的实施者，在当下就必须立即承担因降价带来的巨大损失，而只能寄希望于将竞争对手排挤出市场后，能够收取垄断价格来挽回损失。与之相反，RRC 策略能给实施者带来立竿见影的利润回报，同时其效果也不需要等到类似于有企业被逐出市场的灾难式

---

① Spectrum Sports v. McQuillan，506 U. S. 447，459，113 S. Ct. 884，892（1993），发回重审，23 F. 3d 1531（9th Cir. 1994）。

② 例如，见 Cost Management Services v. Washington Natural Gas，99 F. 3d 937，952（9th Cir. 1996）（一种修正版的杠杆理论被认为是"可行的"，它用于"企图利用一个市场的垄断力量去垄断另一个市场"，但依据该理论，原告必须举证证明构成企图垄断的所有一般要件……）。

③ Verizon Communications，Inc. v. Law Offices of Curtis v. Trinko，LLP，540 U. S. 398，414，124 S. Ct. 872，883 n. 4（2004），引用了 *Spectrum Sports*，506 U. S. at 459，113S. Ct. 892。

④ 见 Steven C. Salop & David T. Scheffman，"Raising Rivals' Costs"，73 *Amer. Econ. Rev.* 267（1983）；Thomas G. Krattenmaker & Steven C. Salop，"Competition and Cooperation in the Market for Exclusionary Rights"，76 *Am. Econ. Rev.* 109（1986）；E. Thomas Sullivan，"On Nonprice Competition：an Economic and Marketing Analysis"，45 *U. Pitt. L. Rev.* 771，776 - 785（1984）。

⑤ 关于掠夺性定价，见本书第 8 章。

巨变发生后才显现。这使 RRC 理论在许多情况下比竞争者绝对被排除的理论更为合理。革命性的不完全竞争理论和垄断竞争理论的主要贡献之一是，无论是竞争还是损害都存在程度之分。RRC 理论此后成为绝对的市场封锁理论或者绝对的竞争对手排挤理论的重要替代品。[①]

RRC 的另一个特征是，对涉案的成本抬高策略进行的审查，系基于异常复杂的交易谈判行为（bargaining behavior）理论假设，这大大增加了 RRC 规则的适用难度。尽管如此，这一理论已经得到了相当范围的认同，并已被纳入反垄断执法部门的《纵向合并指南》* 的规定当中。[②]

学者们已经提供了各种版本的理论，用来解释一家企业如何可以提高竞争对手的成本。它们中的相当一部分涉及多家企业间的"协同行动"（concerted action），并且被包含在"协同拒绝交易"的大问题下讨论。[③]而由单独的企业制定策略，仅适用《谢尔曼法》第 2 条的情形如下。

1）大型企业申请政府实施行业监管，但该监管实际会给小型企业造成重大影响。比如，一项要求所有航班都配备三人飞行机组的规定，对于使用小型飞机的小航空公司来说，需要支出的成本会远远大于使用较多大型飞机飞长途航线的大航空公司。[④]依据 *Noerr-Pennington* 原则，如果该请求是向政府机构提出的，

---

    * 1968 年美国司法部出台第一部《合并指南》（Merger Guideline），包括横向和非横向两个部分。该指南出台后，历经 1982、1984、1992、1997、2010 年五次修订（文中有时简称为××年《指南》）。从 1992 年开始，司法部和联邦贸易委员会联合发布《横向合并指南》（Horizontal Merger Guideline）。在 1992 年后、2020 年前，涉及纵向合并的事项还是沿用 1984 年版《合并指南》（Merger Guidelines）的非横向部分，也称为《非横向合并指南》（Non-Horizontal Merger Guidelines）。2020 年 1 月，司法部和联邦贸易委员会联合发布《纵向合并指南（草案）》（Vertical Merger Guidelines（draft）），2020 年 6 月 30 日，司法部和联邦贸易委员会正式发布了《纵向合并指南》（Vertical Merger Guidelines），最终取代了 1984 年版的《非横向合并指南》。——译者注

    ① 关于此问题的进一步讨论，见本书第 1.8 节。

    ② U. S. Dept. of Justice and FTC, Vertical Merger Guidelines § 4. a（June 30, 2020），访问地址：https://www. ftc. gov/system/files/documents/reports/us-department-justice-federal-trade-commission-vertical-merger-guidelines/vertical_ merger_guidelines_6—30—20. pdf. 关于这方面的进一步讨论，参见本书第 9.5 节。

    ③ 关于协同行动能够提高竞争对手价格的更为广泛的讨论，见 Thomas G. Krattenmaker & Steven C. Salop, "Anticompetitive Exclusion: Raising Rivals' Costs to Achieve Power over Price", 96 *Yale L. J.* 209（1986）（评价了许多策略）；& Herbert Hovenkamp, "Antitrust Policy, Restricted Distribution, and the Market for Exclusionary Rights", 71 *Minn. L. Rev.* 1293（1987）（评价了许多策略，并对之提出了疑问）。

    ④ 关于规模经济的合规性，见 Michael T. Maloney & Robert E. McCormick, "A Positive Theory of Environmental Quality Regulation", 25 *J. L. & Econ.* 99（1982）；George R. Neumann & Jon P. Nelson, "Safety Regulation and Firm Size: Effects of the Coal Mine Health and Safety Act of 1969", 25 *J. L. & Econ.* 183（1982）；B. Peter Pashigian, "The Effect of Environmental Regulation on Optimal Plant Size and Factor Shares", 27 *J. L. & Econ.* 1（1984）。其他问题的相关讨论见 Herbert Hovenkamp, "Antitrust Policy After Chicago", 84 *Mich. L. Rev.* 213, 277（1985）。

则可以受到豁免，如果是向民间标准制定组织提出的，则可能不受豁免。[①]

2）具有支配地位的企业对小企业提起诉讼。假设双方的诉讼成本相同，均为每年 10 万美元。诉讼的发起者每年的总产量为 10 万单位，而诉讼的应对者，也就是被告，每年的总产量为 1 万单位。那么，对原告而言，其需要承担的诉讼成本为每单位产量 1 美元，对被告而言，则是每单位产量 10 美元。如果被告还未投入生产，该项成本甚至就更高了。

3）资本密集型大企业可以通过与工会进行谈判，推动全市场范围内工资的上涨，其知晓劳动密集型小企业由此会受到严重影响。[②]

4）在研发方面处于行业领先地位的具有支配地位的企业有意选择对规模经济要求更高的技术方向，其知晓边缘企业将不得不跟随。另一种情况是，企业将创新程度很低甚至根本没有创造性的技术申请为专利，其知晓其他企业将不得不开展额外的研发工作以绕开这些专利，或者不得不去寻求无效这些专利。[③]

尽管上述情形在一定条件下均属于反竞争行为，但并非每一种提高竞争对手成本的行为均构成违法。事实上，抬高竞争对手成本的最普遍的做法是扩大产量，迫使竞争对手降低产量，由此剥夺了竞争者的规模经济，或者迫使竞争对手加大促销力度。换句话来说，大企业激进的经营策略将迫使竞争者花费更多的资源以使自己还能保持玩家地位。但这些行为正是市场竞争的核心，即使它们使竞争者付出更大的成本。[④]

只有为数不多的司法判决明确援引了关于 RRC 的文献来谴责所谓的垄断。[⑤]一个地区法院在一份判决中支持了陪审团的裁定，认为 Blue Cross 公司利用对自己的客户削减成本的策略抬高了竞争对手的成本。[⑥] 然而，在 *Ball Memorial*

---

① 见本书第 16 章；及见 Steven C. Salop, David T. Scheffman & Warren Schwartz, "A Bidding Analysis of Special Interest Legislation: Raising Rivals' Costs in a Rent Seeking Society," in Federal Trade Commission, *Political Economy of Regulation: Private Interests in the Regulatory Process* 103 (1984)。

② 见 Oliver E. Williamson, "Wage Rates as a Barrier to Entry: the Pennington Case in Perspective", 82 *Q. J. Econ.* 85 (1968)。

③ 见 Richard J. Gilbert & David M. G. Newbery, "Preemptive Patenting and the Persistence of Monopoly", 72 *Am. Econ. Rev.* 514 (1982)。

④ 见 Richard A. Posner, *Antitrust Law* 196-197 (2d ed. 2001)，其观点认为，这一限制非常严格，以至于在辨识排挤性行为时，抬高竞争对手成本的规则已经没有什么价值了。根据 Frank H. Easterbrook, "When is It Worthwhile to Use Courts to Search for Exclusionary Conduct?", 2003 *Col. Bus. L. Rev.* 345, 346。

⑤ 见 National Org. for Women v. Scheidler, 968 F. 2d 612 (7th Cir. 1992)，基于非反垄断的其他理由被撤销，510 U. S. 249, 114 S. Ct. 798 (1994)（驳回了关于反堕胎监督员提高了堕胎诊所成本违反反垄断法的指控。法院提出的审理问题：从《谢尔曼法》的立法目的出发，反堕胎监督员与堕胎诊所是"竞争性"关系吗?）；Premier Electrical Constr. Co. v. National Electrical Contractors Assoc., 814 F. 2d 358, 368 (7th Cir. 1987)（认定通过协议约定让企业为集体谈判程序捐款，可以用于提高竞争对手的成本）。

⑥ Reazin v. Blue Cross & Blue Shield of Kan., 635 F. Supp. 1287 (d. Kan. 1986)，维持，899 F. 2d 951 (10th Cir.)，最高法院提审动议被驳回，497 U. S. 1005, 110 S. Ct. 3241 (1990)。

Hospital 案中，第七巡回法院认为所谓的 RRC 策略是不太可能（implausible）的。[①] 其理由是，Blue Cross 公司迫使医院对其会员用户收取较低的费率，这使得医院需要对使用其他保险公司（或者没有医疗保险）的病人收取额外的高昂费用。但是，由于 Blue Cross 公司不具有市场支配力，因此，法院很难理解一家竞争企业如何能够成功地推行该策略。

一个经常发生诉讼的 RRC 场景是市场先占（market preemption）。例如，在 *Syufy Enterprises* 案中，被告被认定违反了《谢尔曼法》第 2 条，因为它采购的电影放映许可的独占权范围，比法院认为的合理区域大得多，该区域明显大于其实际可能覆盖的观众范围。[②] 法院判定这一策略可能使竞争对手更难获得放映许可，但并未解释电影制片片商同意发放此类许可的原因，尽管这样会降低它们的许可收入。在其他的一些案件中，某些公司也因为"过度购买"（"overbuying"）或"窃取"竞争者的关键生产资料（essential input）而受到反垄断的指控。例如，在 *Potters Medical Center* 案中，原告医院主张被告医院"偷走了"本地医生，因为被告医院给那些将病人直接送到被告医院的医生发放奖金。法院驳回了原告的简易判决请求。[③]

客户先占（customer pre-emption，也称为市场先占），是指一家具有支配地位的企业与其客户或者其他人达成协议，要求协议相对方不得与其竞争对手交易。这种案件一直很难定性。首先，必须对它们进行分类。其中一些仅仅是独家交易或者搭售安排，即使作为上游的交易一方是垄断者，这些安排也很可能是富有效率的。[④]

更可能出现问题的排他性协议包括下列情形：（1）指名道姓地排除了具体的竞争者；（2）合同"赤裸裸"地限制竞争，因为，它根本不指向任何产品或服务。第一种情形的例子是 *Lorain Journal* 案，在该案中，被告拒绝与那些同时从附近的 WEOL 电台购买广告的客户进行交易。[⑤] 第二种情形的例子是 *Alcoa* 案的被控行为：被告曾与电力公用企业达成协议，花钱购买它们不会将电力提供给 Alcoa 公司的竞争者或潜在竞争者的承诺。[⑥] 由于 Alcoa 公司自己从未从这些电

---

① Ball Memorial Hospital v. Mutual Hospital Insurance, Inc., 784 F. 2d 1325 (7th Cir.)，重审申请被驳回，788 F. 2d 1223 (7th Cir. 1986)。

② Syufy Enters. v. American Multicinema, 793 F. 2d 990 (9th Cir. 1986)，最高法院提审动议被驳回，479 U.S. 1031, 107 S.Ct. 876 (1987)。也可参见 McWane, Inc. v. FTC, 783 F. 3d 814 (11th Cir. 2015)（具有支配地位的企业通过独家交易的方式封锁了竞争对手获得经销商的途径，提高了竞争对手的成本）。

③ Potters Med. Center v. City Hosp. Assn., 800 F. 2d 568 (6th Cir. 1986).

④ 见本书第 10 章。

⑤ Lorain Journal Co. v. United States，342 U.S. 143, 72 S.Ct. 181 (1951).

⑥ United States v. Aluminum Co. of Am., 44 F. Supp. 97, 121, 144 (S. d. N. Y. 1941)，部分改判，148 F. 2d 416 (2d Cir. 1945)。

力企业处购买任何电能，所以案涉合同的唯一目的就是排挤竞争对手。

通过以上两种协议来达到反竞争效果的策略可行吗？传统观点认为，垄断者支付的金额不足以使合同的所有缔约方都获利，因此，这种合同最终是不会订立的。回顾第 1.2 节至第 1.3 节的讨论可知，垄断产生了三种类型的资源错配：(1) 将财富转移至垄断者；(2) 将财富从消费者处转走；(3) 产生无谓损失（dead weight loss）。鉴于存在无谓损失，垄断者的获利总是小于消费者的损失，也即是说，财富转移会相互抵消，但消费者还会受到额外的无谓损失方面的损害。

因此，该观点主张，垄断者永远无法支付足够的对价使消费者同意维持垄断者的垄断。一旦垄断者的补贴少于消费者一方财富转移量减去无谓损失的净值，那么至少会有一名消费者将发现其与垄断者的竞争对手交易更加有利可图。但垄断者愿意支付的数额不可能比其所获得的转移财富——也即其全部垄断利润更多。① 由此，上述排挤性合同产生的背后必然具有效率性的原因，而非垄断性的原因。

但是，实际情况往往复杂得多，在某些情况下，对于所有缔约者而言，排挤性行为既可以达到垄断的目的，又是有利可图的。首先，垄断者并不必然需要"收买"每一位客户，而仅仅需要与足以阻止竞争对手成长为实际竞争者的一定数量的部分客户达成协议即可。如果规模经济的门槛足够高，这种交易只需要达到可以阻止竞争对手取得富有效率的临界点产出率就足够了，并且它们不必超过该临界点，进一步从其他客户处购买封锁市场的"权利"。如果垄断者已经与一部分客户在正常的交易中加入了独家交易条款或者其他"具有合法形式"的排挤性合同，那么，垄断者与其他一部分客户所签订的赤裸裸的独家协议（指合同内容仅仅涉及不得与竞争对手进行交易）就只需要覆盖足够数量的剩余部分的客户，即可达到阻止竞争对手获得有效产出率的目的了。

客户先占的另一种形式是合同惩罚。具有支配地位的企业可以与客户签订长期租赁协议，并对提前终止协议的情形约定巨额的违约金，如果该惩罚足够巨大、且能覆盖足够数量的客户，那么潜在的竞争对手将无法获得足以盈利的进入规模。② 如果垄断者的客户具有完全对称的信息，清晰知晓签订该协议具有维持垄断的后果，它们可能拒绝签订。但通常而言，客户所掌握的信息是不完善的，

---

① 见 Richard A. Posner, *Antitrust Law* 230 - 235 (2d ed. 2001)；Robert Bork, *The Antitrust Paradox: A Policy at War with Itself* 309 (1978)。

② 见 Philippe Aghion & Patrick Bolton, "Contracts as a Barrier to Entry", 77 *Am. Econ. Rev.* 388 (1987)；Joseph. Brodley & Ching to Albert Ma, "Contract Penalties, Monopolizing Strategies, and Antitrust Policy", 45 *Stan. L. Rev.* 1161 (1993)。

而且是否有潜在的进入者亦是不确定的。① 尽管多数司法判决的分析并不透彻，但有几个案件已经涉及此类合同条款。②

列举独家协议可能存在的反竞争的情形是相对容易的。然而，问题在于，反垄断法庭必须进行程序倒置，也就是说，它需要从包含所谓的反竞争条款的合同开始，确定该条款是反竞争条款还是促进竞争条款。但是，绝大多数合同的惩罚性条款只不过是为了敦促相对方履行合同义务，该目的毫无疑问是有利于竞争的。

最后，合同中的"最惠国待遇"条款（"most favored nation" clause）向买方或者卖方提供了保证，确保其所获得的交易条件至少不低于其任何竞争对手可以获得的交易条件。这种条款有时也被称为"价格保护"条款。一般而言，谋求最佳的交易条件似乎是无害的竞争性行为。当不具有市场支配力的企业单方面采取最惠国待遇条款时，该条款是无害的。然而，当它们被认为有助于共谋时，或者与本节讨论的问题更相关的是，减少了与具有支配力的企业相竞争的企业产品的吸引力时（尤其当竞争者可以提供折扣时），它们会产生竞争方面的问题。

例如，一项对患者而言保费费率更低廉的新健康保险计划或者新牙科保险计划，也许很难找到愿意接受该计划的牙医，因为"最惠国待遇"条款的存在，牙医们一旦接受了这种医保费率较低的新计划，就必须同时降低其与具有市场支配地位、签署了"最惠国待遇"条款的保险公司之间的费率。③ 这样的要求将使得小公司或新进者更加难以开展竞争。④ 另一种情况是，占据支配地位的保险公司为"排他性条款"买单，对于那些同意签订独家协议条款的医疗机构，它同意支付更高的费率。这样的例子就是典型的利用最惠国待遇条款获取独家交易条件的情形。⑤ 在任何情况下，对任何一项单方设定的最惠国待遇条款进行审查都应当适用合理原则，它们有可能是富有效率的。比如，供应商承诺不偏向不同的经销

---

① 即使进入是可能的，每个客户也都知道，潜在的进入者只需要获得部分客户资源即可达到进入的目的。假设具有支配力的企业提供了两种合同条款，一种是高租金而无惩罚措施的条款，一种是低租金但带有惩罚措施的条款，那么每个客户几乎都会选择后一种，并同时希望有足够多的其他客户愿意支付更高的费用，使新进入的竞争者能够获利。见 Steven C. Salop, Practices that (Credibly) Facilitate Oligopoly Coordination, in *New Developments in the Analysis of Market Structure* 265，272 - 273，278 - 284 (Joseph E. Stiglitz & G. Frank Mathewson eds.，1986)。

② Telex Corp. v. IBM, 510 F. 2d 894 (10th Cir. 1975)，最高法院提审动议被驳回，423 U. S. 802，96 S. Ct. 8 (1975) (当其他作为竞争者的出租人也使用这些惩罚措施时，支持出租人针对取消租赁的行为采取惩罚措施)。

③ 例如，United States v. Delta Dental of Rhode Island，943 F. Supp. 172 (d. R. I. 1996)。

④ United States v. Medical Mut. of Ohio, 1999 - 1 Trade Cas. (CCH) ¶ 72，465 (N. d. Ohio 1999) (MFN 被指控"窒息"了新的或更优惠的健康计划的发展)。

⑤ 例如，Aetna, Inc. v. Blue Cross Blue Shield of Michigan，2012 WL 2184568 (e. d. Mich. 2012) (拒绝了被告驳回诉讼的动议)。

商，从而鼓励经销商积极投资、加大销售供应商产品的力度。① 在这种情况下，它们并不会比垂直型非价格限制（vertical nonprice restraints）更为有害，尤其是获得该最惠国待遇以经销商的销售业绩为前提条件时。例如，"只要你的业绩足够好，你将得到同你所在区域的其他经销商一样优惠的价格"。相比之下，包含最惠国待遇条款的横向协议则应适用本身违法原则，将其认定为企图促进共谋。②

第 7.11 节　涉及专利权或者其他知识产权的不合理的排挤性行为

垄断者也因滥用专利法创设的权利，而受到反垄断法的规制。专利本身即是防止他人复制某种产品或者方法的财产性权利，但这种排他性的力量（power）并不是没有限制的。法院时常认定专利权人的排他性行为违法，特别是当它们将非专利产品与专利产品捆绑在一起、累积（accumulate）专利以使被垄断了的市场的进入变得困难时，或者在少数情况下，专利权人拒绝将专利许可给其他人时。此外，联邦最高法院曾指出，通过欺诈或者不公平的方式申请注册专利权的行为违反了《谢尔曼法》第 2 条的规定。③ 关于这些问题中的一部分，我们将在其他章节予以讨论。④

实施专利权所产生的有时被称为"垄断"的力量与构成"非法垄断"前提的"垄断"或者垄断力量并不是一回事。所以，避免使用专利"垄断"的这种说法会更好一些。专利权是知识产权中的一种权利，它的保护范围以专利文本中的权利要求为限。一个专利产品可能与要么没有专利覆盖、要么被不同的专利所覆盖的类似的产品展开激烈竞争。⑤ 因此，单一的专利很少能够构成反垄断法语境下的相关市场。联邦最高法院在 *Walker Process* 案中，已经明确了这一观点。该案中，原告指控被告实施了专利滥用行为，法院则要求原告界定并证明该案的相关市场究竟是什么。⑥ *Illinois Tool Works* 案的判决将上述观点扩大到了包括搭售在

---

① Jonathan Baker & Judith A. Chevalier, "The Competitive Consequences of Most-Favored-Nation Provisions", 27 *Antitrust* 20（Spring, 2013）; Steven C. Salop & Fiona Scott Morton, "Developing an Administrable MFN Enforcement Policy", 27 *Antitrust* 15（Spring, 2013）; Aaron S. Edlin, "Do Guaranteed-Low-Price Policies Guarantee High Prices, and Can Antitrust Rise to the Challenge?", 111 *Harv. L. Rev.* 528（1997）.

② United States v. Apple, Inc., 952 F. Supp. 2d 638（S. d. N. Y. 2013）（在亚马逊的竞争对手苹果公司的要求下，电子书出版商同意向亚马逊施压以使其抬高价格）。

③ Walker Process Equip., Inc. v. Food Machinery & Chem. Corp., 382 U. S. 172, 86 S. Ct. 347（1965）.

④ 关于专利许可中的非正当行为，以及反垄断政策与专利"滥用"之间的复杂关系，参见本书第 5.5 节；关于专利产品的搭售的进一步讨论，参见本书第 10 章。

⑤ 关于专利与市场力量的关系，见本书第 3.9d 节。

⑥ *Walker Process*, 382 U. S. at 177, 86 S. Ct. at 350；见本书第 6.5b 节。

内的所有类型的反垄断诉讼之中，它推翻了长达半个世纪的一项规则：假定每项专利权都可创设市场力量。[①]

从程序上来看，提起专利滥用的反垄断诉讼，主要表现为在侵权诉讼中被告提出的反诉。在此类情形中，专利权人起诉被告，指控对方构成专利侵权，被告则以该专利申请过程中涉嫌欺诈专利局为由，主张专利权无效，并反诉原告的起诉行为违反了反垄断法。这就造成了一种用语上的混乱局面，即反垄断诉讼的原告是专利侵权诉讼的被告，而反垄断诉讼的被告是专利侵权诉讼的原告。以下的讨论将使用"反垄断原告"和"反垄断被告"这两个术语来指代反垄断诉讼中的当事人，对于原专利侵权诉讼中当事人的身份地位关系，我们一般不予关注。

7.11a. *Walker Process* 案；依据不应获得授权的专利权提起不恰当的侵权诉讼

在 *Walker Process* 案[②]中，专利权人对竞争对手提起了侵权之诉，后者则反诉主张：（1）专利权人通过欺诈专利局的方式获得了专利授权；（2）原告提起专利诉讼的目的是企图垄断。联邦最高法院同意该观点。Clark 大法官代表法庭，在判决书中将争议焦点问题归纳为："维持和实施一项通过欺诈专利局[③]而获得的专利，是否构成依据《谢尔曼法》第 2 条提起诉讼的事实基础？"[④]

如果一个专利权人以欺诈的方式获得一项专利（通常是在专利申请时提供虚假信息），该专利本身不具备可强制执行性。在这种情况下，根据 *Walker* 案的先例规则，强制实施[*]（如起诉）以欺诈方式获得的专利权，可以构成违反《谢尔曼法》第 2 条或者《联邦贸易委员会法》第 5 条的违法行为。[⑤] 在 *Walker Process* 案中，专利权人 Food Machinery 公司向专利局提交了一份宣誓

---

[*] 本书将 enforce 翻译为强制实施或者强制执行，enforce 在英文中的含义是以法律手段执行自己拥有的权利，与中文中在产品或者方法中运用专利权所保护的技术的"实施专利"的含义是不同的。——译者注

[①] Illinois Tool Works Inc. v. Independent Ink, Inc.（ITW），547 U. S. 28，126 S. Ct. 1281（2006）；及见本书第 3.9d 节。及见 Spectrum Sports v. McQuillan，506 U. S. 447，455，113 S. Ct. 884，890（1993）（判决附带意见；专利不能用来界定一个独立的相关市场）。

[②] Walker Process Equip., Inc. v. Food Machinery & Chem. Corp., 382 U. S. 172，86 S. Ct. 347（1965）.

[③] 指美国专利和商标局，简称 PTO。

[④] *Walker Process*，382 U. S. at 173. 该原则通常也被法院认为适用于威胁起诉或给消费者发送警告信的行为。也即，只要侵权的指控是合乎情理的，他们就会受到保护。例如，见 Innovation Ventures, LLC v. N. V. e., Inc., 694 F. 3d 723（6th Cir. 2012）（被告发出的信函中声明竞争对手侵犯其商标权、使用虚假标识，并建议零售商仅销售被告的产品，现无证据表明该信造成实际损害，而且无论何时，认为该信函造成实际损害的主张都很容易被驳回，因此，其并不违反《谢尔曼法》）。见 1 Antitrust Law ¶ 205f（5th ed. 2020）。

[⑤] 关于后者，见 Charles Pfizer & Co. v. FTC，401 F. 2d 574，579（6th Cir. 1968），最高法院提审动议被驳回，394 U. S. 920，89 S. Ct. 1195（1969）（为获得对专利药品的垄断而对专利局进行虚假陈述，违反了《联邦贸易委员会法》第 5 条）。

声明，声明其既不知道也不相信在提出专利申请之前，该专利已经在美国使用超过一年。[①] 但实际上，Food Machinery 公司自己就参与了这项使用活动，该使用行为使得该专利权应被宣告无效。相反，尽管通过欺诈方式获取专利的行为违反了专利法，但仅仅获得专利权这一事实本身并不违反反垄断法，除非专利权人实际尝试利用该专利对抗他人或以某种反竞争方式使用它。[②]

在程序上，类似于 *Walker Process* 案的反垄断指控最常表现为被告在侵权诉讼中提出的反诉。[③] 专利权人提起诉讼，指控被告侵权，而被告则以涉案专利系权利人通过欺诈专利局的方式取得的、因而应被宣告无效进行抗辩，并进一步反诉原告提起专利侵权的行为违反反垄断法。因此，反垄断反诉的原告通常是专利侵权本诉的被告，反垄断反诉的被告则是专利侵权本诉的原告。

7.11b. 强制实施明知无效或者不可强制执行的专利权；*Noerr* 问题

法院常常认定，企业的不当诉讼或向行政机构提起的不当请求，可以构成非法的排挤性行为。虽然根据宪法第一修正案，企业有权向政府提出维权诉求，但该项权利不能保护为了排除市场中其他竞争者或者潜在进入者的无理滥诉（baseless claim）。[④]

当一家公司以专利欺诈为由起诉其竞争对手时，*Walker Process* 案和类似场景中的问题就会出现：（a）该公司以欺诈方式获得了专利；（b）它知道自己的专利无法强制实施、无效或已过期，或者竞争对手的产品或者方法并未侵犯其专利权。如果该诉讼被用于提高竞争对手成本[⑤]或仅仅是一种阻遏市场进入的威慑性手段，而专利诉讼的原告已然或可能因此而获得显著的市场力量，则该行为违反了《谢尔曼法》第 2 条。与 *Walker Process* 案类似的诉讼大多数都是由侵权诉讼中的被告以反诉的形式提出的，但是，交易相对方认为它们为不具有强制执行力

---

① 《专利法》规定："人们有权获得专利……除非该项发明已经获得专利，或是在其于美国提交专利申请日之前的一年之前，就已经在美国公开使用或者销售为公众所使用，或者已经在美国销售……" 35U. S. c. a. § 102（b）。

② FMC Corp. v. Manitowoc Co. , 835 F. 2d 1411, 1418 & n. 16（Fed. Cir. 1987）（"仅仅是获得一项专利，不论在获取专利的过程中的行为如何，只要对消费者的福利没有更多的影响，则该行为本身不违反垄断法"）。根据 Cygnus Therapeutics Sys. v. ALZA Corp. , 92F. 3d 1153（Fed. Cir. 1996）。

③ 目前多家法院对于专利侵权诉讼本身违反反垄断法的诉讼主张是否必须作为强制反诉提出的问题存在分歧，如果属于强制反诉的范围，就意味着被告如果不在本诉中提出，就会败诉。认为不属于强制性反诉的判决有：Tank Insulation Int'l, Inc. v. Insultherm, Inc. , 104 F. 3d 83, 88（5th Cir. 1997）；Hydranautics v. FilmTec Corp. , 70 F. 3d 533, 536 - 37（9th Cir. 1995）。认为属于强制性反诉的判决有：Critical-Vac Filtration Corp. v. Minuteman Int'l, Inc. , 233 F. 3d 697, 702 - 04（2d Cir. 2000）；也可参见 Genentech, Inc. v. Regents of the Univ. of Cal. , 143 F. 3d 1446, 1455 - 56（Fed. Cir. 1998），因其他理由被撤销，527 U. S. 1031, 119 S. Ct. 2388（1999）。参见 3 Antitrust Law ¶ 706e（4th ed. 2015）。

④ 见本书第 15.3 节。

⑤ 见本书第 7.10 节。

的专利支付了更多不合理的费用时，也可以提起诉讼。①

但同时，法院也非常关注这样一个事实：即使是具有支配地位的企业，作为专利持有人，其诉权同样受到宪法的保护。② 因此，法院并不愿意轻易接纳不当诉讼的主张。它们将"明知并故意的专利欺诈"（"knowing and willful patent fraud"）作为一项必须证明的要件加以分析，这清楚地表明，反垄断原告必须提供证据证明反垄断被告实际知晓其强制执行的专利是无效的，或者知晓对方的行为是不构成侵权的。③ 其他法院甚至认为，该主张得以树立（establish）的前提是必须具有明确的、充分（clear and convincing）的证据。④

无论是否涉及欺诈，所有这些案件都牵扯到每个人通过法院寻求救济的宪法性权利。通常而言，为强制实施知识产权而提起的诉讼并不违反《谢尔曼法》第2条的规定，除非它是一种"虚假"（"sham"）的行为——提起诉讼系出于恶意，且并非为了获得特定的司法结果，而是为了干扰竞争对手。在 *Professional Real Estate*（*PREI*）案中，联邦最高法院认为，著作权人在不存在重要的事实争议（factual issues in dispute）的情况下，基于一个新的法律问题提起的诉讼不能被定性为是"虚假的"，著作权人提起该侵权诉讼的目的是获得权利救济，且该请求具有较高可能（plausible）的法律依据。⑤ 在一个非常简短的脚注中，法院指出：我们在本案中没有对诉讼当事人在法院面前"欺诈或进行其他虚假陈述"的行为在何种程度上构成虚假诉讼进行判断。⑥

因此，*PREI* 案的判决是一份相当狭义的判决，并未解决基于恶意专利侵权行为的绝大多数种类的诉讼主张的问题。这些案件中的问题通常不涉及对法规中可能存在争议的术语的技术性解释，就像 *PREI* 案那样。⑦ 相反的，它们涉及的是侵权诉讼原告（反垄断诉讼被告）提交的证据是否显示了在专利申请过程存在腐败、专利应是无效的，或者侵权诉讼的被控行为不构成侵权。*PREI* 案要求反

---

① 见 DDAVP Direct Purchaser Antitrust Litig.，585 F. 3d 677（2d Cir. 2009）。也可参见 Ritz Camera & Image，LLC v. SanDisk Corp.，772 F. Supp. 2d 1100（N. d. Cal. 2011），维持，700 F. 3d 503（Fed. Cir. 2012）。

② 该情形同样适用于商业秘密案件。见 AvidAir Helicopter Supply，Inc. v. Rolls-Royce Corp.，663 F. 3d 966（8th Cir. 2011）（如果一家企业拥有有效且可执行的商业秘密，那么为保护该商业秘密而提起诉讼的行为并不违反反垄断法。）

③ Argus Chem. Corp. v. Fibre Glass-Evercoat Co.，812 F. 2d 1381，1385（Fed. Cir. 1987）。

④ 例如，Loctite Corp. v. Ultraseal Ltd.，781 F. 2d 861（Fed. Cir. 1985）；SmithKline Diagnostics，Inc. v. Helena Labs.，859 F. 2d 878，891（Fed. Cir. 1988）；FMC Corp. v. Manitowoc Co.，835 F. 2d 1411，1415（Fed. Cir. 1987）。

⑤ Professional Real Estate Investors v. Columbia Pictures Industries，508 U. S. 49，113 S. Ct. 1920（1993）。

⑥ *Professional Real Estate*，508 U. S. at 61 n. 6，113 S. Ct. at 1929 n. 6.，引用 *Walker Process*。

⑦ 见本书第 15.3b 节。

垄断诉讼的原告应当证明侵权诉讼是"客观上没有根据的"（"objectively base-less"）。如果不能证明这一点，那么有关的反垄断诉讼就缺乏起诉基础；如果能够证明，那么继续将该诉讼推进进入证据开示程序以探究反垄断被告提起侵权诉讼的目的究竟是什么，则是恰当的。[①] 但是按照这一规则，所有符合 *Walker Process* 案所定义的试图强制实施通过欺诈获得的专利权的案件，以及符合 *Handgards* 案定义的试图强制实施明知无效的专利权的案件，均可被定性为"客观上没有根据的"。也就是说，了解所有事实的人都会得出这些诉讼主张不能成立的结论。

曾经至少有一个法院认为，不正当地盗用他人的有效专利行为并不违反反垄断法，因为"盗窃"行为不会创设垄断。它仅仅是将垄断力量从一人处转移至另一人处。[②] 通常而言这样的分析是正确的，但也存在例外的情形：市场支配力的大小因专利权持有人的身份不同而发生变化。例如，假设 X 公司拥有一种方法专利 A，这使其具有了成本优势，并使得它可以索取超竞争的价格。现在 Y 公司开发了方法专利 B，其效率与专利 A 一致，甚至更好一些。Y 公司打算自行实施专利 B 或许可他人使用。但 X 通过欺诈获得、坐拥了该专利。在这种情况下，将专利从一家公司转移至另一家公司将使得 X 的垄断力量长期持续下去，并剥夺了消费者使用不同公司的竞争技术的可能性。可见，当彼此形成竞争关系的多项技术被一家公司拥有和控制时，仍然有可能造成垄断的结果。

有一些法院已经将无根据的诉讼（baseless litigation）和不当使用规则（improper use rules）扩大适用于其他类型的知识产权案件。例如，在 *CVD* 案中，法院认为一家拥有市场支配力的企业恶意提起的商业秘密诉讼违反了反垄断法。[③] 在 *Lasercomb* 案中，判决的附随意见（dicta）指出，恶意提起的著作权诉讼也可能违反反垄断法，这一规则在 *PREI* 案的最高法院判决中得到确认。[④]

在第二巡回法院所作的 *DDAVP* 案这一重要的判决中，法院认为，如果由于原研药制造商不恰当地强制实施其专利以对抗仿制药制造商，导致消费者支

---

① *Professional Real Estate*, 508 U. S. at 60, 113 S. Ct. at 1928.

② Brunswick Corp. v. Riegel Textile Corp., 752 F. 2d 261 (7th Cir. 1984)，最高法院提审动议被驳回，472 U. S. 1018, 105 S. Ct. 3480 (1985). 反垄断原告向被告秘密披露了其发明，而后者承诺保密。之后，当专利局搜索原告提交的专利申请时，被告提交了自己的专利申请，并获得授权。

③ CVD v. Raytheon Co., 769 F. 2d 842, 851 (1st Cir. 1985)，最高法院提审动议被驳回，475 U. S. 1016, 106 S. Ct. 1198 (1986) (本案所述的事实根本不属于商业秘密；反垄断案件的被告"在期刊上定期发布关于该项技术的信息……")。

④ 见 Professional Real Estate Investors v. Columbia Pictures Industries, 508 U. S. 49, 113 S. Ct. 1920 (1993)；Lasercomb America v. Reynolds, 911 F. 2d 970, 977 (4th Cir. 1990)；根据 DSC Communications Corp. v. DGI Techs., Inc., 81 F. 3d 597, 601 (5th Cir. 1996) (防止竞争对手进行竞争方式的切换的行为可能构成著作权滥用)。

付更高的费用，那么，消费者可以以自己的名义提起诉讼。^① 在该案中，原告指控被告向美国食品药品监督局（FDA）提出了一项申请，要求对一种仿制药进行额外的测试，尽管它知道这种测试是不必要的。法院同时认为，消费者不必等到专利权人在 FDA 的异议得到解决之后，才提起自己的诉讼。在该案中，FDA 最终驳回了这个虚假申请，但该申请的审查需要一定的周期，势必推迟了仿制药上市的时间。[2]

最后，需要注意的是，不当提起侵权诉讼只是满足了垄断或企图垄断的行为要件，但它并不满足与市场结构有关的任何要件，这些要件包括相关市场的界定、市场份额或者创设垄断的成功的危险概率。这些要件中的每一项都必须通过其他证据加以证明。[3]

7.11c. 专利累积；闲置不使用

对新专利的持续研发改进与实际利用在任何情况下都不应被视为非法的排挤性行为。如果创新受到抑制，其损害远大于对竞争本身的损害。然而，如果一个垄断者获得专利权或者取得一项专利的独占许可权，却拒绝使用或授权他人使用该专利，这个问题就变得复杂起来。假设 A 公司研发了方法专利 X，并使用它来制造某产品。无论是在专利法还是反垄断法项下，A 都可以独家使用 X 专利，而没有义务向任何竞争对手许可该专利。[4] 假设现在另一个发明人研发出了方法专利 Y，使用该工艺生产相同产品的成本与使用 X 工艺一样。该发明人自身并不生产产品，但他/她可以将该专利授权许可给任何人。随后，A 公司出高价获得了 Y 专利的独占许可使用权，却将之束之高阁，从不使用它，相反，A 公司继续在制造产品时使用 X 工艺，并且持续拥有该产品市场中的垄断力量。

在此例子中，对竞争造成损害的可能性就更大了。A 公司需要保护其在某产品上的垄断利润。任何该市场的新进入者，一旦使用 Y 工艺，将会面临与 A 公司以及像 A 公司一样的获得 Y 专利授权的从业者的竞争。因此，与任何潜在竞争者相比，A 公司更愿意出高价取得 Y 专利的独占许可使用权，使 Y 专利归自己使用（或者如上例中避免使用）。所以，在一定条件下，系统性地收购专利并且不使用的行为可能会落入反垄断法的规制范围。尽管如此，在 *Paper Bag* 案中，最高法院认为，企业从其发明者处获得专利而又拒绝向他人授权许可的行为

---

① DDAVP Direct Purchaser Antitrust Litigation，585 F. 3d 677 (2d Cir. 2009)，最高法院提审动议被驳回，130 S. Ct. 3505 (2010)。

② 同上一条注释，at 694。

③ 见 1 Antitrust Law ¶ 208 (5th ed. 2020)。

④ 在上一条注释的 *SCM* 案中，地区法院认为，认定"垄断者单方拒绝许可专利的行为"应当承担反垄断法上的责任，将会"对专利法和反垄断法的合理允许的范围之外的科学进步和有用技术构成威胁"。463 F. Supp. at 1014.

是合法的，即使有清晰的证据表明侵权诉讼原告——也即具有市场支配地位的企业，获得该并不使用的专利权的目的是从相关市场中排除该项专利技术。[1]

当一家非运营实体（NPE）将某一行业中足以覆盖产品的全部替代性技术购入囊中，从而对该产业形成了垄断威胁时，就会产生另一个尚未在本案判决中得到完全解决的问题。在 *Intellectual Ventures* 案中，一家法院基本上支持了此类的指控。[2] 请注意，三家彼此相互竞争的、合计控制着所处市场几乎所有的替代性技术的企业之间发生的合并，很可能是非法的，那么，同样能够达成相同目的的、对一连串专利进行收购的行为是否就应当被区别对待呢？尽管在专利法下，对有效专利进行转让的行为是合法的，但这并不意味着其他法律（如反垄断法）也认可那些具有反竞争效果的转让行为是合法的。[3]

尽管专利的不使用（nonuse）并不违反反垄断法，但是，继最高法院作出 *eBay* 案判决之后，下级法院逐步表现出对不实际使用其专利的专利权人不予颁发禁令的趋势。在任何情况下，不使用的专利是内部研发获得的、还是从外部其他人处收购的，这一区别似乎很重要，特别是在从外部获得专利权的企业为垄断性企业，并且其收购该专利的目的就是防止被收购的技术与其自身的技术相互竞争时，尤为如此。不过，到目前为止，法院通常尚未接受这种区分方式。[4] 最佳的规则可能是，支配性企业只被允许获得与其垄断性技术相近的专利技术的非独占许可。一项非独占许可可以使垄断者使用相关技术，但又不至于阻碍其他竞争者取得竞争性的专利技术。[5]

在 *Trebro* 案中，联邦巡回上诉法院认定，在针对竞争对手的专利侵权诉讼中，即使原告自己没有实际使用其主张的专利权，也有权获得禁止竞争对手实施该专利技术的禁令。[6] 尽管最高法院关于 *eBay* 案的判决通常被解释为未实际实施专利技术的专利权人有权获得禁令，但该法院也创设了一种例外情形——即使

---

① 见 Continental Paper Bag Co. v. Eastern Paper Bag Co., 210 U. S. 405, 28 S. Ct. 748 (1908)。关于 *Paper Bag* 案的情况，见 Christina Bohannan & Herbert Hovenkamp, *Creation without Restraint*: *Promoting Liberty and Rivalry in Innovation*, ch. 7 (2011)。

② Intellectual Ventures I, LLC v. Capital One Financial Corp., 99 F. Supp. 3d 610 (D. Md. 2015). 随后，涉案的多件专利被宣告无效。参见 Intellectual Ventures I, LLC v. Capital One Bank (USA), 792 F. 3d 1363 (Fed. Cir. 2015), 850 F. 3d 1332 (Fed. Cir. 2017)。然而，在另外一份判决中，法院依照间接禁止反悔 (collateral estoppel) 原则撤销了原审法院作出的构成垄断的裁决。Intellectual Ventures I, LLC v. Capital One Financial Corp., 937 F. 3d 1359 (Fed. Cir. 2019). 参见 Erik Hovenkamp & Herbert Hovenkamp, "Buying Monopoly: Antitrust Limits on Damages for Externally Acquired Patents", 25 *Tex*. *Intel*. *Prop*. *L*. *J*. 39 (2017)。

③ 35 U. S. C. § 261.

④ 见 3 Antitrust Law ¶¶ 705, 707 (4th ed. 2015)。

⑤ Bohannan & Hovenkamp, 同上一条注释。

⑥ Trebro Mfg. Inc. v. Firefly Equipment, LLC, 748 F. 3d 1159 (9th Cir. 2014). 见 Erik N. Hovenkamp & Thomas F. Cotter, "Anticompetitive Patent Injunctions", 100 *Minn*. *L*. *Rev*. 871 (2015)。

被告侵犯的专利权并不是原告已在实际使用的那些专利权，但只要原告是实际运营的企业、且是被告的竞争者，其仍然有权获得禁令救济。* 这一规则背后的理论——允许支配性企业获得对其构成竞争威胁的专利权以阻止竞争者的进入（即使它自己并不实际使用这些专利）——过分地强调了专利法上那些没有被很好表达的价值取向，而忽略了竞争政策的价值。专利法的立法目的在于激励创新，而非允许人们将创新从市场中赶出去。*Trebro* 案的规则突显出长久以来一直存在的对于专利—反垄断政策的一项担忧：反垄断经济学已经发展出得到实践检验的、有效的技术型工具来评估市场效率，而专利法则显得过于封闭，并没有发展出如同反垄断法那样的考虑市场效率的规则。或许正因为如此，反垄断法在协同专利政策的过程中，要比专利法在协同竞争政策的过程中做得好得多。[①]

7.11d. 简单与附条件的单方拒绝许可

7.11d.1. 绝对的拒绝许可

1988 年《专利法》修正案规定：

> （d）专利权人不因实施了下列一项或多项行为而被认定其滥用或者非法扩大其专利权：……（3）通过实施专利来防止侵权或者共同侵权（contributory infringement）；（4）拒绝许可或者使用该专利的任何权利；（5）在许可专利的任何权利或者销售专利产品时，以获取另一专利的许可或购买另一独立的产品为条件，但是，专利权人对前一专利或专利产品的相关市场具有市场支配力的除外。[②]

《专利法》的这一规定明确了，简单的（simple）拒绝授权许可专利的行为并不构成专利权的"滥用"，因此也并不违反反垄断法。它与从未在判例中突破的规则也保持了一致，即专利权人并无反垄断法上的义务将自己的专利许可给他人使用。[③]

前述引用的条款是否为拒绝许可行为创设了反垄断豁免，是值得怀疑的。当国会想要建立反垄断豁免时，它会使用明确的对某些行为加以豁免的语言，这方

---

* 美国联邦最高法院在 *eBay* 案中实际上针对的是"非经营性实体"（NPE），对 NPE 所提起的专利侵权诉讼的禁令适用作出了严格的限制。——译者注

① 见 Herbert Hovenkamp, The Rule of Reason and the Scope of the Patent，52 *San Diego L. Rev.* 515 (2015)，下载地址：http://papers.ssrn.com/sol3/papers.cfm?abstract_id=2490677。

② 35 U.S.c.a. § 271 (d).

③ 见 Cygnus Therapeutics Sys. v. ALZA Corp. , 92 F. 3d 1153, 1160 (Fed. Cir. 1996)（专利权人"没有义务进行许可"；驳回了原告的反垄断诉讼请求）。其他判决的讨论见 3 Antitrust Law ¶ 709 (4th ed. 2015)。

面有着许多的例子。[①] 相反，《专利法》在此处的措辞"滥用或非法扩展专利权"（"misuse or illegal extension of the patent right"）属于典型的"滥用"用语，也就是说，只有存在滥用行为的情况下才构成违法。最有可能的情况是，国会很可能在这里寻求的是限制提起专利"滥用"之诉的情形，同时并不打算触及反垄断法的问题。[②]

第九巡回法院在其作出的 *Kodak* 案中认为，企业有义务向其竞争对手销售受专利权保护的部件，并共享其具有著作权的产品故障诊断软件。[③] 首先，从前文引用的法律规定来看，上诉法院认为其只不过重述了之前已经存在的法律。[④] 没有一个先例认定被告的简单的拒绝许可行为应受到谴责，并且前文引用的条文只是简单地规定，这样的拒绝行为并不构成权利滥用，从这个意义上说，上诉法院是对的。事实上，法院承认"它无法查到任何一个已有的案例，法院依据单方拒绝销售或者许可专利权或著作权的行为认定了被告负有反垄断责任"[⑤]。但这一结论与上诉法院作出的最终判决在逻辑上存在矛盾，因为法院最终认定了被告具有这样的义务。它给出的理由是，该立法仅仅是对立法当时已存在法律的重述，不值得过于严肃地对待，因而给与之表述并不一致的判决留下了解释空间。

其次，*Kodak* 案赋予被告的义务相当宽泛。法院的理由是，一项专利权创设出了某一个市场中的排他权，但仅此而已，不能延及多个市场。在该案中，被告拒绝许可某一部件专利的行为，不仅在部件市场中排除了竞争者，同时在 Kodak 复印机维修服务市场上也排除了竞争者。法院推理道，Kodak 公司有权利用专利权保护其部件的垄断性权益，但不能将其延伸至服务领域。因此，应当由陪审团来判定，Kodak 公司的意图仅仅是保护前者，还是想在后者中创设或者维持垄断力量。

但这种推理是建立在对专利制度的错误理解基础之上的。专利描述的是一项发明，而非一个市场。许多专利，尤其是中间产品的专利，可能会被运用于非常广泛的多个市场的终端产品或者工艺中。例如，受专利保护的物质混合方法，可以应用于油漆、花生酱和处方药的生产过程中。一项微处理器电路的专利，可以应用于个人电脑、导航系统或面包机上。

---

① 例如，Charitable Donation Antitrust Immunity Act，15 U. S. C. § 37（b）（"针对慈善性质的赠与年金（charitable gift annuities）排除反垄断法的适用……"）；又如，Confirmation of Antitrust Status of Graduate Medical Resident Matching Programs，15 U. S. C. § 37b（b）（2）（"资助……不应当被认定为违反了反垄断法"）。

② 关于专利"滥用"（"misuse"）的讨论，参见本书第 5.5b 节。

③ Image Technical Services v. Eastman Kodak Co.，125 F. 3d 1195（9th Cir. 1997），最高法院提审动议被驳回，523 U. S. 1094，118 S. Ct. 1560（1998）。

④ 125 F. 3d at 1215.

⑤ *Kodak*，125 F. 3d at 1216.

截止到本书成稿之时，没有其他巡回法院遵循 *Kodak* 案的论证思路，因而应当认为，有关案件仍应当适用《专利法》第 271（d）条的相关规定——单边的、无条件的拒绝将专利方法或产品许可给他人的行为，并非违法行为。[①]

尽管第 271（d）条明确使特定类型的拒绝许可的行为被合法化了，但并不妨碍拒绝许可可以成为一个更为宏大的垄断计划的组成部分从而应当被谴责。例如，它可以在"产品跳跃"（product hopping）中产生反竞争效果。这种情形是指，药品专利的所有人在专利到期之前将原有产品从市场上撤出，从而迫使用户转而使用较新版本的药品，而该新版药品受到到期日更晚的专利权的保护，从而实质上延长了药品的专利保护期。[②] 这一策略之所以会成功，是因为根据州法律的限制性条件，旧药的仿制药不能进入市场，相关法律要求这些仿制药必须与目前市场上在售的药品完全相同。当然，值得注意的是，这种情形下的竞争损害发生于前一药品专利到期以后，否则，仿制药也不可能进入市场，也就不会产生所谓的竞争损害。总之，产品跳跃创设了一种例外情形，即拒绝许可一项专利使得该权利人在专利过期后获得了更长久的排他力。

7.11d.2. 附条件的拒绝许可

相较于简单拒绝，附条件的拒绝有着不同的方式，后者存在以下情形：（1）只有当你同意购买我的纸张和墨水时，我才许可你使用我的受专利保护的复印机；（2）只有当你同意不从其他人处获取复印机时，我才许可你使用我的受专利保护的复印机；（3）只有当你将你的文件整理夹免费授权给我使用时，我才许可你使用我的受专利保护的复印机。这三种协议分别是搭售协议、独家交易协议、互惠协议。

值得注意的是，《克莱顿法》第 3 条适用于限制其他企业与其竞争对手进行交易的"条件和谅解"（"condition or understanding"），并且同时适用于"专利或者非专利产品"。另外，前述《专利法》第 271（d）条虽然允许简单的拒绝许可，但其亦指出，如果专利权人"在专利或者专利产品的相关市场中具有支配力"[③]，则搭售行为仍然可能是非法的。[④]

---

① 联邦巡回法院在针对 *Xerox* 的一个类似案例中表达了不同的观点。ISO Antitrust Litigation, 203 F. 3d 1322, 1325 - 1326（Fed. Cir. 2000），最高法院提审动议被驳回，531 U. S. 1143, 121 S. Ct. 1077（2001）. 见 3 Antitrust Law ¶ 709（4th ed. 2015）。也可参见 Schor v. Abbott Labs., 378 F. Supp. 2d 850, 860（N. d. Ill. 2005），维持，457 F. 3d 608（7th Cir. 2006），最高法院提审动议被驳回，549 U. S. 1205, 127 S. Ct. 1257（2007）（原告主张引用第九巡回法院的 *Kodak* 案判例，当专利权人的拒绝许可有可能使超过一个的市场发生垄断时，该专利权人就有义务对外进行许可，联邦巡回法院遵循了该院在 *Xerox/ISO* 案中的观点，驳回了原告的主张）。

② New York v. Actavis, PLC, 787 F. 3d 638（2d Cir. 2015）.

③ 15 U. S. c. a. § 14.

④ 35 U. S. c. a. § 271（d）（5）.

这些法规表明，反垄断的基本原则适用于专利方法或产品许可中的搭售协议、独家交易协议和互惠协议。在每一种情形下，认定构成垄断的要件均包括协议本身、市场支配力或者显著的市场封锁效应，以及通过一定方式可衡量的反竞争效果。[①]

7.11d.3. 拒绝许可应遵循"FRAND"原则的专利权

在技术标准的制定过程中，通常涉及标准化制定组织（standard-setting organization，SSO）究竟将采用哪一家企业的技术路线，典型的例子如蜂窝通信网络的技术标准。各专利权人往往争相希望将自己的技术纳入标准之中。"标准必要专利"（standards essential patent，SEP）指的是在网络中作为"基本"要素所必须使用的专利。众所周知，当具有了 SEP 地位，成为标准的一部分时，SEP会更具价值。因为，它此时要么是不可或缺的，要么是实现特定的网络功能的必选专利。伴随着这一好处的代价通常是"FRAND"或"RAND"义务，即承诺以"公平、合理和无歧视性"（"fair，reasonable，and nondiscriminatory"）的许可费率将 SEP 授权给各网络参与者。不过，专利技术实施使用费的费率和授权范围等授权条件通常不是预先确定的。

专利权人一旦作出 FRAND 承诺，就意味着其已承诺向愿意支付 FRAND 原则所确定的授权许可费的任何人授予专利许可。如果专利权人寻求禁令救济，就将与该合同性质的承诺相矛盾，"不洁之手"（"unclean hands"）的衡平原则将阻止法院针对所涉专利下发禁令。[②] 至少已经有一个地区法院拒绝了在专利权人违反其自身的 FRAND 承诺时颁发禁令。[③] 专利权人不当行为的这一问题是司法部、专利局和美国国家标准与技术研究院（National Institutes of Standards and Technology）于 2019 年发布的"标准必要专利救济政策声明"（"Policy Statement on Remedies for Standards-Essential Patents"）中所忽视的一个重要问题。[④]

7.11e. 专利"伏击"（patent"Ambush"）与未事先披露，尤其在标准制定的场景下

许多专利申请首次提交即被驳回，但这些驳回决定不一定具有绝对的终局效

---

① 见本书第 10.6 节（搭售）和第 10.8 节（独家交易）。

② 例如，参见 Gilead Sciences，Inc. v. Merck & Co.，Inc.，888 F. 3d 1231 (Fed. Cir. 2018)；Precision Instrument Mfg. Co. v. Automotive Maint. Mach. Co.，324 U. S. 806，65 S. Ct. 993 (1945)；Keystone Driller Co. v. General Excavator Co.，290 U. S. 240，54 S. Ct. 146 (1933)。

③ HTC Corp. v. Telefonaktiebolaget LM Ericsson，2019 WL 4734950 (E. D. Tex. May 22，2019)。

④ https://www. justice. gov/atr/page/file/1228016/download. 参见 Herbert Hovenkamp，Justice Department's New Position on Patents，Standard Setting，and Injunctions，*The Regulatory Review* (Jan. 6，2020)，访问地址：https://www. thereg review. org/2020/01/06/hovenkamp-justice-department-new-position-patents-standard-setting-injunctions/。

力。此外，在提交原始申请文本之后，专利申请人可以添加原始申请文本中未概括的新的权利要求，或者，申请人也可以重新改写那些被驳回的权利要求。专利"延续"（"continuation"）指的是在此前专利申请的基础上要求额外的权利要求的新申请（主要指的是分案申请）。① 此类"最新的权利要求"可能没有被及时披露。其次，在先的专利申请人还可以通过后续分案申请、修改权利要求等方式，将那些在其原始权利要求提出时尚未出现的、但之后由其他发明人研发出来的技术涵盖进其专利文本中（主要指的是在后专利属于在先专利的从属专利、改进发明或者下位概念的情况）。一旦专利申请的公开日与其保护期限开始的原始申请日不一致，就产生了溯及力所带来的问题。其他人独立发明的东西可能会落入不被原专利申请所覆盖，但却被后续新增加的权利要求所覆盖的保护范围。

这种滥用的可能性揭示了专利制度未能向技术研发者充分披露信息的缺陷。② 尽管专利权是一种财产权，但专利制度是一种缺乏在他人作出投资决策之前向社会公众提供充分的在先财产信息的系统。③ 如果专利权人能够利用（manipulate）后续申请程序，将他人于该专利权人原始专利申请日之后、但能够合理知晓新的权利要求保护范围之前的技术创新纳入其原先专利权的保护范围，那么，该制度就会减少而不是增加对创新的激励。这导致其他发明人即使做了充分的、详尽的在先专利检索，以排除在其研发之前的在先专利侵权风险，最终他/她仍然可能由于他人的后续申请成为一场专利侵权诉讼的受害者。*

尽管如此，由于联邦巡回上诉法院已经明确表态，允许专利权人使用后续申请制度将竞争对手的新产品或者技术纳入最新的权利要求保护范围之内，因此，反垄断法针对此类情况的适用空间可能很小，由此一来，解决上述制度缺陷的主

---

* 这一情形较为复杂，译者试图通过以下例子进一步予以解释：假设甲在先提交了 A 专利申请，占据了一较早的申请日，乙在后研发出了一项新技术，并在 A 专利申请公开后，通过查询分析，确认其发明不会落入 A 专利申请当时的权利要求的保护范围，并提交了 B 专利申请。在 B 专利申请公开后，甲通过查询知悉了 B 专利的技术方案，发现可以重新概括 A 专利权利要求的保护范围，从而把本来不能覆盖 B 专利的权利要求修改为能够覆盖 B 专利的新的权利要求，此时，如果甲还有机会在 A 专利中进行修改的话，他/她可以这么做；如果 A 专利的权利要求已经无法修改的话，甲可以在 A 专利的分案申请 C 中或者在另一主张 A 专利为其优先权的专利申请 D 中，撰写、修改新的权利要求，使其能够覆盖 B 专利的技术方案，而由于 C、D 主张了 A 作为其优先权，其可以享受 A 的较早的申请日，提高了专利权的稳定性（不会由于申请日在 B 之后而被 B 作为在先技术因而被宣告无效），另一方面，甲由于把 A 申请日没有预见到的在后的 B 专利技术纳入其保护范围，从而能够对 B 发起侵权指控。——译者注

① 《专利法》关于延续的规定见 35 U. S. c. a. § 132. 见 Bohannan & Hovenkamp, *Creation without Restraint：Promoting Liberty and Rivalry in Innovation*，ch. 3（2011）；Mark A. Lemley & Kimberly A. Moore，"Ending Abuse of Patent Continuations"，84 *b. U. L. Rev.* 63（2004）。

② 见 James Bessen & Michael J. Meurer, *Patent Failure：How Judges，Bureaucrats，and Lawyers Put Innovators at Risk* 62 - 65（2008），其中特别指出，专利延续申请的数量在过去的 20 年里增加了 7 倍。

③ 见 Herbert Hovenkamp，"Notice and Patent Remedies"，88 *Tex. L. Rev.* Online（"See Also"）221（2011）；Bohannan & Hovenkamp，*Creation without Restraint：Promoting Liberty and Rivalry in Innovation*，chs. 3 - 4（2011）。

要方法可能还是得寄托于专利法本身。

　　Rambus 案涉及一家研发公司，该公司的经营范围是研发计算机内存技术，并将研发成功后申请的专利许可给其他内存芯片制造商使用。计算机存储芯片的一个显著性特征是其必须能与多种计算机兼容，这就要求芯片制造商开发出一整套通用的运行和兼容标准。电子工业协会（会员包括存储芯片制造商的行业协会）建立了联合电子器件工程委员会（Joint Electron Devices Engineering Council，JEDEC），其工作是持续促进此类芯片的兼容标准的研发和维护。在 20 世纪 90 年代初期，Rambus 公司成为该协会的成员，此后，它提交了一份原始专利申请。在该期间内，JEDEC 的其他成员均知晓 Rambus 公司在当时申请的该专利的内容，但 Rambus 公司并没有披露其在此后的过程中额外提交的基于该专利的后续申请。根据联邦贸易委员会的调查，Rambus 公司还利用其在 JEDEC 的会员身份，获取了协会在研发标准过程中的技术信息，并在新的专利申请中增加了足以覆盖实施标准所必需的技术的权利要求。一旦包含这些新权利要求的专利申请获得授权，则所有新增加的权利要求均可以享受 20 世纪 90 年代初期的原始优先权日。

　　这些专利随后被认定为有效，且有关行为被判定构成侵权，但此后 FTC 提起反垄断诉讼，指控 Rambus 公司滥用了专利授权和标准制定程序，以意图在内存技术市场获得过高的授权许可费。但是哥伦比亚特区巡回法院驳回了 FTC 的主张，即"垄断者只要从事了能够使其收取比原本可以收取的更高的价格的欺骗行为就构成垄断"[1]。重要的是，在该案中 FTC 无法证明 JEDEC 被误导从而采用了 Rambus 公司的技术而排除了他人拥有的技术。但是，在其他一些案件中，当可以证明某一企业没有披露标准必要专利的存在而导致标准制定组织（SSO）在标准中纳入其技术而排挤掉了特定竞争对手的技术时，法院毫不犹豫地认定了垄断行为"排挤"要件已经得到满足。[2]

第 7.12 节　构成违反反垄断法的商业侵权行为

　　"商业侵权"（"business torts"）一词用于指向多种多样的侵权行为，包括欺诈和虚假陈述、诱导性违约、"窃取"竞争对手的核心员工、对客户或者产品

---

　　[1]　Rambus，Inc. v. FTC，522 F. 3d 456（D. C. Cir. 2008），最高法院提审动议被驳回，555 U. S. 1171（2009）。

　　[2]　例如，Actividentity Corp. v. Intercede Group，PLC，2009 WL 8674284（N. D. Cal. Sep. 11，2009）。关于此问题进一步的讨论，参见 3 Antitrust Law ¶ 712（4th ed. 2015）。也可参见 Broadcom Corp. v. Qualcomm，Inc.，501 F. 3d 297（3d Cir. 2007），这不是一起反垄断诉讼，在该案中，法院适用衡平法上的"禁止反悔"（equitable estoppel）原则否定了某一专利权人在向 SSO 作出关于许可和许可费率的承诺后又食言的做法。

的流动进行强行干预、假冒、虚假广告或者产品诋毁。

对于基于商业侵权而发起的反垄断诉讼要极其慎重，原因有二。第一，州法律已经提供了充分的救济。[①] 第二，侵权行为与反竞争行为的匹配度较差。大多数侵权行为并非反垄断法意义上的反竞争行为。侵权法几乎不需要对市场进行结构性分析，也不需要证明被告拥有市场支配力，它通常只需通过审查原告的业务损失来衡量损害，而并不评估市场是否受到较低的产出或者较高的价格的伤害。因此，大多数商业侵权行为对竞争的影响都很小或者为零。[②]

在 *Conwood* 案中，第六巡回法院对涉案行为判处了高达 10 亿美元的反垄断损害赔偿，但其中绝大部分是侵权行为而非反竞争行为。[③] 在该案中，原告与被告分别是市场中四家湿鼻烟生产商中的两家。湿鼻烟是一种烟草制品，用小盒包装摆放在零售柜台货架上出售。被告占有主要的、但正在下滑的市场份额。在历史上，市场内的四家公司各自为零售商提供展示其产品的货架，但基于零售商展示空间更紧凑的需求，被告公司率先推出了能够同时展示四家公司产品的集成货架。在三十多万家销售湿鼻烟的零售商店中，有些商店是应被告的要求部署了集成货架，包括最大的单一零售商沃尔玛，有些商店许可被告更换其货架，有些商店则是在没有允许被告更换货架的情况下被更换了货架，并扔掉了竞争对手的货架。证据还表明，被告在装填货架时，倾向于给自己的产品提供更多的展示空间，尽管其展示空间的比例小于其市场份额的占比。[④] 第六巡回法院认同联邦地区法院一审判决的观点，即不要求原告提供证据证明应零售商要求更换的、零售商同意更换的以及未经零售商同意强行更换的三种情形的比例。但巡回法院也认同了基于原告整体市场份额损失的损害赔偿计算方法。法院最后判定，哪怕是基于零售商的要求或者获得了零售商的同意，被告也应当就设计并安装新的展示货架的行为承担损害赔偿责任。

法院曾经试图量化原告因为被告更换货架的"侵权行为"（假定该行为的确构成侵权）而遭受的财产损失。原告每月要花费 10 万美元用于置换近 2 万个货架。然而，这里有超过 30 万家商店。也即，每家店每月平均有 33 美分的置换成本，每个月有十五分之一的商店需要更换新的货架，总计的更换成本是 150 万美元。这些数据远远无法证明原告受到巨大的损害。鉴于一个货架的成本只要 5—6 美元，显而易见的是，原告并没有因为被告的行为遭受到任何竞争性损害。即使在整个涉案行为的发生阶段，原告依然获得了高额利润。

---

① 例如，见 Daniel B. Dobbs, *The Law of Torts* 1257–1318，1343–1384（2000）。

② 见 3A Antitrust Law ¶ 780–782（4th ed. 2015）。

③ Conwood Co. v. United States Tobacco Co., 290 F. 3d 768（6th Cir. 2002），最高法院提审动议被驳回，537 U. S. 1148，123 S. Ct. 876（2003）。

④ 见 *Conwood*，290 F. 3d at 775。

幸运的是，*Conwood* 案仅仅是一个非常规的个案。大多数法院对由商业侵权行为引起的反垄断诉讼都相当谨慎。因此，很少有此类行为被判定违反了反垄断法。[①]

第 7.13 节　企图垄断案件中的行为要件

任何对于市场垄断者而言属于合法的行为，对于非垄断者来说必然也是合法的。因此，较之于非法垄断的构成要件，认定意图垄断成立的构成要件显然更加严格。[②] 这意味着，如果垄断者实施的违法行为仅仅"擦着边"，那么该行为如果是由非垄断者实施的，则几乎可以肯定是合法的。价格歧视[③]、未披露新技术[④]、激进研发[⑤]、产能扩张[⑥]、专利的收购或者拒绝许可[⑦]、某些终止交易和独家交易协议[⑧]等行为，如果当它们是由垄断者作出的时候是合法的，那么，当它们是由非垄断者作出时，也必然是合法的。[⑨]

---

① 例如，见 Taylor Pub. Co. v. Jostens，216 F. 3d 465（5th Cir. 2000）（被告对自身产品的价格作虚假陈述）；American Professional Testing Serv. v. Harcourt Brace Jovanovich，108 F. 3d 1147（9th Cir. 1997）（被告对其竞争对手——反垄断诉讼的原告，进行诋毁）。

② Transamerica Computer Co. v. IBM Corp.，698 F. 2d 1377，1382（9th Cir.），最高法院提审动议被驳回，464 U. S. 955，104 S. Ct. 370（1983）（如果某一行为不构成垄断，那么也不会构成企图垄断）。

③ 见 Pacific Eng'g & Prod. Co. v. Kerr-McGee Corp.，551 F. 2d 790（10th Cir.），最高法院提审动议被驳回，434 U. S. 879，98 S. Ct. 234，重审申请被驳回，434 U. S. 977，98 S. Ct. 543（1977）。

④ Berkey Photo, Inc. v. Eastman Kodak Co.，603 F. 2d 263（2d Cir. 1979），最高法院提审动议被驳回，444 U. S. 1093，100 S. Ct. 1061（1980）。

⑤ California Computer Products v. IBM Corp.，613 F. 2d 727，744（9th Cir. 1979）。

⑥ e. I. du Pont de Nemours & Co.，96 F. T. c. 653（1980）。

⑦ 见 SCM Corp. v. Xerox Corp.，645 F. 2d 1195（2d Cir. 1981），最高法院提审动议被驳回，455 U. S. 1016，102 S. Ct. 1708（1982）。

⑧ Paschall v. Kansas City Star Co.，727 F. 2d 692（8th Cir.）（全席判决），最高法院提审动议被驳回，469 U. S. 872，105 S. Ct. 222（1984）。

⑨ 见 3B Antitrust Law ¶ 806（4th ed. 2015）。

第8章

掠夺性定价和其他排挤性定价

第8.1节　概　述

第8.2节　什么情况下定价具有掠夺性？"Areeda-Turner"测试

第8.3节　掠夺性定价："Areeda-Turner"测试的应用与批判

　　8.3a. 平均可变成本（AVC）的替代参数

　　8.3b. 长期实施的策略行为存在的问题；高于成本的"掠夺性"价格

第8.4节　结构性问题：什么时候掠夺性定价是可行的？成本回收

　　8.4a. 掠夺者的市场地位；寡头市场中的掠夺性定价

　　8.4b. 市场进入壁垒

第8.5节　对 Areeda-Turner 测试的司法修正：价格/成本关系；意图

　　8.5a. 价格/成本关系

　　8.5b. 意图问题

第8.6节　对 Areeda-Turner 测试的司法修正：确定相关成本；多产品企业；
　　　　针对特定类型消费者的定价

第8.7节　对 Areeda-Turner 测试的司法修正：市场结构问题和成本回收

第8.8节　掠夺性定价和《罗宾逊—帕特曼法案》

第8.9节　更为复杂的排挤性定价策略，特别是折扣

　　8.9a. 交易数量与忠诚折扣

　　8.9b. 打包定价和捆绑折扣

　　　　8.9b.1. 捆绑折扣的各种类型

　　　　8.9b.2. 捆绑折扣的"归因"测试

第8.10节　掠夺性购买和采购协议中的"最惠国待遇"（MFN）条款

第8.1节　概　述

传统的"掠夺性定价"是指通过低于成本价格进行销售的方式将竞争对手排挤出市场。掠夺者的目的——并且是使得掠夺性定价对于掠夺者来说是理性的、符合其利益最大化的唯一目的——是在竞争对手被驱赶或者教训之后，可以收取垄断价格。掠夺性定价落入《谢尔曼法》第 2 条所规定的非法垄断或者企图垄断的范畴，有时也受到《克莱顿法》第 2 条的调整，该条款通常被称为《罗宾逊—帕特曼法案》（Robinson-Patman Act）。

法院过去曾认为，对于资金雄厚的公司来说，实施掠夺性定价易如反掌，同时，掠夺性定价也是实现垄断的常见方式。[①] 然而在过去数十年中，许多经济学家、法学家以及法院得出了不同的结论：掠夺性定价成本高昂且容易失败，在绝大多数被指控存在掠夺性定价行为的市场中几乎不可能获得成功。[②] 少数法学学者甚至认为，反竞争的掠夺性定价在任何市场都是反常识（irrational）的，且实际上也是不存在的。[③] 今天，理论的钟摆已经部分往回调了。虽然掠夺性策略通常很复杂，但今天的研究者们普遍认为它们是客观存在的，并且有时可能是反竞争的。法院目前在掠夺性定价诉讼中适用的反垄断规则仍然主要是反执法（anti-enforcement）运动早期的产物。因此，人们越来越一致地认为，当前法院适用的反掠夺性定价的规则对垄断行为的威慑力是不足的。

掠夺性定价的法律构成要件伴随着司法机关对掠夺性定价发生的可能概率的认识的改变而改变。曾经在法院认为掠夺性定价很普遍的时候，原告的主张比较容易成立，原告只需要证明：被告公司规模很大、受害公司规模较小、价格在掠夺性定价策略实施的地区整体下降、被告存在损害竞争对手的意图即可。[④] 今

---

① 例如，在 20 世纪早期，人们普遍认为，标准石油公司的垄断就是这样形成的。不过，这是否属实仍然存在争议。参见 John McGee, "Predatory Price Cutting: The Standard Oil (N. J.) Case", 1 *J. L. & Econ.* 137 (1958)（批判了掠夺性定价理论）；Christopher R. Leslie, "Revisiting the Revisionist History of Standard Oil", 85 *S. Cal. L. Rev.* 573 (2012)（反驳了 McGee 的观点）；Daniel A. Crane, "Were Standard Oil's Rebates and Drawbacks Cost Justified?", 85 *S. Cal. L. Rev.* 559 (2012)（认为结论是模糊的）；Elizabeth Granitz & Benjamin Klein, "Monopolization by 'Raising Rivals' Costs': The Standard Oil Case", 39 *J. Law & Econ.* 1 (1996)（认为标准石油公司主要是通过与铁路运输企业和其他企业签订协议，对竞争对手施加更高的成本来获得其市场支配地位的）。

② 见 3A Antitrust Law, Ch. 7C (4th ed. 2015)。

③ 例如，Robert H. Bork, *The Antitrust Paradox: A Policy at War With Itself* 144 - 55 (1978; rev. ed. 1993)；Frank Easterbrook, "Predatory Strategies and Counterstrategies", 48 *Univ. Chi. L. Rev.* 263 (1981)。

④ 例如，Utah Pie Co. v. Continental Baking Co., 386 U. S. 685, 87 S. Ct. 1326, 重审申请被驳回，387 U. S. 949, 87 S. Ct. 2071 (1967)。

天，因掠夺性定价真正发生的概率受到越来越多的质疑，法院也开始要求更为严格的构成要件。自从 1975 年引入 Areeda-Turner 测试后[1]，仅有少数原告能够在掠夺性定价的诉讼中胜诉。[2] 但需要注意的是，没有哪家巡回上诉法院认定"低于成本价"是当然合法的行为（per se legal）。尽管联邦最高法院已经将"低于成本价"作为反竞争性掠夺行为的标准之一，但它并未提供如何计算成本的具体指引。

对于法院来说，几乎没有什么反垄断诉讼会像掠夺性定价一样棘手。"低价"即使不是反垄断政策的主要目标，也是其原则之一。然而，在掠夺性定价案件中，法院必须考虑"定价过低而违法"这一指控。此外，任何一家公司的定价和其成本之间的关系都是模糊且难以计算的。如果法官使用过于强硬的规则抑制定价，其结果将导致损害经济效率的高价，这反过来将允许效率较低的公司留在市场上。无怪乎某些学者认为，法院应当驳回所有的掠夺性定价指控，至少在原告和被告彼此构成竞争对手的情形下应当如此。[3]

掠夺性定价之所以被否定，并不是由于其在第一阶段的降价，其被谴责的原因在于，如果掠夺性定价策略获得成功，行为企业会在将来减少产出、提升价格。如果某一价格是经过合理计算的，目的是将当前市场上的竞争对手驱赶出市场或者对其予以教训（discipline），从而使得掠夺定价者可以享受到掠夺性定价结束后采取垄断定价带来的利润，则该价格属于掠夺性定价。

掠夺性定价的成功实施需依赖于以下几项市场条件：第一，受害者应当足够弱小，或者其产品成本应当足够高，以至于掠夺者可以成功地将其赶出市场或者使其服帖。第二，市场结构应当可以使掠夺者合理判断出垄断定价可以持续的获利期间。第三，未来一定时期垄断的折现价值（discounted present value）必须大于掠夺者在掠夺性定价期间产生的现有损失（present loss）。下面我们将着手分析这些条件，以及法院在评价掠夺性定价诉讼时遇到的困难。

第8.2节　什么情况下定价具有掠夺性？"Areeda-Turner"测试

竞争可以驱使产品价格接近于其边际成本。[4] 当一家企业考虑是否生产额外

---

[1]　Phillip Areeda & Donald Turner, "Predatory Pricing and Related Practices Under Section 2 of the Sherman Act", 88 *Harv. L. Rev.* 697 (1975). 参见本书第 8.2 节。

[2]　但也有多起案例。见 U. S. Philips Corp. v. Windmere Corp., 1992-1 Trade Cas. ¶ 69,778, 1991 WL 338258 (S. d. Fla. 1991)（有证据证明受到新进入市场的竞争对手威胁的企业进行了猛烈的降价，并且该企业的市场份额高达 90%，可认定存在实质的进入障碍，足以证明存在《谢尔曼法》下的垄断）。

[3]　然而，*Easterbrook*（supra at 331-333）案允许被迫支付更高价格的消费者在掠夺性定价计划成功后提起诉讼。

[4]　参见 W. Kip Viscusi, John M. Vernon, & Joseph E. Harrington, Jr., *Economics of Regulation and Antitrust*, ch. 4 (4th ed. 2005); Frederick Scherer & David Ross, *Industrial Market Structure and Economic Performance* 20 (3d ed. 1990)；及参见本书第 1.1 节。

一单位的产品时，其会权衡额外这一单位销售所带来的收入与生产、销售该额外单位产品的成本。一般来说，有两件事情是肯定的：1）竞争市场上的价格趋近于边际成本；2）将价格降至短期边际成本以下并不属于理性的利润最大化行为，除非由此产生的损失可被未来获得的利润所完全抵消。

以边际成本定价符合竞争市场的内在规律，超边际成本定价则与市场的垄断相关。[①] 然而，低于边际成本定价则与两种情况都不相容。

在 1975 年发表的一篇颇有影响的文章中，Areeda 教授和 Turner 教授认为，低于合理预期的短期边际成本的价格是掠夺性的，而等于或高于合理预期的短期边际成本的价格是非掠夺性的。[②]

Areeda 和 Turner 教授进一步指出，但是，使用短期边际成本作为判断价格是否具有"掠夺性"的标准是不切实际的，因为边际成本极难计算。[③] 经济学家口中的边际成本只是理论上的，该概念提出的问题是：厂商生产额外一单位产品的额外成本是什么？如果我们研究一下某一企业过去两三年的生产情况并调查这段期间的边际成本，我们会发现这个问题其实非常难以回答。在诉讼过程中，当我们把问题聚焦在过去的某段时间内销售者的定价是否低于其边际成本时，我们会发现其实这种计算是异常困难的事情，除非边际成本与销售价格之间的差距非常大。

因此，Areeda 和 Turner 提出了一种替代方法：计算平均可变成本（Average Variable Cost，AVC）。一家企业的总生产成本可以分为两类——固定成本和可变成本。固定成本是指在给定期间内，无论产出量是否发生变化，依旧保持固定的成本；可变成本是指在给定期间内，随着产出量的变化而变化的成本。举个例子，在一个年度内，工厂厂房的成本是保持固定不变的，无论这家工厂是否实际生产，这一成本都会发生。相比之下，大部分的劳动力成本、原材料或者配件的成本以及水电成本，通常会因为生产规模的变化而发生变化。某家面包店在连续三周内增产 100 条面包通常不会导致其固定成本的增加（因为不需要扩张工厂规模，即无需投入固定成本），但面包厂必须付出更多的成本购入面粉、盐乃至电力和劳动力。

---

① 见本书第 1.2 节。

② Phillip Areeda & Donald Turner，"Predatory Pricing and Related Practices Under Section 2 of the Sherman Act"，88 *Harv. L. Rev.* 697（1975）. Areeda-Turner 测试法的现有公式可见 3A Antitrust Law Ch. 7C - 3（4th ed. 2015）.

③ 尽管边际成本难以计算，但判断某一价格是否低于边际成本也许没那么困难。例如，我们假设一家汽油零售商需要向批发商支付 1 美元的价格，然后以 90 美分的含税价格出售。前述案例中，我们无须准确计算边际成本就可以判断销售价格肯定低于边际成本。任何低于基本单位进价成本（per unit cost of a basic input）的单位价格均可以被认定为低于边际成本。参见 3A Antitrust Law ¶ 740a（4th ed. 2015）；and Rebel Oil Co. v. Atlantic Richfield Co.（Rebel Oil II），146 F. 3d 1088, 1094 & n. 1（9th Cir.），cert. denied，525 U. S. 1017，119 S. Ct. 541（1998）.

在诉讼中，从理论上说，AVC 比边际成本更容易计算。我们可以首先区分哪些成本属于可变成本，然后将它们加总，并除以生产的总单位产品数量，就可以得到平均可变成本。根据 Areeda-Tunrner 测试，高于 AVC 的价格被推定为合法的价格。低于 AVC 的价格，则在满足其他前提条件的情况下，将被推定为违法。[①]

第8.3节　掠夺性定价："Areeda-Turner"测试的应用与批判

许多法院最初几乎无条件地采用 Areeda-Turner 测试法。[②] 学界对此颇有争议，并就什么是合理的掠夺性定价的法律标准展开了激烈的学术讨论。[③] 这场学术讨论最终影响了法院的观点，部分拥护 Areeda-Turner 测试的联邦巡回上诉法院开始重新审视这项测试。[④] 尽管争论仍然存在，但目前几乎所有的巡回上诉法院均采用了某一版本的测试标准，不过其中的部分内容与原始版本的 Areeda-Turner 测试标准相比发生了变化。

针对 Areeda-Turner 测试的批判主要分为两类：1）就算认为边际成本是判断掠夺性定价的合理基准，平均可变成本也经常不是较好的替代参数；2）短期边际成本并不是判断掠夺性定价的合适基准：尽管几乎所有低于短期边际成本的定价均具有掠夺性，但高于短期边际成本的定价仍然可能具有"反竞争性"。

8.3a. 平均可变成本（AVC）的替代参数

图1列明了 AVC 测试存在的一些问题。该图显示了一家基本上达到最佳规模的工厂的成本函数。该厂在竞争条件下的产出率是 Q_c，Q_c 处于需求曲线和该企业边际成本曲线的交叉点。[⑤] 以该生产率进行生产，并以市场价格 P_c 出售产品，该企业的收入足以覆盖其平均总成本（average total costs，AC），并超过 AVC。

---

① 3A Antitrust Law，¶ 723. 当价格高于平均总成本（固定成本和可变成本之和除以产出单位量）时，根据 Areeda-Turner 测试，构成本身合法。

② 参见 Herbert Hovenkamp，"The Areeda-Turner Test for Exclusionary Pricing：A Critical Journal"，46 *Rev. Indus. Org.* 209 (2015)。

③ 关于讨论内容，参见 James Hurwitz & William Kovacic，"Judicial Analysis of Predation：the Emerging Trends"，35 *Vand. L. Rev.* 63 (1982)；John Brodley & George Hay，"Predatory Pricing：Competing Economic Theories and the Evolution of Legal Standards"，66 *Cornell L. Rev.* 738 (1981)。

④ 然而，第十一巡回法院的下述观点几乎没有什么事实依据："Areeda-Turner 测试就像米洛斯的维纳斯：经常被讨论，但很少被接受。"McGahee v. Northern Propane Gas Co.，858 F. 2d 1487，1495 (11th Cir. 1988)，最高法院提审动议被驳回，490 U. S. 1084，109 S. Ct. 2110 (1989). 随着法官们的经济学造诣日趋提升，他们中有越来越多的人开始接受 Areeda-Turner 测试。

⑤ 需求曲线向下倾斜是因为，尽管该公司可能没有市场支配力，但如果降低价格，它将获得更多的销售份额。

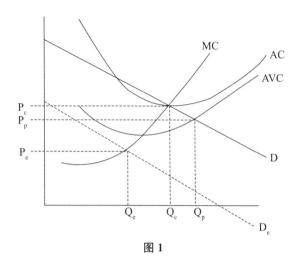

图 1

以竞争条件下的生产率进行生产，厂商的边际成本将高于 AVC。更为重要的是，边际成本与 AVC 之间是离散关系：如果企业提高其生产产出量，边际成本和 AVC 之间的差值将进一步扩大。然而在 Areeda-Turner 规则下，从法律角度来看，该企业可以一直将其产量提高至 Q_p 并将价格降至 P_p。如果将产量提高到最优产量之上（这种情况下即出现掠夺性行为）[①]，边际成本曲线与 AVC 曲线之间的分离程度将显著下降，且边际成本将高于 AVC。这种情况导致的结果是 Areeda-Turner 测试可以为掠夺者提供相当大的操作空间。实际上，依据 Areeda-Turner 测试，一家企业可以计算其 AVC 并以高于 AVC 一分钱的价格合法销售，同时造成其竞争对手的巨大损失。当然，对此问题的一种解决途径是，当 AVC 和边际成本大幅度偏离时，低于边际成本的价格将会更容易被识别出来，而无需再使用 AVC 这一替代参数。[②]

在充满了过剩产能的病态市场中，情况则完全相反。如以下第 8.4b 节所显示的，如果某一产业充斥着严重过剩的产能，则其并不能为掠夺性定价提供合适的土壤，因为掠夺者无法合理地预期什么时候才能进行垄断定价。图 1 漂移的曲线 D_e 展示了产能过剩的情况，价格将会降至 P_e，产出量将降至 O_e，这将低于该厂商的最优产出率。此外，边际成本和 AVC 也呈离散状态，但此时，AVC 比边际成本还更高一些。但是根据 Areeda-Turner 测试，如果一家企业即使以其边际

---

① 鉴于掠夺性定价是一种短期现象，掠夺者通常希望在不建造额外工厂的情况下实施掠夺性定价，即使在掠夺期间产量必须很高。其结果是，我们可以合理预见，掠夺性定价常常会在产出量高、但效率低下的情况下出现。

② 参见 3A Antitrust Law ¶ 740c (4th ed. 2015)。

成本进行定价，仍然会被认定为实施了掠夺性定价。[①]

简而言之，Areeda-Turner 测试导致了这样一种现象：该测试更容易在通常不会出现掠夺性定价的市场中证明存在掠夺性定价，却在容易出现掠夺性定价的市场中更难证明存在掠夺性定价。

8.3b. 长期实施的策略行为存在的问题；高于成本的"掠夺性"价格

对于 Areeda-Turner 测试还有更为复杂的批判。尽管这些批判有多种多样的变体，但学术研究表明，关于掠夺性定价这个故事，Areeda-Turner 至少忽视了两种情况。[②] 第一种情况是"限制性定价"（"limit pricing"），即掠夺者不针对市场中现存的竞争对手，而是针对考虑进入市场的潜在对手实施有关行为。第二种情形是多重利益掠夺（multiple-benefit predation）：掠夺者在多个市场中从事经营活动，但主要在其中一个市场中从事公开的降价行为，而在其他市场中维持寡头垄断价格。该故事的另外一个版本是：单个或多个寡头对降价者（或其他类型的创新者）以掠夺性定价进行回应，以便向其他寡头传递一个消息：任何试图发展竞争性市场的尝试都是不被容忍的。

批判者们认为 Areeda-Turner 测试忽视了掠夺者采取策略性进入威慑（strategic entry deterrence）的可能性。举个例子，某行业以最佳效率运行的工厂可以以每件 1.00 美元的成本生产甲产品。按此价格计算，每年的市场需求量为 1 000 件。生产甲产品的工厂的最低有效规模（MES）为每年 250 件，那么在该市场中，可以容纳三到四家能达到有效规模的厂商。但是，也可以仅由一家企业建造一个高效的工厂，每年生产 1 000 件甲产品，从而满足整个市场的需求。现实中有部分行业具有与此相似的市场结构特征。[③]

如果一家占有市场支配地位的企业建造的工厂每年可以生产 1 000 件甲产品，这种占据主导地位的企业可以有效地击退潜在的竞争对手。在建造了具备生产 1 000 件甲产品产能的工厂后，这家占支配地位的企业在实际上就能够以每年 700 件产品的产量进行生产，并以 1.50 美元的垄断单价出售。但是，如果有潜

[①] 在短期内，如果价格低于一家企业的 AVC，则其通常会停止生产。也就是说，通过完全不生产，可以将损失降至最低。但是，企业必须考虑停止生产后重新启动的成本。企业如果打算保留业务并希望留住某些客户或者订单，则从长远来看，在短期内以低于 AVC 的价格进行生产可能比完全停止生产更为有利。但无论如何，在产能过剩的行业中不太可能出现长时间定价低于 AVC 的情况。参见 Paul Joskow & Alvin Klevorick, "A Framework for Analyzing Predatory Pricing Policy", 89 *Yale L. J.* 213, 251 n. 77 (1979)。

[②] 了解更多类型的批判观点及其他案例，参见 Janusz Ordover & Garth Saloner, Predation, Monopolization, and Antitrust, in 1 *Handbook of Industrial Organization* 537 (Richard Schmalensee & Richard Willig eds., 1989)。

[③] 参见 Frederic M. Scherer & David Ross, *Industrial Market Structure and Economic Performance* 97 - 151 (3d ed., 1990)。

在的市场竞争对手进入市场的话，这家企业就可以将其产量提高到每年 900 件，并将其价格降低到略高于 1.00 美元的水平。即使当前的高价看起来非常诱人，并且潜在的竞争对手也可以使用相同的技术，但该潜在竞争对手会发现，其进入市场后，由于在位企业降价，其可能将无利可图。特别是，如果市场需求不足以使该潜在竞争对手在进入后实现 MES 的话，那么潜在竞争对手在进入市场后将要付出比在位支配企业更高的成本。这样，进入后的价格可能会下降幅度过大以至于无法使潜在的竞争对手获得利润，即使该价格高于占据支配地位的企业的边际成本和平均可变成本。[①]

通过上述方式，占据市场支配地位的企业可以随时将其多余的产能当作武器：潜在的市场进入者清楚地意识到当前市场的既存竞争对手可以轻易地通过提高产量、降低价格来应对任何新的市场进入或者产量的扩张。这种策略在设备的专用性较强、进入市场的沉没成本较高的行业中最为有效。也就是说，新的市场进入者无法在其进入市场而经营失败后挽回这些成本损失。[②] 此外，这种策略也是"可持续的"，也就是说占据行业支配地位的企业可以无休止地实施这种策略，因为即使从短期看，这种做法也是有利可图的。

从概念上讲，可持续的定价策略与不可持续的定价策略之间的差异是非常大的，但法院尚未意识到这一点。例如，当法院审查一项可持续性策略的合法性时，一个相关的问题通常是被告是否故意建造了一家大型工厂，且这家工厂的产能是否超出了被告合理的生产需求。不幸的是，那些原则上接受价格高于平均总成本可能具有掠夺性的观点的法院，却也往往倾向于以对待传统掠夺行为的"正统"（orthodox）方式来审查可持续性战略，它们倾向于调查被告是否具有某种伤害竞争对手的"意图"。

在固定成本很高的产业中，潜在的企业很可能最终打消掉进入市场的念头，而市场中的在位企业则表现出顽强的生命力——因为如果阻拦一旦失败，其将遭受更多的损失。相较之下，在沉没成本较低的市场中，进入市场的壁垒可能并未高到足以使掠夺性定价成为一种可行策略的程度。出于这些原因，法院应当对市场中在位企业的下述主张持深度怀疑的态度——其某个规模更大的竞争对手完全可以盈利的价格应当被定性为"掠夺性"。事实上，第五巡回法院就认为，如果限制价格（limit price）被证明对于被告来说是有利可图的，那市场中的既存企业关于限制定价（limit pricing）的主张就不应得到支持。[③]

---

① 这一例子是对以下文献中所举例子的简化：Williamson, supra, 292 - 301。在以下文献中对此进行了简单解释：George Hay, "A Confused Lawyer's Guide to the Predatory Pricing Literature 155 - 202", in *Strategy*, *Predation*, *and Antitrust Analysis* (S. Salop, ed. , 1981)。

② 参见本书第 1.6 节关于进入壁垒的沉没成本。

③ Phototron Corp. v. Eastman Kodak Co. , 842 F. 2d 95, 101（5th Cir.)，最高法院提审动议被驳回，486 U. S. 1023, 108 S. Ct. 1996（1988)。

大多数经济学家认为，限制定价的策略是会发生的，且可能具有反竞争的效果。但更为根本的问题是，目前没有人可以提供用来评估原告主张合理性的工具，也无法提供合适的救济措施。一般来说，某一反竞争定价策略是可持续的这一事实意味着它在短期内也都是"高于成本"的，这使得判断其是否具有反竞争性极为困难。此外，它通常会迫使法院考虑主观意图——一贯以来被反对的考量因素，反对者认为对主观意图的依赖破坏了理性的掠夺性定价规则。最糟糕的规则恐怕是：（1）即使价格超过了平均总成本，也允许证明该价格具有掠夺性；以及（2）允许原告基于证明被告主观意图的证据得出前述（1）的结论。

联邦最高法院在 Brooke 案的判决中将针对掠夺性行为的诉讼理由限缩到价格低于平均总成本的情形。[1] 诚然，在该案中，争议的焦点并非价格—成本之间的关系问题，最高法院拒绝为掠夺性定价的判定确定适当的成本计算规则。并且，该案原告的起诉依据是《罗宾逊—帕特曼法案》（Robinson-Patman Act），而非《谢尔曼法》。然而，由于《罗宾逊—帕特曼法案》较之《谢尔曼法》更为宽泛[2]，因此，任何适用《罗宾逊—帕特曼法案》时所采用的对掠夺性行为认定的限制也必须为《谢尔曼法》所采用。

第8.4节　结构性问题：什么时候掠夺性定价是可行的？成本回收

图 2 说明了一些假定的掠夺者所面临的问题。

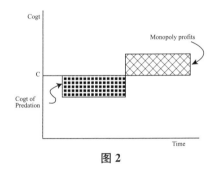

图 2

标记为"C"的中间横线用于表示掠夺者的成本，即总成本。这条横线代表着一段时期，该时间段覆盖了掠夺性定价期间以及掠夺性定价结束后实施的垄断定价期间。中线下方左侧的阴影矩形代表了掠夺性定价的成本。该成本的大小由两个因素所决定：定价方案的持续时间（矩形长边）和每单位销售的损失（矩形

---

①　Brooke Group Ltd. v. Brown & Williamson Tobacco Corp.，509 U. S. 209，210，113 S. Ct. 2578，2581（1993）.

②　参见本书第8.8节。

高度）。中线上方右侧的网格状矩形代表了掠夺性定价结束后的垄断收益。该收益的大小也取决于两个因素：矩形长边代表的持续时间，以及矩形高度代表的每单位销售的垄断利润。

除非右侧的网格状矩形的折现价值大于左侧的阴影矩形，否则掠夺性定价并非是一个有利可图的策略。事实上，应当基于两种完全不同的理由对网格状矩形所代表的收益进行打折。首先，未来收到的钱的价值要比现在口袋里存的钱的价值更低。假设基础利率是 10%，那么一年后获得的 1 美元，在今天的价值仅为 90 美分，两年后才获得的 1 美元，在今天的价值只有 81 美分，依此类推。[①]　其次，考虑到以下几种可能性，掠夺性定价策略成功的概率不足 100%，网格状矩形也必然进一步缩水：（1）竞争对手"负隅顽抗"并成功地在市场中存活下来，因此掠夺者所期待的垄断期间永远无法出现；（2）竞争对手被赶出市场，但在垄断价格上涨不久后又出现新的市场进入者，价格再次被拉回竞争水平；（3）掠夺性定价者因违反《谢尔曼法》被追责，从而被要求停止掠夺性行为并赔偿给他人造成的损失。如果掠夺性定价者认为成功的几率只有 50%，那么其预期利润必然减半。

联邦最高法院所提出的"成本回收"（recoupment，或者称"损失补偿"）要件要求一种近似于能够精确到每分每厘的证据——被告可以合理预见到掠夺性定价能够带来正的收益。这种看似不必要的严格要件，实际上对原告课以了相当重的举证责任，因为其需要对某种猜测而非事实举证。诚然，在部分案件中，市场进入门槛低或者竞争态势激烈的事实，均表明将来的损失补偿是不可能实现的，因此该类案件可以被直接驳回。但是在那些临界案件中，损失补偿金额的计算在很大程度上受到被告在掠夺定价结束后所占据的市场份额的测算规模以及市场供给弹性和需求弹性的影响。然而，由于我们只能获得当前市场的数据，因此非常难以取得未来市场的预估数据。当原告需要对尚未变成现实的未来市场的数据进行举证，测算问题就会变得非常棘手。进行此类评估需要准确预测新竞争对手进入市场所需要的时间、成功立足的竞争对手扩大产量的能力、消费者发掘替代品的能力，等等。总而言之，损失补偿要件是对一系列实际上不构成市场掠夺性定价行为，但最终被判定为垄断的案件的回应，但不得不说，这一规则是一种过度反应。[②]

8.4a. 掠夺者的市场地位；寡头市场中的掠夺性定价

从法律理论角度来看，法院在传统上将掠夺性定价当做试图垄断的案件来处

---

① 参见 Brooke Group Ltd. v. Brown & Williamson Tobacco Corp., 509 U. S. 209, 210 113 S. Ct. 2578, 2581 (1993)："原告必须证明，被控的掠夺性计划有可能导致价格上涨至竞争水平之上，且该高价足以补偿掠夺性定价期间所付出的成本损失，其中包括该'投资'的时间价值（time value）。"

② 参见 3A Antitrust Law ¶¶ 725b, c, 726d5 (4th ed. 2015)。也可参见 Christopher R. Leslie, "Predatory Pricing and Recoupment", 113 *Colum. L. Rev.* 1695 (2013)。

理。从经济学角度来看，这种处理方式似乎是不正确的。掠夺性定价和其他定价策略通常仅在企业已经占据了市场支配地位的情况下才具有可行性。实际上，掠夺性定价行为相较于其他被谴责的实质性垄断（substantive monopolization）行为（例如缺乏依据的专利诉讼）而言，其想要成功需要高得多的市场份额。多年以来，法院普遍忽视了掠夺性定价案件中的市场结构问题，而更关注价格和成本之间的关系。然而，最近，一些法院已经发现，快速解决此类纠纷的途径应是先分析市场结构问题。如果对市场结构的分析结果表明掠夺性定价显然不是一个能够在特定市场中有利可图的策略，那么就无须进入下一步，也即无须继续分析价格和成本之间的关系。正如本书第 8.7 节所讨论的，许多法院认可这样的实践。①联邦最高法院关于 *Brooke* 案的判决正是朝着上述方向作出的大胆转变。在该案中，最高法院认定：（1）价格低于平均可变成本，且（2）被告具有明显的反竞争意图。然而，最高法院最终驳回了原告的诉讼请求，因为市场结构分析的结果使得法院认为"损失补偿"是不可能实现的。

然而，反对关注市场结构的一种观点认为，如果反垄断法的目标是遏制垄断，那么法律应当关注的是行为，而非结果。否定竞争市场中存在掠夺性定价行为实际上很像从原则上一概否定试图垄断的存在。毕竟，普通法下关于"企图/未遂"的含义其实就是"没能/失败"。如果一个人掏出手枪对准了某人，扣动扳机，但因为火药是湿的或者撞针是坏的而导致子弹无法发射，凶手也仍然会被认定为杀人未遂。因为凶手原本以为枪是可以发射子弹的，如果我们想要遏制谋杀行为，那么以未遂定罪显然就是必要的。因此，同样的，如果反垄断法的目的是对潜在的垄断进行威慑，那么即使成功概率再低，我们也应尽力遏制这种行为。事实上，这种尝试性行为本身就具有较高的社会成本。失败的掠夺性定价对于消费者来说就是一种馈赠，因为它带来了低价，同时未能造成垄断性的高定价。②但对于竞争对手来说，失败的掠夺性定价可称不上是个礼物。并且，它还同时使得其他市场主体承担了高成本，比如向这些竞争对手提供原材料的供货商。而且，当不可能成功的掠夺性定价行为发出的"错误"信号导致消费者作出投资或

---

① 例如，American Academic Suppliers v. Beckley-Cardy, 922 F. 2d 1317, 1319（7th Cir. 1991）（"被认定构成企图垄断的企业通常是垄断者，而在认定构成掠夺性定价的情况下则必须是垄断者"）。亦可参见 SSS Enterp., Inc. v. Nova Petroleum Realty, LLC, 533 Fed. Appx. 321（4th Cir. 2013）（原告无法证明存在相关市场；法院作出简易判决）。

② 参见 Easterbrook 法官在以下案件中的意见：a. a. Poultry Farms v. Rose Acre Farms, 881 F. 2d 1396, 1401（7th Cir. 1989），最高法院提审动议被驳回，494 U. S. 1019, 110 S. Ct. 1326（1990）（"价格低于当前的成本，并在未来继之以竞争水平的定价，对消费者来说是一份礼物……因为反垄断法的立法目的就是为了提高消费者福利，而非竞争者福利，因而这种类型的礼物是不可诉的"）。亦可参见 *Brooke* 案的判决，引注如前："尽管失败的掠夺性定价策略可能在市场中催生出针对目前在售的低于成本价格的商品的低效率替代品，但失败的掠夺性定价一般对于消费者来说是一种福利……" 509 U. S. at 224, 113 S. Ct. at 2588。

以其他方式改变了自身的行为模式时，甚至有可能对消费者造成损害。[1]

不过，在待审查的行为性质十分清晰的情况下，上述针对掠夺性定价未遂以企图垄断的方式进行处理的主张就具有很强的合理性。用枪指着某人头部的行为无疑是非常清晰的行为，即使这杆枪事后被证明火药潮湿或者撞针损毁，这种恶劣行为的性质依然是非常明确的。掠夺性定价行为却并非如此。我们千方百计地试图在掠夺性定价和非掠夺性定价之间划出一道界限，但效果并不明显。从概念上说，我们衡量价格和成本关系的方案本身，正如前面所分析的那样，千疮百孔。成本应当如何分类、什么水平的成本是具有掠夺性的、在什么情形下具有掠夺性，对于这些问题的回答直到今天都是充满争议和多种多样的。[2] 此外，即使我们对基本概念达成了一致，我们还是无法达到某种可接受的准确度，来衡量何种水平的成本可以让掠夺性定价策略在未来是能够获得成功的。

所以法院采取了一种更为理性的方法。[3] 它们假设公司是利润最大化的追求者，并且这些公司的管理层至少在各自领域内对于各种经营方案是否奏效具有直观的认识。接下来，我们要问自己一个问题："一位清楚掌握这些知识的企业管理者是否相信他/她的公司可以有利可图地在今天降低价格、击退竞争对手，而在未来收取垄断价格？"如果从经济学角度对这个问题的回答是否定的，那么将帮助我们区分含糊不清的行为——一个理性的人是不会这样做的。所以，假设特定的被告公司的管理者是理性的，则必然不会去做这样的事情。

在 *Brooke Group* 案中，原告指控的并不是实际的或者潜在的垄断，而是存在了数十年之久的锁定步伐式的寡头垄断（lockstep oligopoly）。虽然法院声称其采用的是合理原则的评判方法，但它低估了市场掠夺（predation）的风险。它假设寡头垄断本质上是不稳定的，尽管有充分的证据表明它们在现实生活中在许多情况下都非常稳定。[4] 此外，*Brooke Group* 案中的掠夺性定价计划并非旨在打垮竞争对手，而只是为了说服竞争对手留在可获得高额利润的寡头垄断框架之中是比"叛逃"更好的选择。正如我们稍后所建议的，最高法院很可能夸大了寡头垄断中掠夺性定价分崩离析的风险，并低估了其对垄断者的行为收益。[5]

当法院评估原告提出的一项掠夺性定价的诉讼主张时，其还应当考虑下文总

---

① 例如，就产品 A 进行的掠夺性定价行为可能导致使用产品 A 作为原材料的产品 B 的下游生产企业，误以为产品 B 市场有利可图，盲目进入产品 B 的市场，或者扩大产品 B 的生产量。然而，一旦 A 的价格上涨至竞争水平，产品 B 市场的进入或者产品 B 的产能扩张可能立即成为一桩亏本的生意。

② 参见本书第 8.5～8.6 节，及下文。

③ 参见 3A Antitrust Law ¶ 725a (4th ed. 2015)。

④ 参见 Herbert Hovenkamp and Fiona M. Scott-Morton, "Framing the Chicago School of Antitrust Analysis", ____ *Univ. Penn. L. Rev.* ____ （2020）（forthcoming），访问地址：https://papers. ssrn. com/sol3/papers. cfm? abstract_id=3481388。

⑤ 参见本书第 8.8 节。

结的几项市场结构特征。

8.4b. 市场进入壁垒

掠夺性定价的原理在于通过忍受眼前的损失以获得未来垄断价格带来的利润。然而，如果新的竞争对手在掠夺者排挤竞争对手刚刚取得成功之后又很快地进入相关市场，那么将永远无法出现行为人期待的垄断利润。掠夺性定价仅仅在相关市场具有显著的市场进入壁垒时才能有利可图。

掠夺性定价的案件和经营者集中的案件存在一个重大区别。在经营者集中的案件中，唯一一个相关问题是，在串通定价或垄断定价行为发生时相关市场进入的难易程度。[①] 而在掠夺性定价案件中，除前面提到的核心问题之外，还需要考虑是否发生了掠夺性定价行为。想要回答这个问题，研究竞争对手进入市场的过程的证据就非常有帮助。

在经营者集中的案件中，新近有竞争者进入的证据并不是证明市场进入门槛低的必然有力的证据。每一个新的市场进入者都会增加整个市场的产出量并拉低市场价格，同时，除非潜在市场进入者认为其进入市场后，将自己的产出量与其他市场竞争者的产出量加总后仍可以获得利润，否则该市场是不具有任何吸引力的。其最终结果就是，A 在进入该市场前，该市场或许是有吸引力的；但是当 A 已经进入市场并开始生产制造后，该市场就不再具有任何吸引力了。正是由于这个原因，联邦政府的合并指南降低了合并分析中有关历史上市场进入证据的重要性。[②]

相比之下，在掠夺性定价的案件中，原告的主张必然是在掠夺性定价期间内、市场已经无利可图，也就是说，产出量已经高于、而价格已经低于能够获得盈利的水平。如果在掠夺性定价期间内出现一家甚至数家企业进入相关市场，则该事实就与上述主张相互矛盾。这样的市场进入意味着进入者相信该市场上产品的价格水平是高到足以盈利的。任何给市场中在位企业造成损失的低价，都必然使具有同等生产效率的新进入者无法获得利润。[③]

第8.5节 对 Areeda-Turner 测试的司法修正：价格/成本关系；意图

法院起初以极大的热情接受了 Areeda-Turner 测试标准。[④] 然而，最终，这

---

① 关于进入壁垒和合并的反垄断政策，参见本书第 12.6 节。

② 参见上一条注释。

③ 例如，见 Affinity LLC v. GfK Mediamark Res. & Intelligence, LLC, 547 Fed. Appx. 54 (2d Cir. 2013)（在市场结构具有竞争性且进入壁垒较低的情况下，拒绝认定存在掠夺性定价的主张）；Stearns Airport Equip. Co. v. FMC Corp., 170 F. 3d 518 (5th Cir. 1999)（大量外国公司进入市场表明市场进入壁垒过低以至于无法支持存在掠夺性定价的主张）。

④ 见本书第 8.2 节。

种热情减退了，法院开始为这种测试标准创建各种各样的例外和适用条件。但是，目前还没有法院完全排斥这一测试，并且 Areeda-Turner 测试标准中关于 AVC 的基本范式还是影响着每一家自 1975 年开始审理掠夺性定价案件的巡回上诉法院。

8.5a. 价格/成本关系

Areeda-Turner 测试听起来很简单：如果定价低于平均可变成本（AVC），就是违法的，并且，法院可以依据一份像"待洗衣物清单"一样简单的列表来判案，上面列出了所有固定成本和可变成本的项目。使用该公式的会计师可以很容易地就被告的价格与其成本之间的关系进行作证。

然而，首先，正如一些法院已经发觉的那样，计算可变成本并非总是像表面看起来的那么简单。[①] 其次，该测试要求仅在 AVC 价格较为接近边际成本时才使用平均可变成本来替代边际成本，在实践中难以操作。再次，可能出现掠夺性定价的行业差异悬殊，难以适用包含固定成本和可变成本的统一的"待洗衣物清单"——这些行业，例如大学教材、烘焙面包、工业化学品等。又次，该测试没有将一些企业的策略性长期行为纳入考虑范围，主要原因在于该测试不允许评估被告的主观意图。最后，如果产出量水平较高，该测试对于被告来说就是一个天堂，并且实际上也不会有人在这种情况下输掉案子。[②]

8.5b. 意图问题

许多法院对于 Areeda-Turner 测试拒绝审查被告意图的规则存在抵触，它们已经试图通过"软化"规则的方式对此作出回应。例如，第九巡回法院已经认定，以价格低于 AVC 为理由所认定的掠夺性定价是一项可被相反证据反驳的推定。[③] 高于 AVC 价格、但低于平均总成本的价格则是一项可以以相反证据反驳的、不存在掠夺性定价行为的预设。[④] 在 Brooke 案之前，该法院也曾经认定，即使通过 Areeda-Turner 测试可以看出价格确实高于平均总成本，但也仍然不能得

---

①　关于存在的困难，参见 United States v. AMR Corp., 335 F. 3d 1109 (10th Cir. 2003)；William Inglis & Sons Baking Co. v. ITT Continental Baking Co., 461 F. Supp. 410, 418 (N. d. Cal. 1978), affirmed in part, reversed in part, 668 F. 2d 1014 (9th Cir. 1981)，最高法院提审动议被驳回，459 U. S. 825, 103 S. Ct. 57 (1982)。

②　当然，这符合 Areeda-Turner 测试的假设前提，即善意的掠夺性定价很少发生。参见 Joseph Brodley & George Hay, "Predatory Pricing: Competing Economic Theories and the Evolution of Legal Standards", 66 Cornell L. Rev. 738, 768 - 89 (1981)。

③　William Inglis & Sons Baking Co. v. ITT Continental Baking Co., Inc., 668 F. 2d 1014, 1036 (9th Cir. 1981)，最高法院提审动议被驳回，459 U. S. 825, 103 S. Ct. 57 (1982)。

④　同上一条注释，at 1035 - 36。

出当然合法的结论，但却可以构成一个强有力的推定——被控行为是合法的。[①]
其他巡回法院也同样表达了它们希望软化 Areeda-Turner 测试的刚性规则的
倾向。[②]

被告意图与案件的关联性及其含义仍然是一个饱受争论的问题。诚然，当法
院接纳一项证明存在意图的证据时，法院会发现很难区分掠夺性行为和竞争行
为。其结果是，在 *Brooke* 案中[③]，联邦最高法院在论证意图证据的无关性方面走
得非常远，或者至少最高法院严格限制了这类证据的作用而非扩大这类证据的作
用。也就是说，缺少限制竞争的意图可能仍然可以得出存在掠夺性行为的结论，
但除非与市场相关的结构性条件同样得到满足，否则存在意图的证据不能用来证
明存在掠夺性行为。尽管 *Brooke* 案是根据《罗宾逊—帕特曼法案》提起的案
件[④]，但最高法院关于意图的规则同样适用于依据《谢尔曼法》提起的掠夺性行
为指控，因为后者要求的证明责任更高。在 *Brooke* 案中，用以证明被告存在限
制竞争意图的证据显然比其他案件更为充分、详尽[⑤]，但是，最高法院仍然驳回
了该诉讼，因为法院通过对市场的结构性分析，认定在该案中，掠夺性定价实际
上并不是一个行之有效、有利可图的策略。

第8.6节　对 Areeda-Turner 测试的司法修正：确定相关成本；多产品企业；针对特定类型消费者的定价

假设一家销售 100 种产品的企业被指控对其中一种产品实施了掠夺性定价，
相关成本应当如何计算呢？当一家企业面临新推出一项产品是否有利可图的判断
时，其考虑的会是*增量*（*incremental*）的成本和收益，而不是总平均值。例如，
一家售卖 99 种货品的杂货铺准备在货架上新增一项商品，假设这家店铺非常小，
小到工作时间只需要有一名销售员在岗当班，并且仅仅一名销售员就可以相当轻
松地管理新增的商品以及原来的 99 件货品，在这种情况下，增量成本实际是 0，

---

① Transamerica Computer Co. v. IBM Corp., 698 F. 2d 1377, 1388 (9th Cir.)，最高法院提审动议
被驳回，464 U. S. 955，104 S. Ct. 370 (1983)。最高法院认为高于平均总成本的价格是合法的。Barry
Wright Corp. v. ITT Grinnell Corp., 724 F. 2d 227 (1st Cir. 1983); Arthur S. Langenderfer, Inc. v. S.
e. Johnson Co., 729 F. 2d 1050 (6th Cir. 1984).

② 例如，d. e. Rogers Assoc., Inc. v. Gardner-Denver Co., 718 F. 2d 1431, 1437 (6th Cir. 1983)，
最高法院提审动议被驳回，467 U. S. 1242，104 S. Ct. 3513 (1984); Adjusters Replace-A-Car, Inc. v.
Agency Rent-A-Car, Inc., 735 F. 2d 884, 890–91 (5th Cir. 1984)，重审申请被驳回，741 F. 2d 1381 (5th
Cir. 1984)，最高法院提审动议被驳回，469 U. S. 1160，105 S. Ct. 910 (1985)。见 3A Antitrust Law ¶
728c (4th ed. 2015)。

③ Brooke Group Ltd. v. Brown & Williamson Tobacco Corp., 509 U. S. 209, 113 S. Ct. 2578 (1993).

④ 本书第 8.8 节对该判决有所论述。

⑤ *Brooke*, 509 U. S. at 248, 113 S. Ct. at 2601.

即使劳动力成本在一般情况下均属于可变成本。公用设施方面的成本与此类似，无论这家店铺经营的是 100 种还是 99 种货品，实际上并不会消耗额外的热能和电能，所以公用设施成本对于增量可变成本的贡献是微乎其微的。从边际成本来看，销售一件新增的额外商品的成本无外乎就是该商品的批发进价。在这种情况下，批发价格应该是唯一相关的、用于分析该类产品是否涉嫌掠夺性定价的可变成本。①

另一种要求计算平均成本的替代性规则会阻止企业从事富有效率的行为。例如在前述例子中，添加一项在售商品的成本要少于其带来的收入，这就是有效率的。也就是说，如果适用以平均成本计算的另外的规则，会阻止企业获得行之有效的*范围经济*（economies of *scope*），范围经济是由企业同时可以完成两件事情的客观能力所带来的。当企业增加一项产品的增量成本少于其产生的收入时，反垄断政策不应加以阻止。② 例如，在 *International Travel* 案中③，一家大型航空公司被指控通过降价，或者说推出"超级优惠"（"supersaver"）折扣票的方式实施了掠夺性定价。然而，该航空公司的整体票价结构是可盈利的，如果没有提供"超级优惠"的折扣票，取而代之的将是空座位，而空座是不会产生任何收益的。如果航空公司可以从其某趟航班中新增的一个座位中获得 100 美元的收入，只要为该名乘客提供服务的增量成本少于 100 美元，反垄断法就不应加以禁止。在该案中，法院正确地指出，价格—成本关系应当由该航空公司的整体票价结构决定，而不是仅仅看其最低票价。

与上述问题紧密相关的另一个问题是，当一家企业被指控对其多种产品中的一种产品实施了掠夺性定价，而这些产品的成本在卖家的经营体系中或多或少具有可互换性（interchangeable），且它们中的大部分具有相同或者相似的成本需求曲线时，应如何分担和计算可变成本？让我们再次思考一下经营 99 种产品但仅仅被竞争对手指控在牛奶这一种商品上实施了掠夺性定价的杂货铺案例。在这种情况下对可变成本进行分摊会带来大量计算方面的困难。比如，评估人员必须计算出相对于其他产品，这家店铺的员工在存储和销售牛奶上花费了多少时间，公用设施账单中有多少成本是因保存冷藏箱中的牛奶所带来的，等等。

---

① 最高法院在 Brooke Group Ltd. v. Brown & Williamson Tobacco Corp. ，509 U. S. 209，113 S. Ct. 2578（1993）案中的论述并没有涉及这个问题，尽管该问题与成本判定几乎必然有关。在该案中，B&W 公司被控在"普通"香烟上实施了掠夺性定价。但普通香烟其实就是那种非常普通的香烟，它们使用与其他种类的香烟相同的生产设备，对烟草、包装纸以及其他原材料的质量没有什么特别的要求。如果一开始就有多余的产能，那么相关的可变成本应当仅仅包括生产普通香烟的增量成本。

② 可比较 William Inglis & Sons Baking Co. v. Continental Baking Co. ，942 F. 2d 1332，1336 & n. 6（9th Cir. 1991），部分被撤销，981 F. 2d 1023（1992），发回重审，1993 WL 424235（N. d. Cal. 1993），部分维持，部分改判，82 F. 3d 424（9th Cir. 1996）（掠夺性定价的成本应限定为"特别地用于"额外销售所引发的成本）。

③ International Travel Arrangers v. NWA（Northwest Airlines），991 F. 2d 1389（8th Cir. 1993），最高法院提审动议被驳回，510 U. S. 932，114 S. Ct. 345（1993）。

在具有显著固定成本的行业中，将总成本和总收入在不同产品之间进行分摊计算的问题就变得尤为重要，因为该行业中基于竞争性投标的定价可能会在不同的招投标项目中存在显著的差异。例如，假设某标准化机器零部件的通行价格为12美元，但是在市场有些疲软的时候，突然出现了一次大宗交易的机会，最终赢家以9美元的出价赢得了交易。竞争对手指控赢家在本次交易中采用9美元、而不是12美元的做法具有掠夺性。对此，同样的，确定是否构成掠夺性定价的相关成本是企业在执行订单时必须承担的增量成本（incremental costs）。例如，企业可能利用的是那些工作不饱和的工人、本来就需要公用加热和照明设备覆盖的空闲场地、运输量不饱和的货车等生产资源。那么，生产额外的订单产品的增量成本不应当包括这些劳动力、公用设施和货车汽油的按使用量比例计算的成本——因为这些成本为了维持既存的产量本来就会发生。掠夺性定价规则如果将这些本来闲置的资源计入成本，将导致企业无法充分高效地利用其现有资源。

诸如此类的成本分摊问题的经济根源很容易被识别出来——可变成本是多变的。人们不会为每周仅运输一袋花生而购买卡车，也不会雇佣每周只工作十分钟的劳动力。并且，原料往往是以大宗批发的形式销售的。例如，如果50磅一麻袋的面粉足以制作200条面包，那么只卖出150条面包的面包师也许最后不得不扔掉1/4的面粉，在这种情况下，即使有买家只愿意支付低于面粉批发价的价格，面包师把额外50条面包以该低价都卖掉也是有利可图的。因此，许多乍看之下价格过低的交易，也常常只不过是"边缘"竞争现象的体现罢了（competition "on the margin"）。

第8.7节　对 Areeda-Turner 测试的司法修正：
市场结构问题和成本回收

Areeda-Turner 测试对司法判决的最初影响，是使得诉讼参与方将注意力转移到价格—成本的关系上来，法院常常很少关注市场结构的问题。这既讽刺又不幸，因为通常来讲，相较于复杂的 AVC 测试，结构性分析能够让法院更轻松地作出判断。比如，在 Ignlis 案中，法院几乎没有考虑到涉案的面包市场存在多个竞争者，而且被告仅仅是第二大竞争者而已，并且，进入该相关市场是很容易的，市场中还存在着大量的过剩产能。如果将竞争对手的过剩产能计算在内，被告的市场份额大约只有 8%。[①]

[①]　William Inglis & Sons Baking Co. v. ITT Continental Baking Co., 461 F. Supp. 410（N. d. Cal. 1978），部分维持，部分改判，668 F. 2d 1014（9th Cir. 1981），最高法院提审动议被驳回，459 U. S. 825, 103 S. Ct. 57（1982）. 连原告的工厂都卖给了在原告破产后仍存活于市场的竞争者。关于 Inglis 案中的市场结构分析，见 Herbert Hovenkamp & Avarelle Silver-Westrick, "Predatory Pricing and the Ninth Circuit", 1983 Arizona State L. J. 443, 464 - 67。

联邦最高法院已经注意到了结构性问题的重要性，在一起并购审查案件中，其在判决附带意见中明确指出：

> 为了在这场持续的掠夺性定价行动中取得成功，掠夺者必须具有在价格下降后获取竞争对手市场份额的能力。如果掠夺者不具备这样的能力，那么它试图掠夺市场份额的计划就可能失败，因为市场对于竞争对手提供的较高价格的产品仍然存在需求，竞争对手也不会被驱逐出相关市场。在这种情况下，被告完成合并后所拥有的 20.4% 的市场份额表明其将缺少足够的市场力量进行掠夺性定价。当被指控的掠夺者并没有能力去成功完成掠夺性计划时，法院不应支持原告关于掠夺性定价的指控。①

最高法院在其于 1993 年审理的 Brooke 案中，根据《罗宾逊—帕特曼法案》驳回了原告关于掠夺性定价的诉讼主张，理由是，通过结构分析表明，"损失补偿"——或者说掠夺结束后收回掠夺性定价期间的成本——是不太可能的。②

在 a.a. Poultry 案中，第七巡回法院认为，如果结构性证据表明存在一个健康的竞争市场，该市场不断有新的进入，且被告的市场份额低于 10%，那么法庭无须调查被告的价格—成本关系，即可以直接驳回诉讼请求。③ 法院总结到：

> 通过分析市场结构来判断将来的损失补偿是否可行，要比分析特定生产者的短期、中期或者长期成本（需要进行个案分析）容易得多。市场结构分析提供了一种"抄近道"的分析方法而无须作进一步的事实调查。只有特定的市场结构使得损失补偿是切实可行的，法院才需要进一步调查价格和成本之间的关系。④

第七巡回法院在随后的另一起案件中走得更远，其认为，除非被告在被控的掠夺性定价行为实施时已经具有了"垄断力量"，否则应当认为该行为是不可能达成的。⑤

---

① Cargill v. Monfort of Colo. , 479 U. S. 104, 119, 107 S. Ct. 484, 494 (1986). 也可参见 Matsushita Electric Indus. Co. v. Zenith Radio Corp. , 475 U. S. 574, 585 n. 8, 106 S. Ct. 1348, 1355 n. 8 (1986) (将掠夺性行为定义为"在相关市场具有支配性份额"的企业实施的行为)。

② Brooke Group Ltd. v. Brown & Williamson Tobacco Corp. , 509 U.S. 209, 113 S. Ct. 2578 (1993). 见本书第 8.8 节。

③ a. a. Poultry Farms v. Rose Acre Farms, 881 F. 2d 1396 (7th Cir. 1989)，最高法院提审动议被驳回，494 U. S. 1019, 110 S. Ct. 1326 (1990)。

④ a.a. Poultry, 881 F. 2d at 1401.

⑤ American Academic Suppliers v. Beckley-Cardy, 922 F. 2d 1317, 1319 (7th Cir. 1991) ("被认定构成企图垄断违法行为的企业通常是垄断者，而在掠夺性定价的案件中，则必须是垄断者")。

最后，任何被指控的掠夺性定价行为的持续时间与案件都具有相关性。原告自然倾向于主张更长的掠夺性定价实施期间，因为原告主张的损害赔偿也往往基于此时期内所遭受的损失来计算，其可主张的计算损失的期间，根据反垄断法有关时效的规定，最高可达 4 年。但是，其主张的掠夺性定价的持续期间越长，该诉求本身就越站不住脚，原因就在于掠夺性定价是代价极为高昂的一种策略。市场本身存在非常多的不确定性，以至于企业很难提前很多个月作出超长时间的远期规划。此外，掠夺性定价持续时间越长，通过垄断定价来回收成本所需的时间就越久。[①] 在 Matsushita 案中，最高法院明确表示其不相信一项掠夺性定价行为的持续时间可以长达 20 年。[②] 通常而言，掠夺性定价实际进行的期间应该是非常短的。站在企业进行谋划时的角度思考一下，如果一家企业经评估，需要忍受两年的亏损才能将竞争对手驱逐出相关市场，这简直是不可思议的。在 Brooke 案中，最高法院指出了长期掠夺性定价策略的不现实性，但并未明确评述该案中长达 18 个月的被控掠夺性定价期是否过长。[③] 与之相对比，在 Spirit Airlines 案中，第六巡回法院认定一家小型航空公司针对其大型竞争对手提出的指控是非常可信的，尤其是考虑到航空公司的飞机需要与机场登机口连接的要求使得市场进入门槛非常高，且该案中的损失补偿期非常短。[④]

第 8.8 节　掠夺性定价和《罗宾逊 — 帕特曼法案》

掠夺性定价也可以构成《克莱顿法》第 2 条规定的违法行为，该法条在 1936 年被《罗宾逊—帕特曼法案》所修正。该规定禁止在某些情况下以两种不同的价格销售同一产品。由竞争对手根据《罗宾逊—帕特曼法案》提起的掠夺性定价诉讼被称为"主线"（"primary-line"）案件。[⑤] 这些诉讼在很大程度上受到 1914 年通过的《克莱顿法》创设时的用语所管辖，而不是 1936 年的《罗宾逊—帕特曼法案》修改后的文字。

《克莱顿法》的起草者遵循了掠夺性定价中独有的"损失补偿理论"。他们注意到，长时间的亏损销售使掠夺性定价变得成本高昂。他们的结论是，如果掠夺

[①] 参见 Kenneth Elzinga & David Mills, "Testing for Predation: Is Recoupment Feasible?", 34 Antitrust Bull. 869 (1989)。

[②] Matsushita Electric Indus. Co. v. Zenith Radio Corp., 475 U. S. 574, 591, 106 S. Ct. 1348, 1358 (1986).

[③] Brooke Group, 509 U. S. at 231, 113 S. Ct. at 2592.

[④] Spirit Airlines, Inc. v. Northwest Airlines, Inc., 431 F. 3d 917, 929 - 930, 950 - 951 (6th Cir. 2005)（被告在"Sprits 离开市场后几个月内"就收回了其掠夺性行为的投资）。

[⑤] 15 U. S. c. a. § 13 (a)："任何人……对诸如相同等级和质量的商品进行价格歧视，都是违法的……如果这一歧视可能会显著地减少竞争或者导致垄断。"

者"在某一人群或者区域以低于成本的价格进行商品销售，其必须能够在其他人群或区域以高于市场公允价值的价格销售同一种产品以便挽回损失"①。

在《罗宾逊—帕特曼法案》的制定者眼中，大多数掠夺者都是在多个地域市场进行运营的大型企业。它们的受害者往往都是仅在某个区域进行销售的小型企业。根据损失补偿理论，掠夺者可以通过提高一个市场的价格来"补贴"另一个市场中的低于成本价销售造成的损失。因此，掠夺性定价的策略是无成本的。

对该理论的最显而易见的批评在于，一个理性的、追求利润最大化的公司在其经营的每个市场中都已经收取了使其利润最大化的价格。在这种情况下，任何市场中的价格上涨换来的都将是更少而不是更多的收入。

然而，如此一来，《罗宾逊—帕特曼法案》可能要求企业作出一个艰难的选择，企业只有通过同步降低另一个市场定价的方式才能降低在某一个市场中的价格，而这会使得掠夺性定价的代价变得更为高昂。进一步而言，价格是否具有掠夺性是难以识别的：它需要对成本数据有深入的了解，而这些数据往往都掌握在掠夺者手中，并且只有在提起诉讼之后才有可能获得并使用。然而，价格差异却很容易识别：如果 A 在市场 3 中以 80 美分的价格进行销售，但在市场 1 和市场 2 中以 1 美元的价格进行销售，竞争者将会立刻知晓该情况。② 问题在于，这仍然无法告诉我们市场 3 中的低价是否具有掠夺性。

联邦最高法院历史上最饱受批判的反垄断判决之一—— *Utah Pie Co. v. Continental Baking Co.* 案就是这种情况。③ 在该案中，被告是三家相互独立的冷冻馅饼销售者，每一名被告在相关市场中的市场份额均不足 20%④，而原告的市场份额却高达约 50%。证据可以显示在一段时期内价格在激烈的竞争中持续下降，尽管如此，原告在整个期间内仍然一直盈利。⑤ 被告不仅和原告争夺客户，且彼此之间也存在激烈竞争。⑥ 被告被控的违法行为是其在盐湖城销售产品的价格低于其在其他城市的定价。法院从来没有说明如果三名被告将原告驱逐出市场后会发生什么：实际上三名被告之间仍然会展开激烈的竞争。此外，法院也没有讨论被告销售产品的价格与成本之间的关系，其只是观察到某些价格是"低

① Senate Report No. 698, 63d Cong., 2d Sess. 3 (1914). 掠夺性定价的"补偿"理论至少比《克莱顿法》早了一代。见 Henry Stimson, "Trusts", 1 *Harv. L. Rev.* 132, 134 (1887).

② 参见 14 Antitrust Law ¶¶ 2332, 2341 (4th ed. 2019); Herbert Hovenkamp, "Judicial Reconstruction of the Robinson-Patman Act: Predatory Differential Pricing", 17 *U. c. Davis L. Rev.* 309 (1983).

③ Utah Pie Co. v. Continental Baking Co., 386 U. S. 685, 87 S. Ct. 1326 (1967).

④ 相关市场是犹他州盐湖城的冷冻甜点披萨市场。

⑤ 在被控掠夺性定价实施期间之初，原告 Utha Pie 的市场份额是 66.5%，被告 Carnation、Continental 和 Pet 的市场份额分别是 10.3%、1.3% 以及 16.4%。到被控期间结束时，原告的市场份额降至 45.3%，但仍能获得利润，Pet 的市场份额已经上涨至 29.4%。*Utah Pie*, 386 U. S., at 692, n. 7, 87 S. Ct. at 1330.

⑥ Utah pie, 386 O. S., at 695, 87 S. Ct. at 1332.

于成本"的。① 几乎可以肯定，在该案中，最高法院适用《罗宾逊—帕特曼法案》打击了本应保护的激烈的竞争，而非掠夺性定价行为，其结果就是保护了原告的垄断地位并迫使消费者支付更高的价格。②

避免出现 *Utah Pie* 案中反竞争陷阱的一种方法，是对《罗宾逊—帕特曼法案》进行解释，以便在产生掠夺性效果时谴责差别定价的行为，而在存在促进竞争效果时容忍甚至鼓励这种行为。但是法院如何分辨其中的差异呢？方法是确定低价市场中的销售价格是否低于成本，并合理预测低价销售者是否会在市场中驱逐或者驯服竞争对手，以便未来获得垄断利润。

联邦最高法院在其重要的 *Brooke* 案中③对这些理论的发展作出了以下回应：(1) 实质上（尽管未明确表达）推翻了 *Utah Pie* 案；(2) 明确依据《罗宾逊—帕特曼法案》提起的主线案件所进行的基础调查应与依据《谢尔曼法》提起的掠夺性定价案件中的调查内容保持一致，即被告现在以低于成本进行销售是否是为了在将来获得垄断利润；(3) 然而，最高法院认定《谢尔曼法》与《罗宾逊—帕特曼法案》规定下的掠夺性定价之间存在重要的区别：前者仅适用于单一厂商为获取垄断利润而实施的掠夺性定价行为，后者还可以适用于寡头垄断的掠夺性定价行为；(4) 强调结构性问题的重要性；(5) 尽管拒绝给出相关成本的计算方法，但仍然使得是否低于成本进行销售这一问题变得具有决定性；(6) 其认为，低于成本的价格（在该案中是指低于平均可变成本，即 AVC）加上非常明显的反竞争意图并不足以触发相关的法律责任，原告还必须证明掠夺性定价结束后的垄断利润可以使得掠夺性定价行为有利可图，或者证明掠夺者在开始实施掠夺性定价方案时即可以合理预测到这种获利前景。

对于与掠夺性定价相关的法律而言，十分重要的是，"《罗宾逊—帕特曼法案》测试"比"《谢尔曼法》测试"更为激进。其结果是，法院对依据《罗宾逊—帕特曼法案》提起的掠夺性定价诉讼施加的限制应同样适用于依据《谢尔曼法》提起的掠夺性定价诉讼。

Brooke 案发生在高度集中的香烟行业中，共有 6 家企业主导了该市场，Philip Morris 公司排名第一，占据了 40％的市场份额，R. J. Reynolds 公司占据了 28％的市场份额；紧随其后。被告 Brown & Williamson 公司（B & W）是第三大企业，占据约 12％的市场份额。而原告 Liggetts & Myers 公司（Lig-

---

① Utah pie，386 O. S. at 703 n. 14，87 S. Ct. at 1336 n. 14.

② 参见 Ward Bowman，"Restraint of Trade by the Supreme Court: the Utah Pie Case"，77 *Yale L. J.* 70 (1967)；Kenneth Elzinga & Thomas Hogarty，"Utah Pie and the Consequences of Robinson-Patman"，21 *J. L. & Econ.* 427 (1978).

③ Brooke Group Ltd. v. Brown & Williamson Tobacco Corp.，509 U. S. 209，113 S. Ct. 2578 (1993).

gett）——过去称 Brooke 集团，是一家在市场中苦苦挣扎的市场份额较小的企业，其在被控的掠夺性定价开始时仅占有 2.3% 的市场份额。该行业具有教科书般的寡头垄断格局，这体现为价格会以每年两次上涨的方式实现全行业范围内的同步调整。[1]然而，市场对香烟的整体需求因公众对于健康问题的担忧而逐步下滑，导致这些企业的产能严重过剩。

1980 年，Liggett 公司推出了一种普通版（generic）[*]的、不作广告宣传投入的香烟，这种香烟仅包装在一个黑白配色的烟盒中，售价比一般产品低 30%。这种新型产品对香烟这一寡头垄断极其严重的市场来说可谓是颠覆性的，并立即大获成功。其他寡头因此坐立不安，认为有必要对这种策略进行回击。首先，R. J. Reynolds 公司重新对其一款产品进行了类似的包装改造并降低了售价。接着，被告 B & W 公司也推出了与 Liggett 产品相同包装的普通版产品，并将价格压到比 Liggett 产品更低的水平。在接下来长达 18 个月的价格战中，B & W 公司被控将其价格降低至严重低于平均可变成本的水平。在案证据包括多份备忘录，其内容大致是说 B & W 公司的目的是惩戒 Liggett 公司并迫使其将价格恢复至寡头垄断时的水平。最终，B & W 公司取得市场胜利，因为 Liggett 公司无法维持低于成本的价格。普通版卷烟的价格重新上涨，并稳定在寡头垄断的水平，最终价格略低于高级版卷烟的价格，但折扣幅度要比以前小得多。

Liggett 公司依据《罗宾逊—帕特曼法案》提起了诉讼，因为 B & W 公司的降价是通过促销打折实现的，且给予不同经销商以不同程度的折扣，因此，根据《罗宾逊—帕特曼法案》，属于价格歧视或者实施两种不同的定价的行为。尽管 Liggett 公司在陪审团裁决中被判可获得一笔可观的损害赔偿金，但联邦地区法院的法官撤销了这一裁决，而第四巡回法院在上诉程序中维持了地区法院的认定，认为事实上 B & W 公司所拥有的 12% 的市场份额使其不可能进行掠夺性定价。

尽管基于不同的理由，但联邦最高法院最终还是维持了下级法院的判决。最高法院首先从假设前提开始，论证了《罗宾逊—帕特曼法案》必须与其他反垄断成文法的解释方式相一致。其结果是，《谢尔曼法》和《罗宾逊—帕特曼法案》中关于掠夺性定价的基础调查方向是一致的：是否有证据表明被告实施了掠夺性定价，并可以合理预期现有的低于成本的售价给其造成的损失至少可以被未来获得的垄断或寡头利润所抵销？[2]只不过二者还存在一项重要的区别——《谢尔曼

---

[*]　generic 通常指"白牌"商品，是一种不依靠产品差异化而只通过性价比作为卖点的产品。——译者注

[1]　参见上一条注释，at 2599（Stevens 大法官，异议意见）；见 Frederic M. Scherer & David Ross, *Industrial Market Structure and Economic Performance* 250 (3d ed. 1990)，法院判决参照了此著作。

[2]　*Brooke*, 509 U. S. at 222-223, 113 S. Ct. at 2587-2588.

法》在认定垄断行为方面，主要关注单一企业的行为是否在攫取垄断利润；相比之下，《罗宾逊—帕特曼法案》中规定的"显著减少竞争"一词则可涵盖其他类型的反竞争行为，例如包括可能促进或者维持寡头价格的协同性的掠夺性定价行为。①

然而，无论依据哪一部法律，原告都必须证明价格是低于成本的：

> 作为一项一般性的规则，高于通过相关方法计算的成本的价格所造成的排挤性影响，要么反映了被指控的掠夺者的较低的成本结构，从而反映了竞争带来的福祉，要么超出了审理法院的实际控制能力，难以避免反而打击了正当降价这一合法行为的不可容忍的风险。②

最高法院没有说明什么是恰当的成本计算标准，但该案的各方当事人直接假定其为平均可变成本。③

然而，除了要证明价格低于成本之外，原告还必须证明"竞争对手具有合理预期（reasonable prospect），或者根据《谢尔曼法》第2条，存在危险的可能性（dangerous probability），将来能够收回今天低于成本价格销售的这笔投资"④。最高法院指出：

> 回收成本是非法的掠夺性定价策略的最终目的，这是掠夺者从掠夺性行为中获利的手段。如果无法弥补损失，掠夺性定价将导致市场上整体偏低的价格，从而增加了消费者福利。尽管失败的掠夺性定价鼓励市场上出现针对低于成本价出售的商品的低效的替代品，但这对于消费者来说通常是一个福音……⑤

为了判断此类成本回收是否可行，法院必须评估"被指控的掠夺性定价行为的范围和持续时间、掠夺者及其目标受害者的相对经济实力以及各自的动机和意愿"⑥。在任何情况下，"调查的内容是，在考虑因低于成本价格销售造成的累计损失后，目标竞争对手是否会屈服"⑦。此外，原告不仅需要证明掠夺性定价策略所针对的目标竞争者将会屈服——要么退出市场，要么提高价格，还需要证明存在这样的可能性："被控的掠夺性计划将会导致价格上升至竞争水平之上，并且这种价格上涨足以补偿掠夺性计划的成本，其中还要将实施此类计划的投入资

---

① *Brooke*, 509 U. S. at 222 - 223, 113 S. Ct. at 2587 - 2588.
② 同上一条注释, at 223, 113 S. Ct. at 2588。
③ 同上一条注释, at 223 n. 1, 113 S. Ct. at 2588 n. 1。
④ Brooke Group Ltd. v. Brown & Williamson Tobacco Corp., 509 U. S. 209, 224, 113 S. Ct. 2578, 2588 (1993).
⑤ 同上一条注释。
⑥ 同上一条注释。
⑦ 同上一条注释。

金（即降价的损失金额）的时间价值计算在成本内。"[1] 这表明"有必要对被指控的掠夺性行为的成本进行预估，并对原告所指控的计划方案的内容及相关市场的结构、条件进行深入的分析"[2]。

最高法院原则上接受了为促进寡头垄断的掠夺性行为可以构成《罗宾逊—帕特曼法案》所规定的违法行为的观点。然而，如果掠夺性行为的受益人是一群企业而非单独一家公司，掠夺者们必须"就如何分配现有损失和未来受益达成一致方案。同时，每一家企业都必须抵抗由违反协议所带来的潜在利益的巨大诱惑"[3]。在 *Matsushita* 案中，法院以有组织的卡特尔模式是不可行的（implausible）为由驳回了原告的诉讼主张。而在本案中，甚至不存在卡特尔组织，仅仅只存在一个寡头：

> 尝试通过有意为之的同步行动获取掠夺性补偿的寡头们不得不依赖不确定且模棱两可的信号以实现协同行动。这些信号可能会被误读，并且也不是确保各方能够平稳合作的利器或者精确手段，尤其是在市场环境瞬息万变的情况下。即使对于那些遵守行动纪律的寡头垄断者来说，谱写和表演这种"反竞争"的小步舞曲的难度也是极其大的。[4]

无论是在《谢尔曼法》还是在《罗宾逊—帕特曼法案》下，*Brooke* 案均大大增加了原告在掠夺性定价案件中的举证负担。如果原告不能证明被告将有实质性的可能（substantial likelihood）在掠夺性定价结束之后获得垄断利润，那么即使被告的销售价格低于 AVC，并且具有明显的掠夺意图，法院也可采取简易判决径行驳回原告的起诉。从这个意义上说，*Brooke* 案是一个"结构性"的案例，该案将掠夺性定价分析从价格—成本关系领域转移到掠夺性定价结束后的垄断补偿回报领域。

同时，*Brooke* 案的判决，正如那些直接挑战默示共谋的案件一样[5]，凸显了反垄断法在处理寡头垄断方面的绝对无力性（absolute ineffectiveness）。司法的倾向是寻找"污点"（"fly speck"，原意为"苍蝇爬过留下的斑点"），即审查被告们是否存在与完美锁定步骤（lock step）定价策略或者其他协同策略相违背的不符之处，从而表明原告提出的寡头垄断理论是站不住脚的。但是没有什么寡头垄断是完美的（imperfect）。事实上，在现实世界中，是否存在能够满足法院在

① Brooke Group Ltd. v. Brown & Williamson Tobacco Corp., 509 U. S. 209, 224, 113 S. Ct. 2578, 2588 (1993).

② 同上一条注释，引用了 Kenneth Elzinga & David Mills, Testing for Predation: Is Recoupment Feasible?, 34 *Antitrust Bull.* 869 (1989)。

③ 同上一条注释，at 227, 113 S. Ct. at 2590，引用了 Matsushita Electric Indus. Co. v. Zenith Radio Corp., 475 U. S. 574, 588 - 590, 106 S. Ct. 1348, 1356, 1358 (1986)。

④ 同上一条注释，at 227 - 228, 113 S. Ct. at 2590。

⑤ 参见本书第 5.6 节。

Brooke 案中所提出的在寡头垄断市场中实施掠夺性定价证明标准的寡头，都是值得怀疑的——被告只需要证明存在数目较大的秘密折扣、存在非价格竞争就可以证明"不完美性"了。只有在教科书中才会出现寡头垄断者成功地向所有人收取完全统一的超竞争价格的情况。在真实世界中，寡头垄断仅仅是寡头企业识别出那些小型客户、信息不充分的客户或者老客户，并尽可能对这些群体收取高价的手段，除此以外的其他类型客户则可以通过谈判获得更优惠的价格。但这并不意味着寡头垄断运转不佳，是非完美的，这只不过说明了寡头市场面临着复杂的变化和各种可能性，就如同其他市场一样。尽管如此，涉案的卷烟市场的寡头垄断问题一直存续，非常持久。

Brooke Group 案判决关于事实方面得出的主要结论是，在寡头垄断的环境下，回收的可能性比在完全垄断的环境中更小，但这似乎是完全错误的，应该被重新审视。寡头垄断让企业置身于哪种策略更为有利可图的选择当中——选择合作或者选择不合作，这与如果不能成功地抵抗就会招来杀身之祸的威胁几乎不是一回事。在寡头垄断中，掠夺行为是一种"教训别人"的工具，而不是毁灭别人的工具。*Brook Group* 案反映了对寡头垄断理论的怀疑，该理论曾经在 20 世纪 60 年代和 70 年代是芝加哥学派的标志，但今天已被彻底否定。[①]

第8.9节　更为复杂的排挤性定价策略，特别是折扣

本节将简要讨论不太符合传统"掠夺性定价"定义的企业定价策略。在一些案件中，这些策略被类比为掠夺性定价，但在其他一些案件中，这些策略被当成是搭售或者独家交易。

8.9a. 交易数量与忠诚折扣

想象一下，被告为买方提供了一种折扣安排，折扣的力度随着买方在一年之内从卖方购买的数量的增长而持续加大；或者，折扣随着买方购买量占其自身对外采购比例的增加而加大。例如，双方约定，如果买方从被告处购买了其需求总量的 25％，则可以获得 5％ 的优惠；如果买方从被告处的购买量占其需求的 50％，则可以获得 7％ 的优惠，以此类推。

当然，如果折后价格满足了法院通常适用的"价格低于成本"以及回报补偿测试的条件的话，这些折扣可能构成掠夺性定价。[②] 但是，假设折后价格仍然是

---

　　① 参见 Herbert Hovenkamp and Fiona M. Scott Morton, "Framing the Chicago School of Antitrust Analysis", ＿＿ *Penn. L. Rev.* ＿＿ （2020）（forthcoming），访问地址：https://papers. ssrn. com/sol3/pa-pers. cfm? abstract_id＝3481388。

　　② 参见本书第 8.5 节。

盈利价格，也就是折后价格仍然超过了被告的平均总成本，该定价策略是否仍然会构成反竞争的违法行为？大多数法院不会谴责单纯的、基于购买数量且高于成本的折扣，也就是说，法院倾向于认为买方基于购买总量而获得的折扣是合法的。[1] 诚然，数量折扣可以吸引买家从单一卖家处购买更多的产品。例如，如果一个打算组建车队的买家可以从单一卖家处购买 100 辆汽车并获得基于数量的折扣，那么其就不会从两个卖家处分别购买 50 辆汽车。但是，我们很难从这样的策略中发现任何反竞争的属性，因为竞争对手完全可以提供同样的优惠条件。关于数量折扣，我们只能说这种策略鼓励了消费者从特定卖家处集中采购而不是分散采购。

市场份额折扣或者"忠诚"折扣（"loyalty" discount）则更富争议。大多数法院依旧认为，如果被指控的最大折扣幅度价格仍然高于掠夺性定价认定标准中的相关成本，则该等折扣价格是合法的。这种策略往往是将折扣幅度与买家从卖家处购买的产品占其需求的比例挂钩。例如，如果买家的需求总量中有至少80％从某一卖家处采购，则该买家可以获得 5％的折扣，如果这一比例提高到90％，则该买家可以获得 10％的折扣。这些折扣计划通常分为多个等级，并且常常以一段期间范围（如一年）合并计算购买总量。在这种情况下，如果买家采购总量符合特定百分比，则卖家会以回扣的形式在年终将折扣返点返还给买家。

如果折扣的提供条件是买家 100％的进货都应来自某一单一卖家处，那么此时这种策略可被认为是"准"独家交易。事实上，《克莱顿法》第 3 条所规定的独家交易条款明确适用于卖方以提供"折扣或者回扣"的方式换取买方不与其他竞争对手交易承诺的情形。[2] 如本书第 10 章所讨论的，独家交易应当适用合理原则加以审视。大多数独家交易都是合法的，且是日常广泛存在的（例如，大多数汽车经销商仅仅销售一个汽车品牌的产品，大多数快餐门店仅供应一家授权商提供或者授权的产品）。然而，也有一些独家交易由于不合理地限制了竞争，因而是违法的，在这种情况下不需要证明价格水平低于成本。

若可获得折扣的市场份额要求低于 100％，则还算不上是一种"独家交易"。当然，买家和卖家之间还是存在协议，所以该等协议还是有可能受到《谢尔曼法》第 1 条和第 2 条的挑战。然而，这种行为之所以存在损害，主要是因为其排挤了竞争对手，因此，在此情况下适用《谢尔曼法》第 2 条更为合适。

在 Concord Boat 案中，第八巡回法院拒绝认定 Brunswick 公司在造船厂采购其生产的发动机达到一定最低比例标准时给予造船厂折扣的定价政策是违法

---

① 例如，Barry Wright Corp. v. ITT Grinnell Corp., 724 F. 2d 227 (1st Cir. 1983)。

② 15 U. S. c. a. § 14.

的。^① 法院的理由是，该等折扣并未导致发动机价格低于成本，且法院注意到造船厂可以在其他卖家提供同等交易条件的"任何时候"转向其他卖家。事实上，在该案中，原告认为价格远高于成本，以至于作为买家的原告所主张的损害赔偿金额为被告多收取的价款。然而，在该案中，很难看出价格构成"排挤性"价格。与之相比，在 *ZF Meritor* 案中，第三巡回法院则秉持一种更为笼统的"合理原则"，认为类似于独家交易的法律适用原则更适于用来审查折扣策略的合法性，而非适用价格/成本测试法。在该案中，第三巡回法院在很大程度上维持了陪审团作出的对原告有利的裁决，尽管没有证据证明被告销售产品的定价低于其成本。^② 而持反对意见的一名法官则认为，如果实际售价事实上高于被告的成本，那么一个同等效率的竞争对手就可以与之展开竞争。^③

谴责售价高于成本的忠诚折扣的一个理由是，如果某买家所需产品中有很大一部分采购自某占据市场支配地位的卖家，且该部分采购属于"被动性采购"（"nondiscretionary"）时，由于消费者对卖家的依赖程度极其之高且黏性很强，以至于中间商别无选择，只能采购该占据支配地位卖家的产品以便完成该类交易。例如，假设船只的消费者分为两类，60％的消费者对 Bruswick 公司生产的发动机情有独钟，且不会选择其他替代产品，剩余40％的消费者则更关注价格，愿意根据性价比选择船只，现在 Bruswick 公司提供了一个采购量达到需求量90％才能享受折扣的优惠方案，这种情况下，对于采购量未达到90％的造船厂来说，其不仅失去了最后几台发动机可享受的折扣，同时也失去了高达60％的无论如何也必须采购自 Bruswick 的发动机的潜在优惠。这一例子其实更接近捆绑折扣（bundled discount）。^④ 当有相当大比例的消费者使用了占据支配地位的厂商的技术时，买家别无选择，只能选择支配性企业的配套产品来适配该技术，此时捆绑折扣可能就出现了。^⑤

在重要的 *Allied Orthopedic* 案中，第九巡回法院驳回了同时依据《谢尔曼法》第1条和第2条对折扣行为所提起的诉讼。^⑥ 该案的涉案产品是脉搏血氧饱和度测量仪，该产品可以搜集患者的血氧信息，并将这些信息传送至显示屏上。Tyco 公司主要通过医院集体采购组织（GPO）将这些产品出售给医院，采购协议通常会提供以最低采购市场份额为条件的折扣优惠。医院亦可从其他供货商处

---

① 例如，参见 Concord Boat Corp. v. Brunswick Corp.，207 F. 3d 1039 (8th Cir.)，最高法院提审动议被驳回，531 U. S. 979，121 S. Ct. 428 (2000)。

② ZF Meritor，LLC v. Eaton Corp.，696 F. 3d 254，267 (3d Cir. 2012).

③ 同上一条注释，at 311 - 312。

④ 参见本书第 8.9b 节。

⑤ 例如，参见 Masimo Corp. v. Tyco Health Care Group，350 Fed. Appx. 95 (9th Cir. 2009)（医院被迫购入最低数量的 Tyco 传感器，这些传感器适用于医院已安装的大量 Tyco 监控器）。

⑥ Allied Orthopedic Appliances Inc. v. Tyco Health Care Group LP，592 F. 3d 991 (9th Cir. 2010).

采购所需产品，但如其从其他供货商处采购的产品数量超过一定比例，其将失去 Tyco 公司提供的折扣。虽然 Tyco 的最大折后价格仍高于其成本，但原告以 Tyco 公司销售价格中包含垄断加价要素的理由要求 Tyco 公司退还其多收取的价款作为赔偿金。当时，Tyco 公司至少存在两家竞争对手——Masino 和通用电气（GE）。

第九巡回法院认定，"一个事实非常重要，即市场份额折扣（market-share discount）和单一来源（sole-source）"。"供货协议并没有以合同义务的形式要求 Tyco 公司的客户必须从 Tyco 采购任何产品。"[①] 至少有一名竞争对手在销售通用版（generic）的传感器且售价低于 Tyco 公司的产品，同时原告聘请的专家"从未解释为何对价格敏感的医院在可以选择价格更为低廉的产品时，愿意遵守 Tyco 公司的市场份额协议"。总之，"任何与 Tyco 公司签署了市场份额折扣协议的客户均可以在任何时候放弃 Tyco 公司提供的折扣而选择其他竞争对手提供的同类产品"[②]。

有关单一产品折扣（single-product discounting）的判例在很大程度上受到一个简单事实的驱动而发展：在过去的 20 年间，联邦最高法院曾分析过三种包含单一产品的定价策略——*Brooke Group* 案中的简单掠夺（simple predation）、*Weyerhaeuser* 案中的掠夺性购买（predatory purchasing）以及 *LinkLine* 案中的价格挤压（price squeeze）[③]，在上述三种类型的案件中，最高法院均将"成本"作为评判基准，虽然基于成本的测试更具有可操作性，但它们肯定会遗漏掉许多反竞争行为。尽管在技术层面存在缺点，但联邦第三巡回法院在 *ZF Meritor* 案中概述的更为开放式的方法似乎最适合解决所有的问题。

8.9b. 打包定价和捆绑折扣

8.9b.1. 捆绑折扣的各种类型

捆绑折扣（bundled discount）经常发生在消费者一次购买两种不同类型产品的交易中，这种类型的捆绑交易可能在多种场景下出现。捆绑折扣可以构成卖家之间竞争的一种方式，通过由卖家在交易中提供额外产品而非削减价格的方式实施。或者，捆绑折扣可作为商家分散其营业收入的方式之一。例如，卖家可以

---

①　Allied Orthopedic Appliances Inc. v. Tyco Health Care Group LP, 592 F. 3d 991 (9th Cir. 2010)，at 996.

②　同上一条注释，at 997. 见 Daniel A. Crane，"Bargaining Over Loyalty"，92 *Tex. L. Rev.* 253 (2013).

③　关于简单掠夺行为，参见本书第 8.3 节，Brooke Group Ltd. v. Brown & Williamson Tobacco Corp.，509 U. S. 209, 210, 113 S. Ct. 2578, 2581 (1993)；关于掠夺性购买行为，参见本书第 8.10 节，Weyerhaeuser Co. v. Ross-Simmons Hardwood Lumber Co.，Inc.，549 U. S. 312, 127 S. Ct. 1069 (2007)；关于价格挤压行为，参见本书第 7.6b 节；以及 Pacific Bell Tel. Co. v. LinkLine Commc'ns, Inc.，129 S. Ct. 1109, 1120 (2009).

以极低的价格（甚至可能是零）销售主产品（primary good），但条件是买方同意从卖方处购买售后零部件产品或者其他补给品。① 最终，卖方则向这些购买了卖方全产品线产品或者多种子集（subset）产品的买家提供较为低廉的报价。

对于第一种情况，试举一个例子，假设福特汽车公司所在的汽车市场是寡头市场，其销售的某特定型号汽车的成本为 25 000 美元，市场售价为 27 000 美元。在竞争日趋激烈的时候，福特汽车开展了免费搭赠价值 500 美元的汽车音响的促销方式，以渡过难关，这种营销方式的后果就是损害了售后汽车音响制造商的利益，因为其无法再向购买了福特汽车的消费者销售汽车音响并赚取利润。如果这些汽车音响制造商主张福特汽车实施了掠夺性定价，福特汽车公司是否构成以"低于成本"的价格进行销售？

如果我们仅关注汽车音响的价格，则福特汽车公司的行为明显属于以低于成本的价格（零价格）进行销售。但当我们关注汽车音响加上汽车整车的销售价格时，则福特汽车公司完全是可以盈利的。基于这些事实，福特汽车公司的行为不应被判定为掠夺性定价。首先，寡头通常并不通过降低价格的方式来展开竞争，而是通过提高产品质量或者提升产品的丰富度来进行竞争，政策制订者不想打破这种竞争模式。其次，相反的规则会使反垄断案件的原告将产品拆分为不同的部分，并据此主张，尽管产品作为整体其销售价格高于成本，但某零部件是低于成本的。第三，将汽车音响与整车打包销售的策略完全具有可持续性，因为即使打包销售，汽车的总成本（25 500 美元）仍显著低于其售价。不过，各家法院在此问题上存在不同的认识。

当占据市场支配地位的厂商生产多种产品，而其竞争对手仅生产其中一种产品或几款子集产品时，捆绑折扣可能会造成竞争。例如，在 *LePage's* 案中，被告生产多种办公用品，并给予购买较多产品种类的批发商以更大的折扣。② 在这种情况下，生产单一产品的竞争对手，只有在该单一产品上所提供的折扣降价幅度等同于被告就所有产品提供的折扣降价幅度总和时，才能与被告进行有效的价格竞争。为说明这一点，我们假设 3M 公司向一家大型零售商供应透明胶带、便利贴以及订书钉。该零售商对三类产品的年使用量都为 100 000 美元，现在 3M 公司提出，如果买方每年对包含这三款产品的任意组合的采购量达到 300 000 美元，则可以享受总计 10％的折扣。一家具有同等效率的胶带生产商也可以就其生产的胶带产品打折，但是，如果买方从 Lepage's 公司购买胶带的话，则将失

---

① 例如，Kentmaster Mfg. Co. v. Jarvis Products Corp.，146 F. 3d 691（9th Cir. 1998），判决被修订，164 F. 3d 1243（9th Cir. 1999）（被告以零价格销售商用切肉机，但消费者需要在切肉机报废前一直购买配套的可更换刀片，法院认定不构成违法）。

② LePage's v. 3M，324 F. 3d 141（3d Cir. 2003）（全席审理），最高法院提审动议被驳回，542 U. S. 953，124 S. Ct. 2932（2004）。

去本来可以从 3M 公司处获得的便利贴和订书钉的折扣。事实上，在极端的情况下，如果 LePage's 公司提供 30％的折扣，应当同样能够赢得胶带产品的订单，因为 30％的折扣足以与 3M 提供的三类产品加总起来的折扣相媲美，但如此一来，LePage's 公司在单一产品上的价格显然将大幅下降。总而言之，为了与占据市场支配地位的企业提供的捆绑折扣展开有效竞争，竞争对手销售的商品子集越小，其所需要提供的折扣比例就越大。相比之下，如果原告和被告均出售全产品线产品，则无需特别对待，适用有关掠夺性定价的一般规则即可。[①]

8.9b.2. 捆绑折扣的"归因"测试

在 *LePage's* 案中，第三巡回法院维持了联邦地区法院支持原告的一审判决，未将低于成本定价销售作为构成要件。但在其他法院的判决中则存在相反观点。[②] *LePage's* 案的审理法院认为，捆绑折扣更像搭售而非掠夺性定价，该案中，被告仅仅采用折扣来达到捆绑销售产品的目的，并不要求绝对的捆绑。可以肯定的是，捆绑折扣案件与掠夺性定价案件在外观和性质上存在差别。在捆绑折扣案件中，被告的单独定价和捆绑价格均不低于各自的成本。价格完全是"可持续的"，从这种意义上说，这种捆绑销售是可以盈利的，卖方可以永远将这种销售方式持续下去。

有鉴于此，在 *LePage's* 案之后，多家法院采用了"归因测试"（"attribution test"）以判断一项捆绑折扣是否具有类似于绝对的搭售合同所具有的排挤性效果。毕竟，折扣本身是一件好事，我们不想在没有合理理由的情况下谴责某一企业不合理地排挤了其他竞争对手。根据归因测试，可以将捆绑组合中所有产品享有的折扣简单集中分配至被诉存在排除竞争效果的单独一项产品上，如果刨除全部折扣后的单项产品价格低于被告就该项产品所需要支出的成本，则捆绑组合的折扣针对仅销售被指控的那一项产品的竞争对手具有排挤性。[③]

为了说明这一点，假设被告销售的两种产品的成本分别为 A＝6 美元和 B＝4 美元。两种产品的独立价格分别为 A＝9 美元和 B＝6 美元。然而，如果同时购买 A 和 B 两款商品，则被告提供总售价 12 美元的优惠报价。首先请注意，12 美元的价格是远高于两件商品合计 10 美元的成本的。但是，如果此时存在一个竞争对手，其仅生产 B 产品，成本同样是 4 美元，能否与被告竞争呢？该竞争对手也许愿意以 4 美元的低价出售 B 产品，但这种情况下，消费者就需要单独支付 9

---

① 参见 Aerotec Int'l., Inc. v. Honeywell Int'l, Inc., 4 F. Supp. 3d 1123 (d. Ariz. 2014)（讨论了此问题）。

② 例如，FTC. v. Church & Dwight Co., Inc., 665 F. 3d 1312 (d. c. Cir. 2011)（判决附带意见指出，*LePage's* 案的判决认为，在没有证明存在任何价格低于以合适的衡量方法计算得出的成本的情况下，认定捆绑性折扣违法，并不是第二巡回法院在先判例确立的规则，因此广受批评）。

③ 参见 Cascade Health Solutions v. PeaceHealth, 515 F. 3d 883 (9th Cir. 2008)（使用了归因测试法）。

美元的价格从被告处购买 A 产品，从而导致总花费高达 13 美元。对于该竞争对手来说，其唯一能够与被告竞争的途径就是以等于或低于 3 美元的价格亏本销售 B 产品。简言之，这种定价方案可以排挤掉同等效率、但只生产捆绑折扣销售组合中的一款产品的竞争对手。

从经济学角度来说，归因测试相当于审查捆绑销售中增加 B 产品的增量价格（incremental price）是否足以覆盖增加 B 产品的增量成本（incremental cost）。[①] 前面提到的捆绑销售之所以具有排挤性，是因为当被告同时销售 A 和 B 两款产品的组合时，仅比单独销售 A 产品时额外多收了 3 美元的价格，即使 B 产品的成本高达 4 美元。这种"增量成本"测试法实际上要比法院目前采用的"归因测试"更为准确，因为当联合生产和组合销售多项产品可以获得规模经济效应时，归因测试容易出现假阳性。

尽管第九巡回法院在其审理的 *Cascade* 案中使用了归因测试法[②]，但该法院后来在 *Doe* 案中提出了一个没有特别清楚表达的观点：联邦最高法院在 *linkLine* 案中驳回价格挤压指控的做法，实际上排除了当价格高于成本时，原告依据《谢尔曼法》挑战被告定价方案的可能性。[③] 当然，不仅是 *linkLine* 案，而且 *Brooke* 案以及 *Weyerhaeuser* 案均假设掠夺性定价仅发生在单一产品身上。因此，*linkLine* 案中关于捆绑折扣应当采取何种恰当测试方法的论述为不具有先例效力的判决附带意见（dicta）。没有理由认为最高法院的大法官们在 *linkLine* 案中提及低于成本的定价时也已经考虑了捆绑定价的情况。尽管如此，仍然存在下列的情况：未通过归因测试的捆绑定价是高于成本的、完全可持续的定价策略。此外，在大多数情况下，捆绑定价是一种合理且促进竞争的行为。最高法院的判例对于针对低价而提起的反垄断诉讼一贯均秉持极为谨慎的态度。

需要牢记的非常重要的一点是，针对捆绑定价的测试从根本上来说是一种"捆绑"测试而非掠夺性定价测试。也就是说，原告在起诉状中指控的内容是被告将两种产品捆绑在一起，但捆绑方式是附加有条件的折扣而非协议约束或者产品、技术设计。关于搭售（tying）的法律规则并不要求价格低于成本。相反，其要件是卖方附加了某种条件，阻止竞争对手进入第二种产品的市场。例如，如果打印机垄断者将打印机和墨盒捆绑销售，则墨盒产品的竞争对手可能无法进入墨盒市场，即便垄断者对于打印机和墨盒的定价均高于各自的成本。基于类似的分析思路，对打印机和墨盒产品组合给予捆绑折扣，将使仅生产墨盒的竞争对手

---

① 关于这一点，参见 Erik Hovenkamp & Herbert Hovenkamp, "Exclusionary Bundled Discounts and the Antitrust Modernization Commission", 53 *Antitrust Bull.* 517 (2008)。

② 参见 Cascade Health Solutions v. PeaceHealth, 515 F. 3d 883 (9th Cir. 2008)。

③ Doe v. Abbott Labs., 571 F. 3d 930, 935 (9th Cir. 2009)，讨论了 Pacific Bell Tel. Co. v. linkLine Commc'ns, Inc., 129 S. Ct. 1109, 1120 (2009)。关于价格挤压和 *linkLine* 案判决，参见本书第 7.6b 节。

难以有效参与竞争，原因并不是由于某种合同项下的义务，而在于即使组合产品的价格高于成本，竞争对手也无法提供具有竞争力的价格。因此，归因测试仅针对事实上的"捆绑"行为，这种测试方式并没有涉及其他判断"搭售"行为正当性的考量因素。例如，产品质量控制需求可以为未能通过归因测试的捆绑销售提供正当性基础，就如同质量控制同样可以使通过协议的强制搭售具有正当性一样。[1] 然而，对于掠夺性定价诉讼，不存在可供被告选择的"质量控制"抗辩。

第 8.10 节　掠夺性购买和采购协议中的"最惠国待遇"（MFN）条款

在 *Weyerhaeuser* 案中，联邦最高法院认为掠夺性定价的标准适用于该案被指控的掠夺性购买硬木锯材（hardwood sawlog）的行为（硬木锯材是生产成品硬木的原材料）。第九巡回法院维持了联邦地区法院的判决，认定被告违反了《谢尔曼法》第 2 条。被告的行为是过量购入锯木，也就是提高锯木的市场价格以便阻止锯木厂一类的竞争对手进入相关市场。[2] 证据显示，尽管 Weyerhaeuser 公司在太平洋西北地区的收购、加工锯木原材料的上游市场占据支配地位，但其是在一个竞争激烈的下游市场中销售成品硬木，在该市场中，Weyerhaeuser 公司明显不具有市场力量。下级法院拒绝适用基于成本的测试方法，并批准了给予陪审团的一项法庭指示，即如果"被告实际购买的木材超过其潜在需求量，或者支付的价格超过必要限度……"，则被告可以被认定存在违法行为。但该指示没有提供额外的指引，来说明陪审团应当如何确定"超过必要限度的价格"，或者如何确定被告"实际购买的木材是否超过其潜在需求量"。

联邦最高法院就本案以全席一致同意的意见推翻了下级法院的判决。最高法院认为，掠夺性购买必须与掠夺性销售适用相同的"价格低于成本"和"损失补偿"这两项要件。[3] 最高法院同时强调，在诉讼之前以及诉讼期间，Weyerhaeuser 公司大量投资于其从事红桤木（red alder log）切割业务的锯木厂，并提高了其拥有的加工厂的生产能力。[4] Weyerhaeuser 公司还采用最先进的技术，以便增加将红桤木这一可再生资源加工成硬木的生产效率。相反，原告 Ross-Simmons 公司"似乎几乎没有进行任何提高生产效率的投资"。最高法院指出，价格低于成本的标准是必要的，因为一项将高于成本定价定性为掠夺性的规则，要么

---

① 参见本书第 10.7 节。

② Weyerhaeuser Co. v. Ross-Simmons Hardwood Lumber Co., Inc., 549 U. S. 312, 127 S. Ct. 1069 (2007). 关于对该案经济学方面的批判分析，见 Rebecca Haw, "Adversarial Economics in Antitrust Litigation: Losing Academic Consensus in the Battle of the Experts", 106 *Nw. U. L. Rev.* 1261 (2012).

③ 同上一条注释，at 1074. 关于掠夺性定价的要件，见本书第 8.2~8.7 节。

④ *Weyerhaeuser*, 127 S. Ct. at 1072.

将导致价格低廉的企业反而受到惩罚，要么需要法院进行超出其实际能力的分析。[1] 进一步的，这样的规则将阻遏那些"合法"的降价。至于损失补偿，法院指出，假定的掠夺者如果没有合理的可收回投资的预期，就不可能启动一项售价低于成本的计划。[2]

最高法院还认为，市场中具有垄断危险的掠夺性购买行为，对其所进行的分析与掠夺性销售行为是类似的：

> 掠夺性投标人的最终目的是使用其通过抬高购入价格而获得的垄断力量。为此，一旦掠夺性投标人促使其他竞争对手退出原来的购买市场，其将寻求"将其购入商品的价格压低到竞争水平线下"，从而"降低其将购买的剩余购入品的单位价格。""购入品价格的降低将会节约大量的成本并抵消产出端本可以获得、但为了掠夺性购买而放弃的利润损失。"如果一切按计划进行，掠夺性竞标者将收获垄断利润，这将抵消其提高收购价格时遭受的全部损失。[3]

此外，最高法院注意到，这两种做法不仅在形式上相似，而且在风险和成功的可能性，以及反垄断政策对于过度遏制该两类行为所导致的反竞争危险的担忧方面也存在相似之处。掠夺性销售和掠夺性购买都是高风险—低回报的策略，进一步而言，卖方的降价和买方的积极竞争都是"竞争的本质"[4]，这使得不当行为与正当行为的区分变得异常困难。提高购买价格实际上存在大量的正当理由：

> 企业可能因对投入需求的错误计算、或者市场对其产出需求的增加而提高收购价格。更富有效率的企业可能会提高购买报价以获取更多的原材料资源，这是在产出市场中扩大市场份额的竞争策略的一部分。一家已经大量投入密集型生产流程的企业可能会提高购买价格以获取其生产流程所需的必要原材料。或者一家企业也许会提高购买价格以获取富有余量的原料库存，作为未来原材料价格上涨或者原料资源短缺的风险对冲手段。这些商业决策本身并不违反法律。事实上，这种高出价对于

---

[1] *Weyerhaeuser*，127 S. Ct. ，at 1074.

[2] 同上一条注释，at 1075，引用了 Brooke Group and Matsushita Electric Industrial Co. v. Zenith Radio Corp.，475 U. S. 574，106 S. Ct. 1348 (1986)。

[3] *Weyerhaeuser*，127 S. Ct. at 1075-1076，引用 Herbert Hovenkamp, The Law of Exclusionary Pricing, 2 *Competition Policy Intl.*, No. 1, pp. 21, 35 (Spring 2006)；John B. Kirkwood, Buyer Power and Exclusionary Conduct, 72 *Antitrust L. J.* 625, 652 (2005)；Roger D. Blair & Jeffrey Harrison, Antitrust Policy and Monopsony, 76 *Cornell L. Rev.* 297 (1991)；及 Thomas A. Piraino, Jr., A Proposed Antitrust Approach to Buyers' Competitive Conduct, 56 *Hastings L. J.* 1121, 1125 (2005)。

[4] *Weyerhaeuser*，127 S. Ct. at 1077.

市场买方侧的竞争和创新是至关重要的。[1]

由于原告已经承认其无法证明存在损失补偿、或者证明购买价格如此之高以至于被告的转售价格已降至其成本以下，因此，最高法院驳回了原告基于掠夺性购买理论提起的诉讼。[2]

一些法院已经审理了涉及"最惠国待遇"（"most-favored-nation"，MFN）条款的案件，在这些场景中，相当于占支配地位的买方坚持要求其可获得的价格至少不高于、甚至低于卖方给予任何买方的竞争对手的价格。例如，Blue Cross 公司和其他保险公司有时会要求医生或者药剂师保证，他们向购买了 Blue Cross 保险的患者收取的诊疗和药品的价格不得超过向购买同类保险产品或者服务的其他患者收取的价格。正如联邦第七巡回法院在认定此类行为并不违反反垄断法时所指出的那样，即使是垄断者也有权谋求尽可能少的费用支出。[3] 相比之下，在一起由政府提起的诉讼中，法院则认定类似行为有可能违反《谢尔曼法》第 1 条。[4]

当垄断者坚持要求自身支付的价格应当低于其任何竞争对手的价格时，反垄断法是否应当给予更高的关注？答案是"也许"。如果卖方（例如医院）付出了大量的固定成本和联合成本（joint cost），则其可能可以将这些成本从一组患者转移到另一组患者身上。例如，如果某一家医院在提供住院服务时的平均固定成本为每晚 100 美元，但一家占支配地位的保险公司坚持只愿意支付 90 美元，则医院可能会对此作出反应，让一些更弱势的患者支付 120 美元。这可能是抬高这家占支配地位的保险公司的竞争对手成本的一种可行方法。[5]

---

①　*Weyerhaeuser*，127 S. Ct. at 1077.

②　更多分析参见 3A Antitrust Law ¶ 747 (4th ed. 2015)。

③　参见 Blue Cross & Blue Shield United v. Marshfield Clinic，65 F. 3d 1406，1415 (7th Cir. 1995)，最高法院提审动议被驳回，516 U. S. 1184，116 S. Ct. 1288 (1996)（维持了此类协议的效力）。

④　United States v. Blue Cross Blue Shield of Michigan，89 F. Supp. 2d 665 (E. D. Mi. 2011). Cf. Shane Group, Inc. v. Blue Cross Blue Shield of Michigan，825 F. 3d 299 (6th Cir. 2016)（法院在该案挑战最惠国待遇条款的集团诉讼中否定了和解协议）。以及参见 Health Alliance Plan of Mich. v. Blue Cross Blue Shield of Michigan，2017 WL 1209099 (E. D. Mi. March 31, 2017)（法院在该案中部分驳回了请求以简易判决方式驳回最惠国待遇诉讼的动议）。

⑤　Cf. Elizabeth Granitz & Benjamin Klein，"Monopolization by 'Raising Rivals' Costs': The Standard Oil Case," 39 *J. Law & Econ.* 1 (1996)（提到标准石油公司要求铁路公司给予其回扣，使其应当支付的实际运输费低于标准石油公司的竞争对手）。关于最惠国待遇条款在线上市场中的问题，参见 Jonathan B. Baker & Fiona Scott Morton，"Antitrust Enforcement Against Platform MFNs"，127 *Yale L. J.* 20176 (2018)。

第 9 章
纵向一体化整合与纵向企业合并

第 9.1 节　概　述

第 9.2 节　纵向一体化整合的经济性

　　9.2a. 科斯理论的启示；交易成本经济学

　　9.2b. 通过技术和交易促成的成本节约

第 9.3 节　纵向整合可能存在的反竞争后果

　　9.3a. 生产资料投入的策略性控制

　　9.3b. 价格歧视

　　9.3c. 市场封锁、抬高竞争者的成本与市场进入壁垒

第 9.4 节　纵向合并与反垄断法

第 9.5 节　《纵向合并指南》(The Vertical Guidelines)

第9.1节 概 述

当一家企业以内部提供服务或者产品的方式进行营运，而这些服务或者产品本来也可以在市场上购买到时，就属于纵向一体化整合（vertical integration）。[1] 一名自己清洗办公室窗户的律师和一家自己送货的披萨店都是纵向整合的经营者。这些例子说明所有的企业在某种程度上都是纵向整合的。如果禁止企业为自身提供任何可以在市场上购买到的服务或者产品，将给社会正常运行带来灾难性的后果。

企业可以通过三种不同的方式进行纵向整合。首先，也是最常见的，它可以自己直接进入一个新的市场。为削减运营成本而自己购买送餐车的披萨店和为自己的办公室清洗窗户的律师，即通过进入新市场的方式进行了纵向整合。

其次，企业可以通过收购另一家已经在其他市场上运营的公司来进行纵向整合。一名想自己清洗窗户的律师不太可能收购一家清洗窗户的保洁公司，然而，汽油生产商则可能会拥有自己的经销商或者零售加油站、制造商可能会拥有自己的零售商店、电力公司可能会拥有自己的风力发电厂。

最后，企业可以与另一家企业签订长期合同，在该合同下，两家企业可以在某些方面协调配合。虽然此类长期合同也属于市场交易行为，但它们可以消除频繁进行市场交易所带来的诸多不确定性和风险。这种长期合同通常是因为存在较高的交易成本和显著的资产专用性（asset specificity）而产生的，这些因素往往促使企业倾向于与相对少量的供应商或分销商建立起长期的合作关系。

在反垄断法的历史上，尽管纵向一体化整合在降低成本或者提高产品质量方面具有很大的潜力，而且造成损害的可能性也相对较低，但它却仍然受到法律的较强约束。根据各种各样的理论，这三种形式的纵向整合都曾经遭到谴责。以新进入市场的方式实施的纵向整合通常只会在整合企业构成垄断者的情况下才会引发反垄断的问题，这种情况可以根据《谢尔曼法》第 2 条的规定予以分析。[2] 纵向收购（acquisition）通常被置于合并（merger）的框架下分析，通常受到《克莱顿法》第 7 条的规制。根据《谢尔曼法》第 1 条，如果发现通过长期合同进行

---

[1] 下列资料从多个角度对纵向整合进行了很好的讨论：Frederic M. Scherer & David Ross, *Industrial Market Structure and Economic Performance* (3d ed. 1990)；Roger Blair & David Kaserman, *Law and Economics of Vertical Integration and Control* (1983)；Robert Bork, *The Antitrust Paradox: A Policy at War With Itself* 225 – 245 (1978; rev. ed. 1993)；Oliver E. Williamson, *Markets and Hierarchies: Analysis and Antitrust Implications* (1975)；George J. Stigler, *The Organization of Industry* (1983 ed.)。有关美国法律政策史中对纵向整合的矛盾心理，参见 Herbert Hovenkamp, *The Opening of American Law: Neoclassical Legal Thought*, 1870 – 1970, ch. 12 (2015)。

[2] 15 U. S. C. A. § 2.

的纵向整合涉及维持转售价格或者实施了其他限制贸易措施，则该纵向整合通常会受到惩罚。[①] 根据《克莱顿法》第 3 条或《谢尔曼法》第 1 条，以缔结合同方式达成的纵向整合也可能被认定为非法搭售或者排挤性交易。[②]

在某些市场条件下，企业通过合并而不是新进入的方式会更有利于纵向整合，这是因为通过新进入进行的纵向整合可能将市场的产能提升到一个新的高度。如果某一城市有三家电影院，而一家主要的电影制片公司通过新建一家电影院的纵向整合方式进入该市的电影院市场，那么这个城市将会有四家电影院。如果该行业已经产能过剩，通过合并进行的纵向整合（通过收购一家现有影院）可能会更有效。一般来说，想通过新进入进行整合的公司必须事先评估开设新商店或者新工厂后市场上的价格是否还有利可图。如果新进入企业的最低有效产出（minimum efficient output）大大增加了市场的总产出，进入市场后的价格可能会比当前价格低得多。相反，如果企业通过收购现有工厂或者商店来进入该市场，则市场的产能将保持不变，价格很可能也不会发生变化。

企业可以在两个不同的方向上进行纵向整合。如果一家公司通过整合进入了一个新市场，而它可以从中获得一些所需的原材料或者上游服务（例如购买煤炭生产企业的公用电力公司或者自己清洗窗户的律师），这种整合被称为"逆向"整合或者"上游"整合。如果一家公司朝着最终消费者的方向进行整合（例如收购加油站的炼油厂商），这种整合被称为"正向"整合或者"下游"整合。

有关纵向一体化的经济理论和反垄断法都经历了戏剧性的循环。1970 年之前的大部分经济学研究和反垄断立法都反映出政策制定者对市场纵向整合存在深刻怀疑，其结果是产生了诸多激进的反垄断规则，例如认为通过协议实施的某些形式的纵向一体化构成本身违法，一刀切地认定为非法，典型的例子包括搭售协议和维持转售价格协议等。[③] 这一切在 1970 年代都变了，芝加哥学派的一些研究人员——如 Robert Bork 提出了完全相反的观点[④]认为纵向整合和纵向协议事实上几乎从来不会对竞争造成危害，应当采用接近本身合法的、温和的（benign）反垄断法律加以对待。

今天，大多数深入研究了这一问题的人们普遍认为，Bork 的右倾程度与1960 年代典型的古典主义的（vintage）反垄断政策的左倾程度是相当的。[⑤] Bork在很大程度上忽略了知识产权、网络技术和信息技术的显著影响——在所有与这

---

① 见本书第 11 章。

② 见本书第 10 章。

③ 见 Herbert Hovenkamp, *The Opening of American Law：Neoclassical Legal Thought*，1870 - 1970，ch. 12 (2015)。

④ Robert Bork, *The Antitrust Paradox：A Policy at War With Itself* 225 - 245 (1978；rev. ed. 1993)。

⑤ 更为中间派的观点，见 Oliver E. Williamson, *Markets and Hierarchies：Analysis and Antitrust Implications* (1975)；George J. Stigler, *The Organization of Industry* (1983 ed.)。

些相关的领域中，纵向行为所造成的竞争损害可能会远超 Bork 的想象。此外，Bork 对涉及垄断者的纵向整合的理解也过于简单了，并没有考虑到发生纵向整合的许多复杂的现实场景，也没有考虑到实践中存在的多种多样的策略性行为（strategic behavior）。在一家独大、其他竞争性企业分散而众多的市场中，纵向整合通常会带来更高的价格，而不会令市场价格下降，同时消费者也通常更容易受到损害。[①]

因此，较新的分析模型不像 20 世纪 60 年代及更早的文献那样对纵向整合充满敌意。它们普遍承认纵向整合通常是有益的，主要是因为它降低了成本。它们的真正影响发生在集中度较高的市场中，在这些市场里，企业间的相互作用和影响更加复杂。在撰写本文时（2021 年），我们正处于知识激荡的时代。一些纵向整合规则，例如认为搭售构成本身违法的规则，在今天看来显得过于激进了。然而，其他的一些规则，例如对纵向并购采取的非常温和的态度，则被认为是相当缺乏威慑力的。

第 9.2 节　纵向一体化整合的经济性

9.2a. 科斯理论的启示；交易成本经济学

我们对纵向整合的许多经济学洞见，都来源于 Ronald Coase（罗纳德·科斯）的重要工作成果。在 1937 年出版的《企业的本质》一书中，Coase 为纵向整合的现代新古典主义理论奠定了基础。[②] Coase 认为，对市场的利用是昂贵的，企业可以通过自力更生的方式来避免这些交易成本。企业在面临商业抉择时，都会在运用市场的成本和内部自行生产的成本之间进行比较。这些决策从根本上决定了企业在多大程度上需要进行纵向整合。

交易成本经济学（transaction cost economics，TCE）是一种深受 Coase 影响的经济学分析方法。在传统市场中，每个人都要和其他人打交道。企业生产产品，并将它们提供给任何想购买的人。但是在交易成本经济学的世界里（与现实

---

①　例如，见 Michael H. Riordan，"Anticompetitive Vertical Integration by a Dominant Firm"，88 *Am. Econ. Rev.* 1232（1998）；Thomas G. Krattenmaker & Steven C. Salop，"Anticompetitive Exclusion：Raising Rivals Costs to Achieve Power Over Price"，96 *Yale L. J.* 209（1986）；Patrick Rey & Jean Tirole，"A Primer on Foreclosure"，in 3 *Handbook of Industrial Organization* 2145（Mark Armstrong & Robert Porter，eds.，2007）。

②　Ronald H. Coase，The Nature of the Firm，4 *Economica*（n. s.）386（1937）. 要了解 Coase 理论关于企业和纵向整合的最新观点，请参阅 Ronald H. Coase，*The Firm，the Market，and the Law*（1988）；*The Nature of the Firm：Origins，Evolution，and Development*（Oliver E. Williamson & Sidney Winter，eds. 1991）；Herbert Hovenkamp，Coase，"Institutionalism，and the Origins of Law and Economics"，86 *Ind. L. J.* 499（2011）；and the Symposium on "The Nature of the Firm，" 18 *J. Corp. L.* 173（1993）。

状况更为接近），像微软、通用汽车和麦当劳这样的大公司都会发展专门的产品或者服务，而其他的较小的公司则开发与这些产品互补的产品或者服务。例如，通用汽车公司需要的不仅仅是"发动机"，相反，它需要有人专门为它正在生产的汽车研制可兼容的发动机。它有两种选择：第一种选择是，它可以向其他公司提出一些技术要求，甚至提供某些知识产权许可，然后依靠其他公司来开发合适的产品，并为其设定具有市场竞争力的价格，如果达成此协议的交易成本相对较低，通用汽车公司将可能与该第三方公司达成长期的交易。第二种选择是，如果交易成本太高，通用汽车公司将决定自己研发和生产发动机。同样，麦当劳的特许经营模式也不是组织一群卖汉堡包的人那么简单，确切地说，其是特许经营商（麦当劳品牌方）和数以千计的独立特许经营商在共同的一套产品标准和知识产权的基础上进行巨额的专门投资并从中获取利润的商业模式，各交易方彼此之间形成了商业上的"锁定"或者深度关联。微软基于 Windows 的体系，则很好地说明了众多企业对特定计算机操作系统、运行该操作系统的计算机硬件以及可以与该操作系统兼容的软件和通信技术的非常复杂的交互作用，这些都使得相关参与方需要重金投入这些专门性的技术和产品领域。

交易成本经济学从微观角度考察了这些经济联系，并试图找出问题的答案，如企业何时应当或者将会依赖于贸易伙伴而非内部部门？什么因素促成了长期和高度专门化合同的达成？为什么有些合同安排是排他性的？对这些问题的回答诞生了经济学上的理论，这一理论的结果倾向于较低频地认定垄断。[①] 其结果是，该理论指导下的政策对待纵向整合、搭售、独家交易、维持转售价格以及类似做法时的立场，比 20 世纪 70 年代及更早时期主导反垄断政策的"敌意传统"（"hostility tradition"）要宽容得多。然而，与此同时，这一理论也多多少少扩展了对旧芝加哥学派所没有关注的策略性反竞争行为（strategic anticompetitive behavior）的研究。由此，反垄断法在纵向行为方面的适用减少了，但仍保持着很大的空间。

9.2b. 通过技术和交易促成的成本节约

大多数纵向整合源于企业降低成本的愿望。律师自己洗窗户，因为他/她"负担不起"让外包保洁公司完成该项工作的代价。在通常情况下，同样的动机促使生产厂商建立或者获取自己控制的零售商店，或者促使食品杂货连锁店经营自己的奶牛场或者农场。企业作出这些决策前通常很少正儿八经地进行经济分析。经常出现的情况是，在对外部供应商提供服务的方式不满意后，企业单纯地

---

① 见 Herbert Hovenkamp, "Harvard, Chicago, and Transaction Cost Economics in Antitrust Analysis", 55 *Antitrust Bull*. 613 (2010), available also at http://papers.ssrn.com/sol3/papers.cfm? abstract_id=1592476。

认为自己可以做得更好。

垂直整合带来的某些成本节约是因技术原因而形成经济效益的结果。典型的例子是钢铁厂与轧钢厂的结合。钢铁厂生产钢锭，轧钢厂则使用轧机把热钢锭压制成各种形状，用于制造桥梁、建筑物或者其他钢结构所需的钢材。如果钢铁厂在公开市场上出售这些钢锭，它们就必须进行运输和再加热——这两个过程的成本相比于钢材的价值来说非常昂贵。相比之下，经营自己的轧钢厂，可以在制成钢锭后趁着钢锭尚未冷却就在同一车间进行轧制。虽然钢铁厂和轧钢厂因产品不同而使用不同的大型机器设备，但大多数钢铁厂都拥有并经营自己的轧钢厂。

这种由于技术需要而带来的经济效益通常难以通过纵向合并来实现，因为它们需要新建完全一体化的工厂。然而，这并不意味着纵向合并缺乏产生经济效率的潜力。技术效率只是纵向整合所能实现的规模经济的其中一个方面。更为重要的是"交易"效率——企业通过避免使用市场交易来实现成本节约。[①] 事实上，没有任何技术上的原因可以解释为什么钢铁厂和轧钢厂不能基于合同交易关系而将生产线设在同一厂房内。然而，由于其他原因，这种关系将是不切实际的：两家公司将被迫进行独家交易，即使它们的经营目标可能并不一致（每家公司都想最大化自己的利润，而且两家公司各自可能有不同的利润最大化产出率）。达成一份既能满足两家公司的目标、又能应付所有突发事件的协议的成本是非常高昂的。[②]

利用市场进行交易可能是成本高昂的，谈判需要花钱，与他人交易涉及风险，一家公司所掌握的关于另一家公司的信息越少，风险就越大。[③] 交易双方几乎总是有不同的动机。假设一家飞机制造商同意从另一家公司购买机载无线电设备，一旦确定了合同价格，飞机制造商就会想要用这个价格买到最好的无线电设备，因为这样就可以在不增加自身成本的情况下提高乘客的满意度。相比之下，无线电设备生产商则希望以尽可能低的价格生产出符合购买协议规格的无线电产品。飞机制造商可能会设法详细列出无线电设备的所有技术指标，许多此类合同都包含详细的质量要求。然而，这样的合同可能要在无线电设备交付前几年就展开谈判。飞机本身是一个不断发展和变化的产品，受到新技术和不可预见的市场环境变化的影响，如果起草合同时需要预测每一个可能的变化，那么合同谈判将会非常昂贵。无线电设备制造商总是会拥有一定的自主权——例如究竟是使用一种造价更高的、还是使用一种更便宜的零部件来满足合同明确约定的标准。在符

---

① 这一理论的经典表述是 Coase 的 Nature of the Firm。同上文所述。

② Oliver Williamson, *Markets and Hierarchies*: *Analysis and Antitrust Implications* 83 - 84 (1975)（《市场与层级：分析与反垄断的启示》(1975)）。

③ 关于信息与纵向整合的关系，经典研究之一是 K. Arrow, "Vertical Integration and Communication", 4 *Collected Papers of Kenneth J. Arrow* 185（［1975］1984）。

合合同约定的前提下，无线电设备制造商很可能会使用更便宜的零部件。如果双方预期发生偏差，或者合同语言含糊不清，就可能会引发争议，甚至可能会引发昂贵的诉讼。

随着产品最终成本不确定程度的加深，这些问题就会成倍增加，就像项目需要进行不断的研发时经常出现的情况一样。如果飞机制造商没有购买现成的无线电设备，而是设计了一种新型的无线电设备，飞机制造商和无线电设备制造商都难以知道它的最终成本。假设飞机制造商坚持以"固定价格"招标，无线电设备制造商被要求承担最终成本不确定的风险，那么无线电设备制造商将会把该种风险计入其投标价格之中，这种风险溢价可能会非常高。总而言之，由于人们缺乏完美的预见能力，事先预测的成本往往高得令人望而却步。总之，任何预期与事实之间的偏差都可能导致合同安排是不完善的，并可能诱使各方从事以牺牲对方为代价而使自己受益的行为。[①]

一种可替代的选择是由双方签订一项"成本加成"（"cost-plus"）合同，该合同允许无线电设备制造商在其研发所需的固定成本上加上特定比例的加成。然而，在这种情况下，无线电设备制造商失去了降低成本的动力，事实上，成本越高，加价比例也会越高。

第二种选择是无线电设备制造商提供一个预估的出价，并可以在未来调整"超支"或者意外的成本增加。美国政府，特别是美国国防部经常使用这类合同采购设备。然而，这里也存在类似的问题。首先，所有有关成本的信息都来自卖方，而买方往往不能确定卖方的成本支出是否有效。其次，对复杂产品中每个组件的成本是否超支进行核算和证明的交易成本是非常高的，有时候可能甚至超过了组件本身的成本。

除此以外的最佳选择可能是飞机制造商自己生产无线电设备。[②] 当然，这并不总是可行的。如果一家无线电设备制造商的最低有效规模（MES）是年产量1 000台，但飞机制造商每年只生产40架飞机，其每台无线电设备的生产成本可

---

① 关于这一问题的文献很多，论述也很充分。除了本章引用的 Oliver Williamson 的著作外，详见 Oliver E. Williamson，"Transaction-Cost Economics：the Governance of Contractual Relations"，22 *J. L. Econ.* 233 (1979)；Ian MacNeil，"Contracts：Adjustment of Long-Term Economic Relations Under Classical，Neoclassical，and Relational Contract Law"，72 *Nw. U. L. Rev.* 854 (1978)；Dennis Carlton，"Vertical Integration in Competitive Markets Under Uncertainty"，27 *J. Indus. Econ.* 189 (1979)。关于"新古典"经济学的兴起及随后有关"关系型"契约（"relatoonal" contracting）的论述，see Herbert Hovenkamp，*The Opening of American Law：Neoclassical Legal Thought*，1870 - 1970 (2015) at 124 - 129；Herbert Hovenkamp，"The Law of Vertical Integration and the Business Firm：1880 - 1960"，95 *Iowa L. Rev.* 863 (2010)。

② 在现实世界中的应用，参见 Benjamin Klein，"Vertical Integration as Organizational Ownership：the Fisher Body-General Motors Relationship Revisited 213"，in *The Nature of the Firm* (Williamson & Winter eds. 1991)，and Ronald H. Coase，"The Acquisition of Fisher Body by General Motors"，43 *J. L. & Econ.* 15 (2000)；Benjamin Klein，"Fisher-General Motors and the Nature of the Firm"，15 *J. L. & Econ.* 105 (2000)。

能远远超过前述不确定性带来的交易成本。纵向整合是否会降低企业成本是一个因情况而异的实证问题——有时会，有时则不会，这取决于市场结构和生产过程中所涉及的技术。[①] 由于技术随着时间的变化而变化，纵向整合的必要性也会随之变化。

资产专用性（asset specificity）通常会刺激纵向整合的发生。一般来说，生产性资产的用途越特定化，就越难发挥市场的资源配置效率，或者该独立市场的竞争就越不充分。上面给出的飞机无线电设备的例子可以很好地说明这一问题：如果某种无线电设备可以被广泛使用在数量庞大的各种类型的飞机上，我们可以期待看到一个巨大的、竞争激烈的市场。但是一旦无线电设备市场的需求方只是某个或者少数具有特异需求的购买者，那么利用市场的方式来满足需求就变得极为昂贵——首先，卖方必须投资于专门的生产设备，而这些设备只能用来满足一名或一小部分客户的需求；其次，买家可能不得不依赖于数量很少的卖家。[②]

当企业为自己提供某种产品或者服务时，它支付的"价格"等于生产该产品或者服务的成本。因此，如果一家公司能够以现有独立生产商的价格生产产品或者服务，那么该产品或者服务的外部市场存在的任何缺陷都会使其外购成本高于自己生产的成本。所有的市场都存在某些缺陷。例如，企业总是比其他外部企业拥有更多关于自己的信息。缺乏外部供应商或者经销渠道的信息会增加企业的风险，从而增加其成本。一方面，在市场上寻求生意伙伴的公司总是倾向于夸大它们的能力和它们的财务状况。真实的信息往往很容易被隐藏起来。另一方面，参与谈判的公司可能经常被要求提供它希望保密的信息。垂直整合能够帮助企业在很大程度上解决以上的信息的"陌生性"和保密性这两个问题。

第 9.3 节　纵向整合可能存在的反竞争后果

在前文描述的大多数情况下，纵向整合扩大了公司的利润，也使消费者受益。然而，有时纵向整合带给消费者的好处并不是那么明显，并且在某些情况下，纵向整合可能具有反竞争的效果。也正因此，需要通过反垄断法来对纵向整

[①] 见 Paul Joskow, "Asset Specificity and the Structure of Vertical Relationships: Empirical Evidence", 4 *J. L.*, *Econ.* & *Org.* 95（1988）; Benjamin Klein, "Vertical Integration as Organization Ownership", 4 *J. L. Econ.* & *Org.* 199（1988）。

[②] 该理论参见 Paul Joskow, "Asset Specificity and the Structure of Vertical Relationships: Empirical Evidence 117", in *The Nature of the Firm*（Williamson & Winter eds. 1991）; Oliver Williamson, "The Vertical Integration of Production: Market Failure Considerations 24", in Oliver Williamson, *Antitrust Economics: Mergers, Contracting, and Strategic Behavior*（1987）。

合进行规制。[①]

在一个简单的案例中，上游的垄断者和下游的企业交易，且下游企业只使用垄断者的产品，在这种情况下，除非这种整合能降低成本，否则企业无法通过纵向整合来增加市场力量。[②] 这一结论也适用于大多数更复杂的情况。如果在供应链上存在唯一的垄断者，即使它仅涉及供应链上的某一环节，也可以获得该供应链上的全部可以获得的垄断利润。例如，自行车的垄断制造商即使进入自行车经销领域或者零售领域，也难以增加垄断利润。自行车利润最大化的价格是由自行车的最终消费者愿意支付的金额决定的。假设生产一辆自行车并将其分配给消费者的总成本为 70 美元，而利润最大化的价格为 90 美元，如果其他供应链环节是充分竞争的，供应链上的任何垄断者都可以获得全部 20 美元的垄断利润。如果垄断制造商通过向经销商销售产品已经获得了 20 美元的垄断利润，那么它将无法通过收购或者自己成立经销部门来获得更多的垄断利润。

9.3a. 生产资料投入的策略性控制

在垄断或者不完全竞争的市场中，纵向整合的某些情形允许企业通过操纵生产资料的投入来提高价格。本书的立场是在整体上批判严格的新古典主义（"芝加哥学派"）对垄断者所作的纵向整合分析，因为它只考虑了垄断和完全竞争的两个极端，而忽视了生产资料投入往往可以相互替代的事实。[③] 在投入的资源间的比例可以发生变化且生产的产品存在差异化的垄断市场条件下，实际情况会更为复杂。

例如，假设上游的铝土矿垄断者对铝土矿收取高价，铝土矿被转化为氧化铝，然后与锡结合制成各种铝合金。需要注意的是，铝土矿和锡的比例可以差别很大，许多买家并不关心最终化合物的比例是什么。我们假设锡的销售是完全竞争市场，那么下游冶炼厂对铝土矿垄断的反应是使用相对较少的铝土矿，而使用相对较多的锡，并达到客户对此种替代产品可接受的最大程度。这种替代意味着对铝土矿的需求，以及它的价格趋于下降。通过纵向整合冶炼产业，铝土矿垄断

[①] 关于大多数纵向整合应该是合法的观点，参见 Richard Posner, *Antitrust Law* 225 - 228（2d ed. 2001）；Frank H. Easterbrook, "Vertical Arrangements and the Rule of Reason", 53 *Antitrust L. J.* 135（1984）。关于所有的纵向合并都应该是合法的观点，参见 Robert Bork, *The Antitrust Paradox: A Policy At War With Itself* 226（1978; rev. ed. 1993）。On Bork's position, 参见 Herbert Hovenkamp, "Robert Bork and Vertical Integration: Leverage, Foreclosure, and Efficiency", 79 *Antitrust L. J.* 983（2014）。

[②] 由于市场支配力是利润最大化价格与边际成本关系的函数，因此在竞争对手成本不变的情况下，降低边际成本的企业将获得额外的市场支配力。然而，它的产出量将会提高，市场价格不会提高，通常反而会降低。

[③] 参见 Frederic M. Scherer & David Ross, *Industrial Market Structure and Economic Performance* 522（3d ed. 1990）；Roger Blair & David Kaserman, *Law and Economics of Vertical Integration and Control* 48 - 50（1983）。

者可以将比例恢复到从前的垄断水平，从而再次提高铝土矿的需求。

在这种情况下，纵向整合的经济效果是双重的：（1）作为原料投入的混合物成分比例可以恢复到最优或者完全竞争水平，从而提高生产效率；但（2）垄断市场的相对规模会由此扩大。两种效果中哪一种更为显著是一个经验问题，需要具体情况具体分析。

上述观察结论对反垄断政策的影响尚不明确。从理论上讲，它们可能表明人们对寡头市场中的纵向整合越来越关注，但无法简单地概括出导致这种纵向整合效率低下的情形究竟有哪些，并且以法律方式进行规制具有可行性。虽然在至少一种原料投入市场上具有市场力量是构成垄断的必要条件，但肯定不是产生有害经济结果的充分条件。

就目前而言，最理想的反垄断政策似乎是，只有当所涉企业拥有巨大的市场力量，且有关整合将导致纵向的关联市场出现严重的封锁（foreclosure）效应，且市场经济效率的提升非常有限时，才应谴责纵向一体化整合。严重的市场锁定效应是前述投入替代理论具有充分合理性的前提条件。而纵向整合导致的生产效率缺失则表明，投入替代很可能是由纵向整合所导致的，并且这使得资源配置效率明显下降。

9.3b. 价格歧视

具有市场支配力的企业有时可以通过实施价格歧视来增加利润，而纵向整合则可以为价格歧视提供便利。当一家公司能从不同的销售组合中获得不同的回报率时，价格歧视就发生了。这类价格歧视的经济后果因情况而异，而且往往难以衡量。[①]

假设一家波兰香肠的垄断制造商发现，有两个对其香肠存在不同需求的顾客群体。一个群体是在杂货店购买香肠供家庭食用，对这一群体的顾客来说，利润最大化的价格是每根香肠 25 美分。而另一顾客群体则是在观看棒球比赛等公共活动时从特许经营者那里购买香肠，利润最大化的价格是每根香肠 1 美元。

如果公司必须向所有买家收取相同的价格，其利润最大化的价格将取决于具体场景。在一个极端的情况下，它可以向所有顾客收取 25 美分，并在特许经营店和杂货店都能大量销售香肠。而在另一个极端，它可以就每根香肠收取 1 美元，在这种情况下，它将从特许销售中获得更高的利润，但失去大部分杂货店的销售量。它也可以在 25 美分到 1 美元的区间内找到一个利润最大化的价格点，该价格取决于香肠的边际成本，以及两类消费者的相对规模和需求弹性。

通过价格歧视，该公司可以赚到更多的钱——在杂货店以每根 25 美分的价

① 见 W. Kip Viscusi，John Vernon，& Joseph Harrington，*Economics of Regulation and Antitrust* 282－292（4th ed. 2005）；Jean Tirole，*The Theory of Industrial Organization* 142－149（1992）。

格出售香肠，在特许经营场所则以每根 1 美元的价格出售香肠。然而，任何价格歧视都会带来两个问题。首先是《罗宾逊—帕特曼法案》，该法案可能会阻止公司以两种不同的价格向两类买家销售同一种产品。第二个问题是套利。如果杂货店以每根 25 美分的价格出售香肠（扣除其为了获取利润的加价），而特许经营店则收取每根 1 美元的费用（扣除其加价），那么特许经营店会有一个简单的办法解决高价问题，它们会去杂货店大量采购 25 美分的香肠，最终迫使香肠制造商不得不以 25 美分的低价将所有的香肠卖给杂货店。

香肠制造商对此的解决方案是自己进军特许经营行业——要么通过新进入的方式，要么通过收购现有的特许经营商的方式。然后，香肠制造商将能够以每根 1 美元的价格将香肠直接零售给观看棒球比赛的球迷，同时继续向杂货店供应每根 25 美分的香肠。

在反垄断法下，一刀切地谴责价格歧视并没有充分的理由。一方面，价格歧视往往导致比垄断者在采取非歧视定价时更高的产出量。例如，如果波兰香肠制造商被迫以同样的价格出售所有的香肠，它可能会决定收取每根 1 美元并仅在特许经营的场合进行销售。在这种情况下，许多杂货店和它们的顾客将无法享用该香肠所带来的福利。另一方面，任何不完美的价格歧视都会造成一定程度的无谓损失，这既是由于其产出低于完全竞争水平，也是由于实施价格歧视本身需要付出额外的运营成本。

9.3c. 市场封锁、抬高竞争者的成本与市场进入壁垒

认为纵向整合存在危害的最为持久的一种理论是，它可以将竞争对手"关闭在市场大门之外"，或者抬高它们的成本，并由此直接导致消费者受到损害。在今天，与 20 世纪末相比，这一理论受到更多重视，但也同样很容易被夸大。

如果一家制鞋企业收购了连锁零售鞋店，它可能只会安排自己的门店销售自家工厂生产的鞋子，而旗下的零售店可能将停止从其他制鞋企业采购鞋子。然而，双方要达成双向的独家交易，制造商的产量和零售门店的需求必须大致相同。如果制造企业的产量很大，它可能还会继续向其他零售商店批发鞋子。但是，在通常情况下，如果纵向整合可以降低成本，我们会预计整合后的企业可以通过自我交易的方式来充分利用其产能。在这种情况下，纵向整合会给那些未参与整合的竞争对手带来损害，但很可能会让消费者受益。

大多数情况则更为复杂。例如，假设一家在市场中占据支配地位的医院意图收购当地最大的麻醉师诊室，或者与后者签订独家服务协议。考虑到该麻醉师诊室所占据的市场份额，作为竞争对手的其他医院在将来可能无法获得足够的麻醉服务，或者其他具有竞争关系的麻醉师团队将无法与这家支配性的医院合作。虽然它们可能不会被绝对地排除在市场之外，但该纵向并购可能会使它们无法获得

最有利的合作伙伴，迫使它们不得不承担更高的成本，或者不可避免地导致服务质量下降。

信息技术领域的问题可能比传统制造业更为严重。例如，数字影片等节目的独立版权人很可能会通过尽可能广泛的许可来最大化其利润。数字作品是可以被无限复制的，因此不存在供给不足的问题。然而，假设影片的版权方与互联网企业或者卫星信号传输企业签订独家协议或者进行合并，则激励机制就会发生变化。传播的媒体和平台可能能够通过独家播出某些节目来收取更多的费用，因此其将有动力阻止或者拒绝向其他竞争性的传播媒体平台授权播出其版权节目，以使得消费者无法从其他渠道观看影片。

第 9.4 节　纵向合并与反垄断法

尽管纵向合并在创造效率方面具有非凡的潜力，对经济造成的损害也有限，但在反垄断法的历史上，纵向合并命运多舛。大多数关于纵向合并的法律都是出于保护小企业而非鼓励效率的目的而制定的。[①] 为了提高效率而进行的纵向合并总是会伤害那些规模较小、未经整合的竞争对手。但 20 世纪 60 年代以来的判决表明，司法政策发生了急剧的变化。

早期的纵向合并判决适用了规制贸易限制的普通法，它严重依赖被告的意图。例如，在 1911 年的 *American Tobacco Co.* 案中，联邦最高法院认定，被告"逐步兼并所有对于成功生产烟草产品起到关键作用的上下游环节的控制权"，"并将这种控制权交给看似独立的公司掌控，从而形成了其他人进入烟草贸易的永久壁垒"，因此被告"非法的目的和非法的行为由此可以得到充分的证明"[②]。

这种对行为人主观恶意的强调盛行了 40 年。在 *United States v. Yellow Cab Co.* 案中，联邦最高法院判定，一家出租车制造商（Checker）收购了美国几个大城市的出租车运营公司，其意图是抑制出租车运营市场的竞争[③]，从而违反了《谢尔曼法》第 1 条。[④] 法院认为，由于企业收购，出租车运营公司可能被迫只能

---

①　例如，Brown Shoe Co. v. United States，370 U. S. 294，82 S. Ct. 1502（1962），谴责了纵向合并，因为它允许合并后的被告相比其他竞争对手以更低的价格对外销售。关于这段历史，参见 Herbert Hoven-kamp，*The Opening of American Law：Neoclassical Legal Thought*，1870‑1970，Ch. 12（2015）。

②　United States v. American Tobacco Co.，221 U. S. 106，182‑83，31 S. Ct. 632，649（1911）.*American Tobacco* 案包括横向收购、集团收购以及纵向收购。

③　332 U. S. 218，67 S. Ct. 1560（1947）、最高法院后来维持了下级法院的裁决，即没有这样的意图。United States v. Yellow Cab Co.，338 U. S. 338，70 S. Ct. 177（1949）。也可参见 United States v. Paramount Pictures，334 U. S. 131，174，68 S. Ct. 915，937（1948），认为纵向合并"如果是一种经过深思熟虑的计划，以获得对部分市场的控制权并抑制或排除竞争，而不是为了满足合法商业需求而扩张，则违反了《谢尔曼法》……"

④　在 1950 年修订之前，《克莱顿法》第 7 条涵盖了今天的大多数合并，但并不适用于纵向合并。

从 Checker 公司购买出租车，而其他出租车生产商将被排除在市场竞争之外。所谓的结果是，出租车公司"必须为购买出租车支付更多的钱，相应的支出不必要地增加了，公众将不得不承担高额的运输服务费用"。

最高法院的分析令人摸不着头脑。还没有人知道一家纵向整合的公司是如何通过提高自己卖给自己的产品的价格而致富的。更有可能的是，出租车公司（已经在个别城市拥有垄断地位）在充分竞争的市场中购买出租车，但对乘客收取垄断价格。通过收购出租车运营企业，Checker 公司得以将这些垄断收益转移到自己身上。或者，如果出租车打车计费是受价格管制的，那么 Checker 公司可以向其自己的运营公司收取超竞争价格，并且以成本上涨为由游说监管机构同意涨价。[①]

不过，最高法院反对本案并购的另一个论点在案例法上更有价值——即，Checker 公司对出租车运营公司的收购使得其他出租车制造商被排除在"由其控制下的出租车公司所组成的那部分市场之外……"。这一市场"封锁"（"foreclosure"）理论是对纵向并购进行更为恰当分析的基本理论。

当一家公司的纵向整合阻止了另一家公司进入市场时，就会产生市场封锁。无论是通过新进入进行的纵向整合，还是通过合并进行的纵向整合，都可以将竞争对手排除在市场之外。例如，如果一个城市的唯一一家报纸终止了与投递公司的合同，改为自行投递报纸，将导致该投递公司失去市场，它就不再有报纸可送了。[②]

通常只有在整合公司中的其中一家是垄断者或者类似垄断者的情况下，才会发生市场封锁效应。假设有 8 家公司生产打字机，50 家公司零售打字机。如果一家制造商收购了一家零售商，该制造商可能会通过这家零售商开始销售其打字机。这将迫使一些买家和卖家对业务进行调整——以前与参与合并的公司有业务往来的公司可能不得不寻找合作对象并签订新的合同。不过，没有人会被赶出市场。产品差异化会在一定程度上改变这一结果，这取决于购买者的偏好程度，即存在偏好差别的交易占全部交易的比重。下文将讨论的 2020 年《纵向合并指南》探讨了其中的一些情形。[③]

自 1950 年后，市场封锁理论是联邦最高法院谴责纵向合并的理论依据，即使两家并购企业分别所处的市场都是竞争性的。1950 年，《克莱顿法》第 7 条被

---

① 关于纵向整合作为一种避免费率管制的工具，参见本书第 9.3d 节。

② 见 Paschall v. Kansas City Star Co. , 727 F. 2d 692 (8th Cir.)，全席审理，最高法院提审动议被驳回，469 U. S. 872, 105 S. Ct. 222 (1984)。

③ 在 1948 年，联邦最高法院拒绝适用市场封锁理论否决一起纵向并购案，在该案中，所涉纵向并购发生后，市场上仍有多家相互替代的买家和卖家，并且参与合并的其中一家公司的市场份额只占整个卷钢产品市场的 3%，与之存在交易关系的供应商可以很容易地调整它们的生产和经营。United States v. Columbia Steel Co. , 334 U. S. 495, 507 - 510, 68 S. Ct. 1107, 1114 - 1115 (1948)。

修正，部分原因是为了明确该法案对纵向合并和横向合并的同时适用性。① 更为重要的是，法律修正后的立法历史表明，立法者希望对企业合并采取更强有力的执法标准，在并购企业还没有机会作恶之前，将垄断遏制在萌芽期。

《克莱顿法》第 7 条被修订后，联邦最高法院审理的第一个大型纵向并购案是 *United States v. E. I. du Pont de Nemours & Co.*。② 该诉讼是在 1949 年根据《克莱顿法》第 7 条提出的，但修正案实际上不适用于 1950 年以前发生的并购。尽管如此，最高法院还是执行了修正案的"政策"，认定 du Pont 公司在 1917 年至 1919 年间收购通用汽车公司（General Motors Co.）23％的股权存在违法行为。du Pont 公司是一家汽车抛光剂和织物制造商，而作为汽车制造商的通用汽车公司从 du Pont 公司处购买抛光剂和织物。在最高法院看来，案件的焦点问题是 du Pont 公司占据了通用汽车公司的抛光剂和织物的主要供应商的地位是仅凭其自身的竞争优势，还是因为收购了通用汽车公司的股票，而由此产生的紧密的关联关系所导致的，后者将使得通用汽车公司形成的大部分需求市场与自由竞争无关（即需求被锁定）。③

正如最高法院所指出的那样，前述问题足以引发反垄断法上的担忧——即企业与上游母公司或下游子公司达成的交易究竟是基于自身的竞争优势，还是仅仅是股东控制权作用的结果。如果调查表明，公司可以通过低效率的内部资源进行要素交易，而不是通过在充分竞争市场上购买或者销售同类产品来取得利润收入，那就更有问题了。

联邦最高法院在其第一个正式适用修订后的《克莱顿法》第 7 条的纵向合并案中走得很远。在 *Brown Shoe Co. v. United States* 案④中，最高法院否决了一家制鞋企业收购一家鞋业零售企业的并购案，当时这家制鞋企业的市场份额约为 5％，而零售商在同一市场的份额约为 1％。在论证否决这一所涉市场份额规模较小的并购案的理由时，最高法院认为，"鞋类制造商收购零售网点是'明确的趋势'"，紧随其后的"'明确趋势'是母公司制造商为越来越多不断增加的零售网点供应产品，从而排除了其他制造商有效地争夺零售商从而获得市场份额"，法院最终得出结论，这些趋势的"必然结果"是"原本对独立制造商开放的市场

---

① 在 1950 年之前，第 7 条修正案仅适用于可能减少收购方和被收购方之间竞争的并购。由于纵向合并涉及的各方公司在并购前并不是竞争对手，因而不受该法律的管辖。关于 1950 年《塞勒—基弗沃修正案》（Celler-Kefauver Amendments）对第 7 条修订的立法历史的讨论，可参见 4 Antitrust Law ¶¶ 902 - 903, 1002 (4th ed. 2016)；and in Brown Shoe Co. v. United States, 370 U. S. 294, 315 - 23, 82 S. Ct. 1502, 1518 - 23 (1962)。

② 353 U. S. 586, 77 S. Ct. 872 (1957). 同上一条注释，at 588 - 589, 77 S. Ct. at 875. 370 U. S. 294, 82 S. Ct. 1502 (1962)。

③ 同上一条注释，at 588 - 589, 77 S. Ct. at 875。

④ 370 U. S. 294, 82 S. Ct. 1502 (1962).

被封锁"，其后果是其他鞋业制造商和零售商也被迫进行纵向整合。

在一个像制鞋业一样分散的市场上，最高法院所谓的市场封锁将"迫使"纵向整合是什么意思呢？显然，这并不意味着独立的鞋业零售商无法找到愿意向它们出售鞋子的独立制造商。在1963年，只有不到10%的美国生产的鞋子是通过制造商自己拥有或者自营的零售商店进行销售的。[①]"市场封锁"之所以产生的真正原因是纵向整合企业的效率提升。通过纵向整合，企业能够降低成本。纵向整合企业之间的竞争使得其价格低于未整合企业的成本，后者被迫进行整合，并不是因为没有商品来源的渠道或供应，而是因为只有同样进行纵向整合，它们才能够与其他已经进行了整合的企业展开竞争。

假设一家独立的制鞋厂商每双鞋的总生产和批发成本为20美元。独立的零售鞋店以批发的方式购入这些鞋子，然后再把它们卖给消费者，额外的成本费用是每双10美元。如果纵向整合将总成本降低到28美元，那么将导致行业出现纵向整合的趋势——最初是因为纵向整合带来了额外的2美元利润；之后，整合完成的企业之间的竞争将价格推低到28美元，因为整合是能够生存下去的必要条件。然而，如果纵向整合没有实现成本节约，那么就不会有这样的趋势，供应链各个层级的独立企业将继续像以前一样赚取利润。

一种反对纵向合并的观点认为，企业的纵向合并通过提高进入所在行业的成本或者难度，从而增强了合并企业的市场力量。如果市场中的在位企业是纵向一体化的，那么潜在的进入者可能需要解决两个不同层次的市场的进入问题，而不是仅仅面临一个层次的市场的进入问题。联邦最高法院在 *Ford Motor Co. v. United States* 案[②]中，以存在这种"进入壁垒"为由，否决了 Ford 公司收购火花塞制造商 Autolite 公司的合并。

通常情况下，反对纵向整合的进入壁垒理论并不比市场封锁理论更具有说服力。如果纵向整合是富有效率的——例如，如果一家完成了纵向整合的企业用28美元就可以完成以前需要30美元的两个环节——那么纵向整合就会变成一种"进入壁垒"。所有富有效率的做法都是进入的障碍，因为任何新进入者都必须富有效率。然而，在充分竞争的市场中，如果纵向整合不能带来成本上的节约，那么也不会产生进入壁垒。如果纵向整合的公司仍然面临着30美元的成本，就像那些未整合的竞争对手一样，那么每个独立层面的进入都将像以前一样有利可图。

但是，当合并各方中的一家公司是垄断者时，进入壁垒理论可能更具有说服力。如果世界上唯一的铝矿冶炼企业收购了一家铝锭铸造商并拒绝向其他独立铸

---

① 见 John Peterman，The Brown Shoe Case，18 J. L. & Econ. 81，117 (1975)。

② 405 U. S. 562，92 S. Ct. 1142 (1972). 相同理论，见此案例的附注：United States v. American Tobacco Co.，221 U. S. 106，182 – 83，31 S. Ct. 632，649 (1911)。

造商出售原料金属铝，结果将使得在位的所有铝锭铸造商完全丧失其市场，而潜在的铸造商将面临巨大的进入壁垒——因为两者都无法获得原料铝。这时，想进入上游的铝矿冶炼行业也会存在障碍：一旦所有的独立铸造商都消失了，想要进入铝矿冶炼行业的企业就必须同时进入铝锭铸造行业。

假设由垄断者进行的纵向整合会在第二层次的市场（也即垄断者的上游或者下游市场而不是垄断者所在的市场）上损害其他企业——例如，垄断了铝矿冶炼的厂商对铸造商的收购可能会破坏竞争对手的业务，这是否意味着消费者受到了伤害呢？事实上并不会，原因有二。首先，纵向整合可能带来的效率提升可以给垄断者及其竞争对手带来同等规模的好处。垄断者的纵向整合可以降低其成本，当其成本降低时，其利润最大化价格也会降低。其次，假设垄断铝矿冶炼的厂商已经对原料铝收取了其利润最大化的价格，它将无法通过在铝锭铸造市场建立第二个垄断来获得更高的垄断利润（尽管它可能会存在价格歧视）。事实上，如果独立铸造商有任何市场力量，新合并后的垄断者生产的铝锭产品的利润最大化价格将低于合并前独立铸造企业的最终出厂价格。尽管垄断者的收购可能会伤害到独立铸造商，但它很可能会导致价格的下降而非上涨。纵向整合唯一可能导致效率损失的情形发生在当垄断者能够利用纵向整合来改变铸造商所使用的生产要素输入（input）的比例时。根据具体的市场情况，这可能会导致效率损失。

当垄断企业进入的市场本身具有独立的进入壁垒（即与整合本身无关的进入壁垒）时，垄断者的纵向整合可以有效地延缓其他企业的竞争性进入。例如，原铝的生产需要铝土矿，假设世界上只有两个已知的铝土矿场——A 矿场和 B 矿场，而某铝矿冶炼垄断企业已经拥有了 A 矿场，其担心出现市场竞争性进入，因此收购 B 矿场并拒绝向任何竞争对手出售铝土矿，由此一来，垄断铝矿冶炼的厂商就可以无限期地推迟其他潜在的铝矿冶炼同业竞争者的市场进入。这可能不会让这家铝矿冶炼企业立即减产[1]，然而，这将延长它所能期待的获得垄断利润的时间。

自 1972 年 *Ford Motor* 案以来，联邦最高法院还没有对纵向整合案件进行过审理。在此期间，各巡回法院对市场封锁理论和进入壁垒理论的批评越来越多。例如，在 *Fruehauf Corp. v. FTC* 案[2]中，第二巡回法院拒绝执行联邦贸易委员会根据《克莱顿法》第 7 条否决涉案纵向整合并下令合并企业进行业务剥离的裁决。在该案中，美国最大的卡车拖车制造商 Fruehauf 公司收购了 Kelsey-Hayes 公司，后者控制了大约 15% 的重型卡车和拖车车轮市场。联邦贸易委员会认为这次收购使得大约 6% 的重型车轮市场被封锁。然而，法院不认可任何纵向市场

---

[1] 然而，如果铝矿冶炼厂商在收购第二个铝矿之前收取足以阻却他人进入的低价，它可能会在收购后减少产量并提高价格。

[2] 603 F. 2d 345 (2d Cir. 1979). Quotation at 352 n. 9.

封锁都会减少竞争的假设，其认为，如果没有非常高的市场集中度或者其他对竞争效果产生威胁的因素，纵向合并可能只是销售模式的重新调整——合并企业因并购从它的竞争对手那里夺走多大比例的市场，很可能也同样因并购而释放出同等比例的市场开放给其竞争对手。

然后，除了市场封锁这一事实之外，该巡回法院还继续要求控方提供反竞争效果方面的证据。联邦贸易委员会就此提出了一项反竞争效果方面的推理：在车轮短缺的时候，Fruehauf 公司将拒绝把车轮卖给其在拖车市场上的竞争对手。法院认为没有任何在案证据证明这种情况会发生。法院基本同意联邦贸易委员会的调查结果，即车轮市场的进入门槛很高，证据表明进入该市场需要 1 000 万～2 000 万美元的最低投资，而且新工厂的最低有效规模约为整个市场规模的 9%。然而，法院认为，没有证据表明，这些壁垒将要求任何新进入者在两个不同的产业链位置进入市场才能有效参与竞争，或者涉案合并将使任一单一层面的进入更加困难。

目前主流的司法观点倾向于认为，只有在最极端的情况下才应当否决一项纵向合并。例如，在 *Alberta Gas Chemicals Ltd. v. E. I. du Pont De Nemours & Co.* 案[1]中，法院实际上在原则上拒绝了市场封锁理论，并得出结论认为，纵向合并导致的自我交易几乎总是有效率的。在 *Reazin* 案中，联邦地区法院认为，纵向合并甚至不属于构成反竞争商业行为的"可疑类别"，并批准了一家连锁医院收购一家 HMO。[2]

近年来，人们对纵向并购案件的关注已经从简单的市场封锁或者进入禁止转移到提高竞争对手的成本上来。[3] 例如，纵向合并后的企业可能会占据很大的市场份额，从而使竞争对手无法在市场上获得足够的产出规模来实现规模经济。当这种情况发生时，竞争对手的价格就会上涨，合并后的企业也可以提高自己的价格。

举例来说，假设相关领域包含 10 个相同的有线电视系统，其中 6 个为 X 公司所有，而其他的系统由各自独立运营的公司所有。同时，还有两家内容提供商竞相为这 10 个有线电视系统提供节目，假设一档节目的成本是 10 美元，内容提供商就必须从对外的全部授权许可费用中收回 10 美元。如果内容提供商向所有 10 个有线电视系统都颁发许可，则每个系统需要交纳的许可费至少为 1 美元；如果每个内容提供商只向一半的系统颁发许可，则每个系统需要交纳的费用至少

---

[1] 826 F. 2d 1235 (3d Cir. 1987)，最高法院提审动议被驳回，486 U. S. 1059，108 S. Ct. 2830 (1988)。

[2] Reazin v. Blue Cross & Blue Shield，663 F. Supp. 1360，1489 (D. Kan. 1987)，维持，899 F. 2d 951 (10th Cir.)，最高法院提审动议被驳回，497 U. S. 1005，110 S. Ct. 3241 (1990)。

[3] 见 U. S. Dept. of Justice, Antitrust Division Policy Guide to Merger Remedies 4 - 5 (June 2011)，下载地址：http://www. justice. gov/sites/default/files/atr/legacy/2011/ 06/17/272350. pdf。关于 RRC 作为垄断机制的论述，见 Michael H. Riordan & Steven Salop, "Evaluating Vertical Mergers: A Post-Chicago Approach", 63 *Antitrust L. J.* 513 (1995)。

为 2 美元。X 公司现在收购（或者被收购）了两家内容提供商之一，合并后的公司在其有线电视系统中只使用自己的内容，此时，竞争对手不能再向 4 家以上的电视台提供授权，因此需要收取至少 2.5 美元的许可费才能弥补自己的成本。在这种情况下，占据市场支配地位的合并后的新 X 公司也可以将自己向这些电视台收取的许可费提高到 2.5 美元。

以上分析基本上是联邦贸易委员会在 1996 年 *Time-Warner* 案中颁发的同意令（consent decree）所依据的理论。① 在该案中，一家市场中主要的有线电视运营商（Time-Warner 公司）计划收购有线电视节目的主要提供商（Turner 公司），这一并购被控将阻止竞争对手在节目市场（programming market）中获得"足够的发行渠道以达到规模经济"。企业合并完成后的结果是，剩下的独立有线电视网络系统的数量太少，从事内容制作的竞争对手无法在不大幅提价的情况下回收节目制作成本。这将使 TW 公司有机会提高自己的节目价格，而这些价格会以更高的有线电视费的方式转嫁给消费者。② 多少有些类似的是，NBC Universal 公司和 Comcast 公司以组建合资公司的方式所实施的企业合并获得的也是以同意令形式作出的附条件许可。③ 在该案中，引起竞争担忧的是，Comcast 公司作为互联网宽带服务提供商，在许多领域均占据主导地位，NBC Universal 公司则拥有强大的节目制作能力，使其在与其他形式的互联网节目展开竞争的过程中占据优势。两家公司最终同意，对于某些节目内容，它们不会将 NBC 的节目优先于非 NBC 的节目播出。各个反垄断执法部门和联邦通信委员会（FCC）一直在审视宽带行业中的纵向关系，特别是当采用旧技术的有线电视公司同时也是宽带服务的占主导地位的服务提供商时。

与其他领域相比，信息技术，尤其是数字化内容领域，在市场封锁效应或者抬高竞争对手成本方面可能会存在更大的问题。④ 视频节目是一种非竞争性

---

① Time-Warner, 5 Trade Reg. Rep. ¶ 24, 104 (consent decree, FTC, 1996).

② 也可参见 United States v. Enova Corp., 107 F. Supp. 2d 10 (D. D. C. 2000)（批准了允许占主导地位的电力公司和占主导地位的天然气运输和储存公司合并的同意令）；Silicon Graphics, 5 Trade Reg. Rep. ¶ 23, 838，该案涉及计算机工作站软件生产商收购工作站图形软件生产商。原告指控的理由是，收购可能使剩余的独立电脑工作站软件生产商无法获得足够的绘图软件，从而增加其成本；其他独立的软件生产商无法充分获得足够的工作站生产商作为其交易对象，从而也增加了它们的成本。其他判决参见 4 Antitrust Law ¶¶ 1004, 1008 (4th ed. 2016).

③ United States v. Comcast Corp., U. S. Dep't of Justice, http://www.justice.gov/atr/case/us-and-plaintiff-states-v-comcast-corp-et-al (Feb. 20, 2011)；United States v. Comcast Corp., 2011 WL 5402137 (D. D. C. Sept. 1, 2011). 也可参见 United States v. Ticketmaster Ent't, 1：10-cv-00139 (D. D. C. July 30, 2010)，下载地址：http://www.justice.gov/atr/case-document/final-judgment-180（涉及允许一家建立了计算机售票系统的售票商和一家主要的剧院合并的同意令）。

④ 更详细的讨论参见 Herbert Hovenkamp, "Antitrust and Information Technologies", 68 *Fla. L. Rev.* 419 (2016).

（nonrivalrous）的产品。例如，一旦将《爱尔兰人》（*The Irishman*）制作成电影并完成数字化，其所有者就可以几乎零成本地拷贝无限数量的副本。此时不存在稀缺资源的分配问题，在服务大批客户的同时额外服务一名客户的成本不会因此而增加。因此，一家没有进行上下游整合的数字节目制作商几乎总是有动力向所有愿意付费的客户进行许可或者销售。诚然，它可以通过价格歧视来获利，但它通常无法通过简单地向特定类别的购买者拒绝提供任何节目而获利。

然而，如果独立的影片版权方与互联网接入服务提供商发生了纵向合并，经济激励就会发生变化。整合后的公司可能会拒绝向与其他互联网接入服务提供商合作的客户提供影片版权许可，以诱使他们改换门庭、变更合作伙伴。或者，它也可以以转投其他合作伙伴相"要挟"，从而拥有更强的讨价还价能力，以获得更优惠的网络接入条件。其结果可能是导致市场上出现更高的观影价格以及更少的观看访问量。

在 *AT&T/Time-Warner* 纵向合并案中，法院批准了一家网络接入服务商 AT&T 公司收购另一家非常大的数字内容持有者 Time-Warner 公司，AT&T 公司拥有一些有线电视公司以及 DirectTV。[1] 审理该案的地区法院得出了一个非常有问题的结论，其接受了被告的论点，即合并后的公司不会寻求整体利润的最大化，而是会继续以使 Time-Warner 公司单独的利润最大化为整个集团的经营目标，为此被告将通过向所有人进行版权许可来实现这一点。[2] 然而，这恰恰是此类收购的重点，纵向合并将使得一体化整合后的集团通过抑制下游市场的供应来扩大整个集团的整体利润。例如，它可以有选择地拒绝向使用竞争对手网络系统的客户提供 Time Warner 的节目，以便让客户转而使用 AT&T 的系统和服务。原告的专家证人提出了一种谈判模型，根据该模型，合并后的公司是利润最大化者，并且能够利用其整合后的平台作为杠杆来迫使原本使用竞争对手系统的客户支付更多的费用，或者转向 AT&T 的系统。单独考虑 Time-Warner 自身的话，其利润可能确实会下降——至少在短期内是这样，但合并后公司的整体利润会上升。无论如何，合并完成后的公司不会追求自身总利润的最大化的理由与微观经济学的企业理性理论以及联邦最高法院在 *Copperweld* 案中的先例观点是矛盾的，最高法院在该案中认为，在适用反垄断法的过程中，企业必须被视为单一实体，无论其内部结构是如何架构的。[3]

类似于 *AT&T/Time-Warner* 合并案的纵向收购可能会通过排挤竞争对手或者提高竞争对手的成本而带来重大损害。一种可能的解决办法是，附加竞争对手

---

[1]　United States v. AT&T，916 F. 3d 1029（D. C. Cir. 2019），维持，310 F. Supp. 3d 161（D. D. C. 2018）。

[2]　见前注 310 F. Supp. 3d at 222 - 223。

[3]　Copperweld Corp. v. Independence Tube Corp.，467 U. S. 752（1984）. 见本书第 4.6 节。

在合并完成后不受歧视地获得版权授权的承诺作为批准该并购案的条件。[1] 虽然此种类型的指令可能不适用于有形产品且产出量具有客观上限的产业（例如非数字作品），但当产品具有非竞争性的特性且能够无限复制时，它可能会产生积极的结果。在这种情况下，纵向合并一方面可以为收购公司提供改进自身生产效率所需的一切，从而分润了产业链纵向整合所带来的好处，另一方面，非排他的要求也有助于确保合并完成后的企业不会以反竞争的方式限制产品的分发和销售。

第 9.5 节 《纵向合并指南》(The Vertical Guidelines)

多年来，众多反垄断执法者、学者甚至法官都抱怨反垄断执法部门应当出台新的《纵向合并指南》。包含了规范纵向合并规则的《指南》最后一次的修订发生在 1984 年，当时恰好是芝加哥学派对规制纵向限制的较为严厉的反垄断政策进行猛烈抨击的顶峰时期。[2] 终于，在 2020 年，反垄断主管部门发布了全新的《纵向合并指南》。[3] 截止到修订本书时，暂时还没有司法判例对其进行过解释。

《纵向合并指南》大量借鉴了 2010 年《横向合并指南》，涉及市场界定、进入壁垒、部分收购、改进效率的处置（treatment of efficiencies）、失败营业抗辩（failing company defense）等诸多方面。[4] 然而，《纵向合并指南》不再强调使用传统术语——将纵向合并描述为链接（link）产业链的上游"市场"和下游"市场"。相反，它使用了"相关市场"（"relevant market"）一词来描述待关注的涉案市场，使用了"相关产品"（"related product"）一词来描述该市场中的上游或者下游的某些产品、服务或者销售组合，或在某些情况下指代互补品。[5] 因此，例如，如果某一卡车制造商意图收购另一卡车车轮制造商，则涉案市场是卡车制造产业，监管机构会将其界定为该案的相关市场，并将车轮定义为"相关产品"[6]。

该《纵向合并指南》明确了其将采用与《横向合并指南》相同的方式来界定市场和计算市场份额，但不依赖于横向指南中规定的市场份额阈值作为推定违法的门槛。[7] 事实上，纵向指南中没有任何关于特定市场份额可以用来推定合并行

---

① 例如，Gregory S. Crawford, et al. , "The Welfare Effects of Vertical Integration in Multichannel Television Markets", 86 *Econometrica* 891（May 2018）。

② 参见 4A Antitrust Law ¶¶ 1005c, 1006h (4th ed. 2014)。

③ 美国司法部和联邦贸易委员会（U. S. Dept. of Justice and FTC），Vertical Merger Guidelines（June 30, 2020），访问地址：https:www. ftc. gov/system/files/documents/reports/us-department-justice-federal-trade-commission-vertical-merger-guidelines/vertical_merger_guide lines_6-30-20. pdf。

④ 参见本书第 12 章，and DOJ and FTC, Horizontal Merger Guidelines（Aug. 19, 2010），访问地址：https://www. justice. gov/atr/horizontal-merger-guidelines-08192010。

⑤ 同前注，§ 3。

⑥ Cf. Fruehauf Corp. v. FTC，603 F. 2d 345（2d Cir. 1979）。

⑦ 参见本书第 12 章，§ 3。

为构成非法的规定。不过，纵向指南至少也讨论了一些要求占据大量市场份额才可能构成违法的竞争策略。例如，纵向指南中给出的一个范例是，假设某橙汁制造商与橙子种植主发生纵向合并，意图提高向其他橙汁制造商销售橙子的价格，甚至可能完全断供。[①] 然而，橙子是一种不具有差异化的大宗商品，除非被收购的橙子种植者在相关产区的产量中占有很大的市场份额，否则上述策略就永远不会奏效。

联邦反垄断执法机构似乎确实受到了联邦第二巡回法院作出的 *Fruehauf* 案判决的告诫，该案迄今已有 40 年的历史了，它是 *AT&T/Time-Warner* 案之前的最后一例走完了全部诉讼程序的、规模巨大的纵向合并案。[②] 对 *Fruehauf* 案作出终审判决的法庭驳回 FTC 的理由是，只考虑造成市场封锁的比例，单独来看并没有多大意义，必须就涉案并购可能造成的市场封锁是如何能够导致较低的产量和较高的价格提供相应的理据支撑。对此，《纵向合并指南》专门提供了若干个示例和论证。

《纵向合并指南》将负面竞争效应（adverse competitive effects）的类型划分为单边效应（Unilateral Effects）[③] 和协同效应（Coordinated Effects）。[④] 单边效应的规定主要基于交易谈判理论（bargaining theory），这与 2010 年《横向合并指南》中处理横向合并的单边效应是一脉相承的。[⑤] 通常而言，如果参与合并的一方在合并前产生的损失可以被合并后的企业作为一个整体以收益的方式回收或者转嫁到整个公司，则提高价格的举措会更加有利可图。几十年来，前述观点一直是产业组织经济学中相对没有争议的内容。《纵向合并指南》承认了市场封锁、抬高竞争对手的成本以及获取与竞争有关的敏感信息均可以引发反垄断担忧。[⑥]

《纵向合并指南》指出：

> 纵向合并可能会通过允许合并完成后的公司有利可图地利用其对相关产品的控制来削弱或者消除相关市场上的一个或多个实际或潜在的竞争对手所带来的竞争约束，从而减少了市场竞争。例如，合并可能会增加纵向整合后的企业的如下行为的激励和能力——通过提高价格或者降

---

① 参见本书第 12 章，§ 4，Example 2。

② United States v. AT&T, Inc., 916 F. 3d 1029 (D. C. Cir. 2019)。

③ 参见本书第 12 章，§ 4。

④ 参见本书第 12 章，§ 5。

⑤ 见本书第 12.3d 节。

⑥ Vertical Merger Guidelines, *supra*, § 4. 有关分析，可参见 Herbert Hovenkamp, "Competitive Harm Under the Vertical Merger Guidelines", ____ *Rev. Indus. Org.* ____ (2021) (forthcoming)；以及 William P. Rogerson, Modelling and Predicting the Competitive Effects of Vertical Mergers: The Bargaining Leverage Over Rivals (BLR) Effect，访问地址：https://www.ftc.gov/system/files/attachments/798-draft-vertical- merger-guidelines/rogerson_verticalguidelines1_2.pdf。

低相关产品的质量来提高竞争对手的成本。合并后的企业也可能可以完全拒绝向竞争对手提供相关产品（"市场封锁"）。

至于经济学分析方法，《纵向合并指南》认为：

> 当可以获得足够的相关数据时，监管机构可以构建旨在量化对所涉并购对竞争产生的净影响（net effect）的经济学模型。监管机构可以采用合并模拟模型来协助开展这种定量分析工作。这些模型通常包括评估未参与合并的企业的独立的价格反应（price responses）情况，并可能将对激励的不同影响的反馈考虑在内。监管机构并不会将合并模拟模型所得出的结论本身视为决定性的，并且更受重视的是使用不同模型所得出的合并模拟的定性结论是否一致性地预测得出所涉合并将导致价格的大幅上涨，而不是重点考虑以某一单一模型预测出精确的定量数值。[①]

上面提到的这些方法通常假设企业均会追求自身利润或者市值的最大化，然后比较涉案企业在合并前、后的预期谈判能力，接着调查合并后市场的均衡（稳定状态）的价格是否会高于合并前的价格。在得出上述结论的过程中，纵向指南明确监管机构将考虑以下因素：

（1）能力：通过改变向一个或者多个竞争对手提供相关产品的条件，合并后的企业可能会导致这些竞争对手：(a) 在相关市场上失去大量的销售（例如，竞争对手被迫退出市场；它们在创新、市场进入或者规模扩张方面受阻，或者无法为这些活动获得融资；或者它们被迫通过更高的价格来转嫁上升的成本）；或者（b）在争取客户方面出现其他消极的状况。

（2）激励：作为合并的直接后果，合并完成后的企业发现封锁其竞争对手或者对于相关产品提供变劣的交易条件是有利可图的，因为竞争对手在受到影响后会失去销售或者改变它们的行为，合并后的企业由此在相关市场上获得了显著的收益。[②]

上述规定体现了实证经济学的重要成果，意味着反垄断合并领域将越来越依赖经济学专家来设计、解释和辨析相关的经济学模型。

《纵向合并指南》还简要地阐述了其对合并可能使公司能够访问或者控制可能用于反竞争目的的敏感商业信息的担忧。不过纵向指南并没有对这一点进行深

---

① 参见本书第 12 章，§4。

② 参见本书第 12 章，§4a。

入的详细说明。[①]

《纵向合并指南》还讨论了合并对于双重边际效应（double marginalization）的抵消问题。[②] 在该语境中，当两家具有纵向关系的独立公司（上、下游企业）各自拥有市场支配力并且各自独立地追求自身利润的最大化时，就会发生双重边际效应，因为它们无法互相协调各自的产出量。[*] 其结果是，与只有一个垄断者时相比，市场产出量甚至更低、价格甚至更高。然而，双重边际效应并非总是会发生。在许多情况下，正在运营中的上、下游企业应当能够通过协议的方式消除双重边际效应。例如，科斯定理（Coase Theorem）指出，处于该市场条件下的各方将会对总体利益最大化（joint maximizing）的结果进行磋商，而双重边际化的状况显然不是总体利益最大化的稳定状态。在这种情况下，消除双重边际效应不能算作是"合并特别带来的"（"merger specific"）效率改善。[③] 相反，被告必须证明它不能通过合同或者其他方式消除，才能使其合并有助于降低双重边际效应的抗辩主张得到支持。

双重边际效应理论既适用于在产业链上具有纵向关联关系的企业，也适用于生产互补品的厂商，例如向制造同一产品的生产商进行专利授权的彼此独立的权利人。然而，纵向的情形更有可能通过协商达成交易的方式消除双重边际效应，因为垂直方向上的企业开展交易是常态，更容易达成促使总体利益最大化的交易。相比之下，互补品的生产商之间通常不会相互合作开展交易。

最后，纵向指南还指出了一种担忧，即某些纵向合并可能会促成"协同互动"（"coordinated interaction"）或者共谋。[④] 例如，这种情况可能发生在以下情形：涉案合并消灭了一家以前在多家具有竞争关系的卖家之间挑拨离间的特立独行的买家；涉案合并可以让合作伙伴之一获得可用于促进共谋或者惩戒卡特尔作弊者的信息。

纵向指南的上述这些规定相对而言都较为简短。它们通过引用 2010 年《横向合并指南》中的许多要点从而在形式上获得了简化。不管怎么说，《纵向合并指南》还是可能难以像打算进行合并的企业或者联邦法院所希望的那样提供足够详细的指引，但这已经是监管机构对合并分析所采用的愈加富有经济学内涵的方

---

[*] 按照双重边际效应理论，此时上、下游企业为实现各自利益的最大化而使整个产业链经历两次加价（边际化），从而使下游企业所采购的产品数量并非是对于上游企业而言最优的产出数量。——译者注

[①] 参见本书第 12 章，§4b。

[②] 参见本书第 12 章，§6。关于减轻双重边际效应可以降低反垄断担忧的讨论，见 4A Antitrust Law ¶ 1022。

[③] 参见 Jonathan B. Baker, Nancy L. Rose, Steven C. Salop, and Fiona Scott Morton, "Five Principles for Vertical Merger Enforcement Policy", 33 *Antitrust* 12 (Summer 2019); Steven C. Salop, "Invigorating Vertical Merger Enforcement", 127 *Yale L. J.* 1962 (2018)。关于双重边际效应与科斯定理之间的紧张关系，参见 Herbert Hovenkamp, *Competitive Harm*, *supra*。

[④] 参见本书第 12 章，§5。

法论迈出的重要一步，在这一过程中，实证分析方法发挥了更大的作用，而传统的市场界定和市场份额的方法所发挥的作用则相对降低了。

虽然新的《纵向合并指南》从总体上将举证责任留给了挑战所涉合并的一方，但它们显然削弱了认为纵向合并总是良性的假设，特别是在具有较高集中度的市场或者相关产品存在差异化的市场中。此外，《纵向合并指南》更加重视复杂的经济学理论及模型，更为强调实证分析的作用。与此相一致的是，对市场封锁效应和抬高竞争对手成本的担忧再次得到了更加严肃的对待。①

---

① 参见 Baker，et al.，Five Principles，*supra*。

第 10 章

搭售、互惠、独家交易、最惠国待遇协议

第 10.1 节　概论：对搭售的司法审查方法

第 10.2 节　搭售交易安排和消费者福利

第 10.3 节　市场力量和构成"本身违法"的搭售；《谢尔曼法》和《克莱顿法》的测试

    10.3a. 市场力量要件的法理基础和制度发展

    10.3b. 在非完全竞争市场中的搭售交易安排；消费者锁定

    10.3c. 知识产权与市场力量的推定

    10.3d. 构成本身违法的搭售安排的法律适用

第 10.4 节　如何认定商品之间存在搭售？

    10.4a. 通过合同、交易条件或者理解实现的胁迫

    10.4b. 与搭售"协议"相关的证据；未传达的强制条件

    10.4c. 打包购买的折扣

    10.4d. 产品成套设计产生的"胁迫"；与技术相关的搭售

第 10.5 节　搭卖品和结卖品相互分离的要件

    10.5a. 概论；完全竞争市场的基础测试

    10.5b. "新"产品

    10.5c. 效率——"组合出售的经济性"

第 10.6 节　竞争效应

    10.6a. 杠杆理论：利用搭售协议在第二市场延伸垄断力量；倾斜

    10.6b. 市场进入壁垒、市场锁定效应、共谋

        10.6b. 1. 市场进入壁垒与搭售协议

        10.6b. 2. 市场封锁；市场份额

10.6c. 作为价格歧视或者成本测算工具的搭售；特许经营协议

第 10.7 节　搭售与市场效率：走向合理原则

10.7a. 市场效率和搭售判例中逐渐异化的本身违法原则

10.7b. 未形成市场封锁的搭售；全产品线逼销与不受消费者欢迎的搭卖品；消费者损害的缺失

10.7c. 结论：走向合理原则的搭售规则

第 10.8 节　独家交易

10.8a. 限制竞争的市场封锁及其各种形态

　　10.8a. 1. 独家交易的市场封锁理论

　　10.8a. 2. 抬高竞争对手的成本

　　10.8a. 3. 为衡量纵向封锁所进行的市场界定

10.8b. 能促成卡特尔的独家交易协议

10.8c. 独家交易与搭售之间的区别

10.8d. 独家交易协议的经济效率及其抗辩理由

10.8e. 独家交易协议的法律构成要件

第 10.9 节　纵向最惠国待遇（MFN）条款以及 "反转向"（ "Anti-Steering"）条款

第10.1节　概论：对搭售的司法审查方法

搭售（tie-in）或者搭售安排（tying arrangement）是指交易相对人在购买其所需要的产品或者服务的同时，被要求购买其他的产品或者服务的一类交易。根据《谢尔曼法》第1条或《克莱顿法》第3条的规定[①]，该行为存在违法的可能性。搭售行为也受到更严厉的法律规则的挑战，如《联邦贸易委员会法》第5条。[②] 此外，由具有支配地位的企业单方面实施的搭售同样违反了《谢尔曼法》第2条。本书第5章讨论了涉及专利许可或专利产品的搭售协议，其可能会承担"滥用"（"misuse"）知识产权的反垄断责任。

尽管每个巡回上诉法院所采用的标准不完全一致，但它们还是为适用本身违法原则的搭售协议制定了简单明确的测试方法。部分法院使用五步测试法，另一些法院则实施四步测试法，还有一些法院实施三步测试法。在实践中，不同的测试标准在具体适用中实际上是类似的，三步测试法中将部分要素合并在一起考察，而在其他测试法中这些要素则被分开考虑。

五步测试法最好地诠释了完整的法律规则[③]：1）结卖品（tying product，指消费者原本想要购买的产品）与搭卖品（tied product，指额外搭售的产品）须相互分离（separate）；2）须"有证据证明卖方胁迫买方接受搭卖品"；3）须卖方在结卖品市场中拥有"足够的经济力量，以胁迫购买者接受搭卖品"；4）须已经对搭卖品市场的自由竞争产生了反竞争效果；并且5）"搭卖品市场的州际交易须达到'不可忽略'的量级"。

联邦最高法院从未明确过此类测试方法[④]，而多家巡回上诉法院已根据不同案件中最高法院的意见汇总了测试中所需的要件。对于前述第1、3、5项的要件，各巡回上诉法院的观点接近一致。对于要件2中的"胁迫"（"coercion"），若只是意味着卖方必须对买方施加压力，要求其在购买结卖品的同时也需要购买搭卖品，则各法院同意原告对此要件负有举证责任。

---

① 15 U.S.C.A.§14：以下行为构成违法……在出租或者销售产品、装置、部件、机器、设备或者其他商品（无论其是否受专利保护）的过程中……以交易对手不能使用其竞争对手的前述商品，或者限定不得与其竞争对手就前述商品进行交易作为双方达成交易的条件、对价或者合意，并且在商业上此类附条件出租或者销售的行为从后果上显著地减少了竞争或者有利于形成垄断。

② 参见本书第10.3d节。

③ 参见本书第10.3d节。

④ 参见 Jefferson Parish Hosp. Dist. No. 2 v. Hyde，466 U.S. 2, 40, 104 S.Ct. 1551, 1573（1984），该案中，O'Connor大法官在附和意见中，将以合理原则适用于搭售协议的普适的构成要件总结为——"在结卖品的市场中具有市场力量；对搭卖品的市场竞争产生了实质威胁；以及认为两商品彼此相互区分是存在固有的经济基础的"。此外，在适用合理原则审查搭售安排的合法性时，原告应当证明在搭卖品市场中存在排除或者限制竞争的效果。

第 4 项要件中的"反竞争效果"是最模糊的，一些法院允许通过广泛的调查问卷方式对交易的反竞争效果进行证明；部分法院认为"胁迫（非自由意愿）"即为"反竞争效果"；也有法院认为反竞争效果即是损害后果。正如最高法院反复指出的那样，如果搭售构成本身违法，那么"反竞争效果"不必作为独立的构成要件。适用"本身违法原则"的意义就在于避免对每一个交易的竞争效果进行昂贵的个案分析。如若将"反竞争效果"单独作为要件，则掩盖了"本身违法原则"的智慧之光。

测试的第 5 项要件——搭卖品市场中①存在"不可忽略"的市场交易量——则纯粹属于形式主义。谴责搭售的法律规定，其立法目的是否定达成市场封锁或者促进合谋的限制竞争行为，该要件所要求的被封锁的市场份额百分比，也应当与该立法目的相适应。而法律上"一刀切"地规定的"数量上达到显著规模"（"quantitative substantiality"），则是一个不会随着市场规模大小变化而变动的固定数值。

法院和学者们都为特定市场中出现搭售的原因给出了多种解释：1）在结卖品市场中拥有市场支配地位的卖家可以利用搭售在搭卖品市场中创造二次垄断，并因此获得双份垄断利润；2）垄断者可以利用搭售交易安排来提高市场的进入壁垒，从而保护其垄断地位，或者通过其市场支配地位，无效率地封锁市场；3）一些企业联合实施的搭售交易安排有助于促成寡头垄断的形成或者其他横向垄断协议的实施；4）搭售交易安排可以使受价格监管的卖方规避或者绕开价格监管；5）搭售可以便利或者掩盖掠夺性定价；6）搭售可以允许垄断卖方在不违反《罗宾逊—帕特曼法案》的前提下实施或者掩盖价格歧视；或者搭售交易安排也可以促进非歧视性计价；7）搭售交易安排可以通过提高产品质量、降低成本或者促进产品分销来提高生产效率或者交易效率。以下章节将讨论对搭售交易安排产生原因的不同诠释，以及由此带来的对消费者福利的影响。

第 10.2 节　搭售交易安排和消费者福利

几乎所有的商品或服务都可以被进一步拆分为不同的组件或者组成部分。例如，一件外套可以与它的纽扣分开出售，一张桌子可以在没有抽屉的情况下被卖出，同理，你也可能会买到一罐没有盖子的泡菜。但是，如果反垄断法赋予每位消费者根据自己的想法随心所欲地拆分选购产品的自由，那么市场可能就停

---

①　见 Northern Pacific Rwy. v. United States，356 U. S. 1，6，78 S. Ct. 514，518（1958），当满足"其中一方在结卖品相关市场上有足够的经济力量；并能够明显地限制搭卖品市场中的自由竞争；且影响到了'不可忽略'数量的州际之间的贸易"时，这样的搭售交易安排就是不合理的。其中前述的 *Jefferson Parish* 案中也引用了 *Northern Pacific* 案的判决理由。

滞了。

那为什么会有不允许搭售的法律规则呢？答案很简单，因为国会和法院发现一些强制的打包销售（forced package sale）会对消费者或者竞争对手造成竞争伤害。因此，法律需要辨识出那些可能会显著地损害竞争的强制捆绑销售（forced combined sale）。

反垄断政策制定者可能会采取多种方法来解决这个问题。一种方法是采用一项在短期内最大化消费者福利的规则，这样的规则允许任何消费者在任何程度上细分任何产品，例如出售大衣的商店需要为每一位提出要求的顾客剪掉一个纽扣。然而这样的规则会给卖家带来巨大的成本，其最终会被转嫁到消费者头上。

进一步而言，旨在最大化消费者福利的法律政策并不一定能让每一位消费者在任何情况下都能获得更大的收益。[1] 例如，对于 Ahab 船长（名著《白鲸记》中的捕鲸船船长，其失去了左脚）来说，他更愿意购买一只穿在右脚上的单鞋而不是一整双鞋。可惜的是，大多数鞋店只会成对地出售鞋子，因为如果商店可以只出售单只右脚鞋，将会导致大量的与之配对的左脚鞋的滞销、囤积，那么在库存、退货和记账等方面的成本将会飙升。这些成本最终会被转嫁给消费者，最后所有人都会为此买单。尽管大多数消费者会从支持成对销售鞋子的政策中受益，但还是会有少数像 Ahab 船长一样的，希望能够买到单只鞋的消费者的利益受到损害。[2]

旨在促成效率和竞争之间平衡的规范搭售的法律，必须尽可能地将那些导致消费者整体收益超过其损害的强制捆绑销售安排识别出来。但是，通常而言，想要衡量所有消费者所受到的强制捆绑销售的影响是很难做到的，因此，必须设计一系列的测试以确定哪种类型的捆绑销售交易安排会伤害到消费者的整体利益。上节中所讨论的司法测试方法就是以此为目标所进行的尝试。

第10.3节 市场力量和构成"本身违法"的搭售；《谢尔曼法》和《克莱顿法》的测试

在 *Times-Picayune Pub. Co. v. United States* 案[3]中，Clark 大法官试图在《谢尔曼法》第 1 条和《克莱顿法》第 3 条所规定的搭售之间进行区分。Clark 大

---

[1] 见 Erik Hovenkamp & Herbert Hovenkamp, Tying Arrangements and Antitrust Harm, 52 *Ariz. L. Rev.* 925 (2010)。该文指出不同程度的捆绑交易安排可能会对不同的消费者产生不同的效果。

[2] 在 Fortner Enter., Inc. v. United States Steel Corp., 394 U. S. 495, 503 - 504, 89 S. Ct. 1252, 1258 - 1260 (1969) 案中，联邦最高法院忽视了这点，其认为当搭售交易安排可能影响到相当数量的购买者时，这样的搭售协议可以被谴责。

[3] 345 U. S. 594, 73 S. Ct. 872 (1953). 该案被控的搭售协议是，被告要求广告主必须在其经营的早报和晚报上同时刊登广告，并拒绝允许广告主分别单独刊登广告。

法官认为，《克莱顿法》应当比《谢尔曼法》具有更广泛的覆盖范围，否则，《克莱顿法》第 3 条将是多余的。《谢尔曼法》仅适用于确实已经导致竞争受限的协议，而《克莱顿法》则规制一切"有可能实质上减少竞争"的协议。

Clark 大法官总结称，原告可以主张适用《谢尔曼法》第 1 条规定的"本身违法原则"，前提是同时证明卖方在结卖品市场中拥有足以限制搭卖品市场竞争的市场力量，以及证明搭售造成了搭卖品市场中显著交易量（substantial volume）的市场竞争受到限制。如果原告只能证明其中的一项，那么其仍然可以主张适用合理原则来判断该类搭售协议是否违反了《克莱顿法》第 3 条的规定。①

Clark 大法官所作的这种有意区分，在法律和经济学上其实都不太合理，因为它带来了两种不幸的可能性：（1）即使卖方在结卖品市场中没有市场力量，其实施的搭售行为也可能被认定为违法；（2）如果卖方具有市场力量，其搭售行为可能适用"本身违法原则"——也就是说，关于特定的交易安排是否有促进竞争或者提高效率的效果的证据被排除在案件的审查范围之外。好在之后的判例已经弱化了上述的两项规则。

10.3a. 市场力量要件的法理基础和制度发展②

假设一个市场中有 100 名销售小麦的卖方，其中一个卖方要求买方必须额外支付 2 美元购买鸡肉，并以此作为其售出小麦的条件。如果小麦和鸡肉的价格都是市场竞争价格，一些有需求的消费者可能选择向该卖家打包购买。但是，对于不想要鸡肉的消费者来说，该条件无疑是变相涨价了 2 美元，他们完全可以从其他卖家那里购买小麦。显然，反竞争的搭售在完全竞争市场中是不可能实现的。竞争会将商品的价格无限推向其边际成本，买家会将强制搭售其所不需要的产品视为价格上涨。

如今，大多数法院针对依《克莱顿法》和《谢尔曼法》提起的反垄断搭售诉讼都采用了相同的测试方法，即要求市场力量要件以及在搭卖品市场中的交易量达到显著程度。③ 从最近的判例中可以看出，缺乏市场力量的被告实施的搭售协议不会被认定为违法。不过，也有个别案例认为缺乏市场力量的搭售在适用《克莱顿法》及合理原则的情况下可以被认定为违法。在 *Town Sound* 案中，第三巡回法院得出的结论是：即使被告的抗辩理由在经济上是合理的，且被告准确地指

---

① Times-Picayune Pub. Co. v. United States，345 U. S. 594，608 - 09，73 S. Ct. 872，880 (1953).

② 见 10 Antitrust Law ¶¶ 1731 - 1740 (4th ed. 2018)。

③ Moore v. James H. Matthews & Co.，550 F. 2d 1207，1214 (9th Cir. 1977)（从 Clark 大法官试图区别两种标准时起，二者之间的实际差异已经逐渐消除）。见 Jack Walters & Sons Corp. v. Morton Bldg.，737 F. 2d 698，702 (7th Cir.)，最高法院提审动议被驳回，469 U. S. 1018，105 S. Ct. 432 (1984)（测试方法基本相同，也许是完全相同）。参见 9 Antitrust Law 1719b (4th ed. 2018)。

出了联邦最高法院的政策走向，但仍有相当多的未失效的先例与"要求原告证明被告在结卖品市场中具有市场力量"这一规则相左。[①] 其他法院则会在不给出市场份额的情况下认定被告拥有市场力量，例如依据被告提供的结卖品的独特性认定其市场支配地位。[②]

联邦最高法院从未提供过明确的指导意见来确定构成违法的搭售究竟要求卖方拥有多少市场力量。历史上，最高法院并没有在其判例中明确提出市场力量的要件。在一些最早发生的涉及"滥用专利"的案件中，最高法院认定被告在销售专利产品或者授予专利许可的过程中不正当地将非专利产品捆绑在一起销售的行为违反了反垄断法。[③] 这些判决通常将涉案行为描述为专利"垄断"（patent "monopoly"），或试图将专利权的效力延伸至受保护的权利范围之外。[④] 然而，它们几乎从不考虑被告是否在其中任何一个市场上具有市场力量。无独有偶，当最高法院开始在 International Salt 案和 Paramount 案的判决中阐明有关搭售的法律规则时，也并未提及要求被告在结卖品的相关市场中具备显著的市场力量。[⑤]

到了 Times-Picayune 案，联邦最高法院似乎开始要求卖方在结卖品市场中占有市场支配地位。[⑥] 然而，在几年后的 Northern Pacific Rwy. 案中，最高法院提出了一项弱得多的要求，即被告控制了"显著"数量的结卖品，但是没有界定相关市场，更不用说评估市场力量了。[⑦] 最高法院将 Times-Picayune 案确立的原则解释为仅仅要求（被告拥有）"足够的经济力量"（economic power）、可以对搭卖品市场的自由竞争施加明显的限制（appreciable restraint）。[⑧] 在 Fortner Enterprises, Inc. v. United States Steel Corp.（Fortner I）案中，最高法院不仅认为没有必要为结卖品界定相关市场，而且认为结卖品市场的市场力量可以

[①] Town Sound and Custom Tops v. Chrysler Motors Corp., 959 F. 2d 468, 485 (3d Cir.)，最高法院提审动议被驳回，506 U. S. 868, 113 S. Ct. 196 (1992). 该观点不具有先例拘束力，并且法院进一步批准了涉案的商业安排。

[②] 参见本书第 10.3d 节及 10 Antitrust Law ¶¶ 1738 - 1739 (4th ed. 2018).

[③] 例如，Motion Picture Patents Co. v. Universal Film Mfg. Co., 243 U. S. 502, 37 S. Ct. 416 (1917); Carbice Corp. v. American Patents Development Corp., 283 U. S. 27, 51 S. Ct. 334 (1931). 见 Christina Bohannan & Herbert Hovenkamp, *Creation Without Restraint: Promoting Rivalry in Innovation*, Ch. 6 (2011).

[④] 见 Herbert Hovenkamp, "The Rule of Reason and the Scope of the Patent", 52 *San Diego L. Rev.* 515 (2015).

[⑤] International Salt Co. v. United States, 332 U. S. 392, 68 S. Ct. 12 (1947); United States v. Paramount Pictures, 334 U. S. 131, 68 S. Ct. 915 (1948).

[⑥] Times-Picayune, 345 U. S. at 611, 73 S. Ct. at 882.

[⑦] Northern Pacific Rwy. v. United States, 356 U. S. 1, 6 - 8, 78 S. Ct. 514, 518 - 519 (1958).

[⑧] 同上一条注释，at 11, 78 S. Ct. at 521。

从卖方具有"超越竞争对手的独特经济优势"这一事实中推导出来。①

但在 *Fortner* Ⅱ 案中，最高法院对前述规则进行了极大的限缩，认为市场力量无法从卖方能够以更低的价格销售结卖品（贷款服务）来获得相对高价的搭卖品（预制件房屋②）销售的事实中推导出来。更重要的是，根据 *Fortner* Ⅱ 案，仅仅凭借结卖品的"独特性"（"uniqueness"）不能满足市场力量的要件，除非有其他证据证明这种独特性能够真正创造市场力量。在该案中，被告的融资条款被认为是"独特的"，因为它提供了较低的利率并愿意承担比竞争对手更高的风险，但它只向愿意购买其高价房屋建筑的人提供这些贷款。正如最高法院指出的那样，这不是市场力量，而只是"为了出售昂贵的房屋建筑而愿意提供廉价融资"的促销手段。如果"在案证据仅表明信贷条款的独特之处在于卖方愿意接受较低的利润，或者愿意比竞争对手承担更高的风险，这种独特性不会得出任何存在经济力量的推定"③。

自从 *Jefferson Parish Hosp. Dist. No. 2 v. Hyde* 案之后，至少在适用《谢尔曼法》的案件中，联邦最高法院都不再采用之前的模糊和淡化的市场力量判断标准了。在该案中，原告（一位麻醉医生）主张，医院将手术室的使用与特定的麻醉师服务公司绑定，这显然是违法的。最高法院则认为，被告仅在结卖品市场中占据 30% 的市场份额是远远不够的，因为患者还可以选择其他 70% 市场份额的麻醉师。在该案中，最高法院明显又回归到了 *Times-Picayune* 案④中确立的"市场支配地位"测试法了。如此一来，最高法院似乎又终于要求原告定义相关市场并计算市场份额了，至少当结卖品没有受到专利保护时是这样。⑤

10.3b. 在非完全竞争市场中的搭售交易安排；消费者锁定⑥

厂商是否可能在中度竞争（moderately competitive market）的市场中使用搭售协议来盘剥（exploit）部分消费者呢？最高法院在 *Kodak* 案中对此予以了肯定，尽管它没有明确说明涉案的搭售交易安排是否可能会在完全竞争市场（competitive market）中造成损害。⑦ 在该案中，Kodak 公司是一家在产品高度

---

①　394 U. S. 495, 505, 89 S. Ct. 1252, 1259 (1969).

②　United States Steel Corp. v. Fortner Enterprises（Fortner II），429 U. S. 610, 621 - 622, 97 S. Ct. 861, 868 - 869 (1977).

③　同上一条注释，at 622, 97 S. Ct. at 869。

④　Jefferson Parish Hosp. Dist. No. 2 v. Hyde, 466 U. S. 2, 7, 104 S. Ct. 1551, 1556 (1984).

⑤　最高法院在该判决不具有拘束力的意见部分，倾向于认为受到专利权保护的结卖品可推导出市场力量。见前一条注释，at 16。并且认为，假设性地，在该类案件中不需要界定相关市场。参见本书第 10.3c 节。

⑥　参见本书第 3.3 节。

⑦　Eastman Kodak Co. v. Image Technical Services, Inc. , 504 U. S. 451, 112 S. Ct. 2072 (1992).

差异化的市场中生产和销售复印机的公司，其市场份额大约为 23%。涉案协议条款为，只有那些从 Kodak 公司处采购了维修服务的人才有资格购买 Kodak 公司官方提供的零部件，而 Kodak 公司控制了其中许多零部件的生产。其他为 Kodak 复印机提供维修服务并且希望从 Kodak 公司购买维修零部件的非官方售后服务商对 Kodak 公司提起了反垄断诉讼，指控 Kodak 公司的销售政策构成搭售，其中用以维修更换的零部件是结卖品，维修服务是搭卖品。[①]

最高法院在 *Kodak* 案中的判例规则相对来说并不算太宽：作为法律问题，企业在主产品市场（primary market）缺少市场力量不一定意味着其在售后市场不具有市场力量。但是法院根据规则进一步演绎的观点则加入了许多范围过广的猜测，即带有品牌的耐用品（branded durable good）的制造商能够利用搭售交易安排来盘剥"被锁定"（"locked-in"）的客户——那些已经购买了 Kodak 复印机且现在不得不购买 Kodak 售后维修服务和更换零部件的消费者。

考虑到复印机市场是充分竞争的市场，那么 Kodak 公司是否具有垄断零部件市场所需的市场力量呢？掌握着完全信息的消费者会将售后服务的任何价格提升当作商品本身的价格上涨，并转而向 Kodak 公司的竞争对手购买复印机。[②] 然而，最高法院认为，在某些竞争较为充分的耐用品市场中，卖方可以利用搭售盘剥那些已经购买了耐用品、而现在需要更换零件和获得售后服务的"被锁定"的客户。考虑到放弃现有机器和购买其他机器的成本，"锁定"效应将使至少一部分顾客愿意为更换 Kodak 的零部件支付更高的价格。法院认为，即使复印机产品市场的竞争是充分的，但如果售后服务的高价格所带来的收益大到足以抵消一部分充分知情的消费者拒绝搭售带来的销售损失，那么这对企业来说就是有利可图的，同时又损害了消费者的福利。

最高法院指出，那些购买需要经常维修的耐用品的消费者无法平等地像购买其他产品那样考虑该产品"全生命周期"的价格，即无法将后续的维护成本纳入耐用品的初始定价中进行全面考虑。对于那些仅考虑了耐用品（复印机）本身的购置价格即作出购买决定的消费者而言，在 Kodak 公司推出只有 Kodak 公司才能修理其机器的强制性售后政策的情况下，消费者就有可能被高昂的维修费用所盘剥。即使有部分消费者对于后续的修理费用十分敏感，并且可能提前将它们折算进总成本中，但另一部分的消费者则缺乏长远考虑。对于他们来说，商品的初始价格是最重要的考虑因素，未来维修可能带来的隐性支出却没能进入他们的视

[①] 第九巡回法院在发回重审的裁定中认为，由于没有任何"协议"，该诉讼请求应被驳回，但是该法院在裁定中维持了地区法院根据《谢尔曼法》第 2 条判决被告承担反垄断法责任的部分。参见 Image Technical Services, Inc. v. Eastman Kodak Co., 125 F. 3d 1195（9th Cir. 1997），最高法院提审动议被驳回，523 U. S. 1094，118 S. Ct. 1560（1998）；及参见本书第 3.3a、第 7.6、第 7.11d1 节。

[②] 参见 Queen City Pizza, Inc. v. Domino's Pizza, Inc., 124 F. 3d 430（3d Cir. 1997），523 U. S. 1059，118 S. Ct. 1385（1998）。

野。法院进一步指出，假定售后成本相对于购买价格而言很小，并且有关售后服务成本的信息难以获得或者获取成本高昂，那么就不能假定消费者事前掌握了相关信息。尽管复印机产品的市场竞争没有受到影响，但这可能会使被控企业通过在售后市场的反竞争做法而获利。[①]

在 *Kodak* 案中，最高法院很可能高估了消费者对于售后维修费用信息的获取成本。对大部分消费者而言，和维修费用有关的信息是很常见的，一般也无需刻意收集。在充分竞争的主产品市场中，竞争对手会很快指出它们自身的维修价格与 Kodak 公司收取的价格之间的差别。如果一家公司总是收取高于其他竞争对手的售后服务费用，那么只要施以普通的注意义务，消费者就没有理由不知情。

最高法院在 *Kodak* 案中也考虑了有品牌的耐用品制造商在独有的零部件市场中是否有可能具有市场支配力的问题。[②] Kodak 公司在复印机市场所拥有的23％市场份额[③]甚至低于 *Jefferson Parish* 案中 30％的市场份额门槛[④]，最高法院在该案中拒绝认定涉案的搭售协议违法。然而，零部件"售后市场"包含了许多仅适用于 Kodak 复印机的产品，而且其中少数（但并非个别）只能由 Kodak 公司或其被许可人进行生产。在没有解决独特性（uniqueness）问题的情况下[⑤]，法院作出了存在 Kodak 品牌的零部件和售后服务这一相关商品市场的假设。[⑥] 如果该假设成立，那么毋庸置疑，如果没有其他厂家能够生产同类产品，由于 Kodak 公司控制了其品牌零部件的生产，所以它的市场份额高达 100％。

Kodak 案不应被解读为生产商在售后市场的市场力量仅仅因其自己制造了独特的适配于自身产品的零部件就足以推导出来。也就是说，Chrysler 牌的汽车变速器并不会因为这种变速器只适用于 Chrysler 牌的汽车就构成一个独立的相关市场。相反，必须要有独立的、符合被普遍接受的反垄断评估标准的证据，才能证明企业在售后市场拥有市场力量。[⑦] *Kodak* 案存在的主要问题是，被告的简易判决动议发生在证据开示程序能够对此问题进行充分的事实调查之前。

下级法院一直以来拒绝对 *Kodak* 案作宽泛的解读，而是将其严格限定在如下情形中：（1）被控的搭售行为发生在消费者先前购买了结卖品而"被锁定"之后；（2）被告在大量客户完成购买后才变更其售后产品和服务市场的定价政策，

---

① *Kodak*, 504 U. S. at 473，112 S. Ct. at 2085.

② 本书在第 3.3 节详细讨论了此问题。

③ 见 Image Technical Service, Inc. v. Eastman Kodak Co. , , 903 F. 2d 612, 616, n. 3 (9th Cir. 1990)。

④ Jefferson Parish Hosp. Dist. No. 2 v. Hyde, 466 U. S. 2, 104 S. Ct. 1551 (1984)；参见本书第 10.3a 节。

⑤ 关于商品的独特性与市场力量之间的关系，参见本书第 10.3d 节。

⑥ *Kodak*, 504 U. S. at 484，112 S. Ct. at 2091 & n. 31. 在本书第 3.3a 节更加深入地讨论了该问题。

⑦ 针对法院引用的有关市场力量的证据的讨论，参见本书第 3.3a 节，同时可参见 Herbert Hovenkamp, "Market Power in Aftermarkets: Antitrust Policy and the Kodak Case", 40 *UCLA L. Rev.* 1447 (1993)。

或者有证据表明大量客户在售后产品和服务市场的价格方面受到了误导或者对此存在错误认识。① 并且，几乎所有法院都同意，在涉及特许经营的搭售案件中，特许权人的市场力量必须考虑其所销售的全部产品及其所占的市场地位来确定。诚然，在被许可人签订了一份被要求从特许权人处获得其所需要的所有相关商品的协议时，被许可人被"锁定"，其不能从其他渠道购买更便宜的竞品。但由于该交易条件只有当特许经营合同中对此明确记载时才具有强制效力，因而被许可人实际上在决定加入特许经营时就已经知道该内容，可以自主地作出决定。②

长达 20 年的 *Kodak* 案花费了数以百万计美元的诉讼费用，但也没能产出一份依据锁定理论认定市场力量的经得住考验的判决。学术界也对该判决普遍持批评态度。*Kodak* 案似乎是联邦最高法院最好能够推翻掉的那些思虑不周的过于扩大化适用反垄断法的判例之一。③

10.3c. 知识产权与市场力量的推定

历史上，法院倾向于推定卖方在受到专利权④或者著作权⑤保护的产品市场上拥有市场支配地位。一些法院认为这一推定也同样适用于相关商品上附有商标权的情形。⑥ 但是，在 2006 年的 *Illinois Tool Works* 案中，联邦最高法院推翻了这一推定。⑦

衡量知识产权所带来的市场力量的方法之一，是估算权利人获得授权的难度。如果权利很容易取得，那么它所带来的市场力量就极为微弱。因为几乎任何原创的词句表达都可以受版权法保护，几乎任何独特的符号都可以注册为商标。如果人们可以通过简单地在一张纸上花几分钟涂涂写写，或者委托广告代理公司设计商业符号就可以创造出垄断力量，那么我们将生活在充满垄断的世界中。虽

---

① 参见 10 Antitrust Law ¶ 1740 (4th ed. 2018)。

② Maris Distributing Co. v. Anheuser-Busch, 302 F. 3d 1207 (11th Cir. 2002)，最高法院提审动议被驳回，537 U. S. 1190，123 S. Ct, 1260 (2003)；Queen City Pizza, Inc. v. Domino's Pizza, Inc. , 124 F. 3d 430 (3d Cir. 1997)，最高法院提审动议被驳回，523 U. S. 1059，118 S. Ct. 1385 (1998)；参见 2A Antitrust Law ¶ 519 (4th ed. 2014)。

③ 有关 *Kodak* 案应被推翻的批评与争论，可见 Herbert Hovenkamp, "Post-Chicago Antitrust: A Review and Critique", 2001 *Col. Bus. L. Rev.* 257。

④ 参见 International Salt Co. v. United States, 332 U. S. 392, 68 S. Ct. 12 (1947), 及参见 *Jefferson Parish*, 466 U. S. 2, 16, 104 S. Ct. 1551, 1560 (1984) (不具有约束力的判决附带意见)。

⑤ United States v. Loew's, Inc. , 371 U. S. 38, 48, 83 S. Ct. 97, 103 (1962); United States v. Paramount Pictures, Inc. , 334 U. S. 131, 158, 68 S. Ct. 915, 929 (1948); Digidyne Corp. v. Data General Corp. , 734 F. 2d 1336, 1341 – 42 (9th Cir. 1984).

⑥ Photovest Corp. v. Fotomat Corp. , 606 F. 2d 704 (7th Cir. 1979)，最高法院提审动议被驳回，445 U. S. 917, 100 S. Ct. 1278 (1980); Siegel v. Chicken Delight, Inc. , 448 F. 2d 43 (9th Cir. 1971)，最高法院提审动议被驳回，405 U. S. 955, 92 S. Ct. 1172 (1972)。

⑦ Illinois Tool Works Inc. v. Independent Ink, Inc. , 547 U. S. 28, 126 S. Ct. 1281 (2006).

然专利从总体上来说获得授权的难度要更大一些，但它们也被大量授权，在竞争充分的市场同样存在大量的授权专利。仅仅因为结卖品属于专利产品、版权作品或者标记了注册商标的产品而"推定"有关企业拥有足够的市场力量，并进一步认为其被用以强迫消费者接受不愿意购买的捆绑产品，这样的说法缺乏经济学上的支持。

但这并不意味着拥有知识产权与具备市场力量完全不相干。事实上，专利可能会影响相关市场的界定并赋予权利人相当程度的市场力量。例如，专利可以通过使其产品更难以被复制来减少权利人企业面临的竞争。如果需求弹性也很低，专利可能使得我们界定出一个专利权人占据了显著市场份额的相关市场。但是，专利权本身只是用以评估市场力量的众多证据的其中一项而已。

1988 年的《专利法修正案》规定，只有在专利权人在销售专利产品的市场上、或者许可专利的市场上拥有市场力量时，才可能构成对专利产品或者专利的搭售，否则针对其专利权滥用的指控将不能成立。[①] 由此可见，国会认可了专利权人并不必然具有市场力量的观点，原告需要单独就该事实进行举证。[②]联邦最高法院一直强烈地依赖该规定，及其立法史来推翻对专利权人具有市场力量的推定。[③] 下级法院已将最高法院的此类判例扩展适用到了版权和商标权领域。

10.3d. 构成本身违法的搭售安排的法律适用

本书第 10.1 节中描述的司法测试方法并不能很好地考察搭售交易安排在卖方的分销体系中的经济功能。该测试并不能很好地使法院确定某些特定的搭售安排是否会减损社会总效用。一项搭售安排，无论是用于促进共谋，还是价格歧视、计价、规避价格监管，都与传统的司法裁判理由无关。与此同时，该测试已经让很多法院陷入一种无关乎搭售本身的经济效用、无关乎其可能对竞争造成的损害效果的分析。

如前所述，卖方在没有市场支配力的情况下实施强制打包销售肯定是有效率提升效果的，否则卖方无法以这种方式成功地将其产品销售出去。"效率提升"（"efficiency-creating"）意味着从中受益的客户所获得的收益大于受损的客户所遭受的损失，并且实现该种收益需要以强制向全部客户打包销售为前提。

例如，鞋店不需要以"具备市场力量"为前提来要求其所有顾客成对地购买鞋子。相反，如果它出售单只的鞋子，将面临更高的成本，最终这些成本也会转

---

① 35 U. S. C. A. § 271 (d) (5).

② 参见 10 Antitrust Law ¶ 1737c (4th ed. 2018)。

③ Illinois Tool Works Inc. v. Independent Ink，Inc.，547 U. S. 28，126 S. Ct. 1281 (2006)；参见 Sheridan v. Marathon Petroleum Co.，530 F. 3d 590 (7th Cir. 2008) (类似的、涉及商标的案件)。

嫁给消费者。这些成本将远远超过因极少数消费者能购买单只鞋子而带来的增益。同样，没有市场力量的商店也可以要求顾客购买带有纽扣的外套、带有备用轮胎的汽车和带下水的整只鹅——即使有人更喜欢分开单独购买其中的"结卖品"，而不想要他们所认为的"搭卖品"。法院经常会通过认定两种商品实际上属于整体上的"一个商品"来解决其中涉及的消费者福利问题。[1]

如果一个卖方在市场内面临着充分竞争，其强制绑定销售极有可能是有效率的。然而，这并不代表，如果卖方具有市场力量，其捆绑销售就是没有效率的。因此，Clark 大法官在 *Times-Picayune* 案[2]中所提出的观点应当受到质疑，该观点认为，具有市场力量的企业在州际贸易中所实施的搭售交易安排应当适用本身违法原则——也就是说，在不考虑其促进竞争效果的情况下认定其构成违法。即使是市场上的垄断企业，其也会成对地出售鞋子，因为只有这样做企业才是有效率的，垄断企业的经营成本会随之下降，企业和消费者都会获得更大的收益。

如前所述，本身违法原则适用于法院在积累了大量审判经验之后总结得出的"几乎总是伴随着竞争损害"的行为。[3] 在这些情形下，适用本身违法原则带来过度阻遏（overdeterrence）的风险是非常低的，换言之，法院不太可能会因此认定一个富有效率的行为是违法的。相比之下，适用合理原则的成本则非常高。

但是，搭售是否和价格固定行为一样，属于总是有害于竞争的行为呢？联邦最高法院在 *Northern Pacific Rwy. Co. v. United States* 案[4]中认为结论是肯定的，Black 大法官就此问题论述道：

> 事实上，"搭售协议几乎没有服务于除限制竞争以外的其他目的……"协议的实施者们之所以能够在搭卖品市场中阻止其他竞争者的进入，并不是这些在结卖品销售中附加条件的经营者能提供更好的搭卖品或者提供更低的价格，而是它们利用（leverage）了其在另一项产品（结卖品）市场上的市场力量和影响力。与此同时，消费者被迫放弃了他们在不同的竞品之间进行选择的权利。正因如此，当被控者在结卖品市场具有足够的经济力量、足以（appreciably）限制搭卖品市场内的自由竞争、且"非显著轻微"数量的州际贸易会因此受到影响时，这种搭售协议构成本身违法。

Northern Pacific 案带来的后果是，当被告在结卖品市场上具有市场力量

[1] 参见本书第 10.5 节。
[2] Times-Picayune Pub. Co. v. United States, 345 U. S. 594, 73 S. Ct. 872 (1953).
[3] 参见本书第 5.6 节。
[4] 参见 356 U. S. 1, 6, 78 S. Ct. 514, 518 (1958)；法院引用了 Standard Oil Co. of Calif. v. United States, 337 U. S. 293, 305–306, 69 S. Ct. 1051, 1058 (1949).

时，即使其实施的搭售协议可能符合消费者的最佳利益，也会被法院认定为违法。① 在 *Jefferson Parish* 案中，四名附和意见的大法官已经做好了抛弃搭售协议适用本身违法原则的准备，但直至本书成文之时，它仍然是一项普适的规则。② 尽管 1992 年最高法院在 *Kodak* 案中就这个问题没有明确表态，但该案的多数意见撰写的判词在描述搭售协议所适用的法律时，其行文方式异常接近于本身违法原则。③

第 10.4 节 如何认定商品之间存在搭售？

显然，如果卖方允许买方自由选择是否购买第二件商品，那么就不存在搭售。买方必须是被胁迫或者被强制接受搭卖品才算是搭售。这种胁迫可能是：（1）拒绝单独售卖结卖品；（2）对打包购买搭卖品的消费者提供折扣、回扣或者其他经济奖励；（3）通过产品的设计从技术上使得不可能在不购买搭卖品的情况下购买结卖品。

10.4a. 通过合同、交易条件或者理解实现的胁迫

"胁迫"（"coercion"）一词的含义看起来非常清楚。胁迫是大多数排挤性行为的核心。正如第二巡回法院所述，"只有当卖家实施的胁迫影响了买方的选择时，搭售协议才是违法的"④。然而，"胁迫"要素在对搭售协议的分析中变得越来越捉摸不定。在搭售案件中，法院通常在以下几种情况中使用"胁迫"一词：1）购买者究竟是被迫以购买搭卖品为条件才能购买结卖品，还是有选择权可以单独购买结卖品；2）被告是否在结卖品市场上具有市场支配力量；3）是否会有一部分购买者即使没有胁迫，也愿意购买搭卖品，从而没有受到损害；4）搭售协议是否导致购买者除了接受搭售协议以外没有其他选择。

---

① 参见 Hyde v. Jefferson Parish Hosp. Dist. No. 2，686 F. 2d 286，294（5th Cir. 1982），改判，466 U. S. 2，104 S. Ct. 1551（1984）。在改判案件中，联邦最高法院认为："在我们反垄断法学的发展历史中，对于'某些搭售协议带来了窒息竞争的不可接受的损害因而构成本身违法'这一观点的质疑开始得太晚了。"

② Jefferson Parish，466 U. S. at 32，104 S. Ct. at 1569.

③ 参见 Eastman Kodak Co. v. Image Technical Services，Inc.，504 U. S. at 461，112 S. Ct. at 2079（1992）：搭售协议是"一方同意销售某一产品，但前提是买方必须同时购买另一（或捆绑的）产品，或者至少同意不会从其他供应商处购买该产品"。[引用被省略] 当卖方在结卖品市场中具有"可观的经济力量"，且该协议影响了搭卖品市场中的显著数量的交易活动时，此类协议就违反了《谢尔曼法》第 1 条。类似的，在其反对意见中，Scalia 大法官将该问题视为本身违法行为之一。504 U. S. at 486，112 S. Ct. at 2092.

④ American Mfrs. Mut. Ins. Co. v. American Broadcasting Paramount Theatres，Inc.，446 F. 2d 1131，1137（2d Cir. 1971），最高法院提审动议被驳回，404 U. S. 1063，92 S. Ct. 737（1972）（驳回了原告的诉讼请求，认为被告并没有必须购买搭卖品的压力）。参见 10 Antitrust Law ¶ 1753（4th ed. 2018）。

当我们在考虑两种产品之间是否存在搭售关系时，应当采用以上的第一种含义。如果想要购买 A 产品的客户可以自由地选择是否购买 B 产品，则 A、B 产品之间没有搭售关系，因此卖家也无须承担任何责任。在另一个极端，如果想要购买 A 产品的消费者必须也要购买 B 产品，"胁迫"就发生了，或者在此意义上"强制交易条件"（"conditioning"）就出现了。在两个极端之间，存在多种可能性。经常出现在集团诉讼中的情况是，由于每个购买者的经济地位存在差异，其中一些购买者在进行交易的过程中会受到更多的压力。在这种情况下，认定存在胁迫的事实必须以个体为基础，因此大多数法院都拒绝批准（certification）此类集团诉讼。①

一些法院从明确的"要求购买搭卖品"的合同条款中推定"胁迫"的存在。② 另一些法院认为，如果没有明确的合同条款，则"胁迫"不存在。③ 然而，第六巡回法院所提出的"宽泛规则"（broad rule）——如果合同中同时明确地提供了搭卖品和结卖品，"胁迫"就不再是认定搭售协议违法的要件——没有任何经济学和法理学的基础。试想，依据该规则，对于一份要求同时购买"一千个螺母和一千个螺栓"的合同，原告无须证明被告有任何"胁迫"的行为，尽管原告本来就希望能够同时购买配套的螺母和螺栓，这是不合理的。在第六巡回法院的判例中，有许多证据都体现了这个问题。④

联邦最高法院似乎在 *Jefferson Parish Hosp. Dist. No. 2 v. Hyde* 案中澄清了这个问题，尽管其没有给出较为清晰的分析。⑤ 该判决认为，当卖方拥有足够的市场力量"迫使消费者做一些他/她不会在完全竞争市场中做的事情时"，被控搭售协议才应当被认定为违法。并且，只有当被告通过迫使消费者进行不情愿的交易来限制竞争并据此获益时，其所实施的搭售协议才是违法的。在该案中，最高法院由此支持了医院与麻醉师之间的协议安排，因为市场上还有其他众多的医

---

① 参见 Federal Rule of Civil Procedure 23（b）（3），其适用于多数反垄断集团诉讼案件，一般要求所有的申请成为集团诉讼原告的当事人提供证据来证明其受到同类共同损害的事实，否则法院不应批准该当事人参与集团诉讼的资格。参见 7A Charles Wright，Arthur Miller，& Mary Kay Kane，Federal Practice and Procedure §1778（3d ed. 2015）。

② Bogosian v. Gulf Oil Corp.，561 F. 2d 434（3d Cir. 1977），最高法院提审动议被驳回，434 U. S. 1086，98 S. Ct. 1280（1978）（如果各加油站的承租人可以出示类似的"必须只出售被告提供的汽油"的租赁条款，那么"胁迫"就成立）。根据 Little Caesar Enterp. v. Smith，172 F. R. D. 236（E. D. Mich. 1997）。

③ 参见 Cia，Petrolera Caribe，Inc. v. Avis Rental Car Corp.，735 F. 2d 636，638（1st Cir. 1984）；Moore v. James H. Matthews & Co.，550 F. 2d 1207，1212（9th Cir. 1977），发回重审后上诉，682 F. 2d 830（9th Cir. 1982）；Response of Carolina，Inc. v. Leasco Response，Inc.，537 F. 2d 1307（5th Cir. 1976）。

④ Bell v. Cherokee Aviation Corp.，660 F. 2d 1123，1131（6th Cir. 1981）. 可参见其中第 1134～1136 页经充分论述的反对观点：几乎所有客户都倾向于从保管飞机的公司那里同时采购燃油产品和保养服务。

⑤ 466 U. S. 2，12，104 S. Ct. 1551，1558－59（1984）. 15 U. S. C. A. §1.

院可供选择，因此，一个想选择其他麻醉师而不是被告提供的麻醉师服务的患者可以很容易转而聘请其他麻醉师。根据这一理由，如果原告无法证明至少有一部分消费者购买搭卖品是被迫的，则其搭售主张将被驳回。

最后一个新产生的争议出现在以"默认"的规则（"default" rules）进行捆绑的问题上。例如，新的智能手机的 Android 操作系统预装 Google 搜索引擎的 APP 是否构成搭售（即使消费者仍然有权自行下载和安装其他的搜索引擎）？在撰写本书修订版时，欧盟委员会给出的答案似乎是"是"，而美国法院则更不情愿将这种情况认定为搭售。[①]

10.4b. 与搭售"协议"相关的证据；未传达的强制条件

《谢尔曼法》第 1 条要求构成共谋的违法行为必须有"协议"这一要件——以存在"协议"（"contract"）、"同意"（"combination"）或"共谋"（"conspiracy"）等作为谴责搭售安排的前提。[②]《克莱顿法》第 3 条要求搭售协议的内容包括消费者被要求以购买搭卖品作为交易的"条件（condition）、合意（agreement）或者理解（understanding）"[③]。假设一个卖家仅仅只是拒绝分别售卖两项产品，而总是将其一同出售，那么这一交易协议必然就能构成搭售协议吗？大多数法院的观点是肯定的。[④] 胁迫的行为并不是诞生实际交易的协议，而是拒绝分开销售两个产品的行为。[⑤] 当消费者希望单独购买结卖品却被拒绝，随后不得不打包购买包括搭卖品在内的两件产品时[⑥]，搭售的行为属性就更为明显了。

如果卖方只是在完全没有提出强制条件的情况下，仅与部分消费者签署的协议中包含了第二项商品，而在与另一些消费者的合同中没有此类商品，则此类交易通常不能被认定为搭售。随着不愿意购买搭卖品的消费者比例的增高，以及不带有搭售条款协议的比例的下降，被认定为搭售的可能性就会增加。[⑦] 类似的，当被告提供的格式合同中同时包括两种产品，并且拒绝修改格式条款时，法院常常认定搭售成立。[⑧] 然而，值得注意的是，并不是所有的捆绑销售最终都会被认定为搭售。所有消费者都希望同时能够获得两种商品的情况是存在的。例如，一

---

① 见 Herbert Hovenkamp, "Antitrust and Platform Monopoly", 130 ＿＿ *Yale L. J.* ＿＿ (2021) (forthcoming)；Daniel A. Hanley, "A Topology of Multisided Digital Platforms", 19 *Conn. Pub. Int. L. J.* 271 (2020)。

② 15 U. S. C. A. § 1.

③ 15 U. S. C. A. § 14.

④ 例如 Systemcare v. Wang Laboratories Corp. , 117 F. 3d 1137 (10th Cir. 1997) (全席审理) (推翻了第十巡回法院的在先判决，并提出相反观点)。

⑤ 参见 10 Antitrust Law ¶ 1754 (4th ed. 2018)。

⑥ 参见上一条注释，at ¶ 1756c。

⑦ 参见上一条注释，at ¶ 1756。

⑧ 例如，参见 IBM Corp. v. United States, 298 U. S. 131, 134, 56 S. Ct. 701 (1936)。

家鞋业批发商可能会在格式合同里写明交易数量是"＿＿＿双鞋子"。正如本书第10.5节将要展开讨论的那样，在一个完全竞争市场中"十分常见的"捆绑操作可能强烈地暗示着这两件商品实际上是"一件商品"。诚然，高比例的捆绑销售具有证明被告除了捆绑销售外不愿意分开单独售卖不同产品的证据效力，但是，原告仍需要证明至少有部分消费者原本偏好只购买结卖品而不想要打包在一起的搭卖品。

10.4c. 打包购买的折扣

另一种可能出现的情况是，捆绑协议的要求不是刚性的，而是向那些同时购买两种商品的消费者提供折扣或者其他优惠条件。[1] 正如本书第8章所述，目前很多法院都适用"归因"（"attribution"）测试法来检验是否存在"胁迫"或者搭售。根据该测试方法，如果优惠条件是如此之大，以至于可归属于第二种产品的利润加成（markup）十分单薄，使得单独销售第二种产品的竞争对手无法与行为人形成有效的竞争[2]，那么就是搭售。当然，如果其他竞争对手可以按照相同的折扣条件提供同样的捆绑套装，就不存在搭售。

《克莱顿法》第3条不仅谴责那些要求消费者必须购买搭卖品的搭售协议，而且规制为消费者同时购买搭卖品和结卖品提供折扣或者回扣的搭售协议。[3] 该条款与"归因"测试法并不冲突，因为它只谴责那些对竞争构成实质减损的搭售安排。如果其他竞争者有能力在短期内也快速地推出可与之匹敌的折扣，则竞争并没有受到减损。

10.4d. 产品成套设计产生的"胁迫"；与技术相关的搭售

强制打包销售（forced package sale）也可能来自技术创新，这种创新可以使联合生产外加拒绝分开销售比分开生产成本更低。在 *Times-Picayune* 案中被控的搭售协议就是早期的一个例子。[4] 被告因为拒绝在早报和晚报上分开单独出售广告位而被起诉。然而，在案证据表明被告采取将早报和晚报一次性进行排版的方法可以节省可观的成本。并且，一旦被告完成排版，则无法为广告主提供只在早报或者只在晚报上刊登广告的选择。

另外一些与技术相关的搭售协议实际上仅仅是为了确保购买者只能从被告处购买售后零部件产品。例如，在一份判决中，法院揭示了被告以及行业内众多的打印机制造商的一种行规，它们在墨盒上安装了电子微芯片以确保只有自己家生

---

[1] 例如，参见 Collins Inkjet Corp. v. Eastman Kodak Co., 781 F. 3d 264 (6th Cir. 2015)（在该案中，法院认定被告为同时购买结卖品和搭卖品的消费者提供较低价格的行为证据已经满足申请诉前禁令的基本要求）。

[2] 在本书第8.9b2节详细说明了该测试方法。

[3] 15 U. S. C. A. §14.

[4] Times-Picayune Pub. Co. v. United States, 345 U. S. 594, 73 S. Ct. 872 (1953).

产出来的墨盒才可以适配于自己品牌的打印机。[①] 即使使用这种微芯片的目的是避免使用质量不佳的其他厂商的墨盒，从而可以被视为是一种质量控制机制，但这一抗辩理由需要被告举证。植入此类微芯片的一个问题是它实际上排除了所有竞争对手的墨盒，而不仅仅是那些质量上可能较差的墨盒。但是需要注意的是，这个问题仅仅涉及是否存在搭售的问题，原告仍然需要证明（被告的）市场力量和（搭售协议的）反竞争效果。而在这个案子中，Lexmark 公司很可能不会被认定为在相关市场上拥有支配地位。

在一个真正的与技术相关的搭售行为中，更常见的情形表现为产品设计而不是合同条款。所以，这种搭售行为可以被认为是单方行为而非协议行为，《谢尔曼法》第 2 条是对其进行规制的首选工具。由此一来，此类案件并不适用本身违法原则，而应当适用合理原则。在 *Microsoft* 案中，哥伦比亚特区巡回上诉法院认定微软公司将 Windows 系统和 Internet Explorer 浏览器"混同"（"commingling"）在一个计算机程序里进行销售的行为构成非法垄断。[②] 然而，上诉法院撤销了针对相同产品适用《谢尔曼法》第 1 条的指控并发回原审法院重审，作为原告的政府后来主动放弃了该诉讼主张。在 *Apple iPod / iTunes* 案中，苹果公司被指控利用自己开发的软件故意使 iTunes（一大型音乐库）与非苹果设备不兼容，原告声称，这使得消费者难以从 Apple 设备转向非 Apple 设备，因为如果这么做，就会失去 iTunes 音乐库中的资源。[③] 苹果最终成功地说服了陪审团，认定其产品设计在真正意义上属于"产品质量的提升"。

联邦巡回上诉法院最近在一起非反垄断的案件中批准了另一种与技术相关的捆绑策略，即使用外观设计专利来限制竞争对手出售替代产品的能力。在 *Ford Global* 案中，联邦巡回上诉法院批准了被告在汽车可更换的防碰撞部件上使用外观设计专利的做法。[④] 在该案中，传统上，在此类部件的市场中除了原车品牌制造商之外还有多家提供竞争产品部件的制造商，消费者和保险公司通常更倾向于选购竞争厂商的产品，因为它们的价格更便宜。保护涉案外观设计专利的结果是，法院事实上要求竞争厂商制造的零部件必须与原车厂商的零部件在外观上存在区别，这样它们才不会侵犯原车厂商的外观设计专利权。

[①] Static Control Components, Inc. v. Lexmark Intern., Inc., 487 F. Supp. 2d 861, 871 (E. D. Ky. 2007)（描述了打印机墨盒上的"锁定排他"（"lock-out"）微芯片技术）。

[②] United States v. Microsoft Corp., 253 F. 3d 34, 65 - 67 (D. C. Cir.)，最高法院提审动议被驳回，534 U. S. 952，122 S. Ct. 350 (2001)。

[③] Apple iPod iTunes Antitrust Litigation, 2014 WL 4809288 (N. D. Cal. Sep. 26, 2014)（驳回了申请简易判决的动议）。见 John M. Newman, "Anticompetitive Product Design in the New Economy", 39 *Fla. St. U. L. Rev.* 681 (2012)。

[④] Automotive Body Parts Assn. (ABPA) v. Ford Global Tech., LLC, 930 F. 3d 1314 (Fed. Cir. 2019)。

第10.5节　搭卖品和结卖品相互分离的要件

10.5a. 概论；完全竞争市场的基础测试

当被告将两个"分离"（"separate"）的搭卖品和结卖品捆绑在一起进行销售并通常拒绝分开出售两者时，才构成搭售。① 但是在众多的判例中，如何认定所涉产品是两种"分离"的产品，始终是一个令人苦恼的问题。

大多数成套出售产品的目的是提高销售效率。例如，如果每名消费者都有权强制要求仅购买没有轮胎的汽车、不带肫的烧鹅，零售将会陷入停滞的状态。换言之，竞争市场通常在这种"连带出售"的情形下才是低成本和有效率的，市场竞争促使它们（两个产品）被捆绑在一起销售。因此，鞋和手套总是成对出售的，汽车总是和轮胎一起出售的，电脑也总是和预先安装的硬盘一起出售的。需要注意的是，从技术上说，这些产品是可以分开销售的，而它们的组合销售完全是在分销或者销售过程中节约交易成本的产物。

因此认定搭售协议的第一步是，"在一个运转良好的市场中，搭卖品和结卖品通常是分开销售的，是相互分离的产品"②。请注意，关于这一问题分析的是在惯常的竞争环境下，结卖品是否独立于搭卖品出售，而不是反过来。例如，在汽车市场中，大家都认可的是，（1）汽车几乎从不在没有轮胎的情况下出售；但是（2）轮胎经常独立于汽车车身单独出售。第二种情况的存在是合理的，因为轮胎比汽车磨损更快，因此存在一个单独的轮胎售后市场和一些单独销售轮胎的特种轮胎市场。在测试中，如果主张汽车制造商或经销商违法实施了搭售行为，则需要证明在一般竞争条件下，汽车车身通常不会与轮胎一同出售。如果不能证明这一点，其主张的搭售协议就不能成立，而整车应被认为是单一产品。③

因此，*Jefferson Parish* 案中法院最终认定，需要根据"产品的需求特性来决定"究竟是"一件产品还是两件产品"④；在 *Kodak* 案中，联邦最高法院总结道："如果复印机的售后服务和零部件被认定为两种不同的产品，必须有足够多的消费者提出这种要求，以至于厂商愿意提供相互区分的售后服务和零部件。"⑤

---

①　或者，换言之，当只销售结卖品时开出更高的售价。参见本书第10.4c节。

②　参见 10 Antitrust Law ¶¶ 1744 - 1745 (4th ed. 2018)。

③　因此，需求的同时性（contemporaneity）与此问题是有关联性的。例如，由于客户在不同时间需要电动机及其更换零部件（仅在电动机损坏后才需要的零部件），法院认定这两者是单独的分开的产品。Parts & Elec. Motors, Inc. v. Sterling, Inc. , 826 F. 2d 712, 720 (7th Cir. 1987).

④　Jefferson Parish Hosp. Dist. No. 2 v. Hyde, 466 U. S. 2, 19 104 S. Ct. 1551, 1562 (1984).

⑤　Eastman Kodak Co. v. Image Technical Services, Inc. , 504 U. S. 451, 462, 112 S. Ct. 2072, 2079 (1992).

10.5b. "新"产品

在 *Jerrold Electronics* 案中，被告开发了一种使用大型天线、增压接收器并能连接到千家万户的早期有线电视系统。[①] 这些产品在物理上是可分开的产品，但被告只以套装的形式一同出售。法院认为，当这个系统首次面世时，关于其装配和操作的知识非常有限，从而使 Jerrold 公司"打包销售"的行为具有正当性。例如，如果成套产品中包括 A、B 和 C 三项产品，而每件产品的安装说明对于如何兼容其他产品语焉不详，消费者可能会迷失在几家制造商的相互指责中，A 产品的制造商可能会指责是因为 B 产品的说明书没有标示清楚，诸如此类。法院因此认为，在新产品问世的早期阶段，被告可以坚持要求消费者购买套装，而不仅仅只是通过说明书说明每个部件的属性和使用方法，以便其他人也可以提供这些组件。[②] 但是，一旦经过了"产品推广初期"，这个正当性理由就不再适用了，产品应当分开售卖。[③]

尽管上述关于新产品推广期的思考是有道理的，但它带来了两个关键的事实问题：首先，如果将以前分别独立的产品组合起来的话，那么什么情况下可以构成一个"新"产品，什么情况下只是简单的搭售？其次，拥有市场力量的被告能够有多长时间借助"新产品"的理由使其搭售行为免责？

关于第一个问题，被告需要提供如下抗辩理由：（1）组合售卖比单独售卖更有效率；（2）购买产品包的消费者无法通过自己动手组装不同的组件来达到相同的效果，换言之，由卖家来进行产品的组合要优于由消费者进行组合。在 *Microsoft* 案中，哥伦比亚特区巡回上诉法院尝试在这个原理下认定 Microsoft 和 Internet Explorer 是单独的产品，但是，将 Windows 操作系统与 IE 浏览器整合起来整体打包出售，其创新程度如何？对此问题的分析需要适用合理原则。[④] 而在合理原则的分析框架下，两项产品之间是否相互分离的问题就远远没有那么重要了。[⑤]

10.5c. 效率——"组合出售的经济性"

搭售行为的一项显而易见的正当性抗辩理由是组合出售（joint provision）比分开出售（separate provision）更加便宜。强制一揽子销售所产生的效率改善可以大致分为交易型、生产型（或技术型）两种类型。成对出售鞋子便是交易型效

---

① United States v. Jerrold Electronics Corp.，187 F. Supp. 545（E. D. Pa. 1960），经法庭一致意见维持，365 U. S. 567，81 S. Ct. 755（1961）。

② 参见上一条注释，at 559。

③ 参见上一条注释，at 560；10 Antitrust Law ¶ 1746（4th ed. 2018）。

④ United States v. Microsoft Corp.，253 F. 3d 34，89（D. C. Cir.），最高法院提审动议被驳回，534 U. S. 952，122 S. Ct. 350（2001）。

⑤ 参见本书第 10.7c 节。

率提升的一个很好的例子，假设成对制造的鞋子不会比单只制造的成本更低，然而，它们在成对销售的时候成本会大幅下降。如果一家商店不得不向个别客户单独提供一只左靴，那么这家商店就会苦于如何出售那只剩下的右靴，商店很有可能需要等待很长的时间，直到另一位想要相同尺码、款式、颜色的右靴的顾客出现。鞋店极有可能会将剩下的右靴退货或者订购一只新的左靴。如果这些额外操作产生的成本大于这双鞋成本的一半，那么要求消费者购买成对的靴子就会更有效率，即使他/她可能到头来会把左靴扔掉。但是如果消费者在法律上有权以一双鞋一半的价格购买单只左脚鞋，那么由此带来的成本的增加就不得不由其他的消费者来承担。综合之下，其余消费者受损的福利将会超过那名只购买一只鞋的消费者所增加的福利。

在 *Times-Picayune* 案中，联邦最高法院允许报刊要求广告主同时购买早报和晚报上的广告位，早报和晚报上的广告位被认定为单一商品，Clark 大法官将其称为"曝光权益"[1]（"readership"）。Clark 大法官指出——尽管这个结论并不特别具有启发性——当早报和晚报上的广告招商合并为一笔交易时，广告的运营成本——招商、计费、分类的大部分成本就只需付出一次而不是两次，报纸可以通过在早报和晚报上刊登相同的广告来降低广告成本。[2] White 大法官在 15 年后的 *Fortner* 案的反对意见中给出了类似的意见："如果搭卖品和结卖品在功能上相关，那么通过联合生产和销售就可以降低成本。"[3] O'Connor 大法官在 *Jefferson Parish* 案的附和意见中也表达了类似的观点："当组合出售所带来的经济优势十分明显，以至于将套装里的组件视为两件独立的商品并不合适时，则搭售指控的事实调查就到此终结了。"[4] Posner 法官同样认为，如果"组合出售存在相当明显的经济性"，则应将两件商品的组合视为单一产品。[5]

尽管如此，在 *Jefferson Parish* 案中持多数观点的五名大法官似乎拒绝接受

---

① Times-Picayune Pub. Co. v. United States，345 U. S. 594，613，73 S. Ct. 872，883 (1953).

② 同上一条注释。

③ Fortner Enter. , Inc. v. United States Steel Corp. , （Fortner I），394 U. S. 495，514 n. 9，89 S. Ct. 1252，1264 n. 9 (1969)（White 大法官，反对意见）。

④ Jefferson Parish Hosp. Dist. No. 2 v. Hyde，466 U. S. 2，40－41，104 S. Ct. 1551，1573 (1984) (O'Connor 大法官附和意见)。但是 O'Connor 大法官继续论述道："由于麻醉服务（在该案中被控的搭卖品）是一种只有在与医院的医疗服务（结卖品）一起售卖时才对消费者有用的服务，因此这种安排不能被认为构成不同产品之间的捆绑。"但是，根据这一规则，所有打包销售的互补产品（complementary products，必须一起消费的产品）都被认定为单一产品。O'Connor 大法官的意见将使得大约四分之三的有关搭售协议的判例规则失去意义，因为其中大多数涉及此类互补产品：例如，IBM v. United States，298 U. S. 131，56 S. Ct. 701 (1936)（电脑和电脑存储卡）；International Salt Co. v. United States，332 U. S. 392，68 S. Ct. 12 (1947)（注盐机和盐）。

⑤ Jack Walters & Sons Corp. v. Morton Bldg. , Inc. , 737 F. 2d 698，703 (7th Cir. 1984). 法院的结论是，制造商的预制建筑套件和其商标不是相互分离的单独产品。

这样的观点——组合出售带来的效率提升可以作为认定构成单一产品的事实依据。他们认为，是否存在两种分离的产品并不取决于两个组件之间是否具有功能上的联系，而是依赖于对它们的"需求的性质"[1]。

O'Connor 和 Posner 法官提出的"明显的经济效率"（"rather obvious economies"）似乎是一个合理的单一产品测试方法，尽管有人可能希望将其解释为"明显和显著的经济效率"（"rather obvious and significant economies"）。这意味着，一项可以证明"经济效率提升"显著的证据有助于推翻原告初步举证的搭售行为，而不仅仅服务于搭售行为具有正当性的抗辩。规制垄断行为的《谢尔曼法》第 2 条采取了类似的方法，其允许一个绝对的垄断者在合乎经济学效率原理的前提下通过技术创新将两项原本独立的产品进行捆绑[2]，明显的、显著的成本节约正是这一立法背后的法理基础。

第 10.6 节　竞争效应

如前所述，对搭售协议违法性的测试方法并没有说明搭售是如何影响竞争的。因此，法院经常在并不了解被控的搭售行为在被告的分销策略中所起的经济功能时就断定该搭售协议违法。并且，在司法审理的过程中往往也不会深入调查涉案行为对社会经济产生的具体影响。如果有关搭售的法律规则需要找到其法理上的支撑，那么就必须考虑其所带来的经济效应。本节着眼于解释企业为什么采取搭售安排的主要理论。

10.6a. 杠杆理论：利用搭售协议在第二市场延伸垄断力量；倾斜

杠杆理论（leverage theory）是最古老的用于认定搭售行为违法的经济学理论。依据该理论，在第一个产品市场中拥有垄断地位的卖家（通常拥有专利）可以通过搭售安排实现在第二种产品市场（该搭卖品对于结卖品的使用而言具有至关重要的作用）中"有限"的垄断。假设某个冰箱销售商拥有一项垄断专利，能够使它销售的冰箱比其他竞品更好地保存运输途中的冰淇淋，该冰箱需要固体二氧化碳（"干冰"）——一种常见的化学品，作为制冷剂。当销售商要求冰箱的所有购买者也必须购买其出售的干冰时，它就成功地在干冰市场中圈定了那部分购买了其冰箱的消费者。在谴责搭售行为时，Brandeis 大法官于 1931 年指出，搭售使专利权人"不是从法律赋予其垄断权的发明创造中获取利润，而是从与之有关联的非专利原料产品"，也即"完全超出专利垄断范围"的商品那里攫取利润。如果允许专利权人以这种方式扩张其垄断，那么其可以在与专利产品有关的

---

[1]　Jefferson Parish, 466 U. S. at 19.

[2]　参见本书第 7.5～7.6 节。

非专利产品市场中形成垄断。[1] 一种机器设备的专利权人由此可以在不受专利覆盖的用于该机器运转的必要原材料市场中垄断部分市场份额。

然而，这种"杠杆作用"并不是增加垄断利润的合理方式。假设卖方 A 在受专利保护的一种玻璃罐产品市场中拥有垄断权，每个罐子都需要一个盖子，而盖子不属于专利产品，并且可以由许多其他竞争者制造。A 生产罐子的成本是 1 美元，但他/她以 1.5 美元的价格出售，这是他/她的利润最大化价格，盖子的竞争市场价格是 30 美分。A 决定自己制造盖子并成套出售罐子和盖子，那么，A 的利润最大化价格是多少呢？答案很明显，是 1.8 美元——由 A 的罐子利润最大化价格 1.5 美元加上盖子 30 美分的总和。由于每个罐子都必须有盖子，所以消费者会认为罐子和盖子这种打包销售的方式是有价值的。花了 1.8 美元一起购买了罐子和盖子的消费者对于罐子的价格究竟是占到其中的 1 美元还是 1.5 美元是无所谓的，只要罐子与盖子的搭配关系不变，购买者就会将价格看作是一整个商品的价格。无论是罐子还是盖子的垄断者都可以通过出售带盖子的罐子来获得所有可能的垄断利润。因此，在罐子市场上的垄断者其实并不能通过垄断盖子市场来获得更多的垄断利润。

由于带盖子的罐子的利润最大化价格是恒定的，罐子制造商可以迫使购买者购买 35 美分而不是 30 美分的盖子，为实现相同的垄断利润，罐子的价格最多只需要降价 5 美分。然而，盖子价格的额外 5 美分并不是垄断者的利润，因为它被生产效率的下降所抵消掉了。如果罐子垄断者不能达到与其竞争对手类似的生产效率来制造盖子，就应当舍弃盖子的生产部门，并将盖子市场留给更有效率的生产者。半个世纪以来，认为垄断者可以通过搭售来扩大现有垄断利润的观点不断地受到学者的批评。[2] 而在一些司法判决中，许多法官也指出了杠杆理论的不合理之处。[3]

10.6b. 市场进入壁垒、市场锁定效应、共谋

10.6b.1. 市场进入壁垒与搭售协议

搭售协议可能会提高市场上的搭卖品或者结卖品的准入门槛。例如，假设一家报社既出版早报也出版晚报，第二家报社试图进入晚报市场，第一家公司对此的应对是推出"打包套餐"：要求所有早报广告位的购买者也需要在晚报上购买

---

[1] Carbice Corp. of Amer. v. American Patents Development Corp. , 283 U. S. 27，31 - 32，51 S. Ct. 334，335 - 36 (1931).

[2] 例如，见 Ward Bowman, "Tying Arrangements and the Leverage Problem", 67 *Yale L. J.* 19 (1957)；Richard Markovits, "Tie-ins, Leverage, and the American Antitrust Laws", 80 *Yale L. J.* 195 (1970).

[3] 例如，Hirsh v. Martindale-Hubbell, Inc. , 674 F. 2d 1343, 1349 n. 19 (9th Cir.), 459 U. S. 973, 103 S. Ct. 305 (1982).

广告位。这一"打包套餐"的商业计划将使潜在的晚报市场的新进入者提前丧失了那些想要在早报上做广告的广告主，因为它们已经被要求在第一家报社的晚报上刊登广告，这部分的晚报市场也随之被提前封锁了。[①]

所有有关搭售会导致"进入门槛被抬高"的理论都会同样面临所有与"进入壁垒"有关的质疑，即"进入壁垒"这一事实并不能直接表明它对社会福利是有害还是有益的。[②]"市场效率"本身就是一项非常强大的进入壁垒。假设报社可以证明，通过强制所有广告主同时在早报和晚报上购买相同的广告位，其只需要进行一次排版而无须两次排版，而刊登广告的最大成本来源于排版，那么，只有当所有广告主都同时在早报和晚报上刊登广告时，才能实现节约成本的目的。通过打包定价，市场中既有的报社能够以 7 美元的价格在早报和晚报上出售广告位，而新进入者单就晚报广告位就必须收取 5 美元才能回本。在这种情况下，所谓的"进入壁垒"是由于打包定价计划可以实现成本上的节约所导致的。[③]

更难解决的问题是搭售是否会因为效率以外的原因造成市场进入壁垒。当产品具有更强的差异化或者受知识产权保护时，这一问题显然更为突出。例如，在结卖品市场（tying market）占支配地位的公司可以利用搭售安排在产品差异化更严重的搭卖品市场（tied market）中提升自身产品的竞争力。这是微软公司将 Windows 操作系统和 Internet Explorer 浏览器捆绑销售事件的核心，该行为将网景（Netscape）公司在当时更为先进的浏览器产品排除在 Windows 系统之外。[④] 不过这一做法在很大程度上将争议焦点从主要与潜在竞争对手有关的进入壁垒问题转向了市场封锁问题。

如果搭售本身是效率低下的，就不会产生市场进入壁垒。假设一家具有垄断地位的螺栓制造厂商要求客户购买每个螺栓的同时购买一个螺母。在一个竞争市场中，螺栓以 25 美分出售，螺母以 10 美分出售。然而，由于生产端效率低下，卖方需要将打包销售价格定为 38 美分。此时，进入壁垒是不会因此而被抬高的。高效的螺栓制造商仍然可以单独进入螺栓市场，有效率的螺母制造商也是如此。但是，如果螺栓垄断者的搭售安排降低了捆绑销售的成本，那么单个进入者必须同时进入螺栓市场和螺母市场才能具有竞争力。即便如此，这种必须同时进入两个市场的要求仍然不构成"障碍"，除非两个市场的规模经济存在显著的差异。[⑤]

[①] 参见 Times-Picayune Pub. Co. v. United States，345 U. S. 594，73 S. Ct. 872 (1953)。

[②] 参见 Harold Demsetz，"Barriers to Entry"，72 *Amer. Econ. Rev.* 47 (1982)；Richard Schmalensee，"Economies of Scale and Barriers to Entry"，89 *J. Pol. Econ.* 1228 (1981)，及本书第 1.6 节。

[③] 参见 Recordat 1127－1129，其中提到单次排版可以降低成本。同前所述 *Times-Picayune* 案。

[④] 见本书第 10.4d 节。

[⑤] 该案中的搭售协议与垄断者实施的纵向一体化有着相同的效果。参见本书第 9.2c 节。

10.6b.2. 市场封锁；市场份额

Jefferson Parish 案将关注的重点问题从杠杆效应转向了市场封锁效应（foreclosure），即搭售在阻拦竞争者进入市场方面的影响。① 随之而来的是，案件的审理重点从"市场力量"的调查转变为涉及"市场份额"的调查。换言之，当产生的限制竞争效果是市场封锁效应时，更需要关注的是该限制的覆盖范围，而不是卖方在一定时期内将价格设定在竞争水平之上的能力。这意味着当原告主张的限制竞争效果是市场封锁时，根据专利权或者商标权取得市场份额的搭售案件要比其他类型的搭售案件更难以处理。②

市场封锁与市场进入壁垒的问题是紧密相关的，尽管封锁效应同时对现有及潜在的市场进入者都会产生作用。不过，封锁效应所带来的真正威胁是，通过阻止更为进取的竞争对手或者潜在竞争者进入市场，从而增强了企业的支配地位或寡头垄断地位。如前所述，市场进入壁垒不太会广泛出现在一般的搭售案件中。首先需要有规模经济效应的存在，或者其他阻止竞争者进入某一产品市场的障碍，并且，如果两种产品捆绑销售后，另一种产品的市场竞争将会随之也受到限制。封锁效应也只在此类情况下才会发生。如果进入搭卖品市场和结卖品市场都很容易，那么一个锁定了大部分消费者的搭售安排并不具有反竞争效果。而当市场进入很困难时，反竞争担忧就变成现实了。

10.6c. 作为价格歧视或者成本测算工具的搭售；特许经营协议

卖方经常使用搭售来实施价格歧视③，尽管法院有时承认这一事实④，但价格歧视通常与法院的案件分析或合法性判断无关。

虽然价格歧视可以带来相当高的利润，但由于以下三方面的原因，卖家通常很难获得这些利润。首先，根据《罗宾逊—帕特曼法》⑤，某些形式的价格歧视本身是非法的，这可以防止企业以两种不同的价格出售同一种产品。其次，为了使得部分价格歧视能够维持下去，卖方必须能够将需求弹性不同的不同客户群体加以识别，换言之，卖方必须能够以一些相对低成本的方式区分那些愿意高价购买产品的消费者和那些不认为产品值那么多钱，但仍然愿意支付可以使卖家获得

---

① Jefferson Parish Hosp. Dist. No. 2 v. Hyde, 466 U. S. 2, 41 - 42, 104 S. Ct. 1551, 1573 (1984).

② 参见本书第 10.3c 节。

③ 参见 Ward Bowman, "Tying Arrangements and the Leverage Problem", 67 *Yale L. J.* 19 (1957); Richard Markovits, "Tie-ins and Reciprocity: A Functional, Legal and Policy Analysis", 58 *Tex. L. Rev.* 1363, 1407 - 10 (1980).

④ 参见 United States Steel Corp. v. Fortner Enter., 429 U. S. 610, 616 n. 7, 97 S. Ct. 861, 866 n. 7 (1977) (Fortner II); Fortner Enter., Inc. v. United States Steel Corp., 394 U. S. 495, 513, 89 S. Ct. 1252, 1264 (1969) (Fortner I) (White 大法官，反对意见).

⑤ 15 U. S. C. A. § 13.

微利的消费者。最后，卖方必须能够防止套利，即以较低价格购买到商品的受惠（favored）消费者将商品转售给愿意以较高价格购买商品的非受惠（disfavored）消费者。

卖方可以通过使用可变比例搭售协议（variable proportion tying arrangement）来解决以上三个问题，即针对不同的消费者提供不同数量的搭卖品。[①] 例如，具有垄断地位的电脑打印机的卖方，如果认为每周计划打印 1 000 页的买家比每周只打印 100 页的买家更看重打印机的价值，则可以对所有购买打印机的消费者附加同时购买墨盒的交易条件。[②] 此时，卖方可以只对打印机收取市场竞争水平甚至更低的价格，但对墨盒收取高价。如果打印机本身的投资回报率为 5%，而每打印一页纸的投资回报率为 40%，则每周打印 1 000 页的客户带给卖家的净收益回报率，要比每周打印 100 页的客户所带来的净收益回报率高得多。[③]

造成价格歧视的搭售是否一定就违法呢？垄断者可以合法地收取其不具有歧视性的利润最大化价格。基于经济效率的反垄断政策认为，只有当价格歧视所带来的社会总成本高于单一垄断者定价的社会总成本时，才应当谴责这种价格歧视。许多学者甚至认为，价格歧视反而会带来比不实施价格歧视的垄断定价更高的产出量，因此是更可取的。[④] 但是，这一论点只适用于完全价格歧视（perfect price discrimination），即每位消费者均按照其保留价格（reservation price，即买方所愿意接受的最高价格）购买商品。而不完全价格歧视（imperfect price discrimination）并不一定会导致产出量的增加，有时反而会导致产出量低于非歧视性垄断定价。不完全价格歧视对于产出量的影响是一个错综复杂的问题。[⑤]

特许经营协议时常伴随着与搭售有关的价格歧视条款。[⑥] 通过实施价格歧视，特许权人可以从利润率更高的营业网点获得比其他普通营业网点更高的超额

① 参见 9 Antitrust Law ¶ 1711（4th ed. 2018）。

② 参见 Henry v. A. B. Dick Co. , 224 U. S. 1, 32 S. Ct. 364（1912）。

③ 假设打印机在一个年度（50 周）内的价格为 1 000 美元，打印机的利润为 50 美元，即每周 1 美元。墨盒价格为每盒 1 美分，其中利润是 0.4 美分（40%的利润）。从每周需要打印 1 000 张纸的用户处获得的利润是每周 4 美元（墨盒）和 1 美元（打印机）。从每周需要 10 000 页纸的用户处获得的利润是每周 40 美元（墨盒）和每周 1 美元（打印机）。第一种情况下企业的净收益回报率约为 17%，第二种情况下约为 34%。

④ 例如，参见 3 Antitrust Law ¶ 721（4th ed. 2015）；Robert Bork, *The Antitrust Paradox：A Policy at War With Itself* 394 - 98（1978; rev. ed. , 1993）。

⑤ 参见 Richard A. Posner, *Antitrust Law* 202 - 206（2d ed. 2001），在当时，Posner 法官认为仅仅是促成价格歧视的搭售并不构成违法，但他也同时认为以实施价格歧视为目的的搭售给社会福利带来的影响是不确定的。

⑥ 例如，Queen City Pizza v. Domino's Pizza, 124 F. 3d 430（3d Cir. ），最高法院提审动议被驳回，523 U. S. 1059, 118 S. Ct. 1385（1998）；Kypta v. McDonald's Corp. , 671 F. 2d 1282（11th Cir. ），459 U. S. 857, 103 S. Ct. 127（1982）（将特许经营权与根据特许经营的场所的不同而设定的不同租金相绑定）；Krehl v. Baskin-Robbins Ice Cream Co. , 664 F. 2d 1348（9th Cir. 1982）（该案中搭卖品是冰淇淋）。

利润，尽管所有能够支撑起特许经营业务的营业网点或多或少地都可以给特许权人带来盈利。一笔仅收取 10 000 美元特许经营权许可费的交易，如果在不实施价格歧视的情形下，本来是不可能存在的，但如果采取可变比例搭售协议，则该交易对于特许权人和特许经营者来说都是有利可图的，消费者福利也会随之增加。但是，当授权特许权人向每位特许经营者收取其非歧视性的最大化价格时，这种情况就不复存在了。受到价格歧视伤害的是那些经营得很成功的特许经营者，因为它们被迫支付比不存在价格歧视时更高的特许经营权许可费。

并非所有的可变比例搭售协议都以促成价格歧视为目的。搭售协议可能仅仅充当了一个成本测算机制（metering device）的角色，其被用于衡量随资源利用率的变化而变化的成本。以打印机和纸张为例，如果出租机器的磨损程度与印刷量成正比，出租人可以将纸张的销售和机器的出租捆绑在一起，以计算承租人需要支付的费用。如果出售纸张的收益精确地弥补了每次使用打印机所带来的磨损成本，则不存在价格歧视行为。

第 10.7 节　搭售与市场效率：走向合理原则

10.7a. 市场效率和搭售判例中逐渐异化的本身违法原则

对搭售适用所谓的本身违法原则从以下两个方面来看是很奇怪的。首先，它要求原告证明被告在结卖品市场拥有市场力量，随之而来的是需要对相关市场进行界定。[①] 其次，即使市场力量这一要件成立，法院通常也允许被告提出各种理由进行抗辩。

10.7b. 未形成市场封锁的搭售；全产品线逼销与不受消费者欢迎的搭卖品；消费者损害的缺失

当今占主导地位的通说认为，搭售通过排挤或者"封锁"竞争对手（主要是在搭卖品产品市场上），或者通过提高竞争对手的成本来损害竞争。相反，如果根据本书第 10.6 节中讨论的杠杆理论，则损害的性质应当被认为是"榨取"（"extraction"）而不是市场封锁。该理论认为，搭售允许卖家通过将两种商品捆绑在一起来收取更多的费用，这种情况即使在没有竞争对手被封锁的时候也可能发生。《谢尔曼法》第 1 条的"贸易限制"标准既考虑了价格上涨行为，也考虑了封锁行为。

在特许经营或其他授权经销的商业模式中出现的一种特殊类型的搭售是所谓的"全产品线逼销"（"full-line forcing"），当制造商强制经销商购买和销售其全

---

① 参见本书第 10.3 节。

系列产品，而非可以由经销商自由选择对其自身最为有利可图的产品线组合时，就会发生"全产品线逼销"。自 1970 年代以来，大多数法院认为全产品线逼销的行为是合法的，在其中的某些案件中，法院是通过认定制造商的产品线构成单一产品来避免作出违法认定的。①

很难从经济学上找到支撑全产品线逼销构成违法的理由。它实际上可以帮助制造商在销售环节实现规模经济或者范围经济。制造商使用独立经销商来代替自建的分销体系，由此一来，生产商只有依赖于经销商的营销和推广努力才能完成产品向最终消费者的销售。如果制造商生产了型号分别为 A、B、C 的产品，然而其允许经销商拒绝销售 C 产品，则制造商必须找到第二个经销商来销售 C 产品，或者自己销售 C 产品，或者只能在该特定区域放弃 C 产品的销售。因此，对于制造商而言，更好的选择是解雇该经销商，并找到愿意销售其全品类产品的经销商。值得注意的是，全产品线逼销实际上是一种可以促进产出增加（output-increasing）的经济活动，制造商实施全产品线逼销的原因在于希望消费者能够有机会接触到其生产的全类产品。

此外，在不存在独家协议的情况下，没有竞争对手会被封锁②；换言之，除非制造商同时与经销商达成独家销售协议，否则其他制造商同样可以通过该经销商自由销售它们的产品。③ 这一要求仅增加了经销商本身的负担，即经销商不得不承担其不想要的产品的销售成本。此外，没有任何理论可以解释制造商如何可以通过要求经销商出售其全系列产品来收取更高的价格。

实际上，全产品线逼销属于并不会导致竞争损害的"强迫消费者购买其并不想要的商品"的搭售协议的一种。没有任何市场内的竞争者会因为此类搭售而被封锁，因为即使不存在此类搭售协议，消费者也不会从别处购买他/她本来就不想要的商品。正如联邦最高法院在 *Jefferson Parish* 案中所认定的，当购买者被迫购买一个他/她本来就不会从其他商家处采购的商品时，被控的搭售协议不适用本身违法原则。在此种情况下，"（搭售协议）对竞争不会产生任何不利影响，因为本来就不存在其他竞争者可以占领的市场份额，也就自然不存在该类竞争对手被封锁的可能性"④。

第九巡回法院在 *Brantley* 案中依据合理原则对被迫购买不需要的搭卖品的反垄断问题进行了很好的分析。⑤ 在该案中，原告起诉认为，被告的捆绑行为迫使他们订阅他们并不想要的有线电视频道，他们原本更喜欢单独点播部分频道，

---

① 例如，Southern Card & Novelty v. Lawson Mardon Label, 138 F. 3d 869 (11th Cir. 1998)。

② 参见 9 Antitrust Law ¶ 1724c (4th ed. 2018) 及 10 Antitrust Law ¶ 1747e2 (4th ed. 2018)。

③ 在本书第 10.9 节将会讨论独家交易协议。

④ Jefferson Parish Hosp. Dist. No. 2 v. Hyde, 466 U. S. 2, 16, 104 S. Ct. 1551 (1984)。

⑤ Brantley v. NBC Universal, Inc., 675 F. 3d 1192, 1201 (9th Cir. 2012). 有关该问题的更多讨论见 Herbert Hovenkamp, "Antitrust and the Patent System: A Reexamination", 76 *OSU L. J.* 467 (2015)。

并只愿意为他们实际观看的频道付费。法院驳回了这一主张，认为原告没有"指出涉案行为具有搭售行为通常的会对市场竞争造成的那种损害……被告的行为实际上对竞争对手的封锁效应为'零'，并且，强迫订阅不想观看的节目行为本身并不会构成对竞争的损害"。

最后，消费者并没有因为全产品线逼销受到损害，因为搭售要求并不适用于他们。即使经销商被要求购入全线产品，但消费者依然可以从中随意挑选他们想要的各种单品。[①]

10.7c. 结论：走向合理原则的搭售规则

对于反垄断司法实践而言，如果不再适用本身违法原则而转而适用合理原则，可能会有更加理想的效果。搭售甚至不属于那些很有可能对竞争造成限制，从而应当适用本身违法原则予以规制的垄断行为之列。

在合理原则下对搭售进行分析将会呈现出与现在不同的另一番景象。无论在结卖品还是在搭卖品市场中存在市场力量，仍然属于认定非法所需的构成要件之一。但是"分离的产品"这一要件将变得不那么重要，甚至将淡出人们的视野。如前所述，该要件的主要目的是在适用本身违法原则之前筛选出明显影响竞争效果的搭售安排。但是，当法院直接开始考察对竞争的影响时，产品之间是否具有可分性就不再重要了。相对应的是，如果市场力量和封锁效应都得以证明，更为重要的是被控行为的正当性抗辩主张，如可以带来成本的节约、产品质量的提升或者其他有利于消费者的理由。"产品分离性"原本是一条通向此类测试结果的捷径，但在适用合理原则的情况下，它不必再充当这样的角色。

在 *Illinois Tool Works* 案中，最高法院审查的焦点问题并不是是否应当适用本身违法原则，而是拥有专利权本身是否能够直接推定出市场力量的存在。[②] 但是最高法院在判决中反复强调过往司法实践中对于搭售协议的过分敌意，以及搭售安排可能带来的市场效率。它甚至认为本身违法原则原本就只适用于利用专利权实施的搭售。[③] 总之，最高法院实际上推翻了本身违法原则在搭售案件中的普适性，就差明确地表达出来而已了。而这成为法院下一步的工作是自然而然的事情。

---

① 例如，见 Roy B. Taylor Sales v. Hollymatic Corp., 28 F. 3d 1379 (5th Cir. 1994)，最高法院动议被驳回，513 U. S. 1103，115 S. Ct. 779 (1995)，法院在该案中认定，被告要求经销商购买其价格相当高的汉堡包肉饼纸，以此作为购买汉堡肉饼制作机的条件，该行为不构成搭售。因为，从经销商处购买肉饼制作机的消费者，可以自由地要么自己制作纸、要么从其他地方购买纸。也就是说，汉堡包肉饼纸的竞争者并没有被封锁在市场之外。

② Illinois Tool Works，Inc. v. Independent Ink，Inc.，547 U. S. 28，126 S. Ct. 1281 (2006).

③ 同上一条注释，at 42。

第 10.8 节　独家交易

独家交易协议是指买方承诺仅从特定卖方购买其所需的一项或多项产品[①]的协议。根据《谢尔曼法》第 1 条、《克莱顿法》第 3 条以及《联邦贸易委员会法》第 5 条，独家交易协议可以被认定为非法。[②] 如本书第 7 章所述，如果根据《谢尔曼法》第 2 条认定单一主体实施的独家交易行为构成违法，其前提是实施者是市场中的垄断者。

10.8a. 限制竞争的市场封锁及其各种形态

10.8a.1. 独家交易的市场封锁理论

法院现在一般适用纵向合并案件中所采纳的、常常并不十分充分的"封锁"（"foreclosure"）理论来判断独家交易（exclusive dealing）的非法性。[③] 例如，如果独立的加油站同意从某一个炼油厂而不是其他炼油厂那里购买所有的汽油，那么在合同期满前该加油站所辐射的市场就被"封锁"了，不能再向其他炼油厂开放了。在 *Standard Oil Co. of California v. United States*（*Standard Stations*）案[④]中，联邦最高法院认定此类合同总计封锁了 6.8% 的成品油市场而无法向被告炼油厂的竞争对手开放，从而违反反垄断法。由于独家交易协议在该市场上很普遍，因而因全部炼油厂与独立加油站之间签署的该类协议封锁的成品油市场的总百分比要高得多。[⑤]

那么此种协议是否降低了市场竞争呢？所有在本书第 9 章纵向一体化整合的讨论中批评市场封锁理论的观点同样适用于独家交易。而独家交易协议对竞争的威胁——如果有的话——实际上比更持久和广泛的纵向一体化（例如纵向合并）更小。与合并不同，独家交易协议通常不会涉及企业经营的各个方面；并且，独家交易合同有期限限制，一般每隔一段时间（根据合同条款，可能持续几个月到

---

① 在反垄断分析中，普通法上所要求的协议通常会被作为独家交易协议对待。例如 Taggart v. Rutledge, 657 F. Supp. 1420, 1443 - 1445（D. Mont. 1987），以法庭一致意见维持, 852 F. 2d 1290（9th Cir. 1988）。

② 15 U. S. C. A. § 45. 参见 FTC v. Brown Shoe Co., 384 U. S. 316, 86 S. Ct. 1501（1966），及本书第 10.3d 节。

③ 参见本书第 9.3c 节。

④ 337 U. S. 293, 69 S. Ct. 1051（1949）.

⑤ 同上一条注释，at 295, 69 S. Ct. at 1053. 只有 1.6% 左右的零售加油站配有"分体泵"，也就是说，出售两个或两个以上不同炼油厂生产的汽油。

几年的时间），供应商都不得不与竞争对手相互竞争以获得新的合同。①

如果上游企业具有市场支配地位且下游市场存在显著的进入壁垒，那么独家交易协议就可能带来无效率的竞争封锁。然而，只要下游市场能够很容易进入，市场封锁效应就不太可能发生。但是，举个例子，假设地理位置对于某种生意的存续至关重要，并且其中两到三个地点明显优于其他潜在的候选地点，在这种情况下，一家占支配地位的上游企业可以通过与这两三个优选地点的所有的下游企业签订独家交易合同来"封锁"竞争——因为这种做法提升了市场进入的难度。

对于反垄断而言，包括排他性合同在内的所有做法的最终结果都是对消费者造成损害，这一损害通常以下游市场的产出量减少和价格上涨的程度来进行衡量。这是侵权法与反垄断法之间最重要的区别。对竞争对手的损害可能构成不正当竞争行为。但是，排他性合同之所以违反反垄断法，是因为其对所有的购买者都造成了伤害。第九巡回法院在其作出的 *Qualcomm* 案判决中犯了严重的错误。在该案中，联邦地区法院煞费苦心地审查了大量的证据，证明被告的独家交易和排他性折扣的做法是如何导致价格出现上涨的，但第九巡回法院却十分简单地否定了这些证据的证明效力，认为与案件相关的焦点问题是是否存在对竞争对手的损害。②

10.8a.2. 抬高竞争对手的成本

如果不将封锁效应理解为把竞争者排除在市场大门之外，而是理解为通过把竞争对手排挤到较差的分销渠道以提高它们的成本的话，那些认为独家交易具有封锁效应的理论就变得更具有说服力。③ 例如，Standard Oil（标准石油公司）通过与众多铁路公司达成协议，可以在铁路运输时刻表中获得优先运力，以及比其他石油产品竞争者更低的价格，这就很可能扩大其垄断地位。④ American Can（美国罐头公司）在一段时间内买下罐机制造商的全部产量，从而使竞争对手无法获得最先进的技术。⑤ Toys'R'Us——美国最大的玩具采购商（也是最大的玩具零售商），迫使其供应商承诺不得向其他与之类似的零售折扣店提供相同种类及

---

① 在 *Standard Stations* 案中，独家交易条款具有不同的表现形式。然而，协议每年一签，且双方都可以提前 30 天通知终止协议，参见上一条注释，at 296，69 S. Ct. at 1053。在此类案件中，即便一个加油站在任何特定时间内只经营一个供应商的汽油，为获取此种独家交易协议而开展的竞争也是十分充分的。参见 United States v. El Paso Natural Gas Co.，376 U. S. 651，84 S. Ct. 1044 (1964)。

② FTC v. Qualcomm，411 F. Supp. 3d 658（N. D. Cal. 2019），rev'd，969 F. 3d 974，999 - 1000（9th Cir. 2020）。

③ 参见 11 Antitrust Law ¶ 1804 (4th ed. 2018)。

④ Elizabeth Granitz & Benjamin Klein，"Monopolization by 'Raising Rivals' Costs:' the Standard Oil Case"，39 *J. L. & Econ.* 1 (1996)。

⑤ United States v. American Can Co.，230 F. 859，875（D. Md. 1916），上诉申请被驳回，256 U. S. 706，41 S. Ct. 624 (1921)（"在被告成立后的一两年时间里，任何竞争者实际上都无法获得最先进的、最新式的自动化机器"）。参见 11 Antitrust Law ¶ 1801a (4th ed. 2018)。

版本的玩具，或者承诺仅向其竞争对手供应大包装的玩具，这使最终消费者从其竞争对手处只能选择一次性购买大套的玩具。[①] 类似地，在 *McWane* 案中，法院同意联邦贸易委员会的观点，即一家管道配件和相关供应品的大型生产商使用反竞争的独家交易方式，使另一家无法提供全产品线管道产品的较小规模的生产商难以与之竞争[②]，因为在独家交易安排下，经销商无法找到 McWane 公司的替代产品，除非 McWane 公司的竞争对手可以提供整个产品线的全部产品，然而，现实是其唯一的竞争对手无法做到这一点。通过这种方式，拥有 90％市场份额的企业能够阻碍竞争对手的成长，从而在较长的时间内维持其市场支配地位。

10.8a.3. 为衡量纵向封锁所进行的市场界定[③]

如欲产生反竞争的封锁效应，上游市场中拥有较大市场份额的企业必须能够封锁下游市场中占显著比例的市场份额。例如，假设 X 公司制造了世界上 80％的太阳能腕表，并与某一地区 100％的珠宝店签订了独家协议，如果珠宝店是这类手表唯一的销售网点，那么其他制造商就很难再找到合适的销售渠道。但如果此类手表能够通过百货公司、品牌折扣店或者互联网等渠道顺利地销售出去，那么对竞争的限制就很小了。[④] 因此，考察全部的各种有效的分销渠道是非常重要的，仅锁定一个分销渠道的独家经营协议，不足以排除竞争者通过其他渠道展开充分的竞争。[⑤]

同样重要的是，在垂直方向上与相关市场相关联的市场不一定与相关市场具有相同的地理边界。例如，假设一家医院对外仅提供某一门诊医生的诊疗服务，该医院在其服务的相关地理市场中——仅在一市范围内占据市场支配地位，然而，事实上医院可以从其他地区，甚至在全国范围内聘请门诊医生。在这种情况下，没有任何一名门诊医生能够通过与该医院缔结独家交易协议而收取垄断价格。[⑥]

10.8b. 能促成卡特尔的独家交易协议

独家交易协议可以通过使买家无法强迫卖家彼此进行相互竞价，从而减少了卡特尔内部作弊的可能性，而促进了共谋。例如，如果多家炼油厂组建了卡特

[①]　Toys 'R' Us, 5 Trade Reg. Rptr. ¶ 24516 (F. T. C. 1998)，维持，221 F. 3d 928 (7th Cir. 2000).由于协议是针对玩具制造商的，因此它是一种产出合同（output contract）而非独家交易合同（exclusive dealing contract）。

[②]　McWane, Inc. v. FTC, 783 F. 3d 814 (11th Cir. 2015).

[③]　参见 2A Antitrust Law ¶ 570 (4th ed. 2014)。

[④]　参见 11 Antitrust Law ¶ 1802d (4th ed. 2018)。

[⑤]　参见上一条注释，at ¶ 1821d4 (4th ed. 2018)。

[⑥]　参见 Collins v. Associated Pathologists, 844 F. 2d 473, 479 (7th Cir.)，最高法院提审动议被驳回，488 U. S. 852, 109 S. Ct. 137 (1988)（应当在门诊医生竞争上岗的地域范围内确定相关市场中被锁定的市场份额，而与医院服务所在的相关地域市场无关）。参见 11 Antitrust Law ¶ 1821b (4th ed. 2018)。

尔，汽油经销商可以迫使炼油厂之间相互竞价并通过单独协商的秘密条款达成供销协议，从而破坏了卡特尔的固定价格机制。但如果各个卡特尔成员与其经销商分别签订的是独家销售协议，从而使各个经销商成为某一"品牌"的经销商，那么竞标的情况就会减少。当然，只有在以下情况下此种独家交易才应当被禁止：（1）上游市场呈现出便于共谋的特征；并且（2）独家交易在市场中广泛存在以至于足以推断其作用就在于促进卡特尔。但是，独家交易协议因其固有的经济效率提升属性而在市场中广泛存在——企业必须采取有效率的做法，否则就会失去市场份额。如果上游市场高度集中并容易滋生共谋，但同时独家交易本身是有效率的，那么政策制订者可能应当允许期限较短的独家交易的存在。如果独家交易合同的期限较短，经常需要重签，那么其绝大部分的好处就得以保留，而与此同时，其对竞争的威胁将大大减少。

10.8c. 独家交易与搭售之间的区别

如本书第 10.7c 节所述，如果在搭售的案件中适用合理原则，那么区分特定协议究竟是搭售协议还是独家交易协议的必要性就大大降低了，因为两者适用的测试方法大同小异，事实上也没有本质区别。今天，在诉讼中努力将独家交易与搭售相区分的主要原因，是搭售开启了适用本身违法原则的可能性。

实际上，在特定的条件下，独家经营协议可能比搭售协议对竞争的损害更为严重。例如，假设 Minolta 同意向复印店提供复印机并搭售纸张和其他配套产品，复印店将无法在这些机器中使用非 Minolta 供应的纸张。然而，除非 Minolta 同时要求签署独家供货协议，否则该商店可以自由使用 Xerox 或者 Toshiba 的复印机，并且可以在这些机器上使用其他生产商供应的纸张。在复印店可以调整的最大限度内，它可以通过减少购买 Minolta 复印机并增加非 Minolta 复印机的使用来应对 Minolta 纸张的价格上涨。相比之下，如果 Minolta 对机器或者纸张实施独家交易，那么复印店将不得不从 Minolta 那里购买所有所需的产品。总而言之，搭售协议仅仅作用于那些搭售的商品，而独家经营协议则作用于那些被要求独家交易的门店或者企业本身。搭售协议所产生的封锁效应，随着企业可以选择使用或者销售的结卖品品牌的增加，而逐步减弱。[①]

在大多数特许经营协议中，搭售协议和独家交易协议具有相同的经济功能。然而，法院对这两者进行了区分，并且对那些被认定为独家交易的协议适用更加宽容的测试标准。独家交易协议和搭售协议之间的主要区别在于，在独家交易中，法院不明确区分"结卖品"。一个很好的例子是 O'Connor 大法官在 *Jefferson Parish* 案中的附和意见[②]，她认为医院服务和麻醉师服务是相同的"商品"，

---

① 参见 11 Antitrust Law ¶ 1800b (4th ed. 2018).

② Jefferson Parish Hosp. Dist. No. 2 v. Hyde, 466 U.S. 2, 44, 104 S. Ct. 1551, 1575 – 1576 (1984).

因此不构成不同产品的搭售，涉案协议应被认定为独家交易协议。然而，事实上，即使在独家交易协议中也存在"结卖品"——经销品牌商商品的特许经营权，也许还有对外展示自己系"授权经销商"身份的权利。这一权利对于高销售量经销商的意义比对低销售量经销商更大。其结果是，独家交易协议可以如搭售协议一般被用作实现价格歧视的手段。[①] *Standard Stations* 案几乎可以肯定就是这种情况。在该案中，Standard 公司投入了大量资金用于品牌营销从而在公众中获得了广泛的知名度，通过与加油站签订独家交易合同，允许它们使用 Standard 的品牌，并对其销售的汽油收取超竞争价格，Standard 公司实际上同时向零售商出售了其无形的品牌资产和汽油产品。不过，根据不同零售商销量的不同，Standard 在品牌资产的销售方面所收取的费用是有差异的。[②] 然而，一旦法院判定这种情况不属于搭售——因为搭卖品和结卖品实质上是同一产品，那么原告就只剩下独家交易这一种诉由了，这常常发生在涉及特许经营的纵向垄断协议的诉讼中。

10.8d. 独家交易协议的经济效率及其抗辩理由

独家交易协议介于纵向一体化的企业内部交易和企业间的单次个别销售之间，可以作为将制造商的产品分销给最终消费者的助推器。市场是充满不确定性的，某些市场的不确定性比其他普通市场更为严重。[③] 长期且灵活的协议可以最大限度地降低双方面对这些不确定性时的成本和风险。例如，没有任何汽油经销商能提前预知未来某个时期的销售量，同时也难以获得关于供应商未来生产状况的可靠信息。某些市场的状况是如此不确定，以至于没有理性的投资者会愿意在未提前获得稳定的供应来源的情况下投资建设第一个零售网点。[④] 如果夏季是旅行出游的高峰，汽油零售商就需要提前确保它能够在夏天来临时获得足够的汽油供应，因为依靠现货市场，给企业留下的准备时间十分之短，市场风险很高，且成本高昂。

与之相对，炼油厂希望其产品有稳定的销售渠道。消费者习惯于在特定加油

---

① 参见本书第 10.6 节。

② 参见 Krehl v. Baskin-Robbins Ice Cream Co. , 664 F. 2d 1348 (9th Cir. 1982)，在该案中，作为特许经营被许可人的原告在被允许展示被告商标的同时，也需要独家销售被告生产的冰淇淋。原告和法院都将此种安排定性为独家交易协议；然而 *Baskin-Robbins* 案与 *Standard Stations* 案之间在行为性质方面的区别不甚明朗。

③ 关于利用垂直整合以避免市场不确定性的重要论述，参见 Oliver Williamson, *Markets and Hierarchies* 82 - 131 (1975)；关于美国对通过合同实施的纵向一体化的反垄断政策的历史，参见 Herbert Hovenkamp, "The Law of Vertical Integration and the Business Firm: 1880 - 1960", 95 *Iowa L. Rev.* 863 (2010).

④ 参见 *Great Lakes Carbon Corp.* , 82 F. T. C. 1529, 1656 (1973) （"审慎的炼油厂不会安装［昂贵的］设施，除非它在作出投资决定时已经握有出售将来生产的成品油产品的销售合同"）。参见 11 Antitrust Law ¶ 1811 (4th ed. 2018).

站购买特定品牌的汽油。如果消费者能够提前知道某个加油站拥有他/她更倾向的品牌的汽油，对消费者来说是最有利的。独家交易协议可以使炼油厂在最终消费者面前树立了等同于炼油厂自营的零售加油站的形象，同时还可以使炼油厂节省下自建加油站的高额投资。独家交易协议也可在零售层面为加油站提供激励。如果炼油厂拥有自己的加油站，该加油站只是炼油厂的内部经营部门。而独立的加油站则具有自主的商业决策，有意愿通过尽可能多地销售炼油厂的汽油来获取最大化的利润。

此外，纵向一体化协议能使协议双方围绕着生产设施的使用收益达成协议。例如，炼油厂设施的成本可以通过未来精炼成品油的销售来得以回收。通过与加油站提前达成稳定的一系列销售交易安排，炼油厂实际上与汽油零售商共担了投资风险。[1] 一般来说，某项投资越是专门化（specialized），风险就越大。如果炼油厂在没有未来销量保证的情况下投入基础设施建设，零售商可以在稍后利用炼油厂的沉没成本进行讨价还价，所需支付的价格可以低至仅仅足以弥补炼油可变成本的程度。[2] 这样一来，当未来的需求充满不确定性时，汽油生产商可能会倾向于建设一个规模较小的炼油厂，或者根本放弃建厂。如果市场信息很少，这种情况就会持续恶化。例如，如果某企业打算建造炼油厂，但并不知道其他炼油厂的投资计划，就可能会担心未来出现产能过剩的问题。通过长期协议确保未来的市场需求，炼油厂可以分散这种风险并减少市场的不确定性。[3]

最后，从供应商的角度来看，独家交易协议甚至某些情况下的搭售协议，都可以防止"品牌间搭便车"的现象。预防搭便车是供应商实施限制转售价格和其他纵向限制行为的重要原因。[4] 品牌内搭车者通常会利用同一品牌的其他经销商开展的促销活动，而品牌间的搭便车行为与此类似——当 A 品牌的经销商在同一地点可以利用 A 品牌提供的设施或者商誉来销售 B 品牌的产品时，搭便车的情况就出现了。例如，当 Standard 公司授权一个新的加油站时，加油站可以从该经销关系中获得相关的融资、设备购置和维护保养、诸如"免费"的地图手册等配套设施等方面的支持，当然，其中最重要的是允许在加油站顶部使用醒目的"Standard"标志。如果加油站被允许同时销售打着"同等品质"广告的其他品牌的打折汽油——即使消费者能有效地将真正的"Standard"汽油和其他品牌的

---

① 参见 11 Antitrust Law ¶ 1814 (4th ed. 2018)。

② 类似案例见 Great Atlantic & Pacif. Tea Co. v. F.T.C.，440 U.S. 69，73，99 S. Ct. 925，929 (1979)，在该案中，A&P 因能从 Borden 牛奶公司获得非常低的报价而被认定违反了《罗宾逊—帕特曼法案》，因为 Borden 公司刚刚在该地区建造了一个依赖于 A&P 的大型工厂，如果不维系与 A&P 之间的合作关系，就会担心产能过剩。

③ 参见 Wesley Liebeler, "Antitrust Law and the New Federal Trade Commission", 12 *Sw. U. L. Rev.* 166, 186-196 (1981)；Howard Marvel, "Exclusive Dealing", 25 *J. L. & Econ.* 1 (1982)。

④ 参见本书第 11.3a 节。

汽油相互区分开——那么"Standard"所提供的这些设施和福利在两个品牌的实际销售过程中也难以分开。由此一来，由"Standard"所提供的这些设施和福利中的一部分将免费成为促进其竞争对手产品销售的便利条件。对于 Standard 公司来说，有效的解决方案就是迫使经销商与之达成独家销售协议。[①] 实证研究证明，独家销售协议最有可能发生在此类可能会出现品牌间搭便车行为的市场之中。[②]

由于上述原因，独家交易协议是所谓的"关系型"（"relational"）合同交易的典型范例，即允许当事方考虑到未来市场的不可预知性而作出相当长期的交易安排以减少风险。[③] 而就企业所有权方面的纵向一体化整合，则进一步涉及投资更大的市场，在该市场中，双方各自都已经是所在行业的成熟的行家里手，而产能也可能较为充裕。在此情况下，单纯约定交易数量的简单合同就显得过于机械，无法适应未来市场可能发生的变化了。

10.8e. 独家交易协议的法律构成要件

在 *Standard Stations* 案中，联邦地区法院在认定被锁定的市场份额超过了 7％后，实际上适用了本身违法原则，而没有考察协议要件。联邦最高法院在维持联邦地区法院的判决时，似乎认可了对独家交易协议适用本身违法原则。

12 年后，在 *Tampa Elect. Co. v. Nashville Coal Co.* 案[④]中，最高法院推翻了前述判例观点。该案判决中最重要的部分是对相关市场的界定，并将市场封锁效应的要求降低至 1％以下。[⑤] 其结果是，最高法院在该案中对法律构成要件的讨论应被视为不具有先例效力的判决附带意见（dicta）。在一段隐晦但潜藏着力量的论述中，最高法院总结道：

> 在确定具体案件中封锁效应大小的过程中，有必要权衡所涉协议对相关有效竞争市场的可能影响，同时要考虑当事方的相对实力、所涉交易在市场交易总量中的比例，以及抢占（pre-emption）这部分市场份额可能对其中的有效竞争产生的直接的和潜在的可能影响。[⑥]

正如其他的市场份额具有决定性作用的案件一样，在独家交易的案件中也必

---

① 参见 11 Antitrust Law ¶ 1812 (4th ed. 2018)。

② 参见 Jan Heide, Shantanu Dutta & Mark Bergen, "Exclusive Dealing and Business Efficiency: Evidence From Industry Practice", 41 *J. L. & Econ.* 387 (1998)。

③ 关于反垄断政策与关系型合同交易的论述，参见 Herbert Hovenkamp, "Harvard, Chicago and Transaction Cost Economics in Antitrust Analysis", 55 *Antitrust Bull.* 613 (2010)。

④ 365 U. S. 320，81 S. Ct. 623 (1961)，发回重审，214 F. Supp. 647 (M. D. Tenn. 1963)。

⑤ 参见本书第 3.6 节。

⑥ 365 U. S. at 329，81 S. Ct. at 629.

须界定相关市场。^① 实际上，即使在 *Standard Stations* 案中，这一要求也隐藏在裁判理由之中。在没有界定相关市场的前提下，就无法衡量被封锁的市场份额，何况，也没有理由认为独家交易中的"市场"定义与普通反垄断案件中的相关"市场"的定义有所不同。并且，原告还必须证明被控行为如何能够对竞争对手形成封锁。^②

但是必须注意正确界定"相关市场"，在上游企业和下游企业所处的相关地理市场不一致时尤为如此。例如，*Standard Stations* 案的情形，假设一家精炼和批发汽油的业务遍及全国范围的企业与在部分地方市场上经营的某加油站达成独家交易协议，第一个问题是，对竞争的威胁是什么？一般而言，如 *Standard Stations* 案，加油站承诺专门销售"Standard"汽油。如果被认定存在的对竞争的威胁是对市场的封锁，也就是说，独家经营协议使得除 Standard 公司以外的炼油厂不可能向这些加油站出售汽油，那么相关市场是实施独家协议所在地的当地市场。^③ 类似地，如果对竞争的损害是在炼油厂层面的共谋，则相关市场是炼油厂开展业务的全国市场。相反，如果对竞争的损害是零售商层面的共谋，那么相关市场就是零售市场。

今天，几乎所有的下级法院都适用 *Tampa* 案确立的合理原则。^④ 并且，如果是适用《谢尔曼法》第 1 条的案件，一般只有对市场份额的封锁达到 30%～40% 以上时，才会认定被告的行为构成违法。^⑤ 虽然在 *Jefferson Parish* 案之前，在几个案件中封锁份额低于该百分比的独家交易协议也被认定为非法，但在该案中，持附和意见的大法官们认为，30% 的封锁比例还不足以认定存在额外的反竞争影响。^⑥ 而如果案件适用的是《谢尔曼法》第 2 条，则较低的封锁百分比也足以认定占支配地位的公司构成反竞争行为。

---

① 例如 Morgan，Strand，Wheeler & Biggs v. Radiology，Ltd.，924 F. 2d 1484，1489 – 1490（9th Cir. 1991）（在该案中，原告未能界定相关产品市场和地域市场，原告关于独家交易的指控被驳回）。关于市场界定的讨论，参见本书第 3 章。

② 例如，参见 Digene Corp. v. Third Wave Tech.，Inc.，323 Fed. Appx. 902，2009 WL 886301（Fed. Cir. 2009，unpublished）（该案中，法院认定出售被告的测试装置的非独家销售协议并不构成垄断行为，因为消费者也可以从其他竞争者处购买相关产品）。

③ 例如，Ryko Mfg. Co. v. Eden Serv.，823 F. 2d 1215，1233（8th Cir. 1987），最高法院提审动议被驳回，484 U. S. 1026，108 S. Ct. 751（1988）（关注供应市场中被封锁的市场份额）。

④ 参见 McWane，Inc. v. FTC，783 F. 3d 814，833 – 836（11th Cir. 2015）（该案认定应当适用合理原则审查独家交易协议）；Roland Mach. Co. v. Dresser Indus.，749 F. 2d 380，393（7th Cir. 1984）（同样适用合理原则）。

⑤ 例如，Sewell Plastics，Inc. v. Coca-Cola Co.，720 F. Supp. 1196，1212 – 1214（W. D. N. C. 1989），以法庭一致意见维持，912 F. 2d 463（4th Cir. 1990）（该案认定 40% 的市场份额被封锁还是不够的）。

⑥ Jefferson Parish，466 U. S. at 45，97 S. Ct. at 1575（O'Cornor 大法官附和意见）："独家交易协议只有在相关比例的买家被市场中的独家交易协议冻结在市场大门之外时才构成不合理的限制。"而持附和意见的几位大法官认定 30% 的锁定份额是不充分的，因为他们认为此时尚不存在反竞争效果。

大多数法院着眼于涉案行为对竞争的实际影响，而不仅仅考虑有多大比例的市场被封锁。① 这可以从正反两个方向加以说明。法院在审理 *Jefferson Parish* 案中得出的结论是，在没有证据表明涉案排他性行为具有反竞争目的的情况下，市场封锁的份额达到 30％ 也是不够充分的。在此，经济效率解释占据了主导地位。事实上，确实也很难解释医院想要降低麻醉市场竞争程度的动机是什么。相反，在 *Microsoft* 案中，被告打算排除竞争对手的浏览器 Netscape②，此时应当降低市场封锁份额的门槛，也即在较低的市场封锁份额的情况下进行谴责也是合适的。

Tampa 案中确立的合理原则要求法院考察许多其他方面的因素，包括：（1）协议的有效期限；（2）行业中达成共谋的可能性，以及同一市场上其他企业也采用独家交易的广泛程度；（3）市场进入门槛的高低；（4）在实施独家交易后市场中分销体系的状况以及可供替代的其他剩余分销体系的状况；以及（5）其他明显的反竞争效果或者促进竞争的效果。对于促进竞争的效果而言，最常被引用的是防止搭便车和鼓励经销商更多地推销供应商的产品。

如前所述，长期合同通常比短期合同更容易被认为存在问题，因为在续约协商时通常会存在大量竞争。事实上，当合同本身期限较短且各方争夺激烈时，充斥着独家交易协议的市场同时也是竞争激烈的市场。在服务领域经常会出现这种情况，独家交易协议的存在大大降低了交易成本。例如，工厂不希望在垃圾处理的问题上每天都要和垃圾清运公司开展谈判，因此，它将要求各垃圾清运公司对该项业务进行竞标，其中中标者可获得规定时间内（可能是一年）的独家合同。当合同到期时，工厂将组织新一轮的竞标。即使该地区的每一家工厂和垃圾清运公司都达成一定期限的独家协议，这样的市场也很可能是竞争充分的。

无独有偶，当存在其他可替代渠道或者平台时，锁定了较大比例的分销渠道的独家协议基本上不会产生反竞争效果。紧密相随的是市场进入壁垒的问题。独家协议只有在推动了垄断定价的情况下才应当被认定为违法，而当市场进入门槛较低时，这种情况就不会存在。

当然，真正算数的"市场进入"，要么必须在独家交易协议所涵盖的两个层

① 例如，Advanced Health-Care Servs. v. Radford Community Hosp.，910 F. 2d 139，151（4th Cir. 1990）；Collins v. Associated Pathologists, Ltd.，844 F. 2d 473，478 - 479（7th Cir.），最高法院提审动议被驳回，488 U. S. 852，109 S. Ct. 137（1988）。也可参见 Roland Mach. Co. v. Dresser Indus.，749 F. 2d 380，393 - 395（7th Cir. 1984），该判决认定，为了证明独家交易是不合理的排挤性行为，原告首先必须证明涉案行为有可能阻止被告的至少一个重要竞争对手在相关市场中开展业务。如果涉案行为并没有足以排挤掉一个重要的竞争对手，该协议就不可能损害竞争。其次，原告必须证明排挤掉竞争对手的可能（不要求确定）影响将是将价格提高到高于竞争水平之上（因此会将产量减少到低于竞争水平），或者以其他方式损害了竞争。

② United States v. Microsoft Corp.，253 F. 3d 34，66（D. C. Cir. 2001）。见本书第 7.8c 节。

面的市场中都存在，要么在其中一个市场中必须有足够的非锁定产能，使另一个市场的新进入者能够拥有现成的供应来源。例如，炼油厂和加油站之间的独家销售协议只有在潜在竞争者无法轻易、快速地进入市场的前提下才会促进垄断定价。如果独家销售协议在市场中广泛存在，以至于任何一个想要从事炼油行业的潜在投资者必须同时建造一系列的加油站才能进入市场，那么应当考虑的就是是否存在进入这一"双层市场"的显著的进入壁垒（也即将两个市场的进入壁垒当成是一个市场的进入壁垒结合起来考虑）。而市场进入的难易程度通常可根据1992《横向合并指南》中确立的标准来衡量。

第10.9节　纵向最惠国待遇（MFN）条款以及"反转向"（"Anti-Steering"）条款

最惠国待遇（most-favored-nation，MFN）条款要求买方或者卖方向被告提供至少与其向被告的竞争对手提供的价格或交易条件一样有利的价格或条件。有时候合同条款中甚至会列出具体的竞争者。[1] 尽管最惠国待遇条款与独家销售协议不同，但它们可以产生相似的效果，因为两者都会惩罚交易对方与竞争对手交易的行为。在少数情况下，最惠国待遇条款被用于换取明确的独家交易承诺——如果您同意仅与我交易，我会给您一定的优惠。[2] 但是，一般而言，因为最惠国待遇条款仅仅提供最优惠交易条件而不是明确排除其他竞争对手，所以其通常被认为相较于独家交易协议而言对竞争的损害较小。此外，它们也会具有促进竞争的效果。例如，通过向交易对方保证其将获得不低于其他竞争对手已经获得的待遇，从而可以促进交易的达成。

对最惠国待遇条款的结构性分析是通过衡量被告在上游市场中的市场地位，以及评估对下游市场的封锁效应来进行的。例如，如果某人寿保险公司在保险市场拥有80%的市场份额，而其最惠国待遇条款涵盖70%的被保险人，这些被保险人可能就不会接受其他与该保险公司竞争的保险公司的产品，因为那些保险公司只可能提供更高价格的服务。[3]

然而，在个案中，法院还是需要深入考察最惠国待遇条款的性质。在一个极端，只要求在价格上和其他人相匹配以享受同等待遇的最惠国待遇条款不会造成

---

[1] Stephen C. Salop & Fiona Scott Morton，"Developing an Administrable MFN Enforcement Policy"，27 *Antitrust* 15（Spring 2013）.

[2] ProMedica Health Sys.，Inc. v. FTC，749 F. 3d 559，571（6th Cir. 2014）（在该案中，如果供应商将一家竞争医院从其客户名单中排除出去，则被告医院将提供给该供应商 2.5% 的折扣）.

[3] 例如，United States v. Delta Dental of R. I.，943 F. Supp. 172，176–80（D. R. I. 1996）（在该案中，保险公司与90%的执业牙医达成了最惠国待遇协议，其计划同时覆盖了该州35%至45%的购买了牙科保险的人群。）

排挤竞争的损害。诚然，这也可能带来其他类型的损害，例如，价格匹配条款可以促进拉平市场价格的共谋，同时，它们也可能降低了企业实施价格歧视的可能性，而此类行为在许多情况下是有利于提高市场效率的。

在另一个极端，最惠国待遇可能会导致合同相对方与其他竞争对手的交易成本骤升，以至于市场竞争消退，产生类似于独家交易的效果。例如，假设 A 向 B 出售某个产品的协议中要求，A 向其他市场主体出售的价格必须高出向 B 出售价格的 20%。在这种情况下，其他市场主体可能不愿意再与 A 进行交易，而这将产生与独家协议相同的结果。当然，要想成功达成此类协议，企业必须具有一定的市场支配力。

总而言之，当一家具有支配地位的企业要求交易相对方向其提供的交易价格低于其他竞争者时，排挤性威胁最有可能出现。这无疑会给竞争对手带来更高的成本。例如，在 19 世纪末和 20 世纪初，Standard Oil 以提供大宗运输业务作为条件，从铁路公司处获得"优惠回扣"（"preferential rebates"）[1]，而这显著提升了其他与之竞争的石油供应商的成本。[2]

限制客户以较低价格从其他方处进行采购的"反转向"条款（anti-steering clause）比简单的最惠国待遇条款更具有危害性。它们会干扰客户追求自身利益最大化的能力。联邦最高法院在 *AmEx* 案中忽略了这一点，该判决批准了 American Express（美国运通）公司禁止商家向客户提供折扣以换取他们使用手续费较低的其他信用卡公司发行的信用卡的政策。[3] 信用卡属于典型的"双边"市场，平台在其中与客户一侧的交易被其与商家的另一侧的交易所抵消。另一个典型例子是 Uber（优步）平台，这也是一个双边市场，司机和乘客在其中就乘车服务进行交易。更高的打车费会吸引来更多的司机，但会导致乘车次数的减少，反之亦然。平台的运营商通过在两者之间寻求恰当的平衡来使其收益最大化。

出于某些目的，特别是出于涉及收入计算的目的，所涉行为对双边市场的竞争影响只能通过综合考察两边的情况来进行评估，因为平台在一边的亏损可以被另一边的获益所抵消。[4] 例如，持卡人可以免费使用信用卡的事实并不意味着必然存在掠夺性定价，因为我们还必须考虑发卡机构从商家那里获得的收入。无线

---

①　参见 David Millon, "The Sherman Act and the Balance of Power", 61 *S. Cal. L. Rev.* 1219 (1988)。

②　参见 Elizabeth Granitz & Benjamin Klein, "Monopolization By 'Raising Rivals' Costs': The Standard Oil Case", 39 *J. L. & Econ.* 1, 2 (1996); Daniel A. Crane, "Were Standard Oil's Rebates and Drawbacks Cost Justified?", 85 *S. Cal. L. Rev.* 559 (2012)。

③　Ohio v. American Express Co. , 138 S. Ct. 2274 (2018).

④　关于双边平台的经济分析及其他显著的特征，见本书第 1.4b 节。对双边平台更细致的经济分析，见 Jean-Charles Rochet & Jean Tirole, "Platform Competition in Two-Sided Markets", 1 *J. Eur. Econ. Ass'n* 990 (2003); Michael Katz & Jonathan Sallet, "Multisided Platforms and Antitrust Enforcement", 127 *Yale L. J.* 2142 (2018)。

电视也是如此，它对观众免费，但从广告商那里获得广告收入。

最高法院在 *AmEx* 案中没有看到的是，对排挤性做法的分析可能应当与对掠夺性定价的分析明显区分开，前者通常不涉及负担和收益的相互抵消。在面对 American Express 公司收取的高额费用时，商家有动力向持卡消费者提供较低的价格，以换取消费者使用对商家来说成本较低的卡。

例如，假设发生了一笔大额交易，如果消费者使用 American Express 信用卡，商家需要向 American Express 公司支付的手续费为 30 美元，而如果消费者使用 Visa 信用卡，则商家支付的手续费只需要 20 美元，则商家可能会向消费者提供 5 美元的商品价格折扣，以换取他们使用 Visa 卡。反转向条款阻止了这种交易的发生。在此过程中，该规则使消费者和商户的处境都变得更糟了：它拒绝了消费者享受因使用更便宜的卡而获得的商品折扣，也拒绝了商户因转换信用卡而带来的较低成本。[①] 如果允许转向，则价格将下降，服务总销量和信用卡的总使用量都会因此而增加。该被控限制行为的唯一受益者是该平台的所有者——American Express 公司，这一机制能够保护其所收取的高额手续费免受价格较低的竞争对手的竞争。

总而言之，最高法院没有能够对该案采用纵向合同所需的那种针对特定交易的科斯分析（Coasean analysis）。[②] 如果这样做，它就会看到 *AmEx* 案的事实表明，被质疑的行为与更高的消费价格之间存在直接联系。事实上，*AmEx* 案被控合同条款所阻止的每次转向都会导致：（1）该购买者的价格更高；（2）商家的收入损失；（3）本可以获得交易的其他成本更低的信用卡流失了业务。

审理该案的地区法院认为，相较于从前还没有禁止转向条款的时候，商家的整体价格更高了，而在案证据似乎也支持了这一结论。但这个问题实际上是一个"红鲱鱼谬误"*。因为原告并未寻求禁止被告的整个业务，而只是申请法院禁止被告规定"反转向条款"。在这种情况下，法院应当审查的是被质疑的条款对市场造成的影响，而不是被告的整个商业活动所带来的影响，在这种情况下，很明显，每当反转向规则起作用、阻止了消费者使用更便宜的信用卡时，实际的交易价格都会变得更高。

---

　　* 红鲱鱼是一个英语俚语，通常指小说中作者故意设置的误导读者思路的诱饵，让读者在看到结局之前，误以为某人或某事件系凶手或破案关键。在本文中，红鲱鱼的含义是使人误导的、本不应该作为争议焦点的问题。——译者注

　　① 参见 Erik Hovenkamp, "Platform Antitrust", 44 *J. Corp. L.* 713（2019）；Herbert Hovenkamp, "Platforms and the Rule of Reason: the American Express Case", 2019 *Col. Bus. L. Rev.* 35（2019）。

　　② 关于这点，参见 Herbert Hovenkamp, "The Looming Crisis in Antitrust Economics", ＿＿ *Boston Univ. L. Rev.* ＿＿（2020）（forthcoming）（SSRN working paper, Feb. 2020），访问地址 https://papers. ssrn. com/sol3/papers. cfm?abstract_id＝3508832。

　　Amex 案带来的一个教训是，人们不应被过于笼统的辞藻所误导，研究双边市场的经济学生产出了许多此类言辞。没有什么方法可以替代基于特定交易行为的个案分析，以及对谁受到了损害、谁又从特定实践中受益这些事实真相的深入分析。

第 11 章
同品牌内部的销售竞争限制

第 11.1 节　概　述

第 11.2 节　最低转售价格维持的理论上的竞争威胁与纵向地域限制

　　11.2a. 概述

　　11.2b. 作为合谋促进器的纵向限制；具有市场力量的单个经销商

　　　　11.2b.1. 经销商的市场力量；对政策的启示

　　　　11.2b.2. 生产商合谋与纵向限制

　　11.2c. 价格歧视

第 11.3 节　纵向限制与效率

　　11.3a. 搭便车的问题

　　11.3b. 搭便车问题的各种变体与其他类型的合理性分析

　　　　11.3b.1. 优先零售服务的采购；货架空间；品质证明

　　　　11.3b.2. 提高转售的密集度

　　　　11.3b.3. 保护销售商的利润；分销合同的执行

第 11.4 节　纵向限制案件中的协议要件

　　11.4a. 横向协议与纵向协议、价格因素与非价格因素

　　11.4b. *Colgate* 规则

　　11.4c. 经销资格的终止

　　11.4d. 与纵向限制有关的协议要件和反垄断政策；具有市场力量的经销商实施的限制

第 11.5 节　司法视角下的转售价格维持

　　11.5a. 从 *Dr. Miles* 案到 *Leegin* 案

　　11.5b. "转售"的含义——委托销售例外

11.5c. 最高转售价格维持

11.5d. 价格与非价格协议的区别

第 11.6 节　适用合理原则的纵向非价格限制

11.6a. 平衡"品牌内"竞争与"品牌间"竞争

11.6b. *Sylvania* 案对下级法院的影响

11.6c. 关于抵制的诉讼主张

11.6d. 独家经销、独家零售以及拒绝交易

11.6e. 双重分销

第11.1节　概　述

本章讨论依据合同形成的两大类纵向一体化整合形式。第一类是纵向价格固定，或称转售价格维持（resale price maintenance，RPM），即制造商或供应商对独立经销商转售其所提供的产品的价格进行管控。[①] 第二类是纵向非价格限制。其中最常见的是纵向区域划分，即供应商对其分销商或零售商的经营位置或销售区域进行管控。另一种重要的纵向非价格限制是客户目标群体限制，即对可以与分销商或其他转售商进行交易的买家类别进行限制。纵向非价格限制类型多样，包括限制经销商销售特定的产品型号、限制邮寄订单销售、限制经销商可与客户签署的各种协议，以及供应商限制经销商在特定城市或地区的门店数量，等等。

这些限制被称为"品牌内部"（"intrabrand"）的限制，因为它涉及的是经销商对单一品牌的销售，而不会对其他生产商所拥有的品牌商品的销售造成限制。相反，"品牌之间"（"interbrand"）的分销限制将使下游公司仅可销售特定公司的品牌，而排除其他品牌。主要的品牌之间的分销限制包括搭售协议和独家销售，是上一章讨论的主题。品牌内部的分销限制受《谢尔曼法》第1条的约束，而品牌之间的分销限制受《克莱顿法》第3条的规制。[②]

在实践中，供应商经常会同时使用这两种限制。例如，供应商可能会在其与经销商签署的合同中规定，经销商只能在指定的区域内销售，并且只能销售供应商的品牌。这将是纵向区域限制（品牌内）和独家销售限制（品牌间）的结合。在本章中，"纵向限制"一词指的是同一品牌内部的限制。

直到不久前，对这两类实践还适用两种不同的法律标准。然而在今天，所有这些行为都受到合理原则的约束，尽管适用方式可能因限制行为类型的不同而有所不同。

第11.2节　最低转售价格维持的理论上的竞争威胁与纵向地域限制

11.2a. 概述

对于为什么最低转售价格维持（RPM）是违法的，法院给出了不同的理由。

---

① 在本章中，"上游公司""制造商"或"供应商"在使用上或多或少具有互换性，用于指纵向协议的上游方。"下游公司"、"分销商"、"经销商"、"转销商"或"零售商"等一般指下游方。下游方是制造商和最终用户之间的中介方。

② 见《克莱顿法》§3，15 U.S.C.A. §15，该条规定了某些销售或出租产品的情形构成非法，涉及"通过交易条件、协议、理解等约定，承租人或买家不能与作为其……竞争对手……的出租人或卖家进行交易或使用其产品……"。这一法条语言完全没有指向限制生产商自有品牌内部销售或者租赁产品的情形。

其一，它允许制造商占零售商的便宜，并剥夺了零售商设定最有利于自己的价格的自由。[①] 其二，RPM 实际上是零售商之间实施价格固定的一种形式，零售商将制造商纳入协议之中，以便管理卡特尔组织。[②] 第二种理由的另一种类似说法是，具有较强市场力量的经销商在其销售领域内可以通过 RPM 约束其零售竞争对手以采取最低转售价格。当然，上述第一种解释适用于一些实际情况，而第二种解释则适用于另一些情况。

第一种理由的普适性似乎是相当值得怀疑的。零售商所赚取的加价（mark-up）是制造商为其产品的分销服务所支付的对价，而制造商应当能够以最有效率——也就是使自身利润最大化的方式分销其产品。当然，制造商希望将分销成本保持在尽可能低的水平上。如果分销链上的各家公司的运营效率都能达到最优水平，那么对任何一家公司都是最有利的。[③] 从零售商的加价中获得的任何利润都归零售商所有，而不是制造商。假设制造商对消费者的利润最大化价格是 8 美元，零售商的分销成本是 1 美元，制造商将以 7 美元的价格将商品批发给零售商，如果零售市场是竞争性的，它们将以 8 美元的价格转售。如果制造商以低于 7 美元的价格将商品出售给零售商，但迫使零售商将零售价格定为 8 美元，则部分垄断利润将归零售商所有，而不是归于制造商，这一例子表明，制造商很难占零售商的"便宜"。

11. 2b. 作为合谋促进器的纵向限制；具有市场力量的单个经销商

上文提到的第二种理由所对应的情形是，最低转售价格维持实际上是在零售商的鼓动下达成的，它们从事的是价格固定行为。零售商想让供应商加入卡特尔是有充分理由的。供应商可以更好地监视各家零售商的定价活动，因为它们与每个零售商都打交道，而零售商们之间通常并不直接打交道。此外，如果制造商能够设法利用 *Colgate* [*]例外[④]，它们将能够合法地实施转售价格维持。

这类被指控的零售商卡特尔有两种类型。如果生产商在市场上没有市场力

---

[*]　Colgate 例外就是 Colgate 这个案子确立的一项规则，该规则提供了豁免，免除反垄断责任。——译者注

[①]　Simpson v. Union Oil Co., 377 U. S. 13, 20 - 21, 84 S. Ct. 1051, 1056 - 57，重审申请被驳回, 377 U. S. 949, 84 S. Ct. 1349 (1964); United States v. A. Schrader's Son, Inc., 252 U. S. 85, 99, 40 S. Ct. 251, 253 (1920)。

[②]　Dr. Miles Medical Co. v. John D. Park & Sons Co., 220 U. S. 373, 407 - 08, 31 S. Ct. 376, 384 - 85 (1911)，推翻上述案例的判决见 Leegin Creative Leather Products, Inc. v. PSKS, Inc., 551 U. S. 877, 127 S. Ct. 2705 (2007). 关于上述两案的矛盾之处，参见 Richard Posner, "Antitrust Policy and the Supreme Court: An Analysis of the Restricted Distribution, Horizontal Merger and Potential Competition Decisions", 75 *Col. L. Rev.* 282 (1975)。

[③]　见本书第 9. 2b、第 9. 2c 节。

[④]　见 United States v. Colgate & Co., 250 U. S. 300, 39 S. Ct. 465 (1919), 有关讨论见本书第 11. 4b 节。

量，那么任何一家制造商的零售商都不能将产品的价格提高到垄断水平。消费者可以自由地转向另一个品牌。例如，如果 Sylvania 公司生产的电视机仅占全国产量的 5％，某一 Sylvania 零售商卡特尔联盟就无法对 Sylvania 牌电视机收取垄断价格，就像 Sylvania 本身也无法设定垄断价格一样。消费者会转向索尼（Sony）、Magnavox、Zenith 或其他品牌。在这种情况下，只有一个"品牌间"的卡特尔才能起到推高价格的作用——也就是说，一个包含足够多电视机品牌的卡特尔，才能使定价者联合起来合计拥有巨大的市场力量。同样，促成卡特尔固定价格的 RPM 协议也必须来自所有这些制造厂商。

相反，如果 Sylvania 公司是一家电视机垄断者，本身就能收取垄断价格，那么 Sylvania 的零售商卡特尔联盟也可以收取垄断价格。促成卡特尔的 RPM 协议只需要来自这一家垄断制造商即可。[1] 如果产品之间的差异很大，那么该品牌经销商组成的卡特尔可能会收取更高的价格，具体的涨价幅度取决于该品牌与其他品牌的竞争程度。

只有在以下两种情况下，RPM 和纵向市场限制才能充当零售商合谋的工具：1）施加限制的制造商是零售商所在区域的垄断者；或 2）占据很高市场份额的制造商采用了这种限制。这两种现象均支持这样的推论，即受限制的零售商集体拥有足够的市场力量来实施价格固定。然而，在联邦最高法院审理的大多数纵向案件中，涉及的产品都是由市场份额相对较小的制造商生产的，几乎没有证据表明同一产品的其他制造商也施加了类似的限制。[2]

丰富的历史资料表明，经销商曾试图利用供应商强加的 RPM 来促进经销商之间横向的合谋。实际上，最初否定 RPM 的 *Dr. Miles* 案，是美国历史上最大的卡特尔集团之一的副产品——全美批发和零售药剂师协会的成员间达成的一项协议，该协议旨在固定专用医疗药品的价格。[3] 在许多早期的谴责 RPM 的案件

---

① 见 8 Antitrust Law ¶ 1604 (4th ed. 2017)。进一步而言，如果多品牌销售商在该地区内具有市场力量，它们也可以把缺乏市场力量的供应商的商品卡特尔化。

② 例如，Monsanto Co. v. Spray-Rite Serv. Corp.，465 U. S. 752，104 S. Ct. 1464，重审申请被驳回，466 U. S. 994，104 S. Ct. 2378 (1984)，被告在玉米除草剂市场的份额是 15％，在大豆除草剂的市场份额是 3％。Continental T. V.，Inc. v. GTE Sylvania Inc.，433 U. S. 36，97 S. Ct. 2549 (1977)，发回重审，461 F. Supp. 1046 (D. Cal. 1978)，维持，694 F. 2d 1132 (9th Cir. 1982)，被告的国内市场份额小于 5％，且其市场份额在与诉讼相关的限制区域内为 2.5％ 和 15％。United States v. Arnold，Schwinn & Co.，388 U. S. 365，87 S. Ct. 1856 (1967)，被告的市场份额在涉案行为区间内从 22.5％ 变为 12.8％。见 Thomas Overstreet，Jr.，*Resale Price Maintenance*：*Economic Theories and Empirical Evidence* 45 - 49 (1983)；Thomas Overstreet，Jr. & A. Fisher，"Resale Price Maintenance and Distributional Efficiency：Some Lessons from the Past"，3 *Contemp. Policy Issues* 3 (1985)。

③ 见 Herbert Hovenkamp，*Enterprise and American Law*，1836 - 1937 at 342 - 345 (1991)。

中，均有很强的证据表明存在横向和纵向的共谋。[①] 同样涉及 *Dr. Miles* 案所在的行业的另一件发生在 20 世纪 30 年代最广为人知的 RPM 事件之一，也是很好的例子——当 Pepsodent 牙膏的制造商停止使用 RPM 时，药品零售商们集体作出了反应，它们提出要么将 Pepsodent 牙膏降价至第二等分销品，要么干脆不再进行分销，药品销售商行业协会的行动实际上等同于抵制，最终导致制造商屈服并恢复了 RPM。[②]

11.2b.1. 经销商的市场力量；对政策的启示

经销商卡特尔或者拥有足够的市场力量能够影响供应商行为的经销商，究竟有多普遍呢？如果拥有这种市场力量的经销商凤毛麟角，那么 RPM 在许多个案中可能都不值得适用昂贵的合理原则进行分析，RPM 应当简单地被推定为合法。同样地，如果大多数横向合谋可以被很容易地察觉和追诉，则直接对经销商发起诸如诉讼、调查等法律程序是更佳的策略。

芝加哥学派所主张的合法性分析，大多数都建立在以下事实假设之上——经销商具有市场支配力的情况是极其罕见的。零售商店通常不需要高度专门化的建筑或者其他生产资料，销售某一品类产品的商店通常可以随时更改或者添加其他品类的零售产品。总体而言，进入这个市场是很容易的，供应商可以很快找到新的分销渠道和零售终端。最重要的是，如果经销商坚持收取垄断价格，生产商总是可以直接进行一体化整合而自己踏足分销领域的。

但是，有充分的实证证据可以证明上述假设是错误的。销售多品牌商品的大型连锁商店几乎肯定能在零售行业产生足够的规模经济效益，相比只销售单一品牌的商店或者小型的个体商店，它们具有巨大的成本优势。从这个意义上说，我们不能从一开始就假定市场进入是容易的——甚至不能假定生产商通过一体化整合进入市场是容易的，除非生产商的产出量足够大，能够支撑起特定单一品牌的零售业务。

我们也没有理由认为，经销商合谋是非常容易被发现的。第一，由于横向价格固定行为构成本身违法，因而行为人对此通常是高度保密的。有时，我们所掌握的固定价格行为的唯一证据，就是促成价格固定的机制，比如纵向限制交易模式。第二，某些类型的价格固定行为可能根本不需要在经销商之间达成明确的

---

① 例如，见 Continental Wall Paper Co. v. Voight & Sons Co., 148 Fed. 939 (6th Cir. 1906)，维持，212 U. S. 227, 29 S. Ct. 280 (1909)（法院拒绝执行内部成员间相互合谋的制造业协会和减价转售商（price-cutting reseller）之间达成的转售价格维持协议）；Loder v. Jayne, 142 Fed. 1010 (C. C. Pa.)，维持，149 Fed. 21 (3d Cir. 1906)（认定药品生产商之间存在固定价格并将转售价格维持协议强加给经销商的共谋行为）。

② Thomas Overstreet, Jr. & Alan Fisher, "Resale Price Maintenance and Distributional Efficiency: Some Lessons from the Past", 3 *Contemp. Policy Issues* 3, 45-50 (1985); Robert Larner, "Vertical Price Restraints: Per se or Rule of Reason?", 123, 131, in *Economics and Antitrust Policy* (Robert Larner & James Meehan, Jr., eds. 1989).

"协议"，而可以通过非正式的或者默示的信息交流来实现，然而这是《谢尔曼法》第1条①所鞭长莫及的。诸如固定转售价格之类的方式可以极大地促进这种合谋的产生。集中度高的零售市场特别有利于寡头垄断的协调，因为公开的广告是交换价格信息的唯一有效方式。在这样的市场中，竞争对手将立即知道其他竞争者的每一次降价及其幅度。第三，当一个具有市场支配力的单一经销商要求实施这些限制措施时，根本无须存在横向卡特尔协议。

一个精心设计的适用合理原则的反垄断调查，将探寻一些在旧的本身违法原则看来不必要的事实。其中最主要的是那些实施了限制行为的企业的市场力量。此外，经销商通常必须销售多个品牌，这是分销的经济规律使然。制造商通常更有能力控制那些只销售制造商自家品牌的经销商，因为它们对经销商具有强大的影响力——的确，制造商可以剥夺经销商的所有库存。但一旦制造商的产品必须在大型的多品牌商店销售时，形势往往会发生逆转，此时的经销商对供应商将具有重要的影响力。

其次，产品必须能够以超竞争价格进行销售，这意味着该产品必须在相关零售产品市场中具有某种优势。对此，重要的问题不在于该产品在全国地理范围内的市场份额（假设它在全国市场出售），而在于它在消费者经常购买商品以及货比三家寻找替代品的一定区域（如某城区）或者其他较窄范围内的市场份额。同时，我们寻找的不是用来实施排挤性垄断行为的力量，而仅仅是提高价格和利润的能力。考虑到市场通常受到产品差异化和销售商商品摆放空间差异化的双重影响，40%～50%范围内的市场份额应该就足够了——也就是说，实施限制行为的这些零售商相比于其他零售商可能处于更为有利的地位。一般来说，零售分销体系的情况和零售商的市场力量都是高度个案化的问题，这警告我们在分析时不应过度概括。

11.2b.2. 生产商合谋与纵向限制

笔者还认为，纵向限制可能会促进生产商之间而非零售商之间的合谋。正如本书第4.1节所指出的，纵向一体化整合可以使卡特尔能够更细致地监督其成员。生产商与批发商或分销商的交易通常是体量巨大、秘密进行，并且通过单独谈判达成的合作。卡特尔成员有动机通过压低价格、提供额外服务、进行互惠②或接受秘密回扣来对卡特尔作弊。由于这种作弊行为的频率越高，被发现的机会也就越大，所以每笔交易的金额一定要大。与之相比，零售价格一般是公开的，在特定某一地点相对标准化，个体交易的规模也较小。有效的价格优惠信息只能通过公开的广告来传达，这样竞争对手也会看得到。通过对零售商实施RPM或

---

① 见本书第4.2节。
② 关于互惠的讨论，见本书第10.8节。

者地域限制，由生产商组成的卡特尔组织就能够监控零售层面的价格和销量。

然而，只有当生产商组织的卡特尔合计控制了足够大的市场、具备垄断力量时，该联盟才能发挥作用。此外，只有在所有卡特尔成员都使用纵向限制时，价格或产量的监控才会奏效。因此，只有当市场上的大多数生产商都在实施这些限制时，这些限制才会成为生产商之间存在卡特尔的证据。我们至少可以假设，如果在一个合理界定的市场中，只有不到一半的生产商在实施限制行为，那么它不太可能促成制造商共谋。如果超过一半的生产商都在实施同类的限制行为，那么就必须关注实施者的市场集中度水平。"四厂商集中度"（Four-Firm Concentration Ratio）低于 50％，或者 Herfindahl 指数低于 1 000，都表明市场上的各个生产商之间不太可能存在共谋，虽然也并不能绝对排除这种可能性。[①]

11.2c. 价格歧视

纵向限制可能有利于一家占市场支配地位的生产厂商限制其竞争对手找到合适的经销商。任何此类市场封锁计划能否成功的关键，均取决于经销商市场的进入门槛有多高，以及该生产厂商的市场份额有多大。并且，在限制竞争对手方面，独家销售或者捆绑销售通常比品牌内部的限制措施更为有效。也就是说，生产商关心的是让其他品牌的生产商更难以销售它们的产品。独家销售和捆绑销售直接限制了经销商销售他人商品的能力。不过，纵向限制可能被生产商用来"补偿"重要的经销商，以作为其同意独家销售交易的对价。[②] 在这种情况下，最好的做法是分析独家交易行为本身的竞争效果。[③]

纵向限制，特别是纵向地域限制或者产品限制，其目的可能是便利生产商实施价格歧视。当卖方从一组客户那里获得的利润高于另一组客户时，就产生了价格歧视。成功实施价格歧视的两项最重要的现实障碍是，难以识别和区分愿意支付不同价格的客户群体，以及难以防止套利。当享受优惠的消费者（那些支付较低价格的人）将产品转售给没有享受到优惠的消费者时，套利就会产生，并能挫败价格歧视。

纵向地域限制或者纵向客户限制可以帮助生产商解决上述两项障碍。例如，假设某生产商生产一种医院和餐馆都使用的消毒剂，医院可使用的消毒剂替代品较少，它们愿意支付的价格比餐馆更高。该生产商可以通过两个不同的分销商分别向医院和餐馆销售同一种产品，但在价格上区别对待这两类客户。另一种选择

[①]　"四厂商集中度"是指市场内四家最大的厂商的市场份额总和。Herfindahl 指数是指市场内所有企业的市场份额的平方之和。因此某一有着 10 家相同市场份额的企业（每家企业市场份额为 10％）的市场的 Herfindahl 指数为 1 000。

[②]　见 8 Antitrust Law ¶ 1648c（4th ed. 2017）；Martin K. Perry & David Besanko，"Resale Price Maintenance and Manufacturer Competition for Exclusive Dealerships"，39 *J. Indus. Econ.* 517（1991）。

[③]　关于独家交易，见本书第 10.8 节。

是，生产商也可以进行"双轨分销"，即自己向医院进行销售，同时利用独立的分销商对餐厅进行销售。在这种情况下，客户限制帮助生产商将不同的客户隔离开来，并防止套利，因为每个类别的客户都与不同的卖家交易，而且几乎不可能知道不同的客户群体正在从其他人那里购买相同的产品。纵向客户限制和纵向地域限制都被生产商用来实现价格歧视。例如，在 *Clairol* 案中，制造商生产了一种染发剂，它使用两种不同的包装瓶对外出售，一种销售给美发沙龙店，另一种销售给终端消费者。尽管这两种瓶子的染发剂成分是完全相同的，包装成本仅相差 2 美分，但 Clairol 公司以每瓶便宜 46 美分的价格出售给美发店。被控的限制协议阻止了美发沙龙店的分销商将其库存提供给面向消费者的零售商，该协议没有被法院宣告为非法。[①]

仅仅用于实施价格歧视的纵向限制是否应当被认定违法呢？这种限制对效率的影响几乎无法衡量。价格歧视通常会提高产出，并且很少会有竞争对手受到排挤。[②] 然而，与此同时，价格歧视也并不总是会增加产出，而且实施起来可能成本高昂。作为一个基本规则，最好的答案似乎是，如果仅仅是第三级（third degree）价格歧视，不应被否定。

第 11.3 节　纵向限制与效率

11.3a. 搭便车的问题

某些制造商之所以实行品牌内的限制，目的不是进行价格固定——这会降低产出量，而是通过鼓励零售商更积极有效地推销制造商的产品来扩大产出量。

制造商总是努力避免多种多样的"搭便车"问题。假设克莱斯勒汽车公司在 Wichita 市有两家汽车经销商。经销商 A 自建了完整的汽车库存（经销商自费），投资搭建了一个庞大而昂贵的展厅，花费了大量的时间推销新车并为潜在购买者提供试驾服务，配备了优秀的客服人员，还为新车车主提供许多售前和售后服务。而经销商 B，位于该市的另一端，只租用了一间仓库，没有库存，没有试乘服务，没有售前服务，也没有售后服务，只通过电话的方式与消费者开展销售

---

① Clairol v. Boston Discount Center of Berkley，608 F. 2d 1114 (6th Cir. 1979). 其他关于用于实施价格歧视的限制案例，包括 Graphic Prods. Distrib. , Inc. v. ITEK Corp. , 717 F. 2d 1560 (11th Cir. 1983)；Davis-Watkins Co. v. Service Merchandise, 686 F. 2d 1190 (6th Cir. 1982)，最高法院提审动议被驳回，466 U. S. 931, 104 S. Ct. 1718 (1984)，上述案件都包括地域限制。见 JBL Enterprises, Inc. v. Jhirmack Enterprises, Inc. , 698 F. 2d 1011 (9th Cir. 1983)，最高法院提审动议被驳回，464 U. S. 829, 104 S. Ct. 106 (1983)，包含用户限制。

② 见 3A Antitrust Law ¶ 720 (4th ed. 2015).

谈判。[1]

　　经销商 A 提供的 4S 定点销售服务显然成本高昂，其必须额外收取 500 美元以弥补其分销成本。相比之下，经销商 B 只加价 100 美元就有利可图。大家想想，作为一名新车买家，您会怎么做？也许您会去经销商 A 的大型展厅，看看汽车，试驾几款新车，询问各种想要咨询的问题，告诉销售人员你会"考虑一下"，之后匆匆离开，然后转头打电话给经销商 B，在那里订购已经在 A 处看中的汽车。

　　您从经销商 A 处获得的信息对最终的决策至关重要。例如，如果您不被允许试驾，您可能不会购买克莱斯勒这个品牌的汽车。但是，如果您在其他经销商处以更低的价格购买了汽车，就避免了为信息收集费用"买单"，在这种情况下，您和经销商 B 就经销商 A 提供的销售信息搭了 A 的"便车"。

　　不幸的是，经销商 A 不会仅仅因为提供试驾服务而赚到钱，经销商必须卖出汽车才能赚钱。如果每个人都利用经销商 A 提供的信息，但从经销商 B 处购买汽车，长此以往，经销商 A 将难以为继。进一步地，如果经销商 A 倒闭，克莱斯勒公司在 Wichita 市的销量将大幅下降，因为大多数客户都希望在购买特定品牌汽车之前货比三家，获得关于车辆的重要信息。为了与其他汽车制造商开展有效的竞争，克莱斯勒公司必须建立一种机制，可以持续为潜在客户提供试驾服务以及其他必要的重要信息。

　　假设克莱斯勒公司要求其 Wichita 市的各个经销商对同一型号的各种汽车收取相同的价格——比如某一特定型号的新车统一定价为 24 000 美元。作为消费者，现在您没有任何动力去低价的经销商处购买汽车，因为无论哪一家卖的都是相同的价格。您将会选择能够提供最全的信息和最好的客户体验的经销商完成交易。降价的经销商要么不得不作出改变，要么失去业务。事实上，在给定最终售价的情况下，两个经销商不是在价格方面、而是在提供的服务类型和质量方面展开相互竞争。它们之间的竞争将推动服务水平达到其边际成本等于固定的零售价格的程度。经销商将获得充分竞争条件下的回报率，而汽车制造商将获得能最好地推销其汽车的服务。[2]

　　类似的分析同样适用于纵向地域限制。除了确定转售价格这种方式外，为了解决搭便车的问题，克莱斯勒公司也可以直接终止经销商 B（降价交易商）的经销资格，并给予经销商 A 在 Wichita 市零售新克莱斯勒汽车的独家权利。现在克

---

[1]　类似案例见 United States v. General Motors Corp.，384 U. S. 127，86 S. Ct. 1321 (1966)。

[2]　见 Lester Telser，"Why Should Manufacturers Want Fair Trade?"，3 *J. L. & Econ.* 86 (1960)；Robert Bork，"The Rule of Reason and the Per Se Concept：Price Fixing and Market Division (part 2)"，75 *Yale L. J.* 373 (1966)；Richard Posner，"The Rule of Reason and the Economic Approach：Reflections on The Sylvania Decision"，45 *U. Chi. L. Rev.* 1 (1977)。

莱斯勒公司可以保证它的消费者将获得他们想要的商品信息和服务。经销商 A 将与克莱斯勒公司签订合同，该合同明确约定经销商所应当提供的服务类型和品质。经销商不再受到抢夺其客户的低价经销商 B 搭便车的困扰。并且，经销商 A 不是垄断者：它仍然与 Wichita 市的其他品牌汽车零售商进行竞争，并且其他零售商并不能免费"搭车"。例如，消费者不能因为试驾了福特汽车就可以确定是否想要购买克莱斯勒的汽车，福特经销商也不会对克莱斯勒的新车进行保养。与福特经销商竞争的克莱斯勒经销商只能依靠自己的努力来提供这些服务。结果是克莱斯勒汽车将在 Wichita 市获得更好的销量。

11.3b. 搭便车问题的各种变体与其他类型的合理性分析

11.3b.1. 优先零售服务的采购；货架空间；品质证明

许多实施了最低转售价格限制或者非价格限制的商品似乎不需要搭建现场展厅为消费者提供大量的资讯服务，例如牙膏、糖果、牛仔裤、男士内衣、宠物用品和啤酒等。针对不需要现场服务的产品所进行的纵向限制，仍然有许多理由可以解释为什么这些限制并不具有反竞争的效果。以下讨论总结了那些可能最合理、且适用于各种情况的原因。

许多施加最低转售价格限制、但现场服务的需求似乎并不显著的产品都具有一个特征：零售层面的规模经济或者范围经济要求它们由多品牌零售商或者多产品零售商进行销售。例如，极少数零售商能够从成本收益的角度支撑起只销售 Levi's（李维斯）品牌牛仔裤的专卖店。营销效率更高的方式是将 Levi's 牛仔裤分发到分散在城市各个角落的大量门店中。在这种情况下，每个门店所对接的市场需求不足以维持整个门店的运营成本，因而，Levi's 这一品牌的牛仔裤更常见地出现在综合性的服装商场中出售，这些商场也会提供其他品牌的牛仔裤以及其他类型的服饰，甚至 Levi's 牛仔裤也在销售多种商品的大型百货商超中销售。

当 Levi's 通过 Macy's 百货（梅西百货）商店销售其牛仔裤时，实际上 Levi's 从 Macy's 百货商店高效地采购了零售服务。重要的是，这类服务也是具有差异性的。Macy's 百货公司既有位于商场核心位置的优质展示空间，也有隐藏在人迹冷清的角落里的货架。除此以外，如果 Macy's 百货在消费者眼中品牌形象好，那么它销售某品牌产品这一事实本身就是一种对该品牌的背书。[①] 它对于如何陈列展示各种品牌以及对于在某一特定产品上投入多大的营销费用和精力，都具有相当大的自由裁量权。

---

① 见 Howard P. Marvel & Stephen McCafferty, "Resale Price Maintenance and Quality Certification", 15 *Rand. J. Econ.* 346（1984）。

11.3b.2. 提高转售的密集度

企业常常利用最低转售价格限制来获得高密集度（high density）的分销。对于一些相对便宜但占用较大空间的产品，对制造商来说更重要的是确保消费者在每个角落都可以看到它们，而不是以尽可能低的价格进行销售。在这种情况下，RPM 可以保证零售商获得足够的利润来推销该产品。[①] 该理论通常认为，为了获得更低的价格，不同的顾客群体具有不同的搜索或者寻找意愿。举一个简单的例子，假设折扣店或者大型杂货店（这些在城市中都相对集中）可以 25 美分的价格出售某报纸，但小型便利店（分散在各个街头）不会以低于 50 美分的价格出售同样的报纸。该报纸拥有两类读者群体，A 组的读者愿意为一份报纸支付 50 美分，但他们会走路或开车到一两个街区外的另外一个地方、甚至去更远的地方，以 25 美分的低价购买报纸，而 B 组的读者将从最近或最方便的商店购买报纸，但不会考虑更高的价格。在这种情况下，如果没有 RPM，大型的折扣店将以 25 美分的价格出售报纸，街边的便利店则将以 50 美分的价格出售同样的报纸。便利店将失去所有 A 组客户，这可能使其销售报纸的业务无利可图。通过 RPM，两者都统一收取 50 美分的最终零售价，然后，两组客户将同时光顾折扣店和便利店。RPM 可能会使不同的商店出售报纸都有利可图，从而增加零售服务的密集度。

11.3b.3. 保护销售商的利润；分销合同的执行

纵向限制也可以成为确保分销合同被顺利履行的机制，它可以大幅提高经销商解除合同的成本。制造商和经销商之间的合同可以覆盖全系列产品和制造商希望经销商提供的服务。供应商通过解除与经销商的分销合同或者采取一些不那么严厉的惩罚措施（例如减少高利润产品的供应）来"执行"（"enforce"）与经销商签订的合同。但只有当经销商有利可图时，这些合同执行过程中的威胁才是有效的。传统搭便车模式存在的一个理论上的解释难点是，由于经销商在提供非价格服务方面展开相互竞争，直到其成本与价格持平，因而经销商只能获得充分竞争水平下的经济回报率。假设产品市场的竞争十分充分，经销商在产品 A 上只能获得不超过竞争性回报率的利润，如果制造商解除其销售资格，那么经销商并不会受到太大的影响。

因此，转售价格维持和纵向非价格限制可以通过保护经销商免遭显著的同品牌内竞争从而确保其获得利润。获利的效果是，当经销资格被终止时，经销商代价高

---

① Thomas R. Overstreet, Jr., *Resale Price Maintenance*: *Economic Theories and Empirical Evidence* 45－49 (1983). 也可参见 Pauline Ippolito & Thomas R. Overstreet, "Resale Price Maintenance: An Economic Assessment of the FTC's Case Against the Corning Glass Works", 39 *J. L. & Econ.* 285 (1996)（认定提升卖家的商品展示密集度最能够解释涉案简单玻璃制品的转售价格维持现象）。

昂，由此可以激励经销商遵守与供应商签订的任何合同条款。这种分销限制原理的价值在于，它对于受价格和非价格限制支配的所有产品和服务都有解释力。[1]

第11.4节　纵向限制案件中的协议要件

11.4a. 横向协议与纵向协议、价格因素与非价格因素

通过协议、联合或者共谋实施 RPM 和纵向非价格限制从而对贸易产生的任何限制都会受到《谢尔曼法》第 1 条的挑战。正如横向价格固定的规则一样，如果没有证据显示两家或者多家企业之间存在符合门槛要求的协议，纵向限制也不能依照该条文被谴责。此协议不一定有原告的参与——例如，它可以是供应商和被"教训"过的经销商的竞争对手之间达成的协议。[2] 此协议也可以是某个供应商对下面的多家经销商施加 RPM 或纵向非价格限制的协议。但纯粹的施加此类限制的单方行为，并不由第 1 条所规制。

横向协议和纵向协议在概念上的差异非常大。例如，竞争对手之间开会讨论市场价格问题会引起相当大的怀疑。但是供应商和经销商必然是买卖协议的双方，它们之间讨价还价是再正常不过的事情。[3] 因此，在纵向限制案件中，证据的重点往往是协议的内容，而在横向案件中，则更倾向于关注是否存在协议这一事实本身。正如本书第 11.5 节所述，当法院审查纵向协议是否涉及"价格"问题时，它们所采取的尺度比对待横向协议要紧得多。仅仅可以"影响价格"的横向协议就会被依照本身违法原则宣告非法。相比之下，纵向协议通常不算"价格协议"，除非它确立了相当明确的价格线或者价格水平。

对于应当存在协议这一要件，价格和非价格限制案件没有什么不同。[4] 然而，历史上，本身违法原则的适用迫使协议要件的问题在 RPM 案件中突出得多。根据 *Dr. Miles* 案的规则，证明确实存在符合条件的价格"协议"通常就相当于完成存在违法行为的证明责任了。然而在今天，除了那些单方面或者通过共谋的方式实施市场支配力的不合理的行为，涉及价格和非价格的大多数纵向协议

---

[1]　此观点来自 Benjamin Klein & Kevin M. Murphy, "Vertical Restraints as Contract Enforcement Mechanisms", 31 *J. L. & Econ.* 265（1988）。Compare Business Electronics Corp. v. Sharp Electronics Corp., 485 U. S. 717, 728, 108 S. Ct. 1515, 1521 (1988)（该案显示，纵向的非价格限制保证了经销商能够获得足够的利润来购买必要的服务）。

[2]　然而，供应商之间关于排挤一名不遵守纵向限制要求的经销商的纯粹的横向协议，最好适用拒绝交易的有关规则。见本书第 5.4 节。

[3]　见 11 Antitrust Law ¶ 1902d (4th ed. 2018)。

[4]　见 Parkway Gallery Furniture v. Kittinger/Pennsylvania House Group, 878 F. 2d 801, 805（4th Cir. 1989）（价格和非价格限制在协议的存在这一要件上是没有差别的，并且在适用合理性原则和本身违法原则的案件中也都是相同的）。

都被推定为合法。实际上，区域划分、固定商店位置、客户限制等纵向限制通常以书面形式在供应商和经销商之间签署的分销协议中约定。在 *Leegin* 案之后，我们可能会看到更多的转售价格维持的分销协议。因此，在这种情况下，协议要件的满足在个案中几乎不会有什么争议。

11. 4b. *Colgate* 规则

联邦最高法院在 *United States v. Colgate & Co.* 案①中首次阐述了纵向限制的协议要件。*Colgate* 案的判决是基于一项撰写得很糟糕的指控所带来的意料之外的产物，该案原告"指控高露洁公司⋯⋯与经销商通过协议约定后者只能以高露洁确定的价格进行转售"。起诉书指控称：1）高露洁公司与零售商订立了销售合同；2）它宣布不打算与售价低于高露洁公司通报价格的零售商签订此类合同；3）它宣布拒绝与降价零售商进行交易，实际上也执行了这一通告。在一个倾向于将反垄断法上"协议"要件等同于普通法上的合同的时代，法院很容易将涉案的销售合同与高露洁公司明显的"单方面"拒绝交易行为区分开来。《谢尔曼法》并不旨在"限制交易商或制造商长期以来被公认的权利，即不限制它们提前宣布在什么情况下将拒绝交易"②。

Colgate 案过度的形式主义给人们增加的困难之一是寻找符合条件的法律意义上的"协议"*。*Colgate* 规则肯定了一个有争议的观点，即制造商只是宣布其不打算与降价商交易，而经销商以不降价的行为作为回应，并不违反反垄断法，因为在这种情况下制造商和零售商之间不存在"协议"③。

为了能够成功主张 *Colgate* 规则，制造商的行为不能超出以下情形的范围——事先宣布不会与降价商进行交易，随后拒绝与降价者交易。正如联邦最高法院在 *Parke, Davis* 案中所判决的那样，如果制造商以任何方式警告、威胁或者恐吓其零售商，它很可能会脱离 *Colgate* 案确立的例外规则并成为本身违法原则的规制对象。④

尽管存在形式主义的问题，*Colgate* 规则持续保留着旺盛的生命力。在 *Mon-*

---

* 作者在这里表达的意思是，司法部在 *Colgate* 案中本来可以将高露洁公司的被控行为定性为单方行为予以起诉，但却以协议行为予以起诉，由此带来了关于该案中究竟存不存在"协议"的争议。——译者注

① 250 U. S. 300, 39 S. Ct. 465 (1919).

② 关于 *Colgate* 案和联邦最高法院的缔约自由理论的关系，见 Edward P. Krugman, Soap, "Cream of Wheat and Bakeries; the Intellectual Origins of the Colgate Doctrine", 65 *St. John's L. Rev.* 827 (1991).

③ 见 United States v. A. Schrader's Son, Inc. , 264 Fed. 175, 183 (N. D. Ohio 1919)，最高法院复审动议被驳回，252 U. S. 85, 40 S. Ct. 251 (1920): "恕我直言⋯⋯我认为 *Dr. Miles Medical Co.* 案［拒绝执行转售价格维持协议］和 *Colgate* 案没有任何区别⋯⋯批发商和零售商在被固定的价格上保持缄默无异于明示达成协议⋯⋯"

④ United States v. Parke, Davis & Co. , 362 U. S. 29, 80 S. Ct. 503 (1960).

santo 案中，联邦最高法院明确拒绝推翻 *Colgate* 规则，认为它"在区分制造商的独立行为与价格垄断协议方面仍然是相当重要的"①。事实上，在该案中最高法院更进了一步——供应商终止了第一家经销商的资格以回应第二家经销商对第一家经销商降价的投诉，最高法院认为根据这一事实本身，无法推断出协议的存在。

Colgate 规则存在一个严重的问题，它似乎与 RPM 和其他纵向限制的基本商业逻辑相悖。这种限制是纵向整合的一种形式，使制造商能够实现其产品的最优分销。这些限制应当在它们存在明显的效率提升潜能时得到批准，并且只有在存在潜在的经济损害时才应予以否定。

然而，*Colgate* 规则是建立在零售商享有不受制造商控制的自然权利之上的。为了能够适用这一例外，制造商需要避免与零售商牵扯太多。但是纵向整合却往往需要制造商和构成其分销体系的零售商之间进行大量的合作和沟通。制造商完全控制自己的零售终端所获得的主要优势之一是有权按照自己的整体策略来经营零售末端，按照自己认为合适的方式展示商品和进行定价。通常制造商是某一方面的专家，而零售商是多方面的通才。然而，只有制造商和零售商之间的纵向整合程度非常低时，*Colgate* 规则才倾向于认可 RPM 的合法性。其结果是，RPM 在其价值最低的情况下——也就是在缺乏有效组织的"分销系统"的情况下——才最有可能得到允许。

11.4c. 经销资格的终止

旧有的本身违法原则在规制 RPM 以及适用 *Colgate* 例外规则时所产生的一个影响是，一些巡回法院曾经采用了一条规则，即供应商不能因为其他经销商抱怨某竞争对手降价而终止该经销商的销售资格。不同的法院对这种行为有不同的定性。例如，在 *Cernuto，Inc. v. United Cabinet Corp.* 案②中，第三巡回法院认为，当供应商由于其他经销商的投诉而终止被投诉的经销商的经销协议时，该"限制本质上成为横向的约束，那些提出投诉的经销商正试图利用供应商的力量压制其竞争对手"。在 *Spray-Rite Service Corp. v. Monsanto Co.* 案③中，第七巡回法院则提出了两种不同于 *Cernuto* 案中"横向"定性观点的理论。一种理论是，通过对经销商的投诉采取行动，供应商和经销商实际上参与了对后者的竞争对手（被终止经销资格的经销商）的集体抵制，这属于本身违法。第二种理论

---

① Monsanto Co. v. Spray-Rite Serv. Corp. , 465 U. S. 752, 763, 104 S. Ct. 1464, 1470 (1984).

② 595 F. 2d 164 (3d Cir. 1979). 也可见 Bostick Oil Co. v. Michelin Tire Corp. , 702 F. 2d 1207, 1213－15 (4th Cir.)，最高法院提审动议被驳回，464 U. S. 894, 104 S. Ct. 242 (1983) (供应商由于其他经销商投诉而对某经销商施压，构成应由陪审团裁决的是否存在协议的法律问题).

③ 684 F. 2d 1226, 1238 (7th Cir. 1982). 该案因其他理由在 *Monsanto* 案的判决中被维持。

是，因竞争对手的价格投诉而终止经销协议，是供应商试图控制分销商定价的手段，这实际上不属于 *Colgate* 规则所适用的例外情形，因为这种行为不能再被定性为"单方面的"行为。

联邦最高法院维持了第七巡回法院认定违法的判决结果，但认为，法院不能"仅仅因为存在投诉的事实，甚至仅仅从'为了回应'投诉而终止经销协议的事实"推断 RPM 协议的存在。相反，在案证据必须能够证明存在"对旨在实现非法目的的共同计划（common scheme）的有意识的承诺"[①]。在该案中，在案证据足以支持陪审团作出的存在设定转售价格的"共同计划"的裁决。正如最高法院所指出的那样，大多数涉及供应商为了回应一家经销商的投诉而终止了其与另一家经销商的协议的案件，都是发生在包含非价格限制的分销系统中的。因此，经销协议的终止可能根本不是非法 RPM 的结果，而是因经销商违反地域限制的要求。任何阻止"制造商仅仅基于与价格有关的信息而采取行动的规则，都会在市场上造成混乱"。

联邦最高法院关于价格投诉与案件具有关联性的结论是难以辩驳的。供应商通常施加 RPM 或者非价格限制，目的是解决搭便车问题、促使经销商遵守其签署的分销协议，或确保经销商在供应商的产品上进行足够的投资。[②] 此外，搭便车对于与搭便车行为作斗争的供应商和经销商而言都是有害的。因此，不能仅从经销商或者零售商提出抱怨的事实就推论出协议的存在。投诉人举报竞争对手的违规行为是因为该行为使投诉人受到了伤害，而供应商处罚违规行为也是因为该行为损害了供应商的利益。因此，供应商的行为只不过是为了促进其自身利益的最大化，而不能仅因此就推断出协议的存在。

Monsanto 规则既适用于由经销商发起的限制，也适用于由供应商发起的限制。例如，在 *Burlington* 案中，一家销售多个品牌的大型服装零售商宣布，它将不再销售同时为"廉价"零售商供货的供应商的品牌。随后，一家供应商终止了与某折扣零售商的协议，以保留与这家大型服装零售商的合作。法院在该案适用 *Monsanto* 规则时指出，经销商和供应商一般都可以自由地单方面宣布与其进行交易的条件。[③]

绝大多数由经销商终止合作协议的案例都非常相似。例如，供应商 X 可能在

---

① Monsanto，465 U. S. at 768，104 S. Ct. at 1471.

② 见本书第 11.3 节。

③ Burlington Coat Factory Warehouse Corp. v. Esprit De Corp.，769 F. 2d 919（2d Cir. 1985）（讨论了 *Monsanto* 案）；Garment District v. Belk Stores Servs.，799 F. 2d 905，908-909（4th Cir. 1986），最高法院提审动议被驳回，486 U. S. 1005，108 S. Ct. 1728（1988）（讨论了 *Colgate* 案和 *Monsanto* 案）。也可参见 Ezzo's Investments v. Royal Beauty Supply，243 F. 3d 980（6th Cir.），最高法院提审动议被驳回，534 U. S. 993，122 S. Ct. 460（2001）（经销商在投诉后终止了合作，因为其无法从理发服务、而不是产品销售中获得超过一半的收入；生产商的行为系争取其最大利益的行为）。

一个小镇上有 A 和 B 两家经销商。为了说明最典型的情况，假设 A 向 X 投诉说："B 正在降价，如果你不让 B 停止降价，我就停止销售你的产品。"X 随后终止了与 B 的合作。这种情况下存在垄断协议吗？通常情况下，X 希望在这个小镇上实现产品销售的最大化，而低价格会有助于实现这一目标。如果事情确是如此的话，我们可以预期 X 将拒绝理会 A 的投诉，而支持低价经销商 B。而如果 X 经调查终止了经销商 B 的经销资格，也只是因为这一做法可以实现 X 利益的最大化。

如果 X 发现 B 一直在搭便车，例如 B 为顾客提供的服务不足或者在必要设施上投入过少，那么 A 的投诉应当被认为仅仅是提供市场信息的行为。诚然，A 的投诉中带着威胁的内容说明 A 没有聘请最有能力的律师，但威胁的内容主要反映的是 B 搭便车的行为损害了 A 和供应商 X 的利益。[①] A 只是告诉 X，只要 B 搭便车的行为继续存在下去，A 继续销售 X 的产品将无利可图。

那么，在什么情况下，A 的投诉加上 X 对 B 的后续惩罚应当被视为"协议"呢？B 必须证明，除非假设 A 获得了某种回报，否则 X 的反应不符合常理（不符合其利润最大化的最佳利益），才能证明协议的存在。也就是说，即使 B 存在目前的行为，仍然保留 A 和 B 同时作为 X 的经销商，对 X 而言才更为有利，但由于被迫在 A 和 B 之间作出选择，X 最终选择了 A。在这种情况下，A 的威胁充当了交易的对价（consideration），因为它实际上要求 X 在 A 和 B 之间作出选择，尽管从 X 的本意出发，其希望两者都能够得以保留。

这一认定的前提是 A 在下游市场拥有一定的市场力量。如果很容易找到像 A 这样的经销商，潜在经销商的销售能力同样出众，那么 X 就不会终止与 B 的合作，除非这样做符合 X 的最大利益。因此，在投诉后解约的案件中推断协议存在的第一步是检查 A（投诉者）的市场地位，或者 A 与其他发起或进行了类似投诉的经销商合并形成的市场力量。

在这种情况下，如果 A 兑现了它的威胁，那么 A 的市场力量可能仅仅来自 X 为取代 A 而寻找 200 家新门店的交易成本。如果这一交易成本很高，它们可能会将经销商 A 和供应商 X 置于一种双边垄断关系中，双方都在维持现状方面进行了大量投资。即使缺乏通常意义上的市场支配力，但转换的成本可能使一家公司为了维持现有的合作关系而付出降低产出的成本。可以预期，企业之间最终将达成能够最大化它们总体利润的解决方案，如果允许多门店的经销商 A 摆脱令其厌烦的降价经销商的成本小于取代经销商 A 的成本，那么利润最大化的解决

[①] 例如，见 Helicopter Support Sys. v. Hughes Helicopter，818 F. 2d 1530 (11th Cir. 1987)（仅仅是经销商的投诉还不足以证明协议的存在，这只能说明终止与该经销商具有竞争关系的其他经销商的合作会使投诉方获利）。

方案就是供应商 X 听从经销商 A 的建议。[1]

因此，在确定协议是否存在时，必须考虑供应商的独立的最佳利益——也就是说，如果是一些完全缺乏市场支配力的普通经销商提出投诉，那么供应商的最佳利益是什么？例如，苹果电脑公司在说服法院同意其禁止低价邮购的销售政策时，就遇到了这一考验，苹果公司认为，其禁止的原因是为消费者提供最好的使用指导服务需要通过面对面交易的方式来完成。[2]此外，裁判者还应当考虑终止原告经销资格的理由的正当性。[3]

11.4d. 与纵向限制有关的协议要件和反垄断政策；具有市场力量的经销商实施的限制

假设一家具有市场力量的当地经销商强迫其多家供应商对其竞争对手施加 RPM，以支撑其自身更高的售价[4]，我们可以合理地推断出具有市场力量的经销商和其供应商之间存在"协议"，因为后者并不是根据它们各自的最大利益行事。如果可以独立自主地作出选择，它们宁愿扩大它们的产出量，并销售给具有市场力量的经销商的低价竞争对手。它们加入 RPM 只是为了避免失去与具有市场力量的特定经销商的合作关系。在这种情况下，协议要件还有助于区分纵向限制的存在是否具有限制竞争的属性。

通常而言，当经销商能够提供产品价格竞争和经销服务的最优组合时，供应商可以通过最大化其产出量来实现自身利益的最大化。相反，一名具有市场力量的经销商的最大化利益在于保护自己免受来自其他经销商的价格竞争。因此，经销商对供应商施加强大压力所引发的竞争限制行为可以被认为是违反了供应商的独立的最大化利益的。在这种情况下，如果经销商的市场力量可以得到在案证据的证明，协议的要件就是成立的，反竞争的效果也可以被推定。[5]

---

[1]　如果供应商对经销商 A 进行了实质性的投资（但没有对被 A 投诉的经销商 B 进行投资），可能会出现相同情况，A 停止销售供应商的产品时，供应商的投资将会失去价值。

[2]　O. S. C. v. Apple Computer，792 F. 2d 1464，1467–1468 (9th Cir. 1986).

[3]　例如，McCabe's Furniture v. La-Z-Boy Chair Co.，798 F. 2d 323，329 (8th Cir. 1986)，最高法院提审动议被驳回，486 U. S. 1005，108 S. Ct. 1728 (1988)（考虑了供应商关于有必要通过终止合作来保证其服务品质的主张）。

[4]　例如，Garment District v. Belk Stores Servs.，799 F. 2d 905 (4th Cir. 1986)，最高法院提审动议被驳回，486 U. S. 1005，108 S. Ct. 1728 (1988)。

[5]　见 Watson Carpet & Floor Covering, Inc. v. Mohawk Indus.，Inc.，648 F. 3d 452 (6th Cir. 2011)（作为地毯经销商的原告诉称，地毯生产商和其他多名经销商合谋将其排挤出市场，法院判决支持原告）。也可参见 8 Antitrust Law ¶ 1604 (4th ed. 2017)。

第11.5节 司法视角下的转售价格维持

11.5a. 从 *Dr. Miles* 案到 *Leegin* 案

在 *Dr. Miles Medical Co. v. John D. Park & Sons Co.* 案①中，联邦最高法院认为，制造商与经销商签署的要求经销商以特定价格转售制造商产品的合同是无效的，因为这违反了《谢尔曼法》。最高法院无法确定制造商为何要对其经销商施加这样的限制，其承认："固定零售价格的好处主要在经销商"，它们因此将获得"更大的利润"。法院认为的损害是，只有"受青睐"的经销商才能获得这些利润，假设存在一些无法获得有利地位的经销商，除非它们降低转售价格，否则无法获得公平的市场份额。

基于这一基本原理，"纵向价格限制"或者转售价格维持（RPM）构成本身违法。最高法院没有发现有任何理论可以支持制造商会受益于 RPM 的观点。由于根据法院的理论，最终结果是零售价格上涨，因此制造商唯一获得的是产出量的减少、利润的下降。最高法院几乎在没有评述的情况下直接驳回了被告的主要抗辩理由：Dr. Miles' Medicine 公司的成功取决于其销售服务的密集程度，而市场上典型的药房是不愿意以折扣价低价出售高频交易的常用药品的。②

Dr. Miles 案的判决遵循了传统的普通法规则，即限制交易的协议虽然不是绝对非法的，但在各方之间是不能执行的（即无效的）。事实上，判决书只在两处简短地提到了《谢尔曼法》，然后也只是提及它的含义和普通法的含义很可能是相同的。

在学者和律师们近一个世纪的争论之后，分裂的（5 比 4）联邦最高法院在 2007 年 *Leegin* 案③中推翻了 *Dr. Miles* 案。被告 Leegin 公司是一家皮衣制造商，该公司通过"Brighton"品牌的专卖店销售皮衣。原告 PSKS 公司是一家经营"Kay's Kloset"的折扣零售商，其拒绝接受 Leegin 公司在供货协议中规定的转售价格。最高法院认为，自 *Dr. Miles* 案后一个世纪以来，最高法院已经"驳回

---

① 220 U. S. 373，400，31 S. Ct. 376，381 (1911)．一年前，Dr. Miles Co. 签署了一份同意令（consent decree），同意不参与药品零售商之间的横向价格固定行为。Park 公司是一家"激进的低价销售商"——一家不愿意参加卡特尔的药店，致力于降低药品的售价。RPM 协议明显被用于促进横向共谋。见 Jayne v. Loder，149 Fed. 21，25 (3d Cir. 1906)；也可参见 Herbert Hovenkamp，*Enterprise and American Law*：*1836 - 1937*，at ch. 25 (1991)．

② 最高法院确实也注意到："如果维持固定转售价格对于生产商来说有利的话，那么我们仍然需要考虑，生产商是否有权通过协议来限制经销商的交易自由，毕竟经销商销售的是其合法拥有的产品。" 220 U. S. at 407 - 408，31 S. Ct. at 384．之后最高法院给出了否定的回答。关于支持固定转售价格合理性的"分销密集度"理论，见本书第 11.3b2 节。

③ Leegin Creative Leather Products, Inc. v. PSKS, Inc. ，551 U. S. 877，127 S. Ct. 2705 (2007)．

了该案所依据的基本理论"，即否定了依赖普通法和"形式主义"的教条学说、而不是"可被证明的经济效果"来反对限制行为的做法，也否定了 *Dr. Miles* 案未能区分横向和纵向价格固定的做法。① 最高法院随后转向法律经济文献，认为研究结果的共识是，RPM 在大多数时候是促进竞争的，即便不总是如此。② 法院注意到，RPM 的影响经常被类比为纵向非价格限制的影响，而纵向非价格限制行为在过去三十年来一直适用的是合理规则。③ 代表性的关于 RPM 可以解决搭便车问题的正当性理由是：

> 如果没有纵向价格限制，可能无法提供足够的促进品牌间竞争的零售服务。这是因为折扣零售商可以免费搭乘提供全套服务的零售商的便车，然后从这些服务所带来的需求增长中攫取部分利润。例如，零售商投资修建精美的展厅、提供产品演示或者雇用和培训优秀的员工，消费者可以从中了解到生产商产品的好处④，或者消费者可能会决定购买该产品，因为他们在一家以销售高品质商品著称的零售店看到了这种产品。如果消费者可以从其他零售商那里购买到折扣产品，因为折扣零售商没有在提供高品质的服务或者积累品牌声誉上进行过投资，部分销售额将会从提供优质服务的零售商向折扣零售商处转移，那么会迫使提供优质服务的零售商不得不削减其服务水平，直至服务的成本下降到与竞争价格持平的状态。最低转售价格维持缓解了这个问题，因为它防止了折扣零售商损害提供服务的零售商的利益。随着价格竞争的减弱，制造商的零售商们会在服务品质方面展开竞争。⑤

此外，RPM 可以"通过鼓励零售商提供即使没有搭便车也不会提供的服务，从而增加品牌间的竞争"，通过确保零售商在某些风险和成本较高的产品上的利润率，RPM 可以做到这一点。⑥

另一方面，RPM 可以被用来为经销商之间串通提供便利，或者在一个强大的经销商的要求下提高零售价格，经销商可以通过要求制造商停止供货或者作出

---

① Leegin Creative Leather Products, Inc. v. PSKS, Inc. , 551 U. S. 877, 127 S. Ct. 2705 (2007). , at 884 – 885.

② 同上一条注释，888 – 890，引自 Herbert Hovenkamp, *The Antitrust Enterprise: Principle and Execution* 184 – 191 (2006)；Robert H. Bork, *The Antitrust Paradox* 288 – 291 (1978)；ABA Section of Antitrust Law, *Antitrust Law and Economics of Product Distribution* 76 (2006)；Frederic M. Scherer & David Ross, *Industrial Market Structure and Economic Performance* 558 (3d ed. 1990)；以及两位庭审顾问的总结。

③ 见 Continental T. V. v. GTE Sylvania, 433 U. S. 36, 97 S. Ct. 2549 (1977)。

④ 引自 Richard A. Posner, *Antitrust Law* 172 – 173 (2d ed. 2001)。

⑤ *Leegin*, 551 U. S. at 891, 引自 Howard P. Marvel & Stephen McCafferty, "Resale Price Maintenance and Quality Certification", 15 *Rand J. Econ.* 346, 347 – 349 (1984)。

⑥ 同上一条注释，at 892。

处罚来约束该经销商的降价的竞争对手。[1]

对最高法院来说，这些存在相互抵消效应的可能性使得合理规则成为评估 RPM 合法性的唯一合适工具，并证明了抛弃长达一个世纪之久的 *Dr. Miles* 先例是恰当的。以 Breyer 大法官为首的四位大法官的反对意见没有否认这一主张的前半部分，尽管他们对潜在的有利竞争与损害竞争相抵消后的结论持不同观点。Breyer 大法官承认，如果让法院在没有任何先例的白板上画图，相对于严格的本身违法原则而言，更宽容的审理标准可能更为合适。但是，事与愿违，一个世纪以来，应当严格规制的学说伴随着"本身违法原则"成长起来，基于此诞生了大量的先例。正因如此，对于 RPM 案件适用本身违法原则"在上个世纪被证明是务实的，特别是在适用'合理原则'导致诉讼程序异常冗长和复杂的背景下"[2]。他论述道，新的规则：

> 可能会提高零售商品的价格，而且随着下级法院谋求制定可行的规则，将造成相当大的法律动荡。我不认为本案的多数意见已经充分论证了新出现的或者变化了的市场条件足以推翻一项法律效力如此长久的先例。所有遵循先例的考量因素都表明本案的结果应当与多数意见相反。[3]

Leegin 案的判决既不能约束国会，也不能约束州立法机构和各级法院。国会不止一次试图阻止 RPM。一些州通过立法或者司法裁决恢复或者保留了本身违法原则对其管辖范围内的 RPM 的适用性。[4] 这些成文法是否能在上位法优先的原则或者违宪审查的挑战下继续存在，取决于州法律在多大程度上可以适用于域外的行为或者对本州没有经济影响的行为，以及它在多大程度上与州际贸易可以被区别对待（discriminate）。

11.5b. "转售"的含义——委托销售例外

根据 *Dr. Miles* 规则，只有当供应商试图规定其向经销商出售的商品的转售（resale）价格时，本身违法原则才有可能适用于该转售价格维持行为。如果没有转售行为的存在，则该规则不适用。例如，假设汽油供应商指示零售商在清洗客

---

① *Leegin*, 551 U. S. at 893 - 894, 引自 8 Antitrust Law ¶ 1604。

② 同上一条注释，at 924（Breyer 大法官，反对意见）。

③ 同上一条注释，at 929。

④ 例如，O'Brien v. Leegin Creative Leather Prods., Inc., 294 Kan. 318, 277 P. 3d 1062（2012）（维持了本身违法原则）；Alan Durush v. Revision LP, 2013 WL 1749539（C. D. Cal. 2013）（建议加州仍然适用本身违法原则，但是没有对此明确作出判决）；People v. Tempur-Pedic Int'l, Inc., 95 A. D. 3d 539, 944 N. Y. S. 2d 518（App. Div. 2012）（纽约州法律既不积极反对 RPM 协议，也不认为 RPM 协议是有效的）。也可参见 Md. Code Ann., Com. Law § § 11 - 201 et seq.（2009）；也可参见 Michael A. Lindsay, "From the Prairie to the Ocean：More Developments in State RPM Law", 11 *Antitrust Source* 1（August 2012）。

户的窗户时不能额外收取费用，该限制必须被归为非价格限制，因为汽油供应商并没有向经销商出售窗户清洗服务，然后由后者再进行转售，这只是经销商自身独立提供的服务。同样，如果美发特许经营授权方要求被许可的个体经营者对某项理发服务必须收取 12 美元的服务费，则 RPM 规则也不适用，因为没有任何东西被转售。[①] 不过，如果适用合理原则的话，那么产品转售与仅仅是受许可的服务提供之间的区别似乎就不那么重要了。例如，如果存在一个足够强大的理发店，它可能会迫使向其授权的特许公司要求其他加盟理发店提高向顾客收取的理发服务价格。这种情况与经济上实力强大的经销商迫使其交易相对方必须采取 RPM 没有什么本质区别。当然，我们可能会认为，任何一家个体理发店都不会有这样的市场力量，但这是另外一回事。

在 *United States v. General Electric Co.* 案[②] 中，联邦最高法院认为，*Dr. Miles* 规则不适用于委托销售（consignment），在该类法律关系中，零售商是制造商的代理人，而不是产品的购买者和转售者，因为商品的所有权仍然属于制造商。在这种情况下，同样没有任何东西被"卖"给经销商，因此，就不存在"转售"给消费者的行为。

从理论上说，任何通过直接销售和转售实现的目标，也可以通过精心设计的委托销售合同来实现。因此，企业有时试图通过简单地将协议重新贴上"委托销售"合同而不是销售合同的标签来规避 *Dr. Miles* 规则的法律责任。从历史上看，法院在认定作为 RPM 规则例外的委托销售或"代理"法律关系时相当教条，总是强调诸如货物的"所有权"何时从一主体处转移到另一主体处等形而上学的问题。[③]

但自 20 世纪 60 年代中期以来，法院一直试图在转售和委托销售协议之间寻找具有说服力的经济学意义上的区别，从而为 *Dr. Miles* 规则的例外提供法理依据。在 *Simpson v. Union Oil Co.* 案[④] 中，联邦最高法院将 *Dr. Miles* 规则适用于大型炼油厂与其零售加油站之间的"委托销售协议"。根据该类协议，加油站经营者从炼油厂那里租用了加油站，而所有的市场风险都在加油站经营者身上，它们还面临着市场价格下降的风险，因为它们的佣金会随着零售价格的变化而上升或下降。在该案中，在原告以低于炼油厂规定的转售价格出售汽油后，炼油厂拒绝续签与原告的租约。

在谴责被告行为的判决中，Douglas 大法官同时明确批准了真正的委托销售

---

① 参见 8 Antitrust Law ¶ 1622 (4th ed. 2017)；及 Great Clips v. Levine, 1991 - 2 Trade Cas. ¶ 69671, 1991 WL 322975 (D. Minn. 1991)（认定美发特许经营权利人限制特许经营被许可人的价格并不违法）。

② 272 U. S. 476, 47 S. Ct. 192 (1926).

③ 例如，*General Electric*, 272 U. S. at 484 - 485。

④ 377 U. S. 13, 84 S. Ct. 1051 (1964).

交易关系，其认为，委托销售是指所有权人将某件物品交给经销商、经销商作为所有权人的代理人出售该物品的法律关系。然而，如本案的情况所示，当这种交易安排被用于"掩盖庞大的汽油分销体系通过许多零售终端实施价格固定行为"时，"反垄断法不能将这种表面上的'委托销售'认定为代理……"。Union Oil 公司主张的委托代理无外乎是一种"聪明的文字游戏"。

Simpson 案其实并没有在真正的（bona fide）委托销售协议和转售协议之间划出清晰的界限。Douglas 大法官给出的划分标准是，生产者是建立了分销"体系"，还是仅仅就单独一件产品的单独一次销售进行约定。出于这个原因，Stewart 大法官在异议意见中写道，*Simpson* 案实际上推翻了 *General Electric* 案[①]，因为 *Simpson* 案认为，对于拥有已建成的分销网络的大型生产企业来说，不适用委托销售例外。

作为与销售和转售不同的经销法律关系，委托销售在某些情况下仍然是存在的。基于以下两个方面的原因，委托销售对某些零售商而言是具有吸引力的。首先，委托销售可以使零售商在不占用资金或者信贷额度的情况下获得库存产品。其次，在委托销售交易关系中，供应商通常承担比转售交易关系更多的风险，如产品灭失、无法售出或者价格下降的风险等。例如，保质期很短的产品（如面包）时常会通过委托销售的方式向小型杂货店供货。根据协议，批发商的员工每天早上都会到零售门店，送去新鲜的面包，并运走前一天未售出的面包。杂货店只需要支付已经出售的面包的价款就可以了。批发商——它可能有专门的"隔夜"面包的销售渠道——可以比杂货店更高效地出售前一天制作的面包。通过这种机制，无法售出的大部分风险由生产商承担。

委托销售还可以允许某些供应商更为有效地进入市场，特别是在有关产品的市场需求存在高度不确定性的情况下。例如，一位不知名的艺术家可能会将他/她的绘画或雕塑作品委托给零售画廊进行销售。艺术家和画廊就零售价格达成一致，如果作品被出售，画廊将从中获得一定的提成。如果在一定时期内没有出售，艺术家和画廊可能会重新协商定价，或者艺术家撤回作品。通过这种机制，画廊有效地避免了其资金被大量沉淀在高风险行业中。与之相比，艺术家对顺利向公众售出其个人的艺术品比画廊更有信心（虽然这种信心也可能是盲目的），如果画廊在出售之前就需要支付这幅画的价款，那么画廊会将画作的价格压得很低，这可能会超出艺术家的预期。

最后，委托销售可以使经销商愿意经营某些本来对其缺乏吸引力的产品。例如，某些产品极易受到价格波动的影响，这使得它们的经营风险极大，规模较小的经销商不愿承担此类风险。如果通过规模较小的经销商进行销售对于生产商来

[①]　377 U. S. 13，84 S. Ct. 1051（1964），at 21 - 22，84 S. Ct. at 1057.

说很重要的话，生产商就可以通过委托销售的方式解决该市场风险问题：（a）经销商仅对其实际销售的产品负责；（b）不论市场价格如何变动，每卖出一定单位的产品，均给予经销商一定的佣金。这种交易安排实际上就是一种委托销售。假设经销商以每加仑 1.2 美元的价格购入了 1 000 加仑汽油，之后市场价格跌至 1 美元，经销商将遭受重大损失。然而，根据上述协议，无论市场价格高于还是低于交付时的批发价格，经销商都会在每卖出的一加仑汽油中赚取 5 美分的佣金。

在诸如此类的委托销售协议中，供应商对价格的监管变得势在必行。一旦经销商的利润固定在 5 美分的佣金上，经销商的激励是尽可能多地销售汽油，而无需考虑成本。它甚至可以以每加仑 5 美分的赔本价卖出数百万加仑汽油，而把亏损全部留给供应商（如果市场价格是 1 美元的话）。

尽管委托销售的交易模式很有实际意义，但将此类协议作为 RPM 的例外会带来一个问题，想要维持价格的制造商可以很容易地对转售合同的形式加以包装，让它表面上看起来像是一份委托销售协议。如果我们认可"委托销售"例外有其存在的价值，那么当某一特定分销体系的交易条件表明，制造商在其中承担了极高的销售失败（nonsale）的风险，这一例外规则就应当被适用。正如第七巡回法院所指出的那样，委托销售协议的功能并不仅仅在于"规避固定价格的法律责任……"[1]。委托销售案例的真正问题不在于"所有权"何时转移、是否有"销售"，或者零售商是否为制造商的"代理人"——即使是批发面包的工厂也可以在今天把面包卖给杂货店，第二天再买回来——委托销售和转售的真正区别不在于双方书面合同所使用的文字，而在于风险的分担。

在 *Illinois Corporate Travel* 案中，法院毫不费力地得出结论：机票代理公司不是航空公司的机票买卖商。[2] 这些代理公司没有机票存货，只是使用一台电脑，从航空公司自己的库存中帮助客户预订座位，它们不承担机票滞销的风险。对于法院的判断起到同样重要作用的是，市场完全是由航空公司而不是代理公司创造和定义的，而且需要确保价格信息在各个终端的传递步调保持一致。最后，代理公司很少参与标的服务的交付，它们负责打印机票，但几乎与提供航空运输服务本身没有任何关系。[3] 然而，顾客买的不是一张本身毫无价值的"纸票"，他们购买的是一次飞行服务，这一服务并不是由代理公司提供的。*Illinois Corporate Travel* 案反映出一种趋势，即限制 *Simpson* 案规则的适用范围（该规则

---

① 　Morrison v. Murray Biscuit Co., 797 F. 2d 1430 (7th Cir. 1986). 也可参见 Richard Posner, *Antitrust Law* 178 - 181 (2d ed. 2001)（认为在纵向限制案件中适用合理原则的时候，应该废除转售/代理销售的区别）。

② 　Illinois Corporate Travel, Inc. v. American Airlines, 806 F. 2d 722, 725 (7th Cir. 1986)，发回重审后，889 F. 2d 751, 752 - 753 (7th Cir. 1989)，最高法院提审动议被驳回，495 U. S. 919, 110 S. Ct. 1948 (1990)。

③ 　同上一条注释，at 725。

是，当货物通过大型分销体系分发时，就不存在委托销售）。在全美范围内提供服务的航空公司所使用的一系列代理公司当然可以称得上是一个庞大的"体系"，但其委托销售的属性显然是成立的。

在这样的委托销售协议中，供应商对价格的监管变得势在必行。一旦经销商的单位销售利润被固定下来，经销商最大化自身利益的做法就是尽可能多地往外销售，而不考虑成本，因为它几乎不承担飞机实际飞行的成本。唯一能够进行有效定价（即定价符合效率原则）的主体是航空公司。

根据 Leegin 案，转售价格维持案件应当适用合理原则，如果是这样，委托销售例外作为一项独立规则的意义就不那么明显了。例如，委托销售例外在纵向非价格限制的案件中向来都不太重要，而在反垄断史的大部分时间里，纵向非价格限制都遵循合理原则。此外，RPM 所带来的反竞争威胁——例如当它是在一个具有市场支配力的经销商的要求下实施时——与基础交易究竟是委托销售还是转售几乎没有关系。其结果是，合理原则能够直接将我们引向所涉行为究竟是促进竞争还是反竞争的问题，而不会被一个几乎不产生经济影响的问题所带偏。然而，到目前为止，情况并非如此，委托销售问题的真正焦点并没有落在 RPM 的竞争效果分析上，而是协议是否是在两个独立的参与者之间达成的。也就是说，一旦法院认定经销商是受托人、而不是转售商，法院就会把它当作代理人，或者从技术上讲是"公司内部"（"inside the firm"）行为人。这将使这种行为被认定为单方行为，而不是共谋，由此完全脱离了《谢尔曼法》第 1 条的规制。

11.5c. 最高转售价格维持

尽管很多人支持适用旧的本身违法原则谴责固定最低转售价格的 RPM，但很少有人赞同联邦最高法院作出的 Albrecht 案的判决，该案认为维持最高转售价格（maximum RPM）也构成本身违法。[①] 然而，Albrecht 案规则的有效性持续了整整 30 年，直到最高法院在 State Oil 案中亲自予以推翻。[②]

联邦最高法院在历史上很少有比 Albrecht 案更具有反竞争性的判决。制造商通常制定最高转售价格，以防止零售商收取垄断价格——或者因为后者形成了卡特尔，或者因为它们在各自的地域市场中拥有垄断力量。在 Albrecht 案中，

[①] Albrecht v. The Herald Co. , 390 U. S. 145，88 S. Ct. 869（1968）. 其中最为深刻的批判见 Roger Blair & Gordon L. Lang, "Albrecht After ARCO: Maximum Resale Price Fixing Moves Toward the Rule of Reason", 44 *Vand. L. Rev.* 1007（1991）；Roger Blair & James Fesmire, "Maximum Price Fixing and the Goals of Antitrust", 37 *Syracuse L. Rev.* 43（1986）；Frank Easterbrook, "Maximum Price Fixing", 48 *U. Chi. L. Rev.* 886，887 - 890（1981）.

[②] State Oil Co. v. Khan, 522 U. S. 3, 118 S. Ct. 275（1997）.

经销商（报纸投递服务代理商）是垄断者：每家代理商都有自己的独家销售地域。[①] 即使是像报纸投递公司这样的小型垄断者也有能力减少产出和提高价格。这种垄断的受害者之一显然是报刊读者，他们要么支付更高的价格，要么取消订阅。然而，另一个受害者是报社，它没有从更高的价格中获得额外的收入，由于部分订阅被取消，它的销售额反而减少了。

最高转售价格维持机制使制造商能够控制经销商的长期定价。需要反垄断法规制的共谋既可以是明示的，也可以是默示的。例如，如果经销商相对集中且彼此关系密切、各自所销售的产品不具有产品差异性，那么它们可能会试图追随彼此的价格而避免展开激烈的竞争。其结果将促成有利于经销商而损害供应商销售额的寡头行为。最高转售价格维持可以迫使经销商设定的价格更为接近竞争水平。因此，最高转售价格维持协议也可以用于消除，至少减少双重边际效应（double marginalization，或者译为双重加价），也就是消除或者减少纵向的上游公司和下游公司各自单独设定垄断加价的情况。

作为一项基本规律，供应商为降低经销商的市场支配力而采取的任何行动都会使供应商和消费者获益。这将使总产出更高、价格更低，供应商将获得更大的利润。这就是被告在 *Albrecht* 案中试图做的事情。[②] 任何重视效率或消费者福利的反垄断政策都应当认可真正的最高转售价格维持协议。也就是说，不管人们认为反垄断法的目标是提升经济效率，还是阻止垄断财富从消费者处转移至垄断者处[③]，用本身违法原则反对最高转售价格维持都是有悖常理的。

Khan 案接纳了这些批评，终结了 *Albrecht* 案的规则。在该案中，原告 Khan 公司与被告 State Oil 公司签订租约，按照协议，如果每加仑汽油加价超过 3.25 美分，Khan 公司便无利可图，这显然违反了 *Albrecht* 规则。[④] 但联邦最高法院认为：

> *Albrecht* 规则之所以具有生命力，部分原因是担心纵向价格垄断会使供应商歧视某些经销商，限制经销商向客户提供的服务，或者掩盖最低价格固定行为。本院推翻这一观点（既包括案件记录，也包括摘要），因为报纸出版商给销售商"授予了独家销售地域，因此有必要允许其设定价格上限，以保护公众免受拥有垄断力量的销售商的价格压榨"[⑤]。

---

①　根据投递服务协议，特定区域内具有排他性，这很可能是因为该行业是自然垄断行业。见 Herbert Hovenkamp, Vertical Integration by the Newspaper Monopolist, 69 *Iowa L. Rev.* 451 (1984)。

②　见本书第 9.2 节。

③　关于反垄断法的各种目标，见本书第 2.1 节。

④　见 8 Antitrust Law ¶¶ 1635–1638 (4th ed. 2017)。

⑤　*Khan*, supra, 522 U. S. at 12, 118 S. Ct. at 280, 引用 Albrecht v. Herald Co., 390 U. S. 145, 152–153, 88 S. Ct. 869, 873 (1968)。

此外，最高法院还指出，自 1977 年 *Sylvania* 案以来，最高法院对纵向安排的实际竞争影响问题更加关注。[①] 但 *Albrecht* 案认为价格和非价格限制本身都是非法的，该案观点导致法院不愿就最高转售价格维持的经济影响进行个案分析[②]，这是不正确的。

最高法院还明确表示，其并没有因此认定最高转售价格维持的做法本身就是合法的。相反，像大多数涉及两家公司之间达成协议的反垄断实践一样，它应受到合理原则的约束。[③] 然后，尽管没有提供案件审理的任何指导，它仍提示下级法院在合理原则下重新进行审判。[④]

11.5d. 价格与非价格协议的区别

在纵向限制案件中，原告必须证明两家或两家以上的公司之间存在合格的"协议"。当价格协议受到本身违法原则的约束、而非价格协议受到合理原则的约束这一观点得到普遍认可时，法律适用的问题便在很大程度上取决于原告能否证明相关协议与价格有关。正如之前对 *Monsanto* 案的讨论所显示的[⑤]，即使起诉所针对的是搭便车或者违反非价格限制的行为，原告也通常将被控行为描述为涉及价格的行为。例如，原告会说，经销商 B 免费搭了经销商 A 的便车，因为只有 A 提供了成本高昂的现场销售服务，而 B 则仅仅提供更低的价格，靠低价吸引顾客。并且，B 的价格下降往往比 B 搭便车的行为更容易被证明。所以当 A 发起投诉时，语言上表达出来的很可能是"B 在降价"。

假设一个饱受经销商搭便车之苦的生产商强制实行纵向区域划分：经销商 A 在马萨诸塞州获得其产品的独家销售权，经销商 B 则获得新罕布什尔州的独家销售权。如果 B 坚持在马萨诸塞州进行未经授权的销售，其定价可能会低于经销商 A 的价格，因为 A 要负担在马萨诸塞州进行产品促销和售后服务的费用。而且，经销商 B 只能通过在经销商 A 的区域内低价出售相同的产品才能窃取客户，也就是说，A 区域内的客户不会有动力从更远的经销商那里购买产品，除非该经销商给他们更低的价格。

无论从哪个方面看上述例子，涉及的都是"非价格"限制。然而，当经销商 A 向供应商投诉 B 违反限制规则时，A 会在投诉独家销售地域被入侵的同时，也投诉 B 的降价行为。即使供应商不关心 B 在其自家独占销售区域收取的价格，它

---

① Khan, 522 U. S. at 13 – 15, 118 S. Ct. at 280 – 281, 引用 Continental T. V. v. GTE Sylvania, 433 U. S. 36, 97 S. Ct. 2549 (1977); 参见本书第 11.6 节。

② 522 U. S. at 14 – 15, 118 S. Ct. at 281.

③ 522 U. S. at 22, 118 S. Ct. at 285.

④ 在发回重审的案件中，Posner 法官驳回了原告的诉讼请求，143 F. 3d 362 (7th Cir. 1998).

⑤ Monsanto Co. v. Spray-Rite Serv. Corp. , 465 U. S. 752, 762, 104 S. Ct. 1464, 1470 (1984). 见本书第 11.4c 节。

也会因 B 侵入 A 的区域并降价从而对 B 进行惩戒。[①]

　　Monsanto 案的证据表明，被告一直实施的是非价格限制而不是价格限制。原告 Spray-Rite 公司诉称，它被终止合作是因为它降价，而其他经销商对此进行了投诉。Monsanto 公司则回应称，Spray-Rite 公司被终止合作并不是因为其降价，而是因为它"缺少经过系统技术培训、能够推广孟山都产品的员工"。这一争议焦点促使陪审团需要作出判断，被告终止与 Spray-Rite 公司的合作是出于价格原因，还是非价格原因？最终陪审团选择了前者。然而，更准确地说，Spray-Rite 公司之所以成为降价者，是因为它缺乏训练有素的员工。它之所以能够承受更低的收费，是因为它搭了竞争对手花钱提供的专业服务和向顾客提供的专业信息的便车。当其竞争对手投诉时，它们抱怨的自然是给它们带来伤害的现象：Spray-Rite 公司降价，而不是该公司缺乏训练有素的员工。[②]

　　联邦最高法院在 *Business Electronics* 案的判决中认可了这一点，认为不能仅仅因为经销商对原告的投诉内容是降价，就定性为"价格"方面的合谋。该案原告是夏普电子产品的授权经销商，主要销售计算器等小型设备。它的一个竞争对手向夏普公司抱怨原告定价过低，并威胁除非夏普公司停止与原告合作，否则将停止销售夏普的产品。夏普采用的是建议零售价的价格体系，尽管两家经销商都在指导价的基础上打折销售，但原告的降价幅度更大，也更频繁。

　　联邦最高法院认定，本案尽管存在协议，但它不是关于价格的协议。法院指出，几乎所有的经销商在对其他经销商的行为进行投诉时，都以降价的方式进行描述。"降价和某些服务措施的削减通常是相辅相成的。"因此，要让陪审团相信此类投诉之后的合同终止并非出于价格方面的原因，是非常困难的。最高法院注意到，"纵向非价格限制想要实现其预期目标，只有通过降低品牌内的价格竞争、使经销商的利润能够覆盖其所提供的必要服务才能达到"[③]。法院因而要求在供应商与经销商 A（或与多个经销商）之间就经销商 B 必须收取的价格存在一项相当具体的协议——而不仅仅是就每家经销商必须提供的服务水平进行约定。用最

---

　　① 例如，见 Morrison v. Murray Biscuit Co. ，797 F. 2d 1430，1439 - 1440（7th Cir. 1986）：……新的销售商只有通过降价或者其他类似的措施才能将既存的销售商的顾客抢走。只要供应商的目的不是维持既存的销售商的高售价，而只是维持合法的非价格限制体系，就可以与不遵守该体系的销售商终止合作，且不用担心会招致反垄断法上的法律责任，即便它们明知销售商举报其他销售商不遵守该体系行为的目的仅仅是维持其价格。关于降价销售商的产品转移，见 Beach v. Viking Sewing Mach. Co. ，784 F. 2d 746（6th Cir. 1986）。该案中，法院维持了一项对被告有利的指示判决（directed verdict，法官可通过指示判决来避免由陪审团作出裁决）。

　　② 见 Herbert Hovenkamp，"Vertical Restrictions and Monopoly Power"，64 *Boston Univ. L. Rev.* 521（1984）。

　　③ 同上一条注释。Cf. Monsanto，465 U. S. at 762 - 763，104 S. Ct. at 1470："生产商通常想要保证其分销商能够获得足够的利润来支付一些商业活动的费用，如雇佣并培训更多的推销员或宣传产品的技术功能，并希望'搭便车者'不会干扰这些商业活动。"

高法院的话说，"纵向限制并不构成本身违法，除非它包括某一关于价格或价格水平的协议"。因此，在横向卡特尔案件中适用的规则——只要是"对价格产生影响"的协议就是价格垄断共谋[1]，比在纵向协议的案件中适用的规则要宽泛得多。供应商和至少一家经销商之间必须存在协议，而且必须是关于"价格或者价格水平"的协议。

然而，在 *Leegin* 规则下，价格限制和非价格限制之间的区别变得不那么重要了，因为针对这两种类型的限制现在都适用合理原则。不过这也并不意味着此类区别完全无关紧要。即使都适用合理原则，价格限制也可能比非价格限制受到更严厉的对待。例如，如果维持转售价格被用来为形成经销商卡特尔提供便利，那么即使该卡特尔没有设定具体价格、而只是从事通常有助于推高价格的行为，也不难被认为是反竞争的。我们经常谴责的正是这样做的卡特尔。[2] 合理原则并不关注价格本身，而是关注将市场产出量降低到低于竞争水平以推高价格的行为。例如，如果一名具有强大市场力量的销售商坚持强迫其他销售商维持高价，则被告即使抗辩其施加的压力并没有要求将价格固定在某一特定的水平，也不能获得支持。

第11.6节　适用合理原则的纵向非价格限制

纵向非价格限制因产品的不同及其分销体系性质的不同而存在差别。制造商可能会指定其零售店的位置，而不向位于其他地方的零售商供货。制造商可能会控制在某一城市的零售商数量，有时会通过合同授予某一特定零售商在一定区域范围内的独家销售权。有时制造商是在某一城市已经与多家经销商合作后作出此项决定的，这样就必须终止与一家或多家现有经销商的合作。许多指控非法地域限制的诉讼都是由这些被终止合作的经销商提起的。地域限制有时适用于流动批发商而不适用于终端零售商，每家批发商都被分配获得一个首要或者独家的销售区域。[3] 有时制造商根据客户的规模或者类型将客户在经销商之间进行分配，并禁止其他经销商跨客户群体销售产品。最后，除了地域限制和客户限制之外，还有数百种产品销售方式上的限制。例如，供应商可能要求经销商员工穿着特定的制服、以特定方式露出卖方的商标、定期清洗车辆、晚上营业、每周七天营业等

---

① 例如，United States v. Socony-Vacuum Oil Co.，310 U. S. 150，60 S. Ct. 811（1940）。见本书第5.1~5.2节。

② 见本书第4.4~4.5节。

③ 在一些案例中，分销商被允许在其他分销商的地域范围内进行销售，但是需要补偿后者。见 Ohio-Sealy Mattress Mfg. Co. v. Sealy，585 F. 2d 821，829（7th Cir. 1978），最高法院提审动议被驳回，440 U. S. 930，99 S. Ct. 1267（1979）。这表明销售商在其被分配的地域范围内进行了投资，除非能够获得补偿，否则就会导致投资与回报之间的错配。

等。根据反垄断法，这类限制很少受到质疑，因为它们对竞争的影响不大。这种限制是特许经营制度的组成部分，而特许经营制度在美国的商品和服务分发占据着相当大的比例。由于这些限制的存在，全国范围内由特定特许经营商控制的所有餐厅——比如麦当劳的所有分店——彼此之间在产品和服务品质上具有一定的相似性，尽管事实上几乎所有的分店都是各自独立经营的。

联邦最高法院对纵向地域限制的分析与其对 RPM 的分析截然不同。在 *White Motor Co. v. United States* 案中，最高法院拒绝适用本身违法原则来否定卡车制造商的纵向限制。[①] 但是，法院也没有明确赞同应适用合理原则进行分析，而是认为地区法院适用本身违法原则否定这种做法过于简单了，应当等到全面审理之后才能作出判断（即全面走完证据开示、听证等程序）。

随后，在 *United States v. Arnold*，*Schwinn & Co.* 案中，联邦最高法院宣布制造商对批发商或零售商施加的所有地域限制都构成本身违法。[②] 其认为，无需进一步的经济分析就能使法院相信，销售中的地域限制"对竞争的破坏是如此明显，以至于其存在本身就足以"被否定。然而，最高法院将销售与委托销售区分开来，认为在委托销售协议中，制造商"完全保留所有权并承担经营风险"[③]。

Schwinn 案开启的时代于 1977 年突然终结，仅仅持续了十年，该案被 *Continental T. V.*，*Inc. v. GTE Sylvania Inc.* 案所推翻。[④] Sylvania 公司是一家苦苦挣扎的电视机生产商，仅占据全国市场份额的 1% 到 2%，它试图通过授予为数不多的精心挑选的零售商以独家销售权来提振市场表现，该做法的目的是最大限度地减少位于同一城市的 Sylvania 经销商之间的竞争，并使它们能够与其他品牌更好地竞争。Sylvania 公司既限制了在特定区域内经营的经销商数量，又要求每家经销商只能在其特许经营合同中指定的地点销售产品。从 1962 年实施这一战略开始到 1965 年，Sylvania 品牌产品在电视机市场的份额增长到了 5%。

原告 Continental T. V. 公司是旧金山的一家零售商，当 Sylvania 公司在旧金山授权了另一家经销商销售产品时，这家零售商不高兴了。Continental 公司开始销售更多由其他电视机生产商制造的电视机，并在 Sacramento（与旧金山市紧邻的萨克拉门托市）开设了一家未经授权的商店。对此，Sylvania 公司首先削减了 Continental 公司的销售授信额度，随后完全终止了其经销资格。

最高法院本可以将 *Sylvania* 案与 *Schwinn* 案作出区分——例如，Sylvania 公司的市场份额远远低于 Schwinn 公司的市场份额，这一重要区别在合理原则下

---

① 372 U. S. 253，83 S. Ct. 696 (1963). 限制措施给予了独立分销商具有排他性的销售区域，并为生产商保留了一定的特定用户。

② 388 U. S. 365，87 S. Ct. 1856 (1967).

③ 见本书第 11.5b 节。

④ 同上一条注释。

可能会得出不同的合理结论。然而，最高法院不愿坐视 *Schwinn* 案发展出来的本身违法原则持续发酵。最高法院最终推翻了 *Schwinn* 案并对所有非价格纵向限制都采用了合理原则。法院认为，纵向地域限制减少或消除了品牌内的竞争——即同一制造商的不同经销商或零售商之间的竞争，例如，根据 Sylvania 公司的门店选址合同条款，如果 Continental 公司不被允许迁往萨克拉门托市，萨克拉门托市的 Sylvania 经销商的数量就会减少。然而，Sylvania 公司的市场份额持续增长这一事实表明，纵向限制可以提升品牌间的竞争——即同一产品的不同品牌之间的竞争。

这一可以产生显著的促进竞争效果的事实足以将非价格限制从本身违法原则的适用对象清单中剔除出去，而本身违法原则只适用于那些根据司法经验几乎总是反竞争的行为。最高法院指出，根据本身违法原则，被控限制措施将"结论性地被推定为不合理（unreasonable）并因此构成非法，而不需要详细调查这些限制行为所造成的确切损害或者使用这些限制措施的商业借口"[1]。非价格限制能够提升品牌间竞争的潜力使得这一结论性的假设不能成立。

11.6a. 平衡"品牌内"竞争与"品牌间"竞争

Sylvania 案确立对非价格限制适用合理原则表面上看似很容易——纵向的地域限制会减少被制造商施加限制的经销商之间的竞争，然而，可能会增加不同制造商的品牌间的竞争。合理原则要求法院权衡这两方面的影响，并确定最终结果是竞争性的还是反竞争性的。更常见的情况是，法院会说，"如果纵向限制能够在不过度限制品牌内竞争的情况下促进品牌间竞争，那么这种限制可能就是合理的"[2]。

然而，*Sylvania* 案的分析留下了多个悬而未决的问题。首先，内部竞争的"减少"是什么含义？其次，法院如何平衡品牌间竞争的增加与品牌内竞争的减少？事实上，甚至于认为两种不同的"竞争"——"品牌内竞争"和"品牌间竞争"——存在某种程度的冲突，是合理的吗？

我们不能忽视以下的事实：Sylvania 公司是一家苦苦挣扎的电视机制造商，它的市场份额不到 5%。如果不存在横向的市场共谋，它就无法通过减少销售数量来获得更高的售价。当制造商没有市场力量时，通过纵向限制可以减少内部"竞争"的整个概念就是空的。事实上，如果制造商错误地估计了自己实施的限制行为的影响，结果是它只会卖出更少的数量（而没有能够提升市场价格）——这显然就是 *Schwinn* 案中发生的事情。此时，竞争对手会立即填补市场的空白。

---

[1] 433 U. S. at 57，97 S. Ct. at 2561，引自 White Motor Co. v. United States，372 U. S. 253，83 S. Ct. 696（1963）.

[2] Continental T. V.，Inc. v. G. T. E. Sylvania Inc.，694 F. 2d 1132，1137（9th Cir. 1982）.

因此 Sylvania 公司及其零售商实际上都没有能力以任何有效的方式减少竞争。今天，有一些巡回上诉法院甚至认为，除非施加限制的制造商具有市场力量，否则品牌内竞争也不可能被"减少"[1]。

然而，即使制造商是垄断者，也必须解释它如何能够通过划分地域来增加利润。更重要的是，这些增加的利润究竟是来自产出量的减少还是产出量的增加？即使制造商是垄断者，对纵向地域限制最合理的解释是，它们确保了经销商遵守分销合同。[2] 在这种情况下，这些限制旨在增加产出量——这些证据并不支持品牌内竞争已经"减弱"的论点。

Sylvania 案所确立的合理原则在适用过程中存在的第二个问题是，法院是否有能力衡量一些无形的东西，比如平衡品牌间和品牌内的竞争？为便于论证起见，假设纵向限制确实损害了品牌内的"竞争"，那么法院真的能够平衡在一个"市场"（Sylvania 牌电视机）中减少的竞争与另一个市场（所有品牌的电视机）中增加的竞争吗？首先，法院不可能将"竞争"定义为以边际成本进行定价[3]（marginal cost pricing）。如果说这些限制措施在品牌内的效应是允许单个卖家将价格定在边际成本之上，而在品牌间的效应则是倾向于将价格降至其边际成本，这将是无稽之谈。限制行为可能是有利于竞争的，也可能是不利于竞争的。无论哪种情况，这两种竞争（如果区分两种类型的竞争是有意义的话）都朝着同一个方向发展。如果对竞争损害的定义是企业通过减少产出量和提高价格来获得垄断利润，那么说品牌内竞争减少而品牌间竞争增加就是不合逻辑的。限制生产商的产出量可能确实会减少品牌内的竞争，但在这个过程中，它可能会减少品牌间的竞争，也可能完全不会影响品牌间的竞争。[4]

为了使上述的权衡方法真正发挥作用，适用 *Sylvania* 规则的法院必须做到真正能够在品牌内竞争和整体生产效率之间进行平衡。一方面，随着产品差异化的提升和少数 Sylvania 经销商被允许将价格提高到其边际成本之上，这些限制可以说减少了品牌内的竞争。另一方面，这些限制提高了 Sylvania 产品营销业务的质量，从而使 Sylvania 的电视机销售表现得比其竞争对手更好。

但即便假设这是最高法院想要表达的意思，这种需要作出权衡的测试方法也

---

[1] JBL Enter., Inc. v. Jhirmack Enter., Inc., 698 F. 2d 1011, 1017（9th Cir. 1983），最高法院提审动议被驳回，464 U. S. 829, 104 S. Ct. 106（1983）（4.2% 或者更少的市场份额太低了）；Graphic Prod. Distrib., Inc. v. ITEK Corp., 717 F. 2d 1560, 1568（11th Cir. 1983）（被告的市场份额为 70%，法院认定已足够）；Valley Liquors, Inc. v. Renfield Importers, Ltd., 678 F. 2d 742, 743（7th Cir. 1982）（如果被告缺乏"显著的市场力量"，则在权衡后倾向于作出"有利于被告"的裁决）。

[2] 见本书第 11.3b3 节。

[3] 见本书第 1.1~1.2 节。

[4] 也就是说，在一个充满竞争的市场，一项限制产出的纵向协议只会导致其他的生产商增加其产出量来填补市场空缺。

并不能给审理反垄断案件的各家法院提供任何有用的指导。法官们通过极其粗略的大致（crude approximation）判断方法来衡量竞争水平和生产效率之间的关系——通常所依据的无外乎只是由一些历史上发展起来的假设所引导的直觉。即使 *Sylvania* 案的合理原则能够提供言之有物的内容，除非是在案情最为明朗的情况下，否则也没有法院能够很好地适用该原则。

11. 6b. *Sylvania* 案对下级法院的影响

合理原则的适用已接近于为纵向非价格限制提供完全免责的避风港了。如果统计一下进入法院诉讼的案件，我们可以发现原告胜诉的不超过六起。[①] 当然，有些案件可能在诉讼初期就和解了。

几乎所有的法院都会衡量采取限制措施的企业所拥有的市场力量。尽管 *Sylvania* 案的规则表明纵向限制减少了"品牌内"的竞争——隐含的意思是单一品牌构成一个独立的相关市场——法院通常还是使用传统方式来定义市场。多数法院认为（这相当正确），在限制行为对竞争产生不利影响之前，必须证明它会影响到经恰当界定的相关反垄断市场的显著份额。此类案件的市场分析不如垄断行为（指滥用行为）或者合并案件那么精细，对市场份额的门槛要求仅有模糊的共识，或者在认定被告具有市场力量后没有进一步清晰说明其对案件结果意味着什么。若干判决认定被告缺少市场力量，但没有明确计算被告的市场份额。[②]在几个巡回上诉法院的观点看来，被告在被诉行为所在的市场中缺乏显著的市场力量，对案件结果的影响似乎是决定性的。[③] 在任何情况下，这些案件都受到最高法院在其 *AmEx* 案的判决中所坚持的观点的约束——在纵向限制案件中应当界定相关市场，即使人们可以通过其他方法同样甚至更好地评估市场力量。[④]

如果被告被法院认定具有足够的市场力量，其限制行为也不一定就是非法的。在这一点上，法院一般会考虑制造商对被控限制行为的解释；如果被告能够

---

① 见 Douglas H. Ginsburg, Vertical Restraints: de Facto Legality Under the Rule of Reason, 60 *Antitrust L. J.* 67 (1991)，该文收录了三件原告在巡回法院胜诉的案例，其中一件发回重审，分别是：Graphic Prods. Distrib, Inc. v. ITEK Corp. , 717 F. 2d 1560 (11th Cir. 1983); Multiflex, Inc. v. Samuel Moore & Co. , 709 F. 2d 980 (5th Cir. 1983); 和 Eiberger v. Sony Corp. of Amer. , 622 F. 2d 1068 (2d Cir. 1980)。

② 见 Murrow Furniture Galleries v. Thomasville Furniture Industries, 889 F. 2d 524, 528 – 529 (4th Cir. 1989); Ryko Mfg. Co. v. Eden Servs. , 823 F. 2d 1215, 1231 (8th Cir. 1987), 最高法院提审动议被驳回，484 U. S. 1026, 108 S. Ct. 751 (1988); 见 Bi-Rite Oil Co. v. Indiana Farm Bureau Co-op, Ass'n. , 908 F. 2d 200, 204 (7th Cir. 1990)。

③ Bi-Rite, *supra* 908 F. 2d at 204 (7th Cir.); Valley Liquors, Inc. v. Renfield Importers Ltd. , 678 F. 2d 742, 745 (7th Cir. 1982); Ryko, supra 823 F. 2d at 1231 (8th Cir.); Murrow, *supra* 889 F. 2d 528 – 529 (4th Cir.); Crane & Shovel Sales Corp. v. Bucyrus-Erie Co. , 854 F. 2d 802, 810 (6th Cir. 1988). 其他判决见 8 Antitrust Law ¶ 1645 (4th ed. 2017)。

④ Ohio v. American Express Co. , 138 S. Ct. 2274, 2285 n. 7 (2018). 参见本书第 3.9e 节。

给出一个在商业上合理的正当理由，将对证明其行为的合法性非常有利。被告能提出的有力抗辩通常包括：限制措施可以使经销商更有效率，可以鼓励经销商提供最佳的服务，或者可以消除搭便车等。被接纳的抗辩类型之丰富，就如同采取了限制行为的产品一样。例如，供应商可以利用选址条款来方便检查库存产品的质量或者保鲜度[1]；可以通过限制向特定经销商的供货来规范产品的安全性和完整性；通过授予经销商一个明确的为顾客所清晰认知的区域，限制措施可以用来确保经销商的效率[2]……法院常常认可供应商出于预防经销商搭便车的客观需要所采取的限制行为具有正当性的理由。[3]

尽管最高法院给出了 *Sylvania* 规则的判断公式，但在下级法院的判决中实际上找不到任何关于对品牌间竞争和品牌内竞争进行权衡的内容。事实表明，这种方法是行不通的。相反，多家法院似乎采用了这样一种分析方法（尽管具有过度概括的风险）：首先，在案证据显示存在合格的纵向非价格协议[4]；其次，假设不存在横向协议，估算被控限制行为所涉及的产品或服务中被告的市场力量，如果市场份额的数值低于 25%，法院通常会驳回原告的起诉；如果该数值超过 25%，法院会要求供应商为其限制行为提供可信的、可证明的正当理由；如果存在这样的理由，那么只有在品牌间市场显示出强大的、具体的反竞争效应时，法院才会取缔涉案的限制行为。[5]

11.6c. 关于抵制的诉讼主张

许多原告将供应商拒绝交易或者终止合同描述为一种抵制，试图以此来规避 *Sylvania* 案确立的合理原则的证明责任。[6] 在某些情况下，抵制或者协调一致拒绝交易（concerted refusals to deal）可以构成本身违法。然而，本身违法原则的适用场景必须被限制在竞争对手之间达成的横向协议这一范围之内。[7] *Business Electronics* 案持反对意见的大法官们，将"抵制"一词用于一个发起投诉的经销

---

[1]　Adolph Coors Co. v. A&S Wholesalers，561 F. 2d 807，811 (10th Cir. 1977).

[2]　Newberry v. Washington Post Co.，438 F. Supp. 470，475 (D. D. C. 1977)（法院认定具有支配地位的报社设置一定的限制措施来保证及时和无间断的投送是必要的）。

[3]　O. S. C. Corp. v. Apple Computer，792 F. 2d 1464，1468 (9th Cir. 1986)；Muenster Butane v. Stewart Co.，651 F. 2d 292，297 (5th Cir. 1981).

[4]　关于"协议"的要件，见本书第 11.4 节；关于价格和非价格协议，见本书第 11.5d 节。

[5]　例如，见 *O. S. C.*，792 F. 2d at 1467-68："苹果公司（被告）成功地给出了'一个完全可信和正当的解释'，满足了其举证责任。"在该案中：禁止产品邮购的目的是保证苹果公司的产品只能通过面对面的方式进行销售……苹果的市场战略需要销售方面的支持，如评估潜在顾客的需求、手把手的指导、教学和培训以及后续服务。被禁止的邮购方式并不能提供这些必要的客户服务。

[6]　见 Dart Indus. v. Plunkett Co.，704 F. 2d 496，499 (10th Cir. 1983)；Carlson Machine Tools v. American Tool，678 F. 2d 1253，1258 (5th Cir. 1982).

[7]　见本书第 5.4 节。

商和供应商之间达成的终止原告经销商资格的协议上——但这一观点被法庭的多数意见所拒绝。[1] 不过，对经销商终止合同或者采取非价格限制提出挑战的"抵制"主张，至少在涉及横向协议的情况下应当保留——即两个存在竞争关系的供应商之间达成的惩戒或者终止某一经销商销售资格的协议，或者两家及多家经销商之间迫使其共同的供应商处罚其他某经销商或者终止其销售资格的协议。如果将"抵制"标签贴在一个经销商和一个供应商之间的纯粹纵向的、终止另一个经销商销售资格的协议上，就剥夺了 *Sylvania* 案所确立的合理原则的大部分意义了。无论如何，联邦最高法院在其 *NYNEX* 案的判决中把这一问题明确了，其认为一个公用事业公司和一个为该公司提供服务的公司之间的协议不构成本身违法[2]，即使该协议没有正当的商业理由（在该案中，双方协议的目的是欺骗监管机构，方便对受到价格行政管制的商品涨价），只有当两家或两家以上的存在竞争关系的厂商彼此同意排挤其他厂商时，才适用本身违法原则。[3] 总的来说，集体的横向行动对于任何想要适用本身违法原则的以抵制作为其诉讼主张的原告而言都是不可或缺的。[4]

11.6d. 独家经销、独家零售以及拒绝交易

企业可以只指定一家经销商作为其在某个地区的独家销售商，并拒绝将其产品出售给那些计划在该地区进行产品转售的其他经销商。供应商可以终止与一个或者多个现有的经销商之间的合作，仅保留一个独家经销商。[5] 如果这种行为是单方面的，则根本不涉及《谢尔曼法》第 1 条的问题[6]，但即使是授予某经销商独家经销权的协议，也要根据合理原则来进行判断，而且通常是合法的。[7] 即使

---

① 见 Business Electronics Corp. v. Sharp Electronics Corp. ，485 U. S. 717，734，744 - 748，108 S. Ct. 1515，1524，1530 - 1533 (1988)。

② NYNEX Corp. v. Discon，525 U. S. 128，119 S. Ct. 493 (1998)；见本书第 5.4d 节。

③ NYNEX，525 U. S. at 135，119 S. Ct at 498，讨论了 *Business Electronics* 案。

④ 也可参见 Electronics Communications Corp. v. Toshiba America Consumer Products，129 F. 3d 240 (2d Cir. 1997)（上诉法院维持了一审法院以原告起诉缺乏法律依据而驳回起诉的裁决；原告指控 Toshiba 公司和 Audiovox 公司共谋，仅通过后者并以其名义来销售 Toshiba 的电话产品，这导致原告的经销权必然被终止）。

⑤ 例如，Crane & Shovel Sales Corp. v. Bucyrus-Erie Co. ，854 F. 2d 802（6th Cir. 1988）；Rutman Wine Co. v. E. & J. Gallo Winery，829 F. 2d 729（9th Cir. 1987）。

⑥ 见本书第 11.4 节。

⑦ Golden Gate Acceptance Corp. v. General Motors Corp. ，597 F. 2d 676，678（9th Cir. 1979）；Ark Dental Supply Co. v. Cavitron Corp. ，461 F. 2d 1093，1094（3d Cir. 1972）. Cf. Doctor's Hospital of Jefferson v. Southeast Medical Alliance，123 F. 3d 301（5th Cir. 1997）（法院肯定了一项协议的合法性，根据该协议，一家医院指定了一家企业作为其医疗服务的供应商）。

是对于非价格限制适用了本身违法原则的 *Schwinn* 案[1]，也承认独家经销协议很少会引起竞争方面的担忧。[2]

尽管如此，在某些情况下，对竞争的威胁仍然可能是存在的，但只有在正确界定的市场（即品牌间市场）中存在市场力量的情况下。如果存在强大的品牌间竞争，那么在某一地区内建立独占经营或者独家销售的协议就不构成反竞争行为。[3]

一种可能存在反竞争效应的情形是，尽管供应商在某一区域具有一定的市场力量，但销售多种产品的经销商在该区域的零售市场具有市场支配力。如果只销售单一产品是不经济的，那么供应商可能会被经销商套牢。如果借用经销商的市场支配力是该供应商利润最大化的选择，那么由此产生的独家交易安排可能是反竞争的。[4] 但是，这样的事实是不能假定的。

11.6e. 双重分销

有时制造商会为自己保留特定的区域或者客户，"双重分销"（"dual distribution"）是指供应商既通过独立的经销商分销部分产品，也雇用员工自己分销部分产品的情况。在某些情形下，独立经销商和供应商之间可能会在产品的转售市场展开竞争，在某些情况下，也可能不会。无论如何，供应商会希望通过对不同经销商施加地域或者客户限制来控制双方之间的竞争。

法院曾经对双重分销下的纵向限制充满敌意，认为它们本质上是可疑的，是横向协议而非纵向协议。由于在双重分销体系中，制造商既经营自己的零售店，也向独立的经销商销售自己的产品，因而人们认为，在转售层面上，它对竞争对手施加了限制。[5] 例如，许多石油公司拥有一些自己运营的加油站，同时它们也与独立运营的加油站签订特许销售协议，与独立加油站订立的合同中可能包含各种地域或者客户限制的条款，使制造商自身拥有的直营店免受独立加油站带来的竞争。

---

[1] United States v. Arnold, Schwinn & Co., 388 U. S. 365, 376, 87 S. Ct. 1856, 1864 (1967). 见本书第 11.6 节。

[2] "生产商……可能会选择……向某个销售商销售其产品。如果涉及交易的限制仅此而已——除了生产商及其选择的销售商之间的纵向'限制'外没有其他内容，并且其他销售商同样可以获得与之形成竞争关系的产品，那么这一限制就没有违反《谢尔曼法》。"同上一条注释。

[3] 见 Packard Motor Car Co. v. Webster Motor Car Co., 243 F. 2d 418, 420 (D. C. Cir.)，最高法院提审动议被驳回，355 U. S. 822, 78 S. Ct. 29 (1957)（如果在买家和卖家层面上都存在"有效的竞争"，则"几乎可以肯定构成本身合法"）；见 Paddock Pub. v. Chicago Tribune Co., 103 F. 3d 42, 47 (7th Cir. 1996)（如果在同一区域内存在大量的构成竞争关系的替代服务，那么只为该地区的一家报纸提供有线服务的合同条款就是合法的）；Ron Tonkin Gran Turismo v. Fiat Distribs., 637 F. 2d 1376, 1388 (9th Cir.)，最高法院提审动议被驳回，454 U. S. 831, 102 S. Ct. 128 (1981)（即便相关市场被界定为从外国进口的小汽车，由于供应商的市场份额小于 5%，法院还是批准了被控的独家零售的交易安排）。

[4] 更多分析见 8 Antitrust Law ¶ 1654 (4th ed. 2017).

[5] 见 Stuart Altschuler (Sylvania), "Vertical Restraints and Dual Distribution", 25 *Antitrust Bull*. 1 (1980).

在 *Sylvania* 案中，联邦最高法院在一个含糊不清的脚注中提出——可能不是针对双重分销——分辨某些交易"究竟是纵向限制还是横向限制偶尔会出现问题"。后者显然是"本身违法的"[①]。这一表述已经在向各个法院建议，它们必须判断双重分销系统中的限制措施是"真正"的横向关系还是实际上属于纵向关系。[②] 在这里，*Leegin* is 案的影响很小：问题不在于限制措施是否与价格有关，而在于它是否真的是一种伪装成纵向限制的横向限制。

然而，对双重分销体系的分析与对所有其他纵向限制的分析是一样的。一家没有市场力量的制造商也无法通过双重分销来创设市场力量。即便是一家垄断制造商，通常也无法通过直营店的独占销售来增强其市场力量，即使这样做会损害与之竞争的独立经销商。如果制造商具有市场力量，那么在零售层面获得的垄断利润同样也可以在生产层面攫取。[③]

双重分销网络比完全独立的网络更容易受到搭便车问题的困扰。制造商自营的经销店没有搭便车的动机，因为它们与母公司的资产损益表是同一张表。相反，独立经销商却有很强的搭便车动机：制造商拥有的经销店不得不提供零售现场服务，而且不太可能通过降低服务的品质和自身的售价来对其他销售主体的搭便车行为作出应对。

此外，至少有一件事情表明，从事双重分销的制造商没有参与零售商卡特尔：制造商能够而且正在通过自己的直营店销售部分产品。任何零售卡特尔都会将垄断利润从制造商转移到独立零售商的口袋里。制造商应对零售商固定价格行为的最佳对策是直接进入零售行业，以保有垄断利润。从事双重分销的制造商已经进入了零售市场。事实上，双重分销机制的存在往往证明，制造商正试图通过迫使独立零售商提供与其收取的价格相匹配的服务品质，来解决长期存在的零售商之间串通一气或者业绩不佳等问题。

作为一项一般性的规则，双重分销体系的存在不影响法院对纵向限制的分析，法院判决的趋势也体现了这一观点。[④]

[①] Continental T. V. v. GTE Sylvania，433 U. S. 36，58 n. 28，97 S. Ct. 2549，2561 (1977)。

[②] 例如，Photovest Corp. v. Fotomat Corp.，606 F. 2d 704 (7th Cir. 1979)，最高法院提审动议被驳回，445 U. S. 917，100 S. Ct. 1278 (1980)；Coleman Motor Co. v. Chrysler Motors Corp.，525 F. 2d 1338 (3d Cir. 1975)。两个案例的判决都认定供应商及其全资拥有的分销子公司之间存在"共谋"，此类认定关联企业内部可以构成共谋的观点现在已被联邦最高法院的在先判例所推翻，Copperweld Corp. v. Independence Tube Corp.，467 U. S. 752，104 S. Ct. 2731 (1984)。更多相关判例法，见 8 Antitrust Law ¶ 1605 (4th ed. 2017)。

[③] 关于"杠杆"理论，即认为某一垄断者可以通过纵向安排使一个市场中的垄断延伸到第二个市场的观点，见本书第 7.9 节；关于搭售协议，见本书第 10.6a 节。

[④] 见 Illinois Corporate Travel v. American Airlines，889 F. 2d 751，753 (7th Cir. 1989)，最高法院提审动议被驳回，495 U. S. 919，110 S. Ct. 1948 (1990) （"双重分销……并不是本身应被禁止的行为，即不能认为只有当生产商不向消费者直接销售才可能合法"）。也可参见 Jacobs v. Tempur-Pedic Intern.，Inc.，626 F. 3d 1327 (11th Cir. 2010) （双重分销并没有把一个转售价格维持机制的性质从纵向限制变更为横向共谋）。

第 12.1 节　概述：联邦合并政策与《横向合并指南》

12.1a. 市场结构与合并分析的关联性

12.1b. 合并政策的基本考量：市场产出或者创新的减少、价格的提升以及效率的损失

第 12.2 节　效率与合并政策

12.2a. 受到质疑的沃伦法院遗产

12.2b. 衡量横向合并中的效率影响

12.2b.1. 社会福利"权衡"模型

12.2b.2. 效率必须得到传导吗？

12.2b.3. 效率必须是与"特定合并有关"的且"非同寻常"的

第 12.3 节　预期的反竞争后果之一：合并诱发了单边涨价

12.3a. 概述

12.3b. 导致垄断的合并

12.3c. 产品异质化市场中的单边行为效果

12.3d. 威胁到创新的合并

12.3e. 平台间的合并与潜在的竞争

第 12.4 节　预期的反竞争后果之二：合并便利了协同行为

12.4a. 衡量市场集中度：　CR4 指数与 Herfindahl 指数

12.4a.1. 四厂商集中度指数（CR4）

12.4a.2. Herfindahl-Hirschman 指数（HHI）

12.4b.《横向合并指南》规定的市场份额门槛

12.4c. 市场界定及市场份额测算值所占的权重

12.4d. 为什么应当考虑市场集中度？ *Philadelphia Bank* 案的假设

第 12.5 节　产品差异化的重要影响

12.5a. 一般效果

12.5b. 更为极端的产品差异化：什么情况下合并是横向的？

第 12.6 节　合并案中的市场进入壁垒

12.6a. 合并政策中市场进入壁垒的恰当定义

12.6b. 哪些因素构成市场进入壁垒？

12.6b.1. 规模经济

12.6b.2. 投资的风险和规模；沉没成本

12.6b.3. 广告、推广及消费者忠诚度

12.6b.4. 政府的市场准入限制（包括知识产权）

12.6c. 2010 年《横向合并指南》下的市场进入壁垒分析

第 12.7 节　可观测到的反竞争行为；并购完成之后的审查

第 12.8 节　"失败公司"抗辩与影响企业生命力的相关因素

第 12.9 节　部分并购与"仅为投资"的并购；横向持股

第 12.1 节　概述：联邦合并政策与《横向合并指南》

企业合并（merger）是指两家原本独立的企业归由一个实体所有或者控制的过程。[①]"合并"一词在联邦反垄断法中比在州公司法中含义更为宽泛。[②] 在许多情况下，在反垄断法的意义上，"合并"指一家公司收购另一家公司的部分或者全部资产。当一家公司购买另一家公司的部分或全部股份时，公司合并也会发生。反垄断法也用"合并"一词来描述新设整合（consolidation），即两家原来的公司不再存续，而成立一家拥有原来两家公司原有资产的新公司。[③]

"横向"（"horizontal"）合并是指在同一地域市场内由一家公司收购另一家生产相同产品或者具有替代性产品的公司的情形。概言之，在合并发生之前，这两家公司是事实上的竞争对手。如果这两家公司并非竞争对手，那么根据二者的关系，该并购将被定性为"纵向"（"vertical"）合并或者"集团"（"conglomerate"，或者译为"混业"，即合并双方的业务没有关联）合并。

今天，绝大多数针对合并的反垄断案件都是由司法部反垄断局（Antitrust Division of the Department of Justice，以下简称反垄断局）和联邦贸易委员会（FTC）提起的[④]，只有少数是由私主体原告提起的，但后者的胜诉率并不高。[⑤] 2010 年，反垄断局和联邦贸易委员会联合发布了关于横向合并的修订版指南。该指南是评估由于合并所引发的竞争效果的很有用的分析指引。[⑥] 本章将判例法、指南和基本经济理论的讨论融为一体，并逐一阐释其重要性和适用领域。[⑦] 重要的是，联邦合并政策仍然受成文法和判例法的约束。《横向合并指南》仅仅是一种指引，对法院不具有法律拘束力。尽管如此，多年来法院一直高度重视指南的作用，并怀着善意加以对待。

---

① 我们之所以要考虑"控制"的因素，是因为有些较深程度的租赁或者合同关系也可以视为合并。见 5 Antitrust Law ¶ 1202（4th ed. 2016）。也可参见 McTamney v. Stolt Tankers & Terminals，678 F. Supp. 118（E. D. Pa. 1987）（购买生产性资产的协议加上有效控制，构成《克莱顿法》第 7 条规定的"合并"）。

② 见 J. D. Cox & T. L. Hazen，*Corporations*，ch. 22（2d ed. 2003）。然而，参见 California v. American Stores Co.，872 F. 2d 837，845（9th Cir.），以其他原因维持，495 U. S. 271，110 S. Ct. 1853（1990）（州公司法应当被用于认定并购发生的时间）。

③ 例如，United States v. Rockford Memorial Corp.，717 F. Supp. 1251（N. D. Ill. 1989），维持，898 F. 2d 1278（7th Cir.），最高法院提审动议被驳回，498 U. S. 920，111 S. Ct. 295（1990）。

④ 司法部反垄断局和联邦贸易委员会以下常以"执法机构"（"Agencies"）的统称出现。

⑤ 见本书第 14.3a 节。

⑥ 美国司法部和联邦贸易委员会：《横向合并指南》（2010 年 8 月），下载地址：https://www.ftc.gov/sites/default/files/ attachments/merger-review/100819hmg. pdf。

⑦ 2010 年《指南》关于市场界定的部分主要在本书第 3 章予以分析。纵向合并和存在潜在竞争关系的企业合并则继续由 1984 年司法部《指南》规定的标准予以分析。

《横向合并指南》的核心主旨是防止潜在的企业并购可能带来市场力量的增强。2010年《横向合并指南》指出："（a）如果一项合并很可能促使一家或多家企业提高价格、降低产出量、减少创新，或因消除竞争约束和竞争激励而损害消费者，那么它很可能会增强所涉企业的市场力量。"① 显然，对市场力量加强的关注点不仅局限于价格。《指南》还担心合并对创新的抑制作用，例如被收购公司从事创新活动将蚕食收购公司的收入时，后者对前者的收购就很可能会对创新的持续进行构成威胁。② 在很大程度上，这些都是一种长期影响，可能直到并购发生多年后才会显现出来（或并购被阻止后多年）。这些问题将在第12.3d节中进行讨论。

最后，如何对限制竞争的合并进行有效救济是一个复杂的问题，反垄断局在2020年修订版《指南》中予以了全面阐述。③

12.1a. 市场结构与合并分析的关联性

在20世纪60年代及更早期，"结构—行为—表现"（"Structure-Conduct-Performance"，S-C-P）范式统治着产业组织理论（industrial organization theory）。这一范式认为，随着行业更趋集中化，企业会自然而然地发觉共谋或者寡头垄断行为的实施将更为有利可图。其结果最终导致行业表现不佳。④ S-C-P范式的重要之处在于其认为市场结构造成了糟糕的市场运行结果，因为结构本身使得寡头垄断行为不可避免。也就是说，鉴于高度集中的市场结构，企业利润最大化的策略选择就是朝着寡头垄断发展。

在20世纪70年代，S-C-P范式遭到越来越多的抨击，批评者认为：（1）在不少市场中，企业必须高度集中才能获得规模经济和范围经济；（2）即使在高度集

---

① 2010年《横向合并指南》第1条。

② 同上一条注释，第6.4条。关于这个问题见 Christina Bohannan & Herbert Hovenkamp, *Creation Without Restraint：Promoting Liberty and Rivalry in Innovation*, Ch. 7（2012）。

③ 《合并救济政策指南（2011）》（Policy Guide to Merger Remedies（2011）），下载地址：http://www.justice.gov/ sites/default/files/atr/legacy/2011/06/17/272350.pdf。联邦贸易委员会没有参与该指南的制定。然而，联邦贸易委员会发布了自己的指南，即《合并救济商谈：联邦贸易委员会竞争部门的声明》（Negotiating Merger Remedies：Statement of the Bureau of Competition of the Federal Trade Commission），下载地址：https://www.ftc.gov/tips-advice/competition-guidance/merger-remedies。也可参见 Ken Hyer, Optimal Remedies for Anticompetitive Mergers, *26-SPG Antitrust* 26（2012）。

④ 重要文献包括 Edward S. Mason, "Price and Production Policies of Large-Scale Enterprise", 29 *Am. Econ. Rev.* 61（1939）；H. Michael Mann, "Seller Concentration, Barriers to Entry, and Rates of Return in Thirty Industries, 1950–1960", 48 *Rev. Econ. & Stat.* 296（Aug. 1966）；以及 Frederic M. Scherer, *Industrial Market Structure and Economic Performance*, ch. 1（1970）。关于结构—行为—表现（S-C-P）范式的更多讨论，见本书第1.7节。关于其历史和理论，见 Herbert Hovenkamp, *The Opening of American Law：Neoclassical Legal Thought*, 1870–1970, ch. 11（2015）；Herbert Hovenkamp, United States Competition Policy in Crisis, 1890–1955, 94 *Minn. L. Rev.* 311（2009），下载地址：http://papers.ssrn.com/sol3/papers.cfm? abstract_id=1156927。

中的情形下，市场仍可继续保持良好的竞争状态。[1] 尽管如此，市场集中度仍然在工具层面具有一定的意义。[2] 旧的 S-C-P 范式假定高度集中将导致市场运行状况不佳，新的方法更倾向于认为高度集中只是运行状况不尽如人意的一个前提条件，或是一项重要因素。这本身是对 S-C-P 范式的一个重要限制——事实上可以说是一种抛弃，因为它意味着非结构证据的评估对于预测合并后市场可能会出现的行为至关重要。2010 年《横向合并指南》规定预测合并后果时应同时考虑市场份额以外的其他因素，证明了前述观点的影响力。[3] 此外，我们对生产和销售中的规模经济和范围经济的影响更为重视。[4]

今天，越来越多的证据表明，我们夸大了合并所带来的效率优化效应，而低估了它们的反竞争效应。太多导致产出量减少或价格上涨的有害合并案被监管部门批准通过。这一结论来源于对合并后的企业行为所进行的更加有效的持续的实证研究。[5] 因此，我们可以提出一个更有说服力的观点，即监管部门应当更仔细地对合并申报进行审查，并相应地修订合并指南。此外，不应推定所有的合并都能提升市场效率，相反，拟合并的企业必须提供证据对此加以证明，并且，它们还需要证明效率提升与所涉合并是特定相关的——也就是说，不可能通过所涉合并以外的方式实现这种效率提升。

12.1b. 合并政策的基本考量：市场产出或者创新的减少、价格的提升以及效率的损失

由于横向合并涉及同一市场中的两家公司，因而会产生两种不同于纵向或者混业合并的结果：1) 合并后的市场比起合并前少了一家公司；2) 合并后的公司通常拥有比合并前各方更大的市场份额。[6] 今天，合并政策的一项主要担忧是横

---

[1] 例如，Harold Demsetz, "Industry Structure, Market Rivalry, and Public Policy", 16 *J. L. & Econ.* 1 (1973); Yale Brozen, *Concentration, Mergers, and Public Policy* (1983). 其他参考文章集中参见 Richard A. Posner, "The Chicago School of Antitrust Analysis", 127 *Univ. Pa. L. Rev.* 925 (1979)。

[2] 见 Jonathan B. Baker, "Market Concentration in the Antitrust Analysis of Horizontal Mergers", in *Antitrust Law & Economics* (Keith Hylton ed., 2009)。

[3] 然而，United States v. Oracle Corp., 331 F. Supp. 2d 1098, 1122 - 1123 (N. D. Cal. 2004)，该案批评了 1992 年《横向合并指南》过度考虑结构化因素的做法。

[4] 关于对 S-C-P 范式相对而言持同情态度的学者所作的研究，见 James W. Meehan 和 Richard J. Larner, "The Structural School, its Critics, and its Progeny: An Assessment 179", in *Economics and Antitrust Policy* (Richard J. Larner & James W. Meehan eds., 1989)。

[5] 参见 John Kwoka, Mergers, *Merger Control, and Remedies: A Retrospective Analysis of U. S. Policy* (2014)。

[6] 然而，合并后的企业的份额可能高于或低于合并前的两家企业的份额之和。如果合并提高了企业的效率，则其产出量会增加，市场份额会扩大。如果合并促进了市场力量的运用，企业将降低产出量，然后其竞争对手在一定程度上会得到部分剩余需求，合并后的企业的市场份额就会降低。见 4 Antitrust Law ¶ 932a (4th ed. 2016)。

向合并可能会为促成整个市场范围内的合谋或者寡头垄断行为打开方便之门。[①] 2010 年《横向合并指南》使用术语"协调互动"（"coordinated interaction"）来形容这些行为。[②] 合并政策的第二项担忧是，在市场上其他公司只会略微涨价甚至不涨价的情况下，合并可能会诱发合并后的公司"单方面"实施涨价。[③] 此外，企业合并会为价格主导行为（price leadership）创造机会，或者在某些情况下消火了那些拒绝加入卡特尔组织的"激进分子"。

如果合并不能产生任何有益结果，只产生限制竞争的不利后果，我们就可以根据本身违法原则理所当然地予以谴责。然而大多数合并都是合法的，因为它们可以使公司的生产、研发和分销能力显著提升，效率得以快速增长，而仅依靠内部的发展来达到相同的效果则要慢得多。不具有市场支配地位的企业之间的合并会给市场支配企业创造出更强大的竞争对手，使市场竞争更趋激烈。而且，企业合并可以让公司获得高效的优质资产，从而避免了内部增长及某些业务破产可能带来的社会成本。最后，并购将经营资产从低效的所有者向高效的所有者转移，从而优化了资源的配置，让资产变得更有价值。[④] 此外，并购还可以减少重复建设、提升管理效率。上述这些合并所带来的效率提升中的至少一部分会最终传递给消费者，让消费者受益。

规模经济可以大致分为两大类：单个工厂的规模经济和企业（多个工厂）的规模经济。通常，横向合并不会增加单个工厂的规模[⑤]，但会增加由同一管理主体控制的工厂数量。这表明合并通常并不能降低单一工厂的运营成本[⑥]，但它可能产生显著的多工厂间的规模经济。例如，一次性购买 1 000 000 单位的原材料可能比只购买 200 000 单位（的原材料）更便宜。此外，随着企业生产的产品数量的增加，每单位研发成本也会随之下降。同样，30 秒电视广告的费用对于小公司和大公司而言是一样的，在报纸上刊登同样一版广告的成本也是没有差异

---

① 关于共谋和 Cournot 寡头垄断，见本书第 4.2 节。

② 2010 年《横向合并指南》第 7.1 条，下载地址：https://www.ftc.gov/sites/default/files/attach-ments/merger-review/100819hmg.pdf。

③ 2010 年《横向合并指南》第 6 条。

④ 尽管有实证证据证明，并购目标的价格之所以被低估，是因为其所在行业业绩不佳，而不是因为该企业本身经营不善。但这反过来说明，并购目标的经营不善或许可以解释为什么纵向或企业集团类型的并购比横向的并购更为频繁。见 Randall Morck, Andrei Shleifer & Robert W. Vishny, "Characteristics of Targets of Hostile and Friendly Takeovers", 114 in *Corporate Takeovers: Causes and Consequences* (A. Auerbach, ed. 1988)。

⑤ 尽管也存在一些例外，例如，如果一个农民同时买下了相邻的两个农庄，他/她可以将两块土地整合在一起并将它们作为一个单独的整体来经营。同样地，如果一家航空公司收购了另一家航空公司，那么两家航空公司的飞机很有可能被统一调配运营。

⑥ 然而，并购可以通过在各个工厂内建设更长的流水线、提高工厂生产的专门化，来形成单个工厂的规模经济。例如，如果两个滚珠生产厂合并，合并后的企业可以在其中一个工厂生产一种滚珠，而在另一个工厂生产另一种滚珠，等等。见 Federic M. Scherer and David Ross, *Industrial Market Structure and Economic Performance* 164 (3d ed., 1990)。

的，无论这些广告投放是用以宣传单个商店的商品还是 100 家连锁店的商品。

实施大规模的横向合并也可以为促成多种多样的纵向整合提供条件。例如，拥有数百家零售店的大型连锁超市可能拥有自建农场和奶牛场的能力，还可以经营自己的仓库，而这对于一家单店企业来说是不现实的，其必须依赖于外部市场。[①]

横向合并所能产生的效率提升因行业而异，主要与技术和分销体系的个体化（individualized）程度相关。一些行业，如零售百货、银行和运输公司，可以通过横向合并来显著降低成本并改善消费者的福利。其他行业，如熟食店和小型法国餐馆，则以单体店的形式经营更有效率。[②]

要制定优良的合并政策，最困难的问题是如何区分可能诱发共谋或者增强市场力量的合并与可以促进效率提升的合并。大多数情况下这两种效果会兼而有之。可以肯定的是，在两个极端，我们可以自信地预测，特定的企业合并产生的效率会远远超过可能导致的限制竞争风险，或者相反。但许多在法律上被挑战的企业合并往往产生的是模棱两可的结果。

既然《谢尔曼法》规定了共谋是非法的，为什么我们还要投入资源来评估一项合并是否可能会导致价格上涨呢？为什么不等到价格实际上涨了再作处理呢？最重要的原因是，《谢尔曼法》已被残酷的现实证明其没有足够的能力来解决寡头垄断或者各类合谋的行为。[③] 并且，符合该法第 1 条的共谋行为也很难被发现。更糟糕的是，如果合并的潜在后果是导致价格单边上涨，那么反垄断法就什么也做不了。根据美国反垄断法，单独一家公司可以自由设定其希望的任何价格而不构成违法。既然我们不能直接根据《谢尔曼法》第 1 条应对寡头垄断，那么就只能选择次优方案——预先阻止（综合考虑效率和其他各种因素）可能促进寡头垄断或者类似合谋后果的市场结构的产生。[④] 这种"预防性"的考量是今天并购政策的核心。[⑤]

第 12.2 节 效率与合并政策

尽管横向合并便利于促进合谋或增强市场力量，但它也可以显著提高效率。

① 主要见 4 Antitrust Law ¶¶ 970, 973 (4th ed. 2016)。

② 关于不同行业规模经济的详细讨论，见 Scherer & Ross, *Industrial Market Structure*, 97-151。

③ 见本书第 4.4~4.5 节。

④ 见 FTC v. Elders Grain, 868 F. 2d 901, 905 (7th Cir. 1989)。该案颁发了一条禁止合并的初步禁令，并提到：价格固定行为的处罚在今天确实已经很重了，但是只有在卖家实际上就价格、产量或其他减弱竞争的事项达成合意的时候才会对其进行处罚；如果条件成熟，卖家可能不需要与任何主体交流或者公然合谋来协调、磋商其价格和产量；至少，它们可以不需要以容易被发现的方式进行合谋。

⑤ 参见 Herbert Hovenkamp, Prophylactic Merger Policy, 70 *Hasting L. J.* 45 (2018)。同样的推理也适用于反竞争的专利收购：一旦某一企业通过收购从外部获得了专利权，其指控侵权行为的此种权利实施方式就受到宪法保护。这就是为什么应当提前阻止可预见到的反竞争专利收购发生的原因。Cf. Intellectual Ventures, LLC v. Capital One Fin. Corp., 280 F. Supp. 3d 691 (D. Md. 2017), 因其他原因维持, 937 F. 3d 1359 (Fed. Cir. 2019)（错误地以随后的专利维权行动应受保护为由而认定此前的专利收购行为是合法的）。

法院和其他决策者对效率与企业合并合法性之间的关系持有三种不同的立场。

（1）对一项企业合并应根据其对市场力量或者合谋可能性的潜在影响来进行评估，效率考量在很大程度上与此项评估无关；

（2）能够带来显著效率提升的企业合并应当被认定为是合法的，或者至少在某些合并案件中可以作为其所主张的合法性的抗辩理由之一；

（3）为了保护合并后的新企业的竞争对手，企业合并应该受到否定，因为它们能提高新公司的效率，产生相对竞争优势。

出于本书第 12.4d 节中阐述的原因，对于合并能够提升经济效率的证明责任应由拟开展合并的各家企业承担。

12.2a. 受到质疑的沃伦法院遗产

在 20 世纪 60 年代，沃伦法院（Warren Court）的合并政策采纳了上述清单中的第三种立场：它之所以否定合并，是因为合并提高了效率。例如，在 *Brown Shoe Co. v. United States* 案中，联邦最高法院判定，存在竞争关系的涉案鞋类零售商之间的横向合并是非法的，因为合并后的大型公司会进行低价抛售来损害其竞争对手。法院认为，立法者希望"通过保护有活力的、小型的本地企业来促进竞争"，而建立一家成本较低的大公司会使这一目标受挫。最高法院承认，"立法者意识到维持分散的行业和市场有时候会导致成本和价格上涨"，但国会"通过支持市场去中心化从而解决了这些相互矛盾的考量因素"[①]。

Brown Shoe 案的批评者认为，这是以牺牲消费者为代价来保护竞争对手。[②]但任何此类批评都必须充分考虑 1950 年针对第 7 条所作的《塞勒—基弗沃修正案》（Celler-Kefauver Amendments）相对清晰的立法史。*Brown Shoe* 的观点其实正确地体现了立法本意。在 1950 年，国会更多考虑的是保护"生机勃勃"的小企业免于被大公司"吞并"，而不是降低消费价格或者提高产品质量。[③]

Brown Shoe 案和 *Von's Grocery* 案[④]等后继案件之所以会受到批评，不是因为它们选择了错误的立法目的，而是因为它们为实现这些目的所作出的努力最终效果不佳。*Von's Grocery* 案涉及洛杉矶第三大和第六大食品杂货连锁店的合并，

---

① 370 U. S. 294, 344, 82 S. Ct. 1502, 1534 (1962). 关于案件的审理过程，见 Herbert Hovenkamp, *The Opening of American Law: Neoclassical legal Thought, 1870 - 1970*, Ch. 11 (2015)。

② 例如，参见 Robert H. Bork, *The Antitrust Paradox: A Policy at War With Itself* 198 - 216 (1978; rev. ed., 1993)。

③ 见 Derek Bok, Section 7 of the Clayton Act and the Merging of Law and Economics, 74 *Harv. L. Rev.* 226, 234 (1960); Herbert Hovenkamp, *The Antitrust Enterprise: Principle and Execution*, Ch. 9 (2004); Markets in Merger Analysis, 57 *Antitrust Bull.* 887 (2012), 下载地址：http://papers. ssrn. com/sol3/papers. cfm?abstract_id=1945964。

④ United States v. Von's Grocery Co., 384 U. S. 270, 86 S. Ct. 1478 (1966).

然而，市场并未形成集中，这两家连锁店的合并份额只占整个市场的 7.5％。这两家连锁店都是由家族拥有和经营的品牌，市场上最大的一家连锁店（并非该起并购的任何一方），其市场份额也仅为 8％。相关市场在合并之前就表现出集中的明显"趋势"，许多个体商店都被连锁店收购，这表明大的连锁店能够比小的连锁店和街头夫妻店提供更便宜的价格。

如果一家中型连锁店无法收购现有的商店，它可能会建立自己的新店，特别是当扩大规模能够增强其对大型连锁店的竞争力时尤其如此。其结果将是，小的连锁店或个体店铺将发现自己无力与大公司竞争，也无法将其商店出售给那些中型的竞争对手。他们不仅会失去参与竞争的能力，而且会失去他们最重要的资产（他们的商店）的价值。[1] 因此，*Brown Shoe* 案和 *Von's Grocery* 案的规则是否能给小企业提供立法者设想的那种保护，需要打一个大大的问号。

12.2b. 衡量横向合并中的效率影响

12.2b.1. 社会福利"权衡"模型

今天，因效率提升而否定一项合并的观点显然已被抛弃了。虽然联邦最高法院本身从未在案件中明确确认初步判断为非法的合并可以适用"效率抗辩"（"efficiencies defense"），但《横向合并指南》和多家巡回上诉法院均已经这么做了。[2] 重要的是，当通过结构分析和行为分析推定涉案合并具有限制竞争的效果后，对效率的调查才会启动。[3] 如果一项合并从一开始就不构成对竞争的威胁，那么就没有必要对其是否具有提升效率的潜力进行分析。

图 1 显示了合并案件中拟合并企业提出"效率抗辩"的论据，即合并后的公司比合并前的公司拥有更大的市场力量。[4] 因此，公司将产出量从图 1 中的 Q_1 减少到 Q_2，并将价格从 P_1 提高到 P_2。三角形 A_1 代表由于产出减少而导致的垄

---

[1] 见 Richard A. Posner, *Antitrust Law* 129 (2d ed. 2001)。

[2] 例如，见 Saint Alphonsus Medical Center-Nampa, Inc. v. St. Luke's Health Sys., Ltd., 778 F. 3d 775, 783：(9th Cir. 2015)；ProMedica Health Sys., Inc. v. FTC, 749 F. 3d 559, 571 (6th Cir. 2014)；FTC v. H. J. Heinz Co., 246 F. 3d 720 – 722 (D. C. Cir. 2001)；FTC v. Tenet Healthcare Corp., 186 F. 3d 1045, 1054 – 1055 (8th Cir. 1999)；FTC v. University Health, 938 F. 2d 1206, 1222 – 23 (11th Cir. 1991)。

[3] 见本书第 12.3～12.6 节。

[4] 引自 Oliver E. Williamson, "Economies as an Antitrust Defense: the Welfare Trade-Offs", 58 *Amer. Econ. Rev.* 18 (1968)；也可参见 Oliver E. Williamson, Economies as an Antitrust Defense Revisited, 125 *U. Pa. L. Rev.* 699 (1977)；Robert Pitofsky, "Efficiencies in Defense of Mergers: Two Years After", 7 *Geo. Mason L. Rev.* 485 (1999)；Craig W. Conrath & Nicholas A. Widnell, "Efficiency Claims in Merger Analysis: Hostility on Humility", 7 *Geo. Mason L. Rev.* 685 (1999)；Timothy R. Muris, "The Efficiency Defense Under Section 7 of the Clayton Act", 30 *Case West. Res. L. Rev.* 381 (1980)；Alan A. Fisher & Robert H. Lande, "Efficiency Considerations in Merger Enforcement", 71 *Calif. L. Rev.* 1580 (1983)；Herbert Hovenkamp, "Merger Actions for Damages", 35 *Hastings L. J.* (1984)；4A Antitrust Law ¶¶ 970 – 976 (4th ed. 2016)。

断"无谓损失"[①]。

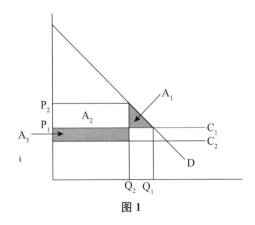

图 1

与此同时，企业合并产生了可衡量的经济效益，即公司的成本从 C_1 降至 C_2。矩形 A_2 显示出了这些经济效益带来的效率提升。如果 A_2 大于 A_1，即使公司在合并后提高其价格，合并也仍然产生了净效率增加。此外，图 1 表明 A_2 可以大于 A_1。A_2 所示的效率增加将分散在合并后公司的整个产出上。A_1 的无谓损失则仅分布于减少的产出上。如果合并后的公司产出减少 10％，那么剩下的 90％ 产出都将对效率提升起到作用；而无谓损失，则仅对应于 10％ 的产出部分。[②]

Williamson 自己也承认，他的以上分析过于简单化，容易受到一些批判。

第一，该模型假设合并会导致单一市场垄断。但是大多数容易诱发合谋的企业合并所涉及的公司的总市场份额远远低于 100％。例如，假设一家占有 20％ 市场份额的公司收购一家占有 10％ 市场份额的公司，这大大增加了合谋的潜在威胁。在这种情况下，并购所带来的协同便利使得并购方公司和非并购方企业都能够提高它们的价格。然而，效率提升带来的好处仅仅分布在两家并购方公司的产出上，而这两家公司的产出只占整个市场份额的 30％。[③]

第二，该分析是建立在效率与"特定合并"（"merger specific"）高度相关这一假设的基础之上的，这意味着其假设只有损害竞争的合并才能产生效率提升。然而，在通常情况下，效率改善还可以通过其他对竞争损害较小的方式达成，包括许可（收购资产之外的另一种选择）、将部分业务分拆给其他销售者或者进行重组等，从而尽量减少有害后果，同时允许公司获得最大的效率改善收益。

第三，Williamson 模型所指出的效率通常必须来自规模经济以外的其他原因，因为在图 1 所示的权衡情况下，合并后的产出实际上低于合并前的水平（从

[①]　关于垄断的社会成本，见本书第 1.3b 节。

[②]　Williamson, Economies, *supra*, 58 *Amer. Econ. Rev.* at 22 - 23.

[③]　更详细的论述，见 4A Antitrust Law ¶ 970e (4th ed. 2016).

Q_1 下降到 Q_2）。诚然，一些合并可以使企业在减少产出量的同时实现规模经济。例如，两家公司各有一个产量为 5 000 单位的低效率工厂，合并后的公司可以仅利用单个工厂达到 8 000 单位的规模经济产量。但请注意，这一结果并不是由企业合并本身带来的，合并完成后，最初只是给了合并后的公司两个效率低下的小工厂。然而，这并不是说在降低产量时无法提高效率，只是说在现实中，减少产量所能达到的效率提升空间要比提高产量所达到的效率提升空间更小，特别是如果要求它们必须与特定合并高度相关的话。

第四，必须注意确保合并所节省的成本不仅仅是"账面上的"。例如，一项合并在销售端造成垄断的同时，也会在购买端产生重大影响力，使公司可能能够压低它为购买原材料所支付的价格。但在这种情况下，合并公司的任何收益都可能被供应商的损失所抵消，社会整体效率提升的理由也就不复存在了。

第五，Williamson 模型最为严重的局限之一，就是它假设市场在合并前是完全竞争的，而在合并后是垄断的。这在现实市场中是较为罕见的。更有可能的情况是，在受到审查的合并或者联合经营发生之前，市场就已经处于缺乏竞争的状态了，只是程度较轻而已。例如，今天，受到挑战的处于临界状态的一类典型的企业合并是使得市场上的公司从四家变为三家，合并前后的市场可能都处于非完全竞争状态。Williamson 模型显示的无谓损失之所以较小，原因之一是该模型以一个完全竞争的市场作为分析起点，而相当部分的销售来自对产品价值所视不高的"边际"消费者。* 因此，即便损失这部分的销售，所导致的无谓损失也相当低。而在较高的价格水平上，每名消费者的盈余要大得多，这使得同等规模的产出下降会引发更大的社会成本。此外，在这些较高的价格水平上，任何效率的增益都必须在较低的产出水平上进行分散。

图 2 说明了这种情况。它展示了与图 1 完全相同的市场，通过企业合并或者其他方式产生了同样的单位成本的下降。然而，在这种情况下，市场从一开始就缺少有效竞争，这由价格 P_1 高于成本 C_1 示出。这一差异产生了两点影响。首先，消费者损失增大，因为产出的减少损害了支付意愿更强的那部分消费者，他们愿意支付相对于产品成本而言更高的价格。其次，由于产出在一开始的时候就已经比较低，因而进一步减产所带来的效率增益分布在更少数量的单位上。由此带来的一项重要的推论是，由于合并前依照价格减去成本计算出来的利润更高，因而需要提供更高的效率增益才能抵消合并所产生的限制竞争所导致的价格方面的负面影响。

最后，需要注意"权衡"模型仅适用于有限的范围——即效率增益大到足以抵消无谓损失的增加，但又不会过大以至于出现比合并前或者合资经营前更低的

---

* 即对价格较为敏感的消费者，轻微的价格上涨就会导致这部分消费者的出逃。——译者注

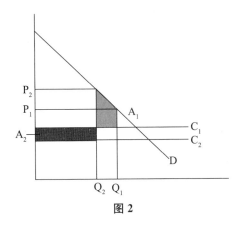

图 2

价格。如果一项合并所带来的收益如此之大，那就不需要进行任何权衡，消费者和生产商都会变得更好。我们很难评估有多大比例的企业合并、合资或者其他商业实践既提高了市场力量又推高了价格，却又通过超过消费者损失的生产收益（production gains）抵消了全部负面影响。

从另外一个角度分析，Williamson 权衡模型对反垄断损害所进行的测试采取的是一种整体社会福利的价值取向，它综合权衡了消费者损失和生产者的收益，并计算出二者相互抵消之后的净值。如果该模型只考虑消费者福利，那么即使效率增益（A_2）大于无谓损失（A_1）[1]，上述两个图中所揭示的任何合并都将是不合法的。也就是说，只要出现任何无谓损失，都导致受审查的合并被谴责。正如这一观点所暗示的那样，消费者福利原则完全统治反垄断分析的一个原因是可管理性（administrability）。只要存在权衡，就必然存在所有测算都会伴随的偏差问题——也就是说，如果一个行为既使得市场力量增强而导致实际产出减少，又提升了市场效率，那么裁判者必须量化这些影响并计算得出净损益的数值。这需要对无谓损失进行基本的测量，并减去生产效率的增益量，才能得到最终的净值。

12.2b.2. 效率必须得到传导吗？

企业合并效率的福利权衡模型对所有类型的效率增益一视同仁，而不考虑受益者究竟是谁。假设有两家企业均以 1.00 美元的竞争价格出售产品，在它们合并后，新的公司有足够的市场力量来降低产量，并将产品的价格推高到 1.05 美元。此外，新公司的边际成本从每件产品 1.00 美元降至每件产品 95 美分。在这种情况下，合并会导致实际产出量的减少和实际销售价格的上涨。虽然在整体上来说这一合并是有效率的，但是效率的提升带来的收益主要以更高利润的形式由合并后的公司取得。此类合并在政治上很可能是难以被接受的，尽管它提高了效

---

[1] 关于反垄断法上的总福利原则和消费者福利原则的区别，见本书第 2.3c 节。

率。一些法院指出，如果合并的参与方不能证明其获得的利益能够传导（pass on）给消费者，那么其"效率抗辩"就应该被驳回。[①]

与此同时，要求将所有的效率增益都由消费者享有的规则也是不可取的。首先，它将完全破坏企业开展并购活动的主要动机——降低成本。一个兼顾经济和政治考量的、更可被接受的规则是，被告必须证明合并产生的效率增益足以使合并后的价格不高于合并前的水平。[②] 例如，如果涉嫌导致垄断或者寡头垄断的一项企业合并将价格从合并前的 1.00 美元提高到 1.10 美元，效率的提升必须足以将合并后的价格拉回到 1.00 美元或者更低的水平。虽然 2010 年的《横向合并指南》并未明确规定，执法机构应当质疑任何在合并后效率改进不足以完全扭转价格上涨的并购交易，但该指南表示，效率必须"具有一定的体现和规模，以至于该合并在任何相关市场都不可能限制竞争"，执法机构应"考虑可得到证明的效率是否很可能足以扭转合并对相关市场中的消费者造成的潜在危害，例如，阻止该市场的价格上涨"。该指南还添加了一个脚注，即执法机构将主要关注企业合并后对价格的即刻影响。对于只有在长时间内才会产生的效率，执法机构不会必然忽略，但对它们的重视程度会相应降低。[③] 在解释 2010 年《横向合并指南》时，第六巡回法院更为直截了当，在驳回一起医院合并案中被告提出的效率抗辩主张时，法院指出被告"甚至没有试图争辩……这次合并将使消费者受益（而不是只有利于并购方本身）"[④]。

12.2b.3. 效率必须是与"特定合并有关"的且"非同寻常"的

只有当我们假设除了合并以外，通过其他方式无法获得效率提升时，福利权衡模型才具有说服力。但是，通过其他方式也会获得效率改善的结果，尽管可能不那么容易。例如，企业合并可能会使得个人能力不足的首席执行官被解雇，替换为能力更强、更积极进取的人选，但是，股东或者董事会也能干成同样的事

[①]　FTC v. University Health, 938 F. 2d 1206, 1222 - 23 (11th Cir. 1991)（被告"必须证明其意图实施的合并将带来巨大的经济利益，且该经济利益对竞争直接有益，且有利于消费者"）；United States v. United Tote, 768 F. Supp. 1064, 1084 - 85 (D. Del. 1991)（法院判决驳回了被告关于"效率抗辩"的部分理由，因为"无法保证这些福利将惠及消费者"）；American Medical Int'l, 104 F. T. C. 1, 213 - 20 (1984)，修订，104 F. T. C. 617 (1984)（被告的效率抗辩主张被驳回，因为即使可以证明"可节约成本，但 AMI 没有证明消费者一定会从中获利"）。也可参见 Messner v. Northshore University HealthSystem, 669 F. 3d 802 (7th Cir. 2012)（考虑了企业合并是否不会损害某些购买者群体的利益，因为它们可以分享合并带来的效率增益）。

[②]　见 4A Antitrust Law ¶ 971d (4th ed. 2016)。

[③]　见 2010 年《横向合并指南》第 10 条，注释 15。该注释认为，如果效率提升涉及的商品采取的是固定定价，那么效率的影响在短期内不太可能会显现，但从长期来看会影响价格。该指南特别提出，研发上的效率提升不太可能会影响短期价格。

[④]　ProMedica Health Sys., Inc. v. FTC, 749 F. 3d 559, 571 (6th Cir. 2014).

情，并且很可能最终也会这么做。[①] 企业合并可能会促进公司精简分销系统或者对工厂进行更为专业化的运营，这些事情在没有发生合并的情况下也很可能会发生，只是可能需要更长的时间。

几乎任何可以由企业组织内部完成的事情，也可以通过合同交易的方式来完成。事实上，"企业"的现代经济概念就是将其视为基于协议的"捆束"或"纽结"（"nexus"）。我们可以推论，合并通常可以用协议的方式替代，并且在许多情况下对竞争的威胁较小。例如，除了实施企业合并，其他可能的替代方案是成立合资公司和达成许可协议，特别是当效率改善的实现主要是依靠研发等活动时。联合开展研发活动对效率的提升作用是非常明显的，如果对这种联合行为加以适当限制，就无须对价格或者产出的共谋风险过于担心。知识产权许可也常常如此，它可以使企业之间在分享技术的同时，以其他方式继续相互竞争。例如，在 *St. Luke's* 这起涉及医院的合并案中，第九巡回法院认可了地区法院的结论，即作为被告的医院可以通过许可或者其他方式访问共享电子数据库，这些替代方案可以达到与企业合并类似的效率提升效果。[②]

最后，需要牢记的是，依照市场[③]集中度的标准对企业合并进行评估的规则，是以所有并购都能产生一定的效率增益为假设前提的。因此，这些标准均已考虑了一项企业合并可能带来的"通常"（"ordinary"）的效率收益。[④] 如果被评估的一项企业合并只能带来假设的、所有企业合并都会具备的效率提升程度，则尚不能构成有效的效率抗辩。符合效率抗辩要求的效率提升幅度必须是"非同寻常的"（"extraordinary"），是能远远超越那些"通常"增益预期的。

第12.3节　预期的反竞争后果之一：合并诱发了单边涨价

12.3a. 概述

一项企业合并的反竞争后果可以分为两大类。第一类是合并后公司大幅涨价，而市场上的其他公司以相同幅度涨价或者小幅跟进涨价。第二类则将在本书第12.4节中进行讨论，指的是合并促进共谋或者其他形式的协同行为，从而使市场上的所有的公司可以提高它们的价格。

---

① 见 FTC v. Owens-Illinois, Inc., 681 F. Supp. 27, 53 (D. D. C.)，因不具有诉的利益被撤销，850 F. 2d 694 (D. C. Cir. 1988)（法院接受了这一抗辩）。

② Saint Alphonsus Medical Center-Nampa, Inc. v. St. Luke's Health Sys., Ltd., 778 F. 3d 775, 791 (9th Cir. 2015)；见 4A Antitrust Law ¶ 973c (4th ed. 2016)。

③ 见本书第12.4b节。

④ 例如，见 FTC v. Staples，970 F. Supp. 1066，1090 (D. D. C. 1997)（法院拒绝认定员工健康保险节省下来的费用构成一种合格的效率增益）；也可参见 4A Antitrust Law ¶ 974a (4th ed. 2016)。

12.3b. 导致垄断的合并

导致垄断的企业合并是促成企业单方面提价的"经典"例子。[①] 此类合并应受到最严格的反垄断审查，并且即使市场进入壁垒很低，也应被否定。在这样一个市场中，允许竞争对手的生存和增长实在是太重要了。

假设反垄断法允许在进入门槛较低的市场中从事导致垄断的企业并购，那么我们可以预期每一个新进入者都将被占支配地位的公司收购。而且，每一次收购都是有利可图的，因为被收购成为一家垄断企业的一部分的好处，要远大于成为市场支配地位公司的竞争对手的价值。

12.3c. 产品异质化市场中的单边行为效果[②]

当不同的卖家提供各具特色的差异产品时，该市场就是产品异质化的市场（product differentiated market）。不同产品之间的竞争有强有弱，顾客可以识别其中的差异，并可能对不同的产品有不同的偏好，愿意为某种产品差异支付更多的钱。我们关于卡特尔和寡头垄断的基本模型假设市场中的所有产品毫无差别，但在现实世界中，这是例外而不是原则。如果存在下列情况，产品差异化和反垄断合并政策就是相关的：（1）合并一方生产的产品与另一方生产的产品不同，意味着两家公司在合并前的竞争力度要比如果合并后生产相同产品时二者之间的竞争力度要小；（2）合并后企业的产品与市场上其他企业的产品存在差异。

历史上，法院在适用规制企业合并的反垄断法时，往往忽略产品异质化的问题，没有将其作为一项考量因素，这主要是因为人们对产品差异化的程度、性质，与其所带来的反竞争效果的性质、可能性之间的对应关系知之甚少。产品差异化在更为学术的关于企业合并的经济分析和政策分析中讨论得更多一些。

在合适的情况下，产品差异化可以给企业提供一定的保护空间，在这个空间内，超竞争定价所带来的价格上涨可以提振利润。这个问题在大量的经济学文献中得以广泛讨论，早在 1929 年，经济学家 Harold Hotelling 就已经通过模型予以了论证。[③] 在产品差异化市场中，合并后的企业可以在多大程度上实施单方面涨价，取决于以下因素：（1）合并企业之间产品的"接近"程度；（2）合并后公司与市场中其他公司之间产品的差异程度；以及（3）其他企业重新设计产品使其与合并企业产品更为接近的困难程度。这要求执法机构考虑两家合并公司之间、合并后公司与其竞争对手之间、不同公司与其各自客户之间的各种因素。例

---

① 见 4 Antitrust Law ¶ 911 (4th ed. 2016).

② 此处不讨论与由产能限制或者成本差异导致的单边行为相关的理论；请见 4 Antitrust Law ¶ 915 (4th ed. 2016)。

③ Harold Hotelling, "Stability in Competition", 39 *Econ. J.* 41 (1929).

如，必须有相当多的客户将两家拟合并公司的产品视为特别紧密替代的产品。[①]而且，市场上的其他公司明显不会由于合并后公司的价格上涨而调整其市场策略。

两家拟合并企业的产品越接近，合并就越有可能产生大幅度的价格上涨。[②]不过，不一定是"最接近的"竞争对手才会产生显著的反竞争效果。在 Whole Foods 案中，联邦贸易委员会和随后的华盛顿特区巡回法院对"边际"顾客和"核心"顾客进行了区分，前者倾向于购买价格最低的商品，而后者具有极高的忠诚度，即使在价格上涨后也仍然倾向于购买高端天然食品。[③] 核心顾客的占比是否大到足以使价格上涨有利可图，这是一个实证问题。此外，必须存在某些因素，使得市场上的其他公司难以重新调整自身的产品使其与合并后的企业提供的产品相抗衡，否则这些合并后的企业能够乘机涨价。在进行这种评估时，执法机构会使用一种称为"临界损失分析"（"critical loss analysis"）的方法，这种方法以某一给定幅度的价格上涨为基础，计算相关企业要损失多少销售额才足以使得该幅度的价格上涨无利可图。[④] 然后，考虑由于价格上涨而损失的实际销售额是否超过该临界水平。[⑤] 如果实际销售额的损失高于临界损失，那么该幅度的价格上涨就是无利可图的，相关市场的恰当边界应当扩大。在某些情况下，大幅涨价可能有利可图，而小幅涨价则不然；在另一些情况下，小幅涨价是有利可图的，而大幅涨价则不然。在大多数情况下，所讨论的合并尚未实际发生，因此只能进行"模拟"，并根据需求弹性估计相关损失。

如图 3 所示，假设一个市场有 A、B、C、D、E、F 六家企业，它们生产差异化的产品。不同公司的产品之间的差异度不同，这由它们之间的距离来体现。A 的边际成本是 1 美元，当前价格是 2 美元，在这个价格下其销量是 100 个单位，它的剩余需求价格弹性为 2，这意味着价格上涨 10% 到 2.20 美元时，将导致

[①] 见 2010 年《横向合并指南》第 6.1 条。也可参见 F. T. C. v. Whole Foods Market, Inc., 548 F. 3d 1028（D. C. Cir. 2008）（法院支持了联邦贸易委员会的观点，认定在一个更为狭窄的市场，即高级的自然和有机食品超市（premium natural and organic foods supermarkets）市场中，合并后的新企业具有市场支配地位，即便在包含所有类型超市的范围更广的市场中，这家新企业显得无足轻重；此观点见发回重审判决，地区法院最终认定本案的争议焦点主要集中在市场界定上。F. T. C. v. Whole Foods Market, Inc., 592 F. Supp. 2d 107（D. D. C. 2009））。这一案件最终以各方于 2009 年 3 月 6 日达成和解而结案，和解协议约定，合并企业应当剥离部分门店，转让给一家或者多家联邦贸易委员会认可的买方，并转让"Wild Oats"这一品牌。

[②] 2010 年《横向合并指南》第 6.1 条，下载地址：https://www.ftc.gov/sites/default/files/attach-ments/merger-review/100819hmg.pdf.

[③] FTC v. Whole Foods Markets, Inc., 548 F. 3d 1028（D. C. Cir. 2008）.

[④] 见 4 Antitrust Law ¶ 914a（4th ed. 2016）；Carl Shapiro, "The 2010 Horizontal Merger Guidelines: From Hedgehog to Fox in Forty Years", 77 Antitrust L. J. 49（2010）.

[⑤] 见 City of New York v. Group Health, Inc., 2008 WL 4974578（S. D. N. Y. Nov. 21, 2008）（与判断合并后价格上涨的数额有关的临界损失分析属于与本案处理结果具有关联性）.

需求减少 20％到 80 个单位。请注意，这种涨价是无利可图的，因为涨价前 A 的利润为 100 美元，但涨价后的利润为 1.20 美元/单位乘以 80 个单位等于 96 美元。

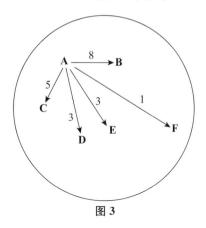

图 3

但是当 A 公司涨价时，客户会去哪里呢？我们假设失去的 20 个销售单位中，8 个单位（40％）转向了最紧密的竞争对手 B，5 个单位（25％）投向了第二紧密的竞争对手 C，而分别有 3 个、3 个、1 个单位转移到竞争对手 D、E、F 处。客户从 A 到 B、或从 A 到 C 等的转向百分比称为"转移率"（"diversion ratio"）。我们假设所有竞争对手的成本均相同。

在这种情况下，A 和 C 的合并将使价格上涨有利可图。当价格上涨到 2.2 美元时，A 的利润减少了 4 美元，而 C 的利润增加了 5 美元（这是因为，C 多卖了 5 个单位，每单位的利润为 1 美元）。A 与 B 合并甚至会带来更大的利润，因为 B 有了 8 个单位的销售增长，即 8 美元的利润增长。其结果是，与 B 或者 C 的合并都会使 A 提价 10％的行为有利可图，即使 C 对于 A 来说只是排名第二的竞争对手。因此，如果我们认为可以使价格上涨 10％的合并是不被允许的，那么这两种合并方案都将受到否定。而 D、E 和 F 三者的合并则不会受到挑战。

用实证的方法计算转移率是一个相对容易实现的问题，特别是在有电子交易记录的市场中。例如，如果一家体育用品商店销售多个品牌的运动鞋，其中 Adidas 品牌的产品价格上涨了 10％，那么可以通过数据分析得出从 Adidas 转移到 Nike、Saucony、Asics 等品牌的顾客数量。

为方便进行这种分析而开发的一个重要技术工具是"涨价压力法"（"upward pricing pressure"），简称 UPP。UPP 是一种计量工具，它用于衡量上述效应带来的涨价压力与企业合并效率带来的边际成本下降之间的关系。根据《指南》规定的方法，如果预期的价格影响是积极的，或"向上"的，那么涉案合并就应该受到谴责。

单边效应理论（unilateral effects theory）在 20 世纪 90 年代受到了执法部门的推崇。衡量单边效应的一个难点在于，零售价格的数据只关注市场的需求端，可能会夸大所涉合并的反竞争效果。假设 Beech-Nut 公司和 Gerber 公司决定合并，它们都生产"高端"婴儿食品，二者属于比较接近的替代品。取自零售终端柜台的数据显示，这两家公司的产品属于紧密的替代品，但与较低价格的品牌Heinz 差异较大，结果是，数据显示，Beech-Nut 公司和 Gerber 公司的合并将导致价格上涨。

但是零售柜台收银机的数据只能告诉我们，在两个高端品牌合并之前，客户对三个品牌价格变化的即时反应是什么。该数据并未说明加入前述合并，Heinz品牌是否将对其产品进行改变，以便更好地在高端市场上竞争。数据也没有说明，各家零售门店是否会通过分配更多货架空间的方式给价格较低的品牌提供资源上的倾斜，以应对高端婴儿食品品牌价格的上涨。过度依赖短期消费者行为数据所获得的是走样的画面，考虑到消费者的选择只是产品替代性考量因素中的其中一项因素，因而前述消费者行为数据与实际情况偏离的程度，取决于消费者选择这一因素在产品替代性众多因素中所占的比重。在很大程度上，出现这种情况是因为统计学家可以从零售柜台获取大量的数据，并且数据的质量和数量都十分可观。但是，我们不应忘记，这些数据不足以对不同产品之间的替代性程度进行完整描述。

考察两家生产相似产品的制造商之间的合并是否具有限制竞争的效果，在掌握了消费者行为数据之后，要想得出可靠的结论，我们还需要收集其他考量因素的信息。这主要包括制造商为获取某一细分市场更高的利润而重新改造其产品的能力。一方面，生产更为高端的婴儿食品，可能只需要选择不同的原料，或许再增加一些广告投放来宣传品质提升的细节就足够了。而另一方面，福特汽车要想进入宝马和梅赛德斯奔驰占据的高端细分市场，则可能需要漫长的规划和设计。我们还需要了解零售商重新布局其销售服务的可能性。销售多个品牌的零售商有自己的利润激励机制来力推那些卖得最好的产品，因此可以预期它不会优先考虑以垄断高价销售的那些产品。

12.3d. 威胁到创新的合并

2010 年《横向合并指南》中新增了一项之前指南中没有出现的条款，该条款专门针对的是那些限制了"创新和产品多样性"进而威胁到竞争的企业合并。[①] 该部分内容主要关注单方行为对创新竞争的减弱效应。该指南规定：

> 执法机构应当评估，与合并前相比，一项合并是否导致合并后的公

---

① 2010 年《横向合并指南》第 6.4 条。2010 年《横向合并指南》在开篇部分包含了一份声明："如果一项合并很可能会促使一家或多家企业涨价、减少产出量、削弱创新，或者以其他方式减少竞争约束或者激励从而损害消费者的利益，那么它就会增强市场力量。"

司降低其创新投入，从而削弱市场在创新方面的竞争。降低创新投入的表现形式，既可以是现有产品研发激励的下降，也可以是新产品研发激励的减少。

第一种情况最有可能出现在，参与合并的至少一方正在努力研发中的新产品可能从合并对方处夺得可观的收入。第二种情形，即对创新的长期影响最有可能出现在，参与合并的至少一方在未来开发出的新产品可能从合并对方处夺得可观的收入。

执法机构评估的是，合并一方的成功创新将会在多大程度上抢夺到另一方的销售额，以及合并后的未来创新激励会在多大程度上低于合并前的水平。[①]

上述担忧并非空穴来风，自 20 世纪初以来，反垄断界就出现了这种担忧。1908 年，在联邦最高法院审理的 Paper Bag 专利诉讼案中，一家占市场支配地位的公司购买了一项与其正在使用的技术构成竞争关系的专利，但收购完成后，它根本不使用这项专利技术，而是仅使用原有的技术，并且拒绝把这项专利授权给其他主体，同时依据这项收购而来的专利成功地对其竞争对手公司提起了侵权诉讼。[②]

与此密切相关的是"扼杀式"收购（"killer" acquisition）的问题，当一家公司收购另一家公司只是为了关闭后者时，就会发生这种情况。例如，一家制药公司收购另一家规模较小的、正在从事某项研发但在同一领域还没有实际生产的制药公司，然后在收购完成后关闭这家公司、终止研发项目，从而除掉潜在的竞争威胁。对此，反垄断法应当是严厉的，因为这种合并不会产生效率，收购方没有使用被收购企业的资产的意图和行动。事实上，该类交易相当于建立了一个卡特尔，更像是降低产出量而不像是企业合并。[③] 此时应适用前述合并指南中的有关段落，因为合并后的企业自我抑制了创新。

在其中一些情况下，对此类行为采取的适当救济措施是允许占支配地位的公司收购与其核心市场力量相关的专利的非独占性许可，而不是独占性许可。[④] 完全禁止这类收购常常会使公司无法获得最新的技术。然而，为了获得新技术，它们并不需要获得独占性的专利权；它们只需要取得他人开发的专利技术的非排他性使用权即可。因此，允许占市场支配地位的企业收购非独占性的许可，就能在

---

① 同上一条注释。

② Continental Paper Bag Co. v. Eastern Paper Bag Co. , 210 U. S. 405，429，28 S. Ct. 748 (1908). 关于诉讼的更多信息，详见 Christina Bohannan & Herbert Hovenkamp, *Creation Without Restraint*：*Promoting Rivalry in Innovation*，ch. 7 (2011).

③ 参见 Colleen Cunningham, Florian Ederer, & Song Ma, Killer Acquisitions，访问地址：https://papers. ssrn. com/sol3/papers. cfm?abstract_id=3241707 (giving several examples, mostly from the pharmaceutical industry).

④ 见 3 Antitrust Law ¶ 707g (4th ed. 2015)。

禁止其获得关键技术和允许它将其他竞争对手排挤出市场的两个极端之间找到合适的平衡点。

专利毫无疑问属于第7条所规制的"财产"[1]。在收购专利时，政府和其他任何人都不知道收购方是否打算实施该专利。但在专利转让时，收购方所取得的权利是否具有独占性是可知的，在支配性市场中收购独占性权利是高度可疑的。此外，排他与否与保护受让方的任何正当利益都没有关系，其正当利益是能够使用最好的技术，而不是阻止别人使用不是由它自己研发的技术。

当然，非独占性权利对收购者的价值会低于独占性权利，这可能会损害作为出让方的专利发明人/权利人的利益。的确，掌握在打算将其束之高阁的占支配地位企业手中的一项独占性专利权，其价值可能远远高于该企业或者其他公司掌握的非独占性权利。但是，正如保护产品制造工厂的所有权并不等于赋予了该企业在产品市场上的垄断权，专利授权也不等于为权利人创设垄断市场的权利，也不会赋予权利人以签署反竞争的竞业禁止协议作为专利权转让条件的权利。换言之，资产由出价最高者所得的一般规则固然适用于专利交易，但显然这一交易同样应当受到反垄断法禁止规则的限制。

12.3e. 平台间的合并与潜在的竞争

在撰写本书时，一个刚刚兴起的反垄断问题是大型平台对新兴公司的收购。谷歌、苹果、脸书、亚马逊和微软已经收购了数百家小型初创公司。[2] 对此类收购最有可能的解释是，新的竞争对手有可能在未来成长为这些大平台的咄咄逼人的竞争对手，尽管它们现在还无法构成威胁。在这种情况下，合并产生的效果是阻止了尚处于萌芽中的新技术的进一步发展，从而阻止了其与占支配地位的公司的技术在将来开展竞争。这种解释也诠释了这样一个事实，即许多被收购的高科技初创公司在被收购时并不是收购公司的竞争对手，在许多情形中，它们只出售互补品甚至是不相关的产品。当然，知识产权法的一般原则是鼓励新技术的传播，但在这种情况下，非独占性的许可将可以很好地满足这一目标，它将允许占支配地位的厂商获得相关技术，同时不会将可能与占支配地位的公司形成竞争的其他厂商排除在技术运用的大门之外。[3]

---

[1] 见 5 Antitrust Law ¶ 1202f（4th ed. 2016）。也可参见 Pharmaceutical Research and Mfrs. of Am. v. FTC, 790 F. 3d 198（D. C. Cir. 2015）（鉴于某些涉及独占性专利权的收购可能具有反竞争效果，联邦贸易委员会有权根据 Hart-Scott-Rodino 法案要求企业在转让此类权利时进行申报）。

[2] 参见 Herbert Hovenkamp, "Prophylactic Merger Policy", 70 *Hastings L. J.* 45, 70 – 73（2018）。

[3] 例如，参见 United States v. Baroid Corp., 59 Fed. Reg. 2610（1994）（同意令的形式附条件地批准了大企业对拥有竞争性技术的小企业的收购，所附条件是要求合并后的企业不能拒绝对其他企业进行技术授权）。参见 Erik Hovenkamp, "Startup Acquisitions, Error Costs, and Antitrust Policy", 87 *Univ. Chi. L. Rev.* 331（2020）。

例如，假设 Facebook 想收购短信发送应用程序 WhatsApp（该收购实际发生在 2014 年）。如果 Facebook 仅限于获得所有 WhatsApp 技术的非独占性许可，那么 WhatsApp 仍然可以将其全部功能特性添加到其程序中。[①] 可以肯定的是，如果它只能向 Facebook 出售非独占性许可，WhatsApp 公司的市值会低得多。那是因为这笔收购对于 Facebook 来说同时具有纵向整合的效率提升价值和独占权的价值。非独占性许可将赋予 Facebook 和 WhatsApp 以全部整合价值（可能需要减去一些关键员工的价值）：Facebook 将能够提供 WhatsApp 的所有明星功能。然而，Facebook 不会得到的是将其他公司排除在 WhatsApp 技术大门之外的价值。从某种意义上说，知识产权的收购是独一无二的，因为它可以通过非独占性许可这种方式使得整合价值和排他价值得到清晰的分离。这将使所涉厂商能够享受到企业并购所带来的社会收益部分，而不会带来社会危害。无论如何，虽然收购非独占性许可的价格会更低一些，但 WhatsApp 将维持其独立完整性，可以自由地向其他公司授予非独占性的技术许可。

最后，我们必须对美国联邦最高法院在 *AmEx* 案判决中的结论保持警惕，即唯一可以与某一双边平台构成竞争的只能是另一个双边平台。[②] 这一结论在事实上是不正确的，被上升为法律就更有问题了。如果从字面上解释，这一规则可以使一起发生在双边平台和传统企业之间的合并构成本身合法，因为它不能被视为竞争对手之间的合并。一家法院已经判定，一家具有双边平台属性的航空公司预订平台（Sabre）和一家更传统的提供航空服务的公司之间发生的合并不构成竞争对手之间的合并。[③] 这一观点如果不加以纠正，有可能产生相当大的危害，但目前下级法院似乎仍然将其奉为圭臬。

第 12.4 节　预期的反竞争后果之二：合并便利了协同行为

反垄断法最关心的问题是遏制寡头垄断定价行为和合谋行为。由于许多企业合并具有显著但难以量化的效率提升潜力[④]，理想的反垄断政策应当是阻止那些存在较大垄断定价或者合谋风险的企业合并，而批准那些此类风险很低的企业合并。

大多数经济学家认为，市场中企业的规模、数量、企业间的规模分布（size

---

①　至少有一些数据显示，Facebook 将 WhatsApp 视为整个 Facebook 平台的新兴竞争对手和潜在竞争对手。见 "Facebook Feared WhatsApp Threat Ahead of 2014 Purchase, Documents Shows", *Wall St. Journal*，Nov. 25, 2019；https://www.buzzfeednews.com/article/charliewarzel/why-facebook-bought-whatsapp。

②　Ohio v. American Express Co.，138 S. Ct. 2274，2287（2018）.

③　United States v. Sabre Corp.，452 F. Supp. 3d 97（D. Del. 2020），因其他原因撤销，2020 WL 4915824（3d Cir. July 20, 2020）. 后来并购各方因其他原因放弃了并购计划。

④　见本书第 12.2 节。

distribution）与共谋的潜在可能性之间存在内在关联。近年来，正如前文所指出的，许多人开始认为市场结构不是最重要的，当然也有少数人会认为它完全无关。无论如何，他们都不认为共谋可能性与市场结构之间存在可以精确衡量的计算公式。而且，市场之间各不相同。虽然同样都有六家公司，但某一市场可能比另一个市场更容易受到共谋的影响。尽管如此，合并指南和法院都试图适用统一的结构规则来初步识别那些具有一定集中度、有非法嫌疑的企业合并，然后再基于个案的情况，将一些非市场占有率的因素作为减轻或者加重潜在威胁的考量情形。联邦最高法院在 *United States v. Philadelphia Nat. Bank* 案中认可了这种方法。① 非市场占有率的考量因素通常包括：

（1）市场进入壁垒是否存在及其显著程度。

（2）需求方、供应商或者其他主体能够约束市场参与者的程度。

（3）销售方法、运输成本、促成共谋的各种便利条件。

（4）产品差异化的程度。

12.4a. 衡量市场集中度：CR4 指数与 Herfindahl 指数

实际上，在所有关于企业合并何以会诱发反竞争行为的理论中，都会考虑市场集中度这一因素。如果我们担心的不良后果是共谋，那么不难理解，随着定价者数量的减少，价格固定协议的达成难度也就随之下降了。尤其是如果意图合谋的那些企业能够消灭那些不愿加入卡特尔的公司，那么共谋就更有可能获得成功。随着卡特尔成员数量的减少，达成协议的可能性就会上升，并且，对卡特尔作弊的问题也就变小了，作弊也更容易被发现。能否消灭那些拒绝加入卡特尔的边缘企业，往往是决定卡特尔成败的关键，特别是如果此类企业的数量只有一家或者非常有限时。②

如果我们担心的不良后果是出现 Cournot 型的非合作寡头③，那么企业数量与反竞争后果之间的反比关系同样明显。在传统的 Cournot 型寡头垄断中，随着公司数量的减少，产出量会下降、价格会上升。即使是 Cournot 模型更为复杂的变体通常也会得出类似的结论。例如，一家公司越容易观察到其他公司的行为，就越容易维持寡头垄断的局面。少量的竞争对手之间通常比大量的竞争对手之间更容易彼此监测，从而更容易发现其他方的"作弊"行为。④

---

① 374 U.S. 321, 355‑66, 83 S. Ct. 1715, 1737‑43 (1963). 在该案中，最高法院对比了范围广泛的多个行业的合并案件中的市场份额，并得出结论——根据本案中（合并后的市场份额超过30%）的市场份额百分比"可得出一项推论，即被上诉人的合并计划会实质性地减少竞争……"。同上一条注释，at 365, 83 S. Ct. at 1742.

② 关于这些因素的分析，见本书第4.1节。

③ 见本书第4.2节。

④ 见 4 Antitrust Law ¶ 930 (4th ed. 2016).

因此，市场集中度显然是一项非常重要的指标。然而，这一结论的毋庸置疑性却掩盖了集中度如何影响竞争这一问题的复杂性，该问题是多方面的：（1）市场上的公司数量在什么水平时开始对市场竞争产生可观测到的影响？（2）公司规模变化与市场竞争的关系是什么，无论是对于整个市场而言还是仅对于合并各方而言？（3）何种指标或者衡量方法最能反映与合并政策相关的市场集中度？（4）应在何种程度上考虑不同市场间的差异？尽管经济学家们对集中度的总体重要性达成了相当广泛的共识，但他们仍然就上述四个问题的答案存在争议。对这些问题在回答上的差异会影响不同因素在决定特定市场集中度上的权重，也会影响集中度测量的方法或者"指标"的选择。

12.4a.1. 四厂商集中度指数（CR4）

在 20 世纪 60 年代和 70 年代，法院和执法机构最常使用"四厂商集中度"（CR4）测试法来衡量某一特定市场存在的反垄断风险的程度。CR4 的计算方法是将市场上最大的四家公司的市场份额进行加总。在一个市场中，如果四家最大公司的市场份额分别为 30％、20％、15％和 10％，那 CR4 的市场份额为 75％。[1]这样一个市场被认为是高度集中的，发生在该市场的任何并购案都会受到严格审查。如果 CR4 的规模小得多，例如为 25％，那么即使是涉及市场份额稍大一些的公司之间的合并可能仍然是合法的。根据反垄断局最早于 1968 年发布的合并指南[2]，在高度集中的市场（CR4 大于 75％）中，两家各占市场份额 4％的公司合并即属非法。如果 CR4 市场集中度稍微低一些，那么各占 5％的公司的合并会被推定为非法。与联邦最高法院的判例法相比，这一指南对企业合并的容忍度要高得多。联邦最高法院曾有判例否定了在低集中度市场中市场份额总和低于 8％的公司之间进行的合并。[3]

12.4a.2. Herfindahl-Hirschman 指数（HHI）

今天，执法机构使用 Herfindahl-Hirschman 指数（HHI）来替代 CR4 以衡量市场集中度。[4]《横向合并指南》中所使用的 HHI 是相关市场中每家公司市场份额的平方和。例如，如果某一市场有 3 家市场份额为 25％的公司、1 家市场份

---

[1]　一些经济学家倾向于采用八厂商集中度（CR8），即市场内 8 家最大的企业的市场份额的总和。然而，几乎所有的法院都只使用四厂商集中度（CR4）标准。

[2]　美国司法部《横向合并指南》，重印，4 Trade Reg. Rep.（CCH）¶ 13，101（1968）。

[3]　例如，United States v. Von's Grocery Co., 384 U. S. 270，86 S. Ct. 1478（1966）（进行合并的企业的市场份额总和为 7.5％，市场的 CR4 为 24.4％，法院认为这种情况下的企业合并违反反垄断法）；United States v. Pabst Brewing Co., 384 U. S. 546，86 S. Ct. 1665（1966），发回重审，296 F. Supp. 994（E. D. Wis. 1969）（进行合并的企业的市场份额总和为 4.5％，市场的 CR4 小于 30％，法院认为这种情况下的企业合并违反反垄断法）。

[4]　关于这一指数的历史和使用情况，见 Albert O. Hirschman，"The Paternity of an Index"，54 *Amer. Econ. Rev.* 761（1964）；George J. Stigler，"A Theory of Oligopoly"，72 *J. Pol. Econ.* 44（1964）。

额为15％的公司、1家市场份额为10％的公司，那么HHI就是252＋252＋252＋152＋102＝2 200。根据2010年《横向合并指南》，这一市场（即使CR4高达90％）被认为是适度集中（moderately concentrated）的，因为高集中度的门槛被设定为2 500。但依据1992年《横向合并指南》，该市场则会被认为是高度集中的，因为当时的门槛为1 800。

许多经济学家认为，HHI比CR4更能准确描述市场结构的状况以及反竞争活动出现的风险。例如，CR4没有考虑四大公司之间的市场份额分布。在一个四家最大的公司各占20％份额的市场中，CR4为80％。而在另一个市场中，最大公司占77％的市场份额，第二、三、四名的公司各占1％的份额，CR4也是80％。这是因为传统的卡特尔定价与企业规模的分布无关。由四家各占20％市场份额的公司组成的卡特尔，与一家77％市场份额的公司和三家1％市场份额的公司组成的卡特尔，所设定的垄断价格不会有什么差别。

但在非合作的寡头垄断中[①]，价格随着企业规模间差异的上升而上升，HHI能够反映这一点。我们的经验也在一定程度上证实了这一点。一个有着四个同等规模、同等效率的公司的市场可能表现得相当富有竞争性。然而，当市场中包含一个巨头和几家小公司时，将很容易形成"价格领导"，即寡头定价的一种形式，其中最大的公司牵头设定一个超竞争水平的价格，而较小的公司因为害怕报复，也紧随其后，设定同样水平的超竞争价格。HHI承认，具有相同CR4数值的市场可能表现出极为不同的竞争态势。包含有四家20％市场份额的公司的市场，HHI大约在1 700～1 800左右，具体数值取决于剩余公司的规模。但如果市场上有一家份额占到77％的公司和三家份额仅为1％的公司，HHI将达到6 000左右。

企业规模变化的问题虽然很重要，但正如上述两种集中度监测指标所表明的那样，它无法给出适用于一切情形的答案。如果我们担心的是价格固定行为带来的威胁，而该行业规模经济效应十分显著，那么企业规模上的差异越大，卡特尔的达成和执行的难度也就越大。不同企业在利润最大化定价水平的问题上将会产生更多的分歧，因为具有不同成本的公司具有不同的利润最大化定价水平。[*] 对于如何分配减产，各方也更难以达成共识。[②] 例如，如果将某一头部公司拥有77％的市场份额、而其他三家公司各拥有1％的市场份额的市场，与拥有四家20％份额公司的市场相比较，HHI似乎是比CR4更好的市场集中度测量工具。但是，根据HHI，在一个前四大公司分别占据25％、20％、20％和15％的市场

---

　　*　这是因为，如果规模经济效应十分显著，随着企业规模差异的增大，企业间利润最大化价格水平的差异就拉大了。——译者注

　　①　关于非合作的Cournot式寡头垄断，详见本书第4.2节。

　　②　对该问题的讨论，见本书第4.1节。

份额的市场中，其竞争水平将低于拥有四家 20％份额公司的市场，前者的 HHI 将超过 1 650，而后者的 HHI 则略高于 1 600。任何企业规模差异的增大都会导致 HHI 数值的增加，也就是说，假如给定公司的数量，当所有公司的规模完全相同时，HHI 是最小的。[1] 这一结论与"当所有公司的规模大致相同时，明示共谋（或合作性的寡头行为）最有可能成功"的规律并不相容。

在寡头市场中，HHI 认为企业间规模差异的增大会导致更高的、而不是更低的市场价格，这一结论是正确的吗？事实证明，这一问题非常复杂，没有人知道确切答案。一些寡头定价模型实际上预测，一个由单一公司主导的市场，比一个同等公司数量、且企业规模相同的"同等"市场，价格要更低。[2] 在这种情况下，HHI 将公司规模差异的提升视为垄断风险加剧的因素是错误的。但这些模型也通常假设占主导地位的公司比其竞争对手拥有更低的成本，但实际情况可能并非总是如此。此外，在市场上占主导地位的公司可以促进价格"领导"（price "leadership"）的形成，这可能与 Cournot 寡头垄断模型有很大的不同。在后一种情况下，每家公司各自独立设定自己的利润最大化产出，而假设其他公司不会改变其行为。然而，在价格领导型的市场中，占主导地位的公司在设定价格时，通常会假设其他公司会跟随定价，因为它们害怕被报复。在这种情况下，价格领导型市场的最终定价水平和产出量水平将近似于合作垄断或者卡特尔水平，而不是较低的 Cournot 寡头垄断水平。与之类似，如果寡头垄断被认为是一种重复博弈，那么价格和产出量水平最终可能会接近卡特尔的水平。[3]

所有这些都强调了我们对指数的选择不仅仅是一个数学问题，也是一个我们所选择的行为假设问题。实际上一种指数会更适合解释某些情形，而另一种指数会更适合解释其他的场景。[4] 当我们认为对市场竞争的真正威胁将来自明示的共谋或者合作性的、默示的共谋时，我们可以选用 CR4 来衡量市场的集中度；但是当我们感知到市场的真正威胁是 Cournot 型的非合作寡头垄断时，更合适的指数则应是 HHI。

---

[1] 这一结论可以通过以下演算进行验证：假设一个市场有 n 家企业，每家企业的市场份额为 A，则 HHI 为 NA^2。假设现在一家企业的市场份额增加了 B，则另外一家或一组企业的市场份额减少了 B，因为市场份额总和必须为 100％。假设第一家企业的市场份额变为 (A＋B)，第二家企业的市场份额就是 (A－B)。当两家企业的份额都为 A 时，它们对 HHI 的贡献值总和为 $2A^2$。但是现在它们的贡献值是 $(A＋B)^2＋(A－B)^2＝A^2＋2AB＋B^2＋A^2－2AB＋B^2$，最终为 $2A^2＋2B^2$，因此 HHI 增加值为 $2B^2$。

[2] 见 Frederic M. Scherer & David Ross, *Industrial Market Structure and Economic Performance* 225－226（3d ed. 1990）。

[3] 见本书第 4.2 节。

[4] 见 Marie-Paule Donsimoni，"Paul Geroski & Alexis Jacquemin, Concentration Indices and Market Power：Two Views"，32 *J. Indus. Econ.* 419，428（1984）："并不存在一个'最优'的集中度指数，因为不同行业的行为特征不同，且没有明显被广泛接受的评价标准来确保其是'最优'的。"

但从实际出发，这样的建议是不现实的。在大多数行业中，预测市场中最有可能发生的行为类型都需要大量猜测。人们一般假设，行为方式相近的公司更偏向合作行为，因为合作更有利可图。[1] 但是，企业的备选方案是 Cournot 型垄断，所以 Cournot 模型表达了我们最低程度的担忧，随之而来的问题是，这些公司将价格维持在 Cournot 水平之上的成功率有多高。

此外，尽管 CR4 和 Cournot 的理论基础都相当清楚，但现有的实证证据是混杂的：从经验上看，没有证据表明 CR4 在某一类型的行业中总是更有效，而 HHI 在另一种类型的行业中总是更有效。

HHI 的另一个问题是，在测量一家大公司的市场份额时出现的误差，将严重扭曲该指数的数值。例如，假设一个市场中包含四家公司，它们的市场份额分别为 35%、15%、10% 和 10%。CR4 是 70%，HHI 是 1700 左右（具体数值取决于市场上其他公司的规模）。然而，若最大公司的规模被错误地测量为 40%，在这种情况下，四家公司的 CR4 集中度显示为 75%，这并不是很大的差别。然而，HHI 指数却跃升至 2100 左右，这一区别则相当大。事实上，最大公司市场份额 5% 的误差对 HHI 的影响，与 CR4 中其他三家公司都分别出现 5% 的误差对 HHI 的影响大体相当。因此，对一个依赖于 HHI 的法院来说，精确而审慎的市场定义和份额计算是至关重要的，尤其是针对高度集中市场中最大的那家公司的市场份额所进行的计算。

关于最后一点，无论选择何种集中度指数，当对基础数据的质量存在疑问时，或者当市场太"薄"而不能产生非常可靠的信息时，都必须对指数所得出的结论打一折扣。例如，单笔交易规模大、不同交易之间差异化明显、总体市场规模又非常小的市场，就难以提供非常可靠的数据——实际上，随着公司投标、开足马力生产、通过后续投标再进入市场，这些数字可能在不同年份产生激烈的波动。[2] 不过，这一分析也有可能被过分夸大了。固定成本高、销售不稳定的市场——例如，销售次数少、但单笔销售额异常巨大的市场——尤其容易受到共谋的威胁。随着需要监控的销售次数的减少，一旦发生作弊行为就很容易被发现。因此，问题的关键不在于人们应当对此类市场中发生的企业合并更加宽容，而是不应对指数的预测能力有过分的奢求——如 HHI。此外，当我们将存在差异化的产品归入同一相关市场时，通常会导致相关市场的界定过于宽泛，从而低估了涉案厂商的市场力量。[3]

---

① 即完美的协同行为（例如一个精准设定了利益最大化价格且不存在舞弊的卡特尔）会达成与单个企业垄断相同的价格。相反，两家或多家企业的 Cournot 行为导致的定价或多或少会低于单个企业垄断下的价格，这一价格在企业数量上升的情况下会进一步下降。参见本书第 4.2a 节。

② 关注到这一点的案例有：United States v. Baker Hughes Inc.，908 F. 2d 981 (D. C. Cir. 1990)。

③ 关于产品差异化和市场界定、市场力量计算的讨论，参见本书第 3.4b 节。

12.4b.《横向合并指南》规定的市场份额门槛

2010 年《横向合并指南》在很大程度上依赖于产业组织理论来建立一些初步的指标，用以判断反垄断局或联邦贸易委员会何时应对某项合并发起挑战。简而言之，《指南》将合并后 HHI 低于 1 500 点的任何市场视为"非集中"（"unconcentrated"）的市场。这样的市场相当于有七到八家规模大致相当的公司。"如果合并后的市场属于非集中的市场，则不太可能产生负面的竞争影响，因此通常不需要进一步进行分析。"[①]

如果合并后的 HHI 在 1 500～2 500 点之间，市场将被视为"适度"（"moderately"）集中。如合并所导致的 HHI 增长不超过 100 点，则反垄断局或联邦贸易委员会就不太可能对其提出质疑。然而，如果增长超过 100 点，质疑的可能性就会增大，通常需要进一步审查。[②]

合并后 HHI 超过 2 500 点的市场被认为是高度集中的市场。然而，即使在这种情况下，导致 HHI 增长低于 100 点的合并通常也不会受到挑战。如果 HHI 的增加值在 100～200 点之间，那么这项合并将可能被认定为具有显著的反竞争可能性，并需要进行严格的审查。如果 HHI 的增加值超过 200 点，则该项合并"将被推定很有可能会增强市场力量"，但此项推定可以被"有说服力的证据"反驳。[③]

在合并后 HHI 超过 2 500 点的市场中，一家占支配地位的公司可能会被禁止收购除最小的竞争对手以外的其他任何公司。例如，如果一家拥有 30% 市场份额的公司收购了一家拥有 4% 市场份额的公司，那么 HHI 的增加值将是 240 点。执法机构可能会对该项合并提出质疑，法院也认为，在一个被恰当界定的相关市场中，在该范围内或以上的合并也会被初步判定为非法。[④]

2010 年《指南》放弃了 1992 年《指南》及此前出台的诸多严格得多的标准。1992 年及此前的标准认为，并购后 HHI 高于 1 800 点的任何市场都是高度集中的，并且在质疑相当小规模的企业合并方面显得十分激进。然而，实践数据表明，特别是在 21 世纪的前十年，这些准则没有得到严格的执行。例如，除石油行业外，联邦贸易委员会很少在并购后的 HHI 低于 2 000 点时对该并购提出质疑，除非该并购涉及市场上最大的公司。执法机构很少对并购后 HHI 低于

---

① 2010 年《横向合并指南》第 5.3 条，下载地址：https://www.ftc.gov/sites/default/files/attachments/merger-review/100819hmg.pdf. 详见 4 Antitrust Law ¶ 932 (4th ed. 2016).

② 2010 年《横向合并指南》第 5.3 条。见本书第 12.7 节。

③ 2010 年《横向合并指南》第 5.3 条。

④ Saint Alphonsus Medical Center-Nampa, Inc. v. St. Luke's Health Sys., Ltd., 778 F. 3d 775, 786 (9th Cir. 2015)（HHI 增长了 1 607 点，合并后的 HHI 为 6 219 点）；ProMedica Health Sys., Inc. v. FTC, 749 F. 3d 559, 568 (6th Cir. 2014).

2 400 点的并购提出质疑，除非该项并购将 HHI 提高了 300 点以上。[①] 修订后的 2010 年《指南》更好地反映了执法机构的实际做法。

12. 4c. 市场界定及市场份额测算值所占的权重

通常，集中度测量和市场份额评估都是为了预测市场中反竞争行为的潜在可能性。然而，从特定的相关市场收集的信息往往表明，集中度测量要么夸大、要么低估了某项合并对竞争的影响。当市场条件处于变动状态时，或者当集中度数字夸大或者低估了市场内产品和市场外产品之间的差异程度时，这种情况会更严重。

此外，市场集中度、市场份额方面的数据可能无法充分说明市场内外产品之间的差异程度。如果被划定在市场外的产品在物理属性或者地理空间上与被圈定在市场内的产品之间存在较大的差异，那么相关市场中的产品就具有更大的提价能力。换言之，不同产品的供给交叉弹性或者需求交叉弹性之间并非间隔相当的，而彼此的差异是或大或小的。此外，在相关市场内、外商品之间实际上存在一定程度的竞争关系的情况下，我们在"市场界定"中所划定的截然分界线也是相当武断的。

因此，2010 年《指南》更加重视在界定市场过程中可以证明竞争效果的直接证据："［e］竞争效果的证据可以为市场界定提供信息，正如市场界定可以为竞争效果提供信息一样。"[②] 例如，如果相关证据显示提供一种产品的公司越少，这种产品的价格大幅度上涨的可能性就越大——这种证据本身就能界定相关产品市场的范围。[③] 2010 年《指南》还指出，在"具有多种合理的市场划分方式而存在多个候选市场"的合并案件中，如果通过不同的市场界定方法所得出的不同市场份额对竞争影响会产生不同的结论，那么与竞争效果有关的直接证据就格外有价值。[④]

2010 年《指南》强调，市场界定是一种"不可避免的简化"（"inevitable simplification"），因为它不能完美地反映一个事实，即各种替代产品处于一个由远及近的连续光谱（more-distant-to-closer spectrum）之中。2010 年《指南》

[①] 见联邦贸易委员会发布的 Merger Challenges Data，Fiscal Years 1999 - 2003，下载地址：https://www. ftc. gov/。有一份判决引用了该数据，并拒绝认定一项落入指南违法认定边缘范围、但其 HHI 指数远低于此前被 FTC 质疑的其他并购案的企业合并案构成违法。FTC v. Arch Coal, Inc. , 329 F. Supp. 2d 109，129 (D. D. C.)，联邦最高法院提审动议被驳回，2004 WL 2066879 (D. C. Cir. 2004). 在 2010 年《指南》出台之前的公开听证会上，有关部门明确指出了执法机构的行为已经明显偏离了 1992 年《指南》的标准。见 Carl Shapiro, The 2010 Horizontal Merger Guidelines: From Hedgehog to Fox in Forty Years, 77 *Antitrust L. J.* 49 (2010).

[②] 同上一条注释。

[③] 关于 2010 年《指南》和 1992 年《指南》的对比，可见 2010 年《指南》第 1.1 条（"考虑到消费者对价格上涨可能具有的反应，执法机构将考虑所有相关证据，包括……消费者转而购买其他商品或正在考虑购买其他……构成竞争关系的不同商品的证据"）。

[④] 2010 年《指南》第 4 条。

认为，与宽泛界定相关市场相比，保守界定相关市场所得到的不同的替代性产品各自的市场份额数据，更有可能准确地衡量竞争所面临的影响。正因此，根据2010 年《指南》，执法机构有如下认识：

> 虽然把距离更为遥远的替代性产品排除出市场会在某种程度上不可避免地低估这些替代性产品对竞争的影响，但比起在扩大化的相关市场中依照其市场份额成比例地纳入这些替代产品而夸大其对竞争的影响，这一做法通常能提供一个更为准确的衡量被审查的企业合并所带来的竞争效果的指标。[①]

12.4d. 为什么应当考虑市场集中度？*Philadelphia Bank* 案的假设

如前所述，预测某一企业合并的竞争后果并不是一门精确的科学，在这个过程中必须考虑诸多因素，而对每项因素的衡量都是"软"的，也即每一项因素都难以有精准的测量值。

那么，是不是就把它们都一股脑地扔进锅里，然后看看会炖出什么样的菜呢？在 *Philadelphia Bank* 案中，联邦最高法院给出的回答是否定的。[②] 虽然有许多因素与预测合并后的竞争效果相关，但市场集中度比其他因素都更为重要。最高法院承认：

> 对反竞争后果的预测只有基于对相关市场结构深入分析的基础上才能得出合理的结论，但是，相关的经济数据既复杂又难懂……除非商人们能够满怀信心地评估合并所带来的法律后果，否则合理的商业计划也会受到阻碍……因此，我们还必须警惕，进行过于广泛的经济调查可能会违背立法者的立法本意。
>
> 我们认为，当一项企业合并使一家公司（1）占有过高的市场份额，（2）显著提高了市场集中度，很可能实质性地大幅度减少竞争时，就必须予以禁止，除非（3）有清晰的证据显示该项合并不会产生此类反竞争效果。[③]

上一段中括号里的数字标出了法院所采用的举证负担转移的规则框架。原告首先必须既证明合并前后存在集中度的显著提升，也证明合并后的集中度过高。此后，证明责任转移到被告，由其反驳这一表面举证义务已经得到满足的指控（prima facie case）。与今天实践的主要区别在于，在 *Philadelphia Bank* 案中，法院考察的第一个与案件具有关联性的数值是合并后公司的市场份额，而今天我们通常关

[①]　2010 年《指南》第 4 条。

[②]　United States v. Philadelphia Natl. Bank，374 U. S. 321，83 S. Ct. 1715 (1963)．

[③]　同上一条注释，at 362 - 363，83 S. Ct. at 1741。

注市场在合并完成后的整体集中度（overall post-merger concentration）。①

将市场效率提升的证明责任交由拟合并的公司承担的合理性是很明显的。抗辩理由都与工程成本、规模经济、分销成本、管理成本、交易成本、知识产权组合或者"自产—外采"决策权衡等有关。对于所有这些抗辩点，被告能够更好地了解与此相关的信息，以及它们将如何受到拟进行的并购项目的影响。事实上，企业所作的任何合并的动机，要么是提高运营效率，要么是增强自身的市场力量，或者两者兼而有之。我们一般假设，一家理性行事的参与收购的厂商将依靠前述因素来作出决策。在大多数情况下，参与合并的各家企业也处于更为有利的位置，以证明其所声称的效率提升是可验证的，并且是特定于涉案合并的——即只能由特定合并才能带来的。再一次地，一家理性行事的公司被假设已经深入研究了除了合并计划以外的其他替代方案。

Philadelphia Bank 案的假设在一定程度上是因为法院认为立法机关更关注集中度本身，而不关注合并对价格的影响。这不禁让我们反思"表面证据"规则是否仍然正确，尤其是当我们倾向于认可以下观点时：促进以边际成本定价的完全竞争是合并政策期望达到的唯一目标，只有那些将导致价格上涨的高市场集中度才应当被否定。另一方面，上述引用的 *Philadelphia Bank* 案的判词明确指出，最高法院提出的假设还建立在希望对商业提供清晰指引的需求之上，尤其在合并指南难以提供精确衡量标准的情况下。对竞争效果的直接测算是高度技术性、且异常困难的，但企业通常对谁是其竞争对手以及主要竞争对手的市场份额具有准确的直觉。最后一点很好地解释了证明责任转移规则的持久生命力。

尽管华盛顿特区巡回法院作出的 *Baker Hughes* 案表明，表面证据规则正在被蚕食②，但近期的其他判决则仍然严格遵循了 *Philadelphia Bank* 案的规则。③ 实际上，华盛顿特区巡回法院后来的 *Heinz* 案在很大程度上也依赖于结构性证据，在很大程度上否定了 *Baker Hughes* 案对结构性证据的排斥做法。④ 在 *Pro-*

---

① 参见 Herbert Hovenkamp & Carl Shapiro, "Horizontal Mergers, Market Structure, and Burdens of Proof", 127 *Yale L. J.* 1996, 1997 – 1998 (2018)；Steven C. Salop, "The Evolution and Vitality of Merger Presumptions: A Decision-Theoretic Approach", 80 *Antitrust L. J.* 269 (2015)。关于结构主义对反垄断政策影响的演进，参见 Herbert Hovenkamp, *The Opening of American Law: Neoclassical Legal Thought, 1870 – 1970*, Ch. 12 (2015)。

② United States v. Baker Hughes Inc., 908 F. 2d 981, 991 – 992 (D. C. Cir. 1990).

③ 例如，United States v. Oracle Corp., 331 F. Supp. 2d 1098, 1108 (N. D. Cal. 2004)（适用 *Philadelphia Bank* 案的规则，最终认定政府没有根据市场集中度的数据完成违法性的表面举证责任）；R. C. Bigelow, Inc. v. Unilever NV, 867 F. 2d 102, 110 (2d Cir. 1989)，最高法院提审动议被驳回，493 U. S. 815, 110 S. Ct. 64 (1989)（仍然从市场结构的事实出发进行分析）。

④ FTC v. H. J. Heinz Co., 246 F. 3d 708 (D. C. Cir. 2001)。见 Jonathan B. Baker, "Mavericks, Mergers, and Exclusion: Proving Coordinated Competitive Effects Under the Antitrust Laws", 77 *N. Y. U. L. Rev.* 135, 150 (2002)。

Medica 案中，第六巡回法院明确遵循了 *Philadelphia Bank* 案的假设，并认可 2010 年《横向合并指南》的方法论。① 在提到指南采用的集中度阈值时，法院注意到合并后的 HHI 为 4 361 点，共增加了 1 078 点，"以惊人的方式冲破了障碍"②。此外，法院发现该市场的价格与市场份额呈现出直接的正相关关系。因此，法院认定：

> 本案的两方面事实——市场份额和价格之间的强相关性，以及合并后原本高度集中的市场将进一步集中化——完全支持联邦贸易委员会对涉案合并构成违法的推定。③

那么，其他因素应当如何考虑呢？例如，在一个以实现低消费价格为目的、而不仅仅是维护非集中市场的合并政策中，对市场进入门槛的考虑是否应当有所不同呢？即便在这种情况下，基本的平衡也不应被过多地改变。无论是根据 *Philadelphia Bank* 案的理论——即市场的过分集中本身就是令人担忧的，还是根据更受经济学家青睐的理论——即并购政策忧虑的应当是垄断定价，较低的市场进入壁垒都有助于减少我们对受审查的企业合并的担忧。也就是说，市场进入门槛低意味着市场难以出现集中的现象，除非市场中的在位企业没有盈利。④ 从这个意义上说，虽然我们不再认为防止过高的集中度构成反垄断执法的唯一目标，但不能仅仅因为这一点理由就抛弃 *Philadelphia Bank* 案的假设。可以肯定的是，市场进入壁垒的问题是具有关联性的，但低壁垒不能被推定，被告有义务提供证据证明它们实际上很低。

然而，不可否认的是，连续几版的合并指南已经逐渐摆脱了对 *Philadelphia Bank* 案与市场结构有关的假设规则的依赖。⑤ 很明显，今天反垄断法所打击的目标已经转移到那些引发产出减少和价格提升的企业合并，而不是为了解决市场集中度而盯着市场集中度。如果结构性证据仍然是预测共谋可能性的最可靠、最容易使用的指标，那么继续适用 *Philadelphia Bank* 案的假设规则就是合理的做

---

① ProMedica Health Sys., Inc. v. FTC, 749 F. 3d 559，568（6th Cir. 2014）. 也可见 United States v. Bazaarvoice, Inc., 2014 WL 203966（N. D. Cal. 2014）（遵循了 *Philadelphia Bank* 案的假设）；In re Ardagh Group, 2014 WL 1493616（FTC 2014）（相同做法，合并后的 HHI 约为 3 500 点）。

② 同上一条注释。

③ 同上一条注释，at 570。也可参见 Saint Alphonsus Med. Center v. St. Luke's Health Sys., Ltd., 2014 WL 407446（D. Id. 2014），维持，778 F. 3d 775（9th Cir. 2015）（类似观点；高 HHI 指数使医院之间的合并被认定为违法）。

④ 条件是进入壁垒是根据 Bainian 公式计算的：即进入壁垒指的是允许在位企业在市场进入受阻的情况下获取垄断利润的那些条件。关于 Bainian 和 Stiglerian 两种进入壁垒之间的差异，见本书第 1.6 节。关于并购案件中的进入壁垒，见本书第 12.6 节。

⑤ 关于这个问题，见 Carl Shapiro, "The 2010 Horizontal Merger Guidelines: From Hedgehog to Fox in Forty Years"，77 *Antitrust L. J.* 49（2010）（讨论了 2010 年《指南》）；Charles A. James, "Overview of the 1992 Horizontal Merger Guidelines"，61 *Antitrust L. J.* 447（1993）（讨论了 1992 年《指南》）。

法。然而，合并政策所需要的"结构"规则可能无须像 HHI 甚至 CR4 那么复杂精细。或许，衡量某一市场所存在的共谋可能性的最佳指标是有效参与竞争的企业的数量，而该有效性是根据单个企业通过降价来打破共谋或者寡头垄断的现实能力来衡量的。如果在明示共谋的情况下，有效参与竞争的企业的数量超过 8~10 家，在寡头垄断的情况下超过 5~7 家，则合谋的可能性会迅速下降。在参与竞争企业的数量等于或者小于上述数目的市场中，任何竞争者数量的进一步减少都更有可能诱发共谋行为。

最后，一种重要的合并类型发生在劳动力购买者之间，这会提高劳动力的集中度，从而使企业能够压低劳动者的工资。[①] 有证据表明，劳动力市场的集中程度与产品市场的集中程度至少处于同等水平，甚至犹有过之，而且工资水平相较于集中度的敏感度也不弱于产品市场。例如，当处于同一社区内的两家医院合并时，员工工资可能会下降，因为围绕着某些重要员工的竞争在合并后减少了。[②] 这类合并的另一个结果是，即使两家公司在任何产品市场上都不存在竞争，它们也可能限制了劳动力市场的竞争。例如，像 eBay 这样的大型平台服务提供者可能不会与像 Intuit 这样的软件生产商展开竞争，但两者都可能聘请计算机软件开发工程师，从而围绕着特定的人才展开激烈的竞争。[③]

第12.5节　产品差异化的重要影响

12.5a.　一般效果

在对市场进行分析的过程中，产品的异质化（heterogeneity）总是会使问题变得更为复杂。最重要的是，完全竞争市场模型并不能很好地模拟现实情况，而且对存在的偏差也很难给出系统性的解释。产品差异化市场中的企业面临着向下倾斜的需求曲线，尽管有时斜率可能并不会很大。在任何给定的产出水平上，都会有不同的客户愿意为不同卖家的不同产品支付不同的价格。与之类似的是，显著的产品差异化往往意味着不同的厂商具有不同的成本，它们各自能够实现规模经济的产出水平也各不相同，并且在生产过程中需要依赖不同组合的原材料投

---

① 见 4A Antitrust Law ¶ 983 (4th ed. 2019)。

② 参见 United States v. Anthem, Inc., 855 F. 3d 345, 356, 371 (D. C. Cir.)，最高法院提审动议被驳回，137 S. Ct. 2250 (2017)（该案以一般性的集中度高为由谴责了一起合并；Kavanaugh 法官对此表达了异议，并指出了其他的反对合并的理由，即合并可能在供应商市场产生了垄断力量）。

③ 详细的讨论可参见 Ioana Marinescu & Herbert Hovenkamp, "Anticompetitive Mergers in Labor Markets", 94 *Ind. L. J.* 1031 (2019); Suresh Naidu, Eric A. Posner & Glen Weyl, "Antitrust Remedies for Labor Market Power", 132 *Harv. L. Rev.* 536 (2018)。见 California v. eBay, Inc., 2014 WL 4273888 (N. D. Cal. 2014)（eBay 与 Intuit 之间达成了不雇佣对方计算机软件工程师的协议，执法部门与这两家公司达成了和解协议，对前述做法进行了谴责，法院批准了该和解协议）。

入。产品差异化在一定程度上损害了我们为界定相关市场作出的每一项努力。例如，如果我们决定把电动咖啡壶和法式压滤咖啡机放在同一个市场内，那么我们就将它们视为完美的竞争性产品，但这是不准确的。另一方面，如果我们将它们归于不同的、各自单独的市场，最终又会将它们视为彼此根本不存在相互竞争的产品，这同样也是不准确的。任何涵盖了存在显著差异化的产品的市场界定，总是会导致市场力量的低估。

产品差异化带来的一个影响是，当两家公司在产品定位上相对接近时，合并后的公司就容易实现单方面涨价。但在其他绝大多数情况下，产品差异化的总体效果是良性的。正如在本书第 4.1 节中指出的那样，如果全体厂商之间无法就利润最大化的卡特尔价格达成一致，价格垄断和合作寡头垄断就可能受挫。[①] 产品差异化之所以可以挫败此类共谋，具有两个方面的原因。首先，产品差异化可能使企业具有不同的边际成本，而成本不同的企业实现利润最大化的价格也不同。其次，产品差异化可能使得企业面临不同的需求曲线，从而具有不同的利润最大化价格。此外，如果公司生产的产品质量不同，单一的卡特尔价格将无法奏效。例如，假设 Mercedes-Benz、Ford 和 Hyundai 控制了整个汽车市场、统一价格，那几乎所有的客户都会冲向 Mercedes-Benz，直到全部售罄，然后，如果人们普遍认为 Ford 优于 Hyundai，则剩下的客户就会转而购买 Ford，以此类推。此时，卡特尔能够运作的唯一方式是，这些公司就各自价格与成本的比例进行约定，或者约定各自可以保有的市场份额。

基于所有以上原因，今天大家广为接受的是，在大多数情况下，产品差异化在企业合并分析中是一项缓解垄断担忧的因素。[②] 合并政策的主要关切点是明示或者默示的合谋，而产品差异化使得合谋较难以达成和维持。

12.5b. 更为极端的产品差异化：什么情况下合并是横向的？

一项企业合并只有满足以下条件才构成严格意义上的"横向"合并：1）两家企业生产的产品相同（消费者无法区分两家企业的产品，或对两种产品的差异完全不敏感）；以及 2）两家企业在相同的地域市场销售产品。

现实世界几乎不存在完全意义上的横向合并。隔街相对的出售相同汽油的两

① 见 Frederic M. Scherer & David Ross, *Industrial Market Structure and Economic Performance* 279 (3d ed. 1990)："在产品完全同质化的情况下，竞争性的对抗行为只在一个维度上进行：价格。在这类情形下，寡头们很轻松地就能协调彼此的行为……但当产品种类繁多且区分明显时，竞争就发生在多个维度了，而相互之间协调的问题就会因产品属性的跃迁而变得复杂起来。"根据 Yale Brozen, Entry Barriers: Advertising and Product Differentiation, 115 in *Industrial Concentration: The New Learning* (Harvey J. Goldschmidt, H. Michael Mann, & J. Fred Weston, eds. 1974)。

② 见 4 Antitrust Law ¶ 942 (4th ed. 2016)；B. F. Goodrich Co., 110 F. T. C. 207, 315 (1988)："为了达到稳定的市场均衡，产品质量的不同可能会使价格产生差异，并且基于这些不同达成一致意见可能是很困难的。"

家加油站也不完全在同一个市场：一家对自东向西行驶的车辆更具有吸引力，另一家则对自西向东行驶的车辆更具有吸引力。然而，出于反垄断的目的，它们之间的合并几乎肯定会被视为是"横向"的。虽然不同消费者可能有不同的偏好，但这些偏好还不足以让他们中的大多数人宁可支付垄断价格而不愿意拐个弯选择对面的便宜加油站。

然而，在横向与非横向合并之间划出一道具有反垄断政策意义的界限是不容易的。法院只有在认定合并双方处于同一产品市场和地域市场之后，才会将其定性为"横向"合并。如果不是这样，法院会将它们之间存在的竞争仅描述为"潜在"竞争，将此类合并描述为"混业型"（"conglomerate"）合并。在那种情况下，分析方法会大不相同。①

下列企业之间的合并已被归类为"横向"合并：1）金属罐制造商与玻璃瓶制造商；2）露天煤矿公司和地下煤矿公司；3）生产干红葡萄酒的公司和生产甜味葡萄酒的公司；4）生产重钢产品的公司和生产轻钢产品的公司；5）多家门店位于洛杉矶东北部的连锁杂货店和多家门店位于洛杉矶西南部的连锁杂货店。②

很难从总体上概括出不同合并参与方之间相互竞争的程度。在一些案件中，如 *Continental Can* 案，易拉罐和玻璃瓶之间的需求交叉弹性对一些消费者而言是很高的，对另一些消费者而言则不然。法院发现，啤酒的消费者对价格非常敏感，如果罐装啤酒价格小幅上涨，他们就会转而使用瓶装啤酒，反之亦然。③ 相比之下，也有一些消费者相对罐装啤酒而言更偏爱瓶装啤酒，对他们来说，只有当瓶装啤酒的价格非常高时，他们才会认为罐装啤酒构成瓶装啤酒的令人满意的替代品。

在决定两家公司在多大程度上是处于同一相关市场时，法院有时也会考虑供给弹性。例如，*United States v. Aluminum Co. of America*（*Rome Cable*）案涉及一家生产铜和铝导体的公司被一家规模更大、只生产铝导体的公司收购。地区法院认为，铝和铜导体应当处于同一个市场中，因为"铜和铝之间在生产方面具有完全的互换性（interchangeability），制造商会不断审视自己的产品线，并根据市场条件随时从生产一种金属的模式切换到生产另一种金属的模式"④。联邦最

---

① 关于潜在竞争者合并的讨论，见 Federal Antitrust Policy, Ch. 13。

② United States v. Continental Can Co., 378 U. S. 441, 84 S. Ct. 1738（1964）; United States v. General Dynamics Corp., 415 U. S. 486, 94 S. Ct. 1186（1974）; Coca-Cola Bottling Co., 93 F. T. C. 110（1979）; United States v. Columbia Steel Co., 334 U. S. 495, 68 S. Ct. 1107（1948）; United States v. Von's Grocery Co., 384 U. S. 270, 86 S. Ct. 1478（1966）.

③ 378 U. S. at 451 – 52, 84 S. Ct. at 1744.

④ 377 U. S. 271, 285, 84 S. Ct. 1283, 1291 – 92（1964）（Stewart 大法官，反对意见）; 也可参见 Owens Illinois, 5 Trade Reg. Rep. ¶ 23162（F. T. C. 1992），认为玻璃容器市场包含了一些消费者不视为具有替代性的产品，如葡萄酒瓶、婴儿食品瓶，等等。但是从供给端来看，调整玻璃瓶的生产设备可以使生产者在几个小时内就从生产一种瓶子切换到生产另一种瓶子的模式。关于供给弹性，详见本书第 3.5 节。

高法院推翻了这一认定，认为根据需求端的情况可以判断出铝和铜导体是不同的产品。最高法院的观点很可能是错误的，因为如果原材料投入的成本大致相同，企业就可以迅速用铝替代铜，反之亦然，那么它们之间的竞争就是非常显著的。

如果所掌握的信息是完美（perfect）的，我们可以建立一个刻度平滑渐变的量尺（sliding scale），根据两家公司竞争的紧密程度可以准确预测被审查的企业合并的竞争影响。不幸的是，法院没有能力进行如此精确的测量，它们倾向于将所有的非纵向合并分为两类："横向合并"和"混合合并"。一旦法院将某项合并定性为"横向"合并，那么即使两家公司生产的产品相似度不高，或者它们是在不同的地域范围内进行销售，这些事实在很大程度上就都无关紧要了。例如，在 *Von's Grocery* 案中，法院将相关市场定义为大洛杉矶地区，并简单地将参与合并的两家杂货连锁店的市场份额直接相加。一旦该项合并被归为横向合并，那么以下事实就不再重要了——Von's 几乎所有的商店都位于城市的西南部，而Shopping Bag 所有的商店都位于城市的东北部。显然，这一合并案并不像隔街相望的两家杂货连锁店的合并那样会消灭掉那么多的竞争。事实上，洛杉矶有七八十英里宽，而下级法院调查发现，消费者驱车去食品杂货店的在途时间平均只有10 分钟。Von's 和 Shopping Bag 之间唯一真正产生相互竞争的门店是靠近城市中心的一些门店。[1] 然而，最高法院的规则框架只留下了两种选择：第一种选择是它可以考虑供给弹性，并考虑如果一家连锁店涨价的话，另一家连锁店在前者的地盘上新开门店进行竞争的可能性。在这种情况下，它可能将涉案合并定性为"混合"型的合并，并依照潜在竞争规则（potential competition doctrine）对其进行评估。另一种选择是忽略这两家连锁店在同一城市的不同区域开设门店的事实，将该合并视为纯粹的横向并购。最高法院最终选择了后者。

第12.6节 合并案中的市场进入壁垒

12.6a. 合并政策中市场进入壁垒的恰当定义

市场进入壁垒是那些使得在位企业能够在一定的期间内进行垄断定价、直到有效的新进入将价格和产出量恢复到竞争水平为止的条件和因素。如果完全没有市场进入壁垒，任何垄断定价都会立即引发足够大量的进入，迫使价格回落到竞争水平。在这种情况下，我们可以说市场不容易受到垄断定价的影响，即使该市场由一家企业主导、或者市场上所有的企业都组成了一个卡特尔。从理论上说，

---

[1] Von's Grocery, *supra* 384 U. S. at 295 - 96, 86 S. Ct. at 1492 - 93. （Stewart 大法官，反对意见）。Stewart 大法官总结道，Von's 和 *Shopping Bag* 之间实际构成竞争的业务只"占当地杂货店销售市场份额的不到 1%"。

即使一项企业合并导致了垄断，也不会引起此类市场的价格上涨。[①]

联邦最高法院有时候会以市场进入壁垒较高为由否定特定的企业合并[②]，但很少以进入壁垒较低为由批准某项合并。举例来说，*Von's Grocery* 案的判决[③]就因为最高法院没有考虑到零售杂货行业的进入门槛非常低这一事实而受到批评——在该市场采取垄断定价是不太可能的。[④] 然而，这一批评意见本身忽略了垄断定价并不是 *Von's Grocer* 案法院所认为的原罪，实际上最高法院在该案中所谴责的"恶行"是合并后新企业的高效率——它将迫使较小的杂货店关门或者同样被收购。但是，也许除了政府施加的市场准入管制外，世界上没有什么比卓越的效率更强大的市场进入壁垒了。很少有其他市场进入壁垒可以与在位企业的高生产效率、低销售价格相比肩。

在考虑市场进入壁垒时，通常最好将产出量而不是价格作为相关变量。设定价格的工作很容易完成，而且价格也很容易改变。相反，在确定产出量前，必须有现成的工厂，并且现有工厂的规模决定了产出量的可变范围。在垄断或者合谋定价下，市场中的企业必须将市场的总产出压缩到竞争水平产出量之下。在衡量市场进入壁垒时，必须评估是否有足够的新产品能够在合理的短时间内进入市场，从而将总产出恢复到竞争水平。一旦产出恢复到竞争性产出水平，价格自然也会回落至竞争水平。

市场进入并不是可以立即实现的，可能需要相当长的时间。在位企业将能够维持垄断定价，直到有足够规模的进入将市场产出量提升至竞争水平为止。对于反垄断政策制定者来说，时间问题——即可以容忍的最短垄断定价期间究竟是多少，是一个政策选择问题。例如，我们可以决定，只能持续三个月的垄断定价不值得投入大量的反垄断执法资源介入，除非垄断定价很容易形成并且能够很快地被制止。如果在垄断定价开始后的三个月内市场出现了有效进入，那么该市场中因垄断产生的社会成本将小于识别和禁止它的成本。然而，在实践中，法院在反垄断法的适用过程中很少关注这一时间问题，也没有关于该问题的一般性司法规则。与之相比，1992 年《横向合并指南》提出，当从最初规划到产生重大市场影响的进入时间不超过两年时，对于一项企业合并所在的市场而言，进入壁垒就

---

① 关于市场进入壁垒的一般问题，见本书第 1.6 节。

② 例如，United States v. Phillipsburg Nat. Bank & Trust Co.，399 U. S. 350，368 - 369，90 S. Ct. 2035，2045 - 2046 (1970)，该案引用了州银行监管规则关于限制市场进入的规定作为对涉案横向合并进行谴责的理由。也可参见 FTC v. Procter & Gamble Co.，386 U. S. 568，579，87 S. Ct. 1224，1230 (1967)，关于该案的详细讨论见本书第 13.4 节。也可见 ProMedica Health Sys.，Inc. v. FTC，749 F. 3d 559，556 (6th Cir. 2014) (讨论了特定医疗服务行业的进入壁垒)。

③ United States v. Von's Grocery Co.，384 U. S. 270，86 S. Ct. 1478 (1966).

④ 见 Richard A. Posner，*Antitrust Law* 127 (2d ed. 2001).

是较低的。[①] 2010 年《指南》不再明确规定特定的时间，但要求市场进入必须"足够快速，以至于消费者不会因所涉合并而受到严重损害，尽管消费者在进入出现之前确实会产生损害"。2010 年《指南》比此前的《指南》更加强调特定市场进入的历史状况——会考虑"新近的进入案例，无论成功与否"[②]。

对于反垄断政策制定者而言，关于市场进入壁垒存在以下三个问题：第一，市场进入壁垒的适当定义是什么？第二，何种市场特征或者做法可以被认定为构成市场进入壁垒？第三，除了这些特征之外，还有哪些证据表明市场进入壁垒足以显著以至于需要反垄断法的干预？

笔者在本节开头给出的市场进入壁垒的定义有点类似于经济学家 Joe S. Bain 在 1960 年代给出的定义。[③]

Bain 倾向于将市场进入壁垒视为那些即便市场中的现有厂商将价格提高到竞争水平之上、也会阻碍潜在进入的市场因素。[④] 这种市场进入壁垒的定义方法从反垄断政策目标的角度而言具有一些重要优势。依照这一定义，人们可以观察在进入发生前所允许的最高垄断定价，以衡量市场进入壁垒的"高度"。例如，如果某一市场中的企业可以将价格提高到边际成本的 150% 以上而不会吸引新的企业进入，而另一市场中的企业将价格提高到成本的 120% 就引发了新的进入，我们就可以说第一个市场的进入壁垒高于第二个市场的进入壁垒。我们也可以对持续时间作同样的分析。足以让垄断定价维持 2 年的进入壁垒，可以说比仅让垄断定价维持 6 个月的进入壁垒更严重。

然而，市场进入壁垒的 Bain 定义的某些方面对一些经济学家来说似乎是不可接受的。首先，该定义是循环式的：它告诉了我们市场进入壁垒的结果是什么，但没有告诉我们任何有关其具体内容的信息。其次，Bain 的定义似乎将符合社会期待的良性的商业实践归入了市场进入壁垒的范畴。例如，根据 Bain 定义，规模经济也属于市场进入壁垒——如果规模经济是显著的，那么占支配地位的企业就能够在不引来新进入的情况下使其价格设定在远高于其成本的水平之上，因为剩余的市场规模不足以让新进入的公司将其成本降低到同一水平。

---

① 2010 年《横向合并指南》第 9.1 条。下载地址：https://www.ftc.gov/sites/default/files/attachments/merger-review/100819hmg.pdf。

② 2010 年《横向合并指南》第 9 条。

③ Joe S. Bain, *Barriers to New Competition：Their Character and Consequences in Manufacturing Industries* (1962).

④ "对市场进入条件进行评估，可以根据市场现有卖家能够在多大程度上持续地把价格维持在竞争水平以上而不会吸引新的企业进入市场来加以判断。"同上一条注释，第 5 章。或如 Bain 之后所作出的定义，进入壁垒衡量的是"从长远上看，在何种程度上，现有的企业能够把价格提高到其生产和分销产品的最小平均成本之上"而不用担心"引来潜在的参与者进入这个行业"。见 Joe S. Bain, *Industrial Organization* 252 (1968).

将规模经济视为市场进入壁垒的观点似乎是不合理的，因为规模经济本身就是一种高效率的表现形式。如果将政策的价值考量因素纳入市场进入壁垒的界定，我们不希望以牺牲效率的方式来对其加以定义。

也正因此，George Stigler 将市场进入壁垒重新定义为"一种生产成本（以某种产出率或者所有产出率进行衡量），其是寻求新进入某个行业的全部企业都必须承担、但该行业的现存企业不需要承担的成本"[1]。联邦贸易委员会已经在某些案件中采用了 George Stigler 的市场进入壁垒定义。例如，其在 *Echlin* 案中将市场进入壁垒定义为"相对于现有公司所面临的长期成本而言，新进入者必须承担的额外的长期成本"[2]。然而，在随后的 *Flowers* 案中，它又回归到了更接近于 Bain 的定义。[3]

Bain 的定义与反垄断政策的兼容性更强，大多数反垄断法院都在继续使用它。高市场进入壁垒本身并不违反反垄断法。如果我们采用一项"无过错"的反垄断原则——根据这一原则，占据了市场支配地位的厂商仅仅因为其支配地位就应当受到处罚，那么像 George Stigler 这样的定义就是有道理的。我们不应挥舞反垄断的大棒去惩罚那些实现了规模经济的企业。虽然它们使市场进入变得更加困难，但规模经济归根结底对消费者是有利的。

12.6b. 哪些因素构成市场进入壁垒？

归根到底，任何重视经济效率和消费者福利的合并政策，都必须将"市场进入壁垒"局限在那些允许在位企业在进行垄断定价的同时又不让外人进入市场的因素。

12.6b.1. 规模经济

正如前文所指出的那样，规模经济是 Bain 定义（反垄断最常使用的定义）下的一种重要的市场进入壁垒。规模经济意味着，想要进入市场的企业不仅要考虑其生产成本，还必须考虑为了获得足够的市场份额所将付出的成本，以判断自己的进入最终是否有利可图。大多数"限价"策略——在位企业为了使市场不具

---

① George J. Stigler, *The Organization of Industry* 67 (1968). 也可参见 C. von Weizsacker, "A Welfare Analysis of Barriers to Entry", 11 *Bell J. Econ.* 399，400 (1980)（进入壁垒是"一种生产成本，其是寻求新进入某个行业的全部企业都必须承担、但该行业的现存企业不需要承担的成本，并且这种成本反映了社会福利观中所认为的资源错配"）；Harold Demsetz, "Barriers to Entry", 72 *Amer. Econ. Rev.* 47 (1982)（进入壁垒是那些阻止社会所期待的进入发生的市场因素）。

② Echlin Mfg., Co., 105 F. T. C. 410, 485 (1985). 在其他案件中，联邦贸易委员会也有认定存在 George Stigler 式的市场进入壁垒的先例，尽管有时候可能本不必要。例如 Owens-Illinois, 5 Trade Reg. Rep. ¶ 23162 (FTC, 1992)（环保规则适用于新的炼钢炉，而不适用于既存的炼钢炉，这构成了进入壁垒）。

③ Flowers, 5 Trade Reg. Rep. ¶ 22523 at p. 22，217 & n. 10 (Oliver 反对意见) (FTC, 1989).

有吸引力而控制价格的策略——取决于规模经济的存在。[①] 如果一家每年只生产一件产品的公司的成本能做到与其他每年生产数百件产品的公司的成本相同，那么"限价"策略一般无法阻碍新的市场进入。在位企业只有将价格设定在成本水平、甚至低于成本水平时，才能将其他企业挡在市场大门之外。显然，以成本水平定价是完全竞争水平的价格，而低于成本的定价则将彻底断绝新进入者的念想。

如果规模经济效应相当显著，则潜在的进入者不得不把其自身进入市场这一因素考虑在内，并判断自己进入之后的市场价格走向。例如，假设某一个市场所需的最低有效运行（minimum efficient operation）产出量为 30 个单位。假设市场价格处于完全竞争水平时（成本以可达到有效运行规模的成本计算），市场的总产出量为 100 个单位。再假设目前市场上有三家企业，每家企业生产 30 个单位，价格比竞争水平高出 15％。会有人愿意进入市场吗？答案很可能是否定的，即使当前市场的价格水平看起来很诱人。这是因为新公司必须达到 30 个单位的产出量水平，才能与现有公司保持同样高效的生产效率。但一旦产出超过了 10 个单位，就意味着市场总产出量太高，价格就会下跌，也就无法以能够盈利的价格出售产品。可以肯定的是，如果潜在的竞争者以可达到最低有效运行的产出水平强行进入市场，其他公司都将赔钱，但是理性的企业不会仅仅为了让竞争对手蒙受损失而进入市场，它们进来是为了让自己获得利润，但在这种情况下，获利的希望十分渺茫。

12.6b.2. 投资的风险和规模；沉没成本

企业在进行市场进入决策时，考虑的一项重要因素是风险的大小。联邦法院的法官倾向于以进入一个行业所需的绝对资金量来衡量进入壁垒。但我们没有理由认为，单凭需要高昂的投资这一项因素就能阻止新公司的进入。美国和全球的资本市场都非常有效。如果投资前景被看好，一般来说，筹集 1 亿美元和 10 万美元一样容易。事实上，在融资过程中也可能同样存在规模经济，使得规模大的融资反而更容易实现一些。单纯的高初始投资，一般不应被视为符合条件的市场进入壁垒。

对于潜在的进入者来说，考虑的问题不是它必须投资多少，而是如果进入失败，它将损失多少。正因如此，不可逆（irreversible）成本或者"沉没"（"sunk"）成本在其决策过程中占有重要地位。例如，假设有两家公司正在考虑进入两个市场，进入的绝对成本均为 100 万美元。第一个市场是通用快递服务市场，进入的要求是投资建设一个通用的仓库、一些装载设备（例如叉车）以及一

[①] 关于对以往经济学文献的概括总结，见 Richard J. Gilbert, "Mobility Barriers and the Value of Incumbency 475", in *Handbook of Industrial Organization* (Richard Schmalensee & Robert Willig, eds. 1989)。

些通用的运输卡车。如果新业务失败，几乎所有这些资产都可以很容易地重新部署到其他市场中去，因为它们都可以被广泛用于各种用途。在这样一个市场中，进入的风险并不是很高，即使公司可能需要取得较高的交易量才能分摊和降低成本。

相比之下，第二家公司必须动用它的大部分投入资金建造一个专门的化工厂，且工厂只能用于这一特定的市场。如果这项业务失败，这家工厂的残值将只有10%。如果初始进入成本相同、达到规模经济的企业体量也相同，成功进入第二个市场的几率就会比进入第一个市场要小得多。

一些法院已经认可资产专用性（asset specificity）或者沉没成本构成进入壁垒。例如，在 *Illinois Cereal Mills* 案中，法院认为，玉米加工厂是高度专门化的工厂，它们在被废弃后几乎没有什么剩余价值，这支持了联邦贸易委员会的结论，即市场进入壁垒很高。[①] 2010年的《横向合并指南》将沉没成本定义为"无法在相关市场以外回收的进入或者退出成本"[②]。也就是说，上面例子中的专门化工厂可能还是能被出售，但它只对另一家从事同样业务的公司——也就是同一市场上现存的公司，才具有显著的价值。

12.6b.3. 广告、推广及消费者忠诚度

无论是根据 Bain 的定义还是 Stigler 的定义，市场上对特定品牌产品所作的专门广告均构成市场进入壁垒。尽管如此，对于广告所产生的市场进入壁垒的高度或者显著性，仍然存在很大的争议。简单地说，如果广告的效果在发布后就很快消失了，那么广告并不是什么市场进入壁垒。为了保持领先地位，现有公司将不得不持续投放广告，而潜在的进入者可以通过投入等量的广告来达到同样的效果。当然，广告也有规模经济——大公司可以将广告成本分摊到更多的产出上，但这一壁垒来自规模经济而不是广告本身。

相反，如果广告的效应会随着时间的推移而累积，那么相对于新进入者来说，老牌公司会有明显的优势。广告成本通常是"沉没"成本，也就是说，一旦投入，公司倒闭后这些投资将无法收回。因此，如果广告具有累积价值（cumulative value）或者说资本价值，它可能会构成一个巨大的市场进入壁垒。当然，在这种情况下，广告造成的市场进入壁垒的高度也仍然是一个可争议的问题，同样取决于其累积作用的显著程度。

同样的分析几乎也全部适用于客户忠诚度或者说商誉。累积效应越明显，它们所产生的市场进入壁垒也就越高。真正要解决的问题是这些壁垒究竟有多高。

---

① FTC v. Illinois Cereal Mills, Inc., 691 F. Supp. 1131, 1138, 1144 (N. D. Ill. 1988), 维持后案件名称为 FTC v. Elders Grain, 868 F. 2d 901 (7th Cir. 1989)（资产专用性的程度指代了进入壁垒的高度）.

② 2010年《横向合并指南》第5.1条，下载地址：https://www.ftc.gov/sites/default/files/attachments/merger-review/100819hmg.pdf.

在绝大多数情况下，它们可能并不显著，但也存在一些重要的例外。在产品复杂度很高的市场中，客户对许多错综复杂的产品性能并不熟悉，尤其是当相对于客户的总体预算而言，购买产品的花销很低的情况下，此时产品商誉和知名度就非常重要。客户只能信任卖方，因为对客户来说完成一个完整的产品调查的成本是相当高的。相反，如果顾客和生产者一样能够很好地评估产品或者服务的质量，那么商誉就远没有那么重要了。

12.6b.4. 政府的市场准入限制（包括知识产权）

几乎所有人都同意，政府的监管、许可和准入限制共同制造了最强大、最有效的市场进入壁垒之一。某些形式的监管是 Stigler 意义上的进入壁垒——特别是授予垄断性的权利（这使得下一家公司的进入成本几乎无穷大），或者出台极其偏向现有老牌工厂的监管标准。例如，如果一项环境保护法规免除了现有工厂高昂的合规成本，则新公司将面临在位企业所没有的成本。不过，这些法规只是"短期"的市场进入壁垒——最终，旧的工厂会被淘汰，新的工厂也必须合规。但是，在这种情况下，我们所说的短期可能长达几年甚至几十年。

政府监管在创设市场进入壁垒方面的作用，常常被视为监管效率低下的论据之一。毕竟，监管创造并支持了垄断。但监管的效率与其在创造进入壁垒方面的作用之间没有必然联系。监管的有效性在于，它能有针对性地对实际运行过程中的市场失灵进行矫正，然而，这可能意味着对市场进入的限制，或增加新进入市场的成本、风险，或者抬高了最低有效经营规模。相反，糟糕的监管也可能会允许自由的市场进入，也即不会造成任何进入壁垒。

如果市场进入壁垒来自政府管制，这一事实可能会对我们的反垄断分析产生影响。事实上，在某些情况下，受监管的行业被完全免除了反垄断法的适用。[①] 然而，我们也常常看到，对政府监管的评估和对其他市场进入壁垒的评估没有什么不同——也就是说，将政府监管所创设的进入壁垒与其他原因造成的进入壁垒同等对待。例如，第七巡回法院在 *Hospital Corporation* 案的判决中指出，要求医院取得"需求证明"（"certificate of need"）的监管要求会成为一项重大的市场进入壁垒。[②] 在这种情况下，涉案合并所造成的共谋将导致产出量的减少和产能的过剩。但在证明"需求"的存在时，一家希望进入市场的公司需要证明现有的各家医院目前都在满负荷运转（因而才会出现额外的市场需求）。因此，实际上是共谋本身创造了进入壁垒。

---

① 见本书第 16 章。

② Hospital Corp. of Am. v. FTC, 807 F. 2d 1381, 1387 (7th Cir. 1986)，最高法院提审动议被驳回，481 U. S. 1038，107 S. Ct. 1975（1987）；United States v. Rockford Memorial Corp. ，717 F. Supp. 1251 (N. D. Ill. 1989)，维持，898 F. 2d 1278 (7th Cir.)，最高法院提审动议被驳回，498 U. S. 920，111 S. Ct. 295 (1990)（相同）。

知识产权通常构成一项重要的进入壁垒。[1]有效的知识产权不仅将客户需求集中在权利所有人提供的产品上，而且还使竞争对手更难以在权利所有人的细分市场中立足。当然，知识产权既是政府创设的，也是有价值的。因此，反垄断政策不应粗暴地对待它们。然而，与此同时，进入壁垒问题是中性的，因为它只探寻价格上涨的可能性，而不关心价格上涨的根源是否是合法的问题。例如，两家企业可能各自都已经拥有了强大的专利组合以致阻止了其他的市场进入，但如果它们之间的合并有利于市场力量的实施，反垄断执法者仍然可以质疑这种合并，而在这一过程中无须以质疑任何专利的有效性为前提。

最后一个警告是：我们不能依据一家公司拥有知识产权的事实作出轻率的推理，过快地得出进入特定市场的壁垒很高的结论。许多知识产权的保护强度是微弱的、保护范围是狭窄的或者是容易被规避的。在这种情况下，他人的知识产权权利组合可能只不过是一种不痛不痒的小麻烦。

12.6c. 2010 年《横向合并指南》下的市场进入壁垒分析

从 1992 年《指南》开始，执法机构考虑市场进入壁垒的基本原则是，新进入者在进入市场后 2 年内是否有利可图，并使价格回落到合并前的水平。1992 年《指南》对合并后的公司能否将价格维持在比合并前更高的水平进行考察，以此对进入壁垒进行评估。[2] 2010 年《指南》在很大程度上表达了同样的担忧，尽管表达方式略有不同。该《指南》考虑的是"进入相关市场的前景是否有助于减轻对不利竞争影响的担忧"。如果支撑价格上涨所必需的减产将被新进入者所破坏，那么市场进入壁垒就是比较低的。因此，《指南》采用了 Bain 式而非 Stigler 式的市场进入壁垒定义。[3] 依据 2010 年《指南》，"只要有一家公司在新进入之后能够复制任一合并一方的规模和实力就足够了"。甚至即使新进入的公司规模较小，但"只要其不处于明显的竞争劣势"，那么也是足够的。[4]

在衡量进入的可能性时，《指南》指出，只有当潜在的进入者预期其进入有利可图时，才能将此种进入视为"可能"的进入。这意味着各反垄断执法机构将依靠客观标准来判断潜在进入是否能够有效地约束垄断定价。只有在全面考虑了资产、能力、所需资本和涉及的风险（包括进入者退出时无法收回成本的风险）之后，仍然是有利可图的，进入才是有可能的。[5]

最后，只有当进入的规模足够大，足以"遏制或抵消不利竞争影响"时，才

---

[1] 见 2B Phillip E. Areeda & Herbert Hovenkamp, Antitrust Law ¶ 421h (4th ed. 2014)。

[2] 1992 年《横向合并指南》第 3.0 条。

[3] 关于这两个定义的讨论，见本书第 12.6a 节。

[4] 2010 年《横向合并指南》第 9.3 条。

[5] 2010 年《横向合并指南》第 9.2 条。

会被视为是"充分的"（"sufficient"）[1]。这一措辞，以及前几个《指南》中类似的用语，显然是为了纠正 *Waste Management* 案中出现的问题[2]——虽然进入市场的情况经常发生，但总是规模很小，对市场上相对而言更大的公司影响不大。

2010 年《指南》中包含的进入条款经过了精心设计，增强了对集中度较高的市场的进入壁垒分析的严谨性。该《指南》还认为，进入的便利性在很多情况下不能被推定，而是应当通过证据予以证明。无论最终如何分配举证责任，其中相当大的一部分都将由拟合并的公司承担。

第 12.7 节 可观测到的反竞争行为；并购完成之后的审查

垄断定价和默示共谋对公司来说是代价高昂的，这是因为：（1）如果公司拒绝降价，就将面临客户流失的风险；（2）计划和实施那些促进和履行垄断行为的措施的成本很高。[3] 在完全竞争市场中，只要原本的销售仍然有利可图，公司通常会偏离其他竞争对手相邀的销售条件。如果公司始终没有偏离，这说明合谋或者寡头垄断行为给公司带来的收益超过了其成本。

假设某一企业合并的竞争后果以市场结构标准进行分析所得出的结论较为模糊，或者分析认为应当是合法的，然而，市场上的公司（或者是在合并后，或者是同时在合并前、后）的各种经营实践表明，市场竞争并不是很充分——例如，假设市场中的各家企业每月都遵循惯例发布一次价格表，各家的价格几乎相同，并且拒绝就这些公示的价格进行任何讨价还价（至少对某些类别的客户如此）[4]；或者，假设市场中的企业一直跟随价格领导者的做法，即某家领头企业宣布涨价，其他公司也紧跟着提价；或者，如果其他公司没有跟随的话，领头企业悄悄地撤销了加价。在这些场景中，该项合并是否应当仅依据这些证据而受到谴责呢？

市场内竞争不够充分的一个迹象是，卖家普遍愿意参与代价高昂的非价格竞争，同时普遍不愿意削减价格。这种行为的成本是很高的，因为公司有可能因此失去销售订单，所以这些企业对其做法必须给出合理的解释。在竞争性市场中，假设没有附加成本，产品降价 1 美元和增加成本为 1 美元的服务对于卖家来说效

---

① 2010 年《横向合并指南》第 9.3 条。

② United States v. Waste Management, Inc., 743 F. 2d 976, 976 (2d Cir. 1984). 见本书第 12.6 节。

③ 关于促进垄断行为的措施，见本书第 4.4b 节。

④ 例如，Chicago Bridge & Iron Co. N. V. v. F. T. C., 534 F. 3d 410 (5th Cir. 2008)（根据收购后的反竞争行为的证据作出判决）；United States v. Archer-Daniels-Midland Co., 781 F. Supp. 1400 (S. D. Iowa 1991)（卖家在合并后的市场内按季度公开价格，只有大买家有价格协商空间；然而，法院最终认定，尽管存在高度集中，在案证据不足以证明协同行为的存在，从而应受谴责。法院明显忽略了被控企业会给大交易量的买家以一定的折扣、但是对交易量较小的买家实行寡头垄断定价这一事实）。

果是等同的。然而，在默许或者明示共谋的情况下，提供额外的服务可能是一种未被发现的、对卡特尔固定价格实施作弊的方式。

在边界被划得过大的市场中，可观察到的反竞争后果对于审查一项企业合并尤其重要。正如本书第 3.4 节所提到的，《横向合并指南》有时会导致政策制订者犯下"玻璃纸"（"Cellophane"）谬误，即过分聚焦于当前市场价格的高需求交叉弹性，而未考虑到如果某一市场已经存在共谋，那么需求交叉弹性就已经处于高位了。1992 年《指南》要求，如果有证据表明合谋或者类似合谋的行为在市场中已经存在，执法机构应当调查的是没有合谋时的市场价格，并以其作为出发点进行计算。① 然而，似乎存在一个更好的解决方案：如果有证据表明市场中存在这种行为，所涉合并就应当被禁止，而无需进一步调查充分竞争条件下的市场价格，以及在该价格下的需求交叉弹性。2010 年《指南》指出，如果两家公司有明示合谋的前科，执法机构就应当"假定涉案市场条件有利于诱发协同行为"②。

例如，假设基于技术的相似度和地域的相邻性等因素，法院界定一个起点市场包括 A、B、C、D、E 五家公司。在当前的价格水平下，这些公司的产品需求水平似乎与候选市场中的 X、Y、Z 公司的产出水平具有很高的交叉弹性，也就是说，如果第一组的公司进一步提高价格，它们将失去太多的销售。但假设证据还表明以下情况之一：（1）过去 A、B、C、D、E 已经固定了价格；或者（2）A、B、C、D、E 具有每季度公布各自价目表的惯例，而且除了偶尔向少数大客户打折以外，都严格按照价目表的价格定价，并且价格似乎是同步变动的。根据《指南》的方法，执法机构将设法确定 A、B、C、D、E 的竞争性价格水平，然后判断与 X、Y、Z 产出水平相关的交叉需求弹性在上述较低价格水平下是否同样很高，如果不是，那么 A、B、C、D、E 将单独构成一个相关市场。

不过，更好的办法是省略上述第二步。一旦我们知道起点市场中的公司彼此间正在实施反竞争行为，我们就可以推定它们拒绝竞争的行为对自身而言是有利可图的。如此一来，我们就已经定义了一个只包括 A、B、C、D、E 的相关市场。而且，它们之间的任何并购都会加剧反竞争效果。

可观察到的企业行为对合并完成后的市场分析尤为重要。与之前的《指南》不同，2010 年《横向合并指南》高度重视对已经完成的合并进行审查和分析，

---

① 见 1992 年《横向合并指南》第 1.11 条。也可见 United States v. Oracle Corp.，331 F. Supp. 2d 1098, 1121 - 1122（N. D. Cal. 2004）（将"玻璃纸"谬论置于企业合并的语境中分析）。

② 2010 年《横向合并指南》第 7.2 条。

明确指出执法机构应在适当的情况下提出质疑。[①] 企业合并完成后价格上涨的证据将被赋予"很大的权重"。然而，《指南》也指出，即使价格没有上涨，也不能绝对说明不存在潜在的反竞争效应，因为合并各方可能会意识到执法机构进行审查的潜在可能性，并相应地延缓其行动。[②]

第 12.8 节　"失败公司"抗辩与影响企业生命力的相关因素

收购失败公司（failing company）是可以使一项并购免受《克莱顿法》第 7 条指控的有效抗辩。1950 年针对《克莱顿法》第 7 条的《塞勒—基弗沃修正案》（Celler-Kefauver Amendments）的立法史明确表明，国会有意在某种程度上豁免对"失败"公司所进行的收购。[③] 然而，在如何界定"失败公司"以及可提出抗辩的范围等重要问题上，立法过程几乎没有给出指引。

"失败企业"抗辩的适用历史表明，它的立法目的很可能是保护小微企业的债权人、所有者（股东）、雇员等。在这种情况下，这一抗辩更侧重分配正义，而不是效率。果真如此的话，该规则并不能很好地实现其立法目的。[④] 诚然，"失败企业"抗辩对于那些被大公司收购而免于破产的小型企业而言是有利的。然而，当一家在竞争中失败的公司被更富有效率的公司收购时，援引这一抗辩理由将严重损害那些与失败公司具有竞争关系的其他小型公司。例如，*Brunswick Corp. v. Pueblo Bowl-O-Mat, Inc.* 案[⑤]就是很适合适用"失败企业"抗辩的典型例子，但联邦最高法院在该案中从未触及这一问题。该案的原告是一家规模相对较小的保龄球馆经营者，它的竞争对手原本也是一家深陷财务危机的小保龄球馆。后来，该竞争对手被业内巨头 Brunswick 公司所收购。这次收购挽救了这家濒临破产的公司，但也伤害了（同样规模较小的）原告。并购完成后，原告面对的是一个比之前可怕得多的竞争对手。

尽管历史上国会对此存有担忧，但我们可以得出一个强有力的论点，即狭义的"失败企业"抗辩具有经济上的效率优势。这一抗辩可以使得失败公司的生产设施得以继续运转，否则这些设施将因破产而关闭。当然，破产法的目标之一是

---

① 2010 年《横向合并指南》第 2.1.1 条。例如，Chicago Bridge & Iron Co. N. V. v. F. T. C.，534 F. 3d 410（5th Cir. 2008）（认定一项已经完成的合并违反了反垄断法）。

② 2010 年《横向合并指南》第 2.1.1 条。

③ S. Rep. No. 1775，81st Cong.，2d Sess. 7（1950）。见 Paul M. Laurenza，"Section 7 of the Clayton Act and the Failing Company：An Updated Perspective"，65 *Va. L. Rev.* 947（1979）；及见 4A Antitrust Law ¶¶ 951 – 954（4th ed. 2016）。

④ 见 Oliver Zhong，"The Failing Company Defense after the Commentary：Let it Go"，41 *Univ. Mich. J. L. Reform* 745（2008）。

⑤ 429 U. S. 477，97 S. Ct. 690（1977）。

允许公司通过重组的方式重新进入市场并成为有效的竞争者。然而，只有少数公司在破产后能够成功地重新崛起。[①] 与此同时，重要的问题不是破产的公司自身会怎样，而是它的生产设施将会怎样。即使该公司永久停产，但其资产在转售给新投资者或者债权人后仍可能保留在市场中继续运行。只有当市场存在产能过剩，或者所涉生产性资产高度专门化时，它才有可能被全部拆解或者彻底报废。

尽管"失败公司"抗辩在反垄断判例法中有充分的讨论，但获得法院支持的成功抗辩在历史上只出现过几次。[②] 在 *Citizen Publishing Co. v. United States* 案中，法院认定，在适用"失败公司"抗辩时，被告必须证明：1）被收购的公司几乎肯定会破产，且几乎没有成功重组的可能；以及 2）不存在具有较不显著的反竞争效应的替代性并购方案（例如，由较小的竞争对手收购，或者由非竞争对手收购）。[③] 2010 年《横向合并指南》中关于收购失败公司的说明比 1992 年《指南》更为简短，其指出：

> ……如果被收购的公司会因破产而导致其资产退出相关市场，那么并购本身不太可能增强并购后公司的市场力量。这是一个极端的例子，在更普遍的情况下，被收购公司的市场竞争力正在下降：其预计的市场份额和未来的重要性将下降为零。如果相关资产不退出市场，并购后消费者的境况并不会比禁止并购时更糟。[④]

除了"失败公司"抗辩，2010 年《指南》也认可"失败业务"（"failing division"）抗辩——当一家多业态经营的公司决定放弃一项持续亏损的业务，且"该跨行业公司已经作出善意（good-faith）的努力却仍然无法成功地找到合理的替代方案"时，可适用该抗辩。

最后，一些判决认定，即使被收购的公司不满足"失败公司"的定义，但其

---

① 见 Michael Bradley & Michael Rosenzweig，"The Untenable Case for Chapter 11"，101 *Yale L. J.* 1043，1075（1992）；Robert K. Rasmussen，"The Efficiency of Chapter 11"，8 *Bankr. Dev's J.* 319（1991）。

② 见 California v. Sutter Health System，84 F. Supp. 2d 1057（N. D. Cal.），经法庭一致意见维持，217 F. 3d 846（9th Cir. 2000），修订，130 F. Supp. 2d 1109（N. D. Cal. 2001）（驳回了一项诉前禁令申请，认定作为被告的并购一方当事人可能满足失败企业抗辩的要件）。

③ 394 U. S. 131，138，89 S. Ct. 927，931（1969）。《报业保护法案》（The Newspaper Preservation Act，15 U. S. C. A. § § 1801 - 1804）允许同一座城市的两家报社之间签订"共同经营协议"，且可适用该规则的前提条件比"失败企业"的要件更为宽松。为签订共同经营协议（JOA），当事人必须证明至少其中一家报社"可能存在财务失败的危险"……见 Michigan Citizens for an Independent Press v. Thornburgh，868 F. 2d 1285（D. C. Cir.），被同样分裂的法庭维持，493 U. S. 38，110 S. Ct. 398（1989），判决书提到该法案创设了一个比反垄断法"失败企业"抗辩更为宽泛的抗辩理由，给了司法部长更大的自由裁量权来依据该法案批准报刊企业的联合经营。见 4A Antitrust Law ¶ 955（4th ed. 2016）。

④ 2010 年《指南》第 11 条。下载地址：https://www.ftc.gov/sites/default/files/ attachments/merger-review/100819hmg.pdf。

财务上的困境可以表明，仅仅考虑其市场份额或者其他市场结构特征是不可取的，这往往夸大了所涉合并的反竞争后果。[1]

第 12.9 节　部分并购与"仅为投资"的并购；横向持股

当收购另一公司的"全部或任何部分"的股票或者资产必然会产生反竞争效果时，就会落入《克莱顿法》第 7 条的禁止范围。然而，该条"不适用于仅为投资目的而购买股票的人……"。

反垄断法关注的是某些行为对竞争的影响，而不是公司的所有权。因此，在审查《克莱顿法》管辖下的部分并购案（partial acquisition）时，一家公司对另一家公司是否构成法律上的"控制"并不必然属于案件焦点。联邦最高法院持同样的态度。[2] 作为一项一般性的规则，如果一个人拥有了企业 50% 或以上的股份和投票权，他/她就对公司享有法律上的控制权。然而，实际上，远低于 50% 的所有权也可能能够有效地控制一家公司。在大公司中，拥有 15% 到 20% 的股份就可能足以成为举足轻重的重要股东，在公司的购买、出售、进入和退出决策中拥有巨大的影响力——特别是在其他股东的持股比例都非常低的情况下。联邦最高法院并没有投入太多的精力来判断一家公司是否拥有足够的股份从而对另一家公司拥有法律上的"控制权"。通常情况下，当持股比例较为显著时，最高法院就会推定具有控制权。[3] 例如，在 *United States v. E. I. du Pont de Nemours & Co.* 案中，尽管 du Pont 只持有 General Motors 23% 的股权，但法院认为 du Pont 对 General Motors 的收购决策具有重大影响。

即使收购方收购的股份份额很小，对被收购方的决策不具有任何影响力，竞争也可能受到威胁，这也是 2010 年《横向合并指南》认可的一种情形。[4] 假设 A

---

① 例如，FTC v. Arch Coal, Inc., 329 F. Supp. 2d 109, 157 (D. D. C. 2004)：尽管从严格意义上说 Trition 不属于失败企业，但其明显是一个相当弱小的竞争者……没有令人信服的经营改善前景。证据表明其面临着高成本、低储备金的现状，最好的状况也只是有些新的贷款或者储备金，但这也是不确定的，其财务状况很差，对于买方而言看不到什么有希望的前景……虽然被告不能援引"失败企业"抗辩来应对联邦贸易委员会的反垄断挑战，但在评价这一交易是否会带来实质性的反竞争影响时，仍然需要考虑 Trition 竞争力很弱的这一事实。法院总结认为，根据在案证据，原告关于 Trition 在过去和未来具有显著竞争力的主张……明显言过其实了。也可参见 4A Antitrust Law ¶¶ 962-963 (4th ed. 2016)。

② Denver & Rio Grande West. R. R. v. United States, 387 U. S. 485, 501, 87 S. Ct. 1754, 1763 (1967)（"控制"这一要素不属于《克莱顿法》上的法律问题）。也可参见 United States v. Dairy Farmers of America, Inc., 426 F. 3d 850 (6th Cir. 2005)（部分股权的收购可以让企业有动机消除它们之间的竞争）。

③ 353 U. S. 586, 77 S. Ct. 872 (1957). 也可参见 United States v. General Dynamics Corp., 415 U. S. 486, 94 S. Ct. 1186 (1974)，该案中，收购方拥有被收购方 34% 的股份，但各方当事人均认可存在"有效控制"。

④ 见 2010 年《横向合并指南》第 13 条，下载地址：https://www.ftc.gov/sites/default/files/attachments/merger-review/100819hmg.pdf。

和 B 是竞争对手，A 公司收购了 B 公司 15％的股份。显然，此时竞争博弈就会受到扭曲。在竞争法则下，A 最希望的就是通过提高效率来打败 B，让 B 彻底被赶出市场。然而，在进行部分收购后，A 与 B 的经营状况好坏具有了利害关系。隐性或者显性共谋的风险也随之急剧上升了。

另外，对尚未达到控股权比例的股权收购进行仔细审查还有一项重要原因。通常，没有"控制权"就没有提高效率的机会。如前所述，对合并的审查之所以要适用复杂的合理性原则，就是因为它们一方面会产生严重的反竞争威胁，但另一方面却有提高效率的巨大潜力。如果 A 只收购了其竞争对手 B 的 5％的股权，A 可能没有足够的股权来"控制"B。然而，两家公司同样也不能通过共同管理或者其他联合经营行为来使得所涉合并具有提升效率的社会价值。在这种情况下，由于所有者权益很小，因而股权收购对社会的潜在损害并不大，但它对社会福利的潜在增益则几乎为零，这也就进一步解释了为什么应当对其进行谴责的规则是一项一般性的推定规则了。

2010 年《横向合并指南》从整体上考虑了这些问题，认为对于存在以下三种情形之一的部分并购应当格外关注：

> 首先，部分收购可以使收购方通过影响……目标公司的行为，从而减少竞争。其次，它还可能通过让收购方因目标公司的财务业绩表现而获益，从而削弱了收购方的竞争激励，因而减少了竞争。最后，部分收购还可能会让收购方获得目标公司的敏感信息——由此促进了协调互动，最终损害了竞争。[1]

截止到笔者修订本书时，法院尚未解决的一个有趣的问题是，如何针对共同基金或者其他大型投资公司所谓的"横向持股"（"horizontal shareholding"）适用反垄断法。例如，少数基金经理可能合并掌管着足以控股整个航空业的股票。这可能使他们有能力协调航空公司之间的票价。在这种情况下，他们买卖股票的行为是否构成"仅用于投资"的收购呢？在大多数情况下，此类基金公司确实会基于其所持的股票进行投票，这似乎表明答案应当是否定的。如果可以进一步证明基金的大规模平行持股的事实促进了产品市场的共谋，那几乎可以得出确切的答案了。[2]

---

[1] 2010 年《横向合并指南》第 13 条（"如果交易也为与竞争有关的敏感信息由收购方向目标企业流转提供了便利，那么协同效应的风险就会进一步加大"）。

[2] 进一步的论述，可参见 Fiona Scott Morton & Herbert Hovenkamp, "Horizontal Shareholding and Antitrust Policy", 127 *Yale L. J.* 2026 (2018)；Einer Elhauge, "Horizontal Shareholding", 129 *Harv. L. Rev.* 1267 (2016)。

第 13 章

反垄断法的联邦公权力执法

第 13.1 节　公权力执法概述；反垄断局

　　13.1a. 刑事执法

　　13.1b. 民事追诉

第 13.2 节　联邦贸易委员会

第13.1节　公权力执法概述；反垄断局

联邦反垄断法的公权力执法权大部分掌握在司法部反垄断局（Antitrust Division of the Department of Justice）和联邦贸易委员会（FTC）手中。从理论上说，只有反垄断局有权从事《谢尔曼法》的公共执法行动。不过，根据《联邦贸易委员会法》第5条，FTC有权针对不公平的竞争行为提起诉讼。在实践中，《联邦贸易委员会法》已经被解读为包含所有《谢尔曼法》的内容，另加少部分《谢尔曼法》所没有纳入的内容。[①] 反垄断局和FTC共同行使《克莱顿法》的执法权，因而这两个部门的管辖权有所重叠，也正因此，两部门对此作出了澄清，并建立了启动调查或申报案件前的互相通报程序。如果双方发现需要对同一案件进行调查，两执法部门通常会根据各自的专长、人手配备等因素决定由哪一方跟进处理。如果案件可能将包含刑事犯罪行为，则通常交由反垄断局处理，因为FTC不具有刑事案件的管辖权。

大多数时候，这两个机构相安无事，但也存在例外。例如，在2019年，反垄断局介入了FTC对高通公司提起的持续诉讼[②]，并在对待标准必要专利的态度上采取了与旧经济产业更兼容的立场，而不是FTC所秉持的、与拥有更多标准必要专利的数字和信息技术行业更为兼容的立场。[③]

反垄断局和FTC有时会发布成文的《指南》，规范各自在不同事务上的执法流程。其中，迄今为止最为引人注目的是由反垄断局和FTC共同发布的2010《横向合并指南》，本书在其他的章节对其另行进行详细讨论。[④] 除此之外，反垄

---

① 15 U. S. C. A. § 45（a）；FTC v. Cement Institute，333 U. S. 683，694，68 S. Ct. 793，800（1948）。关于公权力机关执法，见 Daniel A. Crane, The Institutional Structure of Antitrust Enforcement（2011）。关于20世纪政府反垄断执法历史，见 Herbert Hovenkamp, *The Opening of American Law：Neoclassical Legal Thought，1870－1970*，Ch. 11（2015）。

② 见 FTC v. Qualcomm, Inc.，935 F. 3d 752（9th Cir. 2019）（发布了美国司法部关于中止美国联邦贸易委员会救济申请的行政请求）。见 Herbert Hovenkamp, "FRAND and Antitrust"，＿＿ *Cornell L. Rev.* ＿＿（2020）（forthcoming），访问地址：https://papers. ssrn. com/sol3/papers. cfm?abstract_id＝3420925。

③ 参见 Department of Justice, USPTO, and National Institute of Standards and Technology, Policy Statement on Remedies for Standards-Essential Patents（Dec. 2019），访问地址：https://www. justice. gov/atr/page/file/1228016。参见 Herbert Hovenkamp, The Justice Department's New Position on Patents, Standard Setting, and Injunctions, *Regulatory Review*（Jan 2020）。

④ 见本书第3章和第12章。

断局还发布了大量其他类型的执法指南，其中有些是与 FTC 联合发布的。[①] 反垄断局也会公布商业审查快报（Business Review Letters），用以对私人主体计划实施的商业行为进行评估。[②] 在该类快报中，反垄断局会表明其截止到发布之时对某类行为的态度，是否会加以反对等。不过反垄断局没有义务一定要给出其倾向性意见，也经常拒绝给出明确意见。反垄断局也会以"法庭之友"的身份参与私人反垄断诉讼，有时也会站在被告一方提出意见。[③] 但这一实践有时会遭到批评，认为超出了该局关于"防止和抑制"垄断违法行为的管辖权限。[④]

反垄断局主要的反垄断执法活动为开展调查，如果有必要，还包括后续的刑事或者民事追诉活动。调查的启动可以源自于私人的举报、反垄断局自身的主动发现，或者私人提交的报告，比如企业合并前的申报报告。[⑤]

反垄断局和 FTC 都有内容翔实的网站，提供几乎所有上述活动的细节信息。由于两个执法机构的程序规定和规则一直都在发生变化，网站会对此进行持续更新，因而强烈建议读者在向这两个政府执法部门寻求任何行动之前首先访问其官方网站。[⑥]

13.1a. 刑事执法

通常情况下，反垄断局只对明显的、故意的违法行为启动刑事程序。这其中大部分属于明显的价格固定行为或者投标串通（bid rigging）行为。在 *United States v. United States Gypsum* 案中，联邦最高法院认为，如果反垄断局希望按照刑事责任对被告定罪，须对犯罪故意加以证明。[⑦] 这通常需要证明以下两点中的任何一点：在案行为具有反竞争的效果，被告主观上对很可能发生此效果属于明知；在案行为本来就以达到反竞争的效果为目的，而这种效果是否实际发生在

---

① 这些指南可在执法机构的网站下载，见 http://www.justice.gov/atr/（美国司法部反垄断局）；http://ftc.gov/（联邦贸易委员会）。这些指南同样作为《反垄断法》专著（Antitrust Law treatise）的现行附件，以及《贸易规定报告》（Trade Regulation Reporter，CCH）的第 4 章。构成犯罪的反垄断行为则适用刑事处罚指南，但根据联邦最高法院对 United States v. Booker，543 U.S. 220，125 S.Ct. 738（2005）案的判决，这类指南只具有参考作用而不是强制适用的法律规范。也可参见 United States v. Heffernan，43 F. 3d 1144，1148（7th Cir. 1994）（在一反垄断刑事案件中解释了刑事处罚指南；区分了串通投标和普通的价格固定行为；前者的处罚更重）。也可参见 United States v. Rattoballi，452 F. 3d 127（2d Cir. 2006）（认定刑事处罚指南规定的刑事量刑标准不合理）。

② 28 C.F.R. §50.6（2006）.

③ 此类总结见 http://www.justice.gov/atr/antitrust-case-filings-alpha（上一次浏览于 2015 年 8 月 8 日）。也可见 Interview with William F. Baxter，"Assistant Attorney General，Antitrust Division"，51 *Antitrust L. J. 23*（1982）。

④ 见《谢尔曼法》§4，15 U.S.C.A. §4。

⑤ 见本书第 12.3 节。

⑥ 见 *www.ftc.gov* 和 http://www.justice.gov/atr/division-manual。

⑦ 438 U.S. 422，98 S.Ct. 2864（1978）。

所不论。一套不断细化和发展的法律规则试图对这些要求作出更具体的解释。较为明确的一点是，只要被告实际上在主观上希望反竞争效果的发生，则不再要求证明其行为是否已经对竞争产生了实质上的影响。[①] 在 *Cinemette* 案中，法院认定，各大电影放映商达成的电影分割协议属于横向产品分割协议的一种，其约定不就同一部影片进行竞争性出价的行为，足以成为刑事指控的对象，即使这种行为在某些巡回上诉法院被依照"本身违法原则"定责，而另一些巡回上诉法院对此持不同看法。[②] 法院驳回了关于由于这种协议"法律性质不确定"因而不能推导出犯罪意图的主张。如此看来，只要被告确实具有伤害竞争的意图，无论该行为是否应当适用"本身违法原则"，都可能会被刑事追诉和定罪。反过来，一些法院已经明确认定，如果被指控的违法行为确定适用"本身违法原则"，则只需要证明具有达成合谋的意图就足够了，不必进一步单独证明被告具有损害竞争的故意。[③]

反垄断局也曾表示：

> 违反《谢尔曼法》的行为，有可能被提起民事或者刑事诉讼。反垄断局所提起的刑事指控限定在传统上适用"本身违法原则"的违法行为范围之内，典型案件包括价格固定、分割客户、串通投标，或者在很多国家也被认为构成违法的其他卡特尔行为。[④]

对于违反《谢尔曼法》的刑事案件，企业被告将被处以最高1亿美元的罚款，个人会被处以最高100万美元的罚款。这些具体数额在《谢尔曼法》有明确的规定，并会时不时地进行调整和修订。[⑤] 另外，针对个人还会另行处以监禁，与罚金并处或者单处。[⑥] 除此之外，尽管有上述规定，1984年的《刑事罚款改进法》[⑦]

---

① United States v. Gravely，840 F. 2d 1156，1161 (4th Cir. 1988).

② United States v. Cinemette Corp. of Am.，687 F. Supp. 976（W. D. Pa. 1988). 见 Viking Theatre Corp. v. Paramount Film Distributing Corp.，320 F. 2d 285（3d Cir. 1963），经全席审理维持，法庭同样出现分裂意见，378 U. S. 123，84 S. Ct. 1657（1964）（拒绝适用本身违法原则）；Admiral Theatre Corp. v. Douglas Theatre Co.，585 F. 2d 877（8th Cir. 1978）（同上一个案例）；United States v. Capitol Serv.，756 F. 2d 502（7th Cir.），最高法院提审动议被驳回，474 U. S. 945，106 S. Ct. 311 (1985)（认定分割协议构成本身违法）。见 12 Antitrust Law ¶ 2013c (4th ed. 2019).

③ United States v. Brown，936 F. 2d 1042 (9th Cir. 1991).

④ 《反垄断执法国际合作指南》（1995年4月）（Antitrust Enforcement Guidelines for International Operations），第2.1条。

⑤ 15 U. S. C. A. §§1-3. 这些数值会不时地被修订，以反映通胀的情况，以及符合刑事处罚不应该比民事赔偿少太多的一般原则。

⑥ 15 U. S. C. A. § §1, 2.

⑦ 见 18 U. S. C. A. § §3621-3624；1987年《刑事罚款改进法》（再颁布），101 Stat. 1279, 1289。见《美国量刑指南手册》(U. S. SENTENCING GUIDELINES MANUAL (U. S. S. G.)) §2R1. 1.（2012）。

还规定，对于 1984 年后实施的违法行为，其罚款有可能根据违法者所获收益或者被害方的损失的双倍进行计算，或根据反垄断法定损害赔偿额计算，以二者较高者为准。虽然用这些方法计算的罚款金额可能比《谢尔曼法》规定的更高，但也有可能还是比民事反垄断诉讼中可能获得的三倍赔偿金要低。

如果一家企业在反垄断局掌握其违法事实之前主动自首，向当局充分披露固定价格或者其他违反反垄断法的事实，反垄断局也可以采取宽大政策，或者适用豁免程序①，使涉案企业及其高管免受刑事追诉。这一制度从各个方面来看都被公认为是成功的，它使一些卡特尔行为被曝光和受到惩处。在 *Empagran* 案中，联邦最高法院支持了政府的观点，认为不宜扩张外籍原告的权利、使其能够依照美国法起诉外籍被告，因为如此一来，增加了被告三倍赔偿的适用范围，从而降低了被告自首提交共谋证据的意愿，损害宽大和豁免制度的实行效果。②

13. 1b. 民事追诉

在民事调查程序中，反垄断局通常会发出"民事调查令"（Civil Investigative Demands，CIDs），这种调查令是一种可向任何被认为掌握着调查所需信息的人发出的传票，该传票可以要求被调查者提供文件、作出口头证言或者回答质询。③ 通过民事调查令收集到的信息有时候会被共享给 FTC，供其自身发起的调查使用，有时也会披露给国会。除此之外，这些信息必须保密，且明确受到豁免从而在《信息自由法》（Freedom of Information Act）规定的调查程序中免予披露。④

大多数最终发起追诉的民事调查程序都以"同意令"（"consent decree"）结案。所谓同意令是经法院批准的具有约束力的庭外和解协议（out-of-court settlement），其使被告可以避免《克莱顿法》第 5（a）条规定的后果，根据该条规定，在先公权力执法的反垄断案件的裁决结果可以用作后续针对同一违法行为提起的私人诉讼的表面证据。⑤

与法院的判决一样，同意令属于将来可被反垄断局执行的法律文件，虽然它

---

① 关于该程序的概述，见 http://www.justice.gov/atr/leniency-program（最后浏览于 2015 年 8 月 12 日）；分析见 4 Trade Reg. Rep.（CCH）¶ 13, 113（2011）（关于企业的分析），¶ 13, 114（2011）（关于个人的分析）（1993 年 8 月 10 日）。见 United States v. Stolt-Nielsen, S. A., 442 F. 3d 177（3d Cir. 2006）（尽管被告可以在之后的诉讼程序中将其与政府之间达成的宽大处理协议作为一项抗辩理由，但这一协议不能在一开始就阻止政府对其提起公诉）。

② F. Hoffmann-La Roche, Ltd. v. Empagran, 542 U. S. 155, 124 S. Ct. 2359（2004），发回重审，388 F. 3d 337（D. C. Cir. 2004）. 关于该案判决的讨论，见本书第 21. 2a 节和第 21. 2b 节。

③ 见 Antitrust Civil Process Act, 15 U. S. C. A. § § 1311 - 1314。

④ 15 U. S. C. A. § 1314（g）.

⑤ 15 U. S. C. A. § 16（a）.

们不能作为私人原告提起反垄断诉讼的依据。同意令一般被定性为合同，而不作为可援引的法律规定。① 同意令是否能够带来较好的效果仍存在些许争议，尽管经验表明，从整体上看其在实践中运行得比理论设想的更好。② 近年来，反垄断局批准修改或者终止了许多时间较早，且被认为严重与现行规则不符或者被告的市场状况已经发生了实质性变化的同意令——例如，被告不再具有市场支配地位，或者市场竞争较此前激烈得多。③

反垄断法下的民事违法行为的救济方式既包括禁令，也包括解散公司（dissolution）或者剥离资产（divestiture）——这在构成非法合并以及某些类型的垄断行为时有可能出现。与所有私人原告相同的是，美国政府就其因反垄断违法行为所遭受的损失，也享有获得三倍损害赔偿的权利，例如联邦政府因购买了价格固定垄断行为的高价商品所遭受的损失。④

第13.2节　联邦贸易委员会

联邦贸易委员会是威尔逊政府在 1914 年设立的联邦监管机构。⑤ 该委员会由 5 名委员组成，这 5 名委员由总统提名、经参议院批准后任命，任期为 7 年。联邦贸易委员会有权执行所有反垄断相关法律的实体性规定，包括《克莱顿法》和《罗宾逊 —帕特曼法案》等法律。关于《谢尔曼法》，联邦贸易委员会没有直接的执法权限，但是《联邦贸易委员会法》第 5 条⑥所规定的其对"不正当竞争行

---

① 但是同意令经常包括反垄断的专业术语，并且这些术语通常根据反垄断法的基本原理进行解释。例如，见 United States v. Microsoft Corp. , 980 F. Supp. 537（D. D. C. 1997），改判，147 F. 3d 935（D. C. Cir. 1998）（在该案中，法院严格根据反垄断法来解释 1995 年的同意令，该同意令禁止微软将 Windows 95 系统与 IE 浏览器捆绑在一起，如果二者在搭售的语境下被理解为"分离的产品"（"separate products"）的话）。见 10 Antitrust Law ¶ 1746（4th ed. 2018）。

② 见 Richard Epstein, *Antitrust Consent Decrees in Theory and Practice：Why Less is More*（2007）（非常具有批判性）；cf. Daniel A. Crane, "Bargaining in the Shadow of Rate-Setting Courts", 76 *Antitrust L. J.* 207, 208（2009）（检视了反垄断同意令，尤其是那些包含强制性知识产权授权条款的同意令；揭示了在没有司法介入的情况下当事人就费率达成合意的高成功率）；Daniel A. Crane, "Intellectual Liability", 88 *Texas L. Rev.* 253, 294（2009）（观点类似）。也可参见 Harry First, "The Case for Antitrust Civil Penalties", 76 *Antitrust L. J.* 127（2009）（认为民事罚款系反垄断处罚）。

③ 例如，IBM，163 F. 3d at 737；United States v. Western Elec. Co. , 900 F. 2d 283（D. C. Cir. 1990）（撤销了 1983 年颁发的有关经营范围限制的同意令）；United States v. Columbia Artists Mgmt. , Inc. , 662 F. Supp. 865, 869 - 870（S. D. N. Y. 1987）（终止了禁止票务预订代理机构联合经营的同意令）。

④ 15 U. S. C. A. § 15（a）.

⑤ 关于这段历史的简介，包括一些有趣的口述历史，见 https://www. ftc. gov/about-ftc/our-history，也可参见 Martin Sklar, *The Corporate Reconstruction of American Capitalism*, 1890 - 1916, at 328 - 332（1988）；见 Timothy J. Muris & Bilal K. Sayyed, "The Long Shadow of Standard Oil：Policy, Petroleum, and Politics at the Federal Trade Commission", 85 *S. Cal. L. Rev.* 843（2012）。

⑥ 15 U. S. C. A. § 45.

为"进行执法的权力，已经被解释为有权针对所有受《谢尔曼法》谴责的行为提起追诉程序。

此外，在 *Sperry* & *Hutchinson* 案中，联邦最高法院认定，联邦贸易委员会有权"确认和禁止某种不正当竞争的行为，即使该行为并未违背任何反垄断法的条文或精神"[1]。最高法院之后在 *Indiana Dentists* 案中解释道："《联邦贸易委员会法》关于'不正当'的判断标准——其必然是较难界定的——针对的并不只限于违反《谢尔曼法》和其他反垄断法的行为，也包括被联邦贸易委员会根据其他理由认定为违反了公共政策的行为。"[2]

正如 *Indiana Dentists* 案中最高法院所指出的那样，FTC 在何种程度上有权"扩张"《谢尔曼法》的边界是模糊且充满争议的。并且，FTC 的权力扩张在近些年来受到了越来越严格的审查。在早期的案件中，法院允许 FTC 对不具有市场支配力[3]的主体所实施的搭售行为，或者没有明显证据显示具有竞争损害的排挤性交易进行谴责。[4] 但近年来，法院已经开始对 FTC 的扩权行为采用了更为严格的标准。例如，在 *Boise Cascade* 案中，法院推翻了 FTC 针对涉案的被多家卖方共同使用的交货价格系统的违法认定，认为 FTC 并没有取得卖方之间达成协议的证据。[5] 法院判定 FTC 有义务举证证明被控各方之间存在协议，或者在没有协议的情况下证明被控方使用该价格系统具有可量化的反竞争效果。联邦贸易委员会对 *Dupont*（*Ethyl*）案的决定也遭遇了类似的结局。[6] 联邦贸易委员会在未发现有《谢尔曼法》第 1 条所规定的价格固定协议的情况下，向多种其认为会造成共谋效果的"便利行为"发起了挑战，然而，法院在推翻委员会的决定时写道：

> 在按照第 5 条规定的最低标准给一个寡头市场内的商业行为贴上"不正当"的标签之前，连心照不宣的默示协议都付之阙如时，起码应当证明最低限度的一些事实，比如：（1）被控生产商一方具有反竞争的意图或者目的，或者（2）被控行为缺少合法独立存在的商业上的合理理由。[7]

对于 FTC 超越反垄断法的实体性规定，扩张适用《联邦贸易委员会法》第 5

---

① FTC v. Sperry & Hutchinson Co. , 405 U. S. 233, 239, 92 S. Ct. 898, 903 (1972).

② FTC v. Indiana Fed'n of Dentists, 476 U. S. 447, 454, 106 S. Ct. 2009, 2016 (1986).

③ Atlantic Refining Co. v. FTC, 381 U. S. 357, 369 – 371, 85 S. Ct. 1498, 1506 – 1507 (1965).

④ FTC v. Brown Shoe Co. , 384 U. S. 316, 321, 86 S. Ct. 1501, 1504 (1966).

⑤ Boise Cascade Corp. v. FTC, 637 F. 2d 573, 579 – 582 (9th Cir. 1980). 关于在没有证据证明存在符合条件的协议的情况下，认定构成寡头垄断行为，见本书第 4.6 节。

⑥ E. I. du Pont De Nemours & Co. v. FTC, 729 F. 2d 128, 139 – 142 (2d Cir. 1984).

⑦ 729 F. 2d at 139 – 140.

条所体现出来的智慧，存在两种观点。一种观点看重反垄断法的实质，其认为问题的核心在于是否事关竞争本身。如果基于适用反垄法所发展起来的判例法就能够正确界定合法竞争行为的边界，则 FTC 超越这个范围进行执法就是错误的。事实上，FTC 的做法会将反垄断法转变成对一切"不公平"行为的管制，而不再仅仅关注损害竞争的贸易行为。这一观点意味着，前述引用的案例中，FTC 在没有证明存在竞争损害的情况下谴责某些搭售和排挤性交易行为的决定是不正确的。①

但也存在另一种不同的观点，其与 FTC 的反垄断关切应限于识别在经济上具有反竞争效果的行为的主张相呼应。该观点认为，FTC 是监管机关，比起法院来说更加专门化，相对而言也不受严苛的程序规则和证据规则所束缚。并且，它所能提供的救济措施，在大多数案件中，是"停止及终止"令（"cease and desist"order）。调查所认定的违反《联邦贸易委员会法》的行为并不一定同时属于违反反垄断法的行为，因此这一调查结果并不必然可以用于支持在后续的私人诉讼中主张的三倍赔偿。因此，如果满足下列条件，对某些并未违反其他反垄断法的行为适用《联邦贸易委员会法》并无不当：（1）该行为貌似具有反竞争的性质，但是在立法上并未被反垄断法所涵盖，且（2）即使认定错误，社会成本也比较低。②

一个很好的例子是《联邦贸易委员会法》在寡头市场内缺少明示协议时对便利共谋行为（facilitating practice）的适用。今天，人们对这种行为会产生反竞争的效果已达成了普遍共识，但《谢尔曼法》中要求必须存在"协议"要件的规定，限制了法院在处理多家企业之间就价格和产出进行协同的反竞争行为时施展拳脚的空间，这些行为包括提前价格通告、统一含运费的到货价格、统一基点定价机制等。而且，对这些行为进行执法一旦出现错误，社会成本很可能相当低。也就是说，对于提前价格通告这一类行为而言，虽然其甚至在一个高度寡头、便于形成价格领头引导机制的市场中也可能带来经济益处，但它对竞争的威胁明显大于这种收益。另一个例子是对于未被接受的关于固定价格的招揽或者要约，其并不符合《谢尔曼法》第 1 条关于"协议"的定义，但仍然可能是反竞争的——存在这样的可能，未被接受的招揽可以给其他企业以这样的信号：即使最终没有达成明示的协议，至少提议者也有达成明示协议的意图。③

2015 年，FTC 就第 5 条的解释出台了相当简要的、关于在何种情况下可以

---

① 见 Atlantic Refining，381 U. S. at 357；和 Brown Shoe，384 U. S. 316。

② 关于此观点，见 Herbert Hovenkamp，"The Federal Trade Commission and the Sherman Act"，62 Fla. L. Rev. 871（2010）。

③ 关于协议要件的证明，见本书第 4.4 节。关于未被接受的招揽，见 6 Antitrust Law ¶ 1419e（4th ed. 2017）。

超越传统反垄断法进行执法的指南。这一指南没有给出具体的案例，而是作了如下三项原则性的阐述：

> ·委员会以反垄断法基础的公共政策——促进消费者福利——为指导；
>
> ·执法所针对的行动或行为将被置于类似"合理原则"的框架下进行评估，也就是说，作为委员会执法对象的行动或行为，必须造成或者可能造成对竞争或竞争过程的损害，同时，委员会要结合考虑所有相关的、可识别的促进效率的影响和商业上的正当性；同时
>
> ·如果适用《谢尔曼法》和《克莱顿法》已经足以对某一行动或者行为所带来的竞争损害进行救济，委员会则不太可能仅仅依据不正当竞争的法律依据发起执法。[①]

FTC 最经常采用的执法方式是发出"停止及终止"令——尽管这个指令在企业合并案件中基本上等同于强制解散或者强制业务拆分。FTC 具有施以民事罚款的职权，但只针对此前已经被发出过"停止及终止"令的违法行为，或者明显违反 FTC 规则和违抗执法实践的违法行为。[②] 各家法院在 FTC 所应获得的救济是否包括"返还违法所得"（"disgorgement"）、"恢复原状"（"restitution"）或其他偿还非法获利的衡平法救济的问题上存在分歧。[③] 一般而言，法院对 FTC 获得救济的权力采取宽泛解释原则。例如，在 *American Stores* 案中，联邦最高法院认定，《克莱顿法》授权原告获得的公平救济权包括强制剥离资产（compel divestiture）或者强制分拆（forced breakup）合并企业。[④] 此外，2020 年最高法院在一起涉及对《证券法》解释的案件中，认为"衡平救济"措施包括返还实际非法获利，尽管不包括超出此范围的处罚。对于 FTC 法案来说，似乎应当进行类似解释。[⑤]

尽管 FTC 在实践中收到了很多来自私人的投诉，但只有委员会自身才有权

---

① FTC 关于《联邦贸易委员会法》第 5 条 "不正当竞争手段" 的执法原则的声明，下载地址：https://www.ftc.gov/system/files/documents/public_statements/735201/150813section5enforcement.pdf。

② 见 15 U. S. C. A. §45（l）& （m）。

③ FTC v. Credit Bureau Center, LLC, 937 F. 3d 764（7th Cir. 2019）（否定了此类救济）；FTC v. Commerce Planet, Inc. , 815 F. 3d 593, 598 - 99（9th Cir. 2016）；FTC v. Ross, 743 F. 3d 886, 890 - 92（4th Cir. 2014）（肯定了此类救济）；FTC v. Bronson Partners, LLC, 654 F. 3d 359, 365 - 66（2d Cir. 2011）（肯定了此类救济）；FTC v. Direct Mktg. Concepts, Inc. , 624 F. 3d 1, 15（1st Cir. 2010）（肯定了此类救济）.

④ California v. American Stores Co. , 495 U. S. 271（1990）.

⑤ 见 Liu v. SEC, 140 S. Ct. 1936（2020）（解释了 15 U. S. C. §78u（d）（5），认为 "只要有利于投资者的利益，任何衡平法上的救济手段都是合适或者必要的"）。

启动执法程序，此程序受《联邦贸易委员会法》第 5（b）条[1]和《联邦行政程序法》[2] 的规制。最初的司法程序由行政法法官（Administrative Law Judge，ALJ）作出初步裁决（preliminary decision）。在此程序中，FTC 将派遣控方律师出庭，并承担举证责任，类似于民事诉讼的原告。在 ALJ 作出初步裁决后，FTC 或者同意、或者不同意该裁决。如果委员会不同意该裁决，FTC 就会向各联邦上诉法院提请对 ALJ 的裁决进行司法审查。[3] 如果 FTC 对事实部分的认定有充分的证据支持，通常法院会全盘接受。同时，尽管法院通常也会非常倚重 FTC 对法律的解释，但该解释对法院不具有拘束力。

---

[1]　15 U. S. C. A. § 45（b）.

[2]　5 U. S. C. A. § 554.

[3]　针对临时禁令一般上诉至联邦地区法院。

第 14 章

反垄断法的私人实施

第 14.1 节　概述：《克莱顿法》第 4 条

第 14.2 节　适格原告——谁有资格实施反垄断法？

第 14.3 节　作为反垄断法特殊要件的竞争损害

14.3a. "反垄断损害"；对企业合并提出异议的私人主体

14.3a.1. 被指控促进了排挤性行为的企业合并

14.3a.2. 消费者原告

14.3b. 超越第 7 条的 "反垄断损害"；本身违法原则

14.3c. 区分因果关系、事实上的损害、反垄断损害

14.3d. 禁令救济

第 14.4 节　成文法和判例法对反垄断诉讼原告资格的限制

14.4a. "商业或者财产"

14.4b. 市场关系；"直接损害" 和 "目标领域" 测试法

14.4b.1. "直接损害"

14.4b.2. "目标领域"

14.4b.3. 联邦最高法院对其他更有效的替代规则的尝试

第 14.5 节　反垄断诉讼原告资格的特殊问题

14.5a. "重复救济"

14.5b. 衍生损害

第 14.6 节　间接购买者规则

14.6a. *Hanover Shoe* 案、*Illinois Brick* 案及 *Apple v. Pepper* 案

14.6b. *Illinois Brick* 规则的例外

14.6b.1. 事先存在的合同

14.6b.2. 禁令之诉

14.6b.3. 涉及纵向协议或控制的案件

14.6c. 间接购买者规则的政策启示；各州州法对间接购买者的规定

14.6d. 伞形原告

第14.1节　概述:《克莱顿法》第4条

本章主要讨论私主体对联邦反垄断法的实施。

《克莱顿法》第 4 条规定:"任何因反垄断法所禁止的事项而遭受商业或者财产损害的人,均可提起诉讼……并有权获得损失额的三倍赔偿……和合理的律师费。"[①]

《克莱顿法》第 4 条行文虽简单,但它带来的诸多问题却非常复杂。其中一个问题就是它不切实际的宽泛。在市场经济中,一份简单的价格固定协议会对所有人产生损害后果。以石油输出国组织欧佩克(OPEC)这一卡特尔的影响为例,它不仅使石油价格上涨,而且使一切以石油作为能源的产品的价格上涨——包括工业产品、农产品的价格,甚至还会带动其他自然资源的价格上涨。[②]

像石油输出国组织欧佩克这样的跨国大型卡特尔组织与某一地区混凝土生产商之间进行价格合谋形成的小规模卡特尔之间的区别,只是程度上的、而非本质上的。从字面上理解,《克莱顿法》第 4 条似乎赋予了每个受到卡特尔或者收费过高的垄断者侵害的主体起诉的权利。然而,法院认为该条款的适用范围不能像它字面含义所描述的那样广泛,并通过一系列规则限制了该条款的适用范围。

尽管《克莱顿法》通过后不久就出现了私人反垄断诉讼,但这类案件在 20 世纪 50 年代之前并不多见。20 世纪 60 年代,私人诉讼的数量迅速增加,到 70 年代呈爆炸式增长。20 世纪 80 年代,私人诉讼的数量趋于稳定,但到了 90 年代又开始增长。到今天,私主体提起的反垄断诉讼仍然是反垄断法实施的主要机制,多达 95%的反垄断案件是由私人原告提起的。

第14.2节　适格原告——谁有资格实施反垄断法?

《克莱顿法》关于胜诉原告可获得三倍损失赔偿金及律师费的规定给法院带来了巨大的压力,法院首先需要对反垄断法诉讼的原告资格进行适当的限制。

成文法的规定鼓励了更多的诉讼,一些临界诉讼——那些乘以胜诉概率后计算得到的预期赔偿收益本来仅能堪堪弥补成本的诉讼,在反垄断法的规则下将变得十分诱人。例如,普通法对违约行为仅提供弥补损失的损害赔偿数额,且不支

---

① 15 U. S. C. A. § 15.

② 见 International Ass'n of Machinists v. OPEC, 649 F. 2d 1354 (9th Cir. 1981),最高法院提审动议被驳回,454 U. S. 1163, 102 S. Ct. 1036 (1982)(劳工联盟对欧佩克的反垄断诉讼被法院依据州行为豁免规则(act of state doctrine)驳回)。也可见 Prewitt Enterp. , Inc. v. OPEC, 353 F. 3d 916 (11th Cir. 2003),最高法院提审动议被驳回,543 U. S. 814, 125 S. Ct. 62 (2004)(因传票送达失败被驳回起诉)。

持胜诉方主张的律师费，这对某些原告来说可能不值得冒险；但如果同一行为被认定为违反反垄断法，其赔偿结果看起来就非常具有吸引力。于是，现实中原告不断地试图将每一项商业侵权或者合同违约行为都转化为反垄断之诉。

不幸的是，法院还未能创设出一种可适用于所有潜在案件的浅显易懂的私主体反垄断诉讼原告适格理论，而且有关规则仍然杂乱无章、前后矛盾。一方面，经济学研究表明，法律执行的目标应当是通过阻却低效率的行为并允许有效率的做法来最大化社会财富。另一方面，法院却普遍对受害者是否应当获得赔偿方面的反垄断诉求进行重点分析。其结果是基本理念和法律规则的严重不统一。一旦法院允许将损害赔偿作为判断适格原告的政策目标，那么许多比市场分配效率（allocative efficiency）本身更难量化的正当性分析理由就会显现出来——例如正义、公平或者为小微企业保留发展机会等。

第14.3节　作为反垄断法特殊要件的竞争损害

许多违反反垄断法的行为都会产生经济上的效率，但法院之所以谴责它们，要么是因为其限制竞争的效果十分明显，而效率的提升是模糊的、无法衡量的，要么是因为反竞争的效果超过了效率改善的幅度。特别是在企业合并和合资的情况下，效率提升和市场力量的增强往往相伴相随。纵向一体化整合——无论是通过合同的方式还是企业合并的方式，甚至具有更大的效率提升潜力，也具有较小的限制竞争的潜在可能性。

市场力量的增强会增加社会成本，而同时所产生的效率提升却可带来社会收益。但两者都可能造成私人方面的损失。当我们说某一行为"富有效率"的时候，并不是说这种行为对每个人都有好处，而是说总的利益大于总的损害。一般情况下，市场力量的增强对作为交易相对方的购买者不利，而对竞争主体有利。然而，效率的提高却有利于购买者，但对竞争对手或者潜在竞争对手不利。以效率为主导价值取向的反垄断政策，总是试图将单纯的私人损害和与社会整体损失相一致的私人损害区分开来。

14.3a.　"反垄断损害"；对企业合并提出异议的私人主体

14.3a.1. 被指控促进了排挤性行为的企业合并

联邦最高法院在 *Brunswick Corp. v. Pueblo Bowl-O-Mat, Inc.* 案[1]中考虑到上述问题。在该案中，原告拥有数个保龄球馆，被告则是全国主要的保龄球设备制造商和保龄球馆经营者。被告向独立的保龄球馆赊销保龄球器材，有时还收

---

[1]　429 U. S. 477, 97 S. Ct. 690 (1977). 关于《克莱顿法》第 7 条和企业合并，见本书第 12 章。

购陷入财务困境的场馆。在 10 年的时间里，被告已经接管了几家与原告存在竞
争关系的保龄球馆，如果不被 Brunswick 公司收购的话，这些场馆中的大多数很
可能倒闭。在被告随后打算收购 2 家涉案的保龄球馆时，原告依据《克莱顿法》
第 7 条提起了诉讼，认为如果让涉案的与其具有竞争关系的保龄球馆退出市场的
话，原告的市场份额将会增加。

　　Brunswick 案中原告的诉由触及了反垄断法应该保护谁这一争论的核心：竞
争与消费者，还是竞争与竞争者。横向的企业合并能够通过增加市场集中度，从
而为垄断性定价或者串通定价提供便利条件。消费者将支付更高的价格，但合并
后公司的减产和涨价行动将使市场上已经存在的其他公司受益。它们可以在合并
后的大公司的"保护伞"下收取更高的价格。

　　但是合并也可以提升合并各方的效率。效率的提升对消费者有利，但不可避
免地会损害竞争对手的利益。Brunswick 案的原告原本面对的是一些衰弱无力的
对手，但一旦它们被收购，原告将面临一个重新焕发活力、咄咄逼人的巨头，市
场价格也很可能随之下降。无论从技术层面来说该并购是否违法，原告的损害都
是由于合并后其所处的市场竞争加剧造成的，而不是由于市场越来越滑向垄断定
价造成的。

　　在拒绝给予原告救济的该案判决中，联邦最高法院指出，许多违反反垄断法
的行为可能会造成"与反垄断法无关的损失"。为了获得救济，原告不仅要证明
存在违反反垄断法的行为以及原告由此受到损害，而且必须证明"损害系属反垄
断损害（antitrust injury），即反垄断法旨在防止的那类损害，这种损害使被告的
行为具有非法性"。此类损害应当"反映了违法行为……的限制竞争效应……"[1]。
今天，几乎所有的反垄断规则都将"反垄断损害"作为私主体诉讼的构成要件，
它已成为私主体原告具有诉讼主体资格的一项基本要素。[2]

　　反垄断损害规则仅适用于私主体提起的反垄断诉讼。Brunswick 案的规则更
倾向于《克莱顿法》第 4 条"补救"的思路，而不是第 7 条"预防"的思路。第
7 条旨在调整那些竞争损害尚处于"萌芽"状态且仍有些不确定性的企业合并。[3]
相比之下，第 4 条要求私主体原告证明其实际受到了损害。由于合并给原告造成
的潜在损害包括两种不同的类型——一种是合并后竞争厂商市场力量的增强所带
来的损害，另一种是竞争对手效率的提升所带来的损害——因而原告对此予以区

　　[1]　429 U. S. 477，at 489，97 S. Ct. at 697. 关于作为反垄断司法改革的一个主要组成部分的反垄断损
害理论，见 Christina Bohannan & Herbert Hovenkamp，"IP and Antitrust: Reformation and Harm"，51
Boston Col. L. Rev. 905（2010）。

　　[2]　关于反垄断损害是应当作为原告起诉资格的一个考量要素，还是应当作为实体分析方面的独立要
件，在一些法院中存在争论，但是这一分歧似乎并不重要。见 Local Beauty Supply v. Lamaur，787 F. 2d
1197，1201（7th Cir. 1986）（记载了各法院的不同观点）。

　　[3]　见本书第 12 章。

分并加以证明它所受到的损害是何种类型就变得十分重要了。[①]

14.3a.2. 消费者原告

消费者是企业合并案件的优选原告，消费者因合并后效率的提高而受益，但因合并后价格的上涨而受损。然而，消费者作为原告所提起的诉讼数量相对较少。我们通过预防性标准谴责某一项企业合并，几乎可以防止所有有机会导致随后价格上涨的并购行为。一般而言，如果合并后价格大幅上涨，在合并发生后的4年内（诉讼时效）[②]，消费者没有理由不能提起诉讼。当然，原告仍需证明该合并违反了法律，而且更为困难的是，该合并导致了价格上涨。[③]

14.3b. 超越第7条的"反垄断损害"；本身违法原则

Brunswick 案对《克莱顿法》第7条预防目的和第4条补救目的的比较分析表明，反垄断损害规则仅适用于合并，而不适用于针对其他类型的反垄断违法行为提起的诉讼。[④] 然而，在 *J. Truett Payne Co. v. Chrysler Motor Corp.* 案[⑤]中，联邦最高法院将这一原则适用于依据《罗宾逊—帕特曼法案》指控存在非法价格歧视的私人主体诉讼案件中。法院认为，赢得价格歧视诉讼案件的原告，无权根据其支付的较高价格与他人支付的较低价格之间的差额"自动"获得相应的损害赔偿，相反，原告必须证明涉案价格歧视影响了零售价格，从而造成了实际损害（actual injury）。尽管法院宣称这一结论是由 *Brunswick* 案"确立"的，但这一裁决似乎要求提供实际损害（injury-in-fact）的证据，而不是反垄断损害（antitrust injury）的证据。法院的判词实际上是在说，尽管《罗宾逊—帕特曼法案》

---

① 关于反垄断损害和反垄断法上的效率问题的关系，见 Maurice E. Stucke, "Reconsidering Antitrust's Goals", 53 *B. C. L. Rev.* 551 (2012); Andrew I. Gavil, "Moving Beyond Caricature and Characterization: the Modern Rule of Reason in Practice", 85 *S. Cal. L. Rev.* 733 (2012); William H. Page, "The Chicago School and the Evolution of Antitrust: Characterization, Antitrust Injury, and Evidentiary Sufficiency", 75 *Va. L. Rev.* 1221 (1989); William H. Page, "The Scope of Liability for Antitrust Violations", 37 *Stan. L. Rev.* 1445 (1985); Robert D. Blair & Jeffery L. Harrison, "Rethinking Antitrust Injury", 42 *Vand. L. Rev.* 1539 (1989); Herbert Hovenkamp, "Merger Actions for Damages", 35 *Hastings L. J.* 937 (1984).

② 见 2 Antitrust Law ¶ 320 (5th ed. 2021).

③ 见 Midwestern Machinery v. Northwest Airlines, 167 F. 3d 439 (8th Cir. 1999)（允许消费者以价格上涨为由对合并行为提起诉讼；驳斥了地区法院的观点，该观点认为一旦被收购企业的股份被注销，该企业随即就不再作为一个独立的主体而存在，该合并行为就不能再被追究）; Community Pub. v. DR Partners, 139 F. 3d 1180 (8th Cir. 1998)（允许广告购买者对报刊企业的合并提起诉讼）。也可参见 Ritz Camera & Image, LLC v. SanDisk Corp. , 700 F. 3d 503, 507 (Fed. Cir. 2012)（消费者在反垄断法上有资格对被告凭借其不当收购的专利而收取的过高费用提起诉讼）。

④ 见 Engine Specialties, Inc. v. Bombardier Ltd. , 605 F. 2d 1 (1st Cir. 1979)，发回重审，615 F. 2d 575 (1st Cir.)，最高法院提审动议被驳回，446 U. S. 983, 100 S. Ct. 2964 (1980)（强调了第7条的预防性条款性质）。

⑤ 451 U. S. 557, 101 S. Ct. 1923 (1981). 见 14 Antitrust Law ¶ 2371 (4th ed. 2019).

的立法措辞采用的是预防性的、"可能大大减少竞争"的表述，但寻求损害赔偿救济的原告必须证明存在实际的、已经发生的损害。

《罗宾逊—帕特曼法》中采用了与《克莱顿法》第 7 条相同的预防性措辞的立法语言。但对于那些即刻损害更为明显的反垄断违法行为，如《谢尔曼法》第 1 条的本身违法行为，情况又如何呢？在 *USA Petroleum* 案中，联邦最高法院将反垄断损害规则扩展适用到一起最高转售价格维持（maximum resale price maintenance）案件中，在当时该行为是构成本身违法的。[1] 在该案中原告是一家汽油零售商，其指控一家汽油精炼商与其竞争对手达成了最高转售价格维持协议。最高法院假设这一价格不构成掠夺性定价。法院一开始即指出，最高转售价格维持的做法在许多情形下都是富有效率的。它继续论述道：

> 本身违法原则是判断是否违反《谢尔曼法》第 1 条的规则，但它并不能说明私主体原告是否受有反垄断损害……本身违法原则是基于"商业实践的确定性和诉讼效率"对相关行为不合理性的一种推定……
> 　　反垄断损害这一要件的目的则有所不同，它在一开始就确保了原告所主张的损害行为落入反垄断法所欲规制的那些反竞争行为的范畴。[2]

最高法院接着指出，允许经销商起诉施加于它们自身的最高转售价格维持协议的法理基础是，这样的行为限制了它们采取合适的定价水平的竞争自由。但该经销商的竞争对手将受益于此类转售价格维持协议，而不是受损。这一结论与 *Brunswick* 案的主要观点是完全一致的。然而，该观点也认可，最高转售价格维持行为可能会促进掠夺性定价。例如，一家纵向一体化的炼油商决定利用掠夺性定价排挤位于下游的独立的汽油经销商。如果出现这种情况，"掠夺者"的竞争对手将成为反垄断损害的受害者，但它们必须证明掠夺性定价行为的存在，包括如果允许这种行为继续进行的话，具有合理的可能性（reasonable likelihood）将会形成垄断。

14.3c. 区分因果关系、事实上的损害、反垄断损害

前文的讨论已经明确了"损害"（"injury"）和"反垄断损害"（"antitrust injury"）并不是一回事。作为私主体的反垄断原告必须举证证明三个相互独立的要件：（1）它受到了损害；（2）该损害是因违反反垄断法的行为所造成的；（3）该损害属于"反垄断损害"。不幸的是，法院并不总是把这三个要件明显地区分开来。例如，联邦最高法院在其作出的 *Matsushita* 案的判决中指出，竞争

---

[1]　Atlantic Richfield Co. v. USA Petroleum Co.，495 U. S. 328，110 S. Ct. 1884（1990）. 认定最高转售价格维持协议构成本身违法的观点此后被推翻。见本书第 11.5c 节。

[2]　495 U. S. at 342，110 S. Ct. at 1891，1893.

对手不能因卡特尔组织抬高价格而获得救济，因为这样的行为将使竞争对手受益，而非受损。联邦最高法院引用了 *Brunswick* 案予以佐证。① 但 *Brunswick* 案中原告在事实上受到了损害，只不过不是反垄断损害而已。相比之下，*Matsushita* 案中的竞争对手未受到任何损害。

一般性的原告适格规则要求私主体原告证明存在事实上的损害（injury-in-fact）。诚然，依据美国《宪法》第3条，无证据证明存在损害的主体不具备诉讼主体资格。在这种情况下，《克莱顿法》单独规定诉因要件是多余的。尽管如此，国会还是有权赋予某些仅受到微不足道的损害的主体以诉讼资格。正如本书将在第16.6节所讨论的间接购买者规则，不仅在诉讼主体资格方面，甚至在实体损害赔偿救济方面，有时候都会向原告倾斜，即使这些原告的实际损害非常之小。

原告还必须证明损害是由违反反垄断法的行为所造成的。在案例法历史上，法院以不同的方式阐释了因果关系这一要件。在 *Zenith* 案中，联邦最高法院要求，违反反垄断法的行为应当构成原告受到损害的"实际原因"②（"material cause"）。在这一要求下，如果原告在商业上的损害是由诸多原因造成的，其至少需要证明被告的反垄断违法行为是其中之一。*Zenith* 案之后的案件通常不要求原告对原因进行排序，也不要求原告证明反垄断违法行为系主因。③ 不过，有部分法院则对此持更严格的立场，认为反垄断违法行为应当是造成原告损失的"实质性因素"（"substantial factor"）——显然这意味着反垄断违法行为必须是原告受有损害的最重要的原因，或者至少是最重要的原因之一。④

上述两种标准，何种更可取？在大多数情况下，两者之间的区别可能只是语义上的，而非实质上的。进一步而言，不管采用哪种标准，要求获得赔偿的原告最终都不得不将由反垄断违法行为造成的损害和由其他因素造成的损害区分开

---

① Matsushita Elec. Indus. Co. v. Zenith Radio Corp. , 475 U. S. 574，586，106 S. Ct. 1348，1355 (1986). 也可见 *supra* J. Truett Payne，451 U. S. 557。

② Zenith Radio Corp. v. Hazeltine Research, Inc. , 395 U. S. 100，114 n. 9，89 S. Ct. 1562, 1571 n. 9, 发回重审，418 F. 2d 21 (7th Cir. 1969)，最高法院提审动议被驳回，397 U. S. 979，90 S. Ct. 1105 (1970)。

③ 例如，Affiliated Capital Corp. v. City of Houston，735 F. 2d 1555, 1564 (5th Cir. 1984)，最高法院提审动议被驳回，474 U. S. 1053，106 S. Ct. 788 (1986)。也可参见 Amerinet v. Xerox Corp. , 972 F. 2d 1483，1494 (8th Cir. 1992)，506 U. S. 1080，113 S. Ct. 1048 (1993)（"为提供充分的证据证明因果关系，原告只需要证明被告违反了反垄断法、被告的被诉违法行为有损害原告商业利益的趋势（tendency）、原告的营业发生了下滑且这一情况并非由其他因素所致即可"）。

④ 例如，Loeb Indus. v. Sumitomo Corp. , 306 F. 3d 469 (7th Cir. 2002)，最高法院提审动议被驳回，539 U. S. 903，123 S. Ct. 2248 (2003)（在有许多其他因素影响废铜价格的情况下，串谋操纵铜期货市场的合谋并不能证明是废铜价格变动的原因）；Watkins & Son Pet Supplies v. Iams Co. , 254 F. 3d 607 (6th Cir. 2001)（涉案的反垄断违法行为必须被证明是损害发生的"必要前提条件"）；St. Louis Convention and Visitors Commission v. NFL, 154 F. 3d 851，863 (8th Cir. 1998)（仅提供证据证明球队本来可以进入"自由竞争"市场，还不够充分；必须同时提供证据证明，如果不是被诉违法的限制，一支职业橄榄球联盟(NFL) 的球队本来就想要进入圣路易斯的市场）。

来。① 这不仅需要对这些因素进行分级，还需要分析每一项原因的权重。人们可能会由此怀疑，那些无法满足 *Zenith* 案"实质性因素"标准的原告，是否还能主张损害赔偿。此外，如果很明显地、反垄断违法行为顶多只是原告受有损失的一项非实质性因素，或者原告的损失存在诸多其他可行的替代性解释，则根据两种标准中的任何一种，原告都无法证明因果关系的存在。②

甚至，即使严重的事实上的损害和因果关系都成立，也不一定构成反垄断损害。例如，那些带来效率提升的联合经营或者并购可能会将效率较低的竞争对手逐出市场，但这些失败企业之所以受到损害，并不是市场竞争减弱了，而是加剧了。

最后，所需证明的损害的范围取决于原告请求的救济范围。你请求的越多，你必须证明的就越多。如果原告请求解散合资企业或者分拆公司，则必须证明存在广泛的（broad）损害，且涉及被告的大部分（substantial part）营业。* 相比之下，如果原告只是寻求针对特定反竞争条款的禁令，它就只需要证明该条款所造成的竞争损害即可。例如，在 *NCAA* 案中，原告质疑 NCAA 的一项特定规则，该规则规定每支 NCAA 的橄榄球球队每年只能有四场比赛可以进行全国电视转播。③ 原告并没有请求法院解散 NCAA 这一企业联营的组织形式，因此，法院在认定涉案规则构成反竞争限制之后批准了禁令。同样的事情本来也应该发生于 *AmEx* 案，在该案中，原告请求法院对被告禁止商家引导消费者使用更便宜的信用卡的规则颁发禁令。④ 原告并不是请求法院关闭 AmEx 公司的整个业务。然而，法庭的多数意见和反对意见都在讨论市场的零售价格是否因该规则而整体上涨。这个问题是一个"红鲱鱼谬误"**。如果价格确实上涨了，当然足以满足颁发禁令的要求，但这不是必要条件。原告的真正的举证义务其实很容易得到满足，即它们只需要证明那些本来希望使用其他竞争性信用卡公司发行的更便宜的信用卡，但被涉案规则拒之门外的消费者受到伤害就足够了。⑤

---

　　*　这里指的是，如果被告只有一小部分营业与涉嫌的垄断行为有关，那么对原告的救济方式只限于禁令就足够了，原告就无权请求解散公司或者分拆公司。——译者注

　　**　红鲱鱼是一个英语俚语，通常指小说中作者故意设置的误导读者思路的诱饵，让读者在看到结局之前，误以为某人或某事件为凶手或破案关键。在这里的含义是，令人误导的、本不应该作为争议焦点的问题。——译者注

① 见 2A Antitrust Law ¶ 338 (5th ed. 2021)。

② 例如，J. B. D. L. Corp. v. Wyeth-Ayerst Labs., Inc., 485 F. 3d 880 (6th Cir. 2007) (原告无法证明被告的折扣促销计划是导致其损失的重要原因)；Catlin v. Washington Energy Co., 791 F. 2d 1343 (9th Cir. 1986) (证据表明在被控违法行为发生以前原告的大部分损失就出现了)。

③ NCAA v. Board of Regents of Univ. of Okla., 468 U. S. 85, 104 S. Ct. 2948 (1984). 见本书第 5.6 节。

④ Ohio v. American Express Co., 138 S. Ct. 2274 (2018).

⑤ 见本书第 10.9 节。

14.3d. 禁令救济

在 *Cargill* 案的判决中，联邦最高法院认定"反垄断损害"要件规则同样适用于寻求禁令（或可能的资产剥离）和寻求损害赔偿的案件中。[①] 比起《克莱顿法》第4条项下需要证明具体的损害数额，第16条关于存在损害"威胁"的要件则对损害数额的证明要求更低一些，甚至只需要在定性上证明存在损害的事实就足够了。然而，与案件有关的损害应当是由被控行为对竞争产生影响而造成的损害。正如企业无法因其竞争对手之间联合经营带来的效率提升所受到的损害而获得损害赔偿一样，该企业也不能因其他企业效率提升损害了自己的商业利益而要求禁止这样的行为。第16条和第4条在关于损害的证据方面的差异与损害本身的性质无关，而是与第4条的独立要件——即损害应当是可以充分量化从而可能得到准确的赔偿数额这一问题有关。[②]

第14.4节 成文法和判例法对反垄断诉讼原告资格的限制

《克莱顿法》第4条要求原告必须是一个"人"（"person"），具体包括自然人、法人和经联邦、州或外国法律认可的非法人组织。市政府、州政府和外国政府均可以作为原告。[③]

14.4a. "商业或者财产"

《克莱顿法》第4条要求反垄断原告证明其"商业或者财产"（"business or property"）受到了损害。在 *Reiter v. Sonotone Corp.* 案[④]中，联邦最高法院认可了一名零售消费者有权提起损害赔偿诉讼，该消费者诉称，其因被告的价格固定共谋行为而不得不为一种产品支付了更高的价格。消费者是因其"财产"而不是其"商业"受到损害。今天，第4条中的反垄断原告可以主张的"财产"的范围几乎和普通法上的概念一样广泛：财产是一个人可以主张的法律所认可的任何

---

① Cargill v. Monfort of Colo., 479 U.S. 104, 107 S. Ct. 484 (1986).

② 另一个重要区别是第4条需要证明损害已经发生，相反，当事人可以针对未来可能发生的潜在损害获得禁令，如果可以构成反垄断损害的话。见 Zenith Radio Corp. v. Hazeltine Research, Inc., 395 U.S. at 140, 89 S. Ct. at 1585.

③ 然而，外国政府一般会被限制只能按照其实际损失获得赔偿，而不能获得三倍赔偿。15 U.S.C.A. §15 (b). 关于涉及外国政府的诉讼，见 Pfizer v. Government of India, 434 U.S. 308, 318-320, 98 S. Ct. 584, 590-591 (1978). 尽管作为购买者的美国政府并不是成文法规定的"人"，但有特别法条款允许其主张三倍赔偿。15 U.S.C.A. §15 (a).

④ 442 U.S. 330, 99 S. Ct. 2326, 发回重审，602 F.2d 179 (8th Cir. 1979). 见 2 Antitrust Law ¶ 345 (5th ed. 2021).

所有者权益。在 *Reiter* 案中，最高法院认为，只有人身伤害不包括在第 4 条规定的 "商业或者财产" 的范围之内。它没有解释反垄断违法行为如何会导致人身伤害。

"商业或者财产" 的概念有时会被下级法院狭义地解释。例如，在 *Reibert v. Atlantic Richfield Co.* 案[①]中，第十巡回法院认为，企业合并后因业务整合而被解聘的雇员，不能依据《克莱顿法》第 7 条规定的企业合并条款提起诉讼，因为雇佣关系并非第 4 条项下的 "商业或者财产"。然而，一份工作显然是一种法律上认可的财产权益，而当反垄断违法行为所针对的对象是劳动市场本身时，其他法院也承认了劳动者的原告资格。[②] 根据反垄断法，受涉案行为影响而遭到解雇的员工通常不具有原告诉讼主体资格——但是，这与是否缺少 "商业或者财产" 上的损害并无关系。今天我们会说，*Reibert* 式的诉讼之所以应当被驳回是因为其不满足反垄断损害的要件，也就是说，企业合并后的整合是富有效率的，在任何情况下，实际上与市场竞争的激烈程度无关。

14.4b. 市场关系；"直接损害" 和 "目标领域" 测试法[③]

在适用《克莱顿法》第 4 条的过程中，法院已经辨别出了某些可接受的和不可接受的反垄断原告类型。可接受的原告包括违法行为主体的客户和竞争对手。不可接受的原告包括非交易关系项对方、大多数潜在竞争者及违法行为主体的雇员、股东、债权人、房东和受害者的雇员等。但是有时候，通常可接受类型的主体也会在某些个案中被认定为不具有诉讼主体资格，而通常不可接受类型的主体在特定案件中也会被赋予诉讼主体资格，但在每一种例外情况下，都必须提供一项充分的理由来解释为何偏离了一般性的规则，即交易相对方和竞争者属于适格原告，而大多数其他主体则不适格。

14.4b.1. "直接损害"

"直接损害"（"direct injury"）测试法源于 *Loeb v. Eastman Kodak Co.* 案。[④] 在该案中，法院否定了声称因反垄断违法行为受到损害的公司的股东具备原告主体资格的主张。法院给出了两项理由：首先，股东受到损害只是反垄断违法行为的 "间接" 后果，而直接的后果是对公司本身的损害。其次，法院认为，国会无意通过《谢尔曼法》的第 7 条（《克莱顿法》第 4 条的前身）赋予成千上万的股东以诉讼资格，"当他们的损失可以公司的名义通过单一的诉讼更有效率地且同样能够很好地解决时"。

---

① 471 F. 2d 727（10th Cir.），最高法院提审动议被驳回，411 U. S. 938，93 S. Ct. 1900（1973）。

② 见 2 Antitrust Law ¶ 352（5th ed. 2021）。

③ 见 2 Antitrust Law ¶ 335（5th ed. 2021）。

④ 183 Fed. 704，709（3d Cir. 1910）。

根据法院在侵权案件方面的经验，对损害的"直接性"进行衡量会产生复杂的形而上的问题，而且难以确立明确的可预见的规则。在两个极端，我们可以很容易地将某一类型的损害界定为"直接损害"或者"间接损害"，但对于处于中间地带的诸多情形，虽然能够确定原告肯定受到损害，但行为和损害之间的因果链条包含多重联系，其中有些甚至十分牵强。在 Loeb 案中，法院提出的另一种解决方法则更为明智：公司是比股东更有效率的法律实施者，应当拥有同样的信息和诉讼激励。然而，Loeb 案关于"间接损害"的论述更为出名，各级法院经常引用它来驳回受害者的雇员、特许人、房东、股东以及其他类型的主体的诉讼资格。

然而，如果理论上更为优选的原告没有起诉，而存在事实上竞争损害的次优原告的起诉因为这一理由被驳回，那"有效执法者"（"efficient enforcer"）原则就可能走得太远了。[1] 提起或未能提起诉讼的原因是多方面的，并且不总能被外人所知晓。"有效执法者"限制规则的更为合理的适用场景是，当处于次优位置的原告就实质上相同的损害重复提起诉讼时，驳回其诉讼。

14.4b.2. "目标领域"

"目标领域"（"target area"）测试法旨在消除直接损害测试法的一些不确定性。第九巡回法院在 Conference of Studio Unions v. Loew's Inc. 案[2]中确立了该测试法，认为原告必须"证明其处于竞争环境崩溃所危及的某一特定产业中"。法院由此认定，该案中提起诉讼的工会及其成员并不是大型电影制片商与另一协会之间共谋，意图将较小的电影公司赶出市场的被控行为所针对的对象。

目标领域测试法存在与直接损害测试法相同的问题。如果根据目标领域测试法，诉讼主体资格只限于由被告有意指向的主体才享有，那么潜在原告的范围通常是非常狭窄的。然而，如果将具有起诉资格的人扩大到包括所有"可预见"其行为损害后果影响的主体时，那么目标领域就会过于宽泛：当一家公司被挤出市场时，它的雇员及其工会、债权人、股东、供应商和房东等均会受到损害。所有这些主体或多或少的都是违法行为损害的那部分经济体的从业者。

14.4b.3. 联邦最高法院对其他更有效的替代规则的尝试

无论是直接损害测试法还是目标领域测试法，都强烈地倾向于赋予因过度收费而受损的消费者或者因排挤性行为而受损的竞争对手以原告诉讼主体资格。有些法院有时候甚至认为原告应仅限于这两类主体。但在 Blue Shield of Virginia

---

[1] 例如，Gelboim v. Bank of Am. Corp., 823 F. 3d 759（2d Cir. 2016），最高法院提审动议被驳回，137 S. Ct. 814（2017）。

[2] 193 F. 2d 51, 54 - 55（9th Cir. 1951），最高法院提审动议被驳回，342 U. S. 919, 72 S. Ct. 367（1952）。

v. McCready 案①中，一名购买了医疗保险的个人起诉称她的保险公司与精神科医生合谋，将心理医生排除在她的医疗保险覆盖的范围之外，联邦最高法院认为该名原告具有诉讼主体资格。

在该案中，被控共谋行为的目标受害群体显然是心理医生，然而，被告不难预见，任何将心理医生排除在保单保障范围之外的做法，亦会损害寻求心理医生服务的患者的利益。因此，尽管 McCready 女士（该案原告）不是涉案反垄断行为的"目标"，但她受到的损害显然是被告事先可以预见的。

在没有明确指出采用的究竟是"直接损害"测试法还是"目标领域"测试法的情况下，联邦最高法院在该案中认为原告处于因违法行为导致的"竞争环境崩溃"而危及的"经济产业范围内"。而且，她所主张的损害属于反垄断损害。②也就是说，她的损害是医疗服务市场竞争减少的自然结果。

最高法院在该案中接着似乎对原本宽泛的原则增加了一项限制：原告的损害必须"与共谋者意图给心理医生造成的损害不可分割地交织在一起（inextricably intertwined）"③，原本宽泛的原则认为，只要原告受到的损害构成反垄断损害，且其实际受到的损害是可预见的、非微不足道的，其就是适格原告。然而，最高法院关于"不可分割地交织在一起"的表述只不过是空洞的华丽辞藻，不能在不同的案件中起到统一裁判尺度的作用。股东所受的损害似乎也与其所持有股权的企业的破产结果"不可分割地交织在一起"。而且，最高法院几乎没有注意到另一类潜在的原告，即心理医生。他们才是被控共谋行为的直接目标。他们肯定知道被告将他们排除在保单覆盖范围之外，因此他们具有强烈的起诉动机。④

在 *Associated General Contractors of California*，*Inc. v. California State Council of Carpenters* 案⑤中，最高法院确认了 *McCready* 案规则的有效性。在该案中，作为原告的某一工会组织指控被告承包商协会强迫其协会成员只能与没有加入该工会组织的企业进行交易，最终法院否定了原告的诉讼主体资格。法院认为，抵制行为的目标受害者是承包商，因为除非它们同意协会的要求，否则它们将失去建筑合同。

在论证工会没有"在商业或者财产上受到损害"的过程中，最高法院将这一

---

① 457 U. S. 465，102 S. Ct. 2540 (1982).

② 同上一条注释，479，102 S. Ct. at 2548。

③ 同上一条注释，484，102 S. Ct. at 2551。

④ 实际上，心理医生提起了诉讼，见 Virginia Academy of Clinical Psychologists v. Blue Shield of Va. ，624 F. 2d 476 (4th Cir.)，发回重审，501 F. Supp. 1232 (E. D. Va. 1980)，最高法院提审动议被驳回，450 U. S. 916，101 S. Ct. 1360 (1981)。

⑤ 459 U. S. 519，103 S. Ct. 897 (1983).

起诉理由视为在建筑项目市场上的损害，而不是在劳动市场中的损害。① 如果首先考虑到在雇主受到损害时雇员通常不具有诉讼主体资格，再考虑到本案的原告甚至不是员工而是代表他们的工会，那么这一案件结果就很容易被理解了。

最高法院并未止步于此，其继续指出，原告的起诉理由存在诸多问题。首先，指控理由含糊不清，未能准确地说明谁受损以及是如何受损的。其次，如果法院接受此类反垄断损害赔偿诉讼，将会带来分析上的难题和在不同类型的受害主体之间分配损害赔偿的若干问题。再次，考虑到所谓抵制行为的真正目标是一群承包商，工会只是次优（second-best）的原告。② 最后，本案似乎不存在反垄断损害，事实上，在承包市场上，"竞争加剧会促进还是损害工会的利益尚不清楚"③。

尽管联邦最高法院作出了上述两项重要判决，私主体反垄断诉讼的原告资格问题还远未明朗。仍然没有一种普适的、逻辑周延的测试方法能足以预测某一原告在特定案件中是否具有诉讼主体资格。并且，尽管法院对早先确立的"直接损害"和"目标领域"规则持有一定的保留，但两者都没有被推翻。

虽然如此，我们仍然可以总结出一些能够指导实践的规则。首先，反垄断损害、因果关系和事实上的损害是反垄断诉由成立的必要要件。如果其中任何一项要件无法得到满足，诉由就无法成立。关于这些要件的证据越薄弱，案件就越有可能因没有诉由而被驳回。其次，被控违法行为主体的消费者和竞争对手被推定具有诉讼主体资格。一种较弱甚至不存在的假设是，除了被直接针对的目标群体之外，联合抵制行为的受害者一般没有诉由，这指向的是 *McCready* 案。其他类别的主体，如受害者的房东、雇员、股东和债权人，被推定不具有诉讼主体资格。但这些推定是可以被推翻的，在胶着的案件中，法院还会判断是否存在另一类动机强烈的、能够更有效率地实施反垄断法的潜在原告主体。

此外，法院还应考虑案件中的特定原告是否能够比其他潜在原告更早地发现反垄断违法行为。在该种情况下，赋予其诉讼主体资格可以使反垄断违法行为的持续时间和社会成本最小化。④

---

① 最高法院注意到：原告没有主张任何的集体劳动协议因被控的逼迫行为而遭到解除，没有主张那些加入了原告工会组织的企业在承包市场上的份额由此下降，也没有主张工会组织的会费或手续费收入由此下降。459 U. S. at 542, 103 S. Ct. at 911.

② "有一类人通常会由于自身利益的驱动而积极维护反垄断法中的公共利益，这一类人的存在降低了更遥远的当事人——例如工会充当私人检察官的正当性。"459 U. S. at 539. 关于次优原告的讨论，见本书第 16.5d 节。

③ 同上一条注释。事实上，竞争更激烈的承包市场可能对低成本的承包商有利，这类承包商很可能不是工会的会员。

④ 关于消费者在反垄断救济机制中的优选地位，见 Daniel A. Crane, *The Institutional Structure of Antitrust Enforcement* (2011)；Herbert Hovenkamp, *The Antitrust Enterprise：Principle and Execution*, chs. 2 - 4 (2005)；Herbert Hovenkamp, "Antitrust's Protected Classes", 88 *Mich. L. Rev.* 1 (1989).

第14.5节　反垄断诉讼原告资格的特殊问题

14.5a. "重复救济"

法院一般要求受到损害的商业或者财产应当属于原告，而不属于其他人。然而，有时某一特定财产权益的所有权是模糊的。[①] 例如，在 *Hawaii v. Standard Oil Co. of California* 案中，联邦最高法院认为，如果一个州本身并没有与被告直接交易或者成为被告的竞争对手，它就不能对其治下公民的经济损害或者对社会整体经济的损害主张赔偿。当时，第 4 条还没有规定州政府可以适用普通法原则中的国家监护权（*parens patriae*）规则——即州政府可以在其受保护的公民受到损害时提起诉讼。最高法院认为，由于公民本身具有诉讼权利，州政府针对同样的损害，或者针对对州经济更为宏观的损害提起的任何诉讼，都将产生重复救济（duplicative recovery）的问题。此后，经修正，第 4 条允许州司法部长代表居住在该州的自然人采取国家监护权行动。[②]

14.5b. 衍生损害

"衍生"损害（"derivative" injury，或称为"派生损害"）的概念是令人捉摸不透的。同一反垄断违法行为损害了不同市场参与方的这一事实并不意味着一个群体遭受的损害系由另一个群体遭受的损害衍生而来。例如，最初针对竞争对手的掠夺性定价措施如果获得成功的话，将会让消费者支付更高的价格。在这种情况下，我们不能说竞争对手的损害仅是消费者损害的衍生物。因为两者都是当前市场的参与者。而且，它们受到的损害性质有所不同：消费者受到的是垄断高价的损害，竞争对手受到的是失去商业机会的损害。

理论上，我们会将"衍生"损害这一术语使用在不同主体主张相同损害的场景下，通常而言，两类主体中的其中一类是反垄断违法行为所在市场的参与者，而另一类是其他市场的参与者。一个很好的例子是公司股东，当他/她的股票因为另一家公司的反垄断违法行为而变得一文不值时，他/她将失去作为股东所投资的资产。在这种情况下，股票价值的损失只不过是所投资公司营业资产或者潜在利润的损失。我们承认股东的损失完全是由受害公司所遭受的损失衍生而来的，但我们一般不认为股东具有诉讼主体资格。类似的考虑也适用于反垄断受害者的房东、债权人、征税者、长期合作的客户等。简而言之，一家公司被迫退出某一市场时，必然会导致许多相关市场的混乱。法院使用"衍生"一词来表达其

---

① 405 U. S. 251，92 S. Ct. 885 (1972).
② 见 15 U. S. C. A. § 15c.

认为某一损害赔偿请求与另一损害赔偿请求之间的区别不够明确，不足以使前一请求主体具有单独的诉讼主体资格的直觉认知。

联邦最高法院作出的 *McCready* 案的判决对理解这个问题是有帮助的。[①] 在保险公司与精神病医生达成协议，将临床心理医生的服务排除在医疗保单承保范围之外时，最高法院允许购买了健康保险的消费者提起诉讼。该案的背景是心理医生是精神病医生的竞争对手，而且，心理医生已经提起了独立的诉讼。[②] 事实上，联邦地区法院综合评估了心理医生和 McCready 的诉讼，认可了心理医生具有原告主体资格，但否定了 McCready 的诉讼资格，联邦最高法院则推翻了该判决。[③] 心理医生们遭受的是一种类型的损失——他们的执业利润下降了，而 McCready 遭受的是另一种类型的损失——她的健康保险覆盖的范围缩小了。

第 14.6 节　间接购买者规则

14.6a. *Hanover Shoe* 案、*Illinois Brick* 案及 *Apple v. Pepper* 案

在 *Hanover Shoe，Inc. v. United Shoe Machinery Corp.* 案[④]中，联邦最高法院认定，向垄断者直接购买产品或者服务的主体可以就全部垄断超额收费（monopoly overcharge）主张损害赔偿，即使购买者已经将大部分超额费用转嫁给了其下游客户。法院承认，现实中大部分的垄断超额收费均通过产业链传导给了消费者，由消费者最终买单。然而，由作为间接购买者的消费者提起诉讼是不切实际的。可能会有成千上万这样的购买者，每个人在诉讼中只有很小的利益。

10 年后，在 *Illinois Brick Co. v. Illinois* 案中[⑤]，联邦最高法院遵循了 *Hanover Shoe* 案确立的先例，认为既然直接购买者有权对整个垄断超额收费提起诉讼，那么间接购买者就不应具有诉讼主体资格。间接购买者能否证明部分超

---

① Blue Shield of Va. v. McCready，457 U. S. 465，102 S. Ct. 2540（1982）.

② 见 Virginia Acad. of Clinical Psychologists v. Blue Shield of Va.，624 F. 2d 476（4th Cir.），发回重审，501 F. Supp. 1232（E. D. Va. 1980），最高法院提审动议被驳回，450 U. S. 916，101 S. Ct. 1360（1981）.

③ McCready，457 U. S. at 470 n. 4，102 S. Ct. at 2543 n. 4.

④ 392 U. S. 481，88 S. Ct. 2224（1968）.

⑤ 431 U. S. 720，97 S. Ct. 2061（1977）；见 2 Antitrust Law ¶ 346（5th ed. 2021）；及见 Lucas Automotive Engineering v. Bridgestone/Firestone，140 F. 3d 1228（9th Cir. 1998）（适用间接购买者规则，否定了间接购买者对被控企业合并的诉讼）. *Hanover* 和 *Illinois Brick* 案的逻辑推论是，在允许间接购买者起诉的州，直接购买者的损失应该不包括法院认定的已经转嫁给间接购买者的损失。但是，加利福尼亚州最高法院已经否定了这一观点。见 Clayworth v. Pfizer，Inc.，49 Cal. 4th 758，111 Cal. Rptr. 3d 666，233 P. 3d 1066（2010）（药房能够将全部或大部分超额收费转嫁给下游消费者的事实并不能限制其所应获得的救济，至少在间接购买者的诉讼时效已经起算的情况下如此）.

额费用已经转嫁给其自身，从而因此受到损害并不重要。

在产业链顶端出现垄断定价，通常会导致其下游每一环节的价格都水涨船高。例如，如果原料铝的生产被垄断或者卡特尔化，铝制炊具的制造商将为购进原料铝支付更高的价格。在大多数情况下，它们会自己消化掉其中一部分增加的成本，并将一部分转嫁给下游的炊具批发商。批发商将向再下游的零售店收取更高的价格，而零售店将最终向消费者收取更高的价格。产业链顶端出现的垄断定价通常导致供应链中每个环节的参与者的状况都变得更糟。

人们可以计算处于供应链条中的某一层级的某一公司将其需要支付的任何超额费用转嫁给下一层级的公司的比例。然而，进行此种计算需要了解当前的供给和需求弹性。[①]

在 *Apple v. Pepper* 案中，联邦最高法院遵守了 *Illinois Brick* 案的规则，但不再强调转嫁的问题。[②] 在该案中，原告是一群在 Apple 公司的苹果应用商店上购买应用程序的 iPhone 用户，他们指控称苹果应用商店构成了其购买应用程序的瓶颈，而苹果公司收取的 30% 佣金是严重的超额收费。最高法院驳回了被告所提出的原告是应用程序提供者的直接购买者的论点，认为消费者直接付款的对象是苹果公司，这一点是"确定无疑的"（"dispositive"），然后苹果公司在提取佣金之后再将剩余资金偿付给应用程序的开发者。[③] 虽然零售价格是由应用程序的开发者来设定的，但这一事实与案件无关。

法院还援引了《克莱顿法》第 4 条，认为该条款"广泛地赋予了受害方起诉的权利……"。但它随后将该条款的立法语言解释为只在"购买者和反垄断违法者之间没有其他中介环节"时才授予这种权利。合议庭的少数意见不同意这种推理，而是更倾向于类似于侵权法上的近因理论（proximate cause），即不允许损害赔偿请求权"越过第一步"[④]（"go beyond the first step"）。值得注意的是，这两种解释都与法条本身所规定的向受到损害的"任何人"都授予损害赔偿请求权是不一致的。

无论是合议庭的多数意见还是少数意见，都没有对大量的经济文献进行回应，这些文献的内容倾向于表明，包括直接购买者在内的大多数中介机构最终都会将大部分，甚至在某些情况下全部的超额收费转嫁给最终用户，也只有最终用户无法转嫁任何成本，因此消费者往往承担了超额收费中的大头，有时甚至是唯

---

①　关于相关的公式，参见 William M. Landes & Richard A. Posner，"Should Indirect Purchasers Have Standing to Sue Under the Antitrust Laws? An Economic Analysis of the Rule of Illinois Brick"，46 *U. Chi. L. Rev.* 602 (1979)。

②　Apple, Inc. v. Pepper, 139 S. Ct. 1514 (2019)。

③　同前注，at 1521。

④　同前注，at 1526。

一的负担者。① 在这种情况下，合议庭的少数意见会将获得损害赔偿的权利授予给错误的主体，但合议庭的多数意见在更典型的情况下也同样会出现相同的错误——产业链中位列第一的购买者常常是经销商或者其他中间商，而不是最终消费者。

进一步而言，只有当应用程序的开发者或提供者提起超额收费诉讼时，我们才需要面对合议庭少数意见所提到的复杂性的问题。对于分销链条中的任何中间商——包括本案中的应用程序提供者来说，损害都来自销量损失，而不是超额收费。② 在该案中，销售数字化且边际成本非常低的事实表明，计算因销量损失造成的损害并不比证明总利润损失更加困难，尽管人们不应轻视这些困难。欧盟采取了一种更加复杂的经济分析方法，其允许通过在给定情况下任何最为有效的方法来计算损害赔偿。③

有趣的是，最高法院在本案中的多数意见和少数意见似乎都对经常主导间接购买者案件的转嫁问题没有兴趣。在持多数意见的大法官们看来，这主要是确定谁付钱给谁的问题。而对于持少数意见的大法官们来说，此问题就是何为近因。这是否标志着关于间接购买者的法学理论从此开辟了一条新道路，截止到本书成稿之时还很难说。然而，比较麻烦的一件事情是法院对涉案垄断违法行为实际上损害了谁，以及它如何受到损害的问题漠不关心。④

14.6b. *Illinois Brick* 规则的例外

本节中讨论的例外情形应当被置于联邦最高法院作出的 *Apple v. Pepper* 案判决的背景下来理解，这表明至少其中一些例外的重要性降低了。下级法院如何发挥该案所确立的规则的作用还有待观察。

14.6b.1. 事先存在的合同

假设一个直接购买者签订了一份为期 10 年的合同，约定其可以以高于成本 10% 的价格每年销售 1 000 件产品。一年后，该公司的供应商成立了一个卡特尔组织，将原材料的出厂价格提高到垄断水平。在这种情况下，尽管原料价格上涨，直接购买者却可以将垄断超额收费成本通过该合同全部转嫁给买方。

---

① 参见 Herbert Hovenkamp, "Apple v. Pepper: Rationalizing Antitrust's Indirect Purchaser Rule", 120 *Columbia L. Rev. Forum* 14（2020）。

② 同前注。

③ 见前注，讨论了欧盟关于如何估算转嫁给间接购买者的超额收费份额的国家法院指引（Guidelines for National Courts on How to Estimate the Share of Overcharge which was Passed on to the Indirect Purchaser），2019 *O. J.*（C 267）4，24，available at https://ec. europa. eu/competition/antitrust/actions damages/quantification_en. html。

④ 参见 Herbert Hovenkamp, "The Looming Crisis in Antitrust Economics", ___ *Boston Univ. L. Rev.* ___（2020），访问地址：https://papers. ssrn. com/sol3/papers. cfm?abstract_id=3508832。

法院普遍认可，如果在卡特尔价格生效之前就存在固定数量、固定价格加成（*fixed-mark-up*）的合同，则构成 *Illinois Brick* 规则的一项例外。根据该类合同进行采购的间接购买者可以证明，垄断超额收费已经全部转嫁给他们，因此，他们有权提起损害赔偿诉讼。相应地，直接购买者则无权因其根据此类合同所进行的购买和转售行为提起损害赔偿之诉。①

大多数法院认为，*Illinois Brick* 规则的例外所适用的事先存在的合同，必须是在价格加成和销售数量上均双双固定的合同。如果一名间接购买者只约定了"成本加成"方面的内容，如需求可变的合同，则它可以通过减少采购量来应对卡特尔价格的上涨。在这种情况下，直接购买者也将会损失一部分利润，损害将由直接购买者和间接购买者共同承担。一些法院认定以下情形构成成本加成（cost-plus）合同的"功能等同物"，从而构成 *Illinois Brick* 规则的例外——合同约定了使用某一刚性的计算公式来计算直接购买者的转售价格。② 然而，虽然这种刚性公式能够符合上文所述的成本加成合同例外中的"固定成本"的条件，但它不能满足"固定数量"的条件。不可避免的是，当价格上涨时，需求会减少，而直接购买者的销售量会减少。

在 *UtiliCorp* 案中，联邦最高法院否定了 *Illinois Brick* 规则的"功能对等物"例外，因为公用事业企业的客户并没有事先设定必须购买特定数量产品的义务。③ *UtiliCorp* 案的原告是一家天然气公司的消费者，他们声称其所购买的天然气的高价属于非法垄断的产物。在一个相关案件中，第七巡回法院认为，非间接购买的消费者可以提起损害赔偿之诉，因为：（a）受到价格管制的公用事业公司在其成本加成管理制度下有权将任何垄断超额收费全额转嫁给消费者；（b）在管制价格下，消费者对天然气等生活必需品的需求价格弹性极低，即消费者不太可能因垄断或者卡特尔的过高收费而大量减少购买量。④

在驳回第七巡回法院的观点时，联邦最高法院认为，公用事业公司是否有能力转嫁超额收费的问题，比管制规定表面上看起来的内容要复杂得多。各州监管机构并未一概授权公用事业公司可以提高收费标准以应对天然气原料价格的上

① In re Beef Industry Antitrust Litigation，600 F. 2d 1148（5th Cir. 1979），最高法院提审动议被驳回，449 U. S. 905，101 S. Ct. 280（1980），发回重审，542 F. Supp. 1122（N. D. Tex. 1982），维持，710 F. 2d 216（5th Cir. 1983），最高法院提审动议被驳回，465 U. S. 1052，104 S. Ct. 1326（1984）。

② 见 Beef，Id.，600 F. 2d at 1165。然而，原告未能证明其使用了刚性的计算公式，其主张最后被驳回。710 F. 2d 216（5th Cir. 1983）.

③ Kansas &. Missouri v. UtiliCorp United，497 U. S. 199，218，110 S. Ct. 2807，2818（1990）. 在 *UtiliCorp* 案中，所涉及的协议并没有直接约定以成本加成的方式计算公用事业企业的利润，而是由一个监管机构确定价格，这个监管机构在决定价格时被推定对所有的交易适用同一种加成公式。

④ Illinois ex rel. Hartigan v. Panhandle E. Pipe Line Co.，852 F. 2d 891，697 - 899（7th Cir. 1988）（全席审理）.

涨。相反，结果是因情况而异的。并且，收费价格上涨与原料价格上涨之间时常存在着相当的滞后性，公用事业公司必须在这段时间差内自行消化差价。事实上，这些损害是由公用事业公司承担的，因此应当允许它们享有自行救济的权利。在这种情况下，如果"我们要在诉讼中增加间接购买者，我们就必须设计一个分摊公式。但这所带来的复杂性正是 *Hanover Shoe* 案和 *Illinois Brick* 案所试图避免的"[①]。

14.6b.2. 禁令之诉

Illinois Brick 规则的第二项重要例外发生在间接购买者仅寻求禁令时。因计算困难所导致的间接购买者规则仅适用于间接购买者提起损害赔偿之诉的情形。损害的事实可以被推导出来，并且衡平法之诉不会产生重复救济的风险：被告遵守 10 项相同禁令的成本不会比遵守 1 项禁令的成本更高。因此，各下级法院通常认为，间接购买者有权提起针对卡特尔的禁令之诉。

间接购买者规则在计量方面所存在的困难仅在于确定特定购买者损害赔偿数额大小这一问题。衡平之诉（equity suit）不会造成重复追偿的风险：被告遵守10 项相同的禁令的成本并不会比只遵守 1 项禁令的成本更高。下级法院普遍认为，间接购买者可以请求获得针对卡特尔的禁令。[②] 不过，在 *Apple* 案中，持反对意见的大法官们对这一主张表示怀疑，认为即使是禁令，也只有在顺序上排名第一的购买者才享有请求权。[③]

14.6b.3. 涉及纵向协议或控制的案件

Illinois Brick 规则的第三项例外——其实一点也不能算是例外——涉及反垄断合谋的中间人。假设一个卡特尔组织成员将产品出售给 A，A 再出售给 B，如果 A 也参与了价格固定合谋，则 B 并不是真正的间接购买者，而是直接购买者，它应有权提起损害赔偿之诉。[④] 这项规则的一个后果是，鼓励了间接购买者将其直接销售者列为共同被告，以避免在诉讼初期被驳回。事实上，一些法院已

[①] UtiliCorp.，497 U. S. at 210，110 S. Ct. at 2814，最后，法院指出，法律要求许多公用事业公司将垄断获利以回扣的形式反馈给客户。同上一条注释，at 212，110 S. Ct. at 2815。

[②] In re Warfarin Sodium Antitrust Litigation，214 F. 3d 395（3d Cir. 2000），发回重审，212 F. R. D. 231（D. Del. 2002）（受理了间接购买者的禁令之诉）；Campos v. Ticketmaster，140 F. 3d 1166（8th Cir. 1998），最高法院提审动议被驳回，525 U. S. 1102，119 S. Ct. 865（1999）（间接购买者提起的损害赔偿之诉被驳回，但允许其继续主张禁令）。

[③] Apple Inc. v. Pepper，139 S. Ct. 1514，1527 n. 1（2019）。

[④] 见 Arizona v. Shamrock Foods Co.，729 F. 2d 1208（9th Cir. 1984），最高法院提审动议被驳回，469 U. S. 1197，105 S. Ct. 980（1985）（允许政府代表乳制品消费者提起诉讼，指控零售店和乳制品生产商涉嫌共谋）。但是，也可见 ATM Fee Antitrust Litig.，686 F. 3d 741（9th Cir. 2012），最高法院提审动议被驳回，134 S. Ct. 257（2013）（法院驳回了原告关于银行和 ATM 机所有者共谋向 ATM 机使用者收取高价的指控；消费者原告没有直接向 ATM 机所有者支付费用，而是支付给银行，由银行将费用转至 ATM 机所有者）。

经判定，如果原告指控直接购买者是共谋的成员之一，就必须将它们列为被告。[①] 这一规则似乎是合理的，至少如果将直接购买者列为被告具有可操作性时。如果它们没有被列为当事人，它们就不受最终判决的拘束，也没有机会对指控提出异议，甚至可以在另案中作为起诉同一被告的原告。

14.6c. 间接购买者规则的政策启示；各州州法对间接购买者的规定

间接购买者规则是一项好的规则吗？学者们从正反两面进行了激烈的争论。大约有一半的州已经通过州反垄断立法来修正 *Illinois Brick* 规则，允许间接购买者提起损害赔偿诉讼。[②] 在 *California v. ARC America Corp.* 案中，联邦最高法院裁定这些州立法优先于联邦反垄断法。[③]

重要的是，州法律的存在不能限制或者控制联邦法下的损害赔偿计算。也就是说，州法不能强制对损害赔偿在不同受害者间进行"分配"（"allocated"），因为这将贬损直接购买者的基于联邦法律所享有的诉讼权利。因此，依据联邦法律进行的诉讼，直接购买者将有权获得垄断超额收费的 3 倍赔偿，而依据州法律进行的诉讼，间接购买方将有权获得向其转嫁的超额收费部分的 3 倍赔偿。在极端情况下，这种制度可能造成 6 倍而非 3 倍的损害赔偿。而且，这些损害赔偿可以基于同一个联邦诉讼程序而获得。例如，直接购买者可以根据联邦法律提起损害赔偿诉讼，而间接购买者则可以根据联邦法律提起禁令之诉（*Illinois Brick* 规则的例外之一），并依据州法律提出损害赔偿的附加诉讼请求。[④]

对间接购买者规则最为严厉的批评认为，它似乎不符合《克莱顿法》第 4 条旨在为受害者提供救济的立法本意。在绝大多数情况下，间接购买者规则将提起诉讼的权利授予给了遭受较小损害的主体，甚至在某些情况下，授予给了那些根本未受到损害的人。

Illinois Brick 规则需要追踪供应链上已经转嫁的超额收费比例的做法也招致了许多批评。批评者认为，计算中间商消化掉的那部分超额收费，以及转嫁给消费者的那部分收费，在很大程度上是很棘手的。[⑤] 然而，事实上，计算间接购

[①] 见 *Campos*, 140 F. 3d at 1171 n. 4。

[②] 见 14 Antitrust Law ¶ 2412d (4th ed. 2019)，收录了各州出台的与联邦 *Illinois Brick* 规则不同的立法一览表。

[③] 490 U. S. 93, 109 S. Ct. 1661（1989）. 也可参见 Clayworth v. Pfizer, Inc., 49 Cal. 4th 758, 111 Cal. Rptr. 3d 666, 233 P. 3d 1066（2010）（尽管直接购买者能够将成本转嫁给间接购买者，法院仍允许直接购买者获得赔偿；同时，法院也认定间接购买者索赔的诉讼时效已经开始起算）。

[④] 例如，见 City of St. Paul v. FMC Corp., 1991 - 1 Trade Cas. ¶ 69305, 1990 WL 265171（D. Minn. 1990）。

[⑤] 例如，William M. Landes & Richard A. Posner, "Should Indirect Purchasers Have Standing to Sue Under the Antitrust Laws? An Economic Analysis of the Rule of Illinois Brick", 46 *U. Chi. L. Rev.* 602（1979）。

买者承担的超额收费通常不需要、实际上也不涉及任何转嫁比例的问题。在典型的情况下，超额收费的损害是用"标尺法"（"yardstick"）或"前后差异法"（"before-and-after"）来计算的。这两者都不需要计算转嫁量。

试举一个例子加以说明，假设得克萨斯州的酒制造商将其产品价格从 10 美元的竞争水平提高到 14 美元的卡特尔水平。假设同样一瓶酒以 14 美元的价格销售给零售商，再以 16 美元的价格销售给消费者。假设在充分竞争的市场下，零售商本来只需支付 10 美元，然后以 13 美元的价格转售给消费者。这样的话，零售商为一瓶酒多支付了 4 美元，并将其中的 3 美元转嫁给了最终消费者。

用标尺法计算消费者受到超额收费的损害时，经济学家可以确定一些可类比于受影响市场的、不存在垄断定价的"标尺"市场。例如，假设这一市场是俄克拉荷马州，同样一瓶酒在俄克拉荷马州的零售价是 13 美元。在这种情况下，对消费者的超额收费将通过比较俄克拉荷马州的 13 美元的零售价格和得克萨斯州的卡特尔定价期间的 16 美元的零售价格来计算得到。用这种方法无须计算"传导"的成本量，因为我们所比较的是消费者在俄克拉荷马州"标尺"市场与在价格操纵市场所需支付的金额的差值。

前后差异法情况也是如此。按照这种方法，专家将对卡特尔成立之前和解体之后的价格进行研究。在上述例子中，他/她会发现在这两个时间段内，零售客户支付了 13 美元（经过必要的调整后），而在卡特尔期间，消费者支付了 16 美元。在这种情况下，同样没有必要计算有多大比例的"超额收费"传导给了间接购买者。

如果我们真的需要计算零售商因"超额收费"遭受的损失，我们可以通过比较加成（markup）的方法来实现。例如，在卡特尔期间，得克萨斯州零售商的利润是 2 美元，而俄克拉荷马州零售商的利润是 3 美元。当然，利润并不能反映零售商所遭受的全部损失，因为它受到的损失不仅是每瓶酒利润的减少，还包括销量的减少，而仅计算超额收费的损失的话，是完全不能涵盖销量方面的损失的。这也从另外一个侧面说明了"超额收费"计算方法甚至在理论上都不能准确计算中间商的损失——如果它仅能转嫁部分损失、而不能转嫁全部损失的话。[①]

综上所述，（1）中间环节的损害并不以"超额收费"的损失来计算，而是以利润损失来计算；（2）间接购买者的损失通常无须计算通过供应链传导走的数量。因此，在遭受垄断或者固定价格损害的情况下，测量买方损失的正确方法是计算购买与转售相关产品过程中的利润净损失，以及向最终消费者收取的超额费用的净值。

联邦最高法院在 *Apple v. Pepper* 案中失去了一次宝贵的机会。在 *Illinois*

---

① 见 2A Antitrust Law ¶¶ 395 - 396 (5th ed. 2021)。

Brick 案的判决作出当时其基础就是脆弱的，而今天则更加脆弱。法院在 *Illinois Brick* 案中认为间接购买者规则可以提高反垄断法对违法活动的阻遏力，可惜这一点从未成立，而且很可能是不正确的。今天，相比于四十多年前，我们更为清楚地认识到反垄断法，尤其是针对掠夺性定价的反垄断法，执法力度是不足的。此外，今天我们对遭受卡特尔或者垄断超额收费影响的下游购买者是如何受到损害的这一问题有了更深入的了解，并理解针对不同的情况需要采用不同的解决方案。*Illinois Brick* 案对商业活动损害赔偿的一般性规则设定了一种不合理的例外，严重阻碍了针对卡特尔的有效私人执法。一个更好的解决方案是允许专家构建合适的模型来分析每个特定案件中的损害，并在是否采纳这些模型的审理过程中，遵守认定专家证词的通用的联邦诉讼规则。[①]

14.6d. 伞形原告

与反垄断损害之间的关系甚至比间接购买者更间接的，是那些因其他人而不是其上游的反垄断违法行为而受到"伞形定价"（"umbrella pricing"）损害的购买者。假设 X、Y 和 Z 对某产品实施了 1.50 美元的价格固定行为，而该产品的竞争市场的价格只是 1.00 美元。X、Y 和 Z 控制了 85% 的市场，Q 没有参与共谋，拥有其余 15% 的市场份额。

这种卡特尔会创建一种价格"伞"，在这个保护伞下，Q 能够将价格一直提高到略低于 1.50 美元的水平，仍然可以将生产的产品全部售出。[②] 假设 P 以 1.45 美元的价格从 Q 处购买了产品，显然，P 受到了卡特尔的伤害。P 不具有起诉 Q 的诉因，因为 Q 没有做任何违法的事情。相反，P 只能起诉 X、Y、Z，指控它们的卡特尔行为造成了 P 的超额付费损害。

在 *Mid-West Paper Products Co. v. Continental Group, Inc.* 案[③]中，第三巡回法院以指控理由纯属推测（speculative）为由驳回了此类指控，其将伞形理论指控与间接购买者规则进行了类比，并认为对其损害赔偿的计算将出现类似于间接购买者转嫁量计算中出现的问题。而在 *Beef Industry* 案[④]中，第五巡回法

---

① 参见本书第 16.8c 节，及 Herbert Hovenkamp, "Apple v. Pepper: Rationalizing Antitrust's Indirect Purchaser Rule", 120 *Col. L. Rev. Forum* 14 (2020)。

② 见本书第 4.1 节。最终，这个伞的范围可能会变得过大，以至于破坏卡特尔。进一步而言，即便是存在卡特尔的情况下，伞的存在也实现了一个具有价值的社会功能。无论伞多么低效，其存在都会降低卡特尔的最大利润价格。见 Charles C. van Cott, Note, "Standing At the Fringe: Antitrust Damages and the Fringe Producer", 35 *Stan. L. Rev.* 763, 773 (1983)。

③ 596 F. 2d 573, 583-87 (3d Cir. 1979). 根据 California v. Standard Oil Co., 691 F. 2d 1335 (9th Cir. 1982)，最高法院的提审动议被驳回，464 U. S. 1068, 104 S. Ct. 972 (1984)。

④ 见 United States Gypsum Co. v. Indiana Gas Co., Inc., 350 F. 3d 623 (7th Cir. 2003) (拒绝驳回伞形索赔的诉由)。

院允许"反向伞形"结构的卖方从一个压低牛肉批发价格的买方卡特尔处获得赔偿。

Mid-West Paper 案中对伞形诉讼和间接购买者诉讼的比较并非十分恰当。诚然，这两种诉讼都可能出现"重复"救济的问题，但二者的情况却大不相同。当被告被迫支付两次超额收费赔偿时，间接购买人的损害赔偿诉讼就会产生重复救济——一次赔偿给直接购买人全额的超额收费费用，另一次赔偿给间接购买人被转嫁部分的超额收费费用。与之相比，伞形诉讼之所以产生重复救济是因为伞形原告要求赔偿的钱款并未落入被告的腰包，而是由没有参与共谋的竞争对手所赚取。

而且，计算伞形定价造成的超额收费损害，并不比计算直接购买者诉讼中被告行为造成的损害更困难。假设 X、Y、Z 和 Q 都是同一个市场上的经营者，它们生产的产品可相互替代，那么它们就会有相同的竞争水平价格。在反垄断诉讼中，购买了 X、Y 或 Z 产品的直接购买者应当举证证明竞争水平价格与他/她实际支付的价格之间的差值。而从非卡特尔成员 Q 处购买产品的买家也负有同样的举证责任。Q 的收费可能略低于卡特尔定价的事实，并不会使得这一计算过程变得更为复杂：仅需向 P 赔偿竞争价格（对于 Q、X、Y 和 Z 都是相同的）与 Q 实际收取的价格之间的差额即可。

第 15 章

反垄断与政府程序

第 15.1 节　管制、寻租与反垄断豁免

15.1a. *Noerr* 规则

15.1b. 市场从业者请求启动政府调查行动的申请

第 15.2 节　请求采取司法措施的申请

第 15.3 节　立法和司法语境下的"虚假"例外

15.3a. 滥用权利的方法；虚假信息

15.3b. 在司法程序中缺少事实和法律依据；成功的主张

15.3c. 单一诉讼还是重复诉讼

15.3d. 威胁进行起诉；单方面陈述

15.3e. 请求宣告立法或者行政规则无效的请愿

第 15.4 节　私人决策主体的腐败问题

第15.1节 管制、寻租与反垄断豁免

15.1a. *Noerr* 规则

在美国，每个自然人和商业公司都有向政府"请愿"（"petition"）的权利。即使对那些意图获得具有极度反竞争效果的人而言，这种权利也是得到保障的，例如请求确认是法定垄断、绝对免于价格竞争，或者请求强制将竞争对手从市场中赶走。这项权利的行使对象适用于各级政府——包括州、联邦和地方，以及全部的三个分支机构（立法、行政、司法）。请愿权包括向行政权分支的监管机构提出申诉的权利；游说国会、州议会或市议会的权利；以及在法庭上提起诉讼或辩护的权利。这项权利的权利基础来源于《宪法》第一修正案，各家法院也常常认为《谢尔曼法》的立法意图和政策中也有体现。

Eastern Railroad Presidents Conference v. Noerr Motor Freight 案[①]是一起卡车司机提起的反垄断诉讼，他们指控称铁路公司组织了一场运动，旨在鼓励托运人使用铁路而非卡车运输货物。原告所指控的行为涉及两种类型。第一，原告指控铁路公司曾向州政府官员游说要求立法，意图使卡车司机处于不利地位。[②] 第二，原告指控被告对卡车运输进行了不实宣传，从而影响了一些客户的选择——许多对卡车运输的批评表面上是由第三方主体作出的，看似独立，但实际上都有铁路公司的影子和资助。[③] 联邦最高法院判决认为：首先，直接向政府提出的立法请求不受反垄断法的约束，因为国会从未打算让反垄断法干预日常的政治程序。[④] 其次，铁路公司针对卡车司机的不实宣传也是免责的，因为它们实际上是铁路公司向政府提出的立法请求的总体计划的一部分。

根据 *Noerr* 规则，一家向政府提出误导甚至不实请求的、意图使政府损害其竞争对手的利益的企业具有反垄断责任的豁免权，这种豁免同时包括：（1）任何政府响应行为本身造成的损害；（2）任何因公众听闻误导性宣传，将其业务从原告处转移至竞争对手处而产生的后果。该规则的一个基础性前提是，在向政府的请愿过程中，各方都有权发表意见。如果铁路公司对卡车运输业务的描述是失实的，那么卡车司机可以纠正这些错误——当然，前提是他们有机会和资源这么做。

---

① 365 U.S. 127，81 S. Ct. 523 (1961).

② 同上一条注释，at 129-130，81 S. Ct. at 525. 例如，铁路经营者试图游说政府反对一项允许卡车加大载重量的法案，并成功地说服一位州长否决了这项法案；他们也游说出台提高向重型卡车征税的法律。

③ 365 U.S. at 129，81 S. Ct. at 525.

④ 同上一条注释，at 135-137，81 S. Ct. at 528-528。

15. 1b. 市场从业者请求启动政府调查行动的申请

在作出 *Noerr* 案判决的三年后，联邦最高法院在 *United Mine Workers v. Pennington* 案[1]中，认定被告试图影响一家政府机构购买其煤炭而非竞争对手煤炭的行为是免责的。法院再次认定，这种行为属于向政府的请愿，尽管在这个案件中政府的角色是一个潜在的买家，而不是法律的制定者。

并非所有的政府采购行为都是由政策驱动的。如果 A 告诉政府"购买我的办公用纸，因为它是由再生纸浆制成的"，政府对此作出了积极回应，那么政府已经作出了反映其环境问题担忧的政策决定，*Noerr* 规则应当被遵循。但如果 A 说"购买我的办公用纸，因为我是出价最低的竞标者"，结果发现招投标过程存在舞弊，则不会涉及任何公共政策执行的行为，在随后的反垄断诉讼中，*Noerr* 规则也不能为被控行为提供任何避风港。

在 *Superior Court Trial Lawyers* 案[2]中，联邦最高法院限制了 *Pennington* 规则的适用范围，并谴责了被控的联合抵制提供法律服务的行为，其中服务的购买者和抵制的直接目标是政府本身。在该案中，哥伦比亚特区政府拨款给律师用以向刑事案件中的贫困被告提供辩护服务，但出庭律师们协商一致集体停止了法律援助活动，原因是他们认为哥伦比亚特区所支付的费率过低，而当政府提高费率后，抵制活动就撤销了。

一些关于 *Trial Lawyers* 案的评论观点是中肯的。首先，针对私人客户的同类型抵制足以构成本身违法。[3] 其次，在本案中，政府是客户，政府可以成为反垄断违法行为的受害者，在适当情况下还可以成为反垄断案件原告，这一原则得到了成文法[4]以及延续了一个世纪之久的判例法的明确承认。[5] 如果一方面认为购买了固定价格行为所导致的高价商品的政府构成垄断行为的受害者，另一方面却认为可以适用 *Noerr* 规则保护一群彼此达成协议，同意在获得更高价格之前不会提供服务的私人卖家，这是不具有正当性的。总而言之，当政府作为一名私人市场的参与者，且反垄断违反行为是由私人发起，并干扰了正常的竞争性谈判过程时，*Trial Lawyers* 案可以被狭义地解读为在此种情形下排除 *Noerr* 规则的

---

[1]　381 U. S. 657，85 S. Ct. 1585 (1965).

[2]　同上一条注释。也可见 Continental Ore Co. v. Union Carbide，370 U. S. 690，82 S. Ct. 1404 (1962)。在该案中，法院拒绝适用 *Noerr* 规则，该案的被告系经加拿大政府任命、负责监管加拿大钒销售的代理机构，被告随后被指控利用其权力试图将与其具有竞争关系的钒产品销售商从加拿大市场排挤出去。联邦最高法院将被控行为定性为纯粹的商业行为，因此认定该案明显不应适用 *Noerr* 规则。

[3]　见本书第 5.4 节。

[4]　15 U. S. C. A. §15a (美利坚合众国为原告)；15 U. S. C. A. §§15c-15h (各州为原告)。

[5]　见 Chattanooga Foundry & Pipe Works v. Atlanta，203 U. S. 390，27 S. Ct. 65 (1906) (允许市政府对价格固定行为提出索赔)。

适用。

正如联邦贸易委员会指出的：

> 允许针对政府作为买方的价格垄断抵制行为并不能促进 *Noerr* 规则所欲实现的目标——即保证公民与政府之间信息交流的自由和畅通。与此同时，禁止这种行为并不会损害任何人向政府出售其服务的选择权，也不会损害向政府提出其对适当价格的建议的权利。[①]

因此，对作为买方或者卖方的政府的请愿必须与政府的政策决定过程有关。而且，正如联邦最高法院所指出的那样，出庭律师的联合抵制行动所造成的反垄断损害源于抵制行为本身，这是一种私人行为，而不是来自政府的反应。由此我们可以对以下情形得出处理结论。

1. 如果卖方对政府采购实施秘密的价格固定行为，不具有豁免权，不属于向政府的"请愿"，这种损害完全是由私人行为造成的。

2. 如果卖方对竞争对手进行掠夺性定价，而政府是消费者，同样的，这不属于向政府请愿，政府可能甚至不知道掠夺性定价的存在，这种损害是由价格掠夺行为造成的，而不是政府的行为。诚然，损害是由政府决定接受最低竞价引起的，但这不能被解释为政府已经知情且宽恕了掠夺性定价行为。

3. 如果卖方公开抵制作为购买者的政府，直到它们能够收取更高的价格，则 *Noerr* 规则不能为此提供豁免，因为卖方并未将政府视为政府，它们正在使用市场（非政治）手段实施胁迫。此外，抵制本身源于纯粹的私人行为。政府同意支付更高价格的反应不是造成抵制的原因，而是终结抵制的一种方式。这本质上是 *Trial Lawyers* 案的情形，没有豁免权的存在。

4. 如果一群钢制电缆线销售商联合起来，说服政府在政府大楼的项目中，钢制电缆线是比塑料电缆线更好的选择，则 *Noerr* 规则提供豁免，即使向政府提供的某些信息是虚假的。在这种情况下，共谋者寻求的是政府的政策性决策。政府可能会、也可能不会听取竞争双方的意见，但如果不这样做则是政府未能满足正当程序的要求。只有在政府决定接受私人请愿者的意见时，才会产生竞争限制。

5. 如果一家与政府进行交易的企业告诉政府官员："除非你向我们购买更多的产品，否则在即将到来的选举中，我们的员工不会投票给你，或者我们会给你的对手提供竞选捐款"，这种提议或者威胁的结果肯定是反竞争的，但这种限制发生在政治领域而非私人市场，因此不构成垄断违法行为。

---

① Superior Court Trial Lawyers, 107 F. T. C. 510，562，598（1986），撤销原判，856 F. 2d 226（D. C. Cir. 1988），改判，493 U. S. 411，110 S. Ct. 768（1990）。

第 15.2 节　请求采取司法措施的申请

向政府请愿的权利还包括多家企业单方面或者协同一致向司法机构或者准司法机构提起诉讼或进行申诉的权利。[①] 虽然对司法程序的启动而言，请愿豁免规则与其在立法或行政程序中的适用规则是相同的，但在细节上有所差异。由于在司法程序中，既不涉及政府作为购买者、也不涉及政府作为反垄断违法行为的直接受害者的情形，因而，在该类程序中，请愿豁免的例外情况较少。此外，司法程序有着更为严格的"行为准则"，界定了可接受的行为边界。例如，在一场混乱的立法活动中提供虚假信息是一回事──因为在这个过程中，沟通和交流通常是比较随意的，但在司法程序中提供虚假信息则完全是另一回事，在这种环境中，对方可能既没有途径也没有资源来反驳对其提出的挑战，而案件事实的查明有赖于对诉讼行为的严格规范来实现。

在 *Walker Process Equipment v. Food Machinery & Chemical Corp.* 案中，联邦最高法院认定，错误地提起民事诉讼可以构成反垄断违法行为。[②] 该案的原告 Walker 公司指控被告 Food Machinery 公司在专利申请程序中隐瞒了可能导致专利无效的在先公开使用的事实，以欺诈手段获得了一项专利权[③]，并在获得专利授权后对 Walker 公司提起了专利侵权诉讼，但最终被驳回。Walker 公司诉称，被告提起侵权诉讼这一行为本身违反了《谢尔曼法》第 2 条。最高法院认为，如果 Food Machinery 公司在明知用以起诉他人侵权的专利系通过欺诈手段获得的情况下仍然提起侵权诉讼，那么该行为将被剥夺"反垄断法上的豁免权"[④]。*Walker Process* 案未能深入探讨 *Noerr* 案提出的大多数根本性的问题──事实上，它根本没有援引 *Noerr* 规则。不过，最高法院在该案中至少暗示，如果某些侵权诉讼中的原告（后来的反垄断诉讼的被告）明知其诉讼主张实际上是缺乏事实根据的，其提起此类侵权诉讼的行为就不能享受豁免的待遇。

在 *California Motor Transport Co. v. Trucking Unlimited* 案[⑤]中，联邦最高法院将 *Noerr* 规则与司法诉讼行为联系在一起。在该案中，原告指控称各被告之间达成协议，向某行政机关（州际商务委员会）提出一系列诉讼或者异议，以

---

① 见 1 Antitrust Law ¶ 205 (5th ed. 2020). 关于有竞争关系的企业共同提起诉讼或者请求，见 Primetime 24 Joint Venture v. NBC, 219 F. 3d 92 (2d Cir. 2000)（"本案存在共同的法律或事实问题，费用分担或其他协同活动避免了不必要的重复工作，且没有明显地影响合法竞争"）。

② 382 U. S. 172, 86 S. Ct. 347 (1965).

③ 同上一条注释，174, 86 S. Ct. at 349. 此专利法律规定，在专利申请日前，在美国首次销售已经超过一年的技术方案，不得获得授权。35 U. S. C. A. § 102 (b). 更多相关讨论见本书第 7.11a 节。

④ *Walker Process*, 382 U. S. at 175 - 177, 86 S. Ct. at 349 - 350.

⑤ 404 U. S. 508, 92 S. Ct. 609 (1972).

求拒绝向各原告颁发运输许可证，而不顾这些申请"是否具有正当理由，也不顾这些案件是否具有实体上的胜诉可能性"①。

事实上，这些诉讼中的大多数并非毫无根据，这些公司赢得了 40 件案件中的 21 件。②

最高法院指出：首先，*Noerr* 案所确立的请愿豁免规则，原则上适用于向所有的行政、司法以及立法机构提出的请求，也同样适用于立法程序、司法程序。其次，Douglas 大法官指出，*Noerr* 规则存在一项例外，即如果向政府提出的请愿构成"虚假"（"sham"）的请愿，则构成"可能破坏行政或者司法程序的非法和应受谴责的行为"③。最高法院还指出，那些"毫无根据（baseless）、重复主张（repetitive claims）"、不考虑案件是否存在正当理由而提起的诉讼类型，也构成"虚假"。法院关注到，原告指控被告利用程序性工具，不是为了胜诉，而是为了拖延和阻碍司法流程，从而"阻止它们的竞争对手获得有意义的司法救济，侵扰决策程序"④。上述这些判词促使下级法院进行了长达 25 年的探索，以界定"虚假"诉讼的适当边界。

第15.3节　立法和司法语境下的"虚假"例外

"虚假"一词的起初含义，指的是表面上向政府请愿的行为，实际上只不过是用来骚扰竞争对手的手段。也就是说，竞争对手所受到的伤害并不是由政府行为造成的，因为请求人本来就没有对赢得政府的支持抱有希望，请求人是通过请愿过程本身造成对竞争对手的损害。因此，例如，如果一家企业在明知自己根本没有获胜的机会的情况下，为了耗尽对手的资源而让对手卷入一场代价高昂的官司，那么这一诉讼就是"虚假"的。在这种情况下，损害不是由对其不利的司法裁决所带来的，而是由诉讼程序本身造成的。

假设一个私人主体确实希望得到公权力的救济，但却通过某种不正当甚至非法的手段来达到目的，有几个案例已经将此类行为定性为"虚假"——特别是当存在贿赂政府官员、或者政府决策者与私人"里应外合"将原告排挤在市场之外的情形时。

但联邦最高法院在 *Columbia* 案中将"虚假"严格限定在反垄断被告向政府

---

① 同上一条注释，512，92 S. Ct. at 612。也可见 Primetime 24 Joint Venture v. NBC，219 F. 3d 92（2d Cir. 2000）（在该案中法院拒绝给予被告豁免，该案的原告主张，全国网络公司在"没有指出起诉具有正当理由的情况下"向卫星运营商提起了大量诉讼）。

② Trucking Unlimited，1967 Trade Cas. ¶ 72928 at 84744（N. D. Cal. 1967）；见 Einer Elhauge，"Making Sense of Antitrust Petitioning Immunity"，80 *Calif. L. Rev.* 1177，1184（1992）。

③ 404 U. S. at 513，92 S. Ct. at 613。

④ 同上一条注释，512，92 S. Ct. at 612。

的请愿只是一种假借手段（pretext）的情形，也即被告的目的不是获得政府的支持，而是通过请愿程序本身骚扰其竞争对手。① 在该案中，私人反垄断诉讼的被告——一家销售户外广告牌的老牌公司，正面临一家新进入者，即该反垄断诉讼的原告的竞争压力，原告诉称，被告涉嫌利用其与市议会的密切关系，成功地取得一项法令，禁止新进入者建造广告牌，但其生产的现有广告牌却免受这项新法令的影响。

在认定不构成虚假的论述中，最高法院几乎排除了政府官员与私人主体之间实施"共谋"时构成虚假行动的可能性，如果其中所谓的共谋行为只是串通和勾结在一起、通过某项法令、采取某种强制执法措施，或以其他某种方式从事公共履职活动。法院所承认的 Noerr 请愿豁免规则的唯一例外是市场参与者例外（market participant exception），即政府自身参与了受到竞争限制的市场的活动。但该法院对这一例外的性质和范围并未作出进一步的阐述。并且，这种例外似乎不会被定性为"虚假"，而只是作为 Noerr 豁免规则不应适用的情形。在这种情况下，不管政府的程序有多腐败或者有多不公平，反垄断诉讼的被告确实想要获得、而且实际上也已经获得了以损害反垄断诉讼原告为代价的有利于自己的立法。

在 Octane Fitness 案中，联邦最高法院重申，Noerr-Pennington 所确立的"虚假"诉讼例外的适用范围是"狭窄"的。② 但是，它注意到，在基于"虚假"例外的反垄断案件中，因诉讼不当行为而承担律师费的"处罚"威胁，要远远小于真正承担反垄断责任的威胁，因此，当法院仅仅裁决要求被控为虚假诉讼的原告承担对方为诉讼活动支出的律师费时，就无须采取较为严格的证明标准，如要求反垄断诉讼的原告提供高度明确和可信的证据。Octane Fitness 案的一项争议焦点是《专利法》中可让对方承担律师费的此类规定是否同时受 Noerr 标准的约束。③ 最高法院的大法官们一致认为，一般诉讼中因不实陈述而需要负担对方律师费的规则，依然由其他规范——如联邦民事诉讼规则（Federal Rule of Civil Procedure）第 11 条管辖，并不需要满足 Noerr 规则的更高标准的要求。④

对现行有效的"虚假"例外规则的一种批评是，在许多政府请愿案件中，请求人提起的程序既包括非法程序，也包括合法程序。也就是说，Noerr 案和 Co-

---

① City of Columbia & Columbia Outdoor Advertising v. Omni Outdoor Advertising, 499 U. S. 365, 381, 111 S. Ct. 1344, 1354 (1991)（虽然被告意图将其竞争对手排挤出市场，但被告"并不是通过游说的方式，或者促使当局采取地域限制的手段，而是通过当局出台游说的最终结果——制定分区政府条例，来实现其目的"）。

② Octane Fitness, LLC v. ICON Health & Fitness, Inc. , 134 S. Ct. 1749, 1757 (2014).

③ 35 U. S. C. § 285.

④ Cf. Borough of Duryea, Pa. v. Guarnieri, 131 S. Ct. 2488, 2496 (2011)（对比了请愿豁免的"虚假"例外和《联邦民事诉讼规则》第 11 条）。

lumbia 案的反垄断被告意图阻止或者排挤竞争对手所使用的请愿程序，和寻求政府作出政策决定的行为是一样的。在这种存在双重效应的情况下，是否构成"虚假"？

正确的答案似乎是"否"，尽管这一问题的答案不像乍看起来的那样清晰。如果请愿者合理地请求政府采取行动，并且客观上存在合理的机会获得政府的支持，那么该行为就不是"虚假"的，尽管在这个过程中，竞争对手由于这一程序所受到的伤害比政府决定本身更大。[①] *Noerr* 案本身也谈及向政府提出请愿会带来"附随效应"（"incidental effect"）的问题，但这些请愿从本质上来说还是为了获得政府救济。[②]

15.3a. 滥用权利的方法；虚假信息

Columbia 案的判决重申了反垄断法的目标并不是监督政治程序并纠正其缺陷：

> 任何说客或者申请人，除了让自己的声音被听到外，还会寻求通过程序或者其他方式来使其对手被边缘化。如果这些防御性战略的真正意图就是为了影响政府行为，监督它们的合法边界就不是《谢尔曼法》的角色。[③]

但是，滥用政治程序是否存在界限，使《谢尔曼法》在特殊的情况下有必要介入并加以纠正呢？假设申请人利用伪造的信息向立法机构或者行政机关提出要求，意图损害其竞争对手，或者更恶劣的，假设诉讼当事人捏造虚假信息，目的是获得损害竞争对手的判决，*Noerr* 规则应当覆盖上述情况吗？如果覆盖，是全部还是部分呢？

首先，需要将用来影响结果的错误信息和旨在增加竞争对手成本的错误信息区分开。用于第二个目的的虚假信息可能构成"虚假"，因为行为人的潜在动机纯粹是为了骚扰对手。例如，如果一家公司伪造成本数据，仅仅是因为它知道竞争对手需要花费数以千计的美元来找出这些"错误"，那么应当适用虚假例外规则。

---

① 见 Static Control Components, Inc. v. Lexmark Intern. , Inc. , 697 F. 3d 387 (6th Cir. 2012)，维持，134 S. Ct. 1377 (2014)（客观上合理的诉讼不会被认定为虚假诉讼，即便其目的是打击竞争对手）。

② Eastern Railroad Presidents Conference v. Noerr Motor Freight, 365 U. S. 127, 142, 81 S. Ct. 523, 532 (1961)。

③ *Columbia*, 499 U. S. at 381, 111 S. Ct. at 1355. 根据 Allied Tube & Conduit Corp. v. Indian Head, 486 U. S. 492, 508 & n. 10, 108 S. Ct. 1931, 1941 & n. 10 (1988). 也可见 Baltimore Scrap Corp. v. David J. Joseph Co. , 237 F. 3d 394 (4th Cir. 2001)，最高法院提审动议被驳回，533 U. S. 916, 121 S. Ct. 2521 (2001)，该案中，法院认定即使是由市场竞争对手资助的诉讼也可以受 *Noeer* 规则的保护。

难以判断的情形是企业为了获得想要的结果而使用错误的信息。如果这些错误的信息只是被用来增加竞争对手抗辩的负担，或者拖延针对竞争对手提起的程序，那么就应适用正统的"虚假"例外规则。[①] 但是，如果错误信息确实构成了政府作出决定的事实基础，而如果没有这些错误信息，政府将作出不同的决定，而且受害者能够还原这些事实的真相，那么总是会有某种救济手段来纠正这一错误结果，例如包括伪证规则、滥用诉讼程序规范、规制诽谤或者诋毁的法律规定等。一般而言，对司法程序的监管应该留给旨在确保程序正义的法律和规则，而不是反垄断法。

15.3b. 在司法程序中缺少事实和法律依据；成功的主张

在司法程序中使用"虚假"这一概念所带来的问题是，并非所有的诉讼在一开始就能明确地确定胜诉方，事实上，大多数进入法庭审理的诉讼案件都具有不确定性。并且，对于什么时候诉讼仍然存在继续进行下去的意义，不同的人可能会有不同的看法。仅凭原告方最终败诉这一事实本身并不当然构成其对其所提起的诉讼具有恶意的充分证据。

在 *Premier Electrical* 案中，Easterbrook 法官试图对"虚假"请愿的界定进行经济分析：

> 如果一项判决的预期收益为 1 万美元（例如，有 10% 的机会获赔 10 万美元），则该案件并非"毫无根据"；但是，如果完成该诉讼需要花费 3 万美元，则除非原告能预期获得一些其他的利益，否则理性的人就不会这样做。如果前述的其他利益是诉讼将增加竞争对手的成本从而抬高其市场定价，则它可能会被视为虚假诉讼。[②]

关于这一测试方法有几点需要注意。

第一，这一"虚假"的判定是通过纯客观的测试方法来评估的，问题不在于起诉方的主观状态，而在于诉讼的预期收益是否超过其预期成本。

第二，Easterbrook 法官明确表示，即便是那些并非绝对"毫无根据"的诉讼，也可能构成"虚假"诉讼，事实上，如果事前预期收益低于成本，即使原告最终胜诉也可能构成"虚假"。

第三，被 Easterbrook 法官的测试方法所忽视的是，诉讼的好处可能来自其他方面，而非诉讼本身，人们必须将这些好处纳入考虑范围。*Premier Electrical*

---

① 见 Litton Sys. v. AT & T, 487 F. Supp. 942, 956 - 58 (S. D. N. Y. 1980)（法院认定提供错误信息来拖延最终判决的作出时间，可被认定为"虚假"）。

② Premier Electrical Constr. Co. v. National Elec. Contractors Ass'n, 814 F. 2d 358, 372（7th Cir. 1987）.

案显示可以通过诉讼来抬高竞争对手的成本，但即使预期成本超过了直接收益，也可能有相当合理的理由来提起诉讼，称这些诉讼为"虚假"是不恰当的。例如，一个商业贷款机构可能花费 1 000 美元来收回一笔 300 美元的借款。它这样做的目的不是试图垄断借贷业务，而是它想向小额债务人发出明确的信号。[①] 如果因为催收成本高昂而放弃该 300 美元的债权，其他大量的小额债务人将会纷纷效仿、主动违约。如果花在债务人 A 身上的 1 000 美元能使债务人 B、C、D 相信他们最好还是应当还清欠款，那么尽管银行在 A 案件中的诉讼费用比预期收益要高，但从整体上来说仍然是划算的。

第四，在反垄断诉讼中适用 Easterbrook 法官提出的测试方法是异常困难的。假设一家公司有 2% 的机会赢得价值 1 000 万美元的专利侵权诉讼，且最终胜诉了，诉讼成本是 50 万美元。在这种情况下，预期获赔价值（20 万美元）远低于预期成本，但与前述例子相似，该专利侵权诉讼的目的可能是向其他竞争对手传递一个信号：专利权人有决心保护其专利，即使个案中的损害赔偿数额微不足道。[②]

如果适用 Easterbrook 测试方法，在判断上述诉讼是否构成虚假时，调查者必须确定：（a）原告胜诉的概率；（b）获赔的数额；（c）诉讼成本；（d）传递给其他竞争对手的信息的价值。没有法院曾经尝试过这样的计算。

当原告最终取得胜诉结果时，是否可以反推该诉讼的提起是善意的？这一推定是否可以盖棺定论了？在 *California Motor Transport* 案中，联邦最高法院给出的答案是"否"。该案判决认定，原告主张被告所提起的系列重复诉讼实际上构成"虚假"诉讼具有事实上的依据，尽管被告在其中的一半诉讼中获得胜诉。[③] 显然在 *California Motor* 案反垄断诉讼被告败诉的大约 20 起诉讼案件中，有许多是虚假的。[④] 关键问题是反垄断被告在提起其他系列诉讼时并没有考虑诉讼本身的是非曲直，只是碰巧赢了一部分，而输了一部分。在 *Burlington* 案中，第五巡回法院总结道："决定性的事实不是诉讼的输赢，而在于它是否是出于寻求司法救济的真诚动机而启动的"[⑤]。不过，该法院继续指出，如果说一个有理有据的诉讼不具有真诚的需求救济的动机，则是"高度不可能的"。

---

① 抬高竞争对手的成本显然不是提起此诉讼的理由。首先，债务人不是债权人的竞争对手。其次，抬高债务人的成本与债权人的利益相悖。

② 见 Erik N. Hovenkamp, Predatory Patent Litigation: How Patent Assertion Entities Use Reputation to Monetize Bad Patents (*Northwestern Economics working paper*, August 5, 2013)，下载地址：http://papers. ssrn. com/sol3/papers. cfm?abstract_id=2308115。

③ California Motor Transport Co. v. Trucking Unlimited, 404 U. S. 508, 513, 92 S. Ct. 609, 613 (1972).

④ 见地区法院的判决，1967 Trade Cas. (CCH) ¶ 72, 928 at 84, 744 (N. D. Cal. 1967)。

⑤ *Burlington Northern*, 822 F. 2d at 527-528, cert. denied, 484 U. S. 1007, 108 S. Ct. 701 (1988).

在 *Professional Real Estate* 案中，联邦最高法院作出以下推定：最终成功的诉讼几乎可以被认定为不是虚假的。最高法院认为，"除非诉讼在客观上无根据，否则其不能被剥夺 *Noerr* 豁免而被视为虚假。"[①] 在该案中，反垄断诉讼的原告——Professional Real Estate 公司（PRE）的主营业务为酒店旅馆服务，其中包括向房客出租电影光盘。反垄断诉讼的被告哥伦比亚电影公司（Columbia Pictures）对 PRE 提起诉讼，指控其侵犯了哥伦比亚电影公司"播放"（"perform"）受版权保护的电影的独家权利，此案的争议焦点为在宾馆房间内观看租用的光碟是否属于"播放"。Columbia Pictures 公司的版权侵权指控漏洞百出，然而，在其提起的其他诉讼中，第三巡回法院已经认定在私人放映室播放录像带供人观赏构成"表演"[②]。PRE 在本案中诉称，Columbia Pictures 公司提起的诉讼是"虚假"的。第九巡回法院首先同意 PRE 的主要观点，认为在宾馆房间里观看视频不构成"播放"[③]，然而，它随后同意联邦地区法院的意见，认为鉴于 Columbia Pictures 公司在版权诉讼中"期待一个有利的判决"，所以这个诉讼不可能是"虚假"的。因此第九巡回法院驳回了 PRE 的反垄断诉讼，维持了地区法院关于拒绝允许 PRE 进一步推进证据开示程序以调查 Columbia Pictures 公司最初提起诉讼的动机问题的判决。

联邦最高法院在肯定第九巡回法院意见的过程中总结道："无论主观意图如何，在客观上合理的诉讼努力都不可能是虚假的。"[④] 法院随后给出了检验标准：

> 首先，诉讼必须是在客观上没有依据的，即没有任何理性的当事人能够现实地期待诉讼实体上的胜诉结果。如果一名客观的诉讼当事人能够得出这样的结论——该诉讼是经过合理策划、目的是获得一个有利于自己的结果，那么该诉讼依据 *Noerr* 规则就是免责的，而基于虚假这一理由提起的反垄断诉讼则不能得到支持。[⑤] 只有在受质疑的诉讼在客观上无理的情况下，法院才有必要进一步审查当事人的主观动机。根据前述我们对虚假的第二部分的定义，法院这时才应当关注无理据的诉讼背后是否隐藏着"直接干扰竞争对手商业关系的企图……"[⑥]。

---

① Professional Real Estate Investors v. Columbia Pictures Industries，508 U. S. 49，113 S. Ct. 1920（1993）.

② 见 Columbia Pictures Industries v. Redd Horne，749 F. 2d 154（3d Cir. 1984）；Columbia Pictures Industries v. Aveco，612 F. Supp. 315（M. D. Pa. 1985），维持，800 F. 2d 59（3d Cir. 1986）。

③ Columbia Pictures Industries, Inc. v. Professional Real Estate Investors, Inc.，866 F. 2d 278（9th Cir. 1989）.

④ 同上一条注释。

⑤ *PRE*，508 U. S. at 60 n. 5，113 S. Ct. at 1928 n. 5（引用 Christiansburg Garment Co. v. EEOC，434 U. S. 412，421 – 422，98 S. Ct. 694，700 – 701（1978））。

⑥ 508 U. S. at 50，113 S. Ct. at 1922，引用 *Noerr*，at 144。

最高法院随后指出，普通法中关于"恶意起诉"的侵权行为规则涵盖了与"虚假"识别相关的大多数问题。"原告［必须］证明被告在没有可信理由（probable cause）的情况下提起了不成功的民事诉讼，并且被告提起诉讼系出于不正当、恶意的目的"①。在这种情况下，可信的理由无外乎是"合理地相信诉请有可能得到司法裁决的支持"②。而且，鉴于"缺少可信理由是判定侵权成立的一项关键构成要件，所以可信理由的存在是（反垄断诉讼被告可提出的）一项绝对的抗辩事由"③。

15.3c. 单一诉讼还是重复诉讼

California Motor Transport 案将"虚假"定义为"……一种毫无根据的、重复提起诉讼的行为模式……可以使得裁判者得出行政和司法程序被滥用了的结论"④。法院在这里描述了那些倾向于证明虚假的证据——一起单一的无理据的诉讼可能是疏忽，但多起无理据的诉讼就难言巧合了。在第一次起诉被驳回后，请求人就应当已经知悉其诉请不具有正当性的原因了，第二次再提起同样无理据的诉讼，则很有可能是骚扰。

最高法院在脚注中指出：

> 争取赢得诉讼，从定义上来说指的是请求获得救济的合理努力，因此不是虚假的。另一方面，当反垄断诉讼的被告输掉基础诉讼时，法院必须"抵制进行事后推理得出结论的诱惑"——即不能因此推导得出一项最终不成功的"诉讼肯定是不合理的或缺乏基础的"这一结论。

一些法院较为机械地认为，单独一件没有理据的诉讼不能构成"虚假"诉讼。⑤ 然而，一场诉讼可能是非常昂贵的，如果操作得当，会在许多年的时间里牢牢拴住对方的资源。因此，绝对断定单一诉讼不构成"虚假"，实际上就相当于完全授予了企业可以使用复杂的、旷日持久的诉讼策略的权利，而不必担心招致反垄断责任的后果。如果某一诉讼明显是不合理的，这一事实在诉讼提起之前、或者在进行期间都可能会浮现出来。此外，"虚假"的重复诉讼，既有可能以多件诉讼的形式出现，也有可能以在单一诉讼中重复提起诉讼请求的形式出现。大多数遇到过此类问题的巡回上诉法院现在认为，在适当的情况下，单一诉讼也可能违反反垄断法。而其他一些法院则认为，单一诉讼也可能是"虚假"

---

① 508 U.S. at 50，113 S.Ct. at 1922，61，113 S.Ct. at 1929.

② 同上一条注释，引用 Restatement (Second) of Torts §675，Comment e，pp. 454-455 (1977)。

③ 508 U.S. at 62-63，113 S.Ct. at 1929.

④ California Motor Transport Co. v. Trucking Unlimited，404 U.S. 508，513，92 S.Ct. 609，613 (1972).

⑤ 例如，Loctite Corp. v. Fel-Pro，1978-2 Trade Cas. ¶ 62204，1978 WL 1385 (N.D. Ill. 1978).

的，但前提是它涉及"严重的不当行为"[①]。在 *Professional Real Estate* 案[②]中，联邦最高法院只是在只言片语中顺带提到"重复"（"repetitiveness"），其明确想表达的是，是否构成重复诉讼在认定是否构成"虚假"的过程中并不是决定性的因素，只是说，重复诉讼的事实是可以用来证明存在恶意的一种客观证据。

在硬币的另一方面，提起多项诉讼也不一定是虚假的，这在诉讼发生在不同的司法管辖区域时更是如此。例如，各州的法律有所不同，所以当事人在某一州法院某一问题上败诉，并不意味着也会在另一州的法院输掉同样的案子。甚至在不同巡回上诉法院之间都存在法律适用不完全一致的情况，在某个巡回上诉法院输掉了官司后，如果不违反附随禁反言原则（principles of collateral estoppel），当事人也有权向另一个辖区的联邦法院提起诉讼。

最后，是否构成重复诉讼是一个事实问题，就如同某一诉讼是否具有实体上的合理理由这一问题本身一样。[③] 被挑战的诉讼是否构成重复诉讼这一事实对最终的结果而言可能非常重要，特别是如果前一次诉讼的驳回结果使请求人在客观上有合理的理由认为其后的诉讼也缺乏实体上的依据的话。

15.3d. 威胁进行起诉；单方面陈述

假设一家公司认为自己的专利或者版权受到了竞争对手的侵犯，于是修书一封："如果不停止销售这一（产品或者方法），我将起诉。"显然，占支配地位的公司写这样的信可能会吓唬到竞争对手（chill competition）。那么，这封信本身受 *Noerr* 规则保护吗？

答案必须是肯定的，即使威胁提起诉讼这一行为尚不涉及向政府请愿的过程。我们的整个纠纷解决机制旨在鼓励人们在提起诉讼之前尽可能地协商解决分歧。即使在诉讼提起之后，也依旧鼓励各方尽量庭外和解。如果认为只有启动了诉讼才受到保护，而诉讼前的"要求函"（"demand letter"）不受保护，则反而鼓励了企业首先发起诉讼。[④]

[①]　Razorback Ready Mix Concrete Co. v. Weaver，761 F. 2d 484，487（8th Cir. 1985）. 法院没有发现严重不当行为的存在，也没有明确定义什么是严重的不当行为。

[②]　Professional Real Estate Investors v. Columbia Pictures Industries，508 U. S. 49，113 S. Ct. 1920（1993）.

[③]　例如，见 USS-POSCO Indus. v. Contra Costa Cty. Bldg. & Constr. Trades Council，31 F. 3d 800，811（9th Cir. 1994）（具有重复性质的诉讼，即便有一些在最终结果上得到法院的支持，也与判断被告是否存在"为损害竞争者利益，而不考虑实体上是否有理据而启动法律程序"的情况有关联关系）。

[④]　见 Rock River Communications, Inc. v. Universal Music Group, Inc. ，745 F. 3d 343，352（9th Cir. 2013）（认定如果在发送版权侵权停止—禁止通知函时，发函人有合理理由相信其有权获得救济，则该行为就应当受 *Noerr* 规则保护）。

当然，毫无理据的起诉威胁不应当得到比毫无理据的诉讼本身更多的保护。[1] 同样，无意起诉的人发出的起诉威胁也不应当得到保护，理由很简单，这种威胁不构成向政府提出的请愿，不论请愿这一概念的定义多么宽泛。[2] 基于同样的道理，一方当事人对另一方当事人的客户、媒体或其他第三方发出的关于诉讼的声明，也不应受到保护。例如，假设一起诉讼中的原告向被告的客户发送了一份起诉状的副本，该文件的发送不构成向政府的请愿。当然，如果原告的目的是警告被告的客户，认为其可能将因为购买被告产品承担法律责任，那么这封信就落入了威胁起诉的范畴，如果这一潜在诉讼本身是有理据的，就可以享受 *Noerr* 豁免。

最后，请注意，虽然诉讼过程及和解程序都受到 *Noerr* 规则的豁免保护，但和解的内容是不受保护的。一个很好的例子是"付款以换取延迟无效"的和解协议，联邦最高法院在 *Actavis* 案中判定，围绕着专利纠纷达成的和解协议可以构成垄断违法行为。[3] 因此，向无效请求人支付一笔资金以换取延迟提起专利无效请求的协议，属于和解协议的一种，这一事实不能使其免遭第三方提出的反垄断指控。有时法院会在这个问题上犯迷糊。例如，一些法院的判决（主要出现在没有先例拘束力的附随意见（dicta）中）提出，如果和解协议是在法院的监督下达成的，则其实体内容可以享受 *Noerr* 豁免。[4] 这不仅在实体法上是不正确的，而且代表了对法院司法权运行规律的根本误解，因为个案的司法裁决只对该特定案件的当事人产生拘束力。诉讼中达成的和解协议约束了涉案当事人的后续行为，但对诉讼当事人以外的第三方主体不具有拘束效力。例如，如果竞争者 A 和 B 在某一诉讼中达成了反竞争的市场分割协议，最终解决了双方的争议，第三方（例如消费者）仍然可以对该协议发起反垄断挑战[5]，如果不是这样，就会导致法院就特定案件作出的裁决对案外人产生了效力。

15.3e. 请求宣告立法或者行政规则无效的请愿

即使事后证明申请人的诉求是违宪或者不合法的，请愿权仍然存在。例如，

---

① CVD v. Raytheon Co.，769 F. 2d 842，850（1st Cir. 1985），最高法院提审动议被驳回，475 U. S. 1016，106 S. Ct. 1198（1986）（本案对起诉威胁和诉讼本身适用了相同的标准）。

② 但是，见 Cardtoons v. Major League Baseball Players' Ass'n，182 F. 3d 1132（10th Cir. 1999），以其他理由被推翻，重审后判决，208 F. 3d 885（10th Cir. 2000）。本案最终认定，具有合理理由的起诉威胁受 *Noerr* 规则的保护，即便这一威胁从未实施，也即后来没有实际起诉。

③ FTC v. Actavis，Inc.，570 U. S. 136 at 143，133 S. Ct. 2223 at 2228（2013）. 参见本书第 5.5c3 节。

④ Androgel Antitrust Litig.，2014 WL 1600331，at＊6，2014－1 Trade Cas. ¶ 78，744（N. D. Ga. Apr. 21，2014）（如果"裁决和法庭令"是由当事人和法官"一起工作"得到的，且由法院签发的，*Noerr* 豁免就应当适用）。

⑤ 参见 1 Antitrust Law ¶ 205g（5th ed. 2020）。

假设一家出租车公司要求颁布一项新的市政条例，赋予它从市中心到机场的载客垄断权，该法令获得通过，但后来根据"州行为"原则（"state action"doctrine）被判无效，因为它没有得到州法的充分授权。[①] 在事前看来，即使是理性的人，不同人对该法令的合法性问题也会有不同的看法，在这种情况下，市议会的成员们显然认为它是有效的。如果我们对后来被宣告为无效的法律的请愿者课以一种严格责任，那么请愿权的意义就会大打折扣。[②]

但是，为了使问题更尖锐一些，我们假设申请人在提出请愿时就知道所请求颁布的法令或者行政规章是违宪或者应当无效的，情况仍然如此，即如果立法机构接纳了请愿意见，并且损害是由最终的规则造成的，那么 *Noerr* 规则应当适用。在这种情况下，损害产生的原因是颁布施行的行政规则本身，在其生效期内损害了原告的利益。[③]

然而，如前所述，如果请愿活动的目的不是使明确表达出来的诉求得到支持，而是通过整个过程给竞争对手增加负担，那么它就是一种"虚假"的请愿。其所追求的法令或者规章最终构成违宪这一事实，当然可以成为判定是否构成虚假的证据。如果任何了解法律的理性人都知道被请求的政府行动是非法的，那么请求本身的性质就很可能是为了骚扰竞争对手，而不是为了寻求政府的支持。

第15.4节　私人决策主体的腐败问题

在 *Allied Tube & Conduit Corp. v. Indian Head* 案[④]中，联邦最高法院考虑了是否应当将 *Noerr* 豁免扩展到那些向具有很大立法影响的私人标准制定组织所作的"请愿"。在该案中，一家名为 Indian Head 的塑料管道制造商声称，生产钢管的 Allied 公司和其他一些企业，通过自己的代理商与国家消防协会（National Fire Protection Association，NFPA）开会接触，腐蚀（corrup）了 NFPA 的决策程序。最终被告如愿使得该协会通过一项决定，在建筑工程项目中不允许

---

① 见本书第 17.4 节。

② 见 In re Airport Car Rental Antitrust Litig., 521 F. Supp. 568，583 – 585（N. D. Cal. 1981），维持，693 F. 2d 84（9th Cir. 1982），最高法院提审动议被驳回，462 U. S. 1133，103 S. Ct. 3114（1983）（即便所涉行为根据"州行为"原则是无效的，仍然可以受 *Noerr* 规则的保护）；Greenwood Utilities Commn. v. Mississippi Power Co., 751 F. 2d 1484，1500（5th Cir. 1985）：……在行政行为的语境下，即使一项行政行为最终被认定为超越法律授权而无效，也不会导致直接针对这一行政行为的请愿行为不受保护……否则将会……阻遏请愿行为。

③ 见 *Airport Car Rental*，521 F. Supp. at 574："如果原告遭受损失，其原因也是政府工作人员不愿向原告提供出租空间……而不是因为各被告的共同行为……"

④ 486 U. S. 492，108 S. Ct. 1931（1988）. 我们最好将 *Allied Tude* 案中的请愿看作是限制创新的共谋。见 Christina Bohannan & Herbert Hovenkamp, *Creation Without Restraint：Promoting Rivalry in Innovation*，Ch. 5（2011）。

使用塑料导管。NFPA 并不是一家政府机构，而是一个由私营企业组成的标准制定协会，它没有立法权，但它的建议被许多州和地方政府采纳，并将其纳入当地的建筑法规。

在 *Allied Tube* 案中，原告所主张的损害是由于禁塑令所带来的对塑料制品的抛弃。关于这种伤害，并不属于向政府提出的请愿造成的。联邦最高法院首先肯定了 *Noerr* 豁免可以适用于向私人机构的请愿这一主张，但认为前提是这种请愿只不过是一种为了获得随后政府行动的间接请愿。也就是说，如果请愿的对象是私营机构，且该机构所制定的规则系通过自愿遵守或者自身实施的其他方式执行的，那么就没有 *Noerr* 规则适用的余地，不能对向该私营机构的请愿行为提供豁免：

> ⋯⋯如果经济利益相关方在市场参与者组成的产品标准制定协会里行使决策权，则不享有免除反垄断责任的任何 *Noerr* 豁免权，因为此责任源于该标准在市场上所具有的自身力量。[1]

例如，假设绝大多数零售商的政策是，只出售那些符合某一行业协会设立的私人检测实验室发布标准的电器，现该协会的一名成员企业通过腐败的手段获得了实验室委员会的一项决议，认定原告的产品不符合标准，导致许多商店决定不再售卖原告的产品，*Noerr* 规则在这种情况下不适用：因为既不存在向政府请愿的行动，也没有获得任何政府行动的回应。

如果出现以下情形，则涉案行为的定性就大为不同：（1）反垄断诉讼的被告腐蚀了私人标准制定组织；（2）该组织由此出台了某项反竞争的规则；（3）地方政府仅仅基于标准制定组织的推荐就将该项反竞争规则上升为法律；（4）原告的唯一损害是由最终颁布的法律本身造成的。在这种情况下，*Noerr* 规则所针对的大部分担忧似乎都存在——失灵的是政治程序（political process），而不是市场程序（market process）。也就是说，在这种情况下，地方政府没有审查可能存在偏见和市场扭曲效果的私人行业协会的推荐标准，没有对其可靠性尽到合理的注意义务。

但这个问题不像表面上所显示的那么简单。在许多领域，私人规则的制定发生在高度专业化的技术领域，需要专门的知识，且事实调查和决策的成本都非常高。并且，政府官员是通才，特别是在地方上，他们一般不具备必要的资源和能力来自行调查私人行业组织专业建议的合理性，尊重私人团体的推荐而没有进行详细深入的调研，并不是未尽到审慎审查义务的结果，而是在高度技术性的领域进行政府决策时所普遍遇到的固有问题。

于是，问题的关键就变成了那些参与标准或者规则制定的私人市场参与者是

---

[1]　486 U. S. 492，at 510，108 S. Ct. at 1942（斜体部分为作者强调的内容）。

否对公众负有某种"信义义务"（"fiduciary duty"）——以及，如果有的话，这种义务是否受反垄断法的管束。政府退出市场干预的程度越深，否定 *Noerr* 豁免权的理由也就越充分。例如，假设某州通过了一项法规，规定"该州电力设施的标准由 NFPA 负责制定和颁布"。在这种情况下，如果由于 NFPA 的腐败导致塑料管被排除在市场之外，即使这种损害完全是由于后来政府对 NFPA 标准的"授权"造成的，也不应享有任何 *Noerr* 豁免权。政府的这种"预先承认"（prior commitment）使其后续的授权行为实际上仅停留在"部长层面"（指仅提出目标但不具体审查细节的政府行动）。当然，在大多数实际情况下，政府的预先承认的性质比这要模糊得多，也许可以构成一项历史上很少被质疑的遵循私人协会建议的政府惯例，但又还没有达到成文化的政府预先承认的程度。

第 16 章
反垄断与联邦行业监管政策

第 16.1 节　反垄断法在受监管市场中的角色

16.1a. 明示或隐含地排除适用反垄断法

16.1b. 联邦监管制度和反垄断法的关系：两种视角

16.1c. 监督管理要件；与"州行为"的比较

第 16.2 节　多头管辖的程序；首要管辖

第 16.3 节　特别豁免

16.3a. 其他明示的豁免

16.3b. 反垄断和联邦劳工政策

16.3c.《麦卡伦—弗格森法案》和保险豁免

16.3c.1. "保险业务"

16.3c.2. "受州法监管"

16.3c.3. 抵制、压迫或者恐吓行为

第16.1节　反垄断法在受监管市场中的角色

当某一行业中的卖家的行为受到政府的限制，并且，这些限制与企业的定价、企业的产量、从业资质或者产品的质量等因素相关时，这一行业就可以被认为是"受监管的"（"regulated"）行业。所有的行业都或多或少地"受监管"，但是只有少部分的监管行为会引发反垄断法的问题。抽象言之，反垄断法的任务是：（1）确保监管制度达到其经济上的目标，无论这些目标是什么；（2）在该监管制度的控制下，增强市场竞争；以及（3）审查那些监管制度不能有效审查或者控制的私人行为。市场竞争的空间和私人主体自由裁量的尺度越小，反垄断法的作用就越微弱。

16.1a. 明示或隐含地排除适用反垄断法

在受监管的行业中限制反垄断法的适用，在联邦监管法律明确地豁免企业的反垄断责任的时候达到极致。例如，1984 年的《航运法》（Shipping Act）包含一组类似于反垄断法的条款，这些规定适用于联邦海事委员会（Federal Maritime Commission）监管下的普通航运公司，且明确禁止私人主体针对受该机构管辖的活动提起反垄断诉讼。[①] 同样，规制铁路运输和卡车运输的联邦法律允许企业参与共同价格制定行为，并明确规定这一行为不会触犯反垄断法上打击共谋的条款。[②] 相反，在其他情形中，联邦监管法律则会考虑同时期的联邦甚至是州的监管权力。例如，在 Oneok 案中，联邦最高法院认为，《天然气法》（Natural Gas Act）"一丝不苟地"（"meticulously"）保护了各州在其地域范围内监管天然气交易的权力。其规定包括州反垄断法可以进入联邦机构（FERC）的管辖范围，对天然气销售活动进行规范，至少在适用州反垄断法不会与联邦监管制度产生冲突的情况下。[③]

大多数监管法律都没有对其是否排除反垄断法适用的问题作出明确规定，在这种情况下，任何限制反垄断法的适用或者豁免反垄断法责任的情况，都必须被

---

① 见 46 U. S. C. A. § 1706。见 Seawinds v. Nedlloyd Lines，80 B. R. 181（N. D. Cal. 1987），维持，846 F. 2d 586（9th Cir.），最高法院提审动议被驳回，488 U. S. 891，109 S. Ct. 226（1988）（适用豁免）；United States v. Gosselin World Wide Moving, N. V. ，333 F. Supp. 2d 497（E. D. Va. 2004）（类似观点）。

② 1980 年《机动车运输法》（Motor Carrier Act），49 U. S. C. A. § 10706（b）（如果一家铁路运输公司……是一份由至少两家铁路运输公司参与的协议的当事人之一……若该协议与费用有关……那么该协议须经委员会批准……若委员会批准该协议……则《谢尔曼法》《克莱顿法》《联邦贸易委员会法》……不适用于……该协议的缔结或实施）；1980 年《斯塔格斯铁路法》（Staggers Rail Act of 1980），49 U. S. C. A. § 10706（a）（相同规定）。

③ Cf. Oneok, Inc. v. Learjet, Inc. ，135 S. Ct. 1591（2015）.

认定为隐含（implied）而不是明示（express）的法律适用排除。需要强调的是，此类隐含豁免的适用范围很窄。正如联邦最高法院所陈述的："从监管法规中解释出隐含排除适用反垄断法的做法是十分罕见的，这种情况只存在于反垄断法和监管法规存在明显抵触的时候。"①

16.1b. 联邦监管制度和反垄断法的关系：两种视角

在受管制的行业内，对反垄断法可适用性的传统观点是将政府监管看作是一个封闭的盒子，一个特定的市场要么在盒子里面，要么在盒子外面，也就是说，一个市场要么是"受监管的"，要么是"不受监管的"。如果属于前者，反垄断法在这个市场中一般是不受欢迎的，或者其适用至少是被严格限制的。根据这一范式，反垄断法的裁判者通常需要判断联邦监管制度的"普适性"（"pervasiveness"）。如果某项联邦监管制度被认为具有普适性，那么所有受到该制度监管的领域都可以免于受到反垄断审查。② 这一做法是建立在对监管机构的决策模式相当乐观的基础之上的。在一个理想的监管环境下，监管机构在考虑企业的诉求时，会对所有的社会和经济影响进行判断，包括对竞争的影响。这样一种模式是有利于节约社会资源的，因为监管机构将会收集所有的材料，在一个单一而详尽的程序中，综合评估监管决定所产生的所有后果。许多关于公共政策的决策都采用这种模式。例如，《联邦民事诉讼规则》（Federal Rules of Civil Procedure）对将多项争议焦点、多名当事人合并到一个诉讼程序中来的做法采取了较为宽松的规定。在一个诉讼中集中解决所有争议的综合公共决策机制，可能比划分出不同的问题分别解决的另一种程序更为高效，而且更有利于裁判结果的统一。

但是，去管制运动（deregulation movement）改变了我们对监管性质和监管范围的认知。首先，现实中的决策过程从来不可能如上文所述的一样综合、全面或者经过深思熟虑，不可避免的，监管机构不可能覆盖所有的相关问题。一项监管制度无论有多么"详尽"，监管机构都不会收集所有的信息并考虑所有的因素。事实上，有时候它可能根本不会考虑任何与反垄断有关的问题。

有鉴于此，监管已经不复进步时代（Progressive Era）和新政时期（New Deal）的辉煌。③ 今天，我们更倾向于认为监管是高成本的、笨拙的、高度不完善的，其目标只是尽可能模仿市场行为。因此，当市场自身运转良好时，我们希

---

① United States v. Philadelphia National Bank，374 U. S. 321，350－351，83 S. Ct. 1715，1735（1963）；1A Antitrust Law ¶ 243（4th ed. 2013）.

② 见 Hughes Tool Co. v. Trans World Airlines, Inc. ，409 U. S. 363，93 S. Ct. 647（1973）（认定涉案联邦监管制度具有普适性）；Otter Tail Power Co. v. United States，410 U. S. 366，93 S. Ct. 1022（1973）（认定电力批发行业不存在广泛适用的监管制度；所以不存在反垄断豁免）；Philadelphia Natl. Bank，374 U. S. at 352，83 S. Ct. at 1735（相同观点）。

③ 有关历史的分析，见 Thomas K. McCraw, *Prophets of Regulation*（1984）.

望它免受缰绳的束缚，甚至在受监管的领域内也是如此。

第二，今天我们更倾向于认为所有的市场都在某种程度上受到"管制"。反垄断也是某种形式的"管制"——即一种对市场进行公权力的干预，以产生一种不同于依赖不受限制的私人谈判产出结果的解决方案。从这个角度来看，即便是普通法下建立的物权、侵权和合同规则，都属于某种形式的管制。

在上述这一受到去管制运动强烈影响的视角下，反垄断法的适用问题变得更加个案化（particularized），主要表现在两个方面。第一，一项监管制度在其管辖领域内是否具有普适性的问题变得不那么重要了。[①] 第二，我们一般不再对某个领域进行"受监管"和"不受监管"的区分，而是考虑特定的行为是否或者是否应当"受联邦监管机构管制"，还是"受反垄断法管辖"。我们想要知道的是，被挑战的行为是否由公共监管机构驱使（instigated），或者经过全面实质审查后被批准，或者被挑战的竞争限制是否本质上属于私人公司不受监管的行为。如果属于后者，这一行为应当被认定为是"市场"行为，推定其应当受到反垄断法的规制。如果被挑战的私人主体的行为"不属于监管机构的强制要求或者是经监管机构批准的行为"，那么应当给予其反垄断豁免的正当性就会大大减弱。[②] 在此类案件中，法院一般会驳回适用反垄断豁免的主张，除非适用反垄断法将会使相关监管法律和联邦反垄断政策之间出现"明显的矛盾"（"clear repugnancy"）[③]。

总之，监管制度是否"普适"这一问题的重要性已经让位于其他问题，包括：（1）被质疑的行为是否属于某监管机构的管制范围；（2）该行为是否曾经提交过监管机构进行审查；（3）监管机构是否恰当地审查了该行为潜在的反竞争结果；（4）反垄断法在此特定情形下的适用是否会与监管的强制性规定相冲突，或者可能阻碍监管机构实施其法定职能；以及（5）监管机构是否具备反垄断法庭通常不具备的、评估特定问题所需的特殊的专业知识。[④]

例如，在 *Gordon* 案中，联邦最高法院认为，对被控的经纪佣金费率进行反垄断审查，将与纽约股票交易所有权制定经纪人佣金费率的规则相冲突。[⑤] 在 *Credit Suisse* 案中，最高法院更直接地提到了隐含豁免规则。[⑥] 在该案中，原告

---

① 见 1A Antitrust Law ¶ 243e (5th ed. 2020)。

② National Gerimedical Hosp. v. Blue Cross, 452 U. S. 378, 101 S. Ct. 2415 (1981)（在没有监管机构被授权对涉案行为进行管制的情况下，被告关于适用反垄断豁免的主张被法院驳回）。

③ 同上一条注释，389, 101 S. Ct. at 2422。

④ 一种有意思的历史视角，见 Howard Shelanski, "Justice Breyer, Professor Kahn, and Antitrust Enforcement in Regulated Industries", 100 *Cal. L. Rev.* 487 (2012)。

⑤ Gordon v. New York Stock Exchange, 422 U. S. 659, 95 S. Ct. 2598 (1975). 根据 Stock Exchanges Options Trading Antitrust Litigation, 317 F. 3d 134 (2d Cir. 2003)；Friedman v. Salomon/Smith Barney, 313 F. 3d 796 (2d Cir. 2002)，最高法院提审动议被驳回，540 U. S. 822, 124 S. Ct. 152 (2003)。

⑥ Credit Suisse Securities (USA), LLC v. Billing, 551 U. S. 264, 127 S. Ct. 2383 (2007).

是一群股票购买者，他们主张IPO（股票首次公开募集，或称为第一次公开发行股票）的卖方之间存在大量的共谋，原告认为这些卖方通过投资银行，在彼此之间达成了联合经营或者说"辛迪加"（"syndicate"），共同组织了一系列限制新股发行的措施来操纵市场，从而大幅度抬高这些股票的价格。在证券市场上，此类首次公开募股（IPO）通常通过投资银行组成的"辛迪加"财团或者合资企业来发行股票，主要目的是降低风险。这些联营财团曾经在行业内十分常见，并且合法地存在了长达半个世纪之久。[①]

在回顾了与证券行业的隐含豁免相关的在先判决之后，最高法院认为，被控行为对监管机构发挥其监管职能的"核心"（"centrality"）程度，对于是否应当享受反垄断豁免的问题至关重要。除此以外，以下几个方面的事实对于此问题的判定也具有重要作用：

（1）存在根据证券法对涉案行为进行管制的监管机构这一事实本身；（2）有关监管机构实施监管职权的证据；以及（3）如果同时适用监管法规和反垄断法，会在指引、规范、义务、权利或者行为标准等方面有导致相互冲突的风险。我们还注意到：（4）在 *Gordon* 案[②]和 NASD 案[③]中，可能存在的冲突对证券法意图规制的金融市场的实践活动产生了影响。

在本案中，联合证券承销活动显然对运行良好的资本市场来说至关重要。此外，

首次公开募股（IPO）有利于寻求融资的新企业，有利于在更广泛的投资者中分配这些公司的股权，引导资本流向更能满足公众对商品和服务的需求的经营者。更何况，金融专家、证券监管机构，都认为本案所涉及的证券承销活动——包括路演和投资者询价机制等，对首次公开募股（IPO）的成功与否至关重要。[④]

更为重要的是，所有的被控行为都在联邦证券交易委员会（SEC）的监管范围之内，该委员会在审查和防止不当行为方面具有显著的执法力量和专业能力。另外，没有迹象表明联邦证券交易委员会（SEC）在行使其监管权力的时候存在任何不力行为。基于以上事实，"证券法和反垄断法明显地不兼容"。

---

① 见 United States v. Morgan，118 F. Supp. 621，635（S. D. N. Y. 1953）（驳回了政府关于证券承销企业联营构成合谋的诉讼主张）。

② 见上文所述，422 U. S. 659。

③ 指向 United States v. National Assn. of Securities Dealers（NASD），422 U. S. 694，95 S. Ct. 2427（1975）（对被控的转售价格维持和经销商间的销售限制行为予以豁免）。

④ 同上一条注释。

最高法院尤其担心多个法庭对同一个行为进行审查而导致裁判结果不统一的问题，并且反垄断程序无法做到贴近行业专门性问题的弱点可能会加剧这一问题。最终导致：

> ……模糊了证券市场中合法与非法的界限；提高了对掌握证券行业专业知识的要求［尤其是需要判断美国证券交易委员会（SEC）的规则是临时性的还是永久性的］；增加了合理但是可能得出相互矛盾结论的交叉证据的量级；加大了法院判决结果不一致的风险。将这些因素结合起来考虑意味着，我们无法找到具有可操作性的方法来限制反垄断法的适用范围，使得其仅针对那些投资人想要挑战的，当下违反证券法以及很可能在将来也构成违法的行为。而且，这些因素表明，反垄断法院可能会在这些方面犯下非正常的严重错误。而这种反垄断错误存在的可能性——偏离原告试图控制的狭窄的打击范围的可能性，意味着证券承销商们不仅不能实施证券法所禁止（很可能也是持续禁止）的行为，而且还不能实施大量证券法允许或者鼓励（但是它们担心可能会招致反垄断执法风险和三倍赔偿风险）实施的联合经营行为。[1]

16.1c. 监督管理要件；与“州行为”的比较

为了使特定行为免受反垄断审查，需要对该行为实施多大力度的监督管理（regulatory oversight）呢？在涉及联邦机构负责监管的行业中，联邦最高法院几乎不怎么讨论这一问题。但是，正如在之后的章节中我们将要讨论的，最高法院在大量案件中论述了，为使私人主体的行为满足州行为豁免（state action exemption）的条件，州监管机关必须进行“积极监管”（"active supervision"）并达到一定的程度。没有明显且充分的理由对于联邦和州适用不同的标准，也就是说，一旦我们确认某一监管机关已经得到适当的授权，并且在其管辖范围内行使某种职权，我们就需要知晓该监管机构对于特定私人行为的监管和审查是否施加了合理的注意义务（suitable degree of attentiveness），这一问题对于联邦和州监管机构而言是大体相同的。[2] 关于州行为豁免规则的适用前提，联邦最高法院在2015年的 *North Carolina Dental* 案（详细论述见下一章）中，再次强调了由充分不具有利害关系的监管官员独立开展审查工作的必要性。[3]

在涉及联邦政府监管的案件中，一些法院在审查何种监管构成适当程度的监管时，参照了联邦最高法院关于“州行为”规则的判决。例如，在 *American*

---

① Credit Suisse, 551 U. S. at 282-283, 127 S. Ct. at 2395-2396.
② 有关州行为理论关于“积极监管”的要件要求，见本书第 17.5 节。
③ N. C. State Board of Dental Examiners v. FTC, 135 S. Ct. 1101 (2015). 见本书第 17.5a 节。

Agriculture Movement 案①中，第七巡回法院就援引了一个涉及州监管机构及州行为理论的判例——*Ticor Title Insurance* 案②，来判断联邦监管机构需要达到的监管程度：

> 当有关机构积极地、恰当地、深入地履行了监管职能并批准了被控行为时，对该行为进行豁免就是适当的。换句话说，反垄断法庭在放弃对被控反竞争行为进行管辖时，必须证明该机构对被诉行为已经作出了经过深思熟虑的独立审查判断，并批准了该行为。③

这要求"实际上行政机关在所争议的特定问题上行使其监管权力"的监管力度已经达到一定的程度。④ 总之，无论监管的实施主体是联邦政府、州政府还是其合法授权的分支机构，需要解决的问题大体上都是相同的。

联邦最高法院在 2004 年的 *Trinko* 案中通过一件本身不涉及监管豁免的纠纷，再次回顾了这些问题。⑤ 该案涉及一个有义务与其竞争对手进行"互联"（"interconnect"）以保证后者能够有效地接入电信系统的电信运营商。1996 年的《电信法》（Telecommunications Act）中不仅规定了这一互联义务，还规定了一项反垄断保留条款（antitrust savings clause），法院将该条款解释为排除了监管豁免的适用。⑥ 案件的争议焦点是违反了《电信法》互联义务的行为人是否同时招致《谢尔曼法》第 2 条规定的法律责任。联邦最高法院最终认定该案不应当适用反垄断法。在该案中，联邦和州的监管机构都对涉案争议进行了处理，并已经通过各自的监管程序对被告实施了惩戒，即已经对同一请求作出了回应。在此情况下，"行业监管已经大幅减少了主要的反垄断损害的可能性"⑦。此外，原告

---

① American Agriculture Movement v. Board of Trade, City of Chicago, 977 F. 2d 1147（7th Cir. 1992）.

② FTC v. Ticor Title Ins. Co. , 504 U. S. 621, 112 S. Ct. 2169（1992），发回重审，998 F. 2d 1129（3d Cir. 1993）. 见本书第 17.5b 节.

③ American Agriculture Movement, 977 F. 2d at 1166，根据 Ticor Title, 504 U. S. at 633 – 634, 112 S. Ct. at 2177. 法院认定监管力度不足。

④ American Agriculture Movement, 977 F. 2d at 1158.

⑤ Verizon Communications, Inc. v. Law Offices of Curtis V. Trinko, LLP, 540 U. S. 398, 124 S. Ct. 872（2004）.

⑥ 47 U. S. C. §152："……该法案没有任何规定……应被解释为修改、减少或者取代了反垄断法的适用。"关于电信行业的反垄断监管机制，见 Herbert Hovenkamp, "Antitrust and the Regulatory Enterprise", 2004 *Col. Bus. L. Rev.* 335, 366 – 377；Howard A. Shelanski, "The Case for Rebalancing Antitrust and Regulation", 100 *Mich. L. Rev.* 683（2011）.

⑦ Trinko, 540 U. S. at 412 – 413, 124 S. Ct. at 881，引用 Concord v. Boston Edison Co. , 915 F. 2d 17, 25（1st Cir. 1990）.

主张的非法拒绝交易行为极其复杂，裁判出错的几率很高。[①] 在这种情况下，最高法院总结道，在监管机关已经在行业监管方面进行了执法的情况下，反垄断法对于规制被控行为事实上也不具有额外作用了。

第 16.2 节　多头管辖的程序；首要管辖

"首要管辖"规则（"primary jurisdiction"doctrine），顾名思义，并不是反垄断豁免规则，而是对于包含反垄断事由的案件确定其由何种法律进行管辖的程序机制。当某一监管机制完全排除法院的反垄断管辖权时，有关主管部门对有关事项的管辖权就具有"独占性"（"exclusive"）。这种情况发生在那些成文法明确地规定了反垄断豁免的行业中，以及法院认定存在隐含豁免的另外一些行业中。

但是，即便在法院对某些管制行业中的反垄断纠纷享有一定的管辖权的情况下，法院也可能需要在一定程度上尊重监管机构的决定，尤其是在待决事实复杂、且监管机关比法院更适合作出专业判断的案件中。此外，监管机关可能比法院更熟悉监管的全貌，更适合将反垄断请求纳入监管的大图中进行考量。

在 *Ricci v. Chicago Mercantile Exchange* 案中，联邦最高法院详细论述了首要管辖原则的基本原理和程序。[②] 该案的原告 Ricci 是一名经纪人，他诉称交易所以及至少一名交易所的会员共同实施了对其拒绝交易的行为，导致其无法取得交易所的会员席位。该案中的商品交易所委员会（Commodity Exchange Commission）负责监管交易所及其规则的制定，原告主张交易所的行为违反了《商品交易法》（Commodity Exchange Act）和《谢尔曼法》。联邦最高法院认为，反垄断法院在委员会作出决定之前，不应插手此案。值得注意的是，本案的监管机构并不享有独占性的管辖权——委员会无权授予反垄断豁免。相反，法院需要判断的是交易所的政策是什么，以及该行为是否违反了这一政策。如果该行为违反了相关规则，那么反垄断诉讼的推进就没有任何阻碍；如果该行为并没有违反任何规则，则在任何情况下都仍然可能发生反垄断争议，但是，此时法院首先需要判断，如果适用反垄断法认定涉案行为违法、但该行为根据委员会颁布的规定又是合法的话，是否产生根本性的矛盾，从而证明为被控行为提供一项有限的反垄断豁免是正当的。[③]

在适用首要管辖规则时，会产生两个效果。在某些案件中，联邦法院会在监

①　Trinko，540 U. S. at 412 - 414，124 S. Ct. at 882 - 883. 关于单方面拒绝交易的反垄断诉讼，见本书第 7.5～7.7 节。

②　409 U. S. 289，93 S. Ct. 573 (1973).

③　同上一条注释，307，93 S. Ct. at 583.

管机构对特定问题尚未给出答案时，中止诉讼程序。① 在其他案件中，法院会驳回反垄断原告的起诉，并告知原告应当先行向监管机关进行投诉。② 如果原告及时向法院提起反垄断诉讼，且法院遵从了监管机构的决定，那么诉讼时效的计算就会被中止，即便监管机关处理案件的时间超过了 4 年。

还有一个棘手的问题是，反垄断法院必须在多大程度上尊重监管机构对事实的认定结论？在 Ricci 案中，联邦最高法院认为，对于监管机构已经审理并作出决定的争议焦点问题，法院无须在之后的司法程序中再次进行审理——即在监管机构和法院之间，应遵循某种再诉禁止（collateral estoppel）规则，或者争点排除（issue preclusion）规则。③ 我们至少可以说这是一种特殊的情形，因为反垄断案件的原告很有可能不是监管程序的当事人。经常出现的情况是，竞争者、消费者或其他受到损害的当事人向监管机构投诉，在被投诉的企业和机构接受调查的程序中，投诉人的地位只是被调查行为的证人。让一个非当事人的主体受监管机构作出的对其不利决定的约束，是违反正当程序（due process）原则的。当然，如果投诉人是行政程序中的一方当事人，就可以适用再诉禁止规则或者一事不再理（res judicata）规则。④ 在此类案件中处理这个问题的更好办法是，法院应当吸收监管机构的专业意见并予以适当的尊重，但又不受监管机关所作出的决定的约束。相反，如果投诉人在监管程序中获胜，这种情况就是很典型的单边（nonmutual）、或者说是"主动型"（"offensive"）的再诉禁止情形，反垄断案件的被告，或者说在监管程序中落败的一方，作为该程序中的当事人，则可能受监管机关对相同法律问题的处理结果的约束，只要这一法律问题经过了全面、公平的审理，并且对于案件的最终结果而言具有关键意义。⑤ 即便如此，如果监管机构所适用的举证责任、证据规则与法院适用的规则不同，或者采取了实质上不同的审理程序，法院仍然可以拒绝适用"主动型"的再诉禁止规则。⑥

---

① Segal v. AT & T, 606 F. 2d 842 (9th Cir. 1979)（法院在 FCC 解决行政争议的过程中，中止了诉讼程序）.

② 例如，Sea-Land Serv. v. Alaska R. R., 1980 - 2 Trade Cas.（CCH）¶ 63481 at 76527, 1980 WL 1881 (D. D. C. 1980)，以其他理由维持，659 F. 2d 243 (D. C. Cir. 1981)，最高法院提审动议被驳回，455 U. S. 919, 102 S. Ct. 1274 (1982)。

③ Ricci, 409 U. S. at 305, 93 S. Ct. at 582.

④ 见 Aunyx Corp. v. Canon U. S. A., 978 F. 2d 3 (1st Cir. 1992)，最高法院提审动议被驳回，507 U. S. 973, 113 S. Ct. 1416 (1993)（认定如果销售商是一方当事人，且在联邦贸易委员会的监管程序中所提出的共谋的主张未被支持，则不能在之后向联邦法院提起反垄断之诉）。

⑤ City of Anaheim v. Southern Cal. Edison Co., 1990 - 2 Trade Cas. ¶ 69246, 1990 WL 209261 (C. D. Cal. 1990)（法院认定监管机构处理的价格/成本的问题没有涵盖企图垄断的全部构成要件，因此主动型再诉禁止规则在本案中不适用）。

⑥ 例如，见 Borough of Ellwood City v. Pennsylvania Power Co., 570 F. Supp. 553, 560 (W. D. Pa. 1983)（法院拒绝适用主动型再诉禁止规则，因为涉案监管机构并无联邦反垄断事务的管辖权，也不能对当事人的请求提供救济，并且愿意接受不会被反垄断法庭所接受的抗辩理由）。

第 16.3 节　特别豁免

关于联邦法下大量的监管豁免的详细研究不属于本书的研究范围，以下仅简要论述最为重要的那些反垄断豁免，特别是劳工豁免和保险豁免。

16.3a. 其他明示的豁免

《克莱顿法》第 6 条[①]和《卡珀—沃尔斯特德法案》（Capper-Volstead Act）[②]赋予了农业合作组织以反垄断豁免，这些法律允许农业生产者们互相协商以设定价格和产出。但是在 *Borden* 案中，联邦最高法院判定，在生产者和非生产者之间达成的协议不应适用前述法律规定的豁免。[③] 同样，虽然价格固定行为可以被豁免，但其他排挤性行为，如掠夺性定价行为等，不得适用豁免。[④]

根据 1984 年《航运法》（Shipping Act），现今的海运共同承运人受联邦海事委员会（Federal Maritime Commission，FMC）的监管。[⑤] 根据该法案，海运承运人可以向联邦海事委员会提交共同费率的申请，由此设定的费率享受反垄断豁免。但如果设定费率这一行为的任何部分超出了 1984 年《航运法》的豁免范围且被指控违反反垄断法，私主体原告可以就该非豁免部分向法院提起诉讼。[⑥]1978 年的《航空公司管制解除法》（Airline Deregulation Act）创设了一个至少可以被认为构成隐含豁免的规则，排除了可能与联邦监管目的不相符的州反垄断法的适用。[⑦]

虽然银行业并不享受一般性的反垄断豁免，但有几部规制银行业的联邦法律规定了类似于反垄断法的规则，在相关企业被控违法时，这些规则可能优先于反垄断法而得到适用。例如，1960 年的《银行合并法》（Bank Merger Act，1966年修订）规定了用于审查银行间合并的特殊程序，虽然其所适用的实体性标准是

---

① 15 U. S. C. A. § 17.

② 7 U. S. C. A. § § 291 - 292.

③ United States v. Borden Co., 308 U. S. 188，60 S. Ct. 182（1939）（法院拒绝豁免参与方包括乳品合作社、加工商、分销商和工会的乳品价格固定协议）. 对比 National Broiler Marketing Association v. United States，436 U. S. 816，98 S. Ct. 2122（1978），法院拒绝将豁免范围扩大到生产农产品的非农业合作社。

④ Maryland &. Virginia Milk Producers Assn. v. United States，362 U. S. 458，80 S. Ct. 847（1960）.

⑤ 49 U. S. C. A. App. § § 1701 - 1720.

⑥ 见 American Assn. of Cruise Passengers v. Carnival Cruise Lines，31 F. 3d 1184（D. C. Cir. 1994）。

⑦ 49 U. S. C. § 40102（2），41713（b）（1）. 见 Korean Air Lines Co.，Ltd. Antitrust Litig.，642 F. 3d 685（9th Cir. 2011）（《航空公司管制解除法》在规制外国和本国航空运输者的问题上相对于州法具有优先效力，因此排除了间接购买者基于州法提起的反垄断诉讼；《航空公司管制解除法》的优先效力条款的立法目的是 "确保州不会进行州一级的管制从而破坏联邦层面解除管制的政策意图"）。

以《克莱顿法》第 7 条为蓝本制定的。[①] 类似地，诸多由银行实施的搭售行为，包括需要在贷款成本中加入保险费、产权检验费、法律服务或其他服务费用等，均由多种多样的联邦法律予以规制。[②] 这些条款可能比一般性的搭售规则更为严厉，因为它们不要求证明银行在结卖品市场中具有市场力量、或者在搭卖品市场中会产生反竞争效果。[③]

《业余体育法》（Amateur Sports Act）为业余体育协会在决定谁能申请获得业余运动员的身份时提供了部分反垄断豁免。[④] 而《体育广播法》（Sports Broadcasting Act）允许足球、棒球、篮球或者曲棍球体育赛事联盟代表其所有成员就电视转播权的授权事宜进行对外交易，前提是电视广播不能被限制在任何城市的范围之内，除非"该联盟成员在其所在城市进行主场比赛当天，该联盟成员的主场所在城市"[⑤]。在 *Chicago Professional Sports* 案中，第七巡回法院认为，该项法律不能作为国家职业篮球协会（NBA）限制单支球队向某个电视台销售电视转播权的次数的法律依据——该法律允许各球队联合销售电视转播权，但是不能禁止各球队单独销售涉及自身比赛的电视转播权。[⑥] 最后，棒球产业享有特殊的非常宽泛的豁免权，这是法官造法的结果，其历史可以追溯到 20 世纪初。但这种豁免基于一个明显不再适用的前提，即棒球运动纯粹是娱乐性的，因此不属于反垄断法管辖的对象——"商业活动"（"commerce"）[⑦]。

[①] 12 U. S. C. A. § 1828（c）. 联邦存款保险公司（FDIC）曾经对其管辖范围内的企业合并事务颁布了自己制订的"合并指南"。见 53 Fed. Reg. 39，803，1988 WL 257396 (1988)。

[②] 主要法律依据为 1970 年《银行控股公司法》（Bank Holding Company Act）。12 U. S. C. A. § § 1971 – 1978.

[③] 例如 Dibidale of Louisiana, Inc. v. American Bank & Trust Co.，916 F. 2d 300，305 – 306 (5th Cir. 1990)，法庭意见在重审案件中被修订和恢复，941 F. 2d 308 (5th Cir. 1991)；Parsons Steel, Inc. v. First Ala. Bank，679 F. 2d 242，245 (11th Cir. 1982)。

[④] 36 U. S. C. A. § § 371 et seq. 见 Behagen v. Amateur Basketball Assn.，884 F. 2d 524 (10th Cir. 1989)，最高法院提审动议被驳回，495 U. S. 918，110 S. Ct. 1947 (1990)（根据《业余体育法》，国际奥委会对参赛运动员业余身份的认定不受反垄断法管辖）。

[⑤] 15 U. S. C. A. § § 1291 – 1295.

[⑥] Chicago Professional Sports Limited Partnership v. NBA，961 F. 2d 667，670 (7th Cir.)，最高法院提审动议被驳回，506 U. S. 954，113 S. Ct. 409 (1992)。

[⑦] Federal Baseball Club v. National League，259 U. S. 200 (1922)；Flood v. Kuhn，407 U. S. 258 (1972). 也可参见 Miranda v. Selig，860 F. 3d 1237 (9th Cir.)，最高法院提审动议被驳回，138 S. Ct. 507 (2017)（棒球运动豁免规则使青少年棒球联盟关于统一队内薪资水平的限制政策免受固定价格的反垄断追诉）；Right Field Rooftops, LLC v. Chicago Cubs Baseball Club, LLC，870 F. 3d 682 (7th Cir. 2017)，最高法院提审动议被驳回，138 S. Ct. 2621 (2018)（棒球运动豁免排除了针对芝加哥小熊队（Chicago Cubs）安装隔挡玻璃阻碍屋顶观赛者视线的反垄断诉讼，该诉讼指控球队的行为破坏了其出售屋顶观赛席位的业务）。也可参见 Major League Baseball v. Crist，331 F. 3d 1177 (11th Cir. 2003)（联邦法关于棒球运动豁免的规则也可适用于州反垄断法）。参见 1B Antitrust Law ¶ 251h2 (5th ed. 2020)。

16.3b. 反垄断和联邦劳工政策

《谢尔曼法》颁布后的一个意想不到的结果是，该法案被激进地用于攻击工会。[1] 事实上，在《谢尔曼法》颁行的早期，该法案在针对工会方面比针对产品市场方面更为"高效"。在 1890 年到 1897 年期间，在美国法院认定的前 13 件反垄断违法行为当中，有 12 件指向了工人的罢工行为，只有 1 件是对生产商之间的协议提出的指控。[2] 尽管工会组织者们争辩称《谢尔曼法》的立法者们从未意图将工人罢工行为定性为"价格固定"行为，在该法的立法历史中却几乎没有找到能够支持此观点的依据。不过，在 1914 年，一届"进步国会"（Progressive Congress）通过《克莱顿法》第 6 条的立法解决了这一问题，该条规定"人类的劳动不属于商品或者商业制品"，同时规定了《谢尔曼法》不能被适用于禁止工会的组建和合法活动。[3] 事后的实践证明，《克莱顿法》第 6 条只是力量微薄的工具，联邦最高法院继续允许适用《谢尔曼法》对劳工组织的联合抵制活动颁发禁令。[4] 因此，在 1932 年，国会又通过了《诺利斯—拉瓜迪亚法案》（Norris-LaGuardia Act），该法案剥夺了联邦法院对劳动争议签发禁令的权力，除非被控行为构成独立的违法行为或者反垄断威胁。[5]

为了能够适用所谓的"成文法"上的劳动豁免规则，工会的活动必须以"促进其自身利益为目的"，且不能"与非劳工组织相互联合"[6]。涉案协议在什么时候会被认定为系劳工组织与"非劳工组织"相联合，这一问题引发了一些争议。在一些案件中，这一问题的答案是明确的。例如，建筑承包商们组织的抵制活动一般不能适用劳工豁免规则，因为此类协同行为一般是为了雇主而不是雇员的利益。[7] 然而，联邦最高法院一般会对"劳工组织"或者劳动组织作扩大解释。例如，最高法院曾认定，负责挑选演奏者的交响乐团的组织者们，是一个劳工组织，而不是一个雇主组织，特别是考虑到交响乐团的组织者经常与演奏者在同一

---

[1]　例如，Loewe v. Lawlor (Danbury Hatters case)，208 U. S. 274，28 S. Ct. 301 (1908) (认定工会组织的间接抵制违反了《谢尔曼法》)。

[2]　见 Herbert Hovenkamp, *Enterprise and American Law，1836 - 1937* at 229 (1991)。

[3]　15 U. S. C. A. §17. 同时颁行的《克莱顿法》第 20 条的立法目的就是防止联邦法院发出针对罢工或者劳动抵制行为的禁令。29 U. S. C. A. §52.

[4]　见 Duplex Printing Press Co. v. Deering，254 U. S. 443，41 S. Ct. 172 (1921)；并可参见 Hovenkamp, *Enterprise*, at 229 - 238。

[5]　29 U. S. C. A. §§101 et seq. 见 Brady v. NFL，644 F. 3d 661 (8th Cir. 2011) (认定根据《诺利斯—拉瓜迪亚法案》(Norris-LaGuardia Act)，地区法院无权禁止工人停工；中止了禁令的实施)。

[6]　United States v. Hutcheson，312 U. S. 219，232，61 S. Ct. 463，466 (1941).

[7]　Altemose Construction Co. v. Building & Constr. Trades Council，751 F. 2d 653，657 (3d Cir. 1985)，最高法院提审动议被驳回，475 U. S. 1107，106 S. Ct. 1513 (1986)。

个劳动市场上展开竞争。[①] 在 *H. A. Artists* 案中，最高法院认定，演员和代表他们的独立的剧场经纪人之间的合作不能构成劳工与非劳工组织之间的联合。[②] 虽然剧场经纪人是自我雇佣的独立主体而不是雇员，但他们对演员们谋取一段雇佣关系至关重要，所以，应当将剧场经理人组织认定为劳工组织。

但是，一些劳工组织和非劳工组织之间签订的协议仍然能够享受所谓的"非法定豁免"（"nonstatutory exemption"）。非法定豁免一般适用于集体谈判的情形，在此类场景下，工会与雇主订立协议，内容会对雇佣单位市场内的其他承包商、竞争者或者供应商设定潜在的反竞争限制。由于雇主显然不属于劳工组织，所以一般不享有法定豁免。在 *Jewel Tea* 案中，联邦最高法院豁免了一份屠宰从业者组织和零售商协会之间的协议，该协议限制了屠宰从业者的工作时长。[③] 下级法院对该协议拒绝适用豁免，并指出零售商协会不是一个劳工组织，且该协议干扰了零售店经营者之间本应就提升服务方面可以形成的自然竞争。[④] 在其作出改判的判决中，最高法院的大法官们的意见出现了高度分化，多数派意见似乎认为是否与非劳工组织订立协议这一事实无关紧要，更重要的是，该协议的核心聚焦于工作条件，这是集体谈判的合法内容。

尽管包含非工会组织，并且会对竞争产生不利影响，该协议还是得到了豁免。

联邦最高法院就 *Connell Construction Co. v. Plumbers & Steamfitters Local Union No. 100* 案[⑤]作出的重要判决对非法定豁免进行了限制。在该案中，某工会发起了针对某一总承包商的罢工，目的是赢得一份协议，该协议规定总承包商只能将管道工程及其他工作分包给该工会代表的公司，而该工会承诺自己不会组织和设立总承包商。联邦最高法院以 5 比 4 的意见判决这一行为不得享受豁免。这一份工会想要的协议的主要影响不在于争取薪资和工作时间，而是哪些企业可以具有分包商的资格，也就是说，该协议会将管道分包商竞争者的范围限制在特定的由该工会支持的企业范围之内。换句话说，工会的意图不是为了规范分包商的薪资水平和工作条件，而是将其集体排挤出市场。两者的差别非常细微，因为工会达成其目标的手段一般就是罢工和抵制。

在 *Connell* 案之后，各家法院试图创设一种豁免规则，使得将在先判决中确

[①] American Federation of Musicians v. Carroll，391 U. S. 99，88 S. Ct. 1562，重审申请被驳回，393 U. S. 902，89 S. Ct. 64 (1968)。

[②] H. A. Artists & Assocs. v. Actors' Equity Ass'n，451 U. S. 704，101 S. Ct. 2102 (1981)。

[③] Local 189，Amalgamated Meat Cutters v. Jewel Tea Co.，381 U. S. 676，85 S. Ct. 1596 (1965)。也可参见 Clarett v. NFL，369 F. 3d 124 (2d Cir. 2004)（NFL 的规则要求参加选秀的运动员在高中毕业后至少参加 3 个完整的大学联赛赛季，这一规则构成集体谈判的强制主题，因此符合非法定豁免的要件）。

[④] Jewel Tea Co. v. Associated Food Retailers of Greater Chicago, Inc.，331 F. 2d 547 (7th Cir. 1964)。

[⑤] 421 U. S. 616，95 S. Ct. 1830 (1975)。

立的规则纳入其中的同时，又不会让工会在限制非劳动力市场竞争的道路上走得太远。法院一般认为，主张非法定豁免需要满足三个条件：（1）当事人必须是协议中约定的交易限制的主要影响对象；（2）协议的主要内容必须是集体谈判通常会涉及的主题——即薪资、工作时间、工作条件等；（3）条款内容必须是公平谈判（arm's length bargaining）的结果。*Connell* 案中的抵制行为至少违反了上述第（1）和第（2）项要件。第一，该协议严重地影响了与工会完全没有开展谈判的其他分包商的利益。第二，该协议涉及的主要问题不是薪资、工作时间和工作条件，而是有权成为分包商的资格和条件。

其他法院在遇到类似 *Connell* 案的案件时曾认定，虽然在这些情况下，工会的意图可能并不是将未参与其组织的分包商企业逐出市场，它们也可以通过抵制或者谈判的方式来确保所有的分包商雇员都能获得某一特定水平的最低薪资待遇，或者争取到某一特定的最低保障的工作条件。[1] 尽管这些案件通常很难从判词的字面上得出结论，但它们隐含了一项重要的原则：工会对市场的"垄断"不能超过资本家。例如，某一参与了工会组织的电气工程分包商在确保其他竞争者的员工获得与其员工同等水平的薪资方面可能具有正当利益，它的目的不在于保护其他企业的雇员，而是为了确保作为竞争对手的其他分包商相对于其自身而言不会具有成本上的优势。但是工会无权把参加该工会、成为工会会员当作参与某个市场竞争的先决条件。

除工会和雇主之间的协商外，法院一般不会对其他主体之间的协议适用非法定豁免。例如，在 *Detroit Auto Dealers* 案中，法院认定汽车销售商之间有关限制展厅时间的协议不应适用豁免。[2] 虽然该协议有利于雇员们的利益，但该协议本身并不是员工们参与集体谈判的成果。相反，在 *Powell v. NFL* 案[3]中，NFL球员和球队之间签署的协议则享受了非法定豁免，该协议条款限制球员成为"无经纪人的自由球员"（"free agent"），或者说限制了球员以自己的名义与非所在球队的其他球队自由签约的权利。

最后，联邦最高法院在 1996 年对一份雇主（NFL 足球队）之间达成的、对一定级别的雇员设定最高薪酬标准的协议授予了非法定豁免[4]，从而显著扩张了非法定豁免的适用范围。该案的情况是，球员工会和球队在集体谈判协议到期后

---

① American Steel Erectors，Inc. v. Local Union No. 7，536 F. 3d 68（1st Cir. 2008）（法院认定工会达成共谋，同意使用资金来补贴参加了工会的雇主，以使后者在投标中相对于其他非工会成员的承包商更具有竞争力，这一行为不符合非法定豁免的条件）。

② Detroit Auto Dealers Assn. v. FTC，955 F. 2d 457，467（6th Cir.），最高法院提审动议被驳回，506 U. S. 973，113 S. Ct. 461（1992）。

③ 888 F. 2d 559（8th Cir. 1989），最高法院提审动议被驳回，498 U. S. 1040，111 S. Ct. 711（1991）。根据 Wood v. NBA，809 F. 2d 954（2d Cir. 1987）。

④ Brown v. Pro Football，518 U. S. 231，116 S. Ct. 2116（1996）。

展开了谈判，但谈判进入了技术性的僵局，或者说双方当事人在谈判过程中都是善意的，但最终仍然存在不可调和的分歧。[①] 最高法院认定此类协议是合理的，但仅限于在雇主（球队）们是与工会持续开展集体谈判的情形下。正如最高法院所指出的，多名雇主参与的集体谈判需要双方都能够对摆在谈判桌上的诸多问题达成合意。[*] 并且，国家劳工关系委员会（National Labor Relations Board）监督了集体谈判的全过程，球员们手中仍然持有王牌，一旦球队过度损害他们的利益，他们就可以罢工。这就是集体谈判来来回回的复杂过程——是反垄断法院不愿意过度干涉的过程。[②]

16.3c. 《麦卡伦—弗格森法案》和保险豁免

联邦层面创设的针对保险行业的豁免有一个独特的特点：虽然豁免是联邦法创设的，但管制规则的渊源却是州法。不过，这一豁免的联邦法渊源使得保险豁免与我们将在下一章讨论的范围更为有限的"州行为"不同，其适用范围较为广泛。

大多数与保险豁免有关的诉讼包含 3 个不同的问题："保险业务"的范围包括哪些活动？保险业务在什么情况下属于受州法"管制"的对象从而享受豁免？什么情况下被控的强制性行为构成"抵制、强制或者威胁"，从而不享受豁免？

16.3c.1. "保险业务"[③]

麦卡伦豁免只适用于构成"保险业务"（"business of insurance"）的行为。通常的费率设定行为，即便属于共谋，也在豁免的范围内。[④] 然而，保险公司经常提供各种各样的服务，例如产权保险（title insurance）公司会从事产权调查、撰写产权报告、出具产权保险单等业务。[⑤] 许多健康保险公司还会通过预付费的健康计划直接向客户提供治疗服务或者药品。一些人寿保险公司同时从事其他投资活动，甚至经营借贷、提供法律文书撰写服务等。[⑥] 当一家保险公司同时从事多种业务时，反垄断法庭就需要考虑被控行为是否属于"保险业务"。联邦最高

---

  [*] 潜台词是这是非常困难的。——译者注

  ① 见 1A Antitrust Law ¶ 257b2 (5th ed. 2020)。

  ② 同上一条注释，at 242 - 243, 116 S. Ct. at 2123。

  ③ 见 1 Antitrust Law ¶ 219b (5th ed. 2020)。

  ④ 例如 Katz v. Fidelity Nat. Title Ins. Co. , 685 F. 3d 588 (6th Cir. 2012)。

  ⑤ 见 Ticor Title Ins. Co. , 5 Trade Reg. Rep. ¶ 22744 (FTC 1989)（产权保险公司所进行的产权调查，与出具产权保险行为本身不同，不构成保险业务的一部分）。

  ⑥ 见 Perry v. Fidelity Union Life Ins. Co. , 606 F. 2d 468 (5th Cir. 1979)，最高法院提审动议被驳回，446 U. S. 987, 100 S. Ct. 2973 (1980)（借贷不是保险业务）。也可参见 Insurance Brokerage Antitrust Litigation，618 F. 3d 300 (3d Cir. 2010)（为将经纪人引向特定的保险公司而支付高于正常价格的佣金，不属于保险业务的一部分）。

法院认为，对此问题的判断应当考虑三项因素：第一，该行为必须具有"转移或者分散保单持有人的风险的效果……"。第二，该行为必须为"保险人和被保险人之间的保险关系的不可分割的一部分"。第三，该行为的主体应当"仅限于保险行业的经营者"。最高法院之后补充道："这三项因素中的任何一项单独都不必然足以决定诉争业务是否属于保险业务。"①

根据这三项因素，法院就特定业务场景作出判断就容易多了。例如，再保险——保险公司为减少严重灾难性风险而购买的保险——属于保险业务。② 与之相比，联邦最高法院的非全体一致意见认为，健康保险公司与药店签订的为被保险人填写处方的协议不属于保险业务的一部分。首先，药店不是保险单的当事人；其次，这一协议并不像保险单那样是为了分散风险。③ 类似的，在 *Pireno* 案④中，法院认定为了核验医疗保险索赔合理性的同业互查业务不属于保险业务。在该案中，保险公司让一组脊椎按摩师来评价同为脊椎按摩师的原告对其患者的治疗是否合理，法院认为这一行为不属于保险公司保单内在风险的转移，只不过是保险公司试图降低其成本的一种机制。基于类似的论理，一些下级法院认为保险公司对特定种类的服务提供者设置限制的行为不属于保险业务的一部分。例如，一份健康保险协议可能会约定，只有具有医学博士学位的精神科医生、而不是普通的心理医生，所提供的精神或者神经疾病的诊疗服务才属于保险单的覆盖范围。⑤ 同样，健康保险的保险人也可能会要求保险单只覆盖那些不具有医学博士学位的精神科医生或其他健康专家提供的服务。以上的所有限制都不属于保险业务的一部分。

有人可能会质疑此类保险单设定的限制的合理性，甚至怀疑其有时候具有反竞争效果。无论如何，它们不属于"保险业务"这一结论都不受影响。例如，如果某人想要为心理健康服务投保，可以购买另一种更为昂贵的健康保险。保险业务的实质在于保险人可以决定愿意为哪些风险提供保险，以及相应的保费。例如，房屋保险公司不为洪泛区内的房屋提供洪水保险的决定无疑是"保险业务"的一部分。保险公司风险判断的内在核心是损失或者赔付金的风险控制。在一个

---

① Union Labor Life Ins. Co. v. Pireno，458 U. S. 119，129，102 S. Ct. 3002，3008（1982），遵循案例 Group Life & Health Ins. Co. v. Royal Drug Co.，440 U. S. 205，99 S. Ct. 1067（1979）。

② In re Insurance Antitrust Litigation，723 F. Supp. 464（N. D. Cal. 1989），以其他理由撤销，938 F. 2d 919（9th Cir. 1991），部分维持部分改判，后续维持案件为 Hartford Fire Insurance v. California，509 U. S. 764，113 S. Ct. 2891（1993）。

③ *Royal* Drug，440 U. S. 205.

④ *Supra*，458 U. S. 119.

⑤ Virginia Academy of Clinical Psychologists v. Blue Shield of Virginia，624 F. 2d 476（4th Cir. 1980），最高法院提审动议被驳回，450 U. S. 916，101 S. Ct. 1360（1981）（法院认为排除承保范围的决定不属于保险业务）。

运转良好的市场中，我们可以期待由市场竞争来决定心理医生或者精神科医生是否应该被纳入承保范围。如果该市场不完善——例如，拥有医学博士学位的精神科医生俘获（capture）了州保险机构——结果可能变遭。但是这种情况也不能使该行为脱离"保险业务"的属性。

同样麻烦的是，保险公司之间的横向协议在何种程度上属于通常意义上的"保险业务"。有效的保险服务需要大量的联合行动。例如，数据收集来源的人数越多，风险数据就会越可靠。结果是，如果多家保险公司之间可以共享特定种类的风险的数据，它们就可以更加准确地计算风险。事实上，如果不能使用其他保险公司为计算保费收集的数据，许多保险公司根本无法确定特定险种的费率。同样的，与保险承保内容相关的协议通常构成一种为消费者的最大利益服务的产品标准。在大多数州，所有的保险公司都会参与所谓的"格式条款制定"（"forms development"）活动。一个结果就是想要购买汽车保险的消费者发现市场上的保险产品在大多数内容上都是相同的，不会涉及大量的技术上的差异，不会使得价格比较成为几乎不可能发生的事情。

但是一旦数据被收集、格式条款被制定，那么保险公司是否可以就保费进行磋商呢？也就是说，它们是不是可以固定价格？法院认可，如果州的行业监管考虑了共同费率制定活动，那么这种价格制定行为显然属于"保险业务"，因而适用反垄断豁免。[①] 因此，共同定价行为的合法性一般由州的管制规则决定，各州对此有着极为不同的规定，并且常常因为保险种类的不同而存在巨大差异。

16.3c.2. "受州法监管"

麦卡伦法案规定，对保险业务的反垄断豁免仅限于"受州法监管"（"regulated by state law"）的领域。重要的是，麦卡伦法案规定的"受州法监管"的要求远不及构成"州行为"豁免所需的要求，我们将在下一章讨论"州行为"豁免理论。如果不是这样，麦卡伦法案的豁免规定就是多余的。的确，州政府根本不需要积极地实施"管理"行为，只需要为其管理的目的出台相应的管制法律即可。无论是州法没有得到积极实施，还是州监管机关只不过是在保险公司的申请文件上盖上橡皮图章，二者是没有什么实质差别的。[②] 只要存在一项管制法规，且相关的监管机构或者委员会对所监管的事项享有管辖权，政府"管制"的要件

---

① Owens v. Aetna Life & Casualty Co., 654 F. 2d 218 (3d Cir.)，最高法院提审动议被驳回，454 U. S. 1092, 102 S. Ct. 657 (1981)；In re Workers' Compensation Insurance Antitrust Litigation，867 F. 2d 1552 (8th Cir.)，最高法院提审动议被驳回，492 U. S. 920, 109 S. Ct. 3247 (1989)。

② 见 FTC v. National Casualty Co., 357 U. S. 560, 78 S. Ct. 1260 (1958)（仅仅制定标准就已经足够；不需要行政机关的监督行为）；Seasongood v. K & K Ins. Agency, 548 F. 2d 729 (8th Cir. 1977)；Ohio AFL-CIO v. Insurance Rating Bd., 451 F. 2d 1178, 1184 (6th Cir. 1971)，最高法院提审动议被驳回，409 U. S. 917, 93 S. Ct. 215 (1972)。

即宣告成就。一个重要的例外是，如果一项特定的行为不在一州的管辖范围之内，那么该行为就不是麦卡伦法案规定的"受州法监管"的行为，也就不能享受豁免。在 *Hartford* 案中，联邦最高法院提议，外国的再保险公司可能不属于州法管辖的范围，如果果真如此，这些公司就不满足麦卡伦法案规定的"受监管"的要件。[①]最高法院最终将该案发回第九巡回法院重新审理。

16.3c.3. 抵制、压迫或者恐吓行为

麦卡伦法案规定的反垄断豁免不适用于抵制（boycott）、压迫（coercion）或恐吓（intimidation）行为。[②]联邦最高法院一般认为"抵制"一词必须以《谢尔曼法》的精神加以解释，其包含各种形式的拒绝交易行为，无论是绝对的还是附条件的拒绝交易。[③]例如，在 *St. Paul* 案中，最高法院认定，责任保险公司之间约定其提供的医疗责任险只覆盖那些出险事件和索赔都发生在保险有效期内的责任事故，这种行为构成联合"抵制"。根据涉案的保险合同条款，以下情况不属于各家保险公司的承保范围：（1）损失发生在保险生效之前，但是索赔发生在保险有效期内；或者（2）损失发生在保险有效期内，但是索赔发生在保险有效期到期后。这一条款使得被保险人转向其他保险公司的成本变得更高，因此，它可以有效地促进共谋行为的发生。

值得注意的是，*St. Paul* 案中的被控行为并不是这四家保险公司将此类承保限制纳入其格式条款内的行为，保险公司制定格式条款的行为是可以适用"格式条款制定"规则从而得到豁免的，这也是受监管的保险行业的惯常做法。例如，如果数家保险公司共同提议制定一种保险格式条款，将洪水损失排除在房屋所有人的保险覆盖范围之外，这一提议不能被认定为一种针对想要购买洪水保险的投保人的"抵制"。相反，*St. Paul* 案的被控行为是数被告同意四家保险公司中的三家在相关市场内不再承保医疗事故责任险，这使第四家公司成为唯一一家能够满足原告需求的保险公司，显然，这种情况显著地增加了第四家公司的议价能力。

St. Paul 案也明确了抵制行为可以针对保单持有人或者其他保险公司作出——也就是说，这一规则可以同时适用于纵向抵制和横向抵制。假设保险公司相互达成协议，将洪水损失排除在承保范围之外，也假设该区域内有一家或者多家保险公司愿意承保洪水造成的损失，且具有支配地位的保险公司随后实施了各种针对"不听指挥"的卡特尔成员保险公司的"强制"手段，例如，取消其在行

[①]　*Hartford*, 509 U. S. at 784 n. 12, 113 S. Ct. at 2902 n. 12.

[②]　15 U. S. C. A. § 1013（b）；见 1 Antitrust Law ¶ 220（5th ed. 2020）.

[③]　在 *Hartford* 案中，当事人辩称只有绝对拒绝"以任何条件"进行交易的行为才构成抵制，这一观点被联邦最高法院驳回。法院认为，"拒绝交易可以是……附条件的，在这种情况下，被告向交易相对人提出了一旦对方改变行为方式时交易条件就会改变的激励"。509 U. S. at 801，113 S. Ct. at 2911.

业协会中的会员资格，或者拒绝与其分享一般可由所有保险公司共享的风险数据等等。法院一般会认定这些针对具有竞争关系的保险公司的行为也构成抵制，正如同针对其客户的协同一致行为一样。①

在 Hartford 案中，联邦最高法院认为，原告所指控的、在主要的保险公司之间达成的缩小保险覆盖范围的做法不能享受《麦卡伦—弗格森法案》（McCarran-Ferguson Act）的豁免，该做法从承保范围内排除了发生在保险有效期外的损失、或者索赔发生在保险有效期外的损失，以及由特定形式的"突然和偶然"的污染导致的损失。② 虽然，假如涉案的保险产品是一项全新的保险产品，缩小承保范围的一份简单协议可以作为"保险业务"而得到豁免，但原告③指控称数被告还与其他两类主体签订了关联协议——第一类协议是与保险服务事务所（Insurance Services Office）签订的协议，禁止该类事务所对共谋者们不再承保的风险提供风险数据，这导致有几家未参与合谋的保险公司本来可以继续提供原有的较大承保范围的保险产品，但是由于缺乏准确的风险数据也就无法再推出此类产品了；第二类协议是被告保险公司与外国的再保险公司达成的协议，约定后者不能向未参与合谋的保险公司就涉案范围的险种提供再保险服务。在认定构成抵制的判决中，最高法院指出：

> 区分附条件的抵制和一项在特定的交易中就特定条款达成协同一致的协议……是很重要的。协同一致的协议（"卡特尔化"）是"一种通过动作步调一致的、如单一垄断者般行事的方式，来获得和运用市场力量的方法"。此类协议的当事人（卡特尔的成员）并没有实施抵制，因为："它们没有强迫任何人，至少从通常的文字含义上来说是这样；它们只是（尽管是一致性地）说'我们只在如下条件下与你做生意'。"④

对法院来说具有决定性意义的区别在于，谈判的范围是仅覆盖手头现有的合同条款，还是也包括其他内容。例如，如果几名租客通过协议约定，在房东同意降低租金之前，他们绝不会续租，他们将仅就手头现有的租赁合同进行商讨，则不会构成针对任何主体的"抵制"。然而，如果这些租客同时实施了与此无关的拒绝交易行为——例如，在房东降低房租之前，拒绝出售房东的食物或者其他物

---

① 见 Workers Compensation Insurance，867 F. 2d 1552（将收费低于被告保险公司的其他保险公司从行业协会中排除，构成抵制）。对比案例 Nurse Midwifery Assocs. v. Hibbett，549 F. Supp. 1185，1191 - 1192（M. D. Tenn. 1982）（拒绝对作为助产士的原告提供医疗事故保险服务构成抵制）。

② Hartford，509 U. S. 764.

③ 包括一些州的司法部长和一些私人主体原告。

④ 509 U. S. at 802，113 S. Ct. at 2912.

品——那么就会构成抵制。[1] "这种着眼于交易目标以外的拒绝交易行为……使商业抵制行为具有了很大的强制力：不相干的交易*条件被当成达成目的的筹码。"[2] 从这个定义出发，在 *Hartford* 案中法院认为原告主张的被控行为包含了数个构成"抵制"的行为。例如，再保险公司拒绝为一些保险公司提供再保险服务，因为这些保险公司的承保范围包含了被告想要从市场中移除的险种。

---

*　collateral，即不是同一笔交易。——译者注

①　*Hartford* 案中持反对意见的大法官——Souter 大法官、White 大法官、Blackhum 大法官和 Stevens 大法官——对"抵制"一词作出了范围略大一些的解释，从而将更一般的卡特尔行为包括在内。例如，如果再保险公司之间约定不对某些风险承保，那么就不构成抵制；但是如果再保险公司和被告保险公司之间约定前者不能对未参与共谋的保险公司提供再保险服务，那么就构成"抵制"。509 U. S. at 785, 113 S. Ct. at 2903.

②　对比 Eastern States Retail Lumber Dealers' Ass'n v. United States, 234 U. S. 600, 34 S. Ct. 951 (1914)。这是一件不涉及保险的适用《谢尔曼法》的案件。在该案中，木材零售商们相互约定，不向同时从事零售业务的批发商购买木材。在 *Hartford* 案中，法院指出 *Eastern States* 案中的约定"构成抵制，因为被告的目的——迫使批发商退出零售行业，与它们和批发商之间的交易属于附随关系"。509 U. S. at 803, 113 S. Ct. at 2912.

第 17.1 节　概述；优先适用

第 17.2 节　联邦主义与"州行为"理论的相关政策

第 17.3 节　享受豁免的基本条件

第 17.4 节　授　权

第 17.5 节　积极监管

　　17.5a. 什么时候监管是必需的?

　　17.5b. 什么样的监管是必需的?

　　17.5c. 谁必须监管?

第 17.6 节　与市级反垄断责任相关的特殊的、但逐渐消退的问题

第 17.1 节 概述；优先适用

在美国，每一个州政府，甚至地方政府都有权制定监管规则。根据美国《联邦宪法》的最高效力条款（Supremacy Clause）①，联邦政府颁布的法律当然地优先于大多数州和地方政府颁布的管制规定，例如劳动法和大多数知识产权法。但是，联邦的各类反垄断法没有规定，甚至没有暗示过，因为州和地方的法律对竞争市场存在影响，所以国会有意使联邦法优先于州和地方的经济立法而得到适用。

无论如何，州政府和其他地方政府管制市场的权力并非不受任何限制。尽管如此，仅仅是由于州法与联邦反垄断政策之间存在抵触，还不足以使联邦法律的效力优先于州法或者地方法律。州法或者地方法律规定得比联邦反垄断法更为严格的现象属于家常便饭。例如，*Exxon* 案就维持了一项州的法律条款，该条款禁止石油精炼企业通过纵向整合进入油品零售市场，而联邦反垄断法一般情况下却允许这种纵向整合，并认为纵向整合有利于提高经营效率。② 此外，法院还维持了一项允许间接购买者以自己的名义提起反垄断诉讼的州法，而联邦法律则通常将原告诉讼资格限制在直接购买者的范围中。③ 在 *Oneok* 案的判决中，最高法院认定联邦《天然气法》（Natural Gas Act）在针对被控的固定价格行为方面并没有排除州反垄断法的适用，主要是因为联邦法的条文明确规定了国会的意图是补强州法而不是取代州法。④

当州法允许或要求实施一些联邦反垄断法所禁止的行为时，法律的优先适用问题就会变得更为复杂。再一次地，仅仅是州法与联邦法之间规定的不一致还不足以导致联邦法的优先适用。联邦法院关于不同层级法律优先性的问题一般关注两点：第一，存在争议的州法所要求实施的行为是否落入联邦反垄断法上构成本身违法的行为范畴，还是仅仅属于那些应当适用合理原则的、可能构成违反联邦反垄断法的行为？第二，此项州法赋予了那些没有受到州政府足够监督的私人主体以多大程度的自主决定权来作出具有反竞争效果的决策？换句话说，联邦反垄断法通常

---

① U. S. Const. Art. VI，§ 2.

② Exxon Corp. v. Governor of Maryland，437 U. S. 117，98 S. Ct. 2207（1978）. 相反，Kamp v. Texaco，Inc.，193 Cal. App. 3d 8，219 Cal. Rptr. 824（1985），维持，46 Cal. 3d 1147，252 Cal. Rptr. 221，762 P. 2d 385（1988），该案中法院认为，联邦监管机构出具的同意令（consent decree）允许涉案企业合并，可以使该合并免受加利福尼亚州反垄断法的处罚，因为联邦的同意令在规制具体的涉案企业合并方面"具有优先适用的效力"。

③ California v. ARC America Corp.，490 U. S. 93，109 S. Ct. 1661（1989），发回重审，940 F. 2d 1583（9th Cir. 1991）. 关于州法规定的间接购买者诉讼，见本书第 14.6 节。

④ Oneok，Inc. v. Learjet，Inc.，135 S. Ct. 1591（2015）.

针对的是私主体实施的限制，而不是那些由政府引导或者实质控制的行为。

Midcal Aluminum 案中涉及的州法就没有通过这一测试[①]，该项法令要求酒精饮料的生产者和批发商公开转售计划表，并要求销售商按照该计划表上的价格进行销售。这一规定建立了一个在当时构成本身违法的"维持转售价格（RPM）"体系，并将销售价格的决定权全权交给了生产者和批发商这些私人主体。最终，法院判定这足以导致《谢尔曼法》优先于该州法适用。

Midcal 案缺少一项构成非法转售价格维持（RPM）的重要因素：生产者/批发商和零售商之间并没有就特定的转售价格达成协议。而是，该项州法要求零售商们按照生产商和批发商确定的价格进行销售。法院简单地指出，此项州法的作用恰恰等同于一份维持转售价格协议的效果。

如果被挑战的州法没有要求经营者实施一项构成本身违法的行为，则不会导致联邦法的优先适用。在 *Rice v. Norman Williams Co.* 案[②]中，联邦最高法院维持了一项加州法律，该法律允许酒精饮料的生产者在"授权"某些酒产品进口商向该州进口其品牌产品的同时，禁止其他进口商进口其品牌产品。法院将这一商业安排定性为在州政府的层面允许的纵向地域分割，这一行为应适用合理原则，仅在少数情况下才会被认定为违法。法院得出结论，当一项州法受到挑战时，这项州法"只有在命令或者授权了某种在任何情况下都不可避免地违反反垄断法的行为，或者在私人主体必须承受无法抗拒的压力违反反垄断法才能遵守此项州法时，才可能会基于其表面含义即被认定为无效"[③]。

在 *Liquor* 案和 *Rice* 案后，最高法院对维持转售价格的行为采用了合理原则[④]，这意味着针对纵向价格限制和纵向非价格限制都适用合理原则。那么，这是否意味着酒精饮料价格维持和公示的相关规定将会像在 *Rice* 案中一样被认定为地域限制，而不会导致联邦法的优先适用呢？回答这一问题的关键在于，法院究竟会将涉案法律规定从根本上定性为纵向的限制还是横向的限制。有些州法的规定，如 324 *Liquor* 案中的条款，更类似于纵向转售价格维持，因此正如 *Connecticut Fine Wine* 案中多数意见所认定的那样，不会受制于联邦法优先适用原则而被排除适用。[⑤] 而其他一些州法的规定，如在涉及"公示和维持"（post-and-

---

① California Retail Liquor Dealers Assn. v. Midcal Aluminum（Midcal），445 U. S. 97，100 S. Ct. 937（1980）.

② 458 U. S. 654，102 S. Ct. 3294（1982）.

③ 见本书第 11.5 节；Leegin Creative Leather Prods.，Inc. v. PSKS，Inc.，551 U. S. 877，127 S. Ct. 2705（2007）。

④ *Rice*，458 U. S. at 661，102 S. Ct. at 3300.

⑤ 例如，参见 Connecticut Fine Wine and Spirits, LLC v. Seagull，916 F. 3d 160（2d Cir. 2019），最高法院提审动议被驳回，2020 WL 1668298（April 6，2020）（鉴于转售价格维持行为不再构成本身违法，因此强制要求实施该类行为的法规不再被《谢尔曼法》排除适用）。

hold）类行为的案件中的州法，看起来更像是横向的限制，所以 *Leegin* 案中确立的以合理原则审查转售价格维持的先例就不适用于此类州法。这类法律要求酒精饮料转售商们"张贴"或者说公开它们的转售价格，且承诺在一定时间内（如30 日）对外维持该价格水平进行销售。这种行为看起来更像是横向价格固定行为，而不是纵向转售价格维持行为。[①] 在拒绝对 *Connecticut Fine Wine* 案进行重审的程序中，合议庭持反对意见的少数观点认为，涉案法条中的信息发布要求实际上促进了横向共谋，因此应该被宣告无效。[②]

第 17.2 节　联邦主义与"州行为"理论的相关政策

"州行为"（"State Action"）理论使符合条件的州和地方颁布的法令得到联邦反垄断法上的豁免，即便这些规定明显地违反了联邦反垄断法。反垄断法上"州行为"这一术语与适用联邦宪法第 14 修正案和权利法案（Bill of Rights）的联邦宪法案例中使用相同表述的"州行为"具有不同的含义，后者要更为宽泛。许多符合宪法上"州行为"定义的行为并不是可受到反垄断法豁免的"州行为"，因为它们都不足以清晰地规定其构成一项州的政策、或者不够明确地表明所涉行为受到州政府机关的监管。例如，如果某一州监管机构授权某些私人主体达成违反该机构自己发布的强制性规范的共谋，可以构成联邦宪法第 14 修正案规定的"州行为"，但这一规则并不构成反垄断豁免意义上的"州行为"，因为这一规则并没有被规定在州的政策（state's policy）中，且该类私人主体的行为也没有受到任何监管。为避免歧义，本章节中余下部分所提及的"州行为"仅指反垄断理论中的"州行为"。"*Parker*"规则或者"*Parker*"豁免也均仅指向反垄断意义上的州行为理论。[③]

在 *Parker v. Brown* 案中，联邦最高法院维持了一项加州的法律，这一州法对加州农民生产葡萄干的经营行为施加了限制，不允许私人主体自由决定如何分配产品，而规定应由州官员进行监管。[④] 最高法院认为，在 1890 年通过《谢尔曼

---

① 如 TFWS, Inc. v. Schaefer, 2007 WL 2917025 (D. Md. 2007)，维持，572 F. 3d 186 (4th Cir. 2009)，认定了一项州法相对于联邦反垄断法的优先适用性。该州法规定，批发商在每月的第五日须向审计官公示其价格计划，且须符合以下要求：（1）价格应对所有其他批发商公开；以及（2）在接下来的一个月内不得变更。在不得依单一买家购买数量而提供折扣的禁令下，批发商必须针对购买同一商品的所有零售商收取相同的价格，从而防止批发商给予进货量较大的零售商以一定的折扣。也可参见 1 Antitrust Law ¶ 217 (5th ed. 2020)。

② Connecticut Fine Wine and Spirits, LLC v. Seagull, 936 F. 3d 119 (2d Cir. 2019)，最高法院提审动议被驳回，2020 WL 1668298 (April 6, 2020)。

③ 这一术语来自 Parker v. Brown, 317 U. S. 341, 63 S. Ct. 307 (1943)。

④ Parker v. Brown, 317 U. S. 341, 350 – 352, 63 S. Ct. 307, 313 – 315 (1943). 见 1 Antitrust Law ¶ 221 (5th ed. 2020)。

法》的时候，国会从未想要限制州和地方政府的监管权力。但是实际的情况是，根据 1890 年当时人们对美国联邦宪法商业条款（Commerce Clause）的看法，国会本来就无权限制州和地方政府的监管权，即便它想这么做。最高法院在 1895 年的 *E. C. Knight* 案中肯定了这一观点，认为联邦政府没有权力对完全处于一州范围内的市场行使监管权。[①] 基于相同的逻辑，跨州监管是违宪的。[②] 根据这一"双轨联邦制"（"dual federalism"）理论，那些属于一州和地方政府管理职权范围内的事务，不在联邦反垄断法的管辖范围之内。在此情况下，最高法院后来找不到证据证明《谢尔曼法》的立法者具有控制州和地方政府事务的意图就不足为奇了。

"州行为"豁免代表了一种联邦反垄断法不应对州政府的管制事项介入过深的思想。例如，如果州政府对州内运输的费率进行管制，或者市政府独家授权一家主体来搭建和运营有线电视系统，对这些行为不能以构成联邦法下的价格固定或者垄断为由进行追诉。

第 17.3 节　享受豁免的基本条件

只要满足下列条件，联邦反垄断法对州和地方政府的管制行为进行豁免，无论该行为是否具有反竞争的效果：

　　1. 被挑战的行为由"明确规定"（"clearly articulated"）的州监管政策进行授权（"authorization"，即"授权"要件）；以及

　　2. 任何经州监管政策授权的私人主体的行为均受到有权的政府机构的"积极监管"（"supervision"，即"监管"要件）。

如果某一州对执行其监管政策是认真的，并积极确保私营公司的行为符合其监管政策，那么州政府就可以自由地按照其意愿进行管理，哪怕其监管行为具有反竞争的效果，从这个意义上说，上一段所述的豁免测试规则是"非实体性"（"non-substantive"）的规则。

尽管该两步测试法在 *Midcal* 案的判决中才被第一次完整地提出[③]，但在 *Midcal* 案之前，这一测试方法就已经在其他几个在先判例中得到了阐释。在

---

　　① 见 United States v. E. C. Knight Co., 156 U. S. 1, 15 S. Ct. 249 (1895)；Herbert Hovenkamp, *Enterprise and American Law*, *1836 - 1937*, ch. 20 (1991)。

　　② 见 Wabash, St. Louis & Pacific Ry. Co. v. Illinois, 118 U. S. 557, 7 S. Ct. 4 (1886)（州政府无权对跨州铁路运输进行管制）；Hovenkamp, *Enterprise*, ch. 13。

　　③ California Retail Liquor Dealers Assn. v. Midcal Aluminum, Inc., 445 U. S. 97, 105, 100 S. Ct. 937, 943 (1980). 源自 1 Phillip Areeda & Donald F. Turner, *Antitrust Law*, 213（涉及监管），¶ 214（涉及授权）(1978)。

Goldfarb 案[①]中，联邦最高法院认为，对律师施行最低收费标准不能享受反垄断
豁免，因为这一行为构成了"实质上的……私人主体的反竞争行为"，与 *Parker*
案中公开设定的配额计划截然不同。尽管州法授权州最高法院管理法律服务市
场，法院则进一步通过州内的律师协会来具体履行这一职权，但这一授权过程并
不包括为任何主体设定最低收费标准的内容。

　　Goldfarb 案表明，除非州政府确实强令（compel）私人主体实施了某种行
为，否则不得享受 *Parker* 规则提供的豁免。法院在 *Cantor v. Detroit Edison
Co.* 案中重申了这一观点，拒绝对一个由受政府监管的公共事业机构制定的、向
顾客提供"免费"灯泡的政策适用反垄断豁免。[②] 法院认为，仅凭州的公用事业
委员会批准通过了一份"费率清单"（tariff）[③] 这一事实还不足以适用反垄断
豁免。

　　然而，联邦最高法院随后又拒绝了上述观点——该观点认为只有受州政府强
令实施的行为才适用 *Parker* 豁免。*Midcal* 案中确定的两步测试法并不要求州政
府的行为具有强令性（compulsion），且在 *Hallie* 案中，联邦最高法院一致意见
认为，当相关行为人是一家政府机构而不是私人主体时，其行为性质不需要满足
"强令"的要求，"授权"要件就已经得到满足。[④] in *Southern Motor Carriers* 案
中，法院将这一规则延伸至私人主体行为人。[⑤] 该案涉及所谓的"价格管理组
织"（"rate bureaus"），或者受到价格管制的企业之间联合制定费率的行为，原
告指控该行为构成价格固定。在该案中，根据涉案的州管制法规，汽车运输公司
可以选择加入价格管理组织，或者与竞争者们一道提交一份共同的价格申请，或
者单独向监管机构提交自己建议的价格表。法院总结道："只要州政府明白无误
地表达其允许一项管制政策，即满足了 *Midcal* 测试的第一项要求（明确授
权）。"[⑥] 事实上，在这种情况下，单纯的授权性监管比强制性监管对竞争的负面
影响要更小一些。在强制性监管的模式下，汽车运输公司被要求实施共谋，即在
向监管机关提交联合建议之前就要事先商量好费率。但在授权性监管的模式下，
任何一家想要降价的公司都可以单独提交其价格申请供政府审批，这一种做法更
有利于竞争。

---

① Goldfarb v. Virginia State Bar，421 U. S. 773，791-792，95 S. Ct. 2004，2015-2016 (1975).

② Cantor v. Detroit Edison Co. , 428 U. S. 579，96 S. Ct. 3110 (1976).

③ "费率清单"（"tariff"）指的是受监管的企业向其监管机构提交的规定了企业所要收取费用的水
平、提供服务的内容、对顾客采取的服务措施等内容的文件。一旦监管机构接受了这一价格表，该公司即
受该价格表的约束。

④ Town of Hallie v. City of Eau Claire，471 U. S. 34，105 S. Ct. 1713 (1985). 见本书第 17.6 节。

⑤ Southern Motor Carriers Rate Conference, Inc. v. United States，471 U. S. 48，105 S. Ct. 1721
(1985). 根据 Snake River Valley Electric Assn. v. PacifiCorp. , 238 F. 3d 1189 (9th Cir. 2001)。

⑥ 同上一条注释，at 60，105 S. Ct. at 1728。

在 *Southern Motor Carriers* 案中，法院强调"强令"属性可作为满足授权要件的证据。[①] 然而，我们现在可以清楚地看出，真正有效的要件是授权（*authorization*），而不是强令（compulsion）。

第17.4节　授　权

在适用"州行为"豁免规则时，法院必须首先考虑被指控的行为是否得到了州政府的合适授权。然后，法院必须考虑任何一项私人主体在该授权下所作出的决定都充分地受到了公共官员的监管。我们将在本节和下一节中论述这两个要件。

授权必须来自州政府，而不能是市级政府或其他政府分支机构，也不能来自任何州政府的下属分支机构。在 *Lafayette* 案中，联邦最高法院大法官的观点分裂严重，其中四名大法官认为，市级政府机关不能授权其他主体实施反竞争行为，即便这一行为符合州法的规定。[②] 第五名大法官——首席大法官 Burger 也同意这一观点，但其补充道，只有在被争议的行为属于财产性行为（即属于营利性行为）而不是行政性行为的时候，这一结论才成立。最高法院随后在 *Boulder* 案中对自身的观点进行了澄清。[③] 在该案中，Boulder、Colorado 两个城市试图使其限制私人有线电视公司在本地扩张的一项法令合法，理由是它们属于"地方自治"的市政府组织（"home rule" municipality），拥有对归属于州的几乎所有事务进行管理的全部权力。Boulder 市政机关等主张的地方自治条款由州法创设，其目的是扩大相关地方市级政府的管理权力。这类条款有时候在州宪法中规定，有时候则由州议会立法制定。最高法院认为，地方自治条款不足以构成 *Parker* 豁免的州授权（state authorization）要件，因为，虽然地方自治条款本身来自州法，但授权条款的实体内容十分宽泛，并没有具体指向任何市政府可能通过的法令内容。相反，地方自治条款是中性的，实质上是授予了 Boulder 市政机关随心所欲地管理其有线电视系统的权力，而没有明确限制 Boulder 市政机关具体应当如何管理。在联邦反垄断法的管辖范围内，市政府只有在经其所属的州政府明确授权时，才有权实施损害竞争的行为。

类似地，*Southern Motor* 案中，法院认定，联合制定费率的行为不能仅仅因为经有关监管机关授权而享受豁免，授权必须以某种形式体现在创设该监管机构并赋予其职权的州法中。[④] 但这一分析也产生了"州"的范围应当如何界定的问

---

① 471 U. S. at 61-62, 105 S. Ct. at 1729.

② City of Lafayette v. Louisiana Power & Light Co., 435 U. S. 389, 98 S. Ct. 1123 (1978).

③ Community Communications Co. v. City of Boulder, 455 U. S. 40, 102 S. Ct. 835 (1982).

④ Southern Motor Carriers Rate Conference, Inc. v. United States, 471 U. S. 48, 105 S. Ct. 1721, 发回重审, 764 F. 2d 748 (11th Cir. 1985).

题。一州只能通过其机构和官员行事，从这个意义上说，立法机关是州的一个"机构"（"agency"），而管理货车运输的行政机关也是州的机构。今天，我们可以明确地说，在分析 *Parker* 豁免的授权要件时，一州的立法机关*和一州的最高法院就是"州"本身。①绝大多数的，但不是所有的监管机构的性质都属于行政分支（executive branch）**；但是 *Southern Motor Carriers* 等案的判决，不能被解读为在分析 *Parker* 豁免的授权要件时，州长办公室（Governor's Office）不构成州的一部分。而是，我们必须区分总领（primary）的行政机关和附属（subordinate）的政府机关。但即便如此，其中的界限还是非常模糊的。例如，第九巡回法院曾认定，在判定 *Parker* 规则的授权要件时，一州的交通部部长应当被视为该州本身。②

在判断"州本身"（"state itself"）与其附属机构的边界时，法院关注三个问题：

（1）该机构、办公室或者部门是否具有立法权或者准立法权（quasi-legislative power），还是只是根据法规指示行使某些职能；如果是后者，则该机构就可能不构成"州"③。

（2）该机构、办公室或者部门的决策者是否全部都与所监管的市场没有利害关系，还是包括了被监管市场的代表；如果是后者，则该机构、办公室或者部门通常不构成"州"本身的一部分。④

（3）该机构是否以某种形式明确地受州议会、州长或该州最高法院的领导，或向其负责；如果不是，则该机构不太可能构成"州"本身的一部分。⑤

假设某授权的来源确实合法正当，那么这一授权应当包含哪些内容、需要清晰到何种程度，才能满足 *Parker* 规则的授权要件呢？*Boulder* 案的判决提到，仅仅是中性的授权还不足以构成"授权"。那些为其管理制度辩护的当事人必须提供证据证明，一州曾经充分考虑了诉争行为，在此基础上仍然决定批准此类行

---

*　即州议会。——译者注

**　行政分支是在三权分立体系下与立法分支、司法分支相对应的概念。——译者注

①　以下案例认定一州的最高法院即构成州本身：Bates v. State Bar of Arizona, 433 U. S. 350, 97 S. Ct. 2691 (1977); Hoover v. Ronwin, 466 U. S. 558, 104 S. Ct. 1989 (1984); Grand River Enters. Six Nations, Ltd. v. Beebe, 574 F. 3d 929 (8th Cir. 2009)（认定州立法机关参与了涉案的香烟和解协议的缔结过程，并制定了市场份额分配的法律条款，构成了由"州"本身批准了涉案协议）。

②　Charley's Taxi Radio Dispatch v. SIDA of Haw. , Inc. , 810 F. 2d 869, 875 (9th Cir. 1987).

③　*Southern Motor Carriers* , 471 U. S. 48 (1985).

④　见 Cine 42nd Street Theater Corp. v. Nederlander Org. , Inc. , 790 F. 2d 1032 (2d Cir. 1986)。

⑤　See Bolt v. Halifax Hospital Medical Center, 891 F. 2d 810, 824 (11th Cir.), cert. denied, 495 U. S. 924, 110 S. Ct. 1960 (1990). 见 Bolt v. Halifax Hospital Medical Center, 891 F. 2d 810, 824 (11th Cir.)，最高法院提审动议被驳回，495 U. S. 924, 110 S. Ct. 1960 (1990)。

为。同时，这一管理制度的大部分内容可以交由州政府机关或者州政府的下属机构来具体执行。在市政级监管的语境下，如果被控行为所产生的效果"合乎逻辑地符合"州立法的预期结果，那么就足以构成"授权"。因此，如果一项州法授权某一市级政府提供废水处理服务，并规定其有权拒绝对本市以外的地区提供此项服务，那么我们可以合理预见，该市政府有权在同意为毗邻地区提供废水处理服务之前坚持将该外围区域并入该市政府的管辖范围。[①]

在 Southern Motor 案中，法院明确指出，满足条件的授权并不需要一州直接参与到监管机构的微观决策和管理过程中来。[②] 在该案中，法院认定一项使政府机构有权监督费率制定全流程的一般性立法规定就足以创设对联合制定费率行为的州授权。

原告经常辩称：即便一项州法构成一般性授权，但具体到本案中，特定的诉争行为本来就不应在授权范围内。例如，假设原告主张某名政府官员与某位或者多位个人"共谋"阻拦原告进入相关市场，可以肯定的是，不会有哪一条州法会授权其行政机关或者下属机构参与共谋。虽然这是事实，但是，根据我们的经验，几乎所有关于共谋的指控实际上指的都是申请人的请求加上政府的答复。对此，所有法院一致认为，一私人公民请求政府机关实施某项行为，而政府机关作出了肯定性的响应，这种情况不能构成"共谋"[③]。进一步说，如果认定这是共谋，那么将会破坏宪法规定的公民请愿权，这一观点体现在反垄断法的 Noerr-Pennington 原则中。[④]

在其他一些案件中，原告会主张，即使某些行为是经过授权的，但州政府的官员存在超授权范围行事的情况。[⑤] 在这些案件中，有些行为属于个人行为的范畴，这些行为可能不属于一州或者有权执法的机构所作出的官方决策的一部分；有些行为则属于一州或者地方政府机构违反对其进行授权的州法的行为。[⑥]

---

① Town of Hallie v. City of Eau Claire，471 U. S. 34，105 S. Ct. 1713 (1985).

② Southern Motor Carriers Rate Conference，Inc. v. United States，471 U. S. 48，63 - 64，105 S. Ct. 1721，1729 - 1731 (1985).

③ 见 City of Columbia & Columbia Outdoor Advertising v. Omni Outdoor Advertising，Inc. ，499 U. S. 365，383 - 384，111 S. Ct. 1344，1356 (1991)，发回重审，974 F. 2d 502 (4th Cir. 1992). 见本书第 17.6 节；及见 1 Antitrust Law ¶ 224d (5th ed. 2020).

④ 见本书第 15 章。

⑤ Surgical Care Center of Hammond v. Hospital Service Dist. ，171 F. 3d 231 (5th Cir. 1999)，最高法院提审动议被驳回，528 U. S. 964，120 S. Ct. 398 (1999)，发回重审，2001 WL 8586 (E. D. La. 2001)，维持，309 F. 3d 836 (5th Cir. 2002) (州法授权地区医院可以开展联合经营，但该授权不包括实施具有反竞争效果的拒绝交易行为；"不是所有的联合经营都具有反竞争效果，因此，地区医院从事的反竞争行为并不是州法授权其联合经营所能预见到的结果")。

⑥ 例如，First Am. Title Co. v. DeVaugh，480 F. 3d 438 (6th Cir. 2007) (国家的土地登记处有权接受并登记权利文件，并将其副本提供给第三方主体，但这一授权不包括使其有权限制这些文件的再转让)。

上述情况是否仅因为其可能具有反竞争的效果，就应当被认定为违反了反垄断法呢？值得注意的是，很多违反州法的行为，都具有反竞争效果。对此，法院判决的趋势是，超越州法行事的行为不应当由联邦反垄断法规制，尤其是当州法本身对此类行为提供了救济途径的时候。[①]

这一结论看起来是必然的。当一项州法决心进行监管时，它自然会预料到执行机构或者执法的个人行为主体会犯错误，甚至可能会故意违法。因此，个案中直接相关的问题就是州法中是否存在纠正或者惩罚这些违法行为的机制？如果任何不遵守州法监管制度的行为都立即被认定为违反联邦反垄断法，那么州法将失去其本身的威严和完整性（integrity）。例如，假设一项州法授权某一机构来管理某项事务，但该机构的官员与一家企业私底下进行了秘密交易，优待这家公司而损害其他公司的利益，那么联邦反垄断法院将会问的第一个问题是，州法是否为受到该官员违法行为损害的受害者提供了有效的救济途径，如果是，则不应当适用联邦反垄断法对该违法行为进行调整。

在私人行为的情形下，授权的问题就稍微简单一些。私主体企业本来就是追求自身利益最大化的行为主体，且它们能够享受的豁免受到十分严格的限制。[②]当被授权的主体是私人主体时，法院一般不太愿意推断该州存在调整市场竞争的意图。如果该项法令对此持中立态度，且该项法令的施行既可以通过竞争性的方式、也可以通过反竞争性的方式来实现，那么法院可能会坚持要求以有利于竞争的方式实施有关授权。

一般情况下，通常（ordinary）的企业授权不能被解释为授权行为人实施具有反竞争效果的行为。例如，一家医院被授予了可以订立为其业务所需的一切协议的权利，这并不意味着该家医院被允许有权订立具有反竞争效果的协议。在 *Phoebe-Putney* 案的判决中，联邦最高法院确立了这一规则，认定一项州法对医疗机构可以合并的授权不能被解释为州法事前同意了创设垄断的合并。[③] Sotomayor 大法官代表全体大法官的一致意见，将案件的争议焦点归纳为："创设了医疗机构这一特殊目的公共实体、并赋予其包括并购其他医院在内的一般性的法人权利的佐治亚州法律，是否明确地规定（clearly articulate）和积极地肯定（affirmatively express）了一项允许实质性减少竞争的企业合并得以推行的

---

① 例如，Kern-Tulare Water Dist. v. City of Bakersfield，828 F. 2d 514，522（9th Cir. 1987），最高法院提审动议被驳回，486 U. S. 1015，108 S. Ct. 1752（1988）（联邦制的拥护者们将州看作是具有独立主权的主体，其观点引用为："当州法实施过程中出现的错误或者滥用现象……剥夺了城市所享有的州授权时，受损害的当事人不能放弃使用州为此量身定制的一般性纠错程序"）。

② 例如，In re Insurance Antitrust Litigation，938 F. 2d 919，931（9th Cir. 1991），部分维持，以其他理由部分改判，509 U. S. 764，113 S. Ct. 2891（1993）（州的保险法规没有规定私人主体有权进行共谋）。

③ FTC v. Phoebe Putney Health Sys.，Inc.，133 S. Ct. 1003，1011（2013）。见 1 Antitrust Law ¶ 225b4（5th ed. 2020）。

州政策。"① 为了满足"明确地规定"这一条件，州立法并不需要"在法律条文的内容或者其立法的过程中清楚地表达"其追求反竞争效果的意图，而是，正如 *Haillie* 案所体现的，只要反竞争的效果属于州法所授权的行为的一项"可预见的结果"就足够了。② 然而，在本案中，医院所拥有的普通的关于并购和租赁的权力只不过"反映了州法通常赋予私营公司的一般性的权力"③。最后一点是十分关键的。事实上，每一个州的公司法均授权公司收购其他公司的股份或者资产。下级法院在本案中的解释，在公司合并问题上可能会完全架空联邦反垄断政策。最高法院随后总结道：

> 当某一州赋予了一些主体从事某些行为的一般性的权力时，无论这些主体是私人公司还是如政府机构一样的公共机构，规则的制定过程都无法脱离我们的法律体系中存在联邦反垄断法这一背景。当然，私人主体和地方政府实体都可能以具有反竞争效果的方式行使其一般性的权力，从而违反反垄断法的要求，这都是可以预料的。但是一名理性的立法者有能力预见（潜在的不良）结果这一事实，远不足以得出立法者有意以明确规定的方式出台一项扭曲自由竞争而代之以监管管束的积极的州政策（affirmative state policy）。④

第17.5节　积极监管

在 *Midcal* 案中，联邦最高法院认定，在没有有效的州的监管措施的情况下，一州不能授权私人行为人创设和实施构成本身违法的转售价格维持行为。⑤ 如果一州的政策允许私人行为人实施具有反竞争效果的行为，这无可厚非，但该州必须保证私人决策者按照该州的政策行事，不能实施其他超出州授权范围的反竞争行为。在 324 *Liquor* 案中，法院进一步明确了这一规则，宣告了一项州法无效，这项州法要求酒精饮料零售商以高出批发商发布价格 12％ 的价格销售酒精饮料，而批发商发布的价格却不受任何机构的监管。⑥ 由此，这项州法实际上赋予了批

---

① FTC v. Phoebe Putney Health Sys. , Inc. , 133 S. Ct, at 1007。

② 同上一条注释，at 1011，引自 *Hallie*，471 U. S. at 42，43。

③ 同上一条注释，at 1011。

④ 同上一条注释，at 1003 - 1004，引自 FTC v. Ticor Title Ins. Co. , 504 U. S. 621，632 (1992)。

⑤ California Retail Liquor Dealers Assn. v. Midcal Aluminum (Midcal)，445 U. S. 97，100 S. Ct. 937 (1980)。

⑥ 324 Liquor Corp. v. Duffy，479 U. S. 335，107 S. Ct. 720，发回重审，69 N. Y. 2d 891，515 N. Y. S. 2d 231，507 N. E. 2d 1087 (1987)。也可参见 A. D. Bedell Wholesale Co. v. Philip Morris, Inc. , 263 F. 3d 239 (3d Cir. 2001)，最高法院提审动议被驳回，534 U. S. 1081，122 S. Ct. 813 (2002) (涉及多州的烟草和解协议不能享受州行为豁免，因为这一协议赋予了烟草公司显著的共同合谋确定其产量的私权)；根据 Freedom Holdings, Inc. v. Spitzer，357 F. 3d 205，223 (2d Cir. 2004)。

发商不受监管的自由确定零售价格的权利。

积极监管（active supervision）规则关注三方面的问题，联邦最高法院已经在其判例中回答了其中的两个问题，尽管这些问题还是没有得到彻底解决。这三个问题分别是：（1）什么时候需要监管？（2）需要什么样的监管？（3）谁必须来进行监管？

17.5a. 什么时候监管是必需的？

当被诉行为由私人主体作出时，就需要积极的监管。[①] 事实上，联邦最高法院在确立这一要件时，主要的考虑就是州政府不应当简单地适用 *Parker* 规则给予私人主体随心所欲的全权行事自由（carte blanche）。当州政府本身就是相关的行为人时，显然不需要"监管"，因为不存在凌驾于州之上的监管机关。

在 *Hallie* 案中，联邦最高法院认定，当被控行为系由诸如市政部门等政府的下属分支机构在州的授权范围内作出时，此行为就不需要州的监管。[②] 也就是说，*Parker* 规则既不要求一州对市级管制进行授权，在该市政规定付诸实施后，也不需要由一州对该行为进行监督或者检查。市级政府部门被授权可以进行自我监督。这一规则不只适用于市政机关履行传统的"政府"职能的情况，也同样适用于市政机关在私营市场中像企业一样与私人卖家进行竞争的情况。[③] 因此，当行为人是"政府"机构时，不需要考虑监管这一要件。

作为一项政府组织的基本原则，联邦制是为了保护一州所享有的自治权，而不是保护个人的权利——尤其是在市场经济中实施反竞争行为的"权利"。因此，某一主体要想被认定为"州本身"，从而不需要对其监管的话，有权作出决定的决策者必须与其所管理的行为保持经济利益上的独立性。一个市级政府在一般情况下（虽然不是所有情况下）能够满足这些要求，由公共财政负担薪资的官员组成的监管机构可能也能满足这些要求。诚然，监管机构的官员和地方上的政客都有可能"被俘获"，即便他们不是所涉及的私营市场的直接参与者。但是，被俘获和直接的经济利益仍然不能画等号。不同的利益集团也会为笼络官员而相互展开激烈的竞争。"俘获"并不是一个普遍现象，我们推定大多数的政府官员都能尽职尽责地履行公共职权。最重要的是，俘获本身不是一个反垄断问题，而是一个政治问题。[④]

---

　① Midcal，445 U. S. at 105 - 106，100 S. Ct. at 943 - 944；Southern Motor Carriers Rate Conference v. United States，471 U. S. 48，58 - 59，105 S. Ct. 1721，1727 - 1728 (1985).

　② Town of Hallie v. City of Eau Claire，471 U. S. 34，47，105 S. Ct. 1713，1720 (1985).

　③ 见 Danner Construction Co.，Inc. v. Hillsborough County，Fla.，608 F. 3d 809 (11th Cir. 2010)（市政机构授权的垃圾回收特许经营；需要授权，且在该案中认定存在授权；当市政机构自身是行为人时不要求积极的监管行为）。

　④ 关于此观点，见 Einer Elhauge，"The Scope of Antitrust Process"，104 *Harv. L. Rev.* 667 (1991)。

在任何情况下，一州下设的监管机构（state agency）和市政机关（munici-pality）作出决策的站位都不太一样。与市政机关不同的是，州下设的监管机构享有延伸到整个州的权力，并因此可能承担由州本身享有的职能。另一方面，州下设的监管机构经常在某一个单一的市场中运行，因此，其更有可能受其所管理的利益的影响。在 *North Carolina Dental* 案中，某一由专业牙医组成的协会被州政府任命并授权为管理牙医行业的"监管机构"①。但是，这一协会受执业牙医的控制，这些牙医也因此可以从该机构的反竞争决策中获利。该机构通过了一项规则，禁止除执业牙医以外的任何人在北卡罗来纳州提供牙齿美白服务。没有任何独立的州政府官员对这一规则进行过监督。美国联邦贸易委员会对这一规则提出质疑并宣告其无效，第四巡回法院支持了 FTC 的决定，意见分裂的联邦最高法院多数意见认为，这样一个机构与市政机关不同，需要由独立并有相关权力的州政府官员对其进行实体上的监管。最高法院认为：

> 在某个州委托某些积极的市场参与者来行使监管权时，对州行为豁免规则进行限制是最为关键的，因为在行业执业标准的制定过程中，私人主体可能会掺杂利己的反竞争动机，甚至有时候这些市场参与者们自己都没有意识到这一点。行为人并不总是能够察觉到自己同时代表了两种不同类型的利益。其结果是，市场参与者们不得在缺乏反垄断监管的情况下，完全不受限制地管理其所在的市场……所以，根据 *Parker* 规则和最高效力条款，一州以达成公共政策为目的的权力扩张，并不包括不受监管地授权市场参与者来实施市场监管，否则，会削弱国会在《谢尔曼法》立法过程中的政策意图。
>
> ……*Parker* 豁免规则要求非公权力行为人的反竞争行为——尤其是经一州授权管理其所在行业的行为，应当经过特定的程序，以确保其足以相当于一州自身所作出的行为。②

此外，

> 在任的市场参与者控制的机构和私人贸易协会之间的相似性，不会仅仅因为前者由一州正式指定、具有一定的政府权力、并需要遵守一些

---

① N. C. State Board of Dental Examiners v. FTC，135 S. Ct. 1101（2015）. 见 Herbert Hovenkamp，"Rediscovering Capture: Antitrust Federalism and the North Carolina Dental Case"，*CPI Antitrust Chronicle* 1（April 2015）；Aaron Edlin & Rebecca Haw，"Cartels by Another Name: Should Licensed Occupations Face Antitrust Scrutiny"，162 *Univ. Pa. L. Rev.* 1093（2014）；Ingram Weber，"The Antitrust State Action Doctrine and State Licensing Boards"，79 *Univ. Chi. L. Rev.* 737（2012）.

② 同上一条注释，at 1111，引自 1A Antitrust Law ¶ 226；Einer Elhauge，"The Scope of Antitrust Process"，104 *Harv. L. Rev.* 667，672（1991）；Merrick B. Garland，"Antitrust and State Action: Economic Efficiency and the Political Process"，96 *Yale L. J.* 486，500（1986）.

程序规范，而被消除。*Parker* 豁免规则的适用并不因行为主体的命名方式不同而有何不同。当一州授权一些在任的市场参与者来决定谁能够进入该市场，以及需要具备什么条件才能进入市场时，对这些市场参与者的行为进行监督的必要性是不言而喻的。今天，本院认定，一个经州授权的决策机构，如果对决策占有控制地位的成员是在任的市场参与者，那么这一机构管理市场的行为就必须满足 *Midcal* 案中的积极监管要求，才能适用州行为反垄断豁免。①

持反对意见的 Alito 大法官认为，法庭的多数意见对于一州管理其事务的权力造成了太多干扰，即便该州最终决定其监管的方式就是听之任之。Alito 大法官认为，如果作为一个主权者的州宣布一家牙医组织是州的"监管机构"，那么"问题就已经解决了"，我们就不需要考虑"这一组织的内部结构充满问题，以至于不值得让一个好的政府委以重任"这一问题。②

从 *North Carolina Dental* 案推导出的规则是，主要由经选举产生的官员组成的市政机关在管理丰富多样的经济事务的过程中，需要的是授权而不是监管。相反，由直接的市场参与者或其他具有利益关系的私人主体而不是无利害关系的州政府官员作为决策者组成的州"监管机构"，则既需要授权，也需要监管。

是否需要受监管这一问题同样存在于另一个场景中：在某些情况下，虽然被控行为明显是由私人主体作出的，但是法律没有给行为人留下任何自由裁量的空间。例如，在 *Municipal Utilities Board* 案中，法院支持了一个电力供应的地域划分方案。在该案中，基础的地域划片由法律直接规定，但是进一步的用户分配则由私人主体决定。

按照法律规定，如果一个用户的房产横跨两个或者多个电力供应者的服务范围，此用户应由其大部分房产所在地的电力供应者来提供服务。因此，尽管私营电力供应企业在它们之间自行划分了新用户，但这种分割是按照法律所规定的公式进行的，而其自身没有自由裁量的空间。因此，这一行为不存在监管的必要。③

解决监管问题的关键是要围绕被控行为具体问题具体分析。反垄断法院应当首先判断被控行为的决策者是否是私人主体。如果不是，就不需要监管。如果行为人是私人主体，那么法院需要考虑在实施这一行为时，该行为人是否具有一定的自由裁量权。如果答案是否定的——即该行为人仅仅是按照法律的强制性规定

---

①　N. C. Dental, 135 S. Ct. at 1114, 引自 1 *Antitrust law* ¶ 227.

②　同上一条注释, at 1117 - 1118。

③　Municipal Utilities Board of Albertville v. Alabama Power Co. , 934 F. 2d 1493, 1497（11th Cir. 1991），发回重审后上诉, 21 F. 3d 384（11th Cir. 1994），最高法院的提审动议被驳回, 513 U. S. 1148, 115 S. Ct. 1096（1995）。

追求一个法定的特定结果，那么就没有监管的必要。但是如果行为人在实施被控行为的时候有多种选择，那么行为人作出选择的过程就需要由有权的州官员进行有效的监管。

17.5b. 什么样的监管是必需的？

政府的监管种类繁多，并且具有不同的层次。例如，一家上诉法院通过对实体问题进行审查、并对错误的判决进行改判，来"监管"下级法院。相反，一家人手不足的监管机构可能只是走过场地完全依照申请人的申请发放经营许可证，对申请的真实性和合法性不作任何实质性审查，只有在收到投诉或者问题被曝光时，才进行事后监管，或者甚至根本连事后监督都没有。此外，一些监管机构可能甚至不具有对私人主体的行为进行实体监督的权力，它们的审查权限仅限于针对程序性的事项。例如，在一些行业中，销售者被要求向主管部门报告其价格或者所售出商品的数量，但是接收该报告的机关并没有规制其价格或者产出量的权力。

今天，可以明确的是，单纯的报告、或仅对程序性事项进行监管，并不符合"积极监管"的构成要件。联邦最高法院通过 *Patrick v. Burget* 案确立了此项规则。在该案中，最高法院认定一个州授权的医药同业互查机制（medical peer review scheme）不构成充分有效的监管。[①] 该案的原告是一名医生，其受到公立医院组织的医药同业互查委员会的处罚。根据该州法律，一个公共机构有权要求用人单位出具辞退员工的报告，并审查吊销医务人员资质的程序是否违反程序要求，但其无权审查医院决定的实体内容。法院认为，积极的监管"要求州政府官员拥有且履行了审查私人主体实施的特定的反竞争行为的职权，并有权撤销那些违反州监管政策的行为"[②]。最高法院在 *North Carolina Dental* 案中重申了这一要件："监管者必须审查反竞争决定的实体内容，而不仅仅是作出该决定的程序……"[③]

前述最高法院的判决提出了一种可能，即州法院的司法审查也可以满足积极监管的要件，但是如此一来，法院的裁判权就需要延伸到私人主体所作出的决定所包含的实体问题了。然而，尚不清楚的是，在这样的案件中，审查的标准是否不应高于法院审查一般公共机关行为时通常适用的标准即此决定是否只需要在案

[①]　Patrick v. Burget，486 U. S. 94，108 S. Ct. 1658，重审申请被驳回，487 U. S. 1243，108 S. Ct. 2921 (1988)。

[②]　同上一条注释，at 101，108 S. Ct. at 1663。

[③]　*North Carolina Dental*，135 S. Ct. at 1116。

证据足以支持即可，还是说需要遵循更高的审查标准。*①

监管要件的问题实际上包含了两个十分不同的问题：监管机关或者法院被授权做什么，它们又实际做了什么。例如，假设某个价格监管机构经授权负责审查商家提高价格的申请，有权决定待审批的价格是否合理地反映了成本的增加，并根据其调查结果有权决定是否批准。这样一个机制无疑可以构成"积极监管"。但是，假设这一机构事实上缺乏经费支持，没有能力对这些申请进行逐一审查；再进一步假设，自很长的时间以来，这一机构只通过提供"橡皮图章"批准了所有的申请；又或者是，如果相关法律规定，关于所申请的价格在该申请提出之日起 30 日后生效，除非价格监管机构提出异议，而事实上该机构从未提出异议。那么，这一机构具有进行监管的权力，是否就足以满足联邦反垄断法意义上的"积极监管"的要求？还是说这一机构必须同时"积极地"实施了监管行为？

在 New England Motor 案中，第一巡回法院采纳了第一种观点，几乎仅依据得到州授权的管理运费价格的机构有权审查这些价格，且它们在一定程度上得到了"人员和经费方面的支持"，就认定该州立机构的监管满足了积极监管的要件。在具体个案中，具有监管权的州立机构从未拒绝经营者们关于价格提出的申请，甚至从未"要求经营者提供财务方面的数据来证明其所共同设定的费率的合理性"②。

然而，在 Ticor Title 案中，联邦最高法院不同意 New England Motor 案的观点，在类似的情形下认定监管不充分。③ 在该案中，被告是一些提供不动产所有权调查、担保交易文件准备以及销售产权保险服务的企业。这些企业通过费率办公机构（rate bureau）向州的保险监管机构共同申请建议费率。④ 州的监管规则包括一项"反对权"条款，即建议费率在市场经营者提出申请之日起一段时间后生效，通常是 30 天，除非监管机关明确提出反对。但在历史上，监管机构在这一反对权的行使上，表现得实在是乏善可陈。有些监管机构只是检查一下申请者们的资料是否存在计算错误，但有些监管机构甚至连这项工作都不会做。监管机构只会偶尔要求申请者们提供额外的数据，来支持它们提高费率的申请。尽管法律要求监管机构定期地对保险公司的成本进行审计，但这样的审计很罕见。总而言之，这种监管聊胜于无，只相当于给卡特尔披上了合法的外衣。

最高法院认为，这些证据表明，涉案的监管无法通过积极监管的测试。在反

---

*　即州法院是否需要依职权超越当事人举证的范围积极搜集证据。——译者注

①　一法院曾认定，当司法审查的标准仅仅是私营主体同业互查所作出的决定是否武断和恣意时，那么该司法审查就是不充分的。Shahawy v. Harrison，875 F. 2d 1529（11th Cir. 1989）.

②　New England Motor Rate Bureau，Inc. v. FTC，908 F. 2d 1064（1st Cir. 1990）.

③　FTC v. Ticor Title Ins. Co.，504 U. S. 621，112 S. Ct. 2169（1992），发回重审，998 F. 2d 1129（3d Cir. 1993）。

④　关于费率监管机构的定义，见本书第 17.3 节。

驳 *New England Motor* 案中所采纳的标准时[1]，最高法院认为：

> 当价格或者费率是由私人主体首先提出、只在一州选择行使否决权的时候才受到限制时，主张豁免的当事人必须证明该州的官员已经采取了必要措施，以判断价格固定或者费率设置机制的细节 （specifics）。仅仅存在州监管的潜在可能性还不足以等同于州已经作出了决定。[2]

Scalia 大法官在附和意见中，首先肯定该案的结果与在先涉及监管的判例是一致的。但是他提出了担忧，认为这一结论将会使那些缺乏资源、监管力量普遍不足的领域，针对州监管事项的反垄断争议出现大幅度的增长。[3]

在反对意见中，首席大法官 Rehnquist 则认为，法庭的多数意见将使法院不得不对州监管的质量进行实质性审查。他预测道，共同制定价格的行为将变得十分危险，导致许多受监管的主体将放弃这一行为。[4] 在那种情况下，监管机关将面临更大的工作压力，它们需要审查更多的费率申请，因为每一家公司都会提交自己的申请。当然，这个结果不一定是件坏事，这完全取决于人们如何看待共同费率申请下的整个产业状况。对特定费率的监管成本虽然提高了，但随之而来的竞争水平的提升及社会福利的增加，也许能够抵消甚至超过成本的增长。[5]

当然，更为基础性的问题是，联合定价机制的存在，在本可以充分竞争的市场上究竟合不合理？——如果不是这样，意味着首先就不应当对价格进行管制，而应当由市场竞争来决定价格。如之前的章节所提到的，许多这样的行业都在放松管制，使企业拥有更大的行事自由，能够自行设定竞争水平的价格。[6]

17.5c. 谁必须监管？

联邦最高法院一般会提及对私人行为的监管应当来自州本身。但在相关案例中，如 *Midcal* 案[7]和 *Patrick* 案[8]，州都是案件当事人，所以监管的权力来源不是问题。[9] 更好的规则应当是颁布相关规定的政府层级也应当是实际进行监管的政府层级。如果相关的管制规定来自州一级，那么就应当由负责这一管理制度的

---

[1] *New England Motor*，908 F. 2d 1064 (1st Cir. 1990).

[2] *Ticor*，504 U. S. at 638，112 S. Ct. at 2179.

[3] 504 U. S. at 639 - 643，112 S. Ct. 2180 - 2182.

[4] *Ticor*，504 U. S. at 643 - 644，112 S. Ct. at 2182.

[5] 当然，更根本的一个问题是，是否一开始就有必要对具有潜在竞争关系的企业进行联合费率的监管，还是说进行这样的监管是利益相关方游说所产生的政府俘获的结果？

[6] 见本书第 16.1~16.2 节。

[7] 445 U. S. 97，100 S. Ct. 937 (1980).

[8] 486 U. S. 94，108 S. Ct. 1658，重审申请被驳回，487 U. S. 1243，108 S. Ct. 2921 (1988)。

[9] 也可见 *Hallie*，471 U. S. ，46 n. 10，105 S. Ct. 1720 n. 10，提道："当涉及对一个私营主体进行州级或者市级管制时……必须证明存在来自州的积极监管……"

州的监管机构来实施监管。相反，如果相关规定来自市一级，则应当由市政机关进行监管，无论是直接通过其议会，还是通过某一委员会或者监管机构进行监管。

例如，如果一个城市规定，出租车公司如申请涨价，须提交证据证明运营成本发生上涨。那么，联邦反垄断法不会要求由州的政府机关、而不是该市政府机关，负责审查并决定批准出租车公司的申请，因为这样的管理制度十分烦琐，且州政府将不得不针对其下属的各个城市或者其他政府分支机构来实施不同的，甚至相互矛盾的管制政策，这会使得州的处境十分尴尬。事实上，在很多情况下，这会减轻实施监管措施的政府机构对直接受影响的当事人所负的政治责任，这绝非反垄断法上"州行为"豁免规则的立法目的。许多下级法院所作出的判决表明，在对某一项监管进行评估时，法院主要考虑的是出台相关监管规定的政府机构所作的监管。[①]

第 17.6 节　与市级反垄断责任相关的特殊的、但逐渐消退的问题

1984 年颁布的《地方政府反垄断法》（Local Government Antitrust Act，LGAA）规定："任何地方政府、其官员及其政府雇员不因履行公共职权的行为而受到任何损害赔偿、损害赔偿的利息、费用或者任何律师费的追索。"[②] 但是，当事人获取禁令的权利并没有受到限制，且成功申请到禁令的原告可以要求对方赔偿律师费损失。[③] 该法为"根据任何地方政府、其官员及其政府雇员因履行公共职权的行为所作出的指示而行事的任何人"提供了类似的保护。[④]

虽然《地方政府反垄断法》移除了最为严厉的多种反垄断救济，但是仍然没有明确回答市级机构何时可以主张 Parker 豁免的问题。此后，联邦最高法院在两起案件中回答了这个问题，在此过程中，最高法院几乎解决了在 Lafayette 案和 Boulder 案中一直困扰地方政府的问题，几乎消除了市政机构遭到反垄断追责的"达摩克利斯之剑"。

在 Hallie 案中，联邦最高法院给出了两项其从前有所抵触的重要结论。[⑤] 第

---

① Tri-State Rubbish, Inc. v. Waste Management，Inc.，998 F. 2d 1073（1st Cir. 1993）（市级的监管，相对于州级监管而言，应被允许），其他案件见 1 Antitrust Law ¶ 226d（5th ed. 2020）。

② 15 U. S. C. A. §§34 - 36. 见 Thatcher Enters. v. Cache County Corp.，902 F. 2d 1472，1477 - 1478（10th Cir. 1990）（禁止向市级政府机构及其官员索赔）。

③ 见 Lancaster Community Hosp. v. Antelope Valley Hosp. Dist.，940 F. 2d 397，404 n. 14（9th Cir. 1991），最高法院提审动议被驳回，502 U. S. 1094，112 S. Ct. 1168（1992）。

④ 见 Wee Child Ctr.，Inc. v. Lumpkin, 680 F. 3d 841（6th Cir. 2012）（认定《地方政府反垄断法》禁止向被指控的将原告排除在外的家庭服务机构的雇员索赔）。

⑤ Town of Hallie v. City of Eau Claire, 471 U. S. 34，105 S. Ct. 1713（1985）.

一，虽然市级机构的行为只有在取得授权，或者满足州"明确规定"要件的情况下，才适用 *Parker* 豁免，但是我们不能期待任何一项法律能够"列举出一州将管理权力委托给相关监管机构行使时，能够预见到的一切结果"①。真正的标准应当是，被控行为是否属于"合乎逻辑地来源于"州授权的结果，或者其是否是州授权时"可以合理预见到的结果"。在该案中，某一市政府建议合入四个周边的、与之毗邻的镇，以使这四个镇的居民可以使用市政提供的污水处理设施，但前提是四镇的居民们必须同意使用该市政提供的全套排污系统。这一要求被最高法院认定为是该州授权市政机构运营污水处理设施和排污系统的一个可预见的结果。事实上，在 *Hallie* 案之后的大多数判决都认为，市级机构创设的垄断是州授权其管理特定的相关市场时能够预见的结果。②

但是，可预见性规则的适用范围不能再被扩大化了。地方自治法律规范，如 *Boulder* 案中的地方性法规，实际上允许市政机构对其所辖区域内的所有地方市场进行管制。如此一来，可以说一个施行地方自治规范的城市将负责管理土地使用、有线电视、出租车运输，或数不清的、多种多样的、一个庞大市级政府所能管理的所有市场，肯定属于"可预见的"结果。但是 *Hallie* 案的判决并没有推翻 *Boulder* 案的结论：即地方自治法规实际上不能被认为"授权"了市政机构可以实施任何行为。

根据 *Boulder* 案的规则，显然，只有一州明确授权市政机构对某个具体的市场进行监管时，该市级政府才能符合享有授权的条件。一般性的、宽泛的管理授权，如地方自治法规的授权，是不够充分的。然而，一旦市政机构获得了这样一个特定市场的管理授权，其所作出的在其监管授权范围内的决定就可以满足测试条件。不过，一项明显的例外是，地方政府的管理行为明显超越了州的授权范围。例如，一些法院认为，一州的授权不包括授权市政机构参与反竞争或者不公平的排挤性行为。③ 不过，作为一项普适性的规则，市政机构是否超越其管理授权，或者违反了其法定义务，应当由州法解决。市政机构的管理权来源于州，由州法院来判断市政机构是否越权再合适不过了。否则，会导致所有的市政机构违反其管理权限的行为都要受联邦反垄断法的管辖。④

---

① 471 U. S. at 42，105 S. Ct. at 1718.

② 例如，City of Columbia & Columbia Outdoor Advertising v. Omni Outdoor Advertising, Inc. ，499 U. S. 365，111 S. Ct. 1344，1350 (1991) (认定对某地区的授权会导致市政机构创设出一个事实上的广告牌垄断——这是可预见的)；Sterling Beef Co. v. City of Fort Morgan, 810 F. 2d 961 (10th Cir. 1987) (认定州授权市政机构管理油气开采和管道运输的行为将导致市政机构建立管道垄断的结果是可以预见的)。

③ Surgical Care Center of Hammond v. Hospital Service Dist. ，171 F. 3d 231 (5th Cir. 1999)，最高法院提审动议被驳回，528 U. S. 964，120 S. Ct. 398 (1999)，发回重审，2001 WL 8586 (E. D. La. 2001)，维持，309 F. 3d 836 (5th Cir. 2002) (认定法律允许联合经营并不意味着授权经营者实施反竞争性的排挤性行为)。

④ 关于这点，见本书第 17.4 节。

如前所述^①，*Hallie* 案的判决也确立了，市政机关自身的行为不需要"积极监管"。联邦最高法院在 *North Carolina Dental* 案中又重申了这一观点，认为"市政机关的权力横跨了不同的经济领域，这一点实质性地减少了当其管理单一经济领域时可能会追求狭隘私利的风险"。并且，它们系通过政治选举程序产生的承担责任的领导人^②，这与该案中牙医组建"协会"的性质是不同的。

---

① 见本书第 17.5a 节。
② North Carolina State Bd. of Dental Examiners v. FTC，135 S. Ct. 1101，1112 - 1113 (2015).

案例一览表

1-800-Contacts，Inc.，Matter of

324 Liquor Corp. v. Duffy

A. Schrader's Son，Inc. v. United States

A. A. Poultry Farms，Inc. v. Rose Acre Farms，Inc.

A. D. Bedell Wholesale Co. v. Philip Morris，Inc.

ABAv. United States

Abraham & Veneklasen Joint Venture v. American Quarter Horse Ass'n

Actividentity Corp. v. Intercede Group，PLC

Addyston Pipe & Steel Co. v. United States

Adjusters Replace—A—Car，Inc. v. Agency Rent—A—Car，Inc.

Admiral Theatre Corp. v. Douglas Theatre Co.

Adolph Coors Co. v. A & S Wholesalers

Advanced Health—Care Servs. v. Radford Community Hosp.

Aerotec Int'l.，Inc. v. Honeywell Int'1，Inc.

Aetna，Inc. v. Blue Cross Blue Shield of Michigan

Affiliated Capital Corp. v. City of Houston

Affinity LLC v. GfKMediamark Res. & Intelligence，LLC

Aggrenox Antitrust Litig.，In re

Airport Car Rental Antitrust Litig.，In re

AlanDurush v. Revision LP

Alban v. Nippon Yusen Kabushiki Kaisha

Albrecht v. The Herald Co.

All Care Nursing Service v. High Tech Staffing Services

Allied Orthopedic Appliances，Inc. v. Tyco Health Care Group，LP

Allied Tube & Conduit Corp. v. Indian Head, Inc.

Altemose Construction Co. v. Building & Constr. Trades Council

Aluminum Co. of Americav. United States

American Academic Suppliers v. Beckley—Cardy

American Agriculture Movement v. Board of Trade, City of Chicago

AmericanAss' n of Cruise Passengers v. Carnival Cruise Lines

American Can Co. v. United States

American Column & Lumber Co. v. United States

American Express Co. , United States v.

American Federation of Musicians v. Carroll

American Inst. of Certified Public Accountants, Matter of

American MedicalAss'n v. United States

American Medical Int' l, Matter of

American Mfrs. Mut. Ins. Co. v. American Broadcasting Paramount Theatres, Inc.

American Needle, Inc. v. National Football League

American Needle, Inc. v. New Orleans La. Saints

American Professional Testing Serv. v. Harcourt Brace Jovanovich

American Steel Erectors, Inc. v. Local Union No. 7

American Tobacco Co. v. United States

American Tobacco Co. v. United States

AmeriCare MedServices, Inc. v. City of Anaheim

Amerinet v. Xerox Corp.

AMR Corp. , United States v.

Anaheim, City of v. Southern Cal. Edison Co

Anderson News, LLC v. American Media

Andreas v. United States

Androgel Antitrust Litig. , In re

Anthem, Inc. , United States v.

Apex Hosiery Co. v. Leader

Appalachian Coals v. United States

Apple iPod iTunes Antitrust Litig. , In re

Apple, Inc. v. Motorola, Inc.

Apple, Inc. v. United State

Ardagh Group, In re

Argus Chem. Corp. v. Fibre Glass-Evercoat Co.

Arizona v. Maricopa County Medical Society

Arizona v. Shamrock Foods Co.

Ark Dental Supply Co. v. Cavitron Corp.

Arkansas Carpenters Health and Welfare Fund v. Bayer AG

Arnold, Schwinn & Co. v. United States

Asahi Glass Co. v. Pentech Pharm. , Inc.

Ashcroft v. Iqbal

Aspen Highlands Skiing Corp. v. Aspen Skiing Co.

Aspen Skiing Co. v. Aspen Highlands Skiing Corp.

Associated General Contractors of California, Inc. v. California State Council
of Carpenters

Associated Press v. United States

Associated Radio Serv. Co. v. Page Airways

AT&T, United States v.

Atlantic Refining Co. v. FTC

Atlantic Richfield Co. v. USA Petroleum Co.

ATM Fee Antitrust Litig. , In re

Aunyx Corp. v. Canon U. S. A.

Automatic Radio Mfg. Co. v. Ford Motor Co.

Automatic Radio Manufacturing Co. v. Hazeltine Research

Automotive Body Parts Assn. (ABPA) v. Ford Global Tech.

Avaya Inc. , RP v. Telecom Labs, Inc.

AvidAir Helicopter Supply, Inc. v. Rolls-Royce Corp.

Baker Hughes Inc. v. United States

Ball Memorial Hosp. , Inc. v. Mutual Hosp. Ins. , Inc.

Balmoral Cinema v. Allied Artists Pictures Corp.

Baltimore Scrap Corp. v. David J. Joseph Co.

Baroid Corp. , United States v.

Barry Wright Corp. v. ITT Grinnell Corp.

Bates v. State Bar of Arizona

Baxley—DeLamar Monuments, Inc. v. American Cemetery Ass'n

Bazaarvoice, Inc. v. United States

Beef Indus. Antitrust Litig. , In re

Bell Atlantic Corp. v. Twombly

Bell v. Cherokee Aviation Corp.

Benger Laboratories v. R. K. Laros Co.

Berkey Photo, Inc. v. Eastman Kodak Co.

Bi-Rite Oil Co. v. Indiana Farm Bureau Co-op. Ass'n.

Blackburn v. Sweeney

Blomkest Fertilizer v. Potash Corp. of Saskatchewan

Blount Mfg. Co. v. Yale & Towne Mfg. Co.

Blue Cross & Blue Shield United of Wisconsin v. Marshfield Clinic

Blue Cross Blue Shield of Michigan, United States v.

Blue Shield of Virginia v. McCready

Board of Regents of the Univ. of Okla. v. NCAA

Board of Trade of City of Chicago v. United States

Bogosian v. Gulf Oil Corp.

Boise Cascade Corp. v. FTC

Bonjorno v. Kaiser Aluminum & Chemical Corp.

Booker v. United States

Borden Co. v. United States

Boston Scientific Corp. v. Schneider

Brady v. NFL

Brand Name Prescription Drugs Antitrust Litigation, In re

Brantley v. NBC Universal, Inc.

Broadcast Music, Inc. v. Columbia Broadcasting System, Inc.

Broadcom Corp. v. Qualcomm, Inc.

Brooke Group Ltd. v. Brown & Williamson Tobacco Corp.

Brown Shoe Co. v. United States

Brown v. Pro Football

Brown v. United States

Brownell v. Ketcham Wire & Mfg. Co.

Brulotte v. Thys

Brunswick Corp. v. Riegel Textile Corp.

Business Electronics Corp. v. Sharp Electronics Corp.

Butler v. Jimmy John's Franchise, LLC

C. R. Bard, Inc. v. M3 Systems, Inc.

California Computer Products, Inc. v. IBM Corp.

California Dental Association v. FTC

California Dental Association, Matter of

California Motor Transport Co. v. Trucking Unlimited

California Retail Liquor Dealers Association v. Midcal Aluminum (Midcal)

California v. American Stores Co.

California v. ARC America Corp.

California v. eBay, Inc.

California v. Sutter Health System

Campos v. Ticketmaster

Cantor v. Detroit Edison Co.

Capitol Serv. v. United States

Carbice Corp. v. American Patents Development Corp.

Cardtoons v. Major League Baseball Players' Ass'n

Cargill v. Monfort of Colo.

Carlson Machine Tools v. American Tool

Cascade Health Solutions v. PeaceHealth

Castelli v. Meadville Medical Center

Catalano, Inc. v. Target Sales, Inc.

Catlin v. Washington Energy Co.

CBS v. American Society of Composers, Authors & Publishers

Central Shade-Roller Co. v. Cushman

Chamber of Commerce of USA v. City of Seattle

Champagne Metals v. Ken-Mac Metals, Inc.

Charles Pfizer & Co. v. FTC

Charley's Taxi Radio Dispatch v. SIDA of Haw. , Inc.

Chattanooga Foundry & Pipe Works v. Atlanta

Cheney Bros. v. Doris Silk Corporation

Chicago Board of Trade v. United States

Chicago Bridge & Iron Co. N. V. v. F. T. C.

Chicago Professional Sports Ltd. Partnership v. National BasketballAss'n.

Christiansburg Garment Co. v. EEOC

Cia, Petrolera Caribe, Inc. v. Avis Rental Car Corp.

Cincinnati, New Orleans & Tex. Pac. Ry. Co. v. I. C. C.

Cinemette Corp. of Am. v. United States

Cipro Cases I & II, In re

Ciprofloxacin Hydrochloride Antitrust Litigation, In re

Citizen Pub. Co. v. United States

Citizens & Southern Nat. Bank v. United States

Citric Acid Antitrust Litig. , In re

Clairol v. Boston Discount Center of Berkley

Clarett v. National Football League

Clayton Mark & Co. v. FTC

Clayworth v. Pfizer, Inc.

Coca-Cola Bottling Co. , Matter of

Coleman Motor Co. v. Chrysler Motors Corp.

Colgate & Co. v. United States

Collins Inkjet Corp. v. Eastman Kodak Co.

Collins v. Associated Pathologists, Ltd.

Columbia & Columbia Outdoor Advertising, City of v. Omni Outdoor Advertis-
    ing, Inc.

Columbia Pictures Industries, Inc. v. Aveco

Columbia Pictures Industries, Inc. v. Professional Real Estate Investors, Inc.

Columbia Pictures Industries, Inc. v. Redd Horne

Columbia Steel Co. v. United States

Comcast Corp. v. Behrend

Comcast Corp. v. United States

Community Communications Co. v. City of Boulder

Concord Boat Corp. v. Brunswick Corp.

Concord v. Boston Edison Co.

Conference of Studio Unions v. Lowe's Inc.

Connecticut Fine Wine and Spirits, LLC v. Seagull

Connecticut Ironworkers Emp'rsAss'n, Inc. v. New England Reg'l Council of Car-
    penters

Connell Const. Co. , Inc. v. Plumbers and Steamfitters Local Union No. 100

Consolidated Gas Co. of Florida, Inc. v. City Gas Co. of Florida, Inc.

Container Corp. of America v. United States

Continental Can Co. v. United States

Continental Ore Co. v. Union Carbide & Carbon Corp.

Continental Paper Bag Co. v. Eastern Paper Bag Co.

Continental T. V., Inc. v. GTE Sylvania Inc.

Continental Wall Paper Co. v. Voight & Sons Co.

Conwood Co. v. United States Tobacco Co.

Copperweld Corp. v. Independence Tube Corp.

Corn Prods. Ref. Co. v. FTC

Cost Management Services v. Washington Natural Gas

C-O-Two Fire Equip. Co. v. United States

Crane & Shovel Sales Corp. v. Bucyrus-Erie Co.

Credit Suisse Securities (USA), LLC v. Billing

Critical-Vac Filtration Corp. v. Minuteman Int'l, Inc.

CrownZellerbach Corp. v. United States

Cummer-Graham Co. v. Straight Side Basket Corp.

CVD v. Raytheon Co.

Cygnus Therapeutics Sys. v. ALZA Corp.

D. E. Rogers Assoc., Inc. v. Gardner-Denver Co.

Dairy Farmers of America, Inc. v. United States

Danner Construction Co., Inc. v. Hillsborough County, Fla.

Dart Indus. v. Plunkett Co.

Data General Corp. v. Grumman Systems Support Corp.

DDAVP Direct Purchaser Antitrust Litigation, In re

Delta Dental of Rhode Island v. United States,

Dentsply International, Inc. v. United States

Denver & Rio Grande West. R. R. v. United States

Deppe v. NCAA

Deslandes v. McDonald's USA, LLC

Detroit Auto DealersAss'n, Inc. v. FTC

Detroit Auto DealersAss'n, Inc., Matter of

Dibidale of Louisiana, Inc. v. American Bank & Trust Co.

Digene Corp. v. Third Wave Tech., Inc.

Digidyne Corp. v. Data General Corp.

Diverse Power, Inc. v. City of LaGrange, Ga.

Doe v. Abbott Labs.

Dolph v. Troy Laundry Mach. Co.

Dr. Miles Medical Co. v. John D. Park & Sons Co.

DSC Communications Corp. v. DGI Techs. , Inc.

DSMDesotech, Inc. v. 3D Sys. Corp.

Duplex Printing Press Co. v. Deering

Duryea, Pa. , Borough of v. Guarnieri

E. Bement & Sons v. National Harrow Co.

E. C. Knight Co. v. United States

E. I. du Pont de Nemours & Co. v. FTC

E. I. du Pont de Nemours & Co. , Matter of

E. I. du Pont de Nemours & Co. v. United States

Eastern Railroad Presidents Conference v. Noerr Motor Freight

Eastern States Retail Lumber Dealers'Ass'n v. United States

Eastman Kodak Co. v. Image Technical Services, Inc.

Eatern States Retail Lumber Dealers' Ass'n v. United States

eBay Inc. v. MercExchange, L. L. C.

Echlin Mfg. , Co. , Matter of,

Edwards II v. Arthur Andersen LLP

EEOC v. Arabian American Oil Co.

Eiberger v. Sony Corp. of America

Eichorn v. AT&T Corp.

El Paso Natural Gas Co. v. United States

Ellwood City, Borough of v. Pennsylvania Power Co.

Empire Gas Corp. v. United States

Engine Specialties, Inc. v. Bombardier Ltd.

ES Dev. , Inc. v. RWM Enters. , Inc.

Ethyl Corp. , Matter of

Ethyl Gasoline Corp. v. United States

Evergreen Partnering Group, Inc. v. Pactiv Corp.

Expert Masonry, Inc. v. Boone County, Ky.

Exxon Corp. v. Governor of Maryland

F. Hoffmann-La Roche, Ltd. v. Empagran S. A.

Fashion Originators' Guild of America v. Federal Trade Commission

Federal Baseball Club v. National League

Fiberglass Insulators v. Dupuy

Fineman v. Armstrong World Industries

First American Title Co. v. DeVaugh

FirstNat'l Bank & Trust Co. of Lexington v. United States

FirstNat'l Bank of Ariz. v. Cities Serv. Co.

Fishman v. Estate of Wirtz

Flat Glass Antitrust Litigation, In re

Flip Side Productions, Inc. v. Jam Productions, Ltd.

Flood v. Kuhn

FMC Corp. v. Manitowoc Co. Ford Motor Co. United States

Ford v. Chicago Milk Shippers'Ass'n

Fortner Enterprises, Inc. v. United States Steel Corp. (Fortner I)

Freedom Holdings, Inc. v. Spitzer

Friedman v. Salomon/Smith Barney

Fruehauf Corp. v. FTC

FTC v. Actavis, Inc.

FTC v. Advocate Health Care Network

FTC v. Arch Coal, Inc.

FTC v. Bass Bros. Enterprises, Inc.

FTC v. Beech-Nut Packing Co.

FTC v. Bronson Partners, LLC

FTC v. Brown Shoe Co.

FTC v. Butterworth Health Corp.

FTC v. Cement Institute

FTC v. Church & Dwight Co. , Inc.

FTC v. Commerce Planet, Inc.

FTC v. Consolidated Foods Corp.

FTC v. Credit Bureau Center

FTC v. Direct Mktg. Concepts, Inc.

FTC v. Elders Grain

FTC v. Freeman Hosp.

FTC v. H. J. Heinz Co.

FTC v. Illinois Cereal Mills, Inc.

FTC v. Indiana Federation of Dentists

FTC v. National Casualty Co.

FTC v. Owens-Illinois, Inc.

FTC v. Penn State Hershey Medical Center

FTC v. Phoebe Putney Health Sys. , Inc.

FTC v. Procter & Gamble Co.

FTC v. Qualcomm

FTC v. Qualcomm，Inc.

FTC v. Ross

FTC v. Sinclair Refining Co.

FTC v. Sperry & Hutchinson Co.

FTC v. Staples

FTC v. Superior Court Trial LawyersAss'n

FTC v. Ticor Title Ins. Co.

FTC v. University Health

FTC v. Watson Pharma. , Inc.

FTC v. Whole Foods Market，Inc.

Garment District v. Belk Stores Servs.

Garshman v. Universal Resources Holding

Gasoline RetailersAss'n v. United States

Gelboim v. Bank of Am. Corp.

Genentech, Inc. v. Eli Lilly & Co.

Genentech, Inc. v. Regents of the Univ. of Cal.

General Dynamics Corp. , United States v.

General Electric Co. v. United States

General Indus. Corp. v. Hartz Mount. Corp.

GeneralLeaseways，Inc. v. National Truck Leasing Ass'n.

General Motors Corp. v. United States

General Talking Pictures Corp. v. Western Electric Co.

Gibbs v. Consolidated Gas Co. of Balt.

Gilead Sciences，Inc. v. Merck & Co. , Inc.

Gloucester Isinglass & Glue Co. v. Russia Cement Co.

Gold Medal LLC v. USA Track & Field

Golden Gate Acceptance Corp. v. General Motors Corp.

Goldfarb v. Virginia State Bar

Gordon v. New York Stock Exchange

Grand River Enters. Six Nations, Ltd. v. Beebe

Graphic Prods. Distrib. , Inc. v. ITEK Corp.

Gravely v. United States

Great Atlantic & Pacific Tea Co. , Inc. v. FTC

Great Clips v. Levine

Great Lakes Carbon Corp. , Matter of

Greene, In re

Greenwood Utilities Commn. v. Mississippi Power Co.

Gregory v. Fort Bridger RendezvousAss'n

Griffith v. United States

Grinnell Corp. v. United States

Group Life & Health Ins. Co. v. Royal Drug Co.

H. A. Artists & Assocs. v. Actors' EquityAss'n

Hallie, Town of v. City of Eau Claire

Hanover Shoe, Inc. v. United Shoe Machinery Corp.

Harrison Aire, Inc. v. Aerostar Intl. , Inc.

Hartford Fire Insurance Co. v. California

Hawaii v. Standard Oil Co. of Cal.

Hazeltine Research v. Zenith Radio

Health Alliance Plan of Mich. v. Blue Cross Blue Shield of Michigan

Hecht v. Pro-Football

Helicopter Support Sys. v. Hughes Helicopter

Henry v. A. B. Dick Co.

Hicks v. PGA Tour, Inc.

High Fructose Corn Syrup Antitrust Litigation, In re

High Tech Employee Antitrust Litigation, In re

Hirsh v. Martindale-Hubbell, Inc.

Hoover v. Ronwin

Hospital Corp. of Am. v. FTC

HTC Corp. v. Telefonaktiebolaget LM Ericsson

Huck Manufacturing Co. v. United States

Hughes Tool Co. v. Trans World Airlines, Inc.

Hutcheson v. United States

Hyde v. Jefferson Parish Hosp. Dist. No. 2

Hydranautics v. FilmTec Corp.

IBM Corp. v. United States

IGT v. Alliance Gaming Corp.

Illinois Brick Co. v. Illinois

Illinois Corporate Travel, Inc. v. American Airlines

Illinois Tool Works, Inc. v. Independent Ink, Inc.

Illinois, ex rel. Hartigan v. Panhandle Eastern Pipe Line Co.

Image Technical Services, Inc. v. Eastman Kodak Co.

Innovation Ventures, LLC v. N. V. E. , Inc.

Insurance Antitrust Litigation, In re

Insurance Brokerage Antitrust Litigation, In re

Intellectual Ventures I, LLC v. Capital One Financial Corp.

Interdigital Tech. Corp. v. Pegatron Corp.

Interface Group, Inc. v. Massachusetts Port Authority

International Ass'n of Machinists & Aerospace Workers v. OPEC

International News Service v. Associated Press

International Salt Co. v. United States

International Travel Arrangers, Inc. v. Northwest Airlines, Inc.

Interstate Circuit, Inc. v. United States

ISO Antitrust Litigation, In re

J. Truett Payne Co. , Inc. v. Chrysler Motors Corp.

J. B. D. L. Corp. v. Wyeth-Ayerst Labs. , Inc.

Jack Walters & Sons Corp. v. Morton Bldg. , Inc.

Jacobs v. Tempur-Pedic Intern. , Inc.

Jayne v. Loder

JBL Enterprises, Inc. v. Jhirmack Enterprises, Inc.

Jefferson Parish Hosp. Dist. No. 2 v. Hyde

Jerrold Electronics Corp. v. United States

Jessen Bros. v. Ashland RecreationAss'n

Jewel Tea Co. v. Associated Food Retailers of Greater Chicago, Inc.

Joint-TrafficAss'n v. United States

Kansas & Missouri v. UtiliCorp United

Kartell v. Blue Shield of Massachusetts, Inc.

Katz v. Fidelity Nat. Title Ins. Co.

Kearney &·Trecker Corp. v. Giddings & Lewis, Inc.

Kelsey v. NFL

Kentmaster Mfg. Co. v. Jarvis Products Corp.

Kerasotes Mich. Theatres v. National Amusements

Kern-Tulare Water Dist. v. City of Bakersfield

Keystone Driller Co. v. General Excavator Co.

Khan v. State Oil Co.

Kiefer-Stewart Co. v. Joseph E. Seagram & Sons

Kimble v. MarvelEnt't

Kleen Prods. , LLC v. Georgia-Pacific, LLD

Klor's, Inc. v. Broadway-Hale Stores, Inc.

Knutson v. Daily Review, Inc.

Korean Air Lines Co. , Ltd. Antitrust Litig. , In re

Krehl v. Baskin-Robbins Ice Cream Co.

Kypta v. McDonald's Corp.

Lafayette, City of v. Louisiana Power & Light Co.

Lancaster Community Hosp. v. Antelope Valley Hosp. Dist.

Lasercomb America, Inc. v. Reynolds

Laumann v. National Hockey League

Law v. NCAA

LDDSCommuns. v. Automated Communs.

Leegin Creative Leather Products, Inc. v. PSKS, Inc.

Leitch Mfg. Co. v. Barber Co.

LePage's, Inc. v. 3M

Lessig v. Tidewater Oil Co.

Lexmark Int'l, Inc. v. Static Control Components, Inc.

Line Material Co. , United States v.

Little Rock Cardiology Clinic, PA v. Baptist Health Local

Litton Sys. v. AT & T

Liu v. SEC

Local 189, Amalgamated Meat Cutters v. Jewel Tea Co.

Loctite Corp. v. Fel-Pro

Loctite Corp. v. Ultraseal, Ltd.

Loder v. Jayne

Loeb Industries, Inc. v. Sumitomo Corp.

Loeb v. Eastman Kodak Co.

Loew's, Inc. , United States v.

Loewe v. Lawlor

Lorain Journal Co. v. United States

Lucas Automotive Engineering v. Bridgestone/Firestone

Lucent Techs. , Inc. v. Gateway, Inc.

M & M Medical Supplies and Service v. Pleasant Valley Hospital

Major League Baseball Properties, Inc. v. Salvino, Inc.

Major League Baseball v. Crist

Maple Flooring Mfrs. 'Ass'n v. United States

Maris Distributing Co. v. Anheuser-Busch, Inc.

Maryland & Virginia Milk Producers Assn. v. United States

Masimo Corp. v. Tyco Health Care Group, L. P.

Massachusetts Board of Registration in Optometry, Matter of

Massachusetts v. Microsoft Corp.

Matsushita Elec. Indus. Co. v. Zenith Radio Corp.

MCA Television Limited v. Public Interest Corp.

McAlester, Okla. , City of v. Pittsburgh County Rural Water Dist. No. 7

McGahee v. Northern Propane Gas Co.

MCI Communications Corp. v. American Tel. and Tel. Co.

McTamney v. Stolt Tankers & Terminals

McWane, Inc. v. FTC

Medical Mut. of Ohio, United States v.

Mercoid Corp. v. Mid-Continent Investment Co.

Meyer v. Kalanick

Michigan Citizens for an Independent Press v. Thornburgh

Microsoft Corp. v. Comm'n

Microsoft Corp. v. Motorola, Inc.

Microsoft Corp. v. United States

Microsoft Corp. , United States v.

Mid-West Paper Products Co. v. Continental Group, Inc.

Midwestern Machinery, Inc. v. Northwest Airlines, Inc.

Miller v. Hedlund

Miranda v. Selig

Monsanto Co. v. Spray-Rite Serv. Corp.

Moore v. Boating Industry Assoc.

Moore v. James H. Matthews & Co.

Morgan, Strand, Wheeler & Biggs v. Radiology, Ltd.

Morgan v. United States

Morton Salt Co. v. G. S. Suppiger Co.

Motion Picture Patents Co. v. Universal Film Mfg. Co.

Mt. Lebanon Motors, Inc. v. Chrysler Corp.

Muenster Butane v. Stewart Co.

Muggill v. Reuben H. Donnelley Corp.

Multiflex, Inc. v. Samuel Moore & Co.

Murrow Furniture Galleries v. Thomasville Furniture Industries

National Ass'n of Securities Dealers (NASD) v. United States

National Broiler Marketing Association v. United States

National Gerimedical Hosp. v. Blue Cross

National Organization for Women v. Scheidler

National Society of Professional Engineers v. United States

NCAA v. Board of Regents of University of Oklahoma

Nelson v. United States

New England Motor Rate Bureau, Inc. v. FTC

New Motor Vehicle Board v. Orrin W. Fox Co.

New York ex rel. Schneiderman v. Actavis, PLC

New York, City of v. Group Health, Inc.

Newberry v. Washington Post Co.

Newcal Indus., Inc. v. Ikon Office Solution

Nexium (Esomeprazole) Antitrust Litig., In re

Nilavar v. Mercy Health System

North Carolina State Board of Dental Examiners v. FTC

Northern Pacific Ry. Co. v. United States

Northern Securities Co. v. United States

Northwest Wholesale Stationers v. Pacific Stationery & Printing Co.

Novell, Inc. v. Microsoft Corp.

NYNEX Corp. v. Discon, Inc.

O. S. C. v. Apple Computer

O'Brien v. Leegin Creative Leather Prods., Inc.

Octane Fitness, LLC v. ICON Health & Fitness, Inc.

Ohio AFL-CIO v. Insurance Rating Bd.

Ohio v. American Express

Ohio-Sealy Mattress Mfg. Co. v. Sealy

Oltz v. St. Peter's Community Hosp.

Omni OutdoorAdver., Inc. v. Columbia Outdoor Adver., Inc.

Oneok, Inc. v. Learjet, Inc.

Oracle Corp. v. United States

Orson v. Miramax Film Corp.

Otter Tail Power Co. v. United States

Owens v. Aetna Life & Casualty Co.

Pabst Brewing Co. v. United States

Pacific Bell Tel. Co. v. LinkLine Communications, Inc.

Pacific Eng'g & Prod. Co. v. Kerr-McGee Corp.

Packard Motor Car Co. v. Webster Motor Car Co.

Paddock Pub. v. Chicago Tribune Co.

Palmer v. BRG of Georgia, Inc.

Paramount Pictures, Inc. v. United States

Parke, Davis & Co. v. United States

Parker v. Brown

Parkway Gallery Furniture v. Kittinger/Pennsylvania House Group

Parsons Steel, Inc. v. First Ala. Bank

Parts & Elec. Motors, Inc. v. Sterling, Inc.

Paschall v. Kansas City Star Co.

Patrick v. Burget

Perkin v. Lyman

Perma Life Mufflers, Inc. v. International Parts Corp.

Perry v. Fidelity Union Life Ins. Co.

Petroleum Products Antitrust Litigation, In re

Pfizer, Inc. v. Government of India

Pharmaceutical Research and Mfrs. of Am. v. FTC

PhiladelphiaNat'l Bank v. United States

Philadelphia TaxiAss'n, Inc. v. Uber Techs. , Inc.

Phillipsburg Nat. Bank & Trust Co. v. United States

Photovest Corp. v. Fotomat Corp.

Pittsburg County Rural Water Dist. No. 7 v. City of McAlester

Pittsburgh Area Pontiac Dealers v. United States

Plywood Antitrust Litig. , In re

Polk Brothers v. Forest City Enters.

Polygram Holding, Inc. v. F. T. C.

Potters Med. Center v. City Hosp. Assn.

Precision Instrument Mfg. Co. v. AutomotiveMaint. Mach. Co.

Premier Electrical Constr. Co. v. National Elec. Contractors Ass'n

Primetime 24 Joint Venture v. NBC

Professional Real Estate Investors, Inc. v. Columbia Pictures Industries, Inc.

ProMedica Health Sys. , Inc. v. FTC

PSI Repair Services, Inc. v. Honeywell, Inc.

PSKS, Inc. v. Leegin Creative Leather Products, Inc.

Public Citizen v. U. S. Dep't of Justice

Publication Paper Antitrust Litigation, In re

Pullman Co. v. United States

Queen City Pizza, Inc. v. Domino's Pizza, Inc.

R. C. Bigelow, Inc. v. Unilever NV

R. K. Laros Co. v. Benger Laboratories Ltd.

Radiant Burners, Inc. v. Peoples Gas, Light & Coke Co.

Rambus, Inc. v. FTC

Razorback Ready Mix Concrete Co. v. Weaver

Realtek Semiconductor Corp. v. LSI Corp.

Realty Multi-List, Inc. v. United States

Reazin v. Blue Cross & Blue Shield of Kansas, Inc.

Rebel Oil Co. , Inc. v. Atlantic Richfield Co.

Reiter v. Atlantic Richfield Co.

Reiter v. Sonotone Corp.

Ricci v. Chicago Mercantile Exchange

Rice v. Norman Williams Co.

Right Field Rooftops, LLC v. Chicago Cubs Baseball Club, LLC

Ritz Camera & Image, LLC v. SanDisk Corp.

Robintech, Inc. v. Chemidus Wavin, Ltd.

Rock River Communications, Inc. v. Universal Music Group, Inc.

Rockford Memorial Corp. v. United States

Roland Mach. Co. v. Dresser Indus.

Romer v. United States

Rothery Storage & Van Co. v. Atlas Van Lines

Roy B. Taylor Sales v. Hollymatic Corp.

Rutman Wine Co. v. E. & J. Gallo Winery

Ryko Mfg. Co. v. Eden Servs.

Sabre Corp. , United States v.

Saint Alphonsus Medical Center-Nampa, Inc. v. St. Luke's Health Sys. , Ltd.

SCFC ILC v. Visa USA

Schachar v. American Academy of Ophthalmology

SCM Corp. v. Xerox Corp.

Sea-Land Service, Inc. v. Alaska R. R.

Sealy, Inc. v. United States

Sears, Roebuck & Co. v. Stiffel Co.

Seasongood v. K & K Ins. Agency

Segal v. AT & T

Serta Assocs. v. United States

Sewell Plastics, Inc. v. Coca-Cola Co.

Shahawy v. Harrison, 613 Sheridan v. Marathon Petroleum Co. , LLC

Shane Group, Inc. v. Blue Cross Blue Shield of Michigan

Sheridan v. Marathon Petroleum Co. , LLC

Siegel v. Chicken Delight, Inc.

Silver v. New York Stock Exchange

Simpson v. Sanderson Farms, Inc.

Simpson v. Union Oil Co.

Smith Mach. Co. v. Hesston Corp.

SmithKline Diagnostics, Inc. v. Helena Labs.

SMS Systems Maintenance Services v. Digital Equipment Corp.

Snake River Valley Electric Assn. v. PacifiCorp.

Socony-Vacuum Oil Co. v. United States

Soilworks, LLC v. Midwest Indus. Supply, Inc.

Southeastern Milk Antitrust Litig. , In re

Southern Card & Novelty v. LawsonMardon Label

Southern Motor Carriers Rate Conference, Inc. v. United States

Southern Pacific Communications Co. v. United States

Souza v. Estate of Bishop

Spectrum Sports v. McQuillan

Spinelli v. NFL

Spirit Airlines, Inc. v. Northwest Airlines, Inc.

Standard Oil Co. of California v. United States

Standard Oil Co. of Indiana v. United States

Standard Oil Co. of New Jersey v. United States

State Oil Co. v. Khan

Static Control Components, Inc. v. Lexmark Int'l, Inc.

Stearns Airport Equip. Co. v. FMC Corp.

Steves and Son, Inc. v. Jeld-Wen, Inc.

Stock Exchanges Options Trading Antitrust Litigation, In re

Stolt-Nielsen v. United States

Studiengesellschaft Kohle, m. B. H. , United States v.

Sugar Institute v. United States

Suntar Roofing, Inc. v. United States

Super Sulky v. United States Trotting Assn.

Superior Court Trial Lawyers, Matter of

Surgical Care Center of Hammond v. Hospital Service Dist. No. 1

Swift v. Co. v. U. S.

Systemcare v. Wang Laboratories Corp.

Syufy Enterprises v. American Multicinema, Inc.

Syufy Enterprises v. United States

Taggart v. Rutledge

Tampa Electric Co. v. Nashville Coal Co.

Tank Insulation Int'l, Inc. v. Insultherm, Inc.

Tarrant Serv. Agency v. American Standard

Taylor Pub. Co. v. Jostens

Telex Corp. v. IBM

Tempur-Pedic Int'l, Inc. v. People

Terminal R. R. Ass'n of St. Louis v. United States

Texaco, Inc. v. Dagher

Text Messaging Antitrust Litigation, In re

TFWS, Inc. v. Schaefer

Thatcher Enters. v. Cache County Corp.

Theatre Enters. , Inc. v. Paramount FilmDistrib. Corp.

Times-Picayune Pub. Co. v. United States

Timken Roller Bearing Co. v. United States

Todd v. Exxon Corp.

Todorov v. DCH Healthcare Authority

Topco Associates, Inc. v. United States

Tops Markets, Inc. v. Quality Markets, Inc.

Total Benefits Planning Agency, Inc. v. Anthem Blue Cross and Blue Shield

Town Sound and Custom Tops v. Chrysler Motors Corp.

Toys "R" Us, Inc. v. FTC

Toys "R" Us, Inc. , Matter of

Transamerica Computer Co. v. IBM Corp.

Trans-Missouri FreightAss'n v. United States

Trebro Manufacturing, Inc. v. Firefly Equipment, LLC

Triangle Conduit & Cable Co. v. Federal Trade Commission

Tricom v. Electronic Data Systems Corp.

Tri-State Rubbish, Inc. v. Waste Management, Inc.

Tunis Bros. Co. v. Ford Motor Co.

U. S. Philips Corp. v. Windmere Corp.

Union Labor Life Ins. Co. v. Pireno

Union Leader Corp. v. Newspapers of New England, Inc.

United Liquors Corp. v. United States

United Mine Workers v. Pennington

United Shoe Machinery Corp. v. United States

United States Gypsum Co. v. Indiana Gas Co. , Inc.

United States Gypsum, United States v.

United States Steel Corp. v. Fortner Enterprises (Fortner II)

United States Steel Corp. v. United States

Universal Avionics Systems Corp. v. Rockwell Int' l Corp.

Univis Lens Co. , United States v.

USM Corp. v. SPS Technologies, Inc.

USS-POSCO Indus. v. Contra CostaCty. Bldg. & Constr. Trades Council

Utah Pie Co. v. Continental Baking Co.

Valley Liquors, Inc. v. Renfield Importers, Ltd.

Valspar Corp. v. E. I. Du Pont De Nemours & Co.

Van de Kamp, State ex rel. v. Texaco, Inc.

Vehicle Carrier Servs. Antitrust Litig. , In re

Verizon Communications, Inc. v. Law Offices of Curtis V. Trinko, LLP

Viking Theatre Corp. v. Paramount Film Distributing Corp.

Virginia Academy of Clinical Psychologists v. Blue Shield of Virginia

Virginia Excelsior Mills v. FTC

Virginia State Board of Pharmacy v. Virginia Citizens Consumer Council

Visa USA，Inc. v. United States

Von's Grocery Co. v. United States

W. W. Montague & Co. v. Lowry

Wabash，St. Louis & Pac. Ry. Co. v. Illinois

Walker Process Equip. , Inc. v. Food Machinery & Chem. Corp.

Warfarin Sodium Antitrust Litigation，In re

Waste Management，Inc. v. United States

Watkins & Son Pet Supplies v. Iams Co.

Watson Carpet & Floor Covering，Inc. v. Mohawk Indus. , Inc.

Wee Child Ctr. , Inc. v. Lumpkin

Western Electric Co. v. United States

Weyerhaeuser Co. v. Ross-Simmons Hardwood Lumber Co. , Inc.

White Motor Co. v. United States

Wholesale Grocery Products Antitrust Litigation，In re

Wilk v. American MedicalAss'n

Wilk v. JointCom'n on Accredation of Hospitals

William Inglis & Sons Baking Co. v. Continental Baking Co.

William Inglis & Sons Baking Co. v. ITT Continental Baking Co. , Inc.

Wood v. NBA

Workers' Compensation Insurance Antitrust Litigation，In re

Yarn Processing Patent Validity Litig. , In re

Yellow Cab Co. v. United States

Yentsch v. Texaco，Inc.

Zenith Radio Corp. v. Hazeltine Research，Inc.

ZF Meritor，LLC v. Eaton Corp.

Zoslaw v. MCA Distrib. Corp.

图书在版编目（CIP）数据

美国反垄断法：原理与案例：第 2 版/（美）赫伯
特·霍文坎普（Herbert Hovenkamp）著；陈文煊，杨力
译. --北京：中国人民大学出版社，2023.8
书名原文：Principles of Antitrust
ISBN 978-7-300-31932-2

Ⅰ. ①美… Ⅱ. ①赫… ②陈… ③杨… Ⅲ. ①反垄断
法—研究—美国 Ⅳ. ①D971.222.94

中国国家版本馆 CIP 数据核字（2023）第 152914 号

美国反垄断法：原理与案例（第 2 版）
[美] 赫伯特·霍文坎普（Herbert Hovenkamp）　著
陈文煊　杨　力　译
Meiguo Fanlongduanfa：YuanLi yu AnLi

出版发行	中国人民大学出版社		
社　　址	北京中关村大街 31 号	邮政编码	100080
电　　话	010－62511242（总编室）	010－62511770（质管部）	
	010－82501766（邮购部）	010－62514148（门市部）	
	010－62515195（发行公司）	010－62515275（盗版举报）	
网　　址	http://www.crup.com.cn		
经　　销	新华书店		
印　　刷	涿州市星河印刷有限公司		
开　　本	720 mm×1000 mm　1/16	版　　次	2023 年 8 月第 1 版
印　　张	39.5 插页 3	印　　次	2023 年 8 月第 1 次印刷
字　　数	767 000	定　　价	248.00 元